KB265700

겨울의 끝

일러두기

- 이 책은 2024년 12월 3일 윤석열 정부의 비상계엄 선포 이후, 해당 사안과 관련한 의회와 정당의 공개 회의록 및 상정 안건, 공식 보도자료 등을 엮은 것입니다.
- 이 책의 자료는 〈국회회의록의 발간 및 보존 등에 관한 규정〉 제2조에 따른 임시회의록을 포함하며, 본문 내 자료에 해당 사실이 표시되어 있습니다.
- 각 자료는 최대한 시간 순서에 따라 배치했습니다. 의안은 검토나 의결 일자가 아닌 제안 일자에 맞춰 배치했고, 폐기된 의안도 중요도에 따라 수록했습니다.
- 모든 자료는 머리말과 꼬리말을 제외하고 원문 상태 그대로 보존하였습니다. 다만, 공식 문서 형태가 아닌 웹상에 게재된 자료는 책에 수록하기 위해 양식을 수정하였습니다. 이 과정에서 맞춤법을 포함하여 원문의 내용에는 어떠한 수정도 가하지 않았음을 밝힙니다.
- 목차의 각 항목에 표시한 부제는 원문 자료에 없는 것으로, 주요 논의 사항을 쉽게 파악할 수 있도록 추가한 정보입니다. 의안의 경우 최종 검색일을 기준으로 의결 상황과 일자를 표기했습니다.
- 모든 자료의 출처는 아래와 같습니다. (최종 검색일: 2025년 4월 10일)

- 국가법령정보센터 https://www.law.go.kr/
- 국무조정실 국무총리비서실 https://www.opm.go.kr/opm/index.do
- 국회회의록 https://likms.assembly.go.kr/record/
- 대한민국 정책브리핑 https://www.korea.kr/
- 의안정보시스템 https://likms.assembly.go.kr/bill/main.do
- 국민의힘 홈페이지 https://www.peoplepowerparty.kr/
- 더불어민주당 홈페이지 https://theminjoo.kr/main/
- 조국혁신당 홈페이지 https://rebuildingkoreaparty.kr/
- 개혁신당 홈페이지 https://www.reformparty.kr/press
- 진보당 홈페이지 https://jinboparty.com/
- 기본소득당 홈페이지 https://www.basicincomeparty.kr/
- 사회민주당 홈페이지 https://www.samindang.kr/

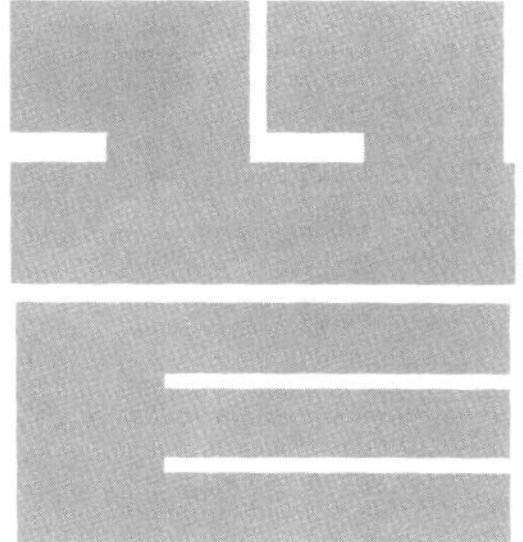

계울의 꼴

윤석열 파면 선고
(4.1.-4.4.) ——————————————— 한국학술정보 엮음

머리말

2024년 12월 3일 20시 25분경, 윤석열 대통령은 긴급 대국민 담화를 통해 비상계엄을 선포했다. 1979년 이후 45년 만에, 1987년 민주화 항쟁 이후 처음 있는 일이었다. 그는 국회의 잇따른 탄핵 소추와 예산 삭감이 정부 운영을 마비시키려는 시도라며, 비상계엄은 "종북 반국가 세력들을 척결"하기 위한 조치라고 밝혔다.

계엄 선포 직후, 경찰과 계엄군은 국회의 출입문을 봉쇄하기 시작했다. 국회의 정치활동을 금지하는 내용을 첫 번째로 실은 계엄 포고문도 발표되었다. 그러나 국회의원들은 담을 넘어 국회로 진입했고, 시민들도 어느새 모여 국회 앞을 지켰다. 긴장이 고조되며 계엄군이 국회 본관 창문을 깨고 내부로 진입하기도 했지만, 시민과 보좌진은 몸을 던져 바리케이드를 쌓고 소화기 분말을 뿌리며 저항했다.

계엄군이 회의장 앞까지 도달한 12월 4일 오전 1시경, 국회는 재석 190명 전원의 찬성으로 비상계엄 해제를 의결했다. 비상계엄 선포로부터 불과 세 시간 만이었다. 윤석열 대통령은 그로부터 다시 세 시간이 지난 4시 30분경 계엄령 해제를 공식 발표했다. 국민과 국회의 신속한 대응으로 계엄령은 여섯 시간여 만에 해제되었으나, 이는 우리 사회 전반에 가늠할 수 없는 여파를 미치고 있다.

이 책은 12 · 3 비상계엄 선포부터 현안의 중심이 된 국회와 각 정당이 공개적으로 발표한 회의록과 성명문 등을 엮은 기록물이다. 긍정적이든 부정적이든 제삼자의 필터를 거친 보도를 배제하고 한국 의회의 실제 모습을 담아냄으로써, 우리 사회를 비롯해 전 세계가 주목하고 있는 이 사건의 실체를 기록하고 기억하고자 하는 의도에서 출간되었다.

물론, 국회와 정당만이 우리 사회와 현안의 전부는 아니다. 거리 곳곳을 밝힌 불빛과 목소리, 각계각층의 시국선언, 수사기관의 상황 보고, 언론과 매체의 분석, 그리고 조용히 일상을 지키며 살아가는 수많은 사람의 노력이 모여 우리의 현재를 이루고 있다. 그럼에도 이 책이 국회와 정당의 움직임을 기록하고자 한 이유는, 그들이 사회 전체의 의지를 반영하는 대표성을 지니고 있기 때문이다. 계엄령 해제를 포함해 향후 이뤄진 주요한 사회 · 정치적 결정은 모두 시민의 요구와 더불어 국회의 민주적 절차를 통해 이루어졌다. 이를 충실히 기록하는 일은 우리 사회가 민주주의의 과정을 이해하고 앞으로의 도전에 대비하는 데 중요한 자료가 될 것이다.

한편, 이 책 역시 분량과 구성의 한계상 국회와 정당이 내놓은 모든 의견과 자료를 담지는 못했다. 정당 관련 자료는 국민의힘, 더불어민주당, 조국혁신당, 개혁신당, 진보당 다섯 개 정당의 자료를 실었으며, 공식적으로 발표한 주요 입장과 보도자료를 중심으로 구성했다. 원내 정당 가운데 전문을 실지 못한 기본소득당, 사회민주당의 자료와 기타 관련 논평 등은 비어 있는 지면을 활용해 최대한 소개하고자 했다.

제27권은 본 총서의 마지막 권으로서, 윤석열 탄핵 심판 선고가 이루어진 4월 1일부터 4월 4일까지의 내용을 다룬다. 첨예한 대립과 혼란, 성토가 뒤섞인 3월 말이 지나고 4월 1일, 드디어 헌법재판소가 윤석열 탄핵 심판 선고기일을 4월 4일로 통지한다. 여야를 비롯하여 기다림에 지쳤던 시민사회 각계각층 모두가 환영의 뜻을 밝혔고, 이어지는 3일간 윤석열의 복귀를 바라는 이들과 파면을 바라는 이들의 목소리가 다시금 의회와 광장을 메웠다. 그 기간에도 국회는 외교통일위원회, 제주 여객기 참사 특별위원회, 여성가족위원회 등을 열어 관련 현안을 처리했고, 2일 본회의에서는 보건의료법 개정안과 마은혁 임명 촉구 결의안 등이 통과되기도 했다. 또 탄핵 심판 선고 전날인 3일 본회의에서는 영남 산불 피해 수습, 이재명 백현동 사건, 윤석열 탄핵 심판 관련 사안과 김건희 등 측근 비리, 한덕수 · 최상목 · 심우정 등 현안에 관한 긴급 현안 질의가 열리기도 했다.

각자의 기대와 불안, 희망을 담은 시간이 지난 4월 4일 오전 11시, 온 국민은 물론 전 세계가 주목하는 가운데 윤석열 탄핵 심판의 판결 선고가 내려진다. 헌재는 윤석열이 헌법과 법률을 위반하여 계엄을 선포해 국민을 충격에 빠뜨리고 사회 전체에 혼란을 초래했으며, 군경을 동원해 국회의 권한을 훼손하고 국민의 인권을 침해했다고 보았다. 동시에 이는 헌법 수호를 위해 용납될 수 없는 중대한 사안으로, 그를 파면해 얻을 수 있는 이익이 파면에 따르는 국가적 손실을 압도한다고 분명히 밝혔다. 그리하여 재판관 전원 일치로, 12월 3일 비상계엄으로부터 123일 만에, 윤석열에게 대통령직의 파면 선고가 내려진다.

본서에는 해당 기간 내 이들 국회 회의록과 여야 입장을 담은 논평과 보도자료를 비롯해, 윤석열 탄핵 심판 선고문과 결정문 원문도 수록하였다. 특히 마지막 권인 만큼 기간 내 각 정당이 내놓은 공식 자료는 하나도 빠짐없이 모두 담고자 했고, 국회의장과 야권의 제77주년 제주 4 · 3사건 추념사, 헌법재판소법과 대통령 권한대행에 관한 법률 개정안 등 현안 관련 의안, 그리고 4일 오후 국회 본회의에서 수정 가결된, '비상계엄을 해제한 국민께 드리는 감사문' 의안 원문 역시 수록하였다.

길었던 겨울이 겨우 끝나는 듯하지만, 지난해 윤석열이 우리 사회에 남긴 잔불을 정리하고 상처를 회복하는 길은 아직도 지난할 따름이다. 바라건대 그 과정이 온전하기를, 나아가 이 책이 오늘날의 한국 사회가 과거를 기억하고, 미래로 나아가는 데 중요한 자료로 활용될 수 있길 기원한다.

한국학술정보(주)

목 차

2025년 4월 2일

잠든 뿌리를 깨우는 봄비

2025년 4월 3일

동백꽃이 묻는다

2025년 4월 4일

겨울의 끝

2025년 4월 1일

비바 라 비다(Viva la Vida)

선고기일통지

사건: 2024헌나8 대통령(윤석열) 탄핵

청구인: 국회

             소추위원 국회법제사법위원회 위원장

             대리인 법무법인(유한) 엘케이비앤파트너스 외 12

피청구인: 대통령 윤석열

             대리인 변호사 배보윤 외 21

위 사건에 관하여 아래와 같이 선고기일이 지정되었음을 알려드립니다.

일시: 2025. 4. 4. (금) 11:00

장소: 헌법재판소 대심정. 끝

– 헌법재판소, 4월 1일 대통령(윤석열) 탄핵 심판 선고기일 통지서 내용

일　시　2025년4월1일（화）

장　소　국토교통위원회회의실

의사일정

1. 12·29여객기사고 피해자 지원 등을 위한 특별법안(김은혜 의원 대표발의)(의안번호 2208585)
2. 12·29여객기참사 피해구제 및 지원 등을 위한 특별법안(이수진 의원 대표발의)(의안번호 2208613)
3. 12·29여객기참사 피해자 권리보장과 진상규명 및 재발방지를 위한 특별법안(문금주 의원 대표발의)(의안번호 2208670)
4. 12·29여객기참사 피해자 권리보장을 위한 특별법안(전진숙 의원 대표발의)(의안번호 2208672)
5. 12·29여객기참사 진상규명 및 피해자 권리보장을 위한 특별법안(서삼석 의원 대표발의)(의안번호 2208728)
6. 12·29여객기참사 피해자 지원을 위한 특별법안(권향엽 의원 대표발의)(의안번호 2209194)

상정된 안건

（10시07분 개의）

○**소위원장 이수진**　의석을 정돈해 주시기 바랍니다.

　성원이 되었으므로 제423회 국회(임시회) 제2차 피해자와 유가족 지원 및 추모사업 지원 소위원회를 개회하겠습니다.

　오늘 회의에서는 6건의 특별법안을 계속하여 심사하도록 하겠습니다.

　법안심사 방법은 소위원회 심사자료를 기반으로 하여 전문위원의 설명과 정부 측의 의견을 들은 다음에 위원님들께서 질의 토론하는 순서로 진행하도록 하겠습니다. 그리고 배석하고 계신 분이 답변을 하는 경우 원활한 회의 진행과 회의록 작성을 위하여 위원장으로부터 발언권을 얻은 후 답변하여 주시고 답변 모두에 소속·직위·성명을 말씀해 주시기 바랍니다.

　오늘 회의에는 국토교통부·보건복지부에서 차관 및 관계 공무원이 참석해 있고, 행정안전부·기획재정부·교육부·고용노동부·중소벤처기업부·법무부·경찰청·인사혁신처에서는 담당 실·국장을 비롯한 관계 공무원이 참석해 있습니다. 다만 행정안전부 재난안전관리본부장은 오늘 회의에 참석하여야 합니다마는 국무회의 참석 및 산불 대응을 위하여 참석하지 못함을 허가해 달라는 요청이 있어 이를 승인하였음을 말씀드립니다.

　그러면 의사일정에 들어가도록 하겠습니다.

---

1. 12·29여객기사고 피해자 지원 등을 위한 특별법안(김은혜 의원 대표발의)(의안번호 2208585)
2. 12·29여객기참사 피해구제 및 지원 등을 위한 특별법안(이수진 의원 대표발의)(의안번호 2208613)
3. 12·29여객기참사 피해자 권리보장과 진상규명 및 재발방지를 위한 특별법안(문금주 의원 대표발의)(의안번호 2208670)
4. 12·29여객기참사 피해자 권리보장을 위한 특별법안(전진숙 의원 대표발의)(의안번호 2208672)
5. 12·29여객기참사 진상규명 및 피해자 권리보장을 위한 특별법안(서삼석 의원 대표발의)(의안번호 2208728)
6. 12·29여객기참사 피해자 지원을 위한 특별법안(권향엽 의원 대표발의)(의안번호 2209194)

(10시09분)

○**소위원장 이수진**　의사일정 제1항부터 제6항까지 12·29여객기참사 피해자 지원과 관련한 특별법안 6건을 일괄하여 계속 상정합니다.

　전문위원 보고해 주시기 바랍니다.

○**전문위원 임종수**　전문위원입니다.

　보고드리겠습니다.

　지난 소위에 이어서 6건의 특별법안에 대해서 보고드리겠습니다.

　보고드릴 자료는 지난 소위 때 위원님들 간에, 그리고 정부 부처 의견을 다 들으시고 어느 정도 정리된 부분과 아직 조금 더 논의를 이어서 정리하셔야 할 부분들을 함께 포함해서 조문대비표 형태로 마련한 심사자료 별지 두 번째 문건으로 보고를 드리도록 하겠습니다.

　별지2의 2쪽입니다.

　보고드리는 방법은 지난 소위 때 논의를 하셨으나 모두 완전히 정리되지 못한 쟁점들 중심으로 먼저 보고를 드리겠습니다.

　2쪽에 나와 있는 제2조, 각 법안들에서 규정하고 있는 정의 규정입니다. 정의 규정 중에 다음 쪽에 나와 있는 희생자, 피해자들의 정의 중 참사로 인해 직접적인 피해를 입은 희생자, 피해자분들의 정의와 관련해서는 각 법안들이 대동소이하게 규정을 하고 있어 이를 정리해서 통합 수정의견안 형태로 표시를 해 두었습니다.

그런데 그다음 4쪽에 나와 있는 문금주 의원, 전진숙 의원, 서삼석 의원께서 발의하신 법률안에 포함되어 있는 피해구제심의위원회를 통해서 피해를 입었다고 인정받은 사람을 피해자의 범위에 포함할 것인지 여부에 대해서는 별지 두 번째 자료 9쪽에서 14쪽까지에서 나오는 피해구제심의위원회 설치 규정과 연계해서 오늘 한번 논의를 해 주실 필요가 있을 것 같습니다.

지난 소위 때는 직접적인 희생자나 피해자 외에 추가로 피해자 인정이 필요한 경우가 있을 수 있기 때문에 확대를 고려할 필요가 있다는 의견도 있으셨고 지금 현재 직접적인 희생자와 피해자 등으로 피해자들을 한정해서 규정할 필요가 있다는 두 가지 의견이 동시에 제시된 바 있습니다.

그리고 이어서 2차 가해 관련해서 보고드리겠습니다.

8쪽입니다.

8쪽의 김은혜 의원안뿐만 아니라 다른 의원님들 안도 조문 위치에 따라서, 지금 여기 표시는 안 돼 있지만 다들 공통적으로 국가와 지방자치단체로 하여금 2차 가해를 방지하기 위한 조치와 대책을 마련하여야 한다라는 규정을 포함하고 있습니다. 다만 이러한 2차 가해 방지 의무규정 외에 2차 가해에 관한 직접적인 처벌 규정을 동 특별법에 규정을 할 것인지 여부에 대해서 지난 소위 때 논의가 있었습니다. 지난 소위 때 논의를 종합하면 추후에 다른 재난이나 참사의 발생 가능성을 고려해서 현행 형법이나 정보통신망법을 개정해서 이러한 처벌을 강화할 필요가 있다라는 의견이 있으셨고 두 번째는 형법이나 정보통신망법 등에 있는 명예훼손이나 모욕 등의 죄에 대해서 해당 특별법안에서 가중해서 처벌할 수 있도록 직접 규정하는 방법, 두 가지 중에 판단할 필요가 있다라고 의견이 제시된 바 있습니다.

그리고 세 번째 보고드리겠습니다.

17쪽 보시면 상단에 문금주 의원께서 발의하신 내용 중에 피해자들에 대해서 공무원연금법에도 불구하고 피해자들에 대해서는 유족연금 전액을 지급하여야 한다라는 특례를 문금주 의원안에 두고 있었습니다. 이러한 특례에 대해서는 지난 소위에서 위원님들께서 반영하지 않는 게 좋겠다라는 정부 부처의 의견을 반영해서 반영하지 않는 쪽으로 말씀을 하셨지만 추가적으로 제시된 의견이 현재 공무원연금법이나 국민연금법에 있는 유족연금 수급권 상한에 관한 연령을 이번 특별법에서 조금 확대하는 것이 필요하지 않나라는 의견을 제시해 주신 바 있습니다. 현재 국민연금은 25세 미만까지, 공무원연금은 19세 미만까지만 유족연금을 수급할 수 있도록 규정되어 있습니다. 이러한 연령 상한을 이 특별법에서 확대하도록 규정할 필요가 있지 않나라는 의견이 제시된 바 있습니다.

그리고 바로 다음 쪽입니다.

18쪽에 이수진 의원님 안과 권향엽 의원님 안에 나와 있는 손실보상에 관한 문제입니다. 지금 각 법률안들은 이번 참사 피해 지역에 대해서 경제 활성화 및 공동체 회복을 위한 특별 지원 방안을 시행하여야 한다라는 규정을 포함하고 있는데 이 규정에 대해서는 모든 위원님들께서 다 동의하셨고 이견 없이 반영하는 걸로 말씀을 주셨습니다.

다만 18쪽에 나와 있는 여객기참사로 인해서 영업활동 제한 등으로 직접적인 손실을 입은 사람에 대한 손실보상 방안을 포함하여야 한다, 마련하여야 한다라는 규정을 특별법에 둘 것인지, 두 번째 권향엽 의원님 안처럼 무안공항 안정성 강화 및 활성화 지원 대책을 특별법에 규정을 할 것인지 여부에 대해서는 필요하다고 말씀하시는 위원님들이 계셨고 그다음에 정부부처에서는 이견이 제시된 바 있습니다.

18조까지 보고드리고 위원님들 논의하신 다음에 다시 보고드리겠습니다.

○**소위원장 이수진** 정부 측 의견 말씀해 주시기 바랍니다.

○**국토교통부제2차관 백원국** 국토부 의견 드리겠습니다.

피해자에 대한 범위는 이 사고의 특성, 그러니까……

○**소위원장 이수진** 조금 크게 말씀해 주세요.

○**국토교통부제2차관 백원국** 예. 이번 사고의 특성을 감안해서, 특정 공간에서 일어났다는 특성을 감안하고 또 유가족의 의견이나 공청회 때 나왔던……

○**전진숙 위원** 차관님, 마이크를 조금만 가까이 대 주세요.

○**국토교통부제2차관 백원국** 공청회 때 나온 전문가의 의견을 종합적으로 볼 때 피해자의 범위는 부상자 또 희생자와 부상자의 가족으로 한정하는 것이 타당하다고 보여집니다.

그리고 2차 가해 처벌과 유족연금은 각 부처에서 지금 나와 있기 때문에 의견을 고려할 필요가 있을 것 같고요.

그리고 말씀하신 손실 보상에 대한 부분도 국가가 직접적으로 영업 제한을 한 경우에 대해서는 국가가 책임이 있습니다만 지금 이것은 그런 상황으로 확대 해석하기가 곤란한 측면이 있습니다. 그래서 영업 손실 보상보다는 피해 지역에 대한 경제적 지원 방안으로 풀어 가는 것이 타당하다고 보여집니다.

그리고 무안공항 지원에 대한 조항은, 물론 무안공항을 안전한 공항으로 만들려고 각종 시설 개선이나 또 조류 충돌에 대한 예방 대책을 기발표했고 지금 추진 중에 있습니다. 그래서 그러한 대책이 지금 추진되고 있기 때문에 차질 없이 추진한다는 말씀을 드리고. 그래서 이 조항에서는 법의 목적에 맞게끔 피해자 지원에 국한하는 것이 저는 맞다고 보여집니다.

이상입니다.

○**행정안전부안전예방정책실장 김용균** 행정안전부 의견 드리겠습니다.

피해 지역을 광주·전남으로 정의하는 것은 이번 특별법안의 제정 취지와 부합하기 때문에 통합수정의견에 대해서 동의합니다.

○**고용노동부노동시장정책관 정경훈** 고용노동부 말씀드려도 될까요?

○**소위원장 이수진** 예, 말씀하세요.

○**고용노동부노동시장정책관 정경훈** 먼저 그동안 말씀을 못 드린 것에 대해서 먼저 송구하다는 말씀드리고요. 저희가 기존에 있던 다른 입법례들하고 비교를 하다 보니까 조금, 한 가지 정리해야 될 사항들이 있어서 말씀드리겠습니다.

여기 '희생자의 배우자' 부분에 보면 '사실상의 배우자를 포함한다'라는 조항이 있는데 기존의, 이전의 이태원법 같은 경우들은 피해자의 범위들을 별도로 위원회에서 결정을 했었거든요. 그런데 여기는 그런 구조가 없기 때문에 지금 배우자의 범위, 사실상의 배우자를 누가 결정할 것인가에 대해서 약간은 집행상의 논란이 있을 것 같아서 문구를, 가능한 범위 내에서 확정하는 것이 필요할 것 같아서 사실상의 배우자를 인정하는 것을 아마 뒤쪽의 추모위원회에서 결정해서 정하는 사람으로 확정하는 것이 필요하다고 의견을 드리겠습니다. 그렇지 않으면 법원의 쟁송이나 이런 쪽에서 보통은 사실상의 배우자를 다투는데 누군가가 행정처분을 통해서 이 부분을 확정해 주지 않으면 고용노동부뿐만이 아니라 다른 부분에 대한 지원 대상도 논란이 있을 가능성이 있어서 거기에 대한 의견을 드립니다.

○소위원장 이수진 뭐 다른 것, 2차 가해 관련해서도 말씀하실 거 있으신가요?

○법무부법무심의관실 이경화 법무부 의견 드리겠습니다.

2차 가해 방지 관련해서 통합수정의견안에는 국가의 2차 가해 방지 의무 규정이 들어가 있고 지금 처벌 규정은 제외된 상태인데요. 지난 회의 때 말씀드렸다시피 현행법상 양형 사유로 참작해서 가중 처벌이 가능한 점 등을 고려해서 현재 처벌 규정은 빠진 통합수정의견안에 동의합니다.

○소위원장 이수진 위원님들 의견 주시기 바랍니다.

전진숙 위원님.

○전진숙 위원 전진숙입니다.

아마 피해자 관련해서, 제2조(정의)에 관련해서 피해자에 관련된 정의에 제가 조금 더 확대했던 개념들이 있어서 고민인 것 같은데요. 일단 저도 통합조정안을 그대로 수용하는 걸로 하겠습니다.

○소위원장 이수진 잠시만요, 잠깐만. 제가 이것을 보니까 저희가 희생자와 피해자로 구분이 되지 않습니까? 희생자는 그렇게 크게 이견이 없을 것 같은데 피해자 관련해서 방금 고용노동부에서도 말씀하신 것처럼 이게 피해자의 범위를 구성하는 데 있어서 이견이 있을 수가 있어요. 뭔가 정확하게 명확하게 해야 될 게 필요한데 그래서 피해자구제 신청위원회라든지 이런 것, 전진숙 의원님이라든지 권향엽 의원님이 이렇게 제안을 해 주신 것 같은데..

그리고 세월호라든지 이태원법에도 이게 있어요. 그래서 있는 이유가 어떻게 보면 제가 처음에는 아주 이게 좀 간략하게 빠르게, 진행을 위해서는 좀 명확하게 간략하게 해 주는 게 좋겠다라고 생각을 했는데 이걸 보니…… 그리고 나중에 개정을 통해서 보완할 수도 있지 않을까 싶었는데 이것을 지금 넣지 않으면 약간 문제가 생기겠다라는 생각이 들더라고요, 오히려. 우리가 희생자를 명확하게 해 줌으로 인해서 이 피해자와 관련해서는 조금 범위를 피해구제 신청위원회라든지 이런 걸 통해 가지고 좀 해 줘야, 그렇게 좀 만들어 줘야 되지 않나 이런 생각이 좀 들어 가지고, 제가 이걸 좀 보다 보니까 정부 측에서 조금 전향적으로 생각을 해 보셔야 되는 게……

○전진숙 위원 아니 위원장님, 저 발언하고 있는데 갑자기……

○소위원장 이수진 잠시만요. 그래서 이것을 전진숙 위원님도 의견을 주시고 그러시긴 했는데 이게 다른 거랑 연결이 되는 게 있어 가지고 한번 좀 정부도 고민을 해 보셔야 될 것 같은데……

일단 전진숙 위원님, 말씀 마저 더 해 주세요.

○전진숙 위원 희생자라고 하는, 방금 이수진 위원님이 말씀하셨던 것 중에 희생자가,

제가 확대를 해서…… 그러니까 당사자인 사망한 사람 이외의 그 참사로 인해서 신체적·정신적인 피해를 입은 사람, 이외의 그것과 관련해서 사망한 사람까지 다 포함을 하겠다고 하는 것에 대한 문제 제기를 주셨기 때문에 저는 그것은 이수진 의원님 안도 그렇고 이렇게 해서 원래대로 희생자를 그 당시에 사망한 사람으로만 한정을 해서 하는 것을 수용을 하겠다고 하는 입장인 거고요.

제가 그래서 질문 하나…… 비슷한 맥락인 것 같은데요. 저는 그렇게 되면 피해구제심의위원회의 역할이 어떻게 될 건지 조금 애매한 부분은 좀 있습니다. 그런데 이후에 저희가 보면 심리 상담과 관련된 부분들에 대해서 피해자뿐만 아니라 저는 그 기타 이외의 사람들까지 심리 지원이나 이런 부분들이 다 들어가야 된다고 이야기를 좀 드렸습니다. 이 부분과 연계를 해서, 혹시 이 앞에 이렇게 규정을 어떻게 하느냐에 따라서 방금 말씀드렸던, 실은 그게 지금 심리상담 지원 문제와 연결이 되어지는 지점은 없는지 확인 한번 해 주셨으면 좋겠고요.

그리고 질문한 김에 계속하겠습니다.

제가 지난번에 말씀을 드리면서 공무원연금과 관련해서 방금 배우자만 이야기를 했는데 공무원연금법, 국민연금법 유족연금 관련해서 전혀…… 수령 연령 제한에 관련된 확대에 있어서 말씀드린 것처럼 현재 국민연금 24세, 공무원연금 18세까지 하는데 실제 청년들이 취업을 하는 나이가 있습니다. 지금은 굉장히 취업하는 시기가 뒤로 확 밀려 있는 거잖아요. 굉장히 많이 연령대가 좀 돼서 취업을 하고 있는 상황이라면 그 시기에 이 친구들이 활동을 하거나 생활을 하거나 이럴 수 있는 기반이 하나도 없는 상태인데 말씀 주신 것처럼 기존 다른 법령이 이렇기 때문에 여기 이 특별법안에서만 조정할 수 없다고 하는 의견을 혹시 주신다면 거기에 대한, 비어 있는 그 시간에 대한 대책은 혹시 갖고 계시는지 질의를 좀 드리고 싶어요.

○국토교통부제2차관 백원국 첫 번째 전진숙 위원님 질의에 대해서 현재 피해자를 만약에 한정을 하게 되면, 뒤에 말씀하셨던 사고 조사에 참여했던 사람 등등에 대한 부분에 대해서는 심리 지원이 가능하도록 지금 통합수정의견안에 반영이 되어 있는 상태입니다.

두 번째 부분에 대해서는 공무원하고 국민연금 또 인사혁신처에서 나오셨지요? 그 답변을 좀 주시지요.

○인사혁신처연금복지과장 송지연 인사혁신처에서 답변드리겠습니다.

유족분들에 대해서 개별적인 지원이 필요하다는 부분에 대해서 이견이 있는 것은 아니지만 제도를 총괄하는 입장에서 유족연금 수급 요건과 관련하여 자녀의 연령에 대해서 특별법에 특례를 둔 전례가 없고 또 일반 공무원의 유족연금 수급자와의 형평성 문제 등이 우려되기 때문에 신중한 검토가 필요함을 양해하여 주시기 바랍니다.

○전진숙 위원 기존에 다른 법안은 특례를 둔 적이 없다고 하는 것은 선례라고 하는 것이 없기 때문에 안 된다고 하는 말과 상통되는 것은 아닙니다, 필요하면 만드는 게 법인 것 같고요.

형평성이라고 이야기를 하는데 혹시 이런 경우에 형평성이 어긋나는 것을 적용하거나 문제가 되었다든가, 그전에 그런 사항은 없었습니까?

○인사혁신처연금복지과장 송지연 지금 유족연금과 관련해서는 특별히……

○**전진숙 위원** 일괄적인 처리를 하고 계시기 때문에, 그냥 형평성에 어긋난다는 이야기를 하고 계시기 때문에 이렇게 말씀드린 거고요. 그러면 위원들끼리 다시 상의를 하겠습니다.

특별법은 특별하기 때문에 특별법 아닙니까?

그리고 17페이지, 피해지역의 경제 활성화 및 공동체 회복에 관련해서 통합조정안은 '국가는 피해지역의 경제 활성화 및 공동체 회복을 위하여 피해지역의 의견을 반영한 특별지원방안을 시행한다' 이렇게 되어 있는데요.

제 안은 문화·관광이라고 하는, 그러니까 소상공인도 마찬가지고 다 그렇긴 하지마는 특별히 이번 사안에 관련해서는 문화와 관광에 관련된 사안들이 직결되어 있는 사안이기 때문에 저는 통합 조정안에 '국가는 피해지역의 문화·관광 등 경제 활성화'라고 하는 문구를 삽입하기를 요청드리는 바입니다.

이상입니다.

○**소위원장 이수진** 다른 위원님……

백선희 위원님.

○**백선희 위원** 지난번 1차 회의 때 대체로 의견을 말씀드려서 추가로 말씀드릴 부분은 많지 않습니다.

오늘 정부 측에서 말씀해 주신 것에 대체적으로 동의가 가고, 특히 고용노동부에서 배우자의 범위와 관련해서 조금 확실하게 넣어야 된다라고 하는 말에 동의를 합니다.

그다음에 현재는 사실상 배우자라고 되어 있습니다마는 배우자는 이혼과 재혼도 있고 여러 가지 사항이 고려된 것 같습니다. 아마 그런 것 때문에 말씀하신 것 같은데, 고용노동부에서 이야기한 배우자와 관련된 조금 더 구체적인 내용이 있었으면 좋겠다라고 하는 말에 동의를 합니다.

이상입니다.

○**소위원장 이수진** 이달희 위원님.

○**이달희 위원** 경제 활성화에 대해서는 전진숙 위원님 의견에 동의합니다. 제가 며칠 동안 경상북도 산불 났던 곳에 머물면서 있었는데 사실 이게 그냥 모호하게 '경제 활성화 및 공동체 회복을 위해서'보다는……

무안공항은 사실 그 공항을 매개로 해서, 공항이 없었다면 거기에서 관광업을 개업했거나 이런 분들이 많지 않을 것 같아요. 그러니까 좀 구체화시켜 줄 필요가 있다, 경제 활성화 부분에 관광업도 넣어 주고 소상공인들도 넣어서. 그건 다른 경제 부처에서 할 일들이니까, 권고 사항이니까 그렇게 구체화시켜서 법안에 담아 주면 좋겠습니다.

이상입니다.

○**소위원장 이수진** 제가 위원님들 의견을 보니 비단 목적이나 정의, 여기까지는 특별한 이견이 없으시고 희생자에 대한 정의 규정은 저나 김은혜 의원안이나 약간 차이가 있지요. 있지만 그것대로 한다면 혹여 이후에 발생하는 희생자, 피해자 범위에 규정되어 있는……

저도 이제 고민이 되기 시작했어요. 방금 이달희 위원님께서도 현장에 가서 보니 경제적인 것들이 상당히 크게, 구체적으로 지원을 한다든지 법에서 어느 정도 보완해 주지 않으면 이게 다 개인의 책임이 되는 거예요. 개인이, 그 지역에 사시는 분들이 산불에 책임이 있는 게 아니지 않습니까?

그리고 그 지역에 계시는 분들이, 그 지역에서 사업을 하시는 분들이 실제로는 무안공항 그다음에 비행기, 여행업, 관광업 다 이분들이 거기에서 그쪽 사업을 하시면서 여러 가지 어려움들을, 피해자라든지 피해 복구·지원 이런 것들을 하면서 여러 가지로……

심리 지원이라든지 이런 것들은 저희가 뒤에다가 보완할 수 있게끔 담았는데 이후에 발생하는, 그분들이 잘 극복하고 시간이 지나면서 경제가 다시 회복하고 이러면 다행인데 이런 문제들이 치명적이 돼서 폐업을 하고 가정 공동체가 깨지거나 여러 가지 문제가 생기면, 사실 여기에서 파생되는 문제들이거든요.

그런데 피해구제라든지 이런 것들이 없으면 그냥 별개가 되는 거예요. 관련해 가지고 문제가 생기고 1년 뒤든 2년 뒤든 아니면 수개월 뒤에 생기는 문제들이……

그래서 제가 아무리 생각을 해 봐도 이 문제에 대해서 정부가, 우리가 예측 가능한 일이라는 게 있어요. 그동안 여러 가지 참사가 있었고 또 코로나 팬데믹이라든지 이런 경험들이 있다 보니, 이후에 이런 위기를 잘 극복하면 다행인데 그러지 않을 경우에 이분들은 어떻게 해야 되나. 제대로 된 복지국가라면 정부가 특별법 외에 여러 가지 것들을 감안해서 지원책을 만들어야지요. 그런데 실제로 특별법에 명시하지 않으면 정부는 방안을 만들지 않아요. 그래서 이 부분에 대해서 고민을 안 할 수가 없더라고요.

그래서 이게 추모위원회에서 피해자 구제라든지 내지는 피해자분들 플러스 알파로 심리치료를 받다가 관련해서 만약에 이분들이 희생자가 되는 경우에 이 부분에 대해서는 어떻게 보완할 수 있는지, 혹시 정부에서 답이 있으세요, 대책이?

○**국토교통부제2차관 백원국** 일단 저희들은 경제활성화 방안에 당연히 문화·관광도 포함된다고 생각을 하고 있고요. 전진숙 위원님 말씀처럼 '문화·관광 등'이라 해서 그것을 포함시키는 것에 대해서는 어차피 경제활성화 방안에 포함될 내용이기 때문에 법 문안에 들어가는 것도 저는 무방하다고 판단이 됩니다.

○**소위원장 이수진** 그래서 희생자는 명확하기 때문에, 명확하지만 이후에 더 생길 수 있는 희생자를 생각했을 때—생기면 안 되겠으나—그것들에 대해서 여기 계신 누구도 확실하게 안 생길 거야라고 확신할 수 없습니다. 그렇기 때문에 피해자의 범위와 관련해서 어느 정도 피해구제위원회에서 따로 정할 수 있는 것들은 열어 두는 게 어떨까 저는 그렇게 생각을 하거든요.

차관님, 어떻게 생각하세요?

○**국토교통부제2차관 백원국** 아까 말씀드렸다시피 이 사고는 어떤 특정 제한된 공간에서 발생했기 때문에 그분들로 한정하는 것이 맞다고 보여지고. 그 외에 참여했던 분들은 사고 현장에서 같이했던 소방관·경찰관 또 국과수 등에 한정되어 있습니다. 그래서 에어사이드(air-side)에서 정말 고생하셨던 그분들은 다 공무원이기 때문에 별도 공무원 규정에서도 지원이 가능하다.

○**소위원장 이수진** 그것은 그렇게 지원이 가능한데, 아까 손실보상과 관련해서 기재부라든지 이견이 있으시잖아요.

거기에 대해서는 실제로 우리 법에서, 제가 보기에 구멍인 것 같아요. 손실보상이라든지 기타 사고와 지역과 다 연계해서 발생한 일들인데 이 부분에 대한 국가의 책임이라는 게, 직접적으로 국가가 셧다운을 지시해서 생긴 곳이 아니면 책임이나 의무가 없다고 말씀하시는 거거든요. 그런데 관련 산업들을 보면 그렇지 않은 데가 더 많기 때문에 그 부분에 대해서 어느 정도 보완을 해 주셔야, 그래야……

희생자 외 피해자와 관련해 가지고 저희가 어느 정도 열어는 놓아야지. 지금 당장 그것을 정하는 게 아니라 피해자구제위원회 이런 데서 어느 정도 열어 놓지 않으면 이게 완벽하게 되어 있지 않아요.

○이달희 위원 위원장님!

○소위원장 이수진 예, 이달희 위원님.

○이달희 위원 우리가 4·3이나 여순이나 여러 특위가 있습니다. 그것은 과거의 일이고 방대하고 이래서 피해자 그런 위원회를 만들어서 계속 신고하고 발굴하고 또 역사적인 일이니까……

또 어디 다른 데 잊혀져 있다가 하는 그런 경우는 피해자 부분이 위원장님 말씀처럼 특별하게 위원회에서 통과되고 이런 분들을 피해자로 직시할 수 있겠지만 이 부분은, 그 지역에서 같은 시간에 딱 일어난 피해자는 정확하게 우리가 앞의 검토의견처럼 이렇게 하고 오히려 경제 활성화 부분에 그 지역에 특별히 지원하는 것을 담는 게 맞지.

앞으로 있을지도 모를, 예를 들어서 피해자 중에서 이런 게 트라우마가 돼서 위원장님 우려하시는 것처럼 가정이 해체되고 이런 여러 가지 일이 있을 수가 있습니다. 그런데 그런 것을 증명하기도……

이 법에 모호하게 담으면 앞으로 여러 가지 불란의 소지가 있으니까, 우리가 전남·광주를 피해지역으로 했으니까 이 지역에 대한 경제활성화 대책을 구체적으로 넣는 것은 괜찮은데 피해자 부분을 그렇게 모호하게 넣는 것은 앞으로 더 큰 여러 가지 문제가 법적으로 있을 것 같은 생각이 듭니다.

○소위원장 이수진 이달희 위원님 말씀대로 사실 경제 활성화라든지 특별지원방안에 영업 제한된 소상공인의 손실을 포함한다든지 이런 것들로 보완한다면 사실은 보완이 어느 정도 될 것 같기는 합니다.

그래서 이 부분은 이렇게 연계가 되기 때문에 경제 활성화 및 공동체 회복 지원에 어느 정도 담아 주시면 그 앞에 피해자의 범위에 대해서 우리가 명확하게 끊고 갈 텐데 뒷부분이 그렇다 보니까 자꾸 다시 앞으로 돌아가는 거예요, 그러면 구제위원회가 있어야 되는 것 아닌가라고.

그래서 이 부분은 기재부에서 의견을 주셔야 될 것 같아요. 그래야 저희가이 앞의 범위에 대해서 정리를 할 수 있을 것 같습니다.

○기획재정부국토교통예산과장 최용호 기재부 입장에서는 문화·관광 등으로 영업 손실을 입으신 피해지역의 분들에 대해서는 안타깝게 생각하는 부분은 있지만 저희들은 여러 가지 자연재해라든가 천재지변이라든가 이런 것들로 인해서 발생하는 부분은 가급적이면 보험 영역에서 커버되는 게 맞는 것 같고.

아시겠지만 피해자분들에 대한 보상도 충분하지 않은 상태에서, 가급적이면 그 돈을 피해자를 위해서 집행하는 게 우선순위가 더 높은 것 같고요. 영업 손실로 인해서 발생한 부분까지 재정이 들어가 가지고 취급을 하는 것에 대해서는 좀 우려를 표명하는 입장입니다.

○소위원장 이수진 기재부는 그렇게 우려를 안 했던 것들, 비용이 더 발생하는 것들에

대해서는 그렇게 생각할 수 있겠으나 이런 피해가 발생하고 그것으로 인해서 주변에 여러 영향을 미치는 것들까지 고려해서 사실 정부가 대책을 내놓아야 돼요. 대책을 안 내놓으시니까 저희가 지금 특별법을 만들려고 이 자리에 모여 있는 겁니다.

어쨌든 이 부분은 넘어가고……

○**국토교통부제2차관 백원국** 저……

○**소위원장 이수진** 예, 차관님.

○**국토교통부제2차관 백원국** 참고로 한 말씀 드리면, 세월호 같은 경우에 세월호 문안도 거의 비슷합니다. 그래서 세월호 사례를 보면 총 15개 사업에 대해서 지원해 준 사례가 있습니다. 거기에 문화보호사업도 있는데 말씀하셨던 관광업계에 대해서 지원사항을 보니까 빠져 있습니다. 그런데 다행히도 지금 현재 문체부에서, 문체부장관께서도 그 지역에 내려가서 간담회도 개최를 하면서 관광진흥기금에 대한 융자 부분에 대해서 상한을 연장한다든지 또 금리를 인하한다든지 그러한 조치를 이미 취했습니다.

그래서 제가 볼 때는 아까 전진숙 위원님 말씀처럼 문화·관광에 대해서 강조를 하실 것 같으니까 그 문안을 넣고 경제활성화 대책에 그런 내용들을 포함할 수 있도록 입법이 되면 앞으로 정부가 노력을 하도록 하겠습니다.

○**소위원장 이수진** 알겠습니다. 그러면 그 정도로만 담는 것으로 하고 넘어가겠습니다.

다음, 전문위원 보고해 주시기 바랍니다.

○**전문위원 임종수** 이어서 22쪽, 치유휴직 부분 보고드리겠습니다.

각 제정법률안들은 공통적으로 피해자에 해당하는 근로자에게 치유휴직을 허용하도록 하는 근거 규정을 모두 마련하고 있습니다. 다만 치유휴직을 신청할 수 있는 기한을 1년으로 할 것인가 3년으로 할 것인가의 부분 그리고 치유휴직의 기간을 6개월 이내로 할 것인가 1년 이내로 할 것인가에 관해서 지난 소위 때 논의가 있었습니다. 이 부분은 고용노동부에서 검토한 의견을 다음 소위 때 확인하고 계속 논의하시는 거로 말씀하신 바 있습니다.

두 번째, 24쪽의 교육비 지원 부분입니다.

역시 교육비 지원 부분도 대부분의 법률안에서 모두 근거 규정을 마련하고 있습니다만 '교육비를 누구에게 지원할 것인가' 지원 대상에 관한 부분과 '언제까지 지원할 것인가' 지원 기간에 관한 부분은 이번 소위에서 논의하셔서 결정하실 필요가 있는 것으로 보입니다. 이 부분에 대한 교육부의 의견 역시 다음 소위 때 확인하시는 걸로 논의하신 바 있습니다.

여기까지 보고드리겠습니다.

○**소위원장 이수진** 정부 의견 주시기 바랍니다.

○**고용노동부노동시장정책관 정경훈** 고용노동부에서 말씀드리겠습니다.

저희들이 원칙적으로는 1년 이내 6개월이기는 한데 일단 위원님들의 여러 우려들을 반영을 해서 조문에 대한 의견을 드리도록 하겠습니다.

다만 기본적으로 모든 재난이 그간 1년과 6개월에 대한 원칙을 지켜 왔기 때문에 그 원칙은 지키되 필요한 경우에 확대할 수 있는 여지를 드리면 어떨까 싶어서 지금 김은혜 의원안 기준으로 보면 12조입니다. 12조 1항, 2항이 있는데 항을 하나 신설해서 제1항 및 제2항에도 불구하고 의사 소견서 등에 따라 지금 조문이 정해져야 하는데 '몇몇 조 몇

항에 따른 참사 피해 지원 및 희생자 추모위원회에서 심의·의결한 경우 이 법 시행 이후 3년 이내의 범위 내에서 치유휴직을 6개월 이내의 기간을 추가할 수 있다' 이 정도 문구로 하게 되면 기본 원칙도 지키면서 치유휴직이 추가적으로 필요한 부분에 대해서는 허용할 수 있을 것으로 판단됩니다.

이상 말씀드리겠습니다.

○**소위원장 이수진**　위원님들 의견 주시기 바랍니다.

아, 다음 것 또 교육부……

○**교육부학생건강정책국장 이해숙**　교육부 관련해서 검토의견 드리겠습니다.

교육부 학생건강정책국장입니다.

교육부의 교육비는 세 가지 파트로 구성이 되어 있습니다. 영유아, 초·중등, 고등교육, 대학입니다.

먼저 초·중등 관련해서 의견을 드리면 저희가 좀 두텁게 지원하기 위해서 현재 재학 중일 뿐만 아니라 미취학 아동까지 지원 대상으로 포함하는 안을 초·중등 부분에서는 검토하겠습니다. 다만 위원님들께 미리 설명드린 것처럼 초·중등은 이미 무상교육이 실시되고 있기 때문에 사립학교 정도가 추가 지원 대상이 될 것 같습니다. 영유아하고 고등 부분은 각 소관 파트에서 추가로 말씀드리겠습니다.

○**교육부영유아재정과장 이승묵**　교육부 영유아재정과장 이승묵입니다.

영유아 파트는 보육료가 이미 무상으로 다 지원되고 있기 때문에 그 외에 저희가 흔히 말하는 특별활동이나 체험비 같은 것들이 있습니다. 그래서 1호나 2호에 나와 있는 것처럼 어린이집과 유치원 이용에 대한 것들은 그대로 지원을 하고요. 보육료는 굳이 조문에 들어가지 않아도 입학금·수업료 등에 포함되기 때문에 그렇게 해서 지원이 가능할 걸로 보고 있습니다.

이상입니다.

○**교육부평생직업교육정책관 최창익**　교육부 평생직업교육정책관 최창익입니다.

지난주에 좀 적극적으로 지원에 대해서 검토해 달라는 말씀을 주셨습니다. 그래서 저희가 내부 검토를 해서 지난주까지의 안은 김은혜 의원님 안으로 해서 참사 당시라는 단어가 돼 있습니다. 그래서 그걸로 하면 현재 지금 1년간 지원하는 걸로 됩니다. 그렇지만 이번에 좀 범위를 넓혀서 참사 당시라는, 사고 당시라는 표현을 삭제하면 이수진 의원님, 전진숙 의원님, 권향엽 의원님의 고등교육 관련 조항은 수용 의견을 드릴 수 있을 것 같습니다. 그래서 4년을 지원할 수 있을 것 같습니다.

다만 여기서 4년을 전액 지원하는 것에 대해서는 저희가 1년은 전액 지원을 하고요, 현재하고 동일하게. 2학년·3학년·4학년에 대해서는 저희가 소득 수준에 따라서 현재도 국가장학금을 지원하고 있기 때문에 이 부분에 대해서는 현재 일반 학생들하고 다르게 좀 완화된 기준으로 예를 들면 전체 200만 명 중에 100만 명이 8구간 이하 학생들입니다, 기초생보자 포함해서.

거기에 8구간이 350만 원을 지원하는데 예를 들면 8구간이나 7구간에 들더라도 등록금 전액 지원하는 이렇게 2배를 지원하는 걸로 저희가 생각하고 9구간, 10구간이 제일 마지막이고 제일 부유층입니다. 그래서 9구간은 100만 원, 10구간은 지원하지 않고 있는 현재 상태인데 등록금 50% 지원하는 걸로 저희가 2학년·3학년·4학년 좀 적극적으로 검토했습니다.
　이상입니다.
○**소위원장 이수진**　위원님들 의견 주시기 바랍니다.
○**백선희 위원**　일단 고용노동부에서 적극적으로 검토를 해 주셔서 감사하다라고 하는 말씀드리겠습니다. 그래서 말씀하신 대로 원칙은 지키면서 실질적으로 필요한 사람은 저희 위원님들이 제안한 3년에 1년이 가능하기 때문에 바람직하다고 생각이 듭니다. 그리고 신속하게 추진을 해 주신다라고 해서 감사드립니다.
　교육비 지원과 관련해서도 교육부에서 전향적으로 검토를 해 주신 것 같습니다. 감사드리고요. 영유아와 관련해서는 지금 무상보육·교육을 하고 있기 때문에 그 부분을 삭제한다라고 하는 것은 현재 제도가 그렇게 되어 있어서 그것도 적합하다라고 생각이 듭니다.
　그리고 조금 전에 말씀하신 대학등록금 관련해서도 전향적으로 검토해 주셔서 감사드리고요. 아시다시피 지금 대학등록금이 국가장학금이 있기 때문에, 아까 구간 설명도 해 주시지 않으셨습니까? 그래서 제가 보기에는 대학교 1년은 전액 그리고 2·3·4학년은 기존의 등급을 고려하겠다라고 했는데 대학교 1년을 전액 지원을 한다고 하더라도 우리 예산에서 전액 지원을 하는 것보다 일단은 국가장학금으로 지원을 받고 그리고 차액을 전액을 지원하게 되면 결과적으로 전액 지원이 되거든요.
　그래서 그런 방법도 어떨까라고 말씀을 드리는 이유가 우리가 그렇게 해서 이 예산을 사용할 수 있는 것을 조금 줄인다라고 하면 다른 쪽에 또 활용할 수 있을 것 같습니다. 기존의 제도를 충분히 활용하는 것이 바람직하다라고 생각이 들고 그리고 9등급이나 10등급 같은 경우에도 적절하게 교육비를 지원해 주셔서 잘 검토를 해 주셨다라고 생각을 합니다.
　감사드립니다.
○**소위원장 이수진**　전진숙 위원님.
○**전진숙 위원**　먼저 15세 미만 희생자에 대한 특별지원금, 20페이지인데요. 지금 통합 조정안에 '지급할 수 있다'라고 하는 임의규정을 가지고 있는 부분에 대해서는 저는 '특별지원금을 지급하여야 한다'라고 하는 걸로 강행규정을 했으면 좋겠다는 의견 드립니다.
　그리고 두 번째로 21페이지 심리상담 등 지원에 관련된 부분에 통합 조정안, 일단 전문위원님 보시면 '국가등은 피해자, 구조·복구·치료·수습 및 조사 등에 참여한 사람의 심리적 안정과' 이렇게 쭉 나가고 있는데 제가 계속 말씀을 좀 드리지만 이분들 이외에도 실제로 자원봉사자들, 현장에 왔던 취재진들이 되게 심각한 트라우마를 갖고 있는 게 사실입니다. 그래서 이 문구를 '국가등은 피해자 구조·복구·치료·수습·자원봉사 및 취재 등에 참여한' 이렇게 문구를 수정하기를 제안드리고요.
　한 가지 제가 말씀…… 전체적으로 아까 치유휴직과 관련해서는 3년 이내 그리고 이렇게 6개월 6개월 더 연장해서 1년을 하시겠다고 하신 거지요?
　죄송합니다. 제가……
○**백선희 위원**　3년, 1년을 다 수용을 해 주겠다라는 의미인 거지요.
○**전진숙 위원**　감사합니다.
　그런데 교육비하고 관련해서는 제가 약간 좀 다른 이견이 있어요. 그것 설명을 좀 주셨으면 좋겠는데 1학년 때는 전액을 하고, 대학등록금 말씀드리는 겁니다. 2학년에서 4학년까지는 기존에 있었던 국가장학금에 대한 지원 구간을 그대로 적용을 하되 여기에 해당되는 학생들에 대해서는 전액을 하겠다고 이렇게 말씀을 주셨는데 혹시 9~10구간까지가 되면은 어떻게 되는 겁니까? 50%지요. 왜냐하면 재산이 많다고 그래서 지금 대학교 다니는 아이들이 부모가 안 계시잖아요. 실질적인 경제활동을 할 수 있는…… 그냥 자산의 규모를 보는 거잖아요.

그런데 실제적인 부모가 없는 상태 속에서 또 다른, 생계가 유지가 되거나 이런 부분들은 안 될 건데 기존에 있는 자산이나 이걸 감안해서 구간을 정하실 거예요. 그렇게 되면 이 친구들이 재산이 있다고 하는 이유만으로 실제 장학금 대상자로부터 남들은 100%를 다 받고 전액을 다 받는데 50%만 받는 것에 대해서는 약간 저는 부당하다고 생각을 해서 그냥 전체 4학년까지 전액을 지원하면 어떨까 싶은데요. 그것에 관련해서 의견 주시기 바랍니다.

제가 혹시 이해를 잘못하고 있으면 말씀 주셔도 돼요.

○교육부평생직업교육정책관 최창익 아닙니다.

9구간을 예를 들면 9구간이 저희가 지금 절반 50% 정도 지원, 9구간·10구간을 50% 정도 지원하겠다, 2·3·4학년. 이렇게 말씀드렸는데 9구간이 23년 1학기 기준으로 월수입이 640만 원을 기준이 됩니다. 그리고 재산은 4억 6000 정도가 됩니다. 그렇기 때문에 지금 현재 올해 처음으로 100만 원이 지급되기 시작했는데요, 9구간이. 100만 원을 지원하고 있거든요. 작년까지는 없었고요. 작년까지는 8구간까지였고요.

그래서 저희가 9구간·10구간에 대해서도 2·3·4학년 전액에 대해서 고민을 한 건 사실입니다. 전액에 대해서 고민을 했었는데 지금 소득에 따른 국가장학금 배정 이것에 대한 대원칙이 좀 있었기 때문에 저희가 최대한 위원님들 말씀을 반영하면서 구현할 수 있는 방법을 모색하다가 8구간까지는 전액 지원, 9구간·10구간은 50% 지원으로 이렇게 좀 설정을 해서 오늘 보고를 드린 겁니다.

○전진숙 위원 그렇게 말씀하신 것에 대해서 이해는 하는데 전제라고 하는 게 방금 말씀 주신 것처럼 국장을 주는 데 있어서 실제로 소득이라고 하는 걸 보고 있는 거잖아요. 저희가 이 논의를 시작을 할 때는 실제 부모가 돌아가시면서 실질적인 소득 활동이 불가하다고 하는 것에 전제를 놓고 전체 학생들에 대해서 전액 장학금을 주자라고 이야기를 한 건데 어떤 분들은……

방금 말씀하신 건 모르겠어요. 실제로 9구간과 10구간에 해당되는 사람이 있는지는 잘 모르겠습니다. 그것 혹시 조사가 된 게 있나요?

○교육부평생직업교육정책관 최창익 현재 재산 조사는 안 돼 있고요.

○전진숙 위원 그렇지요? 그러면 전제 자체가 좀 달라져야 된다라고 하는 생각을 해요. 실제 경제활동을 할 수 있는 부모가 생존하지 않음으로 인하여 이 친구들에게, 자녀들에게 장학금을 주자고 하는 이 전제가 깔려 있는 건데 부모가 존재하지 않는 상태 속에서 소득이 없다라고 하는 전제가 어디는 적용이 되고 되지 않는 이런 상태는 저는 맞지 않다고 판단하기 때문에 다시 재고를 해 주시면 좋겠습니다.

○소위원장 이수진 혹시 방금 말씀하신 자산 규모 4억 이상, 월수입 640만 원이라고 그러셨나요? 그게 9구간?

○교육부평생직업교육정책관 최창익 예.
○소위원장 이수진 그래서 거기서부터는 절반 정도를 장학금을 지급할 수 있다. 그런데 그러면 대체로 그 아이들의 조건이 월수입이 없을 가능성이 크지 않습니까?
○교육부평생직업교육정책관 최창익 예.
○소위원장 이수진 자산은 좀 있을 수 있어도 월수입은 없을 텐데 그러면 둘 중의 하나라도 충족이 안 되면은 장학금이 다 지급이 되는 건가요?
○교육부평생직업교육정책관 최창익 일단은 저희가 이거는 평균치로 재산하고 소득을 본 거기 때문에 방금 말씀하신 대로 한쪽으로 이렇게 쏠려 있는 경우에는 그건 또 좀 살펴봐야 됩니다.
○소위원장 이수진 그래서 지금 우려하는 게 우리가 보기에는 자산은 있을 수가 있어요, 보험금이라든지 뭐 이런 게. 그런데 월수입은 사실 굉장히 없거나 힘들 수가 있어서 그렇게 되면 구간이 떨어지니까 그러면 밑에 구간으로 떨어지게 되면 전액 장학금이 나올 수 있잖아요. 그렇지요?
○교육부평생직업교육정책관 최창익 예.
○소위원장 이수진 그래서 그것을 좀 그런 특수성이 있기 때문에 그 부분에 대한 고려를 조금 해 주시면 이것도 충분히 우리 교육부가 그래도 좀 전향적 방안을 마련하시려고 노력한 것 같은데 그것에 대해 체크를 한번 해 봐 주시면 좋을 것 같습니다.
○교육부평생직업교육정책관 최창익 제가 지금 현재 결정할 수는 없을 것 같고요. 돌아가서 내부 논의를 다시 한번 해 보고 또 보고드리겠습니다.
○소위원장 이수진 사실 오늘 저희 두 번째 소위인데 이거를 좀 빠르게 결정을 하면 좋긴 해요. 그래서 이거를 한번 좀 알아는 봐 주시면 좋겠어요. 제가 지금 여쭤보는 게 월 개인 소득이 없을 가능성이 큰데 그 기준만 좀 물어보는 거잖아요. 두 개 다 충족을 할 경우에 그런지, 하나라도 충족이 안 되면 장학금 지급이 가능한지 그거는 금방 알아보실 수 있으실 것 같은데……
○교육부평생직업교육정책관 최창익 예, 그거는 확인해서 바로 알려 드리고요.
○이달희 위원 소득 없고 재산 많은 경우.
○교육부평생직업교육정책관 최창익 9구간·10구간 이쪽으로 지금 가능한지 여부는 좀 내부 논의가 필요한 사항입니다.
○소위원장 이수진 그러니까 지금 9구간·10구간 전액 다 해 줘야 된다 이 말씀을 전진숙 위원님이 주셨는데 제가 생각하기에 실질적으로 이거를 받게 해 주는 게 중요하기 때문에 실제로 소득 수준이, 특히 월 소득 수준이 떨어질 경우에는 당연히 구간이 떨어지기 때문에 장학금을 다 받을 수 있지 않겠냐.
○백선희 위원 거의 받게 됩니다.
○소위원장 이수진 그래서 제가 그걸 물어보는 거예요. 그 앞의 부분은 만약에 제가 물어보는 2개 다 하나라도 충족하면 못 받습니다 이러면 전진숙 위원님 말씀하신 대로 그 위의 구간도 좀 더 더 교육부가 반영해라 이렇게 되겠지만 그게 아니라면……
  그거는 금방 확인하실 수 있는 거잖아요?
○교육부평생직업교육정책관 최창익 예, 확인해서 말씀드리겠습니다.
○소위원장 이수진 이달희 위원님.

○**이달희 위원** 고용노동부에 제안 좀 하겠습니다. 여기 보면 '의사 소견서 등에 따라 위원회에서 결정한 경우' 이렇게 돼 있거든요. 그냥 이걸 좀 간소화해서, 우리가 그 전의 통계를 보면 이걸 다 쓰는 사람도 별로 없고 이 정도 되면 아주 심각한 경우의 어쩌다 한두 명, 거의 없을 수 있습니다. 그런데 이런 경우 위원회에 나가서 전문적이지 않은 사람들 또 심의 절차를 어떻게 할지 모르는데, 그냥 아주 짧게 간명하게 '의사 소견서 제출로 연장할 수 있다' 이렇게 하면 어떨까 싶습니다.

특별히 이렇게 두 단계를 거쳐야 하는 이유가 있습니까?

○**고용노동부노동시장정책관 정경훈** 저희들 같은 경우는 과거, 다른 입법례 같은 경우는 구제심의위원회가 있어서 사실은 지원의 수준이라든지 기간이라든지 이런 것들을 다 정하게 돼 있거든요. 그런데 이걸 저희 공무원들이 개인의 어떤 재량권으로 판단하게 되면 여러 가지 서로에 대한 쟁점이라든지……

○**이달희 위원** 대한민국 의사가 심리 진단을 해서 이 사람은 한 6개월쯤 더, 플러스 6개월 해 주는 부분이잖아요. 그렇지요?

○**고용노동부노동시장정책관 정경훈** 예.

○**이달희 위원** 그래서 작업장으로 돌아가는 것보다는 6개월 정도는 더 심리치료가 필요하다 이런 의사가 제출하는 소견서를 누군가 또 판단해야 될 이유가 있는지 그걸 여쭤보는 겁니다.

○**고용노동부노동시장정책관 정경훈** 그 부분은 제가 지금 바로 답변을 드리기는 어렵고 한번 검토해 보도록 하겠습니다.

○**이달희 위원** 우리가 절차를 너무 까다롭게 하면 오히려 이런 부분에 장애가 생겨서……

의사 소견서 내면 나는 6개월쯤 더 치유휴직을 할 수 있는데 또 위원회에 제출하고 거기 나가서 내가 또 뭔가 얘기를 해야 되고 이런 불안정, 불안정하기 때문에 의사 소견서가 나올 거라고 생각하거든요. 그래서 의사 소견서를 믿고 '의사 소견서를 제출할 경우에는 6개월 더 할 수 있다' 이렇게 정리하면 오히려 깔끔하고.

이런 경우 거의 없기를 바라고 또 없을 거예요, 그동안 우리가 이태원이나 이런 데 치유휴직 쓴 걸로 봐서는. 그런데 이렇게 절차를 복잡하게 놔두면 어쩌다 생기는 한두 명이 굉장히 좀 불편함을 느끼겠다 이런 생각이 듭니다.

이상입니다.

○**소위원장 이수진** 고용노동부에서 추모위원회나 이런 위원회에서 그런 결정을 해야 된다라는 조항이 꼭 들어가야 되는 건 아니지요?

○**고용노동부노동시장정책관 정경훈** 그러니까 제 말씀은 아까 말씀드렸듯이 만약에 치유휴직을 하게 되면 전체적인 어떤 절차나 이런 것들, 그다음에 내용, 수준 이런 것들을 사실은 저희들이 재량권으로 정하기보다는 다른 입법례들을 보면 구제위원회에서 다 결정하게 돼 있거든요.

그래서 그런 부분들을 그렇게 정하도록 한 거는 제가 알기로는 지원 내용들에 대한 어떤 일관성이라든지 다른 부처나 다른 지원들 이런 것들을 전체적으로 망라해 봤을 때 이 부분들에 대한 수준을 하고자 이렇게 정한 걸로 제가 알고 있습니다. 그래서 그런 것을 감안해서 제가 그렇게 제안을 드렸던 거고, 저희들이 그 부분에 대해서는 전체적인 논의

사항들을 보면서 주신 말씀을 다시 한번 검토해 보도록 하겠습니다.

○**백선희 위원** 이달희 위원님께서 말씀해 주신 취지에는 저도 깊이 공감을 하고요. 이게 의사 소견서를 본 다음에 다시 위원회에서 추가로 결정한다라고는 저는 읽히지 않았거든요. 그런 부분이 우려될 수 있는데, 아마도 이게 고용노동부에서 이 휴직을 주게 되면 어느 기관에인가 통보를 해야 되는 것 같습니다. 행정적인 절차가 아닐까 싶습니다. 그래서 이달희 위원님께서 말씀해 주신 대로 두 번 진단하는 것이 아니라 의사 소견서를 받으면 나중에 행정적인 절차로 필요한 경우에 위원회에서 의결을 하시면 되지 않으실까 싶습니다.

그리고 아까 전진숙 위원님이 말씀해 주신 거에 동의한다라고 하는 말씀을 드리고 싶은데요. 21페이지에 나와 있는 구조·복구·치료·수습에 자원봉사하고 취재를 넣자라고 하는 말씀을 해 주셨는데 실제로 제가 현장에 가서도 자원봉사가 가벼운 자원봉사를 하는 경우도 있지만 사실은 수습 과정에 참여하신 자원봉사자분들도 계셨어요. 그리고 취재하시는 분도 마찬가지로 저도 그 어려움을 들었기 때문에 이 부분은 전진숙 위원님이 말씀하신 부분을 반영을 하면 어떨까 말씀드립니다.

○**소위원장 이수진** 차관님, 방금 말씀하신 대로 취재하시는 분이나 자원봉사 분들 이분들에 대해서 이 법안에, 여기 '등'도 있기는 해요. 그런데 이 '등'에 그분들이 포함이 되는지는 명확하지 않아요. 그러면 이거를 보완할 수 있는 방법이 뭐가 있습니까?

○**보건복지부제1차관 이기일** 사실 제가 지금 보니까 여러 분들이 이렇게 의견을 주셨는데요. 다른 분들은, 김은혜 의원님 이수진 의원님 같은 경우에는 치료·수습·조사까지만 되어 있고요. 전진숙 의원님께서 자원봉사하고 취재가 또 추가로 되어 있습니다.

그래서 저희는 조문 구성을 하면서 가급적이면 모든 분들을 다 포괄시키면 좋겠다라고 생각을 하고 있었고요. 그렇기 때문에 사실은 여기 있는 것이 예를 들면 복구·치료·수습·조사만 포함되는 열거가 아니고 '등'을 포함해 가지고 여기 말씀 주셨던 것처럼 자원봉사라든지 취재도 포함되는 개념으로 조문 구성이 된 것입니다. 사실은 모두가 다 포함돼서, 저희는 그때 현장에서 여러 가지 구조 활동도 하고 했지만 또 저도 가봤지만 자원봉사한 분도 되게 많이 계시거든요.

○**소위원장 이수진** 그러면 '자원봉사·취재 등'이라고 이렇게 두 가지를 추가해도 상관은 없는 거지요?

○**보건복지부제1차관 이기일** 저도 고민을 해 봤는데요. 이게 어느 정도 일반성은 있어야 되기 때문에 사실은 '자원봉사 등'까지 하면 되지 않나 싶습니다.

○**소위원장 이수진** 자원봉사 등.

○**보건복지부제1차관 이기일** 예, 그러니까 지금 보게 되면 '수습 및 조사, 자원봉사 등'까지 하게 되면 취재까지도 다 포함되는 그런 개념이거든요. 지금 여기에서 속기록에 남겨서 명확하게 말씀드리면 더 뜻을 받드는 것 같습니다.

○**전진숙 위원** 제가 한 마디만 하겠습니다.

○**소위원장 이수진** 말씀하세요.

○**전진숙 위원** 그렇게 해도 전체에서 개념이 포괄이 좀 되는데, 제가 참사 이후에 기자들을 되게 많이 만났어요. 정제된 형태의 기자협회에 소속되어 있는 기자님들이신데 늘 현장에 그분들은 가장 먼저 달려가요. 방송사도 언론이 가지고 있는 특성상 그럴 수밖에

없다고 할지 모르나 그분들이 그 현장에 대한 여러 가지의 증거물들도 만들어 내고 이런 노고가 있으신 거잖아요. 그 사건에 대해서 많은 사람들에게 알려서 같은 공감대를 형성하고 또 어떤 부분은 지원을 할 때 그 지원의 역할을 하는데 늘 그들은 소외가 되어 있어요. 그냥 당연히 하는 거라고 생각을 하는데 그 개인들이 가지고 있는 삶의 트라우마라고 하는 게 되게 많으신 것 같아요.

그래서 제가 이걸 기어이 넣자고 하는 것은 우리 사회가 언론에 대해서 여러 가지의 비판도 하고 동의도 하고 이렇게 하고 있지만 그 현장에 그들도 있었다고 하는 것들에 대해서 명확하게 해 주는 건 저는 필요하다고 생각을 하기 때문에 큰 무리가 없으면 차관님, 담고 가시지요.

이상입니다.

○**이달희 위원** 차관님 저도 한 말씀 드리겠습니다.

법에 이렇게 담겨 있으면 현장감을 중요시하는 언론사 전체에서 현장에 나가 있는, 현장에 주로 젊은 기자들이 나가지요, 그 기자들의 삶이나 복지나 이런 부분도 좀 체킹을 하고 갈 것 같아요.

그렇지 않으면 조직이라는 게 밑에서 법적으로 이렇게 쓸 수 있는 거하고 그냥 '등' 속에 숨겨져서 당당하게 못 쓰는 그런 부분하고의 차이가 아닐까 싶은데요.

○**보건복지부제1차관 이기일** 알겠습니다. 제가 여기 있는 모든 위원님께서, 그때 무안공항에 가보면 특히 올라가는 계단에 많은 취재진들이 계시고 현장에도 많은 분들이 고생 많이 하셨거든요. 그래서 사실은 이 법적 체계에서는 '등'이라고 예시로 하면 맞는 것 같기는 합니다만서도 우리 여야 위원님께서 다 이렇게 말씀을 하신다고 그러니까 저희도 '취재 등'까지 수용하도록 하겠습니다.

○**소위원장 이수진** 차관님 감사합니다. 우리 위원님들이 삶의 현장에서 너무나 치열하게 생활하시고 또 그런 인연으로 국민들을 위해서 국회에서 봉사하시고자 하시기 때문에 아무래도 현장 상황에 대해서 이렇게 계속 말씀을 드립니다. 수용해 주셔서 감사합니다.

○**고용노동부노동시장정책관 정경훈** 고용노동부 말씀드려도 될까요?

○**소위원장 이수진** 예, 말씀하십시오.

○**고용노동부노동시장정책관 정경훈** 빠른 논의를 위해서 35페이지 보면, 죄송합니다. 36페이지입니다. 추모위원회 보면 2항의 1호에 '생활지원금·심리상담·교육비 등 지원'이렇게 돼 있거든요. 죄송하지만 거기다가 '치유휴직'을 명문화해서 넣어 주시고요.

○**소위원장 이수진** 어디요?

○**고용노동부노동시장정책관 정경훈** 저희가 3년으로 하는 것은 심의위원회, 다만 다른 거에 대한 치유적인 전반적인 것은 여기서 결정하도록 좀 해 주시고……

○**소위원장 이수진** 어딘지 정확하게 한번 말씀하시지요.

○**고용노동부노동시장정책관 정경훈** 통합 수정의견안의 36페이지, 땡땡 조라고 돼 있는 것의 2항의 1호.

○**전문위원 임종수** 위원님들 전문위원입니다. 35쪽입니다.

○**소위원장 이수진** 35쪽이지요?

○**전문위원 임종수** 35쪽의 지원·추모위원회 설치 규정의 하단 보시면 2항에 지원·추모위원회의 심의 사항이 열거돼 있습니다. 첫 번째 1호가 '생활지원금·심리상담·교육비 등

지원, 공동체 회복 지원' 이렇게 돼 있는데 여기에 고용부에서는 '심리상담·교육비·치유휴직' 이렇게 치유휴직 단어를 넣자는 의견으로 보입니다.

○**고용노동부노동시장정책관 정경훈** 예, 맞습니다. 거기다가 하나 넣어 주셔서 전체적으로 치유휴직에 대한 기본적인 지원을 한번 정할 수 있도록 해 주시고요. 말씀 주신 대로 이 사안에 대해서는 위원회를 거치지 않고 의사 소견에 따라서 그냥 하는 걸로 정했으면 좋겠습니다.

다만 의사 소견이 좋은지 의사 진단서가, 제가 현장에서 약간 다른 걸로 알고 있는데 그 문구들은 저희들이 한번 검토를 해서 그 절차들은 간명하게 바꾸도록 하겠습니다.

○**소위원장 이수진** 그거는 소견서로 해 주세요.

○**고용노동부노동시장정책관 정경훈** 소견서로 하는 게 나을까요?

○**소위원장 이수진** 워낙 소견서라고 저희 첫 안이 그렇게 돼 있으니까.

○**고용노동부노동시장정책관 정경훈** 예, 알겠습니다. 그러면 그렇게 좀 부탁을 드리겠습니다.

○**소위원장 이수진** 그렇게 하시면 좋을 것 같습니다.

더 질문 없으시면 전문위원님……

○**국토교통부제2차관 백원국** 지금 하나 더 짚어야 될 사항이 있습니다. 15세에 대한 특별지원금, 그거 기재부에서 말씀하시려고 그러는 거지요?

○**소위원장 이수진** 그거 의무규정으로 바꾸자는 의견……

○**기획재정부국토교통예산과장 최용호** '취재 등'을 넣어도 그 부분에 저희들이 적극적으로 반대하거나 그런 의견은 아닌데요. 다만 참고사항으로 같이 고려해 주셨으면 하는 부분이 있는 게 경찰·소방·해경 같은 경우는 직업적 특성 때문에 심신수련원이라든가 아니면 심리치료 같은 거를 제도화해 가지고 조직 차원에서 지원을 하는 제도가……

○**소위원장 이수진** 그게 아니라 15세 미만, 15세 미만 지원하는 거 의무조항으로 '지급할 수 있다'를 '지급한다'로 바꾸는 거요. 그거 지금 저희가 논의하고 있었어요.

○**국토교통부제2차관 백원국** 위원장님, 그거 넘어가기 전에 기재부에서 별도로 또 그 전에 얘기를 좀……

○**기획재정부국토교통예산과장 최용호** 말씀 하나 드릴 게 있습니다.

○**국토교통부제2차관 백원국** 결론을 좀 말씀, 의견을 드리고 싶어서 하는 겁니다.

○**소위원장 이수진** 하실 얘기가 있으시다고요?

○**기획재정부국토교통예산과장 최용호** 예.

○**소위원장 이수진** 말씀하십시오.

○**기획재정부국토교통예산과장 최용호** 소방·해경·경찰 같은 경우는 항상 재난 현장에 있다 보니까 심각한 현상을 보게 되고 그러다 보니까 조직 차원에서 심신수련원이라든가 심리치료 같은 것들을 제도화해서 잘 운영이 되고 있습니다.

그리고 다른 사회 전반적인 분야에서도 사회 병리 현상으로서 심신에 대한 불안정성이 사회 문제화가 되니까 각 회사들도 지금 심리치료 같은 것들을 제도화해 나가고 있거든요. 그러면 언론사 같은 경우도 직업 특성상 현장을 많이 들여다보게 되니까 그런 심리치료가 제도화되어 가는데 무안 사고에 대해서만 이걸 지원을 해 주는 그런 조항을 두는 게 어떻게 보면 언론 회사들이 심리치료를 제도화를 해 나갈 건데 무안공항만 이런 거를 하는 게 과연 전체 방향과 맞는지 한번 종합적으로 고려는 해 봐 주셨으면 하는 그런 부분 말씀드립니다.

○소위원장 이수진 기재부 국장님이랑 위원님들 시각이 약간 다른데요. 이게 공무원들이랑 민간은 다릅니다. 민간 같은 경우는 노동조합이 있으면 노동조합의 요구에 의해서 심리치료든 지원이 만들어지지 그냥 아주 큰 대기업 빼놓고는 언론사들도 작은 언론사부터 다양한데 노조 없는 곳도 굉장히 많고요. 이게 되게 중요한 영역이긴 하지만 그러나 그것을 그게 의무적으로 기업이 지원하고 보완해 주고 그러지는 않아요. 그래서 알고 계시는 것과 매우 다르다, 현장은 매우 다르다.

그리고 아까 이달희 위원님 말씀하신 것처럼 또 젊은 친구들은 인사고과라든지 기타 이런 문제에 있어서 본인의 고통이나 어려움을 다이렉트로 윗사람한테 호소하거나 지원해 달라고 얘기 잘 못 합니다. 그래서 이런 큰 참사를 통해서 이럴 때 취재도 집어넣는 것은 그런 의미가 있는 거예요. 꼭 가서 해야 될 일인데 그것에 대해서 개인이 본인의 권리라든지 아픔을 해결해 달라고 요구하기가 쉽지 않은 우리 사회 구조도 한편으로 이해하셔야 되고 기업마다 특성이나 상황에 따라서 그것은 복지 차원에서 하는 것이지 의무가 아니기 때문에 실제로 안 하고 있는 곳이 훨씬 더 많다, 이 두 가지를 봤을 때는 조금 기재부랑은 생각이 좀 다를 수 있다, 그것을 좀 명심해 주셔야 될 것 같습니다.

○기획재정부국토교통예산과장 최용호 예, 알겠습니다, 위원장님.

○소위원장 이수진 그래서 15세 미만 그것 좀 설명해 주세요.

○교육부학생건강정책국장 이해숙 위원장님, 넘어가시기 전에 저희 교육부 관련해서 아까 질문하셨던 대학 등록금 관련해서 조금 보충설명드리고 넘어가도 될까요?

○소위원장 이수진 예, 말씀해 주세요.

○교육부평생직업교육정책관 최창익 평생직업교육관 최창익입니다.

아까 위원장님께서 물어보신 대로 학생이 월소득은 0원일 확률이 높고 재산이 많은 경우에 받을 수 있느냐 없느냐 궁금해하셨습니다.

저희 계산법은 구간의 경계값을 나누기 때문에 기본적으로 월소득 더하기 재산의 환산액입니다. 따라서 학생이 만약에 0원의 월수입이 있고 재산이 10억인 경우에 환산액은 월 1200만 원이 되기 때문에 8구간에 해당돼서 전액 지원을 받을 수 있습니다. 그런데 지금 1200만 원을 넘어가게 되면 9구간에 해당되기 때문에 저희가 아까 보고드린 대로 50%에 적용되겠습니다.

그런데 이 구간 금액은 매년 일정 금액씩 올라가고 있습니다. 그래서 어린 학생들도 대상이 되기 때문에 저희는 지금 9구간, 10구간은 소득구간으로 하는 게 어떤가 하고 보고를 드린 겁니다.

○소위원장 이수진 애매하네요.

○백선희 위원 9구간, 10구간을 소득구간으로만 한다라고 하는 것은 사실 100% 지원이라고 하는 것으로……

○소위원장 이수진 소득…… 그러니까 자산 말고 소득만 하겠다는 거예요?

○백선희 위원 자산을 보지 않고 소득만으로 본다는 말씀이시지요?

○교육부평생직업교육정책관 최창익 예, 그거는 계산법이 원래 월소득 더하기 재산의 환산액이기 때문에……

○**백선희 위원** 재산의 소득환산액을 말씀하시는 것이지요, 재산의 소득환산액?

○**교육부평생직업교육정책관 최창익** 월소득이 없으면 재산이 10억 인 경우에는 8구간에 해당됩니다.

○**소위원장 이수진** 아니, 그러니까 그 말이 아닌 거 같아요.

○**백선희 위원** 그러니까 재산의 소득환산액을 본다라고 하는 거네요.

○**전진숙 위원** 잠깐만요. 지금 제가 자꾸 기본의 방향이 조금 다르다라고 이야기를 드리는 겁니다. 이번 항공기 참사로 희생자가 발생을 했고 그 희생자에 대해서 우리가 국가가 어떤 방식으로 그들을 대할 것인가라고 하는 태도의 문제라고 저는 생각을 해요. 그런 측면에서 이 문제를 보라고 했지 소득이 있으니까 안 주고 소득이 없으니까 주고 이 문제를 말씀드리는 게 아니에요. 그렇게 접근해서 이 문제를 풀자고 하시는데 방금 말씀하신 것처럼 이런이런 방식이 되면 다시 전액이 되는 것하고 똑같다는 이야기를 계속 반복을 하고 있어요. 관점이 지금 말씀하신 것하고 저하고 다릅니다.

부모를 어느 날 갑자기 다 잃었어요. 그 잃은 희생자 가족에게 또 아직은 미성년자의 애들에게, 학교를 다니는 아이들에게 우리가 국가가 어떤 방식으로 지원을 해 낼 것인가라고 하는 근본적인 물음에 대해서 답을 주셔야 되고 거기에 따라서 이 법도 적용을 하면 된다고 생각을 하는데 계속 소득 이야기를 지금 하고 계시는 것에 대해서 제가…… 아무튼 생각이 좀 다릅니다.

저는 그런데 그럼에도 불구하고 기본적으로 희생자들 가족에 대해서 국가가 할 수 있는 모든 예우를 갖추고 진행을 하고 지원할 수 있는 것은 지원을 하면 좋겠다 이런 말씀을 드리겠습니다.

○**백선희 위원** 전진숙……

○**교육부평생직업교육정책관 최창익** 저희가 가서 말씀 주신 것 다시 한번 재고해서 검토해 가지고 보고드리겠습니다. 저희가 2학년, 3학년, 4학년 이것도 세월호하고 다르게 지난번에는 세월호하고 동일하게 보고를 드렸었는데 전향적으로 말씀하셔서, 하라 그러셔서 이제 2학년, 3학년, 4학년에 대해서 검토를 새롭게 처음으로 하게 된 거고요.

○**전진숙 위원** 아니, 충분히 검토하시고 배제…… 배제라는 용어가 맞는지는 모르겠으나 해 주신 것에 대해서는 감사합니다. 그러나 다시 한번 검토해 주시기 바랍니다.

○**교육부평생직업교육정책관 최창익** 다시 한번 검토해서 보고드리겠습니다.

○**백선희 위원** 전진숙 위원님 말씀에 따라서 좀 검토를 해 주시기를 부탁드리고요. 저는 아까 말씀드린 것 그리고 8·9·10 구간에 해당하는 학생이 아마 거의 없을 것입니다. 거의 없을 거고요. 거의 없는데 그냥 통합적으로 하면 좋을 것 같고 다만 아까 제가 말씀드렸던 것은 재원의 우선순위, 어떤 돈을 먼저 쓸까인데 우리가 이 사업에 해당하는 돈을, 아까 1학년을 예로 말씀드렸지만 이 사업에 돈을 먼저 쓰지 말고 국가장학금제도를 충분히 활용해서 1학년부터 4학년까지 일단은 등급별로 국가장학금을 먼저 받고 차액에 대해서는 전액 보조를 하게 되면 예산의 큰 부담 없이 1학년부터 4학년까지 모두 다 장학금을 지원할 수 있을 것 같습니다. 재원을 말씀드린 것입니다.

○**교육부평생직업교육정책관 최창익** 그런데 저희는 재원은 저희가 국가장학금 예산이 5조 가까이 되는 굉장히 큰 금액이고 재난지원금이라는 게 항상 저희가 준비가 돼 있습니다. 그렇기 때문에 재원에 대해서는 저희가 준비가 항상 국가 예산으로 세워져 있다는

말씀을 드립니다.

○**백선희 위원** 물론 국가 예산으로 사용이 되고요. 재난 예산 말고 국가 예산을, 국가 장학금 예산을 일차적으로 모두 쓰고……

○**교육부평생직업교육정책관 최창익** 예, 맞습니다.

○**백선희 위원** 그다음에 부족한 부분은 재난 예산을 쓰게 되면 그 남는 돈으로 해 가지고 다른 쪽에 더 충분하게 지원할 수 있지 않을까라고 말씀드린 겁니다. 그래서 국가에서 지원하는 것은 동일합니다.

○**교육부평생직업교육정책관 최창익** 국가장학금 예산에 있습니다.

○**백선희 위원** 다만 이제 우선순위만 말씀드린 것입니다.

감사합니다.

○**소위원장 이수진** 이달희 위원님.

○**이달희 위원** 전진숙 위원님께서 또 광주가 지역구시니까 현장의 진짜 꼬마들이 눈에 밟히고 그들의 미래가 굉장히 걱정이 돼서 울먹이실 정도로 이렇게 격해지신 것 같은데요. 그 충정이나 그 마음은 받아들여서 교육부에서도 전향적으로 기존보다 여러 가지 검토를 해 오신 것에 대해서 감사드립니다.

부모가 갑자기 불의의 사고로 학업을 끝까지 마치지 못한 자녀를 두고 갔을 때 우리 사회를 어떻게 해야 되나 이 부분하고 교육부는 고민을 했을 것 같습니다. 물론 대형 참사의 희생자들이 났을 때 또 여러 가지 그 아픔을 빨리 이렇게 치유하기 위해서 여러 가지 방안을 교육부도 굉장히 고민해 갖고 오신 것 같아요, 기존보다도 더 이렇게.

그런데 소득이 없을 경우가 많지요. 부모가 더, 한쪽 부모가 돌아가셨을 때는 또 한 부모가 소득구간이 높을 수도 있을 수도 있지요. 그렇지요? 그런 것을 감안해서 교육부가 이 부분을 짜 온 것 같은데 한 부모가 돌아가셨더라도 한 부모가 사업이 잘되고 이래서 상위 계층에 있을 때는 사실 그 부모님이 등록금의 50% 정도는 내도 된다고 생각하거든요. 그래서 이 부분은 기존의 법에서 굉장히 전향적으로 저는 교육부가 검토해 왔다.

저는 사실 4년 동안 제가 처음부터 두 번, 세 번 주장한 게 우리가 이 정도 나라, 3만 5000불 되면 불의의 사고로 부모를 잃은 학생들에 대해서는 지금 0세부터 대학 졸업할 때까지 나라가 책임져야 된다고 여러 번 강조해 왔습니다.

그런데 여기 앉아서 생각하니 갑자기 부모를 잃은 이런 학업을 못 마친 이 사고 말고 우리 그런 국민들 생각해서 교육부가 마련한 것 같으니까 한번 더 고려해 보신다니까 전진숙 위원님의 그런 마음과 또 제가 우려하는 이 부분을 함께 국민적인 이런 시각에서 한 부모가 돈을 아주 많이 버는데 그 등록금이 별로 50% 깎아 줘도 별 지장이 없을 정도인데 그렇게, 전 위원님은 양 부모가 다 돌아가셨을 경우를 예상하면 소득이 하나도 없을 것 같아서 그 부분에 대해서 국가가 너무 안일한 것 아닌가 이런 지적을 하신 것 같아요. 그래서 여러 경우를 생각해서 한번만 더 검토해 주시면 좋겠습니다.

이상입니다.

○**교육부평생직업교육정책관 최창익** 예, 다시 검토해서 보고드리겠습니다.

○**소위원장 이수진** 교육부 다시 검토해 주세요. 사실 부모님이 이렇게 좀 대기업이나 좋은 큰 기업 다니시면 복지 차원에서 자녀 학자금 대학교까지 다 지급이 되는 경우도 많습니다. 그런데 이런 일을 겪으면서 실제로는 국가가 책임질 수밖에 없는 상황이 벌어

진 거예요. 그래서 그런 것까지도 같이 감안하셔서 검토해 주시고.

　기재부, 15세 미만 답변을 주셔야 될 것 같습니다.

○**기획재정부국토교통예산과장 최용호**　15세 미만과 관련하여서는 이번 건에 한해서는 저희가 법에 지원 규정이 없기 때문에 지원하는 부분에 대해서는 저희도 동의를 하는 부분인데요. 다만 이게 15세 미만에 대해서 계속해서 정부가 돈을 이런 경우가 발생하면 주는 것은 바람직하지 않기 때문에 지금 법사위에 상법 개정안이 네 건이 이미 올라가 있고 거기서도 논의가 진행 중입니다.

　그래서 저희들 희망 사항은 뭐냐 하면 '할 수 있다'로 좀 규정을 해 주시고 이번 건에 대해서 저희가 지원은 할 건데 다만 '정부가 지원하여야 한다'는 식의 의무조항을 넣게 되면 상법을 개정해야 되는 그 부분에서 좀 도덕적 해이가 일어날 우려가 있으니까 '할 수 있다'로 해 주시고 저희가 지원하는 방향으로 좀 부탁드리겠습니다.

○**이달희 위원**　도덕적 해이는 취소해 주세요.

○**기획재정부국토교통예산과장 최용호**　예, 죄송합니다.

○**이달희 위원**　발언 취소해 주십시오.

○**기획재정부국토교통예산과장 최용호**　예, 취소하겠습니다. 잘못 말씀드렸습니다.

○**전진숙 위원**　이번에는 정확하게 지원을 하실 거지요?

○**기획재정부국토교통예산과장 최용호**　예, 이번 건에 대해서 저희들 지원한다는 것에는 동의드립니다.

○**전진숙 위원**　그런데 일단 그것을 수용을 하겠습니다. 다만 제가 우려스러운 것은 이런 참사가 다시는 일어나지 않으면 좋겠지만 여전히 방금 말씀하신 것은 상법이랑 관련 돼 있어서 계속 논란의 대상이 될 것이고 그 논란의 대상의 중심에 15세 미만 아이들이 늘 놓이게 돼서 똑같은 반복을 할 것 같아서 참 우려스럽긴 합니다마는 이것에 대해서 정확하게 해 주시겠다고 한다면 그것은 수용하도록 하겠습니다.

○**소위원장 이수진**　그러면 그렇게 이번만 '할 수 있다'로 하는 것으로……

○**국토교통부제2차관 백원국**　한 말씀 거기에 덧붙이겠습니다.

○**소위원장 이수진**　예.

○**국토교통부제2차관 백원국**　지금 통합수정의견안에 대해서는 '15세 미만에 대해서 지급할 수 있다' 이렇게만 되어 있습니다. 그런데 왜 15세 미만이 지원 대상이 돼야 되는지 지금 그 부분에 대한 각종 법안에서 그 이유가 명기가 돼있습니다. 그래서 그 부분을 포함시키는 게 어떨까 하는 생각이 듭니다.

○**소위원장 이수진**　그것도 괜찮을 것 같습니다.

　어떠세요, 위원님들?

　전문위원, 그 이유가 들어가는 것은 어떻게 생각하세요?

○**전문위원 임종수**　저희가 지금 2항을 보시면—21쪽입니다—15세 미만 희생자들에 대한 특별지원금의 지원금 수준을 지방자치단체가 가입하는 시민안전보험 수준을 고려해서 지급하도록 2항에는 표시를 했는데 지금 차관님이 말씀하신 것처럼 다른 법률안에 있는 그런 단체보험에 가입할 수 있었음에도 불구하고 상법에 따라서 가입이 제한돼서 받지 못하는 희생자, 이런 식으로 소위 말하는, 지금 차관이 얘기하신 이유를 설명을 하는 개정안들이 있습니다.

그런데 사실 이게 상법 732조가 지금 말씀하신 것처럼 약간 제가 이렇게 고친 것은 기술적인 부분인데요. 상법 732조가 법사위원회에서 심사가 될 것이고 어떻게 개정될지 사실 알 수가 없는 상황이고요. 그리고 상법 732조 때문에 가입이 안 된 건지 그냥 가입을 안 한 건지 이게 법률상 문구상 명확한 인과관계라는 것이 사실 표현하기가 쉽지 않기 때문에 결국은 이 법률안에서 15세 미만의 희생자들에게 국가가 특별지원금을 줄 것이고 그다음에 그 특별지원금의 수준을 어떤 기준으로 정할지만 법률은 규정하면 되는 것이지, 왜 이 특별지원금을 주는지까지 사실 그 인과관계가 아주 명확해서 아무 이견이 없는 것이라면 규정할 수 있겠지만 제가 보기에는 그런 류의 인과관계를 굳이 다 표현할 필요는 없지 않나 싶어서 일단 그 부분은 제외해서 통합의견을 만들었습니다.

○**소위원장 이수진** 차관님, 전문위원 얘기를 들어 보니 그 말이 맞는 것 같네요.

○**국토교통부제2차관 백원국** 예, 동의합니다.

○**소위원장 이수진** 그러면 그렇게 넘어가시지요, 그러면.

더 여기에 점검해야 될 게 없을까요?

그러면 다음 얘기해 주시기 바랍니다.

○**전문위원 임종수** 방금 말씀 논의해 주신 부분에서 그러면 15세 미만 희생자에 대한 특별지원금 지급은 재량으로 일단 '할 수 있다'로 표현하고 기재부가 지원에 대해서 동의한 것을 확인하신 것으로 넘어가겠습니다.

그리고 아까 심리상담에 있어서는 자원봉사 및 취재의 문구를 포함시키는 것으로 정리를 하면 될 것 같습니다.

치유휴직 부분은 고용부에서 얘기한 대로 의사의 소견서가 있는 경우에는 3년 이내의 치유휴직을 신청할 수 있는 것으로 문구를 마련하도록 하겠습니다.

다만 여기에 추모위원회를 거치는 절차는 빼도록 하되 이게 혹시 대통령령으로 더 정할 것이 있는지 등등 조금 더 검토를 한 후에 문구를 확정해서 다시 보고드리도록 하겠습니다. 그리고 교육비는 교육부에서 다시 조금 더 검토를 해 보고 교육부 의견을 확인하신 후에 결정하시는 걸로 하시면 될 것 같습니다.

다음 논의하실 사항 보고드리겠습니다.

31쪽 보시면, 트라우마센터 보고드리겠습니다.

김은혜 의원님 안, 전진숙 의원님 안, 권향엽 의원님 안에서 이번 참사 피해자들에 대한 정신건강관리를 위해서 트라우마센터를 설치하여야 한다, 설치할 수 있다 등의 근거를 마련하고 계십니다.

지난 소위에서 기존에 국가 또는 권역별 트라우마센터 또는 정신건강복지센터 등을 활용하여 이번 참사 피해자들에 대한 지원이 가능할 것이다라는 의견도 있으셨지만 동시에 현재의 재난대응심리체계가 미비한 점이 있어서 별도의 트라우마센터를 설치하는 것도 고려할 필요가 있다라는 의견이 동시에 제기되었습니다.

두 번째, 함께 보고드릴 사항은 41쪽에 있는 희생자를 추모하고 재난사고 등의 재발을 방지하기 위해서 사단이나 재단을 설립하고 이에 대한 국가의 재정 지원 등을 규정하는 조문입니다.

김은혜 의원님 안 같은 경우에는 '사단 또는 재단에 대해서 국가가 10년 동안 출연·보조할 수 있다' 이 방식으로 규정을 하고 있고요. 이수진 의원님 안하고 전진숙 의원님

안, 서삼석 의원님 안, 권향엽 의원님 안의 경우에는 우선 '희생자 추모사업 등을 수행하는 재단에 대해서 국가가 지원할 수 있다'라는 조항을 만드시고 그리고 43쪽에 보시는 바와 같이 이수진 의원님과 권향엽 의원님은 유가족협의회를 민법상 사단법인의 형태로 설립할 수 있도록 근거를 마련하시고 이에 대해서 재정 지원을 할 수 있도록 하는 규정을 별도로 두는 구분된 방식으로 근거를 마련하고 계십니다.

이 부분에 대해서 지난 소위 때 이런 유가족들의 활동을 국가 차원에서 지원할 필요가 있다는 의견이 제시됨과 동시에 공익적 사업을 수행하는 법인에 대해서 해당 공익적 사업 수행을 위해서 국가가 출연 또는 보조할 수 있도록 하는 것이 타당하다라는 의견도 제시된 바 있습니다. 동시에 오늘 유가족 측에서 이 법인 설립과 관련한 의견을 추가적으로 제출한 바 있다는 말씀도 함께 드리겠습니다.

이상 보고 마치겠습니다.

○소위원장 이수진　정부 측 의견 말씀해 주시기 바랍니다.

○보건복지부제1차관 이기일　31쪽 트라우마센터입니다.

지난번에 말씀드린 대로 저희는 2018년도 법에 따라서 트라우마센터가 새로 다 확충이 됐습니다. 그렇기 때문에 추가적인 것은 좀 신중한 검토 입장입니다. 그 와중에 지난 이후에 기재부에서도 의견을 주었습니다.

혹시 관계 의견 가져오셨습니까?

○기획재정부국토교통예산과장 최용호　말씀드리겠습니다.

유가족 측하고도 만나 뵙고 이야기를 했는데요. 유가족 측에서는 트라우마센터 같은 데에 지원할 게 있으면 차라리 유가족을 직접적으로 더 지원하는 다른 방법을 더 선호한다고 말씀을 하고 계시고요.

그리고 저번에 차관님도 말씀하셨지만 이게 국가 차원에서 국가 체계에 트라우마센터 관리 체계가 만들어져 있으니까 그것을 통해서 지원하는 방법이 맞을 것 같고, 참고로 유가족 측에서 기존에 세월호 같은 경우 이용 현황을 좀 파악해 봤는데 실질적으로 이용하는 횟수가 그렇게 많지 않은 걸로 파악이 돼서 실질적인 도움이 적다고 판단을 하시는 것 같으니까 좀 참고해 주시면 고맙겠습니다.

○보건복지부제1차관 이기일　그래서 저희가 대안을 좀 준비했습니다. 그래서 지금 호남권역 트라우마센터가 국립나주병원에 있습니다. 그리고 지금 9명이 근무를 하고 있는데 저희가 2명을 더 충원해서 이 2명을 유가족협의회에 교대로 파견을 해서 상시 1명씩 근무하도록 할 계획으로 있다는 말씀 드립니다.

마침 저희가 이게 추경이 되어 있는데, 따져 보니까 한 2억 정도가 필요한 것 같아서…… 지금 인건비가 3600만 원, 운영비가 1억 6400이 필요합니다. 그래서 이걸 요청해서 6월 달에 직원을 뽑고 해서 7월 1일부터는 1명씩을 유가족협의회에서 지정하는 곳에 보내서 상시 근무토록 하겠습니다.

○소위원장 이수진　이게 상시 인력인가요?

○보건복지부제1차관 이기일　상시 인력입니다. 2명을 더 추가할 계획입니다.

○소위원장 이수진　그러니까 2명이 나주센터에서 일하고 있는데 2명을 더 채용할 거고……

○보건복지부제1차관 이기일　지금 국립나주 호남권역 트라우마센터에 9명이 있습니다.

9명이 있는데, 지난번에 전진숙 위원님 또 백선희 위원님이 말씀 주신 것처럼 '기존의 9명은 기존에 있는 사람들 아니냐. 그런데 무안 같은 그런 사고에 대해서는 더 추가로 필요하다' 말씀 주셔 가지고 저희가 2명을 더 추가로 채용을 하려 그럽니다. 그래서 2명이 상시 교대로 가 가지고 1명 정도는 지정된 데에 가서 항시 교대해서 할 수 있도록 그렇게 할 계획으로 있고요. 그래서 이번 추경에 2억을 반영해서 6월 달에 사람을 뽑아서 7월 1일부터는 그쪽으로 보내도록 그렇게 하겠습니다.

○소위원장 이수진 위원님들 의견 주시기 바랍니다.

○정준호 위원 차관님께서 지금 2명…… 제가 그냥 나주센터라고 칭하겠습니다. '나주센터에 상시 인력으로 2명을 더 추가하겠다'라고 말씀을 해 주셨어요.

○보건복지부제1차관 이기일 그렇습니다. 추가입니다.

○정준호 위원 그런데 저희가 소위에서 검토하다 보면 이번 사안과 관련해서는 장기적 추적조사가 중요하다라는 말씀을 많이 했는데 2명 늘린 인력으로 몇 년이 걸릴지 모르는 그런 장기 추적조사를 충분히 감당할 수 있다라고 보시는지 그 부분 의견 한번 제가 듣고 싶습니다.

○보건복지부제1차관 이기일 위원님, 지금 추적조사는 금년 3월 달부터 12월까지 시작을 하고 있습니다. 지금 국비 3억 원을 들여 가지고, 국비 반 도비 반 이렇게 해 가지고 지금 하고 있는 단계라고 말씀드립니다. 이건 별도로 하고 있습니다.

○정준호 위원 그러니까 지금 충분하다?

○보건복지부제1차관 이기일 예, 이것은 충분히 할 수 있습니다. 12월까지입니다.

○전진숙 위원 제가 질문하겠습니다.

○소위원장 이수진 말씀하십시오.

○전진숙 위원 뒤에서부터 이야기를 하겠습니다. 대안 주신 것부터 말씀을 먼저 드릴게요.

지금 나주 정신병원에서 국가트라우마센터가 호남권 역할을 하고 있잖아요?

○보건복지부제1차관 이기일 그렇습니다.

○전진숙 위원 지금 현재 전체적으로, 트라우마센터의 인력에 대한 전체…… 여기뿐만 아니라 저는 전체 구조 속에서 새롭게 고민하고 재구조화시키는 게 필요하다고 생각을 하고, 두 사람 정도 늘려서 이것을 할 수 있다고 하니까 저는 일단 긍정적입니다.

다만 차관님이 말씀하신 것처럼 유가족협의회에 그 사람 한 사람을 파견해서 하는 것이 맞는지에 대해서는 재고해 주시기 바랍니다. 왜냐하면 트라우마센터에서 진행되는 다양한 프로그램이 개별에 대한 상담도 지원을 하실 거고요 전체 집단 프로그램도 진행을 하실 거고 단순히 심리상담의 상황들도 굉장히 다양한 형태로, 하위부터 시작해서 아주 다양한 형태로 진행을 하게 될 건데 과연 그분이 유가족협의회에 가서 계신다고 그래서 프로그램을 제대로 작동할 수 있느냐의 문제는 저는 아니라고 생각을 합니다. 그래서 그 부분에 대해서는 다시 재고를 해 주시기 바랍니다.

그리고 또 하나, 방금 정준호 위원님께서 장기 추적연구와 관련해서 이야기 주셨는데, 저는 제가 올렸던 안 중에 하나는 지금 33페이지의 통합조정안에 '추모사업 등 시행'이라고 되어 있으면서 장기 추적연구를 거기에다가 삽입을 시킨 방식으로 되어 있는데 원래 제 안은 별도의 항목을 빼서 장기 추적연구에 대한 것들을 명확하게 해야 된다. 왜냐면 트라우마센터에서 진행하는 것과 방금 3억 예산을 해서…… 아마 지난 보건복지위원회에서 제가 제안하고 그걸 받아서 바로 올해 시행을 한 걸로 알고 있습니다. 그만큼 굉장히 중요하다고 생각을 했던 게 지난 공청회에서도 증명이 좀 됐고요. 이런 부분들인데 수석전문위원님, 전문위원님, 지금 통합조정안에 장기 추적연구라고 그냥 들어가 있어요. 삽입되어 있어요. 저는 그 정도의 사안은 아니라고 생각을 합니다. 제가 이렇게 이야기를 드리는 것은, 그래서 별도 항목으로 빼든지 아니면 29조에 추모사업 및 장기 추적연구라고 하는 걸 명확하게 해 주시기 바랍니다. 해 주셨으면 좋겠고요.

지금 장기 추적연구를 3억 예산을 들이고 있는데 누가 하고 있습니까? 어느 단위에서 어떻게 진행하고 있습니까, 차관님?

○**보건복지부제1차관 이기일** 지금 호남권역 트라우마센터를……

○**전진숙 위원** 어디요?

○**보건복지부제1차관 이기일** 호남권역 트라우마센터입니다.

○**전진숙 위원** 호남권역 트라우마센터에서 진행을 하고 계시는데 아마 공청회에서도 그런 이야기가 나왔어요, '트라우마센터에서 진행하기에 충분한 여건이 형성되어 있는가'. 그렇기 때문에 오히려 외부에, 정확하게 학교나 이런 데에다가도 외주를 줘서 명확하게 진행을 할 수 있었으면 좋겠다. 그러니까 트라우마센터의 하나의 영역을 넓히는 방식이 아니라 이것은 단순히 정신건강적인 측면 이외에 이들의 삶에 관한 문제도 계속 모니터도 하고 이런 게 필요하잖아요. 그러면 조금 더 전문적인 기관이 할 수 있는 여지를 주셔야 된다라고 하는 이야기를 저희 공청회에서도 확인한 바가 있습니다. 그래서 그 부분에 대해서 이후에 시행을 할 때 고민을 다시 해 주셨으면 좋겠어요.

○**보건복지부제1차관 이기일** 알겠습니다.

○**전진숙 위원** 그리고 저는 지금도 여전히 트라우마센터라고 하는 명칭이 됐든 마음회복지원센터라고 하는 명칭이 됐든 어쨌든 간에 이 항공기 참사와 관련된 유가족과 피해자들이 좀 더 집중적인 재난대응심리지원 체계 아래에서 지원을 받았으면 좋겠다고 하는 것은 틀리지 않습니다.

왜냐하면 광주는 광주 트라우마센터에서 5·18과 관련해서 40년이 넘는데도 불구하고 집단치유 프로그램 그다음에 개인치유 프로그램들을 계속 진행하면서 끊임 없이 거기에서 치유 과정을 하고 서로가 자주 모임들을 진행하면서 하고 있는 거잖아요. 숨을 쉴 수 있는 공간이에요, 실은. 그런 측면에서 별도로 반드시 필요하다, 필요하시게 될 거다라고 하는 믿음은 있습니다마는 유가족대표단께서 이 부분에 대해서 제가 알기로 마음회복지원센터나 트라우마센터에 이걸 별도로 설치하지 않아도 되겠다라고 하는 의견을 주셨고 그걸 복지부에서 받은 걸로 알고 있습니다. 맞습니까?

○**보건복지부제1차관 이기일** 그건 제가 확인 못 했습니다.

○**전진숙 위원** 저희한테도 의견서가 그렇게 올라오고 그래서, 그러면 저는 유가족 의견에 대해서 존중하겠습니다. 그러나 이후에도 반드시 이게 필요하고 요구가 있을 수 있는 사안이기 때문에 대단히 안타깝게 생각을 하지만 유가족 측에서 그렇게 의견을 주셨기 때문에 그 안을 그대로 받는 걸로 수용하겠습니다.

○**보건복지부제1차관 이기일** 저도 답변드리겠습니다.

우리 추적조사 관련해서는 호남권역 트라우마센터에서 한다고 하지만 사실은 여기를 혼자 할 수 없을 겁니다. 시행 과정에서 대학병원이라든지 정신과 그쪽하고 서로 해서 하는 걸로 그렇게 하도록 하겠습니다.

○**전진숙 위원** 올해 예산만 지금 3억인 거지요? 3억이고……

○**보건복지부제1차관 이기일** 예, 3억입니다. 12월까지 돼 있습니다.

○**전진숙 위원** 그리고 그 대상자에 대해서는 충분히 확보가 되어 있으십니까?

○**보건복지부제1차관 이기일** 지금 시작 단계이기 때문에요 그 내용을 같이 상의드리도록 하겠습니다.

○**전진숙 위원** 항상 그 고민을 해 주시기 바랍니다. 일부가 아니라……

아까 세월호 말씀 주셨는데요. 세월호의 가족들이 이야기하는 것은 지금 현재 상담 지원이나 이런 부분들에 대해서 홍보도 잘 안 되어 있고 연계도 안 되어 있고 대면이 아니라 비대면 방식으로 진행이 되는 몇 가지 문제를 계속 제안을 하셨고 그것에 대해서 어쨌든 뭔가 수정을 해서 변경을 하거나 더 적극적인 방식으로 하지 않기 때문에 그 공간을 쓰지 않는다고 하는 전제가 있는 거예요. 그냥 지금 상담을 하거나 이런 것들이 적다고 하는 걸로 전체를 다 포괄해서 이야기하면 저는 절대 안 된다고 생각합니다.

이상입니다.

○**보건복지부제1차관 이기일** 그리고 아까 2명을 저희가 새로 뽑아서 보내는데요. 보내는 장소는 사실은 실제 도움이 필요한 분들한테 보내는 것이고요. 아까 말씀드린 유가족협의회는 그중에 하나의 대상으로 말씀드리게 된 겁니다. 여기에 대해서는 저희가 점차 뽑으면서 또 진행을 하도록 하겠습니다. 그리고 아까 조문 구성에 대해서는 저희도 수석전문위와 같이 논의하도록 하겠습니다.

○**백선희 위원** 일단 복지부차관님께서 제가 지난번에 말씀드린 인력과 예산을 빠르게 확보해 주셔서 감사드립니다.

그런데 지금은 이제 사고 초기이지 않습니까? 수습 초기이기 때문에 지금 심리적으로 어려우신 분들이 많이 계셔 가지고 두 분으로 가능할까라고 하는 생각이 듭니다. 그러니까 사실은 이것이 1년까지 최고점에 이르다가, 물론 어떤 분은 3년도 가고 그 이상도 갈 수 있지만 계속해서 이 트라우마를 갖고 계신 분이 많이 계실 텐데 두 분으로는 좀 부족하다라고 하는 생각이 들어서 조금 더 애를 써 주셔 가지고 인력과 예산 확보를 더 해야 되지 않을까라고 생각이 듭니다.

아까 세월호 온마음센터 관련해서도 말씀을 주셨었는데요. 제가 세월호 유가족에게 듣기로는 꽤나 도움이 됐다라고 합니다. 그래서 없었다라고 하면 아마 심리적으로 매우 어려웠을 텐데 오랜 시간이 지난 다음에도 있기 때문에, 물론 부분적으로 운영에 조금 어려움이 있다고 하더라도 전체적으로 보면 크게 도움이 됩니다. 그래서 이번에 큰 참사를 당하고 트라우마가 매우 심각하기 때문에 저는 이 부분에 대한 지원은 지속적으로, 전문적으로 이루어져야 된다라고 생각을 합니다.

저는 지금은 권역별 트라우마센터가 있기 때문에 별도의 트라우마센터를 두는 것에 대해서는 지난번에 진술인의 의견과 같이 좀 신중할 필요가 있다라고 하는 말씀을 드렸었는데요. 우리가 이렇게 전문인력을 확보하고 또 초기에 더 많은 인력을 확보한다라면 이 전남의 광역별 트라우마센터에다가 부설로 전진숙 위원님이 말씀하신 대로 조금 더 전문적으로 일을 할 수 있도록 일단 부설로 해 가지고 조금 더 이 일에 집중할 수 있도록 하는 운영 방식도 괜찮지 않을까라고 생각이 듭니다. 저는 전진숙 위원님의 희생자와 유가족에 대한 마음을 너무도 잘 알기 때문에 인력과 더불어서 조직을 갖추는 것에 대해서도 조금 적극적으로 검토를 해 주시기 바랍니다. 다시 한번 말씀드리면 초기에 인력을 조금 더 확보를 해 주시고요, 어느 정도 세월이 지나면 또 인력을 줄일 수가 있거든요. 다시 한번 예산과 인력 그리고 조직에 대해서 부탁드리겠습니다.

이상입니다.

○**보건복지부제1차관 이기일** 예, 그리하도록 하겠습니다. 지금 유가족분들이 680명이십니다. 그리고 저희도 지금 호남권에 정신건강 복지센터가 44개가 있습니다. 여기에서 지금 다 별도 케어를 해 주고 계신데요. 말씀 주신 것처럼 혹시라도 어디 기관에 어떤 분들이 계시게 되면 거기에다 상시 파견하겠다는 것인데요. 여기 지금 2명으로 되어 있지만 기재부하고 저희가 더 협의하도록 하겠습니다.

○**소위원장 이수진** 다음, 사단법인 관련해서 기재부 의견 주시기 바랍니다.

○**기획재정부국토교통예산과장 최용호** 사단법인, 재단법인 이 문제와 관련해서는 참고로 유가족협의회 측하고 저희가 직접 협의를 해서 대안 여러 가지를 마련해서 지금 협의를 진행하는 단계이기 때문에 조금 더 시간을 주셨으면 합니다.

다만 유가족 측 요구라든가 아니면 기재부가 지금 고민하고 있는 부분은 좀 장황한 얘기라 혹시나 설명을 원하시면 길더라도 말씀을 드리겠고 아니면 그 정도로 보고드리겠습니다.

○**소위원장 이수진** 지금 유가족들과 협의 중이고 방안을 마련 중이다?

○**기획재정부국토교통예산과장 최용호** 예. 그리고 협의를 계속해 나가는 걸로 지금 말씀을 드렸고 유가족 측에서도 답변을 기다리고 계시고 그런 단계입니다.

○**소위원장 이수진** 혹시 언제까지 논의가 마무리될까요?

○**기획재정부국토교통예산과장 최용호** 지금 축조심사 진행 중이니까 축조심사 마무리하시기 전까지 협의회 측하고 저희가 완료할 수 있도록 최대한 속도감을 가지고 빨리 진행을 하겠습니다.

○**소위원장 이수진** 사실 제가 오늘 어느 정도 정부 측 의견들이 좀 조율돼서 나오면 마무리를 할까 싶은 생각이었었는데 오늘 들어 보니 조금 더 추가, 다른 부처도 그렇고 추가적으로…… 그런데 그게 복잡한 것 같지는 않아요. 그런데 제일 복잡한 게 이 문제인 것 같습니다. 기재부가 사단법인, 공익법인을 어떻게 지원하고 활용할 것인가 이것에 대한 의견을 주셔야 마무리가 빠르게 될 것 같습니다.

○**기획재정부국토교통예산과장 최용호** 빠른 시일 내에 설명드리고 유가족협의회로부터 합의를 구해서 보고드리도록 하겠습니다.

○**소위원장 이수진** 그래서 참고하시라고, 보통 참사에 대한 사단법인 사례가 없지만 우리나라의 유공자단체라든지 중소기업·소상공인협의회 이런 데는 사단법인을 지원한 선례가 있습니다. 그런데 그 이유가, 가장 중요한 이유가 자조적인 성격에 따른 정책 효과가 크다 그렇게 판단해서 정부가 지원을 했던 사례가 있어요. 그래서 저희가 지금 계속 논의하는 과정에서 자조적인 성격의 어떤 치유와 회복들 이런 것들이 상당히 우리나라에도 이제는 자리 잡아야 되는 것 아니냐.

그리고 많은 참사의 유가족분들께서 말씀하시는 게 본인들끼리 같이 함께 공동체가 서로가 위로가 됐던 게 굉장히 큰 힘이 됐다 이런 말씀들을 해 주셨거든요. 그러다 보니까 이번에 저희가 여기까지 온 거예요. 그래서 관련해서 기재부가 빠르게 답을 주시기 바랍니다.

○**기획재정부국토교통예산과장 최용호** 예, 노력하겠습니다.

○**소위원장 이수진** 다음.

○**전문위원 임종수** 전문위원입니다.

방금 논의하신 내용에서 트라우마센터 관련해서는 위원님들 논의하신 바대로 직접 별도로 설치하는 근거규정은 제외하고 정리를 하도록 하겠습니다.

그리고 사단, 재단 부분은 기재부하고 유가족협의회 측의 논의 결과에 따라서 다시 한 번 논의하시는 걸로 확인하고 넘어가도록 하겠습니다.

다음 보고드릴 사항은 46쪽입니다.

지난 소위 때 논의하신 것에 이어서 이번 참사 사고조사와 관련한 특례규정을 이번 특별법에 둘 것인지 여부에 관한 문제입니다.

참사 사고조사와 진상규명과 관련해서 46쪽에 이수진 의원안, 전진숙 의원안, 권향엽 의원안 세 안에서 현행 사고조사위원회의 위원을 추가로 위촉하는 것에 관한 근거를 마련하는 형태이고요. 지금 보고 계신 별지에는 포함시키지 못했습니다, 너무 양이 많아서. 문금주·서삼석 의원님께서는 세월호 케이스나 이태원 케이스와 같이 특별조사위원회를 구성하는 방식으로 법률안을 제안하신 바 있습니다. 이것은 별도로 배부해 드린 소위 심사자료 31~47쪽까지 조문대비표가 포함되어 있습니다. 별지에 분량이 너무 많아서 함께 포함시키지 못했다는 말씀드리고요.

두 사항 공히 이번 참사와 관련한 사고조사에 특별한 절차나 사고조사위원회 구성에 관한 특례를 둘 것인지 여부에 관한 사항입니다. 이 부분은 지난 소위 때 취지에는 공감하지만 객관성 등에서 문제가 될 수 있기 때문에 진상규명이나 사고조사 관련한 특례규정은 제외할 필요가 있다라는 의견도 있으셨고, 현재 항공·철도사고조사위원회의 독립성이나 객관성 등에 관한 우려를 고려할 때 사고조사위원회의 구성을 보강할 필요가 있다라는 의견도 제시된 바 있습니다.

마지막으로 확인하실 사항은 시행일 부분입니다. 이것은 지난번에 보고드린 바와 같이 법률 시행을 위한 최소한의 기간을, 시행일을 명시할 것인지 아니면 공포 즉시 시행하는 방식으로 할 것인지에 대한 결정도 필요한 사항입니다.

이상 보고를 마치겠습니다.

○**소위원장 이수진** 정부 측 의견 주시기 바랍니다.

○**국토교통부제2차관 백원국** 사조위 독립성 관련해서는 현재 사조위법 개정안이 발의돼 있는 상태니까 사조위법 개정 과정에서 충분히 논의해서 답을 찾아가는 게 바람직할 것으로 보여집니다.

다만 사조위법 개정 전이라도 독립성을 보완할 수 있는 방안에 대해서는 위원장님을 비롯해서 위원님들께 보고드린 바가 있고요. 다시 한번 요약해서 말씀드리면 상임위원에 대해서는 항공실장, 철도국장이 참석하도록 돼 있는데 지금 현재 업무에서도 배제돼 있습니다. 그 부분을 제도화하는 방안 또 예산이나 인사 부분에 대해서도 항공실에서 독립돼서 운용하는 방안을 보고드렸고 그런 방안들이 사조위법 개정 전이라도 시행될 수 있도록 최선의 노력을 하겠습니다. 그래서 사고조사위원회나 조사단 구성에 대한 특례는 삭제하는 것이 타당하다고 보여집니다.

　시행일과 관련해서도 지금 시행령을 개정해야 되는 조항들이 있습니다. 생활지원금, 의료지원금, 교육 지원, 심리치료 지원 등 저희가 추려 보니까 한 7개 꼭지가 있습니다. 그래서 그 부분에 대해서는 반드시 시행령이 필요하기 때문에 3개월 후 시행하는 걸로 하되 즉시 시행 가능한 것도 있습니다. 그 부분에 대해서는 별도로 골라서 바로 즉시 시행하는 걸로, 예를 들면 일상생활돌봄 지원, 금융부담 완화 같은 것은 즉시 시행이 가능하다고 저희가 판단하고 있습니다. 그런 부분은 예외적으로 즉시 시행하는 걸로 입법하는 것이 어떨까 싶습니다.

　이상입니다.
○소위원장 이수진　위원님들 의견 주시기 바랍니다.
○고용노동부노동시장정책관 정경훈　혹시 적용례 관련해서 말씀을 좀 드려도 될까요?
○소위원장 이수진　예, 말씀하십시오.
○고용노동부노동시장정책관 정경훈　60페이지 보시면 제5조하고 6조가 있습니다, 통합수정안 기준으로 봐서요. 그런데 5조에 보면 적용에 관한 특례가 있는데 이게 아마 다른 법을 차용해서 오다 보니까 약간 본문하고 조항이 맞지 않고 내용도 좀 맞지 않아서, 이게 아마 세월호 때 특별법을 차용해 온 것 같은데 그때는 고용노동부가 특별 휴업·휴직을 했었던, 법 근거 없이 했던 게 있었던 것 같아요. 그래서 그것을 이 법 시행 이후에 그 기간도 합산해 달라고 하는 적용례가 있었는데 이것은 현재 이 법에는 상관이 없습니다. 그래서 이 조항은 삭제하는 게 맞는 것 같고요.

　그다음에 제6조 같은 경우는 사실 지난번 이태원법에서는 소급효를 인정하지 않았습니다만 저희들이 이번에는 적극적으로 소급효를 인정하는 조항이기 때문에 6조를 5조로 바꾸고 5조는 삭제해 주시면 감사하겠습니다.
○소위원장 이수진　5조를 삭제해 달라고요?
○고용노동부노동시장정책관 정경훈　예, 맞습니다.

　그러니까 김은혜 의원안으로 보면 12조 같은 경우는 사업주가 휴업·휴직을 허용하는 것에 관한 규정이고 13조는 그것에 대해서 정부가 지원하는 규정이거든요. 그래서 내용 자체가 맞지는 않습니다.

　아까 말씀드린 것처럼 이렇게 된 경위는 아마 다른 입법례를 차용해서 오다 보니까 이런 것들이 내용과 안 맞게 들어간 것 같고요. 세부적으로 검토해 보시면 그 내용은 이해되실 걸로 저는 생각이 드는데, 다만 제가 아까 말씀드렸듯이 기존의 이태원참사 특별법에서는 저희들이 법 시행 이전에 허용한 것에 대한 소급효를 인정하지 않았는데 이번에는 특별히 그것에 대한 소급효를 인정해서 치유휴직이 필요한 부분에 대해서 적극적으로 지원할 수 있는 근거를 적용례를 통해서 만들겠다는 말씀을 드리겠습니다.
○소위원장 이수진　전문위원님, 이건……
○전문위원 임종수　전문위원실에서 고용부 말씀하신 사항 확인해서 고칠 필요성을 판단한 후에 포함해서 다시 보고드리겠습니다.
○소위원장 이수진　예, 다시 보고해 주세요.
○행정안전부안전예방정책실장 김용균　위원장님, 행정안전부에서도……

○국토교통부제2차관 백원국 잠깐만요.

그것 넘어가기 전에 제가 현장에서 통합지원센터장으로 근무를 해 봐서 아는데 아마 휴업이나 휴직을 한 경우도 저는 있는 걸로 알고 있습니다. 그래서 그 사실관계를 짚어 보고 설령 없다 하더라도 저는 이 조문이 있어도 별로 상관이 없다고 보여지고요. 만일에 있으면 이 규정에 의해서 그 관계성을 정립하는 거기 때문에 있어도 무방하지 않나 이런 생각을 합니다.

○소위원장 이수진 그 내용 확인하고 다시 들어 보는 것으로 하겠습니다.

○행정안전부안전예방정책실장 김용균 위원장님, 46페이지 사고조사단에 대해서 행정안전부의 말씀드리겠습니다.

사고조사 특례 관련해서 전체적으로 논의를 하시겠지만 특히 사고조사단에 대해서는, 공무원 임명에 대해서는 장관 등 행정부 권한에 속한 사항이기 때문에 이를 법률로 규정하는 것은 신중하게 검토해 주실 필요가 있다고 생각됩니다.

○소위원장 이수진 사고조사단 임명? 그런데 지금 우리가 봤을 때는 사고조사단이 되게 부족한 것 같은데, 임명을 더 추가로 해야 된다라고 보여지는데 행정안전부에서는 그것에 대해서 어떻게 생각하시는 거예요?

○국토교통부제2차관 백원국 사고조사단은 위원님들께서 많이 도와주셔서 지금 6명 확정이 됐습니다. 며칠 전에 행안부, 기재부가 다 동의를 해서 지금 확정이 된 상태고요 상반기 중에 채용을 해서 보강할 계획에 있습니다.

○소위원장 이수진 그러면 그게 상시 인력으로 증원이 된 거다?

○국토교통부제2차관 백원국 그렇습니다.

○소위원장 이수진 그러니까 여기에 사고조사단 추가 임명은 법에 안 넣어도 된다 이 말씀이신가요?

○국토교통부제2차관 백원국 지금 행안부에서 그런 의견을 냈습니다만 저는 이 조문 자체가 사조위 독립성과 관련돼서는 좀 신중해질 필요가 있다. ICAO 규정도 살펴볼 필요가 있고 특정 사안에 대해서 이렇게 특별한 조문을 넣는 것이 오히려 독립성을 훼손한다는 오해도 받을 소지가 또 있기 때문에 이 부분에 대해서는 사조위법 개정 때 논의를 하고 다만 법 개정 전에 할 수 있는 독립성 보완 계획에 대해서는 예산상, 인사상 할 수 있는 조치에 대해서는 신속하게 이행하겠다라는 말씀 드립니다.

○소위원장 이수진 백선희 위원님.

○백선희 위원 국토부차관님이 말씀해 주신 개정법안 제가 지금 준비 중에 있습니다. 항공·철도 사고조사에 관한 법률 개정안을 마련했고 여기의 핵심은 항철위의 독립성, 공정성, 투명성, 객관성을 확보하는 것입니다. 지금 법안이 다 준비가 돼서요 내일이나 내일모레 발의가 됩니다. 참고로 말씀드리겠습니다.

○국토교통부제2차관 백원국 예, 감사합니다. 현재 한 5개 정도 법안이 발의가 돼 있습니다. 그래서 그런 부분들하고 같이 통합·병합심사를 해야 되지 않을까 싶습니다. 적극 검토하겠습니다.

○소위원장 이수진 위원님들 다른 질의 또 없으신가요?

○백선희 위원 마지막으로 한 말씀 드려도 될까요?

○소위원장 이수진 잠깐만요, 저 하나 말씀드리고.

제가 사조위 구성 관련해서 차관님하고 얘기를 길게 나눴습니다. 그래서 우리 특위에서 할 수 있는 게 특별법인데 저희 특위 같은 경우는 특별법에 다양하게 제대로 담고 싶은 마음이 있습니다. 또 유가족분들도 그걸 원하시고.

그런데 방금 말씀하신 대로 지금 사조위법 관련해서 국토위에서 다룰 예정이고, 그리고 또 이게 실제로 빠르게 통과가 돼야 됩니다. 특별법에서 그동안, 이미 그전에 21대 때도 법안이 발의됐지만 논의가 제대로 안 되지 않았습니까. 그래서 그런 사례가 있기 때문에 이후에도 논의가 잘 안 되면 어떡하나라는 우려도 있고. 그러나 여야가 예방이나 진상규명을 위해서 법안을 만드는 데 있어서 적극적이다라고 제가 간사님한테도 말씀은 듣기는 했어요. 그래서 그 부분에 대해서 믿는다라는 전제…… 유가족분들께서도 빠르게 국토위에서 법안들이 통과가 되길 원하실 거고, 굉장히 광범위한 내용들인데 그냥 이걸 다 뺀다는 것은 저는 사실 조금 우려가 됩니다.

그래서 정 그렇다라면 제가 하나 제안을 드리는 게 부대의견이라도 좀 달아 났으면 좋겠다, 그래서 사조위의 인사·예산 독립성에 대한 보완조치…… 어차피 차관께서도 하시겠다라고, 법 통과 이전에도 하시겠다고 하신 거기 때문에, 우리가 특별법을 논의하는 과정에 이 정도 부대의견, 그래서 그런 조치를 적극 마련하고 신속히 추진해야 한다 이 정도는 약속을 하신 거기 때문에…… 부대의견을 달아 놔야 국토부에서 사전적으로 인사행정과 관련해서 예산의 독립성을 위해서 할 수 있는 노력들, 그리고 또 국토위에서도 제가 말씀 들은 게 있어 가지고 열심히 하시려고 하는 의지를 보여 주신 게 있으셔서 그런 것들이 들어가야 되지 않나라는 제안을 좀 드리고요.

그리고 또 하나는 마지막의 시행일 3개월 말씀을 주셨는데 우리 특별위원회의 임기가 6월까지입니다. 물론 사정에 의해서 더 연장해서 할 수도 있겠지만 그러나 6월 안에 웬만한 것들은 다 정리를 해야 된다 그런 입장이고요.

그래서 아까도 일부 규정은 즉시 할 수 있다라고 말씀하셨는데 우리 특위 활동 기간을 고려한다라면 나머지도 한 두 달 정도로 해도, 이게 막 복잡한 것 같지는 않습니다. 고용노동부나 이런 데도 보면 그전에 했던 것들이고 교육부도 다 했던 것들이라 제가 보기에는 기재부만 답을 좀 빠르게 주고 그러면 국토부에서 한 두 달 안에 할 수 있지 않을까 그렇게 생각이 들어서 수정의견으로 부대의견 플러스 기한을 한 달 정도 단축하는 것 그것을 제안드립니다.

○**국토교통부제2차관 백원국** 적극 검토해 보겠습니다. 다음 소위 때 의견 말씀드리겠습니다.

○**소위원장 이수진** 백선희 위원님.

○**백선희 위원** 복지부차관님, 중복해서 말씀을 드려 가지고 좀 죄송하긴 한데요. 사실 이번 여객기 참사는 그 성격상 트라우마가 굉장히 심할 거라고 예상이 되기 때문에 여기 계신 이수진 소위원장님을 비롯해서 전진숙 위원님 그리고 이달희 위원님 그리고 저도 그렇고 심리 치유에 대해서 관심이 정말 많거든요. 그 어떤 것보다 중요하다라고 생각을 하는데요.

인력과 예산을 확보하는 노력을 하셨지만 안산 같은 경우에 안산 트라우마 권역센터가 있지요. 안산의 마음건강센터에 48명의 인력이 있다라고 합니다. 물론 지역 주민을 위한 것이기도 하지만 안산시의 지역 특성상 세월호와 관련된, 그 트라우마 관련된 치유 프로

그램이 매우 잘돼 있는데 이렇게 하려면 많은 인력이 필요하거든요. 그래서 이제 시작이라고 보시고 많은 인력을 확보해 주시고.

그리고 지역에 있는 정신건강복지센터를 활용할 수는 있으나 거기에 계신 전문가분들도 이 트라우마에 대해서 적절하게 대응하는 방법을 잘 알아야 되지 않겠습니까. 그래서 그쪽과 관련해 가지고 좀 포괄적으로 직간접적인 인력을 많이 확보를 해 주시고 전문적인 프로그램을 준비해 주시기를 다시 한번 간곡히 부탁드리겠습니다.

○**보건복지부제1차관 이기일** 예, 위원님, 그렇게 하도록 하겠습니다.

○**소위원장 이수진** 혹시 정부 쪽에서 하실 말씀 더 있으세요?

○**국토교통부제2차관 백원국** 지금 용어 정의에서 유가족단체와 유가족협의회가 조문에 혼용되어 있습니다. 그래서 그 부분에 대한 용어 통일이 좀 필요하지 않을까 싶습니다.

○**소위원장 이수진** 유가족단체와 유가족협의회 이것도 다시 논의를 좀 하는 것으로 하겠습니다.

의사일정 제1항부터 6항까지 이상 6건의 법률안은 심도 있는 심사를 위하여 계속해서 소위원회에서 심사하도록 하겠습니다.

이상으로 오늘 회의를 마치겠습니다.

원활한 회의 진행에 협조해 주신 위원님 여러분, 차관을 비롯한 관계 공무원 여러분, 위원회 직원 여러분 그리고 보좌직원 여러분 모두 수고하셨습니다.

산회를 선포합니다.

(11시59분 산회)

○**출석 위원(5인)**

　백선희　이달희　이수진　전진숙　정준호

○**청가 위원(1인)**

　김대식

○**출석 전문위원**

　수석전문위원　박재유

　전문위원　임종수

　입법심의관　남궁인철

○**정부측 및 기타 참석자**

　국토교통부

　　제2차관　백원국

　　12.29여객기사고피해자지원단

　　　단장　박정수

　교육부

　　학생건강정책국장　이해숙

　　인재정책기획관　이주희

　　평생직업교육정책관　최창익

　법무부

　　법무심의관실　이경화

행정안전부
　　안전예방정책실장　김용균
보건복지부
　　제1차관　이기일
고용노동부
　　노동시장정책관　정경훈
중소벤처기업부
　　소상공인경영안정지원단장　황영호
경찰청
　　과학수사심의관　박우현

　　　　　　　　　　　　　　　　　　　2025년 4월 1일

<table>
<tr><td>제423회 국회
(임시회)</td><td><h1>2025아시아태평양경제협력체(APEC)
정상회의지원특별위원회회의록</h1></td><td>제 1 호</td></tr>
</table>

국 회 사 무 처

일　시　2025년4월1일(화)

장　소　외교통일위원회회의실

의사일정
1. 위원장 선임의 건
2. 간사 선임의 건

상정된 안건

(11시30분 개의)

○**위원장직무대행 윤후덕**　의석을 정돈하여 주시기 바랍니다.

　성원이 되었으므로 제423회 국회(임시회) 제1차 2025 아시아태평양경제협력체(APEC) 정상회의 지원 특별위원회를 개의하겠습니다.

　국회법 제47조제2항에 따라 우리 특별위원회의 위원장 선출을 위해 위원장 직무를 대행하게 된 윤후덕 위원입니다. 인사드리겠습니다.

　저는 국회법에 따라 위원장이 선임될 때까지만 위원장의 직무를 대행하도록 하겠습니다. 원만한 회의 진행을 위해 위원님들의 협조 당부드리겠습니다.

---

1. 위원장 선임의 건

(11시31분)

○**위원장직무대행 윤후덕**　그러면 의사일정 제1항 위원장 선임의 건을 상정합니다.

　국회법 제47조제1항에 따르면 특별위원회 위원장은 해당 특별위원회에서 호선하고 이를 본회의에 보고하도록 규정하고 있습니다.

　지금까지 관례에 따라 특별위원회 위원장은 위원님들의 구두 추천으로 선임해 왔습니다.

　다른 의견이 없으시면 국회법 및 기존 관례에 따라 위원장을 선임하고자 하는데 이의 없으십니까?

　(「예」 하는 위원 있음)

　그러면 위원장으로 선임할 위원님을 추천해 주시기 바랍니다.

　이만희 위원님 추천해 주십시오.

○**이만희 위원**　우리 특별위원회 위원장으로서 국민의힘 5선 의원이신 김기현 위원님을 위원장으로 추천하고자 합니다.

○**위원장직무대행 윤후덕**　혹시 다른 위원님 추천하실 위원님 계십니까?

　　(「없습니다」 하는 위원 있음)

　없어요?

　왜 저는 추천을 안 하세요? 제가 4선이어서 좀 밀렸던 것 같습니다.

　그러면 이만희 위원님이 추천하신 김기현 위원님을 위원장으로 선임하고자 하는데 이의 없으십니까?

　　(「예」 하는 위원 있음)

　우리 특별위원회 위원장으로 김기현 위원장님께서 선임되었음을 선포합니다.

　우리 특별위원회 위원장을 선출해 주셨으니 새로 선임된 위원장님께서 사회권을 할 수 있도록 제가 이동하겠습니다.

　김기현 위원장님, 위원장석으로 나와 주시기 바랍니다.

　　(윤후덕 위원장직무대행, 김기현 위원장과 사회교대)

---

o 위원장(김기현) 인사

(11시33분)

○**위원장 김기현**　대단히 반갑습니다.

　오늘 이렇게 존경하는 여야 위원님들을 모시고서 APEC을 지원하기 위한 특별위원회 회의를 개최하고 또 위원장으로 선출되게 되어서 아주 기쁘게 생각하고 한 표 주신 모든 분들께 진심으로 감사드립니다.

　어젯밤에 가만히 생각하니까 선거운동을 해야 되는데 빠뜨렸다 그런 걱정이 들었습니다마는 한결같이 우리가 잘되기 위한 마음이라고 생각하고요. 제가 위원장직을 수행하면서 한 표, 선거운동 안 한 것 이상으로 잘 갚아 나가도록 하겠습니다.

　오늘 수고해 주신 윤후덕 위원님께 먼저 감사를 드립니다.

　저는 윤후덕 위원님께서 형님이신 것 오늘 처음 알았습니다. 죄송합니다. 앞으로 잘 모시겠습니다.

　먼저 본 위원을 선출해 주신 여러분들께 다시 한번 감사드리고요.

　우리 특별위원회는 지난 3월 13일 국회 본회의에서 특별위원회 구성의 건이 의결된 후 오늘 첫 회의를 열게 되었습니다.

　2025년 아시아태평양경제협력체 정상회의는 지난 2005년 부산 APEC 정상회의 이후 20년 만에 대한민국에서 개최되는 대규모 국제행사입니다. 미국, 중국을 비롯한 전 세계 21개국에 이르는 정상급 인사들이 대한민국의 경주에 모여 우리나라가 아시아태평양 지역에서 경제협력을 강화하고 지속가능한 성장을 촉진하기 위한 의지를 재확인하는 자리가 될 것으로 보입니다.

　이에 특별위원회 위원장으로서 성공적인 APEC 개최라는 막중한 사명감과 책임감을 가지고 최선의 노력을 경주하여 우리 특별위원회를 운영해 나가겠다는 각오를 가지고 있습니다.

　위원님들께서도 특별히 우리 특별위원회 활동에 많은 관심과 성원을 보내 주시기를 부탁드리고, 우리 국회에서 가장 모범적인 위원회 운영의 전범을 만들 수 있도록 저부터 먼저 노력해 나가도록 하겠습니다.

　오늘 회의는 우리 위원회 첫 회의로 위원님들 상호 간 인사를 나누는 시간을 가져야 되기는 하는데 효율적인 회의 진행을 위해서 간사 선임의 건을 먼저 처리한 다음에 위원님들의 말씀을 듣는 것으로 하고자 하는데 이의가 없으십니까?

　(「예」 하는 위원 있음)

　그러면 그렇게 해서 의사일정 제2항 간사 선임의 건으로 들어가도록 하겠습니다.

2. 간사 선임의 건

(11시36분)

○**위원장 김기현**　제2항 간사 선임의 건을 상정합니다.

　이 안건은 교섭단체를 대표해서 위원장과 위원회 운영에 관한 사항을 함께 협의해 나갈 간사 위원을 선임하기 위한 것입니다.

　국회법 제50조의 규정에 따르면 교섭단체별로 간사 한 분씩을 위원회에서 호선하고 이를 본회의에 보고하도록 되어 있습니다.

　그러면 위원님들께서 양해해 주신다면 지금까지의 관례에 따라 각 교섭단체에서 추천하신 위원님들을 각각 우리 위원회의 간사 위원으로 선임하고자 합니다.

　더불어민주당에서는 정일영 위원님을 교섭단체 간사 위원으로 추천해 주셨고 국민의힘에서는 이만희 위원님을 교섭단체 간사 위원으로 추천해 주셨습니다.

　이상 두 분의 위원님들을 우리 위원회의 간사로 선임하고자 하는데 이의가 없으십니까?

　(「예」 하는 위원 있음)

　이의가 없으므로 가결되었음을 선포합니다.

　그러면 이제 위원님들의 인사말씀을 듣도록 하겠습니다.

　양해해 주신다면 인사 순서는 방금 선임되신 간사님들 먼저 하시고 여야 위원들이 왔다 갔다 하면서 말씀을 하시면 더 좋지 않을까 하는 생각을 합니다.

o 간사(정일영·이만희) 인사

(11시37분)

○**위원장 김기현**　먼저 존경하는 정일영 간사님께서 말씀 주시면 좋겠습니다.

○**정일영 위원**　감사합니다.

　정일영 위원입니다.

　먼저 김기현 위원장님 축하드립니다.

○**위원장 김기현**　감사합니다.

○**정일영 위원**　이만희 간사님도 축하드리고요. 여러 위원님들, 하여튼 특별한 이견 없이 간사로 일할 수 있게 해 주셔서 감사합니다.

　저는 인천 연수구을 송도국제도시 지역구로 두고 있고요. 현재 기획재정위원회하고 예산결산특별위원회에서 활동하고 있습니다.

　무엇보다도 우리 APEC 특별위원회에서 같이 활동을 하게 돼서 대단히 기쁘고 영광스럽게 생각을 합니다.

APEC은 미국, 중국, 일본, 러시아 해 가지고 세계 GDP의 한 60%, 교역량의 한 48%를 차지할 만큼 중요하고요. 특히 요즘 우리나라 경제가 매우 어렵고 또 미국이라든지 주변 국가들하고의 통상·외교·무역 관계도 굉장히 중요한 국면을 맞이하고 있기 때문에 우리 특별위원회에서 그만큼 더 활동을 많이 해야 될 것 같습니다.

이미 시작된 곳도 있지만 올가을에 여러 관련된 회의도 많고 10월 말에 세계 각국의 정상들이 오니까 빈틈없이 국회에서 잘 지원하고 성공적인 APEC이 될 수 있도록 존경하는 김기현 위원장님과 여러 위원님, 이만희 간사님 모시고 열심히 하도록 하겠습니다.

감사합니다.

○**위원장 김기현** 그러면 이만희 간사님 말씀 주시기 바랍니다.

○**이만희 위원** 감사합니다.

먼저 우리 위원장님 그리고 정일영 민주당 간사님을 비롯한 여야의 여러 선배·동료 위원 여러분 반갑습니다.

이번 특별위원회 여당 간사를 맡게 된 경북 영천·청도 지역 이만희 위원입니다.

사실 국제관계가 요동치고 있고 특히 동북아 같은 경우에는 글로벌 역학구도의 큰 변화도 함께 영향을 받을 것으로 생각을 합니다. 이 시점에 열리는 경주 APEC 정상회의가 그 어느 때보다도 중요한 행사가 될 것이고 이 행사를 차질 없이 잘 수행해서 우리의 국익을 극대화하는 데 아마 모든 여야 위원님들께서 함께하시리라 생각합니다.

위원장님과 야당 간사님 그리고 여러 위원님을 잘 모시고 이번 APEC 정상회의가 우리 국회 쪽에서 철저히 지원하고 또 점검도 해서 원활하게 이루어질 수 있도록 특위 운영을 위해 최선을 다하겠다는 말씀 드리겠습니다.

감사합니다.

○**위원장 김기현** 김태선 위원님.

○**김태선 위원** 우선 김기현 위원장님, 같은 울산인데 축하 먼저 드리고요. 그리고 이만희 위원님, 정일영 위원님도 간사 선임된 것 축하드립니다. 제가 잘 모시고 APEC특위 잘 뒷받침하도록 하겠습니다.

12·3 내란 이후에 정치·경제·외교·안보 전방위적으로 국가의 근간이 흔들리고 있습니다. APEC 정상회의는 아시아·태평양은 물론 세계적 과제에 대한 해법을 주도하고 국제사회에서 국격을 높일 기회라고 봅니다. 그런데 아직 내란이 종식되지 않은 상황에서 APEC 정상회의가 제대로 치러질 수 있을지에 대한 국민의 걱정이 큰 상황입니다. 국민의 걱정도 덜고 APEC 준비가 제대로 될 수 있도록 특위가 뒤에서 든든히 뒷받침하기를 바라고요.

행사를 화려하게 하고 손님들에게 물량 공세를 한다고 해서 APEC이 성공적으로 이루어지는 것은 아니라고 봅니다. 민주주의와 법치, 공정과 정의가 바로 서고 이에 대한 국민의 자부심이 하나로 모이지 않고서는 어떤 지원책도 무용지물이라고 봅니다.

서울올림픽과 평창올림픽 모두 철저한 준비뿐 아니라 군사독재와 국정농단을 단죄하고 진정한 국민주권과 민주주의를 세워 낸 대한민국 국민의 자부심이 그 바탕에 있었습니다. 그런 노력과 역사가 있었기에 두 올림픽 모두 국제사회의 신뢰 속에서 당당히 성공할 수 있었으며 우리가 내세운 평화와 화합의 메시지 또한 큰 공감을 얻을 수 있었습니다. 이번 APEC 정상회의 역시 특별위원회가 그 뜻을 함께하는 마음을 모아 주시길 바랍니다.

아울러 지방은 지금 인구 감소와 경제 침체를 넘어 소멸 위기까지 걱정하는 수준에 이르렀습니다. 이번 APEC이 단발성 이벤트로 끝나서는 안 되는 이유가 여기에 있습니다. APEC 정상회의 준비를 통해 대회 주 장소인 경주는 물론 부울경 전 지역이 공생하고 장기적으로 경쟁력을 키워 나갈 방안까지 모색했으면 합니다.

APEC이 지역과 국민의 지속가능한 발전을 이끄는 전환점이 되도록 저부터 최선을 다하겠습니다.

고맙습니다.

○위원장 김기현 김형동 위원님.

○김형동 위원 경북 안동·예천의 김형동 위원입니다.

먼저 APEC특위의 위원으로 활동하게 돼서 너무나 영광입니다. 김기현 위원장님 그리고 정일영 간사님, 이만희 간사님, 양 간사님 잘 모시면서 우리 특위가 성공적이었다는 평가가 나올 수 있도록 미력이지만 최선을 다하겠다고 말씀을 드리겠습니다.

오랜만에 대한민국에 큰 행사가 열리는 것 같습니다. APEC을 넘어서 세계 모든 이들이 대한민국의 역사와 문화를 직간접적으로 경험하는 그런 계기가 됐으면 좋겠습니다. 또 대한민국이 지금 어려운 과정인데 APEC 공간을 통해서 하나 되고 국민들이 통합되는 그런 평가를 받았으면 하는 게 제 작은 목적이라고 할 수 있겠습니다.

아무쪼록 특위 위원으로서 맡은 바 역할을 최선을 다하겠다는 그런 말씀 올립니다.

반갑습니다.

○위원장 김기현 그러면 윤후덕 위원님.

○윤후덕 위원 경기도 파주 윤후덕 위원입니다.

저는 외통위 위원입니다. 그래서 3월 21일 날 김기현 위원님하고 홍기원 위원님하고 해서 개최 도시인 경주에 갔습니다. 그래서 준비를 얼마나 잘하고 있는지 점검하고 했는데, 준비 잘돼 있더라고요.

그리고 몇 가지, 한 10개 정도 사업들에 중앙정부의 예산이 필요하다는 건의가 있었어요. 그것도 우리 특위에서 빨리 파악해서 지원할 수 있도록 그렇게 노력합시다.

그리고 지역에서 보니까 경주가 제일 클 때는 27만인데 요즘은 24만으로 줄었대요, 인구가. 그래서 시장님한테도 그랬지요. 이번 큰 행사를 통해서 인구가 증가하고 발전하기를 기원한다고 그랬습니다. 그래서 경주 그리고 또 경북, 더 커서 대한민국이 더 발전할 수 있는 큰 APEC이 됐으면 하는 기원 그리고 또 저도 노력하겠다는 말씀 드리겠습니다.

함께하겠습니다. 고맙습니다.

○위원장 김기현 다음으로 유영하 위원님.

○柳榮夏 위원 반갑습니다. 저는 대구 달서갑의 유영하입니다.

먼저 평소 존경하는 김기현 위원장님과 두 분 간사님 그리고 선배·동료 여러분들을 모시고 특위 위원으로 활동하게 돼서 개인적으로는 굉장히 영광으로 생각합니다.

앞에서 여러 분들이 좋은 말씀을 하셔서 저는 말을 짧게 끊겠습니다. 다만 정치는 상대방이 있고 상대방에 대한 배려가 필요하다고 봅니다. 이번 APEC을 계기로 저희가 정파를 떠나서 그리고 진영을 떠나서 우리 대한민국이 한 단계 더 업그레이드될 수 있는 그런 계기가 되었으면 합니다.

힘 닿는 데까지 열심히 하도록 하겠습니다.

마치겠습니다.

○**위원장 김기현** 다음 이병진 위원님.

○**이병진 위원** 반갑습니다.

동북아의 물류 중심 항만으로 발돋움하는 평택항과 함께 병진할 이병진입니다.

(웃음소리)

한번 웃고 시작하는 게 좋을 것 같고요. 특히 존경하는 이만희 위원은 너무나 진중하셔서 제가 소개를 했는데, 면식이 있는 사람인데 웃지도 않으시네. 섭섭합니다.

그리고 정일영 위원님 그리고 김기현 간사님 국회 정문 앞에서 우연히 조우해서 악수 한 번 나눴는데, 지난주 또 조우할 기회가 있는데 눈을 피하시더군요. 참 아쉬웠습니다. 국회 뜰 앞에서 말이지요. 아마 느끼셨을 텐데 하얀 와이셔츠 입고 지나가셨습니다.

하여튼 '정치는 증오 없는 싸움'이라는 말도 있습니다. 특히 외교와 관계되는, 우리 국가 이익을 위해서 특별위원회가 특별히 설치됐다고 저는 믿어 의심치 않습니다. 제가 갖고 있는 달란트가 조금 있다면 중국에 오래 관심을 갖고 있었기 때문에 이번에 제가 가서 시진핑 주석 꼭 올 수 있도록 미력하나마 역할을 하고자 합니다. 그리고 경주 컨센서스가 탄생할 것으로 믿어 의심치 않으면서 많이 배울 수 있는 기회로 삼겠습니다.

감사합니다.

○**위원장 김기현** 다음으로 이달희 위원님.

○**이달희 위원** 경상북도 경제부지사로 이 대회를, APEC을 유치하기 위해서 전국을 쫓아다니던 이달희 위원입니다. 국민의힘 비례대표 국회의원입니다.

경상북도가 대한민국 면적의 5분의 1을 차지하고 있습니다. 지금 북쪽은 의성부터 영덕까지 산불로 정말 많은 분들이 희생도 하셨고 이재민들이 이렇게 많이 생겨서 정말 고통 속에서 있습니다. 그런데 남쪽 산업벨트를 비롯해서 우리 경주는 또 APEC을 유치해서 대한민국 문화보국의 모습을 전 세계에 보여 줄 수 있는 그런 절호의 기회를 맞이했습니다.

오늘 야당의 쟁쟁하신 위원님들 뵈니까 이 두 가지 위기, 우리 특별위원회에서 김기현 위원장님, 양 간사님 그리고 위원님들 모시고 준비해 나간다면 APEC은 우리 국가를 88 올림픽 그리고 2002년 월드컵에 이어서 대한민국을 전 세계적으로 우뚝 올려놓을 수 있는 특히 문화보국이, BTS가 여기서 나왔구나. 열여섯 살 화랑에서부터 이 BTS가 나왔구나 이런 전통을 보여 줄 수 있는 정말 큰 계기가 될 거라고 생각합니다.

잘 모시고 심부름 잘하겠습니다. APEC 준비 성공할 수 있도록 경제부지사 출신으로서, 많이 도와주시면 고맙겠습니다.

감사합니다.

○**위원장 김기현** 다음으로 임미애 위원님.

○**임미애 위원** 김기현 위원장님 그리고 이만희 간사님, 저희 정일영 간사님 모시고 APEC특위에 함께 활동하게 되어서 굉장히 기쁩니다.

경주가 유치는 했는데 실제로 이것은 경주의 APEC이 아니라 국가가 총력을 기울여야 할 행사라고 생각을 합니다. 그래서 저희 APEC 특위가 그 역할을 하는 데 좀 잘했으면 좋겠다라는 생각이 들고.

무엇보다도 잔치가 벌어지면 손님이 많이 와야 좋은 것 아니겠습니까. 아시아태평양 연안의 21개국이 회원으로 참여하고 있는데 21개국의 관계 장관들뿐만이 아니라 최고 지도자들까지, 최대한의 인원이 참여하고 최대한의 국가가 참여할 수 있도록 우리 APEC 특위가 노력했으면 좋겠다라는 생각이 들고, 아울러 대회가 원활하게 진행될 수 있도록 예산적 지원이 필요하다면 그 부분 또한 존경하는 김기현 위원장님 이하 우리 특위 위원들이 발 벗고 나서서 이 문제는 해결해야 되지 않을까라는 생각이 듭니다.

저 역시 할 수 있는 최선의 노력을 다하겠습니다.

고맙습니다.

○**위원장 김기현** 다음으로 이인선 위원님.

○**이인선 위원** 저는 대구 수성구을 국회의원 이인선입니다.

조금 전에 인사할 때 제가 인사를 나눴습니다마는 국회를 시작하면서 정일영 간사님하고는 계속 산자위, 지금 기획재정위 또 이 특위까지 아주 가까운 짝지가 돼 있습니다.

아무튼 오늘 위원장님이나 양쪽 간사님들이 너무 좋은 분들이 된 것 같습니다. 우리가 시작할 때 하나가 되는 모습에서 좋은 결과가 나올 때까지 열심히 잘하기를 바라고요. 특히나 기재위의 예결소위원장이십니다. 앞으로 필요한 추경이나 이런 부분들 아마 간사님이 챙겨 주셔야 되는 부분들이 조금 많은 것 같고요. 올해 회의이기 때문에 굉장히 급한 상황인 것 같습니다. 그래서 특위 활동이 우리가 특별하게 많이 뛰어야 하는 그런 부분들이 많은 것 같습니다.

저는 지금 여성가족위원장으로서 여기 오는 여성 기업인들의 활동을 서로 공유하고 레벨업시키는 일에 좀 더 많은 역할을 할 수 있으리라 생각을 하면서 제가 열심히 하도록 하겠습니다.

감사합니다.

○**위원장 김기현** 다음으로 장경태 위원님.

○**장경태 위원** 안녕하세요? 서울 동대문을 출신 장경태 위원입니다.

먼저 김기현 위원장님과 이만희 간사님 또 정일영 간사님 일단 축하드리고요. 여러 상임위를 해 보면 사실 토론보다는 토의를 많이 하는 상임위가 좋은데 이 APEC특위는 토의를 많이 하는 상임위가 될 것 같아서 개인적으로는 너무 기쁘게 생각하고 있고요.

작년 예결특위 예산소위에서 APEC 관련된 예산 등에 아쉬운 부분들이 좀 있었는데 이번에 특위가 생긴만큼 이런 부분들을 성공적 개최를 위해서 존경하는 선배·동료 위원님들과 함께 적극 협력하고 지원할 수 있는 방안을 찾았으면 좋겠습니다.

아무튼 유익하고 또 유쾌한 상임위가 됐으면 좋겠습니다.

감사합니다.

○**위원장 김기현** 다음으로 조정훈 위원님.

○**조정훈 위원** 조정훈 위원입니다. 서울 마포갑을 지역구로 하고 있습니다.

APEC 정상회의 지원특위에서 활동하게 되어서 기쁘고 감사하게 생각합니다. 김기현 위원장님, 정일영 간사님 그리고 이만희 간사님 그리고 다른 동료 위원님들과 함께 좋은 성과 냈으면 좋겠습니다.

아마 일정이 있는 거니까 길어야 한 6개월, 마무리까지 하면 그 정도 되지 않을까 하는 활동인데요. 오랜만에 각자의 당적이 아닌 국적을 놓고 어떻게 하면 국익에 도움이 될 수 있을지를 고민하는 유의미하고 건설적인 상임위가 될 것 같아서 기대가 큽니다. 저도 제 역할을 주저하지 않고 다하도록 하겠습니다.

감사합니다.

○**위원장 김기현** 다음으로 조인철 위원님.

○**조인철 위원** 안녕하십니까? 광주 서구갑에 지역구를 두고 있는 조인철입니다.

먼저 김기현 위원장님 그리고 선배·동료 여러분들하고 함께하게 돼서 많이 영광스럽습니다.

제 친정이 기재부여서 APEC이라고 하는 게 그렇게 낯설어 보이지는 않습니다. 특히 지금 이 시국에 주로 넥타이 풀고 길거리에서 싸우다가 넥타이를 매고 앉으니까 상당히 어색하기도 한데요. 하여튼 성과를 낼 수 있도록 최선을 다하겠습니다.

하여튼 이번 행사를 계기로 해서 우리 경제·외교도 정상화되고 그다음에 이 행사가 잘 이루어져서 경주가 과거의 관광도시로서 다시 한번 부흥을 갖게 되는 그런 계기가 되기를 바랍니다.

열심히 하겠습니다. 감사합니다.

○**위원장 김기현** 다음으로 김재원 위원님.

○**김재원 위원** 조국혁신당 문체위 소속 김재원 위원입니다.

코로나 이후에 미국의 경제위기로부터 시작하여서 지금 통상 압력이 시작된 상황에서 세계 경제질서가 재편되고 있는 과정입니다. 그렇기 때문에 지금 현재 우리가 아시아태평양경제협력체 정상회의를 우리나라에서 개최한다는 것에 굉장히 큰 의미를 두어야 한다 이렇게 생각을 하고요.

그중에 저는 문체위 위원이기 때문에 또 특별히 드리고 싶은 말씀은 자동차, 반도체에 있어서 문화·체육·관광 분야가 지금 국가경제 기여도 3위라는 사실입니다. 반면에 전체 예산은 국가예산의 1.05%밖에 되지 않기 때문에 굉장히 힘들게 하고 있는 상황인데요. 그러나 지금 현재 문화 콘텐츠는 관세도 없고 그리고 달러로 대가를 받는 상황이기 때문에 조금 더 신경을 써야 하는 부분이라고 생각을 하고, 예산 증액 운동도 벌이고 있습니다.

그래서 이 아시아태평양경제협력체 정상회의 기간 동안에 우리가 얼마나 다시 K의 브랜드로 표현이 되는 그런 K-문화를 어떻게 더 많이 알릴 것이고 그리고 수출을 증진시킬 수 있는 것이냐라는 부분에 대한 고민이 굉장히 많고 이 위기 상황을 우리가 문화적인 역량으로 더 많은 국가 경제에 기여할 수 있는 그런 바탕을 또 기회를 만들기를, 그러는 마음에서 이 회의에 참여를 하게 되었습니다.

많은 위원님들께서 관심을 가져 주시고 그리고 우리가 다시 한번 도약을 할 수 있는 기회를, 문화적 소통과 그리고 기회를 만들어서 같이 열심히 하고 국위를 더 선양하고 싶은 마음입니다. 여러 위원님들 많이 도와주십시오.

감사합니다.

○**위원장 김기현** 마지막으로 허성무 위원님.

○**허성무 위원** 위원장님, 위원장 선임되신 것을 축하도 드리고요. 또 함께 특위활동 하

게 되어서 정말 반갑습니다.

순서에 가나다 순서만 있는 게 아니고 가나다 역순도 있다는 것을 제가 먼저 말씀을 드리고요. 언제나 마지막이라서……

(웃음소리)

저는 2005년 APEC, 해운대 동백섬에 열렸던 것을 기억하고 있습니다. 그때 현대자동차의 에쿠스가 공식 의전 차량으로 쓰였습니다. 그러고 나서 현대차의 브랜드 파워가 더 커졌고 지금은 세계적인 자동차 메이커로서 독일 메이커에 전혀 뒤지지 않는 또 일본 메이커에 뒤지지 않는 그렇게 메이커로 설 수 있는 좋은 계기가 됐던 기억이 있습니다. 이번 APEC도 그런 좋은 성과들이 이루어질 수 있기를 바라고요. 또 그 가운데 국회가 많은 지원을 할 수 있었으면 좋겠습니다.

특히 동백섬에 그때 정상회의 회담장으로 만들어진 누리마루 같은 경우에는 저도 자주, 지금도 방문을 한 번씩 합니다마는 정말 좋은 관광지가 돼 있는 그런 상황입니다. 그래서 이번 경주 대회가 정말 경주뿐만 아니라 대한민국 위상을 다시 한번 세우는 그런 좋은 대회가 되었으면 좋겠고요.

특히 제가 창원시장을 할 때 세계사격선수권대회를 직접 개최하고 또 집행했던 경험이 있어서 그 이후에 정말 세계대회나 또 겨울철·여름철 할 것 없이 수많은 선수들이 창원에 와서 훈련들을 하고 있습니다. 대회도 개최되고, 그것을 보면서 이번에 경주 대회가 정말로 우리한테 큰 도움이 되는 그런 대회가 되었으면 좋겠고 저도 국회에서 함께 우리 위원님들과 돕는 그런 좋은 계기가 되었으면 좋겠습니다.

감사합니다.

○위원장 김기현 이상으로 위원님들 인사말씀을 다 들은 것 같습니다.

저도 안 그래도 제일 오래 기다리셨다고 말씀을 드리려고 그랬는데 역순으로 하자 그러시니까 제 생각하고 통하는 것 같습니다.

혹시 간사 위원님들, 다음번 우리 회의는 거꾸로, 가나다순의 거꾸로 질의 순서를 앞으로 하면 어떨까 그런 생각이 듭니다만 잘 의논해 주셨으면 좋겠고요. 사실 좀 불이익한 것 같아요. 그렇지요? 허씨, 홍씨 이렇게 가면.

○허성무 위원 농담으로 드리는 말씀입니다.

○위원장 김기현 오늘 선임되신 간사 위원님들 포함한 우리 특별위원회 위원들께서는 우리 위원회가 원만하고 내실 있게 잘 운영되도록 노력해 주실 것으로 믿어 의심치 않습니다.

마지막으로 위원님들의 특별한 의정활동을 지원할 수 있는 직원들을 소개할 텐데요.

김사우 전문위원 소개를 드리겠습니다.

그다음 외교부로부터 파견되어 온 임시홍 국장입니다.

다음으로 김형진 외통위원회 행정실장과 입법조사관들 그리고 주무관 직원 여러분들을 함께 소개드리겠습니다.

(인사)

전문위원을 비롯한 여러 직원들 포함해서 모두 성심을 다해서 위원님들의 의정활동을 잘 보좌해 주시기를 부탁드리겠습니다.

안내말씀을 추가로 드리면 향후 위원회 회의 일정 등 구체적인 계획과 관련해서는 위원장이 두 분 간사님과 협의해서 정할 수 있도록 위임해 주셨으면 좋겠습니다.
　그리고 제 생각입니다만 가급적이면 다음 주 초쯤 해서 빨리, 별로 시간이 많지 않기 때문에 서둘러야 되는 상황이고 해서 빨리빨리 저희 회의를 진행해서 안건들을 챙기고 했으면 좋겠다는 생각이 듭니다.
　그러면 오늘 회의는 마치도록 하겠습니다.
　위원님 여러분 수고 많으셨습니다.
　전문위원 등 위원회 직원들과 의원 보좌진 여러분들께서도 수고 많으셨습니다.
　산회를 선포합니다.

(12시00분 산회)

○**출석 위원(17인)**
　김기현　김재원　김태선　김형동　유영하　윤후덕　이달희　이만희　이병진　이인선　임미애　장경태　정일영　조인철　조정훈　허성무　홍기원
○**청가 위원(1인)**
　이연희
○**출석 전문위원**
　전문위원　김사우

원내대책회의 주요내용

4월 1일 원내대책회의 주요내용은 다음과 같다.

– 권성동 원내대표

어제 민주당 최고위원회는 무시무시한 협박과 망언의 경연장이었다. 이재명 대표는 윤석열 대통령을 파면하지 않으면 제주 4.3사건이나 광주 5.18과 같은 유혈사태가 일어날 것처럼, 헌법재판소를 노골적으로 협박했다. 전현희 최고위원은 헌재가 이번 주까지 대통령을 파면시키지 않으면 '을사8적' '반역자'가 될 것이라는 극언을 퍼부었다.

대통령 탄핵심판은 적법절차의 원칙에 따라 이루어지는 것이다. 그런데 민주당은 극단적인 언사를 내지르며 헌재에게 자신이 원하는 결론을 당장 발표하라고 강요하고 있다. 왜 헌법재판소 판결과 유혈사태를 연결시키는가. 대통령 파면 선고가 나지 않으면 불복투쟁에 나서라, 대대적인 소요사태를 일으키라고 사주하는 것이나 다름이 없다.

이미 민노총은 총파업을 했고, 전농은 트랙터시위를 했다. 이처럼 민주당은 좌파단체의 극렬 투쟁을 조장하면서 헌재를 정치적으로 포위하고 있다. 그리고 민주당이 '을사8적' '반역자'라고 손가락질한 헌법재판관 중에는 문재인 대통령과 민주당이 추천한 분들도 있다.

민주당식 논리를 그대로 적용하면 문재인 대통령과 민주당이 매국과 반역의 몸통이 되는 것이다. 민주당은 대통령 탄핵 심판을 당파적 이익의 요식행위로 전락시키고 있다. 미리 결론을 정해놓고 이대로 하지 않으면 가만두지 않겠다고 협박하고 있다. 이것이 죽창을 들고 재판하는 인민재판과 무엇이 다른가.

이미 민주당 초선의원들은 국무위원 총탄핵을 선언하며, 내란음모와 내란선동을 시작했다. 민주당 지도부는 헌법재판을 인민재판으로 만들어 버렸다. 민주당은 존재 자체가 국헌문란이다. 민주당은 헌법재판소 모독 발언을 사과하십시오. 대통령 탄핵을 강요하면 모든 언동을 중단하십시오. 공공연한 내란 선동의 폭주를 당장 멈추십시오. 헌법재판소는 민주당의 겁박에 결코 굴복해서는 안 된다. 재판관들의 판단을 있는 그대로 존중하여 조속히 결론을 도출하기를 바란다. 그것만이 민주당의 집단 광기를 중단시킬 수 있다.

작년 12월 10일 민주당은 삭감 예산안을 일방적으로 날치기 통과시켰다. 이재명 대표는 그리고 나서 단 5일만에 추경을 논의하자고 제안했다. 지난 넉달 동안 틈만 나면 추경이 시급하다고 재촉한 것이 민주당이다. 그런데 이제 막상 정부가 추경계획을 발표하니까 추경에 발목 잡고 나섰다. 세상에 이런 청개구리 심보가 어디에 있는가. 정부, 여당은 야당이 원하는 추경예산을 논의하지 말자고 한 적이 없다. 여야 간에 이견이 없는 시급한 현안 예산부터 1단계 추경으로 우선 처리하고, 여야가 각각 원하는 예산은 충분히 협의해서 2단계 추경으로 처리하자는 것이다.

도대체 뭐가 불만인지 이해할 수가 없다. 우리도 추경에 담고 싶은 예산이 많다. 예컨대 민주당이 일방 삭감 처리한 감사원의 비리 감사 예산과 검찰, 경찰의 민생수사 예산도 추경을 통한 복원이 시급하다. 우리도 이러한 부분에 대해 인내하고 또 인내하면서 1단계 추경부터 서둘러 처리하자고 요구하는 것이다. 산불 피해 복구와 이재민 지원, AI와 관세전쟁 대응은 하루하루가 피 말리는 골든타임이다. 시급한 추경을 발목 잡겠다는 것은 오로지 이재명 추경을 하겠다는 것이다.

이재명 대표한테는 산불도, 관세전쟁도 안중에 없고, 머릿속에 오로지 마은혁 임명과 전 국민 현금 살포만 있다. 본인이 바라는 35조원 규모의 추경을 받아주지 않는다고 해서, 산불 피해복구 같은 시급한 추경조차 발목잡기로 일관해서야 되겠는가. 국민의힘은 시종일관 국정 흔들기와 민생 발목잡기로 일관하는 민주당의 행태에 단호히 대응해나갈 것임을 분명히 말씀드린다. 민주당은 국정 발목잡기를 중단하고 당장 추경에 협조하기를 바란다.

– 김상훈 정책위의장

추경에 대해서 한 말씀 드리겠다. 민주당이 다시 추경 논의를 정쟁화하고 있다. 이재명 대표와 민주당은 정부가 즉시 사용할 수 있는 실질적인 재난 관련 예산 여력이 약 6천억원뿐임에도 불구하고 근거 없는 숫자 왜곡으로 국민을 호도하고 있다. 또 필수 추경 규모 10조원을 문제 삼으며, 정부의 추경예산 방침 발표가 국회의 예산 심사권을 침해했다고 주장하는 논리를 펴고 있다. 오히려 민주당의 이 논리 자체가 정부의 고유권한인 예산편성권을 침해하는 것이다. 산불 추경을 할 수밖에 없도록, 만든 장본인이 누구인가. 손바닥으로 햇빛을 가릴 수 없듯이 민주당이 일방적으로 재난 대응 예비비를 삭감한 사실을 가릴 수는 없다.

이번 산불로 인해 주택 3,600여채 전소, 농작물 피해 1,500ha, 농축업 시설 1,326개 손실, 가축 8만여마리 폐사 등 산불 재산 피해액이 2.45조원에 맞먹는 규모로 추정된다고 한다. 산불 피해 국민들께서 피눈물을 흘리고 계신 상황이다. 민주당의 추경 논의 정쟁화 탄압 시도에도 불구하고, 국민의힘은 산불 피해 국민을 포함한 국민 여러분의 어려움을 해결하기 위하여 벚꽃 추경이 될 수 있도록 정부와 함께 당력을 집중하겠다.

이에 국민의힘은 오는 4월 4일 금요일에 산불 피해 대책 마련 당정협의회를 개최할 예정이다. 피해 지역인 경북, 경남, 울산 시도지사, 그리고 경제부총리, 농림부 · 국토부 장관, 행안부 장관 직무대행 등 관계부처 장관들이 모두 참석하여 피해 상황을 공유하고 구체적인 추경 반영 사업 등 후속 조치에 대해 논의하도록 하겠다. 여야 쟁점 없이 합의 처리할 수 있는 추경, 산불 피해 지원을 위해 신속 처리하는 추경이 될 수 있도록 민주당도 적극적으로 도와주시길 바란다.

정부의 상법 개정안 재의요구권 행사를 요청한다. 오늘 한덕수 대통령 권한대행이 주재하는 국무회의에서 상법 개정안에 대한 재의요구권 행사에 대한 논의가 진행될 것으로 보인다. 민주당이 지난 3월 13일 본회의에서 여야 합의 없이 상법 개정안을 일방적으로 강행 처리했다. 이로부터 20일 가까이 지난 지금 여전히 경제계와 학계의 우려는 해소되지 않았다.

민주당의 상법 개정안은 상장 회사, 비상장 회사 가리지 않고 1년 365일 주식회사 법인에 주주 충실 의무를 부과하는, 주식회사 법인에 많은 부담을 주는 법안이다. 반면에 국민의힘이 정무위에 발의한 자본시장법은 상장회사에 한해서 물적 분할 M&A시기에만 주주 보호 의무를 부과하는 것이다.

요즘 경제가 워낙 어렵기 때문에 기업들도 법인세 납부 실적이 형편없다. 이럴 때 과도한 기업의 경영권을 침해하는 상법 개정안이 그대로 시행이 되어서는 안 되겠다. 상법 개정안은 기업 이사에 대한 소송 남발 초래, 행동주의 펀드의 경영권 공격 증가 위험, 기업 성장 의지 저하 및 산업 기반 훼손, 코리아 디스카운트 심화, 기업 경쟁력 전반적 하락 초래라는 많은 비판을 받고 있다.

이에 국민의힘과 정부는 경제계와 학계의 우려를 수용하면서도 불합리한 쪼개기 상장과 물적 분할은 반드시 개선돼야 한다는 입장을 밝혀 왔다. 국민의힘은 경제 회복과 경제 질서 안정을 위해 오늘 정부의 상법 개정안에 대한 재의요구권 행사를 요청하며, 소액주주 보호를 위한 자본시장법 개정안 논의에 여야가 같이 착수할 수 있도록 야당도 설득해 나가겠다.

– 이양수 사무총장

어제 민주당은 헌법재판관 임기를 제멋대로 늘리고, 대통령 권한대행 권한은 제멋대로 줄이는 법안을, 제멋대로 법사위에 상정하고, 제멋대로 소위 의결까지 강행했다. 이처럼 민주당이 제멋대로 막가파식으로 막무가내로 밀어붙이고 있는 이 법안에 심각한 여러 가지 문제점을 지적하지 않을 수가 없다.

첫째, 국회와 대법원 목에 헌법재판관을 7일 이내에 임명하라고 한다. 이는 임명권자의 자격 미달, 재판관 임명 보류와 재선출 요구권을 인정한 헌재 결정에 정면으로 배치된다. 위헌이다. 둘째, 7일 이내 미임명 시 임명으로 간주한다고 한다. 이는 헌법재판소 재판관을 대통령이 임명하도록 명시하고 있는 헌법에 어긋난다. 위헌이다.

셋째, 후임자 임명 전까지 직무를 계속 수행하도록 하겠다고 한다. 이 또한 재판관 임기를 6년으로 규정한 헌법에 반해 법률로 임기를 연장하는 것으로 위헌이다. 넷째, 권한대행의 헌재 재판관 지명 금지 조항을 추가하겠다고 한다. 제 멋대로이다.

앞서 20대 국회에서도 대통령 권한대행의 직무 범위를 제한하는 법안이 발의된 바가 있다. 당시 문재인 정부조차 헌법에서 대통령 권한대행의 범위를 별도로 제한하고 있지 않음에도 법률로 그 범위를 제한하는 것은 위헌 소지가 있다고 의견을 냈다. 이재명을 감옥에 보내지 않으려고 무리하게 밀어붙이고 있는 입법 활동들이 모두 대한민국 헌법에 정면으로 반하는 위헌이라는 점을 민주당은 명심하기 바란다.

산불 피해와 민생 부담, 가중, 통상리스크가 동시에 국민들을 짓누르고 있다. 이러한 위기 상황을 타개하기 위해 정부는 지난 30일 10조원 규모의 필수 추경계획을 발표했다. 추경안은 재난 대응, 인공지능경쟁력 확보, 통상방어 등 여야 간 이견 없는 시급한 과제를 중심으로 구성이 돼 있다.

하지만 민주당은 '규모가 작다', '쭉정이 추경이다'라며 반발을 하고 있다. 하루아침에 산불로 삶의 터전을 잃은 이재민을 두고 긴급 추경마저 흥정거리로 취급하고 있는 것이다. 민주당이 주장하는 35조원 추경에는 지역화폐등 현금 살포성 예산 13조원이 포함됐다.

이는 재정을 통한 정부의 경기 대응 능력을 크게 떨어뜨리는 무분별한 포퓰리즘이다. 긴급한 부분부터 처리하고 이견 있는 분야는 추후 논의하자는 우리당 제안에도 민주당은 등을 돌렸다. 어려움에 처한 이재민보다 표가 중요하다는 것이다. 하지만 포퓰리즘 예산까지 끼워 넣어 시간을 끌기에는 산불 피해 복구와 통상 위기 대응이 너무나 시급하다. 추경에 가장 필요한 것은 무엇보다 속도와 실효성이다.

민주당은 하루아침에 삶의 터전을 잃어버린 이재민들의 고통을 외면하고 추경마저 정쟁의 소재로 이용하려는 시도를 즉각 멈추십시오. 그리고 진정 국민을 위한 추경 논의에 조속히 동참하기 바란다.

– 박형수 원내수석부대표

8일간 전국을 휩쓴 대형 산불로 사망자 30명을 포함, 75명의 인명 피해가 발생하였다. 또한, 주택 3,600여채가 전소되어 약 8,700여명의 이재민이 발생하였으며, 많은 주민들이 상가, 공장, 창고, 농기계, 가축, 과수목 등 생업 시설의 피해를 보았다. 피해를 입으신 모든 분들께 깊은 위로의 말씀을 드린다.

정부는 산불 피해 지역에 실질적인 도움이 될 수 있도록 기존의 피해 지원을 대폭 확대하여 추경을 편성해야 한다. 특히 이번 산불 추경안에는 주택 파손에 대한 비현실적인 주거비 지원 현실화, 생계비 지원 상향 조정, 농기계 피해 지원 확대, 농기계 임대사업소에 충분한 농기계 지원, 과수농가 피해 보상 확대, 산불 피해 지역 특별교부금 추가 배정, 소실된 문화재 복구 지원, 대형 헬기 등 산불 진화 장비 현대화 등을 위한 예산 항목이 반드시 포함되어야 한다.

행안부, 국토부, 농림부, 문체부, 산림청 등 관련 부처는 추경안에 이러한 예산 항목을 반드시 반영하여야 하며, 기재부는 이를 적극 수용하여, 신속히 정부안이 국회로 송부되도록 해야 할 것이다. 이번 산불과 관련하여 우리 국민의힘 의원들은 보다 적극적이고 체계적인 산불 피해 복구 및 지원을 위해 가칭 산불피해 지원 특별법 제정을 준비 중이다.

화마로 삶의 터전을 잃어버린 분들에게 주택단지 등 거주지를 마련해 드리고, 산불 피해 지역에 대한 집중 투자와 개발을 위한 법적 근거를 마련하기 위함이다. 다시 한번 이번 산불로 인적, 물적 피해를 입으신 모든 분들께 깊은 위로의 말씀을 드리며, 우리 국민의힘은 피해복구 및 지원을 위해 최선을 다할 것을 약속드린다.

민주당이 어제 법사위 소위에서 일방적으로 강행 통과시킨 헌법재판소법 개정안은, 민주당의 입법독재가 어디까지 갈 수 있는지를 여실히 보여주고 있다. 민주당은 지금까지 무엇을 상상하든 그 이상의 의회독재를 자행해 온 바 있다. 그동안 국회를 자기들 입맛에 맞는 법안을 마음대로 통과시키는 자당 직속의 통법으로 만든 민주당이 이제는 하다 하다 헌법에 정면으로 반하는 위헌적 법률안까지 밀어붙이고 있다.

헌법 제111조 제2항은 헌법재판소 재판관은 대통령이 임명한다고 명확히 규정하고 있다. 그럼에도 민주당은 국회와 대법원이 선출하거나 지명한 헌법재판관을 대통령이 7일 이내에 임명하지 않을 시 임명 간주하도록 한 법안을 발의한 것이다. 이는 현행 헌법규정에 정면으로 반하는 것으로써 대통령의 인사권을 침해하고 삼권분립의 원칙상 있을 수 없는 위헌 법률임을 삼척동자도 알 것이다. 또한 재판관 임기 만료 시 후임자가 임명되기 전까지 임기를 연장할 수 있도록 하는 개정안도 현행 헌법규정에 정면으로 반하는 위헌 법률이다.

헌법 제112조 제1항에는 헌법재판관의 임기는 6년이라고 분명히 못 박혀있고, 법률이 정하는 바에 의하여 연임할 수 있다고 규정되어 있다. 이 규정은 헌법재판관의 연임에 대해서만 법률로 규정할 수 있도록 한 것으로써 헌법재판관 연임 외에 임기에 대해서는 헌법규정과 다르게 법률로 정하는 것은 불가능하다는 뜻이다. 만약 법률로 헌법재판관의 임기를 늘리는 개정안이 위헌이 아니라면, 반대로 법률로 헌법재판관의 임기를 단축 시켜도 위헌이 아니라고 해석해야 할 것이다.

민주당에 묻는다. 민주당 논리대로라면 헌법 제70조가 5년으로 규정하고 있는 대통령의 임기도 법률로 단축 시킬 수 있다는 것인가. 길거리 위에서 천막투쟁하며, 헌재의 탄핵 심판을 겁박할 필요 없이 아예 대통령의 임기를 종료시키거나 단축시키는 법률을 발의하지 그런가.

국회 입법조사처도 지난 2012년과 2017년 두 차례나 보고서를 통해 헌법재판관의 임기를 법률로 연장하는 것은 위헌 소지가 있음을 분명히 지적한 바 있다. 아무리 국회에서 절대다수 의석을 가진 정당이라고 하더라도 아무렇지도 않게 위헌적 법률을 양산해 내는 것은 국회의 권위를 스스로 무너뜨리는 것이며, 나아가 대한민국의 국격을 훼손하는 것이다. 이재명 대표와 민주당은 제발 헌법 공부 좀 제대로 하고 법안을 발의하시길 바란다.

‒ 유상범 법제사법위원회 간사

더불어민주당이 어제 법사위 1소위에서 윤 대통령 탄핵 인용을 위해 헌재 구성을 인위적으로 바꾸려는 헌법재판소법 개정안을 일방통과 시켰다. 민주당의 의회독재로 삼권분립이 무너지고 있다. 개정안은 헌법재판관 임기를 후임자 임명까지 자동연장하고, 국회 선출 및 대법원장 지명 몫의 재판관은 7일이 지나면 임명 간주하며, 대통령 권한대행의 신임 재판관 추천권을 원천봉쇄하고 있다.

헌법에 명시된 재판관의 임기를 법률로써 연장하는 것은 명백한 위헌이고, 단지 7일만 지나면 임명을 간주하는 것은 대통령의 임명권을 무력화하는 것으로 헌법상의 삼권분립을 훼손하는 행태다. 또한, 최상목 대행이 국회 선출 재판관 2인을 임명한 행위를 헌재가 합헌이라고 판단한 이상, 한덕수 대행에게 재판관 임명권이 있다고 봄이 논리적으로 당연하다.

심지어 민주당 박범계 간사는 어제 1소위에서 문형배, 이미선 재판관이 퇴임하더라도 다시 복귀해 인용 결정을 내릴 수 있도록 신법 적용의 진정소급효를 인정하는 위헌적 부칙내용을 추가하였다.

헌재는 이미 이진숙 방통위원장 탄핵 사건에서 헌법재판소법 제23조 제1항을 가처분하며 6명의 재판관 체제의 대세효를 인정했기에, 4월 18일 퇴임하는 재판관의 공백해소를 위해 법안개정이 필요하다는 민주당의 주장도 근거가 없다.

민주당의 개정 목적은 묻지도 따지지도 않고 문형배, 이미선, 마은혁을 재판관에 앉혀 尹 대통령 탄핵 심판에서 인용결정을 끌어내겠다는 것이다. 민주당의 입법폭주는 탄핵 인용이 아니면, 두 재판관의 퇴임일인 4월 18일 전에 선고하지 말라는 경고이며, 그래서 문형배 소장대행과의 내통이 강력히 의심받고 있다.

변론이 종결된 지 35일째이다. 헌재가 4월 18일 전에 법과 원칙, 법리에 따른 선고를 내리지 않는다면 헌법수호기관이 아닌 민주당의 하수인이라는 역사적 오명을 쓰게 될 것이다.

– 조정훈 교육위원회 간사

어제까지 3월 말 의대생 복귀 시한에 맞춰서 대부분의 의대에서 전원에 가까운 학생들이 등록과 복학 신청을 마쳤다고 한다. 참으로 다행이다. 의대 교육 정상화의 마지막 골든타임이 지켜졌다. 하지만 진짜 복귀는 수업의 참여를 의미할 것이다.

그런데 안타깝게도 여전히 복귀한 학생들을 비난하고 압박하는 일부 의료계 선배들이 있다. 후배들의 앞길을 막고 미래 인재들을 볼모로 삼는 이러한 행태는 결코 용납될 수 없다. 무조건 반대라는 태도도 의료 발전에 도움이 되지 않는다. 후배들의 인생을 망치는 매우 유감스러운 일일 것이다.

지금까지 법과 학칙을 의대생들에게만 유연하게 적용한 것은 절대로 당연한 게 아니다. 의대생에 대한 기다림과 배려는 생명을 다룰 의사가 되고자 준비를 하는 학생들이기에 국민들께서 조금이나마 믿고 기다려주신 것이다. 이제 정부와 국민의힘은 복귀한 학생들이 학업과 수련에만 전념할 수 있도록 노력하고 지원하겠다. 어른으로서, 선배로서, 그리고 여당으로서 무한한 책임을 느낀다.

그간 진전없는 협상으로 많은 국민들께서 어려움을 겪으셨다. 그리고 의료 현장을 지킨 많은 의사와 교수님들, 간호사와 구조사분들의 헌신이 없었다면 벌써 의료 현장은 무너졌을지도 모른다. 이분들의 헌신이 헛되지 않고 의료개혁의 결실을 맺을 수 있도록 저희 국민의힘도 최선을 다하겠다. 의대생 복귀로 그 첫발을 내디딜 수 있게 되어서 다행이다. 감사하다.

– 박수영 기획재정위원회 간사

중앙재해대책본부의 발표에 따르면 영남지역에서 주로 발생한 산불로 사망자 30명을 포함, 모두 75명의 사상자가 발생했고, 산불 피해구역이 총 48,000ha에 주택 3,600여동과 농업시설 2,000여건이 전소되는 등 임명과 재산피해 모두 역대 최대 규모의 산불이었다. 피해를 입으신 모든 국민들께 깊은 위로의 말씀을 드린다.

모든 국민들이 대형 헬기가 더 많은 물을 더 빨리 쏟아부었으면 하는 간절하고, 아픈 마음으로 산불 현장 중계방송을 보았을 것이다. 그러나 현실은 산림청이 보유한 헬기는 단 50대뿐이고, 그중 8,000리터 이상의 물을 나를 수 있는 대형 헬기는 7대 밖에 없었다. 동시다발로 광범위한 지역에 발생한 산불에 국민들의 바람과는 달리 더 많은 물을 더 빨리 쏟아부을 수 없는 상황이었던 것이다.

산림청은 매년 헬기 구입을 요구하지만, 늘 예산 부족으로 후순위로 밀렸다. 금년도 예산안에 담았던 헬기구입 및 임차비 172억원 마저, 더불어민주당이 일방적으로 삭감하지 않았는가. 사망자 중에는 산불진화대원들이 있었다. 올해 고용된 산불진화대원은 9,604명, 이분들의 평균 연령은 61.6세로 20대는 60명에 불과한 데 비해서 60대 이상은 7,071명으로 대부분을 차지한다. 지자체가 산불조심 기간 전후 6~7개월 단기로 운영하면서, 월 200만원 남짓한 급여를 지급하다 보니 젊은 사람들은 잘 지원하지 않고, 어르신 일자리로 운용되고 있는 것이다.

우리 사회에 60~70대는 평생을 근로하면서 가족의 삶을 책임져온 세대이다. 이분들이 힘든 일을 맡아 하시는데, 장비라도 제대로 지급되어야 하는데 그렇지 못했다. 열악한 방화복에, 열기에 쉽게 녹아내리는 플라스틱 소재의 건설용 헬멧을 지급받고, 급하게 산불 진화에 뛰어들다 보니 피해가 발생한 것이다. 산림청과 지자체 예산 부족으로 이분들에까지 제대로 된 장비가 지급되지 못한 탓이다.

이재명 대표가 주장하는 전 국민 25만원 지역화폐 지급에 13조원이라는 막대한 예산이 든다. 이 돈이라면 대당 550억하는 대형 헬기는 산림청이 원하는 20대가 아니라 240대를 살 수 있고, 한 세트에 39만원 하는 개인 진화장비는 무려 3,333만 세트를 사고도 돈이 남는다. 13조원이라는 많은 돈을 소고기 한 두 번 사 먹으면 없어질 돈 25만원씩 나눠주는 것이 맞는가. 아니면 산림청이 원하는 대형 헬기를 충분히 구입 하는 동시에 평생을 근로하면서 가족을 먹여 살려온 산불진화대원들에게 제대로 된 진화장비 세트를 지급하는 게 옳은가.

정부와 여야가 추경예산을 논의하기 시작했다. 이번 추경부터는 전 국민 기본소득 지급이라는 이재명 표 포퓰리즘에서 깨어나서 실질적으로 도움 되는 사업에 나랏돈 쓰는 것을 함께 고민하기를 희망한다.

2025. 4. 1.
국민의힘 공보실

저는 오늘 자유민주공동체수호연합과 한국교회반동성애교단연합의 시국 선언에 대해서 소개를 하고자 합니다. 오랜 기다림 끝에 4월 4일 날 헌법재판소가 윤석열 대통령 탄핵에 대한 최종 선고를 내리는 날이 이제 결정이 되었고, 통지가 되었습니다. 현재 대한민국은 자유민주주의 체제를 지킬 것인가, 아니면 반국가 세력들이 선동과 기회 조작으로 강요하고 있는 종북 중중 전체주의 체제로 나갈 것인가의 절제절명의 갈림길에서 있습니다. 이에 대해서 이제 헌법재판관들은, 헌법재판소는 윤석열 대통령에 대한 불법 사기 탄핵 소추 건을 즉각 각하하고 더불어민주당은 입법 독재, 탄핵 남발, 진짜 내란 범죄 행위를 즉각 중단하고 국민 앞에 석고대죄하라는 그런 취지로 성명서를 발표를 하겠습니다.

– 국민의힘 조배숙, 4월 1일 국회 기자회견

각 대변인 브리핑·서면브리핑·논평

– 신동욱 수석대변인 논평

■ 대한민국의 헌정 질서를 무너뜨리려는 민주당은 정당이 아닌 '국정마비연구소'라는 국민적 비판을 새겨듣기 바랍니다.

'기승전' 마은혁 임명을 외치고 있는 민주당이 오늘까지 마 후보자를 임명하지 않으면 '국회가 할 수 있는 모든 일을 하겠다'며 한덕수 대통령 권한대행에게 최후통첩을 날렸습니다.

170석 의석수가 국정마비 획책을 위한 '전가의 보도'라도 됩니까? 어떻게 하면 국정을 마비시켜 정권을 찬탈할까 골몰하는 민주당은 오로지 대통령 탄핵심판에서 자신들에게 유리한 구도를 만드는 데에만 당력을 집중하고 있습니다.

민주당은 어제 법사위에서 헌법재판소법 개정안을 단독으로 의결하며 민주주의 최후의 보루인 헌법재판소마저 사유화하려는 행태마저 보였습니다. 대한민국 헌법에 정면으로 도전하는 위헌적 발상입니다. 이러니 국민 여러분들이 민주당이 정당이 아니라 '국정마비연구소' 같다고 비판하고 계신 것 아닙니까.

역대 최악의 산불로 많은 국민이 고통받고 있고, 미국 관세 폭풍으로 대내외적 불안감이 그 어느 때보다 큰 상황입니다. 여·야가 힘을 합쳐 난관을 극복해도 부족합니다.

하지만, 국정의 한 축으로서 경제 활력과 민생 회복에 집중해야 할 제1야당이 하루가 멀다고 탄핵 카드를 남발하며 국정 혼란만 야기하고 있으니 참으로 한심합니다.

국익과 민생을 위해 국민이 부여하신 입법 권력입니다. 국정 안정을 바라는 민심의 뜻에 역행하며 그 권한을 당대표 방탄을 위해 남용한다면, 그 책임의 무게는 결코 가볍지 않을 것입니다.

민주당은 당리당략을 위해 헌정 질서를 무너뜨리려는 위험한 시도를 즉각 중단해야 합니다. 아울러 "국민의 바람과 거꾸로 가는 청개구리 총리가 나라를 망치고 있다"는 말도 서슴지 않는 민주당은 국가원수에 대한 최소한의 예의를 갖추기 바랍니다.

■ 상식과 정의, 헌법 정신에 따른 결정을 내려줄 것을 기대합니다

헌법재판소가 오는 4일을 윤석열 대통령 탄핵심판 선고기일로 지정했습니다. 이번 탄핵심판은 자유민주주의의 토대 위에 세워진 헌정 질서와 법치주의의 근간을 확인하는 역사적 분기점입니다. 국정의 안정을 뒤흔들고 정치적 목적을 위해 헌법 위에 군림하려는 시도에 대해, 이제 헌법의 이름으로 정의가 답할 시간입니다.

국민은 지켜보고 있습니다. 법과 상식이 무너지는 일이 없도록, 국민이 간절히 바라는 그 희망이 저버려지는 일이 없도록 헌재는 역사 앞에, 국민 앞에 답해야 합니다.

이제 여야 모두 헌재의 시간을 차분하게 기다리며, 어떠한 결정이 나오더라도 대한민국의 미래를 위해 헌재의 결정에 승복해야 할 것입니다. 대한민국의 운명을 가를 이 결정이 '진정한 정의와 법치'의 이름으로 내려지길 바랍니다.

헌재가 상식과 정의, 그리고 헌법 정신에 따른 결정을 내려줄 것을 기대합니다.

■ 상법개정안 재의요구권 행사는 대한민국 경제를 위한 당연하고도 올바른 결정이었습니다.

트럼프 행정부의 관세 정책 시행을 목전에 두고 '트럼프 스톰'이 닥칠 것으로 예상되는 가운데 국내 증시 불안과 더불어 환율 변동성마저 높아지고 있습니다. 이렇듯 대내외적으로 불확실성이 커지는 상황에서 오늘 한덕수 대통령 권한대행이 상법개정안 재의요구권을 행사한 것은 당연하고, 올바른 결정이었습니다.

민주당은 지금이라도 현실을 직시해야 합니다. 기업 경영환경 위축, 경쟁력 악화 등 부작용이 우려된다는 재계의 상법개정안에 대한 우려를 결코 경시해서는 안됩니다. 지금 한국 경제에 불신과 좌절을 자초하고 있는 것은 다름 아닌 민주당입니다. 170석이라는 거대 의석을 무기 삼아, 수십 번의 탄핵 소추안 발의 등 입법폭주를 자행한 탓에 사실상 외국인 투자자들이 대거 빠져나간다는 비판도 나오는 것 아닙니까.

민주당의 경제 마비 시도가 계속되는 가운데, 정부는 내일부터 총리 주재로 대외경제현안간담회를 개최해 민·관 공동 대응 체계도 강화하기로 했습니다. 그동안 경제부총리가 주재하던 회의체를 한층 격상시킨 것은 그만큼 우리나라의 경제상황이 녹록치 않음을 반영하는 것입니다.

지금은 높아진 경제 불확실성 해소를 위해 차분하고 냉철하게 여야정 모두 한마음으로 경제를 챙겨야 할 때입니다. 국민의힘도 대내외적 위기 속에서 지혜를 모아 대한민국 경제를 살릴 수 있는 모든 방안을 강구해나가겠습니다.

– 서지영 원내대변인 논평

■ 민주당은 '상왕' 김어준 씨 지령을 받들 게 아니라, 민심을 받들어야 할 것입니다.

지난해 국회에서 사살, 테러, 북한 소행 등 '판타지 소설' 같은 말을 쏟아낸 김어준 씨가 자신의 유튜브에 민주당 초선의원 6명을 불러 향후 대응전략을 주문했습니다.

김 씨는 상상력을 발휘하라며 '내각 총 탄핵', '헌법재판관 탄핵' 등의 '지령'을 내리면서, '탄핵 정국 대응이 부족했다'며 이들을 혼냈습니다. 그러자 민주당 초선의원들은 충성을 다짐하듯 김 씨의 말에 호응하며, 심지어 "새겨듣겠습니다"라고까지 했습니다.

헌법기관인 국회의원 6명이 '프로 선동꾼'의 궤변을 받들고, 훈계받고, 지시받는 듯한 모습은 참으로 딱하고 해괴하기까지 합니다. 헌법기관으로서 자신의 역할과 책임을 망각한 채, 일개 유튜버 앞에서 농락당하는 국회의원이라니, 부끄러운 줄 알아야 합니다.

지난주 금요일 오전 김 씨가 '국무위원 전원 탄핵'을 말하자, 그날 오후 민주당은 "아무것도 따지지 않고, 즉시 탄핵하겠다"며 '국무위원 전원 탄핵'을 선언했습니다. 민주당의 '아버지'가 이재명 대표라면, 김어준 씨는 민주당의 '상왕'인 듯합니다.

민주당 내 김 씨의 영향력은 이미 수차례 입증된 바 있습니다. 지난 총선에서 자신의 유튜브에 여성 후보 3명을 불러 절을 시키며 박장대소를 했습니다. 당시 절을 했던 2명은 현직 민주당 최고위원입니다.

민주당은 상왕의 지령에 따라 극단의 상상력을 발휘할 게 아니라, 국민과 민생을 위한 대화와 협의에 나서야 할 것입니다. 민주당이 잘 보여야 할 대상은 김어준 씨가 아니라, 국민입니다.

– 박수민 원내대변인 논평

■ 헌법과 국민의 이름 아래 헌법재판소의 책임있고 현명한 판단을 기대합니다.

헌법재판소가 4월4일 오전 11시 윤석열 대통령 탄핵심판에 대한 판결을 선고하기로 하였습니다. 총 11회의 변론, 16명의 증인신문이 있었고, 대통령이 탄핵소추된 때로부터 111일, 변론종결 이후 38일 만입니다.

특히 민주당의 국무위원 총탄핵 협박, 문형배·이미선 재판관의 임기만료 도래 등 국론분열과 국정혼란이 가중되고 있는 시점에 신속한 선고기일이 발표되어 다행스럽게 생각합니다.

이제 헌법과 국민의 이름으로 현명한 결정이 내려지는 것이 무엇보다 중요합니다. 여야 모두 더 이상의 정쟁을 중단하고, 역사에 기록될 엄중한 헌법심판의 선고를 차분히 기다려야 합니다. 헌정질서를 회복하고 법과 원칙을 바로 세우는 헌법재판소의 현명한 판단을 기대합니다.

– 함인경 대변인 논평

■ 헌재 결정을 앞두고 "유혈사태" 운운하는 이재명 대표, 헌재 결정 불복 선언이자 내란선동입니다.

'몸 조심하라'며 대통령 권한대행이었던 최상목 부총리를 겁박했던 이재명 대표가 또다시 선을 넘었습니다. 헌재 결정을 앞두고 "윤 대통령이 복귀하면 국민은 저항할 것이고 충돌을 피할 수 없다"면서 "유혈사태"를 언급한 것은, 사실상 헌재 결정에 대한 불복 선언이며, 극단적 충돌을 예고한 내란 선동입니다.

본인의 업보인 사법리스크임에도 분에 못이겼는지 연일 극언, 망언을 쏟아내더니 '국민 저항'과 '유혈 충돌'을 예고하며 이제는 헌재까지 노골적으로 겁박하고 나선 이재명 대표, 극단의 언어로 국민을 선동하는 자야말로, 헌정질서의 적이며, 정치에서 퇴장할 자입니다.

거대 야당 대표라는 자리는 그저 마이크 잡고 선동하는 자리가 아닙니다. 말의 무게를 감당할 자신이 없다면, 애초에 그 자리를 내려놓았어야 했습니다. 이재명 대표는 국민 앞에 사죄하고 즉각 대표직에서 물러나십시오.

– 정광재 대변인 논평

■ 헌재 판결 불복 밑자락 깐 박홍근 의원님, 민주당이 위헌 정당임을 자백하는 겁니까?

헌법재판소가 윤석열 대통령에 대한 탄핵 재판 선고 시기를 오는 4일 금요일 오전 11시로 확정했습니다.

헌재가 최후 변론 끝에 오랜 기간 숙고를 해왔던 만큼 헌법정신에 맞는 공정한 재판 결과를 낼 것으로 기대합니다. 탄핵 선고가 늦어지면서 발생했던 정치적 혼란과 더불어민주당의 내각 총탄핵과 같은 반헌법적 정치 공세 역시 마무리되길 희망합니다.

국민의힘은 헌재의 탄핵 재판 판결 승복을 이미 여러 차례 약속한 바 있습니다. 헌법 재판관 한 분 한 분이 헌법정신과 대한민국의 미래를 위해 책임 있는 결정을 내릴 것이고, 그 판결은 존중돼야 합니다.

그런데, 정작 헌재의 빠른 탄핵 재판 선고를 주장해온 민주당은 헌재 판결이 본인들 희망대로 나오지 않을 때는 '불복, 저항'해야 한다는 논리로 헌재 판결에 대한 불복 밑자락을 깔고 있습니다.

"윤석열을 끝내 파면하지 못하거나 기각하는 결론을 내린다면 이를 수용할 수 없다"며 공언하고 있는 민주당의 4선 중진 박홍근 의원님은 혹시, 민주당이 위헌 정당임을 자백하고 있는 겁니까?

윤 대통령 탄핵 재판의 결과가 인용이면 정의이고, 기각이나 각하이면 불의라는 박 의원님의 평가는 도대체 어디에서 나온 건지 묻지 않을 수 없습니다. 오히려, 이재명 민주당 정권 창출을 위해서라면 내각 총탄핵과 같은 반헌법적 발상까지 실행에 옮길 수 있다는 민주당의 오만함이 불의 아닙니까?

　민주당은 윤 대통령에 대한 헌재의 탄핵 판결 촉구에 앞서 승복을 먼저 약속해야 했습니다.

　지금이라도 민주당은 헌재 판결에 대한 승복을 약속해야 합니다. "탄핵이 기각되면 결코 받아들일 수 없다는 입장을 공식 천명해야 한다"고 제안한 박 의원 역시 즉시 발언을 취소하고 사과하십시오.

국가정보원법 일부개정법률안
(강선영의원 대표발의)

<table>
<tr><td>의 안
번 호</td><td>9532</td></tr>
</table>

발의연월일 : 2025. 4. 1.

발 의 자 : 강선영 · 고동진 · 이인선

강대식 · 곽규택 · 김 건

박준태 · 임종득 · 김대식

유용원 의원(10인)

제안이유 및 주요내용

「정보통신기반 보호법」에 따르면 중앙선거관리위원회는 주요정보통신기반시설로 지정되어 있기 때문에 현행법상 국가정보원의 보안점검 대상에 포함되어 있지 않음.

그리하여 중앙선거관리위원회는 여러 차례 국가정보원의 요구에도 불구하고 보안점검을 받지 않음. 그 와중에 선거관리위원회는 2023년 감사원 감사에서 채용비리 문제가 발견되었고, 이후 중앙선거관리위원회가 국가정보원의 보안점검을 수용하여 서버 전체 내용의 약 5%에 해당하는 일부에 대해 점검을 실시하였는데, '통합선거인 명부 시스템'과 '투표분류기' 해킹 취약, '개표시스템' 보안관리 미흡, 단순한 패스워드 사용으로 인한 손쉬운 시스템 침투 가능, 북한 '킴수키' 조직의 악성코드 감염에 따른 업무 자료 유출 사실 확인 등 중앙선거관리위원회 서버의 보안 수준은 100점 만점에 31.5점 수준으로 평가됨.

이에 따라 국민적 의혹이 야기되었고, 급기야 대통령은 '중앙선거관리위원회 서버의 취약성' 문제를 밝히기 위해 비상계엄을 선포하기도 하였으며, 2024년 12월 3일 비상계엄 선포 당일 계엄군이 중앙선거관리위원회에 진입하였을 때에도 신원조사도 받지 않은 용역업체 직원이 서버실을 관리하면서 출입문을 개방해 준 사실이 밝혀지면서 국민들의 의혹은 더욱 증폭되고 있는 실정임.

유권자의 개인정보 보호와 자유민주주의 질서 유지, 국민에게 개인이 행사하는 투표가 선거에 차질 없이 반영된다는 믿음을 주기 위해서는 중앙선거관리위원회의 보안점검이 주기적으로 이루어져야 하며, 그 결과가 국민들에게 객관적이고 투명하게 제공되어야 함.

이에 국가정보원 보안점검 대상에 중앙선거관리위원회를 포함시켜 중앙선거관리위원회에 대한 국민적 의혹을 해소하려는 것임(안 제4조의제1항제4호가목 신설).

법률 제   호

국가정보원법 일부개정법률안

국가정보원법 일부를 다음과 같이 개정한다.

제4조제1항제4호가목부터 다목까지를 같은 호 나목부터 라목까지로 하고, 같은 호 가목을 다음과 같이 신설한다.

　　가. 중앙선거관리위원회

부   칙

이 법은 공포 후 6개월이 경과한 날부터 시행한다.

신·구조문대비표

현 행	개 정 안
제4조(직무) ① 국정원은 다음 각 호의 직무를 수행한다.	제4조(직무) ① ----------------------------------.
1. ~ 3. (생 략)	1. ~ 3. (현행과 같음)
4. 다음 각 목의 기관 대상 사이버공격 및 위협에 대한 예방 및 대응 <신 설> 가. ~ 다. (생 략)	4. -- <u>가.</u> 중앙선거관리위원회 <u>나.</u> ~ <u>라.</u> (현행 가목부터 다목까지와 같음)
5.·6. (생 략)	5.·6. (현행과 같음)
② ~ ④ (생 략)	② ~ ④ (현행과 같음)

제34차 원내대책회의 모두발언

□ 일시 : 2025년 4월 1일(화) 오전 9시 30분
□ 장소 : 광화문 앞 더불어민주당 천막당사

– 박찬대 원내대표

한덕수 총리는 해야 할 일을 하고, 하지 말아야 될 일은 하지 마십시오. 한덕수 총리가 당장 해야 할 마은혁 재판관 임명은 미루고, 하지 말아야 할 상법 개정안 거부권 행사는 하려고 합니다. 국민의 바람과 거꾸로 가는 청개구리 총리가 나라를 망치고 있습니다. 헌법재판소가 마은혁 재판관 미임명이 위헌이라고 만장일치 결정을 내린지 오늘로 34일째, 한덕수 총리가 권한대행에 복귀한 지도 벌써 9일째입니다. 그러나 한덕수 총리는 마은혁 헌법재판관을 임명하지 않았습니다. 대한민국 헌정질서를 송두리째 무너뜨릴 심산이거나, 경제가 더 망하길 바라거나, 내란 공범이기 때문일 것입니다.

반면에 하지 말라는 거부권 행사는 또 하려고 합니다. 오늘 또 상법 개정안 거부권 행사 가능성이 흘러나옵니다. 이번에 또 거부권을 쓰면 7번째입니다. 최상목 전 권한대행과 경쟁하는 것입니까? 권한대행으로서 매우 모순된 행보를 일관하고 있습니다. 하지 말아야 될 일은 하고, 해야 할 일은 하지 않는 총리 때문에 대한민국의 위기가 증폭되고 있습니다. 역대 최악의 총리로 기록될 각오가 아니라면, 해야 할 일은 하고, 하지 말아야 될 일은 하지 않기를 다시 촉구합니다.

헌법재판소는 국민의 분노를 직시해야 합니다. 탄핵심판 최후변론이 끝난지도 오늘로 36일째입니다. 내란 수괴 윤석열이 대한민국 국회와 중앙선관위를 군홧발로 짓밟는 장면을 목격한 국민께서는 지금의 상황을 도저히 납득할 수 없습니다. 헌법재판소에 대한 국민의 분노가 하늘을 찌르고 있습니다.

헌재가 기준 삼아야 할 원칙은 오직 헌법과 법률입니다. 윤석열의 12.3 비상계엄이 파면에 이를 정도로 중대한 헌법위반·법률위반인지 판단하고, 그에 따라 합당한 결정을 내리면 됩니다. 다른 고려사항이 있을 수도 없고, 있어서도 안 됩니다. 헌법파괴자를 단죄하라는 국민의 신임을 배신한다면, 헌법재판소

의 존재 가치도 사라질 것입니다. 헌법재판소는 즉각 내란 수괴 윤석열 파면을 선고하십시오.

도둑이 매를 든다더니 국민의힘의 망동이 갈수록 가관입니다. 국민의힘이 어제 민주당 이재명 대표와 초선 의원, 방송인 김어준 씨 등 70여 명을 내란음모 혐의로 고발했다고 합니다. 지나가던 개도 코웃음 칠 일 아닙니까? 권성동 국민의힘 원내대표 말대로 "정부와 헌법기관을 강제로 무력화"한 것은 야당이 아니라, 군대를 동원해 헌법기관인 국회와 선관위를 무력으로 침탈한 내란 수괴 윤석열입니다. 바로 그 윤석열은 여전히 국민의힘 1호 당원이고, 국민의힘 의원들은 12.3 내란 사태 이후 넉 달 내내 내란 수괴 를 비호하고, 극우 폭도의 폭력을 선동하면서 혼란과 갈등을 부추겨 왔습니다.

심지어 권성동 원내대표는 문형배 재판관·마은혁 후보 등에 대한 허위사실 인신공격까지 퍼부었습 니다. 내란음모죄, 내란선동죄 현행범들은 권성동 원내대표를 위시한 국민의힘 의원들이고, 정말로 위헌 정당해산 심판을 받아야 될 정당은 국민의힘 아닙니까? 아무말 대잔치, 내란비호 망언 제조에 힘을 쏟기 보다 내란 수괴를 징계하고 조용히 참회하는 것이 국민의힘의 미래에 더 도움이 될 것입니다.

– 진성준 정책위의장

정부가 10조 추경 방침을 밝히면서, "이번 추경은 '경기진작 목적'이 아니다" 이렇게 말했습니다. 그럼 무엇을 위한 추경인지, 묻지 않을 수 없습니다. 올해 우리나라 경제성장률 전망은 0%대까지 급락했습니 다. 내란·탄핵 정국이 장기화되고, 내수부진에, 트럼프 행정부의 통상압박까지 가중되면서, 민생과 경제 가 심각한 한계상황으로 치닫고 있습니다. 당장의 재난 대응은 물론 내수회복에도 과감한 재정지출이 정 말 절실합니다. 경제정책 실패를 자인하기가 싫어서 그러는 것입니까? 아니면, 미흡한 추경 규모가 민망 해서 그러는 것입니까?

민주당은 민생회복과 경제성장을 위한 35조원 규모의 추경안을 제시한 바 있습니다. 정부는 과감한 재정지출 의지를 담은 추경안을 편성해서 즉각 국회에 제출하길 촉구합니다. 국민의힘도 예비비 타령 그 만하고, 민생경제 추경에 적극 협조할 것을 당부합니다.

조금 전에 한덕수 권한대행이 상법 개정안에 거부권을 행사했습니다. 직무에 복귀하자마자 시장경제 질서를 바로잡기는커녕 혼란스럽게 만드는 선택부터 했습니다. 국내 개미투자자뿐 아니라, 해외 유수 기 관들도 상법 시행을 강조해왔습니다. 아시아기업거버넌스협회(ACGA) 사무총장은 지난달 28일, "한국의 글로벌 기업들은 기업지배구조 문제로 가치평가가 정체되거나 하락했다"*고 하면서 이를 개선하기 위해서는 상법 개정안이 필요하다고 밝혔습니다.

이복현 금융감독원장은 "거부권을 행사하면 정부의 주주가치 보호 의지를 의심받고, 이는 주식·외환시장에 영향을 미칠 수 있다"면서 재차 반대의견을 피력했습니다. 상법개정은 소액주주의 권익을 보호해서 우리 기업지배구조를 투명하고 공정하게 만들고자하는 것입니다. 이를 통해서 코리아디스카운트를 코리아 프리미엄으로 전변시키고자 하는 것입니다. 민주당은 어떤 일이 있어도 상법 개정을 포기하지 않습니다. 반드시 완수하겠다는 말씀을 드립니다.

최상목 경제부총리가 지난해 미국 국채에 2억 원가량(1억9712만원)을 투자한 사실이 드러났습니다. 미국 채권은 외환위기, 금융위기 때처럼 우리의 환율이 높아야 수익이 큰 금융상품입니다. 우리 경제를 책임지고 있는 경제부총리가 환율 급등, 외환위기에 베팅을 하고 있었던 것입니다. 결국 나라 경제를 팔아서 자기 재산을 불리려 했던 것 아닙니까? 미국 채권 투자는 대통령실 경제수석으로 있었던 당시에도 문제가 되었습니다. 기획재정부장관 후보자 인사청문회에서 문제가 지적되자 즉시 매도하겠다고 답변했습니다. 그런데 그러고 나서 다시 매입했습니다. 이쯤 되면 도덕불감증 말기에 해당한다고 하지 않을 수 없습니다.

최상목 부총리는 우리 경제를 망친 장본인입니다. 윤석열 정권 내내 부자감세로 세원을 허물고 세수결손을 초래했습니다. 재정지출을 틀어막고 민생과 경제를 도탄에 빠뜨렸습니다. 그러고는 뒤로 미국 채권에 투자했습니다. 국민께 책임지는 모습을 보이는 게 고위 공직자로서의 최소한의 양심이자 도리입니다. 즉각 퇴진할 것을 요구합니다.

한 가지 더 말씀드리겠습니다. 헌법재판소가 가수 이승환씨의 헌법소원을 각하했습니다. 구미시가 "'공연 중에 정치적 오해를 살 언행을 하지 않겠다는 서약을 하라'는 요구를 내민 것은 표현의 자유와 양심의 자유, 예술의 자유를 침해한 것이다" 라는 헌법소원을 가수 이승환 씨가 낸 것인데 이것을 각하한 것이었습니다. 이유는 이러한 일이 '반복될 가능성이 없다'는 것이었습니다. 하지만, 헌재의 이번 판결로 인해서 이런 일이 다시 발생할 가능성이 높아져 버렸습니다. 헌법수호의 마지막 보루여야 할 헌법재판소가 민주공화국의 본질적인 가치이자 국민 기본권 중의 기본권인 표현의 자유, 양심의 자유, 예술의 자유를 포기한 것과 다름이 없습니다.

때문에 헌재가 윤석열 파면 선고마저 회피하지 않을지 국민의 우려가 정말 큽니다. 오늘로 윤석열이 탄핵 소추된 지 108일째입니다. 계엄 당일 윤석열이 "문을 부수고 의원들을 *끄집어내라*"라는 지시를 반복해서 내렸다는 녹음파일이 공개되었습니다. 헌법재판소가 더는 결단을 늦추지 않기를 다시금 촉구합니다. 만약 헌재가 내란세력의 압력에 굴복해서 윤석열이 복귀할 기회를 허용하고 만다면, 이제는 헌재 자신이 역사의 법정에서 국민의 심판을 받을 것임을 명심하기 바랍니다.

– 이정문 정책위수석부의장

민주당은 내일 오전 11시, '회복과 성장을 위한 정년연장 TF'를 공식 출범합니다. TF는 소병훈 위원장님과 김주영 간사님을 중심으로, 민주당 국회의원 총 여덟 분과 함께 노동계를 대표하는 한국노총·민주노총, 경영계를 대표하는 한국경총·중소기업중앙회의 대표자들이 참여합니다. 또한 청년세대를 대표하는 청년유니온을 비롯하여 민주당 청년위원회 및 대학생위원회 대표자, 그리고 각계 전문가들도 초청했습니다. 민주당 정년연장 TF는 오는 11월 국회 통과를 목표로 활동을 전개할 예정입니다.

정년연장을 둘러싼 노동계·경영계, 청년·장년층 등 다양한 이해관계자의 의견을 청취하여 각종 쟁점을 정리·조정하고, 민주당 위원과 노사 추천 전문가, 청년 세대와의 심층 논의를 거쳐 정년연장 법률안을 올해 9월 정기국회에 제출할 계획입니다. 특히 정년연장과 관련한 주요 의제가 매우 다양한 만큼 노·사·청·장년 등 각 이해관계자의 의견을 폭넓게 청취하겠습니다. 이에 정년연장 TF는 올해 8월까지 약 5개월간 이해관계자분들과 국민 여러분의 목소리를 직접 듣는 시간을 갖겠습니다. 국민 여러분의 많은 관심과 소중한 의견을 부탁드립니다.

상법 개정안 처리 시한을 앞두고, 한덕수 권한대행이 오늘 국무회의에서 거부권을 행사했습니다. 지난해 12월 양곡관리법 등 6개 법안에 대해 거부권을 행사한 데 이어, 또다시 거부권을 행사한 것입니다. 한덕수 대행은 복귀 이후에도 여전히 '반대를 위한 반대'에만 집착하며, '권한대행'을 넘어 '거부권 대행' 노릇을 하려는 것입니까? 상법 개정안 거부권 행사는 개미투자자를 두 번 죽이는 행위입니다.

정부와 국민의힘이 어깃장을 놓으며 상법 개정안 처리에 시간을 끄는 사이, 기업들은 잇따라 유상증자를 단행하고 있습니다. 최근 고려아연, 삼성SDI, 그리고 역대 최대 규모의 한화에어로스페이스까지 기습 유상증자를 발표하자, 일부 투자자들은 "상법 개정 전에 기어이 한탕 하는구나"라는 비판을 쏟아내고 있습니다. 금융감독원 또한 "거부권 행사로 주주 보호 논의를 원점으로 돌리는 것은 비생산적이며, 불필요한 사회적 갈등과 에너지 낭비를 초래할 것"이라고 지적한 바 있습니다.

상법 개정과 자본시장법 개정은 양자택일의 문제가 아닙니다. 자본시장법 개정이 상법 개정을 대체할 수 없습니다. 두 법안이 함께 개정되어 각자의 역할을 충실히 수행할 때 비로소 대한민국 자본시장이 처한 근본적인 문제를 해결할 수 있습니다. 이것이야말로 기업의 투명성과 공정성을 높이고, 국익과 주주의 이익을 동시에 지키는 길입니다.

민주당은 투자자들의 신뢰를 저버리고, 자본시장을 훼손하는 행태를 결코 좌시하지 않을 것입니다. 대한민국 자본시장의 건전한 발전과 투자자들의 신뢰 회복을 위해 할 일을 하겠습니다. 아울러, 기업들의 기습 유상증자에 대해서도 국회 정무위 차원에서 적극 대응하겠다는 말씀을 드립니다. 유상증자의 당위성, 주주 소통 절차, 자금 사용 목적 등 투자자들이 합리적인 판단을 내리는 데 필요한 정보가 충분히 제공됐는지 철저히 점검하겠습니다. 또한 기업이 개미투자자들의 피해를 고려했는지도 반드시 따져 묻겠습니다. 한덕수 대행 역시 개미투자자들을 외면하지 말고, 그들의 절박한 목소리에 귀 기울이기를 바랍니다.

– 김용민 원내정책수석부대표

내란 세력에게 경고합니다. 헌재가 어떤 결정을 해도 내란 수괴 윤석열이 돌아올 방법이 없다는 것을 분명하게 경고합니다. 우리 국민이 용납하지 않을 것이고, 국회와 양심 있는 공직자들이 그런 상황을 결코 용납하지 않을 것입니다. 헌법재판소는 신속하게 윤석열을 파면하는 길 이외에 다른 선택지가 없다라는 것을 분명하게 알기 바랍니다. 한편 내란 수괴를 옹호하는 사람들 역시 곧 토사구팽 당할 것이라는 것도 분명하게 경고합니다. 제 얘기가 이해가 안 되면 한동훈, 이준석 케이스를 분명하게 보시기 바랍니다. 여러분들의 곧 닥칠 운명이라고 생각합니다.

헌법재판소는 헌법상 책무를 결코 외면해서는 안 됩니다. 헌정 질서를 지키고 민주 공화국을 내란으로부터 지켜낼 가장 권위 있는 기관이 바로 헌법 재판소입니다. 고통 받고 있는 국민을 구해내야 하고 민주 공화국을 신속하게 바로 세워야 할 책무가 있습니다. 하루빨리 파면 결정을 하기 바랍니다.

한편 한덕수 총리는 마은혁 재판관을 끝까지 임명하지 않을 것이라면 직무에도 복귀하지 않아야 합니다. 똑같은 헌법재판소의 판결을 취사선택할 권리가 한덕수에게는 없습니다. 한덕수 총리가 헌법재판소의 결정을 자기 마음대로 취사선택한다라고 하면 권한 없는 권한대행에 불과하다는 것 분명하게 알려드립니다. 이상입니다.

– 박민규 원내부대표

　서울 관악 갑 박민규입니다. 지금 대한민국은 무정부 상태입니다. 윤석열 정권 2년 반 동안 하루하루가 위기의 연속이었지만, 12.3 내란부터는 완전히 통제 불능입니다. 추락한 경제 지표가 이를 뚜렷하게 보여줍니다. 트럼프 이후 대한민국은 철저히 패싱 당하고 있습니다. 철강, 자동차 관세 25%에 ‘민감 국가’ 지정까지 도대체 기재부, 산업통상부, 외교부는 어디에 있었습니까? S&P는 아시아에서 오직 대한민국 경제 성장률 전망만 큰 폭으로 하향 발표했습니다. 환율은 1,500원대에 도달하고 있고, 코스피는 2,400원대로 주저앉았습니다.

　하지만 이번 산불 피해 현장에서도 정부 무능의 종합판을 보여주었습니다. 2019년 고성, 속초 산불을 한번 떠올려 보십시오. 그 당시 문재인 대통령의 모든 가용 자원을 즉각 총동원하라는 지시에 따라 전국의 소방차가 함께 모였고, 역사상 가장 빠른 진화가 이루어졌습니다. 문화재 피해 0건, 소방 인명피해 0건, 발생 21시간 만에 진화율 100% 달성이라는 기록을 세웠습니다. 이재민들을 위해서도 국회 고성연수원 등 각종 공공기관 연수원을 개방했습니다.

　하지만 6년 뒤 2025년 산불은 일주일 넘게 지속되었고 정부는 속수무책이었습니다. 재난 문자는 하루에 수백 통씩 날아오는데 정작 어디로 대피해야 될지 안내조차 없었습니다. 대통령 권한대행은 산불 현장에서 웃으며 위로를 받았고, 경제 부총리는 마치 ‘나라는 망해라’ 고사 지내는 듯 개인 돈 2억 원을 장기 미 국채에 투자했습니다. 사망자 수십 명의 비보 속에 시민들은 ‘눈 떠보니 후진국’을 떠나, ‘눈 떠보니 국가 붕괴’를 온몸으로 겪으며 절규하고 계십니다. 무정부 상태의 대한민국을 구출할 유일한 방법은 오직 윤석열 파면 선고뿐입니다. 파면이 생명이고, 파면이 경제이고, 파면이 민생입니다.

– 모경종 원내부대표

　헌법재판소의 결정으로 총리직에 복귀한, 그럼에도 불구하고 헌법재판소의 다른 결정은 취사선택해서 듣고 있지 않은 한덕수 총리. 그리고 원화 가치 하락을 하면 투자를 2억이나 한 최상목 경제부총리. 당신들께 말합니다. 헌법재판소 9인 체제를 완성하라는 국민의 요구도, 헌법재판소의 마은혁 불임명 위헌 판결도 외면하고 있습니다. 이쯤 되면 헌법재판을 지연시키고 판을 갈아엎겠다는 내란 수괴 복귀 시나리오를 짜고 있는 것이 아닌가 하는 의심을 지울 수 없습니다.

국정 운영의 책임을 나눠지고 있는 국민의힘은 더 노골적입니다. 마은혁 후보자 임명은 막으면서도 문형배, 이미선 헌법재판관의 임기가 끝나는 4월 18일에는 대통령 권한대행이 자신들 입맛대로 새 재판관을 지명해도 된다고 주장합니다. 야당이 합의해서 추천한 후보자 임명은 헌법 유린이라더니, 자기들이 원하는 인사를 권한대행이 임명하는 건 헌법 운영입니까? 이 얼마나 뻔뻔한 이중 잣대입니까?

헌법기관 구성을 방해한 자, 탄핵 심판을 조작하려한 자를 반드시 헌법의 이름으로 즉각 심판할 것입니다. 아무리 교묘한 술수로 시간을 끌어도 정의의 심판을 피해갈 수 없습니다. 민주당이 국민과 함께 반드시 내란 수괴 윤석열을 파면시키고, 그들을 심판할 것이라는 것을 엄중히 경고합니다.

조금 전 국무회의에서 국민연금 개혁안이 통과되었다고 합니다. 지금 필요한 것은 청년들의 우려와 불신을 직시하고 제도의 지속가능성을 함께 모색하는 일일 것입니다.

최근 갤럽 여론조사에 따르면 20대는 58%, 30대는 64%가 이번 개혁안에 반대한다고 답했습니다. 전체적으로 찬반 여론이 어떻게 나오는지 모두가 보고 있습니다. 납부 기간이 가장 긴 청년세대는 개혁안에 뚜렷한 거부감을 드러내고 있는 것이 엄연한 현실입니다.

청년들의 연금제도를 향한 거부감은 특정세대의 이기심의 문제가 아닙니다. 수익률을 따지는 이유는 IMF 시절보다 더 팍팍한 삶 속에서 살아갈 청년들의 미래가 불투명하기 때문 아니겠습니까. 공정을 묻는 이유는 연금 설계과정 어디에도 자신들의 이야기가 담겨 있지 않았다는 인식 때문 아니겠습니까.

그렇다고 '폰지사기'와 같은 극단적인 언어로 연금제도 자체를 뒤흔드는 이런 정치적인 언동과 행동에 대해서 규탄합니다. 해결책이 될 수 없습니다. 공포를 부추기는 것은 오히려 더 큰 책임과 고통만을 청년세대에 전가할 뿐 그 어떤 대안도 될 수 없습니다.

국민의힘에서 당내에서도 목소리를 제대로 내지 못하고, 책임을 다하지 못하고, 연금특위 위원장을 사퇴한 박수영 의원님. 무슨 낯으로 청년 세대를 운운하고 청년 얘기를 운운하고 있습니까. 이마저도 당 대당 구도로 본질을 흐리지 말고, 진짜 청년을 위한 그런 답이 나올 수 있도록 힘을 모아야 되는 것이 박수영 의원의 자세 아니겠습니까.

이제 연금개혁특위에서 본격적인 구조개혁을 진행하게 됩니다. 기초연금, 퇴직연금, 개인연금까지 아우르는 다층적 연금 체계를 어떻게 설계할 것인지, 어떤 방식으로 역할을 나누고, 어느 지점에 공적 책임을 둘 것인지에 대해서 청년의 입장에서 치열한 토론에 임하겠습니다.

민주당이 다양한 고용 형태와 삶의 형태를 가진 청년들이 논의 테이블에 함께할 수 있도록 방안을 마련할 것입니다. 특히 청년들의 현실적 어려움을 반영한 보완책을 지속적으로 발굴하고 제안하겠습니다.

국회의원 한 명, 두 명 이런 숫자보다 더 중요한 것은 진짜 청년들의 목소리를 모으고, 이를 반영하는 기회의 장을 만드는 것 아니겠습니까. 신뢰 없이 연대는 없습니다. 참여 없는 개혁으로는 지속 가능한 연금제도를 만들 수 없습니다. 50년대, 60년대 청년이었던 선배 세대들과 또 다른 대한민국을 살아가는 오늘날의 청년세대들이 그 고민을 함께해야 합니다. 제도 안에서 동등하게 존중받을 수 있도록 민주당의 모든 역량을 집중할 것을 약속드립니다.

연금은 가족의 노후와 나의 미래를 잇는 연결고리이며, 한 세대가 다음 세대에 건네는 약속이자 함께 해나가는 약속입니다. 이 약속이 지켜질 수 있도록 청년과 함께 해답을 찾아나가겠습니다.

2025년 4월 1일
더불어민주당 공보국

각 기자회견문, 위원회 보도자료

■ 박찬대 원내대표, 마은혁 재판관 임명 촉구 긴급기자회견

□ 일시 : 2025년 4월 1일(화) 오전 9시
□ 장소 : 정부종합청사 정문 앞

― 박찬대 원내대표

마지막 경고입니다. 한덕수 총리는 헌법 수호 책무를 다하십시오.

민주공화국 대한민국의 국체가 무너져내릴 위중한 상황입니다. 윤석열이 일으킨 내란 사태의 종식이 늦어지면서 사회적 혼란과 경제적 피해가 걷잡을 수 없이 커지고 있습니다. 한덕수 총리는 우리가 직면한 헌정 붕괴 위기에 윤석열 다음으로 큰 책임이 있습니다. 사회적 혼란을 수습하고 헌법 수호의 책무를 다해야 함에도 오히려 헌정 붕괴를 가속화하고 있기 때문입니다.

윤석열의 탄핵 이후 대통령 권한대행이 된 한덕수 총리는 국회 추천 몫 헌법재판관 3인의 임명을 명시적으로 거부하며 내란 종식을 방해했습니다. 한덕수 총리가 헌법에 따라 국회 추천 헌법재판관 3인을 즉시 임명했다면, 내란 수괴 윤석열은 일찌감치 파면되고, 헌정질서는 정상으로 돌아왔을 것입니다.

2월 27일 헌법재판소는 재판관 8인 만장일치로 마은혁 재판관 미임명이 위헌위법하다는 결정을 내렸습니다. 정계선 헌법재판관은 3월 24일 한덕수 국무총리 탄핵심판 선고에서 "피청구인은 대통령 권한을 대행하는 국무총리로서, 대통령 직무정지 상황 속에 국가적 혼란을 최소화할 의무가 있음에도 불구하고, 오히려 헌법과 법률을 위반하여 혼란을 키우고, 헌법재판소가 제 기능을 다하지 못하도록 방해하였다. 이는 헌법 질서를 중대하게 침해한 것으로, 파면이 정당화될 만큼 중대한 위반이다."라고 의견을 밝혔습니다.

그럼에도 한덕수 총리는 권한대행으로 복귀한 지 9일째인 오늘 지금 이 순간까지도 1분도 채 걸리지 않는 마은혁 재판관 임명은 하지 않았습니다. 자신에 대한 복귀 결정은 따르면서 마은혁 재판관을 임명하라는 결정은 거부하는 뻔뻔하고 이중적인 태도도 심각하지만, 헌법재판소의 온전한 구성을 고의로 막고 재판에 노골적으로 개입하겠다는 불순한 속셈은 더욱 심각합니다. 헌법 수호의 책무가 있는 대통령 권한대행으로서 결코 해서는 안 될 행동을 서슴지 않는 것에 대해 강력하게 규탄합니다.

직무를 성실하게 수행하지 않거나, 헌법과 법률을 고의로 위반하는 자는 공직자의 자리에 있어서는 안 됩니다. 하물며 고위공직자가 헌법과 법률을 지키지 않는 것은 국가 시스템을 무력화하고 사회적 위기를 증폭시켜 결국은 국민에게 피해를 입히는 결과를 낳습니다.

대한민국의 주권자 국민을 대신해 한덕수 총리에게 마지막으로 경고합니다. 오늘 당장, 헌재 결정에 따라 마은혁 헌법재판관을 임명하십시오. 헌법 수호의 책무가 있는 대통령 권한대행으로서 국민의 신임을 배신하지 않기를 거듭 촉구합니다. 오늘까지 마은혁 재판관을 임명하지 않는다면, 민주당은 헌법과 민주주의 수호를 위해, 헌정 붕괴를 막고 국민을 지키기 위해 국회가 해야 할 일을 할 것입니다.

이 경고를 허투루 듣지 않기를 바랍니다.

■ 마은혁 재판관 임명 촉구 원내대표단 긴급기자회견

□ 일시 : 2025년 4월 1일(화) 오전 10시 10분
□ 장소 : 삼청동 국무총리공관 앞

– 박성준 원내수석부대표

나라가 망해도 나만 잘되면 그만이라는 자들이, 내란수괴의 복귀를 시도하고 있습니다. 하지만, 아무리 발악을 해도 실패할 것입니다.

내란수괴의 복귀를 위해, 민심을 거스르고 역사의 흐름을 거슬러 보려는 세력에게 경고합니다. 그 어떤 중상모략과 꼼수를 쓰더라도 결국은 실패할 것입니다. 당신들이 윤석열 복귀 시도 또한 내란입니다. 민주공화정을 전복시키려는 내란 세력들은 결국 법의 심판대에 오를 것입니다. 법의 심판과 역사의 심판

을 받고 당신들의 이름은 현대사의 오점으로 남을 것입니다.

윤석열의 복귀는 망국의 길입니다. 민주주의에 기반하고 있는 한미 동맹도 무너질 것이고 대외 신인도도 무너지고 대한민국 경제도 무너질 것입니다. 사회정의와 법치도 무너지며 심각한 사회 갈등을 치유하지 못한 채 대한민국이 침몰하게 될 것입니다.

권영세, 권성동, 한덕수, 최상목이 작당하여 윤석열의 복귀를 시도하고 있지만 우리 국민이 절대 그냥 두지 않습니다. 우리 국민들은 당신들 같은 자들을 수 없이 경험했고 더 큰 위기도 극복했던 저력이 있습니다. 그것이 대한민국 현대사입니다.

내란수괴와 그 잔당 따위가 망칠 수 있는 대한민국이 아닙니다. 선조들의 피와 땀과 눈물로 이룩한 대한민국을, 앞으로 우리 아이들이 자유롭게 살아가야 할 대한민국을 모리배들이 망치도록 그냥 둘 수는 없습니다.

나라가 풍전등화의 위기에 처해 있는데, 헌법재판소는 너무나도 한가한 시간을 보내고 있습니다. 2월에 변론이 마무리 되었는데, 벌써 4월입니다. 아직도 윤석열 파면을 결정하지 못하는 것은 직무유기입니다. 불완전한 8인 체제의 헌법재판소를 이대로 둘 수는 없습니다. 마은혁 재판관이 임명되어 완성된 9인의 헌법재판관 체제를 만들어야 합니다.

한덕수 총리는 오늘 내로 마은혁 헌법재판관을 임명하십시오. 오늘까지입니다. 더 이상 기다려줄 시간은 없습니다. 오늘 내로 임명하지 않는다면, 한덕수는 내란수괴 윤석열의 지시를 받아 나라를 망치는 자임을 스스로 증명하는 것입니다. 나라를 망치는 자를 국민이 가혹하게 심판할 것입니다.

내란 수괴가 파면되야 나라가 바로설 수 있습니다. 대한민국이 다시 정상화 되는 그 순간까지 민주당은 긴장의 끈을 놓지 않고 모든 힘을 다해, 내란을 극복하겠습니다.

2025년 4월 1일
더불어민주당 공보국

■ 더불어민주당 전정권정치탄압대책위원회, 권력의 시녀가 되어 정치탄압에 앞장서 온 정치검찰의 끝은 결국 파멸뿐이다

내란수괴 윤석열은 '항소포기'로 풀어주고, '디올백'수수 의혹을 받는 김건희 여사에 대해서는 제대로 된 조사조차 안 한 검찰이 전정권에는 망나니 칼춤을 추고 있습니다.

윤석열 내란과 탄핵 선고 지연으로 나라가 혼란스러운 이때, 검찰이 문재인 전 대통령에 대해 소환 통보했습니다. 전 사위가 받은 월급이 뇌물이라는 괴상한 논리로 문 전 대통령에 대한 조사를 하고 있습니다.

그동안 검찰은 '하나만 걸려라'라는 무지성적 태도로 전정권 탄압에 열을 올렸습니다. 서해 공무원 피격사건, 동해 흉악 범죄 탈북민 추방사건, 월성 원전 관련 수사 등 윤석열 대통령 임기 내내 이뤄진 검찰권 남용은 전 대통령 일가를 향해서도 무자비하게 이뤄졌습니다. 그렇게 외치던 김정숙 여사의 샤넬 재킷 및 인도 방문 의혹이 결국 혐의없음으로 드러나자 이제 전 사위 월급까지 뇌물 취급하는 것입니까?

정치검찰에 똑똑히 전합니다. 내란수괴 윤석열은 반드시 파면당할 것이며, 그에 합당한 형사적 책임도 지게 될 것입니다. 그를 보위해 검찰공화국을 만들고자 하는 검찰의 목적은 절대로 이뤄지지 않을 것이며, 그 끝은 정치검찰의 파멸뿐입니다.

다시 한 번 검찰에 요구합니다.

하나. 전정권에 대한 무리한 수사를 당장 중단하십시오. 이미 정치검찰의 의도는 드러났고, 전정권 탄압 시도는 실패했으며, 이 모든 걸 국민께서 지켜봤습니다. 지난 2월, 검찰이 수 년 간 수사해온 김정숙 여사에 대한 의혹 역시 무혐의 처분이 내려졌습니다. 더는 윤석열 정부를 지키기 위한 발악으로 전정부를 이용하지 마십시오.

둘. 김건희 여사의 도이치모터스 주가조작 사건 및 디올백 수수 의혹등에 대한 수사를 당장 시작하십시오. 법은 누구에게나 공평해야 합니다. 그런데 왜 검찰은 김건희 여사에게만은 관대합니까? 도이치모터스 주가조작 사건부터 '디올백' 수수 의혹, 양평고속도로 노선변경 개입 의혹에 이어 최근 불거진 명태균 공천개입 논란 등 김건희 여사가 받는 의혹이 한 두 가지가 아닙니다. 검찰권은 이런 곳에 쓰라고 있는 것입니다. 전정권이 아닌 현정권의 차고도 넘치는 의혹들에 대한 수사가 그나마 그간의 과오를 씻는

일이 될 것입니다.

셋. 심우정 총장 자녀의 채용 특혜 의혹에 대한 수사부터 명명백백히 하십시오. 최근 심우정 검찰총장 자녀의 외교부 특혜 채용 논란이 일고 있습니다. 자격요건 미달 의혹부터 실무 경력 계산 문제까지 해명해야 할 것들이 많습니다. '공정'을 외친 윤석열 정부의 검찰총장이라면 본인의 문제부터 떳떳하게 하십시오. 자기 큰 허물은 보지도 못하고, 다른 사람의 작은 허물은 크게 지적하는 것만큼 우스운 일은 없습니다.

지난달 26일, 이재명 대표의 공직선거법 위반 항소심에 대해 사법부가 무죄를 선고했습니다. 검찰의 무리한 수사에 대해 법원이 내린 판결입니다. 사필귀정입니다. 결국 진실은 드러나고, 정의는 승리합니다. 윤석열 대통령은 반드시 그에 합당한 대가를 치루게 될 것이며, 그에게 부역한 정치검찰 역시 그 책임에서 벗어나지 못할 것입니다.

지금이라도 국가의 봉록을 받는 공직자로서 무엇이 합당한 일인지, 무엇이 정당한 일인지 판단해야 할 것입니다. 권력에 앞장선 정치검찰의 말로는 결국 파멸뿐이라는 점을 똑똑히 기억하시기 바랍니다.

2025.4.1.
더불어민주당 전정권정치탄압대책위원회 위원 일동
(김영진 · 김영배 · 황희 · 한병도 · 이용선 · 박수현 · 이원택 · 김한규 · 권향엽 · 손금주)

■ **더불어민주당 국민소통위원회, 국민 안전은 뒷전, 국민의힘은 책임 전가하지 말고 즉각 진실을 밝히십시오.**

안녕하십니까. 더불어민주당 국민소통위원회입니다.

오늘 또다시 국민의힘의 파렴치한 거짓 선전이 제보되었습니다. 3월 31일, 인천 부평 모두몰 앞에 "산림헬기예산 172억 민주당 전액삭감"이라는 내용의 현수막이 '국민의힘 부평갑 유제홍 당협위원장'의 이름으로 게첩되었습니다. 이는 지난 27일 국민의힘 박수영 의원이 동일하게 퍼뜨린 악의적 거짓 선전과 같은 내용입니다.

국민의힘은 기본적인 예산 심의 과정조차 이해하지 못하고 있거나, 고의적으로 왜곡하고 있습니다. 국회는 예산안을 삭감할 수는 있으나 증액은 불가능하며, 예산 증액은 전적으로 정부의 권한입니다. 국민의힘은 이런 기본적 사실조차 국민들에게 숨기고 있습니다.

해당 산림헬기 예산은 농해수위에서 172억 증액이 결정되었으나, 12월 3일 불법 계엄으로 인해 모든 논의가 중단되었습니다. 바로 윤석열 정부와 국민의힘이 산불 방지와 국민 안전을 위한 필수 예산 증액을 무산시킨 것입니다.

산불 예방과 진화에 필수적인 172억 원의 산림헬기 예산과 114억 원의 산불방지대책 예산이 반영되지 못한 책임은 전적으로 정부와 국민의힘에 있습니다. 그런데도 뻔뻔하게 자신들의 잘못을 민주당에 덮어씌우는 비열한 행태를 보이고 있습니다.

국민의힘은 항상 이런 식으로 거짓말로 국민을 속이고 민주당을 음해하는 정치공작을 일삼아 왔습니다. 우리 당은 이런 저급한 정치 행태를 더 이상 용납하지 않을 것이며, 국민의힘 부평갑 유제홍 당협위원장을 즉각 고발조치할 것입니다. 또한 선관위에 이 거짓 현수막에 대한 유권해석과 즉각적인 철거를 강력히 요구했습니다.

국민의힘의 거짓말 정치, 책임 전가 정치가 더 이상 통하지 않도록 더불어민주당은 끝까지 진실을 밝히고 책임을 묻겠습니다.

2025년 4월 1일
더불어민주당 국민소통위원회

■ 더불어민주당 북한이탈주민특별위원회, 윤석열 대통령 탄핵 찬성 기자회견문

안녕하십니까. 우리 북향민들은 북한 독재정권의 피해자들입니다.

우리는 자유와 인권, 민주주의 가치를 대한민국에서야 처음 얻었습니다. 우리는 대한민국 헌법이 보장하는 자유와 정의를 믿고 이 땅에 정착했습니다. 따라서 우리는 이 나라의 법치주의가 얼마나 소중한 가치인지 누구보다도 잘 알고 있습니다.

지난해 12월 3일 저녁까지, 대한민국은 법과 원칙이 지켜지는 나라이며, 국민의 권리가 보장되는 민주국가였습니다. 그러나 '자유'와 '인권'이라는 단어를 매일 같이 입에 달고 있었던 윤석열 대통령이 무장군인을 동원해 하룻밤에 자유와 인권을 짓밟았습니다. 참으로 위선으로 가득차고 무도한 정권입니다.

오늘 우리는 민주시민의 한 구성원으로, 자유와 인권이 훼손되는 현실을 목도하면서, 이를 납득할 수 없다는 절박한 목소리를 내기 위해 이 자리에 섰습니다.

무장한 군인이 도시를 활개하며 시민에게 총구를 들이대는 곳은 북한 하나로 족합니다. 북한은 계엄상태가 일상인 곳입니다. 우리는 정치적 억압과 인권 침해의 현실을 직접 경험한 사람들입니다. 3대 세습 독재정권의 폭압을 온몸으로 맞았습니다. 국가의 폭력이 일상인 곳이 바로 북한입니다. 독재자의 횡포가, 국가의 폭력이 일상을 지배하기 때문입니다.

우리는 폭정에서 살아남은 사람들입니다. 우리는 중국에서도 신변의 위협에 노출되어 중국에서 노예노동과 성폭력 등 온갖 폭력에 시달렸습니다. 그런데 국가폭력을 정당화 하는 계엄사태가 한국에서 발생했다는 것은 북향민들에게 또 다른 국가폭력의 가능성을 의미합니다.

한국은 북향민들에게 안전의 땅입니다. 국가의 폭력으로부터 안전한 곳입니다. 억눌렸던 감정을 쏟아내도, 정치인을 비판해도 신변에 위협을 받지 않는 안전한 곳이라는 사실은 매우 중요합니다. 이것이 북한과의 가장 큰 차이를 만들어냈기 때문입니다.

그런데 2024년 12월 3일 밤, 귀를 의심케 하는 계엄령이 선포됐습니다. 계엄사령부 포고령(제1호)의 내용은 공포 그 자체였습니다. 계엄사령부 포고령을 보면 경악스럽습니다. 현재 북한의 모습과 너무나 닮았기 때문입니다.

계엄사령부 포고령을 보면 섬뜩해집니다. 현재 북한정권이 인민들에게 하는 짓과 거의 똑같기 때문입니다. 계엄령 국가가 국민의 기본권을 제한하고, 무력으로 국민을 통제하는 상황을 정당화 합니다.

북한은 주민들의 정치활동이 전면 금지된 곳입니다. 오직 당과 수령을 위해 충성해야만 살아남는 곳입니다. 정부에 대한 비판은 곧 죽음을 의미합니다. 오직 독재자에 대한 찬양만 있을 뿐, 정치적 결사의 자유도 없으며 집회나 시위도 없습니다. 이는 흡사 계엄사령부 포고령 1항과 비슷합니다. 글로벌 선진국 대한민국에서 '일체의 정치활동을 금지'한다는 것은 곧 북한과 같은 상태가 된다는 의미입니다.

북한은 출판의 자유도 없습니다. 그러니 읽을 자유도 읽을거리도 없습니다. 하루에도 수십 종 이상의 신간이 출간되는 대한민국에서 출판을 통제 받는다는 것은 상상하기 힘듭니다.

포고령의 각 항목을 보면 하나같이 북한이 하는 작태들을 그대로 모방했습니다. 이러니 북향민들에게 계엄령은 과거의 트라우마와 공포를 떠올리게 하기에 충분합니다. 계엄령을 비판해야 하는 이유는 명백합니다. 계엄사령부의 포고령은 모든 정치활동을 금지하고 표현의 자유를 제약하는 내용들이기 때문입니다. 게다가 영장 없이 체포 및 구금할 수 있다는 내용은 독재시대로의 회귀입니다.

우리 북향민들은 극도의 국가폭력을 경험했습니다. 따라서 윤석열 대통령의 계엄선포 행위를 강력히 비판합니다. 모든 국가의 폭력은 금지되어야 합니다. 국가를 전복하려는 시도가 아닌 이상 개인의 자유는 보장되어야 합니다. 그것이 민주주의의 기본 원칙입니다.

우리가 계엄선포 행위을 비판하는 이유는 명백합니다. 북향민들은 정치적 억압과 인권 침해의 현실을 직접 경험한 사람들입니다. 따라서 우리는 자유와 인권, 민주주의를 수호하기 위해 이 자리에 섰습니다. 국민을 향해 총을 들면 대통령도 감옥에 보낼 수 있는 나라, 바로 대한민국이 그런 나라임을 북한 주민들에게 분명히 보여주어야 합니다. 이것만이 북한 주민들에게 희망이 될 것입니다.

그리고 오늘, 윤석열 대통령 탄핵심판 선고 기일이 다가오는 4일(금)로 지정되었습니다. 장장 4개월에 걸친 국민의 기다림에 마침내 헌법재판소가 응답했습니다.

헌법재판소가 국민의 눈높이게 맞는 상식적이고 합리적인 판단을 내려줄 것을 기대합니다. 헌법수호 최후의 보루로서 정의롭고 공정한 판결로 내란수괴 윤석열을 파면하여 주십시오. 헌법재판관 8인은 주권자인 국민이 권한과 역할을 위임한 공직자임을 명심하고, 전원일치 탄핵 선고로 민주주의와 법치주의 수호에 앞장서 주십시오.

2025년 4월 1일(화)
더불어민주당 북한이탈주민특별위원회(위원장 송재봉),
(사)통일을준비하는탈북자협회, 피스아고라, (사)숭의동지회,
어르신힐링협회, (사)한반도미래행복연합, 통일봉사단 일동.

■ 박찬대 원내대표, 긴급기자회견 · 윤석열 즉각 파면 비상행동 인사말

□ 일시 : 2025년 4월 1일(화) 오후 7시
□ 장소 : 광화문 동십자각

힘차게 인사드립니다. 더불어민주당 원내대표 박찬대입니다. 민주시민 여러분, 정말 오래 기다리셨습니다. 헌법재판소가 마침내 선고기일을 지정했습니다. 여러분의 간절함이, 국민의 준엄한 명령이, 헌법재판소를 움직였다고 생각하는데, 여러분도 동의하시죠?

헌법재판소가 선고기일을 발표하자마자 환율이 떨어지고 주가는 치솟았습니다. 윤석열이 우리 경제의 최대 걸림돌이라는 사실이 똑똑히 증명된 것입니다. 윤석열 파면이 민생이고 경제이고 국가정상화 아닙니까?

이제 헌법재판소가 국민의 명령에, 역사의 명령에 응답해야 합니다. 헌법수호를 위해 태어난 헌법재판소가 헌법파괴자를 심판하는데, 좌고우면 할 필요도 없고 정치적 고려를 할 이유도 없습니다. 오직 헌법과 법률에 따라 판단하면 됩니다.

윤석열이 헌법과 법률을 중대하게 위반했다는 건 초등학생들도 다 알지 않습니까? 헌법재판관들이 딴 맘먹어서도 안 되고 먹을 수도 없습니다. 군대가 국회를 침탈하는 장면을 모두가 목격했는데, 오천만 국민 모두를 속이지 못합니다. 헌법재판소가 내릴 수 있는 유일한 결정은 파면입니다. 그렇지 않습니까? 우리 헌법 제1조는 "대한민국은 민주공화국이다. 대한민국의 주권은 국민으로부터 나온다."고 명시하고 있습니다. 대한민국의 운명은 바로 우리 국민이 결정합니다. 헌법재판소는 주권자 국민의 명령에 따라야 합니다.

헌법재판관들이 잊어버리지 않게 다시 한 번 다 같이 명령을 내려 봅시다. 헌재는 내란 수괴 윤석열을 파면하라! 피청구인 대통령 윤석열을 파면한다! 4월 4일, 12.3 불법 계엄이 발생한 날로부터 123일째가 되는 그날, 4월 4일 위대한 승리를 위해, 끝까지 흔들림 없이 싸웁시다. 헌정질서를 바로 세우고, 뒤틀린 정의를 회복해 냅시다. 민주와 평화와 자유와 생명이 다시 꽃피는 대한민국을 함께 만들어냅시다. 민주당은 국민을 믿고, 국민과 함께, 국민을 위해 끝까지 싸우겠습니다. 감사합니다.

2025년 4월 1일
더불어민주당 공보국

권영세 국민의힘 비대위원장은 3월 31일 자당의 비상대책위원회의에서 "마은혁 후보자는 우리법 연구회, 인민노련 출신의 극단적인 편향 인사로 여야 합의 없이 민주당이 단독으로 추천한 후보"라고 주장했습니다. 하지만 해당 발언은 자당의 공문을 뒤집고, 헌법재판소의 판단을 정면으로 부정하는 명백한 거짓말입니다. 국민의힘은 지난해 12월 11일 "헌법재판소 재판관(마은혁, 정계선, 조한창) 선출에 관한 인사청문특별위원회 위원 선임 통보라는 제목의 공문을 국회의장을 수신자로 하여 국회 사무처에 제출한 바 있습니다. 이는 헌법재판관 추천 당시 국민의힘도 해당 3인에 대해 사실상 동의했다는 것을 증명하는 것입니다. 헌법 재판소 역시, 공문 내용대로, 양당이 인사청문위원을 추천해 청문위원회를 구성한 사실을 여야 합의의 근거로 들며, 마은혁 후보자 임명이 대통령이 이행해야할 마땅한 의무라고 판단했습니다. 국민의힘은 마은혁 후보자 임명과 관련하여 철지난 색깔론을 들먹이며, 합의에 대한 거짓말을 지속하는 것을 멈추기 바랍니다.

– 더불어민주당 팩트체크넷 민주파출소, 4월 1일 주간브리핑

– 윤종군 원내대변인 서면브리핑

■ 법관 '수거'로 삼권분립을 무너뜨리고 독재를 획책하려 한 윤석열을 신속히 파면해야 합니다

내란수괴 윤석열이 12.3 내란을 통해 삼권분립을 무너뜨리려고 한 확실한 정황이 드러나고 있습니다. 김용현 전 국방부 장관의 검찰 진술 등을 통해 윤석열이 입법부는 물론, 사법부에 대해서도 불신과 적대감이 있었다는 사실이 확인되었기 때문입니다.

심지어 윤석열이 내란 직전 삼청동 안가에서 "법원, 언론 전부 종북 좌파"라며 자신과 뜻이 같지 않은 이들에 대해 '색깔론'을 덧씌우는 등 극단적인 언사를 서슴지 않았다는 것도 확인되었습니다. 검찰총장까지 지낸 윤석열이 평소 사법부에 대해 어떤 인식을 품고 있었는지 잘 보여주는 대목입니다.

윤석열은 단지 현직 법관을 체포하려고 했던 게 아닙니다. 민주주의의 근간인 권력 분립과 견제·균형의 원칙을 무너뜨리려고 한 것입니다. 내란이 성공했다면 입법부와 선거관리위원회, 언론은 물론 사법부마저 윤석열의 눈치를 보는 독재국가로 전락하고 말았을 것입니다.

김동현, 유창훈 등 현직 판사는 물론 전 대법관들까지 '수거'하려고 했던 윤석열 내란 세력이 자유의 몸이 된다면 어떤 일이 일어날지 불 보듯 뻔합니다. 헌법재판소는 내란 세력을 단죄하고 헌정질서를 바로 잡기 위해 하루빨리 윤석열을 파면하십시오.

■ 권성동 원내대표와 국민의힘은 그만 이성을 되찾고 국민 협박 정치를 멈추십시오

내란수괴 윤석열을 비판하니 권성동 원내대표가 발끈하는 이유가 무엇입니까?

마은혁 헌법재판관 후보에게는 '법복 입은 좌파 활동가'라고 맹비난하더니, 윤석열에게 예의를 지키지 않는다며 격노하는 모양새가 황당하기 그지없습니다. 그저 내란수괴를 내란수괴라고 말했을 뿐인데 '금배지 단 내란공범'이 아니고서야 왜 이렇게 폭언 정치를 하는 것인지 알 수 없는 노릇입니다.

한덕수 대통령 권한대행을 탄핵하면 문형배, 이미선 헌법재판관의 후임을 지명하겠다고 엄포를 놓는 것도, 탄핵을 예고한 민주당 초선 의원들과 이재명 대표 등 72명을 내란 음모로 고발한 것도 매우 유감스럽습니다.

대체 국민의힘은 무엇이 두려워서 내란수괴 비호를 멈추지 않는 것입니까? 국민의힘이 두려워해야 할 대상은 내란수괴 윤석열이 아니라 국민입니다. 국민의힘은 대체 언제까지 내란수괴 지키기에만 매달리며 민생경제를 외면할 것입니까? 고발과 헌법재판관 임명 운운하며 국민을 협박하는 파렴치한 행태를 즉각 멈추고 내란 종식에 협조하십시오.

국민의힘이 이대로 계속 오만하게 굴다가는 영원히 국민께 잊힐 거라는 걸 명심하십시오.

– 조승래 수석대변인 브리핑

■ 헌재 탄핵 심판 선고 기일 지정 관련 브리핑

□ 일시 : 2024년 4월 1일 오후 12시 10분
□ 장소 : 국회 본청 당대표회의실 앞

헌법재판소가 내란수괴 윤석열에 대한 탄핵 심판 선고 기일을 4월 4일로 지정했습니다. 장장 4개월에 걸친 국민의 기다림에 마침내 헌법재판소가 응답했습니다.

헌법재판소가 내란수괴 윤석열 파면을 통해 민주공화국 대한민국의 국체와 국헌을 수호하는 단호한 의지를 보여줄 것이라 믿습니다.

헌법재판소는 주권자 국민의 의사를 무겁게 받들기를 바랍니다.

■ 내란 수괴의 전철을 그대로 밟고 있는 한덕수 대행의 거부권을 거부합니다

한덕수 대통령 권한대행 국무총리가 오늘 상법 개정안에 거부권을 행사했습니다. 요건도 내용도 맞지 않는 엉터리 거부권입니다. 한덕수 대행은 헌법이 부여하고 헌법재판소가 확인한 재판관 임명 의무는 저버리고, 대통령의 고유 권한인 거부권을 제멋대로 휘둘렀습니다.

국민에 대한 의무는 눈곱만큼도 하지 않으면서 대통령의 지위를 이용해 권한을 남용한, 내란 수괴 윤석열의 전철을 그대로 밟은 것입니다.

거부권은 법률안이 헌법과 법규에 위반되거나 국민의 권리와 이익을 침해할 우려가 있을 때 예외적으로 사용할 수 있습니다. 그런데 기업의 이사가 주주의 이익에 충실해야 한다는 개정안 어디에도 헌법 위반이나 권익 침해 소지가 없습니다.

상법 개정안에 대한 거부권 행사가 부당함은 윤석열 정부의 법무부조차 인정했습니다. 이복현 금융감독원장은 거부권 행사를 "직을 걸고 막겠다"고까지 했습니다. 한덕수 대행의 거부권 행사는 아무런 정당성도 갖추지 못한 폭거입니다.

상법 개정안은 소액 주주의 이익을 보호하고 기업 가치를 제고하는 법안입니다. 극소수 거대 재벌과 국민의힘이 반대할 뿐입니다. 결국 한덕수 대행은 국민의 공복이 아닌 기득권 집단의 꼭두각시임을 스스로 입증한 것입니다.

더불어민주당은 꼭두각시 대행의 방해에 굴하지 않겠습니다. 소액 주주를 보호하고 투자하기 좋은 나라를 만드는 법, 제도 개선을 계속해서 추진해 나가겠습니다.

– 이원혁 부대변인 논평

■ 극우에 취해 총선 과반을 입에 올리는 국민의힘, 미몽에서 깨어나 현실을 직시하십시오

국민의힘 김대식 원내 수석대변인이 어제 "총선을 다시 치르면 우리가 과반을 자신한다"며 망상의 끝을 보여주고 있습니다.

국민의힘이 연일 내란 동조와 헌정 회복 방해에 열을 올리며 행복회로만 돌리더니 아예 넋을 놓은 모양입니다. 12.3 내란으로 대한민국은 파탄 직전이고 국민의 삶은 급전직하하고 있습니다. 그런데 국민 과반의 지지를 기대합니까? 국민 과반의 지지는커녕 국민의 심판을 두려워하십시오.

극우세력과 사이비 종교 집단의 힘이라도 빌려볼 셈입니까? 국민께서 내란 세력을 옹호하는 국민의힘에게 지지를 보낼 거라니 착각도 이만저만이 아닙니다. 내란 종식과 국정 안정을 위해 민주당이 애쓰는 동안 국민의힘은 대체 무엇을 했습니까? 극우의 힘으로 전락한 국민의힘이 한 일이라곤 대한민국을 더 깊은 위기에 빠뜨린 것뿐입니다.

극우 위헌 정당으로 변모해 가는 국민의힘에 국민의 분노가 커지고 있습니다. 이제 미몽에서 깨어나 현실을 직시하고 윤석열을 파면이라는 국민의 목소리에 귀를 열기 바랍니다.

– 이나영 부대변인 논평

■ **대통령 기록관에 문지기를 세워 내란 증거를 인멸하려는 시도를 당장 멈추십시오**

대통령기록관장에 용산 행정관 출신 인사가 지원했다고 합니다. 탄핵 선고를 앞두고 내란 증거를 인멸하려는 세력의 파렴치한 시도입니다.

국무회의록과 상황일지를 보관하는 대통령기록관장에 용산 출신을 앉히려 이유는 뻔합니다. 판도라의 상자가 될 수밖에 없는 12.3 비상계엄 관련 기록들을 숨기려는 것 아닙니까? 경호처와 검찰의 결사옹위로 비화폰 서버를 감추더니, 이제는 각종 기록물들마저 수사를 봉쇄하겠다는 것입니다.

또한 명품백 수수 등 'V0' 김건희의 범죄 사실, 대통령실 이전 기록물 등 각종 증거를 대통령기록관에 감추려는 내란 세력의 파렴치한 시도는 결코 용납될 수 없습니다. 행정안전부가 내란 세력의 주구를 자처한다면 내란 공범으로 같이 처벌받게 될 것임을 분명히 경고합니다.

고기동 행정안전부 장관 직무대행은 의심을 자초하는 인사를 멈출 것을 엄중히 경고합니다.

■ 인권 추락에 앞장서는 안창호 위원장과 김용원 상임위원은 자리에서 물러나십시오

내란수괴 윤석열 비호에 앞장서 인권위원회를 세계국가인권기구연합 특별심사 대상으로 전락시킨 안창호 위원장과 김용원 상임위원이 내부 게시판 검열로 직원 입틀막에 나섰습니다.

지난 28일 안 위원장은 김 상임위원이 "특정 위원을 비방하는 해방구 노릇을 한다"며 만든 자유게시판 운영 개선 계획을 승인했습니다. 비뚤어진 우윤충정으로 인권위에 오욕을 남기더니 인권위원회 명예회복을 위한 내부 비판마저 틀어막을 셈입니까? 입틀막 인권위원회라니 기가 막힐 뿐입니다.

검열을 막아야 할 인권위가 앞장서 검열을 하겠다니, 나라 망신도 이런 망신이 없습니다. 내란수괴에 대한 충성심에 내란으로 무너지는 대한민국의 국격이 보이지 않습니까? 내란 옹위 세력 안창호, 김용원의 만행에 왜 대한민국의 인권 수준이 추락하고 국민께서 그 치욕을 감당해야 합니까?

국가인권위원회는 철면피들의 내란공작소가 아닙니다. 안창호, 김용원 두 사람은 본인들의 말과 행동이나 제대로 단속하고, 인권위에서 당장 손을 떼기 바랍니다.

– 박경미 대변인 서면브리핑

■ 헌법재판소는 다시 국민의 자부심이 되어 주십시오.

헌법재판소는 6월 민주항쟁의 상징입니다. 1987년 목숨을 걸고 쟁취한 민주주의의 최후 보루 헌법재판소는 국민의 자부심이었습니다. 그런 헌법재판소가 이젠 국민 근심의 진원지가 되었습니다.

어제 헌재 사무처장이 국회에 출석해 빠른 시일에 선고하겠다고는 답했지만 언제 내란 수괴 윤석열을 파면할지, 오늘도 국민들은 일각여삼추(一刻如三秋) 심정으로 기다리고 있습니다. 기약 없는 기다림에 국민들의 신체적, 정신적 에너지가 고갈되고 있습니다. 유흥식 추기경을 비롯한 천주교 사제들, 전국의 대학교수들, 한강 작가를 비롯한 문인들의 시국선언문도 쇄도하고 있습니다. 헌재는 대체 언제까지 침묵을 지킬 것입니까?

윤석열 파면이 지연되는 사이, OECD, S&P, 피치, 골드만삭스 등의 대한민국 경제성장률은 줄줄이 하

향 조정되고 있고, 심지어 0%대의 경제성장률까지 나왔습니다. 탄핵 인용으로 대한민국의 예측 가능성이 높아져야 그나마 경제에 청신호를 줄 수 있습니다. 그런 의미에서 '파면이 곧 경제'입니다.

헌법재판소는 법조인들까지 체포하며 사법부를 계엄군을 발 아래 두려 한 수괴 윤석열의 파면을 왜 확정 짓지 못하는지 국민들의 의구심은 커지고 있습니다. 헌법재판소는 좌고우면하지 말고, 하루빨리 내란 수괴 윤석열을 파면하기 바랍니다. 그리하여 헌재가 다시금 국민의 자부심이 되어 주십시오.

■ 윤석열 치부 감춰주고 자신들 치부 숨기는 검찰

검찰은 계엄 당일 여인형 전 사령관의 'KBS 간첩죄 보도 지원 지시'를 파악하고도 묵인한 것으로 드러났습니다. 검찰은 여 전 사령관을 조사했지만 검찰 조서에 방첩사의 KBS 간첩죄 보도 지원 지시와 관련 내용은 담지 않았습니다. 검찰은 이에 대해 조서에 담기지 않았다고 확인 안 한 것 아니라는 황당한 변명을 했는데, 그러면 일기장에 적을 것입니까? 검찰은 국민의 눈과 귀를 가리려는 내란 세력의 작당 모의 정황에 대해 왜 침묵합니까?

최근 검찰의 오락가락 행태는 목불인견입니다. 검찰은 윤석열 즉시항고는 포기했지만, 검찰 특활비 정보공개 소송에는 항소하고, 이재명 대표의 공직선거법 2심에 대해서도 하루 만에 상고를 했습니다. 어떤 사건은 항고를 포기하고, 어떤 사건은 항소와 상고를 주저 없이 하는 이중 잣대를 보이고 있는 것입니다.

심우정 총장은 자녀 외교부 특혜 채용 의혹에 대해서는 뭉개고 있지만, 문 전 대통령 사위 채용 수사에는 날을 세우고 있습니다. 이런 자가당착을 보이는 게 검찰이고 검찰총장입니다.

수사는 뒷전이고 기득권 지키기에만 혈안 된 검찰의 내란 동조 행태를 국민께서는 용서치 않을 것입니다.

■ 〈새로운 대한민국〉 책 출간, 나무야 미안해!

12.3 비상계엄의 정당성이 담긴 〈새로운 대한민국〉이라는 책이 출간된다고 합니다.

4월 4일은 윤석열 정권의 종말을 고하는 날이 될 것입니다. '새로운 대한민국'이 출범할 것입니다. 이를 미리 예고해주기라도 하려고 합니까? 오늘 탄핵심판 날짜가 공고된 후 코스피의 상승폭은 확대되고 환율은 내렸습니다. 이는 '새로운 대한민국'이 무엇이어야 하는지를 말해줍니다.

이 책이 의도하는게 친위쿠데타를 일으킨 내란 수괴에 대한 역사적 재평가라니 참으로 얼굴이 두껍습니다. 책의 공저자로, 김기현 · 나경원 · 윤상현 의원, 신평 변호사, 전한길 강사 등이 이름을 올렸습니다. 헌정파괴를 주도해온 라인업입니다.

이 책에서 말하는 '87체제를 넘어선 새로운 대한민국'은 비상계엄을 선포해 군경을 국회와 선관위에 투입시키고, 정치인과 법관을 무작위로 체포하는 나라입니까? 윤석열은 임기 내내 책은 읽지 않고 선물 받은 책은 버리고, 음모론을 일삼는 극우 유튜브에 빠져 살던 분입니다. 그러니 책 출간 기사에 대해 "종이를 만들어 내는 나무야, 미안해"라는 댓글이 넘쳐납니다.

파면되어 곧 물러날 전 대통령은 은인자중하십시오. 그것이 국민들에 대한 마지막 예의입니다.

한덕수 총리가 상법 개정안에 거부권을 행사했습니다. 이번 상법 개정안에 담긴 이사의 주주
충실의무는 그동안 코리아 디스카운트의 원인으로 제기된 기업 운영의 불안정을 개선할 수
있는 내용입니다. 금융감독원도 글로벌 스탠더드에 준하는 보편 원칙임을 확인했습니다. 지금
이라도 시급히 도입해야 하는 법입니다. 상법 개정안을 거부한 한덕수 총리는 재벌의 부당한
이익만 챙기려는 것입니까. 국가 경제의 성장과 미래를 가로막는 것입니까. 이것이 한덕수 발
'경제 내란'이 아니고 무엇입니까. 한덕수 총리에게 상법 개정안을 거부하라고 압박한 국민의
힘도 마찬가지입니다. 투명하고 공정한 시장을 만드는 것을 방해하는 이유가 무엇입니까. 본
인들의 사익이 얽혀있기 때문입니까. 윤석열 탄핵과 선고 기일 발표만으로 환율이 떨어지고,
주가가 상승했습니다. 상법 개정은 윤석열이 망가뜨린 나라를 회복시키기 위해 반드시 추진되
어야 하는 과제입니다. 사회민주당은 경제 정의를 실천하기 위해 최선을 다하겠습니다.

– 사회민주당 대변인 임명희, 4월 1일 보도자료

국회 정무위원회 더불어민주당 · 조국혁신당 · 사회민주당 일동

상법개정안 거부권 행사를 즉각 철회하라

윤석열 정권과 국민의힘은 끝내 국민의 뜻을 외면하고, 상법 개정안에 대해 거부권을 행사하였다. 이는 재벌과 대기업의 기득권을 보호하기 위해 소액주주와 국민의 권리를 무참히 짓밟는 폭거이며, 대한민국의 경제 정의를 퇴행시키는 반민주적 만행이다. 이번 상법 개정안 거부권 행사는 명백히 재계와 한덕수 국무총리가 한편이 되어, 개미투자자와 해외기관, 금융감독원장의 요구를 철저히 무시한 결정이다.

심지어 마은혁 재판관을 임명하라는 헌법의 준엄한 명령에는 침묵하고, 민생과 경제라는 허울을 씌워 상법 개정안에 대해서만 거부권을 행사한 것은 이 정부의 파렴치함을 적나라하게 보여주는 장면으로 역사에 남을 것이다.

상법 개정안은 이사의 충실의무 대상을 주주 전체로 확대함으로써, 대주주와 경영진이 소액주주의 권리를 침해하지 못하도록 하고, 기업 경영진이 주주의 이익을 고려한 의사 결정을 하도록 유도하는 최소한의 장치였다. 대한민국의 자본시장이 '기울어진 운동장'이라는 것은 누구나 아는 사실이며, 이를 바로잡기 위해 개혁이 필요하다는 것은 분명한 명제였다.

그러나 윤석열 정부는 개혁의 필요성을 부정하고 오히려 거부권을 행사함으로써, 자신들이 재벌의 민원창구에 불과하다는 것을 스스로 입증하였다. 상법 개정안을 거부하기 위해 정부가 내세운 논리는 하나같이 허술하고 기만적이다.

첫째, "경영 위축을 초래할 것"이라는 주장은 근거 없는 억측이다. 이사의 충실의무가 확대된다고 해서 정당한 경영 활동이 위축되는 것이 아니다. 경영진이 주주의 이익을 무시한 채 전횡을 휘두를 때 비로소 문제가 발생하는 것이다.

둘째, "소송 남발로 인한 경영 마비, 민형사상 불확실성 확대"라는 근거도 사실이 아니다. 미국, 영국, 일본 등 선진국의 사례에서 알 수 있듯이 이사의 주주 충실의무는 이미 보편화된 원칙이다. 증권관계 집단소송법 도입 당시에도 같은 우려가 있었으나, 실제로 제기된 소송은 극히 적었다. 법이 문제가 아니라,

지배주주의 전횡을 방치하는 것이 문제다.

셋째, "배임죄 강화로 인한 경영 위축"이라는 주장도 사실 왜곡이다. 경영상 판단의 원칙은 이미 대법원에서 인정되고 있으며, 정상적인 경영 판단을 배임죄로 처벌하지 않는다. 배임죄 적용을 배제하려는 것은 대주주의 사익을 정당화하기 위한 시도에 불과하다.

마지막으로 "자본시장법 개정"을 대안으로 제시했으나 이 또한 시대를 역행하는 주장이다. 전체 법인 100만여 개에 적용될 수 있는 상법 개정안을 자본시장법 개정으로 대체하자는 것은 결국 대기업을 보호하기 위한 면피책에 지나지 않는다. 이는 금융감독원장조차 인정했던 문제이며, 해외 투자 기관들도 경영 투명성과 주주 권리 보호를 요구하고 있는 상황에서 시대착오적 대응일 뿐이다.

윤석열 대통령은 과거 "이사회가 소액주주의 이익을 책임 있게 반영할 수 있도록 해야 한다"고 발언했으며, 최상목 경제부총리도 "충실의무 확대에 대한 논의가 필요하다"고 말한 바 있다. 심지어 이복현 금융감독원장은 "상법개정안 거부권 행사로 자본시장의 원점 회귀는 절대 안될 일이며, 직을 걸고라도 반대하겠다"는 입장까지 밝힌바 있다. 그러나 이제 와서 정부는 거부권을 행사하며 자신들의 말을 뒤집는 것은 국민을 기만하는 행위이자, 재벌의 이익을 위한 전횡에 다름 아니다.

국민의힘과 윤석열 정권은 국민의 뜻을 짓밟고, 재벌과 대기업의 기득권을 보호하기 위해 거부권을 강행했다. 이들의 비열한 행태는 대한민국의 경제 정의와 헌정 질서를 파괴하는 반민주적 폭거이며, 국민을 기만하는 배신 행위이다.

야3당은 강력히 경고한다. 상법 개정안 거부권 행사를 즉각 철회하라. 우리는 상법 개정을 시작으로 공정하고 투명한 자본시장을 만들기 위한 개혁을 멈추지 않을 것이다. 대기업의 전횡을 막고, 소액주주를 보호하며, 국민의 권리를 지키기 위해 끝까지 싸울 것이다.

2025년 4월 1일
국회 정무위원회 더불어민주당 · 조국혁신당 · 사회민주당 일동

구로 현장 의원총회 모두발언

25.4.1.(화) 09:30 서상범 구로구청장 후보 선거사무소

– 황운하 원내대표

원내대표 황운하입니다.

권성동 원내대표가 "당이 정부에 후임 재판관 후보자 지명을 요구할 것인지는 야당의 태도를 보고 결정할 것"이라고 말했습니다. 후안무치한 발언입니다. 권한대행 체제에서는 대통령 지명 몫, 재판관 임명권이 없다는 것이 확실한 이러한 헌법학계의 지배적인 견해임에도 불구하고, '당의 요구'를 통해서 이를 강행할 수 있다는 엄포입니다. 불리하면 불법을 강행하는 막가파식 이런 행태는 내란수괴 윤석열에게서 배웠습니까?

현직 대통령이 내란수괴로 형사재판을 받고 있는 나라, 그 대통령이 탄핵소추되어서 파면선고를 앞두고 있는 나라, 그럼에도 대통령 권한대행들은 헌재의 결정을 무시하면서 헌법질서를 비웃고 있는 나라, 신속한 탄핵으로 헌정질서를 회복해야 하는 헌재가 도리어 정치논리의 포로가 되어 결정을 미루고 있는 나라, 지금의 대한민국의 모습입니다.

총체적인 위헌 상황입니다. 지금의 총체적 난국을 헤쳐나갈 수 있는 유일한 헌법기관은 국회입니다. 국회가 적극 나서서 비정상에 의해 정상이 규정되는 비정상부터 바로잡아야 합니다.

—

조국혁신당은 지난 토요일 한덕수 권한대행의 탄핵소추안을 공개한 바 있습니다. 오늘 오후에 예정된 본회의에서 보고될 수 있도록 오늘 오전 중에 한덕수 탄핵소추안 공동발의 100명을 채워서, 오늘 오후 본회의에서 보고될 수 있도록 준비하겠습니다. 민주당 의원들의 많은 동참을 부탁드립니다. 그래서 오늘

오후 2시 본회의에서 한덕수 권한대행, 최상목 권한대행, 두 명의 권한대행에 대해서 탄핵소추안 보고가 이루어질 수 있도록 조국혁신당이 앞장서겠습니다.

4월 2일 재보궐선거가 하루 앞으로 다가왔습니다. 구로를 대표할 제대로 된 정치인, 큰 정치인 한번 만들어 봅시다. 다시 한번 단체장 신화를 만들어낼 수 있는 서상범 후보에게 구로를 맡겨주십시오.

지방자치 30년 동안 많은 정치인들이 지방선거를 통해 탄생하고 성장했습니다. 자치단체장을 맡으면서 지역에서 성과를 내고, 이어서 국회로 진출하고, 이어서 광역단체장이 되고, 이어서 대통령까지 도전한 그런 사례가 많습니다. 기초단체장 선거는 한국 정치의 미래를 내다볼 수 있는 바로미터입니다.

그 나물에 그 밥, 뻔한 스토리, 뻔한 결과로는 대한민국 정치의 변화를 가져올 수 없습니다. 반전을 통한 혁신, 기대를 뛰어넘는 탁월함으로 조국혁신당이 입증하겠습니다. 간절한 마음으로 다시 한 번 호소 드립니다. 구로구민들의 과감한 선택만이 구로를 변화시킬 수 있습니다. 구로의 위대한 선택을 기대합니다.

감사합니다

– 차규근 정책위의장

『토상목격문(討相穆檄文)』

"정의를 지키고 떳떳함을 실천하는 것을 도(道)라 하고, 위험에 맞서 이겨내는 것을 권(權)이라고 한다. 지혜로운 사람은 순리대로 일을 처리해서 성공하지만, 어리석은 사람은 이치를 거스르기 때문에 실패한다."

안녕하십니까. 조국혁신당 정책위의장 차규근입니다. 조금 전에 말씀드린 내용은 지금으로부터 1144년 전 최치원이 황소의 난을 진압하기 위해 작성한 토황소격문의 한 구절입니다.

저는 오늘 대통령 권한대행과 경제부총리로서 저지른 헌법 파괴 등의 비위가 너무나도 큰 최상목 경제부총리에 대한 '토최상목격문'을 작성하였습니다. 최상목 경제부총리의 미 국채 투자 사실이 드러났습니다. 최 부총리가 밝힌 입장은 "법적 문제는 없다"입니다. 왜 문제가 없습니까. 이해충돌방지법 제14조에서는 공직자가 직무상 비밀 또는 미공개정보를 이용하여 재산상 이득을 취득하는 것을 제한하고 있습니다.

경제부총리로서 국민에게 공개되기 전에 각종 경제 전망과 관련된 정보를 보고 받고 재산상 이익을 취득했다면 이해충돌방지법 위반 소지가 있습니다. 그러니 법적 문제가 없다고 단언할 일이 아닙니다.

게다가 법은 상식의 최소한입니다. 우리가 바라는 상식이 통하는 사회는 법적으로 문제가 없으면 모든 것이 해결되는 사회가 아닙니다. 공직 윤리와 그 책임은 법으로 규정한 것보다 더 포괄적입니다.

외환과 국제금융 정책을 총괄하는 한 나라의 경제부총리가 고환율과 높은 금리로 경제 전체가 신음하고 산업에 먹구름이 드리우는 와중에 환차익과 자본이득을 기대하고 다른 나라 국채에 투자했다는 것 자체가 비상식적인 일입니다. 이러한 행위만으로도 최상목 부총리는 경제부총리의 자격이 없다고 단언할 수 있습니다.

그런데 최상목 경제부총리의 비상식적인 행태는 이뿐만이 아닙니다. 최 부총리는 대통령 권한대행을 하면서 국회가 선출한 헌법재판관 세 명 중 두 명은 임명하고 마은혁 재판관을 임명하지 않았습니다. 그러한 결정은 헌법재판소에서조차 위헌이라고 결정했습니다.

그러나 위헌 결정이 나도 최상목 부총리는 말을 듣지 않았습니다. 고위공직자가 헌법을 파괴하였습니다. 경제사령탑으로서 경제성장률이 1.5%까지 떨어진 와중에 정치적 불확실성을 조장해 경제를 더 큰 어려움으로 몰아넣은 최악의 행태입니다. 경제사령탑이 아니라 경제파괴탑입니다.

게다가 최상목 부총리는 대법원판결도 따르지 않았습니다. 지난 2월 13일 대법원은 언론사 뉴스타파와 시민단체 참여연대 등이 제기한 대통령실 직원 명단 정보공개 거부처분 취소 행정소송에서 대통령실 직원 명단은 모든 국민이 볼 수 있는 '공개 대상 정보'라고 확정판결했습니다.

그러나 당시 대통령 권한 대행이었던 최상목과 대통령실은 확정판결 이후에도 대통령실 직원 명단을 내놓지 않았습니다. 지금도 마찬가지입니다. 대법원판결도 무시한 것입니다. 최상목 부총리는 헌법을 파괴하였을 뿐만 아니라 법치주의의 근간도 파괴하였습니다. 우리 사회의 기본질서를 훼손하였습니다.

또한, 지난해 반복된 세수 부족 상황에서 최상목 부총리는 끝내 추경을 편성하지 않겠다고 버텼습니다. 그 결과 노동자들의 안전을 위해 사용되어야 할 산재 기금 1조 6천억 원이 세수 부족을 메꾸는 데 사용되었습니다.

이뿐만이 아닙니다. 의료급여와 기초연금 그리고 기초생활급여 등 취약계층을 지원했어야 할 예산은 1조 원 넘게 불용 됐습니다. 경기 침체와 위기 상황에서 민생을 배신한 것입니다. 경제사령탑이라는 고위공직자가 민생을 걱정할 시간에 사적인 이익을 위해 미국 국채 투자나 하고 있었던 결과입니다.

타의 모범이 되어야 할 최고위 공직자가 비상식적이고 위헌·위법한 일을 자행했을 뿐 아니라 경제와 민생의 반대편에 서서 사익을 추구한 것입니다. 가히 대한민국 정부 수립 이래 최악의 공직자가 아닌가 싶습니다.

이런 자를 파면하지 않는다면 대체 누구를 파면한다는 말입니까. 이런 자를 파면하지 않는다면 어느 누가 헌법을 존중하고, 대법원판결을 따르려 하겠습니까?

이치를 거슬러 법과 상식을 무시한 최상목 부총리에게 이제 선택지는 남아 있지 않습니다. 국민 손에 끌려 내려와서 직무유기 등 각종 고발 건에 대한 엄중한 형사책임을 지는 일만 남아 있습니다.

조국혁신당은 헌법을 파괴하고 법치주의의 기본질서를 무너뜨린 최상목 부총리를 반드시 탄핵해 그가 저지른 행동에 엄중한 법적 정치적 책임을 묻겠습니다. 그렇게 하여 헌법을 수호하고 법치주의의 기본질서를 바로 세우겠습니다.

마지막으로 구로구청장 보궐선거 관련해서 한말씀 드리겠습니다. 구로구청 근처 구로거리공원에는 아홉 개의 지팡이가 꽂혀 있습니다. 아주 오랜 옛날 이곳 구로에 아홉명의 현명한 노인분들이 장수했다고 하여 아홉 개의 지팡이가 꽂혀 있는 것입니다. 저는 그 아홉 명의 현명한 노인분들이 아홉 명의 현자였다고 생각합니다. 지혜의 아홉 기둥이었습니다. 서상범 후보는 구로구의 발전과 구로구민의 행복을 아홉 명의 현자처럼 구현해낼 수 있는 구청장 후보라고 말씀드릴 수 있습니다.

내일 4월 2일은 구로구청장 보궐선거 본 투표일입니다. 존경하는 지혜의 아홉 기둥 구로구민 여러분, 여러분의 소중한 한 표를 기호 3번 조국혁신당 구로구청장 후보 서상범에게 행사해주시길 부탁드립니다.

감사합니다.

– 서상범 구로구청장 후보

존경하고 사랑하는 구로구민 여러분, 조국혁신당 구로구청장 후보 서상범입니다. 봄이 왔지만, 아침저녁의 공기는 여전히 차갑습니다. 물러나야 할 동장군의 마지막 발악처럼, 윤석열 정권과 내란 세력의 몸부림도 절정을 향하고 있습니다.

하지만 우리는 알고 있습니다. 겨울이 아무리 길어도 봄은 오고, 어둠이 아무리 짙어도 새벽은 반드시 올 것입니다. 지금 우리는 대한민국 민주주의의 가장 어두운 밤을 지나고 있습니다. 헌법재판소의 지나치게 늦어진 윤석열 탄핵 선고도 국민의 고통을 외면한 채, 그 밤을 더 길고 더 춥게 만들고 있습니다. 수많은 이들의 희생 위에 세워진 이 나라의 민주주의가 백척간두에 서 있습니다. 정의가 무너지고 상식이 흔들리고 있습니다.

헌법재판소에 다시 한번 간절히 촉구합니다. 빠른 판단을 내려주십시오. 헌법을 수호하는 마지막 보루로서 대한민국의 민주주의를 지켜주시고, 부디 국민이 지켜낸 헌정질서를 무너뜨리지 말아주시기를 간곡히 호소드립니다.

그리고 내일 있을 구로의 선거는 단순한 1년짜리 보궐 선거가 아닙니다. 이번 보궐 선거는 내란 정권에 맞서는 시민의 선택이자, 탄핵 투쟁의 정치적 완성을 위한 역사적 선거입니다.

존경하는 구로구민 여러분, 이제는 우리가 선택할 시간입니다. 구로에는 새로운 변화가 필요합니다. 새로운 변화를 위해서 새로운 인물이 필요합니다. 사전투표율은 8.4%로 마무리 되어 역대 최저 투표율이 예상됩니다. 그래서 오히려 역설적으로, 누가 더 절박하게, 더 많이 투표하느냐에 따라 승패가 갈리는 선거가 될 것입니다.

우리가 투표하면 이깁니다. 우리가 움직이면 반드시 바꿀 수 있습니다. 지금 당장 가족과 친구, 이웃에게 전화해 주십시오. 단 3명만 설득해 주십시오. 우리가 만드는 그 한 표, 한 표가 구로의 미래를 바꾸고, 대한민국 민주주의를 지켜낼 것입니다.

완전히 새로운 선택으로, 구로에 완전히 새로운 변화를 일으키기 위하여서 구로에서 정의의 물꼬를 틉시다. 정의는 멈추지 않습니다. 구로는 반드시 승리합니다.

감사합니다.

– 김준형 의원

안녕하십니까, 조국혁신당 국회의원 김준형입니다.

존경하는 구로구민 여러분, 내일은 구로의 미래를 결정하는 매우 중요한 날입니다. 구로구민을 버리고 자신의 재산을 선택한 국민의힘 소속 전 구청장으로 인해, 자치 행정에 공백이 생겼습니다. 소중한 세금과 시간을 들여 보궐선거를 치르게 되었습니다. 참으로 안타까운 일입니다.

그러나 우리는 이 위기를 기회로 삼아야 합니다. 구로는 오랜 시간 대한민국 산업의 심장이었습니다. 1960년대 수출산업국가단지로 출발해, 지금은 지식산업센터와 수많은 IT 기업, 스타트업들이 들어선 첨단산업단지로 거듭나고 있습니다.

하지만 구청장 공백 상태도 버거운 구로의 앞날에 먹구름이 드리우고 있습니다. 오는 4월 15일부터 미국의 '민감국가 리스트'가 효력을 발휘하면, 첨단기술 분야의 연구와 교류에 큰 제약이 생길 수 있습니다. 그렇게 된다면, 우리 구로의 미래 산업 발전에도 중대한 장애물이 될 수밖에 없습니다. 이 시기, 구로 구청장이 중요한 이유입니다. 구로 살림 뿐만 아니라, 외교는 물론이고 법과 행정까지 폭넓게 이해하는 사람이 필요합니다. 그런 사람이 어디있냐고 물으실겁니다.

바로 우리 서상범 후보가 그런 사람입니다. 그는 외무고시와 사법고시를 모두 통과한 보기 드문 인재입니다. 서울시, 청와대 등에서 법과 행정 분야의 전문성을 인정받으며 일해왔습니다. 겉으로 드러내기보다 늘 묵묵히 자신의 자리를 지켜온 사람입니다.

이번 선거에서 처음 그를 알게 되신 분들도 계십니다. 하지만 그거 아십니까? 그는 무려 28년을 구로에 거주하며, 아이를 낳고 키워온 진짜 구로의 주민입니다. 겉으로 요란하지 않아도, 언제나 책임감 있게 일해온 서상범 후보, 이제는 서 후보가 구로를 위해서 모든 것을 걸겠다고 나섰습니다.

지난 지방선거 후, 서울은 거대 양당 소속의 기초자치단체장만 있었습니다. 그리고 바로 이곳 구로에서, 그 곳 중 한 곳의 귀책사유로 보궐선거가 치러지게 되었습니다. 이번에 뽑히는 구청장의 임기는 1년 남짓입니다. 고작 1년이라고 하실 수 있겠지만, 바꿔 말하면 지금이야말로 거대 양당 정치의 틀에서 벗어나 새로운 인물을 시험해볼 수 있는 절호의 기회라는 뜻입니다.

존경하는 구로구민 여러분, 이제는 새로운 길을 열어야 할 때입니다. 구로의 미래를 위해, 법과 외교, 행정의 전문성과 진정성을 갖춘 서상범에게 한 번의 기회를 주십시오.

윤석열 내란수괴의 탄핵이 교착상태에 빠지면서 온나라가 위기 상황에 빠져들고 있습니다. 국가적으로 윤석열 내란수괴를 즉각 파면해야 하지만, 동시에 밑으로부터의 변화도 시작해야 합니다. 기득권과 지배자들이 세상을 망치고 있지만, 진정한 변화의 힘은 항상 아래로부터 나온다는 것은 역사가 증명합니다. 일어나야 합니다. 우리 사회의 근본이자 바탕이기 때문입니다. 가난하고 탄압받는 민중이야말로 파시즘 정권을 제압하는 유일한 힘이기 때문입니다. 서상범 후보가 바로 그런 위대한 사명의 기초를 닦을 최적임자입니다.

감사합니다.

헌법과 법률은 주권자들 사이의약속이지 국가로부터 사법 권한을 위임받은 소수 법률가들의 전유물이 아니다. 법복을 입었다 해서 국민 위에 군림할 수 없으며 법 해석이라는 이름으로 특정 집단의 이해를 정당화하거나 법이라는 이름만을 내세워 국민에게 일방적인 복종을 강요하는 것은 진정한 법치가 아니다. 그럼에도 불구하고 우리는 법률과 출신인 윤석열 대통령이 법치주의의 원칙을 훼손하며 자신과 가까운 사람들에게는 법의 잣대를 마음껏 구부리다가 결국 12월 3일 내란의 정점에 선 모습을 목도하였다. 윤 대통령은 국가가 독점한 물리력인 군대와 경찰을 동원하여 헌법상 계엄으로도 허용되지 않는 국회의 기능 정지를 시도했다. 이 위헌 행위는 국민 모두가 생생히 지켜보는 가운데 생방송으로 중계되었으며, 이것만으로도 윤 대통령의 파면 사유는 충분하다. 탄핵 심판 선고는 국가적 위기 상황에서 지체할 수 없는 헌법적 책무임에도 불구하고 탄핵 심판 변론이 종결된지 한 달이 넘도록 헌법재판관들은 선고를 미루어 왔다. 선고가 하루씩 늦어질 때마다 수많은 시민들의 희생과 헌신으로 지켜온 대한민국의 민주주의는 점점 더 위태로워지고 민생 역시 돌이키기 어려울 정도로 악화되어 왔다. 헌법 재판관들은 지금까지 무엇을 하였는가. 혹시라도 법의 외피를 두은 권력자의 기득권을 연장하려 하거나 내부의 이해관계를 조율하느라 선거를 미뤘다면 그것은 주권자가 부여한 책무를 저버리는 일이다. 국민들과 헌법이 공복인 헌법재판관들에게 명령하는 바는 한 가지이다. 4월 4일 비청구인 대통령 윤석열을 파면하라.

– 서울과학고등학교 동문, 조국혁신당 이해민 의원, 4월 1일 국회 기자회견

각 대변인 브리핑·서면브리핑·논평

– 김보협 수석대변인 논평

■ 윤석열 파면 선고는 국민의 명령이다

봄 같지 않은 봄날이 이어지다가 마침내 봄비 같은 소식이 내렸습니다. 헌법재판소가 사흘 뒤인 4일 '2024헌나8 대통령 윤석열 탄핵 사건' 선고 기일을 지정했습니다. 마른 봄장마의 단비입니다.

이미 너무 늦었습니다. 내란수괴 윤석열이 느닷없이 비상계엄을 선포한 날이 지난해 12월3일이니 넉 달이 넘어서야 징계가 이뤄지는 꼴입니다. 참다못한 국민들께서는 "그게 그렇게 어려운가?"를 외쳤습니다. 조국혁신당은 김선민 대표 권한대행을 시작으로 '참다못해 직접 쓴 파면결정문' 캠페인을 벌였습니다. 이에 앞서 야5당과 시민사회는 단식과 삭발, 삼보일배, 릴레이 일만배 등 안 해본 것이 없습니다. 인내심이 바닥을 드러내고 있었습니다. 헌재의 시간이 끝날 줄 모르니, 이제 국회의 시간, 국민의 시간을 시작해야 하는 것 아니냐는 주장이 빗발쳤습니다.

지연된 정의는 정의가 아니라는 말이 있습니다. 헌재가 지연된 정의라도 정의일 수 있다는 점을 증명해주시길 기대합니다. 온 국민이 윤석열의 중대범죄 목격자입니다. 전 세계가 대한민국이 아직도 민주공화국인지 묻고 있습니다. 법을 공부하고 법을 가지고 먹고 살았던 자들이 법으로 온갖 사술을 부려도, 손바닥으로 하늘을 가릴 수는 없는 것 아닙니까?

내란수괴 윤석열 파면 선고는, 민주헌정 수호이며 대한민국을 살리는 길입니다. 국민의 명령입니다. 파면으로 얻는 이익은 그로 인한 손실과 비교할 수 없을 정도로 압도적입니다. 혹시라도 헌재의 4일 선고가 중대범죄자 내란수괴를 합법으로 가장해 '탈옥'시킨 결과처럼 나온다면 위대한 국민들께서 일어설 것입니다. 전광훈 부류의 극우아스팔트 세력이 오염시켜버린 국민저항권이란 말의 신성함을 되찾을 것입니다.

그러니 헌재 재판관들은 전원일치 의견으로 온 국민이 바라는 "주문, 피청구인 대통령 윤석열을 파면한다"는 선고를 내려주시길 바랍니다. 그것이 민주공화국 시민으로서의 당연한 도리입니다.

– 차규근 정책위의장 논평

■ "한덕수 권한대행의 눈에는 총수 일가와 지배주주만 보이는가" 상법개정안 거부권 행사 한덕수 권한대행을 강력히 규탄한다.

한덕수 대통령 권한대행이 오늘 상법개정안에 거부권을 행사했습니다. 기업의 경영활동을 저해할 소지가 크다는 이유에서입니다.

궤변입니다. 이번 상법개정안의 취지는 일반 주주의 이익을 지배주주가 편취하지 않도록 하는 데에 방점이 있습니다. 재벌 총수 일가와 지배주주들이 일반 주주의 이익을 마음대로 침해하며 손해를 끼치는 것을 두고 정상적인 경영활동이라고 할 수 있겠습니까.

오히려 이러한 행태를 바로잡는 것이야말로 코리아디스카운트를 해소하는 필수조건입니다. 이를 부정하는 것은 쪼개기 상장과 무분별한 유상증자와 같은 총수 일가와 지배주주의 사익 편취 행위를 인정하자는 것입니다.

즉, 오늘 한덕수 국무총리가 상법개정안에 거부권을 행사한 것은 시장과 국민경제는 죽이고, 오직 총수 일가와 지배주주만 살리겠다고 선언한 것과 다르지 않습니다. 따라서 상법개정안에 거부권을 행사한 한덕수 권한대행을 강력히 규탄합니다.

그렇지 않아도 어려운 증시와 국민경제가 오늘 거부권 행사로 더 힘든 상황에 부닥치게 되었습니다. 거부권 행사를 조장한 정부와 여당은 일반 주주와 국민으로부터 거대한 역풍에 직면하게 될 것입니다.

조국혁신당은 끝까지 일반 주주와 국민의 곁을 지키겠습니다. 조국혁신당은 이미 이사의 주주 충실의무뿐 아니라 감사위원 분리선출과 집중투표제 의무화 등의 내용이 포함된 상법개정안을 발의 한 바 있습니다. 다시 상법개정을 추진하여 반드시 통과시키겠습니다.

– 윤재관 대변인 논평

■ 검찰2중대 감사원에 검찰총장 딸 특혜채용 의혹을 맡긴 외교부, 차라리 고양이에게 생선을 맡겨라

심우정 검찰총장의 딸 특혜채용 의혹에 대해 외교부가 감사원에 공익감사를 청구했다고 합니다. 고양이에게 생선을 맡기는 격이 아닐 수 없습니다. 감사원을 동원해 면죄부를 받으려는 시도는 국민을 기만하는 행위에 불과합니다.

윤석열 정부 출범 이후, 감사원은 스스로 검찰의 2중대 역할을 자처해왔습니다. 감사원이 정치 감사를 벌여 편파적인 결과를 만들어내면, 검찰은 득달같이 압수수색과 억지 기소를 자행하며 정적과 전 정부를 겨냥한 극악한 보복을 감행했습니다. 삼척동자도 다 아는 윤석열식 감사원–검찰의 역할 분담 시스템을 동원해 , 국민을 속이고 면죄부를 주기 위한 이러한 생쇼에 더 이상 속을 국민은 없습니다.

검찰총장의 자녀 특혜 의혹을 검찰 2중대에 맡긴다면, 진실이 밝혀질 가능성은 요원합니다. 윤석열을 수괴로 하는 패거리 끼리 짜고 치는 고스톱 같은 행태는 국민의 시선을 돌리고 시간을 벌려는 꼼수에 불과합니다. 그러나 이러한 시도는 결코 성공하지 못할 것입니다.

대충 뭉개려는 수작, 애당초 버리시기 바랍니다. 세상이 바뀌었다는 사실, 이제 인정해야 할 때입니다. 조용히 강도 높은 수사를 받고, 지난날 검찰 당신들이 자행했던 짓을 그대로 되돌려받을 각오를 하는 것이 마땅할 것입니다.

당시에 제가 국회에서 당직 근무를 좀 늦게 서고 있다가 기상천외한 대통령의 계엄 선포 소식을 듣고서 약간 충격을 받은 채로 국회 정문으로 향했습니다. 국회 정문에는 경찰이 민주당 의원들까지 출입을 막으면서 보좌진들이 거세게 항의하고 있는 상황이었고요. 상공에서 헬기가 연이어 세 대가 지나가서 국회 운동장 쪽으로 사라지더라고요. 그래서 이제 계엄군이 본청에 들이닥치겠다는 걸 직감하고 본청으로 뛰어가서 곧장 운동장 쪽으로 향했습니다. (…) 그런데 이제 위험하다는 사실을 알고 있었기 때문에 좀 떨어져서 촬영을 했는데, 계엄군이 저를 발견하자마자 10초가 안 돼서 저한테 달려들어서 완력으로 저를 제압하고 순식간에 제 몸을 90도 가량 꺾는 방식으로 이제 균형을 잃게 만들더라고요. 그래서 핸드폰을 빼앗겼고 그 이후에 직후에 바로 본청 벽면 쪽으로 끌려갔습니다. 이 과정에서 거의 발을 걸어 넘어뜨리는게 아니라, 발을 걸어 차서 넘어뜨리는 식으로 저를 넘어뜨리려는 시도가 있었고, 결정적으로 벽면에 끌려간 이후에 곧장 "케이블 타이를 가져와"라는 상급자 지시가 있은 후에, 다른 다른 특임대원인 케이블 타이를 가져왔고 저한테 손목에 갖다 대고서 포박하는 시도를 했습니다. 이제 제가 여기선 죽을 수도 있겠다는 위협이, 생각이 드니까 제가 낼 수 있는 최대한의 힘을 냈던 거 같아요. 그래서 제가 정말 격렬하게 저항을 하니까, 이 케이블 타이가 체결이 안 되고 타이를 한 번 묶으면 안 풀리지 않습니까, 케이블 타이가 망가지니까, 케이블 타이가 땅에 버려져 있는 장면까지 그 CCTV 영상에서 확인이 됐습니다.

– 유지웅 기자, 4월 1일 뉴스토마토 계엄 당시 국회 영상 공개 뉴스

헌법재판소법 일부개정법률안
(신장식의원 대표발의)

<table>
<tr><td>의 안
번 호</td><td>9504</td></tr>
</table>

발의연월일 : 2025. 4. 1.

발 의 자 : 신장식·김선민·김재원
황운하·김준형·백선희
강경숙·정춘생·차규근
서왕진·이해민 의원
(11인)

제안이유 및 주요내용

현행법상 헌법재판소가 국가기관 또는 지방자치단체의 권한의 유무 또는 범위에 관하여 판단하고, 부작위에 대한 심판청구를 인용하는 결정을 한 때에는 피청구인은 결정 취지에 따른 처분을 하여야 함. 또한, 헌법재판소가 공권력의 불행사에 대한 헌법소원을 인용하는 결정을 한 때에도 피청구인은 결정 취지에 따라 새로운 처분을 하여야 함. 즉, 권한쟁의 부작위에 대한 심판청구와 헌법소원을 인용하는 결정을 한 경우 피청구인에게는 처분의 의무가 발생함.

그런데 현행법에는 새로운 처분을 할 의무만 규정되어 있을 뿐, 이행 기간 및 미이행시의 처벌조항이 규정되어 있지 아니하여 헌법재판소의 결정 이후에도 처분이 뒤따르지 않는 상황이 발생하고 있음.

이에 헌법재판소 결정을 지체 없이 이행하도록 하고, 미이행할 경우

처벌할 수 있도록 벌칙 조항을 신설하여 헌법적 질서를 바로잡고자
함(안 제36조제2항제6호, 제66조제3항 및 제4항, 제75조제9항 및 제78
조의2 신설).

법률 제   호

헌법재판소법 일부개정법률안

헌법재판소법 일부를 다음과 같이 개정한다.

제36조제2항에 제6호를 다음과 같이 신설한다.

  6. 제66조제3항 또는 제75조제9항에 따른 처분기간

제66조에 제3항 및 제4항을 각각 다음과 같이 신설한다.

  ③ 헌법재판소는 부작위에 대한 심판청구를 인용하는 때에는 피청구인이 결정취지에 따른 처분을 지체 없이 이행할 수 있도록 필요하다고 인정되는 최소한의 기간을 결정서에 기재하여야 한다.

  ④ 헌법재판소는 제3항에 따른 기간을 결정하기 전에 피청구인의 의견을 들어야 한다.

제75조에 제9항을 다음과 같이 신설한다.

  ⑨ 제4항의 경우에 제66조제3항 및 제4항을 준용한다.

제6장에 제78조의2를 다음과 같이 신설한다.

제78조의2(벌칙) 다음 각 호의 어느 하나에 해당하는 자는 1년 이상의 징역이나 금고 또는 3년 이상의 자격정지에 처한다.

  1. 제66조제3항의 기간 내에 같은 조 제2항의 결정 취지에 따른 처분을 하지 아니한 자

  2. 제75조제9항의 기간 내에 같은 조 제4항에 따른 새로운 처분을

하지 아니한 자

부   칙

이 법은 공포한 날부터 시행한다.

부   칙

신·구조문대비표

현 행	개 정 안
제36조(종국결정) ① (생 략)	제36조(종국결정) ① (현행과 같음)
② 종국결정을 할 때에는 다음 각 호의 사항을 적은 결정서를 작성하고 심판에 관여한 재판관 전원이 이에 서명날인하여야 한다.	② --.
1. ~ 5. (생 략)	1. ~ 5. (현행과 같음)
<신 설>	6. 제66조제3항 또는 제75조제9항에 따른 처분기간
③ ~ ⑤ (생 략)	③ ~ ⑤ (현행과 같음)
제66조(결정의 내용) ①·② (생 략)	제66조(결정의 내용) ①·② (현행과 같음)
<신 설>	③ 헌법재판소는 부작위에 대한 심판청구를 인용하는 때에는 피청구인이 결정취지에 따른 처분을 지체 없이 이행할 수 있도록 필요하다고 인정되는 최소한의 기간을 결정서에 기재하여야 한다.
<신 설>	④ 헌법재판소는 제3항에 따른 기간을 결정하기 전에 피청구인의 의견을 들어야 한다.
제75조(인용결정) ① ~ ⑧ (생	제75조(인용결정) ① ~ ⑧ (현행

략)

<신　설>

<신　설>

과 같음)

⑨ 제4항의 경우에 제66조제3항 및 제4항을 준용한다.

제78조의2(벌칙) 다음 각 호의 어느 하나에 해당하는 자는 1년 이상의 징역이나 금고 또는 3년 이상의 자격정지에 처한다.

1. 제66조제3항의 기간 내에 같은 조 제2항의 결정 취지에 따른 처분을 하지 아니한 자
2. 제75조제9항의 기간 내에 같은 조 제4항에 따른 새로운 처분을 하지 아니한 자

헌법재판소의 윤석열 대통령
탄핵심판 선고 기일 지정에 대한 입장

　헌법재판소가 윤석열 대통령에 대한 탄핵심판 선고 기일을 오는 4월 4일로 확정했다. 긴 기다림 끝에, 국민은 마침내 헌법의 정의가 실현되는 순간을 목도하게 될 것이다. 민주공화국의 헌법 정신을 수호하는 마지막 보루로서, 헌재는 단호하고도 명료한 의지를 보여주어야 할 것이다.

　헌재 결정은 국가의 헌정 질서를 떠받치는 최종적 판단이다. 그 무게를 감안할 때, 재판관들은 어떠한 정치적 고려도 배제하고, 오직 헌법과 양심에 따라 공정하고 정의로운 결론을 내려야 한다.

　정치권 역시 마찬가지다. 결과가 기대와 다르더라도, 여야를 불문하고 모두가 헌재의 결정을 온전히 수용하고 즉각 승복해야 한다. 이 사태를 촉발한 직접적 책임자인 윤석열 대통령은 물론이고, 지난 3년간 자신의 사법적 방탄에 정치를 악용한 이재명 대표 역시 국민 앞에 승복하겠다는 약속을 분명히 해야 할 것이다.

　헌재의 선고는 끝이 아니라 새로운 시작이다. 판결 이후, 그 내용을 둘러싼 갈등과 분열이 우리 사회를 다시 뒤흔들어서는 안 된다. 대한민국은 다시 하나로 나아가야 하며, 개혁신당은 국민 통합을 위한 책임 있는 실천에 앞장설 것을 국민께 약속드린다.

2025. 4 .1.

개혁신당 수석대변인 이동훈

어제 민주당이 법사위 법안 심사 소위에서 4월 18일 날 퇴임하는 문형배 이미선의 임기를 자동 연장시키고, 대통령 권한대행은 대통령 몫의 헌법재판관을 임명할 수 없다는 내용의 헌재법 개정안을 일방 처리했습니다. 이는 대통령의 헌재 구성권, 헌법 기관의 구성권을 침해하는 초헌법적, 위헌적 법률안이자 민주당발 입법 독재를 자행하겠다는 것입니다. 더군다나 김어준 씨가 지시한 대로 한덕수 대통령 권한대행이 마은혁 후보자를 임명하지 않으면 재탄핵을 하겠다고 하고, 또 그 후순위 국무위원들도 줄줄이 탄핵하겠다고 합니다. 이것이야말로 민주당발 입법 쿠테타입니다. 김어준 씨가 뉴스 공장장이 아니라 내란 공장장이고, 또 내란 예비 음모를 사주하면 민주당이 이에 따라가는 형국입니다. 그런데 형법 87조, 91조에 나와 있는 내란이라는 것에 대한 정의를 보면, 이런 식으로 정부를 무정부 상태로 만들고 또 헌법상에 있는 기관을 사실상 본인들이 특정하는 대로 결론을 내고자 하는 게 결국 헌재의 원래 목적의 권능 행사를 불가능하게 하는 것이다, 이것이야말로 내란 행위인가 아닌가 이런 생각이 듭니다. 자유민주주의 법치주의가 거의 붕괴 직전에 이르렀습니다 민주당의 폭주 막아내야 됩니다. 민주당발 폭주를 막아내지 못하면은 대한민국의 치명적 위협이 될 수밖에 없습니다.

– 국민의힘 윤상현 의원, 4월 1일 국회 기자회견

34차 의원총회 모두발언

□ 일시 : 2025년 4월 1일(화) 오전 9시 30분
□ 장소 : 안국역 열린송현공원 진보당 천막당사

– 윤종오 원내대표

"오늘 윤석열 탄핵심판 선고기일 지정하십시오"

문형배 헌법재판소장 권한대행은 오늘 윤석열 탄핵심판 선고기일 지정하십시오. 국민의 인내심이 한계에 이르렀습니다. 이번주를 넘긴다면 헌법재판소는 존재의 이유를 상실하게 될 것입니다.

윤석열의 파면사유는 너무나 명확합니다. 전 국민이 헌정질서가 유린되는 상황을 지켜봤습니다. 어떤 절차적 이유도 실체적 헌정유린 상황을 없던 일로 만들 수 없습니다. 대통령 윤석열을 파면하는데 어떤 이유가 더 필요합니까?

헌재를 둘러싼 무수한 썰들이 나돌 때마다 국민은 가슴을 졸이고 있습니다. 헌재를 믿고 기다려 온 국민들이 피를 토하는 심정으로 요구하고 있습니다. 헌재는 국민들이 긴 겨울을 지나 봄이 시작된 지금까지 계엄의 겨울속에 갇혀 고통을 받고 있다는 것을 생각해야 합니다.

대한민국은 민주공화국이다. 대한민국의 주권은 국민에게 있고, 모든 권력은 국민으로부터 나온다. 헌법재판소에 부여된 권한은 국민으로부터 위임된 것임을 잊지 말아야 합니다. 대통령도, 정부도, 국회도, 헌법재판소도 국민 위에 설 수 없습니다. 이번주에 반드시 윤석열을 파면해야 합니다.

국민의힘은 해체해야 마땅한 헌정질서 유지에 암적인 존재입니다. 국민의힘이 민주당 이재명 대표와 초선의원들을 내란음모 혐의로 고발했습니다. 적반하장도 분수껏 해야 합니다.

지금 대한민국에서 윤석열과 김용현 등 내란공범 외에 내란혐의로 고발되어야 할 사람이 있다면 마은혁 재판관을 임명하지 않고 있는 한덕수 권한대행과 윤석열이 임명한 장관들, 그리고 국민의힘입니다.

국민은 12월 3일 내란이 친위쿠데타였다는 것을 잊지 않고 있습니다. 윤석열 파면 후 내란공범세력들이 반드시 그 죗값을 치르도록 만들겠습니다.

– 전종덕 원내부대표

"문형배 권한대행이 결단해서 선고기일을 지정해야합니다"

헌법재판소가 국민들 머리꼭대기에 앉아 국민들을 우롱하고 있습니다. 피와 땀, 목숨 바쳐 세워놓은 민주주의 그 결과물인 헌재가 자신의 존재의미를 잊고 혼란을 부추기고 있습니다.

문형배 권한대행이 결단해서 선고기일을 지정해야합니다. 권한대행의 소송 지휘권을 발휘하면 일부 반대가 있어도 할 수 있습니다. 일각에서 나오는 18일 이후 선고는 있을 수 없습니다. 만약 헌재가 선고를 조속히 하지 않거나, 기각을 내는 헌법재판관은 모조리 탄핵해야 합니다.

자신들의 책임과 역할을 해태하고, 국민의 뜻에 역행한다면 파면해야 하지 않겠습니까? 헌재는 초심으로 돌아와 즉각 내란수괴 윤석열을 파면하십시오.

– 정혜경 원내대변인

"헌법재판소는 윤석열 복귀를 원하는 겁니까?"

오늘은 4월입니다. 12.3 내란사태가 벌어진지 120일째입니다. 계엄은 민주시민과 국회에 의해 단, 6시간만에 해제 되었지만 내란우두머리는 4개월이 지나도록 파면하지 못하고 있습니다.

이제 국민의 분노는 헌재를 향하고 있습니다. 헌재의 판결지연은 헌법재판관 스스로 헌정질서를 파괴하는 것입니다. 헌재 판결지연은 윤석열의 복귀를 돕는 내란동조행위 입니다.

윤석열 파면 지연으로 한덕수, 최상목을 비롯한 내란동조세력들은 보란듯이 헌법을 파괴하고 있습니다. 윤석열의 판결지연으로 윤석열 석방이후 영현백은 추가로 더 구매하고 있고, 국민의힘 의원들은 야당의원을 내란세력으로 고발한다니 나라가 다시 윤석열의 나라가 된 것 아니고 무엇입니까?

헌법재판소에 경고합니다. 헌법재판소는 판결을 지연할 어떤 권한도 없습니다. 오직 구민의 명령에 승복할 의무만 있습니다. 지금의 판결지연은 윤석열의 부활을 동조하는 행위로 내란동조행위임을 알려드립니다. 내란동조세력이라는 오명을 쓰고 싶지않다면 당장 국민의 명령대로 윤석열파면을 선고 하십시오.

한덕수 대통령 권한대행 겸 국무총리는 오늘(4/1) 주주에 대한 이사의 충실의무 도입을 골자로 한 상법개정안에 대해 재의요구권을 행사했다. 결국 개미투자자가 아닌 재벌 · 대기업의 요구에 손을 들어준 것이다. 한덕수 권한대행의 거부권 행사를 규탄한다. 이번 상법개정안은 기존의 상법이 이사의 충실의무가 '회사'로 한정되면서, 일반주주의 이익이 부당하게 침해되는 현실을 개선하기 위한 방안이었다. 주주가치의 보호와 재고 없이, 자본시장의 발전과 기업 밸류업도 없다는 문제인식 속에서 마련되었다. 그러하기에 이복현 금융감독원장도 거부권 행사에 대해 반대의 목소리를 높였던 것이다. 주주에 대한 이사의 충실의무 도입이 경영활동을 저해한다는 한덕수 권한대행의 주장은 그동안의 지배주주의 전횡을 눈감아 주겠다는 것과 다르지 않다. 이번 거부권 행사는 개미투자자들의 염원을 짓밟은 것뿐만 아니라, 자본시장의 발전에 대한 기대를 무너뜨린 결정이다.

– 진보당 정책위원회, 4월 1일 보도자료

각 대변인 브리핑·서면브리핑·논평

– 홍성규 수석대변인 브리핑 · 서면브리핑

■ 내란획책 119일째, 헌법재판소의 주인은 국민! 즉각 파면을 선고하라!

□ 일시 : 2025년 4월 1일(화) 오전 10시 40분
□ 장소 : 국회 소통관

내란획책 119일째, 수괴 윤석열 국회탄핵 108일째, 체포 76일째, 내란수괴가 탈옥하여 유유히 거리를 활보하게 된 지 오늘로 24일째를 맞습니다.

"헌법재판소의 주인은 국민입니다"

어제 저녁 1년 만에 헌재 앞에서 시국미사를 재개한 천주교 사제와 수도자 3462명의 시국선언문 제목입니다. "너희는 말할 때 '예' 할 것은 '예' 하고, '아니요' 할 것은 '아니요'라고만 하여라. 그 이상의 것은 악에서 나오는 것이다.", 역시 시국선언문에 인용한 성경 마태복음의 구절입니다.

윤석열퇴진 · 사회대개혁 비상행동과 제 야당이 함께 하는 '72시간 온라인 긴급 탄원 캠페인'에는 오늘 오전 10시까지 65만여 명의 시민이 참여했습니다. 이것이 바로 헌재의 주인인 국민의 결연한 의지입니다.

끔찍하고 참담한 내란을 제 때 진압하지 못한, 2025년 4월 1일 대한민국의 모습입니다.

'내란수괴 윤석열 즉각 파면'을 촉구하는 진보당의 무기한 노숙농성은 오늘로 7일째를 맞았습니다. 오늘 아침에도 어김없이 헌법재판소 앞과 광화문 광장에서 현수막 퍼레이드로 하루를 시작하는 우리 시민들께 인사드렸고 많은 응원을 받았습니다. 진보당의 '파면 투쟁단'은 오전과 오후 두 차례 헌재 앞에서

'즉각 파면'을 촉구하는 기자회견을 합니다. 진보당은 선고까지, 헌법재판소 앞에서 단 한발자욱도 움직이지 않을 것입니다.

이미 기다림이 분노로 활활 타오른 지 오래입니다. 헌법재판소는 더 이상 1분1초의 지체도 없이, '내란수괴 윤석열부터 즉각 파면하라'는 우리 국민의 지엄한 명령에 응답해야 합니다. 지금 즉시, 파면을 선고할 것을 거듭 강력히 명령합니다.

■ '내란사위' 박정훈, 윤상현 이어 출동? '대를 이은 내란획책' 준동인가!

□ 일시 : 2025년 4월 1일(화) 오전 10시 40분
□ 장소 : 국회 소통관

박정훈 국민의힘 의원이 이른바 '호소문'이란 것을 올려 '지금 대한민국의 주적은, 능력 없는 김정은이 아니라 이재명'이라고 느닷없이 주장하고 나섰습니다.

그동안 야당과 시민사회더러 입만 열면 '북한 2중대' 운운하며 철지난 색깔론을 들이밀다가 이제 그것도 안 먹히니까 '주적의 개념'이라도 바꿔 노골적으로 내전을 선동하겠다는 작태입니까? 엄연한 대한민국 국회의 야당을 향해 '주적'이라 공격하는 것은, 윤석열 일당이 내란획책의 이유라고 내밀었던 '반국가세력' 논리와 너무나 똑같습니다.

내란을 지지하고 제2내란을 선동하는 박정훈 의원을 강력히 규탄합니다. 민주공화국 시민으로서의 자격조차 없으니 응당 그 의원뱃지부터 떼어내야 할 것입니다. 무엇보다, 이 무슨 웃기지도 않은 '내란사위'들의 릴레이 바통터치입니까! 광주학살의 살인마 전두환의 사위 윤상현이 초반을 담당했다면, 이제 그 전두환의 졸개 차규헌의 사위 박정훈이 후반부를 맡겠다는 것입니까?

박정훈의 장인 차규헌은 1979년 수도군단장 재임 중 전두환의 12.12 군사쿠데타에 적극 가담한 자입니다. 박정희의 5.16 군사쿠데타에도 참여했던 경험으로 전두환을 보필했다니 그야말로 쿠데타 전문 군인이라 해도 과언이 아닐 것입니다.

1961년, 1979년 그 끔찍하고 잔인한 군사쿠데타의 DNA가, 무려 46년의 세월을 넘어 2025년 국민의

힘을 통해 면면히 이어져 내려오고 있습니다. 작년 12.3 내란 획책에는 기나긴 역사가 숨어있었던 셈입니다.

헌정질서를 파괴하는 흉악범들을 역사적으로, 사법적으로 제때 단죄하지 못했을 때 벌어지는 참극입니다. 지금 즉시 내란수괴 윤석열부터 파면하고, 내란정당 국민의힘을 해체해야만 하는 그야말로 절박한 이유이기도 합니다.

■ 심지어 최상목도, 이복현도 아니라는데! 한덕수, 기어이 '상법개정안' 거부라니!

기어이 한덕수 권한대행이 상법 개정안에 대해서도 거부권을 행사했습니다.

1차 권한대행 시절 6건을 포함해 모두 7건의 거부권 행사이며, 윤석열 정권 전체로 보면 무려 41번째 거부권입니다. 이 정도면, 묻지도 따지지도 않고 대한민국 국회에서 의결된 것이라면 무조건 거부부터 하고 보자는, 그야말로 나라를 망치는 고약하고 못된 심보가 아닐 수 없습니다.

게다가 이번 상법 개정안은 국무회의 내 주무부처인 최상목 경제부총리도, 이복현 금융감독원장도 모두 다 일찌감치 찬성 의사까지 내비쳤던 사안입니다. 기존의 '회사' 뿐 아니라 '주주'에게도 충실해야 한다는, 전자주주총회 도입도 의무화하자는 그야말로 지극히 상식적인 법안 아닙니까!

벌써 4년 전에 공동 집필했던 책에서 최상목 경제부총리는 "이사는 전체 주주의 이익을 위해 신인 의무를 다해야 한다"고 주장한 바 있습니다. 관련 내용을 보면 오히려 개정된 상법보다 한 발 더 나아가고 있습니다.

이복현 금융감독위원장은 국민의힘에서 거부권을 건의하겠다는 기류에 "직을 걸고 반대해야 하는 입장"이라고 공개적으로 의견을 표명한 바 있습니다.

나아가 심지어 이번 상법개정안은, 한덕수 대행이 끔찍히 모시고 있는 내란수괴 윤석열의 제기기도 했습니다. 지난해 초 한국거래소를 방문한 자리에서 "이사회가 소액주주의 이익을 책임있게 반영하도록 법 개정을 추진하겠다"고 공언한 바 있지 않습니까!

이런 상황에서 도대체 한덕수 대행은, 어디 누구의 의견을 쫓아 다시 거부권을 행사했다는 말입니까? 쌍수를 들어 환영하는 것은 오직 '재계' 뿐입니다. 안그래도 최근 김승연 한화 회장이 한화에어로스페이스의 유상증자를 강행하여 유유자적하게 세 아들에게 보란듯이 경영권을 세습하지 않았습니까! 이 과정에서 일반주주들의 의사와 이익은 일방적으로 짓밟히고 희생되었습니다. 상법 개정안이 필요한 이유를 너무나 극명하게 보여주는 생생한 현실입니다.

최상목도, 이복현도, 심지어 내란수괴 윤석열조차 아니라는데, 기어이 '재계'의 입장만 대변하여 상법개정안에 거부권을 행사한 한덕수 대행을 강력히 규탄합니다. 그 자리에 있을 이유가 단 하나도 없습니다.

아울러, 상법개정안은 국회 재표결을 통해 마땅히 확정되어야 합니다.

■ 외교부, 심우정 감싸자고 엄연한 '채용절차법'까지도 뭉갤 셈인가!

심우정 검찰총장의 딸 '특혜 채용' 관련하여, 외교부에서는 뒤늦게 연일 '특혜는 없었다'고 강변하지만 그저 외친다고 하여 누가 보기에도 분명한 '특혜'가 저절로 사라질 리는 없습니다.

"채용 재공고 시 채용공고의 내용을 응시자에게 불리하게 변경하여서는 아니 된다", '행정기관 내 비공무원(공무직) 공정채용을 위한 방안'에 명시된 내용입니다. 정부기관이 민간인을 채용할 때 반드시 따라야 하는 '채용절차법'에도 역시 같은 규정이 있습니다.

외교부가 한달 만에 재공고를 하면서 전공 분야를 바꾼 것은 명백히 채용절차법 위반에 해당됩니다. 외교부의 해명대로 '응시 가능 대상을 넓히려는 의도'가 아니라 응시 가능 대상을 아예 바꿔버렸기 때문입니다. 부득이하게 채용공고를 변경하는 경우 채용 관련 심의기구 등 내부 통제 절차를 거치라는 규정도 위반했습니다. 외교부가 서면 협의만 거쳤다는 인사기획관실이 '심의기구'일 리는 만무하기 때문입니다.

심우정 총장 딸의 '35개월' 경력은 다시 재론할 필요도 없습니다. 대학원에 다니면서 조교 역할을 한 것이, 지도교수의 학술행사 등을 지원하는 연구보조원을 했던 것이 공공·민간 그 어느 영역을 막론하고 실질 경력으로 인정된다는 것은 그야말로 금시초문입니다.

외교부의 이른바 '대국민 해명 시도'는 명백히 '실패한 외교'입니다. 결국 외교부의 채용공고 변경은, 오직 심우정 총장 딸의 조건만을 위한, 심우정 총장 딸만의 합격을 위한 그야말로 '쪽집게 맞춤식 공고' 라고밖에는 달리 해석할 길이 없습니다.

철저한 진상규명과 엄중한 책임자 처벌, 지금 즉시 이루어져야 합니다.

– 정혜경 원내대변인 서면브리핑

■ 4월 4일 11시 선고기일 통지, 윤석열을 파면하라!

헌법재판소가 4월 4일 오전 11시 윤석열 탄핵사건에 대한 선고기일을 발표했습니다. 내란사태 4개월째, 참으로 험란했던 내란수괴 윤석열 심판의 날이 드디어 지정됐습니다. 만시지탄이 아닐 수 없습니다.

파면하십시오. 헌법 파괴자 윤석열은 더 이상 국가원수가 아닙니다. 윤석열이 다시 국군통수권, 행정권, 외교권을 쥐게 할 수 없습니다.

행여나 헌재가 윤석열을 직무복귀 시킨다면, 대국민 항쟁을 각오하십시오. 윤석열은 '타도' 될 것이며, 헌재는 21세기 '을사오적'이 되어 역사의 준엄한 심판을 받을 것입니다. 우리 국민들은 다시 박정희, 전두환 시절로 돌아갈 생각 없습니다.

이제 길었던 내란사태의 종지부를 찍읍시다. 8:0 만장일치 파면으로 헌법수호 세력의 역사적 승리를 열어갑시다. 진보당은 오늘부터 1박 2일 총력투쟁은 물론, 윤석열 파면까지 모든 힘을 쏟아부어 반드시 윤석열을 파면시킬 것입니다.

대통령 권한대행은 대통령 궐의 및 사고로 인한 국정 공백과 국가 혼란을 최소화하기 위한 자리입니다. 대통령 권한대행은 국민이 선출한 바 없어 민주적 정당성이 취약함으로 소극적 권한만을 행사해야 한다는 것이 학계의 정설입니다. 그러나 윤석열 대통령의 권한대행인 한덕수와 최상목은 약 3개월간 총 16번의 재의요구권을 행사했습니다. 내란 특검부터 김건희 특검, 명태균 특검까지 12·3 내란 사태의 진상을 밝히고 내란 수괴의 범죄 동기를 파악하기 위한 법안은 모조리 반대했습니다. 내란 부역자들이 권한대행 자리에 앉아서 자신에 대한 수사를 거부하는 꼴입니다. 뿐만 아니라 한덕수와 최상목은 박현수 서울경찰청장 직무대리를 비롯한 내란 부역자들을 원칙도 명분도 없이 고위직으로 승진시켰고, 헌법재판소 위헌 판결에도 불복하면서 마은혁 헌법재판관 임명을 지연시켰습니다. 권한대행의 권한이 국가 혼란을 최소화하는 것이 아니라 반헌법적 내란을 지속하고 옹호하는 데에 남용되고 있는 것입니다. 더 이상 대통령 권한대행의 반헌법적이고 과도한 권한 행사를 방치해서는 안 됩니다. 다시는 제2의 한덕수 그리고 제2의 최상목이 등장하지 않도록, 대통령 권한대행의 권한 범위와 시행 요건을 명확히 규정하는 입법이 필요합니다. 제가 오늘 발의하는 대통령 권한대행에 관한 법률안은 이미 20대 국회에서도 그 필요성이 언급된 바 있습니다. 박근혜 탄핵 이후 민병두 의원이 이 법안을 대표 발의를 했었고, 국회 법제실도 입법의 필요성과 타당성을 인정했습니다. 이에 저는 국회의 앞선 논의들을 참고하고 12·3 내란 사태 이후에 불거진 여러 현실적 우려들을 반영해서, 야 4당의 선배 동료 의원 10분과 함께 대통령 권한대행에 관한 법률안을 오늘 발의합니다.

– 기본소득당 대표 용혜인, 4월 1일 국회 기자회견

대통령의 권한대행에 관한 법률안
(용혜인의원 대표발의)

<table>
<tr><td>의 안
번 호</td><td>9525</td></tr>
</table>

발의연월일 : 2025. 4. 1.

발 의 자 : 용혜인·김남희·소병훈
김영환·한창민·김영배
서미화·김재원·김종민
김성환·이수진 의원
(11인)

제안이유

「대한민국헌법」 제71조는 대통령이 궐위되거나 사고로 인하여 직무를 수행할 수 없을 때에는 국무총리, 법률이 정한 국무위원의 순서로 그 권한을 대행한다고 규정하고 있음. 이는 대통령이 존재하지 아니하거나 직무수행불능 상태에 있을 경우 대통령의 권한과 의무를 행사할 사람을 규정함으로써, 국정 공백과 국가의 혼란을 최소화하려는 데 목적이 있음.

그러나 헌법은 권한대행자에 대해서만 규정하고 있을 뿐 대통령 궐위와 사고의 정의, 권한대행의 권한범위 등이 법률로 규정되지 않아 독립적인 법률 제정의 필요성이 지속적으로 제기됨. 최근 현직 대통령이 「형법」상 내란의 죄로 기소 및 구속되는 사상 초유의 사태가 발생하면서, 대통령의 사고 및 직무수행불능 여부에 대한 사회적 혼란이 가중된 바 있음.

  그간 상당수의 학계, 시민사회는 대통령 권한대행자가 민주적 정당성을 갖춘 선출직 공직자가 아니므로, 국정의 현상유지를 위한 범위에서 최소한의 권한만 행사해야 한다고 주장해왔음. 그러나 윤석열 대통령의 탄핵소추로 인한 대통령 권한대행자들은 약 3개월간 16회의 재의요구권을 행사하고, 12.3 내란사태에 동조한 혐의를 받는 상당수 인사들을 승진 및 공직 임용하는 등 현상유지를 넘어서는 권한을 행사해 많은 국민들의 우려와 질타를 받은 바 있음.

  이에 「대한민국헌법」 제71조에 따른 대통령 궐위와 사고의 정의, 대통령의 권한대행의 시행 및 권한대행 범위 등에 관한 사항을 명확히 규정함으로써, 대통령 부재 및 직무수행불능 시의 국가 혼란을 예방하고 대통령 권한대행자의 현상유지를 벗어난 과도한 권한행사를 제한하고자 함.

주요내용

가. 이 법은 「대한민국헌법」 제71조에 따른 대통령 권한대행자의 권한범위 및 권한대행의 기간 등에 관한 사항을 규정함으로써, 대통령의 부재 또는 직무수행불능에 따른 국정 공백과 혼란을 예방하고 국정 운영의 연속성을 유지하는 것을 목적으로 함(안 제1조).

나. 대통령 권한대행이 시작된 경우에 대통령은 대통령으로서의 권한을 행사할 수 없도록 함(안 제4조제1항).

다. 대통령 권한대행자는 국정의 현상유지를 위한 범위에서 대통령의 권한을 행사하여야 하며, 국민투표 부의권, 사면·감형·복권에 관한 권한, 헌법개정안의 발의권, 재의요구권, 계엄선포권의 행사는 제한됨(안 제6조제1항).

라. 대통령 권한대행자가 급격한 정책 변경이나 인사이동 등 현상유지를 벗어난 권한 행사를 예정하는 경우 국회는 재적의원 과반수의 찬성으로 해당 권한 행사의 중지를 요구할 수 있고 대통령 권한대행자는 지체 없이 해당 권한의 행사를 중지하도록 함(안 제6조제2항).

마. 대통령 권한대행자의 탄핵소추에 필요한 의결정족수는 「대한민국헌법」 및 법률에서 정한 국무총리 또는 국무위원으로서의 지위를 기준으로 함(안 제6조제4항).

바. 「형법」 상 내란의 죄 및 「형법」 상 외환의 죄에 따라 대통령이 재직 중 형사상의 소추를 받아 구속됐을 시는 사고로 인한 직무수행불능으로 보며, 권한대행 기간은 피의자가 구속기소된 때부터 석방되거나 판결이 확정된 때까지로 함(안 제2조제2호, 제2조제3호, 제8조제2항).

사. 대통령이 사고임에도 권한대행 시행의 의사표시를 할 수 없는 경우에는 국무총리 및 국무위원 과반수의 찬성과 국회 재적의원 과반수의 동의로 권한대행 시행을 결정하도록 함(안 제8조제3항).

법률 제   호

대통령의 권한대행에 관한 법률안

제1조(목적) 이 법은 「대한민국헌법」 제71조에 따른 대통령 권한대행자의 권한범위 및 권한대행의 기간 등에 관한 사항을 규정함으로써, 대통령의 부재 또는 직무수행불능에 따른 국정 공백과 혼란을 예방하고 국정 운영의 연속성을 유지하는 것을 목적으로 한다.

제2조(정의) 이 법에서 사용하는 용어의 뜻은 다음과 같다.

　1. "궐위"(闕位)란 대통령의 사망, 헌법재판소의 탄핵결정, 판결 등의 사유로 인한 자격상실 및 사임(辭任) 등으로 인하여 대통령이 존재하지 아니하는 상태를 말한다.

　2. "사고"(事故)란 국회의 탄핵소추 의결에 의한 대통령의 권한 행사의 정지, 「형법」상 내란의 죄 및 「형법」상 외환의 죄에 따른 대통령 재직 중 형사상의 소추, 대통령의 질병·요양 및 해외순방, 소재불명 또는 연락두절 등의 대통령의 직무수행에 지장을 주는 사건을 말한다.

　3. "사고(事故)로 인한 직무수행불능"이란 직무정지, 구속 등의 제2호에 따른 사고로 인하여 대통령의 직무수행이 현저히 곤란하게 된 상태를 말한다.

　4. "대통령 권한대행자"란 대통령이 궐위되거나 사고로 인하여 직무

를 수행할 수 없는 경우 「대한민국헌법」 제71조 및 「정부조직
법」, 이 법에 따라 대통령의 권한을 대신 행사하는 사람을 말한
다.

제3조(다른 법률과의 관계) 이 법은 대통령의 권한대행의 시행 및 권
한범위 등에 관하여 다른 법률에 우선하여 적용한다.

제4조(대통령의 권한 행사 금지 등) ① 대통령 권한대행이 시작된 경
우에는 대통령은 대통령으로서의 권한을 행사할 수 없다.

② 대통령의 궐위 또는 사고로 인하여 대통령 권한대행자가 권한을
행사하는 경우에는 「정부조직법」 제14조부터 제16조까지에 따른
대통령비서실, 국가안보실 및 대통령경호처는 대통령 권한대행자를
보좌한다.

제5조(권한대행의 순서) 대통령 권한대행자는 「대한민국헌법」 제71
조에 따라 먼저 국무총리가 되고, 그 다음은 「정부조직법」 제12조
제2항에서 정한 국무위원의 순서로 된다.

제6조(대통령 권한대행자의 권한범위) ① 대통령 권한대행자는 국정의
현상유지를 위한 범위에서 대통령의 권한을 행사할 수 있다. 다만,
다음 각 호의 권한은 행사할 수 없다.

1. 「대한민국헌법」 제72조에 따른 국민투표 부의권

2. 「대한민국헌법」 제79조제1항에 따른 사면·감형·복권에 관한
권한

3. 「대한민국헌법」 제128조제1항에 따른 헌법개정안의 발의권

4. 「대한민국헌법」 제53조제2항에 따른 재의요구권

5. 「대한민국헌법」 제77조제1항에 따른 계엄선포권. 다만 국회 재적의원 과반수의 동의를 얻은 경우는 예외로 한다.

② 대통령 권한대행자가 급격한 정책 변경이나 인사이동 등 현상유지에서 벗어난 권한 행사를 예정하는 경우 국회는 재적의원 과반수의 찬성으로 해당 권한 행사의 중지를 요구할 수 있다. 이 경우 대통령 권한대행자는 지체 없이 해당 권한의 행사를 중지하여야 한다.

③ 대통령 권한대행자는 「대한민국헌법」 및 법률에서 정한 국무총리 또는 국무위원으로서의 본래의 직무도 수행한다.

④ 대통령 권한대행자의 탄핵소추에 필요한 의결정족수는 「대한민국헌법」 및 법률에서 정한 국무총리 또는 국무위원으로서의 지위를 기준으로 한다.

제7조(궐위 시 권한대행) 궐위 시 대통령 권한대행은 대통령의 궐위 사유가 발생한 때부터 「대한민국헌법」 제68조제2항 및 「공직선거법」 제14조제1항 단서에 따라 후임 대통령 당선인이 결정될 때까지로 한다.

제8조(사고로 인한 직무수행불능 시 권한대행) ① 사고로 인한 직무수행불능 시 권한대행은 대통령이 대통령 권한대행자에게 통지한 기간 동안 한다.

② 제1항에도 불구하고 다음 각 호의 권한대행 기간은 각 호에서 정하는 바에 따른다.

1. 국회의 탄핵소추 의결로 대통령의 권한 행사가 정지될 시 「국회법」 제134조에 따라 소추의결서가 대통령에게 송달된 때부터 헌법재판소의 탄핵심판 결정이 있을 때까지의 기간

2. 「형법」 상 내란의 죄 및 「형법」 상 외환의 죄에 따라 대통령이 재직 중 형사상의 소추를 받을 시 피의자가 구속기소된 때부터 형사소송법 제105조에 규정된 결정에 따라 석방되거나 판결이 확정된 때까지의 기간. 다만, 형사소송법 제101조 등에 따른 구속의 집행정지는 석방의 예외로 한다.

③ 대통령이 사고로 인하여 직무를 수행할 수 없음에도 권한대행의 의사표시를 할 수 없는 경우에는 국무총리 및 국무위원 과반수의 찬성과 국회 재적의원 과반수의 동의로 권한대행 시행을 결정한다.

④ 제3항에 따라 대통령 권한대행이 개시된 후 대통령이 대통령 권한대행자에게 권한대행 종료의 의사표시를 하는 경우에는 대통령의 권한은 회복된다.

⑤ 대통령 권한대행자는 권한대행의 개시 및 종료 시 이 사실을 즉시 국회에 통지하여야 한다.

부　　　칙

이 법은 공포한 날부터 시행한다.

2025년 4월 2일

잠든 뿌리를 깨우는 봄비

헌법재판소의 대통령 탄핵 사건에 대한 선고가 4월 4일로 예고되었습니다. 국민적 관심과 긴장이 더욱 고조되고 정국 혼란과 사회 갈등이 계속되고 있습니다. 집회·시위에 참여하시는 국민들께서는 평화롭게 의사를 표현해주시기를 간곡히 요청드립니다. 또한 경찰과 지자체의 질서유지 요청에 적극 협조해주시기 바랍니다. 정치인들께도 당부드립니다. 지금은 정치적 유불리를 떠나 공동체의 안정과 생존을 우선해야 할 때입니다. 분열과 갈등보다는 사회통합에 기여하는 책임있는 자세를 보여주시기 바랍니다. 특히, 불법시위와 폭력을 자극하거나 유도할 수 있는 발언들은 삼가해 주실 것을 간곡히 부탁드립니다. (…) 그 어떠한 결정이 내려지더라도 우리는 법치주의 원칙에 따라 그 결과를 차분하고 냉정하게 받아들여야 합니다. 이제 '헌재의 시간'을 지나 '국민의 시간'입니다. 국민 여러분의 힘과 지혜로 우리가 다시 하나가 된다면 이번 혼란과 갈등의 위기도 분명히 극복할 수 있습니다.

— 한덕수 대통령 권한대행 국무총리, 4월 2일 치안관계장관회의 모두발언

2025년4월2일(수) 오후 2시

의사일정

1. 합성생물학 육성법안(최수진 의원 대표발의)(의안번호 2203884)
2. 화훼산업 발전 및 화훼문화 진흥에 관한 법률 일부개정법률안(김도읍 의원 대표발의)(의안번호 2201912)
3. 농업·농촌 공익기능 증진 직접지불제도 운영에 관한 법률 일부개정법률안(대안)(농림축산식품해양수산위원장 제출)(의안번호 2209389)
4. 농어업재해대책법 일부개정법률안(서삼석 의원 대표발의)(의안번호 2202156)
5. 수산과학기술진흥을 위한 시험연구 등에 관한 법률 일부개정법률안(주철현 의원 대표발의)(의안번호 2206415)
6. 수산업협동조합법 일부개정법률안(이양수 의원 대표발의)(의안번호 2205392)
7. 수중레저활동의 안전 및 활성화 등에 관한 법률 일부개정법률안(주철현 의원 대표발의)(의안번호 2206416)
8. 해양수산발전 기본법 일부개정법률안(조경태 의원 대표발의)(의안번호 2201998)
9. 김산업의 육성 및 지원에 관한 법률 일부개정법률안(대안)(농림축산식품해양수산위원장 제출)(의안번호 2209388)
10. 수산업·어촌 발전 기본법 일부개정법률안(대안)(농림축산식품해양수산위원장 제출)(의안번호 2209386)
11. 수산업법 일부개정법률안(대안)(농림축산식품해양수산위원장 제출)(의안번호 2209387)
12. 수산자원관리법 일부개정법률안(대안)(농림축산식품해양수산위원장 제출)(의안번호 2209385)
13. 항로표지법 일부개정법률안(대안)(농림축산식품해양수산위원장 제출)(의안번호 2209384)
14. 어장관리법 일부개정법률안(정부 제출)(의안번호 2202199)
15. 해양심층수의 개발 및 관리에 관한 법률 일부개정법률안(정부 제출)(의안번호 2201695)
16. 해운법 일부개정법률안(정부 제출)(의안번호 2202299)
17. 수상레저안전법 일부개정법률안(정부 제출)(의안번호 2206428)
18. 연안사고 예방에 관한 법률 일부개정법률안(정희용 의원 대표발의)(의안번호 2206062)
19. 해양경비법 일부개정법률안(조경태 의원 대표발의)(의안번호 2205487)
20. 의료급여법 일부개정법률안(대안)(보건복지위원장 제출)(의안번호 2209379)
21. 장애인복지법 일부개정법률안(대안)(보건복지위원장 제출)(의안번호 2209378)
22. 코로나바이러스감염증-19 예방접종 피해보상 등에 관한 특별법안(대안)(보건복지위원장

제출)(의안번호 2209380)

23. 보건의료기본법 일부개정법률안(대안)(보건복지위원장 제출)(의안번호 2209376)
24. 대도시권 광역교통 관리에 관한 특별법 일부개정법률안(대안)(국토교통위원장 제출)(의안
    번호 2209371)
25. 아이돌봄 지원법 일부개정법률안(대안)(여성가족위원장 제출)(의안번호 2209390)
26. 아동·청소년의 성보호에 관한 법률 일부개정법률안(대안)(여성가족위원장 제출)(의안번호
    2209383)
27. 청소년 보호법 일부개정법률안(대안)(여성가족위원장 제출)(의안번호 2209382)
28. 여성폭력방지기본법 일부개정법률안(백혜련 의원 대표발의)(의안번호 2201472)
29. 양성평등기본법 일부개정법률안(이달희 의원 대표발의)(의안번호 2202989)
30. 성폭력방지 및 피해자보호 등에 관한 법률 일부개정법률안(이달희 의원 대표발의)(의안번호
    2202995)
31. 건강가정기본법 일부개정법률안(김상욱 의원 대표발의)(의안번호 2203386)
32. 헌법재판소 재판관 마은혁 임명 촉구 결의안(국회운영위원장 제출)(의안번호 2209493)

상정된 안건

(14시05분 개의)

○**의장 우원식** 의석을 정돈해 주시기 바랍니다.

성원이 되었으므로 제3차 본회의를 개의하겠습니다.

의사국장으로부터 보고가 있겠습니다.

○**의사국장 김승묵** 보고사항을 말씀드리겠습니다.

3월 21일 김용민·정춘생·윤종오·용혜인·한창민 의원 등 188인으로부터 기획재정부장관(최상목) 탄핵소추안이 발의되었습니다.

3월 31일 박찬대 의원 외 169인으로부터 제424회 국회(임시회) 집회요구서가 제출되어 4월 4일부터 집회한다는 공고를 하였습니다.

3월 31일 박찬대 의원 외 169인으로부터 경북·경남·울산 지역 산불 사태 수습과 피해 대책 마련 및 헌법 질서 수호와 내란 종식을 위한 긴급현안질문 요구서가 제출되었습니다.

기타 자세한 내용은 회의록에 게재하도록 하겠습니다.

이상으로 보고를 마치겠습니다.

(보고사항은 끝에 실음)

○**의장 우원식** 역대 최악의 산불로 인해서 30명의 사상자를 포함하여 다수의 사상자가 발생했습니다.

오늘 본회의를 시작하기에 앞서 유가족 여러분께 삼가 조의를 표하며 희생자들의 넋을 위로하는 뜻에서 묵념을 올리겠습니다.

의원님들 모두 자리에서 일어나 주시기 바랍니다.

　(일동 기립)

일동 묵념.

　(일동 묵념)

바로.

모두 자리에 앉아 주시기 바랍니다.

　(일동 착석)

이번 산불 진화를 위해서 불철주야 혼신의 노력을 다해 주신 소방대원님들과 지자체 공무원들 그리고 경찰관 여러분들과 국군 장병들, 자원봉사자들께도 국회를 대표해서 감사의 말씀을 드립니다.

이번 산불 피해와 관련하여 우리 국회도 우리의 일을 해야 합니다. 이재민분들이 입은 피해를 회복하는 데 조금이라도 도움이 될 수 있도록 국회 차원의 성금을 모금하도록 하겠습니다. 많은 참여와 성원 부탁드립니다.

또한 저도 직접 피해 현장에 가서 확인했습니다만 이번 산불의 양상에서 보듯이 기후위기로 인해서 과거의 대응으로는 큰 산불을 대응하기가 매우 어렵고 즉각 신속한 대처가 잘 되지 않습니다. 심도 깊은 분석으로 향후에 산불 화재 대비책을 마련해야 합니다. 기존의 매뉴얼이 놓치고 있는 점이 무엇인지 잘 살펴서 개선 방안을 국회에서 만들어야 되겠습니다.

정부에도 촉구합니다. 이미 발표도 한 만큼 최대한 빠르게 추가경정예산안을 편성해서 국회에 제출해 주시기 바랍니다. 신속히 산불 피해를 복구하고 피해를 입은 많은 이재민들의 절박함을 감안하면 어느 때보다도 조속하게 추경을 처리해야 합니다. 빠른 추경 편성을 위해서 다시 한번 강조드립니다.

의사국장이 보고한 바와 같이 기획재정부장관(최상목) 탄핵소추안이 제출되었습니다.

탄핵소추안은 국회법 제130조제2항에 따라 본회의에 보고된 때로부터 24시간 이후 72시간 이내에 표결하도록 되어 있습니다. 각 교섭단체 대표의원께서는 이 안건이 국회법에 따라 심의될 수 있도록 의사일정을 협의해 주시기 바랍니다.

의사일정에 들어가기에 앞서 방청석에 코로나19백신피해자가족협의회에서 방청하고 계십니다. 굉장히 많은 고통을 겪고 계실 텐데 국회에서도 그런 어려움들을 잘 살펴서 빨리 해결될 수 있도록 최선의 노력을 다하겠다는 말씀 드립니다.

오신 협의회 여러분들 환영한다는 뜻으로 여러분 박수 한번 부탁드립니다.

---

1. 합성생물학 육성법안(최수진 의원 대표발의)(의안번호 2203884)

(14시09분)

○**의장 우원식** 의사일정 제1항 합성생물학 육성법안을 상정합니다.

과학기술정보방송통신위원회의 최수진 위원 나오셔서 이 안건에 대하여 심사보고해 주시기 바랍니다.

○**과학기술정보방송통신위원장대리 최수진** 존경하는 국민 여러분!

우원식 국회의장님 그리고 선배·동료 의원 여러분!

과학기술정보방송통신위원회 최수진 위원입니다.

우리 위원회에서 심사한 1건의 법률안에 대해 심사보고를 드리겠습니다.

합성생물학 육성법안은 본 의원이 대표발의한 제정안으로 합성생물학 분야의 세계 최초 법안입니다.

합성생물학은 인공지능과 빅데이터 등 디지털기술과 융합된 바이오 핵심 기술로 생명체의 구성요소와 시스템을 공학적으로 설계·제조·활용하는 기술입니다.

최근 합성생물학 기술을 통해 다양한 백신을 만들었으며 10년 이상 걸리던 개발 기간을 단 10개월로 줄여 팬데믹 위기극복에 이바지했습니다.

앞으로도 맞춤형 치료제 개발, 기후위기와 식량 문제 해결에도 크게 기여할 것으로 기대합니다.

본 제정안이 통과되면 우리나라는 세계 최초로 합성생물학에 대한 안전관리, 인프라 구축, 인력 양성 등 종합적인 지원 체제를 갖추게 될 것입니다.

자세한 내용은 단말기에 배포된 심사보고서를 참고해 주시고, 우리 위원회에서 심사 수정한 대로 본 법안을 통과시켜 주시기를 간곡히 부탁드립니다.

감사합니다.

(심사보고서는 부록으로 보존함)

○**의장 우원식** 최수진 위원 수고하셨습니다.

그러면 합성생물학 육성법안을 의결하도록 하겠습니다.

투표해 주시기 바랍니다.

(전자투표)

투표를 다 하셨습니까?

그러면 투표를 마치겠습니다.

투표 결과를 말씀드리겠습니다.

재석 256인 중 찬성 240인, 반대 4인, 기권 12인으로서 합성생물학 육성법안은 과학기술정보방송통신위원회의 수정안대로 가결되었음을 선포합니다.

(찬반 의원 성명은 끝에 실음)

---

2. 화훼산업 발전 및 화훼문화 진흥에 관한 법률 일부개정법률안(김도읍 의원 대표발의)(의안번호 2201912)

3. 농업·농촌 공익기능 증진 직접지불제도 운영에 관한 법률 일부개정법률안(대안)(농림축산식품해양수산위원장 제출)(의안번호 2209389)

4. 농어업재해대책법 일부개정법률안(서삼석 의원 대표발의)(의안번호 2202156)

5. 수산과학기술진흥을 위한 시험연구 등에 관한 법률 일부개정법률안(주철현 의원 대표발의)(의안번호 2206415)

6. **수산업협동조합법 일부개정법률안**(이양수 의원 대표발의)(의안번호 2205392)

7. **수중레저활동의 안전 및 활성화 등에 관한 법률 일부개정법률안**(주철현 의원 대표발의)(의안번호 2206416)

8. **해양수산발전 기본법 일부개정법률안**(조경태 의원 대표발의)(의안번호 2201998)

9. **김산업의 육성 및 지원에 관한 법률 일부개정법률안(대안)**(농림축산식품해양수산위원장 제출)(의안번호 2209388)

10. **수산업·어촌 발전 기본법 일부개정법률안(대안)**(농림축산식품해양수산위원장 제출)(의안번호 2209386)

(14시13분)

○**의장 우원식** 의사일정 제2항 화훼산업 발전 및 화훼문화 진흥에 관한 법률 일부개정법률안부터 의사일정 제10항 수산업·어촌 발전 기본법 일부개정법률안(대안)까지 이상 9건을 상정합니다.

농림축산식품해양수산위원회의 이원택 위원 나오셔서 9건에 대하여 제안설명 및 심사보고해 주시기 바랍니다.

벌써 나오셨네요.

○**농림축산식품해양수산위원장대리 이원택** 제가 아까 인사드리고 올라왔습니다.

존경하는 우원식 국회의장님 그리고 선배·동료 의원 여러분!

농림축산식품해양수산위원회 소속 더불어민주당 이원택 위원입니다.

지금부터 우리 위원회 소관 9건의 법률안에 대한 제안설명 및 심사보고를 드리겠습니다.

먼저 농업·농촌 공익기능 증진 직불제도 운영에 관한 법률 일부개정법률안(대안)은 강준현 의원, 박덕흠 의원이 각각 대표발의한 2건의 법률안을 통합 조정하여 마련한 것으로서 기본직불금 지급대상에 공용수용으로 농지전용 허가 등이 의제되었으나 직불금 등록신청 직전 연도까지 보상을 받지 아니한 농지 등을 포함하는 내용입니다.

다음은 주철현 의원이 대표발의한 수중레저활동의 안전 및 활성화 등에 관한 법률 일부개정법률안은 안전관리 분야에 대한 전문성 확보와 효율성 제고를 위하여 수중레저활동 안전관리 사무, 수중레저사업 등록 사무 등을 해양경찰청으로 이관하려는 것입니다.

다음은 수산업·어촌 발전 기본법 일부개정법률안(대안)은 이병진 의원, 전종덕 의원이 각각 대표발의한 2건의 법률안을 통합 조정하여 마련한 것으로서 수산업과 어촌의 지속가능한 발전을 도모하기 위하여 기본계획에 기후변화가 수산업·어촌에 미치는 영향과 대응 방안을 반영하고 기후영향평가의 실시 근거 및 결과 공표 등의 근거를 마련하려는 것입니다.

위 법률안의 자세한 사항과 이 밖의 법률안에 대해서는 단말기에 표시된 내용을 참조해 주시고 아무쪼록 우리 위원회에서 제안, 심사한 대로 의결해 주시기 바랍니다.

감사합니다.

(심사보고서 및 대안은 부록으로 보존함)

○**의장 우원식** 이원택 위원 수고하셨습니다.

먼저 화훼산업 발전 및 화훼문화 진흥에 관한 법률 일부개정법률안을 의결하도록 하겠습니다.

투표해 주시기 바랍니다.

(전자투표)

투표를 다 하셨습니까?

그러면 투표를 마치겠습니다.

투표 결과를 말씀드리겠습니다.

재석 258인 중 찬성 250인, 반대 1인, 기권 7인으로서 화훼산업 발전 및 화훼문화 진흥에 관한 법률 일부개정법률안은 농림축산식품해양수산위원회의 수정안대로 가결되었음을 선포합니다.

(찬반 의원 성명은 끝에 실음)

다음은 농업·농촌 공익기능 증진 직접지불제도 운영에 관한 법률 일부개정법률안(대안)을 의결하도록 하겠습니다.

투표해 주시기 바랍니다.

(전자투표)

투표를 다 하셨습니까?

그러면 투표를 마치겠습니다.

투표 결과를 말씀드리겠습니다.

재석 256인 중 찬성 255인, 기권 1인으로서 농업·농촌 공익기능 증진 직접지불제도 운영에 관한 법률 일부개정법률안(대안)은 가결되었음을 선포합니다.

(찬반 의원 성명은 끝에 실음)

다음은 농어업재해대책법 일부개정법률안을 의결하도록 하겠습니다.

투표해 주시기 바랍니다.

(전자투표)

투표를 다 하셨습니까?

그러면 투표를 마치겠습니다.

투표 결과를 말씀드리겠습니다.

재석 259인 중 찬성 257인, 기권 2인으로서 농어업재해대책법 일부개정법률안은 가결되었음을 선포합니다.

(찬반 의원 성명은 끝에 실음)

다음은 수산과학기술진흥을 위한 시험연구 등에 관한 법률 일부개정법률안을 의결하도록 하겠습니다.

투표해 주시기 바랍니다.

(전자투표)

투표를 다 하셨습니까?

그러면 투표를 마치겠습니다.

투표 결과를 말씀드리겠습니다.

재석 261인 중 찬성 260인, 기권 1인으로서 수산과학기술진흥을 위한 시험연구 등에 관한 법률 일부개정법률안은 농림축산식품해양수산위원회의 수정안대로 가결되었음을 선포합니다.

(찬반 의원 성명은 끝에 실음)

다음은 수산업협동조합법 일부개정법률안을 의결하도록 하겠습니다.

투표해 주시기 바랍니다.

(전자투표)

투표를 다 하셨습니까?

그러면 투표를 마치겠습니다.

투표 결과를 말씀드리겠습니다.

재석 260인 중 찬성 254인, 기권 6인으로서 수산업협동조합법 일부개정법률안은 가결되었음을 선포합니다.

(찬반 의원 성명은 끝에 실음)

다음은 수중레저활동의 안전 및 활성화 등에 관한 법률 일부개정법률안을 의결하도록 하겠습니다.

투표해 주시기 바랍니다.

(전자투표)

투표를 다 하셨습니까?

그러면 투표를 마치겠습니다.

투표 결과를 말씀드리겠습니다.

재석 257인 중 찬성 255인, 기권 2인으로서 수중레저활동의 안전 및 활성화 등에 관한 법률 일부개정법률안은 농림축산식품해양수산위원회의 수정안대로 가결되었음을 선포합니다.

(찬반 의원 성명은 끝에 실음)

다음은 해양수산발전 기본법 일부개정법률안을 의결하도록 하겠습니다.

투표해 주시기 바랍니다.

(전자투표)

투표를 다 하셨습니까?

그러면 투표를 마치겠습니다.

투표 결과를 말씀드리겠습니다.

재석 257인 중 찬성 257인으로서 해양수산발전 기본법 일부개정법률안은 농림축산식품해양수산위원회의 수정안대로 가결되었음을 선포합니다.

(찬반 의원 성명은 끝에 실음)

다음은 김산업의 육성 및 지원에 관한 법률 일부개정법률안(대안)을 의결하도록 하겠습니다.

투표해 주시기 바랍니다.

(전자투표)

투표를 다 하셨습니까?

그러면 투표를 마치겠습니다.

투표 결과를 말씀드리겠습니다.

재석 261인 중 찬성 260인, 기권 1인으로서 김산업의 육성 및 지원에 관한 법률 일부개정법률안(대안)은 가결되었음을 선포합니다.

(찬반 의원 성명은 끝에 실음)

다음은 수산업·어촌 발전 기본법 일부개정법률안(대안)을 의결하도록 하겠습니다.

투표해 주시기 바랍니다.

(전자투표)

투표를 다 하셨습니까?

그러면 투표를 마치겠습니다.

투표 결과를 말씀드리겠습니다.

재석 258인 중 찬성 257인, 기권 1인으로서 수산업·어촌 발전 기본법 일부개정법률안
(대안)은 가결되었음을 선포합니다.

(찬반 의원 성명은 끝에 실음)

---

11. **수산업법 일부개정법률안(대안)**(농림축산식품해양수산위원장 제출)(의안번호 2209387)

12. **수산자원관리법 일부개정법률안(대안)**(농림축산식품해양수산위원장 제출)(의안번호 2209385)

13. **항로표지법 일부개정법률안(대안)**(농림축산식품해양수산위원장 제출)(의안번호 2209384)

14. **어장관리법 일부개정법률안**(정부 제출)(의안번호 2202199)

15. **해양심층수의 개발 및 관리에 관한 법률 일부개정법률안**(정부 제출)(의안번호 2201695)

16. **해운법 일부개정법률안**(정부 제출)(의안번호 2202299)

17. **수상레저안전법 일부개정법률안**(정부 제출)(의안번호 2206428)

18. **연안사고 예방에 관한 법률 일부개정법률안**(정희용 의원 대표발의)(의안번호 2206062)

19. **해양경비법 일부개정법률안**(조경태 의원 대표발의)(의안번호 2205487)

(14시21분)

○**의장 우원식** 의사일정 제11항 수산업법 일부개정법률안(대안)부터 의사일정 제19항
해양경비법 일부개정법률안까지 이상 9건을 상정합니다.

농림축산식품해양수산위원회의 문대림 위원 나오셔서 9건에 대하여 제안설명 및 심사
보고 해 주시기 바랍니다.

○**농림축산식품해양수산위원장대리 문대림** 존경하는 우원식 국회의장님 그리고 선배·동
료 의원 여러분!

농림축산식품해양수산위원회 소속 더불어민주당 문대림 위원입니다.

지금부터 우리 위원회 소관 9건의 법률안에 대한 제안설명 및 심사보고를 드리겠습니
다.

먼저 수산업법 일부개정법률안(대안)은 조승환 의원이 대표발의하고 정부가 제출한 2
건의 법률안을 통합 조정하여 마련한 것으로서 불법으로 설치 또는 방치된 폐어구 등을
철거할 때 행정대집행의 특례를 적용할 수 있도록 하고 어구관리기록부의 비치·보존 의
무 등을 신설하려는 것입니다.

다음, 수산자원관리법 일부개정법률안(대안)은 김선교 의원이 대표발의하고 정부가 제
출한 2건의 법률안을 통합 조정하여 마련한 것으로서 수산자원조성금 중 어업인에게만
부담이 될 수 있는 항목을 폐지하여 어업인의 부담을 경감하고 시·도지사가 금어기, 금

지 체장 등의 규정을 강화할 수 있도록 하는 범위를 명확히 하려는 것입니다.

다음, 항로표지법 일부개정법률안(대안)은 정부가 제출한 2건의 법률안을 통합 조정하여 마련한 것으로서 사설항로표지관리원의 연령 결격사유를 완화하고 사설항로표지 위탁관리업 제재처분 시 소상공인 및 소기업이 일시적으로 등록기준에 미달하는 경우 제재처분을 유예할 수 있는 근거를 마련하는 것입니다.

다음, 조경태 의원이 대표발의한 해양경비법 일부개정법률안은 국제평화와 안전 유지를 위하여 산업통상자원부장관이 지정·고시하는 금지물품 운송 의심 선박에 대한 해상검문검색 근거규정을 마련하려는 것입니다.

위 법률안의 자세한 사항과 이 밖의 법률안에 대해서는 단말기에 표시된 내용을 참조해 주시고, 아무쪼록 우리 위원회에서 제안·심사한 대로 의결해 주시기 바랍니다.

감사합니다.

(대안 및 심사보고서는 부록으로 보존함)

○**의장 우원식** 문대림 위원 수고하셨습니다.

먼저 수산업법 일부개정법률안(대안)을 의결하도록 하겠습니다.

투표해 주시기 바랍니다.

(전자투표)

투표를 다 하셨습니까?

아직 다 안 한 분들이 계시네.

그러면 투표를 마치겠습니다.

투표 결과를 말씀드리겠습니다.

재석 260인 중 찬성 258인, 기권 2인으로서 수산업법 일부개정법률안(대안)은 가결되었음을 선포합니다.

(찬반 의원 성명은 끝에 실음)

다음은 수산자원관리법 일부개정법률안(대안)을 의결하도록 하겠습니다.

투표해 주시기 바랍니다.

(전자투표)

투표를 다 하셨습니까?

그러면 투표를 마치겠습니다.

투표 결과를 말씀드리겠습니다.

재석 256인 중 찬성 252인, 반대 2인, 기권 2인으로서 수산자원관리법 일부개정법률안(대안)은 가결되었음을 선포합니다.

(찬반 의원 성명은 끝에 실음)

다음은 항로표지법 일부개정법률안(대안)을 의결하도록 하겠습니다.

투표해 주시기 바랍니다.

(전자투표)

투표를 다 하셨습니까?

그러면 투표를 마치겠습니다.

투표 결과를 말씀드리겠습니다.

재석 258인 중 찬성 257인, 기권 1인으로서 항로표지법 일부개정법률안(대안)은 가결되었음을 선포합니다.

(찬반 의원 성명은 끝에 실음)

다음은 어장관리법 일부개정법률안을 의결하도록 하겠습니다.

투표해 주시기 바랍니다.

(전자투표)

투표를 다 하셨습니까?

그러면 투표를 마치겠습니다.

투표 결과를 말씀드리겠습니다.

재석 258인 중 찬성 258인으로서 어장관리법 일부개정법률안은 농림축산식품해양수산위원회의 수정안대로 가결되었음을 선포합니다.

(찬반 의원 성명은 끝에 실음)

다음은 해양심층수의 개발 및 관리에 관한 법률 일부개정법률안을 의결하도록 하겠습니다.

투표해 주시기 바랍니다.

(전자투표)

투표를 다 하셨습니까?

그러면 투표를 마치겠습니다.

투표 결과를 말씀드리겠습니다.

재석 255인 중 찬성 255인으로서 해양심층수의 개발 및 관리에 관한 법률 일부개정법률안은 농림축산식품해양수산위원회의 수정안대로 가결되었음을 선포합니다.

(찬반 의원 성명은 끝에 실음)

다음은 해운법 일부개정법률안을 의결하도록 하겠습니다.

투표해 주시기 바랍니다.

(전자투표)

투표를 다 하셨습니까?

그러면 투표를 마치겠습니다.

투표 결과를 말씀드리겠습니다.

재석 261인 중 찬성 256인, 반대 1인, 기권 4인으로서 해운법 일부개정법률안은 농림축산식품해양수산위원회의 수정안대로 가결되었음을 선포합니다.

(찬반 의원 성명은 끝에 실음)

다음은 수상레저안전법 일부개정법률안을 의결하도록 하겠습니다.

투표해 주시기 바랍니다.

(전자투표)

투표를 다 하셨습니까?

그러면 투표를 마치겠습니다.

투표 결과를 말씀드리겠습니다.

재석 261인 중 찬성 257인, 반대 1인, 기권 3인으로서 수상레저안전법 일부개정법률안은 농림축산식품해양수산위원회의 수정안대로 가결되었음을 선포합니다.

(찬반 의원 성명은 끝에 실음)

다음은 연안사고 예방에 관한 법률 일부개정법률안을 의결하도록 하겠습니다.

투표해 주시기 바랍니다.

　(전자투표)

투표를 다 하셨습니까?

그러면 투표를 마치겠습니다.

투표 결과를 말씀드리겠습니다.

재석 260인 중 찬성 259인, 기권 1인으로서 연안사고 예방에 관한 법률 일부개정법률안은 농림축산식품해양수산위원회의 수정안대로 가결되었음을 선포합니다.

(찬반 의원 성명은 끝에 실음)

다음은 해양경비법 일부개정법률안을 의결하도록 하겠습니다.

투표해 주시기 바랍니다.

　(전자투표)

투표를 다 하셨습니까?

그러면 투표를 마치겠습니다.

투표 결과를 말씀드리겠습니다.

재석 259인 중 찬성 256인, 기권 3인으로서 해양경비법 일부개정법률안은 농림축산식품해양수산위원회의 수정안대로 가결되었음을 선포합니다.

(찬반 의원 성명은 끝에 실음)

---

20. 의료급여법 일부개정법률안(대안)(보건복지위원장 제출)(의안번호 2209379)

21. 장애인복지법 일부개정법률안(대안)(보건복지위원장 제출)(의안번호 2209378)

22. 코로나바이러스감염증-19 예방접종 피해보상 등에 관한 특별법안(대안)(보건복지위원장 제출)(의안번호 2209380)

(14시30분)

○**의장 우원식** 의사일정 제20항 의료급여법 일부개정법률안(대안), 의사일정 제21항 장애인복지법 일부개정법률안(대안), 의사일정 제22항 코로나바이러스감염증-19 예방접종 피해보상 등에 관한 특별법안(대안), 이상 3건을 상정합니다.

보건복지위원회의 김미애 위원 나오셔서 3건에 대하여 제안설명해 주시기 바랍니다.

○**보건복지위원장대리 김미애** 존경하는 우원식 국회의장님과 선배·동료 의원 여러분!

보건복지위원회 국민의힘 간사 부산 해운대을 출신 김미애 위원입니다.

우리 위원회에서 의결한 3건의 법률안에 대하여 제안설명드리겠습니다.

의료급여법 일부개정법률안(대안)은 강선우 의원과 윤준병 의원이 각 대표발의한 2건의 법률안을 통합 조정한 것으로 의료급여비용 지급보류와 관련된 헌법재판소의 헌법불합치 결정 취지에 따라 급여비용 지급보류처분의 취소, 무죄판결 선고에 따른 급여비용의 지급보류된 급여비용 지급 시 법정이율 적용 등의 법적 근거를 마련하려는 것입니다.

장애인복지법 일부개정법률안(대안)은 최보윤 의원, 김기현 의원, 주호영 의원이 각 대표발의한 4건의 법률안을 통합 조정한 것으로 장애인정책종합계획에 장애인의 문화체육관광에 관한 사항을 포함하고 모바일 장애인등록증에 관한 법적 근거를 마련하며 국민기초생활보장법에 따른 생계급여 또는 의료급여를 받는 장애아동에게는 장애아동수당을 의무적으로 지급하고 원격대학에서 언어재활 관련 학위를 취득한 사람도 현장실습과목을 이수하면 언어재활사 자격시험에 응시할 수 있도록 하려는 것입니다.

코로나바이러스감염증-19 예방접종 피해보상 등에 관한 특별법안(대안)은 김윤 의원, 강선우 의원, 본 의원이 각 대표발의한 3건의 제정안과 김남희 의원이 대표발의한 1건의 개정안 등 4건의 법률안을 통합 조정한 제정법으로 코로나19 예방접종 피해보상에 관한 사항을 심의·의결하기 위하여 코로나19 예방접종 피해보상위원회를 두고 예방접종과 질병 등의 발생 사이에 시간적 개연성 및 추론 가능성이 있고 원인 불명 또는 다른 원인에 의해 발생한 것이 아닐 경우 인과관계가 있는 것으로 추정하는 규정을 도입하는 내용을 골자로 합니다.

존경하는 선배·동료 의원 여러분!

우리 기억에서 많이 지워졌지만 코로나 위기 극복은 신속한 백신 접종 등 국가가 책임진다는 정부 방역정책을 믿고 따라 준 국민이 있었기에 가능했던 것입니다. 하지만 그 과정에서 일부 국민께서는 백신 부작용으로 사망하거나 장애를 입기도 했고 지금도 일상으로 돌아가지 못한 채 고통 속에 살고 계신 피해자와 유족들이 있습니다. 피해자분들은 우리 얘기를 들어 달라고 피눈물을 흘리며 호소했고 광화문과 지금도 국회 앞 임시 분향소를 설치해서 3년이 훌쩍 넘었습니다.

국회는 세계 어느 나라보다 정부를 믿고 방역정책에 동참해 주신 이분들을 두텁게 보호할 책무가 있고 오늘 처리할 특별법은 국민에 대한 최소한의 의무이자 도리라고 감히 말씀드리겠습니다. 또한 대규모 감염병 대응에 있어 국가 책임을 강화해야만 향후 맞닥뜨릴 팬데믹 상황에서 정부 방역정책에 적극 동참해 달라는 말씀도 드릴 수 있을 것입니다. 피해자분들이 그간 겪었을 고통을 생각하면 여전히 부족하고 너무 늦은 감이 있어 미안한 마음이 크지만 이제는 아픔을 딛고 일상으로 돌아가시기를 간절히 부탁드립니다.

법률안에 대한 자세한 내용은 의원님 좌석 단말기의 회의자료를 참조해 주시고, 아무쪼록 우리 위원회가 제안한 대로 의결하여 주시기 바랍니다.

감사합니다.

(대안은 부록으로 보존함)

○**의장 우원식** 김미애 위원 잘했습니다.

먼저 의료급여법 일부개정법률안(대안)을 의결하도록 하겠습니다.

투표해 주시기 바랍니다.

(전자투표)

투표를 다 하셨습니까?

그러면 투표를 마치겠습니다.

투표 결과를 말씀드리겠습니다.

재석 266인 중 찬성 266인으로서 의료급여법 일부개정법률안(대안)은 가결되었음을 선포합니다.

(찬반 의원 성명은 끝에 실음)

다음은 장애인복지법 일부개정법률안(대안)을 의결하도록 하겠습니다.

투표해 주시기 바랍니다.

(전자투표)

투표를 다 하셨습니까?

그러면 투표를 마치겠습니다.

투표 결과를 말씀드리겠습니다.

재석 261인 중 찬성 251인, 반대 5인, 기권 5인으로서 장애인복지법 일부개정법률안(대안)은 가결되었음을 선포합니다.

(찬반 의원 성명은 끝에 실음)

다음은 코로나바이러스감염증-19 예방접종 피해보상 등에 관한 특별법안(대안)을 의결하도록 하겠습니다.

투표해 주시기 바랍니다.

(전자투표)

투표를 다 하셨습니까?

그러면 투표를 마치겠습니다.

투표 결과를 말씀드리겠습니다.

재석 265인 중 찬성 263인, 기권 2인으로서 코로나바이러스감염증-19 예방접종 피해보상 등에 관한 특별법안(대안)은 가결되었음을 선포합니다.

(찬반 의원 성명은 끝에 실음)

피해자 여러분 그리고 가족 여러분, 이 법 통과로 해서 그동안 다 풀지 못한 많은 문제들이 잘 해결되기를 바라고 그 과정에 국회가 최선을 다해서 피해가 잘 보상될 수 있도록 노력하겠습니다.

감사합니다.

---

23. 보건의료기본법 일부개정법률안(대안)(보건복지위원장 제출)(의안번호 2209376)

(14시37분)

○**의장 우원식** 의사일정 제23항 보건의료기본법 일부개정법률안(대안)을 상정합니다.

보건복지위원회 강선우 위원 나오셔서 이 안건에 대하여 제안설명해 주시기 바랍니다.

○**보건복지위원장대리 강선우** 존경하는 우원식 국회의장님과 선배·동료 의원 여러분!

보건복지위원회 강선우 위원입니다.

우리 위원회에서 의결한 1건의 법률안에 대해 제안설명드리겠습니다.

보건의료기본법 일부개정법률안(대안)은 김윤 의원과 강선우 의원이 각각 대표발의한 2건의 보건의료인력지원법 일부개정법률안과 김미애·이수진·서명옥·안상훈 의원이 각각 대표발의한 4건의 보건의료기본법 일부개정법률안을 통합 조정한 것으로 보건복지부장관 소속으로 수급추계위원회를 설치하면서 보건의료정책심의위원회가 수급추계위원회의 추계 결과를 존중하여 보건의료인력별 양성 규모를 심의하고 보건복지부장관이 교육부장관과 협의할 때 그 심의 결과를 반영하도록 하려는 것입니다.

의료인력 규모 추계에 있어 독립성, 전문성, 투명성을 확보하고 과학적 근거와 절차적 정당성을 담보하는 최소한의 안전장치를 제도화하는 법안입니다.

선천성 희귀질환이 있던 제 딸아이는 태어나자마자 머리에 주삿바늘을 가득 꽂은 채로 소아중환자실로 보내졌습니다. 몇 달 후 아이를 처음 안아 봤을 때 한참을 자라 나와 참 낯설었던 기억이 납니다. 그 후로도 병원을 오가며 병원에서 키웠습니다. 20여 년간 나보다 내 아이를 더 잘 살펴 주신 분, 아이를 수술실로 보낼 때마다 온 마음으로 빌며 부탁 드렸던 분, 제게 의사는 그냥 의사가 아니라 의사선생님입니다.

아마 저를 포함한 다른 분들께서도 나보다 귀한 내 가족의 목숨을 맡기는 순간마다 의사는 정말로 의사선생님이고 곧 신이나 다름없었을 것입니다. 그렇기에 이 법안은 제가 의료현장에서 만났던 진심으로 존경했고 지금도 존경하는 의사선생님들을 생각하며 대표 발의하고 심사한 법안입니다. 의료대란 해결의 단서가 될 수 있다는 실낱같은 희망으로 의료계의 수용성을 제1 원칙으로 삼았습니다.

몇 번의 계절이 바뀔 동안 세 번의 법안소위와 한 번의 공청회를 열었습니다. 상임위 전체회의 의결까지 다시 2주일을 기다렸습니다. 환자 단체의 우려가 뼈아팠지만 위원회 과반 이상을 공급자 단체 추천 전문가로 구성하자는 결단도 내렸습니다.

이제 의료계에 호소합니다. 내 가족의 이름과 남은 수술 시간이 적힌 전광판만을 덩그런 눈으로 또 바싹 마른 입술로 쳐다보는 얼굴들을 한 번씩만 떠올려 봐 주십시오.

의료계는 내 가족의 목숨을 오롯이 맡겼던 그 의사선생님을 꿈꾸는 후배 의대생들에게 신뢰라는 길을 터 주십시오. 그 의사선생님을 꿈꾸며 밥도 잠도 포기한 채 스스로를 갈아 넣는 후배 전공의들에게 생사가 오가는 최전선 위로 걷는 숭고한 사명의 길을 열어 주십시오.

2000명과 같은 황당한 숫자가 갑자기 떨어지는 일이 없도록, 누군가의 입맛에 맞는 내지는 소위 딜을 하지 못하도록, 예측 가능한 의료인력 공급이 이루어질 수 있도록 의료인력수급추계위가 작동해야만 합니다.

의료계는 조속히 전문가 추천에 나서 주기를 간곡히 또 간절히 부탁드립니다.

법률안에 대한 자세한 내용은 의원님 좌석 단말기의 회의자료를 참조해 주시고, 우리 위원회가 제안한 대로 의결하여 주시기 바랍니다.

감사합니다.

(대안은 부록으로 보존함)

○**의장 우원식** 강선우 위원 수고하셨습니다. 그리고 수고 많았습니다.

그러면 보건의료기본법 일부개정법률안(대안)을 의결하도록 하겠습니다.

투표해 주시기 바랍니다.

(전자투표)

투표를 다 하셨습니까?

그러면 투표를 마치겠습니다.

투표 결과를 말씀드리겠습니다.

재석 266인 중 찬성 247인, 반대 11인, 기권 8인으로서 보건의료기본법 일부개정법률안(대안)은 가결되었음을 선포합니다.

(찬반 의원 성명은 끝에 실음)

---

24. 대도시권 광역교통 관리에 관한 특별법 일부개정법률안(대안)(국토교통위원장 제출)(의안번호 2209371)

(14시42분)

○**의장 우원식** 의사일정 제24항 대도시권 광역교통 관리에 관한 특별법 일부개정법률

안(대안)을 상정합니다.

　시간 맞춰서 나오세요, 잠깐 뒤로 가셨다가.

　　(웃음소리)

　국토교통위원회의 문진석 위원 나오셔서 이 안건에 대하여 제안설명해 주시기 바랍니다.

　　(우원식 의장, 이학영 부의장과 사회교대)

○**국토교통위원장대리 문진석**　존경하는 우원식 국회의장님 그리고 선배·동료 의원님 여러분!

　국토교통위원회 소속 문진석 위원입니다.

　지금부터 우리 위원회가 심사한 1건의 법률안에 대하여 제안설명을 드리겠습니다.

　대도시권 광역교통 관리에 관한 특별법 일부개정법률안(대안)은 김윤덕 의원, 권영진 의원이 각각 대표발의한 2건의 법률안을 통합 조정한 것으로 인구 50만 이상의 대도시로서 도청이 소재한 도시 및 그 도시와 같은 교통생활권에 있는 지역을 대도시권에 포함하고 광역교통 개선대책의 신속한 이행 및 체계적 관리를 위하여 갈등관리체계 및 광역교통계정 등을 도입하며 도심지역에서 이루어지는 복합개발사업, 공공주택 복합사업 등에 대하여 광역교통시설부담금을 감면하려는 것입니다.

　보다 자세한 사항은 단말기의 회의자료를 참고하시고, 우리 위원회에서 제안한 대로 의결하여 주시기를 바랍니다.

　　　　　　　　　　　　　　　　　　　　　　　　(대안은 부록으로 보존함)

○**부의장 이학영**　문진석 위원 수고하셨습니다.

　이 안건에 대해 토론 신청이 있으므로 토론을 듣도록 하겠습니다.

　먼저 권영진 의원 나오셔서 토론해 주시기 바랍니다.

○**권영진 의원**　존경하는 국민 여러분!

　우원식 국회의장과 선배·동료 의원 여러분!

　국토교통위원회의 국민의힘 간사를 맡고 있는 권영진 위원입니다.

　저는 오늘 본회의에 상정된 대도시권 광역교통 관리에 관한 특별법, 즉 광역교통법 개정안에 대한 반대토론을 위해 이 자리에 섰습니다.

　이번 광역교통법 개정안은 국토교통위원회에서 충분한 논의 없이 더불어민주당 단독으로 강행 처리한 법안입니다.

　해당 개정안은 국토교통위원회의 교통법안심사소위원회에서 많은 위원들이 법체계나 입법 취지에 부합하지 않으며 위원들 간의 논의와 이해가 부족한 만큼 표결을 서두르지 말고 보다 숙의할 것을 요구했습니다. 심지어 법안 심사에 참여한 존경하는 진보당 윤종오 위원님까지 해당 법안의 시급성과 실효성을 고려하더라도 더 논의한 후에 처리해야 한다고 지적했습니다. 그럼에도 불구하고 더불어민주당 위원들은 국토교통위원회의 교통법안심사소위원회와 전체회의에서 야당 위원들만 참여한 가운데 개정법안을 강행 처리했습니다.

　이처럼 강행 처리되어 오늘 본회의에 상정된 개정안은 광역교통법상 대도시권에 인구 50만 이상인 도청 소재지 도시를 포함하는 조항을 신설함으로써 사실상 전라북도 전주만을 대상으로 하는 개정법안이 되었습니다. 이는 특별시·광역시 및 그 도시와 같은 교통

생활권에 있는 대도시권의 교통 문제를 광역적 차원에서 효율적으로 해결하기 위해 제정된 광역교통법의 입법 취지와 목적에 전혀 맞지 않을 뿐만 아니라 특·광역시가 없는 다른 지역과의 형평성에도 맞지 않습니다.

당초 저희 상임위원회에서는 전라북도 전주뿐만 아니라 강원특별자치도와 제주특별자치도를 대상에 포함하는 내용의 개정안도 함께 심사할 예정이었습니다. 그럼에도 불구하고 더불어민주당 위원들은 현행법이 가지는 정신과 원칙을 부정하는 것을 넘어 다른 지방의 요구는 무시한 채 오로지 전라북도 전주시만을 법안에 담아 일방적으로 처리했습니다. 또한 광역교통법 개정 방식이 아니라 전북특별법을 개정하여 해결하자는 국토교통부의 대안이나 도로법 개정을 통해 전북의 도로망을 우선적으로 구축하자는 기획재정부의 대안 제시도 묵살하였습니다.

더불어민주당의 주장대로 지역의 소외를 극복해야 한다면 왜 전라북도 전주만이 특혜를 받는 대상이 되어야 합니까? 전라북도와 같이 특·광역시가 없는 강원특별자치도와 제주특별자치도는 왜 그 대상에서 제외시켰습니까? 또 50만 이상의 인구를 가진 다른 도시들은 앞으로 어떻게 할 것입니까?

존경하는 선배·동료 의원 여러분!

지난달 25일 통계청이 발표한 2024 한국 사회지표에 따르면 우리나라 국가기관들 중에서 국회가 국민들의 신뢰도가 가장 낮은 것으로 나타났습니다. 22대 국회는 국민들로부터 역대 최악의 국회라는 오명을 쓰고 있습니다.

국회의 다수 의석을 차지한 더불어민주당과 거대 야당은 대화와 타협보다는 언제나 힘의 논리만 앞세워 왔습니다. 압도적인 다수 의석을 바탕으로 탄핵을 남발했지만 모두 기각, 그 결과는 9전 9패였습니다. 다수의 힘에 기대어 일방·단독·강행의 정치에 빠지면 결국 의회민주주의와 정당정치는 무너지고 그 피해는 국민에게 돌아갑니다. 22대 국회의 부끄러운 자화상입니다.

오늘 대도시권 광역교통 관리에 관한 특별법 개정안을 본회의에서 통과시킨다면 또 하나의 큰 오점을 남기게 될 것입니다. 지금이라도 광역교통법 개정안이 국토교통위원회 위원들 간에 충분히 논의되고 합의 처리될 수 있도록 원점에서 다시 검토할 수 있도록 해 주시기 바랍니다.

우리 국토교통위원회는 할 수 있는 상임위입니다. 오늘 상정된 개정안에 대해서는 반대해 주실 것을 간곡히 당부드리면서 토론을 마치도록 하겠습니다.

경청해 주셔서 감사합니다.

○**부의장 이학영** 권영진 의원 수고하셨습니다.

다음으로 이춘석 의원 나오셔서 토론해 주시기 바랍니다.

○**이춘석 의원** 존경하는 이학영 국회부의장님 그리고 선배·동료 여러분!

전북 익산갑 출신의 더불어민주당 이춘석 의원입니다.

저는 이 개정안과 직접적인 관련이 있는 전북 출신의 국회의원이기 때문에 어느 누구보다도 이 법안에 대해서 많이 검토했고 그 내용에 대해서도 어느 누구보다 많이 안다고 자부합니다.

그런데 방금 존경하는 권영진 의원님이 이 법이 전주에 특혜를 주고 입법 체계에 어긋난다라고 반대토론을 하셨습니다. 저는 이 법안의 내용을 한 번만 살펴보면 그런 주장을 할 수 없다고 생각합니다.

이 법은 22대 국회가 출범해서 바로 출범했고 우리 국토소위에서 여러 차례 논의가 됐습니다. 저기에 앉아 계시는 박상우 국토부장관께서도 '법의 취지에 충분히 동의한다. 그래서 국회에서 해 주신다고 하면 저희는 반대하지 않겠다'라고 했고 국토위 소위 여러분들도 여러 차례에 걸쳐서 '다음번에는 반드시 통과시키게 해 주겠다'라고 하면서 기일을 넘겼습니다. 그런데 다른 법과 연관해서 안 되니까 결국에는 이 법이 통과 못 됐다고 저는 봅니다.

이 법의 내용에 대해서 한 번만 살펴봅시다. 소위 대광법이라고 불리는 이 법은 정확히 제명이 이렇게 되어 있습니다. 단말기의 제명을 한 번만 봐 주십시오. 대도시권 광역교통 관리에 관한 특별법입니다. 이 법의 방점은 특별법에 있습니다. 이 법이 특별법이라는 탈을 쓴 일반법이 우리나라 헌법체계나 법체계에 맞느냐는 근본적인 논의가 필요하다고 저는 생각합니다. 여러분이 잘 아시다시피 특별법은 특정 지역과 특별 대상의 국민한테 적용되는 법입니다. 일반법은 모든 지역과 모든 국민에게 적용되는 것이 일반법입니다. 그런데 이 법은 특별법의 형태를 띠면서 일반법화되어 있습니다.

이 법은 1997년도에 제정되었습니다. 그때 서울특별시와 경기도, 인천시의 광역교통망이 안 되기 때문에 이것을 해결하자는 법으로 통과되었습니다. 그때까지는 이 법의 취지에 맞습니다. 특별법입니다. 그런데 2000년도에 여러 지역에 사시는 국회의원님들이 왜 수도권만 광역교통을 지원하느냐, 돈을 지원하느냐, 우리 지방에도 달라 그래서 각 가지고 있는 광역시가 이 대도시권에 전부 포함되었습니다. 대전과 충남, 광주와 전남, 대구와 경북, 부산과 경남, 울산 이렇게 포함됐습니다. 제주도는 섬이기 때문에 광역교통체계가 필요없다고 생각하면 우리나라의 16개 광역단체가 대한민국 영토 내에 있습니다.

그중에 전라북도만 제외하고 모든 법이 이 법의 적용 대상입니다. 광역시가 없는 강원도는 서울특별시권에 포함시켰고 광역시가 없는 충청북도는 대전권에 포함시켰습니다. 그래서 2000년도부터 지금까지 25년 동안 무려 광역교통망 체계를 구축하는 데 국비 176조가 투입됐습니다. 그런데 그중에, 대한민국 중에서 전라북도만 176조의 단 1원도 투입되지 않았습니다. 광역교통체계에 들어가지 못해서 우리 전라북도만 차별받고 있는 법이라고 전라북도 도민들은 생각합니다.

이 법이 특별법 형태가 적용되지만 모든 특별법이고 단 하나, 전라북도는 대한민국이 아니다, 너네는 이 법의 적용 대상이 아니다 합니다. 그런데 이번에 전라북도를 대도시권 광역법에 포함시켜 달라는 내용입니다. 이게 헌법체계에 위반됩니까? 법체계에 위반됩니까? 이것은 오히려 전라북도가 지금까지 차별받은 부분을 치유하는 법입니다. 여러분들 다 지역구 갖고 계시지 않습니까? 저나 전라북도 의원, 유일하게 전국에서 소외된 전라북도만 이 법의 적용 대상이 아니기 때문에 포함시켜 달라는 것이 법체계 위헌입니까?

저는 그렇지 않다고 생각합니다. 여러분들께서……

(발언시간 초과로 마이크 중단)

⋯⋯

(마이크 중단 이후 계속 발언한 부분)
한 번만 더 심사숙고해 주셔서 이제까지 교통 소외가 이루어진 전라북도가 다시는 대한민국 땅이 아니라, 대한민국 영토라는 자부심을 갖고 살아갈 수 있도록 꼭 이 법에 대해서 찬성 투표해 주실 것을 부탁드립니다.

고맙습니다.

○**부의장 이학영** 이춘석 의원 수고하셨습니다.

이상으로 토론을 종결할 것을 선포합니다.

그러면 대도시권 광역교통 관리에 관한 특별법 일부개정법률안(대안)을 의결하도록 하겠습니다.

투표해 주시기 바랍니다.

(전자투표)

투표를 다 하셨습니까?

그러면 투표를 마치겠습니다.

투표 결과를 말씀드리겠습니다.

재석 246인 중 찬성 171인, 반대 69인, 기권 6인으로서 대도시권 광역교통 관리에 관한 특별법 일부개정법률안(대안)은 가결되었음을 선포합니다.

(찬반 의원 성명은 끝에 실음)

---

25. 아이돌봄 지원법 일부개정법률안(대안)(여성가족위원장 제출)(의안번호 2209390)

26. 아동·청소년의 성보호에 관한 법률 일부개정법률안(대안)(여성가족위원장 제출)(의안번호 2209383)

27. 청소년 보호법 일부개정법률안(대안)(여성가족위원장 제출)(의안번호 2209382)

28. 여성폭력방지기본법 일부개정법률안(백혜련 의원 대표발의)(의안번호 2201472)

29. 양성평등기본법 일부개정법률안(이달희 의원 대표발의)(의안번호 2202989)

30. 성폭력방지 및 피해자보호 등에 관한 법률 일부개정법률안(이달희 의원 대표발의)(의안번호 2202995)

31. 건강가정기본법 일부개정법률안(김상욱 의원 대표발의)(의안번호 2203386)

(14시56분)

○**부의장 이학영** 의사일정 제25항 아이돌봄 지원법 일부개정법률안(대안)부터 의사일정 제31항 건강가정기본법 일부개정법률안까지 이상 7건을 상정합니다.

여성가족위원회의 이달희 위원 나오셔서 7건에 대하여 제안설명 및 심사보고 해 주시기 바랍니다.

○**여성가족위원장대리 이달희** 존경하는 이학영 부의장님 그리고 선배·동료 의원 여러분!

여성가족위원회의 국민의힘 이달희 의원입니다.

우리 위원회에서 심사한 7건의 법률안에 대하여 제안설명 및 심사보고 드리겠습니다.

먼저 아이돌봄 지원법 일부개정법률안은 김정재 의원, 이한규 의원이 각각 대표발의하고……

(「김한규……」 하는 의원 있음)

김한규 의원……

아, 제가 잘못했습니까?

(「이한규라고 하셨어요」 하는 의원 있음)

죄송합니다.

다시 하겠습니다.

아이돌봄 지원법 일부개정법률안은 김정재 의원, 김한규 의원이 각각 대표발의하고 정부가 제출한 총 4건의 법률안을 통합 조정한 것으로 아이돌봄사 국가자격제를 도입하고 아이돌봄 서비스를 제공하는 민간기관에 관한 등록제를 신설하면서 아이돌봄 종사자에 대한 결격사유 적용 및 범죄경력조회 근거를 마련하였습니다.

다음, 아동·청소년의 성보호에 관한 법률 일부개정법률안은 이인선 의원, 한지아 의원, 서범수 의원, 김남희 의원, 김상욱 의원이 각각 대표발의하고 정부가 제출한 7건의 법률안을 통합 조정한 것으로 아동·청소년성착취물 소지·시청죄의 고의의 중복 표현인 '알면서'를 삭제하고 오프라인상 성착취 목적 대화·유인행위에 대한 처벌규정을 마련하는 등의 내용입니다.

다음, 청소년 보호법 일부개정법률안은 신성범 의원, 한지아 의원이 각각 대표발의한 2건의 법률안을 통합 조정한 것으로 청소년의 연령 표시를 '만 나이' 표시에서 '나이'로 하고 나이 및 본인 여부 확인의 협조 규정 등을 신설하였습니다.

다음, 여성폭력방지기본법 일부개정법률안은 백혜련 의원이 대표발의한 것으로 여성폭력 피해자가 이용할 수 있는 시설에 스토킹 피해자 보호·지원 시설을 추가하려는 것으로 원안 의결하였습니다.

다음, 양성평등기본법 일부개정법률안과 성폭력방지 및 피해자보호 등에 관한 법률 일부개정법률안은 본 의원이 대표발의한 것으로 각각 법률에 국가기관 등에서 발생한 성희롱 사건 및 성폭력 사건에 대하여 피해자 보호조치, 사건처리 관련 직원 등에 대한 비밀누설 금지 의무 등을 신설하는 내용입니다.

마지막으로 건강가정기본법 일부개정법률안은 김상욱 의원이 대표발의한 것으로 건강가정지원센터와 다문화가족지원센터를 통합한 가족센터의 설치·운영 근거를 마련하는 등의 내용으로 관련 규정 사항을 정비하였습니다.

보다 자세한 내용은 의원님 단말기의 회의자료를 참조하여 주시고, 아무쪼록 우리 위원회에서 심사하고 제안한 대로 의결해 주시기 바랍니다.

감사합니다.

(대안 및 심사보고서는 부록으로 보존함)

○**부의장 이학영** 이달희 위원 수고하셨습니다.

먼저 아이돌봄 지원법 일부개정법률안(대안)을 의결하도록 하겠습니다.

투표해 주시기 바랍니다.

(전자투표)

투표를 다 하셨습니까?

그러면 투표를 마치겠습니다.

투표 결과를 말씀드리겠습니다.

재석 245인 중 찬성 237인, 반대 2인, 기권 6인으로서 아이돌봄 지원법 일부개정법률안(대안)은 가결되었음을 선포합니다.

(찬반 의원 성명은 끝에 실음)

다음은 아동·청소년의 성보호에 관한 법률 일부개정법률안(대안)을 의결하도록 하겠습니다.

투표해 주시기 바랍니다.

(전자투표)

투표를 다 하셨습니까?

그러면 투표를 마치겠습니다.

투표 결과를 말씀드리겠습니다.

재석 244인 중 찬성 241인, 기권 3인으로서 아동·청소년의 성보호에 관한 법률 일부개정법률안(대안)은 가결되었음을 선포합니다.

(찬반 의원 성명은 끝에 실음)

다음은 청소년 보호법 일부개정법률안(대안)을 의결하도록 하겠습니다.

투표해 주시기 바랍니다.

(전자투표)

투표를 다 하셨습니까?

그러면 투표를 마치겠습니다.

투표 결과를 말씀드리겠습니다.

재석 249인 중 찬성 246인, 기권 3인으로서 청소년 보호법 일부개정법률안(대안)은 가결되었음을 선포합니다.

(찬반 의원 성명은 끝에 실음)

다음은 여성폭력방지기본법 일부개정법률안을 의결하도록 하겠습니다.

투표해 주시기 바랍니다.

(전자투표)

투표를 다 하셨습니까?

그러면 투표를 마치겠습니다.

투표 결과를 말씀드리겠습니다.

재석 252인 중 찬성 252인으로서 여성폭력방지기본법 일부개정법률안은 가결되었음을 선포합니다.

(찬반 의원 성명은 끝에 실음)

다음은 양성평등기본법 일부개정법률안을 의결하도록 하겠습니다.

투표해 주시기 바랍니다.

(전자투표)

투표를 다 하셨습니까?

그러면 투표를 마치겠습니다.

투표 결과를 말씀드리겠습니다.

재석 248인 중 찬성 247인, 기권 1인으로서 양성평등기본법 일부개정법률안은 여성가족위원회의 수정안대로 가결되었음을 선포합니다.

(찬반 의원 성명은 끝에 실음)

다음은 성폭력방지 및 피해자보호 등에 관한 법률 일부개정법률안을 의결하도록 하겠습니다.

투표해 주시기 바랍니다.

　(전자투표)

투표를 다 하셨습니까?

그러면 투표를 마치겠습니다.

투표 결과를 말씀드리겠습니다.

재석 252인 중 찬성 252인으로서 성폭력방지 및 피해자보호 등에 관한 법률 일부개정법률안은 여성가족위원회의 수정안대로 가결되었음을 선포합니다.

(찬반 의원 성명은 끝에 실음)

다음은 건강가정기본법 일부개정법률안을 의결하도록 하겠습니다.

투표해 주시기 바랍니다.

　(전자투표)

투표를 다 하셨습니까?

그러면 투표를 마치겠습니다.

투표 결과를 말씀드리겠습니다.

재석 244인 중 찬성 239인, 기권 5인으로서 건강가정기본법 일부개정법률안은 여성가족위원회의 수정안대로 가결되었음을 선포합니다.

(찬반 의원 성명은 끝에 실음)

---

32. 헌법재판소 재판관 마은혁 임명 촉구 결의안(국회운영위원장 제출)(의안번호 2209493)

(15시07분)

○**부의장 이학영** 의사일정 제32항 헌법재판소 재판관 마은혁 임명 촉구 결의안을 상정합니다.

국회운영위원회의 박성준 위원 나오셔서 이 안건에 대하여 제안설명해 주시기 바랍니다.

○**국회운영위원장대리 박성준** 존경하는 우원식 국회의장님 그리고 선배·동료 의원 여러분!

국회운영위원회 박성준 위원입니다.

지금부터 국회운영위원회에서 제안한 헌법재판소 재판관 마은혁 임명 촉구 결의안에 대해 제안설명드리겠습니다.

동 결의안은 헌정질서 수호의 최후 보루인 헌법재판소 구성을 완성해 지금의 헌정 위기 상태를 극복하기 위해 다음 세 가지 사항을 결의하는 내용입니다.

첫째, 대한민국 국회는 본회의 의결로써 선출한 헌법재판소 재판관 마은혁을 한덕수 대통령권한대행 국무총리가 지체없이 임명할 것을 촉구합니다.

둘째, 대한민국 국회는 헌법재판소 재판관 마은혁 선출안 의결을 관철하기 위한 권한쟁의심판 청구를 지지하고, 국회의 청구와 소송행위가 유효·적법한 행위임을 재차 확인하고, 헌법재판이 헌법이 정한 9인의 헌법재판관 모두가 참여한 상태로 신속하게 이루어질 수 있도록 마은혁 재판관의 임시지위의 인정을 구하는 가처분 사건과 승계집행문 부여 신청 사건 신청 그리고 이에 부수하는 모든 필요한 법적 조치를 지지하고, 국회의장에게 필요한 모든 권한의 행사를 촉구합니다.

셋째, 대한민국 국회는 정부와 대통령실 관계자 등이 마은혁 재판관 임명부작위에 관한 권한쟁의심판 인용 결정에 불복할 수 있다는 태도를 보이는 것에 대해 심히 우려하고, 한덕수 대통령권한대행 국무총리는 헌법에 따라 본인에게 부과된 마은혁 재판관 임명의무를 즉시 이행할 것을 촉구합니다.

보다 자세한 내용은 의원님 좌석 단말기의 회의자료를 참조해 주시고 우리 위원회에서 제안한 대로 의결해 주시기 바랍니다.

감사합니다.

(위원회안은 부록으로 보존함)

○**부의장 이학영** 박성준 위원 수고하셨습니다.

이 안건에 대해 김용민 의원 외 30인으로부터 수정안이 제출되었습니다.

김용민 의원 나오셔서 수정안에 대하여 제안설명해 주시기 바랍니다.

○**김용민 의원** 존경하는 이학영 부의장님 그리고 선배·동료 의원 여러분!

남양주병 출신 더불어민주당 김용민 의원입니다.

지금부터 헌법재판소 재판관 마은혁 임명 촉구 결의안에 대한 수정안에 대하여 설명드리겠습니다.

동 수정안은 헌법재판소 재판관 마은혁의 임명을 통한 헌법재판소 신뢰성 제고의 필요성을 명확하게 하기 위하여 일부 자구 등을 수정한 것입니다.

보다 자세한 내용은 의원님 좌석 단말기의 회의자료를 참조해 주시고 제안한 대로 의결해 주시기 바랍니다.

감사합니다.

(수정안은 부록으로 보존함)

○**부의장 이학영** 김용민 의원 수고하셨습니다.

다음은 이 안건에 대해 토론 신청이 있으므로 토론을 듣도록 하겠습니다.

먼저 박형수 의원 나오셔서 토론해 주시기 바랍니다.

○**박형수 의원** 존경하는 국민 여러분!

이학영 국회부의장님과 선배·동료 의원 여러분!

국민의힘 국회운영위원회 간사 박형수 의원입니다.

저는 오늘 민주당이 일방적으로 추진하고 있는 마은혁 후보자 임명 촉구 결의안에 대해 반대토론을 하기 위해 이 자리에 섰습니다.

여러분들께서 잘 아시다시피 대통령에 대한 탄핵심판 선고일이 4월 4일로 정해졌습니다. 선고일을 이틀 앞두고 새로운 헌법재판관 임명을 촉구하는 결의안을 통과시킨다는 것 자체가 이미 어불성설입니다.

먼저 대통령 탄핵심판의 공정성과 헌법재판소의 신뢰 확보를 위해서도 마은혁 후보자를 헌법재판관에 임명해서는 안 됩니다.

이미 헌법재판소는 그간의 탄핵심판 과정에서 공정성·형평성에 있어서 많은 논란을 자초하였습니다. 이러한 상황에서 민주당이 일방적으로 추천하였고 이념적·정치적 편향성이 매우 큰 마은혁 후보자가 탄핵심판에 관여하게 된다면 헌법재판소는 더욱더 공정성 시비에 휘말리게 될 것입니다.

선고일 이틀 전에 마 후보자를 탄핵심판에 참여시킨다는 것은 경기에 참여하지도 않은 심판이 판정을 하게 하는 것과 마찬가지입니다. 마은혁 후보자가 탄핵심판에 참여하여 탄핵이 인용된다면 탄핵에 반대하는 국민들은 당연히 그 결과를 승복할 수 없을 것이고 탄핵에 찬성하는 국민들조차도 판결의 정당성과 공정성에 의문을 제기할 것입니다.

둘째, 마은혁 후보자를 이제 와서 임명하는 것은 탄핵 선고를 더욱 지연시키게 될 것입니다.

마은혁 후보자가 임명되어 탄핵 선고에 관여하려면 헌재로서는 변론을 제기할 수밖에 없습니다. 탄핵 정국이 길어지면서 국민 분열과 혼란이 가중되는 상황을 막기 위하여 여야 모두 신속한 결론을 요청해 왔는데 변론을 제기하여 탄핵 선고를 지연시킨다는 것은 국가적으로 결코 바람직하지 않습니다.

셋째, 애초에 마은혁 후보자는 그 추천 절차부터 여야 간 합의 추천이라는 국회의 오랜 관행을 일방적으로 깨트린 폭거였습니다. 그럼에도 민주당이 반복해서 마은혁 후보자 임명 촉구안을 밀어붙이는 것에 대해 강력한 유감을 표하는 바입니다.

넷째, 지금 마은혁 후보자를 임명한다면 그 임명으로 인해 이미 탄핵 찬반으로 나누어져 있는 국민들의 분열을 더더욱 부채질하게 될 것입니다.

국민들은 민주당이 마은혁 후보자 임명에 이토록 집착하는 이유를 다 알고 계십니다. 마은혁 후보자 임명이 곧 탄핵 인용 정족수 하나를 자동 확보하는 것과 마찬가지라는 것을 모든 국민들께서 인지하고 계십니다.

가뜩이나 탄핵심판 결과에 따라 극심한 국민 분열이 우려되는 상황에서 임명 그 자체로 국민을 자극하고 분열시킬 마은혁 후보자 임명 촉구 결의안을 굳이 통과시키려는 민주당의 저의가 도대체 무엇입니까?

존경하는 선배·동료 의원 여러분!

대통령 탄핵심판 선고를 이틀 앞둔 지금 우리 국회가, 우리 정치권이 해야 할 일은 국민들께서 헌재의 심판 결과에 승복하도록 자제시키고 설득하여 민주주의와 법치주의를 지키고 국민 통합을 이루어 내는 것입니다.

그럼에도 불구하고 이재명 대표는 4·3과 5·18을 거론하며 불복을 시사하는 듯한 발언을 했고 민주당 모 의원은 자신의 SNS에 헌재의 불의한 선고에는 불복할 수밖에 없다며 노골적으로 불복을 선동했습니다. 민주노총 역시 총파업 투쟁에 나섰으며 어제부터 탄핵 선고일까지 72시간 비상행동을 시작했습니다.

또한 지난 2017년 박근혜 전 대통령 탄핵 선고 당일 4명의 사망자가 발생한 사례가 있었고 지난 1월 19일에는 대통령 구속영장 발부에 항의하는 시민들이 서부지법에 난입하는 우려스러운 상황도 발생했습니다.

우리 정치권이, 우리 국회가 지금 해야 할 일은 이러한 우려스러운 상황에 대하여 자제를 촉구하고 걷잡을 수 없는 지경에 이른 국민 분열과 갈등을 수습하는 길입니다. 지금 우리 국회가 이러한 혼란과 분열을 예방하고 수습하기 위한 결의안을 처리해도 모자랄 판에 반대로……

(발언시간 초과로 마이크 중단)

....

(마이크 중단 이후 계속 발언한 부분)

갈등을 더 부추길 마은혁 후보자 임명 촉구안을 채택해서야 되겠습니까?

의원 여러분들께서는 국민 분열과 갈등을 더더욱 부추길 마은혁 후보자 임명 촉구안에 대해 반대해 주시기 바랍니다.

이상입니다.

··

○**부의장 이학영** 박형수 의원 수고하셨습니다.

다음으로 강유정 의원 나오셔서 토론해 주시기 바랍니다.

○**강유정 의원** 존경하는 국민 여러분!

이학영 국회부의장님 그리고 선배·동료 국회의원 여러분!

더불어민주당 문화예술 비례대표 국회의원 강유정입니다.

설마 했습니다. 오늘 국회가 헌법재판소 재판관 마은혁 임명 촉구 결의안을 의결하는데 국민의힘이 갑자기 반대토론을 한다는 겁니다. 설마 했습니다.

2025년 2월 27일, 이미 대통령권한대행이 국회가 선출한 국민을 헌법재판관으로 임명하지 않았다는 게 위헌이며 위법하다는 점을 결정했습니다.

참담합니다. 개개인이 헌법기관이라는 국회의원이 어떻게 헌법을 준수하자는 의결안을 반대하고 헌법을 어기자라고 반대토론을 하며 주장할 수 있습니까?

심지어 자리에 있지도 않습니다. 듣지도 않습니다. 투표권을 아예 포기하고 나가고 있습니다. 국민의 대표 자격이 있습니까?

없습니다. 도대체 옳고 그른 것조차 모르는 듯합니다.

공공의 적 한덕수 국무총리는 왜 마은혁 헌법재판관을 임명하지 않습니까? 돌아온 지 열흘째입니다.

지난 3월 30일 천주교 사제·수도자 성명서는 공직의 타락을 질타하고 있습니다. 바로 헌재의 결정을 짓뭉개는 상황을 두고 공직의 타락이다라고 말한 겁니다. 타락한 공직자는 뭡니까? 공공의 적이 됩니다. 자기에게 직을 준 윤석열에게만 충성하고 한덕수, 최상목 이 두 대행은 이제 공직자가 아니라 공공의 적, 공적이 돼 버린 겁니다. 헌법은 누구의 것입니까? 민주시민, 민주국가, 주권자 국민을 위해 존재하는 게 헌법입니다.

헌법재판소법 제6조 1항은 재판관의 임명에 대해 "재판관은 대통령이 임명한다. 이 경우 재판관 중 3명은 국회에서 선출하는 사람을, 3명은 대법원장이 지명하는 사람을 임명한다."라고 이미 써 놓고 있습니다. 명기하고 있습니다.

2024년 12월 9일 마은혁 재판관은 국회 몫의 헌법재판관으로 추천됐습니다. 2024년 12월 26일 14시 57분 마은혁·정계선·조한창 헌법재판관후보자 임명동의안이 국회를 통과했습니다.

마은혁 후보자를 임명하지 않은 것에 대해 국회의장이 제기한 권한쟁의심판도 이미 2025년 2월 27일에 인용됐습니다. 인용결정문은 분명하게 짚고 있습니다. 최상목 권한대행이 마 후보자를 임명하지 않은 것은 국회 권한을 침해한 행위다라고 말입니다.

오늘이 며칠입니까? 2025년 4월 2일입니다. 임명동의안이 통과된 지 98일째입니다. 그런데 마은혁 헌법재판관, 여전히 우리가 후보라 부릅니다. 왜입니까? 헌법재판관 8인이 전원이 뜻을 합쳐 마은혁 헌법재판관 임명하지 않는 건 위헌이다 밝혔습니다. 마은혁 후보를 헌법재판관으로 임명하는 게 권한대행으로서 헌법을 수호하고 헌법을 지킬 의무다라고 짚은 겁니다.

한덕수 총리, 권한대행은 대한민국의 공복이 아니라 국민에게 총칼 들이댄 윤석열의 사복, 부하 그리고 졸개입니까? 왜 지엄한 헌법은 무시하고 직무정지된 윤석열만 바라보고 있습니까? 국민에게 총칼을 들이대는 윤석열 바라보면 헌법도 그냥 달면 삼키고 쓰면 뱉는 그런 것이 됩니까? 지금 우리 헌법은 우리가 통과해 온 피와 눈물로 만든 민주주의 결실이자 헌정과 민주주의를 지키는 최소한의 울타리입니다.

（「그래서 공산주의자는 안 돼요」 하는 의원 있음）

（「뭔 정신 나간 소리 하고 있어」 하는 의원 있음）

（장내 소란）

대통령권한대행이란 자들이 헌법 울타리에 개구멍을 만들어서 누구는 되고 누구는 안 된다고 마음대로 갖고 놉니다.

（「누가 공산주의자야! 정신 나간 사람 아니야?」 하는 의원 있음）

세 분의 후보자 중 자기 멋대로 두 사람을 자기 취향대로 취사선택해서 임명했습니다.

최상목이 법 위에 있습니까? 자신은 어기면서 남은 지키려 하며 유체이탈도 유분수입니다.

한덕수 권한대행은 또 어떻습니까? 헌재의 직무 복귀 결정은 날름 먹었습니다. 임명하라는 결정은 모르는 척, 안 들리는 척, 안 보이는 척 헌법을 짓뭉개고 있습니다.

이 두 사람이 헌법재판소와 헌법, 법률을 무시하는 동안 뭐 하셨습니까? 무려 100일 가까이 됩니다. 뭐 하고 있었습니까? 수많은 국민들이 생업을 접고 거리에서 윤석열 파면을 외치고 마은혁 재판관 임명 외치고 있습니다. 뭐 하고 있습니까!

（발언시간 초과로 마이크 중단）

··

（마이크 중단 이후 계속 발언한 부분）

헌법재판소에서 제대로 된 꼴을 갖추면 안 될 절체절명의 이유라도 있습니까?

지금 국민의힘 정신 차리십시오! 어디 감히 헌재를 흔들고 있습니까? 어디 감히 반대토론을 합니까? 어디 감히 전 국민이 보는 앞에서 헌재를 흔듭니까? 정신 차리십시오. 헌법 불복종을 여기서 멈추길 명령합니다!

··

（「부의장님, 동료 의원의 발언에 대해서 공산주의자라고 한 국민의힘 의원에 대해 서 징계해 주십시오」 하는 의원 있음）

（「어떻게 공산주의라고 얘기합니까? 이거는 주의를 주십시오」 하는 의원 있음）

○**부의장 이학영** 자, 의원님들……

（장내 소란）

양당 수석님들 나오십시오. 양당 수석님들 나오십시오.

（「박충권 의원, 사과하세요. 공산주의자라니!」 하는 의원 있음）

（「국회의원 전체를 모욕한 겁니다」 하는 의원 있음）

（「징계합시다, 징계」 하는 의원 있음）

（「제명합시다, 제명」 하는 의원 있음）

（부의장, 각 교섭단체 수석부대표의원과 협의）

의원님들은 자리로 들어가세요.

노종면 의원님, 자리로 가세요.

노종면 의원님, 자리로 가세요.

제가 양 수석하고 논의하겠습니다.

노종면 의원님, 자리로 가세요.

(○박성준 의원 발언대 옆에서 — 지금 의사진행발언에서 한 개인의 의견에 대해서 공산주의자라고 하는 낙인을 찍었다라고 하는 것은 있을 수 없는 일이고요. 그 해당 발언을 한 박충권 의원의 입장이 무엇인지, 정확하게 어떤 뜻인지 여기서 해명하라고……)

그러시면 양당 한 분씩 발언을 해 주세요, 여기서.

(○박성준 의원 발언대 옆에서 — 그게 아니라 이건…… 부의장님, 박충권 의원이 개인적으로 지금 국회 본회의장에서, 그것도 본회의 발언을 하는 의원에게 공산주의자라고 하는 칭을 했다고 하는 것 자체가 그 사람이 어떤 뜻이고 이 사상에 대한 것을 지적을 하는 것 아니겠습니까?)

(○박형수 의원 발언대 옆에서 — 아니, 마은혁 후보자에 대해서 얘기한 거 아니에요?)

맞습니다.

(○박성준 의원 발언대 옆에서 — 무슨 소리예요, 여기서 얘기한 건데.)

(○박형수 의원 발언대 옆에서 — 아니, 여기는 아니라니까요. 마은혁 후보자에 대해서 얘기한 거지. 부의장도 그렇게 들었다잖아요.)

(○박성준 의원 발언대 옆에서 — 그게 아니잖아요, 지금.)

(○박형수 의원 발언대 옆에서 — 그러니까 그건 마은혁 후보자에 대한 얘기지.)

(○박성준 의원 발언대 옆에서 — 아니, 그러면 박충권 의원이 어떤 뜻으로 했는지 본인이 설명해야지, 여기서 그렇게.)

(○박형수 의원 발언대 옆에서 — 아니, 그거 꼭 본인이 할 필요가 뭐 있어요? 그건 우리가 결정하는 거예요.)

(장내 소란)

제가 결정하겠습니다.

박충권 의원님 나오셔서 발언이 왜곡됐으면 왜곡됐다, 발언했으면 했다 발언해 주세요.

(○박형수 의원 발언대 옆에서 — 우리가 통상 이 본회의장 안에서 뭔 얘기를 했을 때 상대방에서 항상 나와서 해명을 해야 됩니까? 그렇지 않잖아요. 본인이 신상발언 안 해도…… 제가 들었는데 그건 강유정 의원에 대한 것이 아니라 마은혁 후보자에 대한 얘기였다고 합니다. 이것을 그렇게 전달합니다. 전달해 드렸는데 의장님이 또 그렇게 하는 건 맞지 않지요.)

아니, 저쪽에서 아니라고 하니까.

(○박형수 의원 발언대 옆에서 — 뭐가 아니라고 해요?)

강유정 의원한테 했다는 거예요.

(○박형수 의원 발언대 옆에서 — 아니, 본인이 지금 그렇지 않다라고……)

(○박성준 의원 발언대 옆에서 — 아니, 본인이 지금…… 그게 아니라 그 맥락을 얘기하라고 하세요, 그러면.)

(「그냥 한마디 했어요, 공산주의자라고」 하는 의원 있음)

(장내 소란)

두 분 들어가세요.

제가 결정하겠습니다.

제가 결정하겠습니다.

의원님들 앉으세요. 앉으세요.

박충권 의원, 계세요. 박충권 의원님은 계세요. 거기 좀 계세요.

앉으세요, 앉으세요.

정리하겠습니다.

박충권 의원님은 앉아서…… 본인이 억울할 수도 있을 테고, 또 했다고 듣기도 하니까 본인의 신상발언을 통해서 어떤 의도로 그 발언을 했는지 말씀하세요.

(○박충권 의원 의석에서 — 할 생각 없습니다.)

(장내 소란)

의원님들!

(「상습적이에요. 맨날 공산주의자래, 무슨 말만 하면. 근거도 없이……」 하는 의원 있음)

(「정치인이 말에 대해 책임을 안 져!」 하는 의원 있음)

의원님들, 좀 조용히 해 보세요.

(「강유정 의원의 얘기를 들어야 됩니다」 하는 의원 있음)

(○박성준 의원 발언대 옆에서 — 부의장님, 이건 본회의장에서 헌법의 가치에 있어서의 가장 중요한 자유민주주의를 얘기하는 전당에서, 이 본회의장에서 공산주의자라는 용어를 쉽게 쉽게 쓰는 것에 대해서는 엄벌해야 되는 겁니다, 이건.)

(「여기서 정확하게 들었습니다, 부의장님」 하는 의원 있음)

의원님들.

(「여기 다 들었습니다」 하는 의원 있음)

지금 박충권 의원님께서 그 공산주의자라는 용어를 쓴 것은 저도 들렸어요. 그렇기 때문에 공산주의자라는 발언은 있었던 것 같고. 다만 그것이 어떤 의도에서 했는지는 본인에게 들어 보려고 의원님께서 나와서 신상발언하라고 했는데 본인이 거부하고 나가셨으니까 이것을 어떻게 할 건지는 다음에 정리를 할 테니, 오늘은 나가신 분을 우리가 억지로 또 오시라고 할 수는 없는 것 아니겠습니까.

그래서 의회 차원에서 또는 정당 차원에서 이 발언을 어떻게 할 건지 논의해서 사후 절차를 밟도록 하는 것이 나을 테고, 지금은 본인이 거절하고 나갔는데 가서 본인을 참석하라고 누가 강제할 수는 없는 거잖아요. 그래서 이 정도로 하고, 다음에 조치하기로 하고 오늘은 이대로 정리하도록 하겠습니다.

수석님.

(○박성준 의원 발언대 옆에서 — 우리 민주당 입장에서는 의사진행발언을 신청하려고 했더니 이건 뭐 여야 합의 사항입니까, 의사진행발언은? 하여튼 의사진행발언에 대해서 신청을 좀 하고 싶고요. 그리고 강유정 의원 시간 되면 신상발언 신청하려고 하고요.)

그러면 저쪽 수석 한 번 더 오라고 하십시오, 내가 주겠다고 하려니까. 본인한테……

국민의힘 수석, 계시면 앞으로 좀…… 양 수석 좀 나와 주십시오.

이건 수습을 해야 되니까 나오세요.

민주당에서는……

　(부의장, 각 교섭단체 수석부대표의원과 협의)

자, 그러면 양당에서 한 분씩 의사진행발언을 하겠습니다.

오늘 본회의는 이상으로……

　(장내 소란)

정회가 아니고요, 토론을 종결하겠다고 하는 거니까 너무 앞서가지 마십시오.

이상으로 토론을 종결할 것을 선포합니다.

ㅇ 의사진행발언

(15시36분)

○**부의장 이학영**　다음은 의사진행발언 신청이 있어서 민주당에서 한 분 나오셔서 의사진행발언하시기 바랍니다.

그리고 국민의힘에서도 의사진행발언 준비해 주시기 바랍니다.

박성준 수석 발언하십시오.

○**박성준 의원**　발언을 좀 하도록 하겠습니다.

오늘 본회의장에서 마은혁 헌법재판관 임명 촉구 결의안과 관련해서 찬반 토론이 있는 과정에서 강유정 의원님께서 발언하는 와중에 국민의힘에 있는 박충권 의원이 '공산주의자'라고 하는 발언을 했습니다. 상당히 이거는 헌법적 가치를 훼손하고 헌정 가치를 무너뜨리는 중대한 발언이라고 저는 생각합니다.

무슨 얘기냐 하면, 마은혁 헌법재판관은 왜 우리가 임명 촉구 결의안을 냈습니까? 헌정 체제, 국회가 임명한 마은혁 재판관을 임명하지 않고 헌법재판소의 불완전성을 만들었던 한덕수 국무총리, 권한대행에게 헌법재판소의 9인 체제를 완성하는 것이 헌정질서를 유지하는 거고 헌정질서를 복원하는 거고 그것을 기본으로 해서 헌법재판이 이루어진다라고 하는 당위성을 설명하기 위한 자리였고 그것을 찬성토론 하는 데 있어서 강유정 의원이 말씀하는 그 과정이었습니다.

그런데 국민의힘에서는 항상 가장 중요한 자유민주주의를 외치면서 상대 후보를, 아니면 상대 당을 정치적으로 몰이를 하는 정치적 수사가 뭐였냐면 그동안에 반국가세력, 반공산주의전체세력 이러한 용어를 쓰면서 그들의 정치적 이데올로기를 강화하는 데 있어서의 정치적 전선을 구사해 왔던 것이 그들의 정치적 선동술이었습니다.

그것이 어떤 것으로 가장 결사체를 이루었냐? 바로 윤석열의 12·3 내란의 실질적 모태가 뭐였냐? 결국 상대의, 적이라고 하는 정치적 정적들을 제거하기 위한 이념적 이데올로기가 반전체주의세력이었고 공산주의세력이었고 반국가세력이라고 하는 부분을 가지고 그 자신의 정치세력을, 제거시키기 위한 하나의 정치적 이데올로기화했던 모습이 있었고 그 가운데 극우세력의 이데올로기적 성향을 만들어 가는 그 논리가 공산주의라고 하는 용어를 쓰면서 정치 선동술로 가져왔던 것이 지금 국민의힘의 정치적 이데올로기 전선이었는데, 오늘 본회의장에서 마은혁 헌법재판관을 임명하는 헌법적 가치를 수호하겠다라고 하는 강유정 의원의 발언에 대해서 공산주의자라고 하는 용어를 썼다고 하는 것은 결국은 뭐냐? 윤석열이 기도했던, 기획했던 내란 세력의 그 이데올로기를 답습했던 정치적 수사다 이렇게 저는 생각하고 있습니다. 이것은 국회 본연의 가치이고 우리가 추구하는 헌법적 가치를 훼손하는 데 있어서의 가장 극단의 언어라고 생각하기 때문에 이것을 용납할 수 없는 것이다.

그렇기 때문에 가장 중요한 맥락상에서 박충권 의원이 그러면 이 자리에서 자신 있었던 공산주의라는 게 도대체 어떤 의미냐라고 하는 것을 신상발언을 우리가 기회를 줬는데 그것마저 무시하고 나갔다라고 하는 것은, 또 국회부의장께서 그 시간을 줬는데 거부하고 나갔다라고 하는 것은 뭐냐? 국회 자체를 모독했다라고 볼 수밖에 없습니다.

여기에 대해서는 용납할 수 없는 문제이고 국회 차원에서 이것은 반드시 징계해야 되는 거 아니냐, 징계를 넘어서 가장 중대한 사안이라고 볼 수 있기 때문에 우리는 이 사건에 대해서는 묵과할 수 없다라고 하는 것을 분명히 선언해야 될 것 같고요.

또 하나, 국민의힘의 의원들은 이 문제에 대해서 자신들의 입장이 있다고 하면 여기서 결론을 내고 나가야 되는 거예요. 그것이 정치인의 올바른 도리이고 정당인으로서 국민의힘이 자신들의 가치가 있고 자신 있다고 하면 여기서 확실하게 매듭을 짓고 나가야 되는데 여기서 퇴장했다라고 하는 것은 국회의원으로서 정당인으로서 집권당인 국민의힘의 의원으로서 이것은 올바른 자세가 아니다라고 하는 것을 분명히 말씀드립니다.

여기에 대해서 저는 사과를 떠나서 국민의힘의 입장을 듣고 싶습니다. 그래서 저희가 여기에 대해서 이 의사진행발언을 했던 거고, 국민의힘 두 분의 의원이 지금 남아 있는데 국민의힘 입장을 저는 듣고 싶습니다.

그 맥락과 국민의힘 입장이 무엇이고 박충권 의원은 과연 어떤 생각을 갖고 이 얘기를 했는지, 국회를 모독하는 발언에 대해서는 우리가 도저히 용납할 수 없는 문제기 때문에 반드시 저는 박충권 의원의 발언과 입장과 국민의힘의 입장을 듣고 싶습니다.

거기에 따라서 우리가…… 본인이, 저는 듣고 싶습니다. 그래서 이 의사진행발언을 통해서……

(발언시간 초과로 마이크 중단)

....

(마이크 중단 이후 계속 발언한 부분)
박충권 의원의 본인의 발언을 듣고 싶다, 국민의힘의 입장을 듣고 싶습니다. 그에 따라서 우리 민주당 입장을 정하도록 하겠습니다.

이상입니다.

....

○**부의장 이학영** 다음은 박형수 의원 의사진행발언해 주십시오.
○**박형수 의원** 국민의힘 원내수석부대표 박형수 의원입니다.

오늘 본회의 과정에서 어떤 발언이 있었는지 정확하게 저는 듣지 못했습니다만 후에 확인해 본 결과로는……

(「제가 들었습니다. 공산주의자라고 했습니다」 하는 의원 있음)

좀 들으세요.

그래서 지금 아까도 박충권 의원님이 여기서 본인 발언을 못 하고 나가신 게 여러분들께서 집단적으로 그렇게 얘기를 하시니까 위세에 눌려서 그렇게 된 거 아니겠습니까? 제가 얘기할 때도, 반대토론할 때도 여러분 얼마나 압박하셨습니까? 이게 민주주의적인 자세입니까?

　　(장내 소란)

　제가 말씀드릴게요. 좀 들어 보세요.

　그 과정에서 어떤 말이 나왔는지는 제가 정확하게 확인하지 못했습니다마는 후에 듣기로는 공산주의자라는 발언이 나왔다고 해요, 국회부의장님도 들으셨다고 하니까.

　그런데 그 발언은 마은혁 후보자에 대한 발언이지 그게 강유정 의원에 대한 발언일 수가 있겠습니까? 그리고 그 부분은 제가 직접 박충권 의원한테 확인한 부분입니다. 아니, 의사진행발언을 하는데 왜 그 사람을 막 공산주의라고 얘기를 하겠습니까?

　그리고 여러분들께서 다들 아시다시피 마은혁 후보자는 인민노련에서 활동한 것이 상임위 과정에서도…… 아니, 상임위가 아니라 인사청문회 과정에서 수없이 문제가 됐어요. 그 부분에 대해서 여느 국민들께서 다들 알고 계시는 부분인데 그거를 여기서 발언했다고 해 가지고 그게 특별히 문제가 되겠습니까? 저는 그렇게 생각합니다.

　　(장내 소란)

　어떤 의견에 대해서……

○**부의장 이학영** 발언이 들리지 않습니다, 너무 시끄러워서.

○**박형수 의원** 어떤 사안에 대해서 본인이 무슨 생각을 가지고 있는지를 표명하는 것은 의사표현의 자유입니다. 그리고 지금도 보십시오. 지금도 아까도 제가 발언할 때 계속 저렇게 얘기하시더니 지금 의사진행발언하는데도 마찬가지입니다. 이 민의의 전당인 국회에서도 이렇게 다른 사람이 발언할 때 이렇게 압박을 하는데 본인한테 어떤 압박을 했으면 본인 해명도 못 하고 나갔겠습니까?

　저는 이거는 민주주의적인 태도가 전혀 아니다라고 생각을 합니다. 그리고 이 문제에 대해서는 박충권 의원이 추후에 본인에 대한 입장, 본인 입장이 나올 거라고 생각을 합니다.

　그리고 저는 아까도 말씀드렸습니다마는 지금 국회가 이렇게 우리끼리 또 싸움으로 인해서 국민들께 뭘 보여 주려고 하십니까?

　지금 탄핵심판이 선고되면 국민들께서 두 쪽이 나서 싸우실 겁니다. 이것을 우리가 말리는, 그렇게 하면 안 된다라는 대국민 메시지를 내야 되는 것이지 어떻게 이 싸우는 모습을 그대로 보여 줘서 국민들께 또 싸우라고 부추기겠습니까. 저는 이 진행 방식 자체가 대단히 비민주적이라고 생각을 합니다.

　그리고 부의장님께서는 어떻게 개인이 발언을 하지 않겠다고……

　　(「25년 동안 법관 생활을 한 사람을 공산당이라고 할 수 있어요? 그것은 사법부에 대한 모독이에요」 하는 의원 있음)

　개인이 발언하지 않겠다고 나간 그 상황을 어떻게 해서, 다시 들어와서 강제로 발언하라고 하겠습니까. 그것은……

　　(「개인이 발언을 하겠다고 했는데 만류한 것 아닙니까」 하는 의원 있음)

　누가 말려요? 그렇지 않습니다. 본인이……

　　(「국민의힘이 만류했지 않습니까, 자기가 하겠다는데」 하는 의원 있음)

언제 하겠다고 그랬습니까? 전혀 그렇지 않았습니다.

(「제가 하겠다는 것을 들었어요, 여기서」 하는 의원 있음)

저하고 일문일답할 것은 아니고요.

본인이 나간 상황에서 억지로 들어와서 발언하라, 그런 태도는 있을 수가 없다고 생각합니다. 민주주의 원칙에 어긋나고 양심의 자유에 반하는 일입니다.

앞으로 이 부분에 대해서는 우리 국회부의장께서 잘 좀 정리를 해 주셨으면 합니다.

이상입니다.

○**부의장 이학영** 오늘 이 일은 이제 오늘 이 자리에서 더 이상 진행할 수 있는 일은 없습니다. 의원님들께서 고정하시고 이후에 어떤 절차를 밟을 것인지는 아마, 절차를 논의해 주시기를 바랍니다.

그러면 국회법 제96조에 따라 수정안부터 먼저 표결하도록 하겠습니다.

헌법재판소 재판관 마은혁 임명 촉구 결의안에 대한 수정안에 대하여 투표해 주시기 바랍니다.

(전자투표)

투표를 다 하셨습니까?

그러면 투표를 마치겠습니다.

투표 결과를 말씀드리겠습니다.

재석 186인 중 찬성 184인, 반대 2인으로서 헌법재판소 재판관 마은혁 임명 촉구 결의안에 대한 수정안은 가결되었음을 선포합니다.

(찬반 의원 성명은 끝에 실음)

수정안이 가결되었으므로 원안은 표결하지 않겠습니다.

그러면 헌법재판소 재판관 마은혁 임명 촉구 결의안은 수정한 부분은 수정안대로, 기타 부분은 원안대로 가결되었음을 선포합니다.

오늘 회의는 이것으로 마치겠습니다.

산회를 선포합니다.

(15시47분 산회)

【전자투표 찬반 의원 성명】
○합성생물학 육성법안
투표 의원(258인)

찬성 의원(243인)

강경숙	강득구	강명구	강민국	강선영	강선우	강유정	강준현	강훈식	고동진
고민정	곽규택	구자근	권성동	권영세	권영진	권칠승	권향엽	김 건	김교흥
김기웅	김기표	김기현	김남근	김남희	김도읍	김동아	김문수	김민석	김민전
김병기	김병주	김상욱	김석기	김선교	김선민	김성환	김성회	김승수	김승원
김영배	김영진	김영호	김영환	김예지	김용만	김용민	김용태	김우영	김 윤
김윤덕	김장겸	김재섭	김정호	김종양	김주영	김준혁	김준형	김태년	김태호
김 현	김현정	김희정	나경원	노종면	맹성규	모경종	문금주	문대림	문정복
문진석	민형배	민홍철	박균택	박대출	박덕흠	박민규	박범계	박상웅	박상혁

박선원　박성민　박성준　박성훈　박수민　박수영　박수현　박용갑　박은정　박　정
박정하　박정훈　박주민　박준태　박지원　박지혜　박찬대　박충권　박해철　박형수
박홍배　박희승　배현진　백선희　백승아　백종헌　백혜련　복기왕　부승찬　서명옥
서미화　서범수　서삼석　서영교　서영석　서지영　서천호　성일종　소병훈　손명수
송기헌　송석준　송언석　송재봉　신동욱　신성범　신영대　신장식　신정훈　안규백
안도걸　안상훈　안철수　안호영　양부남　어기구　오기형　용혜인　우원식　우재준
위성락　유동수　유상범　유영하　유용원　윤영석　윤재옥　윤종군　윤준병　윤호중
윤후덕　이강일　이개호　이건태　이기헌　이달희　이만희　이병진　이상식　이상휘
이성윤　이소영　이수진　이양수　이연희　이용선　이용우　이원택　이인선　이인영
이재강　이재관　이정문　이정헌　이종배　이종욱　이주영　이준석　이철규　이춘석
이해민　이헌승　이훈기　인요한　임광현　임미애　임오경　임종득　임호선　장종태
장철민　전용기　전재수　전진숙　전현희　정동만　정동영　정성국　정성호　정연욱
정을호　정일영　정점식　정준호　정진욱　정청래　정춘생　정태호　정희용　조경태
조계원　조배숙　조승환　조은희　조인철　조정훈　조지연　주철현　진선미　차규근
채현일　천준호　천하람　최기상　최민희　최보윤　최수진　최은석　최형두　추미애
한기호　한민수　한병도　한정애　한준호　한지아　허성무　허　영　허종식　홍기원
황명선　황운하　황　희

반대 의원(4인)

박정현　이광희　한창민　황정아

기권 의원(11인)

곽상언　김재원　송옥주　안태준　양문석　위성곤　윤종오　이재정　전종덕　정혜경
차지호

(권성동·나경원 의원 표결기 조작 지체, 불참에서 찬성으로 정정. 권영세 의원 표결기
조작 지체, 기권에서 찬성으로 정정)

○화훼산업 발전 및 화훼문화 진흥에 관한 법률 일부개정법률안

투표 의원(258인)

찬성 의원(250인)

강경숙　강득구　강명구　강민국　강선우　강유정　강준현　강훈식　고동진　고민정
곽규택　구자근　권성동　권영세　권영진　권칠승　권향엽　김　건　김교흥　김기웅
김기표　김기현　김남근　김남희　김도읍　김동아　김문수　김미애　김민석　김민전
김병기　김병주　김상욱　김석기　김선교　김선민　김성환　김성회　김승수　김승원
김영배　김영진　김영호　김영환　김예지　김용만　김용민　김용태　김우영　김　윤
김윤덕　김장겸　김재원　김정호　김종양　김주영　김준혁　김준형　김태년　김태호
김　현　김현정　김희정　나경원　노종면　맹성규　모경종　문금주　문대림　문정복
문진석　민형배　민홍철　박균택　박대출　박덕흠　박민규　박범계　박상웅　박상혁
박선원　박성민　박성준　박성훈　박수민　박수영　박수현　박용갑　박은정　박　정
박정하　박정훈　박주민　박준태　박찬대　박충권　박해철　박형수　박홍배　박희승
배현진　백선희　백승아　백종헌　백혜련　복기왕　부승찬　서명옥　서미화　서범수
서삼석　서영교　서영석　서지영　서천호　성일종　소병훈　손명수　송기헌　송석준

송언석　송옥주　송재봉　신동욱　신성범　신영대　신장식　신정훈　안규백　안도걸
안상훈　안철수　안태준　안호영　양문석　양부남　어기구　오기형　용혜인　우원식
우재준　위성곤　위성락　유동수　유상범　유영하　유용원　윤영석　윤재옥　윤종군
윤종오　윤준병　윤호중　윤후덕　이강일　이개호　이건태　이기헌　이달희　이만희
이병진　이상식　이상휘　이성권　이성윤　이소영　이수진　이양수　이연희　이용선
이용우　이원택　이인선　이인영　이재강　이재관　이재정　이정문　이정헌　이종배
이종욱　이주영　이준석　이철규　이춘석　이학영　이해민　이헌승　이훈기　인요한
임광현　임미애　임오경　임종득　임호선　장동혁　장종태　장철민　전용기　전재수
전종덕　전현희　정동만　정동영　정성국　정성호　정연욱　정을호　정일영　정점식
정준호　정진욱　정청래　정태호　정혜경　정희용　조경태　조계원　조배숙　조승환
조은희　조인철　조정훈　조지연　주철현　진선미　차지호　채현일　천준호　천하람
최기상　최민희　최보윤　최수진　최은석　최형두　추미애　한기호　한민수　한병도
한준호　한지아　한창민　허성무　허　영　허종식　홍기원　황명선　황운하　황정아

반대 의원(1인)

김재섭

기권 의원(7인)

강선영　곽상언　박정현　박지혜　이광희　정춘생　차규근

○농업·농촌 공익기능 증진 직접지불제도 운영에 관한 법률 일부개정법률안(대안)

투표 의원(256인)

찬성 의원(255인)

강경숙　강득구　강명구　강민국　강선영　강선우　강준현　강훈식　고동진　고민정
곽규택　구자근　권성동　권영세　권영진　권칠승　권향엽　김　건　김교흥　김기웅
김기표　김기현　김남근　김남희　김도읍　김동아　김문수　김미애　김민석　김병기
김병주　김상욱　김석기　김선교　김선민　김성환　김성회　김승수　김승원　김영배
김영진　김영호　김영환　김예지　김용만　김용민　김용태　김우영　김　윤　김윤덕
김장겸　김재섭　김재원　김정호　김종양　김주영　김준혁　김준형　김태년　김태호
김한규　김　현　김현정　김희정　나경원　노종면　맹성규　모경종　문금주　문대림
문정복　문진석　민형배　민홍철　박균택　박대출　박덕흠　박민규　박범계　박상웅
박상혁　박선원　박성민　박성준　박성훈　박수민　박수영　박수현　박용갑　박은정
박　정　박정하　박정현　박정훈　박주민　박준태　박지혜　박찬대　박충권　박해철
박형수　박홍배　박희승　배현진　백선희　백종헌　백혜련　복기왕　부승찬　서명옥
서미화　서범수　서삼석　서영교　서영석　서지영　서천호　성일종　소병훈　손명수
송기헌　송석준　송언석　송옥주　송재봉　신동욱　신성범　신영대　신장식　신정훈
안규백　안도걸　안상훈　안철수　안태준　안호영　양문석　양부남　어기구　오기형
용혜인　우원식　우재준　위성곤　위성락　유동수　유상범　유영하　유용원　윤영석
윤재옥　윤종군　윤종오　윤준병　윤호중　윤후덕　이강일　이개호　이건태　이광희
이기헌　이달희　이만희　이병진　이상식　이상휘　이성권　이성윤　이소영　이수진
이양수　이연희　이용선　이용우　이원택　이인선　이인영　이재강　이재관　이재정
이정문　이정헌　이종배　이종욱　이주영　이준석　이철규　이춘석　이학영　이해민

이헌승　이훈기　인요한　임광현　임미애　임오경　임종득　임호선　장동혁　장종태
장철민　전용기　전재수　전종덕　전진숙　전현희　정동만　정동영　정성국　정성호
정연욱　정을호　정일영　정점식　정준호　정진욱　정청래　정춘생　정태호　정혜경
정희용　조경태　조계원　조배숙　조승환　조은희　조인철　조정훈　조지연　주철현
진선미　차규근　차지호　채현일　천준호　천하람　최기상　최민희　최보윤　최은석
최형두　추미애　한기호　한민수　한병도　한준호　한지아　한창민　허성무　허　영
허종식　홍기원　황명선　황운하　황정아

기권 의원(1인)

강유정

○농어업재해대책법 일부개정법률안

투표 의원(259인)

찬성 의원(257인)

강경숙　강득구　강명구　강민국　강선우　강유정　강준현　강훈식　고동진　고민정
곽규택　곽상언　구자근　권성동　권영세　권영진　권칠승　권향엽　김　건　김교흥
김기웅　김기표　김기현　김남근　김남희　김도읍　김동아　김문수　김미애　김민석
김민전　김병기　김병주　김상욱　김석기　김선교　김선민　김성환　김성회　김승수
김승원　김영배　김영진　김영호　김영환　김예지　김용만　김용민　김용태　김우영
김　윤　김윤덕　김장겸　김재섭　김재원　김정호　김종양　김주영　김준혁　김준형
김태년　김태호　김한규　김　현　김현정　김희정　나경원　노종면　맹성규　모경종
문금주　문대림　문정복　문진석　민형배　민홍철　박균택　박대출　박덕흠　박민규
박범계　박상웅　박상혁　박선원　박성민　박성준　박성훈　박수민　박수현　박용갑
박은정　박　정　박정하　박정현　박정훈　박주민　박준태　박지혜　박찬대　박충권
박해철　박형수　박홍배　박희승　배현진　백선희　백승아　백종헌　백혜련　복기왕
부승찬　서명옥　서미화　서범수　서삼석　서영교　서영석　서지영　서천호　성일종
소병훈　손명수　송기헌　송석준　송언석　송옥주　송재봉　신동욱　신성범　신영대
신장식　신정훈　안규백　안도걸　안상훈　안철수　안태준　안호영　양문석　양부남
어기구　염태영　오기형　용혜인　우원식　우재준　위성곤　위성락　유동수　유상범
유용원　윤영석　윤재옥　윤종군　윤종오　윤준병　윤호중　윤후덕　이강일　이개호
이건태　이광희　이기헌　이달희　이만희　이병진　이상식　이상휘　이성권　이성윤
이소영　이수진　이양수　이연희　이용선　이용우　이원택　이인선　이인영　이재강
이재관　이재정　이정문　이정헌　이종배　이종욱　이주영　이준석　이철규　이춘석
이학영　이해민　이헌승　이훈기　인요한　임광현　임미애　임오경　임종득　임호선
장동혁　장종태　장철민　전용기　전재수　전종덕　전진숙　전현희　정동만　정동영
정성국　정성호　정연욱　정을호　정일영　정점식　정준호　정진욱　정청래　정춘생
정태호　정혜경　정희용　조경태　조계원　조배숙　조승환　조은희　조인철　조정훈
조지연　주철현　진선미　차규근　차지호　채현일　천준호　천하람　최기상　최민희
최보윤　최은석　최형두　추미애　한기호　한민수　한병도　한준호　한지아　한창민
허성무　허　영　허종식　홍기원　황명선　황운하　황정아

기권 의원(2인)

강선영　박수영

○수산과학기술진흥을 위한 시험연구 등에 관한 법률 일부개정법률안

투표 의원(261인)

찬성 의원(260인)

강경숙	강득구	강명구	강민국	강선영	강선우	강유정	강준현	강훈식	고민정
곽규택	곽상언	구자근	권성동	권영세	권영진	권칠승	권향엽	김 건	김교흥
김기웅	김기표	김기현	김남근	김남희	김도읍	김동아	김문수	김미애	김민석
김민전	김병기	김병주	김상욱	김석기	김선교	김선민	김성환	김성회	김승수
김승원	김영배	김영진	김영호	김영환	김예지	김용만	김용민	김용태	김우영
김 윤	김윤덕	김장겸	김재섭	김재원	김정호	김종양	김주영	김준혁	김준형
김태년	김태호	김한규	김 현	김현정	김희정	나경원	노종면	맹성규	모경종
문금주	문대림	문정복	문진석	민형배	민홍철	박균택	박대출	박덕흠	박민규
박범계	박상웅	박상혁	박선원	박성민	박성준	박성훈	박수민	박수영	박수현
박용갑	박은정	박 정	박정하	박정현	박정훈	박주민	박준태	박지혜	박찬대
박충권	박해철	박형수	박홍배	박희승	배준영	배현진	백선희	백승아	백종헌
백혜련	복기왕	부승찬	서명옥	서미화	서범수	서삼석	서영교	서영석	서지영
서천호	성일종	소병훈	손명수	송기헌	송석준	송옥주	송재봉	신동욱	신성범
신영대	신장식	신정훈	안규백	안도걸	안상훈	안철수	안태준	안호영	양문석
양부남	어기구	염태영	오기형	용혜인	우원식	우재준	위성곤	위성락	유동수
유상범	유영하	유용원	윤영석	윤재옥	윤종군	윤종오	윤준병	윤호중	윤후덕
이강일	이개호	이건태	이광희	이기헌	이달희	이만희	이병진	이상식	이상휘
이성권	이성윤	이소영	이수진	이양수	이연희	이용선	이용우	이원택	이인선
이인영	이재강	이재관	이재정	이정문	이정헌	이종배	이종욱	이주영	이준석
이철규	이춘석	이학영	이해민	이헌승	이훈기	인요한	임광현	임미애	임오경
임종득	임호선	장동혁	장종태	장철민	전용기	전재수	전종덕	전진숙	전현희
정동만	정동영	정성국	정성호	정연욱	정을호	정일영	정점식	정준호	정진욱
정청래	정춘생	정태호	정혜경	정희용	조경태	조계원	조배숙	조승환	조은희
조인철	조정훈	조지연	주철현	진선미	차규근	차지호	채현일	천준호	천하람
최기상	최민희	최보윤	최수진	최은석	최형두	추미애	한기호	한민수	한병도
한준호	한지아	한창민	허성무	허 영	허종식	홍기원	황명선	황운하	황정아

기권 의원(1인)

고동진

○수산업협동조합법 일부개정법률안

투표 의원(260인)

찬성 의원(255인)

강경숙	강득구	강명구	강민국	강선영	강선우	강유정	강준현	강훈식	고민정
곽규택	구자근	권성동	권영세	권영진	권칠승	권향엽	김 건	김교흥	김기웅
김기표	김기현	김남근	김남희	김도읍	김동아	김문수	김미애	김민석	김병기
김병주	김상욱	김석기	김선교	김선민	김성환	김성회	김승수	김영배	김영진

김영호　김예지　김용만　김용민　김용태　김우영　김　윤　김윤덕　김장겸　김재섭
김재원　김정호　김종양　김주영　김준혁　김준형　김태년　김태호　김한규　김　현
김현정　김희정　나경원　노종면　맹성규　모경종　문금주　문대림　문정복　문진석
민홍철　박균택　박덕흠　박민규　박범계　박상웅　박상혁　박선원　박성민　박성준
박성훈　박수민　박수영　박수현　박용갑　박은정　박　정　박정하　박정현　박정훈
박주민　박준태　박지혜　박찬대　박충권　박해철　박형수　박홍배　박희승　배준영
배현진　백선희　백승아　백종헌　백혜련　복기왕　부승찬　서명옥　서미화　서범수
서삼석　서영교　서영석　서지영　서천호　성일종　소병훈　손명수　송기헌　송석준
송언석　송옥주　송재봉　신동욱　신성범　신영대　신장식　신정훈　안규백　안도걸
안상훈　안철수　안태준　안호영　양문석　양부남　어기구　염태영　오기형　용혜인
우원식　우재준　위성곤　위성락　유동수　유상범　유영하　유용원　윤영석　윤재옥
윤종군　윤종오　윤준병　윤호중　윤후덕　이강일　이개호　이건태　이광희　이기헌
이달희　이만희　이병진　이상식　이상휘　이성권　이성윤　이소영　이수진　이양수
이연희　이용선　이용우　이원택　이인선　이인영　이재강　이재관　이재정　이정문
이정헌　이종배　이종욱　이주영　이준석　이철규　이춘석　이학영　이해민　이헌승
이훈기　인요한　임광현　임미애　임오경　임종득　임호선　장동혁　장종태　장철민
전용기　전재수　전종덕　전진숙　전현희　정동만　정동영　정성국　정성호　정연욱
정을호　정일영　정점식　정준호　정진욱　정청래　정춘생　정태호　정혜경　정희용
조경태　조계원　조배숙　조승환　조은희　조인철　조정훈　조지연　주철현　진선미
차규근　차지호　채현일　천준호　천하람　최기상　최민희　최보윤　최수진　최은석
최형두　추미애　한기호　한민수　한병도　한정애　한준호　한지아　허성무　허　영
허종식　홍기원　황명선　황운하　황정아

기권 의원(5인)

고동진　곽상언　김영환　민형배　한창민

(박덕흠 의원 표결기 조작 착오, 기권에서 찬성으로 정정)

○수중레저활동의 안전 및 활성화 등에 관한 법률 일부개정법률안

투표 의원(257인)

찬성 의원(256인)

강경숙　강득구　강명구　강민국　강선영　강선우　강유정　강준현　강훈식　고동진
고민정　곽규택　곽상언　구자근　권성동　권영세　권영진　권칠승　권향엽　김　건
김교흥　김기웅　김기표　김기현　김남근　김남희　김도읍　김동아　김문수　김미애
김민석　김민전　김병기　김병주　김상욱　김석기　김선교　김선민　김성환　김성회
김승수　김승원　김영배　김영진　김영호　김영환　김예지　김용만　김용민　김용태
김　윤　김윤덕　김장겸　김재섭　김재원　김정호　김종양　김주영　김준혁　김준형
김태년　김태호　김한규　김　현　김현정　김희정　나경원　노종면　맹성규　모경종
문금주　문대림　문정복　문진석　민형배　민홍철　박균택　박덕흠　박민규　박범계
박상웅　박상혁　박선원　박성준　박성훈　박수민　박수영　박수현　박용갑　박은정
박　정　박정하　박정현　박정훈　박주민　박준태　박지혜　박찬대　박충권　박해철
박형수　박홍배　박희승　배준영　배현진　백선희　백승아　백종헌　백혜련　복기왕

부승찬	서명옥	서미화	서범수	서삼석	서영교	서영석	서지영	서천호	소병훈
손명수	송기헌	송석준	송언석	송옥주	송재봉	신동욱	신성범	신영대	신장식
신정훈	안규백	안도걸	안상훈	안철수	안태준	안호영	양문석	양부남	어기구
염태영	오기형	용혜인	우원식	우재준	위성곤	위성락	유동수	유상범	유영하
유용원	윤영석	윤재옥	윤종군	윤종오	윤준병	윤한홍	윤후덕	이강일	이개호
이건태	이광희	이기헌	이달희	이만희	이병진	이상식	이상휘	이성권	이성윤
이소영	이수진	이양수	이연희	이용선	이용우	이원택	이인선	이인영	이재강
이재관	이재정	이정문	이정헌	이종배	이종욱	이주영	이준석	이철규	이춘석
이학영	이해민	이헌승	이훈기	인요한	임광현	임미애	임오경	임종득	임호선
장동혁	장종태	장철민	전용기	전재수	전종덕	전진숙	전현희	정동만	정동영
정성국	정성호	정연욱	정을호	정일영	정점식	정준호	정진욱	정청래	정춘생
정태호	정혜경	정희용	조경태	조계원	조배숙	조승환	조은희	조인철	조정훈
조지연	주철현	진선미	차규근	차지호	채현일	천준호	천하람	최기상	최민희
최보윤	최은석	최형두	추미애	한기호	한민수	한병도	한정애	한준호	한지아
한창민	허 영	허종식	홍기원	황명선	황정아				

기권 의원(1인)

허성무

(김현 의원 표결기 조작 지체, 기권에서 찬성으로 정정)

○해양수산발전 기본법 일부개정법률안

투표 의원(257인)

찬성 의원(257인)

강경숙	강득구	강명구	강민국	강선우	강유정	강준현	강훈식	고동진	고민정
곽규택	곽상언	권성동	권영세	권영진	권칠승	권향엽	김 건	김교흥	김기웅
김기표	김기현	김남근	김남희	김도읍	김동아	김문수	김미애	김민석	김민전
김병기	김병주	김상욱	김석기	김선교	김선민	김성환	김성회	김승수	김승원
김영배	김영진	김영호	김영환	김예지	김용만	김용민	김용태	김우영	김 윤
김윤덕	김장겸	김재섭	김재원	김정호	김종양	김주영	김준혁	김준형	김태년
김태호	김한규	김 현	김현정	김희정	나경원	노종면	맹성규	모경종	문금주
문대림	문정복	문진석	민병덕	민형배	민홍철	박균택	박민규	박범계	박상웅
박상혁	박선원	박성준	박성훈	박수민	박수영	박수현	박용갑	박은정	박 정
박정하	박정현	박정훈	박주민	박준태	박지혜	박찬대	박충권	박해철	박형수
박홍배	박희승	배준영	배현진	백선희	백승아	백종헌	백혜련	복기왕	부승찬
서명옥	서미화	서범수	서삼석	서영교	서영석	서지영	서천호	성일종	소병훈
손명수	송기헌	송석준	송언석	송옥주	송재봉	신동욱	신성범	신영대	신장식
신정훈	안규백	안도걸	안상훈	안철수	안태준	안호영	양문석	양부남	어기구
염태영	오기형	용혜인	우원식	우재준	위성곤	위성락	유동수	유상범	유영하
유용원	윤재옥	윤종군	윤종오	윤준병	윤한홍	윤호중	윤후덕	이강일	이개호
이건태	이광희	이기헌	이달희	이만희	이병진	이상식	이상휘	이성권	이성윤
이소영	이수진	이양수	이연희	이용선	이용우	이원택	이인영	이재강	이재관

이재정　이정문　이정헌　이종배　이종욱　이주영　이준석　이철규　이춘석　이학영
이해민　이헌승　이훈기　인요한　임광현　임미애　임오경　임종득　임호선　장동혁
장종태　장철민　전용기　전재수　전종덕　전진숙　전현희　정동만　정동영　정성국
정성호　정연욱　정을호　정일영　정준호　정진욱　정청래　정춘생　정태호　정혜경
정희용　조경태　조계원　조배숙　조승환　조은희　조인철　조정훈　조지연　주철현
진선미　차규근　차지호　채현일　천준호　천하람　최기상　최민희　최보윤　최수진
최은석　최형두　추미애　한기호　한민수　한병도　한정애　한준호　한지아　한창민
허성무　허　영　허종식　홍기원　황명선　황운하　황정아

○김산업의 육성 및 지원에 관한 법률 일부개정법률안(대안)

투표 의원(261인)

찬성 의원(260인)

강경숙　강득구　강명구　강민국　강선영　강선우　강유정　강준현　강훈식　고동진
고민정　곽규택　곽상언　구자근　권성동　권영세　권영진　권칠승　권향엽　김　건
김교흥　김기웅　김기표　김기현　김남근　김남희　김도읍　김동아　김문수　김미애
김민석　김민전　김병기　김병주　김상욱　김석기　김선교　김선민　김성환　김성회
김승수　김승원　김영배　김영진　김영호　김영환　김예지　김용만　김용민　김용태
김우영　김　윤　김윤덕　김장겸　김재섭　김재원　김정호　김종양　김주영　김준혁
김준형　김태년　김태호　김한규　김　현　김현정　김희정　나경원　노종면　맹성규
모경종　문금주　문대림　문정복　문진석　민병덕　민형배　민홍철　박균택　박덕흠
박민규　박범계　박상웅　박상혁　박선원　박성민　박성준　박성훈　박수민　박수영
박수현　박용갑　박은정　박　정　박정하　박정현　박정훈　박주민　박준태　박지혜
박찬대　박충권　박해철　박형수　박홍배　박희승　배준영　배현진　백선희　백승아
백종헌　백혜련　복기왕　부승찬　서명옥　서미화　서범수　서삼석　서영교　서영석
서지영　서천호　성일종　소병훈　손명수　송기헌　송석준　송언석　송옥주　송재봉
신성범　신영대　신장식　신정훈　안규백　안도걸　안상훈　안철수　안태준　안호영
양문석　양부남　어기구　염태영　오기형　용혜인　우원식　우재준　위성곤　위성락
유동수　유상범　유영하　유용원　윤영석　윤재옥　윤종군　윤종오　윤준병　윤호중
윤후덕　이강일　이개호　이건태　이광희　이기헌　이달희　이만희　이병진　이상식
이상휘　이성권　이성윤　이소영　이수진　이양수　이연희　이용선　이용우　이원택
이인선　이인영　이재강　이재관　이재정　이정문　이정헌　이종배　이종욱　이주영
이준석　이철규　이춘석　이학영　이해민　이헌승　이훈기　인요한　임광현　임미애
임오경　임종득　임호선　장동혁　장종태　장철민　전용기　전재수　전종덕　전진숙
전현희　정동만　정동영　정성국　정성호　정연욱　정을호　정일영　정점식　정준호
정진욱　정청래　정춘생　정태호　정혜경　정희용　조경태　조계원　조배숙　조승환
조인철　조정훈　조지연　주철현　진선미　차규근　차지호　채현일　천준호　천하람
최기상　최민희　최보윤　최수진　최은석　최형두　추미애　한기호　한민수　한병도
한정애　한준호　한지아　한창민　허성무　허　영　허종식　홍기원　황명선　황정아

기권 의원(1인)

조은희

○수산업·어촌 발전 기본법 일부개정법률안(대안)
 투표 의원(258인)
 찬성 의원(257인)

강경숙	강득구	강명구	강민국	강선영	강선우	강유정	강준현	강훈식	고동진
고민정	곽규택	곽상언	권성동	권영세	권영진	권칠승	권향엽	김 건	김교흥
김기웅	김기표	김기현	김남근	김남희	김도읍	김동아	김문수	김미애	김병기
김병주	김상욱	김석기	김선교	김선민	김성환	김성회	김승수	김승원	김영배
김영진	김영호	김영환	김예지	김용만	김용민	김용태	김우영	김 윤	김윤덕
김장겸	김재섭	김재원	김정호	김종양	김주영	김준혁	김준형	김태년	김태호
김한규	김 현	김현정	김희정	나경원	노종면	맹성규	모경종	문금주	문대림
문정복	문진석	민병덕	민형배	민홍철	박균택	박덕흠	박민규	박범계	박상웅
박상혁	박선원	박성민	박성준	박성훈	박수민	박수영	박수현	박용갑	박은정
박 정	박정하	박정현	박정훈	박준태	박지혜	박찬대	박충권	박해철	박형수
박홍배	박희승	배준영	배현진	백선희	백승아	백종헌	백혜련	복기왕	부승찬
서명옥	서미화	서범수	서삼석	서영교	서영석	서지영	서천호	성일종	소병훈
손명수	송기헌	송석준	송언석	송옥주	송재봉	신성범	신영대	신장식	신정훈
안규백	안도걸	안철수	안태준	안호영	양문석	양부남	어기구	염태영	오기형
용혜인	우원식	우재준	위성곤	위성락	유동수	유상범	유영하	유용원	윤영석
윤재옥	윤종군	윤종오	윤준병	윤한홍	윤호중	윤후덕	이강일	이개호	이건태
이광희	이기헌	이달희	이만희	이병진	이상식	이상휘	이성권	이성윤	이소영
이수진	이양수	이연희	이용선	이용우	이원택	이인선	이인영	이재강	이재관
이재정	이정문	이정헌	이종배	이종욱	이주영	이준석	이철규	이춘석	이학영
이해민	이헌승	이훈기	인요한	임광현	임미애	임오경	임이자	임종득	임호선
장동혁	장종태	장철민	전용기	전재수	전종덕	전진숙	전현희	정동만	정동영
정성국	정성호	정연욱	정을호	정일영	정점식	정준호	정진욱	정청래	정춘생
정태호	정혜경	정희용	조경태	조계원	조배숙	조승환	조은희	조인철	조정훈
조지연	주철현	진선미	차규근	차지호	채현일	천준호	천하람	최기상	최민희
최보윤	최수진	최은석	최형두	추미애	한기호	한민수	한병도	한정애	한준호
한창민	허성무	허 영	허종식	홍기원	황명선	황정아			

 기권 의원(1인)
 안상훈
○수산업법 일부개정법률안(대안)
 투표 의원(260인)
 찬성 의원(258인)

강경숙	강득구	강명구	강민국	강선영	강선우	강유정	강준현	강훈식	고동진
고민정	곽규택	구자근	권성동	권영세	권영진	권칠승	김 건	김교흥	김기웅
김기표	김기현	김남근	김남희	김도읍	김동아	김문수	김미애	김민석	김병기
김병주	김상욱	김석기	김선교	김선민	김성환	김성회	김승수	김승원	김영배
김영진	김영호	김영환	김예지	김용만	김용민	김용태	김우영	김 윤	김윤덕

김장겸 김재섭 김재원 김정재 김정호 김종양 김주영 김준혁 김준형 김태년
김태호 김한규 김 현 김현정 김희정 나경원 노종면 맹성규 모경종 문금주
문대림 문정복 문진석 민병덕 민형배 민홍철 박균택 박덕흠 박민규 박범계
박상웅 박상혁 박선원 박성민 박성준 박성훈 박수민 박수영 박수현 박용갑
박은정 박 정 박정하 박정현 박정훈 박준태 박지혜 박찬대 박충권 박해철
박형수 박홍배 박희승 배준영 배현진 백선희 백승아 백종헌 백혜련 복기왕
부승찬 서명옥 서미화 서범수 서삼석 서영교 서영석 서지영 소병훈 손명수
송기헌 송석준 송언석 송옥주 송재봉 신성범 신영대 신장식 신정훈 안도걸
안상훈 안철수 안태준 안호영 양문석 양부남 어기구 염태영 오기형 용혜인
우원식 우재준 위성곤 위성락 유동수 유상범 유영하 유용원 윤재옥 윤종군
윤종오 윤준병 윤한홍 윤호중 윤후덕 이강일 이개호 이건태 이광희 이기헌
이달희 이만희 이병진 이상식 이상휘 이성권 이성윤 이소영 이수진 이양수
이연희 이용선 이용우 이원택 이인선 이인영 이재강 이재관 이재정 이정문
이정헌 이종배 이주영 이준석 이철규 이춘석 이학영 이해민 이헌승 이훈기
인요한 임광현 임미애 임오경 임이자 임종득 임호선 장동혁 장종태 장철민
전용기 전재수 전종덕 전진숙 전현희 정동만 정동영 정성국 정성호 정연욱
정을호 정일영 정점식 정준호 정진욱 정청래 정춘생 정태호 정혜경 정희용
조경태 조계원 조배숙 조승환 조은희 조인철 조정훈 조지연 주철현 주호영
진선미 차규근 차지호 채현일 천준호 천하람 최기상 최민희 최보윤 최수진
최은석 최형두 추경호 추미애 한기호 한민수 한병도 한정애 한준호 한지아
한창민 허성무 허 영 허종식 홍기원 황명선 황운하 황정아

기권 의원(2인)

곽상언 권향엽

○수산자원관리법 일부개정법률안(대안)

투표 의원(256인)

찬성 의원(252인)

강경숙 강득구 강명구 강민국 강선영 강선우 강유정 강준현 강훈식 고동진
고민정 곽규택 곽상언 구자근 권성동 권영세 권영진 권칠승 권향엽 김 건
김교흥 김기웅 김기표 김기현 김남근 김남희 김도읍 김동아 김문수 김미애
김민석 김병기 김병주 김상욱 김석기 김선교 김선민 김성환 김성회 김승수
김승원 김영배 김영진 김영호 김영환 김예지 김용만 김용민 김용태 김우영
김 윤 김윤덕 김장겸 김재섭 김재원 김정재 김정호 김주영 김준혁 김준형
김태년 김태호 김한규 김 현 김현정 김희정 나경원 노종면 맹성규 모경종
문금주 문대림 문정복 문진석 민병덕 민홍철 박균택 박덕흠 박민규 박범계
박상웅 박상혁 박선원 박성민 박성준 박성훈 박수민 박수영 박수현 박용갑
박은정 박 정 박정하 박정현 박정훈 박준태 박지혜 박찬대 박충권 박해철
박형수 박홍배 박희승 배준영 배현진 백선희 백승아 백종헌 백혜련 복기왕
부승찬 서명옥 서미화 서범수 서삼석 서영교 서영석 서지영 소병훈 손명수
송기헌 송석준 송언석 송옥주 송재봉 신성범 신영대 신장식 신정훈 안상훈

안철수　안태준　안호영　양문석　양부남　어기구　염태영　오기형　우원식　우재준
위성곤　위성락　유동수　유상범　유영하　유용원　윤영석　윤재옥　윤종군　윤종오
윤준병　윤한홍　윤호중　윤후덕　이강일　이개호　이건태　이광희　이기헌　이달희
이만희　이병진　이상식　이상휘　이성권　이성윤　이소영　이수진　이양수　이연희
이용선　이용우　이원택　이인선　이인영　이재관　이정문　이정헌　이종배　이주영
이준석　이철규　이춘석　이학영　이해민　이헌승　이훈기　임광현　임미애　임오경
임이자　임종득　임호선　장동혁　장종태　장철민　전용기　전재수　전종덕　전진숙
전현희　정동만　정동영　정성국　정성호　정연욱　정을호　정일영　정점식　정준호
정진욱　정청래　정춘생　정태호　정희용　조경태　조계원　조배숙　조승환　조은희
조인철　조정훈　조지연　주철현　주호영　진선미　차규근　차지호　채현일　천준호
천하람　최기상　최민희　최보윤　최수진　최은석　최형두　추경호　추미애　한기호
한민수　한병도　한정애　한준호　한지아　허성무　허　영　허종식　홍기원　황명선
황운하　황정아

반대 의원(2인)

용혜인　한창민

기권 의원(2인)

민형배　정혜경

○**항로표지법 일부개정법률안(대안)**

투표 의원(258인)

찬성 의원(257인)

강경숙　강득구　강명구　강민국　강선영　강선우　강유정　강준현　강훈식　고동진
고민정　곽규택　곽상언　구자근　권성동　권영세　권영진　권칠승　권향엽　김　건
김교흥　김기웅　김기표　김기현　김남근　김남희　김도읍　김동아　김문수　김미애
김민석　김병기　김병주　김상욱　김석기　김선교　김선민　김성환　김성회　김승수
김승원　김영배　김영진　김영호　김영환　김예지　김용만　김용민　김용태　김우영
김　윤　김윤덕　김장겸　김재섭　김재원　김정재　김정호　김종양　김주영　김준혁
김준형　김태년　김태호　김한규　김　현　김현정　김희정　나경원　노종면　맹성규
모경종　문금주　문대림　문정복　문진석　민병덕　민형배　민홍철　박균택　박덕흠
박민규　박범계　박상웅　박상혁　박선원　박성민　박성준　박성훈　박수민　박수영
박수현　박용갑　박은정　박　정　박정하　박정현　박정훈　박준태　박지혜　박찬대
박충권　박해철　박형수　박홍배　박희승　배준영　배현진　백선희　백승아　백종헌
백혜련　복기왕　부승찬　서명옥　서미화　서범수　서삼석　서영교　서영석　서지영
소병훈　손명수　송기헌　송석준　송언석　송옥주　송재봉　신성범　신영대　신장식
신정훈　안도걸　안상훈　안철수　안태준　안호영　양문석　양부남　어기구　오기형
용혜인　우원식　우재준　위성곤　위성락　유동수　유상범　유영하　유용원　윤영석
윤재옥　윤종군　윤종오　윤준병　윤한홍　윤호중　윤후덕　이강일　이개호　이건태
이광희　이기헌　이달희　이만희　이병진　이상식　이상휘　이성권　이성윤　이소영
이수진　이양수　이연희　이용선　이용우　이원택　이인선　이인영　이재관　이재정
이정문　이정헌　이종배　이주영　이준석　이철규　이춘석　이학영　이해민　이헌승

이훈기　인요한　임광현　임미애　임오경　임이자　임종득　임호선　장동혁　장종태
장철민　전용기　전재수　전종덕　전진숙　전현희　정동만　정동영　정성국　정성호
정연욱　정을호　정일영　정점식　정준호　정진욱　정청래　정춘생　정태호　정혜경
정희용　조경태　조계원　조배숙　조승환　조은희　조인철　조정훈　조지연　주철현
주호영　진선미　차규근　차지호　채현일　천준호　천하람　최기상　최민희　최보윤
최은석　최형두　추경호　추미애　한기호　한민수　한병도　한정애　한준호　한지아
한창민　허성무　허　영　허종식　홍기원　황명선　황운하

기권 의원(1인)

이재강

○어장관리법 일부개정법률안

투표 의원(258인)

찬성 의원(258인)

강경숙　강득구　강명구　강민국　강선영　강선우　강유정　강준현　고동진　고민정
곽규택　곽상언　구자근　권성동　권영세　권영진　권칠승　권향엽　김　건　김교흥
김기웅　김기표　김기현　김남근　김남희　김도읍　김동아　김문수　김미애　김민석
김병기　김병주　김상욱　김석기　김선교　김선민　김성환　김성회　김승수　김승원
김영배　김영진　김영호　김영환　김예지　김용만　김용민　김용태　김우영　김　윤
김윤덕　김장겸　김재섭　김재원　김정재　김정호　김종양　김주영　김준혁　김준형
김태년　김태호　김한규　김　현　김현정　김희정　나경원　노종면　맹성규　모경종
문금주　문대림　문정복　문진석　민병덕　민형배　민홍철　박균택　박덕흠　박민규
박범계　박상웅　박상혁　박선원　박성민　박성준　박성훈　박수민　박수영　박수현
박용갑　박은정　박　정　박정하　박정현　박정훈　박준태　박찬대　박충권　박해철
박형수　박홍배　박희승　배준영　배현진　백선희　백승아　백종헌　백혜련　복기왕
부승찬　서명옥　서미화　서범수　서삼석　서영교　서영석　서지영　소병훈　손명수
송기헌　송석준　송언석　송옥주　송재봉　신성범　신영대　신장식　신정훈　안도걸
안상훈　안철수　안태준　안호영　양문석　양부남　어기구　염태영　오기형　용혜인
우원식　우재준　위성곤　위성락　유동수　유상범　유영하　유용원　윤영석　윤재옥
윤종군　윤종오　윤준병　윤한홍　윤호중　윤후덕　이강일　이개호　이건태　이광희
이기헌　이달희　이만희　이병진　이상식　이상휘　이성권　이성윤　이소영　이수진
이양수　이연희　이용선　이용우　이원택　이인선　이인영　이재강　이재관　이재정
이정문　이정헌　이종배　이주영　이준석　이철규　이춘석　이학영　이해민　이헌승
이훈기　인요한　임광현　임미애　임오경　임이자　임종득　임호선　장동혁　장종태
장철민　전용기　전재수　전종덕　전진숙　전현희　정동만　정동영　정성국　정성호
정연욱　정을호　정일영　정점식　정준호　정진욱　정청래　정춘생　정태호　정혜경
정희용　조경태　조계원　조배숙　조승환　조은희　조인철　조정훈　조지연　주철현
주호영　진선미　차규근　차지호　채현일　천준호　천하람　최기상　최민희　최보윤
최은석　최형두　추경호　추미애　한기호　한민수　한병도　한정애　한준호　한지아
한창민　허성무　허　영　허종식　홍기원　황명선　황운하　황정아

○해양심층수의 개발 및 관리에 관한 법률 일부개정법률안

투표 의원(255인)
찬성 의원(255인)

강경숙　강득구　강명구　강민국　강선영　강선우　강유정　강준현　강훈식　고동진
고민정　곽규택　곽상언　구자근　권성동　권영세　권영진　권칠승　권향엽　김 건
김교흥　김기웅　김기표　김기현　김남근　김남희　김도읍　김동아　김문수　김미애
김민석　김병기　김병주　김상욱　김상훈　김석기　김선교　김선민　김성환　김성회
김승수　김승원　김영배　김영진　김영호　김영환　김예지　김용만　김용민　김용태
김우영　김 윤　김윤덕　김장겸　김재원　김정재　김정호　김종양　김주영　김준혁
김준형　김태년　김태호　김한규　김 현　김현정　김희정　나경원　노종면　맹성규
문금주　문대림　문정복　문진석　민병덕　민형배　민홍철　박균택　박덕흠　박민규
박범계　박상웅　박상혁　박선원　박성민　박성준　박성훈　박수민　박수영　박수현
박용갑　박은정　박 정　박정하　박정현　박정훈　박지혜　박찬대　박충권　박해철
박형수　박홍배　박희승　배준영　배현진　백선희　백승아　백종헌　백혜련　복기왕
부승찬　서명옥　서미화　서범수　서삼석　서영교　서영석　서지영　소병훈　손명수
송기헌　송석준　송언석　송옥주　송재봉　신성범　신영대　신장식　신정훈　안도걸
안상훈　안철수　안태준　안호영　양문석　양부남　어기구　염태영　용혜인　우원식
우재준　위성곤　위성락　유동수　유상범　유영하　유용원　윤재옥　윤종군　윤종오
윤준병　윤한홍　윤호중　윤후덕　이강일　이개호　이건태　이광희　이기헌　이달희
이만희　이병진　이상식　이상휘　이성권　이성윤　이소영　이수진　이양수　이연희
이용선　이용우　이원택　이인선　이인영　이재강　이재관　이재정　이정문　이정헌
이종배　이주영　이준석　이철규　이춘석　이학영　이해민　이헌승　이훈기　인요한
임광현　임미애　임오경　임이자　임종득　임호선　장동혁　장종태　장철민　전용기
전재수　전종덕　전진숙　전현희　정동만　정동영　정성국　정성호　정연욱　정을호
정일영　정점식　정준호　정진욱　정청래　정춘생　정태호　정혜경　정희용　조경태
조계원　조배숙　조승환　조은희　조인철　조정훈　조지연　주철현　진선미　차규근
차지호　채현일　천준호　천하람　최기상　최민희　최보윤　최은석　최형두　추경호
추미애　한기호　한민수　한병도　한정애　한준호　한지아　한창민　허성무　허 영
허종식　홍기원　황명선　황운하　황정아

○**해운법 일부개정법률안**
투표 의원(261인)
찬성 의원(256인)

강경숙　강대식　강득구　강명구　강민국　강선영　강선우　강유정　강준현　강훈식
고동진　고민정　곽규택　구자근　권성동　권영세　권영진　권칠승　권향엽　김 건
김교흥　김기웅　김기표　김기현　김남근　김남희　김도읍　김동아　김문수　김미애
김민석　김병기　김병주　김상욱　김상훈　김석기　김선교　김선민　김성환　김성회
김승수　김승원　김영배　김영진　김영호　김영환　김예지　김용만　김용민　김용태
김우영　김 윤　김윤덕　김재섭　김재원　김정재　김정호　김종양　김주영　김준혁
김준형　김태년　김태호　김한규　김 현　김현정　김희정　나경원　노종면　맹성규
모경종　문금주　문대림　문정복　문진석　민병덕　민형배　민홍철　박균택　박덕흠

박민규 박범계 박상혁 박선원 박성민 박성준 박성훈 박수민 박수현 박용갑
박은정 박 정 박정하 박정현 박정훈 박준태 박지혜 박찬대 박충권 박해철
박형수 박홍배 박희승 배준영 배현진 백선희 백승아 백종헌 백혜련 복기왕
부승찬 서명옥 서미화 서범수 서삼석 서영교 서영석 서지영 소병훈 손명수
송기헌 송석준 송언석 송옥주 신성범 신영대 신장식 신정훈 안규백 안도걸
안상훈 안태준 안호영 양문석 양부남 어기구 염태영 오기형 용혜인 우원식
우재준 위성곤 위성락 유동수 유상범 유영하 유용원 윤영석 윤재옥 윤종군
윤종오 윤준병 윤한홍 윤호중 윤후덕 이강일 이개호 이건태 이광희 이기헌
이달희 이만희 이병진 이상식 이상휘 이성권 이성윤 이소영 이수진 이양수
이연희 이용선 이용우 이원택 이인선 이인영 이재강 이재관 이재정 이정문
이정헌 이종배 이주영 이준석 이철규 이춘석 이학영 이해민 이헌승 이훈기
인요한 임광현 임미애 임오경 임이자 임종득 임호선 장동혁 장종태 장철민
전용기 전재수 전종덕 전진숙 전현희 정동만 정동영 정성국 정성호 정연욱
정을호 정일영 정점식 정준호 정진욱 정청래 정춘생 정태호 정혜경 정희용
조경태 조계원 조배숙 조승환 조은희 조인철 조정훈 조지연 주철현 주호영
차규근 차지호 채현일 천준호 천하람 최기상 최민희 최보윤 최수진 최은석
최형두 추경호 추미애 한기호 한민수 한병도 한정애 한준호 한지아 허성무
허 영 허종식 홍기원 황명선 황운하 황정아

반대 의원(1인)

한창민

기권 의원(4인)

김장겸 박수영 송재봉 안철수

○수상레저안전법 일부개정법률안

투표 의원(261인)

찬성 의원(257인)

강경숙 강대식 강득구 강민국 강선영 강선우 강유정 강준현 강훈식 고동진
고민정 곽규택 곽상언 구자근 권성동 권영세 권영진 권칠승 권향엽 김 건
김교흥 김기웅 김기표 김기현 김남근 김남희 김도읍 김동아 김문수 김미애
김민석 김병기 김병주 김상욱 김상훈 김석기 김선교 김선민 김성환 김성회
김승원 김영배 김영진 김영호 김영환 김예지 김용만 김용민 김용태 김우영
김 윤 김윤덕 김장겸 김재섭 김재원 김정재 김정호 김종양 김주영 김준혁
김준형 김태년 김태호 김한규 김 현 김현정 김형동 나경원 노종면 맹성규
모경종 문금주 문대림 문정복 문진석 민병덕 민형배 민홍철 박균택 박덕흠
박민규 박범계 박상웅 박상혁 박선원 박성민 박성준 박성훈 박수민 박수영
박수현 박용갑 박은정 박 정 박정하 박정현 박정훈 박준태 박지혜 박찬대
박충권 박해철 박형수 박홍배 박희승 배준영 배현진 백선희 백승아 백종헌
백혜련 복기왕 부승찬 서명옥 서미화 서범수 서삼석 서영교 서영석 서지영
소병훈 손명수 송기헌 송석준 송언석 송옥주 송재봉 신성범 신영대 신장식
신정훈 안규백 안도걸 안상훈 안철수 안태준 안호영 양문석 양부남 어기구

염태영	오기형	용혜인	우원식	우재준	위성곤	위성락	유동수	유상범	유영하
유용원	윤영석	윤재옥	윤종군	윤종오	윤준병	윤한홍	윤호중	윤후덕	이강일
이개호	이건태	이광희	이기헌	이달희	이만희	이병진	이상식	이상휘	이성권
이성윤	이소영	이수진	이양수	이연희	이용선	이용우	이원택	이인선	이인영
이재강	이재관	이재정	이정문	이정헌	이종배	이주영	이준석	이철규	이춘석
이학영	이해민	이헌승	이훈기	임광현	임미애	임오경	임이자	임종득	임호선
장동혁	장종태	장철민	전용기	전재수	전종덕	전진숙	전현희	정동만	정동영
정성국	정성호	정연욱	정을호	정일영	정점식	정준호	정진욱	정청래	정춘생
정태호	정혜경	정희용	조경태	조계원	조배숙	조승환	조은희	조인철	조정훈
조지연	주철현	주호영	차규근	차지호	채현일	천준호	천하람	최기상	최민희
최보윤	최수진	최형두	추경호	추미애	한기호	한민수	한병도	한정애	한창민
허성무	허 영	허종식	홍기원	황명선	황운하	황정아			

반대 의원(1인)

김희정

기권 의원(3인)

김승수　인요한　한준호

(강명구 의원 표결기 조작 착오, 찬성에서 불참으로 정정)

○연안사고 예방에 관한 법률 일부개정법률안

투표 의원(261인)

찬성 의원(260인)

강경숙	강대식	강득구	강명구	강민국	강선영	강선우	강유정	강준현	강훈식
고동진	고민정	곽규택	구자근	권성동	권영세	권영진	권칠승	권향엽	김 건
김교흥	김기웅	김기표	김기현	김남근	김남희	김도읍	김동아	김문수	김미애
김민석	김병기	김병주	김상욱	김상훈	김석기	김선교	김선민	김성환	김성회
김승수	김승원	김영배	김영진	김영호	김영환	김예지	김용만	김용민	김용태
김우영	김 윤	김윤덕	김장겸	김재섭	김재원	김정재	김정호	김종양	김주영
김준혁	김준형	김태년	김태호	김한규	김 현	김현정	김형동	김희정	나경원
노종면	맹성규	모경종	문금주	문대림	문정복	문진석	민병덕	민형배	민홍철
박균택	박덕흠	박민규	박범계	박상웅	박상혁	박선원	박성민	박성준	박성훈
박수민	박수영	박수현	박용갑	박은정	박 정	박정하	박정현	박정훈	박준태
박지혜	박찬대	박충권	박해철	박형수	박홍배	박희승	배준영	배현진	백선희
백승아	백종헌	백혜련	복기왕	부승찬	서명옥	서미화	서범수	서삼석	서영교
서영석	서지영	소병훈	손명수	송기헌	송석준	송언석	송옥주	송재봉	신성범
신영대	신장식	신정훈	안규백	안도걸	안철수	안태준	안호영	양문석	양부남
어기구	염태영	오기형	용혜인	우원식	우재준	위성곤	위성락	유동수	유상범
유영하	유용원	윤영석	윤종군	윤종오	윤준병	윤한홍	윤호중	윤후덕	이강일
이개호	이건태	이광희	이기헌	이달희	이만희	이병진	이상식	이상휘	이성권
이성윤	이소영	이수진	이양수	이연희	이용선	이용우	이원택	이인선	이인영
이재강	이재관	이재정	이정문	이정헌	이종배	이주영	이준석	이철규	이춘석

이학영	이해민	이헌승	이훈기	인요한	임광현	임미애	임오경	임이자	임종득
임호선	장동혁	장종태	장철민	전용기	전재수	전종덕	전진숙	전현희	정동만
정동영	정성국	정성호	정연욱	정을호	정일영	정점식	정준호	정진욱	정청래
정춘생	정태호	정혜경	정희용	조경태	조계원	조배숙	조승환	조은희	조인철
조정훈	조지연	주철현	주호영	차규근	차지호	채현일	천준호	천하람	최기상
최민희	최보윤	최은석	최형두	추경호	추미애	한기호	한민수	한병도	한정애
한준호	한지아	한창민	허성무	허 영	허종식	홍기원	황명선	황운하	황정아

기권 의원(1인)

곽상언

(이양수 의원 표결기 조작 지체, 불참에서 찬성으로 정정)

○해양경비법 일부개정법률안

투표 의원(259인)

찬성 의원(256인)

강경숙	강대식	강득구	강명구	강민국	강선우	강유정	강준현	강훈식	고동진
고민정	곽규택	곽상언	구자근	권성동	권영세	권영진	권칠승	권향엽	김 건
김교흥	김기웅	김기표	김기현	김남근	김남희	김도읍	김동아	김문수	김미애
김민석	김병기	김병주	김상욱	김상훈	김석기	김선교	김선민	김성환	김성회
김승수	김승원	김영배	김영진	김영호	김영환	김예지	김용만	김용민	김용태
김우영	김위상	김 윤	김윤덕	김장겸	김재섭	김재원	김정재	김정호	김종양
김주영	김준혁	김준형	김태년	김태호	김한규	김 현	김현정	김형동	김희정
나경원	노종면	맹성규	모경종	문금주	문대림	문정복	문진석	민병덕	민형배
민홍철	박균택	박덕흠	박민규	박범계	박상웅	박상혁	박선원	박성민	박성준
박성훈	박수영	박수현	박용갑	박은정	박 정	박정하	박정현	박정훈	박준태
박찬대	박충권	박해철	박홍배	박희승	배준영	백선희	백승아	백종헌	백혜련
복기왕	부승찬	서명옥	서미화	서범수	서삼석	서영교	서영석	서지영	소병훈
손명수	송기헌	송석준	송옥주	송재봉	신성범	신영대	신장식	신정훈	안규백
안도걸	안상훈	안철수	안태준	안호영	양문석	양부남	어기구	염태영	오기형
용혜인	우원식	우재준	위성곤	위성락	유동수	유영하	유용원	윤영석	윤재옥
윤종군	윤종오	윤준병	윤한홍	윤호중	윤후덕	이강일	이개호	이건태	이광희
이기헌	이달희	이만희	이병진	이상식	이상휘	이성권	이성윤	이소영	이수진
이양수	이용선	이용우	이원택	이인선	이인영	이재강	이재관	이재정	이정문
이정헌	이종배	이주영	이준석	이철규	이춘석	이학영	이해민	이헌승	이훈기
인요한	임광현	임미애	임오경	임이자	임종득	임호선	장동혁	장종태	장철민
전용기	전재수	전종덕	전진숙	전현희	정동만	정동영	정성국	정성호	정연욱
정을호	정일영	정점식	정준호	정진욱	정청래	정춘생	정태호	정혜경	정희용
조경태	조계원	조배숙	조승환	조은희	조인철	조정훈	조지연	주철현	주호영
차규근	차지호	채현일	천준호	천하람	최기상	최민희	최보윤	최수진	최형두
추경호	추미애	한기호	한민수	한병도	한정애	한준호	한지아	한창민	허성무
허 영	허종식	홍기원	황명선	황운하	황정아				

기권 의원(3인)

박수민　송언석　이연희

○의료급여법 일부개정법률안(대안)

투표 의원(266인)

찬성 의원(266인)

강경숙　강대식　강득구　강명구　강민국　강선영　강선우　강유정　강준현　강훈식
고동진　고민정　곽규택　곽상언　구자근　권성동　권영세　권영진　권칠승　권향엽
김 건　김교흥　김기웅　김기표　김기현　김남근　김남희　김도읍　김동아　김문수
김미애　김민석　김병기　김병주　김상욱　김상훈　김석기　김선교　김선민　김성환
김성회　김승수　김승원　김영배　김영진　김영호　김영환　김예지　김용만　김용민
김용태　김우영　김원이　김위상　김 윤　김윤덕　김장겸　김재섭　김재원　김정재
김정호　김종양　김주영　김준혁　김준형　김태년　김태호　김한규　김 현　김현정
김형동　김희정　나경원　남인순　노종면　맹성규　모경종　문금주　문대림　문정복
문진석　민병덕　민형배　민홍철　박균택　박덕흠　박민규　박범계　박상웅　박상혁
박선원　박성민　박성준　박성훈　박수민　박수영　박수현　박용갑　박은정　박 정
박정하　박정현　박정훈　박주민　박준태　박지혜　박찬대　박충권　박해철　박형수
박홍근　박홍배　박희승　배준영　배현진　백선희　백승아　백종헌　백혜련　복기왕
부승찬　서명옥　서미화　서범수　서삼석　서영교　서영석　서지영　소병훈　손명수
송기헌　송석준　송언석　송옥주　송재봉　신성범　신영대　신장식　신정훈　안규백
안도걸　안상훈　안철수　안태준　안호영　양문석　양부남　어기구　염태영　오기형
용혜인　우원식　우재준　위성곤　위성락　유동수　유상범　유영하　유용원　윤영석
윤재옥　윤종군　윤종오　윤준병　윤한홍　윤호중　윤후덕　이강일　이개호　이건태
이광희　이달희　이만희　이병진　이상식　이상휘　이성권　이성윤　이소영　이수진
이연희　이용선　이용우　이원택　이인선　이인영　이재강　이재관　이재정　이정문
이정헌　이종배　이주영　이준석　이철규　이춘석　이학영　이해민　이헌승　이훈기
인요한　임광현　임미애　임오경　임이자　임종득　임호선　장동혁　장종태　장철민
전용기　전재수　전종덕　전진숙　전현희　정동만　정동영　정성국　정성호　정연욱
정을호　정일영　정점식　정준호　정진욱　정청래　정춘생　정태호　정혜경　정희용
조경태　조계원　조배숙　조은희　조인철　조지연　주철현　주호영　진성준　차규근
차지호　채현일　천준호　천하람　최기상　최민희　최보윤　최수진　최은석　최형두
추경호　추미애　한기호　한민수　한병도　한정애　한준호　한지아　한창민　허성무
허 영　허종식　홍기원　황명선　황운하　황정아

○장애인복지법 일부개정법률안(대안)

투표 의원(261인)

찬성 의원(251인)

강대식　강득구　강명구　강민국　강선영　강선우　강유정　강준현　강훈식　고동진
고민정　곽규택　곽상언　구자근　권성동　권영세　권칠승　권향엽　김 건　김교흥
김기웅　김기표　김기현　김남근　김도읍　김동아　김문수　김미애　김민석　김병기
김병주　김상욱　김상훈　김석기　김선교　김선민　김성환　김성회　김승수　김승원

김영배 　김영진 　김영호 　김영환 　김예지 　김용만 　김용민 　김용태 　김우영 　김원이
김위상 　김 윤 　김윤덕 　김장겸 　김재섭 　김재원 　김정재 　김정호 　김종양 　김주영
김준혁 　김태년 　김태호 　김한규 　김 현 　김현정 　김형동 　김희정 　나경원 　남인순
노종면 　맹성규 　모경종 　문금주 　문대림 　문정복 　문진석 　민병덕 　민형배 　민홍철
박균택 　박덕흠 　박민규 　박범계 　박상웅 　박상혁 　박선원 　박성민 　박성준 　박성훈
박수민 　박수영 　박수현 　박용갑 　박 정 　박정하 　박정현 　박정훈 　박주민 　박준태
박지혜 　박찬대 　박충권 　박해철 　박형수 　박홍근 　박홍배 　박희승 　배준영 　배현진
백승아 　백종헌 　백혜련 　복기왕 　부승찬 　서명옥 　서미화 　서범수 　서삼석 　서영교
서영석 　서지영 　소병훈 　손명수 　송기헌 　송석준 　송언석 　송옥주 　송재봉 　신성범
신영대 　신정훈 　안규백 　안도걸 　안상훈 　안철수 　안태준 　안호영 　양문석 　양부남
어기구 　오기형 　용혜인 　우원식 　우재준 　위성락 　유동수 　유상범 　유영하 　유용원
윤영석 　윤재옥 　윤종군 　윤종오 　윤준병 　윤호중 　이강일 　이개호 　이건태 　이광희
이달희 　이만희 　이병진 　이상식 　이상휘 　이성권 　이성윤 　이소영 　이수진 　이연희
이용선 　이용우 　이원택 　이인선 　이인영 　이재강 　이재관 　이재정 　이정문 　이정헌
이주영 　이준석 　이철규 　이춘석 　이학영 　이해민 　이헌승 　이훈기 　인요한 　임광현
임미애 　임오경 　임이자 　임종득 　임호선 　장동혁 　장종태 　장철민 　전용기 　전재수
전진숙 　전현희 　정동만 　정동영 　정성국 　정성호 　정연욱 　정을호 　정일영 　정점식
정준호 　정진욱 　정청래 　정태호 　정혜경 　정희용 　조경태 　조계원 　조배숙 　조은희
조인철 　조지연 　주철현 　주호영 　진성준 　차지호 　채현일 　천준호 　천하람 　최기상
최민희 　최보윤 　최수진 　최은석 　추경호 　추미애 　한기호 　한민수 　한병도 　한정애
한준호 　한지아 　한창민 　허성무 　허 영 　허종식 　홍기원 　황명선 　황운하 　황정아
황 희

반대 의원(5인)

강경숙 　김준형 　백선희 　신장식 　정춘생

기권 의원(5인)

김남희 　박은정 　염태영 　윤후덕 　차규근

○코로나바이러스감염증-19 예방접종 피해보상 등에 관한 특별법안(대안)

투표 의원(265인)

찬성 의원(264인)

강경숙 　강대식 　강명구 　강선영 　강선우 　강유정 　강준현 　강훈식 　고동진 　고민정
곽규택 　곽상언 　구자근 　권성동 　권영세 　권영진 　권칠승 　권향엽 　김 건 　김교흥
김기웅 　김기표 　김기현 　김남근 　김남희 　김도읍 　김동아 　김문수 　김미애 　김민석
김병기 　김병주 　김상욱 　김상훈 　김석기 　김선교 　김선민 　김성환 　김성회 　김승수
김승원 　김영배 　김영진 　김영호 　김영환 　김예지 　김용만 　김용민 　김용태 　김우영
김원이 　김위상 　김 윤 　김윤덕 　김장겸 　김재섭 　김재원 　김정재 　김정호 　김종양
김주영 　김준혁 　김준형 　김태년 　김태선 　김태호 　김한규 　김 현 　김현정 　김형동
김희정 　나경원 　남인순 　노종면 　맹성규 　모경종 　문금주 　문대림 　문정복 　문진석
민병덕 　민형배 　민홍철 　박균택 　박덕흠 　박민규 　박범계 　박상웅 　박상혁 　박선원
박성민 　박성준 　박수민 　박수영 　박수현 　박용갑 　박은정 　박 정 　박정하 　박정현

박정훈　박주민　박준태　박지혜　박찬대　박충권　박해철　박형수　박홍근　박홍배
박희승　배준영　배현진　백선희　백승아　백종헌　백혜련　복기왕　부승찬　서명옥
서미화　서범수　서삼석　서영교　서영석　서지영　소병훈　송기헌　송석준　송언석
송옥주　송재봉　신성범　신영대　신장식　신정훈　안규백　안도걸　안철수　안태준
안호영　양문석　양부남　어기구　염태영　오기형　용혜인　우원식　우재준　위성곤
위성락　유동수　유상범　유영하　유용원　윤영석　윤재옥　윤종군　윤종오　윤준병
윤한홍　윤호중　윤후덕　이강일　이개호　이건태　이광희　이달희　이만희　이병진
이상식　이상휘　이성권　이성윤　이소영　이수진　이연희　이용선　이용우　이원택
이인선　이인영　이재강　이재관　이재명　이재정　이정문　이정헌　이종배　이주영
이준석　이철규　이춘석　이학영　이해민　이해식　이헌승　이훈기　인요한　임광현
임미애　임오경　임이자　임종득　임호선　장동혁　장종태　장철민　전용기　전재수
전종덕　전진숙　전현희　정동영　정성국　정성호　정연욱　정을호　정일영　정점식
정준호　정진욱　정청래　정춘생　정태호　정혜경　정희용　조경태　조계원　조배숙
조은희　조인철　조정식　조지연　주철현　주호영　진성준　차규근　차지호　채현일
천준호　천하람　최기상　최민희　최보윤　최수진　최은석　최형두　추경호　추미애
한민수　한병도　한정애　한준호　한지아　한창민　허성무　허　영　허종식　홍기원
황명선　황운하　황정아　황　희

기권 의원(1인)

안상훈

(전진숙 의원 표결기 조작 지체, 기권에서 찬성으로 정정)

○보건의료기본법 일부개정법률안(대안)

투표 의원(266인)

찬성 의원(246인)

강대식　강득구　강명구　강선영　강선우　강유정　강준현　강훈식　고동진　고민정
곽규택　곽상언　구자근　권성동　권영세　권영진　권칠승　권향엽　김　건　김교흥
김기표　김기현　김남근　김남희　김도읍　김동아　김문수　김미애　김민석　김병기
김병주　김상욱　김상훈　김석기　김선교　김성환　김성회　김승원　김영배　김영진
김영호　김영환　김예지　김용만　김용민　김용태　김우영　김원이　김위상　김　윤
김윤덕　김장겸　김재섭　김정재　김정호　김종양　김주영　김준혁　김태년　김태선
김태호　김한규　김　현　김현정　김형동　김희정　남인순　노종면　맹성규　모경종
문금주　문대림　문정복　문진석　민병덕　민형배　민홍철　박균택　박민규　박범계
박상웅　박상혁　박선원　박성준　박성훈　박수민　박수영　박수현　박용갑　박은정
박　정　박정하　박정현　박정훈　박주민　박준태　박지혜　박찬대　박해철　박형수
박홍근　박홍배　박희승　배준영　배현진　백승아　백종헌　백혜련　복기왕　부승찬
서명옥　서미화　서범수　서삼석　서영교　서영석　서지영　소병훈　손명수　송기헌
송석준　송옥주　송재봉　신성범　신영대　신정훈　안규백　안도걸　안상훈　안철수
안태준　안호영　양문석　양부남　어기구　염태영　오기형　용혜인　우원식　우재준
위성곤　위성락　유동수　유상범　유영하　유용원　윤영석　윤재옥　윤종군　윤종오
윤준병　윤호중　윤후덕　이강일　이개호　이건태　이달희　이만희　이병진　이상식

이상휘　이성권　이성윤　이소영　이수진　이양수　이연희　이용선　이용우　이원택
이인선　이인영　이재강　이재관　이재명　이재정　이정문　이정헌　이종배　이철규
이춘석　이학영　이해식　이헌승　이훈기　인요한　임광현　임미애　임오경　임이자
임종득　임호선　장동혁　장종태　장철민　전용기　전재수　전진숙　전현희　정동만
정동영　정성국　정성호　정연욱　정을호　정일영　정준호　정진욱　정청래　정태호
정혜경　정희용　조경태　조계원　조배숙　조승래　조은희　조인철　조정식　주철현
주호영　진선미　진성준　차지호　채현일　천준호　최기상　최민희　최보윤　최수진
최은석　최형두　추경호　추미애　한민수　한병도　한정애　한준호　한지아　허성무
허　영　허종식　홍기원　황명선　황정아　황　희

반대 의원(12인)

강경숙　김선민　김재원　김준형　백선희　신장식　이주영　이준석　이해민　정춘생
차규근　천하람

기권 의원(8인)

나경원　박덕흠　박충권　전종덕　조지연　한기호　한창민　황운하
(강경숙 의원 표결기 조작 착오, 찬성에서 반대로 정정)

○대도시권 광역교통 관리에 관한 특별법 일부개정법률안(대안)

투표 의원(246인)

찬성 의원(171인)

강경숙　강득구　강유정　강준현　고민정　권칠승　권향엽　김교흥　김기표　김남근
김남희　김동아　김문수　김민석　김병기　김병주　김상욱　김선민　김성환　김성회
김승원　김영배　김영진　김영호　김용만　김용민　김우영　김원이　김　윤　김윤덕
김재원　김정호　김주영　김준혁　김준형　김태년　김태선　김한규　김　현　김현정
남인순　노종면　맹성규　문금주　문정복　문진석　민병덕　민형배　민홍철　박균택
박민규　박범계　박상혁　박선원　박성준　박수현　박용갑　박은정　박　정　박정현
박지혜　박찬대　박해철　박홍근　박홍배　박희승　백선희　백승아　백혜련　복기왕
서미화　서삼석　서영교　서영석　손명수　송기헌　송옥주　송재봉　신영대　신장식
신정훈　안규백　안도걸　안태준　안호영　양문석　양부남　어기구　염태영　오기형
용혜인　위성곤　위성락　윤종군　윤종오　윤준병　윤호중　윤후덕　이강일　이개호
이건태　이광희　이상식　이성윤　이소영　이수진　이연희　이용우　이원택　이인영
이재강　이재관　이재명　이재정　이정문　이정헌　이주영　이준석　이춘석　이학영
이해민　이해식　이훈기　임광현　임미애　임오경　임호선　장종태　장철민　전용기
전재수　전종덕　전진숙　전현희　정동영　정성호　정을호　정일영　정준호　정진욱
정청래　정춘생　정태호　정혜경　조계원　조배숙　조승래　조인철　조정식　주철현
진선미　진성준　차규근　차지호　채현일　천준호　천하람　최기상　최민희　추미애
한민수　한병도　한정애　한준호　한창민　허종식　홍기원　황명선　황운하　황정아
황　희

반대 의원(69인)

강명구　강선영　강승규　고동진　구자근　권성동　권영세　권영진　김　건　김도읍
김상훈　김석기　김선교　김성원　김소희　김용태　김위상　김장겸　김재섭　김정재

김형동 김희정 박상웅 박성민 박성훈 박수민 박수영 박정하 박준태 박충권
박형수 배준영 백종헌 서명옥 서범수 서지영 송석준 송언석 신성범 안상훈
안철수 우재준 유영하 유용원 윤상현 윤영석 윤재옥 윤한홍 이만희 이상휘
이성권 이양수 이철규 인요한 임이자 임종득 정동만 정성국 정연욱 정점식
정희용 조은희 조지연 진종오 최보윤 최수진 최은석 최형두 한기호

기권 의원(6인)

강대식 곽규택 문대림 이인선 주호영 한지아

○**아이돌봄 지원법 일부개정법률안(대안)**

투표 의원(245인)

찬성 의원(237인)

강경숙 강대식 강득구 강선영 강승규 강유정 강준현 고동진 고민정 곽규택
권영진 권칠승 권향엽 김교흥 김기표 김기현 김남근 김도읍 김동아 김문수
김민석 김병기 김병주 김상욱 김석기 김선교 김선민 김성환 김성회 김소희
김승수 김승원 김영배 김영진 김영호 김영환 김예지 김용만 김용태 김우영
김원이 김위상 김 윤 김재섭 김재원 김정재 김종양 김주영 김준혁 김준형
김태년 김태선 김한규 김 현 김현정 김형동 김희정 나경원 남인순 노종면
맹성규 문금주 문대림 문정복 민병덕 민홍철 박균택 박민규 박범계 박상웅
박상혁 박선원 박성민 박성준 박성훈 박수민 박수영 박수현 박용갑 박은정
박 정 박정하 박정현 박주민 박준태 박지혜 박찬대 박충권 박해철 박형수
박홍근 박홍배 박희승 백선희 백승아 백혜련 복기왕 부승찬 서명옥 서미화
서범수 서삼석 서영교 서영석 소병훈 손명수 송기헌 송석준 송옥주 송재봉
신성범 신영대 신정훈 안규백 안도걸 안상훈 안철수 안태준 안호영 양문석
양부남 어기구 염태영 오기형 오세희 우재준 위성곤 위성락 유동수 유영하
유용원 윤상현 윤영석 윤재옥 윤종군 윤준병 윤한홍 윤호중 윤후덕 이강일
이개호 이건태 이광희 이달희 이만희 이상식 이상휘 이성권 이성윤 이소영
이수진 이양수 이원택 이인선 이인영 이재강 이재관 이재명 이재정 이정문
이정헌 이종배 이주영 이준석 이철규 이춘석 이학영 이해민 이해식 이헌승
이훈기 인요한 임광현 임미애 임오경 임이자 임종득 임호선 장종태 장철민
전용기 전재수 전진숙 전현희 정동만 정동영 정성국 정성호 정연욱 정을호
정일영 정점식 정준호 정진욱 정청래 정춘생 정태호 정희용 조계원 조배숙
조승래 조은희 조정식 조지연 주철현 주호영 진선미 진성준 진종오 차규근
차지호 채현일 천준호 천하람 최기상 최민희 최보윤 최수진 최은석 최형두
추경호 추미애 한기호 한민수 한병도 한정애 한준호 한지아 한창민 허성무
허 영 허종식 홍기원 황명선 황운하 황정아 황 회

반대 의원(2인)

용혜인 전종덕

기권 의원(6인)

곽상언 김남희 신장식 윤종오 이용우 정혜경

○**아동·청소년의 성보호에 관한 법률 일부개정법률안(대안)**

투표 의원(244인)

찬성 의원(242인)

강경숙	강대식	강득구	강선영	강승규	강유정	강준현	고동진	고민정	곽규택
곽상언	권성동	권영진	권향엽	김교흥	김기표	김기현	김남근	김남희	김도읍
김동아	김문수	김민석	김병기	김병주	김상욱	김선교	김선민	김성환	김성회
김소희	김승수	김승원	김영배	김영진	김영호	김영환	김예지	김용만	김용태
김우영	김원이	김위상	김 윤	김재섭	김재원	김정재	김종양	김주영	김준혁
김준형	김태년	김태선	김한규	김 현	김현정	김희정	나경원	남인순	노종면
맹성규	문금주	문정복	민병덕	민형배	민홍철	박균택	박민규	박범계	박상웅
박상혁	박선원	박성준	박성훈	박수민	박수영	박수현	박용갑	박은정	박 정
박정하	박정현	박주민	박준태	박지혜	박찬대	박충권	박해철	박형수	박홍근
박홍배	박희승	백선희	백승아	백혜련	복기왕	부승찬	서명옥	서미화	서범수
서삼석	서영교	서영석	서지영	소병훈	손명수	송기헌	송석준	송언석	송옥주
송재봉	신성범	신영대	신장식	신정훈	안규백	안도걸	안철수	안태준	안호영
양문석	양부남	어기구	염태영	오기형	오세희	용혜인	우재준	위성곤	위성락
유동수	유영하	유용원	윤상현	윤재옥	윤종군	윤종오	윤준병	윤한홍	윤호중
윤후덕	이강일	이개호	이건태	이광희	이달희	이만희	이병진	이상식	이상휘
이성권	이성윤	이소영	이수진	이양수	이연희	이용우	이원택	이인선	이인영
이재강	이재관	이재명	이재정	이정문	이정헌	이종배	이주영	이준석	이춘석
이학영	이해민	이해식	이헌승	이훈기	인요한	임광현	임미애	임오경	임이자
임종득	임호선	장종태	장철민	전용기	전재수	전종덕	전진숙	전현희	정동만
정동영	정성국	정성호	정연욱	정을호	정일영	정점식	정준호	정진욱	정청래
정춘생	정태호	정혜경	정희용	조계원	조배숙	조승래	조은희	조정식	조지연
주철현	주호영	진선미	진성준	진종오	차규근	차지호	채현일	천준호	천하람
최기상	최민희	최보윤	최수진	최은석	최형두	추미애	한기호	한민수	한병도
한정애	한준호	한지아	한창민	허성무	허 영	허종식	홍기원	황명선	황운하
황정아	황 희								

기권 의원(2인)

김형동　윤영석

(윤한홍 의원 표결기 조작 착오, 기권에서 찬성으로 정정)

○청소년 보호법 일부개정법률안(대안)

투표 의원(249인)

찬성 의원(246인)

강경숙	강대식	강득구	강선영	강승규	강유정	강준현	고동진	고민정	곽규택
곽상언	권성동	권영진	권칠승	김교흥	김기표	김기현	김남근	김남희	김도읍
김동아	김문수	김민석	김병기	김병주	김상욱	김선교	김선민	김성환	김성회
김소희	김승수	김승원	김영배	김영진	김영호	김영환	김예지	김용만	김용태
김원이	김위상	김 윤	김재섭	김재원	김정재	김정호	김종양	김주영	김준혁
김준형	김태년	김태선	김한규	김 현	김현정	김형동	김희정	나경원	남인순

맹성규	모경종	문금주	문대림	문정복	문진석	민병덕	민형배	민홍철	박균택
박민규	박범계	박상웅	박상혁	박선원	박성준	박성훈	박수민	박수영	박수현
박용갑	박은정	박 정	박정하	박정현	박주민	박준태	박지혜	박찬대	박충권
박해철	박형수	박홍근	박홍배	박희승	백선희	백승아	백혜련	복기왕	부승찬
서명옥	서미화	서범수	서삼석	서영교	서영석	서지영	소병훈	손명수	송기헌
송석준	송언석	송옥주	신성범	신영대	신장식	신정훈	안규백	안도걸	안상훈
안태준	안호영	양문석	양부남	어기구	염태영	오기형	오세희	용혜인	우재준
위성곤	위성락	유동수	유영하	유용원	윤건영	윤상현	윤영석	윤재옥	윤종군
윤종오	윤준병	윤한홍	윤호중	윤후덕	이강일	이개호	이건태	이광희	이달희
이만희	이병진	이상식	이상휘	이성권	이성윤	이소영	이수진	이양수	이연희
이용우	이원택	이인영	이재강	이재관	이재명	이재정	이정문	이정헌	이종배
이주영	이준석	이철규	이춘석	이학영	이해민	이해식	이헌승	이훈기	인요한
임광현	임미애	임오경	임이자	임종득	임호선	장종태	장철민	전용기	전재수
전종덕	전진숙	전현희	정동영	정성국	정성호	정연욱	정을호	정일영	정점식
정준호	정진욱	정청래	정춘생	정태호	정혜경	정희용	조계원	조배숙	조승래
조은희	조인철	조정식	조지연	주철현	주호영	진선미	진성준	진종오	차규근
차지호	채현일	천준호	천하람	최기상	최민희	최보윤	최수진	최형두	추경호
추미애	한기호	한민수	한병도	한정애	한준호	한지아	한창민	허성무	허 영
허종식	홍기원	황명선	황운하	황정아	황 희				

기권 의원(3인)

권향엽	송재봉	안철수

○여성폭력방지기본법 일부개정법률안

투표 의원(252인)

찬성 의원(252인)

강경숙	강대식	강득구	강선영	강승규	강유정	강준현	고동진	고민정	곽규택
곽상언	권영진	권칠승	권향엽	김교홍	김기표	김기현	김남근	김남희	김도읍
김동아	김문수	김민석	김병기	김병주	김상욱	김선교	김선민	김성환	김성회
김소희	김승수	김승원	김영배	김영진	김영호	김영환	김예지	김용만	김용민
김용태	김우영	김원이	김위상	김 윤	김재섭	김재원	김정재	김정호	김종양
김주영	김준혁	김준형	김태년	김태선	김한규	김 현	김현정	김형동	김희정
나경원	남인순	노종면	맹성규	모경종	문금주	문대림	문정복	문진석	민병덕
민형배	민홍철	박균택	박민규	박범계	박상웅	박상혁	박선원	박성준	박성훈
박수민	박수영	박수현	박용갑	박은정	박 정	박정하	박정현	박주민	박준태
박지혜	박찬대	박충권	박해철	박형수	박홍근	박홍배	박희승	백선희	백승아
백혜련	복기왕	부승찬	서명옥	서미화	서범수	서삼석	서영교	서영석	소병훈
손명수	송기헌	송석준	송언석	송옥주	송재봉	신성범	신영대	신장식	신정훈
안규백	안도걸	안상훈	안철수	안태준	안호영	양문석	양부남	어기구	염태영
오기형	오세희	용혜인	우재준	위성곤	위성락	유동수	유영하	유용원	윤건영
윤상현	윤영석	윤재옥	윤종군	윤종오	윤준병	윤한홍	윤호중	윤후덕	이강일

이개호　이건태　이광희　이달희　이만희　이병진　이상식　이상휘　이성권　이성윤
이소영　이수진　이양수　이연희　이용우　이원택　이인선　이인영　이재강　이재관
이재명　이재정　이정문　이정헌　이종배　이주영　이준석　이철규　이춘석　이학영
이해민　이해식　이헌승　이훈기　인요한　임광현　임미애　임오경　임이자　임종득
임호선　장종태　장철민　전용기　전재수　전종덕　전진숙　전현희　정동영　정성국
정성호　정연욱　정을호　정일영　정점식　정준호　정진욱　정청래　정춘생　정태호
정혜경　정희용　조계원　조배숙　조승래　조은희　조인철　조정식　조지연　주철현
주호영　진선미　진성준　진종오　차규근　차지호　채현일　천준호　천하람　최기상
최민희　최보윤　최수진　최은석　최형두　추경호　추미애　한기호　한민수　한병도
한정애　한준호　한지아　한창민　허성무　허　영　허종식　홍기원　황명선　황운하
황정아　황　희

○양성평등기본법 일부개정법률안

투표 의원(248인)

찬성 의원(248인)

강경숙　강대식　강득구　강선영　강승규　강유정　강준현　고동진　고민정　곽규택
곽상언　권영진　권칠승　권향엽　김교흥　김기표　김기현　김남근　김남희　김도읍
김동아　김문수　김민석　김병기　김병주　김상욱　김선교　김선민　김성환　김성회
김소희　김승수　김승원　김영배　김영진　김영호　김영환　김예지　김용만　김용민
김용태　김우영　김원이　김위상　김　윤　김재섭　김재원　김정재　김정호　김종양
김주영　김준혁　김준형　김태년　김태선　김한규　김　현　김현정　김형동　김희정
나경원　남인순　노종면　맹성규　모경종　문금주　문대림　문정복　문진석　민형배
민홍철　박균택　박민규　박범계　박상웅　박상혁　박선원　박성준　박성훈　박수영
박수현　박용갑　박은정　박　정　박정하　박정현　박주민　박준태　박지혜　박찬대
박충권　박해철　박형수　박홍근　박홍배　박희승　백선희　백승아　백혜련　복기왕
부승찬　서명옥　서미화　서범수　서삼석　서영교　서영석　서지영　소병훈　손명수
송기헌　송석준　송언석　송옥주　송재봉　신성범　신영대　신장식　신정훈　안규백
안도걸　안상훈　안철수　안태준　안호영　양문석　양부남　어기구　염태영　오기형
오세희　용혜인　우재준　위성곤　위성락　유동수　유영하　유용원　윤건영　윤상현
윤영석　윤재옥　윤종군　윤종오　윤준병　윤한홍　윤호중　윤후덕　이강일　이개호
이건태　이광희　이만희　이병진　이상식　이상휘　이성권　이성윤　이소영　이수진
이양수　이연희　이용우　이원택　이인선　이인영　이재강　이재관　이재명　이재정
이정문　이정헌　이종배　이주영　이준석　이철규　이춘석　이학영　이해민　이해식
이헌승　이훈기　인요한　임광현　임미애　임오경　임이자　임종득　임호선　장종태
장철민　전용기　전재수　전종덕　전진숙　전현희　정성국　정성호　정연욱　정을호
정일영　정점식　정준호　정진욱　정청래　정춘생　정태호　정혜경　정희용　조계원
조배숙　조승래　조은희　조인철　조정식　조지연　주철현　주호영　진선미　진성준
진종오　차규근　차지호　채현일　천준호　천하람　최기상　최민희　최보윤　최수진
최은석　최형두　추경호　추미애　한기호　한민수　한병도　한준호　한지아　한창민
허성무　허　영　허종식　홍기원　황명선　황운하　황정아　황　희

(김원이 의원 표결기 조작 지체, 기권에서 찬성으로 정정)
○성폭력방지 및 피해자보호 등에 관한 법률 일부개정법률안
투표 의원(253인)

찬성 의원(253인)

강경숙　강대식　강득구　강선영　강승규　강유정　강준현　고동진　고민정　곽규택
곽상언　권성동　권영진　권칠승　권향엽　김교흥　김기표　김기현　김남근　김남희
김도읍　김동아　김문수　김민석　김병기　김병주　김상욱　김선교　김선민　김성환
김성회　김소희　김승수　김승원　김영배　김영진　김영호　김영환　김예지　김용만
김용민　김우영　김원이　김위상　김　윤　김장겸　김재섭　김재원　김정재　김정호
김종양　김주영　김준혁　김준형　김태년　김태선　김한규　김　현　김현정　김형동
김희정　나경원　남인순　노종면　맹성규　모경종　문금주　문대림　문정복　문진석
민병덕　민형배　민홍철　박균택　박민규　박범계　박상웅　박상혁　박선원　박성준
박성훈　박수민　박수영　박수현　박용갑　박은정　박　정　박정하　박정현　박주민
박준태　박지혜　박찬대　박충권　박해철　박형수　박홍근　박홍배　박희승　백선희
백승아　백혜련　복기왕　부승찬　서명옥　서미화　서범수　서삼석　서영교　서영석
서지영　소병훈　손명수　송기헌　송석준　송언석　송옥주　송재봉　신성범　신영대
신장식　신정훈　안규백　안도걸　안상훈　안철수　안태준　안호영　양문석　양부남
어기구　염태영　오기형　오세희　용혜인　우재준　위성곤　위성락　유동수　유영하
유용원　윤건영　윤상현　윤재옥　윤종군　윤종오　윤준병　윤한홍　윤호중　윤후덕
이강일　이개호　이건태　이광희　이달희　이만희　이병진　이상식　이상휘　이성권
이성윤　이소영　이수진　이양수　이연희　이용우　이원택　이인선　이인영　이재강
이재관　이재명　이재정　이정문　이정헌　이종배　이주영　이준석　이철규　이춘석
이학영　이해민　이해식　이헌승　이훈기　인요한　임광현　임미애　임오경　임이자
임종득　임호선　장종태　장철민　전용기　전재수　전종덕　전진숙　전현희　정동영
정성국　정성호　정연욱　정을호　정일영　정점식　정준호　정진욱　정청래　정춘생
정태호　정혜경　정희용　조계원　조배숙　조승래　조은희　조인철　조정식　조지연
주철현　주호영　진선미　진성준　진종오　차규근　차지호　채현일　천준호　천하람
최기상　최민희　최보윤　최수진　최은석　최형두　추경호　추미애　한기호　한민수
한병도　한정애　한준호　한지아　한창민　허성무　허　영　허종식　홍기원　황명선
황운하　황정아　황　희
(권성동 의원 표결기 조작 지체, 불참에서 찬성으로 정정)

○건강가정기본법 일부개정법률안
투표 의원(244인)

찬성 의원(239인)

강경숙　강득구　강선영　강승규　강유정　강준현　고동진　고민정　곽규택　곽상언
권영진　권칠승　권향엽　김교흥　김기표　김기현　김남근　김남희　김도읍　김동아
김문수　김민석　김병주　김상욱　김선교　김선민　김성환　김성회　김소희　김승원
김영배　김영진　김영호　김영환　김예지　김용만　김용민　김우영　김원이　김위상
김　윤　김장겸　김재섭　김재원　김정재　김정호　김주영　김준혁　김준형　김태년

김태선	김한규	김 현	김현정	김형동	김희정	나경원	남인순	노종면	맹성규
모경종	문금주	문대림	문정복	문진석	민병덕	민형배	민홍철	박균택	박민규
박범계	박상웅	박상혁	박선원	박성준	박성훈	박수민	박수현	박용갑	박은정
박 정	박정하	박정현	박주민	박준태	박지혜	박찬대	박충권	박해철	박형수
박홍근	박홍배	박희승	백선희	백승아	백혜련	복기왕	부승찬	서명옥	서미화
서범수	서삼석	서영교	서영석	서지영	소병훈	손명수	송기헌	송석준	송옥주
송재봉	신성범	신영대	신장식	신정훈	안규백	안도걸	안상훈	안철수	안태준
안호영	양문석	양부남	어기구	염태영	오기형	오세희	우재준	위성곤	위성락
유동수	유영하	유용원	윤건영	윤상현	윤영석	윤종군	윤종오	윤준병	윤한홍
윤호중	윤후덕	이강일	이개호	이건태	이광희	이달희	이만희	이병진	이상식
이상휘	이성권	이성윤	이소영	이수진	이양수	이연희	이용우	이원택	이인선
이인영	이재강	이재관	이재명	이재정	이정문	이정헌	이종배	이주영	이준석
이춘석	이학영	이해민	이해식	이헌승	이훈기	인요한	임광현	임미애	임오경
임이자	임종득	장종태	장철민	전용기	전재수	전종덕	전진숙	전현희	정동영
정성국	정성호	정연욱	정을호	정일영	정점식	정준호	정진욱	정청래	정춘생
정태호	정혜경	조계원	조배숙	조승래	조은희	조인철	조정식	조지연	주철현
주호영	진선미	진성준	진종오	차규근	차지호	채현일	천준호	천하람	최기상
최민희	최수진	최형두	추미애	한기호	한민수	한병도	한정애	한준호	한지아
한창민	허성무	허 영	허종식	홍기원	황명선	황운하	황정아	황 희	

기권 의원(5인)

| 김승수 | 박수영 | 용혜인 | 윤재옥 | 정희용 |

○**헌법재판소 재판관 마은혁 임명 촉구 결의안에 대한 수정안**(김용민 의원 외 30인 발의)

투표 의원(186인)

찬성 의원(184인)

강경숙	강득구	강선우	강유정	강준현	강훈식	고민정	곽상언	권칠승	권향엽
김교흥	김기표	김남근	김남희	김동아	김문수	김민석	김병기	김병주	김선민
김성환	김성회	김승원	김영배	김영진	김영호	김영환	김용만	김용민	김우영
김원이	김 윤	김재원	김정호	김종민	김주영	김준혁	김준형	김태년	김태선
김한규	김 현	김현정	남인순	노종면	맹성규	모경종	문금주	문대림	문정복
문진석	민형배	민홍철	박균택	박민규	박범계	박상혁	박선원	박성준	박수현
박용갑	박은정	박 정	박정현	박주민	박지원	박지혜	박찬대	박해철	박홍근
박홍배	박희승	백선희	백승아	백혜련	복기왕	부승찬	서미화	서영교	서영석
소병훈	손명수	송기헌	송옥주	송재봉	신영대	신장식	신정훈	안규백	안도걸
안태준	안호영	양문석	양부남	어기구	염태영	오기형	오세희	용혜인	위성곤
위성락	유동수	윤건영	윤종군	윤종오	윤준병	윤호중	윤후덕	이강일	이개호
이건태	이광희	이병진	이상식	이성윤	이소영	이수진	이언주	이연희	이용우
이원택	이인영	이재강	이재관	이재명	이재정	이정문	이정헌	이주영	이준석
이춘석	이학영	이해민	이해식	이훈기	임광현	임미애	임오경	장경태	장종태
장철민	전용기	전재수	전종덕	전진숙	전현희	정동영	정성호	정을호	정일영

정준호　정진욱　정청래　정춘생　정태호　정혜경　조계원　조승래　조인철　조정식
주철현　진선미　진성준　차규근　차지호　채현일　천준호　천하람　최기상　최민희
추미애　한민수　한병도　한정애　한준호　한창민　허성무　허　영　허종식　홍기원
황명선　황운하　황정아　황　희

반대 의원(2인)

박형수　최은석

○출석 의원(296인)

강경숙　강대식　강득구　강명구　강민국　강선영　강선우　강승규　강유정　강준현
강훈식　고동진　고민정　곽규택　곽상언　구자근　권성동　권영세　권영진　권칠승
권향엽　김　건　김교흥　김기웅　김기표　김기현　김남근　김남희　김도읍　김동아
김문수　김미애　김민석　김민전　김병기　김병주　김상욱　김상훈　김석기　김선교
김선민　김성원　김성환　김성회　김소희　김승수　김승원　김영배　김영진　김영호
김영환　김예지　김용만　김용민　김용태　김우영　김원이　김위상　김　윤　김윤덕
김은혜　김장겸　김재섭　김재원　김정재　김정호　김종민　김종양　김주영　김준혁
김준형　김태년　김태선　김태호　김한규　김　현　김현정　김형동　김희정　나경원
남인순　노종면　맹성규　모경종　문금주　문대림　문정복　문진석　민병덕　민형배
민홍철　박균택　박대출　박덕흠　박민규　박범계　박상웅　박상혁　박선원　박성민
박성준　박성훈　박수민　박수영　박수현　박용갑　박은정　박　정　박정하　박정현
박정훈　박주민　박준태　박지원　박지혜　박찬대　박충권　박해철　박형수　박홍근
박홍배　박희승　배준영　배현진　백선희　백승아　백종헌　백혜련　복기왕　부승찬
서명옥　서미화　서범수　서삼석　서영교　서영석　서지영　서천호　성일종　소병훈
손명수　송기헌　송석준　송언석　송옥주　송재봉　신동욱　신성범　신영대　신장식
신정훈　안규백　안도걸　안상훈　안철수　안태준　안호영　양문석　양부남　어기구
엄태영　염태영　오기형　오세희　용혜인　우원식　우재준　위성곤　위성락　유동수
유상범　유영하　유용원　윤건영　윤상현　윤영석　윤재옥　윤종군　윤종오　윤준병
윤한홍　윤호중　윤후덕　이강일　이개호　이건태　이광희　이기헌　이달희　이만희
이병진　이상식　이상휘　이성권　이성윤　이소영　이수진　이양수　이언주　이연희
이용선　이용우　이원택　이인선　이인영　이재강　이재관　이재명　이재정　이정문
이정헌　이종배　이종욱　이주영　이준석　이철규　이춘석　이학영　이해민　이해식
이헌승　이훈기　인요한　임광현　임미애　임오경　임이자　임종득　임호선　장경태
장동혁　장종태　장철민　전용기　전재수　전종덕　전진숙　전현희　정동만　정동영
정성국　정성호　정연욱　정을호　정일영　정점식　정준호　정진욱　정청래　정춘생
정태호　정혜경　정희용　조경태　조계원　조배숙　조승래　조승환　조은희　조인철
조정식　조정훈　조지연　주철현　주호영　진선미　진성준　진종오　차규근　차지호
채현일　천준호　천하람　최기상　최민희　최보윤　최수진　최은석　최형두　추경호
추미애　한기호　한민수　한병도　한정애　한준호　한지아　한창민　허성무　허　영
허종식　홍기원　황명선　황운하　황정아　황　희

○개의 시 재석 의원(241인)

강경숙 강득구 강명구 강민국 강선영 강선우 강준현 강훈식 고동진 고민정
곽규택 곽상언 구자근 권성동 권영세 권영진 권칠승 권향엽 김 건 김교흥
김기웅 김기표 김남근 김남희 김도읍 김동아 김문수 김미애 김민석 김민전
김병기 김병주 김상욱 김상훈 김선교 김선민 김성환 김성회 김승수 김승원
김영진 김영호 김영환 김예지 김용만 김용민 김용태 김우영 김 윤 김윤덕
김은혜 김장겸 김재섭 김재원 김정호 김종양 김주영 김준혁 김준형 김태년
김태호 김 현 김현정 김희정 노종면 모경종 문금주 문대림 문정복 문진석
박균택 박덕흠 박민규 박범계 박상웅 박상혁 박선원 박성민 박성준 박수민
박수영 박수현 박용갑 박은정 박 정 박정하 박정현 박정훈 박주민 박준태
박지원 박지혜 박충권 박해철 박형수 박홍배 박희승 배현진 백선희 백종헌
백혜련 복기왕 부승찬 서명옥 서미화 서범수 서삼석 서영석 서지영 서천호
성일종 소병훈 손명수 송기헌 송석준 송언석 송옥주 송재봉 신동욱 신성범
신영대 신장식 신정훈 안규백 안도걸 안상훈 안철수 안태준 안호영 양문석
양부남 어기구 엄태영 오기형 용혜인 우원식 우재준 위성곤 위성락 유동수
유상범 유영하 유용원 윤건영 윤재옥 윤종군 윤종오 윤준병 윤호중 윤후덕
이개호 이건태 이광희 이기헌 이달희 이만희 이병진 이상식 이상휘 이성권
이성윤 이소영 이수진 이연희 이용선 이용우 이원택 이인선 이인영 이재강
이재관 이재정 이정문 이정헌 이종배 이종욱 이주영 이준석 이철규 이춘석
이해민 이헌승 이훈기 인요한 임광현 임미애 임오경 임종득 임호선 장동혁
장종태 장철민 전용기 전재수 전종덕 전진숙 정동만 정동영 정성국 정성호
정연욱 정일영 정점식 정준호 정진욱 정청래 정춘생 정태호 정혜경 정희용
조경태 조계원 조배숙 조승환 조인철 조정훈 조지연 주철현 차규근 차지호
채현일 천준호 천하람 최기상 최민희 최수진 최은석 최형두 추미애 한기호
한민수 한정애 한준호 한지아 한창민 허성무 허 영 홍기원 황명선 황운하
황 희

○산회 시 재석 의원(186인)

강경숙 강득구 강선우 강유정 강준현 강훈식 고민정 곽상언 권칠승 권향엽
김교흥 김기표 김남근 김남희 김동아 김문수 김민석 김병기 김병주 김선민
김성환 김성회 김승원 김영배 김영진 김영호 김영환 김용만 김용민 김우영
김원이 김 윤 김재원 김정호 김종민 김주영 김준혁 김준형 김태년 김태선
김한규 김 현 김현정 남인순 노종면 맹성규 모경종 문금주 문대림 문정복
문진석 민형배 민홍철 박균택 박민규 박범계 박상혁 박선원 박성준 박수현
박용갑 박은정 박 정 박정현 박주민 박지원 박지혜 박찬대 박해철 박형수
박홍근 박홍배 박희승 백선희 백승아 백혜련 복기왕 부승찬 서미화 서영교
서영석 소병훈 손명수 송기헌 송옥주 송재봉 신영대 신장식 신정훈 안규백
안도걸 안태준 안호영 양문석 양부남 어기구 엄태영 오기형 오세희 용혜인
위성곤 위성락 유동수 윤건영 윤종군 윤종오 윤준병 윤호중 윤후덕 이강일
이개호 이건태 이광희 이병진 이상식 이성윤 이소영 이수진 이언주 이연희
이용우 이원택 이인영 이재강 이재관 이재명 이재정 이정문 이정헌 이주영

이준석　이춘석　이학영　이해민　이해식　이훈기　임광현　임미애　임오경　장경태
장종태　장철민　전용기　전재수　전종덕　전진숙　전현희　정동영　정성호　정을호
정일영　정준호　정진욱　정청래　정춘생　정태호　정혜경　조계원　조승래　조인철
조정식　주철현　진선미　진성준　차규근　차지호　채현일　천준호　천하람　최기상
최민희　최은석　추미애　한민수　한병도　한정애　한준호　한창민　허성무　허　영
허종식　홍기원　황명선　황운하　황정아　황　희

○청가 의원(3인)

김대식　서왕진　서일준

○국회 참석자

사무총장　김민기

입법차장　진선희

의사국장　김승묵

○출석 국무위원

농림축산식품부장관　송미령

보건복지부장관　조규홍

국토교통부장관　박상우

해양수산부장관　강도형

○출석 정부위원

과학기술정보통신부

　제1차관(장관직무대리)　이창윤

여성가족부

　차관(장관직무대행)　신영숙

【보고사항】

○특별위원 선임

위원회	위원명	교섭단체	연월일
기후위기	강득구　김성환　김정호　민형배 박정현　박지혜　염태영　위성곤 이소영　차지호　한정애	더불어민주당	2025. 3. 26.
	김소희　김용태　서범수　이헌승 임이자　조은희　조지연	국민의힘	
	김종민　서왕진	어느 교섭단체에도 속하지 아니하는 의원	
2025 아시아태평양경제 협력체(APEC) 정상회의 지원	김태선　윤후덕　이병진　이연희 임미애　장경태　정일영　조인철 허성무　홍기원	더불어민주당	
	김기현　김형동　유영하　이달희 이만희　이인선　조정훈	국민의힘	
	미정	어느 교섭단체에도 속하지 아니하는 의원	

위원회	위원명			교섭단체	연월일
연금개혁	강선우 김남희 남인순 모경종 박홍배 오기형			더불어민주당	
	김미애 김용태 김재섭 박수민 우재준 윤영석			국민의힘	
	전종덕			어느 교섭단체에도 속하지 아니하는 의원	

○의안 제출

12·29여객기참사 피해자 지원을 위한 특별법안

(2025. 3. 20. 권향엽 의원 대표발의)(의안번호 2209194)

　3월 20일 12.29여객기참사진상규명과피해자및유가족의피해구제를위한특별위원회에 회부

형법 일부개정법률안

(2025. 3. 20. 이종배 의원 대표발의)(의안번호 2209145)

변호사법 일부개정법률안

(2025. 3. 20. 김태선 의원 대표발의)(의안번호 2209178)

감사원법 일부개정법률안

(2025. 3. 20. 곽규택 의원 대표발의)(의안번호 2209190)

감사원법 일부개정법률안

(2025. 3. 20. 김도읍 의원 대표발의)(의안번호 2209192)

　이상 4건 3월 21일 법제사법위원회에 회부

전자상거래 등에서의 소비자보호에 관한 법률 일부개정법률안

(2025. 3. 20. 최은석 의원 대표발의)(의안번호 2209146)

보험사기방지 특별법 일부개정법률안

(2025. 3. 20. 강준현 의원 대표발의)(의안번호 2209149)

국가유공자 등 예우 및 지원에 관한 법률 일부개정법률안

(2025. 3. 20. 장동혁 의원 대표발의)(의안번호 2209161)

하도급거래 공정화에 관한 법률 일부개정법률안

(2025. 3. 20. 이강일 의원 대표발의)(의안번호 2209203)

　이상 4건 3월 21일 정무위원회에 회부

조세특례제한법 일부개정법률안

(2025. 3. 20. 김주영 의원 대표발의)(의안번호 2209144)

조세특례제한법 일부개정법률안

(2025. 3. 20. 최은석 의원 대표발의)(의안번호 2209163)

외국환거래법 일부개정법률안

(2025. 3. 20. 김태선 의원 대표발의)(의안번호 2209171)

조세특례제한법 일부개정법률안

(2025. 3. 20. 윤준병 의원 대표발의)(의안번호 2209180)

조달사업에 관한 법률 일부개정법률안

(2025. 3. 20. 박대출 의원 대표발의)(의안번호 2209187)

조세특례제한법 일부개정법률안

(2025. 3. 20. 이만희 의원 대표발의)(의안번호 2209189)

조세특례제한법 일부개정법률안

(2025. 3. 20. 엄태영 의원 대표발의)(의안번호 2209198)

국가를 당사자로 하는 계약에 관한 법률 일부개정법률안

(2025. 3. 20. 김태선 의원 대표발의)(의안번호 2209202)

소득세법 일부개정법률안

(2025. 3. 20. 백승아 의원 대표발의)(의안번호 2209204)

　이상 9건 3월 21일 기획재정위원회에 회부

학생맞춤통합지원법 일부개정법률안

(2025. 3. 20. 한민수 의원 대표발의)(의안번호 2209153)

초·중등교육법 일부개정법률안

(2025. 3. 20. 김태선 의원 대표발의)(의안번호 2209165)

학교안전사고 예방 및 보상에 관한 법률 일부개정법률안

(2025. 3. 20. 김태선 의원 대표발의)(의안번호 2209169)

유아교육지원특별회계법 일부개정법률안

(2025. 3. 20. 윤준병 의원 대표발의)(의안번호 2209172)

초·중등교육법 일부개정법률안

(2025. 3. 20. 김용태 의원 대표발의)(의안번호 2209193)

　이상 5건 3월 21일 교육위원회에 회부

전기통신사업법 일부개정법률안

(2025. 3. 20. 한민수 의원 대표발의)(의안번호 2209151)

국가연구개발혁신법 일부개정법률안

(2025. 3. 20. 김태선 의원 대표발의)(의안번호 2209195)

　이상 2건 3월 21일 과학기술정보방송통신위원회에 회부

3·15의거 참여자의 명예회복 등에 관한 법률 일부개정법률안

(2025. 3. 20. 양부남 의원 대표발의)(의안번호 2209152)

정치자금법 일부개정법률안

(2025. 3. 20. 강유정 의원 대표발의)(의안번호 2209154)

지방세특례제한법 일부개정법률안

(2025. 3. 20. 윤준병 의원 대표발의)(의안번호 2209167)

공공단체등 위탁선거에 관한 법률 일부개정법률안

(2025. 3. 20. 김태선 의원 대표발의)(의안번호 2209176)

공직선거법 일부개정법률안

(2025. 3. 20. 김태선 의원 대표발의)(의안번호 2209177)

지방공기업법 일부개정법률안

(2025. 3. 20. 김태선 의원 대표발의)(의안번호 2209181)

어린이놀이시설 안전관리법 일부개정법률안

(2025. 3. 20. 임호선 의원 대표발의)(의안번호 2209186)

지방자치단체 보조금 관리에 관한 법률 일부개정법률안

(2025. 3. 20. 김태선 의원 대표발의)(의안번호 2209188)

주민조례발안에 관한 법률 일부개정법률안

(2025. 3. 20. 김태선 의원 대표발의)(의안번호 2209199)

지방자치단체를 당사자로 하는 계약에 관한 법률 일부개정법률안

(2025. 3. 20. 김태선 의원 대표발의)(의안번호 2209200)

　　　이상 10건 3월 21일 행정안전위원회에 회부

저작권법 일부개정법률안

(2025. 3. 20. 조계원 의원 대표발의)(의안번호 2209156)

　　　3월 21일 문화체육관광위원회에 회부

양봉산업의 육성 및 지원에 관한 법률 일부개정법률안

(2025. 3. 20. 정부 제출)(의안번호 2209143)

공유수면 관리 및 매립에 관한 법률 일부개정법률안

(2025. 3. 20. 서천호 의원 대표발의)(의안번호 2209158)

동물보호법 일부개정법률안

(2025. 3. 20. 김태선 의원 대표발의)(의안번호 2209166)

사료관리법 일부개정법률안

(2025. 3. 20. 김태선 의원 대표발의)(의안번호 2209168)

지역농산물 이용촉진 등 농산물 직거래 활성화에 관한 법률 일부개정법률안

(2025. 3. 20. 김태선 의원 대표발의)(의안번호 2209173)

축산법 일부개정법률안

(2025. 3. 20. 김태선 의원 대표발의)(의안번호 2209174)

식자재유통산업진흥법안

(2025. 3. 20. 김선교 의원 대표발의)(의안번호 2209196)

친환경농어업 육성 및 유기식품 등의 관리·지원에 관한 법률 일부개정법률안

(2025. 3. 20. 김태선 의원 대표발의)(의안번호 2209201)

농어업인 삶의 질 향상 및 농어촌지역 개발촉진에 관한 특별법 일부개정법률안

(2025. 3. 20. 박해철 의원 대표발의)(의안번호 2209205)

　　　이상 9건 3월 21일 농림축산식품해양수산위원회에 회부

부정경쟁방지 및 영업비밀보호에 관한 법률 일부개정법률안

(2025. 3. 20. 김동아 의원 대표발의)(의안번호 2209155)

전기사업법 일부개정법률안

(2025. 3. 20. 윤준병 의원 대표발의)(의안번호 2209157)

유통산업발전법 일부개정법률안

(2025. 3. 20. 윤준병 의원 대표발의)(의안번호 2209160)

산업기술혁신 촉진법 일부개정법률안

(2025. 3. 20. 김태선 의원 대표발의)(의안번호 2209170)

대·중소기업 상생협력 촉진에 관한 법률 일부개정법률안

(2025. 3. 20. 오세희 의원 대표발의)(의안번호 2209179)

디자인보호법 일부개정법률안

(2025. 3. 20. 이인선 의원 대표발의)(의안번호 2209182)

상표법 일부개정법률안

(2025. 3. 20. 이인선 의원 대표발의)(의안번호 2209183)

지역중소기업 육성 및 혁신촉진 등에 관한 법률 일부개정법률안

(2025. 3. 20. 이인선 의원 대표발의)(의안번호 2209184)

특허법 일부개정법률안

(2025. 3. 20. 이인선 의원 대표발의)(의안번호 2209185)

　이상 9건 3월 21일 산업통상자원중소벤처기업위원회에 회부

약사법 일부개정법률안

(2025. 3. 20. 김태선 의원 대표발의)(의안번호 2209162)

정신건강증진 및 정신질환자 복지서비스 지원에 관한 법률 일부개정법률안

(2025. 3. 20. 김태선 의원 대표발의)(의안번호 2209164)

　이상 2건 3월 21일 보건복지위원회에 회부

토양환경보전법 일부개정법률안

(2025. 3. 20. 김위상 의원 대표발의)(의안번호 2209159)

직업안정법 일부개정법률안

(2025. 3. 20. 김도읍 의원 대표발의)(의안번호 2209197)

　이상 2건 3월 21일 환경노동위원회에 회부

공인중개사법 일부개정법률안

(2025. 3. 20. 최은석 의원 대표발의)(의안번호 2209147)

부동산투자회사법 일부개정법률안

(2025. 3. 20. 이종배 의원 대표발의)(의안번호 2209148)

주택법 일부개정법률안

(2025. 3. 20. 엄태영 의원 대표발의)(의안번호 2209150)

　이상 3건 3월 21일 국토교통위원회에 회부

국회법 일부개정법률안

(2025. 3. 21. 민형배 의원 대표발의)(의안번호 2209226)

국회법 일부개정법률안

(2025. 3. 21. 신동욱 의원 대표발의)(의안번호 2209240)

　이상 2건 3월 24일 국회운영위원회에 회부

형사소송법 일부개정법률안

(2025. 3. 21. 이헌승 의원 대표발의)(의안번호 2209249)

재외동포의 출입국과 법적 지위에 관한 법률 일부개정법률안

(2025. 3. 21. 장동혁 의원 대표발의)(의안번호 2209251)

법원조직법 일부개정법률안

(2025. 3. 21. 윤상현 의원 대표발의)(의안번호 2209261)

각급 법원의 설치와 관할구역에 관한 법률 일부개정법률안

(2025. 3. 21. 윤상현 의원 대표발의)(의안번호 2209263)

범죄피해자 보호법 일부개정법률안

(2025. 3. 21. 정동만 의원 대표발의)(의안번호 2209265)

집합건물의 소유 및 관리에 관한 법률 일부개정법률안

(2025. 3. 21. 이춘석 의원 대표발의)(의안번호 2209278)

아동학대범죄의 처벌 등에 관한 특례법 일부개정법률안

(2025. 3. 21. 김민석 의원 대표발의)(의안번호 2209280)

　이상 7건 3월 24일 법제사법위원회에 회부

주식·사채 등의 전자등록에 관한 법률 일부개정법률안

(2025. 3. 21. 강준현 의원 대표발의)(의안번호 2209208)

자본시장과 금융투자업에 관한 법률 일부개정법률안

(2025. 3. 21. 강준현 의원 대표발의)(의안번호 2209210)

소비자기본법 일부개정법률안

(2025. 3. 21. 김상훈 의원 대표발의)(의안번호 2209221)

국가유공자 등 예우 및 지원에 관한 법률 일부개정법률안

(2025. 3. 21. 김승원 의원 대표발의)(의안번호 2209236)

보훈보상대상자 지원에 관한 법률 일부개정법률안

(2025. 3. 21. 김승원 의원 대표발의)(의안번호 2209237)

독립유공자예우에 관한 법률 일부개정법률안

(2025. 3. 21. 김승원 의원 대표발의)(의안번호 2209238)

부정청탁 및 금품등 수수의 금지에 관한 법률 일부개정법률안

(2025. 3. 21. 이헌승 의원 대표발의)(의안번호 2209243)

가상자산 이용자 보호 등에 관한 법률 일부개정법률안

(2025. 3. 21. 이헌승 의원 대표발의)(의안번호 2209244)

자본시장과 금융투자업에 관한 법률 일부개정법률안

(2025. 3. 21. 신장식 의원 대표발의)(의안번호 2209272)

　이상 9건 3월 24일 정무위원회에 회부

조세특례제한법 일부개정법률안

(2025. 3. 21. 이만희 의원 대표발의)(의안번호 2209207)

조세특례제한법 일부개정법률안

(2025. 3. 21. 윤준병 의원 대표발의)(의안번호 2209216)

조세특례제한법 일부개정법률안

(2025. 3. 21. 송옥주 의원 대표발의)(의안번호 2209222)

조세특례제한법 일부개정법률안

(2025. 3. 21. 서삼석 의원 대표발의)(의안번호 2209223)

조세특례제한법 일부개정법률안

(2025. 3. 21. 민형배 의원 대표발의)(의안번호 2209228)

국가재정법 일부개정법률안

(2025. 3. 21. 서명옥 의원 대표발의)(의안번호 2209232)

복권 및 복권기금법 일부개정법률안

(2025. 3. 21. 서명옥 의원 대표발의)(의안번호 2209233)

조세특례제한법 일부개정법률안

(2025. 3. 21. 진성준 의원 대표발의)(의안번호 2209267)

공공기관의 운영에 관한 법률 일부개정법률안

(2025. 3. 21. 신장식 의원 대표발의)(의안번호 2209273)

　이상 9건 3월 24일 기획재정위원회에 회부

국가인재양성기본법안

(2025. 3. 21. 조정훈 의원 대표발의)(의안번호 2209206)

교원의 지위 향상 및 교육활동 보호를 위한 특별법 일부개정법률안

(2025. 3. 21. 정성국 의원 대표발의)(의안번호 2209247)

유아교육법 일부개정법률안

(2025. 3. 21. 정성국 의원 대표발의)(의안번호 2209255)

　이상 3건 3월 24일 교육위원회에 회부

정보통신망 이용촉진 및 정보보호 등에 관한 법률 일부개정법률안

(2025. 3. 21. 신영대 의원 대표발의)(의안번호 2209252)

정보통신망 이용촉진 및 정보보호 등에 관한 법률 일부개정법률안

(2025. 3. 21. 이헌승 의원 대표발의)(의안번호 2209257)

정보통신망 이용촉진 및 정보보호 등에 관한 법률 일부개정법률안

(2025. 3. 21. 김민석 의원 대표발의)(의안번호 2209268)

　이상 3건 3월 24일 과학기술정보방송통신위원회에 회부

지방자치단체를 당사자로 하는 계약에 관한 법률 일부개정법률안

(2025. 3. 21. 장종태 의원 대표발의)(의안번호 2209211)

도로교통법 일부개정법률안

(2025. 3. 21. 박덕흠 의원 대표발의)(의안번호 2209218)

지방세특례제한법 일부개정법률안

(2025. 3. 21. 윤준병 의원 대표발의)(의안번호 2209242)

국회의원의 국민소환에 관한 법률안

(2025. 3. 21. 한민수 의원 대표발의)(의안번호 2209245)

국민 안전교육 진흥 기본법 일부개정법률안

(2025. 3. 21. 조은희 의원 대표발의)(의안번호 2209258)

지방공기업법 일부개정법률안

(2025. 3. 21. 신장식 의원 대표발의)(의안번호 2209269)

도로교통법 일부개정법률안

(2025. 3. 21. 정동만 의원 대표발의)(의안번호 2209274)

정당법 일부개정법률안

(2025. 3. 21. 민형배 의원 대표발의)(의안번호 2209275)

정치자금법 일부개정법률안

(2025. 3. 21. 민형배 의원 대표발의)(의안번호 2209276)

공직선거법 일부개정법률안

(2025. 3. 21. 민형배 의원 대표발의)(의안번호 2209277)

인구감소지역 지원 특별법 일부개정법률안

(2025. 3. 21. 이춘석 의원 대표발의)(의안번호 2209279)

　이상 11건 3월 24일 행정안전위원회에 회부

대중문화예술산업발전법 일부개정법률안

(2025. 3. 21. 강유정 의원 대표발의)(의안번호 2209220)

태권도 진흥 및 태권도공원 조성 등에 관한 법률 일부개정법률안

(2025. 3. 21. 민형배 의원 대표발의)(의안번호 2209227)

예술인의 지위와 권리의 보장에 관한 법률 일부개정법률안

(2025. 3. 21. 강유정 의원 대표발의)(의안번호 2209254)

풍납토성 보존 및 관리에 관한 특별법 일부개정법률안

(2025. 3. 21. 박정훈 의원 대표발의)(의안번호 2209264)

　이상 4건 3월 24일 문화체육관광위원회에 회부

농업협동조합법 일부개정법률안

(2025. 3. 21. 박덕흠 의원 대표발의)(의안번호 2209214)

농어업인 삶의 질 향상 및 농어촌지역 개발촉진에 관한 특별법 일부개정법률안

(2025. 3. 21. 박해철 의원 대표발의)(의안번호 2209217)

여성농어업인 육성법 일부개정법률안

(2025. 3. 21. 서삼석 의원 대표발의)(의안번호 2209224)

수의사법 일부개정법률안

(2025. 3. 21. 서삼석 의원 대표발의)(의안번호 2209229)

공유수면 관리 및 매립에 관한 법률 일부개정법률안

(2025. 3. 21. 임종득 의원 대표발의)(의안번호 2209239)

농지법 일부개정법률안

(2025. 3. 21. 박덕흠 의원 대표발의)(의안번호 2209241)

동물보호법 일부개정법률안

(2025. 3. 21. 이헌승 의원 대표발의)(의안번호 2209246)

해양사고의 조사 및 심판에 관한 법률 일부개정법률안

(2025. 3. 21. 윤상현 의원 대표발의)(의안번호 2209262)

　이상 8건 3월 24일 농림축산식품해양수산위원회에 회부

발명진흥법 일부개정법률안

(2025. 3. 21. 서삼석 의원 대표발의)(의안번호 2209234)

중소기업기본법 일부개정법률안

(2025. 3. 21. 허종식 의원 대표발의)(의안번호 2209250)

　이상 2건 3월 24일 산업통상자원중소벤처기업위원회에 회부

의료법 일부개정법률안

(2025. 3. 21. 최보윤 의원 대표발의)(의안번호 2209209)

아동복지법 일부개정법률안

(2025. 3. 21. 박덕흠 의원 대표발의)(의안번호 2209213)

희귀질환관리법 일부개정법률안

(2025. 3. 21. 서명옥 의원 대표발의)(의안번호 2209230)

암관리법 일부개정법률안

(2025. 3. 21. 서명옥 의원 대표발의)(의안번호 2209231)

사회보장기본법 일부개정법률안

(2025. 3. 21. 이춘석 의원 대표발의)(의안번호 2209259)

긴급복지지원법 일부개정법률안

(2025. 3. 21. 김민석 의원 대표발의)(의안번호 2209266)

　이상 6건 3월 24일 보건복지위원회에 회부

최저임금법 일부개정법률안

(2025. 3. 21. 장종태 의원 대표발의)(의안번호 2209212)

야생생물 보호 및 관리에 관한 법률 일부개정법률안

(2025. 3. 21. 김위상 의원 대표발의)(의안번호 2209219)

노동조합 및 노동관계조정법 일부개정법률안

(2025. 3. 21. 박정 의원 대표발의)(의안번호 2209225)

산업안전보건법 일부개정법률안

(2025. 3. 21. 김태선 의원 대표발의)(의안번호 2209260)

남녀고용평등과 일·가정 양립 지원에 관한 법률 일부개정법률안

(2025. 3. 21. 신장식 의원 대표발의)(의안번호 2209270)

고용정책 기본법 일부개정법률안

(2025. 3. 21. 신장식 의원 대표발의)(의안번호 2209271)

　이상 6건 3월 24일 환경노동위원회에 회부

노후계획도시 정비 및 지원에 관한 특별법 일부개정법률안

(2025. 3. 21. 김은혜 의원 대표발의)(의안번호 2209253)

주택법 일부개정법률안

(2025. 3. 21. 박민규 의원 대표발의)(의안번호 2209256)

　이상 2건 3월 24일 국토교통위원회에 회부

청소년 보호법 일부개정법률안

(2025. 3. 21. 정성국 의원 대표발의)(의안번호 2209235)

　3월 24일 여성가족위원회에 회부

소송촉진 등에 관한 특례법 일부개정법률안

(2025. 3. 24. 김태선 의원 대표발의)(의안번호 2209285)

헌법재판소법 일부개정법률안

(2025. 3. 24. 엄태영 의원 대표발의)(의안번호 2209309)

　이상 2건 3월 25일 법제사법위원회에 회부

조세특례제한법 일부개정법률안

(2025. 3. 24. 이만희 의원 대표발의)(의안번호 2209281)

조세특례제한법 일부개정법률안

(2025. 3. 24. 윤준병 의원 대표발의)(의안번호 2209294)

국가재정법 일부개정법률안

(2025. 3. 24. 신영대 의원 대표발의)(의안번호 2209301)

국가재정법 일부개정법률안

(2025. 3. 24. 김태선 의원 대표발의)(의안번호 2209303)

조세특례제한법 일부개정법률안

(2025. 3. 24. 박해철 의원 대표발의)(의안번호 2209310)

소득세법 일부개정법률안

(2025. 3. 24. 박해철 의원 대표발의)(의안번호 2209311)

　이상 6건 3월 25일 기획재정위원회에 회부

정보통신망 이용촉진 및 정보보호 등에 관한 법률 일부개정법률안

(2025. 3. 24. 고동진 의원 대표발의)(의안번호 2209282)

방송통신위원회의 설치 및 운영에 관한 법률 일부개정법률안

(2025. 3. 24. 고동진 의원 대표발의)(의안번호 2209290)

과학기술기본법 일부개정법률안

(2025. 3. 24. 조인철 의원 대표발의)(의안번호 2209297)

디지털크리에이터(1인 미디어 창작자)산업 진흥법안

(2025. 3. 24. 최형두 의원 대표발의)(의안번호 2209306)

　이상 4건 3월 25일 과학기술정보방송통신위원회에 회부

공직선거법 일부개정법률안

(2025. 3. 24. 강득구 의원 대표발의)(의안번호 2209284)

지방세특례제한법 일부개정법률안

(2025. 3. 24. 윤준병 의원 대표발의)(의안번호 2209292)

도로교통법 일부개정법률안

(2025. 3. 24. 양부남 의원 대표발의)(의안번호 2209295)

정당법 일부개정법률안

(2025. 3. 24. 윤건영 의원 대표발의)(의안번호 2209299)

공직선거법 일부개정법률안

(2025. 3. 24. 채현일 의원 대표발의)(의안번호 2209300)

　이상 5건 3월 25일 행정안전위원회에 회부

관광기본법 일부개정법률안

(2025. 3. 24. 김석기 의원 대표발의)(의안번호 2209287)

대중문화예술산업발전법 일부개정법률안

(2025. 3. 24. 민형배 의원 대표발의)(의안번호 2209296)

문화예술진흥법 일부개정법률안

(2025. 3. 24. 조인철 의원 대표발의)(의안번호 2209302)

　이상 3건 3월 25일 문화체육관광위원회에 회부

동물보호법 일부개정법률안

(2025. 3. 24. 이헌승 의원 대표발의)(의안번호 2209307)

　3월 25일 농림축산식품해양수산위원회에 회부

기술의 이전 및 사업화 촉진에 관한 법률 일부개정법률안

(2025. 3. 24. 박상웅 의원 대표발의)(의안번호 2209288)

조선산업 지원 특별법안

(2025. 3. 24. 서일준 의원 대표발의)(의안번호 2209293)

　이상 2건 3월 25일 산업통상자원중소벤처기업위원회에 회부

국민연금법 일부개정법률안

(2025. 3. 24. 위성곤 의원 대표발의)(의안번호 2209304)

노인복지법 일부개정법률안

(2025. 3. 24. 이헌승 의원 대표발의)(의안번호 2209308)

국민건강보험법 일부개정법률안

(2025. 3. 24. 권향엽 의원 대표발의)(의안번호 2209312)

　이상 3건 3월 25일 보건복지위원회에 회부

한국수자원공사법 일부개정법률안

(2025. 3. 24. 박홍배 의원 대표발의)(의안번호 2209289)

대기환경보전법 일부개정법률안

(2025. 3. 24. 윤준병 의원 대표발의)(의안번호 2209291)

근로기준법 일부개정법률안

(2025. 3. 24. 권향엽 의원 대표발의)(의안번호 2209305)

　이상 3건 3월 25일 환경노동위원회에 회부

빈집 및 소규모주택 정비에 관한 특례법 일부개정법률안

(2025. 3. 24. 문진석 의원 대표발의)(의안번호 2209283)

여객자동차 운수사업법 일부개정법률안

(2025. 3. 24. 문진석 의원 대표발의)(의안번호 2209286)

주택법 일부개정법률안

(2025. 3. 24. 문진석 의원 대표발의)(의안번호 2209298)

　이상 3건 3월 25일 국토교통위원회에 회부

헌법재판소법 일부개정법률안

(2025. 3. 25. 박대출 의원 대표발의)(의안번호 2209323)

형법 일부개정법률안

(2025. 3. 25. 이훈기 의원 대표발의)(의안번호 2209329)

변호사법 일부개정법률안

(2025. 3. 25. 김영배 의원 대표발의)(의안번호 2209333)

　이상 3건 3월 26일 법제사법위원회에 회부

국가유공자 등 예우 및 지원에 관한 법률 일부개정법률안

(2025. 3. 25. 고동진 의원 대표발의)(의안번호 2209319)

하도급거래 공정화에 관한 법률 일부개정법률안

(2025. 3. 25. 강준현 의원 대표발의)(의안번호 2209345)

　이상 2건 3월 26일 정무위원회에 회부

조세특례제한법 일부개정법률안

(2025. 3. 25. 이만희 의원 대표발의)(의안번호 2209313)
조세특례제한법 일부개정법률안
(2025. 3. 25. 김재원 의원 대표발의)(의안번호 2209322)
조세특례제한법 일부개정법률안
(2025. 3. 25. 윤준병 의원 대표발의)(의안번호 2209330)
소득세법 일부개정법률안
(2025. 3. 25. 박해철 의원 대표발의)(의안번호 2209334)
조세특례제한법 일부개정법률안
(2025. 3. 25. 조인철 의원 대표발의)(의안번호 2209335)
조세특례제한법 일부개정법률안
(2025. 3. 25. 안도걸 의원 대표발의)(의안번호 2209338)
조세특례제한법 일부개정법률안
(2025. 3. 25. 김선교 의원 대표발의)(의안번호 2209340)
소득세법 일부개정법률안
(2025. 3. 25. 신영대 의원 대표발의)(의안번호 2209344)
국가재정법 일부개정법률안
(2025. 3. 25. 진성준 의원 대표발의)(의안번호 2209347)
지방자치분권 및 지역균형발전에 관한 특별법 일부개정법률안
(2025. 3. 25. 진성준 의원 대표발의)(의안번호 2209348)
　이상 10건 3월 26일 기획재정위원회에 회부
한국교육방송공사법 일부개정법률안
(2025. 3. 25. 신장식 의원 대표발의)(의안번호 2209315)
방송법 일부개정법률안
(2025. 3. 25. 신장식 의원 대표발의)(의안번호 2209316)
방송문화진흥회법 일부개정법률안
(2025. 3. 25. 신장식 의원 대표발의)(의안번호 2209317)
지능정보화 기본법 일부개정법률안
(2025. 3. 25. 박민규 의원 대표발의)(의안번호 2209327)
정보통신망 이용촉진 및 정보보호 등에 관한 법률 일부개정법률안
(2025. 3. 25. 양부남 의원 대표발의)(의안번호 2209332)
　이상 5건 3월 26일 과학기술정보방송통신위원회에 회부
군인연금법 일부개정법률안
(2025. 3. 25. 조경태 의원 대표발의)(의안번호 2209326)
　3월 26일 국방위원회에 회부
공무원연금법 일부개정법률안
(2025. 3. 25. 조경태 의원 대표발의)(의안번호 2209324)
지방세특례제한법 일부개정법률안
(2025. 3. 25. 조인철 의원 대표발의)(의안번호 2209331)
선거관리위원회법 일부개정법률안

(2025. 3. 25. 윤준병 의원 대표발의)(의안번호 2209336)

재난 및 안전관리 기본법 일부개정법률안

(2025. 3. 25. 백선희 의원 대표발의)(의안번호 2209342)

지방세특례제한법 일부개정법률안

(2025. 3. 25. 김선교 의원 대표발의)(의안번호 2209343)

공직선거법 일부개정법률안

(2025. 3. 25. 서미화 의원·용혜인 의원 대표발의)(의안번호 2209350)

　　이상 6건 3월 26일 행정안전위원회에 회부

관광기본법 일부개정법률안

(2025. 3. 25. 조계원 의원 대표발의)(의안번호 2209314)

예술인의 지위와 권리의 보장에 관한 법률 일부개정법률안

(2025. 3. 25. 조계원 의원 대표발의)(의안번호 2209321)

국가유산보호기금법 일부개정법률안

(2025. 3. 25. 김재원 의원 대표발의)(의안번호 2209328)

　　이상 3건 3월 26일 문화체육관광위원회에 회부

동물보호법 일부개정법률안

(2025. 3. 25. 이헌승 의원 대표발의)(의안번호 2209320)

수산업법 일부개정법률안

(2025. 3. 25. 서천호 의원 대표발의)(의안번호 2209337)

　　이상 2건 3월 26일 농림축산식품해양수산위원회에 회부

농공단지 활성화 지원에 관한 특별법안

(2025. 3. 21. 어기구 의원 대표발의)(의안번호 2209215)

중소기업 녹색경영 혁신 촉진을 위한 특별조치법안

(2025. 3. 25. 박지혜 의원 대표발의)(의안번호 2209341)

첨단조선업의 경쟁력 강화 및 지원에 관한 특별법안

(2025. 3. 25. 이언주 의원 대표발의)(의안번호 2209349)

　　이상 3건 3월 26일 산업통상자원중소벤처기업위원회에 회부

긴급복지지원법 일부개정법률안

(2025. 3. 25. 백선희 의원 대표발의)(의안번호 2209339)

　　3월 26일 보건복지위원회에 회부

근로자퇴직급여 보장법 일부개정법률안

(2025. 3. 25. 임이자 의원 대표발의)(의안번호 2209346)

　　3월 26일 환경노동위원회에 회부

항공안전법 일부개정법률안

(2025. 3. 25. 조계원 의원 대표발의)(의안번호 2209318)

　　3월 26일 국토교통위원회에 회부

건강가정기본법 일부개정법률안

(2025. 3. 25. 임호선 의원 대표발의)(의안번호 2209325)

　　3월 26일 여성가족위원회에 회부

대규모유통업에서의 거래 공정화에 관한 법률 일부개정법률안

(2025. 3. 26. 오세희 의원 대표발의)(의안번호 2209367)

참전유공자 예우 및 단체설립에 관한 법률 일부개정법률안

(2025. 3. 26. 조지연 의원 대표발의)(의안번호 2209381)

　이상 2건 3월 27일 정무위원회에 회부

조세특례제한법 일부개정법률안

(2025. 3. 26. 이만희 의원 대표발의)(의안번호 2209356)

소득세법 일부개정법률안

(2025. 3. 26. 신영대 의원 대표발의)(의안번호 2209391)

　이상 2건 3월 27일 기획재정위원회에 회부

10여년간 북한 억류 중인 김정욱, 김국기, 최춘길 선교사에 대한 유엔 자의적 구금 실무그룹 (WGAD)의 국제법 위반 의견 공개에 즈음한 납북자, 억류자, 국군포로의 즉각 송환 및 북송 탈북난민과 정치범 즉각 석방 촉구 결의안

(2025. 3. 26. 김기현 의원 등 21인 발의)(의안번호 2209361)

　3월 27일 외교통일위원회에 회부

행정절차법 일부개정법률안

(2025. 3. 26. 최보윤 의원 대표발의)(의안번호 2209364)

지방공무원법 일부개정법률안

(2025. 3. 26. 최보윤 의원 대표발의)(의안번호 2209365)

국가공무원법 일부개정법률안

(2025. 3. 26. 최보윤 의원 대표발의)(의안번호 2209366)

총포·도검·화약류 등의 안전관리에 관한 법률 일부개정법률안

(2025. 3. 26. 진종오 의원 대표발의)(의안번호 2209374)

　이상 4건 3월 27일 행정안전위원회에 회부

도서관법 일부개정법률안

(2025. 3. 26. 김병기 의원 대표발의)(의안번호 2209368)

국민체육진흥법 일부개정법률안

(2025. 3. 26. 진종오 의원 대표발의)(의안번호 2209370)

　이상 2건 3월 27일 문화체육관광위원회에 회부

동물보호법 일부개정법률안

(2025. 3. 26. 송옥주 의원 대표발의)(의안번호 2209377)

　3월 27일 농림축산식품해양수산위원회에 회부

디자인보호법 일부개정법률안

(2025. 3. 26. 김동아 의원 대표발의)(의안번호 2209352)

발명교육의 활성화 및 지원에 관한 법률 일부개정법률안

(2025. 3. 26. 김동아 의원 대표발의)(의안번호 2209353)

발명진흥법 일부개정법률안

(2025. 3. 26. 김동아 의원 대표발의)(의안번호 2209354)

산업재산 정보의 관리 및 활용 촉진에 관한 법률 일부개정법률안

(2025. 3. 26. 김동아 의원 대표발의)(의안번호 2209355)

상표법 일부개정법률안

(2025. 3. 26. 김동아 의원 대표발의)(의안번호 2209362)

부정경쟁방지 및 영업비밀보호에 관한 법률 일부개정법률안

(2025. 3. 26. 김동아 의원 대표발의)(의안번호 2209363)

　　이상 6건 3월 27일 산업통상자원중소벤처기업위원회에 회부

긴급복지지원법 일부개정법률안

(2025. 3. 26. 서명옥 의원 대표발의)(의안번호 2209357)

건강기능식품에 관한 법률 일부개정법률안

(2025. 3. 26. 이개호 의원 대표발의)(의안번호 2209375)

　　이상 2건 3월 27일 보건복지위원회에 회부

녹색건축물 조성 지원법 일부개정법률안

(2025. 3. 26. 권영진 의원 대표발의)(의안번호 2209351)

인천국제공항공사법 일부개정법률안

(2025. 3. 26. 이연희 의원 대표발의)(의안번호 2209358)

민간임대주택에 관한 특별법 일부개정법률안

(2025. 3. 26. 이연희 의원 대표발의)(의안번호 2209359)

주택도시기금법 일부개정법률안

(2025. 3. 26. 이연희 의원 대표발의)(의안번호 2209360)

민간임대주택에 관한 특별법 일부개정법률안

(2025. 3. 26. 박용갑 의원 대표발의)(의안번호 2209372)

궤도운송법 일부개정법률안

(2025. 3. 26. 진종오 의원 대표발의)(의안번호 2209373)

　　이상 6건 3월 27일 국토교통위원회에 회부

국회법 일부개정법률안

(2025. 3. 27. 엄태영 의원 대표발의)(의안번호 2209403)

국회사무처법 일부개정법률안

(2025. 3. 27. 김병주 의원 대표발의)(의안번호 2209415)

　　이상 2건 3월 28일 국회운영위원회에 회부

민법 일부개정법률안

(2025. 3. 27. 강선영 의원 대표발의)(의안번호 2209399)

형법 일부개정법률안

(2025. 3. 27. 나경원 의원 대표발의)(의안번호 2209425)

　　이상 2건 3월 28일 법제사법위원회에 회부

서해수호기념관 건립 및 운영에 관한 법률안

(2025. 3. 27. 나경원 의원 대표발의)(의안번호 2209424)

한국산업은행법 일부개정법률안

(2025. 3. 27. 강민국 의원·강준현 의원 대표발의)(의안번호 2209426)

　　이상 2건 3월 28일 정무위원회에 회부

조세특례제한법 일부개정법률안

(2025. 3. 27. 정일영 의원 대표발의)(의안번호 2209394)

조세특례제한법 일부개정법률안

(2025. 3. 27. 신동욱 의원 대표발의)(의안번호 2209409)

관세사법 일부개정법률안

(2025. 3. 27. 이인선 의원 대표발의)(의안번호 2209418)

　　이상 3건 3월 28일 기획재정위원회에 회부

취업 후 학자금 상환 특별법 일부개정법률안

(2025. 3. 27. 김대식 의원 대표발의)(의안번호 2209405)

평생교육법 일부개정법률안

(2025. 3. 27. 민형배 의원 대표발의)(의안번호 2209407)

　　이상 2건 3월 28일 교육위원회에 회부

중국의 서해 구조물 무단 설치 규탄 및 즉각 철거 촉구를 통한 서해주권 수호 결의안

(2025. 3. 27. 나경원 의원 등 28인 발의)(의안번호 2209422)

　　3월 28일 외교통일위원회에 회부

지방세특례제한법 일부개정법률안

(2025. 3. 27. 최보윤 의원 대표발의)(의안번호 2209396)

어린이놀이시설 안전관리법 일부개정법률안

(2025. 3. 27. 허영 의원 대표발의)(의안번호 2209402)

주민등록법 일부개정법률안

(2025. 3. 27. 이종배 의원 대표발의)(의안번호 2209406)

공직자윤리법 일부개정법률안

(2025. 3. 27. 민형배 의원 대표발의)(의안번호 2209408)

지방세특례제한법 일부개정법률안

(2025. 3. 27. 엄태영 의원 대표발의)(의안번호 2209414)

공직자윤리법 일부개정법률안

(2025. 3. 27. 김정호 의원 대표발의)(의안번호 2209420)

　　이상 6건 3월 28일 행정안전위원회에 회부

게임산업진흥에 관한 법률 일부개정법률안

(2025. 3. 27. 민형배 의원 대표발의)(의안번호 2209419)

　　3월 28일 문화체육관광위원회에 회부

동물보호법 일부개정법률안

(2025. 3. 27. 송옥주 의원 대표발의)(의안번호 2209401)

농수산물 유통 및 가격안정에 관한 법률 일부개정법률안

(2025. 3. 27. 윤준병 의원 대표발의)(의안번호 2209404)

농어업재해대책법 일부개정법률안

(2025. 3. 27. 윤준병 의원 대표발의)(의안번호 2209411)

농어업재해보험법 일부개정법률안

(2025. 3. 27. 윤준병 의원 대표발의)(의안번호 2209412)

양곡관리법 일부개정법률안

(2025. 3. 27. 윤준병 의원 대표발의)(의안번호 2209413)

　이상 5건 3월 28일 농림축산식품해양수산위원회에 회부

환경친화적 자동차의 개발 및 보급 촉진에 관한 법률 일부개정법률안

(2025. 3. 27. 최보윤 의원 대표발의)(의안번호 2209395)

발명진흥법 일부개정법률안

(2025. 3. 27. 김동아 의원 대표발의)(의안번호 2209400)

도시가스사업법 일부개정법률안

(2025. 3. 27. 허성무 의원 대표발의)(의안번호 2209423)

　이상 3건 3월 28일 산업통상자원중소벤처기업위원회에 회부

축산물 위생관리법 일부개정법률안

(2025. 3. 27. 김미애 의원 대표발의)(의안번호 2209417)

의료법 일부개정법률안

(2025. 3. 27. 김정호 의원 대표발의)(의안번호 2209421)

　이상 2건 3월 28일 보건복지위원회에 회부

대기환경보전법 일부개정법률안

(2025. 3. 27. 최보윤 의원 대표발의)(의안번호 2209392)

산업안전보건법 일부개정법률안

(2025. 3. 27. 박홍배 의원 대표발의)(의안번호 2209393)

고용보험 및 산업재해보상보험의 보험료징수 등에 관한 법률 일부개정법률안

(2025. 3. 27. 박홍배 의원 대표발의)(의안번호 2209397)

근로기준법 일부개정법률안

(2025. 3. 27. 조경태 의원 대표발의)(의안번호 2209398)

　이상 4건 3월 28일 환경노동위원회에 회부

자동차관리법 일부개정법률안

(2025. 3. 27. 엄태영 의원 대표발의)(의안번호 2209416)

　3월 28일 국토교통위원회에 회부

국회법 일부개정법률안

(2025. 3. 28. 이인선 의원 대표발의)(의안번호 2209432)

국회법 일부개정법률안

(2025. 3. 28. 배준영 의원 대표발의)(의안번호 2209462)

　이상 2건 3월 31일 국회운영위원회에 회부

인권정책기본법안

(2025. 3. 28. 김영배 의원 대표발의)(의안번호 2209434)

주택임대차보호법 일부개정법률안

(2025. 3. 28. 권향엽 의원 대표발의)(의안번호 2209445)

헌법재판소법 일부개정법률안

(2025. 3. 31. 김용민 의원 대표발의)(의안번호 2209471)

　이상 3건 3월 31일 법제사법위원회에 회부

소비자기본법 일부개정법률안

(2025. 3. 28. 김상훈 의원 대표발의)(의안번호 2209463)

　3월 31일 정무위원회에 회부

조세특례제한법 일부개정법률안

(2025. 3. 28. 전진숙 의원 대표발의)(의안번호 2209435)

국가재정법 일부개정법률안

(2025. 3. 28. 이언주 의원 대표발의)(의안번호 2209456)

조세특례제한법 일부개정법률안

(2025. 3. 28. 김도읍 의원 대표발의)(의안번호 2209461)

소득세법 일부개정법률안

(2025. 3. 28. 이소영 의원 대표발의)(의안번호 2209468)

상속세 및 증여세법 일부개정법률안

(2025. 3. 28. 박충권 의원 대표발의)(의안번호 2209469)

　이상 5건 3월 31일 기획재정위원회에 회부

한국도로교통공단법 일부개정법률안

(2025. 3. 28. 김상욱 의원 대표발의)(의안번호 2209437)

화재의 예방 및 안전관리에 관한 법률 일부개정법률안

(2025. 3. 28. 서미화 의원 대표발의)(의안번호 2209447)

대통령기록물 관리에 관한 법률 일부개정법률안

(2025. 3. 28. 신정훈 의원 대표발의)(의안번호 2209448)

재난 및 안전관리 기본법 일부개정법률안

(2025. 3. 28. 서미화 의원 대표발의)(의안번호 2209452)

재난 및 안전관리 기본법 일부개정법률안

(2025. 3. 28. 최보윤 의원 대표발의)(의안번호 2209466)

　이상 5건 3월 31일 행정안전위원회에 회부

한국관광공사법 일부개정법률안

(2025. 3. 28. 김상욱 의원 대표발의)(의안번호 2209430)

　3월 31일 문화체육관광위원회에 회부

해양생태계의 보전 및 관리에 관한 법률 일부개정법률안

(2025. 3. 28. 김재원 의원 대표발의)(의안번호 2209427)

농어업재해보험법 일부개정법률안

(2025. 3. 28. 문대림 의원 대표발의)(의안번호 2209453)

산림재난방지법 일부개정법률안

(2025. 3. 28. 고동진 의원 대표발의)(의안번호 2209454)

농어업재해대책법 일부개정법률안

(2025. 3. 28. 문대림 의원 대표발의)(의안번호 2209455)

농수산물 유통 및 가격안정에 관한 법률 일부개정법률안

(2025. 3. 28. 문대림 의원 대표발의)(의안번호 2209457)

양곡관리법 일부개정법률안

(2025. 3. 28. 문대림 의원 대표발의)(의안번호 2209458)

산림재난방지법 일부개정법률안

(2025. 3. 28. 서천호 의원 대표발의)(의안번호 2209464)

　이상 7건 3월 31일 농림축산식품해양수산위원회에 회부

1인 창조기업 육성에 관한 법률 일부개정법률안

(2025. 3. 28. 김장겸 의원 대표발의)(의안번호 2209428)

한국석유공사법 일부개정법률안

(2025. 3. 28. 김상욱 의원 대표발의)(의안번호 2209433)

부정경쟁방지 및 영업비밀보호에 관한 법률 일부개정법률안

(2025. 3. 28. 김종민 의원 대표발의)(의안번호 2209436)

상표법 일부개정법률안

(2025. 3. 28. 김종민 의원 대표발의)(의안번호 2209441)

디자인보호법 일부개정법률안

(2025. 3. 28. 김종민 의원 대표발의)(의안번호 2209442)

　이상 5건 3월 31일 산업통상자원중소벤처기업위원회에 회부

치매관리법 일부개정법률안

(2025. 3. 28. 전진숙 의원 대표발의)(의안번호 2209429)

사회복지사 등의 처우 및 지위 향상을 위한 법률 일부개정법률안

(2025. 3. 28. 김남희 의원 대표발의)(의안번호 2209449)

장애인복지법 일부개정법률안

(2025. 3. 28. 서미화 의원 대표발의)(의안번호 2209450)

의료법 일부개정법률안

(2025. 3. 28. 서미화 의원 대표발의)(의안번호 2209451)

보건의료기본법 일부개정법률안

(2025. 3. 28. 김윤 의원 대표발의)(의안번호 2209460)

장애인차별금지 및 권리구제 등에 관한 법률 일부개정법률안

(2025. 3. 28. 최보윤 의원 대표발의)(의안번호 2209465)

장애인복지법 일부개정법률안

(2025. 3. 28. 최보윤 의원 대표발의)(의안번호 2209467)

　이상 7건 3월 31일 보건복지위원회에 회부

한국환경공단법 일부개정법률안

(2025. 3. 28. 김상욱 의원 대표발의)(의안번호 2209431)

최저임금법 일부개정법률안

(2025. 3. 28. 박해철 의원 대표발의)(의안번호 2209438)

근로기준법 일부개정법률안

(2025. 3. 28. 정청래 의원 대표발의)(의안번호 2209439)

장애인고용촉진 및 직업재활법 일부개정법률안

(2025. 3. 28. 박해철 의원 대표발의)(의안번호 2209440)

산업안전보건법 일부개정법률안

(2025. 3. 28. 강득구 의원 대표발의)(의안번호 2209443)

　이상 5건 3월 31일 환경노동위원회에 회부

자동차관리법 일부개정법률안

(2025. 3. 28. 윤종군 의원 대표발의)(의안번호 2209444)

건설기술 진흥법 일부개정법률안

(2025. 3. 28. 안태준 의원 대표발의)(의안번호 2209446)

교통약자의 이동편의 증진법 일부개정법률안

(2025. 3. 28. 김도읍 의원 대표발의)(의안번호 2209459)

　이상 3건 3월 31일 국토교통위원회에 회부

헌법재판소법 일부개정법률안

(2025. 3. 31. 신장식 의원 대표발의)(의안번호 2209472)

헌법재판소법 일부개정법률안

(2025. 3. 31. 황운하 의원 대표발의)(의안번호 2209475)

민법 일부개정법률안

(2025. 3. 31. 백혜련 의원 대표발의)(의안번호 2209478)

가사소송법 일부개정법률안

(2025. 3. 31. 백혜련 의원 대표발의)(의안번호 2209479)

헌법재판소법 일부개정법률안

(2025. 3. 31. 박용갑 의원 대표발의)(의안번호 2209480)

헌법재판소법 일부개정법률안

(2025. 3. 31. 김남근 의원 대표발의)(의안번호 2209481)

헌법재판소법 일부개정법률안

(2025. 3. 31. 김기표 의원 대표발의)(의안번호 2209494)

헌법재판소법 일부개정법률안

(2025. 3. 31. 정청래 의원 대표발의)(의안번호 2209495)

노인학대범죄의 처벌 및 피해자 보호 등에 관한 특례법안

(2025. 3. 31. 이건태 의원 대표발의)(의안번호 2209496)

　이상 9건 4월 1일 법제사법위원회에 회부

지방교육재정교부금법 일부개정법률안

(2025. 3. 31. 정을호 의원 대표발의)(의안번호 2209477)

　4월 1일 교육위원회에 회부

방송통신위원회의 설치 및 운영에 관한 법률 일부개정법률안

(2025. 3. 31. 이훈기 의원 대표발의)(의안번호 2209473)

　4월 1일 과학기술정보방송통신위원회에 회부

공직선거법 일부개정법률안

(2025. 3. 31. 백혜련 의원 대표발의)(의안번호 2209474)

지방세특례제한법 일부개정법률안

(2025. 3. 31. 양부남 의원 대표발의)(의안번호 2209487)

공휴일에 관한 법률 일부개정법률안

(2025. 3. 31. 이인선 의원 대표발의)(의안번호 2209488)

공직선거법 일부개정법률안

(2025. 3. 31. 김민전 의원 대표발의)(의안번호 2209492)

　이상 4건 4월 1일 행정안전위원회에 회부

산림재난방지법 일부개정법률안

(2025. 3. 31. 서천호 의원 대표발의)(의안번호 2209470)

북극항로 구축 지원 특별법안

(2025. 3. 31. 문대림 의원 대표발의)(의안번호 2209483)

농지법 일부개정법률안

(2025. 3. 31. 정희용 의원 대표발의)(의안번호 2209497)

가축전염병 예방법 일부개정법률안

(2025. 3. 31. 정희용 의원 대표발의)(의안번호 2209498)

　이상 4건 4월 1일 농림축산식품해양수산위원회에 회부

식품등 기부 활성화에 관한 법률 일부개정법률안

(2025. 3. 31. 신영대 의원 대표발의)(의안번호 2209476)

국민건강보험법 일부개정법률안

(2025. 3. 31. 김미애 의원 대표발의)(의안번호 2209482)

노인장기요양보험법 일부개정법률안

(2025. 3. 31. 김미애 의원 대표발의)(의안번호 2209485)

보건의료기본법 일부개정법률안

(2025. 3. 31. 이수진 의원 대표발의)(의안번호 2209490)

　이상 4건 4월 1일 보건복지위원회에 회부

근로기준법 일부개정법률안

(2025. 3. 31. 이수진 의원 대표발의)(의안번호 2209491)

　4월 1일 환경노동위원회에 회부

공항시설법 일부개정법률안

(2025. 3. 31. 안태준 의원 대표발의)(의안번호 2209484)

개발제한구역의 지정 및 관리에 관한 특별조치법 일부개정법률안

(2025. 3. 31. 주호영 의원 대표발의)(의안번호 2209486)

민간임대주택에 관한 특별법 일부개정법률안

(2025. 3. 31. 전재수 의원 대표발의)(의안번호 2209489)

　이상 3건 4월 1일 국토교통위원회에 회부

대통령직 인수에 관한 법률 일부개정법률안

(2025. 3. 27. 민형배 의원 대표발의)(의안번호 2209410)

근로기준법 일부개정법률안

(2025. 4. 1. 박홍배 의원 대표발의)(의안번호 2209499)

농어업재해보험법 일부개정법률안

(2025. 4. 1. 정희용 의원 대표발의)(의안번호 2209500)

자유무역협정 체결에 따른 농어업인 등의 지원에 관한 특별법 일부개정법률안

(2025. 4. 1. 임미애 의원 대표발의)(의안번호 2209501)

도서관법 일부개정법률안

(2025. 4. 1. 이헌승 의원 대표발의)(의안번호 2209502)

화물자동차 운수사업법 일부개정법률안

(2025. 4. 1. 손명수 의원 대표발의)(의안번호 2209503)

헌법재판소법 일부개정법률안

(2025. 4. 1. 신장식 의원 대표발의)(의안번호 2209504)

빈집 및 소규모주택 정비에 관한 특례법 일부개정법률안

(2025. 4. 1. 이용선 의원 대표발의)(의안번호 2209505)

대규모유통업에서의 거래 공정화에 관한 법률 일부개정법률안

(2025. 4. 1. 이헌승 의원 대표발의)(의안번호 2209506)

종합부동산세법 일부개정법률안

(2025. 4. 1. 이용선 의원 대표발의)(의안번호 2209507)

아동복지법 일부개정법률안

(2025. 4. 1. 김영호 의원 대표발의)(의안번호 2209508)

산림재난방지법 일부개정법률안

(2025. 4. 1. 장동혁 의원 대표발의)(의안번호 2209509)

산림재난방지법 일부개정법률안

(2025. 4. 1. 박상웅 의원 대표발의)(의안번호 2209510)

먹거리기본법안

(2025. 4. 1. 전종덕 의원 대표발의)(의안번호 2209511)

공직선거법 일부개정법률안

(2025. 4. 1. 강대식 의원 대표발의)(의안번호 2209512)

소상공인 보호 및 지원에 관한 법률 일부개정법률안

(2025. 4. 1. 신영대 의원 대표발의)(의안번호 2209513)

산림재난방지법 일부개정법률안

(2025. 4. 1. 김성원 의원 대표발의)(의안번호 2209514)

농어촌 주민 등의 이동권 보장에 관한 법률안

(2025. 4. 1. 윤준병 의원 대표발의)(의안번호 2209515)

경찰공무원법 일부개정법률안

(2025. 4. 1. 이해식 의원 대표발의)(의안번호 2209516)

기후위기 대응을 위한 탄소중립·녹색성장 기본법 일부개정법률안

(2025. 4. 1. 박지혜 의원 대표발의)(의안번호 2209517)

행정규제기본법 일부개정법률안

(2025. 4. 1. 박지혜 의원 대표발의)(의안번호 2209518)

공직선거법 일부개정법률안

(2025. 4. 1. 고동진 의원 대표발의)(의안번호 2209519)

농어업고용인력 지원 특별법 일부개정법률안

(2025. 4. 1. 임미애 의원 대표발의)(의안번호 2209520)

출입국관리법 일부개정법률안

(2025. 4. 1. 임미애 의원 대표발의)(의안번호 2209521)

조세특례제한법 일부개정법률안

(2025. 4. 1. 송석준 의원 대표발의)(의안번호 2209522)

국제개발협력기본법 일부개정법률안

(2025. 4. 1. 김건 의원 대표발의)(의안번호 2209523)

고향사랑 기부금에 관한 법률 일부개정법률안

(2025. 4. 1. 김태호 의원 대표발의)(의안번호 2209524)

대통령의 권한대행에 관한 법률안

(2025. 4. 1. 용혜인 의원 대표발의)(의안번호 2209525)

국유림의 경영 및 관리에 관한 법률 일부개정법률안

(2025. 4. 1. 이원택 의원 대표발의)(의안번호 2209526)

소방기본법 일부개정법률안

(2025. 4. 1. 주호영 의원 대표발의)(의안번호 2209527)

건설기술 진흥법 일부개정법률안

(2025. 4. 1. 염태영 의원 대표발의)(의안번호 2209528)

신용정보의 이용 및 보호에 관한 법률 일부개정법률안

(2025. 4. 1. 강민국 의원 대표발의)(의안번호 2209529)

갈등관리 및 공론화에 관한 법률안

(2025. 4. 1. 김문수 의원 대표발의)(의안번호 2209530)

방위사업법 일부개정법률안

(2025. 4. 1. 강선영 의원 대표발의)(의안번호 2209531)

국가정보원법 일부개정법률안

(2025. 4. 1. 강선영 의원 대표발의)(의안번호 2209532)

한국장학재단 설립 등에 관한 법률 일부개정법률안

(2025. 4. 1. 전재수 의원 대표발의)(의안번호 2209533)

한국농어촌공사 및 농지관리기금법 일부개정법률안

(2025. 4. 1. 임미애 의원 대표발의)(의안번호 2209534)

중소기업기술 보호 지원에 관한 법률 일부개정법률안

(2025. 4. 1. 김한규 의원 대표발의)(의안번호 2209535)

　　이상 38건 소관위원회에 회부하겠음

기획재정부장관(최상목) 탄핵소추안

(2025. 3. 21. 김용민 의원·정춘생 의원·윤종오 의원·용혜인 의원·한창민 의원 등 188인 발의)
(의안번호 2209248)

대통령 윤석열 탄핵심판 선고기일 신속 지정 촉구 결의안

(2025. 3. 26. 법제사법위원장 제출)(의안번호 2209369)

항로표지법 일부개정법률안(대안)

(2025. 3. 26. 농림축산식품해양수산위원장 제출)(의안번호 2209384)

수산자원관리법 일부개정법률안(대안)

(2025. 3. 26. 농림축산식품해양수산위원장 제출)(의안번호 2209385)
수산업·어촌 발전 기본법 일부개정법률안(대안)
(2025. 3. 26. 농림축산식품해양수산위원장 제출)(의안번호 2209386)
수산업법 일부개정법률안(대안)
(2025. 3. 26. 농림축산식품해양수산위원장 제출)(의안번호 2209387)
김산업의 육성 및 지원에 관한 법률 일부개정법률안(대안)
(2025. 3. 26. 농림축산식품해양수산위원장 제출)(의안번호 2209388)
농업·농촌 공익기능 증진 직접지불제도 운영에 관한 법률 일부개정법률안(대안)
(2025. 3. 26. 농림축산식품해양수산위원장 제출)(의안번호 2209389)
보건의료기본법 일부개정법률안(대안)
(2025. 3. 26. 보건복지위원장 제출)(의안번호 2209376)
장애인복지법 일부개정법률안(대안)
(2025. 3. 26. 보건복지위원장 제출)(의안번호 2209378)
의료급여법 일부개정법률안(대안)
(2025. 3. 26. 보건복지위원장 제출)(의안번호 2209379)
코로나바이러스감염증-19 예방접종 피해보상 등에 관한 특별법안(대안)
(2025. 3. 26. 보건복지위원장 제출)(의안번호 2209380)
대도시권 광역교통 관리에 관한 특별법 일부개정법률안(대안)
(2025. 3. 26. 국토교통위원장 제출)(의안번호 2209371)
청소년 보호법 일부개정법률안(대안)
(2025. 3. 26. 여성가족위원장 제출)(의안번호 2209382)
아동·청소년의 성보호에 관한 법률 일부개정법률안(대안)
(2025. 3. 26. 여성가족위원장 제출)(의안번호 2209383)
아이돌봄 지원법 일부개정법률안(대안)
(2025. 3. 26. 여성가족위원장 제출)(의안번호 2209390)
헌법재판소 재판관 마은혁 임명 촉구 결의안
(2025. 3. 31. 국회운영위원장 제출)(의안번호 2209493)

○**의안 심사**
　합성생물학 육성법안
　(2024. 9. 10. 최수진 의원 대표발의)(의안번호 2203884)
　　(수정하여 의결)
　　　과학기술정보방송통신위원장 보고
　농어업재해대책법 일부개정법률안
　(2024. 7. 23. 서삼석 의원 대표발의)(의안번호 2202156)
　수산업협동조합법 일부개정법률안
　(2024. 11. 8. 이양수 의원 대표발의)(의안번호 2205392)
　　(이상 2건 원안대로 의결)
　화훼산업 발전 및 화훼문화 진흥에 관한 법률 일부개정법률안
　(2024. 7. 18. 김도읍 의원 대표발의)(의안번호 2201912)

수산과학기술진흥을 위한 시험연구 등에 관한 법률 일부개정법률안
(2024. 12. 12. 주철현 의원 대표발의)(의안번호 2206415)

수중레저활동의 안전 및 활성화 등에 관한 법률 일부개정법률안
(2024. 12. 12. 주철현 의원 대표발의)(의안번호 2206416)

해양수산발전 기본법 일부개정법률안
(2024. 7. 19. 조경태 의원 대표발의)(의안번호 2201998)

어장관리법 일부개정법률안
(2024. 7. 24. 정부 제출)(의안번호 2202199)

해양심층수의 개발 및 관리에 관한 법률 일부개정법률안
(2024. 7. 12. 정부 제출)(의안번호 2201695)

해운법 일부개정법률안
(2024. 7. 26. 정부 제출)(의안번호 2202299)

수상레저안전법 일부개정법률안
(2024. 12. 12. 정부 제출)(의안번호 2206428)

연안사고 예방에 관한 법률 일부개정법률안
(2024. 11. 29. 정희용 의원 대표발의)(의안번호 2206062)

해양경비법 일부개정법률안
(2024. 11. 12. 조경태 의원 대표발의)(의안번호 2205487)
　(이상 10건 수정하여 의결)

농업·농촌 공익기능 증진 직접지불제도 운영에 관한 법률 일부개정법률안
(2024. 10. 30. 강준현 의원 대표발의)(의안번호 2205057)

농업·농촌 공익기능 증진 직접지불제도 운영에 관한 법률 일부개정법률안
(2024. 11. 13. 박덕흠 의원 대표발의)(의안번호 2205519)

김산업의 육성 및 지원에 관한 법률 일부개정법률안
(2024. 8. 23. 김원이 의원 대표발의)(의안번호 2203125)

김산업의 육성 및 지원에 관한 법률 일부개정법률안
(2024. 8. 30. 송옥주 의원 대표발의)(의안번호 2203418)

수산업·어촌 발전 기본법 일부개정법률안
(2024. 6. 14. 이병진 의원 대표발의)(의안번호 2200495)

수산업·어촌 발전 기본법 일부개정법률안
(2024. 11. 14. 전종덕 의원 대표발의)(의안번호 2205544)

수산업법 일부개정법률안
(2024. 8. 26. 조승환 의원 대표발의)(의안번호 2203195)

수산업법 일부개정법률안
(2024. 11. 7. 정부 제출)(의안번호 2205330)

수산자원관리법 일부개정법률안
(2024. 6. 11. 김선교 의원 대표발의)(의안번호 2200307)

수산자원관리법 일부개정법률안
(2024. 7. 26. 정부 제출)(의안번호 2202290)

항로표지법 일부개정법률안

(2024. 7. 22. 정부 제출)(의안번호 2202052)

항로표지법 일부개정법률안

(2024. 7. 24. 정부 제출)(의안번호 2202200)

　(이상 12건 본회의에 부의하지 아니하고 이에 대한 대안 제출)

　　이상 24건 농림축산식품해양수산위원장 보고

의료급여법 일부개정법률안

(2024. 9. 6. 윤준병 의원 대표발의)(의안번호 2203742)

의료급여법 일부개정법률안

(2024. 11. 14. 강선우 의원 대표발의)(의안번호 2205596)

장애인복지법 일부개정법률안

(2024. 10. 31. 최보윤 의원 대표발의)(의안번호 2205097)

장애인복지법 일부개정법률안

(2024. 11. 5. 김기현 의원 대표발의)(의안번호 2205274)

장애인복지법 일부개정법률안

(2024. 11. 27. 최보윤 의원 대표발의)(의안번호 2205904)

장애인복지법 일부개정법률안

(2024. 11. 29. 주호영 의원 대표발의)(의안번호 2206044)

감염병의 예방 및 관리에 관한 법률 일부개정법률안

(2024. 10. 2. 김남희 의원 대표발의)(의안번호 2204488)

코로나바이러스감염증-19 예방접종 피해보상 등에 관한 특별법안

(2024. 11. 14. 김윤 의원 대표발의)(의안번호 2205585)

코로나바이러스감염증-19 예방접종 피해보상에 관한 특별법안

(2025. 1. 16. 김미애 의원 대표발의)(의안번호 2207565)

코로나19 예방접종 피해보상 특별법안

(2025. 1. 17. 강선우 의원 대표발의)(의안번호 2207615)

보건의료기본법 일부개정법률안

(2024. 12. 19. 김미애 의원 대표발의)(의안번호 2206747)

보건의료기본법 일부개정법률안

(2025. 1. 20. 이수진 의원 대표발의)(의안번호 2207656)

보건의료기본법 일부개정법률안

(2025. 1. 24. 서명옥 의원 대표발의)(의안번호 2207845)

보건의료기본법 일부개정법률안

(2025. 2. 5. 안상훈 의원 대표발의)(의안번호 2207913)

　(이상 14건 본회의에 부의하지 아니하고 이에 대한 대안 제출)

　　이상 14건 보건복지위원장 보고

대도시권 광역교통 관리에 관한 특별법 일부개정법률안

(2024. 6. 4. 김윤덕 의원 대표발의)(의안번호 2200108)

대도시권 광역교통 관리에 관한 특별법 일부개정법률안

(2024. 8. 29. 권영진 의원 대표발의)(의안번호 2203392)

　(이상 2건 본회의에 부의하지 아니하고 이에 대한 대안 제출)

　　이상 2건 국토교통위원장 보고

여성폭력방지기본법 일부개정법률안

(2024. 7. 8. 백혜련 의원 대표발의)(의안번호 2201472)

　(원안대로 의결)

양성평등기본법 일부개정법률안

(2024. 8. 20. 이달희 의원 대표발의)(의안번호 2202989)

성폭력방지 및 피해자보호 등에 관한 법률 일부개정법률안

(2024. 8. 20. 이달희 의원 대표발의)(의안번호 2202995)

건강가정기본법 일부개정법률안

(2024. 8. 29. 김상욱 의원 대표발의)(의안번호 2203386)

　(이상 3건 수정하여 의결)

아이돌봄 지원법 일부개정법률안

(2024. 6. 20. 김정재 의원 대표발의)(의안번호 2200758)

아이돌봄 지원법 일부개정법률안

(2024. 7. 19. 정부 제출)(의안번호 2201991)

아이돌봄 지원법 일부개정법률안

(2024. 8. 19. 김한규 의원 대표발의)(의안번호 2202955)

아이돌봄 지원법 일부개정법률안

(2024. 10. 16. 정부 제출)(의안번호 2204723)

아동·청소년의 성보호에 관한 법률 일부개정법률안

(2024. 7. 19. 정부 제출)(의안번호 2202017)

아동·청소년의 성보호에 관한 법률 일부개정법률안

(2024. 7. 26. 한지아 의원 대표발의)(의안번호 2202280)

아동·청소년의 성보호에 관한 법률 일부개정법률안

(2024. 8. 16. 서범수 의원 대표발의)(의안번호 2202881)

아동·청소년의 성보호에 관한 법률 일부개정법률안

(2024. 9. 2. 김남희 의원 대표발의)(의안번호 2203499)

아동·청소년의 성보호에 관한 법률 일부개정법률안

(2024. 9. 2. 김상욱 의원 대표발의)(의안번호 2203513)

아동·청소년의 성보호에 관한 법률 일부개정법률안

(2024. 9. 2. 한지아 의원 대표발의)(의안번호 2203538)

아동·청소년의 성보호에 관한 법률 일부개정법률안

(2024. 10. 8. 이인선 의원 대표발의)(의안번호 2204624)

청소년 보호법 일부개정법률안

(2024. 6. 11. 신성범 의원 대표발의)(의안번호 2200300)

청소년 보호법 일부개정법률안

(2024. 9. 2. 한지아 의원 대표발의)(의안번호 2203543)

(이상 13건 본회의에 부의하지 아니하고 이에 대한 대안 제출)
이상 17건 여성가족위원장 보고

○의안 철회

대통령직 인수에 관한 법률 일부개정법률안

(2025. 3. 27. 민형배 의원 대표발의)(의안번호 2209410)
3월 28일 발의자 철회 요구

○청원 제출

E74R 비자 폐지에 관한 청원

(2025. 3. 23. 남규현 외 52,849인 국민동의로 제출)(청원번호 2200148)
3월 24일 법제사법위원회에 회부

민주당이 발의한 정부가 24시간 내 자산을 들여다보는 가상자산 개인지갑 신고 의무화 반대에 관한 청원

(2025. 3. 21. 임영빈 외 50,209인 국민동의로 제출)(청원번호 2200147)
3월 24일 기획재정위원회에 회부

온라인 댓글 작성 시 국적 표기 의무화에 관한 청원

(2025. 3. 21. 공재현 외 50,734인 국민동의로 제출)(청원번호 2200146)
3월 24일 과학기술정보방송통신위원회에 회부

지귀연 판사 탄핵에 관한 청원

(2025. 3. 24. 정윤희 외 51,025인 국민동의로 제출)(청원번호 2200149)
3월 25일 법제사법위원회에 회부

간첩법 개정 입법 빠른 촉구에 관한 청원

(2025. 3. 26. 나승협 외 54,694인 국민동의로 제출)(청원번호 2200151)
3월 27일 법제사법위원회에 회부

대한민국 핵심 공직의 외국인(화교) 임용 제한에 관한 청원

(2025. 3. 26. 박준형 외 50,279인 국민동의로 제출)(청원번호 2200150)
3월 27일 행정안전위원회에 회부

탄핵 소추 절차의 개선과 공정한 소송비용 부담에 관한 청원

(2025. 3. 29. 변지원 외 51,912인 국민동의로 제출)(청원번호 2200154)
3월 31일 법제사법위원회에 회부

5.18 민주유공자 명단 공개 촉구에 관한 청원

(2025. 3. 29. 김동훈 외 54,934인 국민동의로 제출)(청원번호 2200153)
3월 31일 정무위원회에 회부

편파, 조작, 왜곡, 불공정 방송, 민주당의 나팔수 MBC 폐방 요청에 관한 청원

(2025. 3. 30. 최유리 외 52,325인 국민동의로 제출)(청원번호 2200157)
3월 31일 과학기술정보방송통신위원회에 회부

장애인 지역사회 자립 및 주거전환 지원에 관한 법률안 폐지에 관한 청원

(2025. 3. 30. 김현아 외 53,219인 국민동의로 제출)(청원번호 2200155)
3월 31일 보건복지위원회에 회부

국정원 대공수사(간첩수사)권 부활 및 강화에 관한 청원

(2025. 3. 28. 박채영 외 51,044인 국민동의로 제출)(청원번호 2200152)

  3월 31일 정보위원회에 회부

우원식 국회의장 제명에 관한 청원

(2025. 3. 20. 문유현 외 51,246인 국민동의로 제출)(청원번호 2200145)

내란 수괴 혐의 우원식 국회의장 제명에 관한 청원

(2025. 3. 30. 김은혜 외 59,202인 국민동의로 제출)(청원번호 2200156)

내친구 김정은이라는 책의 출판 및 유통 중단 요구에 관한 청원

(2025. 4. 1. 임지혜 외 50,114인 국민동의로 제출)(청원번호 2200158)

  이상 3건 소관위원회에 회부하겠음

○요구서 제출

상법 일부개정법률안 재의요구서

(2025. 4. 1. 정부 제출)

○추천의뢰서 제출

윤석열 대통령 배우자 김건희의 주가조작 사건 등의 진상규명을 위한 특별검사후보추천위원회 위원 위촉의 건

인천세관 마약 수사외압 의혹 사건 등 진상규명을 위한 특별검사후보추천위원회 위원 위촉의 건

(이상 2건 2025. 3. 20. 의장 제의)

○서면질문서 제출

이화여자대학교, 부산대학교 위반에 따른 시정명령 등 관련 질문서

(2025. 3. 21. 박은정 의원 제출)

마은혁 헌법재판관 후보자 미임명 상태에 관한 질문서

마은혁 헌법재판관 후보자 미임명 상태 및 윤석열 대통령 탄핵심판 선고에 관한 질문서

(이상 2건 2025. 3. 28. 우원식 의원 제출)

○서면답변서 제출

이화여자대학교, 부산대학교 위반에 따른 시정명령 등 관련 질문서에 대한 답변서

(2025. 3. 31. 부총리겸교육부장관 제출)

(질문서와 함께 부록으로 보존함)

○보고서 제출

국회감사요구사항 「방송통신위원회의 불법적 2인 구조 및 공영방송 이사 선임 과정 등에 대한 감사」 감사결과보고서

(2025. 3. 25. 감사원장 제출)

  3월 25일 과학기술정보방송통신위원회에 송부

2024년 공적자금의 사용 등으로 취득한 자산 관리현황 보고

(2025. 3. 25. 금융위원회 제출)

  3월 26일 정무위원회에 송부

2024회계연도 (뉴스통신진흥회·연합뉴스) 결산서

(2025. 3. 26. 뉴스통신진흥회 제출)

2024년도 언론중재위원회 활동결과 보고

(2025. 3. 26. 언론중재위원회 제출)

이상 2건 3월 26일 문화체육관광위원회에 송부

2024 회계연도 세입·세출 결산서(식품안전정보원)

(2025. 3. 27. 식품안전정보원 제출)

3월 27일 보건복지위원회에 송부

제5차('25~'29년) 농어업인 삶의 질 향상 및 농어촌 지역개발 기본계획 보고

(2025. 3. 28. 농림축산식품부 제출)

3월 31일 농림축산식품해양수산위원회에 송부

2024회계연도 대한적십자사 세입·세출결산서(부분공개)

(2025. 3. 28. 대한적십자사 제출)

3월 31일 보건복지위원회에 송부

○**제424회국회(임시회) 집회 요구**

일시	2025년 4월 4일 오후 2시
집회근거	헌법 제47조제1항
이유	민생법안 현안 등
요구자	더불어민주당 박찬대 의원 외 169인

(2025. 3. 31.)

(다음 페이지에 계속)

2025. 1. 7. 기준

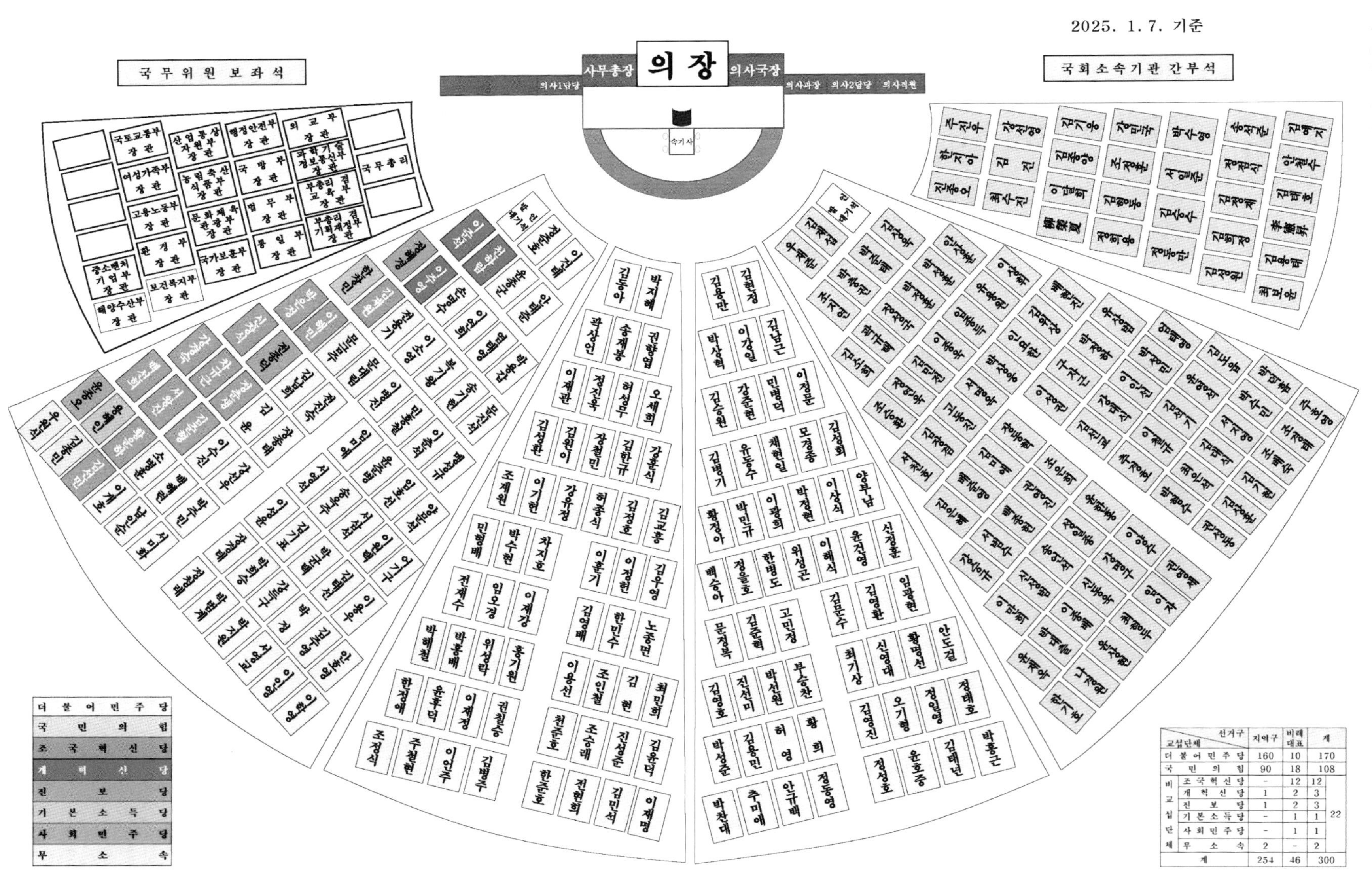

국무위원 보좌석:

	국토교통부 장관	산업통상자원부 장관	행정안전부 장관	외교부 장관
	여성가족부 장관	농림축산식품부 장관	국방부 장관	과학기술정보통신부 장관	국무총리
	고용노동부 장관	문화체육관광부 장관	법무부 장관	부총리 겸 교육부 장관
	환경부 장관		통일부 장관	부총리 겸 기획재정부 장관
중소벤처기업부 장관		국가보훈부 장관		
해양수산부 장관	보건복지부 장관			

선거구별 현황:

교섭단체		선거구 지역구	비례대표	계
교섭단체	더불어민주당	160	10	170
	국민의힘	90	18	108
비교섭단체	조국혁신당	-	12	12
	개혁신당	1	2	3
	진보당	1	2	3
	기본소득당	-	1	1
	사회민주당	-	1	1
	무소속	2	-	2
계		254	46	300

(비교섭단체 소계 22)

정당 범례: 더불어민주당 / 국민의힘 / 조국혁신당 / 개혁신당 / 진보당 / 기본소득당 / 사회민주당 / 무소속

의원총회 주요내용

4월 2일 의원총회 주요내용은 다음과 같다.

– 권성동 원내대표

의총을 시작하기에 앞서 지난 영남 대형 산불로 유명을 달리하신 분들께 깊은 애도를 표하고 또 부상자분들의 조속한 쾌유를 빈다. 국민의힘은 추경 편성을 비롯해서 산불피해 복구와 이재민 지원에 최선을 다하겠다. 아울러 의원님과 많은 당원들께서 산불피해복구를 위한 후원금과 특별당비를 납부해주셨다. 먼저 우리 108명 의원님 전원이 기부해 주셔서 1억 7,600만원을 모금했다. 비대위원장님께서 당을 대표해서 1,000만원을 기부해 주셨고, 모든 의원님들께서 각자 100만원 이상 기부해 주셨다. 정말로 감사드린다.

그리고 당원 동지들께서도 1억 5,000만원의 성금을 모아주셨다. 특히 안응수 후원회장님, 강중구 전 재정위원장님, 우신구 21대 전 의원님, 김민수 당원동지, 류광현 당원동지, 최기영 당원동지 등께서 각각 500만원을 기부해 주셨다. 기부해 주신 모든 의원님들과 당원동지 여러분께 깊은 감사의 말씀을 드린다. 여러분께서 나눠주신 따뜻한 온정이 산불 피해지역 주민들께는 큰 힘이 될 것이라고 확신을 한다.

대통령 탄핵 선고를 앞두고, 민주당의 집단 광기가 극에 달하고 있다. 이재명은 '대통령 파면이 안 될 경우에 유혈사태를 감당할 수 있겠느냐'며 공공연하게 테러를 사주하고 있다. 민주당 원내대표는 보수성향 재판관의 이름을 일일이 거명하며 '을사오적'에 빗대어 파면을 겁박했다. 민주당의 전직 원내대표는 탄핵이 기각되면 불복·저항 운동을 벌이자면서 내란을 선동하고 있다.

공당의 지도부 입에서는 도저히 나올 수 없는 말들이다. 그런가 하면 지난 주말 민주당 초선 국회의원 70명은 김어준의 지령을 받고, 이재명의 승인을 받아, '국무위원 총탄핵' 운운하면서 무정부 상태를 만들겠다고 공언했다. 어제는 헌법이 규정된 헌법재판관들의 임기를 민주당 마음대로 연장하는 법에다가 마은혁 강제 임명법까지 법사위 소위에서 강행 처리했다. 입법권을 헌법 파괴의 흉기로 쓰겠다는 위험천만한 발상이다.

　오늘 거대 야당은 기어이 오늘 본회의에서 최상목 경제부총리 탄핵소추안을 보고한다. 최상목 부총리는 이제 대통령 권한대행도 아니고, 이틀 뒤에는 탄핵 선고가 이뤄진다. 그런데도 민주당의 30번째 줄 탄핵, 최상목 부총리를 탄핵하겠다는 것은 실익이 없는 분풀이식 보복이고, 다수당의 폭거이다. 밖으로는 AI 전쟁, 관세 전쟁이 긴박하게 벌어지고 있고, 안으로는 민생경제 상황이 엄중한 이 중대한 시기에 경제부총리를 탄핵하겠다는 것은, 대한민국의 경제에 대한 탄핵이자 테러이다. 민주당이 조금이라도 국가 경제를 생각하고, 민생의 고통을 조금이라도 헤아린다면 즉시 최상목 부총리에 대한 탄핵안을 철회해야 한다. 국민의 이름으로 강력하게 촉구한다.

　지금 민주당의 눈에는 국가도 경제도, 민생도 없다. 오로지 조기 대선을 통해서 아버지 이재명을 대통령에 옹립해서 절대 권력을 누려보겠다는 망상에 빠져있다. 아버지 이재명의 조기 등극을 위해서는 경제건, 외교건, 안보건, 사법부건, 헌재건, 모조리 탄핵하고 파괴하며 제거하겠다는 태세이다. 절대 용납할 수 없다. 국민들이 용서하지 않을 것이다.

　우리 국민의힘은 민주당의 집단 광기와 폭주에 단호하게 맞서 싸우겠다. 의원 여러분, 이틀 후면 대통령 탄핵 심판선고가 나온다. 탄핵소추 가결 111일 만의 선고이다. 지난 111일을 돌아보면 정말로 힘들고 어려운 시간이었다. 여객기 참사, 대형 산불을 비롯한 대형사건, 사고들이 잇따라 발생한 가운데 민주당은 한덕수 권한대행까지 탄핵하면서 끊임없이 국정 파괴를 시도했다. 그럼에도 국민 여러분이 계셨기에 여기까지 올 수 있었다. 이 자리를 빌려서 국민 여러분께 깊은 감사의 말씀을 드린다.

　아울러 우리 의원님들께서도 정말 고생 많이 하셨다. 각자의 자리에서 각자의 소신을 지키며 우리당의 뜻을 관철하기 위해서 최선을 다해주셨다. 우리 의원님들께도 감사의 말씀을 드린다. 여러분, 4월 4일 헌재에서 어떠한 결정이 나더라도 끝이 아니다. 새로운 시작일뿐이다. 우리는 대한민국의 자유민주주의와 법치주의를 지키기 위한 치열한 싸움을 한시도 멈출 수가 없다. 국민을 믿고 우리에게 주어진 역사적 책무를 다합시다. 감사하다.

– 권영세 비상대책위원장

　존경하는 동료의원 여러분, 헌법재판소가 대통령 탄핵 심판을 모레, 4월 4일 선고하겠다고 밝혔다. 그간 국민들께서 헌재만 바라보면서 불안 속에서 지내왔던 이례적인 상황이 이어져 왔었는데, 늦었지만 이제라도 헌재 결론을 내리기로 한 것은 다행이라고 할 것이다. 국민의힘은 결과가 어떻든 헌법기관의 판단을 존중하고 수용하겠다는 입장을 분명히 해왔다.

민주당도 이제 정치적인 유불리를 떠나서 헌정 질서를 지키고 헌재 판단을 온전히 수용한다는 입장을 국민들에게 밝혀야 한다. 헌법재판소의 판단을 부정하고 불복을 선동하는 순간 더 이상 헌법과 민주주의, 그리고 공적 질서를 말할 자격이 없을 것이다. 어느 한 민주당 의원은 '헌재의 불의한 선고에는 불복 저항해야 한다'라며 불복 운동을 예고한 것은 헌정 질서를 거부하는 위험한 언사이다. 국회의원으로서 헌법 수호 의지가 없음을 분명하게 드러난 것으로 기본 자질마저 의심이 가는 그런 행위이다.

지금까지의 탄핵 심판 과정에서 드러났듯이 민주당과 이재명 대표의 국정 파괴 행위로 인해서 대한민국 국가 기능은 사실상 마비 상태에 이르렀다. 국회, 행정부, 사법부, 헌법재판소까지 정략의 도구로 삼으려 했다는 점도 우리 국민들께서 똑똑히 확인하셨다. 급기야 대통령의 인사권을 무력화하는 입법을 기획하고 국무위원 전원 탄핵이라는 극단적인 수단을 동원해 가며, 국무회의 자체를 마비시키려 들고, 헌법재판소의 재판관 구성과 판단까지 정치적으로 흔들려는 시도까지 벌이려 했다.

특히 헌법재판관들을 향해 을사팔적, 죄인, 반역자 같은 폭언을 쏟아내는 것은 헌법기관에 대한 중대한 모욕이라고 할 것이다. 심지어 이재명 대표는 대통령이 복귀하면 유혈사태가 날 수도 있다는 망언까지 서슴지 않았다. 민주주의를 말하는 정치 지도자의 언행이라고는 도저히 볼 수 없는 일이다. 형법 제87조는 내란죄를 국헌을 문란하게 할 목적으로 폭동을 일으키는 행위로 정의하고 있고, 91조에서는 헌법기관을 강압해 그 권능 행사를 불가능하게 하는 것을 내란적 행위로 간주한다.

민주당이 헌재 결정에 불복하고 유혈사태까지 거론하는 것은 사실상 헌정 파괴를 조장하는 내란행위에 다름 아니다. 정치는 국민을 위한 것이고, 국민 전체를 위한 공적인 책무이다. 그러나 지금 민주당의 행태는 한 사람을 위한 방탄일 뿐이다. 민생은 철저하게 외면당했고, 국정은 멈춰 섰다. 경제적 불확실성은 커져가는데, 외교와 안보를 둘러싼 대내외적 환경은 엄중하기만 하다. 이제 대통령이 조속히 직무에 복귀해서 멈춰 선 국정을 재정비하고 민생을 돌봐야 할 것이다.

존경하는 의원 여러분, 국민의힘은 헌법 정신을 수호하고 법치를 지키는 정당이다. 헌법을 무시하고 국정을 흔드는 어떤 시도에도 단호히 맞서야 한다. 정쟁이 아니라 회복의 정치를 이끄는 것이 우리의 역사적인 책임이다. 자유민주주의, 헌정 질서, 국민의 일상과 희망을 지키기 위해 여러분들께서 지금까지 계속해 오셨듯이 우리 모두 끝까지 책임을 집시다. 감사하다.

2025. 4. 2.
국민의힘 공보실

2025년 4월 2일

국민의힘 공보실

각 대변인 브리핑·서면브리핑·논평

– 신동욱 수석대변인 논평

■ 민주당은 최상목 경제부총리에 대한 보복성 탄핵 시도를 즉각 철회하기 바랍니다.

민주당이 결국 최상목 경제부총리 탄핵안을 강행하겠다고 나섰습니다. 헌재의 대통령 탄핵심판 선고가 내려지기도 전에, 부총리에게까지 탄핵의 칼끝을 겨누는 이 무모한 폭주는 이제 제어가 안 되나 봅니다.

지금 민주당이 벌이는 행태는 '정치 보복의 완결판'입니다. 마은혁 재판관 후보자 임명 무산에 대한 감정을 국정 파괴로 전환한 것이며, 이는 더 이상 정치가 아닌 '위헌적 복수극'입니다.

민주당은 하루가 멀다하고 탄핵을 정치의 흥정 대상으로 삼고 있습니다. 탄핵을 협상의 칼로 쓰고, 헌법기관을 겁박의 대상으로 삼는 행태는 '입법 독재의 민낯'입니다.

총리, 부총리까지 끌어내려야 직성이 풀립니까. 이쯤되면 국민들도 신물이 날 지경입니다. 민주당은 나라가 어떻게 되든 말든, 경제가 어떻게 되든 말든 안중에도 없습니까. 무엇이 국정이고, 무엇이 민생인지조차 잊은 채 그저 정권 흔들기에만 혈안이 된 민주당의 '탐욕'은 반드시 심판 받을 것입니다.

민주당은 보복성 경제부총리 탄핵안 발의를 즉각 철회하십시오.

– 이준우 대변인 논평

■ 헌재 결정 승복선언 거부하는 이재명 대표... 헌법 파괴 수괴로 기록되길 원하십니까

헌법재판소 결정을 앞두고 더불어민주당의 침묵이 심상치 않습니다.

이재명 대표가 아직 '헌재 결과 승복' 입장을 내놓지 않고 있습니다. 단순한 침묵이 아닙니다. 헌정 질서를 존중하지 않겠다는 사실상의 '불복 예고'이자, 헌법기관 전복을 예비하는 심각한 전운입니다.

곳곳에 징조가 있습니다. 민주당 인사들이 헌재 결과 불복과 폭동을 부추기는 듯한 발언을 쏟아냈기 때문입니다. 원하는 결과가 나오지 않으면 최강욱 전 의원은 "칼을 사러 가야 한다"고 했고, 박지원 의원은 "폭동 날 것"이라고 했습니다. 심지어 원내대표 출신인 박홍근 의원은 '공식적인 불복 선언을 하자'고 주장했습니다.

이런 상황에서 이 대표의 침묵은 무엇을 의미합니까. 국가기반을 뒤엎어 대혼란을 획책하려는 것이 아닌지 국민은 의심할 수밖에 없습니다.

침묵은 승인입니다. 이 대표는 이 위험천만한 선전 선동에 대해 어떤 제지나 유감 표명도 하지 않았습니다. 당 지도부 전체가 침묵함으로써 폭력적 분위기를 사실상 고조시키고 있습니다. 대한민국 정당이 아니라 반헌법 세력이자, 민주주의를 유린하는 준동 세력입니다.

헌재 결과 승복은 선택이 아니라 의무입니다. 오로지 이재명 대통령 만들기와 사법리스크 축소를 위해 민주주의 체제를 흔들고 법치 위에 군림하는 세력을 더 이상 국민은 용납하지 않을 것입니다.

이 대표는 지금 당장 헌재 결과에 승복하겠다는 입장을 밝히길 바랍니다. 아울러 폭력을 선동한 인사들에 대한 징계와 공개 사과도 즉시 조치하기 바랍니다. 역사가 이 대표를 헌법 파괴 세력의 수괴로 기록하지 않기를 바랍니다.

– 함인경 대변인 논평

■ 그간 겁박하더니 이제 와서? 이재명 대표의 친헌재 '셰셰' 발언에 어리둥절할 뿐입니다

이재명 더불어민주당 대표가 오늘 최고위원회의에서 "헌법재판소 재판관들은 역량과 인품이 뛰어난 분들"이라며 치켜세웠습니다. 그간 민주당 지도부가 "대통령 복귀하면 유혈사태가 벌어질 것", "을사8적으로 역사에 기록될 것" 등 헌재를 노골적으로 겁박했던 것과는 사뭇 딴판입니다.

이제 와서 이재명 대표가 급격하게 태세 전환하는 모습을 보며, 국민은 어리둥절할 수밖에 없습니다. 호랑이 가죽 벗기려다 발톱 보이니 갑자기 안아주려 드는 건지, 그야말로 '강자 앞에 약하고, 약자 앞에 강한' 전형적인 강약약강의 태도입니다.

진심을 보이고 싶다면 방법은 하나입니다. 이재명 대표는 본인을 비롯해 민주당 지도부와 의원들이 헌재를 향해 쏟아낸 협박과 막말을 모두 철회하고, 공식적으로 사과해야 합니다. 그리고 어떤 결론이 내려지든 헌재의 결정에 온전히 승복하겠다는 분명한 메시지를 국민 앞에 내놓아야 할 것입니다.

우크라이나 전쟁에 파병된 북한 군인의 절반 가까이가 죽거나 다쳤다는 비극적인 보도가 나왔습니다. 1만 1천여 명으로 추정되는 파병 병력 가운데 5천 명 이상의 사상자가 발생했고, 이 가운데 약 3분의 1은 전사했을 가능성이 높다는 것이 영국 국방부의 분석입니다. 영국 국방부는 "북한군 사상자 비율이 높은 것은 대규모로 소모적인 보병 진격 작전을 벌인 때문"이라고 밝혔습니다. 우려했던 대로 북한 군인들이 일선에서 총알받이가 된 것입니다. (…) 이 무도한 행위들을 북한인권기록보존소에 낱낱이 기록해 추후 책임자 처벌에 사용되게 해야 합니다. 국회는 초당적으로 김정은 정권의 파병을 규탄하는 결의안을 채택하고 국제사회에 알려야 합니다. 이 모두에는 민주당의 협력이 필요합니다. 그러나 민주당은 지난해 12월 '윤석열 대통령이 우크라이나 살상무기 지원 언급 등 강경발언을 하면서 우리 국민의 불안감을 증폭시키고 있다'는 내용을 북한 규탄 결의안에 포함시키자고 주장해 결국 채택을 불발시켰습니다. 북한 인권 실상 조사와 정책 개발을 총괄하는 북한인권재단은 민주당이 이사를 추천하지 않는 방식으로 9년째 출범을 방해하고 있습니다. 반인륜적인 범죄 앞에 여야가 없습니다. 민주당의 책임있는 행동을 강력히 촉구합니다.

– 국민의힘 대변인 호준석, 4월 2일 논평

국회법 일부개정법률안

(이종배의원 대표발의)

<table>
<tr><td>의 안
번 호</td><td>9541</td></tr>
</table>

발의연월일 : 2025. 4. 2.

발 의 자 : 이종배·성일종·김미애
　　　　　김소희·조배숙·서천호
　　　　　박덕흠·이철규·강승규
　　　　　윤재옥·최형두 의원
　　　　　(11인)

제안이유 및 주요내용

현행법상 의원이 의장으로 당선된 때에는 국회 운영의 중립성 확보를 위해 당선된 다음 날부터 의장으로 재직하는 동안은 당적을 가질 수 없도록 하고, 의장의 임기가 만료된 때 소속 정당으로 복귀할 수 있도록 규정하고 있음.

그런데 의장의 임기 만료 후 이전 소속 정당 복귀 규정으로 인하여, 재직 중 공정한 의사 진행 및 결정을 하지 않는 사례가 발생하는 등 현행법으로는 의장의 정치 중립성이 유지되기 어렵다는 지적이 제기됨.

국회입법조사처에서도 2002년 의장의 당적 이탈 의무가 명문화되어 중립적인 의장모델이 채택되었음에도 불구하고, 의장의 편파적 의사진행에 대해 의장을 대상으로 한 사퇴권고결의안이 제출되거나 권한쟁의심판이 청구되는 등 국회의장의 중립적 역할을 둘러싼 갈등이 지속되고 있다 강조한 바 있음.

또한, 국회의장이 예산안, 후보자 임명동의안 등 여야 합의가 이뤄지지 않은 안건들을 일방적으로 본회의에 상정하고 표결을 진행하는 사례가 이어져 의장의 당파적 의사결정이 정당 간 갈등을 조장하고 국회법 및 헌법으로 보장된 의회민주주의를 심각하게 훼손한다는 우려도 제기됨.

이에 의장의 임기가 만료된 후에도 남은 국회의원으로서의 임기 동안 소속 정당으로 복귀할 수 없도록 함으로써 국회 운영의 중립성을 제고하고자 함(안 제20조의2제1항).

법률 제   호

국회법 일부개정법률안

국회법 일부를 다음과 같이 개정한다.

제20조의2제1항 본문 중 "의장으로 재직하는 동안은"을 "의원 임기만료일까지"로 하고, 같은 조 제2항을 삭제한다.

부   칙

제1조(시행일) 이 법은 공포한 날부터 시행한다.

제2조(임기만료된 의장의 당적 보유 금지에 관한 적용례) 제20조의2제2항의 개정규정은 이 법 시행 당시 의장으로 재직하고 있는 사람에 대해서도 적용한다.

신·구조문대비표

현 행	개 정 안
제20조의2(의장의 당적 보유 금지) ① 의원이 의장으로 당선된 때에는 당선된 다음 날부터 <u>의장으로 재직하는 동안은</u> 당적(黨籍)을 가질 수 없다. 다만, 국회의원 총선거에서 「공직선거법」 제47조에 따른 정당추천후보자로 추천을 받으려는 경우에는 의원 임기만료일 90일 전부터 당적을 가질 수 있다.	제20조의2(의장의 당적 보유 금지) ① --- <u>의원 임기만료일까지</u>----------------. --.
<u>② 제1항 본문에 따라 당적을 이탈한 의장의 임기가 만료된 때에는 당적을 이탈할 당시의 소속 정당으로 복귀한다.</u>	<삭　제>

제96차 최고위원회의 모두발언

□ 일시 : 2025년 4월 2일(수) 오전 10시 30분
□ 장소 : 광화문 앞 더불어민주당 천막당사

– 이재명 당대표

다행스럽게도 헌법재판소가 선고기일을 지정했습니다. 대한민국 법체계상 헌법은 법 위의 법입니다. 국가공동체가 유지되기 위해서는 일정한 규칙을 정하고 모두가 그 최소한의 규칙을 따라주어야 합니다. 그 규칙 중에 최고 상위 규칙이 바로 헌법입니다. 이 헌법에 의한 국가 질서 즉 헌정 질서를 유지하는 것은 대한민국이 존속하기 위한 가장 기초적이고 중요한 일입니다. 그리고, 이 헌정질서를 유지하는 최고의, 최후의 재판소가 바로 헌법재판소입니다. 흔히 사법부를 인권의 민주주의의 최후 보루라고 합니다. 그런데, 헌법재판소는 헌정 질서의 최후 보루입니다.

저는 헌법재판소가 헌법의 질서와 이념, 대한민국 민주공화국의 가치를 존중해서 합당한 판정을 내릴 것으로 믿습니다. 그리고 헌법재판소의 재판관들은 대한민국에서도 역량과 인품이 뛰어난 분들로 구성되어 있습니다. 어떻게 헌정 질서를 파괴하는, 헌법을 단순히 위반한 것도 아니고 위반을 넘어서서 헌법 자체를 통째로 파괴하려 한 행위, 실제로 착수한 그 행위에 대해서 헌정질서를 지키기 위한 결단이 없을 수가 있겠습니까?

매우 많은 시간이 지나서 그 기간 동안에 대한민국의 국가적 신뢰도가 떨어지고 국가적 혼란이 지속된 것에 대해서는 아쉬움이 없지 않지만, 지금이라도 선고 기일을 지정했으니 헌법의 이념과 가치, 그리고 헌법재판소에 주어진 헌법상의 책무, 국민이 부여한 책임, 역사적 사명 의식을 가지고 합당한 결론을 낼 것으로 국민과 함께 기대하며 기다리겠습니다.

폐회에 앞서서 오늘은 재보궐 선거 날입니다. 대한민국 민주공화국의 주권자로서 그 주권을 행사하는 날입니다. 국민이 얼마나 두려운 존재인가를 우리는 일상적으로, 작년 12월 3일 밤에도, 12월 14일에도

증명했습니다. 그러나, 보다 근본적으로는 민주주의란 저절로 지켜지는 것도 아니고 저절로 오는 것도 아니라는 점을 기억하는 것입니다. 주권자로서 의사 표명을 분명하게 해야 그들이 국민을 두려워합니다. 비록 불편하고 마뜩잖은 점들이 있더라도, 이번 선거 역시 국가 질서를 어지럽힌, 헌정 질서를 파괴한 그들에 대한 심판이라는 점을 고려하시고 꼭 투표하셔서 주권 의지를 보여주시기를 부탁드립니다.

– 박찬대 원내대표

헌법재판소가 드디어 윤석열 탄핵심판 선고기일을 지정했습니다. 선고기일 지정 소식이 나오자마자 주가가 급등하고 환율이 떨어졌습니다. 내란사태 종식이야말로 최고의 경제위기 대책이자 국가정상화를 위한 선결조건이라는 것을 보여줍니다. 선고일인 4일은 12.3비상계엄 발생 123일째 되는 날입니다. 모든 국민이 헌법재판소가 정의로운 판결을 내리길 기대하고 있습니다. 8인의 헌법재판관들이 오직 헌법과 법률에 따라 판단하길 바랍니다.

경찰이 국회를 봉쇄하고 군대가 국회를 침탈하는 장면을 온 국민이 지켜봤습니다. 비상계엄 선포, 포고령 1호, 국회와 선관위 무력침탈, 정치인과 법조인 체포조 운영 등 모든 쟁점이 중대한 헌법과 법률 위반이라는 것이 명확합니다. 윤석열이 헌법수호 의지가 없다는 사실도 확인됐습니다. 파면 이외에 다른 결론은 없다는 것이 국민의 상식아닙니까?

윤석열의 복귀는 곧 대한민국의 파멸을 뜻합니다. 탄핵 기각은 대한민국은 민주공화국이라는 헌법에 대한 정면부정이고, 윤석열에게 마음껏 계엄을 선포할 면허를 주는 것입니다. 언제든 계엄의 공포가 지배하는 세상은 절대 평온할 수 없으며, 언제든 수거되어 살해당할 수 있는 나라는 결코 민주공화국일 수 없습니다. "악은 어떤 모양이라도 버리라"는 말씀이 있습니다. 헌법수호자인 헌법재판소가 헌법파괴자 윤석열을 단호하게 단죄하길 바랍니다.

4월 4일, 헌법재판관 만장일치로 다음과 같은 주문을 내릴 거라 확신합니다. 주문, 피청구인 대통령 윤석열을 파면한다. 내란 수괴 파면과 함께 헌정파괴범들에 대한 책임도 물어야 합니다. 윤석열 뿐만 아니라 헌법 수호의 책무를 고의로 방기하며 헌정붕괴 위기를 키운 한덕수 총리와 최상목 부총리의 책임을 묵과할 수 있습니까? 권한대행을 맡은 한덕수 총리와 최상목 부총리가 진작에 헌법과 법률에 따라 국회 추천 몫 헌법재판관 세 명을 모두 임명했다면, 탄핵심판은 진작 끝나고 경제 상황도 많이 좋아졌을 것입니다.

한덕수 총리는 어제까지 시한을 줬지만 끝내 마은혁 재판관 임명을 하지 않음으로써 헌법재판소의 온전한 구성을 막았습니다. 이제 선고일이 지정되면서 헌재 결정 불복 및 탄핵심판 방해 혐의가 확정된 것 아닙니까? 이에, 헌법적 의무에 미이행에 대해서는 끝까지 책임을 물어야 합니다.

한편 내란수사 상설특검법이 가결된 지 오늘로 114일째인데, 한덕수 총리와 최상목 부총리는 지체 없이 하여야 할 특검 추천의뢰를 여태껏 하지 않았습니다. 헌법과 법률 위반 정도가 매우 중대하고, 내란 수괴 파면을 지연시켜 헌정붕괴 위기를 키웠으며, 내란 수사를 고의로 방해한 책임도 또한 매우 큽니다. 이 또한 국민 앞에 그에 걸맞은 책임을 물어야 하지 않겠습니까?

– 김민석 최고위원

선고일이 발표되자 주가도 환율도 멈춰 섰던 대한민국의 시계도 살아나기 시작했습니다. 헌재가 국가를 살리는 결정을 하리라 믿습니다. 끝까지 헌법적 의무를 방기한 한덕수와 최상목 두 사람의 과오와 책임은 반드시 심판을 받게 될 것입니다.

계엄군이 기자를 끌고 가 케이블타이로 포박하려던 장면이 공개됐습니다. 국민 누구나 당할 뻔한 장면입니다. 12월 3일밤, 국민과 국회가 막지 못했다면 대한민국은 질식했을 것입니다.

윤석열 파면은 좌우의 문제가 아닌 존망의 문제이고 원칙이고 상식입니다. 국민의 평화롭고 안정된 삶이 회복되는 유일한 길입니다. 수많은 불면의 밤과 광장의 밤을 견뎌 오신 국민 여러분의 희생과 헌신에 감사드리며 마지막 힘을 모아주시길 부탁드립니다. 내란의 와중에 펼쳐지는 오늘 재보선에도 참여를 통해 내란세력을 심판해주시기를 호소 드립니다.

부정의와 기득권, 온갖 잘못된 것들이 드러나는 시간이었습니다. 이제 바로잡을 시간입니다. 빛의 혁명은 승리할 것입니다.

– 전현희 최고위원

마침내 대한민국의 운명을 결정하는 날이 정해졌습니다. 악의 뿌리가 깊을수록, 저항도 거센 법입니다. 윤석열 체포와 석방, 국힘의 내란선동, 극우의 서부지법 폭동, 야당 의원 테러까지, 내란을 진압하는 과정은 결코 순탄하지 않았습니다. 그러나 내란은 반드시 진압될 것입니다. 국회로 달려와 온몸으로 장갑차를 막아서고, 엄동설한에 '빛의 혁명'으로 정의를 바로 세워주신 위대한 주권자인 국민이 내란을 진압한 영웅입니다.

내란 수괴 윤석열 파면이 정의로운 역사의 시작입니다. 청산하지 못한 친일독재, 군사독재의 불씨가 결국 윤석열 내란으로 이어졌습니다. 이번 내란을 말끔히 청산하지 못하면 불의한 과거사는 되풀이될 것입니다. 이번에야말로 민주공화국의 이정표를 헌정사에 새겨야 합니다.

헌재 결정에 대한민국 명운이 달려있습니다. 헌재는 주권자의 명령을 받들어 피청구인 윤석열을 8대0 만장일치로 파면해 주십시오. 만장일치 파면은 헌재 결정이 이념과 정파가 아닌, 오직 헌법에 따른 것임을 확인하는 증표입니다. 국가 혼란을 종결하는 최선의 길입니다. 상처 입은 국민을 하나로 묶는 통합의 길입니다. 헌법재판관 8인의 정의로운 결정을 국민과 함께 기다리겠습니다.

오늘은 국민주권을 행사하는 재보궐 선거일입니다. 좋은 민주주의는 국민의 투표를 먹고 피어납니다. 지금 메마른 대한민국 민주주의에 단비가 필요합니다. 현명한 국민들께서 다시 민주주의를 키울 희망을 만들어 주십시오. 이 나라의 주인이 한 줌 특권 권력이 아닌, 국민임을 투표로 보여주십시오. 우리나라와 미래 후손을 위한 소중한 한 표, 꼭 희망에 투표해 주십시오.

한덕수, 최상목 두 사람은 내란 수괴 윤석열의 탄핵심판을 방해한 공범이고, 헌재 결정에 불복한 헌정 파괴 범죄자들입니다. 주무기관인 금감원장도 반대한 상법개정안 거부권 행사로 개미투자자들의 피눈물을 흘리게 한 한덕수 대행, 자신의 사리사욕을 위해서 경제 파탄에 거액을 배팅한 최상목 부총리, 이들의 파렴치한 죄악은 그냥 넘어가서는 안 됩니다. 선출되지 않은 권한대행의 행정부가 국민의 대리인인 국회의 입법권을 무력화하는 거부권 독재를 더 이상 좌시해서는 안됩니다.

자신은 헌재 결정에 불복하면서 위헌을 자행하고, 국민을 향해서는 헌재 결정의 승복을 요구하는 이중 잣대 한덕수 대행의 내로남불, 적반하장이 실소를 자아냅니다. 국민을 가르치려 하지 말고, 자신이 먼저 솔선수범해서 헌재 재판관을 임명하라는 헌재의 결정에 한덕수 대행은 승복해야 할 것입니다. 지금이라도 즉각 마은혁 재판관을 임명하십시오. 민주당은 헌법을 위반하고 내란의 불씨에 부채질한 한덕수, 최상목의 죄과에 대해 끝까지 책임을 묻겠습니다.

– 김병주 최고위원

　오늘은 '4.2 재보궐선거' 본투표가 진행되는 날입니다. 지금 이 시각 서울 구로와 충남 아산, 경북 김천, 경남 거제, 전남 담양 등에서 투표가 한창입니다. 사전투표율을 보니까 7.94%에 불과합니다. 작년이나 재작년 재보궐 선거보다 낮습니다. 투표는 '미래를 여는 열쇠'라고 했습니다. 국민 여러분의 한 표 한 표가 우리 사회를 바꾸는 힘입니다. 꼭 투표하셔서, 이 땅에 민주주의가 살아 있다는 것을 증명해 주십시오.

　12월 3일 밤 국회에 투입된 계엄군 여럿이, 혼자 있던 언론인을 '케이블타이'로 포박하려 했던 CCTV 영상이 뒤늦게 공개됐습니다. 뉴스토마토 기자가 스마트폰을 꺼내 국회 본관을 침투하려는 계엄군을 촬영하자 강제로 제압한 겁니다. 계엄군은 촬영된 영상이 삭제된 걸 확인한 뒤, 기자를 풀어줬다고 합니다. 해당 기자는 생명의 위협을 느꼈다고 말했습니다. 그런데 윤석열은 뭐라고 했습니까? 시민 피해는 단 한 명도 없었다고 했습니다. 많은 시민이 국회로 달려와 계엄군을 지켜보고 언론인이 국회로 달려와 생중계하지 않았다면, 뉴스토마토 기자뿐 아니라 더 많은 시민이 계엄군에 의해 강제로 포박됐을 겁니다.

　그런데 이 케이블타이를 놓고 "사람을 묶는 용도가 아니다", "국회 문을 잠그려고 준비한 것이다", 이렇게 주장한 계엄군이 있습니다. 김현태 전 707특임단장입니다. 게다가 MBN 보도에 따르면 김현태는 계엄 관련 조사를 받는 상황에서 해외 파견을 신청했습니다. 특히 김현태의 상관이자 특전사 소속인 A준장이 직접 추천서를 작성해 줬다고 합니다. 제정신입니까? 국회를 침범해 조사받아야 할 대상인데, 그런 자의 '해외 도피'를 도우려고 한 것 아닙니까? 설마 여권 인사와 A준장이 김현태를 회유하려고 해외 파견을 조직적으로 공모한 건 아닌지, 즉각적인 수사를 촉구합니다.

　윤석열에 대한 탄핵심판 선고일이 정해졌습니다. 늦었지만 다행입니다. 특히 4월 4일은 '12.3 내란'이 발생한 지 123일째 되는 날입니다. 묘하게 '일 이 삼'이란 숫자가 겹칩니다. 대한민국의 민주주의가 회복하는 '긍정의 신호'인 것 같습니다. 시간을 끌던 헌법재판소가 선고일을 정했다는 건 최소 6명 이상의 재판관이 '인용'으로 의견일치를 이뤘다는 게 헌법전문가들의 중론입니다. 양측 대리인단에 선고기일을 송달한 시각과 평결을 마친 시간 등을 고려했을 때, 이미 '만장일치' 파면은 정해진 것이란 합리적인 분석도 됩니다.

　그런데도 여권에선 윤석열에 대한 탄핵 심판이 기각 또는 각하될 것이라고 주장하고 있습니다. 착각은 자유입니다. 그러나 폭력세력을 선동하려는 것이라면 당장 멈추십시오! 지금까지도, 앞으로도, 나라를 망치는 건 윤석열 하나만으로 족합니다. 그런데 만약 이런 극악무도한 윤석열이 복귀한다면 어떻게 되겠습니까? 윤석열은 곧장 '2차 계엄'을 선포할 겁니다. 내란 수괴는 무기징역 등 무거운 처벌을 받기 때문입니다. '2차 계엄'은 윤석열이 살 수 있는 유일한 카드인 셈입니다. 윤석열의 복귀가 '계엄 면허증 발급'이나 마찬가지라고 거듭 강조하는 이유입니다.

실제 윤석열은 '2차 계엄'을 언급한 바 있습니다. 수사기관에 따르면 윤석열은 계엄 당일 "두 번, 세 번 계엄령 선포하면 된다", "다시 계엄할 테니 국회부터 장악하라", 이렇게 계엄군에게 명령했습니다. 상식을 가진 국민이라면, 합리적인 국민이라면, 이런 윤석열의 복귀를 용납할 수 없습니다. 특히 윤석열과 그 일당은 '충암파 친정체제'를 구축해 우리 군을 내란에 동원했습니다. 우리 군을 내란에 동원할 뿐만 아니라 수십 년간 나라에 목숨 바친 군인들을 범죄자로 만들었습니다. 우리 군을 모욕하고 안보를 망가트린 것입니다.

국론 분열이 심각합니다. 이로 인한 부작용을 최소화하기 위해서는 헌법재판관의 만장일치 파면이 필요합니다. 헌법재판관들께 간절히 바랍니다. 주권자인 국민의 뜻을 무겁게 받들어, 무너진 헌정질서를 바로잡아 주십시오! 그것만이 나라와 국민을 지키는 유일한 길입니다.

– 이언주 최고위원

헌재가 윤석열 대통령 탄핵 심판 선고일을 4월 4일로 지정을 했습니다. 12.3 이후 122일간 지속된 정치, 경제, 사회적 불확실성의 해소가 드디어 가시화됐습니다. 헌재의 선고일 지정 발표 후에 시장도 화답을 했습니다. 시장은 거짓말을 하지 않습니다. 코스피가 2,500선을 회복하고 코스닥도 급등을 했습니다.

이 원인 행위가 내란이다 보니까 사안이 매우 중대합니다. 그리고 또 군사 반란죄도 파면 이후에는 군사 반란을 비롯한 많은 범죄에 대해서 수사를 받아야 합니다. 그리고 그 이해관계자들이 지금 현재도 증인만 해도 500명이 넘지만, 더 많은 사람들이, 연루된 사람들은 다 수사를 받을 필요가 있습니다. 이와 같이 그에 따른 파급이 워낙 크다 보니까 형사 재판에 미칠 영향 등을 고려해서 헌재가 오래 숙의를 했기 때문에 이렇게 늦어진 게 아닌가 하고 선해를 합니다. 그동안 헌재에서는 정말 고생 많이 하셨다. 재판관님들 정말 고생하셨다는 말씀을 드리고 이번 선고 결과에 대해서 각종 설, 5대3, 4대4, 각종 설과 추측이 난무합니다만 이것은 모두 추측에 불과하다라고 생각합니다. 4월 4일에 선고 기일을 잡은 것으로 보아서는 만장일치로 당연히 인용할 것이다, 이렇게 확신을 합니다. 헌재는 87년 개헌 정신을 토대로 탄생한 기관이고 헌법 수호가 최우선입니다.

헌재가 2025년 대한민국에서 계엄 면허를 발급하는 결정을 절대 내리지 않을 것으로 확신합니다. 그리고 군사 쿠데타는 용인할 수 없다, 용인하지 않겠다는 5.18 전두환 재판이 있었고요. 그리고 박근혜 탄핵 판결이 다 있습니다. 그래서 헌재가 다른 결정을 내리기가 불가능하다, 이렇게 생각하고 8대0 만장일치를 확신합니다. 이제는 국민 모두가 다 같이 신발 끈을 동여매고 새로운 리더십으로 새출발해서 회복과 성장으로 나아갈 수 있도록 힘쓰겠습니다.

윤석열 거버넌스는 파면에 이를 정도로 중대한 헌정 파탄으로 이제는 돌이킬 수 없습니다. 국힘도 1호 당원 윤석열과의 고리를 끊고 새출발하기를 바랍니다. 그리고 그 새출발의 전제 중 하나는 정의를 바로 세우는 것입니다. 정의에는 중립이 없다라고 유흥식 추기경께서도 말씀하셨습니다. 12.3 모의 실행 수습 과정에서 윤석열 등 계엄 세력 그리고 심우정 총장을 위시한 잘못된 판단을 내려온 검찰 그리고 경호처, 한덕수, 최상목 등 대한민국 엘리트 공무원들이 저지른 수많은 위헌, 위법은 반드시 심판을 받을 수밖에 없다, 이렇게 생각합니다. 그래서 민주주의를 회복하고 법치주의를 바로 세울 것입니다.

이와 관련해서 최상목이 미 국채에 투자한 것과 관련해서 국민적 비판이 비등합니다. 경제 수장이 환율 급등에 나라 망해라라고 베팅한 것 아니냐라고 비판을 했습니다. 그러니 뭐라고 변명하느냐, 자녀 유학비로 보유하던 달러로 투자했다 이렇게 변명합니다. 이것은 국민들의 비판의 어떤 핵심을 전혀 이해하지 못하고 있는 것입니다. 국민들은 경제부총리, 환율 안정을 꾀해야 할 경제부총리가 국익을, 국익을 생각하지 않고 환율의 급등에 거꾸로 베팅한 것, 사익을 도모한 것에 대해서 문제를 삼는 것이고요. 2023년 인사청문회 이후에 매도를 했음에도 불구하고 다시 작년 3월 이후에 다시 산 것, 이것은 어찌해도 설명이 되지 않습니다. 그러니 말도 안 되는 변명은 그만하시길 바랍니다.

여러 가지 지금 경제가 어려운 와중에 관세 전쟁도 굉장히 심각하게 벌어지고 있고 우리 기업들은 개별적으로 미국에 대한 투자를 결정하고 있습니다. 현대차, 현대제철 그로 인해서 국내 협력업체들의 낙수 효과가 있을 수도 있겠습니다만 우리 대한민국이 미국에 대해서 나름대로 또 줄 수 있는 혜택들도 있습니다. 조선업의 협력이라든가 그리고 알래스카 프로젝트에 대한 투자에 대한 협력 이런 것들도 있습니다. 그런데 지금 이렇게 리더십이 없다 보니까 기업들이 급한 마음에 개별적으로 자꾸 투자 결정을 하게 됩니다. 총괄적으로 정부가 하나의 컨트롤 타워 아래에서 제대로 된 전략을 세울 수 있도록 우리 민주당에서는 예전부터 계속해서 통상위원회의 출범을 요구를 해왔습니다. 다시 한번 통상위원회 출범을 요구를 하면서 정부도 지금, 이 리더십 부재 상황에서 이것을 방치하지만 말고, 앞으로 있을 상황을 대비해서 민주당과 국회와 협력을 해 주시기 바랍니다.

– 송순호 최고위원

드디어 윤석열 탄핵 심판 선고기일이 지정되었습니다. 4월 4일 오전 11시입니다. 선고기일이 늦어도 너무 늦게 잡히다 보니 너무나 당연한 일에도 온 국민이 환호했습니다. 선고기일 하나 확정되었는데도 국민들은 안도했고, 환율은 내렸고, 주가는 올랐고, 골목상권에 활기가 돌았습니다. 내란 수괴 윤석열이 대한민국의 총체적 리스크라는 것을 보여주는 명증한 방증입니다.

12.3 불법 계엄에 대한 윤석열 대통령 탄핵 심판 기일 지정에 꼬박 120일이 걸렸습니다. 수많은 추측과 억측으로 정치는 혼란 그 자체였고 12.3 내란의 그 밤에 갇힌 채 살아가는 우리 국민들은 탄핵 선고를 기다리면서 하루하루 피가 말랐습니다. 산에는 산불, 국민은 천불. 하늘은 비를 내려 산불을 끄고, 헌재는 선고를 내려 천불을 꺼주기를 염원했습니다. 하늘도, 헌재도 국민의 염원에 응답했습니다. 하늘은 비를 내려 산불을 껐고, 헌재는 선고 기일을 지정해 속의 천불을 껐습니다. 천우신조. 모두가 국민 여러분 덕분입니다. 고맙고 감사합니다.

국민들은 압도적으로 윤석열 파면을 명령하고 있습니다. 모든 법의 권위는 결국 국민에게서 나옵니다. 대한민국은 민주공화국이고, 모든 권력은 국민으로부터 나오기 때문입니다. 헌법과 헌재는 도대체 누구를 위해 존재하는가 하는 국민의 질문에 헌법재판소는 4월 4일 윤석열 파면 선고로 답해야 합니다.

12.3 계엄을 막은 건 검사도, 판사도 아닌 시민과 국회의원들이었음을 헌법재판관들은 기억해야 합니다. 국민에게서 권한을 위임받은 사실을 잊고, 자신들을 최후의 심판자로 착각하는 순간 법의 권위는 거대한 저항에 부딪힐 것입니다.

곽종근 전 특수사령관은 옥중 의견서에서 대통령님께 묻고 싶다, 그날 밤 정녕 저에게 의사당의 국회의원들을 끄집어내라고 지시한 적이 없으신가. 대통령님은 지시를 따른 군인들을 두 번 죽이고 있다고 절규했습니다. 그런 비겁한 최고통수권자를 옹호한다면 대한민국에서 헌법을 수호한다는 기구는 더는 존재할 이유가 없습니다.

만에 하나 탄핵안이 기각되어 윤석열이 직무에 복귀한다면 헌정질서 회복은 영원히 불가능해집니다.

그날로 광장은 윤석열 타도를 외치는 시민들로 뒤덮일 것이고, 전대미문의 무정부 사태가 초래될 것입니다. 불확실성이 극대화돼 경제는 추락하고, 외교ㆍ안보는 위기에 봉착할 것입니다. 계엄 면허를 받았다 생각하는 윤석열은 지난 계엄 때 계획하고 실행에 못 옮겼던 것들을 다시 실행할 것입니다. 수많은 정치인, 언론인, 법조인, 종교인, 노동자들은 수거당할 것이고, 바다에서, 산에서, 섬에서, 폭살 또는 사살당할 것입니다. 생각만 해도 끔찍한 일이고, 대한민국을 파탄 내는 일입니다.

뻔히 예상되는 파국을 막고 헌정질서를 정상화하는 길. 헌법재판소가 대통령 윤석열을 파면하는 것뿐입니다. 헌법과 양심에 따라 헌법 수호의 직분을 다하는 헌법재판관이라면 파면 외에 다른 판단을 내릴 수 없을 것입니다. 4월 4일 오전 11시, 피청구인 대통령 윤석열을 파면한다는 주문이 전 세계 생중계되기를 바랍니다.

– 홍성국 최고위원

어제 정부는 상법개정안에 대해서 거부권을 또 행사했습니다. 거부권 독재가 이어지고 있습니다. 정부가 제시하는 부작용은 추후 보완하면 됩니다. 저는 오늘 아침에 많은 분석들이 있지만 좀 다른 이야기를 드리고 싶은데요. 압도적 세계 1위 자동차 기업인 토요타의 이야기입니다.

이 토요타에 아큐 회장은 창업자의 손자입니다. 그는 스물여덟 살인 1984년에 입사해서 2009년까지 생산관리 영업직 바닥부터 차근차근 경영 능력을 다져나가다가 25년만인 2009년에 사장에 취임합니다. 그는 그룹회장이기 전에 자동차전문가이고 누구나 인정하는 뛰어난 경영자입니다. 아큐 회장과 가족들의 지분율은 채 1%도 되지 않지만, 세계적인 대기업을 잘 경영하고 있습니다. 이런 기업은 선진 시장에서 무수히 찾아볼 수도 있습니다. 우리나라도 있습니다.

우리나라 유한양행은 올해가 바로 창립 100주년이 되는 해입니다. 유한재단과 유한학원의 지분율은 23%에 불과합니다. 이들은 경영에 거의 참여를 하지 않고 있습니다. 그래서 상법인 투자자면 투자를 못 한다고 했는데 아시다시피 유한양행은 수십 년이 걸리는 교단이 투자를 시행해서 지난해 엄청난 성과를 내는 경우도 있었습니다. 경영만 잘 한다면 투자가들은 그가 창업주이건 3세이건 개의치 않습니다. 늘 경영자를 응원합니다.

이런 의미에서 상법개정안은 후계자가 아니라 훌륭한 경영자를 육성하고 기업에 활력을 높이는 법안입니다. 상법개정안으로 주식시장이 활성화되면 기업의 자금조달이 쉬워져서 경제발전에 기여합니다. 요즘 논란이 되고 있는 기업의 유상증자 문제도 주식시장이 활성화되면 시장에서 자체 흡수가 가능해지기 때문에 자동으로 큰 문제는 없습니다.

정부와 국민의힘은 상법개정안에 대한 거부권 행사는 일부 무능한 경영자를 보호하고 결국 한국경제의 활력을 떨어뜨리는 정책임을 분명히 알아야 됩니다. 저희 더불어민주당은 이에 상응하는 조치를 조만간 마련하겠습니다.

의미 있는 날입니다. 내일 새벽에 미국의 관세정책이 드디어 발표됩니다. 철강, 알루미늄은 시행이 되고 있고, 자동차도 내일부터 관세가 시행이 되는데 상호관세가 내일 나오는데 몇 퍼센트가 될지 아무도 모르고 있는 상황입니다. 굉장히 깜깜한 상태로 전 세계 경제가 숨죽이고 있고, 우리나라 경제 역시 마찬가지입니다.

이런 중차대한 순간인 어제 헌재의 윤석열 탄핵심판 선고일이 고지되었습니다. 그 순간에 제가 똑똑히 시간을 봤습니다. 순식간에 주가는 1% 오르고 환율은 1,477원에서 1,470을 하회했습니다. 한 7,8원이 순식간에 뚝 떨어졌습니다. 이런 현상은 시장이 얼마나 윤석열 탄핵선고를 기다려왔는지 어떤 판결을 바라고 있는지 상징적으로 보여주는 현상이었습니다. 행여나 윤석열이 복귀할 경우 주가폭락, 환율급등은 어제 발생한 사건의 반대방향으로 지속적으로 나타날 것입니다. 그리고 윤석열이 복귀한다면 당연히 복수에 나서겠죠. 그렇다면 한국은 헌법과 법률이 작동하지 않는 국가가 될 테니 당연히 신용등급이 하락하고 경제는 재기불능 상태가 될 것입니다.

헌재에 재차 말씀드립니다. 윤석열 파면만이 대한민국이 다시 회복되어서 성장가도에 들어서는 유일한 해결책의 출발입니다. 헌법재판관의 정치적 성향이 아니라 헌법의 법리에 따라서만 판결하면 됩니다. 그렇다면 판결 내용은 당연히 파면입니다. 탄핵이 경제다. 경제는 민주당입니다.

2025년 4월 2일
더불어민주당 공보국

박찬대 원내대표, 제73차 비상의원총회 모두발언

□ 일시 : 2025년 4월 2일(수) 오후 1시 30분
□ 장소 : 국회 본청 246호

─ 박찬대 원내대표

이제 이틀 남았습니다. 어제 헌법재판소가 윤석열 탄핵 심판 선고 기일을 4월 4일로 지정했습니다. 지난 12월 3일 밤부터 시작된 국민과 함께하는 우리의 투쟁이 드디어 결실을 볼 때가 되었습니다. 4월 4일은 12.3 비상계엄일로부터 딱 123일이 되는 날입니다.

윤석열 탄핵 선고 기일이 확정되자마자 시장이 즉각 반응했습니다. 환율은 떨어지고 주가는 치솟았습니다. 윤석열이 대한민국 최고의 걸림돌이자, 우리 경제 최고의 걸림돌이라는 것이 증명되었습니다. 윤석열 파면이 곧 민생이고, 경제이고, 평화이며, 국가 정상화의 길입니다.

싸움은 그러나 아직 끝나지 않았습니다. 헌법재판소가 8:0, 만장일치로 내란 수괴 윤석열을 파면할 것이라 확신하지만, 끝까지 긴장을 늦추어서는 안 됩니다. 만에 하나 벌어질 수도 있는 상황에 대비하고, 헌법재판소가 오직 헌법과 법률에 따라 정의로운 판결을 내릴 수 있도록, 국민의 신임에 부응하는 결정을 내리도록 촉구해야 할 것입니다.

윤석열 파면이 내란 종식의 전부가 아니라는 사실도 잊어서는 안 됩니다. 지난 넉 달 동안 헌법과 민주주의가 무참하게 유린되는 상황을 목도했습니다. 한덕수 총리와 최상목 부총리가 권한대행이 되고 나서 어떻게 했는지, 국민들은 다들 아실 것입니다. 헌법 수호의 막중한 책무를 저버리고, 헌법과 법률을 위반하며, 내란 수사를 방해하고, 헌정 붕괴의 위기를 키웠습니다. 내란 수사 상설특검이 국회를 통과한 지 오늘로 114일째입니다. 지체 없이 해야 할 특검 추천 의뢰도 아직 하지 않았습니다. 국회 추천 몫 헌법재판관 미임명이 위헌이라는 헌재의 만장일치 결정에도, 아직까지 마은혁 재판관을 임명하지 않았습니다.

국회를 통과한 법안에 대한 거부권은 남발되었습니다. 한덕수 국무총리가 행사한 거부권만 7건, 최상목 부총리가 9건입니다. 윤석열이 25번의 거부권을 행사한 것까지 합치면 모두 41건이나 됩니다. 이승만 이래 최다 거부권이고, 기간을 따진다면 역대 최다 거부권입니다. 경찰을 비롯한 수많은 알박기 인사도 촘촘하게 진행됐습니다. 권한대행이 아니라 '내란대행'이었습니다. 한덕수 총리와 최상목 부총리의 내란 동조 행위, 반헌법 행위에 대해서도 반드시 책임을 물어야 진정한 내란 종식이 가능하다는 말씀도 드립니다.

더불어민주당이 국민에게 든든한 버팀목이 되어 주어야 합니다. 어젯밤 수많은 시민들께서 헌법재판소 주변에서 철야 농성을 진행했습니다. 의원님들이 시민들의 그 절박한 마음을 온전히 받아안고, 반드시 싸움을 국민 모두의 승리로 만들겠다는 결의를 다시 한번 다져 주시기를 바랍니다. 지난 넉 달 동안의 투쟁을 아름답게 마무리할 수 있도록 끝까지 앞장서 주시기를 당부드립니다.

한쪽에서는 인내하면서 기다려 주셨고, 또 한쪽에서는 단호한 결단을 요구하는 다양한 목소리가 170명의 민주당 국회의원들 사이에 아름답게 화합이 되어서 여기까지 왔다고 생각이 됩니다. 마지막까지도 다양한 목소리, 다양한 생각, 그리고 그 의견들이 서로 존중받아서 좋은 결과를 국민과 함께 낼 것이라고 저는 확신합니다.

어제 국회 주변을 잠깐 둘러보았습니다. 며칠 전에 눈이 내렸는데, 개나리도 피고 목련도 피었습니다. 윤중로의 벚꽃도 곧 필 것 같습니다. 봄이 성큼 다가왔습니다. 내란의 겨울도 곧 끝나고, 민주의 봄, 민생의 봄, 평화의 봄이 올 것입니다. 그 봄을 국민과 함께 기쁘게 맞이하기 위해, 조금만 더 힘을 냅시다.

2025년 4월 2일
더불어민주당 공보국

각 기자회견문, 위원회 보도자료

■ **더불어민주당 종교특별위원회, 헌정질서 회복을 위한 긴급 기자회견문**

서로 다른 각자의 신앙의 자리에서 이 땅의 정의와 평화를 기원하며 기도의 행진을 이어 온 우리 종교인들은 나라 곳곳에서 들려오는 고통의 소리를 더 이상 외면할 수 없어 함께 뜻을 보마 이 자리에 나섰습니다. 지난해 12월 3일 윤석열 대통령의 어처구니없는 계엄령 이후 나라는 혼돈의 어둠이 짙어지고 위기는 끝 간데 없이 심화되고 있습니다. 국가의 최고 규범으로서의 헌법이 무력화되고 최소한의 민주적 헌정 질서가 무너지는 현실 속에서 지금 우리나라는 전대미문의 위기를 맞고 있습니다.

보십시오. 지금 나라가 어떤 처지입니까? 헌정질서가 무너져 내리고 국가의 기능이 제대로 작동하지 않음으로써 나라가 송두리째 흔들리고 있습니다. 극한적 진영 대결로 사회 갈등은 깊어지고, 상상조차 할 수 없었던 대형 사고와 재난이 끝없이 이어지며 무고한 국민의 생명과 재산이 사라지고 있습니다. 아무도 책임지지 않는 국정의 마비로 시민들의 안전이 위협받고 경제와 민생은 파탄 직전입니다. 힘 없는 서민들의 안전이 위협받고 경제와 민생은 파탄 직전입니다. 힘 없는 서민들이 이 내란 사태로 인해 얼마나 고통을 겪고 있는지 민생의 현장을 한번 만이라도 살펴보십시오. 게다가 우리를 더 두렵게 하는 것은 사람들이 서로 믿지 못하게 하는 거짓말과 궤변이 소위 정치 지도자라는 이들을 통해 무차별적으로 유포되고 있는 것입니다. 한 사회가 존재하기 위한 최소한의 도리와 체면, 상식과 양식이 무너지고 사회적 신뢰가 사라지고 있는 현실은 참으로 참담하고 개탄스럽습니다. 가히 나라 전체가 무너져 내리고 있는 형국입니다.

어서 이 위기를 멈추게 해야 합니다. 나라의 추락만은 막아야 하지 않겠습니까? 더 이상 시간을 낭비하고 머뭇거리다가는 그간 우리 현대사가 이룩한 민주주의와 경제발전, 문화강국으로서의 자부심 등 모든 것을 잃을 수 있고, 우리의 미래조차 잿더미로 변할 수 있다는 것을 명심해야 합니다. 그래서 우리는 간절한 마음으로 호소합니다.

헌법재판소는 참으로 오랜 시간을 끌다가 마침내 4월 4일로 선고일을 지정했습니다. 너무 늦었지만 그나마 다행이라 하지 않을 수 없습니다. 총칼로 무장한 군인들의 군화발이 국회를 짓밟는 것을 똑똑히 본 국민들은 하루하루 피를 말리며 헌재의 결정을 기다리고 있었습니다. 우리는 수많은 이들의 희생과 헌신으로 이룩한 민주화의 결과로 생겨난 헌법재판소가 자신들에게 부여된 신성한 권한을 역사와 헌법의 정신에 따라 바르게 사용하여 정의로운 판단을 할 것이라고 확신합니다. 우리는 헌재의 심판은 새로운 민주공화국을 향한 새 출발점이 될 것을 기대합니다. 성숙한 시민의 힘은 서로 다른 이들의 생각을 존중하며 절제와 비폭력의 원칙을 지켜 나가야 한다는 것을 명심하자고 호소드립니다.

한덕수 권한대행은 헌법을 무시하는 행동을 멈추고 마은혁 헌법 재판관을 즉각 임명하시기를 호소합니다. 우리 국민들은 국무회의의 주요 구성원으로서 한덕수 대행이 이번 내란 사태의 책임에서 자유롭지 못하다는 것을 다 인지하고 있습니다. 그러나 그 일로 인해서 자신의 안전을 보장받기 위해 헌법을 무시하고 헌재의 결정을 거부한다면 그것 자체로 죄로 죄를 덮는 어리석은 일이 될 것입니다. 권한대행이 헌법을 무시하고 헌재의 결정을 회피한다면 어떻게 국민들에게 법의 준수를 말하며 지도력을 발휘할 수 있겠습니까? 지금은 자신의 안위가 아니라 나라 전체를 위기 속에서 구하는 책임자의 모습을 보여 주어야 합니다. 그래야 나라도 살고 한덕수 대행도 살 수 있을 것입니다.

국회는 국민에게 위임받은 국정의 책임을 다해 주십시오. 지금은 정치적 셈법으로 위기를 돌파할 시점을 이미 넘어서고 있습니다. 이 위기를 극복하기 위해 국민의 대의 기관으로서 맡은 바 책임을 다해 이 헌정 위기가 지속되지 않도록 지혜를 모아야 합니다. 특별히 "국민의 힘" 소속 의원들에게 호소합니다. 정파적 이해 관계를 떠나 헌정 회복과 위기 극복에 동참해 주십시오. 더 이상 정치가 국민을 갈라치고 갈등을 증폭시켜서는 안 될 것입니다.

우리의 역사에는 늘 위기마다 위대한 국민들이 그 위기를 극복해 온 자랑스런 전통이 있습니다. 우리는 이번에도 온 국민이 함께 이 위기를 슬기롭게 극복해 낼 것을 확신합니다. 우리 종교인들은 비록 미약한 힘이지만 이 위기 극복을 위해 온 국민들과 함께 나아가겠습니다. 이제 모두가 선 자리에서 사심을 내려놓고 함께 지혜와 힘을 모아 속히 헌정질서가 회복되는 새로운 역사의 봄을 맞이하자고 간절히 호소합니다.

2025년 4월 2일

이용선 · 김병기 · 김병주 · 송기헌 국회의원(더불어민주당 종교특별위원회
공동위원장단), 헌정질서 회복하는 바라는 종교인 일동

기독교 : NCCK 시국회의, 기독교시국행동, 윤석열 폭정종식 그리스도인 모임

불　교 : 실천불교승가회, 야단법석승가회, 범불교시국회의

원불교 : 원불교 시민사회 네트워크, 원불교사회개벽교무단

천주교 : 천주교정의구현전국사제단

■ 더불어민주당 국회 환경노동위원회 · 보건복지위원회 위원 일동, 4월 4일, 헌정질서 회복의 날! 헌재는 8:0 만장일치로 윤석열을 파면하라!

오늘도 국민과 함께 무너진 헌정질서와 민주주의를 바로 세우고, 내란을 종식하겠다는 절박한 마음으로 이 자리에 모였습니다.

대한민국의 근간이 흔들리고 있습니다. 그동안 헌재의 파면 선고 지연으로 사회적 혼란이 가중되고, 국민은 갈등과 혐오로 얼룩져 분열됐습니다. 이 틈을 타 여당은 '윤석열 복귀 프로젝트'를 준비하며, '2차 계엄'에 대한 국민 불안을 야기시키고 있습니다.

다행히도 어제, 헌법재판소가 4월 4일 오전 11시 윤석열 탄핵소추안 선고기일을 지정했습니다. 마침내 국민의 명령에 따라 선고가 이뤄지게 되었습니다.

이제는 헌법재판소의 '윤석열 파면' 선고만 남았습니다. 헌법재판소는 8:0 만장일치 인용으로 윤석열을 파면해 무너진 헌정질서와 민주주의를 바로잡고, 현재진행형인 내란을 확실하게 끝내야 합니다. 장장 4개월에 걸친 선고 지연으로 커진 국가적 불확실성을 제거하고, 갈등과 혼란의 국가위기를 극복해야 합니다.

윤석열은 그 누구도 부정할 수 없는 내란수괴, 헌정 파괴범입니다. 국회를 군홧발로 짓밟고, 국민에게 총구를 겨눴던 12월 3일 밤, 모든 국민이 내란의 현장을 실시간으로 목격했습니다. 국민이 곧 탄핵의 증거이자 증인입니다.

12.3 내란의 위헌성과 위법성은 이미 명백히 드러났습니다. 헌법과 법률이 정한 요건을 전혀 충족하지 않은 비상계엄 선포, 국회와 지방의회의 정치 활동을 전면 금지한 계엄포고령 1호, 군과 경찰을 동원해 국회와 선거관리위원회를 무력으로 침탈하려 한 시도까지. 그 어느 하나도 묵과할 수 없는 중대한 헌정

유린입니다.

　내란을 주도한 윤석열과 그에 동조한 세력에게는 반드시 책임을 물어야 합니다. 이들을 단죄할 수 있는 유일하고도 정당한 방법은 '파면'입니다. 그것이야말로 무너진 헌법 질서를 바로 세우고, 다시는 민주주의가 짓밟히지 않도록 막는 길입니다.

　지금 대한민국은 정상화를 위한 중대한 기로에 서 있습니다. 8인의 헌법재판관들께서 역사 앞에 한 점 부끄럼 없이 오직 헌법적 양심에 따라 현명한 결정을 내려주시리라 믿습니다. 오로지 헌법과 우리의 역사, 재판관의 양심, 또 국민의 요구에 근거를 두고 내란수괴범 윤석열에게 책임을 묻는 첫걸음이 바로 '파면'일 것입니다. 단호히 심판해주십시오.

　대한민국의 재건을 앞당길 책임은 오직 헌법재판소에 있습니다. 민주주의 최후의 보루로서 헌법재판소는 대한민국의 정의가 살아있음을 도도하게 보여주시길 바랍니다. 헌정질서가 제대로 작동하리라는 국민의 믿음에 응답하기를 바랍니다.

　4월 4일은 헌정질서 회복의 날이 될 것입니다. 내란에 마침표를 찍고, 새로운 대한민국의 첫걸음을 떼는 역사를 향한 큰 발걸음이 될 것입니다. 더불어민주당 환경노동위원회와 보건복지위원회는 헌정질서를 무너뜨린 내란 세력을 반드시 심판하고, 대한민국의 민주주의 회복을 위해 끝까지 최선을 다하겠습니다.

2025년 4월 2일
더불어민주당 국회 환경노동위원회 · 보건복지위원회 위원 일동

환경노동위원회
(안호영, 김주영, 이학영, 박정, 강득구, 김태선, 박해철, 박홍배, 이용우)

보건복지위원회
(박주민, 강선우, 남인순, 이개호, 백혜련, 소병훈, 서영석,
이수진, 천준호, 김남희, 김윤, 서미화, 장종태, 전진숙)

각 대변인 브리핑·서면브리핑·논평

– 강유정 원내대변인 브리핑 · 서면브리핑

□ 일시 : 2025년 4월 2일(수) 오전 9시 50분
□ 장소 : 국회 소통관 기자회견장

■ **윤석열 파면이 유일한 애국 보수의 길입니다. 대한민국의 경제, 외교, 안보를 지킵시다!**

눈 떠보니 후진국입니다. 트럼프 행정부 2기가 출범했지만 계엄과 내란의 여파로 대한민국 외교와 경제가 연일 빨간불입니다.

민감국가 지정에도 속수무책이더니 관세 폭탄 지고 올 미국의 상호국가 발표가 임박해도 무대책입니다. 한미 동맹이 위태로운 상황에 극우 집회에 휘날리는 태극기와 성조기라니 이런 부조리극도 없습니다.

내란 수괴 윤석열을 하루빨리 탄핵해야 대한민국 경제와 외교를 정상화할 수 있습니다. 보란 듯이 헌재가 탄핵 심판 선고기일을 지정하자마자 원-달러 환율이 하락하고 코스피 지수가 치솟는 걸 보십시오! 내란 수괴 윤석열이 코리아 디스카운트고 파면이 리스크 제거입니다.

파면 선고가 경제 활성화고, 국권 회복의 열쇠입니다. 민주주의 최후의 보루인 헌법재판소는 윤석열 파면으로 국헌의 뿌리를 공고히 하고 헌정을 수호해야 합니다. 헌법재판소의 존재 의의를 새겨 역사의 죄인이 되지 마십시오!

■ **외교부는 심우정 검찰총장 딸의 채용 비리 의혹을 당장 공수처에 수사 의뢰하십시오!**

외교부가 특혜 채용 의혹이 제기된 심우정 검찰총장 딸의 채용을 보류하고 감사원에 공익감사를 청구

했습니다. 검찰총장 딸의 특혜 채용 비리 의혹에 한낱 감사 청구가 웬 말입니까? 표창장 하나로 수십 곳을 압수수색했던 조국 일가 때의 검찰 수사를 온 국민이 똑똑히 지켜봤습니다.

심우정 총장의 딸은 외교부 채용에 응시하면서 자신의 경력을 서울대 국제학연구소 '연구 보조원'이라고 써냈습니다. 하지만 당시 심 씨의 직책은 '석사 연구생', 즉 조교에 불과했습니다. 김건희 여사의 '돋보이고 싶은 욕심'을 따라 부풀리는 겁니까? 아크로비스타 이웃사촌은 죄를 지어도 처벌받지 않는 초법 무죄계라도 들었답니까?

떳떳한 합격자를 제치고 자격 요건도 미달되는 심우정 총장의 자녀가 외교부 직원 자리를 꿰찬 건 명백한 채용 비리입니다. 아빠 찬스라는 귀여운 말장난은 집어치우십시오. 수사 대상이며 징벌의 대상입니다. 철저한 수사로 무결성을 입증하지 않는 한 심 총장은 남의 죄를 물을 자격도, 검찰 수장은커녕 검사 자격도 없습니다.

외교부도 정신차리십시오! 감사원 감사로 물타기 할 생각 말고 당장 공수처에 수사 의뢰하십시오! 김건희처럼 뭐든 제 식구 감싸기로 해결되리라는 꿈은 당장 접으십시오.

국민의힘도 동참해야 합니다. 청년의 꿈과 기회를 짓밟는 채용 비리를 발본색원하겠다며 선관위와 드잡이한 게 불과 엊그제입니다. 채용 비리도 입맛대로 골라보는 게 아니라면 당장 단속에 나서십시오.

더불어민주당은 심우정 총장의 자녀 특혜 채용 비리 진상을 낱낱이 파헤쳐 청년 세대들을 위한 정의와 상식을 바로잡겠습니다.

■ 상법개정안 거부권 행사로 사의를 표명해야 할 사람은 이복현 금감위원장이 아닌 한덕수 본인입니다

상법 개정안 거부권 행사를 '직을 걸고' 반대하겠다던 이복현 금감원장이 사의를 표명했습니다. 헌법적 가치에 반할 때 써야 할 재의 요구권을 한덕수 권한대행이 남발했다는 양심선언인 셈입니다.

거부권 잉크가 채 마르기도 전에 재벌 기업과 서둘러 만난 한덕수 권한대행은 부끄러운 줄 아십시오! 상법개정안 거부권 행사로 사의를 표명해야 할 사람은 이복현 금감위원장이 아닌 한덕수 본인입니다.

심지어 한 권한대행은 오늘 내란수괴 윤석열의 탄핵 심판 선고를 언급하며 "어떠한 결정이 내려지더라도 법치주의 원칙에 따라 그 결과를 차분하고 냉정하게 받아들여야 한다"고 했습니다. "분열과 갈등보다는 사회통합에 기여하는 책임 있는 자세를 보여주시기 바란다"는 당부도 덧붙였습니다.

당장 거울 앞에 서서 본인이 한 말을 그대로 읊조리고 지키십시오! 적반하장도 유분수지 대체 누가 누구더러 법을 지키라 훈계하는 겁니까? 마은혁 헌법재판관을 임명하라는 헌법재판소 결정을 여태 거부하는 건 한덕수 권한대행 본인입니다.

달러 강세에 베팅해 자기 자산을 증식한 최상목 경제부총리는 또 어떻습니까? 이런 자들이 국정을 책임져도 되겠습니까? 공직자의 윤리나 책임감이라고는 찾기 어려운 환장의 커플입니다.

헌정질서를 짓밟고 내란수괴 편에 서는 자들은 국민을 대표할 자격이 없습니다. 민주당은 최상목 경제부총리 탄핵안 보고를 시작으로 국민과 함께 죗값을 철저히 따져 묻겠습니다.

– 황정아 대변인 서면브리핑

■ 대한민국을 공포로 얼어붙게 만든 내란 수괴는 반드시 파면되어야 합니다

검찰이 12.3 내란 당일 밤 대통령 지시로 의원들을 끌어내리던 통화 녹음 파일을 대거 확보했습니다. 대통령 지시라며 문짝을 부숴서라도 계엄 해제를 의결하려는 의원들을 끄집어내라는 대화까지 녹음되었습니다.

기자를 폭행하고 케이블타이로 불법 체포를 시도한 707특임단의 CCTV 영상도 공개됐습니다. 경고용 계엄이고, 단 한 명의 시민 피해도 없었다더니, 계엄군은 어째서 정당한 취재 활동을 하는 기자를 폭행하고 포박하려 한 것입니까?

12월 3일 밤 대한민국이 공포로 얼어붙었습니다. 그리고 넉 달이 지나도록 국민은 내란성 불면에 시달리고 있습니다. 민생·경제는 파탄 나고, 외교마저 절단나고 있습니다.

국민께서 쌓아 올린 위대한 업적들이 극우적 망상에 사로잡힌 윤석열의 내란으로 처참하게 무너져 내리고 있습니다.

그런데도 내란 세력들은 아직도 '경고용 계엄'이라는 말장난으로 국민을 우롱하고 있습니다. 말끝마다 새빨간 거짓말로 국민을 기만하고 있습니다. 군홧발로 국회를 짓밟고, 국회를 폐쇄하려 했던 내란수괴의 포고령을 전 국민께서 TV로 지켜보셨습니다. 12.3 계엄은 헌정질서를 파괴하려 한 내란 범죄입니다.

온 국민을 공포에 떨게 만든 내란수괴는 오직 파면만이 답입니다. 헌법 수호의 최후 보루인 헌재가 4월 4일 윤석열을 파면하고, 국민께 평온한 일상을 돌려주시길 간곡히 호소합니다.

■ 국민의힘은 이제 망상에서 깨어나 분노한 민심을 직시하기 바랍니다

헌재 선고기일이 지정되었는데도 국민의힘은 "기각만이 답"이라는 등 여전히 망언을 쏟아내고 있습니다. 내란 수괴를 지키겠다고 헌재를 노골적으로 압박하는 국민의 힘은 내란 정당이고 위헌 정당입니다.

심지어 국민의힘 의원들이 내란수괴 윤석열 측과 함께 12.3 내란을 정당화한 책을 출간한다고 합니다. 내란을 미화하고 찬양하겠다니 제 정신입니까? 헌정질서에 대한 정면 도전이자, 주권자인 국민에 대한 모욕입니다.

국민의힘은 언제까지 법의 심판을 회피하고 기득권을 지킬 수 있을 거란 망상에 빠져 현실을 부정할 셈입니까? 사죄를 하기에 너무 큰 잘못이니 적반하장으로 헌정 질서를 무너뜨리려는 것입니까?

1호 헌법연구관이었던 이석연 전 법제처장은 "탄핵 심판의 ABC 수준인 기초에 해당하는 사건"이라고 밝혔습니다. 헌법을 수호하는 최고 기관인 헌재가 내릴 선택은 명백한데 국민의힘은 그마저 부정할 셈입니까?

국민께서 선고 뒤에도 내란을 옹호한 위헌정당에게 기회를 주실 것 같습니까? 군홧발로 국회를 짓밟고 독재를 꿈꾼 내란수괴를 감싸는 한 파멸의 운명을 피할 수 없을 것임을 국민의힘에 엄중히 경고합니다. 국민의힘은 늦기 전에 미몽에서 깨어나 국민 앞에 석고대죄하십시오.

- 이지혜 부대변인 논평

■ 내란세력과 극우세력이 합작한 허위 조작 정보를 이제 끝내야 합니다

대형 산불이 영남권을 덮치며 화마가 많은 피해를 남겼습니다. 그러나 재난의 재 위에 혐오와 가짜뉴스가 덧씌워지고 있습니다. 75명 사상자가 발생한 비극의 한복판에서, 극우세력은 '중국인 간첩설'과 '미군 투입설' 등 허위로 조작된 괴담을 퍼 나르고 있습니다. 윤석열 비상계엄의 정당성을 조작하기 위해 이재민의 절망과 고통마저 혐오의 연료로 삼으며 증오의 화마를 불태우려고 하는 것입니다.

"Don't spread incorrect information.", 주한미군은 허위 조작 정보를 퍼트리지 말라고 경고할 정도입니다.

극우세력은 내란 초기 '중국 간첩 99명 체포설'이라는 허무맹랑한 허위 조작 정보에 이어 또다시 대한민국을 국제적 웃음거리로 만들었습니다. 이 같은 가짜뉴스는 윤석열 내락세력의 입을 '혐중 음모론'으로 퍼져 나가며 대한민국의 국론을 분열시키고 사회적 혼란을 심화시키고 있습니다. 이제는 끝내야 합니다.

윤석열에 대한 탄핵심판 선고기일이 정해졌습니다. 헌재는 헌정질서를 지키는 수호기관으로서 선고를 통해 허위 조작 정보의 기반한 정치선동에 마침표를 찍어주시길 바랍니다.

- 이지혜 부대변인 논평

■ 나경원 의원은 대한민국을 극단의 분열로 몰아가려는 파렴치한 궤변을 멈추십시오

대한민국의 미래를 결정지을 또 하나의 분수령 앞에서 헌법정신을 짓밟고도 부끄러움조차 모르는 위헌 정당, 국민의힘의 민낯을 맞닥뜨립니다.

국민의힘 나경원 의원은 이재명 대표를 향해 "국민 충돌 유혈 사태까지 운운하며 사회적 갈등을 극단적으로 몰아가고 있다"고 비난했습니다. 국민을 유혈 사태로 몰아넣으려는 것은, 윤석열을 정당화하며 내란 선동에 앞장서는 나경원 의원 같은 사람들입니다.

내란 수괴가 부른 파국적 현실을 보면서도 윤석열의 복귀를 외치는 나경원 의원 등 국민의힘은 용서받지 못할 범죄를 저지르고 있습니다. 국가 경제는 폭락하고, 대외 신뢰는 추락하는데도 여전히 내란 세력의 복귀라는 미몽에서 사로잡혀 있다는 것이 가당키나 합니까?

국민의힘은 나라가 망하든 말든 자신들의 정치적 기득권을 지키기 위해 내란 수괴 윤석열을 옹호하며, 대한민국을 극단의 분열로 몰아가고 있습니다. 대한민국이 진짜 두려워해야 할 것은 헌법정신이 무너지고 상식도 무너지는 것입니다. 나경원 의원은 사법부를 굴복시키려는 위헌적 시도를 당장 멈추십시오.

헌법재판소는 헌법과 법률, 법관의 양심에 따라 윤석열을 파면하십시오. 대한민국을 집어삼키려는 내란 세력의 폭주에 맞서 대한민국 헌법 수호의 최후 보루임을 증명해주시길 바랍니다.

■ 국민의힘은 내란 옹호와 폭동 선동이라는 위험천만한 불장난을 멈추십시오

국민의힘 권영세 비대위원장이 헌법재판소 결정을 앞두고 민주당의 승복을 요구하고 나섰습니다. 헌재 결정에 승복해야 할 것은 내란수괴 윤석열과 위헌 정당 국민의힘입니다.

그러나 윤석열은 아직 헌재 결정에 대한 승복 의사를 내놓지 않고 있습니다. 헌재 결정을 부정하겠다는 오기이자 불복의 의지 표현입니다. 국민의힘 역시 입으로는 승복을 말하지만, 소속 의원들은 헌법재판소 주변을 배회하며 내란을 선동하고 극우 폭동을 부추기고 있습니다.

내란 수괴 윤석열이 지금도 헌정질서를 뒤엎는 대혼란을 획책하려고 하는데 국민의힘은 내란 옹호와 폭동 선동이라는 위험천만한 불장난을 하고 있으니, 기가 막힙니다. 국민의힘은 폭동의 불씨를 들고 장난을 치며 헌정질서와 민주주의를 유린하려는 위헌 정당임을 입증하고 있습니다.

국민은 민주주의 기본 질서를 흔들고 법 위에 군림하는 위헌 세력을 용납하지 않습니다. 진짜 국민 앞에 속죄해야 할 자들은 윤석열과 국민의힘이라는 사실을 직시하시길 바랍니다.

– 박창진 부대변인 논평

■ 홍준표 시장은 정치궤변론자로 전업하실 게 아니라면 발언을 자중하십시오

홍준표 대구시장이 탄핵 기각을 예측하며 이재명 대표가 살아났으니 윤석열도 살아날 것이라고 주장했습니다. 이 무슨 황당한 궤변인지 모르겠습니다. 홍준표 시장은 사법부가 정치적인 판결을 하고 있다고 주장하는 겁니까?

이재명 대표의 무고함을 밝혀준 사법부의 판단을 모욕한 것도 모자라 헌재마저 모욕하다니 기가 막힙니다.

고장난 시계도 하루에 두 번은 맞는다는데 홍준표 시장은 맞는 말이 하나도 없습니다. 이정도면 정치 소음에 불과합니다. 탄핵 기각이라는 결론을 정해놓고 되는대로 말을 가져다 붙이는 궤변론자가 되었습니까? 30년 가까운 정치 경륜을 어디로 갔는지 한심하기 짝이 없습니다. 더욱이 검사 출신 이력을 팔아 자신의 정치적 입지를 다져온 홍 시장이 사법부를 모욕하는 것은 뻔뻔한 자기부정입니다.

홍준표 시장은 자신의 입신양명을 위해 전 국민이 마시는 우물에 독을 타는 파렴치한 정치를 멈추기 바랍니다. 홍 시장은 정치궤변론자로 전업하실 게 아니라면 발언을 자중하십시오.

긴급현안질의 당시 국회에 증인으로 출석한 홈플러스 김광일 대표는 "사재출연을 포함한 책임 있는 방식으로 유동화 채권에 대해 100% 변제하겠다"고 약속한 바 있다. 또한 지난달 21일 홈플러스는 입장문을 통해 유동화 채권 전액 변제 약속을 재확인했다. 이는 국회와 국민 앞에서 공개적으로 한 발언이자, 기업 신뢰를 회복하기 위한 최후의 약속이었다. 하지만 그 약속은 시간이 지날수록 '조건부 변제'라는 형식으로 퇴색해가고 있다. 김 대표와 홈플러스가 여전히 책임 회피와 시간 끌기에 몰두하고 있는 것은 아닌지 의심하지 않을 수 없다. 김광일 대표는 지난달 20일 회생법원에서 홈플러스와 3개 카드사(롯데·신한·현대) 간 비공개 심문 과정에서 "최장 10년 분할 가능성"을 언급한 것으로 알려졌다. 사실이라면, 이는 당초의 '100% 변제' 약속을 실질적으로 뒤로 미루겠다는 뜻이다. 이는 결국 무책임한 시간벌기일 뿐이며, 국민을 기만하는 처사다. 공공성과 신뢰를 기반으로 해야 할 대형 유통기업의 사회적 약속을 스스로 저버린 것이다. (…) 국회는 더 이상 홈플러스의 책임 회피를 좌시할 수 없다. 진정성 없는 조건부 약속으로 국민을 기만하는 이 행태가 계속된다면, 이는 국회의 직무유기이며 국민의 권리를 저버리는 일이 될 것이다. 홈플러스와 대주주 김병주 회장은 사재출연 계획을 포함한 구체적인 재원마련 방안을 오늘 4월 10일까지 제시하라. 그렇지 않으면 온 국민을 기만한 죄를 청문회를 통해 반드시 물을 것이다. 국회는 이번 사태를 끝까지 주시하며, 국민이 다시는 기만당하지 않도록 모든 책임을 묻는 데 주저하지 않을 것이다.

— 국회 정무위원회 더불어민주당 · 조국혁신당 · 사회민주당 위원 일동, 4월 2일 보도자료

헌법재판소법 일부개정법률안
(윤준병의원 대표발의)

<table>
<tr><td>의 안
번 호</td><td>9552</td></tr>
</table>

발의연월일 : 2025. 4. 2.

발 의 자 : 윤준병·신영대·이원택
이성윤·조계원·허　영
안도걸·민병덕·강준현
김태년·박민규·김우영
허종식 의원(13인)

제안이유 및 주요내용

현행법에 따라 헌법재판소는 위헌법률심판·탄핵심판·정당해산심판·권한쟁의심판·헌법소원심판을 관장하고, 이를 위하여 대통령은 9인의 헌법재판관을 임명하되, 3인은 국회에서, 3인은 대법원장이 지명하는 사람을 임명하도록 규정하고 있음.

그런데, 대통령은 현행법에 따라 헌법재판관을 임명하도록 되어 있음에도 불구하고 정당한 사유 없이 임명을 거부하거나 지연시키며 헌법재판소가 제 기능을 하지 못하도록 방해하는 사례들이 발생하고 있으며, 헌법재판소가 권한쟁의심판 등에 대하여 결정을 한 때에 피청구인은 결정 취지에 따른 처분을 하여야 한다고 명시하고 있음에도 불구하고 처분을 하지 않는 등의 사례들도 발생하고 있음. 이는 행정부를 비롯하여 현행법상 피청구인의 직무유기에 해당하는 것으로서 헌법재판소가 제 기능을 제대로 하고, 헌법재판소의 결정에 따른 처분이 거부·지연되지 않도록 제도적 개선이 시급한 상황임.

이에 재판관을 임명함에 있어 대통령은 국회 선출일 또는 대법원장의 지명일로부터 7일 이내에 재판관을 임명하고, 7일이 경과했음에도 불구하고 임명되지 아니한 때에는 국회 선출일 또는 대법원장의 지명일부터 7일이 경과한 때에 재판관을 임명한 것으로 간주하며, 임기가 만료되거나 정년이 도래한 재판관의 후임자가 임명되지 아니한 경우에는 그 후임자가 임명될 때까지 계속해서 그 직무를 수행하도록 함.

또한 권한쟁의심판 및 헌법소원심판에 대한 헌법재판소의 결정에 있어 피청구인은 헌법재판소의 결정 취지에 따른 처분을 헌법재판소의 결정일로부터 7일 이내에 하도록 하고, 정당한 사유 없이 재판관 임명을 방해·거부·지연시키거나 헌법재판소의 결정에 대한 처분을 하지 않는 경우 3년 이하의 유기징역에 처하도록 하려는 것임(안 제6조 등)

법률 제   호

헌법재판소법 일부개정법률안

헌법재판소법 일부를 다음과 같이 개정한다.

제6조제1항 후단 중 "임명한다"를 "임명하여야 한다"로 하고, 같은 조 제2항부터 제5항까지를 각각 제3항부터 제6항까지로 하며, 같은 조에 제2항을 다음과 같이 신설한다.

② 대통령은 제1항에 따라 국회에서 선출 또는 대법원장이 지명한 사람에 대하여 정당한 사유 없이 임명을 거부하거나 지연시켜서는 아니 된다. 이 경우 대통령은 국회 선출일 또는 대법원장의 지명일로부터 7일 이내에 재판관을 임명하여야 하며, 7일이 경과했음에도 불구하고 임명되지 아니한 때에는 국회 선출일 또는 대법원장의 지명일부터 7일이 경과한 때에 재판관을 임명한 것으로 간주한다.

제7조에 제3항을 다음과 같이 신설한다.

③ 제1항 및 제2항에도 불구하고 임기가 만료되거나 정년이 도래한 재판관의 후임자가 임명되지 아니한 경우에는 그 후임자가 임명될 때까지 계속해서 그 직무를 수행한다.

제66조제2항 중 "하여야"를 "헌법재판소가 결정한 날로부터 7일 이내에 하여야"로 한다.

제75조제4항 중 "하여야"를 "헌법재판소가 결정한 날로부터 7일 이내

에 하여야"로 한다.

제80조를 다음과 같이 신설한다.

제80조(직무유기) 다음 각 호의 어느 하나에 해당하는 자는 3년 이하
의 유기징역에 처한다.

  1. 정당한 사유 없이 제6조에 따른 재판관 임명을 방해·거부하거나
  고의로 지연시킨 자

  2. 제66조제2항 또는 제75조제4항을 위반하여 처분을 하지 아니한
  자

부   칙

제1조(시행일) 이 법은 공포 후 3개월이 경과한 날부터 시행한다.

제2조(재판관의 임명에 관한 적용례) 제6조의 개정규정은 이 법 시행
당시 제6조에 따라 국회에서 선출하거나 대법원장이 지명하여 인사
청문을 마쳤으나 대통령이 임명하지 않은 재판관에 대하여도 적용
한다.

제3조(직무유기에 관한 적용례) 제80조의 개정규정은 이 법 시행 당시
제66조 또는 제75조에 따라 헌법재판소가 결정하였으나 피청구인이
결정 취지에 따른 처분을 하지 아니한 사건에 대하여도 적용한다.

현 행	개 정 안
제6조(재판관의 임명) ① 재판관은 대통령이 임명한다. 이 경우 재판관 중 3명은 국회에서 선출하는 사람을, 3명은 대법원장이 지명하는 사람을 <u>임명한다</u>.	제6조(재판관의 임명) ① --------------------------------. --<u>임명하여야 한다</u>.
<신 설>	② <u>대통령은 제1항에 따라 국회에서 선출 또는 대법원장이 지명한 사람에 대하여 정당한 사유 없이 임명을 거부하거나 지연시켜서는 아니 된다. 이 경우 대통령은 국회 선출일 또는 대법원장의 지명일로부터 7일 이내에 재판관을 임명하여야 하며, 7일이 경과했음에도 불구하고 임명되지 아니한 때에는 국회 선출일 또는 대법원장의 지명일부터 7일이 경과한 때에 재판관을 임명한 것으로 간주한다.</u>
<u>②</u> ~ <u>⑤</u> (생 략)	<u>③</u> ~ <u>⑥</u> (현행 제2항부터 제5항까지와 같음)
제7조(재판관의 임기) ① · ②	제7조(재판관의 임기) ① · ②

(생 략)	(현행과 같음)
<신 설>	③ <u>제1항 및 제2항에도 불구하고 임기가 만료되거나 정년이 도래한 재판관의 후임자가 임명되지 아니한 경우에는 그 후임자가 임명될 때까지 계속해서 그 직무를 수행한다.</u>
제66조(결정의 내용) ① (생 략)	제66조(결정의 내용) ① (현행과 같음)
② 제1항의 경우에 헌법재판소는 권한침해의 원인이 된 피청구인의 처분을 취소하거나 그 무효를 확인할 수 있고, 헌법재판소가 부작위에 대한 심판청구를 인용하는 결정을 한 때에는 피청구인은 결정 취지에 따른 처분을 <u>하여야</u> 한다.	② ---<u>헌법재판소가 결정한 날로부터 7일 이내에 하여야</u>-----.
제75조(인용결정) ① ~ ③ (생 략)	제75조(인용결정) ① ~ ③ (현행과 같음)
④ 헌법재판소가 공권력의 불행사에 대한 헌법소원을 인용하는 결정을 한 때에는 피청구인은 결정 취지에 따라 새로운 처분을 <u>하여야</u> 한다.	④ ---<u>헌법재판소가 결정한 날</u>

⑤ ~ ⑧ (생 략) <신 설>	로부터 7일 이내에 하여야---- -. ⑤ ~ ⑧ (현행과 같음) 제80조(직무유기) 다음 각 호의 어느 하나에 해당하는 자는 3년 이하의 유기징역에 처한다. 1. 정당한 사유 없이 제6조에 따른 재판관 임명을 방해·거부하거나 고의로 지연시킨 자 2. 제66조제2항 또는 제75조제4항을 위반하여 처분을 하지 아니한 자

뉴데일리는 단독 보도를 통해 '남평 문씨' 족보를 입수했다며, 문재인 전 대통령과 문형배 헌법재판관이 같은 남평 문씨이기 때문에 '집안 사람'이라고 주장했습니다. 그러면서 문형배 재판관이 문재인 정부 당시 임명된 것은 '같은 집안'이기 때문이라는 뉘앙스를 강하게 드러내고 있습니다. 이는 권성동 의원이 문형배 재판관이 이재명 대표의 모친상에 조문하고 조의금까지 전달했다며 친분이 깊다는 허위 사실을 퍼트렸던 사건이 연상됩니다. 이번에는 족보까지 끌어와 '집안 사람이라'고위직을 받았다'는 식의 억지 보도를 하고 있는 셈입니다. 현재 대한민국에 남평 문씨는 44만 명이 넘습니다. 이 논리대로라면 이들 모두는 고위직에 오르면 안 된다는 말입니까? 단지 같은 성씨라는 이유로 억지로 사적 인연을 만들어내고, 정당한 인사권 행사마저 왜곡하는 것은 매우 위험한 접근입니다. 언론이라면 본질을 꿰뚫고, 사실과 근거에 입각한 보도를 해야 합니다. 상상에 가까운 주장을 기사로 포장해 내보낸 뉴데일리의 이번 보도에 깊은 유감을 표하며, 향후에는 책임 있는 자세로 정확하고 신뢰할 수 있는 보도를 해주시길 강력히 요구합니다.

– 더불어민주당 팩트체크넷 민주파출소, 4월 2일 일일브리핑

최고위원회-탄탄대로 연석회의 모두발언

2025.04.02.(수) 09:30 본관224호

– 김선민 위원장

조국혁신당 대표 권한대행 김선민입니다.

헌법재판소의 윤석열 탄핵 사건 선고일이 잡혔습니다. 국민이 애타게 기다리던 순간이 다가옵니다. 8대 0 전원 일치로 파면 결정이 내려질 것으로 믿습니다. 하지만, 끝날 때까지 끝난 것이 아닙니다. 마지막까지 최선을 다해야 합니다.

재판이 진행되는 동안 법조계 인사들은 한결같이 말했습니다. "법관을 했다면 기각이나 각하 결정문을 쓰지 못할 것"이라고 입을 모았습니다. 법관의 직업적 양심을 아무리 하한선 밑으로 잡아도 결국 인용으로 결론 날 것이라는 말이었습니다.

온 국민이 생중계로 지켜본 친위 쿠데타, 자신들 언행을 제대로 소명도 못 한 내란 세력에게 잘못이 없다고 도저히 주장하기 힘들다는 것입니다. 하지만 우리는 재판 과정, 법정 밖 공방에서 하한선을 수시로 넘나드는 법조인들을 봐왔습니다. 이들은 여전히 윤석열 탄핵 기각을 주장합니다.

그들은 이렇게 말합니다. "계엄이 위헌적이고 위법함은 명백하나, 파면할 중대성이 없다," "계엄을 선언했지만, 아무 일도 일어나지 않아 피해가 없다," "윤석열에 대한 국민 신임은 비상계엄 선포 전보다 올라갔다," "계엄이 잘못되었기는 하나, 부정선거 때문에 어쩔 수 없었다," 물론, 터무니 없는 말입니다. 평온한 대한민국에 국무회의도 없이 비상계엄을 선포하고, 정치, 집회, 결사 자유를 위법하게 제한한 포고령 1호, 군경을 동원한 국회활동 방해, 군을 동원한 영장없이 중앙선관위 압수수색, 정치인과 판사 등 주요 인사 체포 지시 등 온갖 위헌, 위법적 행위를 저질렀습니다.

그런데 저 윤석열 측 주장, 어디서 많이 들어보셨을 것입니다. 바로 전두환, 노태우 수사 때 검찰 논리입니다. 당시 검찰은 "성공한 쿠데타는 처벌하지 못 한다"고 했습니다. "명백한 군사 반란이지만, 이들을 기소하면 불필요한 국력을 소모할 우려가 있다"고도 했습니다. 영화 〈서울의 봄〉에도 등장합니다. 주인공 전두광은 "실패하면 반역, 성공하면 혁명 아닙니까?"라고 말했습니다.

이처럼 군사독재 정권과 검찰 독재 정권은 이란성 쌍둥이입니다. 결과만이 중요하고, 범죄 여부는 자신들이 결정한다는 인식입니다. 그게 현재 윤석열 정권을 만들고 지탱해 왔습니다.

세상일은 그렇게 악인들의 뜻대로만 흘러가지 않습니다. 대한민국은 5.18 특별법을 만들었고, 이들을 처벌했습니다. 헌법재판소의 윤석열 선고가 중요한 이유입니다.

자기 파멸적인 친위쿠데타를 한 윤석열과 잔당에게 반드시 법의 철퇴가 내려져야 합니다. "죄를 지으면 반드시 벌을 받는다"는 말이 전래동화에만 나오는 문구여서는 안 됩니다. 이 시대를 사는 모든 이들이 당연히 받아들이는 공리(公理)여야 합니다. 그렇기에 헌재는 8대 0으로 윤석열 파면을 결정해야 합니다. 감사합니다.

– 황운하 부위원장

윤석열의 전원일치 파면을 확신합니다. 이제 내란수괴는 감옥으로, 국민들은 일상으로 돌아갈 일만 남았습니다.

윤석열은 망상에 빠져 비상계엄을 선포하고 역사의 수레바퀴를 거꾸로 돌려서 영구독재를 꿈꿨지만 당랑거철(螳螂拒轍)의 무모함으로 그 종말을 앞두고 있습니다.

이제 탄핵 이후 자연인 윤석열에게는 법의 준엄한 심판만 남았습니다. 헌재에서의 윤석열 파면 결정과 무관하게 이제 국회는 해야 할 일을 해야 합니다. 한덕수와 최상목은 탄핵된 대통령의 권한대행이라는 소극적인 지위를 망각하고, 적극적 의사결정으로 비상시국 국회의 의결 사항을 수도 없이 되돌려 보냈습니다.

이들의 내란 수습 방해로 대한민국은 침몰 직전 상황까지 갔습니다. 김건희 특검, 명태균 특검 그리고 내란특검까지 모두 거부권을 행사했습니다. 윤석열 체포영장 집행과정에서는 공무집행방해를 방조했고, 헌재 재판관 선별임명이라는 용납될 수 없는 작태를 보였습니다.

윤석열이 탄핵 된다고 해서 이들의 책임이 없어지는 것이 아닙니다. 편파적 정치 행위, 또 불법을 자행한 저들에게 관용은 없습니다. 훗날 역사적 기록을 위해 단호히 응징해야 됩니다. 이들의 행태에 비추어 볼 때 조기 대선이 치러질 경우 이들이 공정한 대선관리를 할 것이라고 기대할 수 없습니다. 탄핵으로 파면하고 형사적 책임도 물어야 합니다.

내란의 불씨부터 완벽하게 진압해야 합니다. 내란 잔당들이 발호하지 못하도록 국회가 이들을 견제해야 합니다.

이상입니다.

지금이라도 방향 전환을 하면 좋겠는데 얼마 안 되는 추경조차도 굳이 못하겠다고 하고 있고, 또 이렇게 어려운 와중에도 소위 '정쟁'을 하고 있습니다. 사실 산불 예산은 지금 당장 국회 의결 없이 쓸 수 있는 것만 해도 제가 계산해 보니까 약 3조 5,600억이죠. 3조 5,600억은 지금 당장 그냥 정부가 결정해서 쓰면 됩니다. 그런데 산불 재난 극복에 예산이 없어서 못하는 것처럼 거짓말을 하면서 산불 재난 관련된 추경을 10조 원을 하겠다고 이야기를 하고 있어요. 거짓말이죠. 그러나 진짜로 어려운 민생 현장에 대해서는 특별한 관심도 갖지 않고 있는 것이 참으로 안타깝습니다. 물론 저희도 책임이 있습니다. 저희가 그 문제를 다 완벽하게 해결하지 못한 잘못이 있죠. 그리고 지금 체감하시겠지만 경제라고 하는 것이 안정성, 예측 가능성, 합리성이 생명인데, 작년 12월 3일 소위 '군사 쿠데타' 시도로 인해 이 사회가 온통 불안정 상태로 빠져들었고, 전 세계에서 우리 기업들이 활동할 때도 계약을 하지 않는다고 합니다. MOU를 하지 않고 계약 체결을 계속 미룬다고 해요. 당연하죠. 상대 입장에서 보면 저 나라가 앞으로 어떻게 될지 모르는데 무슨 약속을 하겠습니까? 소상공인 여러분, 특히 일선에서는 매출이 현격하게 줄어들고 있다고 합니다. 참 큰일이죠. 모두가 힘을 합쳐 이 위기를 극복하면 좋겠고, 이런 일시적 상황 문제가 아니라 구조적으로 대한민국의 소상공인들 숫자가 워낙 많은데, 이 문제에 대해서도 우리가 근본적으로 함께 잘 사는 세상을 어떻게 만들 수 있을지 한번 같이 의논해 보면 좋겠습니다.

— 더불어민주당 대표 이재명, 4월 2일 소상공인연합회 민생경제 현장 간담회 모두발언

각 대변인 브리핑·서면브리핑·논평

– 윤재관 대변인 논평

■ 심우정 딸 특혜채용의혹, 강제수사 착수 전에 외교부와 법무부는 즉각 감찰에 나서야

심우정 검찰총장의 딸 외교부 특혜채용 의혹이 눈덩이처럼 불어나고 있습니다. 언론보도에 따르면, 지난 2월 외교부 공무직 연구원 응시 때 '연구 보조원'으로 써낸 경력이 사실은 '석사연구생'이었던 것으로 밝혀졌습니다.

법꾸라지들이 내란수괴와 공범들의 단죄를 사생결단으로 방해했던 것처럼, 특혜채용 기술자들이 검찰총장 딸을 묻지도 따지지도 않고 합격시키기 위해 서류조작과 묵인을 공모해 공정한 채용을 방해했을 개연성이 큽니다. 사전 모의에 의한 경력 조작일 가능성이 높아졌습니다. 공무집행을 부당하게 방해한 자가 분명 존재함이 드러난 것입니다.

통상적으로 최고위층 자식에 대한 특혜채용을 심우정 검찰총장, 조태용 외교장관이 전혀 모른 채 실무진이 자발적으로 처리했을 가능성은 사실상 없다고 판단하는 것이 상식입니다.

강제수사가 반드시 필요합니다. 검찰총장이 연루된 사건이기에 검찰이 수사에 개입하는 것은 적절치 않습니다. 결국 특검이 가장 적합한 수사방법입니다. 경찰이 수사하면 검찰이 방해할 것이 자명하고, 검찰은 스스로 수사하지 않을 것이며, 공수처는 즉각 수사인력 투입이 사실상 어렵기 때문에 더욱 그렇습니다. 조국혁신당은 검찰총장 딸 특혜채용 의혹의 진실을 낱낱이 밝혀내기 위한 구체적이고 가장 효과적인 행동에 나설 계획입니다.

강제수사 방식이 결정되기까지는 시일이 걸립니다. 따라서 강제수사가 시작되기 전에 외교부와 법무부는 강도 높은 내부 감찰을 실시해 스스로 썩은 고름을 짜낼 의지가 있는지 국민 앞에 검증받아야 합니다.

검찰총장에 대한 감찰권은 법무부 장관에게 있습니다. 외교부, 법무부가 사안의 중대성에도 불구하고 감찰을 하지 않는다면 직무유기로 법적 처벌을 받을 수 있음을 명심해야 할 것입니다.

■ 조국혁신당은 위대한 주권자 국민의 뜻을 더욱 겸허히 받들겠습니다

4.2 재보궐선거가 막을 내리고 있습니다. 조국혁신당은 두 번째 지역구 도전에서 지방 자치 발전을 위한 첫걸음을 뗐습니다. 전남 담양군의 발전을 위해 일할 기회를 주신 군민 여러분께 고개 숙여 감사드립니다.

정철원 당선자가 무거운 책임감을 느끼고 지방 자치 현장에서 실력으로 보답할 수 있도록 조국혁신당이 함께 뛰고, 또 뛰겠습니다. 함께 경쟁했던 이재종 후보에게도 박수를 보냅니다.

이번 담양군수 선거 결과는 윤석열 독재정권에 맞서 어려운 조건에서도 제일 앞에서 싸웠던 조국혁신당에 대한 격려이자 정치혁신을 위해 최선을 다하라는 국민의 준엄한 명령입니다. 조국혁신당은 추상과 같은 국민의 명령을 받들기 위해 더욱 분골쇄신하겠습니다. 국민 속으로 더욱 낮게 임할 수 있도록 당의 풀뿌리 조직을 다져 조국혁신당에 부여해주신 역사적 소임을 다하도록 최선을 다하겠습니다.

조국혁신당에 아낌없는 성원과 질책을 보내주신 국민 여러분께 다시 한번 감사드립니다. 국민의 삶과 대한민국의 번영을 위한 조국혁신당의 도전에 변함없는 관심 부탁드립니다. 위대한 주권자 국민의 뜻을 더욱 겸허히 받드는 정당이 되겠습니다. 마음을 다해 일하겠습니다. 거듭 감사드립니다.

– 한가선 청년대변인 논평

■ 헌재 위증으로 대한민국을 능멸한 내란세력은 죄를 달게 받길 바란다

12.3 비상계엄 당시 한 취재기자가 707특수임무단의 케이블타이에 의해 포박되었던 영상이 공개되었습니다. 김현태 전 707특임단장이 국회 문을 잠그기 위해 준비했다고 헌법재판소에서 증언했던 바로 그 케이블타이입니다. 물론 거짓 위증이었습니다. 대부분의 입구가 자동문 또는 회전문으로 이뤄진 국회 본청을 수갑형 케이블 타이로 봉쇄하는 것은 불가능하기 때문입니다.

윤석열은 그간 '내란 실패'를 '계몽령인 척' 축소 둔갑시키고자 "일반 시민들은 단 한 명의 피해도 발생하지 않았다"고 주장해왔습니다. 이번에 공개된 영상은 윤석열의 이러한 주장을 정면으로 반박하는 증거입니다. 포박되었던 기자는 '모든 언론은 계엄군의 통제를 받는다', '위반자에 대해서는 처단한다'고 선포된 당시 포고령 내용을 알고있었기에 "생명의 위기를 느꼈다"고 합니다. 게다가 핸드폰을 빼앗긴 채 영상을 삭제 당했기 때문에 엄연한 사유재산권 침해이기도 합니다.

간 큰 내란 세력은 어쩌면 일반 시민들이 느꼈을 '공포감'이나 '사유재산권 침해' 따위는 피해로 쳐주지 않는지도 모릅니다. 그들은 주요 정치인, 언론인 등 500여 명을 체포, 수감, 사살, 유기할 계획까지 세웠던 극악무도한 자들이기 때문입니다. 그러니 단 한 명의 피해도 없었다고 뻔뻔하게 주장했는지도 모릅니다. 시체가 없는데 피해가 왠말이냐고 생각했다면 싸이코패스인 것이고, 이러한 사실을 알고도 그렇게 주장했다면 헌법재판소에서의 위증입니다. 위증도 명백한 범죄입니다.

이러한 자들을 대한민국 사회에서 완전히 격리시킬지, 다시 국가를 운영할 수 있도록 복귀시킬지, 그 첫 판가름이 4월 4일에 이뤄집니다. 대한민국의 안정과 안전을 위하여, 헌재가 윤석열 탄핵을 8대0으로 인용할 것이라 믿습니다.

내란공범 한덕수 권한대행이 헌법재판소의 결정을 냉정하게 받아들이라고 했답니다. 그야말로 내로남불의 전형입니다. 그럼 마은혁 헌법재판관은 왜 임명하지 않습니까? 헌법재판소의 어떤 결정은 승복해야 하고, 어떤 결정은 승복하지 않아도 된다는 말입니까? 한덕수 권한대행이 어떤 사람입니까? 한덕수 권한대행은 12.3 내란사태 이후, 대한민국의 명운을 좌우했던 그 순간에 대해 국민 앞에 나와 '기억나지 않는다', '모른다'는 변명만 반복했던 사람입니다. 심지어 비상계엄이 해제되고 이틀이 지난 뒤에도 대통령이 요구하는 계엄문건에 사인까지 해주었던 공범입니다. (…) 특히 헌법재판소의 윤석열 탄핵 심판 선고를 앞둔 지금, 한덕수 권한대행 탄핵은 더 이상 미뤄서는 안 될 중요한 과제입니다. 12.3 내란사태에 부역하며 헌법과 법률을 짓밟은 자가, 헌법재판소의 위헌 결정에 불복하며 마은혁 재판관을 임명하지 않는 자가 윤석열 파면 결정에 순순히 승복하고 헌정질서 수호의 의지를 보이겠습니까? 국민 그 누구도 확신할 수 없는 일입니다. 심지어 그는 문형배, 이미선 재판관의 임기가 종료되는 4월 19일, 국정안정의 안정성 등을 운운하며, 본인의 입맛에 맞는 헌법재판관 임명을 강행할 수도 있는 사람 아니겠습니까. (…) 헌법재판소의 선고 기일이 미뤄졌던 것이 정의가 아니듯, 민주공화국을 지켜내기 위해 국민의 대표자인 국회가 해야 할 일을 해야 할 때에 하지 않는 것 또한 정의가 아닙니다. 더 이상 우리 국회가 반드시 해야 할 일 앞에 머뭇거리지 맙시다. 지금은 최상목 부총리 탄핵 앞에서 멈출 때가 아니라, 한덕수 권한대행 탄핵까지 결단할 때입니다.

— 기본소득당 대표 용혜인, 4월 2일 입장문

'파면 농성단',
"헌재가 시민들의 간절한 요구 만장일치 파면 선고로 받아야!"

– 2일, 만장일치 파면 기원! 진보당 릴레이 108배 및 현수막 시위 진행해

진보당 '파면 투쟁단'은 2일 정오에 헌재에 간절한 마음을 전하고자 〈만장일치 파면 기원! 진보당 릴레이 108배 및 현수막 시위〉를 진행했습니다.

농성 8일째인 진보당 '파면 투쟁단'은 어제(4월 1일)부터 '헌재를 포위하라! 윤석열을 파면하라! 24시간 철야 집중행동'에 참여 중입니다. 특히 어제 헌법재판소에서 선고일을 4일(금) 11시로 통지한 상황에서 시민의 요구를 받아 헌재가 8대0 만장일치로 판결하도록 더 큰 규모로 농성을 이어가고 있습니다. 비상행동 철야 집중행동에 참여하는 300명의 '파면 투쟁단'은 마지막까지 시민들의 요구를 전하며 헌재 인근 열린송현공원 광장에서 헌재를 향해 108배를 릴레이로 진행했습니다.

김재연 상임대표는 "진보당은 사생결단의 마음으로 무기한 농성에 돌입했다. 농성 7일째날에 선고일이 통지되었다. 늦었지만 그나마 다행이다. 4월 4일 선고일까지 더 간절한 마음으로 할 수 있는 정성을 전해보려 한다"라고 밝혔습니다.

지켜보던 한 시민은 "이 정성이면 죽은 사람 소원도 들어줘야 한다. 헌재는 절박한 시민들의 요구를 받아야 한다"라고 말했습니다.

헌재에 시민들의 간절한 목소리를 전하는 릴레이 108배와 함께 서울 시민들이 통행하는 경복궁 광화문 인근에서 현수막 시위도 이어갔습니다.

김용연 서울시당 위원장은 "시민들의 반응을 보면, 만장일치 파면은 당연하다. 헌재는 좌고우면하지 말고, 8대0으로 파면을 선고하면 된다"라고 단호하고 말했습니다.

성폭행 혐의로 경찰 수사를 받던 장제원 전 국민의힘 의원이 숨진 채 발견되었습니다. 그간 '사실무근'이라 주장해왔으나, 공개된 영상과 자료, 증거들로 대부분 거짓임이 확인된 마당입니다. 그의 사망에 따라 이번 사건은 '공소권 없음'으로 수사가 종결될 전망입니다. "자살이 명예로운 죽음으로 포장되고 모든 것의 면죄부인 것처럼 여겨지는 분위기는 지양해야 한다"는, 5년 전 박원순 전 서울시장의 죽음 앞에 나종호 미국 예일대 정신의학과 조교수가 썼던 글을 다시 기억합니다. 그 어떤 범죄도, 가해자의 죽음이 면죄부가 될 수는 없습니다. '죽음으로 업보를 감당했다'는 등 추모를 빙자한 그 모든 2차 가해들도 즉각 중단되어야 합니다. 게다가 언론에 보도된 유서대로라면 장제원은 가족에게는 사과의 뜻을 전하면서 피해자와 사건 관련해서는 아무 말도 남기지 않은 것으로 알려졌습니다. 침묵으로, 가장 무책임한 방식으로 자신의 범죄와 피해자를 방치한 셈입니다. 가해자의 죽음 앞에, 다시 커다란 충격과 고통 속에 놓였을 피해자의 곁에 굳건히 서겠습니다.

– 진보당 수석대변인 홍성규, 4월 2일 서면브리핑

정혜경 의원 경찰폭력 고소장 접수, 국회의원 83명 서명 함께 제출

진보당 정혜경 의원은 4월 2일(수) 오전 11시 서울중앙지방검찰청에 3월 26일 광화문 농성장에서 있었던 경찰 폭력에 대한 고소장을 접수했습니다.

피고소인은 1. 박현수 서울경찰청장 직무대리 2. 공경현 서울종로결찰서장 3. 서울종로경찰서 경비과장 4. 현장 출동 기동대장 및 기동대원들이며 직권남용권리행사방해, 독직폭행, 집회방해, 경찰관직무집행법위반 등으로 고소했습니다.

정혜경 의원은 "이 사안은 개인에 대한 폭력을 넘어 헌법과 국민 기본권에 대한 침해다. 경찰이 국회의원에게도 이러는데 국민을 대하는 태도, 노동자와 사회적 약자를 대하는 태도는 어떻겠는가?"라고 고소이유를 밝혔습니다.

당시 광화문에 함께 있었던 신지연 전국여성농민회총연맹 사무처장은 "정혜경 의원과 함께 앉아있는데, 경찰들이 무전으로 '치워버려' '던져버려'라고 이야기하며 수차례 끌어내 내동댕이치는 것을 목격했다. 경찰의 이런 폭력에 대해 철저하게 수사해야 한다"고 밝혔습니다.

정혜경 의원은 검찰의 엄정수사를 촉구하는 국회의원 서명을 함께 제출했습니다. 서명에는 이학영 국회부의장을 비롯한 80명의 국회의원이 동참했습니다.

정혜경 의원은 4월 3일(목) 오후 1시 40분 국회에서 야당 의원 공동으로 기자회견을 개최하고, 국회의원에 대한 과잉 진압을 규탄하고 책임자 처벌을 요구할 예정입니다.

○ 참고 : 검찰 엄정수사 촉구 서명 의원 명단 (4월 2일 현재 총 83명)

더불어민주당: 강득구, 강유정, 강준현, 고민정, 권향엽, 김기표, 김남근, 김남희, 김병기, 김승원, 김영호, 김용만, 김용민, 김윤,

김주영, 김준혁, 김태선, 김현, 남인순, 문진석, 민병덕, 박수현,
박정, 박정현, 박주민, 박지혜, 박홍배, 박해철, 백승아, 복기왕,
부승찬, 서미화, 소병훈, 손명수, 송옥주, 염태영, 안호영, 양문석,
위성곤, 윤종군, 윤준병, 이개호, 이기헌, 이병진, 이수진, 이용선,
이용우, 이원택, 이재강, 이재정, 이정문, 이학영, 이해식, 임미애,
임호선, 장종태, 전재수, 정을호, 정진욱, 조계원, 주철현, 진성준,
채현일, 한정애, 허성무, 허영, 허종식

조국혁신당: 강경숙, 김재원, 김준형, 박은정, 백선희, 서왕진,
신장식, 이해민, 정춘생, 차규근

진보당: 윤종오, 전종덕

기본소득당: 용혜인

사회민주당: 한창민

무소속: 김종민

홍성규 수석대변인 브리핑

■ 내란획책 120일째, 8:0 만장일치 파면만이 민주주의 지키는 유일한 길!

□ 일시 : 2025년 4월 2일(수) 오전 10시 15분
□ 장소 : 국회 소통관

내란획책 120일째, 수괴 윤석열 국회탄핵 109일째, 체포 77일째, 내란수괴가 탈옥하여 유유히 거리를 활보하게 된 지 오늘로 25일째를 맞습니다.

"8:0" 어젯밤 9시부터, 비상행동 범시민대회를 마친 우리 시민들이 헌재 앞까지 걸어가 그 자리에 눌러앉은 후, 여전히 아침저녁으로 찬바람이 쌩쌩 부는 날씨에도 밤을 꼬박 새운 채, 지금까지 무려 13시간 동안 쉼 없이 외치고 있는 구호입니다. 8:0 전원일치 윤석열 파면! 이제 이것은 절박하고 시급한 호소를 넘어, 민주공화국 대한민국의 유일한 주권자 우리 국민들의 지엄한 명령입니다.

헌정질서와 민주주의를 지켜야 할 막중한 책무를 지닌 헌재가 이 시대의 요구에, 국민의 명령에 절대로 어긋남이 없을 것이라 추호도 의심하지 않습니다. '내란수괴 윤석열 즉각 파면'을 촉구하는 진보당의 무기한 노숙농성은 오늘로 8일째를 맞습니다.

어제 헌재의 파면일 지정으로 전국 곳곳에서 더욱 늘어난 진보당 '파면 투쟁단'은 헌재 앞 철야농성에 이어 오늘 12시부터 저녁까지 계속 이어지는 릴레이 108배를 진행합니다. 진보당은 파면 선고까지, 헌법재판소 앞에서 단 한발자욱도 움직이지 않을 것입니다.

분노로 활활 타오른 기다림이, 확신의 눈빛으로 헌재를 주시하고 있습니다. 오는 4월 4일 11시, 참담하고 끔찍했던 내란획책 122일 만에 대한민국의 헌정질서와 민주주의가 다시 세워질 것이라 믿어 의심치 않습니다.

■ 기자 묶으려던 케이블타이, 윤석열의 손목으로 그대로 되돌아갈 것!

끔찍하고 참담한 12.3 내란사태에 더하여, 우리 국민들에게 더한 분노를 안겼던 것은 바로, 그야말로 파렴치하고 천연덕스러운 내란수괴 윤석열의 끝이 보이지 않는 거짓말 퍼레이드였습니다.

12월 3일 그날 밤 국회에 난입했던 계엄군이 현장을 취재하던 기자를 케이블타이로 포박하려던 장면이 그대로 국회 CCTV에 잡혔습니다. 해당 기자가 강하게 저항하여 실패했으나 계엄군은 강탈한 휴대전화에서 영상을 삭제한 후 돌려줬고, 이후 해당 기자는 관련 계엄군을 고소하여 고소인 신분으로 국회에서 CCTV 영상을 확보할 수 있었습니다.

아직도 모골이 송연한 "일반 시민들은 단 한 명의 피해도 발생하지 않았지 않느냐!"던 내란수괴의 뻔뻔한 발뺌, "케이블타이는 국회 문을 잠그려고 한 것"이라던 김현태 전 707특임단장의 어처구니없는 오리발도, 이로써 모두 다 새빨간 거짓말임이 거듭 확인되었습니다.

더 이상 조금도 놀랍거나 새롭지도 않습니다. 지난 넉 달 동안 꼬박 겪어왔던 내란수괴 윤석열의, 그리고 그의 졸개들의, 내란정당 국민의힘의 끝없는 거짓말 퍼레이드의 일부분일 뿐입니다. 오히려 이런 상황에서도, 헌재의 파면 선고가 전원일치가 아니라면 그것이 진짜로 놀라운 일일 것입니다. 온 국민이 실시간으로 지켜본 위헌위법의 현장에 대하여 탄핵 사유가 아니라고 주장하는 헌법재판관이 존재한다면, 그야말로 '가상현실' 아니겠습니까? 절대로, 조금도 용납할 수 없습니다.

기자를 묶으려던 그 케이블타이는, 그대로 윤석열의 손목으로 되돌아가 파면은 물론 엄히 그 죄를 묻게 될 것입니다.

헌법재판소가 4월 4일, 11시로 선고기일을 확정했습니다. 그동안 새까맣게 마음 태운걸 생각하면 화가 나지만, 이제라도 확정된 것을 다행으로 생각합니다. 12.3 내란의 밤으로부터 넉달이 흘렀습니다. 겨울에서 봄으로 이어지는 동안, 수많은 평범한 시민들이 생업을 희생하며, 거리와 광장에서 목이 터져라 내란수괴 윤석열의 탄핵과 파면을 외쳤습니다. 그간의 정신적,육체적 고통은 말할 것도 없고, 국가적으로도 엄청난 경제적 손실을 입었습니다. [내란 100일의 대가] 보고서에 의하면, 주가는 시가총액 144조가 증발해버렸고, 환율은 금융위기 이후 최대치인 2,9%가 치솟았습니다. 내수시장은 급격히 위축되어, 자영업자들의 줄폐업이 이어졌고, 세수는 31조 넘게 펑크가 났습니다. 윤석열이 긁은 내란의 비용을 메꾸려면, 5100만 국민이 꽤 오랜 기간, 경제적 고통을 감내해야만 할 것입니다. 분명한 것은, 헌재가 선고기일을 확정하는 그 순간, 주가는 다시 올랐고, 환율은 내렸습니다. 무엇이 옳은지는 세상이 먼저 아는 법입니다. 온 국민이 생중계로 지켜본 12.3 윤석열의 친위쿠데타가 절차적으로나 내용적으로도 위헌, 위법하다는 사실은 국민 모두가 알고 있습니다. 우리는 세상이 다 알고, 너무나 명백히 드러난 내란 사실을 헌법재판관들이 모를것이라고 생각하지 않습니다. 그럼에도 불구하고, 평범한 시민들의 법상식과 반대되는 선고가 내려진다면, 국민들은 당신들을 더 이상 헌법의 수호자가 아닌, 민주주의를 파괴하는 내란 동조범으로 규정하고, 전 국민적 항쟁을 전개해 나갈 것입니다. 역사에서 주권자 시민의 뜻을 거스르는 권력은 반드시 심판을 받았습니다. 올해는 을사년입니다. 120년전, 나라를 망국으로 밀어넣은 을사오적을 우리는 기억합니다. 우리의 후대들이 당신들을 그렇게 기억하지 않도록, 올바른 판결을 내릴것을 주권자의 이름으로, 강력히 촉구합니다.

– 기본소득당 최고위원 이승석, 4월 2일 기자회견 발언문

2025년 4월 3일

동백꽃이 묻는다

1948년 10월, 이승만은 제주에 계엄령을 포고했다. 이승만은 치안유지와 사상검열이라는 미명으로 수많은 제주 시민들을 불순한 분자로 몰아 학살했다. 해방 이후의 정세와 맞물려 이승만의 '빨갱이 사냥'은 국민의 목숨을 무참히 빼앗을 논리로 둔갑했다. 2024년 12월, 윤석열의 계엄에서 똑같은 논리가 등장했다. 반국가세력을 척결한다는 궤변을 내세우며 국민에게 총부리를 겨눈 윤석열, "빨갱이가 죽든지, 내가 죽든지 끝을 보겠습니다!"라는 극단적 혐오로 추동된 서부지방법원 폭동, 2,3차 내란을 유도하는 극우 파시즘과 거기에 비굴하게 편승한 국민의힘 의원들까지. 비극적인 두 역사의 유사성은 제주 4·3이 여전히 살아 숨쉬는 실체적 과정이라고 증명한다. (…) 제주 4·3을 기억하며, 다시 단단한 민주주의로 나아가자. 민주화를 향한 강렬한 열망이자 국가 폭력의 참혹한 역사, 제주 4·3을 기억하자. 윤석열은 12.3 비상계엄으로 국민에게 반국가 세력이라는 딱지를 붙이고, 마구잡이 학살을 자행해 온 역사적 트라우마를 답습했다. 여전히 작별하지 못한 제주 4.3의 아픔을 후벼 팠다. 77년이 흐른 지금, 어느 때보다도 무거운 책임으로 제주 4·3을 다시 마주해야 할 때이다. 내란수괴 윤석열 파면으로 제주 4·3이 남긴 우리의 책임을 다하자. 윤석열 파면은 끝이 아니라 새로운 시작이다. 제주 4·3으로 고통받은 이들과 함께, 민주주의를 지키기 위해 광장에 모인 이들과 함께 파면 너머로 나아가자. 제주 4·3을 기억하며 더 단단한 민주주의를 재건하자.

– 기본소득당 청년·대학생위원회, 4월 3일 서면브리핑

<table>
<tr><td>제423회국회
(임시회)</td><td style="text-align:center"># 여성가족위원회회의록
(청원심사소위원회)
(임시회의록)</td><td>제 1 호</td></tr>
</table>

국 회 사 무 처

일　시　2025년4월3일(목)

장　소　여성가족위원회소회의실

의사일정
1. 미군 위안부 기지촌에 대한 국가의 사과 촉구와 경기 동두천시 기지촌 성병관리소 철거 반대에 관한 청원(류가연 외 52,585인 국민동의로 제출)(청원번호 2200045)
2. 여성혐오 범죄에 대한 법적 정의 확대 및 성범죄 예방을 위한 법·제도 개선에 관한 청원(백선영 외 50,156인 국민동의로 제출)(청원번호 2200051)
3. 일본군 '위안부' 피해사실을 부정하고 피해자를 모욕하는 이들을 강력히 처벌할 수 있도록 법 개정 요청에 관한 청원(강경란 외 50,008인 국민동의로 제출)(청원번호 2200057)

상정된 안건

(09시37분 개의)

○**소위원장 서범수**　성원이 되었으므로 제423회 국회(임시회) 제1차 여성가족위원회 청원심사소위원회를 개회하겠습니다.

바쁘신 가운데 오늘 청원심사를 위해서 참석해 주신 위원님께 감사드립니다.

오늘은 우리 청원심사소위원회가 구성된 이후 처음 열리는 위원회 회의입니다. 첫 회의인 만큼 참석해 주신 위원님들 간단하게 통성명 내지는 인사라도 하시는 게 안 맞겠습니까?

서영교 위원님.

○**서영교 위원**　열심히 하겠습니다.

○**소위원장 서범수**　장철민 위원님.

○**장철민 위원**　저도 열심히 하겠습니다.

○**소위원장 서범수**　이달희 위원님.

○**이달희 위원**　최선을 다하겠습니다.

○**소위원장 서범수**　감사합니다.

○**서영교 위원**　청원소위를 여시다니 아주 의미 있는 날인 것 같습니다.

○**소위원장 서범수** 그렇지요. 지난번에는 안 열었다면서요?

○**서영교 위원** 예. 아니, 청원소위를 여는 예가 많지 않은데 정말 좋은 의견들이 왔고 그것을 우리 위원장님이 발현해서 참 의미있는 날인 것 같습니다.

○**소위원장 서범수** 항상 오픈되어 있습니다.

오늘 회의에서는 청원을 상정하여 수석전문위원의 설명과 정부 측 의견을 들은 후 위원님들의 질의와 답변을 거쳐 의결하는 방식으로 진행하도록 하겠습니다.

다만 의사일정 제1항 미군 위안부 기지촌에 대한 국가의 사과 촉구와 경기 동두천시 기지촌 성병관리소 철거 반대에 관한 청원은 이해관계인의 진술을 먼저 듣고 심사하도록 하겠습니다.

오늘 청원심사를 위해 신영숙 여성가족부차관께서 출석하셨습니다.

배석하고 계신 분이 답변을 하는 경우 원활한 회의 진행과 회의록 작성을 위하여 소속, 직위, 성함을 먼저 밝힌 후 답변하여 주시기 바랍니다.

그러면 심사에 들어가도록 하겠습니다.

청원심사 개요에 대해서 설명을 굳이 할 필요는 없지요. 이 부분은 넘어가겠습니다.

그리고 오늘 첫 회의니만큼 수석전문위원께서 청원소위 심사 절차 및 방법에 대해서 간략하게 설명해 주시기 바랍니다.

○**수석전문위원 이옥순** 목차 다음 페이지 청원의 심사절차 및 방법을 참고해 주시기 바랍니다.

나. 청원 의결 종류 및 절차입니다.

청원심사소위원회의 심사 결과는 다음 세 가지 유형 중 하나로 결정하실 수가 있습니다.

먼저 위원회는 청원 내용이 타당하여 처리를 촉구할 필요가 있는 경우에는 국회나 정부가 처리할 사항을 정리한 의견서를 첨부하여 의장에게 보고하고 본회의에 부의할 수도 있습니다.

두 번째로 청원의 취지가 이미 달성되었거나 실현 불가능한 경우 또는 취지의 타당성이 없는 경우에는 본회의에 부의하지 않는 것으로 의결할 수 있습니다.

마지막으로 장기간 심사를 요하거나 심도 있는 논의를 계속할 필요가 있는 경우에는 소위원회에서 계속 심사할 수 있습니다. 아울러 청원이 법안과 관련이 되어 있는 경우에는 법안심사소위원회로 회부하는 결정도 할 수 있습니다.

이상입니다.

○**소위원장 서범수** 수고하셨습니다.

---

1. 미군 위안부 기지촌에 대한 국가의 사과 촉구와 경기 동두천시 기지촌 성병관리소 철거 반대에 관한 청원(류가연 외 52,585인 국민동의로 제출)(청원번호 2200045)

(09시40분)

○**소위원장 서범수** 그러면 의사일정 제1항 미군 위안부 기지촌에 대한 국가의 사과 촉구와 경기 동두천시 기지촌 성병관리소 철거 반대에 관한 청원을 상정합니다.

심사에 앞서 이해관계인의 진술을 먼저 듣겠습니다.

진술 시간은 질의답변을 포함해서 한 10분 정도로 하겠습니다만 이 부분에 대해서는 조금 재량의 여지가 있으니까 위원님께서 그렇게 참고해 주시기 바랍니다.

먼저 기지촌 피해자 김은희 씨지요?

○**기지촌피해자 김은희** 예.

○**소위원장 서범수** 인사와 청원 내용에 대한 의견을 간략히 말씀해 주시기 바랍니다.

○**기지촌피해자 김은희** 안녕하세요?

저는 두레방에서 온 김은희라고 합니다.

저는 80년도에, 그러니까 제 나이 22살에 아들이 6개월이나 7개월 됐을 때 남편이 미군이었고 훈련을 가 가지고 우리 동네에 있는 분, 언니랑 동두천에 놀러 갔어요, 아기는 아줌마한테 맡겨 놓고. 그런데 놀러 갔는데 어떤 아저씨들이, 40대 넘은 분들이 저를 잡고 '검진증이나 뭐 있냐?'고 그래서 저는 검진증 같은 것은 없어 봐 가지고 '저 없다'고 그랬어요. 그러니까 차로 얼른 타라고 그러더라고요. 그래서 왜 그러나 하고 그랬어요. 그런데 저를 성병관리소에다가 집어넣은 거예요. 그때가 캄캄했거든요. 그런데 그 차 불빛만 봐도 시골로 들어가는 것, 산도 있고 막 그런 거 같았어요. 그런데 그날은 2층의 방에 올라가서 자라고 그랬는데 이불도 정말 요도 아닌 것 같고 이렇게 좀 더럽고 그런 데에서 누웠어요. 그런데 어차피 내가 잡혔으니까 그것을 받아들여야 되겠다. 그리고 다음날 어떻게 해야 될까 생각하고 하룻밤을 잤는데 9시 돼 가지고 밑으로 내려오래요. 그래서 내려가 가지고, 그러니까 그 전날 봉고차로 잡아간 분들하고 나랑 다 내려갔어요. 그런데 거기 간호사인지 의사인지 이렇게 침대에, 거기 그분이 이런 의자 같은 데 앉아 계시고 페니실린 이렇게 하고 이렇게 길어요. 하얀 것, 우유보다 진한 그것을 한 대씩 놔 주는 거예요. 그래서 나는 이런 것 맞을 필요 없고 성병도 없고 미군하고 결혼을 해 갖고 몸도 안 팔았고 이것은 놓지 말라고 했는데 대라고 그래 가지고 엉덩이 까고 맞았어요. 그런데 얼마나 얼마나 아픈지 아기 낳을 때보다 더 아픈 것 같았어요. 그게 1시간도 더 넘게 아프더라고요. 그런데 나 다음에 맞은 언니는 그분도 나이가 좀 들으셨는데 그것 맞다가 기절을 했어요. 그러고서는 침대에다 이렇게 놓고, 여기 모서리가 양은 같은 것으로, 쇠로 돼 있어요. 거기다가 얼굴을 막 치는 거예요. 그래서 나도 주사를 맞아서 진짜 아픈데 그 언니 여기 얼굴 다치면 어떡하나 해 가지고 내가 이렇게 손으로 해 줬어요. 그런데 내 손이 그 쇠하고 부딪히니까 내 손도 아파 가지고 얼른 뺐거든요. 그래서 내가 팔을 이렇게 해 줬어. 그랬더니 팔은 안 되더라고. 그런데 그 언니가 멍이 이렇게 들고 또 그다음 날에 거기 계시는 분들하고 얘기를 해 봤는데 이거 맞다가 죽은 사람도 있고 임신도 안 된대요. 그래서 잘 모르니까 처음에는 '아, 그런가?' 그러고. 그런데 남편이 독일로 파견이 돼 가지고 제가 독일로 갔는데 저는 임신한 줄도 몰랐어요. 그런데 온몸이 막 아파 가지고 헬리콥터 타고 큰 병원에, 미군부대 병원에 갔는데 애가 유산된 거예요. 그래서 나는 설마 그 페니실린 맞고서 그렇게 된 건가, 생각을 못 했어요. 그리고 제가 어쨌든 간에 대한민국 사람이잖아요. 그래서 남편한테도 내가 성병관리소 가 가지고 페니실린 맞았다는 말도 못 해요. 나는 한국 사람이기 때문에 남편이 그것을 알면 난리가 날 거라고요. 그래서 내가 속으로 남고 말을 안 했고 또 두 번째 임신을 했는데 애가 유산이 된 거예요. 그런데 그 의사가 한 번 여기 안을 좀 보재요. 그래서 안을 봤는데 나팔관이 녹은 거예요. 그러면서 그 의사가 그러는 거예요, 옛날에 무슨 독한 주사 맞았냐고. 그분이 성병에 대해서 아시더라고. 그래서 내가 그랬어요, 내가 이 말을 하면 의사는 비밀로 해 줄 것 아니냐고, 제발 내 남편한테도. 그랬더니 알았다고, 말 안 한다고 약속한다고 얘기하래요. 그 얘기를 했어요. 그게 나팔관을 녹여 가지고 임신이 안 되는 거래요. 제가 딸을 하나 낳고 싶었는데.

그리고 성병관리소에 있는데 제 아기를 봐준 아줌마가 계셨는데 성병관리소에 아기를 데리고 왔어요. 왔는데 우리 아들이 나를 보니까 엄마 알잖아요. '맘, 맘' 그러는데, 저기 우리 아기 왔는데 나 좀 나가면 안 되냐고, 안 내보내 주는 거예요. 그래서 '아줌마, 내가 4일을 더 있어야 될 것 같으니까 4일만 봐 달라'고 그랬었어요. 그러고 나가서 아기 데리고 그랬습니다.

저도 성병관리소에서 있었던 일이 어떨 때는 잠자기 전에 확 이렇게 생각이 나는 거예요. 그러면 잠이 오다가도 확 깨요. '왜? 내가 뭘 잘못했길래 성병도 없는데 그 독한 페니실린을 나한테 봐주고 아기도 못 낳고'…… 다행히 내가 일찍 아들을 하나 낳았으니 애가 있었던 거고 안 그랬으면 저 애도 없었을 거예요. 그 언니들 말이 맞는 거예요, 임신도 못 하고 그렇다는 게. 나한테 와서 그런 거였어요.

○**소위원장 서범수** 말씀은 다 하셨습니까? 조금 더 하실 말씀 있으십니까?

○**기지촌피해자 김은희** 그리고 동두천의 성병관리소 거기는 제가 증거고 증인이에요. 그래서 그 성병관리소를 없애지 말고, 또 우리나라는 지금 국가가 이렇게 안정이 돼 있지도 않고 누가 우리나라에 쳐들어와 가지고 또 다시 우리나라가 가난해지면 박정희 같은 대통령이 우리 여자들한테 몸 팔게 할 수도 있어요. 저 다 검색해 봤어요, 박정희가 그랬다는 것도. 그렇게 할 수도 있으니까 이 성병관리소를 보존해 가지고 후세에도 그런 것을 남기고 알았으면 좋겠어요.

저는 지금 여기 와서 이 발언을 하는 것도 하나도 창피한 거 없어요. 어차피 내가 겪었던 거고, 그다음에도 제발 성병관리소를 보존하게끔 도와주세요.

○**소위원장 서범수** 알겠습니다.

수고하셨습니다.

○**기지촌피해자 김은희** 감사합니다.

○**소위원장 서범수** 그리고 위원님들 혹시 질의하실 게 있습니까?

○**서영교 위원** 선생님만 오신 거예요, 아니면 몇 분 같이 오신 거예요?

○**기지촌피해자 김은희** 몇 분 오셨어요.

○**서영교 위원** 그분들하고 같이 이야기를……

어떻든 오늘은 이렇게 얘기를 듣고 저희가 이것을 전체회의로 보낼지 그다음에 본회의로 보낼지 이렇게 하는 건가요? 아까 말씀하실 때……

○**소위원장 서범수** 그렇지요. 이게 결정하는 것에 따라서 본회의로 상정할 수도 있고 부의할 수도, 아니면 계속 심사할 수도 있고 그런 거니까.

질의하실 내용이 있으십니까?

○**서영교 위원** 어떻든 오늘 오신 목적이 우선 이런 것을 알려야 되겠다라는 생각이시고 두 번째는 이와 관련해서 본인 아니면 그 당시에 있던 피해자 분들께 국가가 공식적으로 사과하는 모습을 취하면 좋겠다, 그리고 이에 대해서 일정 정도 배상이 있으면 좋겠고 성병관리소는 역사적인 흔적이니까 그대로 두면 좋겠다, 이게 어떻든 요점 사항이시고 같이 오신 시민단체 분들의 요구 사항이 그런 거지요?

○기지촌피해자 김은희 예, 그런 거예요.

○서영교 위원 지금 여기 같이 오신 분들은 누구세요?

○소위원장 서범수 지금 밖에 나가 있지요.

○서영교 위원 밖에 계시고.

○소위원장 서범수 진술인만 들어오도록 했으니까.

○서영교 위원 알겠습니다.

○기지촌피해자 김은희 성병관리소를 없애려고 그러는데 그분들도 이 추운 겨울에도—거기 전기도 없어요—거기서 주무시고 그 성병관리소를 지키고 있어요. 그런데 한 번은 일요일이라서 안 나올 거다 했는데 새벽 3시에 나와 가지고 부수는데 그분들이 누워 가지고, 그래서 포크레인이 그냥 나갔어요.

○소위원장 서범수 알겠습니다.
 김은희 님은 며칠간 거기에 계셨지요?

○기지촌피해자 김은희 일주일이요.

○소위원장 서범수 일주일 계셨습니까?

○기지촌피해자 김은희 예, 화요일 날 가서 화요일 날 나왔습니다.

○서영교 위원 그 당시에 그런 분들이 김은희 님만이 아니라 여러 사람이 있었던 거예요?

○기지촌피해자 김은희 여러 분, 그러니까……

○서영교 위원 그 주변에 돌아다니는 듯해 보이는 웬만한 여성들은 그렇게 데리고 가서 그랬을 가능성이 있을 것 같다 그렇게 생각하시나요?

○기지촌피해자 김은희 저는 그것은 모르겠지만 성병 검진을 해서 떨어져서 오시는 분들도 많고 나같이 봉고차에 그냥 강제로 끌려온 사람은 성병 검사도 안 하고, 성병 검사를 해서 성병이 있어야지 페니실린을 맞잖아요. 그런데 우리는 그때 나랑 같이 봉고차에 끌려온 사람들은 그대로 맞았어요.

○소위원장 서범수 검사도 안 하고?

○기지촌피해자 김은희 예, 검사도 안 했어요. 저는 진짜 거짓말 없이 이것 맹세합니다. 아니, 왜 성병 검사를 안 합니까?
 (카드를 들어 보이며)
 제가 그날 이 카드만 갖고 갔어도 그 성병관리소는 안 갔는데.

○서영교 위원 그 카드가 뭐예요?

○기지촌피해자 김은희 그러니까 이게 미국 국방부에서 주는 건데 제가 그날 이것을 잃어버릴까 봐 안 가지고 갔어요.

○소위원장 서범수 성병관리소에 김은희 님을 데리고 간 사람들 신분은 아십니까?

○기지촌피해자 김은희 모르겠어요. 거기서…… 그리고 그분들이 우리를 성병관리소에 내려 주고 그 사람들은 그 차 타고 갔어요. 그리고 이렇게 제대로 볼 경황도 없었고 '왜 나를 잡아가냐. 왜 나를……' 내 걱정만 하니까 그 사람들은 생각도 안 나요.

○서영교 위원 1980년이에요?

○기지촌피해자 김은희 아니……

○서영교 위원 몇 년도에……

○기지촌피해자 김은희 80년도예요.

○서영교 위원 80년이면 계엄 상황이었구먼.

몇 월이에요?

○기지촌피해자 김은희 봄이었어요.

○서영교 위원 봄.

○기지촌피해자 김은희 이것만 있었으면 성병관리소 안 잡아갔어요.

○소위원장 서범수 그렇겠네요.

○기지촌피해자 김은희 그런데 이것을 잃어버릴까 봐 집에 두고 갔거든요. 그런데 이게 있는데 제가 성병이 있을 수가 없거든요, 제가 몸 파는 집에 있는 사람도 아니었고. 그런데 강제로 페니실린을 맞고 애를 두 번이나 못 갖고 평생을 임신 못 하고 피임을 해야 했고 그랬어요. 그다음에 임신을 하면 나까지 죽을 수가 있대요.

○소위원장 서범수 그러면 지금 김은희 님 연세가 한 68쯤 되겠네요?

○기지촌피해자 김은희 68. 대부분의 언니, 이모들 보면 나이가 많으시더라고요. 그래서 그중에서도 제가 좀 어려서…… 그분들이 얘기하는 것보다 내가 겪었던 것, 거기서 주사 맞고 있었던 것을 지금 사실 그대로 얘기하는 거예요.

○소위원장 서범수 알겠습니다.

○이달희 위원 그때 한 방에 몇 명쯤 있었어요? 좌우 침대……

○기지촌피해자 김은희 한 방에, 그러니까 6개가 있었어요. 방이 6개 있었고 아래층에 식당, 아래층에 주사 맞고 목욕탕 있고 그런데 한 방에 10명도 더 있었어요. 그러니까 진짜 나 그렇게 더러운 이불 처음 봤고 사람 딱 1명 자면 그 옆에 또 그렇고. 그러니까 그 방 하나가 사람이 다 꽉꽉 차 가지고 한 12명 됐어요, 방 하나에. 그런데 방이 6개 있었어요.

○소위원장 서범수 알겠습니다.

더 이상 질의하실 위원님이 안 계시면 이것으로 이해관계인의 진술을 마치겠습니다.

김은희님은 이석하셔도 되겠습니다.

○서영교 위원 지금이라도 위로의 말씀을 드립니다. 오늘 이 자리에 이렇게 청원소위가 열리게 된 것도 본인의 역할이 크신 것 같고……

○기지촌피해자 김은희 저도 이렇게 드러내니까 기분도 좋고 국회에 와서 이렇게 하니까 또……

○서영교 위원 국회에 와서 저희들이 들은 것으로 그동안 마음에 아팠던 것들 조금 덜어 내시면 좋겠습니다.

○기지촌피해자 김은희 감사합니다.

○서영교 위원 용기에 감사드립니다.

○소위원장 서범수 돌아가셔도 되겠습니다.

다음으로 이해관계인 동두천시 김우정 복지문화국장의 진술을 듣겠습니다.

들어오십시오.

간단한 인사말씀과 청원 내용에 대한 의견을 간략히 말씀을 해 주십시오.

○동두천시청복지문화국장 김우정 안녕하십니까? 경기도 동두천시청 복지문화국장 김우정입니다.

이렇게 청원심사소위원회를 통해서 구 성병관리소와 관련한 동두천시 현실과 현재까지의 추진 경과, 앞으로 시가 나아가야 할 방향 등에 대해서 설명할 수 있는 자리를 마련해 주신 위원님들께 먼저 감사를 드리겠습니다.

구 성병관리소와 관련해서는 동두천시가 지난 20년 이상 추진해 온 노력과 해당 사안이 지역의 생존권 확보, 지속가능한 도시를 위한 개발과 미래 세대를 위한 동두천시와 시민의 염원이 담긴 사안임을 먼저 말씀을 드리겠습니다.

그러면 대한민국 미군기지촌의 역사와 성병관리소 운영 현황에 대해서 말씀드리겠습니다.

대한민국은 1950년부터 3년간 지속된 한국전쟁으로 미국을 비롯한 유엔 국가들의 지원하에 민주국가를 수호할 수 있었으나 정전 상태로 끝나면서 전국에 미군이 주둔하기에 이르렀습니다. 미군 주둔지를 중심으로 부대 의존 형태의 각종 소비재와 금융, 주거, 서비스 산업들이 이루어지고 전국에 36개소의 기지촌이 생겨나게 되었습니다.

같은 시기에 성을 매개로 한 직업여성도 급격히 늘어나면서 성매매 과정에서 발생된 성병 감염을 진단하고 치료할 수 있는 격리시설이 운영되었습니다. 동두천에도 성병진료소와 성병관리소가 있었으며 성병관리소는 1972년 민간 소유 부지에 신축되어서 1995년까지 운영하다가 1996년에 기능이 폐기되어 1997년 건물이 토지소유자에게 매각이 되었습니다.

다음은 동두천의 현실과 지역 생존을 위한 선택입니다.

동두천은 한국전쟁 시기부터 미군의 주둔지로 시 전체 면적의 42%를 공여하였고 현재에도 반환받지 못한 공여지가 전국 미반환 공여지 총면적의 70%를 차지하고 있어 체계적인 도시 개발 지연으로 인한 피해액이 매년 3243억 원, 1952년부터 2011년까지 총 60년간 19조 4587억 원에 달한다고 보고되고 있습니다.

또한 2016년도에는 부대를 반환하지 않은 채 병력만 평택으로 이전하여 경제활동의 중심지였던 부대 주변의 상권이 붕괴되고 인구공동화 현상과 도시 개발 지연으로 낙후된 도시의 정주 여건은 더욱 악화되어 지속적인 인구 유출과 세원 감소, 높은 실업률, 고용악화 등 악순환이 지속되고 있는 상태에 있습니다.

시에서는 1977년 국민관광지로 지정된 소요산관광지 입구 부지 일대를 1987년 5월 달에 도시관리계획상 소요유원지로 지정하고 1996년 유원지 조성계획 세부시설에 구 성병관리소 부지를 호텔 부지로 결정하였습니다.

동두천시의 대표 관광지인 소요산을 찾는 관광객만 연간 100만 명 이상이 됩니다. 또한 매년 시에서 추진되고 있는 동두천 록 페스티벌, 왕방산 MTB 대회, 소요단풍제 등 행사 및 국제 친선교류 등을 위해 많은 국내외 사람들이 동두천을 방문하고 있습니다.

그러나 동두천을 찾는 방문객과 관광객을 위한 대규모 숙박시설은 전무합니다. 더욱이 가용부지가 없는 시에서는 소요유원지 개발계획에 맞춰 호텔 등 숙박시설 조성을 반드시 필요로 하고 있어 부지 개발을 위한 구 성병관리소 건물 철거는 즉흥적인 결정이 아니며 동두천 시민들의 장기간 동안 반영된 여론에 따른 것입니다. 만약 해당 건물을 존치 활용하기를 원하는 시민의 의견이 있었다면 그동안의 도시계획이 유지되지 못했을 것입니다.

이에 시에서는 2000년부터 토지 매입을 추진하여 지난 2023년 해당 토지를 협의로 약

29억 원에 매입하였습니다. 부지 매입으로 2023년 11월에 동두천시는 소요유원지를 포함한 관광 인프라 확충을 위한 종합적인 소요산확대개발 용역을 완료하고 본격적인 사업 추진을 위해서 2024년 4월 달에 TF 팀을 구성하여 24개 단위사업을 9개 부서 10개 팀에서 추진하고 있습니다.

구 성병관리소 부지는 소요유원지 조성계획상 미개발된 마지막 부지입니다. 소요산확대개발 사업과 연계한 가장 핵심적인 부지입니다. 이곳에 테마형 상가시설, 호텔, 전망대, 카페 등 기반시설이 조성될 계획에 있습니다.

시에서는 사업 계획에 따라 구 성병관리소 부지 정비를 위해 2024년, 작년 7월 달에 건물 철거 계획을 수립하고 제2회 추가경정예산에 철거 예산 2억 2000만 원을 반영하여 10월 달에 철거 공사를 추진하려 하였으나 건물 철거를 반대하는 단체들의 저지로 현재 공사는 중단된 상태에 있습니다.

지난 2024년 10월 달에 동두천시 40여 시민사회단체가 건물 보존을 주장하는 단체의 저지로 인해 공사가 지연되고 문화유산으로 임시 지정하려는 움직임에 공동대책위를 발족시키고 성명서를 발표하게 되었습니다. 성명서를 통해서 철거 방해 즉각적인 중단과 시민이 원하지 않는 타 지역 시민단체의 철거 방해를 즉각 중단할 것과 더 이상 동두천 시민은 과거 상처에 얽매여 살아갈 수 없다며 성병관리소 철거는 동두천시가 미래로 나아가기 위한 중요한 전환점임을 강조한 바 있습니다.

아울러 우리 시 기지촌 성매매피해자 쉼터인 새움터의 여성분들도 '우리는 동두천에 생존하고 있는 사람들이다. 낙검자수용소를 보존하자고 주장하는 단체들은 왜 우리의 의견을 듣지 않나? 우리는 과거의 트라우마로 그곳, 소요산 성병관리소 근처에도 갈 수 없다. 그런데도 당사자들의 의견은 배제하고 떠올리고 싶지 않은 과거를 공개하며 낙검자수용소 보존을 주장하고 있는 단체를 이해할 수 없다. 정말 우리를 위한다면 낙검자수용소는 철거하고 우리도 갈 수 있는 다른 공간에 역사를 기억할 수 있는 조치를 해 달라'고 얘기하고 있습니다.

다음은 성병관리소의 역사·문화적 가치에 대해서 설명을 드리겠습니다.

1972년 5월 설치된 성병관리소는 성병에 감염된 환자를 별도로 격리하여 치료하는 시설로 경기도 내에는 총 21개의 성병관리소, 성병진료소 등이 존재하였습니다. 동두천 성병관리소는 현존하는 유일한 건물은 아닙니다. 성병진료소와 관리소는 경기도에만 파주, 의정부, 평택에 5개 건물이 과거 건축양식 그대로 존재하고 있습니다.

한편 동두천 성병관리소는 2023년 경기도 비등록 문화유산 실태조사에서도 건축물은 거의 방치되어 보존 시 상당한 비용 소요가 예상되니 건물을 보존하기보다 비석 등을 세워 사진과 함께 역사를 기억하는 정도로 제안을 하고 있습니다. 또한 구 성병관리소는 28년간 관리가 되지 않고 흉물로 방치되면서 건물 노후로 인한 붕괴 위험 및 무단출입에 의한 범죄 발생 가능성 등 지역 주민들의 민원이 수시로 제기되고 있어 시에 관리 대책을 요구해 왔습니다.

그리고 2024년 9월 달에 건물 철거 반대 단체에서 경기도지사에게 청원한 근현대 문화유산인 동두천 옛 성병관리소의 경기도 문화유산 임시지정 청원에 대한 답변으로 경기도지사님께서는 건물소유자인 동두천시와 동두천시의회, 주민들의 의견을 수렴하고 이를 최대한 반영하는 것이 중요하다고 답변을 하셨습니다.

다음은 건물 철거 반대 단체와의 이해와 갈등 해소를 위한 노력입니다.

동두천시는 구 성병관리소 건물 철거와 소요산확대개발 사업계획에 따라 사업을 추진하고 있는데요. 반면 건물 철거 반대 단체는 구 성병관리소 건물을 보존 개발하여 국제여성평화인권박물관으로 활용해야 한다고 주장을 하고 있습니다. 지난 2024년 10월 달에 건물 철거 공사를 추진하는 도중 철거 반대 단체의 공사 방해로 철거 공사를 중단하고 12월 12일 날 시장님과 간담회를 통해서 단체와의 대화를 시작하게 되었습니다. 그래서 간담회를 통해서 구 성병관리소 건물과 관련해 철거 및 보존 개발에 대한 상호 이해와 갈등을 해소하고 발전적인 합의점과 대안을 모색하자는 의견을 반영해서 금년도 2025년 2월 26일부터 현재까지 대화협의체를 구성하여 운영 중에 있습니다. 어제 3차 대화협의체가 끝났습니다.

마지막으로 종합적인 시의 의견을 말씀드리겠습니다.

동두천에서 나고 자라며 삶을 영위해 왔던 세대의 대부분은 기지촌 사람으로 불리는 것에 대한 모멸감과 수치감으로 살아가고 느끼고 있습니다. 성병관리소는 동두천 시민들이 기억하지도 대면하기도 꺼리는 장소라고 주장하고 있습니다. 동두천에 등록된 대부분의 시민단체는 철거에 동의를 하고 있습니다. 전문가들의 평가는 구 성병관리소의 보존 상태나 역사적 가치로 보아 존치보다는 별도의 방식으로 기록을 보관할 것을 제안하고 있습니다. 경기도나 국가유산청도 문화재로서의 등록을 함에 있어 관련 법률에 따라 동두천의 의견이 우선된다고 표명하고 있습니다.

이에 따라 동두천시에서 추진하는 성병관리소 철거와 시 역점으로 추진하고 있는 소요산확대개발 사업은 동두천 시민들의 염원과 다수 의견을 바탕으로 결정된 사항으로 이는 동두천시의 고유한 자치권에 의한 주민 의사를 존중하고 실현하기 위한 합리적인 결정입니다.

앞으로도 동두천시가 합리적인 의사결정을 바탕으로 적극적인 시정을 펼쳐나갈 수 있도록 지방자치권과 피해자를 포함한 동두천 시민의 권리를 보호하는 공정한 입장에 서 주실 것을 위원님들께 간곡히 부탁드리겠습니다.

이상입니다.

○**소위원장 서범수** 수고하셨습니다.

○**동두천시청복지문화국장 김우정** 감사합니다.

○**소위원장 서범수** 위원님들 혹시 질문할 사항이 있습니까?

○**이달희 위원** 경기도가 지역의 주민들 대타협점을 찾아보라고 했는데 주민을 대표하는 게 지방의회일 텐데 동두천시에 시의원 다 몇 분이십니까?

○**동두천시청복지문화국장 김우정** 총 일곱 분이 계십니다.

○**이달희 위원** 7명입니까?

○**동두천시청복지문화국장 김우정** 예, 그렇습니다.

○**이달희 위원** 그러면 이 일곱 분의 정당 소속은 어떻게 돼 있어요?

○**동두천시청복지문화국장 김우정** 민주당이 세 분이시고요 그다음에 국민의힘이 세 분이시고요 그다음에 비례대표 한 분이십니다.

○**이달희 위원** 그러면 3명 3명 1명 이렇게 정치적인 그런 정당 구성으로 돼 있네요?

○**동두천시청복지문화국장 김우정** 예, 그렇습니다.

○**서영교 위원** 비례는 어디예요? 3 대 3에다 비례 1명이라면서요?

○**동두천시청복지문화국장 김우정** 국민의힘……

○**서영교 위원** 그러면 4 대 3이지요. 그렇게 얘기를 해야지 뭘 그렇게 어렵게 얘기를 하세요?

○**이달희 위원** 그러면 이분들, 시의회 일곱 분의 의견도 나뉘어져 있습니까?

○**동두천시청복지문화국장 김우정** 하나로 돼 있습니다. 그분들이 지금 당을 초당해서 시 전체, 동두천시가 지금 사활을 걸고 하는 게 소요산관광지 개발사업인데요 그 부분에 대해서 모든 의원님들이 하나가 되어서 사업을 추진하고 있습니다.

○**이달희 위원** 그러면 이 성병관리소는 일단 철거해서 관광지로 개발해야 된다는 게 시의회의 의결 사항입니까?

○**동두천시청복지문화국장 김우정** 예, 그렇습니다. 어제도 대화협의체에 민주당 의원님 한 분이 들어오시고요 그다음에 또 국민의힘 의원님 한 분이 들어오셔 가지고 같이 대화를 하고 있습니다.

○**이달희 위원** 대화협의체 20명은 구성이 어떻게 돼 있습니까? 다 찬성하는 쪽인가요?

○**동두천시청복지문화국장 김우정** 철거 저지 공동대책위원회에 열 분이 계시고요. 그리고 철거를 찬성하시는 공동대책위원회에 다섯 분 그다음에 시 의원 두 분 그다음에 저를 포함한 시 관계 공무원이 3명 이렇게 10명으로 돼 있습니다.

○**소위원장 서범수** 다른 질문 없으십니까?

○**장철민 위원** 대화협의체는 언제까지 하시는 거예요?

○**동두천시청복지문화국장 김우정** 대화협의체는 저희가 현재는 4월 말을 목표로 하고 있는데요. 우리가 성병관리소가 철거돼야지 온천 굴착 공사, 거기가 지금 호텔 부지기 때문에 온천이 나와야 되거든요. 지하수가 나와야 되는데 그 부분을 관리소가 철거가 안 돼 가지고 못 하고 있습니다. 그래서 빨리 그 사업을 추진하기 위해서는 4월 정도에 저희가 마무리를 할 계획에 있습니다.

○**장철민 위원** 그러니까 마무리를 한다는 게 어떤 의제로 뭐가 마무리가 돼야 정리가 되든 말든 할 것 아니에요? 그 의제로 뭐를 대화를 하고 계신 거예요, 대화협의체?

○**동두천시청복지문화국장 김우정** 세 가지로 되는 거지요, 하나는 그분들이 주장하시는 보존, 우리가 사업을 위해서 하는 철거 그다음에 세 번째가 다른 대안. 다른 대안을 저희 시에서는 적극적으로 그분들이 제시하기를 바라고 있는데요 아직까지 그분들이 제시한 바는 없습니다. 그분들의 얘기를 1차 듣고 또 2차 소요산관광지 개발에 대해서 저희가 PT로 보고를 드렸고요. 그래서 서로 간에 공감할 수 있는 자리를 만들기 위해서 노력하고 있습니다.

○**이달희 위원** 협의체 회의를 진행하는 동안 의제나 진행 과정이 조금 다른 게 있으면 계속 대치 상태로 죽 가는 거예요 아니면 조금씩 진전이 있습니까?

○**동두천시청복지문화국장 김우정** 처음에 저희가 작년 10월 달에 착공을 했을 때 시민 단체들하고 그쪽 저지하는 단체하고 충돌도 많이 있었는데요. 이 대화협의체를 시작을 하면서 서로 간에 얼굴 알면서 많은, 어차피 다 지역 분들이시고 외부에서 오신 분들도 계시기는 하지만 서로 공감하는 부분들이 많거든요. 거기에 저지하는 분 중에서도 동두천에서 태어나서 자라신 분도 있고 저희 쪽에서도 공무원 중에서도 보면, 저도 동두천에

서 태어나서 동두천에서 생활을 다 했었기 때문에 서로 간에 어떤 문화적·생활적 공감대가 많이 있습니다. 그래서 대화를 지속을 하다 보면 좋은 결과가 나올 거라고 기대를 합니다.

○**소위원장 서범수** 나중에 심사할 때 또 구체적으로 질문을 할 거니까 고생하셨습니다.

○**서영교 위원** 제가 한 가지만 질문할게요.

저지하는 분들 구성이 10명이라는데 이 구성에 동네 마을 분들은 몇 분이나 되세요?

○**동두천시청복지문화국장 김우정** 제가 파악한 바로는 열 분 중에서 한 세 분 정도로 생각을 합니다.

○**서영교 위원** 세 분 정도는 마을 분이고 일곱 분 정도가 시민단체나……

○**동두천시청복지문화국장 김우정** 타 지역에 있는 사회단체.

○**서영교 위원** 사회단체 이런 분들이고요.

○**동두천시청복지문화국장 김우정** 예, 그리고 성매매 관련해서 이런 분들을 도와주시고 이런 쪽에서 운동을 많이 하시는 그런……

○**서영교 위원** 시민단체 분들이시고요.

○**동두천시청복지문화국장 김우정** 시민운동을 많이 하시는 분들이 포함돼 있습니다.

○**서영교 위원** (자료를 들어 보이며)

이게 거기서 준 자료인가요?

○**동두천시청복지문화국장 김우정** 이게 저희 소요산관광지확대개발 계획안입니다.

○**서영교 위원** 여기서 성병관리소 그건 어디에 있는 거예요?

○**동두천시청복지문화국장 김우정** 빨간 지점입니다.

○**서영교 위원** 붉은 곳.

소요산관광개발이…… 소요산이 어마어마하게 클 텐데, 그렇지요?

○**동두천시청복지문화국장 김우정** 예, 큽니다.

○**서영교 위원** 어마어마하게 크고 성병관리소는 그중에 아주 일부일 텐데?

○**동두천시청복지문화국장 김우정** 저기 구석에 있어서 잘 보이지도 않습니다. 그런데 그 부분에 새로 건립한 자유수호평화박물관이 있거든요. 그 부분에 대해서 바로 옆에 있기 때문에 보입니다. 그리고 저희가 이게……

○**서영교 위원** 제가 질문할게요.

○**동두천시청복지문화국장 김우정** 예, 말씀하세요.

○**서영교 위원** 우선 한 가지는 말씀처럼 대화하면서 좋은 방안을 찾으시는 게 가장 좋을 것 같아요, 대화하면서 좋은 방안을 찾고. 그런데 저는 그 마을주민이라면 충분히 그렇게 기념비적으로 두고 또 상징적으로 위로하고 사과하고 역사적으로 기록해 놓고 그러면서 마을은 또 좀 더 나은 형태로 가고 이러기를 원할 것 같아요.

그런데 제가 지금 들으면서 느낀 게 '소요산 관광. 우리 소요산 개발해야 합니다. 관광 개발해야 합니다' 이게 약간 안 맞는 거지요, 한쪽은 아픈데. 그렇지요? 그런데 이 많은 데서 굳이 여기다 관광호텔을 넣어야 되는 이유는, 호텔 부지를 굳이 거기다 넣어야 되는 이유가 누가 개인이 그 땅을 산 거예요 아니면 이게 동두천시 땅이에요? 관광호텔을 짓겠다는……

○**동두천시청복지문화국장 김우정** 원소유자는 학교법인 신흥재단 토지였습니다. 저희가

73년도에 토지를 무료 임대받아 가지고 건물을 양주군 시절에 양주군에서 설립을 해 가지고요 운영을 해 오다가 96년도에……

○**서영교 위원** 제가 묻는 말씀만……

이게 동두천에서 여기가 아니면 개발이 안 되는 것은 아니잖아요? 지금 말씀 듣다 보면 소요산 개발이 필요하고 저희도 이렇게 해야 되는데 그것 다 이해하겠는데 이 많은 데서 거기를 콕 집어서 해야 되는 게 있느냐 이런 거지요.

○**동두천시청복지문화국장 김우정** 제가 아까 말씀드린 대로 1996년도에 소요유원지에 호텔 부지로 지정돼 있고 결정이 돼 있는 상황입니다.

○**서영교 위원** 호텔 부지는 수없이 많은 곳에서 충분히 바꿀 수도 있고 그럴 텐데……

○**동두천시청복지문화국장 김우정** 동두천에는 호텔이 한 군데도 없습니다.

○**서영교 위원** 그러니까 다른 곳에 호텔 부지가 충분히 만들어질 텐데 성병관리소라고 하는 것을 더 좋게 예쁘게 아름답게 해서 주민들이 공유하는 공간이 되면 되는데 하필 그걸 빼서 거기다 호텔을 짓겠다 이런 생각인 거잖아요? 그러니까 꼭 거기 말고는 방법이 없냐 이런 말씀이에요.

○**동두천시청복지문화국장 김우정** 소요산 관광, 저희가 저기 말고도 지금 많은 관광객들을 유입하기 위해서 거기를 호텔 부지로 하고 그 위쪽으로는 또 다른 유스텔이라든지 이런 부분들이 저희 계획안에 다 들어가 있습니다. 지금까지 300명 이상 저기 할 수 있는 큰 숙박시설이 현재 없는 상태이기 때문에……

○**서영교 위원** 그러니까 여기를 신흥재단으로부터 받아서, 거기가 그 땅이기 때문에 그걸 받은 것에다 호텔을 짓겠다 이렇게 상정한다는 거지요? 그게 바로 그 땅이다 이거지요?

○**동두천시청복지문화국장 김우정** 예. 그거 소요유원지 조성계획에 되어 있기 때문에 저희가 예전부터 계획에 있던 겁니다.

○**소위원장 서범수** 그래서 동두천시에서 신흥재단으로부터 구입을 했습니까?

○**동두천시청복지문화국장 김우정** 예, 했습니다. 2023년도 2월 달에 구입을 했습니다.

○**서영교 위원** 돈을 주고 구입한 건가요?

○**동두천시청복지문화국장 김우정** 예, 그렇습니다.

○**이달희 위원** 29억인가 주고.

○**동두천시청복지문화국장 김우정** 예, 29억 주고.

○**서영교 위원** 그러니까 소요산 관광개발, 소요산의 개발 이런 건 어떻게든 할 수 있는데 거기를 콕 집은 것은 거기다가 호텔을 짓겠다 이렇게 지금 계획돼 있다 이거지요?

○**동두천시청복지문화국장 김우정** 그렇습니다.

○**서영교 위원** 알겠습니다.

○**장철민 위원** 사업자가 정해져 있는 건 아니지 않아요?

○**동두천시청복지문화국장 김우정** 현재까지 정해져 있지는 않고요.

○**장철민 위원** 그러면 시에서 조성해서 다시 매각을 하든 분양을 하든, 분양은 못 할 것 아니에요?

○**동두천시청복지문화국장 김우정** 민자 유치를 하는 방향으로 지금 정했습니다.

○**장철민 위원** 민자 유치해서 사업자 선정해 가지고?

○동두천시청복지문화국장 김우정 예.

○장철민 위원 지금 그게 얘기된 게 있어요?

○동두천시청복지문화국장 김우정 현재 아직까지는 구체적으로 나오지는 않고요.

○장철민 위원 구체적으로 얘기 없는데 일단은……

○동두천시청복지문화국장 김우정 지금 도면에 보시는 부지들을 저희가 하나씩, 하나씩 매입을 하고 있어요. 전체적인 그림을 그리고 있기 때문에 그중에 하나 부분이 그 지역입니다.

○장철민 위원 예를 들면 나중에 사업성 문제가 있거나 행정적인 다른 문제가 있거나 해서 실제 호텔 사업이나 이런 것들이, 진짜 철거하고 다 했는데, 관정도 파고 뭣도 하고 돈도 많이 들어가고…… 그런데 사실은 그 부담을 시가 다 지는 거잖아요. 이 논란을 막 다 겪어서, 사실 동두천시의 문제가 국회에서 논의된 적이 거의 없었을 것 같은데. 이 정도까지 했는데도……

○동두천시청복지문화국장 김우정 그런데 성병관리소 부지가요 도면 보시면 아시겠지만 연결통로입니다. 그러니까 핵심 부지, 허브 역할을 하고 있어요, 그 지역이요. 그렇기 때문에 바로 옆에 소요내음공원부터, 저희가 파크골프장 36홀을 정상적으로 만들 거예요. 그리고 빙상장이 유치가 되면 그 지역이 다 연결되는 위치거든요, 그 자리가요.

저도 정말 안타까워요. 왜냐하면 이 성병관리소 저는 개인적으로 어떤 기억의 가치는 있다고 보고 있는데요.

○서영교 위원 가치가 있지요.

○동두천시청복지문화국장 김우정 있습니다. 있는데, 이것을 50년이 넘은 그 시설을 과연 보존할 이유가 있는지? 전국에 40개가 넘는 성병관리소가 설치된 걸로 제가 알고 있는데 대부분이 다 철거가 됐고 그리고 모두 다 개발이 됐습니다. 왜 동두천시는 성병관리소를 보존해야 되고 개발을 하지 말아야 되는지? 지금도 미군 공여지가 42%의 포션을 차지하고 있는데 동두천시는 어떻게 보면 안보의 희생 도시입니다.

○서영교 위원 자, 보세요. 이 부분을 위로하고 관리하고 그리고 상징적으로 가면서 동두천시와 전체가 같이 개발하고 가야 되는데 지금 말씀처럼 콕 집어서 '성병관리소가 남아 있어야 됩니까?' 그리고 '여기에다가 호텔을 지어야겠어요' 이렇게 하니까 이게 갈등이 생기는 거예요. 그러니까 이걸 위로하고 관리하고 그러면서 아름답게 보존하고.

아니, 이걸 그대로 꼭 봐야만 한다 이런 것도 아니잖아요. 그러니까 보호하면서 우리는 여기를 더 의미 있게 관리해 나가면서, 호텔은 또 다른 형태로 가더라도. 파크골프장 이게 중요한 게 아니잖아요. 그러니까 파크골프장도 필요하고 다 필요하지만 이거를 콕 집어서 파크골프장, 호텔 이렇게 하지 말고 이것을 서로 대화해 나가면서 잘 보존하고 상징적으로 정리가 되고 또 우리는 동두천시대로 발전시켜 나가서, 동두천시가 호텔을 지어 놓는다고 다 오는 것도 아니잖아요. 그렇지만 어쨌든 좋은 계획 속에서 동두천도 살고 같이 살 수 있는 것을 대화하면서 만들 방법으로 찾아야지 지금 말씀처럼 한쪽…… 이해는 해요, 그동안 해 오던 건데. 그런데 콕 닫고 있으면 안 된다는 거예요. 그러니까 여기까지 오게 된 거고 가서 몸으로도 막게 된 거고 이런 것 같아요. 그러니까 대화를 열고 잘 하셔야 될 거라고 생각하고.

○동두천시청복지문화국장 김우정 저는 시의원님들 정말 존경하는데 한 분도 어떤 그

런 것이 없이 모두가 이 부분에 대해서, 시민을 대표하는 분들이 시의원님들이시잖아요. 그런데 그 시의원님들이, 지금 고난 받는 시의원님들 많습니다. 특히 민주당 의원님들은 굉장히 고난 받고, 어제도 대화하는 과정에서도 그런 일이 있었는데요. 그런데 그렇게 우리 동두천시는 절실합니다. 그리고 시민을 대표하는 의원님들이 그거는 다 동의하신 부분이고.

토지를 매입할 때 29억 적은 돈 아닙니다. 동두천시는 10억을 도청에 가서 받아 오려고 얼마나 노력을 많이 하는지 아십니까? 그런 그 돈을 29억을 투입해서 저희는 토지를 매입한……

○**서영교 위원** 동두천 전체 예산이 얼마예요?

○**동두천시청복지문화국장 김우정** 저희요?

○**서영교 위원** 예.

○**동두천시청복지문화국장 김우정** 한 6000억 됩니다.

○**서영교 위원** 그러니까 국회의원 앞에서 '10억 받아 오려면 얼마나 고생하시는지 아십니까? 이런 얘기할 상황은 아니지요.

○**동두천시청복지문화국장 김우정** 아니, 그러니까 시의원님들이……

○**서영교 위원** 지금 그렇게 얘기하지 마시고요.

○**동두천시청복지문화국장 김우정** 예, 알겠습니다.

○**소위원장 서범수** 저도 한 가지, 시간이 너무 많이 갔습니다.

○**서영교 위원** 우리 다 예산 따다 주는 사람들인데 '얼마나 어려운지 아십니까?' 이러면서 눈에 쌍심지 켜고 하면 이게 대화가 되겠습니까? 국장님이 대화를 잘 풀어 나가려고 해야지.

○**소위원장 서범수** 자, 대화를 합시다.

대화협의체가 처음에 언제 구성이 됐지요?

○**동두천시청복지문화국장 김우정** 2월 26일 날……

○**소위원장 서범수** 올해 2월 26일 날?

○**동두천시청복지문화국장 김우정** 예, 그렇습니다. 사전에 실무 협의를 했습니다.

○**소위원장 서범수** 그런데 이걸 4월을 목표로 끝내겠다 이런 말씀이신 것 같은데……

○**동두천시청복지문화국장 김우정** 예, 지금 현재로서는 그렇습니다.

○**소위원장 서범수** 그건 너무 급한 것 아닌가요? 그것을 목표를 정하지 말고 대화……

아까 서영교 위원님도 말씀을 하셨지만 사실은 서로 대화를 해서 이걸 윈윈 하는 형식으로 가 줘야 되지 그걸 4월을 딱 목표를 삼아서 '더 이상 안 돼. 여기서 모든 걸 해결해야 돼' 해 버리면 그러면 서로 '빡킹'이 날 수 있다 그런 부분들입니다.

일단 알겠습니다.

○**장철민 위원** 그런데 결국 대화협의체가 구성이 돼서 운영이 된다는 게 아까 얘기하신 대로 이게 철거가 되거나 보존을 하거나 아니면 제3의 대안을 만들거나 그런 목표로 운영을 하신다고 했는데, 대안이라고 하는 게 이거를 철거를 반대하시는 분들이 갑자기 그냥 만들어 낸다는 것도 사실 이상한 거고 시가 지금까지 해 오던 일에 벗어나 가지고 '이렇게 대안으로 가겠습니다' 하는 거는 더 안 하실 거고. 어차피 시는 하던 대로 하는 거니까요. 그러면 대안을 만들 수 있거나 제안할 수 있는 주체도 되게 애매해져 있는 것

아니에요?

○동두천시청복지문화국장 김우정 예, 그렇습니다. 그래서 우리 시의원님들은 지금……

○장철민 위원 그러면 다시 여쭤보면, 예를 들면 국회에서나, 여가부나 중앙부처들도 있으니까 저희가 이런 대안을 조금 생각해 보시는 게 어떻습니까라고 제안을 하면 지금 시는 받아들일 의향은 있나요? 의지는 있으신가요?

○동두천시청복지문화국장 김우정 제안을 해 주시면 일단은 저희가 그 부분에 대해서 충분히 고민을 해 봐야 되겠지요. 그런데 우리 시의회에서는요 처음에 의원님들께서 이 부분을 서로 함께 가시면서 하시는 말씀은 뭐냐 하면 그거를 기록을 좀 볼 수 있는 표지석이라든지 아까 말씀드린 대로 비석이라든가 이런 어떤 부분을 좀 해 줘야 되는 것 아니냐 하는 그 부분에 대해서는 시의원님들도 공감을 하고 계십니다.

○장철민 위원 그러면 어쨌든 이걸 운영을 하시면서 그게 다른 기관이 됐든 정부가 됐든 아니면 다른 제3자들이 됐든 언제까지는 대안을 서로 좀 내보자 라는 그런 일정도 정하고 그거를 가지고 논의를 하고 이래야 대화협의체도 생산적인 논의가 되는 것 아니에요? 그냥 만나시거나 하는……

○동두천시청복지문화국장 김우정 아까 말씀드린 대로 2023년도에 토지를 매입하고 지금 근 2년이 넘었습니다. 한 사업을 하는데 지금 너무나 사업이 지연이 되고 있거든요. 그래서 앞으로 계속 이런 식이라면 지자체에서 어떤 공사를 할 때 공사 못 합니다. 사업 못 하지요.

○장철민 위원 저희도 지역구에 어려운 일 있어요.

○동두천시청복지문화국장 김우정 그래서 하여튼 제안 주시면 그 제안에 대해서는 저희가 정말 고민하겠습니다.

○장철민 위원 일단 알겠습니다.

○소위원장 서범수 알겠습니다.

더 이상 질의 없으시면 이해관계인의 진술을 마치도록 하겠습니다.

국장님, 이석하셔도 좋겠습니다.

수고하셨습니다.

사실은 이 청원은 보니까 국회에서 다룰 게 아닌데.

○서영교 위원 청원이 왔으니까.

○소위원장 서범수 다룰 게 아닌데.

지금 여가부에서는 하실 게 별로 없잖아요.

○장철민 위원 정부에서 사과하는 정도의 요구는 할 수 있을 것 같은데요. 국가 차원의 사과 요구나 이런 거는 우리가 정리해 줄 수 있는데……

○소위원장 서범수 그런 거는 그런 건데.

○서영교 위원 아니, 사실은 잘 소통해서 해 나가야지. 그런데 얘기를 들어 줘야지.

○소위원장 서범수 다음으로 수석전문위원께서 주요 내용을 설명해 주십시오.

○수석전문위원 이옥순 1페이지입니다.

청원은 동두천시 옛 성병관리소의 철거 반대 및 보존을 요청하고 기지촌 피해자에 대한 국가의 사과와 배상을 촉구하는 내용입니다.

검토의견입니다. 하단입니다.

　성병관리소를 철거하거나 보존할지 여부는 동두천시, 경기도, 국가유산청 등 관계기관이 서로 협조하고 관련 시민단체, 동두천 시민 등과 소통하면서 지역 개발의 필요성과 성병관리소의 역사적 가치 및 보존 필요성 등을 함께 고려하여 결정할 사안으로 보이는바 여성가족부는 지자체 및 관련 기관 등과 지속적으로 논의하고 설득하여 갈등을 최소화할 수 있는 해결책을 모색할 필요가 있는 것으로 보입니다.

　3쪽입니다.

　기지촌 피해자에 대한 국가의 사과와 배상 촉구에 관한 사항입니다.

　대법원은 2022년 9월 기지촌 여성들이 제기한 국가배상 청구소송에 대하여 국가와 담당 공무원 등이 행정재량의 범위를 벗어나 적극적·능동적으로 원고들의 성매매 종사를 정당화하거나 이를 조장하였고 공무원으로서 마땅히 지켜야 할 준칙과 규범을 위반하였다는 원심을 확정하며 국가배상 책임을 인정하였습니다.

　대법원 확정판결에 따라 서울고등검찰청에서 배상금을 지급하고 있는데 2024년 11월 기준 지급 대상자 총 95명 중 90명은 지급 완료되었고 5명은 미수령 상태입니다.

　한편 경기도에서는 경기도 기지촌 여성 피해자 보호 지원 및 기념사업 등에 관한 조례에 따라 23명에게 월 10만 원의 생활안정 지원금을 지급 중이며 국가 차원에서는 성매매 피해자 등을 위한 자활지원센터를 설치·운영하여 지원할 뿐 기지촌 피해자에 대한 개별적인 지원법이나 지원 정책은 없는 상황입니다.

　국가가 국가배상 외에 기지촌 피해자들을 위한 지원 사업을 수행할지 여부는 기지촌 피해자의 열악한 상황, 국가의 위법성 및 책임 정도, 다른 국가범죄 피해자와의 형평성 등을 종합적으로 고려하여 입법정책적으로 결정할 사항이라고 보았습니다.

　이상입니다.

○**소위원장 서범수** 그러면 다음으로 정부 측 의견을 말씀해 주십시오.

○**여성가족부차관 신영숙** 지금 기지촌 여성의 역사 보존에 대한 청원 취지는 공감합니다. 그리고 오늘 또 피해자분께서 오셔 가지고 말씀하신 부분에 대해서 굉장히 안타까운 마음입니다.

　또 오늘 동두천시의 입장을 말씀하셨는데요. 저도 현장을 가면서 그 현장에 대한 주변 환경이라든가 개발 여건에 대해서 한번 살펴보았습니다. 그런데 동두천시에서 말하는 것처럼 오랜 기간 방치되었던 안전성이라든가 그다음에 여러 가지 민원에 대한 어려움 이런 부분도 청취할 수 있었습니다.

　그래서 이 부분에서는 위원님들이 제안을 해 주신 것처럼, 지금 현재 협의체가 양쪽에 10명, 10명 20명 해서 3차까지 진행을 했고 이 부분에 대해서 주요 안건이나 건의사항을 매번 도출하면서 동두천시에서 잘 논의를 할 의지를 제가 확인을 할 수 있었습니다. 그래서 이런 부분에 대해서 도출되는 경과를, 추이를 지켜보면서 정부에서 좀 지원할 수 있는 부분이라든가 해결을 모색하는 데 도움을 줄 수 있는 부분들을 저희가 계속할 수 있도록 상임위에서 논의를 해 주시는 것이 어떨까 이런 생각을 하고 있습니다.

○**소위원장 서범수** 다음은 위원님들 의견을 말씀해 주십시오.

○**이달희 위원** 저는 현장을 답사를 한번 해 봤습니다, 제가 지방자치단체에서 일을 하면서 현장에 항상 답이 있다고 생각해서.

　가 보니까 제가 동두천 시민이라면 이 건물에 대한 부분은 철거를 하고 정말 그 소요산, 아까 존경하는 서영교 위원님께서 '다른 데 지으면 안 되나?' 했는데 어느 산이든 주도로가 있습니다. 주도로의 들어가는 입구에 이 부분이 있어서 동두천시에서 관광지로 개발해서 새로운 먹거리, 성장 산업에 투자하기 위한 부분은, 그 장소는 있어야 되겠다 이런 생각이 들고요.

또 오늘 여기 증인들 얘기 들으면서 우리 여성들의 아픔은 간직하고 또 이 부분에 대해서 우리 역사적인 치유나 이런 거는 동두천 시민들한테 맡길 게 아니고 아까 차관님 말씀하시는 것처럼 기지촌의 성매매 관련한 부분을 어떻게 어루만져서 우리가 역사 속에서 이 부분을 인정할 건 인정하면서 또 치유해 갖고 가는지. 그분들의 고통도 이 사회가 함께 같이 고민하고 있다는 부분을 동두천시에만 맡길 게 아니고 이 역사적인 그런 부분은 좀 만들어 가야 되겠다는 생각은 하는데.

이 건물 자체가 가지는, 그 현장의 건물을 보존해야 되겠다 이거는 동두천시 의원들도 다 같이 동의하는 것처럼 이 부분은 좀…… 지금 대화협의체가 이루어졌다니까 거기에 맡겨서 동두천 시민들의 의사를 좀 존중해 줄 필요가 있다 이렇게 생각합니다.

○**장철민 위원** 이게 잘 돌아가든 돌아가지 않든 말씀하신 대로 대화협의체가 진행이 되고 있고 논의가 진행되고 있으면 저희가 국회 차원에서 철거해라, 보존해라라고 결정할 수 있는 사항도 아니잖아요.

그런데 다만 제가 오늘 들으면서 생각이 드는 건 뭔가 대안적인 논의를 시도해 본다고 했을 때 충분히 그런 것들을 낼 수 있는 주체나 능력이 사실 이 대화협의체에 있는지에 대한 의문은 약간 있거든요.

그래서 여가부든 아니면 국회나 여가부에서 지원하는 어떤 전문성을 가지고 계신 분들이든 뭔가, 물론 그것도 이 대화협의체에 참여하시는 분들의 동의가 좀 있어야겠지요. 그런 동의하에 전문적인 도움을 받을 수 있는 그런 부분들을 여가부 차원에서 좀 준비해 보는 게 어떤지라는 의견 하나 드리고요.

그리고 또 하나는 저희 지역의 상황은 조금 다르기는 하지만 우리나라에서 가장 큰 민간인 학살 피해 지역이 저희 지역구에 있거든요. 한국전쟁 당시에 3000명 이상이 학살당하시고 파묻혀 있고 이런 데라 지금도 여러 가지 발굴도 하고 평화공원 조성 같은 것들을 하고 있어요.

지역에서는 사실 꼭 좋아하지는 않습니다. 그러니까 이런 거를 기억을 한다는 것, 우리가 어떤 역사에 대해서 남긴다는 게 그 지역의 분들한테는 굉장히 큰 상처고 우리의 노력들이 많이 필요로 하거든요. 그런데 제가 이 말씀을 꼭 드리는 게 다른 이유가 아니고.

그런데 이거를 그냥 지역에 맡겨 놓으면 잘 안 돼요. 그러니까 저희 지역구에서 하는 사업도 100% 국비로 결국은 하거든요, 좀 오랜 노력을 거쳐서. 사실 이 역사에 관한 일, 우리 공동체의 뭔가 치유와 평화를 위한 노력들은 우리가 전체 국가 차원에서, 정부 차원에서 하는 게 어떻게 보면 그 지역을 위해서든 대한민국을 위해서든 더 바람직한 것 아닌가라는 생각도 들어서 대안적 검토를 한다고 한다면 100% 국비 사업이나 이런 방식으로 저희가 제안을 해 보고. 그것도 잘 받아들이지 않는다면 또 그건 어쨌든 시 협의체나 동두천시의 시민들께서 결정하셔야 되는 일이기는 하니까 이 대안적인 검토를 뭔가 좀 도와주셔서 하신다고 하면 정말 국가가 직접적으로 뭔가 돕는 방식으로 해 보는 게 어떤가 싶습니다.

○**소위원장 서범수** 청원이 5만 명 이상이지요? 그렇지요, 국회 청원이라는 게? 그러면 이 동두천 청원은 주로 어떤 분들이 청원을 하신 걸로 파악을 하고 계십니까? 예를 들면 다른 데도 미군 기지촌이 있고 이런 게 있을 건데 왜 동두천만 유독 청원을 내서 이걸 보관을 하자라고 하는가 이거지요. 좀 차별화가 있는가요? 어떻습니까?

○**수석전문위원 이옥순** 일단 동두천시에서 그 부지를 매입하고 계획하고 예산이 수립 되면서 철거 준비를 들어가려고 하는 상황이어서 동두천시가 당장에 급하다고 이렇게 청 원인들이 생각하신 것 같고요. 이게 국민동의청원이기 때문에 전자시스템으로 누구나 다 동의할 수 있는……

○**소위원장 서범수** 파악을 할 수가 없다?

○**수석전문위원 이옥순** 예. 해서 이분들이 주로 어떤 분인지까지는 지금 파악이 어렵습 니다.

○**소위원장 서범수** 아까 기지촌이 있고 그다음에 성병관리소가 있는 데가 전국에 몇 군데라고 그러셨어요?

○**여성가족부권익증진국장전담직무대리 조용수** 아까 성병관리소 6개가 있었다라고 얘 기는 했는데요.

○**소위원장 서범수** 지금 현재 보존하고 있는……

○**여성가족부권익증진국장전담직무대리 조용수** 지금은 하나도 없고 동두천에만 남아 있습니다.

○**소위원장 서범수** 동두천에만 있습니까?

○**여성가족부권익증진국장전담직무대리 조용수** 건물이 다 없습니다.

○**서영교 위원** 다른 데는 없어진 게 언제예요?

○**여성가족부권익증진국장전담직무대리 조용수** 언제 없어진 것은……

○**서영교 위원** 그런 걸 좀 해서 말씀처럼 '다른 데하고 왜 다르지?' 이런 거……

○**소위원장 서범수** 그러면 다른 데는 별문제 없이 아예 정리를 했을 거잖아요. 그렇지 요?

○**여성가족부권익증진국장전담직무대리 조용수** 예.

○**소위원장 서범수** 언제, 어떻게, 왜 정리가 됐는지도 전반적으로 한번 파악을 해 주세 요.

○**여성가족부권익증진국장전담직무대리 조용수** 예, 그렇게 하겠습니다.

○**소위원장 서범수** 아까 장철민 위원님께서도 말씀하셨다시피 이게 동두천에만 국한된 사항이 아니잖아요. 전체를 한번 살펴봐야 된다 그래서 그 전체를 살펴보고 그때의 아픔 을 겪었던 분들을 우리 여가부에서 어떻게 좀 어루만져 줄 수 있는지에 대한 부분은 종 합적으로 한번 해 봐야 된다.

그리고 이 부분도 동두천시에만 맡길 게 아니고 여가부에서 조금 개입을 하셔서 독려 를 하시든지 아니면 대안을 만들어 내더라도 좀 개입을 해 주셔야 된다. 제가 보니까 대 화체가 지난 2월 달에 구성이 됐다 하더라도 이게 그냥 만나는 정도의 형식만 내고 동두 천시가 '우리는 만났습니다. 협의했습니다. 그래서 우리는 밀어붙입니다' 이런 식으로 가 려고 하는 것 같기도 해요.

그런데 여가부에서도 분명히 말했습니다. '보존을 하자는 부분에 대해서는 공감을 한다'라고 말씀을 하셨기 때문에 과연 그걸 그대로 보존을 할 것이냐, 아니면 다른 방법이라도 보존을 할 수 있는 게 있는지 해서 대안을 여가부에서도 마련을 해서 그쪽으로 던져서 대화가 진행이 될 수 있도록 좀 해 주시는 게 안 맞겠느냐? 그렇지 않으면 지금 여가부의 역할이 없어요.

차관님, 어떻게 생각하십니까?

○**여성가족부차관 신영숙** 현 단계에서 중앙행정기관으로서 제약이 있는 것이 사실이긴 합니다. 그 소유주는 동두천시고 그다음에 지역 주민의 의견도 필요하고 이런 부분들이 있어서. 그런데 어쨌거나 두 차원에서는 갈등 예방·해결에 대한 이런 부분들이 적극적으로, 지금 경기도에서는 일단 시에서 알아서 하는 쪽의 그런 입장인 것으로 저희가 확인은 했습니다만 도 차원에서의 그런 부분들도 저희가 확인을 해 보고 지원이 가능한 부분이 있는지 찾아보고 필요한 부분에 있어서는 관계 기관하고 적극적으로 협의를 하겠습니다.

○**서영교 위원** 제가 한 말씀만 드릴게요.

그런데 이쪽 협의를 하고 이쪽 입장 있잖아요, 반대하는 분들은 어떻게 입장이 좀 바뀌거나 아니면 이런 것은 파악된 게 있나요?

○**여성가족부권익증진국장전담직무대리 조용수** 권익증진국장전담직무대리 조용수입니다.

지금 입장이 다 팽팽한 것으로 알고 있고요. 일단은 두 입장은 너무 팽팽한 상태인 것으로 지금 알고 있습니다.

그리고 일단은 저희가 이런 사업을 중재하려고 하면 저희 부에서 할 수 있는 기지촌에 대한 어떤 근거 법률이라든지 이런 것들이 있어야 하는데 그런 것은 현재 저희에게 어떤 법적 근거가 없는 상황이거든요. 그리고 저희 사업 같은 경우는 성매매 피해자 지원이라든지 이런 사업들은 할 수가 있는데 어떻게 보면 이런 것은 그것을 보존하거나 이런 것 같으면 약간 기념사업으로 추진을 해야 하는 건데 이게 법적 근거가 저희 부가 개입해서 이것을 했을 때 여기가 수용할 수 있는 그런 것들도 없는 부분이 있기는 합니다. 그래서 저희들 같은 경우는 저희가 하는 데는 좀 제약인 부분이 있다라는 부분을 말씀을 드립니다.

○**서영교 위원** 저희 지역에 망우리 공동묘지가 있어요. 망우리 공동묘지가 있는데 다 싫어하잖아요, 가기도 싫어하고. 그런데 거기를 이름부터 바꿔서 망우역사문화공원 이렇게 만들었는데 지금은 완전히 관광…… 그런데 우리는 호텔을 만들거나 파크골프장을 만들거나 이런 것은 아니라 역사 기억의 공간을 70억을 따다가 만들었어요. 그런데 너무나 아름다운 거지요. 그래서 3·1절 기념식은 거기서 하고 그다음에 마을 주민들에게는 예를 든다면 그 공간에 묘소, 그러니까 만해 한용운 선생님이 있고 유관순 열사의 분묘가 있고 거기를 아름답게 만들어 놨어요. 그러니까 우리가 행사를 항상 거기서 해요.

이게 망우리라고 하는 이름도 주민으로서는 나는 이해는 해요. 그래서 주민으로서 망우리를 없애 버리자 그래서 망우역사문화공원으로 이름을 바꿔요. 그러니까 망우리는 일제 때, 그래서 역사를 다 뒤졌다니까. 태조 이성계가 망우라고 이름을 내놨는데 일제가 와서 망우리라고 이름을 바꿨더라고. 그것을 우리가 정당성을 가지고 망우역사문화공원으로 바꾸고, 그리고 거기 만해 한용운 선생님부터 다 있어요. 한 100여 명이 있어요. 그러니까 그 묘소를 관리하는 마을 주민까지 넣어 놨어요. 그러니까 이제는 여기가 완전히 명소로 바뀌는……

　그런데 제가 아까 들으니까 저도 몰랐지만 호텔, 놀이공간 이렇게만 하는 것이 아니라 거기를 좀 더 의미 있게 관광 명소로 하되 아름다운 잔디면서 사람들이 와서 기억도 하고 여유도 가지면서 사랑도 하고 위로도 갖는 이렇게 간다면 서로가 윈윈하지 않을까 이런 생각이 들어서 아까 윈윈을 찾았는데. 그렇게 조언도 하고 그렇게 가는 것들이 필요하지 않을까 싶으면서 그래서 이쪽 분들에 대한 마음을 치유하려면 아까 말했듯이 그동안 지원도 하고 이러는데 어차피 역사적으로 남겨 놔야 될 부분인데 우리가 좀 더 할 수 있는 게 무엇이냐 이런 생각을 조금 더, 이것은 우리 위원장님 말씀처럼 여가부가 법적으로 찾아보면 좋겠다. 그렇게 해 주면 좋을 것 같아요.

○**소위원장 서범수**　그래서 이게 지금 두 가지 안건이거든요. 동두천시 옛 성병관리소 철거 반대 부분에 대해서는 대화협의체를 좀 더 실질적으로 해 달라. 그리고 여가부에서도 여기에 대해서는 반감만 하시지 말고 적극적으로 도와줄 수 있는 부분들이 있는지, 그렇게 정리를 하면 될 것 같고요.

　그다음에 두 번째, 기지촌 피해자에 대한 국가의 사과와 배상 촉구 이 부분은 여러 가지 이야기는 있습니다만 아까 말씀대로 기지촌 피해자에 대한 전체적인 실태를 한번 파악을 해 주십시오.

　제가 대단히 불편한 말씀을 드리자면 여가부 같은 경우에는 지금 로데이터가 별로 크게 없어요. 뭘 좀 데이터를 가지고 이야기를 해야 되는데 그런 부분들이 물어보면 '이제 파악하겠습니다' 이런 식으로 대답을 하시는 경우가 많아서 이 부분도 전체적으로 한번 보시고 그것을 가지고 여가부 입장에서, 제가 말씀드리는 것은 뭐냐 하면 두 대화협의체를 해서 양쪽 찬성파와 반대파가 있겠지만 여가부 입장에서는 보면 반대파 쪽으로 조금이라도 더 심정적으로 도와줘야 되는 게 저는 여가부의 입장이라고 봅니다. 그래서 여가부의 존재 가치가 있는 거 아니겠습니까? 그런 식으로 해서 이 두 가지에 대한 부분은 여가부에서 관심을 가지시고 전체적으로 실태조사를 해서 자료도 저희들한테 한번 보고를 해 주시고.

　청원소위를 언제 또 하게 될는지는 모르겠습니다만 그렇게 정리를 하도록 하겠습니다. 그러면 계속 심사하는 것으로 하겠습니다. 이 부분은 대화협의체…… 그 대화협의체를 너무 딱, 내가 아까도 동두천 국장님한테 말씀드렸다시피 4월을 목표로 해서 뭔가 하겠다는 생각보다는 실질적인 대화가 될 수 있도록 여가부에서 지도를 해 주십사 부탁을 드립니다.

　그렇게 하면 되겠습니까, 장철민 위원님?

○**장철민 위원**　예.

○**소위원장 서범수**　이 안건은 보다 심도 있는 논의를 위해 향후 계속해서 심사하도록 하겠습니다.

　그러면 다음 안건으로 넘어가겠습니다.

---

2. 여성혐오 범죄에 대한 법적 정의 확대 및 성범죄 예방을 위한 법·제도 개선에 관한 청원(백선영 외 50,156인 국민동의로 제출)(청원번호 2200051)

○**소위원장 서범수** 다음으로 의사일정 제2항 여성혐오 범죄에 대한 법적 정의 확대 및 성범죄 예방을 위한 법·제도 개선에 관한 청원을 상정합니다.

먼저 수석전문위원께서 주요 내용을 설명해 주시기 바랍니다.

○**수석전문위원 이옥순** 11쪽입니다.

청원은 여성혐오 범죄에 대한 법적·제도적 방안을 마련하고 성범죄 예방을 위한 정책을 강화할 것을 촉구하는 내용입니다.

현재 여성에 대한 증오를 동기로 하는 여성혐오 범죄는 별도의 법적 정의 없이 성범죄, 성매매, 가정폭력, 스토킹 등 사건별 범죄 유형에 따라 개별법에 포섭되어 가해자 처벌 및 피해자 보호가 이루어지고 있으며 현재 사법체계 내에서 여성혐오 동기는 양형기준 판단 과정에서 고려하고 있습니다.

청원인의 요청 사항과 같이 여성혐오적 동기가 포함된 범죄에 대한 명확한 정의를 법에 포함하고 여성혐오 범죄를 가중처벌할 수 있는 법적 근거를 마련할 경우 여성혐오 범죄에 대한 사회적 경각심을 높여 해당 범죄를 예방하고 보다 안전하고 평등한 사회를 도모할 수 있을 것으로 보입니다.

다만 여성혐오 범죄의 정의 및 가중처벌을 법에 별도로 규정할지 여부는 여성혐오 범죄의 특정 가능성, 다른 집단과의 형평성, 현행 사법체계와의 조화 여부 등을 고려하여 입법정책적으로 결정할 필요가 있습니다.

참고로 혐오의 감정은 주관적이라 입증이 쉽지 않고 혐오의 범위를 넓게 해석할 경우 가중처벌의 범위가 확대되는 등의 문제가 있는 등 혐오의 의미를 명확히 하지 않을 경우 형벌법규의 명확성 원칙에 반할 소지가 있으며 장애인, 성소수자 등 다른 소수집단에 대한 혐오범죄 처벌과 형평성 논란이 발생할 수 있고 현행법 체계에서는 범행 동기를 가중처벌이 아니라 양형 조건에서 반영하고 있다는 점 등을 고려할 필요가 있습니다.

관계 부처 의견입니다.

13쪽입니다.

법무부는 여성을 대상으로 한 범죄에 강력히 대응하기 위해 법·제도상의 미비점이 없는지 확인하고 개선해 나갈 것이라는 입장입니다. 경찰청은 변화하는 범행 양상에 따라 적극 대응하겠다는 입장입니다.

이상입니다.

○**소위원장 서범수** 다음은 정부 측 의견을 말씀해 주십시오.

○**여성가족부차관 신영숙** 여성혐오 및 여성 폭력에 대한 강력한 대응이 필요하다는 청원 취지에 깊이 공감합니다. 다만 수석전문위원님께서 제기하신 것처럼 관련 규정을 신설하는 부분이 현행 법체계와의 그러한 조응성에 대한 고려가 필요하다라는 부분 때문에 말씀드릴 수 있는 것은 검토가 필요하다 이 말씀을 드리고요. 향후에 이 관련 법이 국회에 발의된 경우에는 청원의 취지를 감안해서 적극적으로 여가부에서 관계 부처 등과 검토를 해 나가겠다라는 말씀을 드리겠습니다.

○**소위원장 서범수** 알겠습니다.

다음은 위원님들께서 의견을 말씀해 주십시오.

○**장철민 위원** 사실 발의가 된다고 해도 법무부가 주도하는 사안 아니에요? 지금 이게

여가위로 청원이 넘어온 이유가 있나요? 이것은 약간 경계에 있는 문제인 것 같기는 해서 이게 법사위 청원인지 여가위 청원인지 혹시 판단 기준 같은 게 있을까요?

○**수석전문위원 이옥순** 지금 이게 법무부와 여기, 그러니까 법사위랑 여가위 사항이 경계가 약간 애매한데 민원 주관 부서를 고려하는 부서에서 그 시점에 법사위가 한참 너무……

○**장철민 위원** 복잡해서?

○**수석전문위원 이옥순** 예, 그런 상황을 배려해서 여가위원회에서 심사를 해 줬으면 좋겠다는 그런 의견이 있었습니다.

○**장철민 위원** 아니, 그러니까 저희가 여성 피해자 보호 관점이라든가 이러면 되게 명확해지는데 이게 범죄 관련돼서는 나중에 입법 논의를 한다고 해도 사실상은 법체계, 형법체계에 관련돼서 법사위에서 할 수밖에 없을 것 같은 느낌이 들어서, 그러면 예를 들면 여성혐오 범죄 피해자들을 보호하는 것이면 명확하게 저희 건데 약간 애매해 가지고 여쭤본 거였거든요.

○**소위원장 서범수** 이게 정확하게 의미가 뭐예요? 여성혐오 범죄 방지 및 성범죄 예방을 위한 법적·제도적 개선 촉구라는 게 예를 들면 어떻게 해 달라는 거지요? 저는 사실은 이 부분이 너무 추상적이라서.

○**수석전문위원 이옥순** 일단은 상대방에 우리가 범죄를 이렇게 할 때 무슨 보복을 한다든지 어떤 상대방의 원인을 제거, 제공한다든지 관계가 있는 상황에서 범죄가 발생하는데 순전히 여성을 혐오한다는 그 이유 하나로……

○**소위원장 서범수** 그 내용은 알겠는데 예를 들면 법을 제정해 달라는 건지, 아니면 혐오 범죄 방지를 위한 특별법이라든지 이 법을 제정해 달라는 건지, 아니면 기존의 있는 법에, 성폭력범죄 처벌법이라든지 이런 데 더 가중적으로 처벌을 해 달라는 건지 이게 구체적으로……

○**수석전문위원 이옥순** 그게 구체적으로 그 방법이나 내용에 관해서는 청원인이 언급하시지 않고, 그러니까 혐오 범죄를 정확히 정의하고 가중처벌을 그게 어떤 형식, 법의 형식이든 개정이든 제정이든 법적 근거를 마련해 달라는 요청입니다. 그러니까 그 방법에 대해서는 거론하시지는 않고. 그러니까 이것은……

○**서영교 위원** 제가 의견을 좀 내겠습니다.

지금 그 말씀처럼 여성혐오 범죄가 많으니까 이것 환기시켜야 될 필요는 꼭 있고 그런데 꼭 여성혐오만이 아니라 장애인을 혐오하거나 아니면 노인을 혐오하거나 그래서 타기팅해 가지고 범죄가 일어나고 남성 중에서도 좀 부족하다고 생각하는 사람을, 어떻든 착하고 선한 사람을 못된 사람이 타기팅해 가지고 하는 그런 것들도 이 여성혐오 범죄 하던 것에 유사한 것 같기는 해요.

그래서 지금 이 내용을 여성혐오라고만 하면, 이게 또 여성만 혐오가 있는 것은 아니잖아요. 이렇게 또 될 수 있으니 오늘 이것을 충분히…… 이것도 청원을 하신 분들과 상의를 해 보면서 이게 실질적으로 올라왔지만 어떤 제도적·법적 장치를 요청하냐라고 한 번 더 물어봐 주시고. 저도 고민을 해 봤는데 특별히 이것만 넣기에는 그렇고, 이게 법사위 법으로 간다면 가중처벌을 하거나 이럴 때 누구를 아주 이유 없이 타기팅하고 저격하기 위해서 하는 거다 이러면 평상시에 했던 것보다 더 가중한다라고 하는 것을 어떻든 법적으로 넣을 수 있는지 한번 검토를 해 봐 주시면, 그것을 처벌 과정 속에서 넣는다면 그런 것을 이렇게만이 아니라 다 해서 넣고 환기시키는 것은 이것은 청원이 들어왔고 여성혐오, 특별히 성적 혐오를 가지고 하는 것은 안 된다라고 하는 의미를 알리고 이런 정도로 하면 어떻겠나 싶으나 청원한 분들의 특별한 뜻이 어떤 것인지를 더 찾아서 대책을 마련하면 좋겠습니다.

○**장철민 위원** 저도 그냥 정리를 하기는 해야 되니까 의견을 좀 드리면 말씀하신 대로 가중처벌 관련된 형사법적인 것은 저희 일은 아닌 것 같고. 그런데 다만 여성혐오 범죄라고 했을 때 이 범죄에 대해서 예를 들면 여기 성폭력방지법 같은 것들 개정에 대한 내용들이 청원에 섞여 있나 보던데 혹시 이 여성혐오 범죄에 대해서 여가부 차원에서 조사하거나 용역하거나 이런 부분들이 조금 있나요?

○**여성가족부권익증진국장전담직무대리 조용수** 혐오 범죄는 그것에 대해서 조사한 것은 따로 없습니다.

○**장철민 위원** 그러니까 제가 보기에는 이것을 어떤 식으로 처벌할 거냐는 것은 명확하게 법사위나 법무부나 이쪽에서 해야 되는 일이지만 예방 차원에서 시책 마련하고 계획 세우고 할 때 그 기초가 되는 뭔가 연구와 조사 부분은 어떻게 보면 여가부가 해야 되는 영역도 분명히 있는 것 같거든요.

그래서 저는 이 부분에 대한 청원을 저희가 입법적으로 어떻게 하자라는 것은 결정하기 어렵겠지만 여성혐오 범죄에 대해서 구체적인 조사·연구, 여러 가지 지원 사업들에 대한 준비 이런 부분들을 어떤 식으로 할지를 여가부에서 마련하고 그것을 이 청원에 대한 저희 논의의 결과로 삼는 것이 어떤가라고 제안드리겠습니다.

○**여성가족부권익증진국장전담직무대리 조용수** 참고로 말씀을 드리면 일단 먼저 혐오 범죄라고 그렇게 하려고 하면 혐오 범죄가 뭐냐라는 정의부터 들어가 줘야 하거든요. 그래서 이 혐오라는 것을 어떻게 정의할 건지가 정부 내라든지 이런 합의가 있어야 그것에 대한 조사가 이루어질 수 있기 때문에 일단 현재까지는 어떤 실태조사 같은 것들이 없었던 부분이 있기는 합니다. 그래서 혐오 범죄를 다룰 때는 어쨌든 법무부랑 같이 이것을 논의해서 그게 이루어져야 하는 거지, 하여튼 저희들도 한번 고민을 많이 하겠습니다.

○**여성가족부차관 신영숙** 일단 국내에서 정의에 대한 이런 부분 논의가 필요한 부분은 말씀을 드렸고 해외에서 이런 혐오에 대한 범죄를 어떻게 규정하시는지 조사·연구하는 차원에서도 한번 살펴보고 논의가 좋은 쪽으로 될 수 있는 그런 기초 작업 부분들을 한번 고민해 보겠습니다.

○**이달희 위원** 여기 15쪽의 청원 원문을 보면 청원한 사람이 꼭 이렇게 갈라서 여성혐오 어디, 어디 정확하게 법적인 조치보다는 온라인상에나 이런 여러 가지 정책, 장기적인 대책 수립이 필요하다 이런 주의를 촉구하면서 특히 여기 쭉 보면 여가부 차원에서 이런 온라인상에, 교육이 필요하다, 여러 가지가 있잖아요. 여기 청원 원문을 보면 이분들이 청원한 취지가 정확하게 나오는 것 같은데 이것을 잘 참고해서, 여기 보면 꼭 법을 이렇게 만들어서 여성혐오 범죄를 청산하자보다는 이런 사회적 분위기가 있으니 온라인, 오프라인에서 또 피해자 지원이나 성차별적인 이런 부분을 정책에 잘 녹여 내 달라는 취지가 더 큰 것 같으니까 청원 원문을 정확하게 파악해 보면 좋을 것 같습니다.

○**소위원장 서범수** 그러면 정리하겠습니다. 이 부분에 대해서는 이달희 위원님께서 말

씀한 청원 원문을 보고 거기에 구체적인 여가부에서 해야 될 어떤 사안들을 다음 청원 때 보고를 해 주시기 바랍니다. 그렇게 하면 되겠지요?

○**여성가족부차관 신영숙** 예, 그렇게 하겠습니다.

○**소위원장 서범수** 그러면 이 안건은 보다 심도 있는 논의를 위해 향후 계속해서 심사하도록 하겠습니다.

시간이 8분 남았는데요.

○**장철민 위원** 그래도 서영교 위원님께서 말씀하시겠지만……

○**소위원장 서범수** 아니, 이게 제일 관심이 있으신 것 아니에요? 3번……

○**서영교 위원** 다 관심이 있었고 이것은…… 예, 그렇습니다.

○**소위원장 서범수** 그래서 3번을 해야 되나, 지금 시간이 딱……

○**서영교 위원** 그러면 3번은 이렇게 해 주시지요.

○**소위원장 서범수** 말씀하십시오.

○**서영교 위원** 어차피 법안도 나와 있고 그래서 사실 여야가 이것 가지고 정쟁할 내용도 아닌 것 같고 좀 더 적극적으로 했으면 좋겠다라고 하는 안을 내면서 이것에 대해서 어떻든 좀 더, 청원했던 분들의 의견도 있으니까 계속 심사라고 하시지만 저는 이 내용을 법안소위로 올려서 청원했던 분들을 한 번쯤, 사실 우리가 변죽 울리기가 참 오래된 것 같아요. 법안 심사할 때 그분들을 한 번 불러서 이것을 구체적으로 의견을 들어 보면 좋겠어요, 그 자리에서. 어차피 우리 다 이야기하던 거니까.

○**소위원장 서범수** 그러면 일단 3항을 상정하고 말씀하시고 결론을 내겠습니다.

---

3. 일본군 '위안부' 피해사실을 부정하고 피해자를 모욕하는 이들을 강력히 처벌할 수 있도록 법 개정 요청에 관한 청원(강경란 외 50,008인 국민동의로 제출)(청원번호 2200057)

(10시53분)

○**소위원장 서범수** 일단 먼저 상정부터 하겠습니다.

다음으로 의사일정 제3항 일본군 '위안부' 피해사실을 부정하고 피해자를 모욕하는 이들을 강력히 처벌할 수 있도록 법 개정 요청에 관한 청원을 상정합니다.

그러면 서영교 위원님 의견부터 말씀하시기 바랍니다.

○**서영교 위원** 다음에 청원소위가 언제 열릴지 몰라서, 서범수 위원장님께서 아주 잘하셔서 열어 주셨는데 한 번 더 연다면 이 자리에 이 청원을 하신 분들을 한 번 오시게 해서 의견을 들으면 좋겠고.

○**소위원장 서범수** 그렇게 하겠습니다.

○**서영교 위원** 그것이 되지 않는 사이에 우리가 바로 다음 법안소위에서 이 법안을 논의해야 되지 않겠습니까? 그 자리에—저는 전체회의로 오시게 해도 좋고 소위에 오시게 해도 좋고—그래서 저는 소위에 없지만 말씀을 좀 진정하게 들어서 이것을 적극적으로 법안으로 만들어서 더 이상 이런 불행한 일들이 재반복되지 않게, 외국인이 와서 소녀상에 테러를 가하지를 않나, 막 거기다가 이상한 성적인 행위를 하지 않나, 할머니들에 대해서 모욕을 하지 않나, 있을 수 없는 일이고 그런데 벌금이 10만 원 이러니까 계속 이 일을 하고 그 일을 유튜브로 내보내고 돈을 벌어들이는 거 같아요. 그래서 이 돈이 일본으로부터 온다 이런 얘기도 있는데 확인은 되지 않지 않았습니까? 그래서 그런 일은 없

어야 되겠지만 그런 부분까지 한번 조사할 수 있다면 조사해 주시면 좋겠다 이렇게 생각하고 다음 법안소위와 전체회의에서 적극적으로 논의해 주셨으면 좋겠습니다.

○소위원장 서범수 알겠습니다.

여가부나 전문위원 다른 말씀 하실 게 없습니까?

○수석전문위원 이옥순 없습니다.

○소위원장 서범수 그러면 금방 심사한 제3항 일본군 '위안부' 피해사실을 부정하고 피해자를 모욕하는 이들을 강력히 처벌할 수 있도록 법 개정 요청에 관한 청원은 법률안의 개정과 관련된 청원이고 관련 법률안이 법안심사소위원회에 계류 중이므로 함께 심사하는 것이 타당하겠다고 판단되므로 이 청원을 법안심사소위원회로 회부해서 심사하려고 하는데 이의 없으십니까?

(「예」 하는 위원 있음)

가결되었음을 선포합니다.

이상으로 안건 심사를 모두 마치도록 하겠습니다.

위원님들 수고 많이 하셨습니다.

여가부차관을 비롯한 관계 직원 여러분 그리고 수석전문위원을 비롯한 위원회 직원분들과 의원 보좌진 여러분께서도 수고하셨습니다.

산회를 선포합니다.

(10시56분 산회)

○**출석 위원(4인)**

서범수 서영교 이달희 장철민

○**출석 전문위원 및 입법심의관**

수석전문위원 이옥순

○**정부측 및 기타 참석자**

여성가족부

차관 신영숙

기획조정실장 김기남

권익증진국장전담직무대리 조용수

기지촌피해자 김은희

동두천시청복지문화국장 김우정

국민 여러분, 지금 우리는 나라 안팎으로 여러 가지 어려움을 겪고 있습니다. 우리 국민의 삶
과 대한민국의 미래가 좌우될 수 있는 중대한 과제들이 산적해 있습니다. 국민적인 통합이 매
우 절실한 때입니다. 이념과 세대, 지역과 계층 간의 갈등을 넘어서지 못하면, 지금의 위기를
극복하기 어려우며 대한민국의 지속가능한 성장도 불가능할 것입니다. '제주 4.3 정신'은 지금
우리에게 무엇보다 중요한 화합과 상생의 가르침을 주고 있습니다. 민간 희생자뿐만 아니라
군인과 경찰 희생자를 함께 추모하는 제주 영모원(英慕園)의 위령비에 화해와 포용의 정신이
새겨져 있습니다. "모두가 희생자이기에 모두가 용서한다는 뜻으로 모두가 함께 이 빗돌을 세
우나니, 죽은 이는 부디 눈을 감고 산 자들은 서로 손을 잡아라"고 하셨습니다.

– 한덕수 대통령 권한대행 국무총리, 4월 3일 제77주년 4·3 추념식 추념사

12.29여객기참사진상규명과피해자및 유가족의피해구제를위한특별위원회회의록
（피해자와유가족지원및추모사업지원소위원회）
（임시회의록）

제 3 호

국 회 사 무 처

일　　시　2025년4월3일(목)

장　　소　국토교통위원회회의실

의사일정
1. 12·29여객기사고 피해자 지원 등을 위한 특별법안(김은혜 의원 대표발의)(의안번호 2208585)
2. 12·29여객기참사 피해구제 및 지원 등을 위한 특별법안(이수진 의원 대표발의)(의안번호 2208613)
3. 12·29여객기참사 피해자 권리보장과 진상규명 및 재발방지를 위한 특별법안(문금주 의원 대표발의)(의안번호 2208670)
4. 12·29여객기참사 피해자 권리보장을 위한 특별법안(전진숙 의원 대표발의)(의안번호 2208672)
5. 12·29여객기참사 진상규명 및 피해자 권리보장을 위한 특별법안(서삼석 의원 대표발의)(의안번호 2208728)
6. 12·29여객기참사 피해자 지원을 위한 특별법안(권향엽 의원 대표발의)(의안번호 2209194)

상정된 안건

(11시03분 개의)

○소위원장 이수진　의석을 정돈해 주시기 바랍니다.

　성원이 되었으므로 제423회 국회(임시회) 제3차 피해자와 유가족 지원 및 추모사업 지원 소위원회를 개회하겠습니다.

　오늘 회의에서는 6건의 특별법안을 계속하여 심사하도록 하겠습니다.

법안심사 방법은 소위원회 심사자료를 기반으로 하여 전문위원의 설명과 정부 측의 의견을 들은 다음에 위원님들께서 질의·토론하시는 순서로 진행하도록 하겠습니다.

그리고 배석하고 계신 분이 답변을 하는 경우 원활한 회의 진행과 회의록 작성을 위하여 위원장으로부터 발언권을 얻은 후 답변해 주시고 답변 모두에 소속 직위 성명을 말씀해 주시기 바랍니다.

오늘 회의에는 국토교통부 보건복지부에서 차관 및 관계 공무원이 참석해 있고 행정안전부 기획재정부 교육부 고용노동부 중소벤처기업부 법무부 경찰청 인사혁신처에서는 담당 실국장을 비롯한 관계 공무원이 참석해 있습니다.

다만 행정안전부 재난안전관리본부장은 오늘 회의에 참석해야 합니다만 당정협의회 참석 및 산불 수습 등을 위하여 참석하지 못함을 허가해 달라는 요청이 있어 이를 승인하였음을 말씀드립니다.

그러면 의사일정에 들어가도록 하겠습니다.

---

1. **12·29여객기사고 피해자 지원 등을 위한 특별법안**(김은혜 의원 대표발의)(의안번호 2208585)

2. **12·29여객기참사 피해구제 및 지원 등을 위한 특별법안**(이수진 의원 대표발의)(의안번호 2208613)

3. **12·29여객기참사 피해자 권리보장과 진상규명 및 재발방지를 위한 특별법안**(문금주 의원 대표발의)(의안번호 2208670)

4. **12·29여객기참사 피해자 권리보장을 위한 특별법안**(전진숙 의원 대표발의)(의안번호 2208672)

5. **12·29여객기참사 진상규명 및 피해자 권리보장을 위한 특별법안**(서삼석 의원 대표발의)(의안번호 2208728)

6. **12·29여객기참사 피해자 지원을 위한 특별법안**(권향엽 의원 대표발의)(의안번호 2209194)

(11시05분)

○**소위원장 이수진** 의사일정 제1항부터 제6항까지 12·29여객기참사 피해자 지원과 관련한 특별법안 6건을 일괄하여 계속 상정합니다.

전문위원 보고해 주시기 바랍니다.

○**전문위원 임종수** 전문위원입니다.

지난 소위에 이어서 소위 심사자료가 아니고 소위 심사자료 별지라고 표시된 지난 소위까지 논의된 것들을 다 종합해서 반영한 별지 2-1로 보고드리겠습니다.

별지 2-1 4쪽 먼저 보고드리겠습니다.

지난 소위까지 논의하시고 여전히 결정되지 못한 부분들, 쟁점으로 남아 있는 부분들부터 먼저 요약해서 보고드리겠습니다.

별지 2-1 4쪽의 피해자의 범위에 관한 사항입니다. 피해자의 범위에 관한 사항은 18쪽을 봐 주시기 바랍니다.

18쪽에 나와 있는 피해지역에 대한 경제 활성화, 영업활동 제한 등으로 인한 손실을 입은 자에 대한 보상방안 등을 규정하고 있는 부분과 연계해서 계속 논의하시고자 지난 소위 때 말씀하셨고 이 부분에 대해서는 정부 측에서 검토한 결과를 확인하시고 결정하시면 될 것 같습니다.

그리고 바로 이어서 나오는 무안공항 안전성 강화 및 활성화 지원과 관련해서도 정부 측에서 검토한 결과 확인하시고 논의하시면 될 것 같습니다.

두 번째 사항은 17쪽, 바로 앞쪽입니다.

두 번째 사항은 지난 소위 때 현행 공무원연금법에서 규정하고 있는 자녀 수급 연령에 대해서 이번 특별법에서 그 해당 수급 연령을 확대할 필요가 있다는 부분에 대해서 논의를 하셨고 이 부분 역시 소관 부처에서 검토한 내용을 확인하시고 나서 결정하시는 걸로 말씀하신 바 있습니다.

다음은 말씀드렸던 25쪽 교육비 지원 파트입니다.

교육비 지원 파트는 지난 소위 때 교육비 지원에 관한 특별법상 법률 규정에 대해서는 사실상 논의를 마쳤습니다. 보건복지부에서 얘기했던 바와 같이 보육료에 관한 부분은 제외를 하고 영유아보육법상 이미 무상교육을 통해서 보육료가 다 지원이 되고 있기 때문에 보육료는 명시할 필요가 없다는 점에서 보육료는 제외하고 지원 대상들을 법률에서 이미 다 규정을 하고 있기 때문에 법률 규정은 모두 다 논의를 마치셨는데 다만 교육부에서 대학 등록금을 어디까지 지원할 것이냐 얼마만큼 지원할 것이냐 부분에 대해서 최종적으로 검토해서 소위에 보고하기로 한 바 있습니다. 해당 부분을 확인하시고 결정하시면 될 것 같습니다.

그리고 다음으로 42쪽입니다.

42쪽에는 국가가 여객기참사 희생자를 추모하고 항공 안전사고 재발을 방지하기 위해서 설립되는 사단 또는 재단, 유가족협의회 등에 대해서 재정적 지원을 하는 근거를 마련하고 있습니다. 이 부분에 대해서도 정부 측에서 최종적으로 검토한 결과를 확인하시고 논의하기로 하신 바 있습니다.

그리고 46쪽입니다.

46쪽은 특별법에서 현행 사고조사위원회의 위원 추천과 조사관 추천을 할 수 있도록 하는 근거를 마련하는 규정인데 해당 부분에 대해서는 지난 소위에서 부대의견을 첨부하는 것으로 대체하기로 논의하신 바 있습니다. 그래서 소위 자료 하단에 국토교통부와 협의해서 마련한 부대의견안을 첨부해 두었습니다. 해당 부대의견안을 이번 특별법을 의결할 때 부수안 부대의견으로 채택하실 수 있을 것 같습니다.

그리고 마지막으로 지난 소위 때 말씀하셨던 시행일에 관한 부분인데 지난 소위 때 시행일은 김은혜 의원안은 3개월, 다른 의원님들 안에는 공포한 날부터 시행하기로 규정되어 있습니다마는 제정 법률의 시행 준비기간을 고려해서 최소한의 준비기간을 설정하는 2개월로 설정하는 것이 어떤지에 대해서 소위에서 제시하신 바 있고 해당 부분에 대해서 정부 측에서 수용하는 것으로 확인한 바 있습니다. 그러면 이 특별법의 시행일은 공포 후 2개월이 경과한 날부터 시행한다로 결정하실 수 있을 것 같습니다.

이상 보고를 마치겠습니다.

○소위원장 이수진 　정부 측 의견 주시기 바랍니다.

○국토교통부제2차관 백원국 　국토부부터 의견드리겠습니다.

일단 피해자의 범위에 지난 소위에서 논의되었던 사실상의 배우자에 대한 그것을 어떻게 할 것이냐에 대한 지적이 있었고 그 부분에 대해서는 검토할 필요가 있다고 보여집니다. 그래서 저희가 생각하는 것은, 법안에서 지원 및 희생자 추모위원회 규정이 있습니다. 거기에 피해자 확인 근거를 명시하고 그밖에 사실상의 배우자에 대한 확인 대상 절차 서류는 대통령령에서 규정하는 제안을 드리고 싶습니다.

두 번째, 손실 보상과 관련된 문제는 20조 권향엽 의원안의 무안국제공항 안전성 강화 및 활성화 지원에 대해서는 지난 소위에서도 말씀드렸듯이 이 부분에 대해서는 무안공항의 문제뿐만 아니라 전국에 있는 공항 7개를 저희가 특정을 해서 공항시설 개선을 추진하고 있습니다. 그래서 그렇게 정부에서 하고 있으니까, 또 활성화 지원 부분에 있어서는 지방공항 활성화 대책도 시행을 하고 있습니다. 다만 거점공항을 유치하는 것을 명시하는 것은 어떻게 보면 항공사의 경영상 판단 사항이기 때문에 법에서 명시하는 것은 부적절하다고 보여집니다. 그래서 20조 부분은 삭제 의견 드립니다.

다음, 사단 또는 재단에 대한 출연 규정입니다.

이 부분은 저희가 지난 화요일 날 소위 이후에 계속 기재부 중심으로 논의가 됐는데 대안을 찾았습니다마는 대안에 대한 검증 시간이 필요합니다. 그래서 저희가 주말에 이 부분에 대해서 하고 기회가 된다면 다음 주 월요일 날 전체회의 전에 잠시 이 부분에 대해서 원포인트로 결론을 짚고 넘어갔으면 좋겠다는 말씀을 드립니다.

그리고 46페이지에 있는 사고조사위원회에 대한 특례 규정은 전문위원 검토보고대로 부대의견 안을 수용하는 것으로 하겠습니다. 시행일도 저희가 2개월로 하는 걸로 수용을 합니다.

다만 지원 가능 사항 중에서 2개월 이후 시행인데 즉시 시행해야 될 항목이 저희가 살펴보니까 일상생활돌봄 지원하고 금융거래 사항입니다. 이 부분은 지금 현재도 별도 규정이 없더라도 즉시 시행이 가능한 사항이기 때문에 이 부분에 대해서는 즉시 시행해야 될 항목을 별도로 규정하는 것은 의미가 없겠다는 판단을 하고 있습니다.

이상입니다.

○**소위원장 이수진** 기재부 의견 주시기 바랍니다.

○**기획재정부국토교통예산과장 최용호** 말씀드리겠습니다.

저희가 유가족 대표 측하고 협의를 하고 좀 합의가 됐는데 그 이후에 다른 변동 사항이 있어 가지고 지연이 된 부분에 대해서는 죄송스럽게 생각합니다.

이번 사건과 관련해서는 다른 사건과 다른 부분이, 잘 아시겠지만 유가족들이 보상을 받기까지 너무 시간이 많이 걸리는 특성이 있습니다. 사고의 인과관계를 전체적으로 파악하고 보상을 받는 데 짧게는 3~4년, 길게는 7~8년까지도 걸릴 수 있는 사건의 특성 때문에 유가족 본인들이 경제적으로 어려워져 있는 상황에서 그 돈을 내서 계속 운영을 해야 되는 부담이 있었습니다. 그래서 이것을 어떻게든 정부 입장에서는 누군가 역할 분담을 해서 책임을, 누가 원인을 제공한 사람이냐 이 관점을 떠나서 관련된 기관들이 빨리 협업을 통해서 이 상황에 도움을 드리는 게 중요하다고 생각을 했습니다.

그래서 첫 번째로 봐서 저희가 제주항공하고 그다음에 한국공항공사하고 국가하고 3개가 누가 더…… 인과관계는 알 수 없지만 직접적인 관련 책임을 분담을 해야만 되는 구조로 되어 있었고요. 그렇게 해서 저희가 제주항공이 어떻게 하고 있는지 좀 가서 들여다봤더니 제주항공은 장례식 하고 그다음에 무안공항에 와 계신 유가족들이 지금까지 계속 상주하시는 분들이 계시는데 이분들에 대한 숙식을 제공하면서 상당 부분 많은 기여와 재원을 지원하고 계셨습니다.

그러면 다음으로 국가는 어떻게 할 거냐라는 부분인데 금년 12월 29일이 되면 1주년이 되기 때문에 저희들이 추모사업과 같은 공익사업을 할 수밖에 없고요. 그 부분에 대해서 재정을 지원해야 되는데 유가족들께서 제시하는 금액이 대략 한 10억에서 20억 정도는 나오는 것으로 저희가 협의를 하면서 들어서 경청을 했습니다. 그래서 국가는 이 부분에 대해서 금년에도 지원을 해야 되지만 향후 몇 년 동안 계속 지원을 할 수밖에 없는 구조로 돼 있어서 국가도 분담을 하고 있습니다.

그러면 한국공항공사는 지금 지원하는 부분이 제주항공과 국가에 대해서는 영역이 명확치 않고 조금 더 기여가 분명히 필요한 부분으로 저희는 판단을 하고 있습니다. 그래서 그런 부분을 국토부에다 설명을 했고 국토부에서도 그런 부분에 대해서 적극적으로 협의를 해 주고 계신데 다만 공항공사 측에서 아직까지는 의견이 일치되지 않았고 반대 의견을 개진하고 있는 부분이 있어서 그것은 실무적인 협의를 통해서 조금 더 조율이 필요해 보이는 그런 상황이 되겠습니다.

이상입니다.

○**전진숙 위원**　연 10억이에요?

○**소위원장 이수진**　그건 이번 추모사업을 얘기하는 거겠지요.

○**전진숙 위원**　아니, 제가 방금 말씀……

○**소위원장 이수진**　추정하는 거지 추모사업에 10억이 든다 이게 결정되거나 뭐가 있는 것은 아니잖아요?

○**기획재정부국토교통예산과장 최용호**　예, 그렇지만 항상 추모사업을 매년 할 수밖에 없는 구조여서요 저희가 추모사업을 국가에서 지원하여야 하는 상황입니다.

○**소위원장 이수진**　그러면 국토부랑 기재부랑 유가족들과 조금 더 사단법인 설립과 지원에 관해서는 논의가 필요하다는 말씀인가요?

○**기획재정부국토교통예산과장 최용호**　유가족 측이 아니라 한국공항공사하고 조금 더 협의가 필요한 상황입니다.

○**소위원장 이수진**　공항공사요?

○**기획재정부국토교통예산과장 최용호**　예.

○**소위원장 이수진**　그래서 기재부는 사단법인을 설립하고 공익법인으로 봐서 지원하는 것에 대해서는 동의하신다는 전제로 말씀하시는 거지요? 어떻게 비용을, 지금 말씀하신 대로 계속해서 비용이 들어가고 있는데 이것도 굉장히 심각한 문제이고 이 문제에 대한 해법도 필요하다라고 생각하시는 거잖아요?

○**기획재정부국토교통예산과장 최용호**　그 부분과 관련해서 유가족분들하고 일단 저희가 협의를 한 것은 공익 사단법인을 구성을 하시면 공익 사단법인에 대해서는 한국공항공사가 운영비를 지원하고 그다음에 추후에 공익 재단법인을 설립하면 국가가 지원하는 추모사업과 같은 공익사업에 관련되는 예산을 재단법인으로 이관해서 장기적으로 추진할 수 있는 체계를 만들어 가는 그런 식으로 협의를 했습니다.

그런데 다만 사단법인에 대해서 과도기적으로 지원하는 한국공항공사가 지원해 주기로 한 그 롤 부분과 관련해서 공항공사가 아직 동의를 안 하고 있는 부분이 있어서 추가적인 협의가 필요한 상황입니다.

○**소위원장 이수진** 그러니까 이게 공항공사가 법으로 분명하게 명시가 돼 있어야 의무로 재정 지출을 할 수 있는 것 아닙니까?

○**기획재정부국토교통예산과장 최용호** 저희 기재부로서는, 그래서 아까 말씀드린 3개 기관이 각각의 역할 분담 차원에서 롤을 해 주기를 희망하고 있습니다.

○**소위원장 이수진** 그러니까 법이라든지 이런 것들을 담아야 되는 거잖아요. '공항공사가 해라' 이렇게 법에 넣을 수는 없는 것이지 않습니까. 그렇지요?

○**기획재정부국토교통예산과장 최용호** 그래서 전문위원님실하고 협의를 했는데 공공기관의 관리에 관한 법률에 따른 지정된 기관들에 대해서 기관들이 지원하는 방식으로 법령에 바로 기관을 명시하는 게 법체계상 생경하기 때문에 그런 방법을 지금 검토하고 있습니다.

○**김미애 위원** 그리고 제가 보니까, 법무부에서는 누가 나오셨습니까?

방금 기재부에서도 말씀하셨는데 이게 법체계상 문제는 어떤가요, 재단법인이 아니고 사단법인에 대해서 기관이 지원하는 게?

그리고 이것을 불명하게 하면 안 되고 이것을 가급적이면 피해자를 지원하는 게 우리가 하는 일인데 그러나 법체계상 맞지 않으면 곤란하고 나중에 오히려 법을 잘못 만들어 놨다가는 더 피해자에게 나쁜 영향을 미칠 수도 있기 때문에 이것을 잘 좀 검토를 해야 될 사항이라고 봅니다. 그렇기 때문에 지난 달은 사고에 있어서도 재단법인에게 지원하는 근거를 마련한 것으로 저는 알고 있는데 그런 부분에 있어서 정확히 좀 설명을 해 주시고.

법체계상 문제 없는 범위 내에서 지원이 돼야지 지속 가능성이 담보됩니다. 그래서 이 부분은 조금 더 정치하게 검토를 좀 해 주세요, 이렇게 저렇게 할 게 아니고.

○**소위원장 이수진** 이거 지난번 소위 때 지적이 돼서 안을 만들어 오라고 해서 오늘 다시 또 논의를 하는 건데.

전문위원님, 혹시 관련해서, 아직 뭐 완성되지는 않았지만 의견을 좀 주고받은 게 있잖아요.

○**전문위원 임종수** 예.

○**소위원장 이수진** 좀 설명을 해 주십시오, 위원님들한테.

○**전문위원 임종수** 잠깐 말씀드리면 지금 존경하는 김미애 위원님 말씀하신 것처럼 일반 선행 사례들에 있어서는 국가가 비영리법인인 재단법인에 대한 지원 근거를 마련한 바 있습니다. 그런데 이번 특별법안에 각 여러 의원님들이 제안하신 안에는 유가족들로 구성된 사단법인에 대해서도 국가의 재정지원을 할 수 있도록 규정을 하고자 하는 안들이 제기되어 있는 상황입니다.

기재부에서는 사단법인의 경우에는 사람으로 구성된 법인이기 때문에 그 사람으로 구성된 법인, 즉 유가족들의 자주적 성격이 강한 사람으로 구성된 법인에 대해서 국가가 직접 재정지원을 하는 부분은 기존의 선례나 입법례 등이 없기 때문에 바람직하지 않고 재단법인을 통해서 지원하는 쪽으로 계속 검토를 해 왔었는데……

지난 소위 이후에 최근에 기재부, 국토부가 마련한 방법은 재정지원 주체가 국가가 아닌 자, 즉 공공기관 운영에 관한 법률에 따른 공공기관, 내부적으로는 한국공항공사를 상정하고 만들었는데요. 공공기관을 재정지원 주체로 하고 그 재정지원의 기간은 장기적으로는 다른 법률과 같이, 다른 사례와 같이 재단법인을 통해서 국가가 계속 재정지원을 하는 것으로 하되 그 재단법인 설립까지의 걸리는 기간이 오래 되기 때문에 그 사이를 메꾸는 방법으로 유가족들이 설립한 사단법인에 대해서 국가가 아닌 공공기관이 재정지원을 할 수 있는 근거를 마련해 보자라는 게 지금 정부 측에서 구상한 안이고요. 그 해당 안에 대해서 유가족 측과 협의를 마쳤다는 얘기를 들었습니다.

지금 공익법인이라고 말씀하시는 부분은 민법상에는 그냥 비영리법인으로만 되어 있고 세법상 공익법인이라는 개념이 나오는데 세법상 나오는 공익법인의 개념은 법인세법이나 소득세법에 나오는 용어는 아니고요. 법인세법이나 소득세법에서 각 법인들이나 기업이 비영리법인에 기부금을 낼 때 해당 기부금을 해당 회사들에 손금이나 지출로 산입을 할 수 있게 하는, 그래서 세금을 줄여 줄 수 있게 하는 특례 규정이 법인세법이나 소득세법에 있습니다. 그 법에, 시행령에 나오는 손금산입이 가능한 기부처, 그 비영리법인을 약칭해서 공익법인으로 규정하고 있기 때문에, 그리고 그 공익법인으로 지정되기 위한 절차도 세법 시행령에 나와 있습니다. 그건 기재부장관이 정하는 절차에 따라 기재부장관이 고시하도록 되어 있고, 그래서 그런 공익법인으로 지정되는 문제는 법률 수준에서 정할 문제는 아니고요. 공익법인으로 지정될 것 그런 조건들은 실제로 재정지원을 하기 위한 세부적인 사항을 정하는 하위법령에서 정하면 충분할 것 같습니다.

그래서 법률 단위에서 규정하실 사항은 누가 재정 주체가 될 것이냐, 국가가 재정지원을 하는 것으로 명시할 것이냐 아니면 한국공항공사든 공공기관이든 공공기관으로 정할 것이냐. 그리고 또 두 번째는 유가족으로 구성되는 사단에 대해서 재단법인 설립 이전까지 운영에 필요한, 사업에 필요한 경비를 지원할 수 있다 이런 규정을 둘 것인지 그 두 가지만 결정하시면 이 문구는 충분히 구성할 수 있을 것으로 보입니다.

○전진숙 위원 보통 공익법인, 재단법인을 이야기하잖아요. 지정하고 운영을 하는 데까지 소요되는 통상의…… 있을 것 같아요. 그 기간이 어느 정도 됩니까?

○전문위원 임종수 제가 정부 측에서 확인한 것은 세법상 공익법인, 손금산입이 가능한 기부처가 되는 공익법인으로 지정되기 위해서는 여러 가지 조건들이 있기는 합니다. 그런데 2~3년 동안에 사업 실적을 내야 되고 이런 조건들이 일반적으로는 있는데 또 그렇지 못한 법인들을 위한 예외도 있어서 공익법인 지정을 위해서 속도를 내려면 조금 더 빨리 지정하는 절차도 있는 것으로 들었습니다. 해당 사항은 기재부나 국토부 측에서 좀 정확히 얘기해 줄 수 있을 것 같습니다.

○전진숙 위원 그 부분에 대해서 답변 주셨으면 좋겠고요.

또 하나 같이 질문, 방금 말씀하시면서 10억, 20억 이렇게 예산의 규모를 말씀하셨어요. 그런데 세월호도 있고 이러면 지금 현재 어느 정도를 지원하고 계시는지까지 이야기를 해 주시고. 방금 10억, 20억 한 이야기는 일정 정도의 사업의 규모나 이런 것에 있어서 타당한 건지까지 같이 그냥 일괄 묶어서 답변 주시기 바랍니다.

○기획재정부국토교통예산과장 최용호 공익법인 지정 절차와 관련되는 부분은 지원단에서 검토를 해서요 제가 그 부분은, 지원단에서 설명드리도록 하겠고요.

그다음에 말씀하신 추모사업과 관련되는 부분은 어제 유가족 대표단을 만났는데요. 거기서 직접적인 추모행사 그다음에 열린음악회와 같은 행사를 하고 싶다고 하셨고요. 그다음에 연등행사 같은 것도 좀 하시고 싶다고 하셨고 그다음에 무안공항에 관한 안전성을 좀 알릴 수 있는, 그래서 다시 관광을, 손님들이 예전처럼 찾아올 수 있도록 하는 그런 알림성 행사 등을 요청하셨고요. 저희들이 추산하기에는 그 정도를 하려면 유가족들이 말씀하신 것처럼 10억을 좀 상회하는 규모의 예산이 필요할 걸로 지금 추정하고 있습니다.

○전진숙 위원 매년 말씀하시는 거예요, 매년?

○기획재정부국토교통예산과장 최용호 추모행사는 통상 한 번 지정이 되면 그 기간 동안은 지속 지원이 되기 때문에 그 정도가 매년 지원될 예정입니다.

○전진숙 위원 사단법인이 만들어져서 그렇게 지원을 하게 되면 그 사업에 대한 내용과 규모는 그 사단법인이 알아서, 그러니까 지원하는 지원금에 한해서 알아서 집행하는 것 맞지요?

○기획재정부국토교통예산과장 최용호 그 부분은 조금 설명이 필요한데요. 사단법인에 대해서는 저희가 지금 한국공항공사를 통해서 운영비를 드리는 거고요. 재단법인이 설립되기 전까지는 국토부 예산 또는 전남 또는 무안의 지자체 관련되는 예산을 편성해서 지원을 하다가 공익재단법인이 설립되면 그때 관련 사업 일체를 재단법인으로 이관해 주는 그런 절차를 취하게 됩니다.

○전진숙 위원 그런 부분을 명확하게 말씀을 좀 주셔야 될 것 같아요. 사단법인일 경우에는 실제 운영비를 이야기하는 거고 기타 플러스 추모사업과 관련한 것은 국가기관이 어쨌든 책임을 지고 지자체를 포함해서 진행을 하는 거라고 분리해서 말씀을 하시는 게 맞고 그것에 대해서는 명확하게 서로 이해가 좀 되어야 된다고 생각을 합니다.

저는 방금 말씀…… 지원단에서 그 점 이야기를 주셔야 될 것 같아요, 절차나 이런 게 통상 소요되는 시간과 이런 부분에 대해서.

○국토교통부12.29여객기사고피해자지원단장 박정수 피해자지원단장 박정수입니다.

잠깐 전 사례를 말씀드리면 세월호 사고가 14년 4월에 발생하고 세월호 관련 유가족들의 사단법인은 16년 1월에 설립 허가를 받았습니다. 그리고 이 사단법인에 대한 공익법인 지정은 18년 6월에 받았고요. 그다음에 이 세월호 관련된, 4·16재단이라고 해서 이 재단에 대한 설립은 18년 7월에 설립 허가를 받게 됐고 연이어서 재단에 대한 공익법인 지정은 18년 12월에 받았습니다.

지금 유가족분들은 사단법인 설립을 준비하고 있는 단계고요. 예정은 5월에 설립 허가를 받는 것을 목표로 해서 지금 일을 하고 있습니다. 그리고 사단에 대한 공익법인 지정은 이어서 국세청을 통해서 기재부까지 신청을 하게 되는데요. 그것은 올해 3분기에 신청을 예상하고 있습니다.

○김미애 위원 재단법인 설립 허가까지는 어느 정도 소요됩니까? 사단법인과 별도로 분리해서 할 수 있잖아요.

○국토교통부12.29여객기사고피해자지원단장 박정수 제가 듣기로는 지금 현재 유가족분들은 재단을 언제 설립하겠다는 계획은 없는 것으로 알고 있습니다.

○김미애 위원 아니, 지금이라도 신청을 해서 허가를 받을 수는 있을 것 아니에요. 어느 게 더 수월합니까?

○국토교통부12.29여객기사고피해자지원단장 박정수 유가족분들이 처음에 사단하고

재단하고 어느 걸 설립할까를 결정을 할 때 지금 상황에서는 유가족분들 모임 중심으로 해서 사단을 설립하는 게 우선이라고 생각을 하셔 가지고 지금 거기에만 집중을 하고 계시고요.

지금도 저희들이 재단을 설립하게 되면 기재부 과장님 말씀하신 대로 공익법인을 통해서 기부금이라든지 정부 재정지원까지 받을 수 있다고 말씀을 드렸는데 그걸 언제, 지금 고민을 하고 있다는 말씀은 없으십니다.

○**김미애 위원** 그러니까 제가 볼 때는 지속 가능성을 담보하기 위해서는 재단법인을 설립해야지 기부금도 받을 수 있고 또 기부하는 사람은 기부금 영수증도 수령하시고 그럴 것 아니에요. 그렇게 하는 게 저는 취지에 부합할 것 같거든요. 그래서 이런 부분들을 잘 좀 설명을 드려야 되고.

이게 계속 사단법인으로 하면 오히려 불필요한 오해를 받을 수도 있습니다. 그래서 저는 진정으로 유족과 피해자를 위하는 게 뭔지에 대해서 좀 책임감을 가지고 잘 검토해서 필요하면 설명도 하고 설득도 구하고 그래야 되는 거라고 봅니다.

제가 기부를 하더라도, 예를 들어서 해마다 이날이 다가오면 꼭 기부하고 싶은데 못한다는 말이에요. 그러면 사회복지공동모금회에 지정 기부를 할 수밖에 없어요. 그렇잖아요. 그게 맞는 것인지, 진정으로 추모의 취지가 뭔지, 이분들의 희생을 기리고 다시는 같은 사고가 발생하지 않도록 예방하는, 그걸 기리는 게 목적이라면 열어 두고 해야 되고 누구나 다 거기에 동참할 수 있어야지 진정한 추모가 된다고 저는 생각합니다, 단지 비용을 지원하고 이 차원이 아니라. 그러면 국가가 할 일이 무엇인지에 대한 진지한 고민을 해야 되고 그 부분에 있어서는 필요하면 설득을 해야 될 일이에요. 지금 당장 이렇게 주장한다고 해서 넘어가려고 하고 그런 자세는 저는 맞지 않다고 봅니다. 그렇잖아요. 지금 다른 것도 그렇게 되어야 돼요.

그리고 우리 사회가 이런 것들에 대해서 진짜 고민을 해야지 재발이 안 생겨요. 그러려면 진심으로 참여를 해야 됩니다. 누군가는 이날에 특별한 기억을 가지고 있고 그래서 꼭 이날에 참여하고 싶을 수도 있거든요, 그 당사자가 아니어도. 그러면 그 사람들은 어떻게 할 거예요? 그러려면 재단법인으로 가서 그 취지에 맞게 하는 게 맞지 않나 저는 그런 고민을 합니다.

○**국토교통부12.29여객기사고피해자지원단장 박정수** 참고로 말씀드리면 유가족분들도 사단법인을 설립하면 기부를 받을 수 있게 공익법인에 대한 신청 절차를 바로 밟아서, 아마 준비를 하고 있습니다.

○**이달희 위원** 위원장님, 제가……

○**소위원장 이수진** 잠시만요. 정준호 위원님 하시고 그다음에 이달희 위원님.

○**정준호 위원** 말씀 죽 들어 보니까 좀 걱정이 되는데……

말씀 들어 보면 정리해 보면 유가족분들은 사단법인에 방점이 찍혀 있고 그리고 사단법인으로 기부금도 받을 수 있고 추모행사도 그때 특정이 되면 나중에 재단법인이 들어오더라도 그 추모사업은 계속 애뉴얼(annual)로 갈 거니까 크게 걱정을 안 하시는 것 같고, 그러면 사단법인에 대해서 지원할 수 있는 방식이라든지 이런 부분들은 지금 정부 측에 따르겠다라고 얘기를 하신 것 같고.

기재부하고 국토부는 얘기를 죽 해 보니까 국가기관에서 들어가는 것은 좀 문제니까 차라리 공공기관으로 해서 공항공사 정도 상정을 해서 사단법인에 지원을 하고 재단법인으로 갔을 때 그때 국비가 들어가면 되겠다라고 지금 생각을 하셨던 것 같아요. 그러면 이게 핀트가 안 맞는 부분이 좀 생겨 버리는데, 기재부에서도 지금 사정변경이라고 하시는 게 공항공사에서 그 부분과 관련해서는 법적인 근거가 뚜렷하지 않으면 본인들이 지원할 수 없다 이렇게 얘기가 나온 게 있으면, 이게 지금 논의의 합의점이 좁혀지고 있다는 느낌은 사실 아니에요. 정부 입장에서는 사단법인은 공항공사에서 지원을 해 주고 우리는 재단법인으로 가서 그 방식대로 가면 되겠다라고 생각을 하면 되는데 유가족들 입장에서는 받아들이는 내용이 아예 차원이 좀 다를 수 있겠다라는 생각이 들어서 제가 걱정이 좀 됩니다.

그러니 이렇게 논의가 진행이 되려고 하면 차라리 정부 측에서 사단법인에 지원을 할 수 있는 방안이 A 방안이 있고 B 방안이 있는데 법체계상 둘 다 문제가 하나씩 있다든지 둘 다 문제가 없다든지 하면서 둘 중에 하나를 소위에서 선택을 해 주라고 좁혀 준 다음에 그 카드를 가지고 가서 유가족한테 최종적으로 받겠냐라고 해서 전체회의를 들어가든지 이런 방식으로 가야 될 것 같은데 지금 그런 방식으로 협상이 진행되고 있는지는 제가 말씀 들어 보면 좀 아닌 것 같다는 느낌이 들어서 제가 걱정돼서 말씀을 좀 드립니다.

○**김미애 위원** 저도 정준호 위원님 말씀에 공감하는데……

○**소위원장 이수진** 잠깐만요, 이달희 위원님 말씀하시고.

○**이달희 위원** 답변 좀 들어 보고. 제가 정준호 위원님 말씀하고 비슷하기 때문에 답변 좀 들어 보고……

○**전진숙 위원** 먼저 넘어가기 전에 제가 아까 기간 이야기했는데 수석전문위원님, 그것 정리를 한번 해 주세요. 이를테면 사단법인에 기본적으로 지금, 재단법인이 만들어지지 않은 상태 속에서 일정 정도를 지원하고 재단법인으로 나오면 재단법인에다가 지원을 하겠다고 하는 의도인 것 같아요. 그것 걸리는 시간이, 아까 이야기 못 했지요. 정리가 좀 안 돼요.

○**전문위원 임종수** 그러니까 세법상 공익법인으로 지정이 되어야 된다라는 것은 사실 법률 수준에서는 유가족들로 구성된 사단법인에 대해서 재정지원을 하고 말고에 직접 연계되는 조건은 아닙니다. 다만 사단법인이든 재단법인이든 좀 더 활동을 활발하게 하고 자금이 어느 정도 확보되려면 외부로부터 기부를 받아야 되니 공익법인 지정이 빨리 됐으면 좋겠다라는 게 유가족 측의 요청 사항이고요. 그래서 공익법인 지정은 사실 이 재정 지원 부분과는 살짝 벗어난 핀트입니다.

○**전진숙 위원** 맞아요.

○**전문위원 임종수** 그래서 공익법인 지정은 그냥 빨리 됐으면 좋겠는데 그 부분은 국세청 신청으로 기재부장관이 지정하고 고시하고 하는 절차가 또 있습니다. 그 절차를 정부 내에서 지금 검토를 하고 있는 걸로 알고 있고 그 부분에 대해서 유가족협의회 측하고 협의를 하고 있는 것으로 알고 있습니다. 다만 유가족들로 구성된 사단법인에 대해서 재정 지원을 국가가 할 거냐 공공기관이 할 거냐, 사실 그 부분을 법률에 어떻게 규정할 것인가의 부분만 결정을 하시면 되는 걸로 생각이 됩니다.

○**전진숙 위원** 그러면 논점이 2개네요. 사단법인까지 지원을 할 건지 하는 문제고, 이

후에 재단법인은 갈 거니까. 도로 원점으로 와서 지금 현재 사단법인에 대한 지원을 할 건지 그 지원은 아까 말한 것처럼 한국공항공사에서 할 건지를 정리하면 끝나는 문제인 거잖아요?

○**전문위원 임종수** 모든 법률안들이 공통적으로 재단법인에 대해서 국가가 재정 지원을 하는 부분에 대해서는 다 포함돼 있고 해당 부분에 대해서 정부는 다 동의합니다.

그래서 재단법인 파트는 빼 놓으시면 되고요. 재단법인은 나중에 설립이 되면 국가가 재정 지원을 해서 재단법인이 희생자 추모나 아니면 항공 재난·사고 방지를 위한 사업 등등을 해 나갈 것이고요. 다만 그때까지……

○**전진숙 위원** 죄송합니다.

그래서 제가 아까 기본적으로 재단법인을 만들어서 지원을 하는 데까지 통상 걸리는 시간, 소요되는 기간이 어느 정도인지를 명확하게 이야기를, 여쭤본 거예요.

○**전문위원 임종수** 그런데 재단법인 역시 그냥 민법상 비영리법인이고요. 그거는 재단법인을 설립하고자 하는 사람들의 의지에 달린 문제인 것 같습니다. 그래서 아까 지원단장이 세월호 때 재단법인이 언제쯤 생겼는지 그냥 선례를 참고 삼아 말씀드린 걸로 알고 있습니다.

○**김미애 위원** 그런데 세월호나 우리가 이런 학습이 되어 있기 때문에 지금은 또 유족들도 상당히 침착하신 편이고 그래서 할 수 있으면 훨씬 기간이 단축돼서 더 빨리 할 수 있을 거라고 보거든요, 공익법인 역시 마찬가지고.

그러나 저는 어떤 고민을 말씀드리느냐 하면 이 뜻에 가장 부합한 방법이 뭔지에 대해서 말씀을 해 주셔야 돼요. 그리고 거기에 유족 뜻은 뭔데 현실적으로 그렇게 유족 뜻도 충족하고 가장 이 취지에 부합하는 게 이런 글입니다 그러나 유족 뜻대로만 하기에는 어떤 어려움이 있다, 법적인 어려움이 있다 이런 걸 말씀하시고. 그러면 이 2개를 다 충족하기 위해서는 이런 이런 로드맵으로 가는 게 좋겠습니다 그리고 현재 입법은 이 정도로 해 주면 좋겠습니다 이걸 좀 말씀해 주세요.

○**소위원장 이수진** 잠시만요.

저희가 지난 소위 때 어쨌든 사단법인, 유가족들의 뜻이기도 하고 또 자조모임의 중요성을 봤을 때는 선례가 없었다 하더라도 유공자회라든지 기타 중소기업 또 다른 상인회라든지 자조회 성격을 띠고 사단법인을 운영했을 때 얻는 그런 이득이 굉장히 크다, 정부의 그런 판단에 의해서 사단법인에 대한 정부의 지원이 아예 없었던 것이 아니었다 이런 것들을 포함해서.

그리고 실제로 지금 유가족 대표분들이 유가족들의 신뢰를 얻어서 지금 12월 29일 그 이후부터 한 분 한 분 굉장히 힘드실 텐데 생업을 접고 그 일들을 하고 계세요. 실제로 그건 정부가 다 해야 될 일들이라고 저는 생각을 합니다. 내지는 우리 국회에서도 일정 부분 지원을 해야 되는데.

그런데 그게 쉽지가 않습니다. 일단 유가족들 입장에서는 우리가 해 주는 것들, 정부가 해야 되는 일들에 대해서 특히나 자조적인 성격을 띠는 것들에 대해서는 본인들 안에서 이루어지기를 바라는 부분도 있었고 누군가는 책임을 지고 거기에 드는 비용이나 이런 것들이 있을 텐데 우리가 법적으로 해 줄 수 있는 것과, 뭔가 법인을 사단이든 뭐든 만들어야지. 그런데 지금 그분들께서 원하시는 것은 본인들이 그동안 충분히 희생을 했지만 사단법인을 통해서, 자조적 성격이 강한 사단법인에 대한 요청이 있으셨고 우리가 계속 그 부분에 대한 검토를 했어요.

그리고 제가 세월호도 그렇고 다른 데 사례를 보니까 재단법인 가는 것도 짧게는 2년에서 4년이 걸려요. 그래서 지금 당장 하루하루 들어가는 비용을 우리 정부가 대 주고 있는 건 아니잖아요. 우리가 그 부분에 대해서는 유가족분들이 알아서 잘하시니까 참 다행이다 이렇게 얘기만 하고 있지 지금 12월 29일부터 지금까지 시간이 꽤 흘렀는데 이 시간 동안 그분들의 활동, 그분들의 자조적인 노력에 대해서 저희가 해준 건 없습니다. 직장도 못 다니고 한 분 한 분 유가족분들 만나서 소통하고 요청하시는 거라든지 얘기들 들어 보고 이런 것들을 사실 지금 다 하고 있지는 못해요. 지자체가 일부 심리적인 지원이라든지 좀 하고 계시긴 하지만 그 외에 앞으로 조사위원회 결정이 1년 반 그다음에 3년은 걸리지 않겠냐 그리고 또 배·보상까지는 7년 정도, 그래서 이 기간들 다 합쳤을 때 굉장히 긴 기간인데 이 긴 기간 중에 지금 앞의 기간도 저희가 책임을 못 져 주고 있단 말이에요. 그래서 어떻게 보면 유가족협의회 안의 광주 쪽의 변호사단체에서도 같이 고민들을 하면서 만들어 낸 게 결국은 사단법인이고 이 사단법인 지원에 대한 정부의 책임, 정부의 역할에 대해서 지금 논의 중인 거지요.

그래서 제가 생각하기에는 존경하는 김미애 위원님의 말씀이나 이런 것들도 다 옳은 말씀인데 이 절차와 과정, 지금 굉장히 필요로 하는 부분들을 검토했을 때는 정부가 빠르게 논의해서 결론을 내 주셔야 돼요.

이달희 위원님.

○**이달희 위원** 아까 보고받기로 5월에 사단법인 만들 수 있다고 하셨지요?

○**소위원장 이수진** 추진 중이라고.

○**국토교통부12.29여객기사고피해자지원단장 박정수** 유가족들이 5월을 목표로 해서 지금 준비하고 있는 걸로 제가 듣고 있습니다.

○**이달희 위원** 그렇게 보면 세월호가 거의 한 2년 가까이 걸린 거에 비해서는 굉장히 빨리 이루어지는 것 같아서.

그리고 아까 말씀하신 기재부장관이 지정하는 비영리 공익법인도 3분기 안에 가능하다고 하셨지요? 그 정도는, 절차 밟는 거는 기재부가 마음먹으면 사단법인이 공익법인 되는 것은 쉽게 될 것 같습니다. 맞지요?

○**기획재정부국토교통예산과장 최용호** 말씀하신 시기에 맞춰서 진행이 가능할 것 같은데요.

○**이달희 위원** 이 부분은 진행이 더디 될 일이 없을 것 같습니다. 그래서 거의 찬바람 불 때 되면 사단법인이 이런 비영리 공익법인이 되어서 기부도 받을 수 있고 제대로 활동할 수도 있고 그리고 또 아까 말씀하신 공항공사의 특정 부분, 운영비 지원도 재단법인이 될 때까지 지원할 수 있도록 근거를 마련한다고 하셨잖아요. 그래서 지난번 회의에 이어서 이 자조적인 모임인 사단법인에 대해서는 굉장히 아주 구체적으로 잘 담아 오신 것 같아요.

그런데 마지막 남은 게 무엇이며 주말에 해야 될 부분이 어떤 게, 지금 우리가 생각하기로 이 정도면 추진해도 될 것 같은데, 마무리가 된 것 같은데 마지막 남은 게 뭔지 궁금하고.

또 하나는 이걸 법체계에 어떻게 담아야, 우리들도 그냥 이 자리에 계속 몇 년 있을 수 없잖아요. 그러면 법에 명시를 잘해 놔야 누가 오더라도, 누가 보더라도, 그래서 특별법이 필요한데 다음 재단 만들 때까지 지금 유족협회에서는 사단법인이 운영비와 그리고 기부금을 받을 수 있는 이 두 가지가 법에 이렇게 적시가 되면 좋겠다 이러거든요. 그래서 어떻게 담으면 그게 가능할지 누가 얘기 좀 해 주시겠습니까?

○**기획재정부국토교통예산과장 최용호** 저희가 지금 그 안을 만들고 유가족 대표 측하고 계속 협의를 드렸기 때문에 제가 먼저 말씀을 드리겠습니다.

아까 얼핏 말씀드렸는데 유가족 측에서는 사고 조사를 해서 누가 직접적인 사고 원인자인지 규명을 해서 본인들을 도와주게 되면 너무나 오랜 시간이 걸리기 때문에 관련되는 단체들이 하루라도 빨리 도와줬으면 좋겠다는 게 유가족들의 최대 요구사항입니다, 본인들이 너무 힘들기 때문에.

그래서 인과관계를 떠나서 직접 관련되는 제주항공, 한국공항공사 그다음에 국가가 누군가 할 수 있는 역할 분담을 할 수 있다면 그 부분은 빨리 들어가서 도와주는 게 맞다라고 저희가 판단을 한 거고요. 그래서 그 역할 분담을 현재 유가족들이 무안공항에서 상주하고 있는 이 부분은 제주항공이 직접 책임을 지고 있고 추모 사업은 국가가 하고 있으니 사단법인의 형태로 갔을 때 한국공항공사도 본인들이 사고의 직접적인 책임자로서가 아니라 지금 인과관계를 밝히는 데 너무 시간이 걸리니 관련자로서의 역할 분담을 해 달라는 취지에서 공항공사 보고 돈을 내라라고 그렇게 요청을 드리고 있는 그런 상황입니다.

○**이달희 위원** 요청인데 결론은 안 났나요?

○**기획재정부국토교통예산과장 최용호** 저희가 지금 국토부하고 협의를 해서 진전이 됐던 걸로 아는데 나중에 또 좀 다른 의견이 제기되고 하는 과정에서 조금 더 협의가 필요한 그런 상황입니다.

○**이달희 위원** 국토부차관님, 이게 주말이 지나면 정답이 나올 수 있는 상황입니까?

○**국토교통부제2차관 백원국** 이어서 조금 부연 설명을 드리겠습니다.

그래서 공항공사가 부담하는 쪽으로 지금 법안을 검토를 했고요. 다만 공항공사는 어제 늦게 이 연락을 받고 자기들도 좀 생각할 시간적 여유를 달라. 사실 이렇게 전례도 없고 또 내부적으로 논의해야 될 시간이 필요하다는 입장입니다. 그래서 오늘 저희가 한국공항공사하고 또 크게는 인천공항공사도 같이 불러서 의견을 좀 모으고 주말에 정리를 하려고 합니다.

○**이달희 위원** 그러면 어느 정도로 생각하시는 건가요? 사무실 지원금, 운영비 이런……

○**국토교통부제2차관 백원국** 일단 한 오륙 억 정도……

○**이달희 위원** 연?

○**국토교통부제2차관 백원국** 예, 연간 운영비가 오륙 억이라고 제가 들었고요. 기간은 이게 법안에서는 10년이라고 지금 명시가 되어 있는데 일단 그 부분에 대해서는 한 3년, 아까 세월호 사례를 보고, 세월호 사례보다는 지금 사단법인에 대한 속도가 빠르기 때문에……

○**이달희 위원** 예, 엄청 빠르네요.

○**국토교통부제2차관 백원국** 굉장히 빠르기 때문에 최장 10년이지만 한 3년이나 이렇게 해서 끊어서 이렇게 해서 지원 기간을 연장해 나가는 것이 맞지 않을까라는 생각입니다. 그런 부분에 대해서 일단 지원의 수준과 방법에 대해서 조금 더 구체화하는 방안도 주말에 좀 작업을 해야 되고요.

두 번째, 또 그거에 대해서 공항공사도 원하는 게 있습니다.

○**이달희 위원** 그거는 국토부가 알아서 하시면 될 것 같은데.

그런데 사단법인을 이렇게 구체적으로 정기적으로 지원하는 사례가 잘 없지 않습니까? 그걸 법에 명시해 가지고 할 수도 있나요? 어디 시행령에 담는 겁니까? 우리 특별법 시행령에 그 지원 사항을 담을 예정입니까?

○**국토교통부제2차관 백원국** 일단 검토하는 안은 지금 보니까 법에다가 공항공사를 박는 방법이 하나 있고요. 두 번째는 그러기에 문제가 있으면 또 공공기관 운영법을 따와서 대령에서 정할 수 있도록 하는 방법이 있을 것 같습니다.

전문위원님, 말씀 좀……

○**김미애 위원** 제가 이렇든 저렇든 지원하는 거는 좋은데 이게 법체계상 맞는 건지, 공항공사를 책임 주체로 딱 명시해 가지고 법을 만드는 것도 맞는지 그런 부분이 잘 확신이 안 들고.

그다음에 법이라는 것은 일반 국민에게 효력이 생기는 건데 그래서 전례도 보고 비교법적 검토도 하고 이런 진난한 노력을 하잖아요. 법이 만들어서 도움이 돼야 되거든요. 자칫 잘못하면 혼란을 주고 또 비판을 받고 그러면 우리가 잘못한 게 됩니다. 그래서 좀 신중을 기할 필요가 있다는 말씀을 드리고.

그다음에 사단법인으로 해서 공익법인으로 가는 그 과정이 있고 그렇게 되면 또 기부금도 모집할 수 있고 그건 다 좋은데 그러면 그때 공익법인이 됐을 때랑 추후에 또 재단법인을 설립할 텐데 그 차이가 뭔지, 공익법인이 되어서 지원을 하는데 그러면 어찌 됐든 간에 예산이 투입되잖아요, 누구 주머니에서 나가더라도. 거기에 대한 관리 감독 권한도 또 있어야 되는데 그런 부분에 대한 고민이 좀 되는 거예요. 그래서 이게 그렇게 간단한 문제는 아닌 걸로 저는 봅니다.

그래서 이런 부분을 오늘 우리 소위에서 제기된 문제들에 대해서 다 검토를 해 주셔야 돼요. 그래서 우리 유족들의 취지가 훼손되지 않는 게 저는 제일 중요합니다. 그 부분에 대해서 지금 자신 있게 말씀하실 수 있으세요?

○**국토교통부제2차관 백원국** 일단 위원님이 지적하신 사항에 대해서는 많은 부분 공감을 합니다. 그런데 많은 논의가 있었고 진척이 있었습니다. 예를 들면 왜 유족들이 재단법인으로 가지 않고 사단법인을 원하는 것이냐.

○**김미애 위원** 저는 그거는 이해를 합니다. 저는 유족들의 뜻을 문제 삼는 게 아니라 결국은 입법하는 우리 입법기관은 유족들 뜻을 담는데 유족들도 그 취지가 남이 들어도 존중받아야 되거든요. 그리고 훼손되지 않는 게 중요한데 공익법인으로 가면 이게 한시적으로 가는 건지, 재단법인은 한시적이지 않을 거잖아요. 그러면 이게 한시적 성격인 건지, 책임 주체에게 지원과 또 감독 권한까지도 같이 부여되는 건지 이런 것까지 다 고민을 해 가지고 그런 부분을 투명하게 설명을 드려야 돼요, 그리고 양해를 구하고.

그래서 그런 게 다 해소가 된다 하면 그 방법으로 가도 되는데 그 부분에 있어서 저는 정확히 이해를 지금 못 하고 있거든요.

○**국토교통부제2차관 백원국** 위원님, 그 부분만 말씀을 드리면 사단이나 재단법인으로 하려고 그러면 민법상 비영리법인 등록을 해야 됩니다. 그 부분에 대해서는 소관 부처에 설립 인가를 받아야 됩니다. 그래서 이 경우도 만일에 설립을 신청하게 되면 국토부장관의 인가를 받고 지도 감독을 받습니다. 어떻게 투명하게 돈을 쓰고 있는지 그런 공개 의무도 있고요. 그래서 그런 부분에 대해서는 제도적 장치가 있다는 말씀 드립니다.

○**김미애 위원** 그러면 공익법인으로 하면 한시적인 건 아니고요? 계속 갑니까?

○**국토교통부제2차관 백원국** 예, 그렇습니다.

○**소위원장 이수진** 위원님들, 오늘 논의를 사실 길게 하기는 어려우실 것 같고, 다 시간들이 이후에 약속이 있고, 그래서 이것을 길게 얘기했는데 어쨌든 주말 중에 이것 관련해서 한국공항공사랑 더 논의를 해 보겠다고 얘기를 하셨고 또 유가족분들도 명확하게 나오면 이 부분에 대해서는 충분히 논의하실 의향도 있으신 것 같으니까 이것은 여기까지만 말씀하시고요. 다른 것 마저 정리를 좀 하시지요.

기재부에서 '손실보상'을 '경제적 지원' 이렇게 안이 있으시다고 얘기 들은 것 같은데.

○**기획재정부국토교통예산과장 최용호** 예, 저희가 전문위원실에 제출을 했습니다.

○**소위원장 이수진** 그 안에 대해서 한번 말씀을 해 줘 보세요.

○**전문위원 임종수** 저희가 기획재정부랑 국토교통부 간에 협의를 해서 지금 현재……
18쪽입니다.

18쪽의 이수진 의원님 안, 권향엽 의원님 안에 있는 22조 또는 19조 2항에 관한 부분입니다. '여객기참사로 인한 영업활동의 제한 등으로 손실을 입은 사람에 대한 보상방안' 또는 권향엽 의원님 같은 경우에는 '업계의 회복을 지원하기 위해 손실보상, 자금지원, 대출 보증 등 필요한 조치를 취할 수 있다' 이렇게 되어 있는 규정에 대해서 국토부하고 기재부 간에 협의해서 저희가 확인한 내용은…… 그 바로 위의 1항에 특별지원방안이라는 규정이 있습니다. 그래서 '제1항의 특별지원방안에는 12·29 여객기참사로 인한 영업활동의 제한 등으로 피해를 입은 자에 대한 경제적 지원을 포함할 수 있다'라는 형태로 좀 포괄적으로 규정해서 정부 측에서 특별지원방안을 마련하면서 그러한 경제적 손해를 입은 분들에 대한 대책을 포함해서 마련하는 것으로 하겠다라고 전달받았습니다.

○**소위원장 이수진** '경제적 지원을 포함한다'가 아니라 '포함할 수 있다'라고 그렇게 얘기하셨어요?

○**기획재정부국토교통예산과장 최용호** 예.

○**소위원장 이수진** 왜 그렇게 하시는 거예요? '손실보상' 단어에 대한 부담 때문에 그러시다는 얘기를 들었는데 그러면 의지가 있으시면, 경제적 지원을 할 수 있다라고 하면 안 할 수도 있다는 것 아니에요?

○**기획재정부국토교통예산과장 최용호** 당연히 그쪽 부분과 관련해서는 저희가 지금 융자 기간을 연장한다든지 여러 가지 사업을 이미 시행하고 있는 부분도 있는데, 다만 이 부분을 경직적으로 하기보다는 정부가 할 수 있는 재량을 좀 주셨으면 해서 드린 말씀이었습니다.

○**소위원장 이수진** 그러니까 그 재량이 경제적 지원이지요.

○**김미애 위원** 이것은 '할 수 있다'로 해야 맞지 않을까요?

○**소위원장 이수진** 그러면 '손실보상을 할 수 있다' 이렇게 하실 수도 있는데 굳이 손실보상을 빼신 이유가 있잖아요.

○**김미애 위원** '손실보상을 할 수 있다'는 넣는 게 저는 맞지 않다고 봅니다. 그것은 결국은 소송에서 책임 부담의 부분으로 남겨 둬야지 그것을 여기다가 하는 게 맞지 않는 것 같습니다.

○**소위원장 이수진** 소송의 부담이라는 게 무슨 말이에요?

○**김미애 위원** 이 사고와 관련한 책임이 있을 때 그 부분은 각 책임이 누구누구에게 얼마씩 있는지 거기에서 가려질 부분인데 그 용어를 여기에 넣는 게 적절치 않은 것 같아서, 손실보상이라는 이런 부분은. 하여튼 저는 그렇게 봅니다.

○**정준호 위원** 소송해도 공제가 되지 않나요? 손실보상을 받고 나서 소송을 해도 손실보상 받았던 금액은 소송에서 제외가 되는 것 같은데.

○**김미애 위원** 그렇기는 하겠지만 그러나 여기에서 굳이 그 용어를 확정되지도 않았는데, 부담 안 해도 법원에서 그것은 판단할 영역인데 굳이 법에다가 그 용어를 넣을 필요는 없지 않을까 싶습니다.

○**정준호 위원** 위원님 취지는 이해가 되는데 아까 말씀대로 이게 항공사고로서 특수성이, 일반배상도 지금 6년, 7년까지도 얘기가 나오고 있는데 그때까지 그러면 소송으로 먼저 들어가도 그 소송도 사고 원인이 나올 때까지 걸릴 수도 있는데.

○**김미애 위원** 그래서 여기 '특별지원방안을 시행하여야 한다' 이 정도는 괜찮은데……

○**소위원장 이수진** 기재부 과장님!

○**기획재정부국토교통예산과장 최용호** 예.

○**소위원장 이수진** 그러면 '할 수 있다', '하여야 한다'의 중간이 '한다'지요, '포함한다'?

○**기획재정부국토교통예산과장 최용호** '한다'는…… '하여야 한다'고 저희가 같이 행정부에서는……

○**소위원장 이수진** 경제적 지원으로 바꾸는 대신에 '포함한다'로 그렇게 하시는 건 어때요?

○**기획재정부국토교통예산과장 최용호** 예, 알겠습니다.

○**소위원장 이수진** 그러면 그렇게 해서 이것은 정리하도록 하겠습니다.

○**국토교통부제2차관 백원국** 위원장님, 제가 한 말씀 드리겠습니다.

○**소위원장 이수진** 예.

○**국토교통부제2차관 백원국** 지금 그 부분에 대해서는 저는 재량으로 가는 게 맞다고 보여집니다.

일단 실체적으로는요, 오늘 중기부에서도 나와 있습니다만 소상공인에 대한 지원은 할 계획이다 지금 그렇게 입장을 가지고 있습니다. 그런데 이게 보면……

○**소위원장 이수진** 그러니까 그 지원은 무안공항에 대한 지원이지요?

○**국토교통부제2차관 백원국** 아닙니다. 지금 이게 1항에 엮여 있는 겁니다.

○**이달희 위원** 광주·전남.

○**소위원장 이수진** 광주·전남. 그러면 중기부에서 지금 나와 계시면, 관련해서 어떤 계획이 있으신 거예요?

○**중소벤처기업부소상공인재도약과장 장상만** 중기부 소상공인재도약과장입니다.

현재 법 조문에 1항으로 통합수정의견이 있는데요, 이 부분에 전적으로 동의를 하고요. 앞으로 또 시책으로 만들어지면, 부처 합동으로 만들었을 때 참여해서 논의해서 결정될 부분이고요. 다만 기존의 제도 가지고도 지금도 이미 지원을 하고 있다는 말씀을 드립니다.

그 말은 뭐냐 하면 피해지역 내에 금융적인 지원 부분은 정책자금 부분 지원하는 부분이 하나 있고요, 또 비금융 지원으로서도 만약에 폐업 관련해서는 희망리턴패키지라고 하는 지원제도가 있고요.

○소위원장 이수진 어떤 거요, 무슨 패키지?

○중소벤처기업부소상공인재도약과장 장상만 희망리턴패키지라고 하는 현재 폐업 컨설팅부터 해서 재취업 또는 재창업 지원하는 기존의 제도가 있습니다. 여기의 포섭 대상이기 때문에 정책 대상에 포함시켜서 피해지역에서 희망하면 지원하고 있다는 것을 말씀드립니다.

○소위원장 이수진 중기부에서는 피해지역에 포함되어 있기 때문에 충분히 지원할 수 있는 제도가 이미 있다. 그러면 그 제도와 관련해서 각 의원실에 다 보고를 해 주시기 바랍니다, 어떤 제도들을 가지고 있는지.

○중소벤처기업부소상공인재도약과장 장상만 예, 알겠습니다. 기존 제도 요약해서……

○김미애 위원 제가 정확히 이해를 못 해서…… 통합수정의견안이 있잖아요. 여기에서도 수정하는 거지요, 지금 우리가 정리하고자 하는 게?

○전문위원 임종수 전문위원입니다.

지금 말씀 주신 사항, 18쪽 보시면 통합수정의견안의 1항 '특별지원방안을 시행하여야 한다' 이 부분은 이미 논의가 끝났고 다 동의되신 거고요.

○김미애 위원 이것은 끝났고.

○전문위원 임종수 그 바로 아래 2항에 보면 이수진 의원님 안하고 권향엽 의원님 안에 나와 있는 '영업활동의 제한 등으로 손실을 입은 사람에 대한 보상방안을 포함하여야 한다' 또는 '관련 업계의 회복을 지원하기 위해 손실보상, 자금지원, 대출 보증 등 필요한 조치를 취할 수 있다', 이 항에 대해서 대응하는 특위의 안을 어떻게 마련할 것인지에 관한 논의입니다.

○소위원장 이수진 2항이잖아요, 2항?

○전문위원 임종수 예, 2항을 어떻게 마련할 것인가에 관한 문제입니다.

○소위원장 이수진 그래서 방금 중기부에서 말한 것처럼 이미 경제적 지원을 하고 있다, 그래서 앞으로 계속 더 적극적으로 지원한다 그런 의미가 담긴 거잖아요, 제가 말씀드리는 게?

○중소벤처기업부소상공인재도약과장 장상만 예, 그렇습니다.

○소위원장 이수진 그래서 경제적 지원을 포함한다라고 말씀드렸는데 이것을 강제적이라고 하시니까.

○김미애 위원 아니, 정확히 어떻게 이것을…… 대안이 어떤 내용이에요? 다시 한번 읽어 주세요.

○전문위원 임종수 전문위원입니다.

한 번 더 말씀드리겠습니다.

2항에 '제1항의 특별지원방안에는 12·29 여객기참사로 인한 영업활동의 제한 등으로 피해를 입은 자에 대한 경제적 지원을 포함할 수 있다' 또는 '포함한다'이 내용으로 2항을 마련할 것인지 그 부분에 관한 사항입니다.

○김미애 위원 그냥 '경제적 지원을 할 수 있다' 이렇게 하면 안 됩니까?

○소위원장 이수진 아니, 그러니까 지금 하고 있는데 이것을 적극적으로 하라는 의미라서 '경제적 지원을 포함한다' 이렇게 한 건데……

○국토교통부제2차관 백원국 위원장님, 제가 마저 말씀드리면요 '포함한다'는 일단 의무규정입니다. 그래서 저는 왜 재량 규정으로 가는 게 맞다고 하느냐……

○소위원장 이수진 그래요, 알겠습니다.

기재부에서는 '포함한다' 정도 괜찮다 하는데 국토부장관님이 그렇게 얘기하시니까 할 수 없지요.

아, 차관님이시구나. 제가 승진시켜 드렸네요.

그러면 그렇게, 이것 가지고 길게 얘기할 것은 아닌 것 같습니다, 정부의 의지가 더 중요한 거니까.

넘어가지요.

○전문위원 임종수 위원님, 다음에 교육비 지원과 관련해서 교육부에 마지막 검토한 사항 한번 확인해 보시면 될 것 같습니다.

○소위원장 이수진 교육부 말씀해 주시기 바랍니다.

○전문위원 임종수 25쪽 보시면 됩니다.

○교육부평생직업교육정책관 최창익 교육부 평생직업교육정책관 최창익입니다.

25쪽 비고란에 보시면 '대학 등록금 전액 지원 여부에 관한 확인 필요' 이렇게 되어 있습니다.

화요일 날 많은 말씀 주셨고요, 저희 내부 논의를 거쳐서 저희는 전액 지원에 동의합니다.

○소위원장 이수진 고생하셨습니다.

전진숙 위원님께서 열심히 의견 표명을 해 주셨는데 교육부가 거기에 호응해 주셔서 감사드립니다.

○전진숙 위원 감사합니다.

○김미애 위원 그 대상자가 몇 명인지 물어봐도 돼요? 확인됩니까?

○교육부평생직업교육정책관 최창익 54명 정도 되고요. 소요 재원은 약 20억 원 정도로 추정하고 있습니다.

12월 현재 기준으로 미성년자가 23명 정도 되고요, 유치원·초중고까지 해서 11명, 대학생 12명, 이 정도 지금 되고 있습니다. 30년까지 매년 3억 원 정도, 이후 매년 1억 원 정도 지출될 것으로 예상됩니다.

○김미애 위원 예, 됐습니다.

○전진숙 위원 그것 하나 남았지요?

○전문위원 임종수 예.

○전진숙 위원 제가 지난번에 말씀드렸던 공공연금 유족연금 관련해서 자녀가 수령했을 때 연령 상한 관련해서 말씀드렸는데 아직 답변 안 주셔 가지고요.

○소위원장 이수진 공무원연금 유족연금 자녀가 받을 때 상한이 국민연금이랑 차이가 나잖아요. 그래서 그것 관련해서 복지부에서 혹시 설명을……

○인사혁신처인사관리국장 오영렬 인사혁신처 인사관리국장 오영렬입니다.

저희도 피해자분들에 대한 지원 필요성이나 지난번 소위 때 말씀 주셨던 청년층 취업 연령이 늦어지는 현실 등을 고려해야 한다는 말씀에 적극 공감합니다.

다만 이런 부분들은 연금법 전체 차원에서 저희가 논의를 할 수 있는 부분인데 이렇게 사안별로 수급 연령을 달리 정하는 부분에 있어서는 현재 받고 계시는 일반 수급자분들의 문제랄지 아니면 입법례나 선례 등을 봤을 때 어렵지 않나 하는 말씀을 드립니다.

그리고 조금 덧붙이자면 지금 현재 계신 분들의 유족분들 내에서, 저희가 19세라고 해서 그게 끝나는 게 아니라요 계속 이전이 될 수 있기 때문에 부모님들이 그 후순위자가 될 수 있습니다.

그래서 저희가 각기 유족분들의 상황을 다 알 수는 없습니다마는 현재 상태를 신뢰하셔서 예를 들면 후순위자인 부모님들이 수급을 하시는 경우도 있을 수도 있기 때문에 이런 부분들 좀 종합적으로 봐야 될 부분이 있다고 생각이 듭니다.

○전진숙 위원 부모님들이 승계할 수 있다고 하는 그 부분이 지금 납득이 안 돼서, 무슨 말씀이신지.

○인사혁신처인사관리국장 오영렬 현재 체계상 유족연금의 지급 순위가 자녀, 부모, 손자녀, 조부모 이렇게 되어 있습니다. 그래서 자녀분이 19세 이상이 도과되면 그다음 순위자인 부모로 승계가, 이전이 될 수가 있습니다. 그리고 물론 각각의 단계에서 배우자분들은 동 순위를 가지고 계십니다.

그래서 제가 말씀드리고자 하는 취지는 19세가 넘었다고 해서 수급권이 종료되는 것이 아니라 배우자분이 계시면 배우자가 받으실 수도 있고 부모님이 받으실 수도 있고 계속 이전이 된다는 말씀을 드리는 부분이라서……

○전진숙 위원 지난번에 제가 말씀을 드리면서 이렇게 되었을 경우, 방금 말씀하신 것처럼 부모님 또는 배우자가 이렇게 받았을 때 부모님 같은 경우에는 연금이나 이것과 관련해서 삭감이 되고 그게 수입으로 잡히기 때문에 그 부분을 말씀드리면서 이야기를 했던 건데 갑자기 다시 원점보다 더 앞의, 그 전으로 지금 돌아가셔서 다시 이야기를 하시게 하네요.

그래서 저는 물론 말씀 주신 것처럼 기본적으로 모든 법에서 다루고 있는 그것에 대해서 충분히 이해를 합니다. 그럼에도 불구하고 어떤 법에서인가는 충분한 이유가 있고 사유가 된다라고 하는 것이 통용된다면 그 법은 바뀌어야 되는 거라고 생각을 해요.

저희가 지금 정년 연장과 관련해서도 이야기를 계속, 연금과 관련해서도 이야기한 것처럼 지금 이 시대에 맞는 법인지에 대한 점검이 필요한 게 굉장히 많아요, 연령과 관련해서. 그런 측면에서 이건 특별법이니까 그렇게 좀 수정을 하자고 요청을 한 건데 지금 인사혁신처에서는 이것 못 받겠다고 말씀하시는 거지요?

○인사혁신처인사관리국장 오영렬 예, 말씀대로 연금법 전체 차원에서 논의할 필요성이……

○전진숙 위원 그래서 융통성이 하나도 없으십니까?

○인사혁신처인사관리국장 오영렬 전체회의에서 논의할 필요성은 제가 위원님 말씀에

적극 공감을 하는데요. 아까 말씀드린 여러 가지 현재 사안에서 급격히 바뀌었을 때의 문제도 고려를 해야 되는 것이고 저희가……

○전진숙 위원 이 법에, 이렇게 특별법에 방금 말씀하신 것처럼 27세로 상향 조정을 하게 되면 어떤 문제가 발생을 하고 그게 법에 어디에 저촉이 되면서 문제가 발생하고 법과 충돌이 되고 법적 다툼이 이루어질 수 있는 소지가 어떤 부분에 있는지 말씀을 해 주시기 바랍니다.

○인사혁신처인사관리국장 오영렬 아까 다른 위원님들 일부 말씀 주신 부분이 있어서 저희가 이 법의 취지를 봤을 때 그리고 전체적으로 지원의 필요성이나 이런 부분들에 대해 국민들 설득도 있어야 된다는 생각이 드는데요. 그러니까 현재는 대부분의 분들이 일반 수급자분들도 대단히 많습니다. 그래서 그 수급자분들에 대한 부분도 저희가 고려를 안 할 수 없는 부분이 있고요.

또 아까 말씀드린 대로 현재 상황에서 지금의 수급자, 여기 있는 유족분들 내에서도 지금 현행 제도에 대한 신뢰에 기반하셔서 수급의 이전이나 이런 부분들은 각기 상황들이 다르기 때문에 위원님 말씀에 대해서 저희가 전반적으로 연금법 차원에서 추후에 충분히 더 논의해야 된다는 부분에 깊게 생각을 합니다.

○전진숙 위원 그러면 제가 한 번만 더 이야기하고 마무리하겠습니다.

설명 주신 건 충분히 이해하고 일정 부분에 대해서는 공감을 하는 부분이 분명히 있는데 그러면 향후에 제가 근본적으로 제기를 했던 지금 현재 청년들에게 주어지는 이런 측면에서 각각의 법에 다 문제가 있다고 얘기하는데 인사혁신처에서는 이후에 법을 개정을 하려고 준비를 하시겠습니까?

○인사혁신처인사관리국장 오영렬 말씀하신 부분은 제가 연금법 전반적으로 논의를 할 때 꼭 같이 고민해서……

○전진숙 위원 언제 하십니까?

○인사혁신처인사관리국장 오영렬 저희가 지금 법 개정에 대해서 확언을 말씀드릴 상황은 아니지만 제가 말씀드린 부분은 진짜 깊게 받아들이고 저희가 전반적으로 그 부분은 꼭 다루도록 하겠습니다.

○전진숙 위원 여기 특위가 끝나고 나서 이후에 그 논의가 되면 저한테 별도로 반드시 꼭 보고를 해 주시기 바랍니다.

○인사혁신처인사관리국장 오영렬 예, 알겠습니다.

○이달희 위원 이 부분은 우리 전진숙 위원님 의견을 충분하게 받아서 잘 메모해 놨다가 국회에 연금특위가 있으니까 그런 곳에서 이런 일이 있을 때 어떻게 승계를 할 수 있는가 한번 논의해 볼 필요가 있는 것 같습니다.

○인사혁신처인사관리국장 오영렬 예.

○소위원장 이수진 그래서 지금 쟁점이 되는 것들은 쭉 의견, 정부 측 의견과 우리 위원님들 말씀을 들었습니다.

한 가지, 항공안전의 날 관련해서 말씀을 좀 드려야 될 것 같습니다.

유가족분들께서 12월 29일을 항공안전의 날로 지정해 주면 좋겠다라는 의견이 있으셔서 제가 항공안전법을 발의한 바가 있습니다. 그런데 항공안전법은 저희 특위에서 지금 현재 다루어지고 있지 않습니다. 국토위에서 다뤄야 될 것 같은데 한편으로는 국토위에서 이걸 바로 다루게 될지 이것에 대한 이견이 사실 있는 것 같습니다.

그래서 위원님들 몇 분이 주신 의견은 항공안전의 날을 이번 특별법 안에 넣어서 통과시키면 어떻겠냐 그런 의견이 있습니다. 그래서 관련해서 이게 가능한 건지 체계라든지 이런 것들이 맞는지는 우리 전문위원이 한번 의견을 주셔야 될 것 같습니다.

○전문위원 임종수 전문위원입니다.

이수진 위원님께서 항공안전법 일부개정법률안을 제안하셨고 거기에 6조의2를 신설해서 항공안전의 날, '국가는 항공안전에 대한 경각심과 사회적 관심을 높이고 항공안전 문화를 정착시키기 위하여 매년 12월 29일을 항공안전의 날로 정한다' 이런 내용의 법률안을 제안하신 바 있습니다.

특별법에 이 내용을 둘 것이냐 항공안전법에 반드시 두어야 하느냐는 사실 아주 근본적으로는 물론 입법정책적으로 결정할 사항입니다마는 일반적으로 선례를 한번 검토를 해 봤습니다.

위원님들 아시겠지만 세월호 관련한 재난 및 안전관리 기본법에 세월호 발생일인 4월 16일을 국민안전의 날로 정하여 필요한 행사 등을 한다라고 해서 66조의7을 재난안전법에 신설을 한 바 있습니다.

그리고 다른 유사 입법례들도 이러한 어떤 사건에 기반한 특별법에 근거를 두기보다는 일반적으로는 기본법상에 이런 의미가 있는 날을 정하는 근거 규정들이 대부분 있는 것으로 확인은 되고 있습니다.

다만 예외적으로 6·25전쟁 납북피해 진상규명에 관한 법률과 일본군위안부 피해자 보호에 관한 법률 등에서는 6·25전쟁 납북자 기억의 날, 일본군위안부 피해자 기림의 날 이렇게 특정 케이스나 특정 대상을 전제로 한 법률에서 그 해당 케이스만을 위한 날을 정한 사례는 있습니다. 그래서 이 사례는 지금 항공안전의 날을 12월 29일로 정하고자 하는 그 내용과는 조금 차이가 있는 걸로 보이기는 합니다.

이상입니다.

○소위원장 이수진 혹시 두 분……

차관님 의견 있으세요?

○국토교통부제2차관 백원국 전문위원 의견과 같습니다.

사안의 시급성을 생각하면 특별법에 담는 게 좋겠으나 일반적인 입법례들을 보면 해당 일반법에서 내용을 담고 있습니다. 그런 점을 감안해서 결정을 해 주시면 좋겠습니다.

○소위원장 이수진 일반법에 담는다 함은 결국 국토부차관이 국토위에서 의견을 주셔야 될 텐데 이 12·29 항공안전의 날을 정하는 것에 대한 의견은 어떠세요? 필요하다고 생각하시나요?

○국토교통부제2차관 백원국 필요하다고 봅니다.

○소위원장 이수진 혹시 행안부나 의견 좀 있으세요?

○행정안전부안전정책국장 김주이 행안부 안전정책국장 김주이입니다.

행안부에서는 지금 전문위원님께서 설명하신 대로 4월 16일을 국민안전의 날로 정해서 기념행사를 하고 있습니다. 물론 국민안전의 날은 세월호 사고를 기억하면서 만든 날이기도 합니다마는 조금 더 포괄적으로, 그게 계기가 됐지만 국가 전체적으로 국민 안전에 대해서 좀 경각심을 가지고 국가 전체적으로 지원을 해야겠다라는 그런 내용을 담고 있기 때문에 이것은 재난안전 기본법보다는 개별법에서 담아 주는 게 더 좋을 것 같습니다.

○**소위원장 이수진** 혹시 위원님들 의견 있으십니까?

(「없습니다」 하는 위원 있음)

○**고용노동부노동시장정책관 정경훈** 혹시 고용노동부에서 하나만 말씀드려도 될까요?

○**소위원장 이수진** 예.

○**고용노동부노동시장정책관 정경훈** 지난번에 제가 문제 제기했던 사항인데 자료에 반영이 안 돼서, 61페이지 제5조 보시면요 치유휴직에 관한 적용 특례 부분이 있는데 이것은 지난번에도 말씀드렸듯이 이태원법에는 이런 조항이 없습니다. 그런데 세월호 참사에 이런 유사한 조항이 있습니다.

그런데 세월호 때 이 조항이 들어갔던 이유는 세월호 관련된 법이 제정되기 이전에 이런 제도가 있어서 그 제도하고 중복 지원을 피하기 위해서 이 조항을 넣었던 거거든요. 그런데 지금 여기 무안 참사 관련된 것은 이런 내용에 대한 실체가 없습니다. 실체가 없는 내용들을 여기다 넣는 것은 적절하지 않다고 보여지고 이 부분에 대한 삭제를 요청하겠습니다.

○**소위원장 이수진** 이게 무슨 말씀이신가……

○**전문위원 임종수** 위원장님, 전문위원입니다.

○**소위원장 이수진** 말씀하세요.

○**전문위원 임종수** 저희 소위에서 오늘 아까 쭉 논의하신 사단 또는 재단에 대한 정부의 지원에 관한 사항 외에 다른 사항들은 지금까지 소위에서 쭉 논의하셔서 대부분 다 정리가 됐습니다.

그리고 저희 특위에서 사실상 다음 회의 때 잠시 정부 측의 최종 의견을 확인하고 전체회의에서 바로 특별법 처리 여부를 결정하셔야 되는 상황이라 지금까지 논의된, 오늘 전문위원실에서 배부해 드린 별지 2-1에 전체적으로 정리해 놓은 특별법안에 대해서 한번 쭉 이어서 확인해 보시면 어떤가 하는 생각이 듭니다.

그리고 지금 고용부에서 말씀하신 부칙에 관한 문제도 맨 끝에, 앞의 조문들을 쭉 읽어 보셔야 부칙도 금방 들으시면 이해가 되기 때문에 제가 1조부터 앞에서 논의하신 사항들이 어떻게 반영됐는지를 좀 빠르게 확인시켜 드리는 게 어떤가 하는 생각 드립니다.

○**소위원장 이수진** 얼마나 걸릴까요?

○**김미애 위원** 다음에 해요, 위원장님. 아직 주말 동안에 정리할 것도 있다고 하니 다음에 합시다.

○**소위원장 이수진** 사실 회의 전에 이것 한번 정리는 해야 된다라고 말씀을 하셨어서 생각보다 사단법인 길게 얘기하셔서 가지고 좀 시간이 많이 소요가 됐는데……

○**전진숙 위원** 그런데 이견 나온 것은 사단법인에 관련된 내용 하나하고 방금 말씀 주셨던 별도 항목으로 넣는 것 두 가지 말고는 다 정리된 것 아닌가……

○**소위원장 이수진** 그냥 다음에 정리해 주시지요.

일단 오늘 나온 말씀들 다시 한번 해서 지금 사단법인 관련해서 정부 의견 더 듣는 거랑 그다음에 항공안전의 날 관련해서 위원님들 의견이 없으신데 그것도 조금 주말 중에……

제가 사실은 법사위나 국토위 위원장님들하고 다 얘기를 해 봤어요. 그런데 이게 정부의 의지라든지 관련해서 저는 이런 것 정하는 게 이해관계에 있는 분들이 얼마나 계신지 모르겠습니다. 사회적 합의가 필요하다는 얘기도 있고 그런데 그건 정부 부처와 충분히 의견을 잘 내 주시면 될 것 같은데 저도 고민이 됩니다. 법체계나 이런 것들 보면서 주신 얘기들이 있기 때문에 고민이 되는데 오늘 전문위원 얘기도 그렇고 그래서 대책 마련도 같이 하셔야 됩니다, 우리 차관님께서, 어떻게 하셔야 될지.

○국토교통부제2차관 백원국 예.

○소위원장 이수진 그래서 이견이 있는 것 거의 대부분 다 정리가 됐고 또 전진숙 위원님이 유족연금도 의견을 주셨기 때문에 다 정리가 된 것 같습니다.

그러면 사단법인이랑 항공안전의 날 이 두 가지만 주말 중에 정리하셔서 전체회의 전에 소위 잠깐 할 때 빠르게 정리할 수 있도록 소위 위원님들께서 그때 시간 좀 더 내 주시면 감사하겠습니다.

의사일정 제1항부터 6항까지 이상 6건의 법률안은 심도 있는 심사를 위하여 계속해서 소위원회에서 심사하도록 하겠습니다.

이상으로 오늘 회의를 마치겠습니다.

원활한 회의 진행에 협조해 주신 위원님 여러분, 차관을 비롯한 관계 공무원 여러분 그리고 직원 여러분 그리고 보좌직원 여러분 모두 수고하셨습니다.

산회를 선포합니다.

(12시16분 산회)

○**출석 위원(5인)**

　김미애　이달희　이수진　전진숙　정준호

○**청가 위원(2인)**

　김대식　백선희

○**출석 전문위원**

　수석전문위원　박재유

　전문위원　임종수

　입법심의관　남궁인철

○**정부측 및 기타 참석자**

　국토교통부

　　제2차관　백원국

　　12.29여객기사고피해자지원단

　　　단장　박정수

　기획재정부

　　국토교통예산과장　최용호

　교육부

　　평생직업교육정책관　최창익

　법무부

　　법무심의관실　이경화

행정안전부
　안전정책국장　김주이
보건복지부
　제1차관　이기일
고용노동부
　노동시장정책관　정경훈
인사혁신처
　인사관리국장　오영렬
중소벤처기업부
　소상공인재도약과장　장상만
경찰청
　형사국장　유재성

<table>
<tr><td>제423회국회
(임시회)</td><td><h1>국 회 본 회 의 회 의 록</h1>
(임 시 회 의 록)</td><td>제 4 호

국 회 사 무 처</td></tr>
</table>

2025년4월3일(목) 오후 2시

의사일정

1. 정부위원 출석요구의 건(경북·경남·울산지역 산불 사태 수습과 피해대책 마련 및 헌법질서 수호를 위한 긴급현안질문)(박찬대 의원 외 169인 제출)(의안번호 2209563)
2. 경북·경남·울산지역 산불 사태 수습과 피해대책 마련 및 헌법질서 수호를 위한 긴급현안질문

상정된 안건

(14시13분 개의)

○**의장 우원식** 의석을 정돈해 주시기 바랍니다.

성원이 되었으므로 제4차 본회의를 개의하겠습니다.

보고사항은 회의록에 게재하도록 하겠습니다.

(보고사항은 끝에 실음)

---

1. 정부위원 출석요구의 건(경북·경남·울산지역 산불 사태 수습과 피해대책 마련 및 헌법질서 수호를 위한 긴급현안질문)(박찬대 의원 외 169인 제출)(의안번호 2209563)

○**의장 우원식** 의사일정 제1항 경북·경남·울산지역 산불 사태 수습과 피해대책 마련 및 헌법질서 수호를 위한 긴급현안질문을 위한 정부위원 출석요구의 건을 상정합니다.

박성준 의원 나오셔서 제안설명해 주시기 바랍니다.

○**박성준 의원** 존경하는 우원식 국회의장님 그리고 선배·동료 의원 여러분!

더불어민주당 서울 중구성동구을 출신 원내수석부대표 박성준 의원입니다.

정부위원 출석요구의 건에 대해 제안설명드리겠습니다.

이 안건은 긴급현안질문의 정부 측 답변을 통해 국민을 대표하는 국회의 의사를 국정에 반영하고자 헌법 제62조 및 국회법 제121조제1항의 규정에 의해 정부위원의 본회의 출석을 요구하고자 하는 것입니다.

따라서 2025년 4월 3일 오후 2시에 실시되는 경북·경남·울산지역 산불 사태 수습과 피해대책 마련 및 헌법질서 수호를 위한 긴급현안질문을 하기 위해 소방청장·산림청장의 출석을 요구합니다.

아무쪼록 이 안대로 의결해 주시길 바라며 제안설명을 마치겠습니다.

○**의장 우원식** 박성준 의원 수고하셨습니다.

경북·경남·울산지역 산불 사태 수습과 피해대책 마련 및 헌법질서 수호를 위한 긴급현안질문을 위한 정부위원 출석요구의 건을 의결하고자 하는데 이의 없습니까?

(「예」 하는 의원 있음)

이의 없으면 경북·경남·울산지역 산불 사태 수습과 피해대책 마련 및 헌법질서 수호를 위한 긴급현안질문을 위한 정부위원 출석요구의 건은 가결되었음을 선포합니다.

---

2. 경북·경남·울산지역 산불 사태 수습과 피해대책 마련 및 헌법질서 수호를 위한 긴급현안질문

(14시15분)

○**의장 우원식** 의사일정 제2항 경북·경남·울산지역 산불 사태 수습과 피해대책 마련 및 헌법질서 수호를 위한 긴급현안질문을 상정합니다.

오늘 질문하실 의원은 모두 열세 분입니다.

의원 일인당 질문시간은 답변시간을 제외하고 10분이며 질문 과정에서 전광판에 시각자료가 표출되는 시간은 발언시간에 포함된다는 점을 말씀드립니다.

질문하시는 의원님들의 질문 취지와 내용은 의석 단말기에서 볼 수 있습니다.

- 긴급현안질문 의원(한정애)

(14시16분)

○**의장 우원식** 그러면 먼저 서울 강서병 출신의 더불어민주당 한정애 의원 나오셔서 질문해 주시기 바랍니다.

○**한정애 의원** 존경하는 국민 여러분!

우원식 국회의장님, 선배·동료 의원 여러분!

서울 강서구병 외교통일위원회 한정애 의원입니다.

내일 4월 4일은 헌법재판소가 내란수괴 윤석열에 대한 탄핵심판 선고를 내리는 날입니다. 헌법을 짓밟고 국민 위에 군림하려 한 권력은 국민의 이름으로 반드시 단죄되어야 합니다. 민주공화국 대한민국의 헌법 수호 의지 천명은 윤석열 파면에서부터 시작될 것입니다.

　김홍균 외교부차관 나와 주십시오.

　심우정 검찰총장 자녀의 외교부 특혜 채용 의혹을 알고 계시지요?

○**외교부장관직무대리 김홍균** 예.

○**한정애 의원** (영상자료를 보며)

(영상자료는 부록으로 보존함)

　화면에 보시는 것처럼 2023년 3월, 윤석열 정부지요. 2023년 3월 국민권익위원회가 공무직 채용의 공정성을 위해서 채용절차법 등 채용 관련 법령에 근거해 전 부처에 시달한 행정기관 비공무원 공정채용 표준기준 업무 매뉴얼입니다. 이 기준에 맞추어서 심우정 검찰총장 자녀의 채용 과정을 하나하나 확인해 보도록 하겠습니다.

　공정채용 매뉴얼 제2조에 따르면 공고된 내용을 별도의 변경 절차를 거치지 아니하고 공고된 사항과 다르게 채용 전형을 시행하는 것을 채용비리로 정의하고 있는데 심우정 검찰총장 자녀 특혜 채용이 바로 이에 해당합니다.

　외교부 소속 기관인 국립외교원은 2024년 1월 기간제 연구직 채용 공고를 내면서 석사학위 소지자로 자격 요건을 명시하였음에도 석사학위 취득예정자인 심우정 총장의 자녀를 채용했습니다. 이유가 무엇이었지요?

○**외교부장관직무대리 김홍균** 당시 채용 절차가 1월·2월에 열렸기 때문에 석사학위를 취득할 예정자에 대해서 그걸 증명해 오면 자격을 인정해 주는 것으로 한 것으로 알고 있습니다. 2021년부터 시행해 왔습니다.

○**한정애 의원** 2023년 3월 국민권익위원회가 그렇게 하는 것이 바로 채용비리니까 그렇게 하지 말라고 외교부를 포함한 전 행정기관에 권고를 했는데도 그렇게 했습니까?

○**외교부장관직무대리 김홍균** 권고사항이었고 저희가 그런 절차를 밟음에 있어서 모든 사람들한테 공평하게 했던 것입니다. 그리고 공고문에 그게 기재돼 있지는 않았지만 문의를 해 온 사람들에 대해서는 다 똑같이 안내를 해 주었고 그런 자격으로 응시한 사람들이 있었습니다.

○**한정애 의원** 그렇지 않습니다. 심우정 총장의 자녀가 유일했었다는 말씀을 드리겠습니다.

　국립외교원에서 8개월간 연구직 다급으로 근무한 심 총장의 자녀는 올해 2월 달에 외교부 본부에 연구직 나급—한 단계 상향한 자리지요—지원해서 최종 합격하였습니다.

　차관, 심우정 검찰총장 자녀가 최종 합격할 수 있었던 배경은 무엇이었을까요?

○**외교부장관직무대리 김홍균** 아직 동인이 외교부 직원으로 채용된 것이 아닙니다. 외교부가 지난 4월 1일에 감사원에 감사 청구를 했기 때문에 감사 결과가 나올 때까지 동인이 최종적으로 채용될지 여부에 대해서는 유보하고 있습니다.

○**한정애 의원** 그러면 채용 유보가 되기까지 최종적인 신원조회 절차에까지 이를 수 있었던 배경은 무엇이었을까요?

○**외교부장관직무대리 김홍균** 서류심사나 면접 절차 과정에서 응시자들의 인적사항 같은 그런 정보를 일절 요구하지 않는 그런 블라인드 방식에 의해서 채용이 된 것입니다. 따라서 어떤 특혜가 주어질 수 있는 그런 상황이 아니었던 점을 말씀드리겠습니다.

○**한정애 의원** 외교부가 굉장히 적극적으로 조력했다는 말씀을 드리겠습니다.

　자, 말씀드리겠습니다. 외교부는 올해 1월 달에 본부에서 연구직 채용공고에 뭐라고 명시했냐, 경제 관련 석사학위자로서 해당 분야 실무 경력 2년 이상인 자로 자격요건을 명시했습니다. 그 결과 최종 면접까지 진행하고서 최종 면접자를 불합격 처리했습니다. 불합격 사유를 묻는 의원실에 외교부는 뭐라고 답변했냐 하면 한국어가 서툴러서 그 사람을 불합격 처리했다고 답변했습니다. 이 답변이 합당하다고 보십니까?

○**외교부장관직무대리 김홍균**　6명이 지원을 해서 그중에 경제학 분야 석사학위를 가진 사람은 한 사람이었습니다. 그래서 그 사람에 대해서 면접을 실시했습니다. 면접위원들이 모두 공통적으로 의사표현의 정확성과 논리성에 대해서 모두 '하'급의 평가를 내렸습니다. 따라서 저희로서는 적격하지 않다고 판정할 수밖에 없었습니다.

○**한정애 의원**　석사학위를 소지했고 해당 분야 실무 경력 2년 이상으로 한국에서 출생해서 성장하고 우리 국적의 우리나라 국민인데 '한국어가 서툴러서'라고 하면 납득이 가능할까요?

○**외교부장관직무대리 김홍균**　외국어 능통자였을 수도 있습니다.

○**한정애 의원**　장난하지 마시고요.

　지난 2월 5일에 외교부는 해당자를 불합격시킨 다음에 재공고를 했습니다. 그런데 자격요건을 원래 필요하다고 하는 경제 분야에서 국제정치 분야로 변경해서 재공고했습니다. 그러니 1차 공고 시에는 자격요건 대상자도 되지 않았던 심우정 총장의 딸이 응시했고 최종 합격해서 신원조회 절차 거치다가 문제 제기되니까 감사원 감사 청구하신 것 아닙니까?

　차관, 심우정 총장의 자녀가 석사학위 어떤 분야에서 받으셨지요?

○**외교부장관직무대리 김홍균**　국제정치학으로 알고 있습니다.

○**한정애 의원**　120만 구직 청년들에게는 어렵기만 하고 한 채용시장이 어떤 이에게는 아예 길을 만들어 주거나 그게 아니면 비단길이기만 한데 외교부의 조력이 없었다면 가능했겠는가……

○**외교부장관직무대리 김홍균**　의원님, 1차 공고에서 6명이 지원을 했고 그중에 1명만이 석사학위 소지자였습니다, 경제학 분야의. 계속해서 그렇게 공고를 낼 경우에 우리가 원하는 그런 인재를 얻을 수 없다고 생각을 했기 때문에 국제정치학 분야로 분야를 넓혔고, 하지만 그 공고자격 안에 경제학 분야의 학위를 가진 사람은 우대하겠다고 얘기를 했습니다. 그래서 19명이 지원을 했는데 그중에서 1명만 경제학 학사가 있었고 그 사람도 서류전형에서 떨어졌습니다. 따라서 어떤 특정한 사람을 염두에 두고 그렇게 전공 분야를 변경한 것이 아닙니다.

○**한정애 의원**　그런 사례가 딱 한 건밖에 없는데 그게 바로 심우정 총장 딸이더라고요.

○**외교부장관직무대리 김홍균**　제가 말씀드리는 것은 전공 분야를 바꾼 이유가 특정인을 상정하고 바꾸지 않았다는 말씀입니다.

○**한정애 의원**　그런 사례가 그전에도 없었고 아마 앞으로도 없겠지요. 딱 한 건 있었는데 바로 심 총장의 자녀였습니다.

　전공 분야를 바꾸어 준 외교부는 실무 경력이라고 하면 국립외교원 근무 8개월이 전부인 심우정 총장의 자녀를 위해서 단순 경험을 경력으로 인정하는, 배려를 넘는 위법을 실행하기까지 하였습니다. 심 총장 자녀는 지도교수가 센터장인 어떤 특정 센터의 석사연구생으로 활동을 했는데요. 응시원서에는 석사연구생이 아닌 연구보조원으로 제출했고 외교부는 석사연구생 활동과 무급체험형 인턴십까지 더해서 총 실무경력을 35개월로 인정을 했습니다.

화면을 한번 보시지요.

매뉴얼에 따르면 금전적 보상을 받는 경우에 경력으로 작성하고 금전적 보상이 없는 경우는 경험으로 작성하도록 되어 있습니다. 그런데 경험까지 전부 티끌 모아서 35개월을 인정했지요.

다음 화면 보시겠습니다.

그러면 저런 경력은 채용기관에서 지원자가 근무한 기관의 경력을 확인하거나 4대 보험 가입 이력을 조회하거나 당사자에게 소득금액증명을 통해서 해당되는 경력 사항을 검증하도록 돼 있습니다. 외교부는 어떻게 경력을 확인했습니까?

○**외교부장관직무대리 김홍균** 경력증명서를 발급한 기관에 대해서 공문으로 진위 여부를 확인했습니다.

○**한정애 의원** 소득이 있는지 없는지 그것은 확인하지 않고요?

○**외교부장관직무대리 김홍균** 경력 산정과 관련해서 그 경력 산정을 포함해서 응시자의 자격요건을 충족하는지를 확인하기 위해서 서류심사 과정에서 서류전형시험위원회를 구성하고 그 위원회 안에 인사전문가 2인을 포함했습니다. 그분들의 판단에 의해서 경력 산정 여부를 검토한 것입니다.

○**한정애 의원** 그 판단이 특정인을 위한 판단이면 안 되겠지요.

○**외교부장관직무대리 김홍균** 특정인이 누구인지 알 수 없다고 제가 아까부터 블라인드 채용 절차에 대해서 말씀을 드렸습니다.

○**한정애 의원** 그걸 믿는 국민은 아마 없으실 겁니다. 소득금액증명도 안 되고 4대 보험 기간 조회도 하지 아니하고……

○**외교부장관직무대리 김홍균** 아까 말한 그 세 가지 방법 중에 한 가지 이상의 방식으로 진위를 확인하게 되어 있기 때문에 외교부는 경력증명에 대한 진위 여부를 확인하는 공문을 발송한 것입니다.

○**한정애 의원** 이 건에 대해서 외교부는 이렇게 얘기하더라고요. 공무원 법령에 따라서 진행되는 일반공무원 채용하고 달리 공무직 채용을 할 수 있다, 공무직 채용은 좀 달리 해서 할 수 있다라고 하는데 아직도 같은 생각입니까?

○**외교부장관직무대리 김홍균** 공무직이라고 해서 공무원과 관련된 것과 완전히 별개로 할 수는 없지만 그 공무직의 특성을 좀 더 감안할 필요가 있다는 생각이고. 아까 말씀하신 권익위의 그 권고사항들을 저희도 다 받아서 현재 외교부가 유지하고 있는 외교부 내 규라든가 채용 매뉴얼과 다 비교를 하면서 어느 정도 반영을 했다는 것을 다 권익위 쪽에도 설명을 했습니다.

○**한정애 의원** 외교부가 뽑은, 심우정 검찰총장 자녀 채용은 노동부가 관할하고 있는 채용절차 공정화법 그리고 정부 가이드라인을 위반하였습니다. 인정하십니까?

○**외교부장관직무대리 김홍균** 저는 그 권고……

○**한정애 의원** 인정 못 하시겠지요? 인정하면 잘못했다 하는 거니까요.

○**외교부장관직무대리 김홍균** 권고안을 충실히 반영하고 있다고 생각을 합니다.

○**한정애 의원** 권익위는 이렇게 얘기하고 있습니다. 응시자격 요건에 맞지 않는 자를 자격심사에서 통과시키는 것, 즉 석사학위 소지자가 아닌 석사학위 취득 예정자를 자격심사에서 통과시키는 것 또 서류전형에서 각 관련 직종이나 경력점수를 부적정하게 평가한 결과로 합격한 경우를 바로 채용비리라고 완벽하게 규정하고 있습니다. 심우정 총장 자녀에게 주어진 특혜가 바로 권익위가 얘기하는 채용비리입니다.

○**외교부장관직무대리 김홍균** 석사학위 소지 예정자도 가능하다는 것을 모든 응시자들한테 알렸고 그다음에 경력 산정도 인사전문가를 포함한 위원회에서 검토한 결과라는 걸 말씀드리겠습니다.

○**한정애 의원** 모든 응시자라면 7000명 정도가 조회를 했는데 그 7000명에게 다 알렸다는 얘기입니까?

○**외교부장관직무대리 김홍균** 아니지요. 이런 것도 자격이 되는지를 문의해 오는 사람들한테 다 얘기를 했다는 것입니다.

○**한정애 의원** 공익감사를 청구하셨던데 공익감사 청구한 사유는 무엇입니까? 위법성을 인정해서입니까?

○**외교부장관직무대리 김홍균** 아닙니다. 저희가 여러 차례 이 절차가 어떻게 진행됐는지를 설명했음에도 불구하고 계속 문제가 제기됨에 따라서 객관적인 판단을 받아 볼 필요가 있다는 생각이 들어서 감사원에 공익감사 청구를 하게 된 것입니다. 저희는 감사원이 신속하게 이 문제를 다루어서 진상을 다 파악해 주기를 기대하고 있습니다.

○**한정애 의원** 들어가서도 좋습니다.
　김석우 법무부차관 나와 주세요.
　검찰총장에 대한 감찰권은 어디에 있습니까?

○**법무부장관직무대행 김석우** 법무부에 있습니다.

○**한정애 의원** 검찰총장의 사회적 지위는 자녀의 채용 과정이나 이런 데서 충분하게 직간접적으로 영향력을 발휘할 수 있는 위치이기도 하지요.

○**법무부장관직무대행 김석우** 예.

○**한정애 의원** 심우정 총장 자녀의 외교부 채용 과정에서 채용의 압박 여부라든지 또는 외교부와의 사전 교감 여부라든지 특히 심우정 총장이 어떤 근거에서 자신의 자녀가 35개월의 실무 경력을 충족했다라고 자신 있게 밝혔는지 샅샅이 좀 밝혀야 될 것 같습니다. 신속히 감찰에 임해 주십시오.

○**법무부장관직무대행 김석우** 감찰 여부는 일단은 외교부에서 공익감사를 청구한 사항이기 때문에 그 결과를 지켜봐야 될 것으로 생각합니다.

○**한정애 의원** 공익감사와는 별개로 할 수 있지요, 감찰은?

○**법무부장관직무대행 김석우** 글쎄 그 부분은, 감찰 필요성 여부는 별도의 검토가 필요한 사항이라고 생각합니다.

○**한정애 의원** 심우정 총장이 떳떳하다면 감찰을 피하지 않겠지요.

○**법무부장관직무대행 김석우** 일단 사실관계와 그에 따른 어떤 적법성, 적정성 여부에 대한 평가가 필요한 부분인데 그 부분은 감찰 차원에 앞서서 이 관련 행정기관에서 일단 판단할 것으로 생각합니다.

○**한정애 의원** 검토한다고 시간을 끌지 마시고 조속하게 감찰에 착수해 주시기 바랍니

다.

　또 하나는 대검은 심우정 검찰총장의 자녀 특혜 의혹에 대한 사실관계도 확인되지 않았는데 검찰총장의 딸에 대한 의혹이 제기되자마자 정당한 채용이었다고 밝히면서 마치 국선변호인 행세를 하고 있습니다. 관련해서 이 경과도 함께 조사해 주시기 바랍니다.

○법무부장관직무대행 김석우　의원님 말씀을 참고해서……

○한정애 의원　대검이 무슨 근거로 그런 브리핑을 할 수 있었는지를 밝혀야 한다고 봅니다.

○법무부장관직무대행 김석우　의원님 말씀 참고해서 저희들이 향후 대응 방안 등을 검토해 보도록 하겠습니다.

○한정애 의원　감찰을 하십시오.

○법무부장관직무대행 김석우　그 부분을 이 자리에서 확답드릴 사항은 아니라고 생각합니다.

○한정애 의원　예전에는 수많은 의혹에 대해서 굉장히 많은 감찰과 수사와 압수수색과 이런 것들도 하는 것을 저희가 다 알고 있는데요.

○법무부장관직무대행 김석우　일단 현재 총장에 제기된 의혹은 두 가지로 볼 수 있는데 국립외교원 연구원 채용 부분은 작년 인사청문회 때 논의가 됐던 사항입니다. 그다음에 올해 경력 요건 부분과 그다음에 약간 자격……

○한정애 의원　인사청문회 때 논의됐지만 해소되지는 않았습니다.

○법무부장관직무대행 김석우　예, 그 이후에 올해 외교부 채용 부분은 새롭게 논의된 부분이긴 한데 물론 이 부분은 작년 인사청문회 때 논의된 건 아닙니다만 이 부분에 대해서 외교부도 자체적으로 사실관계를 확인하고 있고 공익감사를 청구한 사항이기 때문에 그 결과를 기다려 보는 것이 맞다는 생각입니다.

○한정애 의원　총장에 대한 감찰에 착수해 주시기 바랍니다.

○법무부장관직무대행 김석우　예, 의원님 말씀 참고해서 저희가 대응 방안 여부를 검토해 보도록 하겠습니다.

○한정애 의원　들어가셔도 좋습니다.

　김문수 장관 앞으로 나와 주십시오.

　심 총장 자녀 특혜 채용과 관련한 내용은 고용노동부 소관 법률인데요, 채용절차의 공정화에 관한 법률을 명백하게 위반한 사항입니다. 동법 14조에 따르면 고용노동부장관은 법 위반 사실의 확인 등을 위해서 조사해야 하고 조사할 수 있습니다. 조사하시겠습니까?

○고용노동부장관 김문수　이 부분이 지금 감사원에 공익감사가 청구돼 있고 또 공수처에서 고발 사건을 수사하고 있는 것으로……

○한정애 의원　그것과는 관계없이 노동부는 조사할 수 있습니다.

○고용노동부장관 김문수　저희도 할 수 있겠습니다마는 이렇게 중복적으로 계속하는 게 어떤지 이런 부분을 우리가 검토를 해서 필요하다면 하도록 하겠습니다.

○한정애 의원　조사권이 있고 의혹이 채용 비리인데요, 노동부가 조사 여부를 검토한다라고 하는 것은 그냥 평계 대고 안 하려고 하는 것 아니냐라는 의구심을 낳을 수 있습니

다.

○**고용노동부장관 김문수** 그렇지 않습니다. 우리가 조사를 할 때는 그거는 어느 정도 근거가 좀 있어야 되는데 그 근거를 언론보도라든지 의원님께서 질의하시는 거나 또 감사원 공익감사가 청구됐다거나 공수처 고발 사건 수사를 한다 이런 걸 보고, 우리도 덩달아 하자 무조건 이렇게 할 수는 없고 일정한 정도의, 저희 부처에 사건이 접수된다든지 저희가 중대한 혐의를 가졌을 때는 분명히 투명하고 공정하게 엄격하게 의원님 기대에 어그러지지 않게 반드시 수사할 것이라고 저는 약속을 드릴 수 있습니다.

○**한정애 의원** 예, 조사해 주십시오.

들어가셔도 좋습니다.

국민 여러분!

윤석열 정권이 내세웠던 공정과 상식은 그들만을 위한 공정과 상식이었음이 심우정 검찰총장 자녀 채용 비리 의혹으로 또다시 그 얼굴을 만천하에 드러냈습니다. 기회를 기다려 온 수많은 청년들이 외면당했을 현실을 그냥 지나칠 수 없습니다. 공정한 사회는 침묵 위에 세워지지 않습니다. 국민을 대신해서 끝까지 묻고 또 묻겠습니다. 반드시 책임을 지게 하겠습니다.

고맙습니다.

○**의장 우원식** 한정애 의원님 수고하셨습니다.

제가 모두발언으로 했어야 되는데, 시간을 조금 놓쳤습니다만 그래도 말씀은 해야 될 것 같아서……

오늘이 2025년 4월 3일입니다. 77년 전, 48년 4월 3일 제주에서는 무참한 국민들의 학살이 있었습니다. 제주도민 28만 명 중에 5.5만 명이 그 과정에서 희생이 됐고 목숨을 잃었습니다.

국가권력에 의한 무고한 국민들의 학살, 무고한 국민들의 희생, 이런 일들이 다시는 있어서는 안 되기 때문에 또 그때 희생당하신 분들이 77년 동안 그 한을 다 풀지 못하고 또 진상이 제대로 규명되지 못하고 한 점들에 대해서 오늘 제주도에서도 추념식을 통해서 제대로 밝혀야 됨을 다시 한번 각오하고 왔습니다.

우리 국회가 4·3의 진상규명 그리고 그 피해의 적절한 보상 또 이 일이 역사 속에서 잊혀지지 않도록 하는 조치 이런 것들에 대해서 좀 더 관심을 가지고 앞장서서 문제를 풀어 나가자 하는 그런 다짐의 마음을 함께 가져야 될 때라고 생각합니다.

국회의원 여러분들이 함께 힘을 모아서 이 일을 해 나가자 하는 말씀을 드립니다.

- 긴급현안질문 의원(신성범)

(14시36분)

○**의장 우원식** 다음은 경남 산청·함양·거창·합천 출신의 국민의힘 신성범 의원 나오셔서 질문해 주시기 바랍니다.

○**신성범 의원** 존경하는 국민 여러분!

우원식 의장님과 선배·동료 의원 여러분!

이주호 사회부총리를 비롯한 국무위원, 정부위원 여러분!

경남 산청·함양·거창·합천 출신의 국민의힘 소속 신성범 의원입니다.

  지난 열흘간 남부지방이 불에 탔습니다. 영남이 말 그대로 불바다가 됐습니다. 대한민국 사상 최악의 산불로 기록되고 있습니다.
  긴급현안질의가 제가 8년 전에 있을 때만 해도 굉장히 집중력 있는 그런 거였는데 정치 쟁점과 섞이는 것 같아서 여야 협상 과정에서 원내수석들께서 좀 잘해 주시기를 부탁 말씀 드립니다.
  이게 지금 '밭두렁 태우지 말고 담배꽁초 버리지 마십시오' 총리가 이야기를 하고 또한 진화에 총력을 기울이겠다는 말을 언제까지 반복할 것인가 하는 질문이 나올 수밖에 없는 그런 상황입니다.
  다음은 어느 지역이 될지, 이번에는 영남이었지만 충청, 호남, 강원 어디로 튈지 모르는 게 오늘의 산불 상황 같습니다. 그래서 이런 문제를 제도적으로 어떻게 하면 좋은지를 좀 여쭤보려고 합니다.
  임상섭 산림청장 와 계신가요?
  여기 나오시지요.
  우선 영남 산불로 31명이 돌아가셨습니다. 그분들의 명복도 빌고 40여 명 부상자들의 쾌유를 기원하겠습니다.
  임상섭 청장, 본회의장 답변은 처음이시지요?
○**산림청장 임상섭** 예, 맞습니다.
○**신성범 의원** 정부위원이다 보니까 주로 예결위에는 답변하셨을 텐데, 그렇지요?
○**산림청장 임상섭** 예.
○**신성범 의원** 저하고 3월 21일 날 산청에서 만났는데 그 후로 집에는 가셨어요?
○**산림청장 임상섭** 뭐 제대로……
○**신성범 의원** 그러니까 산청 계시다가 의성에 더 큰불이 나는 바람에 옮기셨던데, 이게 내일 당장 4월 4일은 청명이고 모레 4월 5일은 한식이자 식목일이고, 걱정이 많으시겠어요.
○**산림청장 임상섭** 예.
○**신성범 의원** (영상자료를 보며)

(영상자료는 부록으로 보존함)

  이번 산불의 원인을 여러 가지로 분석하겠습니다만 국립산림과학원을 갖고 계시고 또 산불연구과도 있잖아요. 뭐라고 나와요, 산불 원인이?
○**산림청장 임상섭** 우리 산림청 국립산림과학원의 분석 결과도 마찬가지고, 기상청에서 3월 달 이번 대형 산불 관련된 기후를 분석해 가지고 보고서를 내셨습니다. 거기에는 고온, 건조, 강풍 이런 과거하고 유례없는 기상 상황이 산불이 확산되는 데 가장 컸다고 분석하고 있습니다.
○**신성범 의원** 그러니까 방금 봤습니다만 FFDI(Forest Fire Danger Index)인데 온도, 강우, 습도, 풍속…… 그러니까 덥고 바짝 마르면, 바람이 불면 작은 실화 하나가 큰 산불로 번진다 이런 경험적 법칙이 있는 거지요?
○**산림청장 임상섭** 예, 그것은 경사도, 지형이라든지 산림 내의 연료량이라든지 기후라든지 이런……
○**신성범 의원** 연료량이라고 표현합니까?

○**산림청장 임상섭** 예, 나무의 양을 연료량……

○**신성범 의원** 그래서 제가 보기에는 이렇게 맞다면 앞으로 산불은 기후 변화에 따라서 날 수밖에 없다는 걸 대전제로 하고 산불을 없앨 수는 없다, 불은 내일도 나고 다음에도 날 거다. 그러면 대응체제를 어떻게 갖출 것이냐 이런 문제가 더 큰 문제로 보여져요. 제 말씀에 동의하시나요?

○**산림청장 임상섭** 예, 맞습니다. 동의합니다.

○**신성범 의원** 그날 우리가 산청에서도 같이 있으면서 봤습니다만 재난이 복합적이에요. 산림이, 산불이 나면 산불만 끄는 게 문제가 아니라 주민들 전체가 달라붙어야 꺼질 수 있어요.

예를 들어 봅시다. 저랑 그것 같이 봤잖아요.

경찰서는 뭘 해야 되지요? 차를, 시골도 차가 많아, 농촌은. 차량을 정확하게 한쪽으로 치우고 차량 통행을 해 주고 사람을 구해 내는 게 경찰의 임무예요. 그러면 지역 소방서는 뭐 하느냐? 민간 주거지역과 산 사이에 점이지대를, 중간지대를 만들어서 물 뿌리고 또 사람을 구해 내야 돼요. 그렇지요?

○**산림청장 임상섭** 예, 맞습니다.

○**신성범 의원** 불을 끄는 것은 뭐냐? 그건 산림청에서 담당할 수밖에 없는 거고.

지금 산림청의 규모를 봐서는 시장·군수 그다음에 광역단체장, 산림청장…… 규모가 됩니까, 책임 범위가?

○**산림청장 임상섭** 100ha 미만으로 산불영향구역이 있을 때는 시장·군수가 지휘하도록 돼 있고요.

○**신성범 의원** 지휘를 하는 거지요.

○**산림청장 임상섭** 1000ha 미만일 때는 광역자치단체장이 되겠고 1000ha가 넘어가면 중앙부처에서 산림청장이 지휘하도록 되어 있습니다.

○**신성범 의원** 제가 현장에서 보니까 어느 심각한 문제가 있냐면 이런 거예요.

시골에, 농촌에 어르신들이 혼자 살고 외딴집에 사는 분들이 많아서 그분들은 공무원들이 가서 모시고 나오려고 그래도 안 가시려고 그래. 떠나기 싫다, 내가 불 끄겠다. 심지어는 경찰관이 가서 고지를 해요. 112신고법에 의해서 '어머니, 잘못하면 체포됩니다' 내지는 강제 이주를 시켜야 돼요, 강제집행을. 그런 상황이에요. 그러니까 현장을 가장 잘 아는 지역 경찰, 현장을 가장 아는 지역의 자치단체장과 면장, 심지어는 이장까지 동원돼서 '어머니 아버지, 그렇게 고집 피우시면 돕는 공무원들이 처벌 받아요' 이런 소리를 해야 미안해서 옮기는 게 현실이에요.

그리고 또 어떻게 되느냐? 수백 명이 몰리다 보니까 자원봉사자 관리도 해 줘야 돼요. 십여 일 정도 하면 먹여 주고 재워 줘야 돼요. 어디서 어떻게 할 겁니까? 행정력이 총동원돼야 돼요. 그러면 밥은 어떻게 하느냐? 자원봉사단체에서 와 가지고 다 일일이 나누고 이런, 뭐라 그럴까 안 보이는 분야에서 굉장히 일을 많이 해야 되는 거예요.

전체가 달라붙어야 끌 수 있다는 게 산불이에요. 그래서 복합 재난이고 대응을 잘해 줘야 돼요. 그것 뼈저리게 느끼고 계시지요? 그렇지요?

○**산림청장 임상섭** 예, 동의합니다.

○**신성범 의원** 그래서 이렇게 돼 있다는 걸 한번 말씀드리고.

산불 끄는 문제를 제가 가만히 보니까 헬리콥터 없이는 안 돼요. 그래서 헬리콥터 얘기를 많이 하던데 산림청에 헬리콥터가 몇 대나 있어요?

○**산림청장 임상섭** 50대 운영하고 있고 2대는 해외에서 금년에 임차해서 운영하고 있습니다.

○**신성범 의원** 그러니까 저기 보시면 알겠습니다마는 카모프라는 게 아주…… 800ℓ 짜리도 있고 3000ℓ 짜리 있고 가장 큰 게 8000ℓ 짜리던데 800이나 이런 것 보면 어떻게 보면 흔히 하는 말로 바케쓰로 물 붓는 것, 바가지로 물 붓는 것처럼밖에 안 되는 거예요.

그런데 지금 외국의 경우에 한번 보니까, 제가 미국 경우를 좀 보니까 아예 헬기로 안 하고 저렇게 큰 거 있잖아요. 에어탱커라는 걸로 3만ℓ, 30t을 싣고 가서 저렇게 화학제품을 뿌리는 대형인데, 저는 지금의 산불 대응 전략 가운데 헬리콥터를 늘리자, 특히나 담수량 대형을 늘리자는 데 전적으로 동의하는데 제가 보기에는 이게 다는 아닌 것 같아요. 저희 예산 범위 안에서 좋은 비행기 사 오고 하면 예산을 하면 되는 건데 제가 착목한 것은 오히려 더 다음입니다.

이게 진화대, 결국은 마지막에는 사람이 꺼야 돼요. 한번 보시지요. 저 동영상 한번 보시면 산불진화대가 밤에 어떻게 활동하는지를, 불을 끄는 동영상을 한번 보실게요.

　　(영상자료 상영)

이렇게 꺼요, 저렇게. 왜 저러냐. 이게 숲이 우거지다 보니까 낙엽이 많이 쌓이고 낮에 아무리 헬리콥터가 와서 물을 들이부어도 나뭇잎 아래로 침투가 안 돼. 물이 안 들어가잖아요. 결국은 고어텍스 효과라고 표현할 수도 있어요. 그러니까 물이 침투 안 하고 저 밑에는, 낙엽 밑에는 불씨가 살아 있는 거지요, 밤에. 낮에 다시 해가 뜨고 습도가 떨어지면, 바람이 불면 그 불씨가 살아나서 낮에 다시 활동하는…… 그래서 아주 헬기 소리만 들리면 주민들이 박수 치고 헬기 소리가 안 들리면 또 어찌 되나 걱정하는 그런 상황이 반복된단 말이에요. 그렇지요?

그런 의미에서 저는 결국 산불은 사람이 끄는 거다. 지금 당장 제 지역구 산청만 하더라도 주불은 잡았지만 오늘 아침에도 헬기가 떠다녀요. 왜? 저 잔불 때문에, 사람이 못 올라가니까. 상황을 다 알고 계시는 거지요. 그렇지요?

○**산림청장 임상섭** 예, 알고 있습니다.

○**신성범 의원** 그래서 이런 부분에 대한 판단을 해야 된다.

산림진화대는 종류가 제가 알아보니까 세 종류 정도 돼요.

보세요.

공중진화대가 지금 청장님이 지휘하는 그 부서지요, 산림청?

○**산림청장 임상섭** 예, 맞습니다.

○**신성범 의원** 특수진화대라고 있어요. 그래서 지자체에서 하는 게 저건데…… 나름 공중진화대, 특수진화대, 전문예방진화대 이렇게 구분은 돼 있는데 실제적으로 동원할 수 있는 병력, 인력, 불을 진화하는 데 특화된 인력은 제가 보기에는 공중진화대 104명이 전부라 해도 과언이 아니지요?

○**산림청장 임상섭** 예.

○**신성범 의원** 더 있습니까?

○**산림청장 임상섭** 제가 말씀드리면……

○**신성범 의원** 예, 말씀을 좀 해 보세요.

○**산림청장 임상섭** 공중진화대 100여 명하고 특수진화대도 460여 명이 있는데 두 진화대는 산림청에서 운영을 합니다. 그리고 전문예방진화대라고 한 1만여 명 가까이 되시는 분들은 지방자치단체하고 산림청에서 일부 운영하고 있습니다.

말씀하신 것처럼 산악지역이나 도로가 없는 지역에 직접 지상 진화를 하기 위해서 투입되는 인력들은 대부분 공중진화대하고 특수진화대입니다. 전문예방진화대는 지자체에 고용이 돼서 하기 때문에 험한 지역에 이렇게 올라가서 진화하기는 어렵고요. 주로 잔불 정리라든지 뒷불 정리를 이렇게 나눠서 하고 있습니다.

○**신성범 의원** 저는 이런 이야기예요. 그러니까 아무리 좋은 하드웨어가 있고 기계가 좋다 하더라도 저런 분들이 제대로 된 훈련 없이 투입되거나 하지 못한다면 산불은 오래 못 끄는 거예요. 오랫동안 지속된다니까요.

그래서 저분들 장비를 한번 살펴봤어요. 산불 진화 장비 한번 보세요. 불로 쓰는 쇠스랑 같은 거, 차 있고, 차는 저렇게 돼 있고 그런데 지금 5억 6000만, 7억짜리 있고. 보면 전문진화대도 이렇게 해요. 결국은 쇠스랑을 이용한 진화를 할 수밖에 없는 거고. 신발과 복장 한번 보세요. 이런 식으로 하면 누가 일을 제대로 할 수 있겠어요? 그래서 재정 당국과 협의해 가지고 굉장히 많은, 심지어는 특근비라든지 이런 거 올려야 된다는 말씀을 좀 드리고.

시간이 많이 갔는데.

이번에 드론으로 보니까, 불씨만 포착하는데 왜 드론을 활용한 진압 이런 거는 아예 불가능한 상태입니까? 개발 중입니까? 진화용 드론, 물을 한 100ℓ 200ℓ를 싣고 가서 할 수 있는 이런 거는.

○**산림청장 임상섭** 지금 일부 개발이 돼서 저희들이 재작년 안동 산불 났을 때도 투입을 해 봤는데요, 이게 주간에 산불 진화 헬기가 떠 있을 때는 드론을 운영할 수가 없습니다, 충돌 우려 때문에. 야간에만 산불 진화 드론을 활용을 해야 되는데 이번처럼 이렇게 강풍이 불거나 하면 사실 드론을 활용해서 진화하기가 어렵습니다.

○**신성범 의원** 시간 돼서, 들어가시지요.

국민 여러분!

잘 아시는 대로 산불은 어떻게 보면 뉴노멀 비슷하게 될 겁니다, 아마. 어쩔 수 없는 거기도 한데 대책을 이야기할 때 무슨 하드웨어적인 측면보다는 사실 훈련도 시키고 저렇게 해야 된다는 점을 말씀드리고. 그래서 저는 산불의 무슨 예방책이라기보다는 대응 체계를 좀 더 현실에 맞게 고칠 필요가 있다. 특히나 지금 국립공원이 모든 산림을 어떻게 보면 전체적으로 관리하는데 산림청으로 이관을 한다든지 정부 조직의 개편도 필요하다는 말씀을 드립니다.

이상입니다.

○**의장 우원식** 신성범 의원님 수고하셨습니다.

- 긴급현안질문 의원(이언주)

(14시 49분)

○**의장 우원식** 다음은 경기 용인정 출신의 더불어민주당 이언주 의원 나오셔서 질문해 주시기 바랍니다.

○**이언주 의원** 존경하는 국민 여러분!

우원식 국회의장님 그리고 선배·동료 의원 여러분!

그리고 국무위원 여러분!

경기도 용인시정 더불어민주당 이언주 의원입니다.

내일 헌법재판소는 재판관 전원일치로 '주문, 대통령 윤석열을 파면한다'라는 선고를 할 것이라고 저는 확신합니다. 어제 재보궐선거의 결과는 비록 일부 지역에 국한되었지만 탄핵의 민심을 보여 준 것이다 이렇게 생각합니다. 대한민국의 혼란과 불확실성의 어둠이 사라지고 새로운 출발을 통해서 희망과 역동의 시간이 찾아올 것이고 성장과 회복의 시대를 열 것으로 기대합니다.

오동운 고위공직자범죄수사처장님께 묻겠습니다. 나와 주시기 바랍니다.

반갑습니다.

고생이 많으십니다.

최상목 경제부총리께서 오늘 출석을 하지 않으셔서요 제가 처장님께 물을 수밖에 없습니다.

경제부총리는 정부조직법에 의해서 기획재정부장관은요 우리나라의 환율, 외환보유고, 대미 금융정책 등을 총괄하는 고위 정책결정자입니다. 알고 계시지요?

○**고위공직자범죄수사처장 오동운** 예.

○**이언주 의원** 최상목 경제부총리의 미국 30년 만기 국채 투자 현황을 보면 2023년도 정기 재산변동신고 시에는 없었습니다, 경제수석비서관 당시인데요.

(영상자료를 보며)

(영상자료는 부록으로 보존함)

그러다가 그해 말에 인사청문회를 합니다. 부총리 인사청문회를 하는데 그때 1억 7000만 원 정도의 미국 국채를 보유하고 있습니다. 그래서 그때 이게 문제가 되어서 부적절하다라고 하니까 여기에 대해서 매도 약속을 하고 24년도 정기 재산변동신고 시에는 없습니다. 그러니까 매도를 한 것으로 보입니다. 그게 아니라면 그것은 이 신고 자체에 문제가 있는 거겠지요. 그리고 나서 올해 또 3월 정기 재산변동신고에서 1억 9700여만 원, 그러니까 한 2억 원 정도 매입한 것으로 보이는데요.

처장님께서는 공직자윤리법상 이해충돌 방지 의무 알고 계신가요?

○**고위공직자범죄수사처장 오동운** 예.

○**이언주 의원** 혹시, 말씀해 주시겠습니까?

○**고위공직자범죄수사처장 오동운** 그런 부분이 지금 우리 공수처의 수사대상이 좀 제한되어 있습니다. 그래서 만일에 그런 부분에 해당되는 부분이 있으면 저희들은 법과 원칙에 따라서 지금 의원님 말씀하신 이 부분 유념해서 조사할 수 있는 그런 상황입니다.

○**이언주 의원** 제가 봤을 때는 어쨌든 팔고 다시 사지 않았습니까? 그러니까 그 얘기는 뭐냐 하면 이미 문제가 있다라는 것을 인식을 충분히 하고 다시 매입을 한 것, 이것은 충분히 고의적이고 매우 비윤리적이다 이렇게 생각하고 인사청문회를 통해서 국민들한테 약속을 한 것, 이것은 국민을 다시 기만한 행위에 해당이 됩니다. 그래서 굉장히 심

각한 건데요.

제가 한은 자료를 보니까 일반 국민들은 평균 해외 증권투자 금액이 한 1400만 원 정도 밖에 되지 않습니다. 그런데 자산이 얼마나 많은지 모르겠지만 2억 원이라는 것은 매우 큰 금액인데요. 이 금액을 경제부총리가 이렇게 미국 국채에, 30년 만기 미국 국채에다 투자를 했다, 굉장히 큰 금액인데 어떻게 이렇게 많이 투자를, 그것도 ETF가 아니라 직접투자를 했을까 이런 생각이 듭니다.

말씀드린 대로 환율, 외환보유고, 대미 금융정책 등을 총괄하고 있는데 작년에 우리 환율이 어땠습니까? 우리 환율이 굉장히 불안정하지 않았습니까, 그렇지요?

그래서 환율이 상승할 경우, 환율이 급등하면 우리 국민들이 굉장히 힘들어지는 게 많았고 작년 같은 경우에 이게 문제가 많이 됐었는데요. 이 미국 국채는 사실 어쨌든 환율이 급등하면서 본인이 이익을 볼 수 있는 그런 구조였습니다. 그런데 이것을 팔라고 해서 다시 팔았는데 그러고 나서 다시 샀습니다, 그것도 환율이 굉장히 어려울 때.

그래서 이것은 저는 매우 심각한 문제가 있다, 그래서 이것은 이해충돌 방지 의무 위반 그리고 또 아까 말씀 잠깐 드렸지만 한국은행의 금리 결정 과정 그리고 외환시장 개입 계획 그리고 정부의 환율 방어 정책 이런 것들의 정보를 실시간으로 접할 수 있는 자리기 때문에 미공개 정보 이용 행위에도 해당할 가능성이 있다라고 생각을 합니다.

여기에 대해서 배임은 물론이고요—물론 사실관계를 다 조사를 해 보셔야 되겠지만—그래서 이런 부분들에 대해서 수사를 해야 되지 않느냐라고 생각하는데 어떻게 생각하십니까?

○**고위공직자범죄수사처장 오동운** 의원님의 고위공직자의 청렴성을 강조하는 그런 부분에 대해서 깊이 동의를 하고요.

다만 이 고위공직자 범죄의 수사 대상은 제한돼 있으니까 혹시 그런 부분에 대해서 저촉되는 부분이 있는지, 만일 저촉된다면 법과 원칙에 따라서 성실히 수사하도록 그렇게 하겠습니다.

○**이언주 의원** 청렴성, 그냥 고위공직자라서 그런 게 아니고요 이분이 경제부총리기 때문에 더욱더 그런 것입니다. 자신의 일이 바로 이런 것이었고 문제는 국익과 사익이 정확하게 상반되는 상황 속에서도 계속 보유하고 있었다, 당연히 팔았으면 다시 사지 않는 것이 정상적인 사고겠지요. 그렇지요? 이것은 매우 노골적인 행위입니다. 저는 이것은 그냥 다른 고위공직자가 미국 국채를 매입한 것하고는 완전히 다른 얘기다라고 생각을 하고 더군다나 인사청문회에서 그렇게 문제가 되어서 팔았는데도 불구하고 다시 샀다라는 것은 매우 고의적이고 아주 뭐라고 해야 되나요, 굉장히 뻔뻔하다는 생각이 듭니다.

이것은 그냥 놔두면 안 됩니다. 반드시 수사를 해야 된다 이렇게 생각하고 적어도 조사를 해서 문제가 없다라고…… 저는 문제가 없다라고 될 리가 없다고 생각합니다. 왜냐하면 공직자윤리법은 이것이 실제로 이익을 얻었느냐 안 얻었느냐가 문제가 아니다, 그렇지 않습니까? 그래서 공수처의 수사 대상이 맞다면 응당 수사를 하셔야 됩니다.

○**고위공직자범죄수사처장 오동운** 예, 의원님 말씀 유념하겠습니다.

○**이언주 의원** 들어가셔도 좋습니다.

법무부차관…… 반갑습니다.

검찰총장께서 나오지 않으셔 가지고 불가피하게 차관님께 여쭐 수밖에 없습니다.

오늘 김건희 주가조작, 유죄가 확정되지 않았습니까?

○**법무부장관직무대행 김석우** 예.

○**이언주 의원** 불기소처분에 대한 재수사 해야 된다 이렇게 생각을 합니다. 헌재에서는 이미 이창수 지검장에 대한 사건에서 기각을 하긴 했지만 여기에 대해서 문제의식을 기재한 바가 있습니다. 알고 있습니까?

○**법무부장관직무대행 김석우** 예, 읽어 봤습니다.

○**이언주 의원** 그래서 오늘 이 판결을 정확하게 보시고 여기에 대해서, 어쨌든 사건 일일이 다 지휘하는 건 아니지만 이 부분에 대한 검찰총장이나 이쪽, 검찰에서의 재수사는 꼭 필요하다고 저는 그렇게 생각합니다.

○**법무부장관직무대행 김석우** 지금 이미 항고가 제기돼서 서울고검에서 수사 중에 있는 사안인데 아마 참고할 것으로 생각하고 있습니다.

○**이언주 의원** 그리고요 법원의 구속 취소, 윤석열 구속 취소에 대한 검찰의 즉시항고 관련해서 왜 하지 않았다고 그렇게 얘기합니까, 검찰에서?

○**법무부장관직무대행 김석우** 기본적으로는 영장주의 원칙입니다. 헌법재판소 결정에 비춰 봤을 때 구속 계속 여부에 대한 판단을 사법권 독립 원칙에 의해서 신분이 보장된 판사가 아니라 검사나 그 밖의 행정기관의 의사에 전적으로 좌우하게 하는 것은 영장주의 원칙에 반한다고 하는 확립된 결정이 있어서 신병이 풀려나지 않은 상황에서 즉시항고하는 것은 그 자체로서 위헌적인 판단을 받을 가능성이 굉장히 높다라는 차원에서 안 한 것인데, 아마 의원님께서는 그러면 그냥 항고라도 왜 하지 않았냐라는 말씀을 하실 수 있을 것 같은데 그 부분은 수사기관에서 판단을 이렇게 한 것 같습니다.

첫 번째는 기본적으로 즉시항고를 할 수 있는 것으로 규정된 영역에 있어서 보통항고가 가능하냐라고 하는 부분에 대해서는 이론이 많이 있습니다. 그래서 일부 주석서에는 즉시항고가 가능하다고 규정된 사안에서 즉시항고를 하지 않으면서 보통항고는 안 된다는 설도 있고.

또 한 가지가 이 재판부가 기본적으로 윤석열 대통령에 대한 1심 재판부인데 이 재판부의 취지가 그 구속 기간, 날짜만 문제 삼은 것이 아니고 공수처의 수사권 등등을 비롯한 여러 가지 쟁점에 대해서 좀 논란의 소지가 있다, 그래서 이제 막 형사재판이 시작된 상황에서는 의문의 소지를 해소할 필요가 있다라고 판단했기 때문에 수사팀에서는 결과적으로 1심 재판에 있어 본안재판에 집중하는 것이 효율적이라는 판단을 한 것으로 생각하고 있습니다.

○**이언주 의원** 차관님, 국민들이 차관님 말씀하시는 것 들어 보면 무슨 말인지 하나도 모르실 것 같아요. 이해가 안 갈 겁니다, 일반인들은.

그래서요 이게 말이 됩니까? 그러면 왜 다른 사람들은 석방하지 않습니까? 우리 대한민국은 헌법에 의해서 평등의 원칙이 있고 적법절차가 있지 않습니까? 아시지요?

○**법무부장관직무대행 김석우** 예.

○**이언주 의원** 왜 다른 사람들은 석방하지 않습니까?

○**법무부장관직무대행 김석우** 지금 다른 사안을 제가 확인해 보니까 즉시항고가 문제된 사안들은 모두 다 신병이 확보된…… 아니, 신병이 확보되지 않고 석방된 상태에서 검찰에서 즉시항고를 한 사례는 있는데 이 사건과 같이, 지금 의원님께서 말씀하신 바와

같이……

○**이언주 의원** 저는 잠깐만, 제가 끊어서 죄송한데…… 즉시항고를 안 해도 이게 만약에 잘못됐다고 생각해서 그냥 풀어 줬으면 모든 국민들한테 그것 해야지 그러면 국민들이 다 일일이 변호사 써 가지고 즉시항고 해야 돼…… 아니, 죄송합니다. 이 판결을 갖다가 문제를 삼아야 됩니까? 결정을 받아야 됩니까?

○**법무부장관직무대행 김석우** 구속 기간 산입에 대해서는, 그 판단에 대해서는 검찰에서도 법원의 판단과는 좀 다릅니다. 그래서 법원의 판단을 수용해서 종전의 관행을 바꾸는 것은 아니고 종전 관행대로 하되 다만 법원의 그 구속기간 산정에 대한 판단에 대해서는 동의할 수 없지만 본안재판에서 다투겠다는 입장입니다.

○**이언주 의원** 차관님이 생각해도 말이 안 되지 않습니까? 앞뒤가 안 맞잖아요. 아니, 윤석열 개인만을 위해서 특화된 무슨 검찰도 아니고 그러면 안 되는 거지요. 그러니까 검찰이 국민의 신뢰를 못 받는 거예요. 이것은 매우 심각한 일이라고 저는 생각합니다. 정말 그렇다면 모든 피의자, 모든 피고인들을 다 석방을 하는 게 맞습니다, 절차적인 문제에서 그게 옳든 그르든 간에. 그렇지 않습니까? 그냥 해야지 왜 그 사람들은 그러면 법원의 뭘 받아와야 됩니까? 이미 그렇게 해서 승복을 했는데요.

○**법무부장관직무대행 김석우** 아니, 그런데 지금 윤석열 대통령 사건에 대해서도 검찰은 법원의 구속기간 산정에 대한 판단에 대해서……

○**이언주 의원** 그러면 왜 항고를 안 했어요? 즉시항고를 안 했으면 보통항고라도 했었어야지요.

오케이, 거기까지 그러면 이해하더라도 보통항고는 했었어야지요. 안 했잖아요. 그거 승복한다는 얘기 아니에요?

○**법무부장관직무대행 김석우** 그 부분 제가 앞에서 간단히 말씀드렸는데 즉시항고가 가능한 영역에 있어서 안 했을 때 보통항고는 제기가 불가능하다라고 하는 유력한 견해가 있습니다.

○**이언주 의원** 시도해 보셨어요? 안 했잖아요. 견해 가지고 그렇게 합니까, 이거 국가적으로 중요한 사안인데? 그렇지요?

○**법무부장관직무대행 김석우** 이 부분은 기본적으로 본안재판을 통해서 수사와 기소 과정의 적법성 여부를 확인받을 예정에 있고 그 부분은 수사팀에서 판단한 부분이라고 생각합니다.

○**이언주 의원** 내일 헌재에서 파면이 되면 다른 사건들 수사가 개시가 될 수밖에 없다고 봅니다, 군사반란죄를 비롯해서. 그러면 다른 사건들의 수사와 동시에 저는 빨리 구속을 다시 재개해야 된다 이렇게 봅니다. 왜냐하면 이런 문제들이 있기 때문에 국민들은 매우 불공정하다 그리고 수사기관과 검찰, 법무부에 대한, 정부에 대한 불신이 가득차 있다, 이렇게 하시면 안 된다 말씀드립니다.

들어가셔도 좋습니다.

산자부장관님 나와 주십시오.

시간이 얼마 없어서…… 어제지요, 트럼프 정부에서 상호관세 발표했지요?

○**산업통상자원부장관 안덕근** 예.

○**이언주 의원** 어떻게 생각하십니까?

○**산업통상자원부장관 안덕근** 저희가 그동안 여러 가지 시나리오를 가지고 대응하고 있었는데 생각보다 좀 높게 발표가 돼서 저희 산업계의 여러 가지 우려가 있고 오늘 계속 산업계하고 저희가 협의 중에 있습니다. 조만간에 미국 측하고 긴밀하게 협의를 해서 우리 산업계에 부정적인 영향을 최소화시켜 줄 수 있도록 노력하겠습니다.

○**이언주 의원** 총리 주재 경제TF에 장관님 참석 안 하셨습니까?

○**산업통상자원부장관 안덕근** 예, 못 했습니다.

○**이언주 의원** 장관님은 못 하시고 여기 나오셨잖아요. 그렇지요? 그리고 어제 새벽에 발표가 났으니까 얼마든지 대응 주재 회의는 새벽, 아침 할 수 있었습니다.

그런데 왜 총리와 경제부총리는 안 왔습니까?

○**산업통상자원부장관 안덕근** 지금 저희가 업종별로 계속 협의를 할 일들이 많이 남아 있고요. 저 대신에 차관들이 지금 하고 있습니다.

○**이언주 의원** 제가 장관님께 여쭐 건 아니라고 생각하는데 어쨌든 산자부장관께서는 참석하실 수 있는 것입니다. 그런데 왜 경제부총리는 나오지 않았는가 묻지 않을 수가 없고요.

민감국가 지정과 관련해서 이게 문제가 있다, 굉장히 심각하다. 이거 언제 우리가 다시 한번 이것을 뒤집을 수 있는 기회가 있지요?

○**산업통상자원부장관 안덕근** 민감국가 문제는 에너지부장관, 그 소관 부서인 에너지부장관하고 저희가 협의를 했고 에너지부장관도 한미 간에 여러 가지 과학기술 협력이나 에너지산업 투자, 경제 협력 부분이 많이 있어서 이 문제를 빨리 조속히 해결하겠다는 의지가 있습니다. 그래서 저희가 지금 실무 협의를 계속하고 있고요. 최대한 빨리……

○**이언주 의원** 이유가 뭡니까, 그 국가 지정 이유?

○**산업통상자원부장관 안덕근** 저희는 에너지부에서 발표한 대로 지금 기술 보안 관련되는 그 내용으로 알고 있습니다.

○**이언주 의원** 핵 비확산 문제도 있다라고 생각을 하는데 그 얘기는 제가 일단 생략하겠습니다. 4월 15일 그때까지 빨리 이것을 다시 재고하도록 해야 됩니다.

미국에 가십니까?

○**산업통상자원부장관 안덕근** 지금 실무 협의를 하고 있고 또 상호관세 문제도 있고 해서 저희가 여러 가지 전례를 보고 있고요. 통상교섭본부장이 조만간에 미국하고 협의를 하러 갈 예정이고 저희가 여러 가지 산업계하고 지금 전략을 만들고 있습니다.

○**이언주 의원** 알겠습니다.

국민 여러분!

우리 대한민국이 여러 가지로 매우 어렵습니다. 이제 내일 파면 선고로 인해서 대한민국이 재출발하고 우리가 다시 성장과 회복으로 가기를 바랍니다.

감사드립니다.

○**의장 우원식** 이언주 의원 수고하셨습니다.

- 긴급현안질문 의원(장동혁)

(15시05분)

○**의장 우원식** 다음은 충남 보령·서천 출신의 국민의힘 장동혁 의원 나오셔서 질문해

주시기 바랍니다.

○**장동혁 의원** 법원행정처장님 앞으로 나와 주십시오.

이재명 대표에 대한 항소심 판결이 국민들 사이에서 지금 희화화되고 있는 것 알고 계십니까?

○**법원행정처장 천대엽** 언론 보도에 나온 부분은 체크하고 있습니다.

○**장동혁 의원** 그렇다면 법리적·논리적으로 국민들이 납득하기 어렵다는 뜻일 텐데요. 어떻게 생각하십니까?

○**법원행정처장 천대엽** 상고가 되었으니까 재판 사항이라서 제가 답변할 사항은 아닌 것 같습니다.

○**장동혁 의원** 사전적으로 그리고 법률적으로 사진 확대를 조작이라고 동일하게 평가할 수 있습니까?

○**법원행정처장 천대엽** 마찬가지로 재판 사항에서 잘 다루어질 것으로 봅니다.

○**장동혁 의원** 작년 10월 31일 선고된 2023도16586 판결의 취지를 보면 '어떤 표현이 허위사실공표에 해당하는지 여부는 일반 선거인이 그 표현을 통하여 접하는 통상의 방식을 전제로 그 표현의 전체적인 취지와의 연관하에서 표현의 객관적 내용, 사용된 어휘의 통상적인 의미, 문구의 연결 방법 등을 종합적으로 고려하여 그 표현이 선거인에게 주는 전체적인 인상을 기준으로 판단해야 된다'라고 판시하고 있습니다. 알고 계십니까?

○**법원행정처장 천대엽** 예, 그 판례는 알고 있습니다.

○**장동혁 의원** A라는 주장을 하고 그 결론에 이르는 과정을 설명하기 위해서 그 설명 과정에서 허위사실을 공표하고 유권자의 입장에서는 발언자의 의도와 상관없이 그 내용이 허위사실이기 때문에 A라는 주장의 의미가 달라졌다고 판단이 된다면 그것이 허위사실이고 A를 설명하는 과정에서 나온 것이기 때문에 그것은 설명 과정에서 나온 것이라 아무 문제가 없다고 평가할 수 있습니까?

○**법원행정처장 천대엽** 의원님의 말씀 취지는 잘 알겠습니다마는 구체적인 사정과 맥락에 따라서 여러 가지 평가가 가능하기 때문에 거기에 대해서……

○**장동혁 의원** 유권자는 그 발언 때문에 전체적으로 그 발언의 취지가 허위라고 판단을 하는데 그 내용을 빼고 그것은 설명하는 과정에서 나온 것이기 때문에 아무런 문제가 없다라고 평가해도 되느냐고 물었습니다.

○**법원행정처장 천대엽** 제가 여기에서 구체적인 내막을 모르고 또 맥락을 모르고 답변할 사항은 아닌 것 같습니다.

○**장동혁 의원** 백현동 사건의 핵심은 옹벽 아파트 인허가 과정에서 특혜가 있었는지 여부입니다. 국정감사장에 나와서 특혜가 아니라 국토부 공무원이 직무유기로 문제삼겠다라고 협박을 해서 인허가를 한 것이다라는 취지로 답변했습니다.

국토부 공무원이 직무유기로 문제삼겠다고 협박했다라고 하는 것은 인식입니까, 사실입니까?

○**법원행정처장 천대엽** 그 부분도 상고심에서 재판 사항으로 쟁점이 될 것으로 봅니다.

○**장동혁 의원** 유권자 입장에서는 국토부가 직무유기로 문제삼겠다고 협박했는지가 가장 관심일 것입니다. 그런데 국토부가 직무유기를 문제삼겠다고 협박했다는 발언은 결론에 이르는 과정에서 설명을 하는 내용이기 때문에 그 내용은 빼고 아무런 문제 없다고

평가를 했습니다.

유권자들이 생각할 때는 과연 국토부의 협박이 있었는지, 직무유기를 문제삼겠다고 했는지 여부가 가장 중요한 관심사입니다. 대법원 판단에 의하면, 판결에 의하면 그것을 중심으로 판단하라고 하는데 그것을 빼고 지금 항소심에서 판단을 했습니다. 이것이 문제되지 않는다고 판단한 것은 마치 왜 상한 생선을 팔았냐라고 따졌더니 생선 살은 다 발라내고 가시만 들고 오히려 멀쩡한데 어디가 상했냐고 따지는 것과 똑같은 것입니다. 대법원에서 이 판결이 반드시 바로잡혀야 된다는 말씀을 드립니다.

조희대 대법원장도 633원칙을 강조했습니다.

○**법원행정처장 천대엽** 예.

○**장동혁 의원** 그거 지킬 의지가 있으십니까?

○**법원행정처장 천대엽** 예, 저희들은 지키기 위해서 노력을 하고 있다는 말씀을 드릴 수 있습니다.

○**장동혁 의원** 1심에서 유죄가 났고요, 항소심에서 전부 무죄가 났습니다. 따라서 대법원에서 유죄 취지로 파기가 된다 하더라도 항소심에서는 양형을 정한 바가 없기 때문에 대법원에서 사실상 파기자판하는 건 쉽지 않을 것입니다, 통상적인 관례에 의하면. 맞습니까?

○**법원행정처장 천대엽** 예, 보통 파기자판은 쉽게 하지 않는다는 그 말씀에……

○**장동혁 의원** 그렇다 하더라도 최대한 신속하게 재판을 해서 대법원에서 633원칙을 지켜 주시기를 바라겠습니다.

○**법원행정처장 천대엽** 예, 상고심에서 잘 판단할 것으로 믿습니다.

○**장동혁 의원** 대통령에 대한 구속취소 사건에 대해서 인용 결정이 내려졌습니다. 그리고 인용 결정 이유 중에는 공수처의 수사권에 문제가 있다, 의문을 제기한 부분도 있습니다. 맞습니까?

○**법원행정처장 천대엽** 그렇게 알고 있습니다.

○**장동혁 의원** 구속취소는 본안재판부에서 결정을 했습니다. 따라서 이 구속취소를 한 본안재판부에서 내란죄에 대한 본안재판도 할 것입니다. 맞습니까?

○**법원행정처장 천대엽** 예, 그렇게 될 것으로 보입니다.

○**장동혁 의원** 그렇다면 최종적으로 대통령에 대한 내란죄에 대해서 공수처에 수사권이 없다는 결론이 나온다면, 지금 본안재판부가 구속취소를 하면서 그렇게 의문을 제기했습니다. 내란죄에 대해서는 공소기각이나 무죄가 나올 수도 있다, 맞습니까?

○**법원행정처장 천대엽** 재판사항이라서 제가 그 부분에 대해서 구체적인 언급 하기는 적절치는 않을 것 같습니다.

○**장동혁 의원** 이 부분에 대해서 행정처장은 작년 12월 9일 법제사법위원회에 출석해서 일단 공수처가 신청한 영장은 발부해 주는 것이 맞지 않느냐라는 정청래 위원장의 질의에 대해서 이렇게 답변하셨습니다. "아시다시피 비상계엄이나 내란죄 여부라는 것이 지금 국가적으로 중대한 사안으로 된 상황에서 군검찰을 포함해서 검찰·공수처·경찰이 서로 수사권을 주장하는 이런 비정상적인 상황이 계속되고 있는 부분을 저희들로서도 굉장히 안타깝게 생각을 합니다. 그런데 이것이 수사에 그치는 것이 아니라 종국적으로는 공소 제기의 절차적 적법성이나 또 증거능력 문제로까지 이어지기 때문에 저희 사법부로

서도 아주 중요한 문제로 생각하고 있습니다.”라고 답변한 적이 있습니다. 맞습니까?

○**법원행정처장 천대엽** 예.

○**장동혁 의원** 이미 12월 9일에 행정처장은 지금 공수처의 수사권이 문제가 있을 수 있다는 부분을 지적했습니다.

최종적으로 내란죄에 대해 공수처에 수사권이 없다라는 것이 확정이 된다면 결과적으로 대통령의 체포·구속은 불법 구금이 되는 것입니까?

○**법원행정처장 천대엽** 그 부분은 재판사항으로 본안 판단을 통해서 잘 이루어질 것으로 생각합니다.

○**장동혁 의원** 공수처에 수사권이 없다면 수사권이 없는 기관에서 수사를 한 것이고 체포·구속을 한 것입니다. 불법 구금 아닙니까?

○**법원행정처장 천대엽** 역시 재판사항이라서 답변하기는 적절치⋯⋯

○**장동혁 의원** 그렇다면 대통령은 결과적으로 불법 구금된 상태에서 탄핵심판을 받은 셈이 되는 것입니다. 맞습니까?

○**법원행정처장 천대엽** 의원님 말씀 취지는 알겠지만 역시 재판사항인 것 같습니다.

○**장동혁 의원** 일반적으로 형사재판에서 불법 구금 상태에서 재판이 진행되면 그 재판의 효력은 어떻게 됩니까?

○**법원행정처장 천대엽** 거기에 대해서는 여러 가지, 증거능력의 문제라든지 또 공소 제기 절차의 적법성 문제라든지 이런 부분들이 일반적으로는 문제는 될 수 있겠습니다.

○**장동혁 의원** 수사권도 없는 수사기관이 불법 구금 상태에서 수집한 증거의 증거능력은 어떻게 됩니까?

○**법원행정처장 천대엽** 그 부분에 대해서도 동일한 말씀을 드릴 수 있을 것 같습니다.

○**장동혁 의원** 그 증거를 탄핵심판에서 가져다 썼다면 증거능력은 또 어떻게 됩니까?

○**법원행정처장 천대엽** 그 부분은 헌법재판소에서 판단해 줄 것으로 생각합니다.

○**장동혁 의원** 내란죄가 탄핵소추의 90%를 차지하는 탄핵재판에서 이런 상황과 전혀 무관하게 탄핵심판의 결론이 내려질 수 있다고 생각하십니까?

○**법원행정처장 천대엽** 헌법재판소의 재판사항에 대해서 제가 말씀드릴 위치에 있지 않습니다.

○**장동혁 의원** 들어가셔도 좋습니다.

공수처장 앞으로 나오십시오.

내란죄의 구속 요건인 국헌문란의 목적과 관련해서 공소장을 보면—대통령에 대한 내란죄 관련해서입니다—국민주권제도, 의회제도, 정당제도, 선거관리제도, 사법제도 등 자유민주적 기본질서를 파괴하려고 했다라고 공소장에 명시했습니다. 맞습니까?

○**고위공직자범죄수사처장 오동운** (고개를 끄덕임)

○**장동혁 의원** 공소장을 그대로 가져왔습니다.

그리고 그 근거로 국회의원, 정치인 등 주요 인사를 영장없이 체포·구금하려고 했고 국회를 무력화시키려고 했다는 사실을 그 주요 근거로 적시했습니다. 맞습니까?

○**고위공직자범죄수사처장 오동운** 예.

○**장동혁 의원** 그리고 주요 인사를 영장없이 체포·구금하고 국회를 무력화시키려고 했다는 사실에 대한 주요 증거로, 이를 뒷받침하는 핵심적인 증거로 홍장원의 메모와 진술

그리고 곽종근의 진술이 있습니다. 맞습니까?

○**고위공직자범죄수사처장 오동운** 그런 걸로 알고 있습니다.

○**장동혁 의원** 중요한 증거이고 핵심적인 증거입니다. 맞습니까?

○**고위공직자범죄수사처장 오동운** 예.

○**장동혁 의원** 공소장을 그대로 가져왔고요, 검찰에 공수처에서 제출한 증거를 바탕으로 제가 묻습니다.

그렇다면 그 진술, 홍장원에 곽종근 진술 빼고, 홍장원의 메모를 만약에 뺀다면 이에 대해서 가장 직접적이고 객관적인 다른 증거가 뭐가 있습니까? 그것이 가장 직접적이고 객관적인 증거 아니었습니까?

○**고위공직자범죄수사처장 오동운** 저희들이 내란죄 수사한 바에 의하면 여러 가지로 증거가 차고 넘치는 그런 상황이었습니다.

○**장동혁 의원** 만약 내란죄에 대한 공수처의 수사권이 없다고 최종 결론이 난다면, 수사권이 없다고 계속해서 저희들이 문제 제기를 했습니다. 그런데 수사를 진행했고 체포·구속까지 했습니다. 그런데 지금 법원에서도 수사권에 문제가 있다고 해서 구속 취소를 했고요. 최종적으로 본안에서도 그렇게 결론이 난다면 공수처가 3000명을 동원해서 헌법기관이 현직 대통령을 불법으로 체포한 것은 결과적으로 어떻게 평가받아야 됩니까, 공수처장님?

○**고위공직자범죄수사처장 오동운** 의원님, 그에 관해서 제가 간략하게 말씀드리겠습니다.

본건 불법 비상계엄 선포로 인한 내란행위는 대통령이 군통수권과 행정부처에 대한 지휘감독권을 남용한 직권남용권리행사방해죄와 국헌을 문란하게 할 목적으로 폭동을 일으킨 행위에 적용되는 일반적인 내란죄로 이루어져 있습니다. 법정형에 있어서는 내란죄에 사형, 무기징역이 정해져 있어 직권남용죄보다 무겁기는 하나 통상의 내란죄에 더하여 직권남용죄가 중요한 부분을 차지하는 범죄이고 직권남용죄가 내란죄에 포함되는 그런 관계가 아닙니다.

○**장동혁 의원** 공수처장님, 제가 말씀드리는 것은……

○**고위공직자범죄수사처장 오동운** 의원님께서 자꾸 수사권에 대해서 말씀하시는데 전제 자체가 잘못된 부분입니다.

○**장동혁 의원** 공수처장님, 전제 자체가 잘못된 게 아니라 제가 구속 취소 사건에서…… 구속이 취소됐고 그 재판부에서 공수처의 수사권에 대해서 의문을 제기했기 때문에 그 의문이 합당하고 본안재판에서 결국은 수사권이 없다고 밝혀진다면 3000명을 동원해서 체포한 그 행위는 어떻게 평가받아야 되냐고 물었습니다. 구속은 취소됐습니다. 그리고 재판부에서 수사권에 의문이 있다고 한 것도 기정사실입니다.

○**고위공직자범죄수사처장 오동운** 의원님, 저의 견해를 말씀드리는 것이 아니라 서울서부지방법원과 서울중앙지방법원의……

○**장동혁 의원** 들어가셔도 좋습니다.

○**고위공직자범죄수사처장 오동운** 다섯 분의 판사님에 의해 가지고 수사권이 명확하게 인정된 사안입니다.

○**장동혁 의원** 그 이후에 최종적으로 구속 취소가 됐습니다. 최종적으로 구속 취소가

됐습니다.

○**고위공직자범죄수사처장 오동운** 그 부분에 대해서 한참 지났는데 자꾸 말씀하시는 것이 너무 말씀이 합당하지가 않습니다.

○**장동혁 의원** 들어가셔도 좋습니다. 들어가십시오.

법무부장관직무대행 앞으로 나오십시오.

대통령의 내란죄에 대해서 검찰은 명백하게 수사권이 있었지요?

○**법무부장관직무대행 김석우** 예.

○**장동혁 의원** 내란죄에 대해서 수사권이 있었다는 근거는 무엇입니까?

○**법무부장관직무대행 김석우** 기본적으로는 두 가지를 주장을 했습니다. 일단은 직권남용을 전제로 한 관련 범죄, 두 번째는 경찰에 대한 수사권이 있었기 때문에 그것을 기본범죄로 한 관련 범죄라는 두 가지 사유로 주장을 했고 법원에서 일단 두 번째 사유는 확실하게 인정된다라고 해서 판단한 것으로 알고 있습니다.

○**장동혁 의원** 검찰은 수사권이 분명히 있었습니다. 다만 말씀하신 것처럼 그때도 직권남용을, 직권남용으로 한 내란죄의 수사권에 대해서는 법원은 명시적으로 판단하지 않았습니다.

○**법무부장관직무대행 김석우** 명시적으로 판단 안 했습니다.

○**장동혁 의원** 그때도 의문이 있었다는 겁니다.

자, 그런데 왜 사건을 공수처에 넘겨서 이런 심각한 문제를 발생시키게 된 것입니까? 왜 넘기셨어요, 수사권이 있는데?

○**법무부장관직무대행 김석우** 공수처법에 의하면 수사의 진행 상황이나 수사의 공정성 등을 고려해서 공수처장이 이첩을 요구하게 되면 '응하여야 한다'라고 돼 있습니다. 그러면 응하지 않을 경우에는 또 위법 논란이 있기 때문에 약간 부득이한 상황에서 이첩할 수밖에 없었습니다.

○**장동혁 의원** 수사권 여부에 대해서 문제가 되고 있었고 수사권이 없다라고 계속 문제 제기되고 있었는데도 불구하고 수사권이 없는 기관이 이첩 요구하면 무조건 응해야 됩니까?

○**법무부장관직무대행 김석우** 법률상 너무나도 명확한 규정으로 '응하여야 한다'라고 돼 있기 때문에 검찰에서 그 부분을 고민을 많이 한 끝에 부득이한 결정을 내린 것으로 알고 있습니다.

○**장동혁 의원** 구속 취소에 대해서 즉시항고를 하지 않았습니다. 즉시항고가 위헌 소지가 매우 높고 또 하나, 법원이 단순히 구속기간 계산에 관한 것뿐만 아니라 공수처의 수사권 자체를 문제 삼은 것도 포함되어 있기 때문에 즉시항고하지 않은 것이 맞습니까?

○**법무부장관직무대행 김석우** 예, 맞습니다. 그것까지 종합해서 약간 소송전략적인 측면에서 본안재판에 집중하는 것이 타당하다라고 수사팀이 판단한 것으로 알고 있습니다.

○**장동혁 의원** 구속기간 계산에 관해서는 검찰의 의견과 다르다고 그랬고 그것에 대해서는 수용하기 어렵다고 했습니다.

○**법무부장관직무대행 김석우** 예, 그렇습니다.

○**장동혁 의원** 그렇다면 구속 취소를 하면서 법원이 공수처의 수사권에 대해서 의문을 제기하고 있는 그 법원의 견해에 대해서는 어떤 입장이십니까?

○**법무부장관직무대행 김석우** 기본적으로 그 부분은 수사와 기소 과정의 위법성 논란과 관련된 부분입니다. 기본적으로 검찰에서는 수사와 기소 과정에 대해서는 위법하지 않다라는 입장을 계속 유지하고 있고, 그래서 본안재판에서 수사와 기소 과정에서 위법성 없다라는 부분을 계속 주장하고 입증할 예정인 것으로 알고 있습니다.

○**장동혁 의원** 지난 연말에 야당의 일방적인 예산 삭감으로 인해서 특정업무경비 등이 전부 다 삭감이 됐습니다. 그리고 민생과 국민 안전을 책임지고 있는 검찰로서는 수사에 여러 가지 지장을 받고 있을 텐데요. 지금 어떤 상황인지 좀 자세히 말씀을 해 주십시오.

○**법무부장관직무대행 김석우** 특활비 외에 특정업무경비는 한 507억 정도가 전액 삭감이 돼서 지금은 전혀 지급이 안 되고 있는데 특정업무경비는 기본적으로 급여에 해당하는 부분이 일부 있고 그 외 부분은 거의 대부분이 카드로 증빙이 다 되는 부분입니다. 그런데 지금 저희가 확인을 해 보니까 수사라고 하는 영역은 굉장히 넓고 유죄판결이 확정돼서 도망다니는 자유형 미집행자에 대한 검거 부분도 넓은 의미에서 수사에 해당하는데 이 부분도 금년에 들어서는 굉장히 많이 줄었습니다. 30%나 줄었는데 물론 여러 가지 이유가 있겠습니다만 저희가 봤을 때는 이른바 수사 경비 부분이 상당히 큰 역할을 하고 있는 것으로 보여서 최소한의 수사 경비 정도는 지원이 필요하다는 입장입니다.

○**장동혁 의원** 만약에 추경이 논의가 된다면 지금 말씀하신 것처럼 수사에 꼭 필요한 수사 경비 이런 부분들은 추경 편성을 통해서 민생침해 범죄 수사가, 그런 범죄에 대한 수사가 정상화되도록 해야 된다고 생각을 하는데 직무대행님의 의견은 어떠신가요?

○**법무부장관직무대행 김석우** 그 부분은 이번에 꼭 추경을 통해서 반영되기를 희망하고 있습니다.

○**장동혁 의원** 헌법재판소 사무처장님 앞으로 나와 주십시오.

직무대행님 들어가셔도 좋습니다.

(「그만하시지요」 하는 의원 있음)

(「40초 남았어요」 하는 의원 있음)

민주당처럼 시간을 오버하지는 않습니다.

월요일에 헌법재판소 개정안이 법사위에서 논의가 됐습니다. 그때 나오셨었지요?

○**헌법재판소사무처장 김정원** 예.

○**장동혁 의원** 그 법안을 보면 헌법재판소 재판관들은 오히려 모욕감을 느꼈을 거라고 저는 생각을 합니다. 그날 법안 내용에 대해서 제기된 여러 문제점이나 선고가 지연되고 있는 것들에 대한 우려 사항을 재판관들에게 전달하셨습니까?

○**헌법재판소사무처장 김정원** 예.

○**장동혁 의원** 그런 우려들 그리고 법안이 통과된 것이 선고기일 잡는 데 영향을 미쳤다고 생각하십니까?

○**헌법재판소사무처장 김정원** 그것은 전혀 무관한 일입니다.

○**장동혁 의원** 들어가셔도 좋습니다.

이상 질의를 마치겠습니다.

○**의장 우원식** 장동혁 의원 수고하셨습니다.

　　- 긴급현안질문 의원(김영호)

○**의장 우원식** 다음은 서울 서대문을 출신의 더불어민주당 김영호 의원 나오셔서 질문해 주시기 바랍니다.

○**김영호 의원** 존경하는 우원식 국회의장님, 선배·동료 의원 여러분!

서울 서대문구을 국회의원 김영호입니다.

저는 최근 더불어민주당 김건희·윤석열 국민특검단장을 맡아 김건희·윤석열 일가 측근들의 부정·비리 의혹을 조사한 바 있습니다.

(영상자료를 보며)

(영상자료는 부록으로 보존함)

그 결과 놀랍게도 부정·비리 의혹은 100건에 달했습니다. 윤석열 정권 출범 이후 매달 3건 이상의 부정·비리가 나온 셈입니다. 더 놀라운 것은 윤석열 독재정권은 수많은 의혹이 있어도 수사를 제대로 안 하고 죄가 있어도 제대로 처벌하지 않았다는 것입니다.

우리 더불어민주당은 윤석열 정부의 광기 어린 폭주를 멈춰야 했습니다. 그것이 국민의 뜻이었기 때문입니다. 이 과정에서 국정조사, 특검, 탄핵 등 국민이 부여한 국회의 권한을 총동원해야 했습니다. 모두 합법적이고 정당한 견제였으며 최후의 수단이었습니다. 그렇게 막아냈기에 오늘 윤석열 파면 선고라는 민주주의 회복의 중요 분기점을 앞두게 된 것입니다.

윤석열 정부의 독재로부터 국민의 삶을 지키기 위해 우리 더불어민주당이 온몸을 던져 결사항전한 것이 왜 입법독재라는 비판을 받아야 합니까? 내일 내란수괴 윤석열에 대한 헌법재판소의 옳은 판결이 있기를 바랍니다.

이주호 장관님 나와 주십시오.

김건희 논문이 표절이다, 숙명여대가 3년이 지나서야 밝혔습니다. 주로 대학의 논문 검증 절차가 통상 얼마나 걸리는지 아시지요?

○**부총리겸교육부장관 이주호** 예, 대학의 논문 검증은 대학 고유의 권한이기 때문에 또 대학 각각의 사정에 따라서 다양한 시간이 걸린다고 생각합니다.

○**김영호 의원** 통계를 보니까 통상 4개월이 걸려요, 120일.

○**부총리겸교육부장관 이주호** 예.

○**김영호 의원** 그런데 3년이 걸렸습니다. 왜 3년이 걸렸을까요?

○**부총리겸교육부장관 이주호** 앞서 말씀드렸듯이 대학의 자율적인 권한이기 때문에……

○**김영호 의원** 그것은 정말 궁색한…… 국민들이 다 아는데 장관님 이럴 때 좀 솔직하게 말씀하세요. 대통령 부인이니까 당연히 오랜 시간 신중하게 검토했다라고 말씀 정도는 하셨어야지요. 대통령의 부인이기 때문에 교육부, 대학총장, 이사장, 교수, 모두가 나서서 표절 논문 은폐해 준 거예요. 솔직한 답변 해 주시기 바라겠습니다.

그 기간, 3년이라는 기간 동안에 대한민국의 연구윤리, 진실의 가치, 학자의 양심, 동문의 자존심, 모든 게 다 훼손되었습니다. 국민들은 허탈감을 넘어 모욕감을 느꼈어요. 김건희 여사 논문 표절에 대해서 교육부가 단 하나의 조치라도 했으면 말씀해 보세요.

○**부총리겸교육부장관 이주호** 계속 말씀드립니다만 논문이라는 것은 어떻게 보면 그 대학 고유의 아카데믹한 권한이기 때문에 정부가 개입하는 것은 옳지 않다고 생각합니

다.
○**김영호 의원** 김건희 표절 논문은 수많은 비호 세력, 동조자, 조력자들이 있었습니다. 그런데 그 사람들을 추적해 보니까 정말 충격적인 일이 있었어요. 설민신 교수 아시지요?
○**부총리겸교육부장관 이주호** 예, 압니다.
○**김영호 의원** 김건희 논문 대필 의혹을 사고 있는 분인데 설민신 교수가 경인여대 재직 시절 여제자를 상대로 한 성범죄 행위로 사법 처리받은 것도 알고 계시지요?
○**부총리겸교육부장관 이주호** 예.
○**김영호 의원** 그런데 이 교수가 이후에 한경국립대—국립대입니다—교수로 채용된 것도 아시지요?
○**부총리겸교육부장관 이주호** 예.
○**김영호 의원** 성범죄 전과자가 국립대 교수로 채용됐다는 말을 국민들이 알고 나서 굉장히 충격받은 것도 알고 계시지요?
○**부총리겸교육부장관 이주호** 예.
○**김영호 의원** 그런데 이 설민신 교수라는 사람이 한경국립대에 와서 또 여학생들을 상대로 성추행, 폭언, 욕설 논란이 있었던 것도 아시지요?
○**부총리겸교육부장관 이주호** 예, 국정감사나 또 국회 교육위에서 많이 지적된 문제로 알고 있습니다.
○**김영호 의원** 그러니까 정말 충격적인 것은 이 설민신 교수가 최근까지도 강단에 서 있었다는 얘기입니다. 학생들은 설 교수가 성범죄에 연루되고 성추행하고 여러 가지 비위 행위를 일으킨 걸 알아요. 그런데 학점을 따기 위해서 굉장히 불편하고 불쾌하지만 억지로 그 강의를 들을 수밖에 없었던 거예요. 학생들의, 그 여학생들의 마음에 공감하십니까?
○**부총리겸교육부장관 이주호** 예, 국회에서 여러 번 지적을 하셔 가지고 교육부도 이 부분에 대해서는 엄격하게 모니터를 했고요. 그렇습니다.
○**김영호 의원** 교육부가 학생의 안전 보장해야 되는 거 아니에요? 이렇게 무성의, 남 얘기하시듯이 하면 안 되지요.
○**부총리겸교육부장관 이주호** 교육부가 특히 학생의 안전, 말씀하신 여러 가지 그 우려에 대해서는 저희도 같은 입장입니다.
○**김영호 의원** 설민신 이분은 외국인 유학생 등록금 횡령·배임 혐의로, 공문서 위조 혐의로 경찰 수사받고 있어요. 국정감사 2년 연속 불출석했고 작년 국정감사 불출석으로 세 번 고발당한 장본인인데 이런 사람이 버젓이 지금 강의를 하고 있어요. 누가 뒤에 있다, 누가 뒤에 있다고 보십니까?
○**부총리겸교육부장관 이주호** 지금 이게 이분이 징계위원회에서 또 경고 처분도 받았고요……
○**김영호 의원** 그것은 우리 위원장실에서 최근에 강력하게 문제 제기를 했고 그래서 그런 조치가 나온 거고요. 이분이 이번 학기까지는 계속 강의를 했는데 저는 김건희의 배후 세력이 없었다면 이분은 이미 감옥에 있든지 학교를 그만뒀어야 돼요. 이 뒤에, 뒷배로는 김건희 여사가 있다 저는 이렇게 확신합니다.

설민신 교수 부인 누구인지 아세요? 설민신 교수 부인 김기현 경인여대 교수, 김건희 동문입니다. 박사 과정 하면서 국민대에서 만났고 김건희 논문 표절 공저자입니다. 김기현 교수는 경인여대에서 많은 물의를 일으켜서 결국 교육부에서 해임 처분이 났어요. 그런데 이 김기현 교수 지금 포지션이 뭔 줄 아세요? 해임이 됐다고 생각하십니까?

○**부총리겸교육부장관 이주호** 그 관계는 제가 좀……

○**김영호 의원** 교육부에서 해임 처분을 했는데 지금 부총장이에요, 부총장. 이게 비호 세력이 없으면 이같이 물의를 일으키고 비위 행위한 교수가 부총장이 될 수 있습니까? 승승장구할 수 있습니까? 그 뒤에 누가 있다고 생각하세요?

○**부총리겸교육부장관 이주호** 우리 교육부가 학생의 안전이라든가 이런 문제에 대해서는 의원님이 지적하신 대로 엄격하게 관리를 해야 됩니다만 또 대학의 자율이나 그런 대학 고유의 권한에 대해서는 인정을 해야 되는 부분이 있습니다.

○**김영호 의원** 사학의 부정을 눈감아 줄 수는 없는 거 아닙니까?

○**부총리겸교육부장관 이주호** 그렇지는 않습니다.

○**김영호 의원** 지금 사학의 부정과 비리를 말씀드리는 거예요.

제가 교육위원장으로서 김건희 표절 논문 또 방조자에 대한 청문회를 꼭 할 필요가 있다고 생각하는데 이주호 장관도 제가 증인으로 채택할 테니까 청문회 때 출석해서 성실히 답변해 주십시오. 그때 봬요. 그때 만나요.

○**부총리겸교육부장관 이주호** 저기……

○**김영호 의원** 알겠습니다. 들어가십시오.

○**부총리겸교육부장관 이주호** 요구하시면 제가 응하겠습니다.

○**김영호 의원** 수고하셨습니다.

김석우 법무부차관 나와 주세요.

반갑습니다.

법무부의 가장 중요한 가치가 공정한 법치행정이지요?

○**법무부장관직무대행 김석우** 예, 그렇습니다.

○**김영호 의원** 검찰도 마찬가지고요.

○**법무부장관직무대행 김석우** 예, 그렇습니다.

○**김영호 의원** 심우정 검찰총장, 공정한 법치행정을 하고 있다고 판단하고 계십니까?

○**법무부장관직무대행 김석우** 예. 그 부분은 공정한 법 집행을 하기 위해서 최선의 노력을 하고 있는 중으로 생각하고 있습니다.

○**김영호 의원** 아니요, 국민의 여론은 알고 계세요?

○**법무부장관직무대행 김석우** 예, 공정한 집행을 하고 있다고 생각하고 있습니다.

○**김영호 의원** 지금 심우정 검찰총장 굉장히 비판받습니다. 간단히 말해서 두 가지인데 첫째로는 딸 특혜 채용 의혹 때문이에요. 취업을 준비하는 우리 청년들이 지탄하고 있습니다. 둘째, 내란수괴 윤석열 구속 취소에 대한 항고를 포기해서 사실상 탈옥시켰기 때문에 광장의 시민들은 분노하고 있습니다. 이 여론 알고 계시지요?

○**법무부장관직무대행 김석우** 그 부분에 대한 논란이 제기되고 있는데 그 부분에 대해서는 대검에서 적절한 해명을 한 것으로 생각하고 있습니다.

○**김영호 의원** 검찰 내부에서도 부글부글하다는 보도가 있습니다. 그렇게 답변하지 마

십시오.

제가 이번 과정에서 정말 놀란 것은…… 차관님, 전임 차관이 심우정 검찰총장이지요?

○**법무부장관직무대행 김석우** 예.

○**김영호 의원** 법무부차관은 가석방심의위원회 위원장이지요?

○**법무부장관직무대행 김석우** 예, 그렇습니다.

○**김영호 의원** 심우정 검찰총장은 윤석열 석방 말고도 윤석열의 장모이자 김건희 엄마 최은순까지 가석방시킨 점 알고 계시지요?

○**법무부장관직무대행 김석우** 예, 맞습니다.

○**김영호 의원** 야, 정말 대단합니다.

최은순 씨는 사기 혐의로 재판을 받고 구속 결정이 났는데 구속 결정이 된 날 절대 감옥에 가지 않겠다며 약 먹고 죽겠다, 법정에서 소란 일으킨 것 알고 계시지요?

○**법무부장관직무대행 김석우** 예, 언론 통해서……

○**김영호 의원** 자기 엄마의 이런 모습을 보고 김건희는 엄마의 가석방을 위해서 프로젝트를 가동한 것 같아요. 그 과정이 정말 기가 찹니다.

처음 최은순 씨가 2024년 3·1절에 가석방이 추진될 것이라는 보도가 나오자 법무부가 사실이 아니라면서 발뺌을 했어요. 그리고 최은순은 논란의 대상이 되기 싫어 가석방을 원치 않는다며 굉장히 이례적으로 법무부가 사기 범죄자에 대한 미담 여론을 만들어 줍니다. 실제로 이 미담은 여러 매체를 통해서 확산이 돼요. 알고 계시지요?

(우원식 의장, 주호영 부의장과 사회교대)

○**법무부장관직무대행 김석우** 예, 언론을 통해서 보도된 내용은 알고 있습니다.

○**김영호 의원** 그런데 문제는 22대 총선이 끝난 직후 바로 최은순을 석방합니다.

영화 '내부자' 보셨지요?

○**법무부장관직무대행 김석우** 예?

○**김영호 의원** 영화 '내부자'.

○**법무부장관직무대행 김석우** 영화를 직접 보지는 않았는데 내용은 대략 알고 있습니다.

○**김영호 의원** 가장 유명한 대사 나오지요. 알고 있습니까?

○**법무부장관직무대행 김석우** 말씀해 주시면……

○**김영호 의원** 총선 전에는 이렇게 쇼를 하다가 총선 후에는 국민 여론 감안도 안 하고 그냥 석방시켰어요. 법무부가 국민을 개돼지로 안 겁니다. 이때 가석방심의위원장이 심우정 검찰총장.

한 가지 여쭤볼게요. 가석방을 앞두고 사기 범죄자에 대해 본인이 만기출소하겠다라는 미담을 법무부가 홍보해 준 적 있습니까?

○**법무부장관직무대행 김석우** 구체적인 내용은 제가 알지 못합니다.

○**김영호 의원** 아니, 아까 신문 보도를 통해서 봤다면서요.

○**법무부장관직무대행 김석우** 아니, 언론 통해서 그런 내용을 알았지만……

○**김영호 의원** 그러니까 그게 상식적인 거예요?

○**법무부장관직무대행 김석우** 그 부분은 제가……

○**김영호 의원** 잡범들의 가석방 여부에 대한 심리적인 상태를 법무부가 홍보한 적 있

어요?

○**법무부장관직무대행 김석우** 법무부가 홍보한 그 구체적인 내용은 제가……

○**김영호 의원** 최은순은 홍보해 줬잖아요. 사과하세요!

○**법무부장관직무대행 김석우** 그리고 위원님께서 말씀하신……

○**김영호 의원** 궁색한 답변 하지 마시고 사과하시라고요!

○**법무부장관직무대행 김석우** 아니, 사과에 앞서서 가석방의 적절성에 대해서 문제를 제기하시는 것 같아서 설명할 수 있는 기회를 저한테 주시면……

○**김영호 의원** 됐고요.

가석방 대상자가, 최은순 씨가 나가기 싫다고 했어요, 국민의 부담 때문에. 억지로 가석방시킨 사례가 있어요? 재소자가 '난 죽어도 싫다. 나 가석방 받기 싫다' 그런데 법무부가 직접 끌고 나와서 가석방시킬 수 있습니까?

○**법무부장관직무대행 김석우** 기본적으로 본인의 의사가 상당히 참작이 되는 사안으로 알고 있는데요.

○**김영호 의원** 그런데 본인은 싫다고 법무부가 홍보했잖아요. 그런데 왜 가석방을 억지로 시키냐고요.

○**법무부장관직무대행 김석우** 그거는 당시에 본인 의사 등을 종합적으로 고려한 것으로 알고 있는데……

○**김영호 의원** 아니, 본인은 나오기 싫다라고 법무부가 홍보까지 했는데 왜 석방시켰냐고요!

○**법무부장관직무대행 김석우** 그러니까 가석방 요건에 부합하는 것으로 판단……

○**김영호 의원** 요건이 아니라 본인이 나가기 싫댔는데 왜 석방시켰어요? 왜?

○**법무부장관직무대행 김석우** 본인의 의사가 어떤 거였는지에 대해서는……

○**김영호 의원** 아니, 본인이 나가기 싫다라고 법무부가 홍보했지 않습니까?

○**법무부장관직무대행 김석우** 글쎄, 그 부분을 홍보했다라는 표현이 맞는지는 좀 의문이 있기는 있습니다.

○**김영호 의원** 모든 매체에서 본인이 나가기 싫다라고 했다고, 본인이 직접 얘기했다고 법무부가 홍보했어요.

○**법무부장관직무대행 김석우** 그 부분은 자세한 내용을 확인할 필요가 있어 보이는데……

○**김영호 의원** 그러니까 법무부의 이런 태도가 국민한테 지탄받는 거예요. 상식에 벗어났다, 공정성이 훼손됐다, 바로 사과해야지요, 국민께.

○**법무부장관직무대행 김석우** 그런데 의원님, 이 가석방에 대해서는 적절성 여부가 쟁점이 될 것 같은데 이 부분에 대해서는 제가 설명……

○**김영호 의원** 그러니까 법무부가 항상 이렇게 어려운 문제가 있으면 법의 용어로 국민을 혼란시키거든요. 이건 단순한 문제예요. 사과하면 되는 문제입니다.

심우정은 윤석열 대통령이 아끼는 검찰 후배이고 특히 김건희 오빠와는 고등학교 동기 동창입니다. 심우정은 윤석열과도 특수관계, 김건희와도 특수관계예요. 그렇다면 더 엄격했어야 돼요. 그런데 결과적으로 심우정은 검찰 선배 윤석열도 석방시키고 동기 동창의 엄마 최은순도 석방시켰어요. 공정의 가치를 던지고 검은 카르텔과 손을 잡은 것입니다.

국민들은 이렇게 평가합니다. 어떻게 평가하세요?

○**법무부장관직무대행 김석우** 일단 첫 번째, 석방 부분에 대해서는 여러 차례에 걸쳐서 위헌적인 논란 때문에 부득이한 결정이었다고 설명드렸고.

두 번째, 가석방 부분은 다른 사안에 비해서 오히려 집행률이 더 높은 상태였습니다. 82% 상태에서 가석방이 됐기 때문에 다른 사례에 비춰 보더라도 오히려 더 엄격하게 심사한 것은 맞습니다.

○**김영호 의원** 아니, 다른 사례가 아니라 본인이 나가기 싫다잖아요. 그런데 왜 나가기 싫다는 사람을 왜 끌고 나와서 석방을 시켰냐고요. 그 답변을 하시라고요, 그 답변.

○**법무부장관직무대행 김석우** 예, 그 부분은 가석방위원회에서 충분하게 검토를 해서 결정을 한 것으로 알고 있습니다.

○**김영호 의원** 아니, 검토가 아니라 본인의 심리 상태를 법무부가 국민과 매체에 알려 놓고—나가기 싫다—그런데 왜 억지로 출소시켰냐고요. 이것에 답변해 보시라고요.

○**법무부장관직무대행 김석우** 그 부분은 이제 대상자의 의사 외에 나이라든지 건강상태, 행형성적 그다음에 재범 가능성 등을 종합적으로 고려했는데……

○**김영호 의원** 아따, 공감 능력 없으시네. 내가 질문은 그게 아니지 않습니까!

○**법무부장관직무대행 김석우** 예.

○**김영호 의원** 들어가세요.

김건희·윤석열 일가 측근 비리가 흘러넘칩니다. 검경 수사는 멈췄고 무책임한 정부 여당은 거부권 릴레이 중입니다. 민생·민주주의·평화를 국민과 함께 이루어 온 대한민국 제1당 더불어민주당 국회의원이자 김건희·윤석열 국민특검 단장으로서 그동안 묻혀 있던, 누군가 덮으려 했던 김건희·윤석열 일가 측근 비리 의혹을 동료 의원들과 끝까지 밝혀내겠습니다.

감사합니다.

○**부의장 주호영** 김영호 의원 수고하셨습니다.

- 긴급현안질문 의원(김형동)

(15시37분)

○**부의장 주호영** 다음은 경북 안동·예천 출신의 김형동 국민의힘 의원 나오셔서 질문해 주시기 바랍니다.

○**김형동 의원** 존경하는 주호영 부의장님 그리고 동료 선후배 의원 여러분!

안녕하십니까? 안동·예천 국회의원 김형동입니다.

먼저 영남 지역에서 발생한 대형산불로 인해 유명을 달리하신 서른한 분의 희생자분들께 깊은 애도를 표하고 유가족 여러분께도 위로의 말씀을 전합니다. 그리고 부상자분들이 한 일흔세 분 됩니다. 조속한 쾌유를 기원합니다.

집이 무려 4000채가 날아갔습니다. 아울러 밤낮없이 화마와 맞서 주신 소방대원, 산불진화대원, 안동시청·경북도·경남도·울산 공무원 여러분을 비롯해 의용소방대원과 자원봉사자 여러분께도 감사의 말씀을 전합니다.

이번 산불은 단일 재해로는 역대 최대 규모의 피해를 남겼습니다. 누구의 통계에 의하면 대한민국 정부 수립 이후에 일어난 불 양을 합친 만큼 피해를 남겼다고 합니다.

현재 추산으로는 서울 면적의 80%, 곧 100%가 될 것 같은데 4만 8000여ha—서울이 6만ha입니다—6000만 평이 탔다고 생각하시면 될 것 같습니다. 사상자 칠십여섯 분을 비롯해서 주택, 농축산시설, 국가유산 등 약 7000여 곳이 막대한 피해를 입었습니다. 정부는 피해 복구와 재발 방지 대책 마련에 총력을 기울여야 합니다.

무엇보다 가장 시급한 현안은 사람입니다. 어르신들 케어, 연로하시고 지병이 있는 분들입니다. 이재민들의 주거 문제도 시급합니다. 이 어르신들을 보호하고 임시주거시설을 신속히 확충하고 생활안정지원금, 피해 농가를 위한 농기계 무상 임대 그리고 소규모이긴 하지만 산단 기업의 공장이 무너졌습니다. 고용안정지원금을, 유지지원금을 시급히 집행해야 할 것입니다. 즉각적인 지원이 이루어져야 할 것입니다.

의원님들의 많은 관심, 그리고 복구 시간입니다. 복구를 위해서는 관련 입법 그리고 충분한 예산이 필요합니다. 많이들 도와주시기 바랍니다.

총리가 안 나오셨으면 누가 나오셔야지요?

총리가 안 나왔으면 누가 나와야 됩니까?

　(「지금이라도 나오라고 그러시지요」 하는 의원 있음)

　(「여당 의원님이 그러시면 어떻게 해요」 하는 의원 있음)

물어보는 거지요.

　(웃음소리)

지금 웃을 시간이 아닙니다.

제가 하나만 먼저…… 웃을 시간이 아닙니다.

재난 담당하는 부총리님 나오셨습니까?

정부가 욕먹을 건 욕먹어야 됩니다. 욕하십시오.

　(「세게 좀 이야기해 주세요」 하는 의원 있음)

좀 이따가 하겠습니다.

나오신, 이한경 본부장이십니까?

○**행정안전부차관직무대리 이한경**　예, 행안부의 재난안전관리본부장 이한경이라고 합니다.

○**김형동 의원**　산불 진화를 위해서 정말 애 많이 쓰셨습니다. 감사하다는 말씀을 드리고, 그럼에도 불구하고 저는 지금 산불이 ing 상태라고 봅니다. 가장 큰 산불은요 4월 달에 굉장히 많이 일어납니다. 특히 이번 주말에 청명·한식이잖아요. 그렇지요?

○**행정안전부차관직무대리 이한경**　예, 그렇습니다.

○**김형동 의원**　대책을 세우고 있겠습니다마는 한 세 가지만 주문을 하겠습니다.

일단은 컨트롤타워가 명확하게 있어야 됩니다, 불났을 때. 우왕좌왕해 가지고 불이 커졌다라는 소리가 굉장히 많습니다. 들어서 알고 계시지요?

○**행정안전부차관직무대리 이한경**　예, 그렇습니다.

○**김형동 의원**　보탠다면 대한민국의 재원을 전부 다 동원해야 됩니다.

○**행정안전부차관직무대리 이한경**　그렇습니다.

○**김형동 의원**　이번에 안 보였던 부분이 국군장병들입니다. 다 어디 가셨습니까? 나라가 불타고 있는데.

○**행정안전부차관직무대리 이한경**　이번……

○**김형동 의원** 답을…… 그거는 주의만 들어 주십시오.

재원을 총동원해야 된다는 취지의 말씀을 드리고, 현재도 4월에 가장 큰불이 많이 난다. 안동도 5년 전에 4월 13일인가 큰불이 나 가지고 사오 일 동안 태운 그런 경험이 있습니다.

그다음에 또 하나 보면 좀 장기적인 부분이지만 이 컨트롤타워와 관련돼서 재난을 관리하는 컨트롤타워…… 우리나라 대한민국이 산이 70% 아니겠습니까?

○**행정안전부차관직무대리 이한경** 예, 그렇습니다.

○**김형동 의원** 산림청장이 70%를 다 감당하기도 어렵고 힘을 그만큼 주지도 않는 것 같더라고요. 어떻게 생각하십니까?

○**행정안전부차관직무대리 이한경** 산림청장이 모든 거를 감당하기에는……

○**김형동 의원** 소 잃고 외양간이라도 고쳐야 됩니다. 되시겠습니까?

그다음에 예산은 지금 확보가 돼 있습니까? 어떻습니까? 목적예비비.

○**행정안전부차관직무대리 이한경** 저희가 산불이 났을 경우에, 잠깐만 좀 말씀을 드리면……

○**김형동 의원** 예, 말씀하세요.

○**행정안전부차관직무대리 이한경** 산림청에서는 산불을 끄는 역할을 하게 되고요. 그 산불이 민가로 번지거나 국가중요시설로 번지는 걸 막는 그 역할은 소방이 하게 됩니다. 그리고 주민들을 대피시키는 거는 각 지방자치단체와 경찰이 담당을 하게 되고요. 이런 관련 기관들이 조화롭게 잘 대응할 수 있도록 총괄하는 거는 저희 행안부가 맡고 있습니다.

관련되는 예산은 저희가 제한된 어떤 국가예산 범위 내에서 장비나 이런 것들을 구입하다 보니까 조금은 한계가 있다라는 말씀을 드리겠습니다.

○**김형동 의원** 그래서 예산이 얼마나 확보되어 있냐고 여쭤봤습니다.

○**행정안전부차관직무대리 이한경** 저희 전체 예산은 제가 정확하게는 모르겠고요. 저희가 갖고 있는 예산은 약 1조 갖고 있습니다, 행안부에서는.

○**김형동 의원** 지금 1조 가지고 안 되는 거 아시지요?

○**행정안전부차관직무대리 이한경** 예, 그렇습니다.

○**김형동 의원** 정부에서 예산 부족한 부분 의회에 요청을 해서 충분한 보상이 될 수 있도록 준비해 주시기 바랍니다.

○**행정안전부차관직무대리 이한경** 예, 그렇게 하겠습니다.

○**김형동 의원** 들어가셔도 좋습니다.

임시주택 담당하시는 장관님이 누구십니까?

○**행정안전부차관직무대리 이한경** 제가 다 담당을 하고 있습니다.

○**김형동 의원** 주요 담당입니까?

○**행정안전부차관직무대리 이한경** 예.

○**김형동 의원** 지금 임시주택…… 전파, 반파, 전소 주택만 해서 이 3개 광역 지역에 4000채가 탔다고 그럽니다. 안동 지역은 무려 1200채가 지금 소실이 돼 있습니다. 대책이 뭐가 있습니까, 정부가 가지고 있는 것이?

○**행정안전부차관직무대리 이한경** 지금 의원님 말씀하신 대로 이번 산불 피해는 굉장

히 큰 막대한 어떤 피해를 보이고 있고요. 그에 대한 대책을 세우는 데도 굉장히 큰 어려움이 있다는 말씀을 드립니다. 그럼에도 불구하고 많은 어르신들이 지금 아주 어려운 환경 속에서 계시기 때문에 하루빨리 대피시설에서 임시주거시설, 또 그리고 영구적으로 사실 수 있는 주택 마련하는 데 지금 최선을 다하고 있다는 말씀을 드리고요.

참고로 말씀드리면 저희가 이 복구대책지원본부가 각 부처가 연합해서 구성이 됐고 오늘 본회의가 끝나는 대로 바로 1차 회의를 하고 구체적인 대안을 만든다는 말씀 드리겠습니다.

○**김형동 의원** 중앙정부가 열심히 뛰고 있기는 하지만 이 사정을 가장 잘 아는 분들은 기초자치단체, 그리고 불이 난 지역, 그다음에 광역단체장이라고 생각합니다. 그분들에게 확실한 권한과 결정할 수 있는, 책임도 물어야겠지만 권한을 충분히 주시기 바랍니다.

○**행정안전부차관직무대리 이한경** 예, 그렇게 하겠습니다.

○**김형동 의원** 알겠습니다.

환경부장관 나오시지요.

산불 기간 동안에 주왕산국립공원도 다녀가고 오늘 아침에도 당정에서 나온 얘기입니다마는 산에 대한 관리가 과연 산림청이 해야 되는지 환경부나 기후환경부라는 컨트롤타워를 만들어서 거기에 이관하는 게 맞는 것인지 장관의 견해가 있으면 한번 말씀해 주십시오.

○**환경부장관 김완섭** 현재는 산림청에서 하게 돼 있고 이런 재해가 나면 크게는 총리님, 안 그러면 행안부에서 주재하는 중대본에 전 부처가 참여하게 돼 있습니다. 그래서 기후환경부라든가 이런 큰 얘기는 지금 당장 작금의 현실을 해결하는 것보다는, 일단은 현재 있는 시스템을 잘 활용해서 하면 좋을 것 같습니다.

○**김형동 의원** 저는 산림청 혼자 이것을 감당하기 어렵다고 생각합니다. 장관 소관인지 아닌지는 제가 약간 의문은 있습니다만 이런 기사가 있습니다. 산불이 난 지역은요 산사태 발생이 200배 이상 높아진답니다. 그리고 다 수계가 산에서 내려와 가지고 강을 오염시키지 않습니까. 그렇지요? 그리고 우기가 되면 지금 탄 나무들이 쌓여 가지고 말입니다 작은 댐을 만들어서 또 홍수를 낼 수도 있습니다. 이것은 우리가 이미 겪었던 경험인데 이 부분에 대한 대응이나 수질 보호, 산사태·홍수 대비책이 있습니까?

○**환경부장관 김완섭** 예, 말씀하신 것처럼 산사태와 사방댐 설치 등은 산림청에서 주로 하고 있고요. 수질 문제는 환경부 소관입니다. 그런데 저희가 보기에 불에 탄 재가 들어오는 것은 옛날에 쓰던 잿물 같은 것들 그런 것은 약한 알칼리입니다. 탄산칼륨인데요 그것은 자연적으로 만들어지는 것이기 때문에 수질과는 큰 영향은 없습니다만 저희가 그것은 정수 처리 확실하게 할 예정입니다.

○**김형동 의원** 먹는 물에 대해서도 관심을, 그것 2차 재앙이라 그러지요?

○**환경부장관 김완섭** 그렇습니다.

○**김형동 의원** 막을 수 있도록 환경부가 주도적으로 나서 주시기 바랍니다.

○**환경부장관 김완섭** 예.

○**김형동 의원** 들어가셔도 좋습니다.

농림부장관 나와 계십니까?

○**농림축산식품부장관 송미령** 예, 의원님.

○**김형동 의원** 울산까지 포함해서 지리산 자락, 경북도 다 포함해 가지고 지금 피해를 본 분들이 대부분 농민들입니다.

○**농림축산식품부장관 송미령** 맞습니다.

○**김형동 의원** 다양한 준비를 하고 계시겠지만 피해 산정에 제외되는 부분들 있지 않습니까? 특히 송이와 관련된 부분이 큰데, 송이가 재해보험이나 재해 대상 품목에서 제외돼 있지 않습니까. 그렇지요?

○**농림축산식품부장관 송미령** 예, 채취하신 겁니다.

○**김형동 의원** 이 부분에 대한 장관의 대책은 어떻게 됩니까?

○**농림축산식품부장관 송미령** 지금 제외되는 것들이 몇 가지 있는데요. 채취한 송이라든가 그다음에 나무에서 수확해서 창고에 보관 중이었던 사과 이런 것들이 다 타 버리고 나면 이런 것들은 보상을 받을 길이 전무합니다. 그래서 저희가 그 부분에 대해서 특별히 이분들한테는, 우리 농민들한테는 이게 전재산이나 다름없기 때문에요 특별하게 지원할 수 있는 방안을 모색 중에 있습니다.

○**김형동 의원** 길안·청송·영덕은 송이만 보고 사시는 분들이 많습니다.

○**농림축산식품부장관 송미령** 맞습니다.

○**김형동 의원** 그다음에 장관이 잘 지적하셨는데 나는 창고에 사과를 재어 놓았다, 금이 오르면 꺼내겠다라는 분도 많았는데 세심하게 살펴봐 주셔야 됩니다.

○**농림축산식품부장관 송미령** 예, 그렇게 하겠습니다.

○**김형동 의원** 또 소관일지 아닐지 모르겠는데 지금 3600여만 원이 주택 짓는 데에 정부 지원이 되지 않습니까. 그렇지요?

○**농림축산식품부장관 송미령** 예.

○**김형동 의원** 이 부분이 재앙·재난 말입니다, 풍수해 할 때하고 산불 났을 때하고 차이가 있다는 말이 있습니다. 말씀해 보시지요.

○**농림축산식품부장관 송미령** 예, 자연재해하고 사회재난하고 차이가 있습니다.

○**김형동 의원** 어떻게 차이가 있습니까?

○**농림축산식품부장관 송미령** 자연재난의 경우는 제가 액수가 정확한지는 모르겠지만 아마 1억 넘는 보상이 이루어집니다. 그런데 사회재난의 경우에는 그에 미치지 못합니다. 그래서 이 부분도 저희가 차이 없도록 지원할 수 있는 방안을 관계부처가 협의하고 있습니다.

○**김형동 의원** 그것은 현행 제도잖아요. 그렇지요?

○**농림축산식품부장관 송미령** 예, 그렇습니다.

○**김형동 의원** 그것을 기준으로 하고 또 추가적인 지원이 필요한 입법이 있다면 적극적으로 건의해 주시기 바랍니다.

○**농림축산식품부장관 송미령** 맞습니다. 그렇게 하겠습니다.

○**김형동 의원** 들어가셔도 좋습니다.

○**농림축산식품부장관 송미령** 예.

○**김형동 의원** 복지부장관 나오셨습니까?

　　장관님!

○**보건복지부장관 조규홍** 예.

○**김형동 의원** 또 안동도 다녀가시고 현장 다 다녀가신 걸 압니다. 감사하다는 말씀드리고.
  저는 어쨌든 사람이 먼저이기 때문에……
○**보건복지부장관 조규홍** 맞습니다.
○**김형동 의원** 특히 케어받는 분들이 있었고 자기들 지병 있는 어르신들이 계신데 파악을 하셨고 또 이후 대책은 어떤지 한번 말씀해 주실래요?
○**보건복지부장관 조규홍** 예, 고령층에 대해서는 다른 주민들과 같이 의료급여 본인부담을 지원한다든지 건강보험료 경감 그다음에 건강검진 지원 등을 시행할 계획인데요. 특히 거동이 불편하시기 때문에 질병이 없다 하더라도 돌봄이 굉장히 중요합니다. 그래서 긴급돌봄을 실시하고 있고요. 또 이와 함께 이게 좀 오래 가게 되면 노인맞춤돌봄과 연계할 계획입니다. 또 오늘 오후에는 환경부·질병청과 협의를 해서 산불로 인한 대기오염이 고령층에 미치는 영향에 대해서 조사를 하고 그다음에 앞으로의 치료와 예방 대책을 마련하도록 하겠습니다.
○**김형동 의원** 한 분 한 분 찾아뵙는 것이 굉장히 중요할 것 같습니다.
○**보건복지부장관 조규홍** 예.
○**김형동 의원** 당신들이 늘 이렇게 얘기하지 않습니까. ‘나는 괜찮다’. 그런데 팔십 평생 살아오신 집이 불타고, 그 장롱 안에 손주들 용돈 주려고 꼬깃꼬깃 묻어 놓은 거 다 타 버렸지 않습니까.
○**보건복지부장관 조규홍** 예, 맞습니다.
○**김형동 의원** 그 심리적인 충격이 이루 말할 수 없습니다. 낙담하신 그런 부분을 잘 케어해 주시기를 꼭 부탁드립니다.
○**보건복지부장관 조규홍** 예, 지자체와 잘 협력해서 빈틈없이 추진하도록 하겠습니다.
○**김형동 의원** 제가 물어볼 부처 장관들이 너무 많아 가지고.
  과기부장관님 잠깐 나오실래요?
  산불 지역에 다녀가 주시고, 특히 통신 관련돼서 굉장히 시급했었는데 빠른 복구가 이루어져서 주민들이 굉장히 감사해하고 있다는 말씀을 먼저 드립니다.
  그 통신 피해나 우체국 피해가 어느 정도 되지요? 안동에, 저쪽으로 청송으로 해서 영덕까지?
○**과학기술정보통신부장관 유상임** 통신 중에서 무선통신이 기지국이 한 2600개소, 그중에 복구된 게 96% 되고요. 유선통신이 2만 회선 정도가 피해를 봤고 1만 9900 회선이 복구됐습니다, 99%. 그다음에 유료방송이 또 1만 9000여 회 피해를 봤고 복구가 99% 됐습니다. 우체국 한 곳이 전소가 됐습니다. 이상이 피해 현황이 되겠습니다.
○**김형동 의원** 또 이런 지역의 요구도 있습니다. 아무것도 없는데 핸드폰 하나 가지고 나왔다. 그것도 통신요금도 일정 정도 부담이 되는 그런 상황인데 정부에서 지원하거나 통신사들하고 협업을 통해서 좀 감면해 줄 그런 대책은 없습니까, 이 부분?
○**과학기술정보통신부장관 유상임** 물론 있습니다.
  특별재난지역으로 선포된 지역은 특별 지원이 있습니다. 그래서 방송통신 쪽에 감면이 있고요. 그다음에 우정 쪽, 우편·우체국 예금·보험과 관련된 면제가 또 있습니다. 더해서 사망자에 대해서는 특별 조치가 있어서 통신요금이 전액 면제되고요. 이외에도 현장 안 내가 계속 지속되고 있고 복구된 통신이 제대로 작동하는지 이것을 계속 점검해 나가고 있습니다.

○**김형동 의원**　재난이 나 보니까 통신이 얼마나 중요한지 다시 재삼 느꼈는데 이 망을 구축하는 데 있어서 끝까지 좀 챙겨봐 주시기 바랍니다.

○**과학기술정보통신부장관 유상임**　예, 잘 알겠습니다.

○**김형동 의원**　노동부장관님 와 계십니까?

장관께서도 시급히 농공단지 같은 데 쭉 둘러보셨지 않습니까. 그렇지요?

○**고용노동부장관 김문수**　예.

○**김형동 의원**　피해가 심각하지요. 어떻게 보셨습니까?

○**고용노동부장관 김문수**　아주 뭐 제가 갔을 때 파악한 것보다 더 심각한 피해 신고가 많이 들어오고 있습니다.

○**김형동 의원**　농가라고 해서 자영업만 있는 게 아니고, 자영농만 있는 게 아니고 고용해서 외국인을 사용하거나 이런 경우도 꽤 많지 않습니까?

○**고용노동부장관 김문수**　외국인 사용이 아주 많이 있었고 그 피해가 아주 막대하기 때문에 저희들도 긴급하게 그 대책을 마련하고 있습니다.

○**김형동 의원**　피해 대책이 뭐가 있습니까?

○**고용노동부장관 김문수**　외국인들 부분에 대해서는 우선 여러 가지, 출입국 관리소의 비자 문제라든지 또 다시 만기가 돼서 돌아가는 부분이든지 또 중간에 일을 그만두면 처리하는 문제, 여러 가지 복잡한 문제가 있기 때문에……

○**김형동 의원**　농공단지에 대해서는 어떤 대책을 지원하려고 하고 있습니까?

○**고용노동부장관 김문수**　공장 부분에 대해서는 저희들이 복구를 위해 가지고 중소기업부하고도 협력을 하고 또 전체적으로 재난 부분에 대해 가지고 피해를 신속하고 충분하게 지원할 수 있도록 최선을 다하고 있습니다.

○**김형동 의원**　어떤 삶의 터전이 논밭만 있는 게 아니고 공장도 있기 때문에 그런 부분도 세심하게, 사용자와 근로자 모두 도움이 될 수 있도록 지원에 신경을 많이 써 주시기 바랍니다.

○**고용노동부장관 김문수**　예.

보도도 안 돼 있습니다만 사실 공장 하시는 분, 특히 농공단지의 피해가 워낙 극심하기 때문에 저희들이 할 수 있는 한 최대한 충분하게 신속하게 복구 지원토록 하겠습니다.

○**김형동 의원**　고맙습니다.

유산청장 안 계시지요? 유산청장 안 계시니까 장관님이 좀……

○**문화체육관광부장관 유인촌**　예, 나왔습니다.

○**김형동 의원**　장관님, 이번에 천년고찰 고운사가 소실됐습니다. 매우 안타깝고 힘든 상황이지요. 그렇지만 그 상황에서, 제가 같이 있었는데요 정말 유산청이 신속하게 많은 문화재를 보호했다라고 저는 보고 있습니다.

보고받으신 게 있지요?

○**문화체육관광부장관 유인촌**　예.

어제 제가 고운사·운람사, 안동지역 다 다녀왔고요. 실제 보물로 지정된 전각 2개가 완전 전소됐고요. 운람사 같은 경우는 한 6개 동 건물이 다 전소가 돼서 이건 특히 국가 지정된 문화재, 유적들이기 때문에 앞으로 철저하게 복원 계획을 잘 세우고, 아마 이 부분은 국가적인 지원이 있어야 된다고 저는 생각하고 있습니다.

○**김형동 의원** 알겠습니다.

유산청장이 직접 내려와서 진두지휘하고 밤새도록 그렇게 소산시키는 것 보고 그래도 장관님하고 청장님이 문화재에 대한 애정이 크다라는 느낌을 받았습니다.

○**문화체육관광부장관 유인촌** 동산으로 지정된 보물들은 다행히 불이 완전히 번지기 전에 스님들하고 가용 인원들이 전부 동원돼서 무사히 잘 소산을 시켰고요. 그렇지 않은, 움직일 수 없는 것들이 조금 피해를 입은 게 있습니다. 하여간 최대한 빨리 복원하도록, 그렇게 준비하도록 하겠습니다.

○**김형동 의원** 알겠습니다.

감사합니다.

국토부장관님하고 산업부장관님께도 여쭤볼 게 많은데 시간이 없어 가지고.

다시 한번 산불 피해를 입은 모든 이재민께 심심한 위로의 말씀을 드립니다.

그리고 만장하신 의원님들께 요청합니다.

도와주십시오. 도와주셔야 됩니다. 우리 집에 불이 났으면 이래 못 있습니다.

저는 오늘도 내려가야 되는데……

    (발언시간 초과로 마이크 중단)

....

    (마이크 중단 이후 계속 발언한 부분)

본회의 현안질의한다 그래 가지고 여기에 있습니다.

간곡하게 호소합니다.

우리 아버지, 형제가 불을 만났다라는 생각으로, 내 고향이 불에 탔다라는 생각으로 좀 도와주시기 바랍니다.

이상입니다.

감사합니다.

....

○**부의장 주호영** 김형동 의원 수고하셨습니다.

- 긴급현안질문 의원(오기형)

(15시58분)

○**부의장 주호영** 다음은 서울 도봉을 출신의 더불어민주당 오기형 의원 나오셔서 질문해 주시기 바랍니다.

○**오기형 의원** 서울 도봉을 국회의원 오기형입니다.

방금 김형동 의원님 말씀 공감합니다. 산불 이후에 함께 풀어 나가는 데 여야가 따로 없다고 생각합니다.

국민 여러분!

그리고 존경하는 선배·동료 의원 여러분!

12·3 내란 이후에 4개월이 지났습니다. 참 긴 세월이었습니다. 이제는 내란으로 인한

사회적 혼란을 정리할 때입니다.

'런종섭' 기억하십니까? 해병대 채 상병 사건 은폐 축소 비판 때문에 이종섭 국방부장관이 사임하고 조사를 피해서 호주로 가는 것을 '런종섭'이라고 비판했었습니다.

오늘 왜 한덕수 총리와 최상목 장관 안 나오는 겁니까? 이제는 런덕수, 런상목입니까?

한덕수 총리가 마은혁 재판관 임명 거부했던 것 위헌입니다. 헌법 위반에 대해서 어떻게 할지 국회에 와서 해명해야 되지 않습니까? 왜 일정 받고 안 오는 겁니까? 대한민국에 이보다 더 중요한 일 있습니까?

민주당 대표가 만나자고 하면 만나야 되는데 왜 거절합니까? 그래서 런덕수 되는 것 아닙니까? 오만한 태도고 국회 무시 또 직무유기입니다, 국민 무시고. 유감입니다.

최상목 장관 산불로 해서 10조 원 규모의 필수 추경해야 한다고 주장했습니다. 누구랑 해야 됩니까? 국회 와서 해야지요. 말대로 중요하면 설명해야 되는데 왜 안 옵니까? 그 회의 어제도 할 수 있고 내일도 할 수 있고 오늘 오전도 할 수 있고 밤늦게도 할 수 있습니다. 그런데 본회의 할 때는 안 오겠다는 겁니다.

미국 국채 2억 원에 대해서 투자한 것 논란 있고 해명할 수도 있습니다. 해명하면 지나갈 수도 있는 거고. 이해충돌 방지에 대해서 설명하면 될 것 아닙니까? 국회에서 질문할 게 무서워서 안 나오는 겁니까? 그러니까 런종섭, 이거 너무 무책임하다. 이렇게 이 대한민국에서 총리와 부총리가 이런 모습이 국민들 보기에 부끄럽다 이런 말씀 드립니다.

법무부차관께 질의하겠습니다.

실은 총리께 질의를 해야 되는데 내란과 여러 법률적인 이슈여서 법무부차관께 질의를 합니다.

○**법무부장관직무대행 김석우** 예.

○**오기형 의원** (영상자료를 보며)

최근 12·3 내란과 유사한 해외 사례 중에 2022년도 페루 친위 쿠데타가 있더라고요. 친위 쿠데타 이 사례를 보니까 일방적으로 대통령이 국회 해산 연설을 하고 그러고 나서는 한 2시간 만에 국회가 탄핵을 해 버립니다. 그리고 그 2시간 만에 경찰은 대통령을 체포했습니다. 부통령은 이런 황당한 쿠데타 비난했습니다. 그리고 나중에 헌법을 지키겠다는 그 부통령이 승계해서 이 상황을 수습합니다. 일부 장관은 이 상황에 대해서 말이 안 된다 이러면서 비판을 했고 군대는 친위 쿠데타를 일으키는 대통령을 거부했습니다. 그래서 2시간 만에 정리가 됐습니다.

대한민국은 12·3 관련해서 어떻게 했는가? 이제는 이런 이야기를 할 기회가 별로 없을 것 같아서 말씀드립니다.

내란 수습을 위해서 최선을 다했는가, 페루의 부통령처럼 페루의 군처럼? 우리는 어땠는가? 그다음에 적어도 정치적으로 책임지는 모습을 졌는가?

어느 헌법학자가 이런 이야기 하더라고요. 친위 쿠데타가 일어났는데 국무위원들 중에서 정치적 책임 지겠다고 말하는 사람 한 사람 안 보이더라, 참 부끄럽더라 그런 이야기를 합니다. 국무위원들께 같이 말씀드리는 겁니다.

심지어는 대한민국의 국무위원들 중에서는 내란에 직접 가담한 사람도 있고 그래서 기소된 사람도 있고, 내란에 대해서 계속 방조하거나 비호한 사람도 있습니다. 그래서 내란 수습이 지연되고 힘들었습니다. 아직도 다 정리를 못 하고 있습니다.

　법무부차관, 지금 12·3 비상계엄 내란 맞습니까?

○**법무부장관직무대행 김석우** 그 부분은 이제 형사재판을 통해서 명확한 판단이 이루어질 것으로 생각하고 있습니다.

○**오기형 의원** 검찰이 기소한 것은 잘못 기소된 겁니까?

○**법무부장관직무대행 김석우** 기본적으로 검찰은 기소한 내용에 따른 판결을 받기 위해서 노력할 것으로 생각하고 있습니다.

○**오기형 의원** 제가 12월 13일 이 자리에서 한덕수 총리한테 물어봤습니다. 내란 맞습니까? 진술 거부했습니다. 내란에 대해서 비호했고 방조했기 때문에 그렇습니다.

　그런데 지금 법무부차관도 그런 이야기를 하면 법무부차관 자격 없습니다. 사표 내야 됩니다. 그런 것 아니에요? 법무부차관이 지금 현재 검찰에서 적법하게 내란 우두머리를 기소했는데 내란이 잘못됐다 그렇게 주장하는 겁니까?

○**법무부장관직무대행 김석우** 아닙니다. 이 자리에서 제 개인적인 의견을 말씀드리는 자리는 아니기 때문에……

○**오기형 의원** 그러니까요. 공적인 이야기를……

○**법무부장관직무대행 김석우** 법무부장관을 대리한다면 현재 지금 검찰에서 기소를 했고 공소 유지를……

○**오기형 의원** 그 기소 잘못됐다는 겁니까?

○**법무부장관직무대행 김석우** 다투고 있는 부분이라서 이 부분은 이제 확정적 판단은 저희가 할 수 있는 영역이 아니기 때문에 그렇게 말씀드렸던 겁니다.

○**오기형 의원** 오늘 한덕수 총리가 이 대답을 해야 되는 겁니다.

　들어가시지요.

　공수처장님께 질의하겠습니다.

　세 가지인데요.

　첫 번째, 아까 의원님 질의하신 것 중에 공수처가 한남동에서 3000명을 동원해서 체포영장 집행한 것 불법이다라는 주장에 대해서 동의하십니까?

○**고위공직자범죄수사처장 오동운** 판사님께서 명령장이기도 한 체포영장을 저희한테 발부해 주셨고 그러면 공수처의 적법한 수사권을 당연히 심사하셨고 그렇게 적법하게 명령된 체포영장에 의한 정당한 적법절차의 원칙에 있어서 한 치의 어긋남도 없는 그런 영장 집행입니다.

○**오기형 의원** 그 불법 체포라고 주장하는 분들 서부지원에 폭동 일으킨 사람들하고 똑같은 주장 아닙니까? 대한민국의 체제 전복 발언 아닙니까, 그런 거?

○**고위공직자범죄수사처장 오동운** 저는 법원의 결정을 존중하지 않는 법치주의의 근간을 해치는 그런 발언이라고 생각합니다.

○**오기형 의원** 두 번째, 헌법상 법률상 해야 될 일을 안 하는 공무원들에 대해서 직무유기로 고발하면 수사해야 되지요?

○**고위공직자범죄수사처장 오동운** 부작위에 대해서 어떤 부분에 있어서는 직무유기죄가 성립할 수 있고 그런 부분에 대해서 저희들한테 고발장이 많이 접수되어 있고 그런 부분에 대해서도 수사하고 있는 부분도 있습니다.

○오기형 의원 그래서 헌법재판소가 마은혁 재판관 임명 안 하는 것을 위헌이라고 결정을 했습니다. 그런데 지금까지 임명을 안 하고 있습니다. 누가? 한덕수·최상목 이 두 분이 그렇습니다.

직무유기죄로 수사해야 되는 거 아니에요?

○고위공직자범죄수사처장 오동운 헌법상의 의무와 관련된 부분이고 지금 그런 고발장이 접수돼 있고 저희들이 수사 착수했습니다. 그런 부분 유념해서 법과 원칙에 따라 처리하겠습니다.

○오기형 의원 많은 법 전문가들이 이거 직무유기다 이런 주장 합니다. 엄밀하게 좀 봐 주시길 바랍니다.

○고위공직자범죄수사처장 오동운 잘 알겠습니다.

○오기형 의원 세 번째, 12월 5일입니다. 12월 5일, 계엄 해제 이후에 한덕수 총리가 계엄선포문에다가 서명을 합니다. 그리고 그날 김용현 장관도 서명을 합니다. 그리고 이틀 뒤인 7일 윤석열 대통령이 서명을 합니다.

계엄 해제 이후에 계엄포고문에 서명하는 거 허위 공문서 작성 아닙니까? 증거 인멸 아닙니까? 그거 나중에 한덕수 총리가 가져오라고 해 가지고 다시 폐기를 합니다. 허위 공문서 작성 아닌가요?

○고위공직자범죄수사처장 오동운 그런 부분 문제 될 수 있겠는데 의원님 말씀 유념해서 처리하겠습니다.

○오기형 의원 이 지점은 헌법재판 과정에서 나온 이야기입니다. 본인이 동의했던 거고요, 사실관계를. 그래서 이 부분에 대해서 확실하게 수사 검토해 주시기를 요청드립니다.

○고위공직자범죄수사처장 오동운 예, 의원님 말씀 유념하겠습니다.

○오기형 의원 이상입니다. 들어가십시오.

기재부차관님 나오시기 바랍니다.

두 가지인데요. 하나는 기재부장관의 국채 관련된 이야기 하나 물어보는데, 국채와 관련해서 두 가지 지점이 있는데 2023년도에 매각을 했고, 지적받아서 매각한 겁니다. 그리고 2024년 어느 시점에 매입을 했습니다. 매입 시점은 안 밝히고 있어서 밝혀야 된다 이런 말씀드리고. 그리고 그 시점이 잘못되면 국민들에게 큰 신뢰를 져 버린다, 이건 배신행위다 이렇게 보는 거고요.

정치적인 것과 별개로 법률적 이슈가 있더라고요. 하나는 이게 이해충돌 여부가 된다, 왜냐하면 기재부장관이 외국환기금을 관리하면서 환율에 대한 정책을 결정하기 때문에. 그래서 환율이 올라갈 것에 베팅하는 행위가 이해충돌 아니냐 이런 문제인 겁니다. 그래서 그거 검토해 봤냐.

두 번째는 약 2억 정도에 대해서 지난번에 경제수석 이후에 재산신고 한 것 쭉 봤어요. 신고 안 돼 있어요. 그러니까 기재부장관이 답변한 것들을 보면, 기재부에서 답변하신 거 보면 2억 원 정도에 대해서 현금을 갖고 있다가 그다음에 다시 샀다 이랬거든요. 그런데 그게 신고돼 있는가 다시 한번 보십시오. 이거 공직자윤리법 위반 문제가 있습니다.

어떻게, 검토해 보셨어요?

○기획재정부장관직무대리 김범석 예, 제가 아는 범위 내에서 답변드리겠습니다.

　첫 번째로 의원님 말씀하신 24년 언제 다시 취득했느냐, 아까 이언주 의원님께서도 말씀하셨는데 제가 정확한 월일까지 모르겠는데 24년 중반 정도에 그 매입을 하셨고요.
　그리고 하나 저희가 언론 통해서 설명을 드렸는데 밖에 홍보가 안 된 부분이 이 달러, 그러니까 미국 국채와 관련해서 그러면 달러를 사 가지고 그 미국 국채를 사야지 이해충돌 여부나 그런 부분이 있었을 텐데 23년분 포함해서 18년 이후부터 계속 가지고 계시던 달러를 가지고 달러와 미국채와의 상황만 바뀐 부분이지 신규로 달러를 취득해 가지고 미국채 사신 건 아니라는 것을 부연설명 드리겠습니다.
○**오기형 의원** 　그래서 그 달러가 재산신고 돼 있냐 물어보는 겁니다. 검토해 봤냐 물어보는 겁니다.
○**기획재정부장관직무대리 김범석** 　공직자윤리위원회에서 법무부차관님이랑 권익위 부위원장님 그리고 인사혁신처장이 다 위원으로 참여 중입니다. 저희 재산신고 할 때 매달 심사를 하는데 저희 공직자 재산신고는 자동으로 원화로 환산해서 신고가 되도록 돼 있습니다.
○**오기형 의원** 　다 돼 있다 이거지요?
○**기획재정부장관직무대리 김범석** 　예.
○**오기형 의원** 　알겠습니다.
　다음 상법 이야기하겠습니다.
　이복현 원장은 직을 걸고 거부권 행사 반대한다 그랬습니다. 그리고 법무부도 이에 대해서 거부권을 하라고 그런 의견서를, 그런 의견을 피력하지 않았었지요. 그런데 이것을 왜 거부권 행사했습니까?
○**기획재정부장관직무대리 김범석** 　법무부차관께서 말씀하시겠지만 법무부에서 재의요구를 하셔서 마지막 단계에서 재의요구를 하신 것으로 알고 있습니다.
○**오기형 의원** 　(자료를 들어 보이며)
　정정보도 안 하고 이게 다 가짜뉴스인가요?
○**기획재정부장관직무대리 김범석** 　법무부차관께서 아마 그 부분 답변드리실 수 있을 것 같습니다.
○**오기형 의원** 　현 정부가 국정과제로 하기로 한 것 왜 현 정부가 그걸 거부합니까? 그리고 말이 취지는 공감한다, 그런데 거부권 행사한다. 국민을 우롱하는 궤변 아닙니까?
○**기획재정부장관직무대리 김범석** 　제가 이제 저희 기재부 소관 법률이 아니라서 좀 외람되기는 합니다만 그 취지에 공감한다는 취지는 의원님 포함하셔서 모든 분들이 생각하시는 일반주주의 권익이 지금 그동안 충분히 보호되지 않았다, 그런 부분에 상법이 됐든 자본시장법이 됐든 뭔가 개선이 필요하다는 취지에 대해서는 공감을 하지만 정부 입장에서는 여러 가지 사회 혼란이 예상되기 때문에 자본시장법부터 해서 나중에 이런 좀 판례라든지 확정이 된다면……
○**오기형 의원** 　삼성물산 합병 비율이 문제가 돼 있다. 그로 인해서 구상권 행사하라. 대개 계속 소극적이었어요. 삼성물산 주주들이 왜 삼성물산 이사들이 잘못한 행동에 대해서 손해를 보느냐 그리고 삼성물산 주주였던 국민연금이 왜 손해를 보느냐, 왜 대한민국은 ISDS 때문에 2500억 손해를 봤냐. 그것에 대해서 앞으로 풀자, 앞으로 그런 거 못하도록 하자, 이거 아닙니까?

○**기획재정부장관직무대리 김범석** 예, 그런 취지에서 아마……

○**오기형 의원** 그러면 그런 행태를 앞으로 계속 하도록 놔두겠다는 것 아닙니까?

○**기획재정부장관직무대리 김범석** 삼성물산에 대해서는……

○**오기형 의원** 정부의 대안 중에서는 이런 부분 해법이 없지 않습니까?

○**기획재정부장관직무대리 김범석** 자본시장법 개정을 통해서 아마 삼성물산 부분은……

○**오기형 의원** 고려아연의 유상증자 문제, 최근의 한화에어로 유상증자 문제, 유상증자가 그 가격 차이 가지고 장난치는 것 아닙니까? 그런데 그런 것에 대해서 과연 일반주주의 이익을 보호하는 거냐, 그렇지 않다. 계속 이익을 보호해 달라, 난 모르겠다. 동문서답을 하면서 거의 주주들을 우롱하는 겁니다, 이런 투자자들을. 정부는 그 선언을 하는 겁니다. 앞으로도 계속 곶감 빼먹기 해도 된다라고 주장을 하는 겁니다. 잘한 겁니까?

○**기획재정부장관직무대리 김범석** 저희 M&A 과정에서 생기는 문제는 자본시장법에 내용을 담았고요. 의원님께서 말씀하신 유상증자랄지 하는 부분에서 문제가 되는 부분이 있다라고 하면 저희가 법안 논의 과정에서……

○**오기형 의원** 정부에서 그래서 이야기하는 자본시장법이 그게 핀셋규제라는 게 대책이 안 되기 때문에 이것을 같이 해야 된다고 그런 건데 지금도 핀셋규제 그것만 가지고 이 사람들 기망하고 우롱하는 것 너무 무책임하다고요. 그래서 오죽했으면 처음에 법무부에서도 정무적으로 이게 부적절하다 그렇게 의견을 개진한 거지 않습니까? 그런데 이것을 한덕수 총리 그 전날 한경협 단체 만나고 그날 거부권 행사하고 바로 가서 쪼르르 4대 재벌들 만나서 그것 갖다가 주는 것 아닙니까? 때와 장소가 정말 공교롭고 보기 좋지 않습니다.

  이것 반성해야 되는 것 아닌가요? 작년 국정과제 설정했던 것을 엎었으면 사과부터 해야 되는 것 아니에요? 왜 사과도 안 합니까? 거부권 행사하면서 죄송하다, 우리 국정과제 엎었는데 신뢰를 무너뜨려서 미안하다, 사과해야 되는 것 아니에요? 사과할 용의 있어요?

○**기획재정부장관직무대리 김범석** 저희 아마 총리님께서 재의요구하시면서 그런 취지의 발언을 하신 것으로 알고 있고요.

○**오기형 의원** 여기서 한번 사과 한번 하세요, 그러면, 어떻게 사과를 했는지.

○**기획재정부장관직무대리 김범석** 기본적인 법의 취지에는 공감하고 일반주주 보호 이익에 충실하지 못했던 부분에 대해서는 개선 필요성이 있다라는 의사는 밝힌 것으로 알고 있습니다.

○**오기형 의원** 국민을 우롱하는 겁니다.

  들어가세요.

  한덕수 총리, 최상목 장관 오늘 불참했는데 국민들에게 부끄러워서, 국민들이 두려워서 도망간 겁니다.

  앞으로 국민들이 계속 지켜볼 겁니다. 책임을 물을 겁니다.

  경청해 주셔서 감사합니다.

○**부의장 주호영** 오기형 의원 수고하셨습니다.

- 긴급현안질문 의원(임종득)

(16시14분)

○**부의장 주호영** 다음은 경북 영주·영양·봉화 출신의 국민의힘 임종득 의원 나오셔서 질문해 주시기 바랍니다.

○**임종득 의원** 존경하는 국민 여러분!

주호영 부의장님과 선배·동료 의원 여러분!

영주·영양·봉화 출신 국민의힘 임종득 의원입니다.

제가 준비한 발언을 하기 전에 조금 전 오기형 의원께서 총리와 부총리님의 불참을 가지고 계속 지적을 하셨습니다. 그와 관련돼서 총리실과 부총리실의 해명 내용을 이야기해 드리겠습니다.

오늘 총리님은 4월 3일 4·3 행사에 참석을 하시고 오후에 산불 대비 회의와 미국발 상호관세 부과 회의를 주관하고 계십니다. 부총리는 상호관세 부과 회의 주관을 하고 있습니다. 야당에서 일방적으로 현안질문을 잡으니까 바쁘신 총리와 부총리가 어떻게 나옵니까? 그래 놓고 일방적으로 도망갔다고 얘기하는 게 맞지 않습니다.

（「그게 국회의원이 할 소리입니까?」하는 의원 있음)

（「총리만 바빠요?」하는 의원 있음)

조용히 하세요.

지난 3월 우리는 유례 없는 대형 산불로 국가적 재난에 직면했습니다. 울산의 울주군과 경남 산청·하동군, 경북의 의성군에서 출발한 불이 안동을 거쳐 청송·영덕·영양을 삼켰습니다.

8개 군이 폐허가 되었습니다. 피해 면적만 약 5만ha로서 여의도 면적의 166배에 달합니다. 약 7000여 채의 주택과 농축산 시설이 피해를 입었습니다. 사망자가 삼십한 분으로 집계됐습니다.

현장에서 경험한 산불의 참혹함은 아비규환 그 자체였습니다. 순식간에 들이닥친 화마는 생명과 삶의 터전을 완전히 잿더미로 만들었습니다. 기후온난화로 산불은 이제 경각심을 가져야 할 새로운 위협이 되었습니다.

다행히 범정부 차원의 역량을 동원해서 진화에 성공했습니다. 밤낮 없이 헌신해 주신 소방대원님들, 군인·경찰·공무원 여러분, 시민 여러분께 진심으로 감사를 드립니다. 전국 각지에서 지원·봉사의 손길도 끊이지 않았습니다. 감사드립니다.

산불 진화 중에 순직하신 고 박현우 헬기 기장님, 경남 진화대의 네 분의 요원분들 순직하셨습니다. 이분들을 포함해 삼십한 분이 사망하셨습니다. 고인의 명복을 빕니다.

국민의 생명과 재산이 위협을 받고 있는 상황에도 정치권은 탄핵 찬성과 반대로 나뉘어서 정쟁을 일삼았습니다. 야당의 모 의원은 '산불 피해 지원을 할 테니 마은혁을 헌법재판관으로 임명하라'라고 요구했습니다. 망언입니다. 국민의 재난 지원마저도 정치적 도구로 이용하고 있는 것입니다.

존경하는 선배·동료 의원 여러분!

민생 문제 그리고 고통받는 시민의 재난 지원 문제에는 여야가 따로 있을 수 없습니다. 초유의 재난 상황에 신음하는 국민들의 지원을 위한 법적, 제도적, 예산적 지원을 간곡히 부탁드리면서 질문을 이어 가겠습니다.

행안부의 재난안전관리본부장님 나와 주시기 바랍니다.

본부장님, 수고 많으셨습니다. 중대본의 컨트롤타워 역할을 행안부가 하고 있는데 저는 이번 산불 과정에서 참 어려움이 많았지만 비교적 잘했다고 평가를 하고 싶고 감사의 말씀을 드립니다.

이번 산불은 대한민국 역대 최대의 피해를 낳았습니다. 2000년의 동해안 산불, 2022년의 울진·삼척 산불을 합친 것보다 사실은 더 큰 피해를 낳았는데, 이런 일이 일어난 이유가 뭐라고 생각하십니까?

○**행정안전부차관직무대리 이한경** 여러 가지 이유를 들 수 있는데요 첫째는 기상이변을 들지 않을 수 없을 것 같습니다. 저희가 태풍을 규정할 때 풍속으로 합니다. 초속 17.2m 바람 이상이 되면 저희가 태풍이라고 하는데 이번 같은 경우는 초속 27m, 25m로 굉장히 빠른 속도로 강한 바람이 불었고 불꽃이 하늘로 올라온 상태에서 그 바람을 타고 굉장히 빠른 속도로 확산이 되면서 피할 수 있는 그런 시간적인 여유가 없었습니다.

○**임종득 의원** 지구온난화로 인해서 기온이 평균 한 2도 정도 올라가고, 그렇지요?

○**행정안전부차관직무대리 이한경** 그렇습니다.

○**임종득 의원** 그다음에 건조해진, 강우량 자체도 2㎜밖에 안 된단 말이에요.

○**행정안전부차관직무대리 이한경** 예, 맞습니다.

○**임종득 의원** 그러다 보니까 고온 건조해진 데다가 일교차가 심하다 보니까 순간 돌풍 현상이나 강풍 현상이 있었고 그것이 피해를 확대시키는 데 많은 영향을 미쳤다라고 보시는 거지요?

○**행정안전부차관직무대리 이한경** 예, 맞습니다.

○**임종득 의원** 이런 경향은 앞으로도 계속될 것 같은데, 어떻게 생각하십니까?

○**행정안전부차관직무대리 이한경** 제가 재난관리를 맡은 지 꽤 됐는데요. 항상 재난이 발생된 지역에 가서 듣는 말이 있습니다. 항상 같은 이야기인데요. '내 평생 이런 경우는 처음이다'. 앞으로도 계속 그런 일이 많이 발생될 것 같습니다. 그에 대한 준비가 필요합니다.

○**임종득 의원** 2000년대 들어 가지고 동해안 산불 그다음 울진·삼척 산불, 이번의 산불, 이것은 과거의 산불하고는 경향을 달리하고 있고 이것이 새로운 노멀이 될 것 같다라는 생각을 제가 가지고 있기 때문에 정부 차원에서 경각심을 가지고 새로운 접근을 해야 된다, 산불 진화에 대한 대전환을 가져오지 않으면 안 된다라는 이야기를 강조드리는 겁니다.

○**행정안전부차관직무대리 이한경** 전적으로 공감합니다.

○**임종득 의원** 꼭 그렇게 해 주시면 감사하겠습니다.

○**행정안전부차관직무대리 이한경** 예, 그렇게 하겠습니다.

○**임종득 의원** 들어가셔도 좋습니다.

다음은 기재부차관님 오셨어요?

수고하십니다.

정부가 국회에 최초 제출한 올해 예비비 총액이 얼마였습니까?

○**기획재정부장관직무대리 김범석** 4.8조로 기억하고 있습니다.

○**임종득 의원** 그렇지요. 그런데 결국은 민주당에서 일방적으로 삭감을 하면서 최종 예

비비를 편성했지 않습니까. 그것은 얼마입니까?

○**기획재정부장관직무대리 김범석**　1.6조로 알고 있습니다.

○**임종득 의원**　2.4조 원이지요?

○**기획재정부장관직무대리 김범석**　아, 2.4조로 알고 있습니다.

○**임종득 의원**　그렇지요?

○**기획재정부장관직무대리 김범석**　예. 그중에 목적예비비가……

○**임종득 의원**　그렇지요. 목적예비비 편성이 1조 6000억 원 돼 있습니다. 그런데 1조 6000억 원도 재난 상황에 다 쓸 수 있는 건 아니지요?

○**기획재정부장관직무대리 김범석**　저희 예산총칙에 반영돼 있는 고교 무상교육 소요랄지 그런 내용들도 담겨 있습니다.

○**임종득 의원**　지금 그 부분을 다 빼고 나면 순수하게 재난·재해에 활용할 수 있는 목적비는 얼마 됩니까?

○**기획재정부장관직무대리 김범석**　만약에 산불 피해가, 저희 조사를 해 봐야 되겠습니다만 이번에 하고 나면 사실 여유가 거의 없다라고 말씀드릴 수 있을 것 같습니다.

○**임종득 의원**　지금 예비비가 한 4000억 정도로 제가 이해를 하고 있고요. 이 외에 각 부처에서 활용할 수 있는 재난재해비를 확인해 봤는데 약 한 9700억 원 정도 됩니다. 이걸 전환할 수가 있는 겁니까?

○**기획재정부장관직무대리 김범석**　각 부처별로 행안부나 산림청은 다른 용도로 쓰지 못하는 부분이 있고요. 국고채무부담행위는 기성, 일종의 외상 공사기 때문에 보상이나 그런 부분에는 사용 못 하는 것으로 알고 있습니다.

○**임종득 의원**　이번 재난 복구를 하는 데 소요되는 예산을 얼마 정도로 지금 예상을 하고 있습니까?

○**기획재정부장관직무대리 김범석**　그 부분은 저희가 지금 조사를 해 봐야지 나올 것 같아 가지고 아직 정확하게 규모를 예단하기는 어렵습니다만 예전에 강원도 사례를 보면 그때가 한 4000억 정도 보상 비용으로, 보상과 복구 비용으로 들어갔는데 이번에는 그것보다 훨씬 더 증가할 것으로 예상하고 있습니다.

○**임종득 의원**　그래서 오늘 당정협의를 하면서도 나왔는데 정부에서 3조 원 규모의 추경 이야기가 나오던데 비용도 중요하지만 그것보다는 속도가 중요하다고 생각합니다.

○**기획재정부장관직무대리 김범석**　예, 그렇습니다.

○**임종득 의원**　조속히 해 주시기를 바랍니다.

○**기획재정부장관직무대리 김범석**　예, 유념하겠습니다.

○**임종득 의원**　들어가셔도 좋습니다.

다음은 산림청장님 나와 주시지요.

청장님, 산불 진화에 고생 많이 하셨습니다.

헬기에 대해서 이야기를 해 보려고 그래요. 헬기가 산불 진화에 가장 중요한 장비인데 전체 헬기가 아까 한 50대 중에 한 40대 정도가 운영이 됐다라고 이야기를 하셨습니까?

○**산림청장 임상섭**　예.

○**임종득 의원**　그게 적게 운영된 이유가 뭐지요?

○**산림청장 임상섭**　첫째, 9대 정도는 러시아산 중형 헬기가 있는데요 정비와 관련된 부

품 수급이 대러시아 경제 제재 때문에 잘 안 돼서 지금 가동 못 하고 있습니다.

○**임종득 의원** 지금 러시아와 관련된 거라면 카모프 헬기를 말씀하시는 건데……

○**산림청장 임상섭** 예, 맞습니다.

○**임종득 의원** 그게 지금 전체 29대 있잖아요?

○**산림청장 임상섭** 예, 맞습니다.

○**임종득 의원** 8대가 지금 그것 때문에 운용 못…… 21대는 운용을 하고 있는데 이것도 이제 고장 나면 못 쓰는 거예요?

○**산림청장 임상섭** 부품이 현재처럼 수급이 원활하게 되지 않으면 가동 시간이 지나면서 가동되지 않는 숫자가 점점 늘어나게 됩니다.

○**임종득 의원** 이번 산불 진화 과정에서 헬기의 제한 사항들은 야간에 제한된다, 강풍에 제한된다, 운무가 있으면, 연무가 있으면 안 된다라는 것 때문에 실질적으로 진화에 어려움이 있었는데 이 대안으로서 소방차에 살수차를 이용한 진화가 필요하다라고 했어요. 그 전제 조건은 임도인데 임도와 관련돼서 한말씀 해 주시지요.

○**산림청장 임상섭** 임도의 필요성은 화세가 많이 안정이 됐을 때 지상 산불진화대원들이 산불진화차량을 이용해서 진입을 해서 끄는 것이 굉장히 효율적입니다. 특히 헬기가 운용되지 않는 강풍이 부는 시기라든지 연무가 있는 시기라든지 또 야간에도, 화세가 약해진 야간에는 지상진화인력으로 충분히 진화가 어느 정도 가능합니다.

○**임종득 의원** 그럼에도 불구하고 우리나라의 임도는 ha당 4.1m, 그렇지요?

○**산림청장 임상섭** 예.

○**임종득 의원** 이것은 일본의 24m, 독일의 54m에 비하면 비교할 수 없는 정도지요?

○**산림청장 임상섭** 예.

○**임종득 의원** 왜 그렇지요?

○**산림청장 임상섭** 여러 가지 이유가 있는데 첫 번째는 산주들이, 우리나라는 사유림이 66% 정도입니다. 그래서 산주의 동의를 받고 임도를 내야 되는데 산주들이 부재 산주라고 그래서 산이 있는 지역에 살지 않고 대도시에 나가서 사는 경우가 있기 때문에 산림과 관련된 무관심이 굉장히 많고요. 또 산주 부담금이 있습니다. 국비, 지방비가 있고 산주 부담금이 한 10% 정도 있습니다. 그런 것들도 부담이 되고요. 또 환경 문제가 있습니다. 임도를 설치했을 때 환경에 대한 우려가 지금 우리나라는 너무 크기 때문에 활발하게 임도를 개설하는 데 문제가 있다고 봅니다.

○**임종득 의원** 환경부하고 아마 긴밀히 논의가 돼야 될 것 같아요. 임도의 필요성은 이번 화재 진압을 통해서 명확히 드러났기 때문에 범정부 차원의 협조를 해 주시기 바랍니다.

○**산림청장 임상섭** 예.

○**임종득 의원** 들어가셔도 좋습니다.

　다음은 재난본부장님 다시 한번 나오실래요.

　피해를 당한 주민들을 가서 보니까 맨몸으로 나오셨어요. 그래서 당장 필수품 자체도 없고 임시 주거시설 자체도 제한이 되는데 임시 주거시설과 관련해서 빨리 좀 해 달라고 그러는데, 방법이 있습니까?

○**행정안전부차관직무대리 이한경** 일단 급하게 제일 먼저 가는 데가 대피시설입니다.

대피시설에서 며칠 지내는 동안에 저희가 임시 주거시설을 만들고요. 그리고 그다음에는 그분들의 어떤 수요조사를 토대로 해서 그분들이 들어갈 수 있는 LH 임대주택이라든지 아니면 임시 조립주택이라든지 아니면 새로이 집을 짓는다든지, 어떤 수요를 바탕으로 해서 저희가 주택 지원 방안을 마련하고 있다는 말씀을 드리겠습니다.

아까도 말씀드린 대로 이 회의가 끝나는 대로 바로 저희가 관련되는 모든 부처, 기관이 모여서 복구대책과 관련된 회의를 가질 계획입니다.

○**임종득 의원** 산불 피해 지역에 대한 것을 지원하기 위한 특별법을 지금 만들어야 된다는 주장들이 많이 나오고 있습니다, 의원들도 그렇고 지자체장들도 그렇고. 이걸 통해서 좀 지속적이고 영향력 있는 부분을 하기 위해서는 특별법이 필요하다고 생각하는데 어떻게 생각하십니까?

○**행정안전부차관직무대리 이한경** 여러분들 너무 잘 아시는 것처럼 이번 피해 규모가 워낙 크기 때문에 국회에서 결정을 해 주시면 그 부분도 상당히 큰 도움 될 수 있다 이렇게 판단하고 있습니다.

○**임종득 의원** 국민의힘 특위에서 그리고 피해 지역 의원들이 노력할 테니까 적극적으로 정부 차원에서 협조해 주시기 바랍니다.

○**행정안전부차관직무대리 이한경** 그렇게 하겠습니다.

○**임종득 의원** 들어가셔도 좋습니다.

다음은 경찰청장님 계시나요?

○**경찰청장직무대행 이호영** 차장입니다.

○**임종득 의원** 수고 많으십니다.

이제 내일 11시에 탄핵심판 선고를 하지요?

○**경찰청장직무대행 이호영** 예, 그렇습니다.

○**임종득 의원** 제가 차장님을 부른 이유는 지금 내일 상황과 관련돼서 대비를 어떻게 하고 있나 하는 부분입니다.

지난 1월 19일 날 서울서부지원에 대한 난입 사건들이 있었고 그걸로써 많은 부상자, 92명이 구속되는 일이 있었습니다.

2017년 박근혜 대통령 상황 때도 불상사가 있었지요?

○**경찰청장직무대행 이호영** 예, 있었습니다.

○**임종득 의원** 흥분한 인원이 경찰차를 몰고 들어가서 4명이 사망하시고 또 많은 부상이 있었는데 어떻게 준비하고 있습니까?

○**경찰청장직무대행 이호영** 현재 전국 경찰관서에 갑호비상을 내렸고요. 지금 현재 전일은 전체적으로 서울청 을호, 전국에는 병호고요 내일에는 다 갑호비상을 전국에 내려서 대비할 예정입니다. 경력은 전국적으로 338개 기동대를 대비할 예정이고요 서울만 210개가 집중적으로 배치됩니다. 현재 헌재 주변에서는 진공상태 확보한 상태입니다. 또한 각 퇴영구역별로 유동격대를 두고 있기 때문에 변수 방지를 위해서 최대한 노력하고 있습니다.

○**임종득 의원** 2017년에 비해서 이 부분이 훨씬 더, 찬성과 반대 세력이 더 많고 극렬하게 대립하고 있기 때문에 만반의 준비를 하셔야 될 것 같습니다.

○**경찰청장직무대행 이호영** 양측에 안전구역을 설정해서 물리적 충돌이나 시민들의 안

전 유지를 위해 최선을 다하겠습니다.

○**임종득 의원** 내일까지 잘 좀 준비해 주시기 바랍니다.

○**경찰청장직무대행 이호영** 알겠습니다.

○**임종득 의원** 감사합니다.

들어가셔도 좋습니다.

존경하는 선배·동료 의원 여러분!

우리는 지금 대규모 산불로 초유의 사태를 직면하고 있습니다. 피해 주민은 정부 차원의 신속한 지원을 요청하고 있습니다. 이분들이 다 우리의 부모고 형제들입니다. 민생 문제와 재난 지원에 있어서는 여야가 따로 있을 수 없습니다.

산불 진화 방법의 대전환이 요구됩니다. 이재민들의 상처를 한시바삐 보듬어 주기 위해 여야가 함께 법적·제도적·예산적 지원을 경주해 주십사 당부를 드립니다.

감사합니다.

○**부의장 주호영** 임종득 의원 수고하셨습니다.

- 긴급현안질문 의원(장경태)

(16시32분)

○**부의장 주호영** 다음은 서울 동대문을 출신의 더불어민주당 장경태 의원 나오셔서 질문해 주시기 바랍니다.

○**장경태 의원** 존경하는 선배·동료 의원 여러분 또 의장님과 함께 이렇게 많은 국민 여러분께서 긴급현안질의를 보고 계십니다. 이 중요한 시기에 한덕수 국무총리와 최상목 기재부장관은 불출석했습니다. 헌재 판결을 존중해 달라고 한덕수 권한대행은 얘기하고 있지만 마은혁 재판관의 헌재 판결은 존중하지 않고 있습니다.

최상목 기재부장관은 경제 수장임에도 불구하고 인사청문회 당시에 비판받아 매각했다는 미국채를 다시 구입했습니다. 한국 경제의 파탄에 베팅하며 한국 경제의 불확실성에 투자한 것입니다. 이에 대해서 정말 탄식을 금할 길이 없습니다. 오늘 이 불출석에 대해서 우리 국회가 강력하게 규탄하고 반드시 그 책임을 물을 것을 촉구합니다.

보건복지부장관님 앞으로 나와 주세요.

장관님, 보건복지부는 식약처와 더불어 우리 사회에 마약이 유포되거나 우리 사회를 좀먹는 행위를 근절해야 되는 부처 맞습니까?

○**보건복지부장관 조규홍** 예, 맞습니다.

○**장경태 의원** 의료용 마약일지라도 철저히 관리·감독·감시해야 되는 것도 맞습니까?

○**보건복지부장관 조규홍** 예, 맞습니다.

○**장경태 의원** 계엄 당일 2024년 12월 3일 날 윤석열의 배우자 김건희 씨가 성형외과에 갔다는 사실을 제가 폭로한 바 있습니다. 혹시 알고 계시나요?

○**보건복지부장관 조규홍** 예, 언론 보도를 통해서 알고 있습니다.

○**장경태 의원** 박동만 성형외과 진료시간이 오전 9시 30분부터 오후 9시까지였는데요 진료시간 이후에 저녁 6시 25분부터 9시 30분까지 약 3시간 동안 성형외과 갔었고요 또 계엄 선포 1시간여 전에 황급히 돌아갑니다. 그리고 그때 당시에 신사역 4번 출구에 있는 해당 성형외과에 방문할 때 카니발 하이리무진, 제가 차량번호까지 공개를 하지는 않

았지만 제보를 했었는데 CCTV까지도 보도됐던 바가 있습니다. 알고 계십니까?

○**보건복지부장관 조규홍** 예.

○**장경태 의원** 의료 관계자에 따르면 3시간 정도면 프로포폴 등의 불법적인 약물 투여가 의심된다고 합니다. 어떻게 생각하십니까?

○**보건복지부장관 조규홍** 의원님이 더 잘 아시겠지만 프로포폴 등을 정해진 목적 외로 사용하면 마약류 관리법 위반이지만 치료 목적 사용의 경우는 가능하기 때문에 의학적 판단이 필요하다고 생각이 됩니다.

○**장경태 의원** 제가 박동만 성형외과에서 신고한 내용을 최초로 공개합니다.

　　　(패널을 들어 보이며)

　작년 12월 3일 계엄 당일에 50대 여성 환자가 박동만 성형외과에서 프로포폴을 투약했다라는 신고 자료입니다. 여기에 대해서 지금 50대 여성만 자료를 제공하고 있는데 마약 투여 관련해서는 환자의 주민번호, 질병분류기호 등을 보고하게 되어 있습니다. 알고 계십니까?

○**보건복지부장관 조규홍** 예, 식약처가 관련 규정에 따라서 아마 자료를 제출한 걸로 알고 있습니다.

○**장경태 의원** 제보에 따르면 박동만 성형외과는 소수로 운영되기 때문에 많은 처방이 이루어지지 않은 것으로 파악되고 있습니다. 그렇기 때문에 아주 소수의 인원이 해당 병원에서 진료를 받은 것으로 알고 있고요.

　여기에 대해서 개인정보에 침해되지 않는 범위 내에서 제가 자료 요구를 했습니다. 이 50대 여성이 몇 년 생인지 혹은 주민번호 앞자리가 '720902'인지 또 50대 여성이 박동만 성형외과에서 프로포폴을 포함한 모든 내역에 대해서 제출해 줄 수 있는지 또 처방량을 단순히 1개라고 하지 않고 모든 용량을 포함해서 표시해서 제출해 달라는 요구 또 어떤 시술 명목이었는지도 요구하고 있습니다. 의료용 마약일지라도 오남용 사례에 대해서 철저히 감시해야 되지 않겠습니까?

○**보건복지부장관 조규홍** 아마 그 자료는 마약류통합관리시스템을 운영하고 있는 식약처가 관련 자료를 제출한 것으로 알고 있는데……

○**장경태 의원** 개인정보 침해 안 됩니다, 이 사안은. 공익적 사안이고요. 의료법 제61조에서 장관께서 직접 지시하시면 충분히 진료기록부 확보하실 수 있는 사안이기 때문에 제출해 주시기 바라겠습니다.

○**보건복지부장관 조규홍** 예, 관련 기관과 협의해서 법령에 따른 조치를 하도록 하겠습니다.

○**장경태 의원** 돌아가셔도 좋습니다.

　경찰청 차장님!

　고생 많으십니다.

　프로포폴 상습 투약 의혹이 있는 경우 경찰이 수사하시지요?

○**경찰청장직무대행 이호영** 예, 수사하고 있습니다.

○**장경태 의원** 얼마 전에도 모 유명인의 투약 의혹 보도 이후에 내사 들어갔던 적 있습니다. 맞습니까?

○**경찰청장직무대행 이호영** 예.

○**장경태 의원** 제가 대정부질의, 긴급현안질의 과정에서 공개한 부분에 대해서는 내사 착수해야 되지 않을까요?

○**경찰청장직무대행 이호영** 제가 직접수사 지휘권은 없지만 국수본에 전달하도록 하겠습니다.

○**장경태 의원** 박동만 씨가 중국으로 피신했다가 돌아왔다는 제보도 있습니다. 그래서 이런 부분 다 포함해서 해 주시고요.

마약수사를 정말 전념했던 백해룡 경정 좌천되고 정말 불쌍하지 않습니까? 왜 열심히 일한 사람이 좌천되는지 모르겠는데 당시 김찬수 영등포서장은 대통령실 갔다가 경무관 다셨잖아요. 이것은 그때……

○**경찰청장직무대행 이호영** 그것은 심사위원회에서 개인의 역량이나 기여도를 보고서……

○**장경태 의원** 차장님이 추천하신 건가요?

○**경찰청장직무대행 이호영** 예, 그렇습니다.

○**장경태 의원** 명단만 확인하셨겠지요.

최은순, 김진우 또 김건희 씨와 관련된 분들, 김충식 씨, 내연남이라고 알려진 분입니다. 이 부분에 대해서 신병 확보도 필요하다고 봅니다. 어떻게 생각하십니까?

○**경찰청장직무대행 이호영** 그 자세한 내용은 제가 아는 바 없습니다. 다만 국수본에서 여러 가지 상황에 따라서 수사할 거라고 생각하고 있습니다.

○**장경태 의원** 돌아가셔도 좋습니다.

국방부차관님 앞으로 나와 주세요.

○**국방부장관직무대행 김선호** 차관입니다.

○**장경태 의원** 고생 많으십니다.

제가 지난해 9월 10일 대정부질문에서 김용현 국방부장관에게 군 골프장 이용내역을 질의한 적이 있습니다. 8월 24일 날 윤석열과 김건희 두 분이 성남골프장 이용했다고 질의했는데 극구 부인하면서 '제가 옷을 벗을게요. 그러지 마세요'라고 답변했는데 결국 태릉 5회, 남수원 1회, 구룡대 1회, 한산대 2회, 성남 1회 사용했다고 기재했습니다. 이외에 갔다 온 인원들 방첩사 간부라는 얘기도 있고 707특임대원이라는 얘기도 있고, 지금 이 8월 8일, 8월 6일·7일·24일 등에 갔던 골프장 이용내역은 다 제출하신 사안이기 때문에 확인되신 사안이지요?

○**국방부장관직무대행 김선호** 예.

○**장경태 의원** 윤석열 대통령이 군 골프장 이용했던 사안입니다. 맞습니까?

○**국방부장관직무대행 김선호** 예, 대통령께서 군 골프장을 일부 이용하신 것은 맞습니다.

○**장경태 의원** 김건희 씨가 동행했던 것들도 다 확인하셨습니까? 동행자들 명단 확인하셨나요?

○**국방부장관직무대행 김선호** 대통령님 일정이기 때문에 세부적으로 동행자 이런 것들은 저희가 파악할 수 없는 사항입니다.

○**장경태 의원** 신기하게 다 토요일이나 일요일, 주말간에 이루어지는데 8월 6일부터 8월 8일은 화, 수, 목 3일에 걸쳐서 이루어집니다. 이 부분은 좀 저는 내부 파악이나 조사

를 하셨으면 좋겠는데요.

○**국방부장관직무대행 김선호** 그건 말씀드린 대로 대통령님 일정이기 때문에 저희가 좀 파악이 제한된다는 말씀을 드리겠습니다.

○**장경태 의원** 저는 군대를 수집영현소대에 다녀와서 영현관리병이었습니다, 수집영현. 아시겠지만 수집은 군 물자 관리를 의미하고 영현은 군 시체 관리를 의미합니다. 군대에서 만약 사망사고가 발생 시에 소속 부대에서는 군사경찰대와 119에 신고를 하고요. 군사경찰대는 군검사에게 변사 발생을 신고합니다. 그리고 군검사가, 현장 감식반이 사망현장에 도착한다 해서 일반적인 사망사건에 대해서 영현백이 필요합니까?

○**국방부장관직무대행 김선호** 영현백 같은 경우는 평시에도 운용용으로 저희들이 확보를 해서 운용을 하고 있습니다.

○**장경태 의원** 그렇습니다. 제가 수집영현소대의 군인 장병이었음에도 불구하고 영현백을 불출할 일이 없습니다. 대부분 다 폐품, 폐품 8종으로 분류해서 비군사화 해서 저희가 수집을 완료하고요. 영현을 불출할 것은 대부분 다, 저희가 어떤 군사훈련 과정에서 전시상황에 정말 매립을 위한 훈련만 했습니다. 영현백을 일반적인 상황에서 불출할 일이 없는데 24년 12월에, 보통 일반적으로 1800여 개를 보유하거나 구매하고 있다가 4900개 그리고 윤석열 내란수괴의 석방 직후에 3000개를 추가 발주합니다. 그러니까 비상식적으로 영현백을 많이 구입을 하는 것에 대해서 제2차 비상계엄이 있는 것 아니냐 이런 우려까지도 있습니다. 물론 비상계엄까지 우려하지 않더라도 이렇게 비정상적인 영현백 구매에 대해서 어떻게 생각하십니까?

○**국방부장관직무대행 김선호** 그건, 계엄과 관련된 것은 전혀 사실이 아니고요. 저희가 22년도에 영현백 관련해서 운용용만 갖고 있다가 그때 연습 끝나고 전시 비축용이 필요하다는 판단을 22년에 했고요. 그것이 정상적으로 진행이 돼서 24년도 예산이 반영돼서 말에 보급이 된 것이기 때문에 전시 비축용 확보라고 이해를 하시면 될 것 같습니다.

○**장경태 의원** 육군 2군단은 종이관 1000개를 또 구매하려고 하기도 했는데요. 지금 구매 내용만 보면 최소 1만여 개 가까이 됩니다. 그런데 지금 갑자기 2021년, 22년, 23년 비축 계획이 다, 1000개에서 2000개도 안 됐는데 갑자기 5000개, 3000개 이렇게까지 구매하게 되면 어떤 국민이 불안하지 않겠습니까? 지금 전시상황에 준해서 전쟁물자 비축하시나요?

○**국방부장관직무대행 김선호** 저희가 지금 중기계획에 연간 한 3000개 정도씩 해서 매년 확보하도록 계획이 되어 있는 것들이 있습니다.

○**장경태 의원** 일상적인 상황에서 영현백 필요하지 않지 않습니까. 불출 계획이 거의 없습니다. 불출할 일이 없어요.

○**국방부장관직무대행 김선호** 전시 대비 비축은 일상용을 대비하는 것이 아니고 전시상황에 대비하는 것입니다.

○**장경태 의원** 전시 대비해서 그때 준비하셔도 되잖아요. 영현백 준비하는 데, 영현백이 뭐 엄청난 기술이 필요하지도 않습니다. 그렇지 않습니까?

○**국방부장관직무대행 김선호** 저희들이 전시에 발생할 수 있는 다양한 그런 상황에 대비해야 되기 때문에 충분한 양을 확보해야 된다고 생각합니다, 저희들은.

○**장경태 의원** 많은 군법무관분들의 제보에서도, 군법무관들마저도 수많은 시체를 봐

왔지만 단 한 번도 영현백을 본 적이 없다, 군에서 시체를 만질 일이 없다, 모두 병원에서 조사한다 이런 상황입니다. 그런데 갑자기 군에서 영현백을 많이 확보한다? 아무리 전쟁물자 비축을 위해서 준비·대비 태세를 강조한다 할지라도 너무 과다하다고 보고요. 여기에 대해서는 좀, 특히 윤석열 대통령의 석방 직후에 추가 발주가 이루어진 부분들 이런 부분들은 당연히 오해할 수밖에 없다고 생각합니다. 어떻게 생각하십니까?

○**국방부장관직무대행 김선호** 22년도에 저희가 그것을 시행했다는 말씀을 드립니다. 22년도……

○**장경태 의원** 22년도 1565개, 23년도 1890개 하다가 24년도 4900개, 25년도 3100개 이렇게 되면 좀 상식적으로 구매 분량이 너무 늘어나지 않습니까.

○**국방부장관직무대행 김선호** 의원님 잘 아시다시피 군에서 이런 것을 하려면 예산이 확보되어야 되는 것이고 예산이 확보되려면 그 연도에서 한 1~2년 전에 그런 것들이 다 판단이 되는 겁니다. 그래서 필요성은 22년에 판단이 됐고……

○**장경태 의원** 그러면 계속 지속적으로, 안정적으로 확보를 하시면 어떻습니까?

○**국방부장관직무대행 김선호** 집행이 이제 24년도에……

○**장경태 의원** 그러니까 안정적이고 지속적으로 확보하시면 되잖아요. 예를 들면 갑자기 1000개 하다가 5000개 하지 마시고 2000개씩, 2500개씩 죽 하시면 되지요. 안정적 확보하라는 얘기입니다. 국방물자는 그런 게 당연히 제대로 되는 대비태세 아니겠습니까?

마지막 질문 하나만 드리겠습니다.

이번에 그 케이블타이 보셨지요? 군대 갔다 온 남자들 사실 다 비웃습니다. 저희가 대항군 포박할 때 케이블타이로 많이 했거든요. 아시지요? ATT나 훈련할 때, 대항군하고 저희가 여러 훈련 할 시에 대항군을 포박할 때 이 케이블타이를 썼지 언제 문을 닫을 때 합니까? 그 말씀 좀 듣고 싶었습니다. 저는 진짜, 아마 대한민국의 군대 갔다 온 모든 남자들 다 알고 있는 내용이고 다 황당했을 겁니다. 심지어 특임대 대장이라는 분이 나와서 '아, 그거 문 잠그려고 했습니다' 그 말을 누가 믿습니까? 케이블타이 인터넷에 검색해 봐도 오버로크 치는, 그냥 상점에서도 포박용 케이블타이라고 팝니다.

(발언시간 초과로 마이크 중단)

……

(마이크 중단 이후 계속 발언한 부분)

이런 말씀을 좀 해 주십시오.

○**국방부장관직무대행 김선호** 케이블타이는 지난번에도 말씀드렸지만 인원을 포박하는 용도 있고요 시설을 봉쇄하거나 차단할 때 쓰는 용이 같이 있다는 말씀을 드립니다.

○**장경태 의원** 아니, 그런데 그때 박선원 의원님이 제시했던 케이블타이는 사실 포박용 케이블타이잖아요.

○**국방부장관직무대행 김선호** 예, 그때 제시한 건 그게 맞습니다.

○**장경태 의원** 이상입니다.

들어가십시오.

경청해 주셔서 감사합니다.

……

○**부의장 주호영** 장경태 의원 수고하셨습니다.

- 긴급현안질문 의원(박수민)

(16시46분)

○**부의장 주호영** 다음은 서울 강남을 출신의 국민의힘 박수민 의원 나오셔서 질문해 주시기 바랍니다.

○**박수민 의원** 존경하는 국민 여러분!

국회의장님 그리고 존경하는 동료 의원 여러분!

어제 미국 트럼프 행정부는 25%의 관세를 대한민국에 선포하였습니다. 저희는 무역으로 먹고사는 나라입니다. 저희에게 던져진 이 도전을 헤쳐 가야 합니다.

내일 123일간의 대통령 계엄 탄핵 정국의 마침표가 찍히게 됩니다. 대한민국은 내일의 결론을 넘어 다시 다음 단계로 전진해야 합니다.

저는 지나간 123일을 회고하고자 합니다. 이를 통해 미래의 교훈을 토론하고자 합니다. 이 토론을 위해서 저는 하나의 질문을 준비해 보았습니다.

(영상자료를 보며)

(영상자료는 부록으로 보존함)

12월 3일 이전 대한민국의 헌정은 평화로웠는가. 성찰할 부분 성찰하고 공유할 부분 공유하고 고쳐 갈 부분을 고쳐 가야 하겠습니다. 그리고 이 질문은 내일 4월 4일 이후 대한민국의 헌정은 평화로울 것인가. 저는 이 질문으로 직결된다고 생각합니다. 이 질문 속에서 질문을 드리겠습니다. 그리고 가급적 제가 22대 국회에서 겪은 일을 중심으로 논의를 드리겠습니다. 불편하신 점이 있으실 겁니다. 그러나 그 불편과 성찰 속에서 대한민국은 전진한다고 생각합니다.

법무부차관님께 질문 좀 올리겠습니다.

안타깝게도 다시 줄탄핵 얘기를 꺼내지 않을 수가 없습니다. 제가 22대 국회에 등원하자마자 6월 27일 당시 김홍일 방통위원장에 대한 탄핵 시도가 있었고 김홍일 위원장이 바로 사퇴했습니다. 그리고 동시에 검사 4명에 대한 탄핵이 시작되었습니다. 제가 알기로는 이재명 대표와 관련한 사건을 수사했던 검사들로 기억합니다. 맞습니까?

○**법무부장관직무대행 김석우** 예, 맞습니다.

○**박수민 의원** 그리고 그 탄핵들은 시간이 거쳐서 9 대 0으로 기각되었습니다. 맞습니까?

○**법무부장관직무대행 김석우** 예, 맞습니다.

○**박수민 의원** 그러면 수사검사에 대한 정치권의 탄핵과 기각, 이것에 대한 어떤 후유증이라든지 교훈이라든지 소회가 남으셨을 것 같습니다. 거기에 대해서 의견을 듣고 싶습니다.

○**법무부장관직무대행 김석우** 기본적으로 탄핵소추가 되면 직무정지가 됩니다, 헌법에 규정이 돼 있기 때문에. 어떻게 보면 그 정도로 중대한 효과를 발생한다는 점에 비춰 봤을 때 탄핵소추 절차에 대해서는 상당한 신중함과 면밀한 검토가 필요하지 않은가라는 생각이 듭니다.

○**박수민 의원** 정치권과 검사의 관계는 이제 정말 미묘한 상태가 됐는데 탄핵소추로 인한—물론 기각이 되었지만—검사들의 사기에 미치는 영향은 어떻게 판단하십니까?

○**법무부장관직무대행 김석우** 기본적으로 사건 수사와 관련됐던 그런 이유로 탄핵소추가 되어서 직무가 정지된다고 하는 것은 검사들로서는 쉽게 받아들이기 어려운 그런 사항입니다. 그래서 앞으로는 그런 부분들에 대해서는 보다 더 신중한 그리고 면밀한 검토가 선행될 필요가 있다라고 생각이 듭니다.

○**박수민 의원** 직무정지 기간은 어느 정도 되었습니까?

○**법무부장관직무대행 김석우** 직무정지 기간이 한 두 달 정도 된…… 정확한 날짜는 다시 한번 살펴봐야 될 것 같기는 한데……

○**박수민 의원** 7월부터 시작됐으면 결과가 나올 때까지 6개월이 넘었던 것이 아닌가요?

○**법무부장관직무대행 김석우** 아니, 그게 담당 검사가 있고 또 여러 분들이 있기 때문에, 저는 수사를 담당했던 검사를 말씀드렸던 겁니다.

○**박수민 의원** 야당, 민주당에서는 윤석열 정부를 검찰공화국이라고 많이 공격하였습니다. 기억하십니까?

○**법무부장관직무대행 김석우** 예, 뭐 여러 가지 공격과 거기에 대한 반응들이 나온 것으로 알고 있습니다.

○**박수민 의원** 저는 균형되게 논의를 하고자 합니다. 성찰할 부분 성찰해야 합니다. 검찰의 검찰권 행사가 정치권과 긴장감을 일으키는 부분에 대해서는 신중해야 합니다. 그러나 수사검사가 탄핵이 돼서 공권력이 마비되는 후유증은 누구에게 가느냐? 피해는 결국 국민에게 갑니다. 저는 그렇게 생각합니다.

해서 금번 검사 탄핵에 대한 교훈은 법무부에서 또한 검찰청에서 깊이 남겨야 한다고 생각합니다. 그러한 각오가 있으신지 한번 듣고 싶습니다.

○**법무부장관직무대행 김석우** 예, 맞습니다. 기본적으로 앞에서 말씀드린 바와 같이 사건 수사와 관련된 여러 가지 이유로 탄핵소추가 되어서 직무정지가 되는 부분에 대해서는 상당히 안타깝게 생각을 하고 사전 절차에 있어서 보다 더 면밀한 검토가 필요하다는 말씀을 다시 한 번 더 드리고자 합니다.

○**박수민 의원** 알겠습니다.

자리로 가 주십시오.

헌재 사무처장님 잠시 질문드리겠습니다.

최근에 4월 4일에 날짜가 잡혀서 저도 아주 다행이라고 생각하는데, 헌법재판소가 빨리 결론을 내라라는 압박이 굉장히 많았습니다. 야당 쪽도 있었고 여당 쪽도 있었습니다.

그런데 그것을 한번 들어 보고 싶습니다. 이번에 헌법재판소에서 제가 볼 때는 업무량이 역대급으로 높았을 것 같습니다. 어땠습니까?

○**헌법재판소사무처장 김정원** 저희 업무량은 상당히 많이 있습니다.

○**박수민 의원** 그래서 지금 탄핵이 많았고 또 일반 국민들의 권리침해 사안도 동시에 있었고 그런 부분에 대해서 업무가 상당히 과중했다, 저는 그렇게 관찰했습니다. 어떻게 생각하십니까?

○**헌법재판소사무처장 김정원** 예, 업무가 과중했던 것은 사실입니다.

○**박수민 의원** 알겠습니다.

그나마 그래도 내일 마침표를 찍기 때문에 저는 좀 낫다고 생각하는데, 금번에 헌법재판소로서는 가장 기억할 만한 교훈이 뭐라고 생각하십니까?

○헌법재판소사무처장 김정원 저희는 매 사건을 한 사건 한 사건 하면서 항상 교훈을 얻고 있습니다.

○박수민 의원 알겠습니다.

헌법은 원칙과 가치 위주로 선언이 되어 있기 때문에 그 과정과 절차, 집행에 대해서는 많은 토론과 관습의 축적이 필요합니다.

저는 이번에 관찰하면서 헌법재판이 대한민국에서 이렇게 중요한 것인데 거기에 대한 절차적 논란이 불거지는 것 그리고 그것에 대한 학설과 또 판례가 충분치 못한 것에 대해서 대단히 걱정했습니다. 그런 부분 헌법재판소가 더 선제적으로 노력해야 한다고 생각합니다. 어떻게 생각합니까?

○헌법재판소사무처장 김정원 사건에 대해서 제기되는 여러 가지 의견에 대해서는 저희는 항상 경청하고 있습니다. 노력하겠습니다.

○박수민 의원 알겠습니다.

그리고 금번에 주석 헌법재판소 그 내용도 이번에 결과가 달랐습니다. 저희는 존중합니다. 그러나 그런 부분 계속 발전시켜야 한다고 생각합니다.

○헌법재판소사무처장 김정원 계속 연구하겠습니다.

○박수민 의원 감사합니다.

자리로 가 주십시오.

기재부차관님 잠시 질문드리겠습니다.

현재 기재부에서 파악하는 금번 산불 피해는 어느 정도 됩니까?

○기획재정부장관직무대리 김범석 아직 조사 중이라 명확한 규모는 저희가 산정할 수 없지만 지난번 강원도 산불보다는 훨씬 더 클 것으로 예상하고 있습니다.

○박수민 의원 뉴스에서 나오는 것은 1조 원 넘는다 이렇게 보고 있습니다.

○기획재정부장관직무대리 김범석 아직 예단하기는 좀 어렵습니다만 역대 최대 규모로 예상하고 있습니다.

○박수민 의원 그런데 복구비는 대체로 피해 규모 곱하기로 하지요?

○기획재정부장관직무대리 김범석 예.

○박수민 의원 알겠습니다.

그러면 역대급 규모라서, 지금 민주당에서 조금 다른 주장을 하시지만 저희가 분석해 본 결과 예비비가 상당히 부족할 수 있고 이번에 예비비가 부족하지 않다 하더라도 다음 번 여름과 가을의 풍수해에 대비해야 되기 때문에 예비비의 보충이 필요하다고 생각합니다. 어떻게 생각하십니까?

○기획재정부장관직무대리 김범석 저희가 이제 여러 가지 수요를 좀 봐야 되겠습니다만 이번에 복구 예산을 부처 예산에 담을지 예비비 형식으로 담을지 그런 부분은 검토해 보도록 해야 될 것 같습니다. 전반적으로 재해 관련된 예산은 좀 부족할 것으로 저희가 예상하고 있습니다.

○박수민 의원 알겠습니다.

들어가십시오.

국방부차관님께 질문 좀 드리겠습니다.

대통령은 군통수권자시지요?

○**국방부장관직무대행 김선호** 그렇습니다.

○**박수민 의원** 대통령의 활동이 제약이 되면 군 통수 활동에 제약이 된다고 볼 수 있습니까?

○**국방부장관직무대행 김선호** 군통수권은 법 절차에 의해서 그것을 수행하는 분이 지정이 되면 똑같은 통수권을 행사할 수 있습니다.

○**박수민 의원** 알겠습니다.

작년에 예산편성 과정에서 대통령 특수활동비와 국가안보실의 특수활동비가 전액 삭감되었습니다. 이것에 대한 영향은 어떻게 판단하십니까?

○**국방부장관직무대행 김선호** 저희 국방부 전체 예산이 아니어서 제가 직접적으로 말씀드리기는 좀 제한이 됩니다.

○**박수민 의원** 알겠습니다.

제가 판단할 때는 대통령의 활동은 복합적입니다. 그것은 민주당에서 배출된 대통령이든 저희 국민의힘에서 배출된 대통령이든 다르지 않습니다. 대통령의 활동에 대해서는 토론할 수 있습니다. 문제가 있다면 활동비를 삭감할 수도 있습니다. 그러나 전액 삭감한다는 것은 대단히 확증적인 논리가 없으면 저는 쉽지 않다고 생각합니다. 여기에 대해서는 어떻게 생각하십니까?

○**국방부장관직무대행 김선호** 그동안 집행해 왔던 예산들이 갑자기 삭제가 되고 하면 아마 정상적인 활동과 업무 추진에 제약이 있을 것이라고 생각을 합니다.

○**박수민 의원** 알겠습니다.

군통수권자의 활동에 대해서 활동비 전액을 삭감한 것, 저는 그 당시 예결위원으로서 이것을 굉장한 충격으로 받아들였습니다. 그리고 제가 들어 보면 대통령님은 지금 직무 정지됐지만 대통령실의 많은 부분은 활동비들을 사비로 충당하고 있다고 합니다. 이러한 일이 반복되지 않아야 된다고 생각하고요.

아까 존경하는 장경태 의원님께서 영현백을 언급해 주셨는데 저희가 소상히 파악해 본 결과로는 정기적으로 진행되는 일이고 계엄 사태와는 전혀 무관하다 이렇게 보고 있습니다. 어떻습니까?

○**국방부장관직무대행 김선호** 예, 맞습니다.

다시 말씀드리겠습니다.

계엄 사태와는 무관하고 22년 이전에는 평상시에 운용하는 정도의 소량을 확보하다가 22년도에 훈련을 마치고 전시 비축용의 추가 확보가 필요하다는 군의 판단이 있었고 그것을 예산에 반영을 해서 24년도에 집행이 됐던 겁니다. 정상적인 군 준비 활동입니다.

○**박수민 의원** 알겠습니다.

그리고 대통령이 최후 변론 진술에서 국방 예산이 삭감된 부분들이 상당히 엄중한 것들이다. KAMD, 킬체인, 드론 방어용 예산이 삭감됐다 이 부분을 상당히 걱정하시고 최후 변론에서 진술하셨습니다. 거기에 대해서 어떻게 평가하십니까?

○**국방부장관직무대행 김선호** 국방 예산의 삭감과 증액이라는 것은 항상 공존해 왔다고 말씀드립니다. 삭감하는 부분이 있었고 사실 증액하는 부분이 같이 동시에 논의되는 과정이었고요. 그런데 이제 증액 부분이 최종 결정이 안 되다 보니까 그것이 삭감됐다는

표현이 된 것 같습니다.

○**박수민 의원** 저희가 누차 반복드린 거지만 다시 확인용으로 말씀드립니다.

혹시 국방 예산이 국회 논의 과정에서 일방적으로 삭감만 하고 증액 논의 없이 중단된 것을 경험하신 적이 있습니까?

○**국방부장관직무대행 김선호** 제 경험으로는 처음입니다.

○**박수민 의원** 작년이 처음이었지요?

○**국방부장관직무대행 김선호** 예.

○**박수민 의원** 개국 이래 처음입니다. 맞습니까?

○**국방부장관직무대행 김선호** 예, 제가 알기로는 처음 있었던 걸로 알고 있습니다.

○**박수민 의원** 알겠습니다.

자리로 가 주십시오.

노동부장관님께 질문 좀 올리겠습니다.

장관님!

○**고용노동부장관 김문수** 예.

○**박수민 의원** 작년에 탄핵소추를 당하지는 않으셨지만 장관님께서도 탄핵에 대해서 문제 제기를 당하신 적이 있으시지요?

○**고용노동부장관 김문수** 그렇습니다.

○**박수민 의원** 그 당시 심정은 어떠셨습니까? 이유가 있다고 생각하셨습니까?

○**고용노동부장관 김문수** 탄핵은 충분한 이유가 있어서 국회에서 행정부를 견제하는 수단인데 그냥 좀 남발하는 되는 경우가 많이 있다고 생각합니다.

○**박수민 의원** 헌법상에는 '중대한'이라고 돼 있습니다. '중대한 위헌·위법'이 있었습니다. 그때 탄핵 문제 제기를 당하실 때 중대한 위헌·위법에 대해서 자책하고 계셨습니까?

○**고용노동부장관 김문수** 저는 그런 걸 느낀 적이 있습니다.

○**박수민 의원** 알겠습니다.

지금 대통령 직무정지 상태 이후에 한덕수 권한대행께서 탄핵을 당하신 기간이 있습니다. 그 기간에 국무회의는 어땠다고 평가하십니까?

○**고용노동부장관 김문수** 저희들은 수긍하기가 어려웠기 때문에 상당히 위축되기는 했습니다마는 납득하기가 어려웠습니다.

○**박수민 의원** 알겠습니다.

자리에 가십시오.

행안부차관님.

○**행정안전부장관직무대행 고기동** 행안부차관입니다.

○**박수민 의원** 지금 피해 상황은 긴급구호 그다음에 항구적인 복구 이렇게 2단계로 진행될 것 같습니다. 어떻게 되고 있습니까?

○**행정안전부장관직무대행 고기동** 말씀처럼 일단 피해 조사가 지금 진행 중이고요, 그 사이에 긴급 복구할 수 있는 부분들은 서둘러서 하고 있습니다.

○**박수민 의원** 재해대책 예비비는 아직 배정되지 않았지요?

(주호영 부의장, 이학영 부의장과 사회교대)

○**행정안전부장관직무대행 고기동** 예, 그렇습니다.

　　　　　　　　　　　　　　　　　　　　　　　　2025년 4월 3일

○**박수민 의원** 지자체 예산으로 하고 있습니까, 그러면?

○**행정안전부장관직무대행 고기동** 저희가 특교세를 좀 줘서 긴급하게 사용하고 있습니다.

○**박수민 의원** 특교.

알겠습니다.

○**행정안전부장관직무대행 고기동** 예, 많지는 않습니다.

○**박수민 의원** 지자체…… 많지는 않지요. 어느 정도 집행하셨습니까?

○**행정안전부장관직무대행 고기동** 일단은 한 300억 전달이 됐습니다만 전체 피해액에 비해서는 굉장히 작은 금액입니다.

○**박수민 의원** 예, 산불이라는 단어는 하나의 동일한 단어지만 지역마다 사건마다 교훈을 남길 것으로 생각합니다. 이번에 역대급 굉장히 큰 산불이었는데 지금 저희가 복구대책에서 주목해야 될 핵심 포인트가 뭡니까?

○**행정안전부장관직무대행 고기동** 현재 현지에서 많은 분들이 마을 단위로 한 4000채 정도 전소가 되다 보니까 그분들께서는 마을에 대한 복원을 걱정하고 계시고 또 지역에서는 지방소멸까지도 많이 걱정을 하고 있습니다. 지방소멸이 더 가속화되는 문제, 주민들께서는 그런 걱정이 많으시고 전체적으로는 기후 변화에 따른 전반적인 재해 대응체계도 좀 더 완벽하게 갖춰야 될 것으로 생각을 하고 있습니다.

○**박수민 의원** 워낙 산악지역이라 도로 자체가 없었다 이런 얘기가 있던데 거기에 대해서는 어떻게 평가하십니까?

○**행정안전부장관직무대행 고기동** 인도는 상당히 부족했던 것 같습니다.

○**박수민 의원** 인도뿐이 아니라 그냥 차도도 없었다고 그러더라고요, 수몰지역이고 해서. 옛날에 도로들이 다 수몰됐대요. 어떻게 보십니까?

○**행정안전부장관직무대행 고기동** 전체적으로 오지에 있는 마을들이 굉장히 많은 피해를 봤습니다. 그러다 보니까 접근이 상당히 어려웠던 점도 있고 말씀 주신 것처럼 인프라적인 측면도 있었다고 봅니다.

○**박수민 의원** 알겠습니다.

저희 여야 모두가 머리를 모아서 특별법 등 신속히 검토하겠습니다. 이번의 교훈에 대해서 잘 정리해서 특별법에 반영되고 또한 집행에 도움이 되도록 꼭 정리해 주십시오.

○**행정안전부장관직무대행 고기동** 예, 알겠습니다.

○**박수민 의원** 마무리 말씀 올리겠습니다.

헌법은 어떻게 수호될 수 있는가? 저는 12월 3일 이후로 이 질문에 대해서 깊이깊이 고민하지 않을 수 없었습니다.

저는 헌법학자는 아닙니다. 그러나 세 가지 단어를 생각해 보았습니다. 우리 헌법에는 가치와 원칙과 규칙이라는 세 가지 구성 요소가 있습니다. 헌법의 가치는 자유민주주의와 자유시장경제이고 그 가치를 지키는 원칙은 삼권분립과 법치주의이며 그것을 지키는 우리의 규칙이 있고 그것이 절차적 민주주의라고 저는 믿습니다.

절차가 있다고 무조건 사용해도 되는가? 다수결은 항상 선이 될 수 있는가? 이 점에 대해서 저도 성찰하겠습니다. 그러나 동료 의원님들의 성찰도 촉구드립니다.

그 지점도 성찰하겠습니다.

저는 계엄에 동의하지 않습니다. 우리 민주주의의 발전을 위해서도 계엄은 반복되어서는 안 됩니다. 그러나 계엄 이후 저희 국회가 보여 준 모습 또한 저는 실망스러웠습니다. 우리는 혼란을 줄였는가, 혼란을……

　　(발언시간 초과로 마이크 중단)

……

　　(마이크 중단 이후 계속 발언한 부분)
증강시켰는가? 제가 질의드렸던 부분입니다.

　내란에 대해서 마지막 말씀 드리겠습니다.

　내란은 존재했습니까, 아니면 우리들의 추억 속에서 존재한 것입니까? 1980년의 내란과 2025년의 내란은 비교되어야 하고 다른 점은 다르게, 같은 점은 같게 보아야 됩니다. 추억 속에 존재하는 계엄을 동원해서 2025년의 계엄에 덧씌우는 것은 국민들에게 할 도리가 아닙니다.

　저는 이렇게 믿습니다. 국민도 나라도 그리고 대통령도 저희 국회의원들도 오로지 헌법 속에서 일을 할 것이고 헌법 속에서 안전할 것이며 헌법 속에서 나라를 발전시킬 겁니다.

　이제 대한민국은 내일 새로운 변곡점을 향하고 있습니다. 헌법재판소의 현명한 판단을 기다립니다. 국민 모두가 성숙한 승복의 시간을 향해야 하고 그 승복의 성숙한 과정을 위해서 가장 노력해야 하는 사람들이 여기 모인 300명이라고 생각합니다. 여러분들의……

　　(「윤석열한테 승복할지 물어나 보시오」 하는 의원 있음)

　예, 제가 물어보겠습니다.

　이제 지나간 시간을 회고했고 성숙의 승복을 당부드립니다.

　감사합니다.

……

○**부의장 이학영**　박수민 의원 수고하셨습니다.

　　- 긴급현안질문 의원(이용우)

(17시05분)

○**부의장 이학영**　다음은 인천 서구을 출신의 더불어민주당 이용우 의원 나오셔서 질문해 주시기 바랍니다.

○**이용우 의원**　사랑하는 국민 여러분!

　그리고 존경하는 이학영 국회부의장님과 선배·동료 의원 여러분!

　인천 서구을 국회의원 이용우입니다.

　먼저 심각한 산불로 큰 피해를 입은 국민분들께 깊은 위로의 말씀을 드립니다. 그리고 책임 있는 정치인으로서 피해 회복과 재발 방지를 위해 최선의 노력을 다하겠습니다.

　준비한 현안질의 시작하겠습니다.

　헌법재판소사무처장님 나와 주세요.

　수고 많으십니다.

　최상목 권한대행 당시에 헌법재판소에서 권한쟁의심판 청구 사건 위헌결정을 했습니다. 맞지요?

○**헌법재판소사무처장 김정원** 권한쟁의심판에 대해서 인용 결정이……

○**이용우 의원** 권한 침해다라고 하는 것을 확인했고 헌법재판소법 기속력에 따르면 임명해야 될 헌법적 의무가, 구체적 작위 의무가 발생하지요?

○**헌법재판소사무처장 김정원** 예.

○**이용우 의원** 지금 그게 이행이 안 되고 있습니다. 매일같이 위헌 상태가 지속되고 있는 상황 맞지요?

○**헌법재판소사무처장 김정원** 지금 이행이 되고 있지는 않습니다.

○**이용우 의원** 위헌 상태가 계속 지속되고 있는 상황 맞지요?

○**헌법재판소사무처장 김정원** 지금 그렇게 말씀하실 수 있겠습니다.

○**이용우 의원** 명확하게 말씀해 주세요.

위헌 상태입니까, 아닙니까, 지금?

○**헌법재판소사무처장 김정원** 헌법재판소 결정에 따르면 국회의 헌법재판소 구성권을 침해했다고 결정을 했습니다. 그것이 그 헌법재판소 결정문의 결론입니다.

○**이용우 의원** 그게 위헌이지 않습니까.

○**헌법재판소사무처장 김정원** 그 내용에 보면 헌법상 임명해야 될 의무가 있다고 판결문에 기재되어 있습니다.

○**이용우 의원** 한덕수 총리 결정에서도 마찬가지 내용 다시 한번 확인했지요, 헌법재판소에서?

○**헌법재판소사무처장 김정원** 그 내용에서 임명하지 않은 것이 헌법과 법률에 위반된다는 기재 부분이 있습니다.

○**이용우 의원** 헌법재판소 결정문에 따르면 국회 선출 재판관에 대해서는 대통령 또는 대통령권한대행이 임명할지 여부를 결정할 재량권이 없다라고 못을 박았지요?

○**헌법재판소사무처장 김정원** 국회 추천 몫에 대해서는……

○**이용우 의원** 국회 선출이요.

○**헌법재판소사무처장 김정원** 국회 선출 몫에 대해서는 자격 요건이라든지 그리고 의회민주주의 절차상 하자가 없다면 임명을 해야 된다는 설시가 있습니다.

○**이용우 의원** 여야 합의를 이유로 임명을 거부하는 부분에 대해서도 정당한 이유가 되지 못한다라고 못을 박았지요?

○**헌법재판소사무처장 김정원** 예, 이유 부분에 보면 그런 부분이 나와 있습니다.

○**이용우 의원** 지금 위헌 상태가 한덕수 대행, 최상목 과거 대행에 의해서 계속적으로 이루어지고 있었는데, 지금도 위헌 상태고요. 이런 부분들 헌법재판소의 자기 보호 차원에서 강구할 수단이 있습니까?

○**헌법재판소사무처장 김정원** 헌법재판소는 헌법에서 부여된 권한에 따라서요 그 사건에 대해서 의사를 밝혔습니다.

○**이용우 의원** 더 이상 강구할 수단이 없습니까?

○**헌법재판소사무처장 김정원** 지금 의원님께서 말씀하시는 바와 같이 현실화되고 있지 않기 때문에 헌법에서 부여된 권한 범위 내에서 재판소로서는 어떠한 조치를 취할 수 있는지 저희들이 여러 가지 사정을 지금 종합해서 살펴보고 있습니다.

○이용우 의원 임시지위 가처분 심리하고 있습니까?

○헌법재판소사무처장 김정원 현재 사건이 접수돼서 심리 중에 있습니다.

○이용우 의원 헌법재판소는 말씀하신 것처럼 헌법재판소 구성권이 지금 침해되고 있습니다, 위헌적인 대행들의 행태로 인해서. 맞지요?

○헌법재판소사무처장 김정원 그 사건 결론에 보면 국회의 구성권을 침해했다고 밝힌 바가 있습니다.

○이용우 의원 그러니까 헌법재판소 구성권이 지금 침해되고 있잖아요, 두 대행의 위헌적 행태로 인해서. 그렇지요?

○헌법재판소사무처장 김정원 국회의 권한을 침해했다는 것이 재판소 결론입니다.

○이용우 의원 과거 이강국 헌재소장이 이런 부분들과 관련해서 공석인 재판관 임명에 대한 입장 표명한 적 있지요?

○헌법재판소사무처장 김정원 예, 그렇게 기억하고……

○이용우 의원 지금 그렇게 헌법재판소 입장 표명할 의사 없습니까?

○헌법재판소사무처장 김정원 현재로서는……

○이용우 의원 헌법재판소재판관 임명이 안 됨으로 인해서 제대로 된 구성이 완전하게 이루어지지 않고 있잖아요.

○헌법재판소사무처장 김정원 예.

○이용우 의원 그런 책무를 할 수도 있는 것 아닙니까, 헌법재판소도?

○헌법재판소사무처장 김정원 그 부분에 대해서도 종합해서 저희들이 검토 중에 있습니다.

○이용우 의원 들어가시면 됩니다.

공수처장 나와 주세요.

수고하십니다.

국가공무원법 56조에 따르면 모든 공무원은 법령을 준수하게 되어 있습니다. 맞지요?

○고위공직자범죄수사처장 오동운 예.

○이용우 의원 헌법 69조에 따르면 대통령 취임선서문에 '나는 헌법을 준수하고'로 시작되는 선서문이 있습니다. 맞지요?

○고위공직자범죄수사처장 오동운 예.

○이용우 의원 마은혁 헌법재판관후보자 미임명, 위헌 상태 맞지요?

○고위공직자범죄수사처장 오동운 예, 그렇습니다.

○이용우 의원 직무유기죄의 범죄 구성요건이 어떻게 됩니까?

○고위공직자범죄수사처장 오동운 직무를 유기한 것에 대해서 처벌하도록 돼 있습니다, 의도적으로. 지금 이 사건에서는 헌법상의 의무를 위반한 경우에 어떤 요건을 갖추면 성립하겠습니다.

○이용우 의원 헌법재판소가 두 차례에 걸쳐서 이런 미임명 행위가 위헌 상태라고 하는 것을 구체적으로 지적을 했습니다. 알고 있지요?

○고위공직자범죄수사처장 오동운 예, 그런 헌법재판소의 결정이 있었습니다.

○이용우 의원 '헌법상 구체적 작위의무를 이행하지 않는 것이다'라고 명시했습니다. 그렇지요?

○**고위공직자범죄수사처장 오동운** 예.

○**이용우 의원** 헌법재판소법 기속력에 따르면 임명해야 될 의무가 또 발생합니다. 맞지요?

○**고위공직자범죄수사처장 오동운** 예.

○**이용우 의원** 이런 헌법재판소의 결정과 법률상 구체적 의무를 계속 이행하지 않고 있습니다. 직무유기죄 범죄 구성요건에 해당되는 것으로 보입니까?

○**고위공직자범죄수사처장 오동운** 그런 부분에 대해서 지금 고발이 접수되어서 저희들이 수사 착수하였고 지금 헌법상의 의무 위반과 관련하여……

○**이용우 의원** 확정적인 판단은 수사 이후에 하시겠지만 일응 직무유기죄 구성요건에 해당된다 이렇게 보여집니까?

○**고위공직자범죄수사처장 오동운** 예, 그런 부분에 대해서 수사 착수하였다는 말씀으로 대신합니다.

○**이용우 의원** 지금 최상목 과거 대행과 한덕수 대행에 대한 직무유기죄 다 고발되어 있습니까?

○**고위공직자범죄수사처장 오동운** 예.

○**이용우 의원** 수사 상황이 어떻습니까?

○**고위공직자범죄수사처장 오동운** 지금 수사 초기 단계지만 의원님께서 지적하셨듯이……

○**이용우 의원** 배당이 됐습니까?

○**고위공직자범죄수사처장 오동운** 헌법상 의무 위반과 관련해서 수사 의지를 갖고 수사에 임하고 있습니다. 법과 원칙에 따라 수사하겠습니다.

○**이용우 의원** 두 사건 다 배당이 됐습니까?

○**고위공직자범죄수사처장 오동운** 배당되었습니다.

○**이용우 의원** 중대 사건입니다. 아시지요? 헌법재판소 구성권이 침해되고 있는 상황이고요. 헌법기관인 헌법재판소의 운영에 차질을 빚는 사안입니다. 신속한 수사가 필요합니다.

○**고위공직자범죄수사처장 오동운** 예, 의원님 말씀 유념하겠습니다.

○**이용우 의원** 최상목 장관에 대한 경제금융비서관 당시의 혐의 관련해서 고발 접수된 것 있지요?

○**고위공직자범죄수사처장 오동운** 예, 고발되었습니다.

○**이용우 의원** 수사 진행 중입니까?

○**고위공직자범죄수사처장 오동운** 그 부분도 배당되어서 지금 진행하고 있습니다.

○**이용우 의원** 2018년 박근혜 미르재단 판결문을 보면 당시 청와대 경제금융비서관이었던 최상목 장관은 '안종범의 지시를 받아 삼성, 현대차 등 9개 그룹의 출연금을 모집하라는 지시를 행정관들에게 내렸다' 이렇게 판결문에 판시가 돼 있습니다. 알고 있지요?

○**고위공직자범죄수사처장 오동운** 예.

○**이용우 의원** 특히 '아직까지도 출연금을 안 낸 그룹이 있냐. 그 명단을 달라'고 하면서 화를 내면서 출연금 모집을 종용했다는 사실도 판결문에 적시돼 있습니다. 알고 있지요?

○고위공직자범죄수사처장 오동운   예.

○이용우 의원   우리 법령 중에 공무원이 기업에게 법령상 의무 없는 출연금 납부를 하도록 독촉할 수 있는 근거 조항이 있습니까?

○고위공직자범죄수사처장 오동운   그런 부분 지금……

○이용우 의원   그런 조항이 있습니까?

○고위공직자범죄수사처장 오동운   특별히 규정이 없는 것으로 알고 있습니다.

○이용우 의원   특별히가 아니라 없습니다, 불법이기 때문에. 이와 관련해서 최상목 당시 비서관 말고 다른 사람이 직권남용죄로 처벌된 것 알고 계시지요?

○고위공직자범죄수사처장 오동운   예.

○이용우 의원   이런 상황을 종합하면 최상목 현 장관의 직권남용 여지 충분히 있다고 보이는데 어떻게 생각합니까?

○고위공직자범죄수사처장 오동운   그런 부분 지금 고발되어 있으니까 제가 결론을 말씀드릴 수는 없고 의원님 말씀 유념해서 범죄 성립 여부에 대해서 검토하도록 하겠습니다.

○이용우 의원   고발 사항이 특가법상 뇌물죄, 특경법상 공갈죄 맞습니까?

○고위공직자범죄수사처장 오동운   그런 부분이 문제된 걸로 알고 있습니다.

○이용우 의원   소멸시효 지나지 않았습니다.

○고위공직자범죄수사처장 오동운   공범에 대해서 유죄 판결이 있을 경우에 공소시효가 정지된다는 그 법리가 이 사건에서도 적용되는 그런 사안입니다.

○이용우 의원   그래서 제가 말씀드린 직권남용죄 포함해서 신속하고 엄중하게 수사해야 됩니다.

○고위공직자범죄수사처장 오동운   예, 유념하겠습……

○이용우 의원   그렇게 하겠습니까?

○고위공직자범죄수사처장 오동운   유념하겠습니다.

○이용우 의원   공수처는 심우정 총장, 조태열 외교부장관 관련 사건 고발 지금 수사 배당을 했지요?

○고위공직자범죄수사처장 오동운   예.

○이용우 의원   이 사건도 마찬가지입니다. 가감 없이 수사해야 됩니다. 청년세대들의 박탈감을 불러온 사건이고요 상당한 의혹이 있습니다. 분명하게 들여다보시고 필요하면 강제수사까지 진행해야 됩니다.

○고위공직자범죄수사처장 오동운   저희 공수처는 고위공무원의 범죄에 대해서는 지위 고하를 막론하고 법과 원칙에 따라서 철저하게 수사하겠습니다.

○이용우 의원   들어가시지요.

　법원행정처장님 나와 주세요.

　수고하십니다.

　조희대 대법원장이 24년 11월 26일 마용주 부장판사를 대법관후보자로 임명 제청했습니다. 128일이 지났고요. 윤석열이 직무정지되기 전에 국회에 임명동의안을 제출하고 국회에서 임명동의안이 가결된 지 벌써 97일이 지났습니다. 그럼에도 한덕수, 최상목 두 대행이 아직까지 임명하지 않습니다. 어떻게 생각하십니까?

　　　　　　　　　　　　　　　　　　　　　　　　　

○**법원행정처장 천대엽** 의원님, 잘 아시다시피 대법원의 대법관이 적시에 임명되지 않으면 상고 사건의 처리가 지연됩니다. 그 결과 많은 사건의 확정이 지연되고 그렇게 하면 권리구제의 실현이 늦어지는 국민의 피해로 돌아가게 됩니다. 이런 점에서 저희들도 속히 마용주 후보자에 대해서 임명 절차가 이루어지기를 고대하고 있는 중입니다.

다만 말씀하신 그 쟁점에 대해서는 저희가 알기로는 최상목 전 권한대행에 대해서 탄핵소추안이 발의가 되어서 결국 헌법재판소의 재판 사항이 될 것으로 보이기 때문에 그 이상의 말씀을 드리기 곤란한 사항인 것 같습니다.

○**이용우 의원** 헌법상 대법원장에게는 대법관 제청권이 있고 국회에는 임명동의권이 있습니다. 맞지요?

○**법원행정처장 천대엽** 예.

○**이용우 의원** 앞서 말씀드린 최상목 권한대행에 대한 권한쟁의심판 청구 결정문의 취지에 따르면 대법원장과 국회도 대통령과 함께 대법원 구성권을 갖는다 이렇게 볼 수도 있겠습니다. 동의하십니까?

○**법원행정처장 천대엽** 예, 그런 견해도 가능하게는, 있습니다.

○**이용우 의원** 이 마용주 대법관 임명하지 않은 것은 굉장히 기이합니다. 사법부 수장이 임명 제청했고 당시에 행정부 수반이었던 윤석열 대통령 입장에서 임명동의안을 국회에 제출했고 입법부가, 국회가 의결까지 했습니다. 그래서 그 이후에 직무 정지되어서 권한대행이 들어와서 임명하지 않고 있는 꼴입니다. 권한대행들이 대한민국 삼부 수장의 결정, 의사결정을 다 무시하고 있는 꼴입니다. 이해되십니까?

○**법원행정처장 천대엽** 예, 말씀하신 그런 취지로 그런 절차가 이루어졌기 때문에 저희들은 속히 임명될 것으로 봤습니다.

○**이용우 의원** 있을 수 있는 일입니까?

○**법원행정처장 천대엽** 말씀드렸지만 그 부분의 당부에 대해서는 지금 탄핵소추안……

○**이용우 의원** 당부에 대해서 말씀하셔야지요.

○**법원행정처장 천대엽** 저희들이 재판 사항에 대해서는 말씀……

○**이용우 의원** 재판 사항이 아닙니다.

○**법원행정처장 천대엽** 의원님 말씀 취지는 이해하겠습니다.

○**이용우 의원** 적법합니까?

○**법원행정처장 천대엽** 다시 한번 말씀드리지만 그 부분에 대해서 저희들은 속히 임명이 되어야 한다는 입장이지만 현재 탄핵소추안 발의에 따라서 재판 사항이 되어 버릴 것으로 보기 때문에 직접적인, 구체적인 답변은 드리기가 곤란한 사항인 것 같습니다.

○**이용우 의원** 당시 대통령이 대법원장 임명 제청에 동의해서 임명동의안을 국회로 보냈습니다.

○**법원행정처장 천대엽** 그렇게 생각합니다.

○**이용우 의원** 그 이후에 권한대행이라는 사람이 대통령이 임명동의안까지 보낸 내용을 대통령의 의사에 반해서 지금 거부하고 있거든요. 이게 이해되는 상황입니까?

○**법원행정처장 천대엽** 그래서 저희들은 속히 임명이 되기를 기다리는 중이라고 말씀드렸습니다.

○**이용우 의원** 이런 상황이 일반론에 비추어 보면 직무유기죄에 해당된다고 보여집니

다. 어떻게 생각하십니까?

○**법원행정처장 천대엽** 아까 말씀드린 바와 같은 취지로 지금 법적인 쟁점 사항이 되었기 때문에 제가 답변드리기는 한계가 있는 것 같습니다. 이해해 주시기를 부탁드립니다.

○**이용우 의원** 마지막으로 마용주 대법관 미임명에 대해서 한말씀 해 주시고 들어가시면 됩니다.

○**법원행정처장 천대엽** 저희 대법원장님이 제청하시고 또 대통령께서 제청을 받아들여서 국회에 임명동의를 요청했고 또 국회에서도 임명동의안에 대해 의결을 했습니다. 그만큼 그 자질이 충분히 검증된 분이라고 생각합니다. 속히 임명되기를 저희들 기다리는 마음이라고 다시 한번 말씀드리겠습니다.

○**이용우 의원** 들어가시고 법무부차관 나와 주세요.

윤석열 불법 석방에 대해서 묻겠습니다.

형사소송법 410조 아시지요?

○**법무부장관직무대행 김석우** 410조, 즉시항고 관련된 규정입니다.

○**이용우 의원** PPT 한번 보시지요.

(영상자료를 보며)

'즉시항고의 제기기간 내에는 재판의 집행은 정지된다', 무슨 의미입니까?

○**법무부장관직무대행 김석우** 즉시항고의 제기기간이 10일입니다.

○**이용우 의원** 아니지요, 7일입니다.

○**법무부장관직무대행 김석우** 예, 7일. 그 제기기간 내에서는 집행정지가 원칙적으로 이것 규정을 하고 있는데, 그러니까 이 부분 관련해서 드릴 말씀은 기본적으로 당시 검찰은 즉시항고 자체를……

○**이용우 의원** 아니, 주장 말고 이 법령에 대해서 설명만 하시면 됩니다.

○**법무부장관직무대행 김석우** 그 기간 내에서는 일단 보류한다는 취지로는 해석은 됩니다.

○**이용우 의원** 보류요?

○**법무부장관직무대행 김석우** 예.

○**이용우 의원** 즉시항고 기간 7일 내에는 즉시항고를 하든 안 하든 재판의 집행정지효, 즉 구속취소 결정이 없는 상태.

○**법무부장관직무대행 김석우** 예, 그렇습니다.

○**이용우 의원** 즉 윤석열은 7일 동안은 무조건 구속 상태에 있어야 된다 이런 의미지요?

○**법무부장관직무대행 김석우** 그런데 그것은 반드시 그렇게 해석할 것은 아니라는 것이 기본적으로 옛날에는 3일이었다가 7일로 늘어났는데, 기본적으로 이 취지는 그 기간 내에 숙려를 할 수 있다라는 취지로 이해가 됩니다. 그렇다면 당시 검찰에서는 그 해당 기간 내에 이미 판단을 내렸습니다. 내렸다면 그 기간에서 남아 있다고 해서 계속 보류한다는 것은 어떤 인신의 구속에 관련된 영장주의를 훼손하는 측면이 있기 때문에 법 제도의 취지에 비춰 보더라도 그 기간 내에 즉시항고를 포기하는 것으로 결정을 했으면 바로 조치를 하는 것이 타당하다는 입장입니다.

○**이용우 의원** 그렇지 않지요. 문언이 명백하잖아요. 즉시항고 기간 내에는 무조건 집행정지효가 있습니다. 만약에 차관 얘기대로 하려면 즉시항고포기서를 내야지요.

즉시항고포기서 법원에 낸 적 있습니까, 없습니까?

○**법무부장관직무대행 김석우** 서면으로 낸 것은 없습니다만 이 석방지휘서를 기본적으로……

○**이용우 의원** 포기서는 서면으로 제출하는 것이 형사소송법 규정입니다. 이런 법령의 규정도 검찰이나 법무부는 몰라요?

○**법무부장관직무대행 김석우** 당시 석방지휘서를 구치소에 보냈고 그 관련된 서류를 법원에 제출했습니다.

○**이용우 의원** 법원에 대한 의사표시로 포기를 해야 된다고요, 서면으로. 모르십니까, 압니까?

○**법무부장관직무대행 김석우** 그동안 저희가……

○**이용우 의원** 모르세요, 아세요?

○**법무부장관직무대행 김석우** 아니, 규정상으로는 돼 있습니다만 그동안 저희가……

○**이용우 의원** 돼 있으면 그대로 해야지요. 왜 법률 규정 위에서 행정을 합니까?

○**법무부장관직무대행 김석우** 상소 포기는 원칙적으로 서면으로 한다라고 돼 있기는 합니다.

○**이용우 의원** 즉시항고가 위헌이라고 헌재에서 결정한 적 있어요? 왜 위헌을 행정부가…… 여기 앉아 계신 장관분들이 다 이 조항 위헌인 것 같아서 행정집행 안 하겠다라고 그러면 대한민국 유지됩니까? 검찰은 특권이 있어요?

○**법무부장관직무대행 김석우** 다만 추후에 위헌으로 판단될 가능성이 굉장히 높은 사항이라……

○**이용우 의원** 그 가능성을 왜 행정부가 판단해요?

○**법무부장관직무대행 김석우** 그런데 그걸 검찰 입장에서는 판단할 수밖에 없는 것이……

○**이용우 의원** 그렇지 않지요. 검찰은……

검찰공화국입니까? 특권입니까?

○**법무부장관직무대행 김석우** 아니, 구속기소의 어떤 적법성에……

○**이용우 의원** 그러면 차관 말씀에 따르면 모든 행정부처와 모든 외청들이 '이 조항 위헌인 것 같으니까 나 집행하지 않을래요', 나라 꼴이 어떻게 됩니까?

○**법무부장관직무대행 김석우** 아니, 이 규정은 저희가 위헌이기 때문에 그 조항을……

○**이용우 의원** 누가 위헌이래요?

○**법무부장관직무대행 김석우** 아니, 위헌 가능성이 높기 때문에 기본적으로 즉시항고를 하지 않았다는 겁니다.

○**이용우 의원** 누가 판단합니까?

○**법무부장관직무대행 김석우** 아니, 위헌적인 결과 발생 가능성이 굉장히 높다고 판단했기 때문에 그런 발생 가능성을 저희가 용인할 수 없다는 생각이었습니다.

○**이용우 의원** 마지막으로……

(장내 소란)

자, 정리합니다.

형사소송법에 따르면 즉시항고 기간 내에는 즉시항고 여부와 무관하게 구속상태에 있어야 됩니다. 그것을 피하려면 즉시항고포기서를 서면으로, 법원에 대한 의사표시로 법원에 제출해야 됩니다. 이 두 가지가 다 이루어지지 않았습니다. 그래서 윤석열 불법 석방이다 규정합니다.

○**법무부장관직무대행 김석우** 검찰에서는 기본적으로 포기를 했기 때문에……

○**이용우 의원** 심우정 총장에 대해서 이런 불법 석방 지시한 부분에 대해서 감찰 진행해야 됩니다.

○**법무부장관직무대행 김석우** 그 부분은 검찰에서 즉시항고 포기를 했고 그 부분에 대해서는 일응 타당한 이유가 있다고 판단하고 있습니다.

○**이용우 의원** 지금 스스로 자백하셨잖아요, 포기서를 법원에 낸 적 없다고.

○**법무부장관직무대행 김석우** 다만 석방지휘서는 법원에 제출했습니다.

○**이용우 의원** 형사소송법에 따른 효력이 발생하지 않는다고요.

○**법무부장관직무대행 김석우** 저희는 그 해석에 동의하고 있지는 않습니다. 기본적으로……

○**이용우 의원** 해석이 아니라 형사소송법 규정이에요.

○**법무부장관직무대행 김석우** 아니, 즉시항고 자체는 검찰에서 포기를 했고 그걸 전제로 해서 석방을 했고 석방지휘서는 법원에 이미 제출이 됐습니다.

그러니까 제목 자체가 석방…… 즉시항고포기서로 된 서면이 법원에 가지 않은 것은 맞지만 석방 지휘를 하면서 전제적인 요건으로서 즉시항고를 포기를 했고 그 이후에 결과로서 이루어진 석방지휘서가 법원에 제출됐기 때문에 전반적인 것을 종합해 봤을 때는 그 규정의 취지는 저희가 준수했다고 판단하고 있습니다.

○**이용우 의원** 심우정 총장에 대해서 감찰하지 않는 것……

  (발언시간 초과로 마이크 중단)

···

  (마이크 중단 이후 계속 발언한 부분)
법무부차관의 직무유기가 됩니다.

  추진하세요!

○**법무부장관직무대행 김석우** 검찰의 판단에 대해서는 타당하다고 생각하고 있습니다.

○**이용우 의원** 같은 공범이 되는 겁니다!

  들어가세요.

  외교부차관 나와 주세요.

  짧게 묻겠습니다.

  심우정 총장 자녀의 채용비리 의혹과 관련해서 차관께서 이렇게 답변했습니다. '자격요건을 변경한 건 맞지만 석사학위 소지자와 관련해서는 예정자도 가능하다라고 안내를 했다', 맞습니까?

○**외교부장관직무대리 김홍균** 그렇습니다.

○**이용우 의원** 공고에 담아야지요! 공고를 보고 '내가 자격 요건이 안 되는구나'라고 포기했던 수천 명의 그 지원하고 싶은 청년세대들은, 이 피해 누가 감당할 겁니까? 그 지

점 잘못된 거 아니에요?

○**외교부장관직무대리 김홍균** 제가 아까 말씀드렸듯이……

○**이용우 의원** 잘못된 거 아니냐고요?

○**외교부장관직무대리 김홍균** 말씀드렸듯이 2021년부터 그렇게 시행을 해 왔습니다. 그리고 그렇게 석사학위를……

○**이용우 의원** 그 공고를 보는……

○**외교부장관직무대리 김홍균** 예정된 사람들이 다 문의를 해서 다 자격을 받았습니다.

○**이용우 의원** 들어 보세요. 그 공고를 보는 수천 명의 지원하고자 준비했던 청년세대들은 나는 석사학위가 없으니 안 되겠구나 이렇게 되는 거 아닙니까? 그런 잘못된 채용행정에 대해서 청년세대에게 사과 한마디 못 합니까?

○**외교부장관직무대리 김홍균** 의원님, 제가 아까 말씀드린 것처럼……

○**이용우 의원** 잘못 없어요, 있어요?

○**외교부장관직무대리 김홍균** 말씀드린 것처럼 블라인드 방식의 절차에 의해서 저희들은 서류 심사와 면접을 한 것입니다.

○**이용우 의원** 공고 내용에 대해서 얘기한 거잖아요.

○**외교부장관직무대리 김홍균** 공고 내용에 대해서도 문의하는 데 대해서 다 저희가 답을 하면서……

○**이용우 의원** 대한민국의 어떤 기관이나 기업에서 그런 식으로 채용 공고합니까? 그 지점은 잘못된 거 맞지요?

○**외교부장관직무대리 김홍균** 그 지점은 수정을 해야 될 것이라고 생각을 합니다.

○**이용우 의원** 사과하시는 겁니까?

○**외교부장관직무대리 김홍균** 수정을 하겠습니다.

○**이용우 의원** 사과하시냐고요?
청년세대들을 향해서 진정어린 사과 하시면 됩니다.

○**외교부장관직무대리 김홍균** 외교부가 청년세대가 이런 공공기관의 채용 절차의 공정성과 투명성에 대해서 상당히 많은 의심을 갖고 있다는 것을 알고 있고 저희도 열심히 노력하도록 하겠습니다.

○**이용우 의원** 그런 태도가 청년세대들에 2차 가해이고 또 다른 공분을 자아내는 겁니다.
들어가세요.
정말 오늘 이 얘기만큼은 꼭 하고 싶었습니다.
한덕수 대행, 최상목 전 대행, 헌법 위에 군림하는 최고 권력자들, 국민을 대표하는 국회가 어렵게 시간을 내서 불렀는데 왜 참석하지 않습니까?
누구는 이렇게 얘기합니다, 걸어다니는 위헌들이라고. 도대체 그들에게 헌법과 법률은 휴지 조각입니까?
국민들이 도저히 이해하지 못하고 있습니다. 예전에는 여야 합의 때문에 임명하지 못하겠다고 하지만 어느 기사 제목처럼 그들의 벌린 입은 왜 마은혁 재판관 임명에 대해서만 닫히는가 이렇게 언론기사까지 뽑아져 나올 지경입니다.
헌법 유린 이 상태를 서부지법 폭동과 본질적으로 다르다 이렇게 얘기할 수 있겠습니까?

저는 이런 문제에 대해서는 정치공학적·정치적·정무적 일체의 판단을 배제하고 역사적 단죄의 선례를 반드시 남겨서 향후 최고권력자들이 두 번 다시 헌법 위에서 걸어 다니는 행태를 못 하게 막아야 된다 이렇게 생각합니다.

들어 주셔서 감사합니다.

....

○**부의장 이학영** 이용우 의원 수고하셨습니다.

- 긴급현안질문 의원(차규근)

(17시31분)

○**부의장 이학영** 다음은 조국혁신당 비례대표 차규근 의원 나오셔서 질문해 주시기 바랍니다.

○**차규근 의원** 존경하는 이학영 국회부의장님 그리고 선배·동료 의원 여러분!

조국혁신당 차규근 의원입니다.

먼저 영남권 산불로 유명을 달리하신 서른한 분의 명복을 빌고 큰 피해를 본 이재민분들께 깊은 위로의 말씀을 드립니다. 이번 산불의 원인을 명백히 밝히고 이재민분들의 피해가 조속히 회복될 수 있도록 저와 조국혁신당도 최선의 노력을 다하겠습니다.

내일은 윤석열 대통령 탄핵사건 선고가 있습니다. 윤석열을 파면하는 것은 좌우와 같은 이념의 문제가 아닙니다. 국가와 헌법의 존립에 관한 문제입니다. 국민 경제의 지속가능성과 대한민국이라는 공동체의 운명에 관한 문제입니다.

120년 전인 1905년 을사년에는 우리 국민 대다수가 을사늑약이 체결되는 것을 알지 못했습니다. 그러나 2025년 을사년은 다릅니다. 대통령이 법과 절차를 무시한 채 비상계엄을 선포하고 무장한 군인이 국회에 침입해 기물을 부수는 장면을 전 국민이 아니, 전 세계가 지켜봤습니다.

(영상자료를 보며)

(영상자료는 부록으로 보존함)

지난 1월 여론조사를 보면 우리 국민의 72%가 12·3 비상계엄을 위헌적인 중대 범죄라고 답했습니다.

저는 확신합니다. 헌법재판관들이 개개인의 사사로운 이해에 휘둘리지 않고 국회의 다수의 상식에 맞는 결정을 내릴 것이라고 말입니다.

그동안 헌법재판관들은 헌법과 법률을 객관적으로 해석함으로써 최고권력자인 대통령도 헌법 위에 군림할 수 없다는 원칙을 세워 왔습니다. 이 원칙은 헌법재판소의 권위가 되었습니다. 지금까지 그래 왔던 것처럼 헌법재판관들은 이번에도 개인의 성향이나 누구로부터 지명받았는지 등에 얽매이지 않고 치우침 없는 공평한 결정을 내릴 것으로 믿어 의심치 않습니다. 그것만이 절체절명의 위기 앞에 놓인 대한민국을 살리는 유일한 길입니다.

여기까지 오는 길은 순탄치 않았습니다. 우리의 길을 번번이 가로막았던 것은 검찰과 고위관료 등 국민으로부터 선출되지 않은 권력자들이었습니다. 이들은 헌법을 짓밟고 법을 따르지 않았으며, 무엇보다 국민이 아닌 권력을 지키고 사익을 취하는 데 열중했습니다.

　그게 누구입니까? 한덕수 대통령권한대행, 최상목 경제부총리, 바로 이 사람들이 그 주역입니다. 위헌·위법한 행위를 일삼아 대한민국을 미증유의 혼란에 빠뜨려 놓고 지금 국회의 긴급현안질의에도 각종 핑계를 들어 참석하지 않았습니다. 존경하는 오기형 의원님의 '런덕수' '런상목' 지적에 전적으로 공감합니다. 계속 피하고 도망친다고 해서 결코 그 책임을 벗어날 수는 없을 것입니다. 끝까지 그 책임을 물을 것입니다.

　기재부차관님 앞으로 나와 주십시오.

　차관님, 최상목 부총리 미국 국채 매입 관련해서 법적인 문제는 없다라고 했는데요. 공직자로서 범죄만 아니면 된다는 식의 그 낮은 윤리의식에 말문이 막힙니다.

　혹시 차관님도 법적인 문제만 없으면 된다 이런 생각이신가요?

○**기획재정부장관직무대리 김범석** 　법적인 문제는 저희가 공직자의 이해충돌방지법이랄지 최종적으로는 그것을 담당하는 권익위에 물어봐야 되겠습니다만 아까 제가 설명드린 부분은 저희가 새롭게 달러를 매입해서 국채를 샀으면 혹시라도 이해충돌이나 그런 문제가 있겠지만 이미 기존에 사인 때 가지고 계셨던 달러를 가지고 국채를 사신 것은 별도의, 일부 언론에서 비판하시는 달러 절하에 베팅을 했다 그런 것과 관계가 없다라는 말씀을 드린 겁니다.

○**차규근 의원** 　제 질문 취지는요 간단합니다. 법적인 문제만 없으면 된다라고 차관님도 생각하십니까? 그렇게 생각하지는 않으시겠지요. 그렇지요?

○**기획재정부장관직무대리 김범석** 　당연히 법적인, 저희가 경제를 책임지는 부처니까 당연히 이해충돌의 문제가 있는 일을 해서는 안 되겠지요.

○**차규근 의원** 　아니, 법적인 문제 아니더라도 윤리적인 부분도 중요하지 않습니까. 동의하시지요?

○**기획재정부장관직무대리 김범석** 　윤리라기보다는 이해충돌의 여지가 있는지 없는지 부분은 저희 나름대로 판단을 했다라고 생각하고 있습니다.

○**차규근 의원** 　조금 더 물어보겠습니다.

　법적인 문제 없다고 단정할 수는 있습니까?

○**기획재정부장관직무대리 김범석** 　의원님 지적하시면 저희가 공직자의 이해충돌방지법을 담당하는 권익위에 최종적으로 한번 확인토록 하겠습니다.

○**차규근 의원** 　아, 그러시군요. 먼저 말씀을 해 주시네요.

　경제부총리는 일상적으로 경제 전망이나 국제경제 동향에 대한 정보를 보고받고 있지요?

○**기획재정부장관직무대리 김범석** 　예, 그렇습니다.

○**차규근 의원** 　따라서 그러한 정보를 보고받고 재산상 이득을 취하기 위해 미국 국채에 투자했다고 하면 이해충돌방지법 위반에 해당할 수가 있는 것이고요.

　조금 전에 차관님이 먼저 답을 해 주셨는데 조사하기 전에는 이해충돌방지법 위반이 아니다라고 단정할 수 없기 때문에 관련한 조사가 필요한 것이고 조금 전에 뭐, 국민권익위원회에 조사 의뢰도 고려를 하실 수 있다는 거네요?

○**기획재정부장관직무대리 김범석** 　조사라기보다는, 조사일지 무엇일지 형식을 한번 협의해 보도록 하겠습니다만……

○**차규근 의원** 예, 그렇게 해 주시기 바랍니다.

○**기획재정부장관직무대리 김범석** 좀 보완설명을 드리면, 그런 취지로 말씀하시면 한국, 우리나라 국채도 상당 부분 보유하고 계시는데 그 부분도 의원님 지적하신 바에 따르면 이해상충 소지가 있습니다.

○**차규근 의원** 제가 묻는 것은 미국 국채가 지금……

○**기획재정부장관직무대리 김범석** 아니, 오히려……

○**차규근 의원** 매입이 많이 문제가 되고 있지 않습니까? 조금 전에 국민권익위……

○**기획재정부장관직무대리 김범석** 의원님 기재위원이시니까 아시겠지만 미국 달러화의 경우에, 혹시라도 미국 달러화 절하에 베팅을 했다라고 하면 그냥 달러를 갖고 계시는 게 낫지 미국 국채를 사면 미국 금리의 문제 때문에 오히려 약간, 베팅하는 게 아니라 오히려 이익이 감소하게 됩니다.

○**차규근 의원** 만일 그렇다 그러면 최상목 부총리 지금 되게 억울하실 것 같아요. 그런 억울함을 밝히기 위해서라도 그것 명명백백하게 사실관계를 확인을 좀 해 보는 것이 필요할 것 같습니다.

○**기획재정부장관직무대리 김범석** 관계부처하고 한번 논의해 보도록 하겠습니다.

○**차규근 의원** 예, 좋습니다.

저는 미국 국채 문제 관련해서 조금 더 심각한 문제가 있다고 봅니다. 최상목 부총리가 투자한 미국 국채 표면금리가 낮은 소위 저쿠폰 채권이지요?

○**기획재정부장관직무대리 김범석** 제가 자세한 것은…… 언론 통해서 알고 있는 정도입니다.

○**차규근 의원** 지난해 저쿠폰 채권이 고액자산가들한테 매우 인기가 많았습니다. 왜 그런지 혹시 아십니까?

○**기획재정부장관직무대리 김범석** 그것은 잘 모르겠습니다.

○**차규근 의원** 말씀드리겠습니다.

저쿠폰 채권의 이자수익도 있지만 그것보다는 자본이득, 매매차익을 기대하고 투자하는 것입니다. 그런데 차관님, 지금 우리나라 채권 매매차익 과세합니까, 안 합니까?

○**기획재정부장관직무대리 김범석** 안 하고 있습니다.

○**차규근 의원** 그런데 도입하려다가 작년에 폐지가 된 금융투자소득세가 예정대로 만일에 올해 1월부터 시행이 됐다 그러면 채권 매매차익 과세가 되지요?

○**기획재정부장관직무대리 김범석** 예, 그렇습니다.

○**차규근 의원** 그렇다면 최상목 부총리는 작년 중순에 미국 국채 매입했다고 일단 언론을 통해서 알려지고 있는데 그 당시에 최상목 부총리 금융투자소득세 도입하면 안 된다고 폐지해야 된다고 아주 강력하게 주장하고 있었을 때입니다. 알고 계시지요?

○**기획재정부장관직무대리 김범석** 저희가 금투세 폐지……

○**차규근 의원** 그때 기재위에서 계속 제가 거기에 대해서 비판적으로 질의를 하지 않았습니까. 알고 계시지요?

○**기획재정부장관직무대리 김범석** 예, 그렇습니다.

○**차규근 의원** 그러면 결과적으로 최상목 부총리는 금투세 폐지에 아주 기를 쓰고 강하게 입장을 밝히고 선두에 서셔서 금투세 폐지가 됐고 결과적으로 세금을 원래 내야 되

는데 안 내게 됐습니다. 이득을 보게 된 것 맞지요?

○**기획재정부장관직무대리 김범석** 의원님이 그렇게 지적하시면 그럴지 모르겠습니다만, 의원님 잘 아시겠지만 공직자들은 사실상 주식·부동산·가상자산 부분에 투자를 못 하게 돼 있습니다. 그러면 의원님 말씀하신 대로 하면 고위공직자는 예금만 해야 된다라는 취지로 저희는 이해가 되는데 그것은 좀 무리한 부분 아닐까요?

○**차규근 의원** 조사를 하신다고, 할 용의가 있다는 취지로 말씀하셨으니까 아까 전의 그것도 한번 조사를 해 보시고.

○**기획재정부장관직무대리 김범석** 예, 알겠습니다.

○**차규근 의원** 그런데 제가 묻는 질문, 작년에 최상목 부총리 금융투자소득세 폐지해야 된다고 입장을 일관되게 견지를 하셨고 그 결과 금융투자소득세 폐지가 되었고 원래 올해 1월 1일부터 시행될 게 시행되지 못했습니다. 맞지요?

○**기획재정부장관직무대리 김범석** 예, 그렇습니다.

○**차규근 의원** 그리고 금융투자소득세가 시행이 됐다면 최상목 총리가 매입한 미국 국채 관련한 매매차익이 생기면 과세가 될 수 있었는데 과세가 안 된 건 사실이지요?

○**기획재정부장관직무대리 김범석** 뭐 그렇게 질의를 하시면 그 부분은 있지만 전체 가지고 계신 유동자산 중의 한 20% 정도가 미국 국채이고 나머지는 예금과 한국 국채입니다.

○**차규근 의원** 제가 묻는 답에 약간 답변을 이렇게 빙빙 돌리고 계시는데……

○**기획재정부장관직무대리 김범석** 그러니까 전체의……

○**차규근 의원** 세금을 갖다가 내야 될 뻔했는데 금융투자소득세가 폐지되는 바람에 채권 매매차익이 생기더라도 세금 안 내게 된 것은 맞지요? 맞습니까, 아니면 안 맞습니까?

○**기획재정부장관직무대리 김범석** 그 2억 원 부분에 대해서는 맞습니다.

○**차규근 의원** 맞지요?

○**기획재정부장관직무대리 김범석** 예.

○**차규근 의원** 됐습니다.

우리 국민은 경제사령탑이라고 하는 최상목 부총리가 미국 국채 매입을 해서 사적인 이익을 추구한 이런 모습에 대해서 참 많은 실망과 분노를 느끼고 있을 것 같습니다. 참으로 뻔뻔하다 이렇게 생각하실 걸로 생각합니다. 최상목 부총리가 재임 중에 미국 국채에 투자한 것은 여러모로 하지 말았어야 할 일입니다. 그리고 최상목 부총리는 정작 해야 할 일은 또 하지 않았습니다.

들어가셔도 좋습니다.

헌법재판소사무처장님 나와 주시기 바랍니다.

헌법재판소법 66조 2항은 '헌법재판소가 부작위에 대한 심판청구를 인용하는 결정을 한 때 피청구인은 결정 취지에 따른 처분을 하여야 한다'라고 규정하고 있지요?

○**헌법재판소사무처장 김정원** 그렇게 규정하고 있습니다.

○**차규근 의원** 여기 법리에는 이론의 여지가 없지요?

○**헌법재판소사무처장 김정원** 그렇게 알고 있습니다.

○**차규근 의원** 그렇다면 최상목 부총리가, 권한대행이 마은혁 헌법재판소 결정에 따라

서 임명을 해야 되는 것은 헌법재판소법에 따라 법리에는 이론의 여지가 없는 명백한 것인데 그걸 3월 24일 물러날 때까지 결정 안 한 건 명백한 헌법 위반이 맞지요?
○헌법재판소사무처장 김정원 그러니까 임명을 해야 될 헌법상 의무가 있습니다.
○차규근 의원 명백하게 헌법 위반한 것 맞지요?
○헌법재판소사무처장 김정원 헌법상 의무가 있다고 말씀을 드립니다.
○차규근 의원 좋습니다.
시간 관계상 들어가셔도 좋습니다.
국무위원님들 전체에게 묻겠습니다.
지난 3월 4일 비공개 국무위원 간담회에서 최상목 부총리는 헌법재판소 결정에 따라서 마은혁 재판관을 임명할 것인지의 여부를 국무위원들께 의견을 물었다고 합니다. 그와 관련해서 헌법재판소법에 따라 헌법재판소의 결정을 따라야 한다라는 의견을 밝히셨던 분 손 한번 들어 주시기 바랍니다.
다시 한번 묻습니다.
3월 4일 국무회의 때 헌법재판소에서 마은혁 재판관을 임명하지 않은 것은 위헌이니 임명해야 된다라는 취지로 헌법재판소 결정이 2월 27일 났고 3월 4일에 비공개 국무위원회가 있었을 때 최상목 권한대행이 참석한 국무위원들께 의견을 물었다고 합니다. 그때 헌법재판소법에 따라서 헌법재판소 결정에 따라서 임명해야 된다라고 의견을 밝히신 분 손 한번 들어 주시기 바랍니다.
아무도 안 계십니까? 단 한 사람도 안 계신 거예요? 여러분들은 헌법 파괴자들입니다. 헌법 파괴 내각이에요. 부끄러운 줄 아십시오!
묻고 싶은 게 더 많은데 시간 관계상 마무리하도록 하겠습니다.
대한민국의 민주주의의 자유가 사라졌습니다. 스웨덴 민주주의 다양성 연구소는 1993년부터 지난해까지 31년 동안 우리나라를 자유민주주의라고 판단했지만 올해는 선거민주주의 국가로 등급을 하향 조정했습니다. 등급 하락의 가장 큰 원인은 다들 아시다시피 윤석열의 12·3 내란이었습니다. 특히 우리나라에 대해 독재화되고 있다고까지 평가했습니다.
윤석열 대통령은 취임사에서……
(발언시간 초과로 마이크 중단)

(마이크 중단 이후 계속 발언한 부분)
자유를 서른다섯 번이나 외쳤습니다. 그러나 그 임기 동안 정작 대한민국 민주주의는 자유를 잃었습니다. 그런 그가 다시 돌아온다는 것은 대한민국 민주주의가 잃어버린 자유를 다시는 되찾지 못하게 된다는 뜻입니다. 본 의원이 오늘 질문을 시작하면서 내일 헌법재판소의 결정은 이념의 문제가 아니라 국가와 헌법의 존립에 관한 문제라고 강조했던 이유입니다.
오늘은 제주4·3 77주년입니다. 당시에도 제주도에 계엄이 선포되었습니다. 혐오와 폭력이 제주를 삼켰습니다. 2025년 대한민국은 달라야 합니다. 내일 헌법재판소가 내란 우두머리 윤석열의 파면을 만장일치로 선언함으로써 우리 대한민국 민주주의가 다시 자유를 되찾고 국가적 위기와 갈등을 극복할 수 있게 되기를 기대하고 또 간절히 염원하면서 질문을 마치도록 하겠습니다.

경청해 주셔서 감사합니다.

○**부의장 이학영** 차규근 의원 수고하셨습니다.

- 긴급현안질문 의원(임미애)

(17시46분)

○**부의장 이학영** 마지막으로 더불어민주당 비례대표 임미애 의원 나오셔서 질문해 주시기 바랍니다.

○**임미애 의원** 마지막입니다. 긴 시간 수고하셨습니다.

존경하는 국민 여러분!

이학영 국회부의장과 선배·동료 의원 여러분!

더불어민주당 국회의원 임미애입니다.

역대 최악의 산불이 발생했습니다. 돌아가신 분들의 명복을 빌며 유가족분들에게 위로의 말씀 전합니다. 그리고 이 모든 걸 수습하기 위해서 현장에서 애써 주신 산림청, 소방청, 국방부 등을 비롯한 지방자치단체의 수많은 공직자들 그리고 마을 이장과 주민분들까지 진심으로 감사의 인사 드립니다. 애써 주셔서 고맙습니다.

먼저 오늘 이 자리에 나와 국민 앞에 사과해야 할 한덕수 권한대행이 참석하지 않았다는 사실에 강한 유감을 표합니다.

이번 산불은 그저 매년 있던 산불이 아니었습니다. 기후위기의 시대에 일상화되는 기후재난의 모습이었고 고령화와 소멸위기에서 존립을 위협받는 지방의 모습이었습니다. 변화하는 시대에 맞는 재난 대응체계를 마련해야 합니다. 매년 반복되는 재난을 무겁게 인식하고 신속·정확하게 개선 방안을 만들어야 합니다. 그러나 재난을 대하는 정부 여당의 모습은 어떻습니까? 현장에서 제가 가장 많이 들었던 소리는 거대한 재난 앞에 정부는 어디 있느냐는 소리였습니다.

(영상자료를 보며)

(영상자료는 부록으로 보존함)

한덕수 권한대행은 여당 지도부와 함께 산불 피해 현장에 가서 웃고 떠들며 서로에게 따봉을 날리느라 바쁩니다. 탄핵 기각된 것이 그렇게 신났습니까? 여당 텃밭이라는 경북에 가니 재난상황은 보이지도 않고 친정집 온 것마냥 편안했습니까?

사태 인식에 대한 위기감도 없고 피해 주민과 타들어 가는 산천에 대한 공감 능력도 없습니다. 국민들이 어떻게 정부를 믿고 안심할 수 있겠습니까? 이러한 인식과 태도가 바뀌지 않는다면 아무리 훌륭한 재난 대응 방안이 나오더라도, 아무리 성능 좋은 장비가 도입되더라도 비극은 반복될 수밖에 없습니다. 정부 여당의 재난을 대하는 인식, 피해 주민들을 대하는 태도에 강한 유감을 표합니다. 더불어 피해 주민들께 사과하실 것을 촉구합니다.

먼저 이한경 재난안전관리본부장 나와 주시기 바랍니다.

○**행정안전부장관직무대행 고기동** 행안부차관입니다.

○**임미애 의원** 본질의에 앞서서 잠깐 한 가지 더 말씀을 드리고 넘어가야 될 것 같습

니다.

아까 국민의힘 임종득 의원께서 질의 중에 마치 민주당의 모 의원이 '마은혁 헌법재판관을 임명하면 산불 피해자 지원하겠다'라는…… 발언을 하셨는데 제가 그 발언을 들으면서 문해력이 떨어지는 매우 악의적인 발언이다라는 생각을 했습니다.

민주당의 모 의원이 하신 말씀을 정확하게 옮겨 보겠습니다. '민주당은 당 차원의 대규모 산불피해지원TF를 구성해서 산불 진압과 이재민 지원, 피해 복구와 재발방지 대책 마련에 적극 나서겠다. 한 대행과 헌재도 해야 할 일을 즉시 하라' 이것이 정확한 워딩이었습니다. 그런데 이 말을 이렇게 악의적으로 왜곡하는 걸 보면서 기사를 읽을 때는 제목만 보지 마시고 본문 내용도 반드시 확인하시고 팩트체크라는 것이 있다는 것도 염두에 두시고 그것이 정치인의 기본이라는 얘기를 아울러 드립니다.

이한경 재난안전관리본부장님.

○**행정안전부장관직무대행 고기동** 차관입니다.

○**임미애 의원** 차관님, 기후위기로 산불이 대형화되고 연중화되었다고 얘기합니다. 동의하십니까?

○**행정안전부장관직무대행 고기동** 예, 큰 변화가 있습니다.

○**임미애 의원** 그래서 이번 산불을 두고 기후재난이다라고 전문가들은 얘기합니다. 이 역시 동의하십니까?

○**행정안전부장관직무대행 고기동** 예, 재난성 기후라고 생각하고 있습니다.

○**임미애 의원** 그러면 행안부는 이번 산불을 자연재난으로 보십니까, 사회재난으로 분류하십니까?

○**행정안전부장관직무대행 고기동** 사회재난으로 분류하고 있습니다.

○**임미애 의원** 그렇습니까? 기후재난이라고 얘기하면서도 사회재난이라면 변화하는 기후에 대해서 이런 분류 기준 자체가 재검토되어야 하지 않을까요?

○**행정안전부장관직무대행 고기동** 산불의 원인을 기준으로 저희가 보고 있는데요. 실화가 굉장히 많은 것으로 보고 있습니다.

○**임미애 의원** 저는 변화하는 기후에 대한 재검토가 좀 필요하다라는 말씀을 드립니다.
산불 피해 주민들이 가장 원하는 게 뭔지 아십니까?

○**행정안전부장관직무대행 고기동** 예, 알고 있습니다. 제가 만나 본 많은 분들은 긴급한 지원도 있었지만 지금 현재는 주로 주거에 대한 걱정을 많이 하고 계십니다.

○**임미애 의원** 예, 맞습니다.
그런데 그것보다 더 급한 게 있습니다. 뭐냐 하면 피해사실확인서입니다. 이 피해사실확인서가 있어야 주택을 복구하기 위한 자금을 융자받을 수 있고요. 영농자금 대출 상환을 연기하려고 해도 이 피해사실확인서가 필요합니다. 그리고 다 타 버린 약을 다시 처방받으려고 해도 피해사실확인서가 필요합니다.
이 확인서가 있어야 지원을 받을 수 있는데, 피해신고 접수 기간이 4월 15일입니다. 피해자들은 언제쯤 이 확인서를 발급받을 수 있을까요?

○**행정안전부장관직무대행 고기동** 의원님께서도 현장에서 많은 주민들과 함께 여러 가지 공감을 해 주시고 또 여러 가지 대안을 또 저한테도 말씀해 주신 것 감사드립니다.
말씀 주신 것처럼 현재 피해조사가 진행 중입니다. 거기에 따라 절차가 진행될 것이고요. 말씀 주신 것처럼 어쨌든 저희가 최대한 빠른 속도로 하기 위해서 많은 인력과 중앙 차원에서도 동시에 지금 진행을 하고 있습니다.

○**임미애 의원** 기후재난으로 분류가 되면, 자연재난으로 분류가 되면 1차에서 입력이 끝나면 곧바로 피해사실확인서가 발급이 됩니다. 그런데 사회재난으로 분류가 되면 똑같이 NDMS에 피해사실을 입력을 해도 중앙정부에서 다시 현장에 와서 사실 확인이 되지 않으면 피해사실확인서가 발급되지 않습니다. 그래서 현장의 공무원들은 이것을 좀 고쳐 달라, 22년도 울진 산불이 발생했을 때도 이 문제를 제기했는데 여전히 행안부는 이 시스템을 고치지 않아서, 연기에 질식돼서 죽을 뻔했는데 이제는 행안부의 고쳐지지 않는 이 시스템 때문에, NDMS 시스템 때문에 우리가 숨 막혀 죽겠다는 얘기를 합니다.

고쳐야 되지 않을까요?

○**행정안전부장관직무대행 고기동** 예. 이번부터는 중앙부처가 지금 같이하고 있습니다. 걱정하셨다시피 전에는 지자체-중앙 순차적으로 했습니다만 지금 병행을 하고 있습니다. 그래서 4월 15일까지는 동시에 마칠 예정입니다.

○**임미애 의원** 4월 15일이면 산불이 끝난 다음에 2주가 지나야 실제로 이 확인서가 발급이 된다는 소리입니다. 그러면 그 전에는 피해 주민들은 아무것도 할 수가 없습니다. 이것을 시스템도 손을 봐야 되고요 피해사실확인서를 발급받는 것도 단축시켜 주시기 바랍니다.

이게 이렇게 늦어지는 이유는 실제로는 그 내면을 들여다보면 지자체가 입력한 피해사실을 믿을 수 없기 때문에 이런 조치가 이루어진 겁니다. 이런 경우에는 지자체에서 시행한 피해사실확인을 믿고 신뢰하면서 즉시 발급이 될 수 있도록 조치를 취해 주시기 바랍니다.

○**행정안전부장관직무대행 고기동** 한 가지 말씀드리고 싶은 것은 피해조사가 조금 연장이 됐습니다. 그 이유는 지역에 계신 분들이 주로 농업 피해를 상당히 많이 입었습니다. 그래서 개화기까지 좀 기다려 달라, 꽃이 피어야 농작물에 대한 피해가 확인되기 때문에. 그래서 기간이 조금 연장이 된 거고요. 저희는 어쨌든 가능한 빠른 속도로 피해조사를 완료한다는 게 지금 목표입니다.

○**임미애 의원** 알겠습니다.

들어가셔도 좋습니다.

중소벤처기업부장관님 나와 주시기 바랍니다.

이번에 산불 피해를 통해서 피해를 입은 중소기업들에 대한 피해 규모는 혹시 파악이 됐습니까?

○**중소벤처기업부장관 오영주** 예, 저도 이틀 전에 내려갔다 왔습니다. 중소기업 자체는 안동을 중심으로 한 50개 기업이 지금 피해를 입은 것으로 알고 있습니다.

○**임미애 의원** 지금 이 중소기업들의 경우 경영에 굉장히 어려움을 겪고 있는데요. 지금 우리 규정에 의하면 중소기업들에 대한 피해 구제책이 대출 말고는 없습니다.

○**중소벤처기업부장관 오영주** 예, 지금은 그런 상황입니다.

○**임미애 의원** 이것 규정을 좀 바꿔야 되지 않겠습니까?

○**중소벤처기업부장관 오영주** 이런 부분들이 되려면 지금 상황에서 저희가 갖고 있는 규정으로는 좀 어려운 상황에 있고요. 그래서 제가 현장에 갔을 때도 특별법 이야기를

많이 하셨습니다. 그러니까 그런 부분을 가지고서 대응해야 되지 않을까 하는 분들을, 많은 현장의 분들이 이야기를 해 주셨습니다.

○**임미애 의원**　특별법이 필요하다라는 것에 동의합니다. 그렇지만 특별법이 제정되고 그것이 통과되는 데는 시간이 걸립니다. 그것보다는 행안부의 사회재난 구호 및 복구 비용 부담기준 등에 관한 규정, 이 규정을 바꾸면 얼마든지 즉각 지원이 가능합니다.

　행안부와 협의를 하셔야 되지 않겠습니까?

○**중소벤처기업부장관 오영주**　저희가 지금 행안부뿐만 아니라 전체 중대본 차원에서 현장의 목소리를 가지고 지금 상황에서 법령의 규정 내에서 또는 그걸 넘어서 할 수 있는 무엇이 있을지 관계부처가 함께 협의하고 있는 상황이라고 말씀드리겠습니다.

○**임미애 의원**　적극 협의하셔서 실제로 경영난의 어려움을 겪고 있다가 이번에 산불의 피해까지 겹친 분들에게 기껏해야 해 줄 수 있는 것이 대출이다라고 하는 무책임한 대책이 나오지 않도록 행안부와 협의해 주시기 바랍니다.

○**중소벤처기업부장관 오영주**　일단 저희는 이틀 전부터 일대일 컨설팅을 지금 하고 있습니다. 비상대책위원장님을 중심으로 해서 각 기업들이 가지고 있는 어려움이 무엇인지 파악을 하고요. 일단 또 대출이나 그런 외에도 여러 가지 지금 저희가 해 드릴 수 있는 것들이 조금 있더라고요. 직생 기준의 완화라든지 그런 것들을 봐서 가능한 조속한 시간 내에 좀 더 효과 있는 그러한 지원이 될 수 있도록 노력하도록 하겠습니다.

○**임미애 의원**　부탁드립니다.

　수고하셨습니다.

　농림부장관님!

○**농림축산식품부장관 송미령**　예, 의원님.

○**임미애 의원**　이번에 농민들의 피해가 굉장히 컸습니다. 아까 존경하는 김형동 의원님 질의 중에 장관께서 특별지원대책 마련하겠다라고 말씀하셨습니다. 이 부분에 대해서 구체적인 언급을 좀 해 주시겠습니까?

○**농림축산식품부장관 송미령**　지금 저희가 3월 31일 날 저희 농업 분야에서 할 수 있는 대책들을 발표를 미리 하였습니다. 그런데 그것 가지고는 아직 좀 부족한 대목이 있어서 관계 부처랑 협의해서 좀 더 확대하겠다는 말씀을 드렸고요.

　지금 발표된 대책은 지금 영농철이기 때문에 농기계가 소실이 많이 됐습니다. 그래서 농기계, 농자재 이런 것들을 지금…… 농기구까지요. 저희가 작업 대행반까지 해서 좀 빨리 공급하는 거, 이거를 하나 추진하고 있고요. 그다음에 일단은 보험에 가입한 농가들을 중심으로 해서 피해조사를 신속하게 해서 보험금, 보험이 확정되지 않았더라도 50% 정도는 선지급할 수 있도록 지금 조치를 하려고 합니다.

　그리고 농축산경영자금 등을 쓰신 분들이 꽤 많습니다. 그래서 이거를 상환 유예를 한 2년 정도 하고 이자 감면을 해 드리는 조치, 그리고 필요한 일정 범위 내에서 추가적인 융자를 하는 이런 것들도 고려를 하고 있습니다.

　그리고 그 밖에도 정부 양곡을 지급한다거나 그다음에 왕진버스나 영농도우미 이렇게 좀 인력을 지원한다거나 이런 것들을 저희 나름대로는 광범위하게 계획을 하고 있는데요.

　그런데 아무래도 재해복구지원금 이런 것들을 조금 더 신속하게 지원하는 게 필요하고 재해복구지원금의 어떤 현실화율 이런 거를 좀 높이는 것, 이거를 관계부처와 협의를 하려고 합니다.

○**임미애 의원** 부탁드립니다.

대출 상환 연기가, 말씀을 하시니까 축종별로 이것도 차등을 두어야 된다라는 얘기를 드리겠습니다. 3개월마다 출하되는 축종이 있고 6개월마다 출하되는 축종이 있고 3년이 걸려야 출하되는 축종이 있는데 대출 상환 기한을 똑같이 한다면 문제가 있지 않겠습니까?

○**농림축산식품부장관 송미령** 예, 맞습니다.

○**임미애 의원** 그래서 이 부분도 현실화해 주시기를 부탁드리겠습니다.

○**농림축산식품부장관 송미령** 예. 그렇게 하겠습니다, 의원님.

○**임미애 의원** 그리고 제가 더 걱정하는 것은 이번 산불 피해 난 지역이 단순한 피해 수준이 아니라 농업 기반 자체가 붕괴되었다는 겁니다. 의성·안동·청송은 사과 주산지지 않습니까? 그래서 국내 공급의 60% 가량을 차지하고 있고요. 의성 자두는 전국 생산량의 25%입니다. 그리고 영덕의 송이 생산량은 전국에서 30%를 차지하는데 송이산이 다 타 버렸습니다. 이렇게 붕괴된 농업 기반을 어떻게 다시 복구할 것인가라는 문제에 대해서 대책이 있으시면 좀 말씀해 주시겠습니까?

○**농림축산식품부장관 송미령** 지금 일단은 제가 일요일 날 의성의 사과농장을 좀 가 보니까 피해를 입은 과수원이어도 개별 목별로 조금 상황이 다른 것 같아서요, 의원님. 일단은 개화기가 돼야 사실은 정확한 피해 상황을 알 수 있기는 하지만 저희로서는 수급에 영향을 미치지 않도록 그리고 영농 기반을 지킬 수 있도록 지금은 저희가 진흥청하고 지자체하고 다 같이 해서 생육관리협의체를 구성을 했습니다. 그래서 필요한 기반을 유지할 수 있도록 지금 필요한 지원들을 하고요. 폐목들을 빨리 정리하고 묘목들 빨리 식재하는 것, 이것까지 지금 검토를 하고 있습니다.

○**임미애 의원** 대책이 장기적이고 지속적이어야 된다라는 당부를 드리면서 섬세한 대책 마련 부탁드리겠습니다.

○**농림축산식품부장관 송미령** 예, 그리하겠습니다.

○**임미애 의원** 수고하셨습니다.

산림청장님, 이번 산불에서 누구보다도 고생하셨을 텐데요. 전체적으로 산불 진화 총책임자로서 이번 산불에 대한 대응을 평가한다면 어떤 평가를 하실 수 있을까요?

○**산림청장 임상섭** 먼저 산불로 인해서 돌아가신 주민분들하고 부상 입으신 분들 그리고 유가족 여러분, 특히 산불 진화 과정에서 돌아가신 진화대원 네 분하고 산불진화헬기 조종사분께 산불 진화 책임 기관장인 산림청장으로서 대단히 죄송하다는 생각을 가지고 있습니다.

다만 저희들이 많은 산불을 수차례, 여러 수십 년 동안 꺼 왔는데 기상 상황이라든지 이런 것들은 이번에 다른 것들이랑 많이 차이가 있었다고 생각이 됩니다.

○**임미애 의원** 22일 오전 11시에 산불이 발생했습니다. 그리고 일기예보에 의하면 25일 날 강풍이 불 것이다라고 이미 예고가 되어 있었습니다. 그런데 결국 초기 진압에 실패하면서 이 불이 영덕까지 번지는 것을 막아 내지 못했습니다. 초기 진화에 실패한 이유가 뭘까요?

○**산림청장 임상섭** 22일 11시 25분에 최초 발화를 했고요. 만 1일이 되기 전에 1000ha 이상으로 확산이 되었습니다. 그것은 기상적인 요건이 있었다고 판단합니다. 그래서 1000 ha 되는 23일 날 09시에 현장의 진화율이 2.9%였습니다. 하지만 25일 68%까지 진화율을 많이 올렸습니다. 올렸는데 더 많이 올릴 수 있었지만 전날 아까 말씀드린 진화대원 사망 사고도 있었고 또 연무라든지, 연무 때문에 헬기를 적절하게 투입하는 타이밍들이 굉장히 어려웠습니다. 이런 안전 문제라든지 또 동시다발적으로 산불이 발생을 했기 때문에 한정된 헬기라든지 진화 자원을 적절하게 배분하는 데 좀 문제가 있었습니다. 그래서 25일 날 68%까지 진화를 하다가 25일 오후하고 26일 태풍급 강풍에 의해서 영덕 외에 나머지 3개 시군에 확산된 걸로 저희는 그렇게 판단하고 있습니다.

○**임미애 의원** 산불이 3단계에 이르면요 소방청장님께 모든 권한이 집중됩니다. 그렇지요?

○**산림청장 임상섭** 산림청장.

○**임미애 의원** 아, 산림청장님께 모든 권한이 있습니다. 소방장비와 인력에 대한 배치 권한을 가지고 계신데요. 현장에서는 소방청이 보유한 장비와 국방부가 보유한 장비와 지자체가 보유한 장비가 산림청장의 지휘·통제 아래 제대로 들어가 있지 않고 산림청장이 이것을 제대로 지휘·관리·감독하고 있지 못하다라는 불만이 많습니다. 그래서 지역의 유력 인사들에 의해서 소방장비가 배치되었다는 불만이 많습니다. 이 부분에 대해서는 어떤 답변을 주시겠습니까?

○**산림청장 임상섭** 현장 통합지휘본부를 하게 되면 산림청장은 총괄적인 지휘를 하고요. 아까 이한경 본부장께서 얘기하신 것처럼 소방은 인명 피해라든지 재산 피해를 방지하는 역할을 하고, 경찰은 주민대피 교통통제 이렇게 하고, 군은 인력 지원이라든지 헬기 지원이라든지 부수적인 것을 합니다.

통합지휘본부장을 하면서 외부에서 여러 가지 진화자원 배분과 관련돼서 많은 요청이 있었습니다. 있었던 것은 사실이고요. 하지만 아까 말씀드린 한정된 자원을 전체적 전국 단위로 판단해서 배분해야 되기 때문에 요청에 의해서 저희들이 불필요한 곳에 배분을 하거나 그렇게 운영을 하지 않았습니다.

○**임미애 의원** 장비가 청장님의 관할하에 모두 다 들어와 있었다고 확신하십니까?

○**산림청장 임상섭** 예, 아까 말씀드린 것처럼 전체적인 진화 상황이라든지 산림 내의 산불 확산 방향이라든지 이런 것들은 산림청에서 모든 자료를 가지고 제공을 하고요. 통합지휘본부 안에 소방·경찰·군·유관기관들 다 와서 거기서 매일 세 차례 정도 회의를 하면서 업무분담을 하는 그런 형태로 지금 하고 있습니다. 협업 과정 형태로 하고 있습니다.

    (발언시간 초과로 마이크 중단)

....

    (마이크 중단 이후 계속 발언한 부분)

○**임미애 의원** 이론적으로는 말씀을 하시는 것 같은데 실제로 현장에서 느끼기에는 소방장비가 제대로 된 관할 통제하에 들어가지 않고 무분별하게 지역의 유력 인사들 입김에 의해서 좌지우지되었다라는 우려의 목소리가 있습니다. 점검해 보시기 바랍니다.

○**산림청장 임상섭** 예, 알겠습니다.

○**임미애 의원** 수고하셨습니다.

잠깐 기재부차관님 나와 주시겠습니까.

자꾸 예비비 이야기들을 하시는데요. 이번에 산불 재난과 관련해서 가용할 수 있는 자원은, 예비비나 그것은 어느 정도 됩니까, 예산은?

○**기획재정부장관직무대리 김범석** 제가 직접 예산담당 차관은 아닙니다만 이번에 사실, 아까 행안부나 말씀드렸지만 피해조사 규모가 나와야지 최종적으로 확정할 수 있을 것 같고요. 그런데 현재 저희 잠정적으로 봤을 때 이번 산불까지는 감당이 어떻게든 되겠지만 여름이나 새로운 재해가 만약에 발생하게 되면 그 부분에 대해서는 좀 걱정이 있는 상황입니다.

○**임미애 의원** 추경이 필요하지 않겠습니까?

○**기획재정부장관직무대리 김범석** 그래서 그런 취지에서 이번에 필수 추경 저희가 제안드리게 된 부분입니다.

○**임미애 의원** 추경의 규모가 좀 커야 될 것 같습니다. 적극적인 재난 추경이 이루어지길 바랍니다.

○**기획재정부장관직무대리 김범석** 그리고 이번에 저희 부총리께서도 산불 발생 첫날 현장 가서 보시고 그런 부분에 대한 필요성 공감하셨습니다.

○**임미애 의원** 예.

그리고 한 가지만 더 말씀을 드리겠습니다.

아까 존경하는 오기형 의원 질의 답변 중에 '달러는 원화로 계산되어서 현금으로 재산 신고한다' 이렇게 답변하셨습니다. 맞습니까?

○**기획재정부장관직무대리 김범석** 제가 인사혁신처 공직자윤리위원회 소관이라서, 저는 위원으로서 참가해서 드리는 말씀이라서 제가 100% 정확하지 않을 수 있겠습니다만 공직자 재산신고는 저도 하고 평소에 제가 재산심사 과정 했을 때 달러화 신고로 되는 부분이 저희 없습니다.

○**임미애 의원** 현금으로 신고만 하는 거지요?

○**기획재정부장관직무대리 김범석** 현금 또는 예수금 계좌나 그런 식으로……

○**임미애 의원** 그 얘기는 보유한 달러를 신고했는지 안 했는지는 확인할 수가 없는 겁니다. 똑같은 말은 아닙니다.

○**기획재정부장관직무대리 김범석** 현재 공직자 재산등록 계좌상으로는 확인이 안 되는 부분인 것은 맞습니다.

○**임미애 의원** 마치 보유한 달러를 신고한 것처럼 국민들이 착각할 수 있게 답변을 하셔서……

○**기획재정부장관직무대리 김범석** 그런 취지로 말씀드린 부분은 없습니다.

○**임미애 의원** 보유한 달러를 신고했는지 안 했는지는 확인할 수 없다라는……

○**기획재정부장관직무대리 김범석** 예, 신고는 했지만 달러라고 표시가 안 돼 있는 부분은 의원님 지적하신 것처럼 맞습니다.

○**임미애 의원** 예, 수고하셨습니다.

이상 질의를 마치겠습니다.

감사합니다.

○**부의장 이학영** 임미애 의원 수고하셨습니다.

  그러면 이상으로 경북·경남·울산지역 산불 사태 수습과 피해대책 마련 및 헌법질서 수호를 위한 긴급현안질문을 종결할 것을 선포합니다.

  오늘 회의는 이것으로 마치겠습니다.

  산회를 선포합니다.

(18시08분 산회)

○**출석 의원(294인)**

강경숙	강대식	강득구	강명구	강민국	강선영	강선우	강승규	강유정	강준현
강훈식	고동진	고민정	곽규택	곽상언	구자근	권성동	권영세	권칠승	권향엽
김 건	김교흥	김기웅	김기표	김기현	김남근	김남희	김도읍	김동아	김문수
김미애	김민석	김민전	김병기	김병주	김상욱	김상훈	김석기	김선교	김선민
김성원	김성환	김성회	김소희	김승수	김승원	김영배	김영진	김영호	김영환
김예지	김용만	김용민	김용태	김우영	김원이	김위상	김 윤	김윤덕	김은혜
김장겸	김재섭	김재원	김정재	김정호	김종민	김종양	김주영	김준혁	김준형
김태년	김태선	김태호	김한규	김 현	김현정	김형동	김희정	나경원	남인순
노종면	맹성규	모경종	문금주	문대림	문정복	문진석	민병덕	민형배	민홍철
박균택	박대출	박덕흠	박민규	박범계	박상웅	박상혁	박선원	박성민	박성준
박성훈	박수민	박수영	박수현	박용갑	박은정	박 정	박정하	박정현	박정훈
박주민	박준태	박지원	박지혜	박찬대	박충권	박해철	박형수	박홍근	박홍배
박희승	배준영	배현진	백선희	백승아	백종헌	백혜련	복기왕	부승찬	서명옥
서미화	서범수	서삼석	서영교	서영석	서왕진	서일준	서지영	서천호	성일종
소병훈	손명수	송기헌	송석준	송언석	송옥주	송재봉	신동욱	신성범	신영대
신정훈	안규백	안도걸	안상훈	안철수	안태준	안호영	양문석	양부남	어기구
엄태영	염태영	오기형	오세희	용혜인	우원식	위성곤	위성락	유동수	유상범
유영하	유용원	윤건영	윤상현	윤영석	윤재옥	윤종군	윤종오	윤준병	윤한홍
윤호중	윤후덕	이강일	이개호	이건태	이광희	이기헌	이달희	이만희	이병진
이상식	이상휘	이성윤	이소영	이수진	이양수	이언주	이연희	이용선	이용우
이원택	이인선	이인영	이재강	이재관	이재명	이재정	이정문	이정헌	이종배
이종욱	이주영	이준석	이철규	이춘석	이학영	이해민	이해식	이헌승	이훈기
인요한	임광현	임미애	임오경	임이자	임종득	임호선	장경태	장동혁	장종태
장철민	전용기	전재수	전종덕	전진숙	전현희	정동만	정동영	정성국	정성호
정연욱	정을호	정일영	정점식	정준호	정진욱	정청래	정춘생	정태호	정혜경
정희용	조경태	조계원	조배숙	조승래	조승환	조은희	조인철	조정식	조정훈
조지연	주진우	주철현	주호영	진선미	진성준	진종오	차규근	차지호	채현일
천준호	천하람	최기상	최민희	최보윤	최수진	최은석	최형두	추미애	한기호
한민수	한병도	한정애	한준호	한지아	한창민	허성무	허 영	허종식	홍기원
황명선	황운하	황정아	황 희						

○개의 시 재석 의원(201인)

강경숙　강대식　강명구　강선영　강선우　강승규　강유정　강준현　강훈식　고동진
곽상언　구자근　권영세　권칠승　김 건　김교흥　김기웅　김기표　김남근　김남희
김동아　김문수　김민석　김민전　김병기　김상훈　김선교　김성원　김성환　김성회
김소희　김승수　김영배　김영진　김영호　김영환　김예지　김용만　김용민　김우영
김원이　김위상　김 윤　김은혜　김재섭　김재원　김정호　김종양　김주영　김준혁
김준형　김태년　김 현　김현정　김형동　김희정　남인순　맹성규　문정복　문진석
민형배　박대출　박덕흠　박민규　박범계　박상웅　박상혁　박성민　박성준　박수영
박수현　박용갑　박 정　박정하　박정현　박주민　박지혜　박해철　박형수　박홍근
박홍배　박희승　배준영　백승아　백종헌　복기왕　서명옥　서미화　서범수　서삼석
서영석　서천호　성일종　소병훈　손명수　송기헌　송언석　송옥주　신동욱　신성범
신영대　안상훈　안철수　안태준　안호영　양부남　어기구　엄태영　염태영　오기형
오세희　우원식　유동수　유영하　윤종군　윤종오　윤준병　윤호중　윤후덕　이강일
이건태　이광희　이기헌　이달희　이병진　이상식　이상휘　이성윤　이수진　이양수
이언주　이연희　이용선　이용우　이인선　이인영　이재강　이재관　이재정　이정문
이정헌　이종욱　이철규　이춘석　이학영　이훈기　인요한　임광현　임미애　임오경
임이자　임종득　임호선　장경태　장종태　장철민　전용기　전재수　전종덕　전진숙
전현희　정동만　정성국　정성호　정연욱　정을호　정일영　정점식　정준호　정청래
정태호　정혜경　정희용　조은희　조정식　조지연　주진우　주철현　진선미　진성준
진종오　차규근　차지호　채현일　천준호　최기상　최민희　최보윤　최수진　한기호
한민수　한정애　한준호　한지아　허 영　허종식　홍기원　황명선　황운하　황정아
황 희

○산회 시 재석 의원(46인)

권향엽　김 건　김남희　김동아　김영호　김 윤　김주영　김준혁　김 현　노종면
문대림　박성준　박수민　박용갑　박은정　박 정　박지원　박지혜　박형수　백혜련
서미화　서삼석　서왕진　송재봉　신성범　안태준　어기구　오기형　이강일　이병진
이연희　이용우　이재관　이종욱　이주영　이학영　이해민　임미애　장경태　장종태
정을호　정춘생　진성준　차규근　천하람　최형두

○청가 의원(2인)

김대식　신장식

○국회 참석자

사무총장　김민기
입법차장　진선희
의사국장　김승묵

○출석 국무위원

부총리겸교육부장관　이주호
과학기술정보통신부장관　유상임
문화체육관광부장관　유인촌
농림축산식품부장관　송미령

산업통상자원부장관　안덕근
보건복지부장관　조규홍
환경부장관　김완섭
고용노동부장관　김문수
국토교통부장관　박상우
중소벤처기업부장관　오영주
○출석 정부위원
기획재정부
　제1차관(장관직무대리)　김범석
외교부
　제1차관(장관직무대리)　김홍균
법무부
　차관(장관직무대행)　김석우
국방부
　차관(장관직무대행)　김선호
행정안전부
　차관(장관직무대행)　고기동
　재난안전관리본부장(차관직무대리)　이한경
소방청
　청장　허석곤
산림청
　청장　임상섭
○기타 참석자
법원행정처
　처장　천대엽
헌법재판소사무처
　사무처장　김정원
고위공직자범죄수사처
　처장　오동운
경찰청
　차장(청장직무대행)　이호영
【보고사항】
○의안 제출
산림재난방지법 일부개정법률안
(2025. 4. 2. 박상웅 의원 대표발의)(의안번호 2209536)
북한이탈주민의 보호 및 정착지원에 관한 법률 일부개정법률안
(2025. 4. 2. 송재봉 의원 대표발의)(의안번호 2209537)
대규모유통업에서의 거래 공정화에 관한 법률 일부개정법률안
(2025. 4. 2. 김남근 의원 대표발의)(의안번호 2209538)

소송촉진 등에 관한 특례법 일부개정법률안

(2025. 4. 2. 유상범 의원 대표발의)(의안번호 2209539)

인천국제공항공사법 일부개정법률안

(2025. 4. 2. 허종식 의원 대표발의)(의안번호 2209540)

국회법 일부개정법률안

(2025. 4. 2. 이종배 의원 대표발의)(의안번호 2209541)

공직선거법 일부개정법률안

(2025. 4. 2. 김미애 의원 대표발의)(의안번호 2209542)

조세특례제한법 일부개정법률안

(2025. 4. 2. 김소희 의원 대표발의)(의안번호 2209543)

2025년도에 발행하는 첨단전략산업기금채권에 대한 국가보증동의안

(2025. 4. 2. 정부 제출)(의안번호 2209544)

남북 이산가족 생사확인 및 교류 촉진에 관한 법률 일부개정법률안

(2025. 4. 2. 박홍근 의원 대표발의)(의안번호 2209545)

독점규제 및 공정거래에 관한 법률 일부개정법률안

(2025. 4. 2. 이정문 의원 대표발의)(의안번호 2209546)

도시가스사업법 일부개정법률안

(2025. 4. 2. 김동아 의원 대표발의)(의안번호 2209547)

주택임대차보호법 일부개정법률안

(2025. 4. 2. 소병훈 의원 대표발의)(의안번호 2209548)

전세사기피해자 지원 및 주거안정에 관한 특별법 일부개정법률안

(2025. 4. 2. 권향엽 의원 대표발의)(의안번호 2209549)

재난 및 안전관리 기본법 일부개정법률안

(2025. 4. 2. 김기표 의원 대표발의)(의안번호 2209550)

산림재난방지법 일부개정법률안

(2025. 4. 2. 윤준병 의원 대표발의)(의안번호 2209551)

헌법재판소법 일부개정법률안

(2025. 4. 2. 윤준병 의원 대표발의)(의안번호 2209552)

　이상 17건 소관위원회에 회부하겠음

정부위원 출석요구의 건

(2025. 4. 3. 박찬대 의원 외 169인으로부터 경북·경남·울산지역 산불 사태 수습과 피해대책 마련 및 헌법질서 수호를 위한 긴급현안질문을 하고자 4월 3일 본회의에 소방청장·산림청장의 출석을 요구)(의안번호 2209563)

○**의안 철회**

인천국제공항공사법 일부개정법률안

(2025. 2. 12. 허종식 의원 대표발의)(의안번호 2208095)

　4월 2일 발의자 철회 요구

○**청원 제출**

가족 동의없는 장기 기증 허용 법안 진행의 반대에 관한 청원

(2025. 4. 2. 곽인혜 외 50,444인 국민동의로 제출)(청원번호 2200159)
　소관위원회에 회부하겠음
○보고서 제출
2024년도 방송통신위원회 연차보고서(비공개)
(2025. 3. 31. 방송통신위원회 제출)
2024년 원자력안전위원회 연차보고서
(2025. 3. 31. 원자력안전위원회 제출)
2024년도 국가지식재산위원회 연차보고서
(2025. 3. 31. 과학기술정보통신부 제출)
　이상 3건 4월 2일 과학기술정보방송통신위원회에 송부

(다음 페이지에 계속)

○본회의장 의석표

2025. 1. 7. 기준

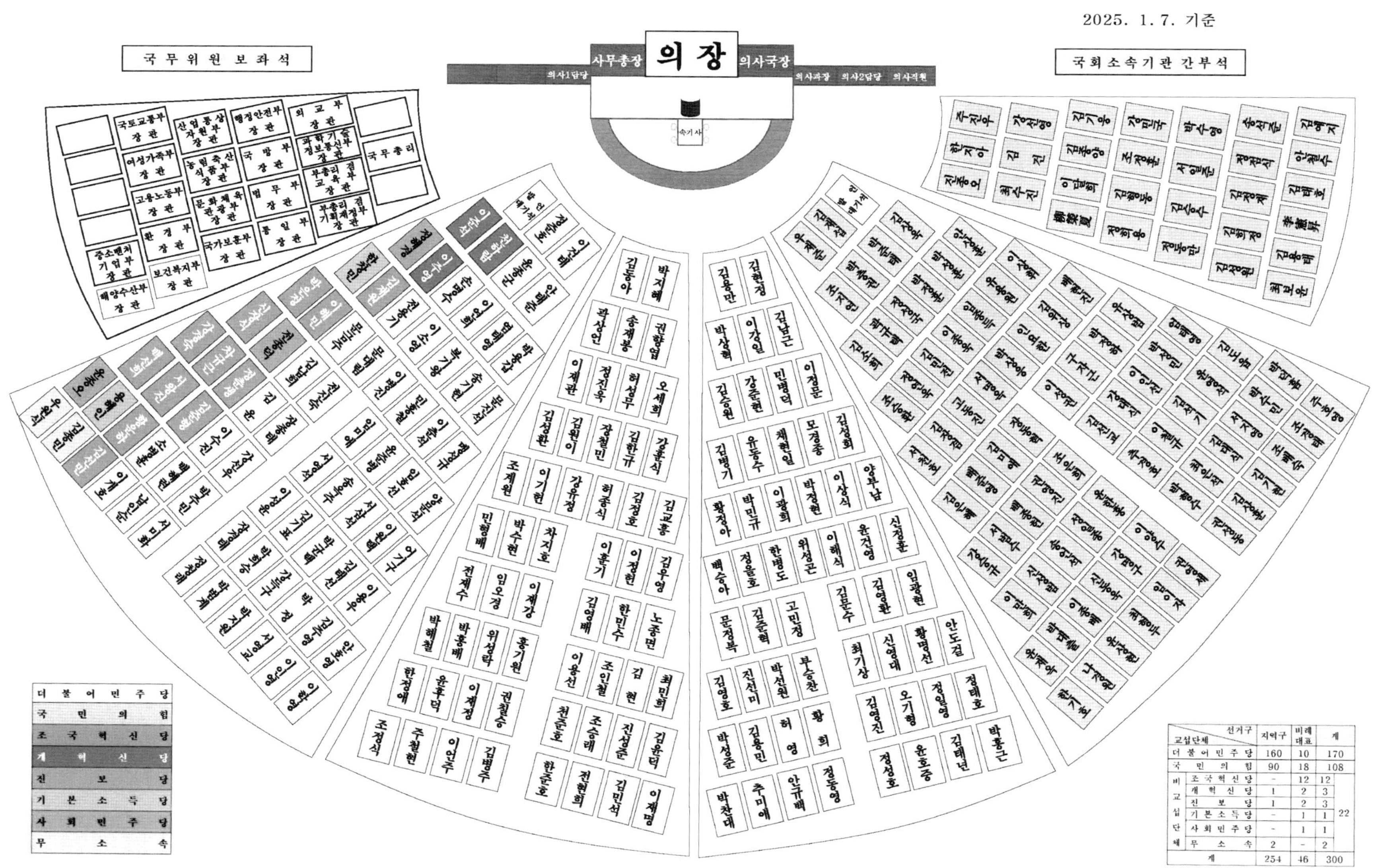

더불어민주당				
국민의힘				
조국혁신당				
개혁신당				
진보당				
기본소득당				
사회민주당				
무소속				

교섭단체 \ 선거구	지역구대표	비례대표	계
더불어민주당	160	10	170
국민의힘	90	18	108
비교섭단체 조국혁신당	-	12	12
비교섭단체 개혁신당	1	2	3
비교섭단체 진보당	1	2	3
비교섭단체 기본소득당	-	1	1
비교섭단체 사회민주당	-	1	1
비교섭단체 무소속	2	-	2
계	254	46	300

77번째 제주 4.3 희생자 추념일입니다. 국가 폭력에 희생된 4.3 영령들의 안식을 기원합니다. 통한의 역사 속에서 내 나라, 나의 제주를 지켜오신 생존 희생자와 유가족에게 깊은 위로와 존경을 보냅니다. 충분히 이뤄지지 않은 국가폭력의 성찰과 반성은 결국 2024년 12월 3일 국가수반의 친위쿠데타와 극우세력의 등장으로 이어졌습니다. 윤석열 파면 이후 역사의 진실을 왜곡하고 폄훼하는 무리들이 득세하지 않도록 새로운 대한민국이 되어야 합니다. 4.3 즈음에 희생자와 유가족을 모욕하는 극우 현수막이 걸리는 일이 없는 나라가 되어야 합니다. 그것이 아직 아물지 않은 상처와 슬픔을 안고 대한민국을 굳건히 지켜온 제주도민에게 정치가 해야 할 책임입니다. 사회민주당은 제주 4.3 희생자들 앞에 다짐합니다. 내란을 완전히 종식하고 새로운 공화국에서 더 큰 자유와 평등을 만들어 갈 것입니다. 다시는 국가 폭력이 일어나지 않는 나라를 만들어 가겠습니다.

– 사회민주당, 4월 3일 보도자료

우원식 국회의장, 제77주년 4·3 추념식 인사말

'웡이자랑, 웡이자랑'

그 강인한 슬픔의 노래와 함께, 아름다운 제주의 곶자왈과 오름, 동굴과 계곡, 그 비경 깊숙이 흐르는 4·3의 숨결을 느낍니다. 동에서 서, 남에서 북, 중산간부터 해안마을까지 온통 잿더미였습니다. 채 열 살을 살지 못한 어린아이부터 거동이 불편한 어르신까지, 부모와 자식이, 부부와 형제자매가, 이웃집 삼촌이, 죽임당하고, 생이별했습니다.

온 마을이 한날한시 숨죽여 흐느낀 제삿날이 수십 년, 없는 죄가 대물림되며 삶을 옥죈 날이 또 수십 년, '살민 살아진다'며 서로를 의지해 버틴 날이 또 수십 년, 그 긴 통곡의 세월을 견뎌 마침내 진실의 시간, 정의와 평화의 역사를 열어온 4·3 생존 희생자와 유가족, 제주도민 여러분께 깊은 존경과 감사의 마음을 바칩니다.

제주 4·3의 진실은 민주주의와 함께 전진했습니다. 6월 항쟁을 지나, 처음으로 제주에서 공개 추모제가 열린 1989년 4월 3일, 진실이 탄압받고 침묵이 강요되던 시절이었지만 제주는 두려움을 딛고 일어섰습니다. 평범한 시민들이었습니다. 그 용기와 헌신이 진상규명의 길을 열고,
명예회복의 광장을 열었습니다.

4·3 특별법과 함께 국가 차원의 조치가 진행되고 있지만, 아직 해결되지 않은 과제가 적잖습니다. 실종자 확인과 유해 발굴, 재심 재판, 합당한 보상, 불행한 역사가 남긴 상흔을 온전히 치유하려면 꼭 해야 하는 일들입니다. 원통한 마음이 모두 풀리는 해원의 날까지, 국회가 제주와 함께 그 길을 지키겠습니다.

오늘 우리 가슴에 달린 동백꽃 배지가 그 약속입니다. 4·3 영령들의 상징인 이 배지를 단다는 것은 제주의 아픔을 기억하겠다는 다짐이고, 피맺힌 한을 함께 풀겠다는 각오입니다. 서로를 치유하고 화해하며 평화와 인권, 인류의 보편가치를 반듯하게 세우겠다는 높은 이상입니다. 제주의 기억을, 우리의 약속을, 모욕하고 폄훼하는 일이 더는 없기를 바랍니다. 국회가 제주와 함께 단호히 대처하겠습니다.

존경하는 국민 여러분, 저는 오늘 이곳 제주 4·3 평화공원에서 77년 전 제주가 오늘 우리, 대한민국에 건네는 질문을 함께 생각해 보고자 합니다.

4·3이 묻습니다. '국가는 무엇을 지켜야 하는가?' 제주의 무고한 주민들은 정부가 내린 포고령과 계엄령하에서 무참히 희생됐습니다. 국민이 나라의 주인이라는 헌법이 공포되고 석 달이 채 되지 않은 때였습니다. 군경의 총구가 국민을 향했습니다. 민주공화국이 배반당했습니다. 4.19와 5.18, 불의한 권력이 다시 국민을 겨눴을 때 우리는 묻고 또 물었습니다. 국가는 무엇을 지켜야 하는가, 헌법은 누구를 위한 것인가, 이 질문에 답하며 우리는 민주주의를 발전시켰고 나라를 바로 세웠습니다.

4·3이 다시 묻습니다. '대한민국은 어떤 공동체로 나아가야 하는가?' 4·3의 가해자들은 생각이 다른 사람을 적으로 규정했습니다. 낙인찍어 제거하고, 배제하고, 차별했습니다. 그 뿌리가 깊고 질기게 남아 오늘 우리 공동체를 위협하고 있습니다. 4·3 왜곡이, 그리고 4·3 모독이 그렇습니다. 12·3 비상계엄과 탄핵 정국에서 일어난 적대와 선동, 혐오와 폭력도 다르지 않습니다. 그러나 여러분, 4·3 제주는 우리에게 공존과 상생의 길을 가르쳐주었습니다. 아픈 역사를 숨김없이 드러내 잘못은 밝히고, 그 해결 과정을 통해 서로를 치유하고 화해하는 길, 진실에 발 디딘 그 자리에서 비로소 앞으로 나아갈 수 있다는 사실을 보여줬습니다.

4·3 기록물이 유네스코 세계기록유산 등재를 눈앞에 두고 있습니다. 냉전과 분단의 틈에서 이념의 이름으로 벌인 국가 폭력과 이를 극복해 온 제주의 역사가 세계인을 향한 인권과 평화의 메시지가 될 것입니다. 제주 4·3이 세계인의 기억과 역사가 되는 그 길에서, 대한민국의 민주주의도 한 걸음 더 전진할 것입니다.

끝으로, 4·3 수형인 직권재심 법정에서 재판부가 전원 무죄를 선고하며 낭독한 판결문의 한 구절을 읽으면서 제주의 봄을 다시 새깁니다. "피고인들은 극심한 이념대립 속에 희생되었고 목숨마저 빼앗겼다. 피고인들이 오늘을 사는 우리에게 말한다. 당신은 설워할 봄이라도 있지만…." "당신과 딱 한 번의 봄이라도 살고 싶은 제주"의 마음과 함께 4·3 영령들의 안식을 빕니다. 이제 국회가, 국가가 다 밝히겠습니다. 이제 억울함 내려놓으시고 편히 쉬소서.

비상대책위원회의 주요내용

4월 3일 비상대책위원회의 주요내용은 다음과 같다.

– 권영세 비상대책위원장

어제 전국 23개 지역에서 재보궐 선거가 치러졌다. 선거 결과를 무겁게 받아들인다. 국민의 목소리에 더욱 세심하게 귀를 기울이고, 더욱 가열차게 변화하고 혁신하면서, 국민의 마음을 얻을 때까지 모든 노력을 멈추지 않겠다는 말씀을 드린다. 내일 대통령 탄핵심판선고가 예정되어 있다. 국회 탄핵소추 이후 111일, 변론 종결 이후 38일 만이다.

지금 우리나라는 대통령 직무 복귀를 주장하는 국민들과 이를 반대하는 국민들로 갈라져서 극단적인 대립을 보이고 있다. 탄핵심판결과가 어떻게 나오든 큰 갈등과 혼란이 발생할 수밖에 없는 위태로운 상황이다. 결국, 가장 중요한 것은 헌법재판소의 올바른 판결이다. 헌재가 국민들께서 납득할 수 있는 공정한 판결을 내려야만 판결 이후에 갈등과 혼란을 최소화할 수 있다. 헌법재판관들께서 법리와 원칙, 한 사람, 한 사람의 양심에 따라 올바른 판결을 내려 주시기를 기대한다.

그런데 판결을 앞둔 이재명 대표와 민주당의 태도는 정말 충격적이다. 이재명 대표는 승복 여부를 묻는 질문에 "승복은 윤석열이 하는 것"이라며 사실상 불복을 선언했고, 민주당 의원들의 불복 선언이 줄줄이 이어졌다. 자신들이 원하는 결과가 나오지 않을 것 같아 이에 대비한 빌드업인지, 마지막까지 헌재를 압박하기 위한 대국민 겁박인지는 알 수 없으나 어느 쪽이든 책임 있는 정치 지도자의 태도라고 할 수 없다. 이재명 대표가 바라는 것이 충돌과 유혈사태인지 묻지 않을 수 없다. 애당초 오늘의 사태를 불러온 데는 민주당 책임이 가장 크다. 민주당은 윤석열 대통령 취임 이후 30번의 공직자 줄 탄핵, 무자비한 핵심 예산 삭감, 이재명 방탄 법안과 사회 갈등 법안 일방통과 등 정부의 기능을 마비시키는 의회 독재를 멈추지 않았다.

지금 대한민국은 그 어느 때보다 심각한 위기 상황이다. 외교, 안보, 경제, 민생 모든 분야에서 경고등이 켜졌다. 어제 미 트럼프 행정부는 우리 제품에 대해 일본이나 EU보다 높은 25%의 관세율을 부과한다고 발표했다. 수출중심의 우리 경제에 큰 타격이 예상되는 상황이다. 이대로는 우리의 미래를 장담하기 어려운 상황에 처해 있다.

이 위기를 극복하고 다시 도약의 길로 나아가려면, 가장 먼저 정치부터 달라져야 한다. 정치가 갈등의 조정자이자 사회통합의 마중물이 되어야 한다. 아무리 의견이 달라도 대화와 타협을 통해 문제를 해결해 나가야 한다. 그리고 그 과정은 반드시 법과 제도의 틀 안에서 이뤄져야 할 것이다. 민주당의 대오각성과 승복선언을 강력하게 촉구한다.

국민 여러분들께도 간곡하게 호소드린다. 설령 받아들이기 힘든 판결이 나온다 해도 법과 제도의 틀 안에서 그리고 대화와 타협이라는 정치의 본질을 지키며, 대안을 모색하고 절충안을 만들어나가야 한다. 그런데도 갈등을 부추기고, 혼란을 키우는 정치세력이 있다면 국민 여러분들께서 과감하게 퇴출 시켜 주시길 바란다.

또한, 어떤 경우에도 국민의 생명과 안전보다 더 중요한 것은 없다. 선고 당일 그 어떤 불상사도 있어서는 안 된다. 저는 한덕수 국무총리 권한대행 측에 선고 당일 및 이후에 안전관리에 각별히 노력해줄 것을 요청했다. 경찰은 질서 유지와 사고 방지에 최선을 다해주시기를 부탁드린다.

저와 국민의힘은 대통령 탄핵심판 판결에 승복할 것이며 탄핵심판 이후를 철저히 준비하고 대비할 것이다. 탄핵 판결이 국가의 복합위기로 전이되지 않도록 안정적으로 국정 상황을 관리하겠다. 그것이 대한민국의 공당으로서 책임을 다하는 최선의 길이라고 믿는다.

그리고 이번 비상계엄과 대통령 탄핵 사태를 통해서 시대에 맞지 않는 87체제의 모순이 적나라하게 드러났다. 흔히 제왕적 대통령제라고 생각해 왔던 우리 헌법이 실제로는 의회 독재를 견제할 최소한의 수단조차 사실상 전무한 제왕적 의회 헌법이라는 사실도 밝혀졌다.

내일 헌재의 심판결과가 대통령 직무복귀로 결정된다면 우리당도 서둘러 적극적으로 개헌을 추진하겠다. 대통령께서도 임기에 연연하지 않겠다고 약속한 만큼 국민의 뜻을 모아 시대정신에 맞는 헌법을 만드는 데 최선을 다하겠다. 행정부, 입법부, 사법부 어느 것도 특정 개인이나 세력에 장악되지 않고 다양화되고 다원화된 국민 요구를 담아내는 더 큰 헌법을 만들겠다. 이제 대한민국은 앞으로 나아가야 한다. 이번 위기를 디딤돌로 대한민국 개혁과 대변혁을 반드시 이뤄내야 한다. 국민의힘은 대한민국의 자유와 번영을 위해 모든 것을 바칠 것이다. 감사하다.

– 권성동 원내대표

오늘 새벽 미국 트럼프 행정부는 국가별 상호 관세를 발표했다. 한국산 제품은 25% 관세율이 부과되었으며, 이는 중국 34, 대만 32보다는 낮지만, 일본 24, EU 20보다는 높은 수준이다. 세계 각국도 맞대응을 예고하면서 기존 글로벌 통상 기반 자체가 흔들리고 있다. 수출로 먹고사는 대한민국은 그야말로 생존의 기로에 섰다.

이러한 엄중한 상황 속에서 정부와 기업 그리고 국민은 이미 최선을 다하고 있다. 지난 1일 정부는 민관 합동 경제안보전략TF를 출범시켜 통상 대응의 컨트롤타워를 가동하고 있다. 우리 기업들도 달리고 있다. 정의선 현대차 회장은 트럼프 대통령의 초청으로 백악관을 방문하여, 양국 경제의 가교역할을 하였고, 수많은 기업인들이 무역 현장의 최전선에서 뛰고 있다.

하지만 민주당이 장악한 우리 국회는 역할은커녕 오히려 발목을 잡고 있다. 3월 13일, 철강 관세가 발효되었을 때, 민주당은 대검찰청 항의 방문에 열을 올렸다. 3월 21일, 안덕근 산업통상부 장관이 미국 에너지 장관과 면담하던 날, 민주당은 최상목 경제부총리 탄핵소추안을 발의했다. 3월 27일, 자동차 관세가 발표되었을 때 민주당은 탄핵 촉구 철야 농성에 돌입했다. 민주당의 권력욕이 통상 대응 골든타임을 불태운 것이다.

더 심각한 문제는 지금 이 순간에도 한덕수 대행과 최상목 부총리가 민주당의 탄핵 스토킹에 시달리고 있다는 사실이다. 한덕수 대행은 바이든 미국 대통령과 통화한 지 보름도 되지 않아 탄핵소추를 당했다. 최상목 권한대행은 미국 베선트 재무장관과 면담한 지 3주 만에 탄핵소추안이 발의되었다. 이 지경인 상황에서 대한민국이 미국과 어떻게 협상을 할 수 있겠는가. 또 국제사회가 과연 한국과 제대로 된 논의를 하겠는가.

민주당에 단호히 촉구한다. 지금이라도 최상목 부총리에 대한 탄핵소추안을 철회하십시오. 위기 국면에서조차 정치 공세에만 몰두한다면 국민과 역사는 민주당에 무거운 책임을 물을 것이다. 우원식 국회의장께도 엄중히 요구한다. 끝내 이재명이 국익 대신 자신의 권력욕을 선택한다면, 의장은 표결을 위한 본회의를 개최하지 말아야 한다. 만약 이재명의 정치적 방탄복을 자처한다면 국회의장 역시 그 책임에서 자유로울 수 없음을 분명히 밝혀둔다.

윤석열 대통령 탄핵심판선고를 앞두고 민주당은 불복과 극언의 난장판을 벌이고 있다. 며칠 전에는 헌법재판관을 향해 '탄핵을 기각시키면 을사오적, 을사팔적, 반역자'라고 했다. 어제는 '제2의 이완영이 되어 자자손손 살아갈 수 없을 것'이라고 했다. 정치인의 언어가 만취한 조폭 수준이다. 게다가 탄핵심판이 열리는 4월 4일 11시가 '사시'라고 하면서, 사, 죽을 사, 죽을 사, 죽을 사, '4 · 4 · 4, 틀림없이 죽는다'라는 극언까지 했다. 정치인이 무당 노릇까지 하면서 살을 날리고 있는 것인가.

또한, 민주당은 "헌재의 불의한 선고에 불복할 수 없다"라며 사실상 불복을 선언하고, 대중 봉기를 유도하고 있다. 민주당은 이런 극언을 내뱉으며 마치 자신이 독립운동가라도 되는 듯이, 자신이 정의의 수호자라도 되는 듯이 망상에 빠져 있겠지만, 사실은 내란 선동일 뿐이다. 이재명 대표의 대권 탐욕에 아부하는 충성 경쟁일 뿐이다.

반면 국민의힘 지도부는 여러 차례 탄핵심판에서 어떠한 결과가 나와도 수용하겠다는 입장을 지속적으로 밝혀왔다. 국민의힘과 민주당 중 누가 진정 헌정을 수호하는 정당인지 명백하다. 탄핵이 기각되어도, 또 인용되어도 우리 사회의 갈등은 더욱 심각해질 것이다. 이러한 상황에서 책임 있는 정치세력이라면, 지지자들의 감정을 다독이면서 차분하게 헌재 판결을 기다리는 것이 정도일 것이다.

그런데도 민주당은 극단적인 언어를 난사하면서 사회 갈등을 오히려 내전 수준으로 악화시키고 있다. 거듭 촉구한다. 민주당은 불법과 폭력을 획책하고, 내란까지 선동하는 저급한 언어 배설을 즉각 멈추어야 한다. 정당으로서의 최소한의 품격을 지키기 바란다. 이제 대통령 탄핵심판이 하루 남았다. 여야 정치권은 자신의 정치적 유불리를 떠나 사회 갈등을 치유하고 통합하는데 노력해야 할 시간이다.

– 김상훈 정책위의장

기업하고 싶은 나라, 투자하고 싶은 나라 대한민국을 국민의힘의 규제 완화로 만들겠다. 우리나라의 대미 투자가 더욱 가속화되고 있다. 언론 보도에 따르면 트럼프 행정부 출범 이후 국내 기업의 대미투자 및 구매 금액은 현대차 그룹 210억달러, 대한항공 327억달러 등을 포함해서 약 80조원에 달했고, 지난 8년간 총 대미 투자액은 203조원에 이른다고 한다.

일각에서는 한국 기업들이 직접 미국과 함께 현지에서 제2의 내수 시장을 개척하고 있는 동시에 미국 경제에도 기여하고 있다고 평가받고 있다. 그러나 한편으로는 우리나라가 얼마나 기업하기 어려운 나라인지, 투자하기 어려운 나라인지 반성해야 한다는 목소리도 커지고 있다. 외국 기업들이 한국 투자를 꺼리고 있다. 과도한 규제와 반기업 정서 때문이라는 분석이 나오고 있다.

최근 주한 미국 상공회의소 분석 보고서에 따르면 한국은 정치적 동기로 기업에 대한 과도한 형사처벌을 추진한다고 지적했다. 또한, 지난 연말 대한상공회의소 조사 결과에 따르면 첨단 전략 산업 관련 규제가 경쟁국보다 과도하다고 응답한 기업이 54%에 달했다. 지난해 7월 OECD가 발표한 상품 시장 규제 지수 평가에서 정부의 기업 활동 개입 분야는 36위로 최하위권이었다.

우리나라의 기업 규제가 얼마나 심한지, 그리고 이로 인한 국가적 손실이 얼마나 큰지 알 수 있는 통계들이다. 올해 1월 말 한국경제인협회 설문조사 결과 상경계열 교수들의 66.7%가 한국 경제가 정점을 찍고, 내리막길에 접어들었다는 피크 코리아에 동의했다. 같은 조사에서 경제 재도약을 위해 가장 필요한 정부 정책으로 불필요한 규제개선 22.8%, 노동시장 유연화 12.6%, 신산업 진출 관련 이해 갈등 해소 13.8%로 나왔다.

상경계일 교수들의 말처럼 한국 경제가 다시 오르막길에 오르려면 불필요한 규제 완화와 노동시장 유연화가 필수적이다. 획일적인 주 52시간제 개선, 과도한 원청업체에 대한 부담을 규정한 중대재해처벌법 개정, 중소·중견기업의 가업 승계를 돕기 위한 상속세 체계 개편, 노동시장의 구조 이중구조 개편도 절실하다.국민의 힘은 약은 약사에게, 경제는 기업에게 라는 마음으로 기업하기 좋은 나라, 투자하기 좋은 나라 대한민국을 만들기 위해 불필요한 규제를 적극적으로 개선해 나가겠다.

산불 피해 대책 마련 당정협의회 관련이다. 오늘 오전 11시 산불 피해 현황 및 후속 조치를 논의하기 위한 산불 피해 대책 마련 당정협의회를 개최할 예정이다. 산불 피해 지역 광역단체장, 산불 피해 지역 국회의원, 당 지도부, 정부 측에서는 유관부처 장·차관이 함께 자리하게 될 것이다.

이번 산불로 인한 피해 지역 주민 여러분의 생계가 위협받는 것이 가장 큰 문제로 떠오른 만큼 오늘 당정협의를 통해 산불 피해 주민들이 한시라도 빨리 일상으로 복귀하실 수 있도록 전방위적 지원 방안을 검토할 예정이다. 이 밖에도 대형 산불 재발 방지, 산불 대응력 강화 방안 등에 대해서도 논의하도록 하겠다. 무엇보다 향후 혹시 있을지 모를 집중호우, 태풍 등의 피해에 대비하기 위해 구체적인 추경 편성 방안에 대한 심도 있는 논의를 하도록 하겠다.

– 임이자 비상대책위원

국민 여러분 안녕하신가. 저는 지난 12월부터 현재까지 불면의 밤을 지새우고 있다. 어제는 거의 뜬눈으로 밤을 지새웠다. 12.3 비상계엄 전 상황을 돌이켜보면 민주당은 전례 없는 22번의 탄핵소추로 인한 행정부를 마비시켰다. 전례 없는 특활비, 특경비 전액 삭감했다. 산불 등에 대비한 재해, 재난 대비 예비비를 반 토막으로 삭감시켰다.

이처럼 민주당은 일방적인 예산 삭감 횡포로 국정을 마비시키고 오로지 이재명 사법리스크 방탄을 위한 국가 혼란을 획책해 왔다. 그 결과는 줄탄핵에 대한 줄기각에 이어서, 영남 대형 산불 지원에 대해서는 추경을 해야 될 지경에 이르렀다. 과연 이런 상황에서 국가 최고 책임자인 윤석열 대통령인들 어떻게 정상적으로 국정을 운영할 수 있었겠는가.

범죄 피고인 이재명의 민주당은 어제 담양 군수 선거에서 즉, 호남 민심에서 외면받았다. 그거 뼈아프게 생각하셔야 한다. 더 이상 광란의 질주를 멈춰주시길 바란다. 제가 할 말은 무척 많지만, 헌법재판소에 내일 탄핵 선고 기일을 하루 앞두고 정말 기도하는 심정으로 오늘은 이만 말을 아끼겠다.

– 김용태 비상대책위원

국민의힘은 비상계엄 이후 지금까지의 탄핵심판 과정에서 민주당의 선동적인 내란 프레임에 맞서 싸웠다. 우리는 탄핵심판 과정에서 민주당이 과반수를 무기로 독선과 독단을 정당화하는 의회 독재를 목격했다. 국가 위기 상황에서도 줄 탄핵을 통해 행정부를 마비시키는 집단 행위를 보면서 민주당에게 다수와 소수의 비율에 맞는 협의의 정치는 애시당초 없었다는 것을 다시 한번 확인했다.

내일의 심판에서 중요한 것은 내용적으로 내란의 죄가 있는가 여부다. 이미 민주당은 비겁하게 '내란죄 혐의를 뺏으면서도, 내용적으로 바뀐 것이 없다'고 선전해 왔다. 현재 행정부에 대한 내란죄 줄탄핵은 모두 기각되었다. 만약에 내일 헌재가 내란 여부에 대해 판단하지 않는다면 민주당은 그동안의 내란죄 선동에 대해 사죄해야 마땅하다.

국민의힘은 윤 대통령의 계엄을 옹호한 적이 없다. 또한, 이 계엄이 내란이라는 민주당의 주장에도 반대해 왔다. 민주당은 대통령 탄핵 국면에서 국민의힘에 대한 내란죄 선동의 굿판을 벌였고, 그것은 고스란히 이재명 대표의 조기 대선 선거 운동이었다. 이재명 대표의 민주당이 거짓 선동 전술이 신기에 가까울 정도였다.

국민의힘은 민주공화국의 국민으로서 헌법재판소의 심판결과에 승복한다. 그러나 이재명 대표의 1극 체제 민주당으로부터 자유민주주의, 대한민국을 지키는 싸움은 이제 본격적으로 시작될 것이다. 내일이 지나면 적대와 술수, 사기와 협박, '포퓰리즘의 상징인 이재명 대표' 대 '새로운 대한민국을 꿈꾸는 국민'의 싸움이 시작될 것이다.

그 싸움의 시작은 개헌 운동이다. 이재명 대표는 탄핵 과정에서 87년 체제, 국회의 합의제 관행을 파괴했다. 그리고 87년 체제의 제왕적 대통령제는 그대로 가져가려 한다. 지금 87체제를 대수술하는 개헌 운동은 입법부와 행정부를 모두 장악하고, 사법부 위에 군림하려는 1극 체제 대한민국을 꿈꾸는 이재명 대표와의 싸움이다.

이재명 대표가 이끄는 정치는 국가 공동체를 살리는 정치가 아니라 끊임없는 내전으로 몰고 가는 정치이다. 우리는 개헌을 통해서 대통령의 권한을 나누고, 다수당의 일방 독주를 막으며, 소통과 협치의 정치를 가능하게 하는 권력구조 개혁을 이루어야 한다. 계엄과 탄핵을 둘러싼 국정 혼란과 국론 분열의 상처를 극복하고 전화위복의 계기를 만들기 위해서 '2025 개헌'을 통한 새로운 대한민국을 만들어내야 한다.

대권에 눈먼 자, 낡은 87체제를 바꾸는 개헌을 외면할 것이다. 제왕적 대통령이 되고 싶은 자, 새로운 국민통합 국가를 외면할 것이다. 불완전한 타협 체제인 87체제에서 안전장치를 뽑아낸 자, 구체제의 기득권을 붙들고자 할 것이다. 탄핵심판의 끝은 개헌과 새로운 대한민국의 설계이다. 끝이 아니라 시작이라는 희망으로 내일을 맞이합시다.

– 최보윤 비상대책위원

4월 4일 대통령 탄핵심판 이라는 헌법재판소의 중대 결정을 앞두고 이재명 대표와 민주당의 반헌법적 행태를 강력히 규탄한다. 이재명 대표는 윤 대통령이 복귀하면 국민은 저항할 것이고 충돌을 피할 수 없다며 유혈사태를 언급했고, 원내대표를 지낸 박홍근 의원은 야당과 시민사회단체가 탄핵 기각 불복입장을 공식 천명해야 한다고 선동했다.

박지원 의원은 '폭동으로 이어질 수 있다'는 협박성 발언을 했고, 백혜련 의원은 '제 2의 4.19가 발생할 것'이라며 위협했으며, 최강욱 전 의원은 '칼을 사러 가야 한다'는 폭력선동까지 서슴지 않았다. 이는 헌재 결정에 대한 불복의사를 노골적으로 드러낸 선언이자 국헌문란 행위이다.

아버지 이재명 대표와 민주당의 권력 장악을 위해 헌법 질서를 부정하고 국가와 국민의 안위를 도외시하는 폭거가 아닐 수 없다. 특히 유혈사태를 운운한 것은 위험천만한 선전 선동이 명백하다. 자신의 생각과 판단만이 옳다고 주장하는 것이 독재의 시작이라고 생각한다.

오직 권력 장악을 위해 내각 총탄핵과 같은 반헌법적 발상까지 실행하려 한 민주당의 오만함, 헌법재판소 결정을 부정하고 폭력선동마저, 불사하려는 민주당의 극단적 행보가 어떤 돌이킬 수 없는 위기를 초래할지 우리는 깊이 경계해야 한다.

이번 탄핵 선고는 국가의 명운이 걸린 중대한 사안이다. 헌법재판소의 결정은 존중되어야 하며 헌재의 결정을 자신들의 기준으로 재단하고, 국민을 선동의 폭력으로 부추기는 행위는 결코 용납될 수 없다. 민주당은 지금이라도 헌재 결정에 대한 승복을 약속해야 한다. 또한, 민주당은 헌재와 국민을 향한 협박과 선동을 즉각 철회하고 공식적으로 사과할 것을 강력히 촉구한다.

우리 국민의힘은 헌재 결과를 수용하겠다는 의지를 이미 여러 차례 분명히 밝혔다. 법치주의와 헌법 정신에 근거한 헌재의 공정한 결정을 존중하고, 국민통합과 국정 정상화에 모든 역량을 집중하는 것이 중요하다. 국민의힘은 보수의 가치를 믿는다. 국민의힘은 국민과 함께 대한민국 자유민주주의와 헌법적 가치를 지켜내겠다.

국민의힘은 대한민국의 산업화와 민주화를 이끌어온 보수 정신의 역사적 소명을 계승하고, 숱한 시련과 도전 속에 국가발전을 위해 헌신해 온 선배들의 발자취를 따를 것이다. 국민의힘은 국민과 함께 AI 등 신기술 경쟁력 확보를 통한 산업 간 융복합 혁신으로 미래 글로벌 선도국가로 도약하겠다. 국민의힘은 오직 국민과 나라만 바라보겠다.

2025. 4. 3.
국민의힘 공보실

국회 측 탄핵소추단 대리인이 중립적인 전문가인가…
시청자 기만 중단하라.

민주당의 줄탄핵으로 시작된 여러 탄핵심판에서 국회 측 대리인으로 활동 중인 노희범 변호사의 반복적인 방송 출연이 언론의 공정성과 균형성을 심각하게 훼손하고 있다.

권성동 원내대표가 공개한 '윤석열 정부 기간 중 민주당 줄탄핵 관련 국회 측 대리인 건별 지출비용' 자료에 따르면, 노희범 변호사는 이상민 행정안전부 장관, 이창수 검사, 조상원 검사, 최재훈 검사까지 총 4건의 탄핵 심판 사건에서 국회 측 대리인으로 활동해 왔다. 그리고 이 과정에서 총 5천만 원가량의 수임료를 받은 것으로 나타났다.

이런 상황에서 노 변호사는 JTBC, MBC 등 다수의 방송에 출연해 "윤석열 대통령 탄핵소추안이 헌재에서 8대 0으로 인용될 가능성이 높다"며 탄핵 인용의 당위성과 전망을 반복적으로 주장해 왔다. 전직 헌법재판소 헌법연구관 출신이라는 이력까지 더해져, 그의 발언은 시청자에게 객관적인 전문가 의견으로 인식될 가능성이 크다.

그러나 문제는, 노 변호사가 방송에서 자신이 국회 탄핵소추단의 대리인이라는 점을 시청자들에게 명확히 밝힌 적이 있는지 불분명하다는 데 있다. 실제로 앵커들도 그를 주로 '헌법재판소 헌법연구관을 지낸 노희범 변호사'라고 소개해 왔다.

헌법재판소 탄핵 심판 변론이 실시간 중계되면서 노 변호사의 변론 장면은 인터넷에서도 쉽게 확인할 수 있다. 따라서 방송사들이 그의 신분을 몰랐다고 보기도 어렵다.

그럼에도 불구하고, 방송 출연자가 해당 주제의 한쪽 당사자로부터 금전을 받은 변호인이라는 사실을 국민에게 충분히 알리지 않고 출연이 이뤄졌다면, 이는 국민의 알권리를 침해한 것이며 방송의 공정성과 균형성, 객관성을 침해한 것으로 사료된다.

　방송법 제6조 제9항은 다음과 같이 규정하고 있다. "방송은 정부 또는 특정 집단의 정책 등을 공표하는 경우 의견이 다른 집단에 균등한 기회가 제공되도록 노력하여야 하고, 또한 각 정치적 이해 당사자에 관한 방송프로그램을 편성하는 경우에도 균형성이 유지되도록 하여야 한다."

　방송이 한쪽 입장을 반복적으로 전달하면서 반대 측 입장을 균형 있게 반영하지 않는다면, 그것은 공정한 언론이 아니라 정치적 도구에 불과한 것이 아닌가?

　블로그나 유튜브에서도 광고주와의 이해관계를 숨기면 '뒷광고'로 규제받는 시대다. 하물며 국민의 눈과 귀가 되는 방송에서 정치적 이해당사자의 신분을 명확히 설명하지 않은 채 출연과 발언을 반복하게 했다면, 그 책임은 결코 가볍지 않다.

　방송통신위원회와 방송통신심의위원회는 이 사안의 실태를 철저히 점검하고, 방송 편성과 출연자의 이해관계 공개 기준을 명확히 해야 할 것이다.

2025. 4. 3.
국민의힘 미디어특별위원회 (위원장 이상휘)

각 대변인 브리핑·서면브리핑·논평

– 신동욱 수석대변인 논평

■ 정치가 경제를 망쳐서야 되겠습니까. 민주당은 '통상 위기'에 초당적으로 협력해야 합니다.

트럼프 미국 대통령이 '상호 관세' 조치를 발표했습니다. 중대한 '통상 위기'입니다.

글로벌 통상질서가 흔들리는 가운데, 수출 의존도가 높은 한국 경제는 심각한 위기에 직면해 있습니다. 대응에 모든 역량을 쏟아야 할 때입니다. 정부는 민관 합동 TF를 가동하고, 기업들도 무역 현장 최전선에서 총력을 다하고 있습니다.

미국이 한국산 제품에 25%의 관세를 부과하겠다고 밝힌 상황에서, 초당적으로 대응해도 모자란 상황에 민주당은 대통령 탄핵심판 선고 전날까지도 정쟁에만 혈안이 되어 있습니다. 나라가 '통상 위기'에 휘말릴 때, 민주당은 경제부총리 탄핵안을 들이밀고, 철야 농성과 탄핵 정국에만 열을 올렸습니다.

지금은 정쟁의 시간이 아니라 국익을 지키기 위한 '전방위 협상의 시간'입니다. 탄핵 정치로 인해 결코 경제 컨트롤타워가 흔들려서는 안 됩니다. 대한민국이 통상 위기 앞에서 제대로 된 목소리를 내야 합니다.

국민의힘은 통상 위기 극복에 총력을 기울이겠습니다. 민주당에도 강력히 촉구합니다. 정치가 경제를 망쳐서야 되겠습니까. 지금이라도 최상목 부총리에 대한 탄핵안을 즉각 철회하고 대한민국 경제를 위한 초당적 협력에 나서야 합니다.

– 서지영 원내대변인 논평

■ 교육 현장을 정치적 선동의 장으로 변질시키는 행태를 강력히 규탄한다

전남, 광주, 경남, 세종, 울산, 인천, 충남 등 진보 성향으로 분류되는 교육감들이 학생들에게 대통령 탄핵 심판 생중계를 시청하도록 권고하는 공문을 각급 학교에 발송했습니다.

전교조는 아이들이 '민주'시민으로 성장할 수 있는 '역사적 기회'라며 적극 환영하고 나섰습니다. 그러나 일선 현장에서는 교사들 간에도 논쟁이 분분한 사안의 시청 여부를 두고 난색을 표하고 있습니다.

교실에서의 탄핵 심판 시청은 교육권을 보장받아야 할 학생들마저 정치적 논란에 끌어들이는 것입니다. 이는 교육 현장을 이념 투쟁의 장으로 변질시키자는 것으로, 교육의 정치적 중립성을 심각하게 훼손하는 행위입니다.

헌법과 교육기본법에도 '교육은 정치적 · 파당적 또는 개인적 편견을 전파하기 위한 방편으로 이용되어서는 안 된다'고 명확히 규정되어 있습니다.

교육감이 해야 할 일은 올바른 교육 환경을 조성하는 것이지, 학생들을 특정한 정치적 입장으로 유도하고 갈등을 부추기는 것이 아닙니다. 또한, 학생들은 정치적 갈등에서 벗어나 객관적이고 균형 잡힌 교육을 받을 권리가 있습니다.

탄핵심판 교실 생중계를 통해 학생들을 정치적 선동의 대상으로 삼고, 신성한 교육 현장에서 학생 분열과 갈등을 부추기는 행위를 강력히 규탄합니다.

– 조용술 대변인 논평

■ 민주당은 헌법재판소의 판결에 대한 양면전략을 중단하고, 명확한 승복 선언을 하십시오

이재명 대표는 어제 오후 기자가 '헌재 판결에 변함없이 승복하겠냐'라는 질문에 "승복은 윤석열이 하는 것"이라는 동문서답으로 답변을 회피했습니다. 같은 날 오전에는 헌재를 겁박해 왔던 태도를 접고 갑

자기 칭송하더니, 오후에는 돌변하여 승복 여부에 대해 적대적인 태도를 보인 것입니다.

이에 박홍근 전 원내대표는 헌재 판결이 만족스럽지 못하면 "불복 · 저항 선언을 하자"라고 연일 선동하며, 이 대표를 위한 방탄용 조기 대선에 집중하는 모습을 보였습니다.

민주당에서는 정치적 유불리를 떠나, 사법기관 판단에 '승복한다'라는 단 한 마디를 공식적으로 밝히는 것이 그렇게 어려운 일입니까?

국민이 민주당에 기대하는 것은 헌재를 필요에 따라 겁박하거나 회유하는 모습이 아닙니다. 법치를 존중하고 사법부 판단을 겸허히 받아들이는 태도입니다. 과거에도 헌재의 판결에 대한 승복은 민주주의 원칙으로 인정됐습니다.

지금까지 민주당은 일방적인 입법 추진과 잦은 탄핵 시도를 통해 법치를 흔들며 헌법 위에 군림해 왔습니다. 아무리 민주당이 이재명의 방탄을 위해 헌정질서를 흔들고 불복하더라도, 법과 원칙 앞에서는 누구라도 예외가 될 수 없다는 점을 명심해야 합니다.

국민의힘과 정부는 일관되게 "헌재 판결에 차분히 승복하고 사회 통합을 이루자"라는 메시지를 내왔습니다. 국민의 큰 우려에도 불구하고, 정부 · 여당이 국가 혼란을 막기 위해 사법부의 판단을 존중하겠다는 태도를 견지한 것입니다.

민주당도 최소한 이러한 태도에 동참해야 하지 않겠습니까? 민주당은 더 이상 국민을 혼란스럽게 하지 말고, 헌재 판결에 대한 이중전략을 포기하십시오. 이제라도 책임 있는 정당으로서 오만했던 태도를 돌아보고, 민주주의와 법치의 가치를 되새겨 보길 바랍니다.

– 강전애 대변인 논평

■ 대통령 탄핵 심판 선고를 앞두고 민주당의 헌법재판관에 대한 막말과 헌재 판결 불복 발언이 점입가경입니다.

박찬대 민주당 원내대표는 광화문 집회에서 김복형 · 정형식 · 조한창 헌법재판관 이름을 거론하며

"국민의 신임을 배신하지 말아야 한다. 을사오적의 길을 가지 말아라"고 말했습니다. 거대 야당의 원내대표가 헌법재판관의 실명을 거론하며 재판에 압력을 행사하는 것을 넘어, 재판관 개개인에 대해 모욕에 가까운 막말을 광장에서 일삼고 있습니다.

김용민 민주당 원내수석부대표는 라디오에서 기각 의견을 내는 재판관에 대해 "역사에 두고두고 죄인", 또 "개인의 법조 생활에도 큰 불명예" 같은 표현을 쓰며 헌법재판관들을 압박하고 있습니다.

박지원 전 민주당 원내대표 역시 라디오에서 "기각 혹은 각하 의견서를 낼 헌법재판관이 있다면 역사적 죄인이자 제2의 이완용"이라며 "자자손손이 대한민국에서 못 산다"며 모욕하고 있습니다.

또한 "윤 대통령 탄핵심판 선고일이 4월 4일 오전 11시가 아니냐. 오전 11시는 '사시'"라며 "'죽을 사'자가 3개나 들어가 있어 틀림없이 죽는다"며 본인들이 그토록 비난하던 무속에 기댄 막말을 내뱉고 있습니다.

헌재 판결 불복에 대한 민주당의 인식 역시 점점 선명하게 드러나고 있습니다. 이재명 대표는 헌재 판결 승복에 대한 기자들의 질문에 "승복은 윤석열이 하는 것"이라며 답변을 회피하고 있습니다.

김용민 민주당 원내수석부대표는 탄핵이 기각돼도 승복하는 것이냐는 질문에 "살인죄를 저지른 사람이 반성하지 않고 있는데 용서하라고 강요하는 질문처럼 들린다"며 "정치인들이 아니라 국민이 수용할 수 있는지를 물어봐야 한다"며 헌법재판소 재판결과를 거부하겠다는 인식을 드러냈습니다.

박홍근 전 민주당 원내대표는 본인의 SNS에 "윤석열 탄핵이 기각되면 결코 받아들일 수 없다는 입장을 민주당을 비롯한 야당과 시민사회단체가 공식 천명해야 한다"며 "불의한 선고에 대한 불복 · 저항 선언으로 위헌릴레이를 멈춰 세우자" 헌재 판결에 불복하자고 선동하고 있습니다.

민주당은 부디 자중하시고 내일 헌법재판소 판결을 차분히 지켜보시기 바랍니다. 그것이 '대한민국 최고 재판기관'에 대한 존중이고, 국민에 대한 예의입니다.

■ 경제통상 전쟁 대응보다 마은혁 후보 임명 압박이 더 중한 민주당

민주당이 한덕수 권한대행과 최상목 경제부총리의 국회 본회의 긴급현안질문 불참을 두고 '국민 무시'라며 강하게 비판하고 나섰습니다.

모두가 알다시피, 미국이 오늘 상호관세 25% 부과를 발표했습니다. 우리나라가 글로벌 관세전쟁에 본격적으로 발을 딛게 된 것입니다. 우리나라에 부과된 관세율 25%는 일본, EU 보다도 높습니다.

수출로 먹고사는 우리나라로서는 그야말로 발등에 불이 떨어진 것입니다. 상호관세의 상세 내용 분석, 협상전략 마련, 피해 최소화, 국내 지원책 마련 등 할 일이 산더미입니다. 당장 한덕수 권한대행은 오늘 아침 7시, '긴급 경제안보전략TF' 회의를 개최하고 총력 대응에 나섰습니다.

TF 회의 직후에는 경제부총리 주재로 '거시경제 금융현안 간담회', 산업부 장관 주재로 '민관협동 미 관세조치 대책회의' 개최가 이어지는 등 정부가 쉴 틈 없이 움직이고 있는 상황입니다.

이렇게 경제통상 전쟁에 나선 정부 각료를 향해, 국회 본회의 불참을 이유로 민주당이 힐난하고 나선 내막은 분명합니다. 한덕수 권한대행과 최상목 권한대행을 국회로 불러 마은혁 후보 임명을 압박하고자 했는데 못 나오는 상황이 되니 화가 난 것입니다.

며칠 전에도 민주당은 이재명 대표가 한 권한대행에게 긴급회동을 제안했지만 답이 없었다며, '이런 처신이 옳은 것인가'라고 비판했다 합니다. 그러나 이 회동제안이 마 후보 임명 압박 의도임은 삼척동자도 알고 있습니다.

마 후보 임명 압박을 위해 지금까지 민주당이 벌여온 일을 보면 정말 할 말을 잃습니다. 한덕수 권한대행 탄핵, 기각되서 돌아오니 최상목 경제부총리 탄핵, 마 후보 임명촉구 결의안 추진 등 끝이 없습니다. 지금 정부는 경제통상 전쟁을 치르고 있습니다. 진두지휘하고 있는 각료에게 격려와 뒷받침은 하지 못할 망정, 이를 힐난하고 어깃장을 놓는 것은 국난극복을 훼방 놓는 것입니다.

민주당에게 거듭 촉구합니다. 지금까지 저질러 온 국정마비의 죄과도 넘칠 만큼 쌓였습니다. 민주당은

더는 우리나라를 벼랑 끝으로 몰지 말기를 바랍니다.

– 김기홍 대변인 논평

■ "탄핵 각하 시 민주당에 '플랜B'라는 건 없다"…'사법리스크' 이재명 유일 체제의 비극

대통령 탄핵 심판을 하루 앞둔 오늘도 민주당은 잇따라 '불복 메시지'를 내며, 강성 지지층 달래기에 여념이 없습니다.

민주당 대변인은 현 상황을 학교폭력에 비유하며, "학교폭력 가해자가 피해자를 힘들게 만들었음에도, 피해자한테 앞으로 그냥 잘 지내야 한다고 말하는 것"이라는 극언을 내뱉었습니다. 덧붙여, "탄핵 각하 시 민주당에 '플랜B'라는 건 없다"며 '불복 의사'를 넘어 '물리적인 충돌'을 암시하는 듯 얘기합니다.

"계엄이 곧 내란"이라는 민주당의 '내란 몰이 및 탄핵 공작'이 헌재 심판 과정에서 '거짓'으로 드러나고 심판의 시간이 도래하자 불복의 밑자락을 깔아 놓은 셈입니다.

대법원과 함께 대한민국 사법부를 이루는 양대 헌법기관인 헌재 결정에 대해 불복과 저항을 얘기하면서 "헌법 수호의 의무를 지닌 국회의원인 저는 더더욱 승복할 수 없다"는 민주당 의원의 궤변과 호각지세입니다. 민주당은 탄핵 인용 외의 헌재 판결은 불의라는 '답정너'식 망상과 미몽에서 깨어나야 합니다.

그런데 좀 이해는 갑니다. '이재명 유일 체제의 화석화된 민주당 입장'에선 윤석열 대통령의 복귀가 곧 조기 대선이라는 '신기루'가 사라지고 이재명 대표의 사법리스크를 마주해야 하는 '현실'이기 때문입니다.

국민의힘은 "결과가 어떻든 헌법기관의 판단을 존중하고 수용하겠다"는 의사를 명확히 밝힌 바 있습니다. '8 대 0'인용이라는 민주당의 호기는 어디에 있습니까?

– 박민영 대변인 논평

■ 다시 시작된 이재명 대표의 '막말 퍼레이드'. 지금 필요한 건 '승복 메시지'입니다.

대통령 탄핵심판 선고일 통보 직후 '언행을 각별히 조심하라'던 이재명 대표가 하루 만에 또 탈을 바꿔 쓰고 가짜뉴스 막말을 쏟아내고 있습니다. 급기야 "윤 대통령의 계엄 선포에 1만명 국민 학살 계획이 있었다"는 허무맹랑한 주장까지 펼쳤습니다. '미복귀 블랙요원'에 '정치인 사살조' 주장까지 하나같이 가짜뉴스로 드러난 마당에 이 무슨 무책임한 망발입니까?

이재명 대표는 결과에 승복할 것이냐는 질문에도 '승복은 윤석열이 하는 것'이라며 답변을 회피했습니다. 그러면서 공연히 허위사실을 유포하며 시민사회를 준동, 불복 빌드 업을 계속하고 있습니다.

윤 대통령은 파면과 동시에 직위는 물론 모든 권한을 박탈당하기에 불복의 실효성이 없는 반면 192석 야권을 지휘하는 이재명 대표의 불복은 감당할 수 없는 파국을 부를 수 있습니다. 무엇보다 이재명 대표의 승복 메시지가 중요한 이유입니다.

대통령 탄핵심판이 기각 또는 각하된다면 그 이유는 오롯이 이재명 대표와 민주당이 저지른 과거 만행의 후과입니다.

공수처 신설과 검수완박 강행으로 말미암은 누더기 수사권 문제가 대통령 구속취소로 이어졌듯, 방통위원장 직무정지 연장을 목적으로 한 헌재 마비 시도와 업무 과부화를 부른 30차례 줄탄핵, 재판관들을 향한 '을사오적' 막말이 업보로 돌아온 결과일 것이기 때문입니다.

지금이라도 무도한 행정부 파괴 시도와 가짜뉴스 막말을 중단하고 국민 앞에 지도자다운 모습을 보이십시오. 강한 작용에는 그만한 반작용이 뒤따른다는 인간사 진리 앞에 거대 야당의 권력 또한 한 톨 먼지에 불과하다는 사실을 명심해야 할 것입니다.

                    각 대변인 브리핑 · 서면브리핑 · 논평   **453**

권성동 국민의힘 원내대표가 민주당이 내란을 선동했다는 취지의 거짓말을 이어가고 있습니다. 3월 29일 기자간담회에서 "민주당 초선의원 70명 전원과 쿠데타 수괴 이재명 대표와 김어준씨를 내란음모죄과 내란선동죄로 고발할 것"이라고 무고하더니, 4월 2일 의원 총회에서는 또다시 "민주당 초선 70명은 김어준의 지령을 받고, 이재명의 승인을 받아, '국무위원 총탄핵' 운운하면서 무정부 상태를 만들겠다고 공언했다"고 재차 주장했습니다. 내란죄란 국토를 참칭하거나 국헌을 문란할 목적으로 폭동을 일으킨 행위를 이릅니다. 내란 음모죄는 이러한 목적으로 내란을 모의한 경우에 해당합니다. 정확히 작년 12월 3일 윤석열이 꾸미고 자행한 행위입니다. 또한 내란선동죄는, 다른 사람을 내란을 일으키도록 부추기는 행위에 대해 규정합니다. 지난 1월 서부지검 앞에서 훈방 가능성을 시사하며 폭동을 부추긴 윤상현 의원, '탄핵이 인용되면 전쟁'이라는 홍준표 대구시장 발언 등이 내란선동에 해당합니다. 권성동 원내대표의 발언은 내란 정당이 내란 종식을 위해 애쓰는 이들을 무고해 자신들의 혐의를 뒤집어씌우는 터무니없는 적반하장식의 거짓말입니다. 실제로 권성동 대표의 지시에 따라 내란 음모혐의로 상기 인원들을 고발한 주진우 국민의힘 법률위원장은, 3월 31일 제3자인 조국혁신당에 의해 무고죄로 고발당하기도 했습니다. 내일이면, 진실이 백일하에 드러날 것입니다.

– 더불어민주당 팩트체크넷 민주파출소, 4월 3일 일일브리핑

제36차 정책조정회의 모두발언

□ 일시 : 2025년 4월 3일(목) 오전 9시 30분
□ 장소 : 광화문 앞 더불어민주당 천막 당사

― 박찬대 원내대표

오늘은 제77주년 제주 4.3 사건 희생자 추념일입니다. 불법 부당한 국가 폭력에 의한 국민의 희생은 이 땅에서 다시는 일어나지 말아야 할 반헌법적, 반민주적, 반인륜적 중대 범죄입니다. 제주도민의 10분의 1이 희생된 것으로 추정되는 제주 4.3 사건은 대표적인 국가 폭력 살해이고, 내란 수괴 윤석열이 저지른 12.3 내란 사태도 바로 이런 범죄였습니다. 제주 4.3 사건의 진실 규명과 명예 회복은 지금도 현재진행형입니다. 민주당은 4.3의 역사를 딛고 민주와 인권과 평화가 강물처럼 흐르는 더 굳건한 민주주의를 만들기 위해 최선을 다하겠습니다.

드디어 내일입니다. 내일이면 내란 수괴 윤석열은 파면될 것입니다. 지난해 12월 3일 내란의 밤, 국회를 침탈한 계엄군이 기자를 폭행하고 케이블타이로 포박하는 생생한 영상이 새로 공개됐습니다. 케이블타이가 체포용이 아닌 봉쇄용이라던 내란 세력의 새빨간 거짓말이 들통난 것입니다. 내란 수괴 윤석열이 중무장 병력으로 국회를 장악하고 국회의원 체포를 지시했다는 특전사 간부 50여 명의 녹취와 증언도 검찰이 확보했습니다. 윤석열이 판사의 결정이 늦어져 간첩이 방치되고 있다며 사법부 장악을 위해 계엄을 시사했다는 김용현의 진술도 나왔습니다.

내란 수괴 윤석열 파면을 입증하는 증거들은 이미 차고도 넘칩니다. 비상계엄 선포, 포고령 1호, 무장 군대를 동원한 국회와 중앙선관위 침탈, 정치인과 법조인 체포 지시 등이 모두 확실한 파면 사유입니다. 헌법에 따른 결론은 파면이고, 국민의 명령도 파면입니다. 노동자, 농어민, 학생, 종교인, 문화예술인, 교육자 등 각계각층의 국민은 물론이고, 대표적 보수 인사들조차 탄핵 기각은 군사 독재 시기로 회귀를 뜻하며 헌법은 휴지 조각이 될 것이라고 경고하고 있습니다. 세계의 석학과 외신들도 윤석열이 복귀하면 한국의 위기와 혼란은 더 심화할 것이라고 우려하고 있습니다. 헌법 수호자, 헌법재판소가 내일 헌법 파

괴범 윤석열을 주저 없이 파면할 것이라 믿어 의심치 않습니다.

오늘 국회는 긴급현안질문을 열고 정부를 상대로 산불 사태와 헌정 질서 수호 등에 관한 질문을 합니다. 그런데 한덕수 총리와 최상목 부총리가 불출석하겠다고 합니다. 윤석열 정부 들어, 내내 국회를 무시하더니, 여전히 국회를 무시하고 있습니다. 국회를 대놓고 무시하는 것은 국민을 무시하는 것과 같습니다. 강력하게 규탄합니다. 한덕수 총리와 최상목 부총리는 권한대행이 아닌 내란대행을 하면서 헌법과 법률을 고의로 위반하며 내란 수사를 방해하고 경제 위기와 헌정 붕괴 위기를 키웠습니다. 또 한덕수 총리는 7번, 최상목 부총리는 9번의 거부권을 쓰며 국회가 처리한 법안을 가로막았습니다. 그 막중한 범죄 행위와 국회 무시, 그로 인한 사회적 혼란과 국가적 피해에 대한 책임도 져야 하지 않겠습니까?

– 진성준 정책위의장

미국 트럼프 대통령이 세계 모든 나라를 상대로 관세전쟁을 선포했습니다. 우리나라에는 25%의 상호관세를 부과한다고 합니다. 우리나라에서 생산되는 모든 대미 수출 상품에 대해서 관세를 매기겠다는 것입니다. 지난달 12일 철강·알루미늄에 대한 25% 관세 부과 이후, 오늘부터는 자동차와 그 부품에 대해서도 25% 관세를 적용받기 시작했습니다. 파이낸셜타임스에 따르면, 관세전쟁 시 한국 수출 감소율은 7.5%로 예상되고, 1인당 국민소득은 1.6%P 감소할 것이라고 합니다.

우리나라는 한미FTA, 자유무역협정을 체결하고 있어 사실상 관세가 없습니다. 미국으로부터 수입되는 상품의 평균 관세율이 0.79% 수준입니다. 그런데도, 미국은 비관세장벽이라는 것을 이유로 들어 상호관세를 부과하겠다고 합니다. 영국 키어 스타머 총리가 밝힌 것처럼, "누구도 환영하지 않고, 누구도 무역전쟁을 원치 않습니다" 미국은 세계적인 무역전쟁을 일으킬 상호 관세 방침을 재고해야 합니다. 미국 해방의 날이 아니라 고립의 날이 되지 않도록 해야 합니다.

정부는 고위급 회담과 외교채널 들을 모두 가동해서 미국과 신속하게 협상을 진행해야 합니다. 최혜국 대우에 대한 미국 정부의 오해가 있는 것으로 보입니다. 또, 많은 전문가들은 "우리가 가진 협상 카드가 전혀 없는 게 아니다."라고도 합니다. 동시에 WTO 분쟁 해결 절차를 활용하거나, 아시아 역내포괄적경제동반자협정 가입국들과의 공동 대응 등 다자간 협정을 활용하는 방안도 검토해야 합니다.

그렇지만 가장 확실한 대책은 '불확실성'을 즉각 제거하고, '내란 정부'가 아닌 '정상 정부'가 미국과 협상하는 것입니다. 대행체제로는 중차대한 통상 문제를 해결하는 데 한계가 있을 수밖에 없습니다. 국회 제1정당 대표와의 면담조차 거부하면서 통상대책에 전념한다는 한덕수 대행이 미국 트럼프 대통령과 전화 통화 한번 했다는 소식을 아직 듣지 못하고 있습니다. 윤석열을 즉각 파면하고 새 정부가 들어서서 미국과 통상협상을 빨리 벌이는 것이 중요합니다.

내란은 일상뿐만 아니라, 우리 통상과 외교도 흔들었습니다. "윤석열이라는 초유의 불확실성을 제거하는 것이 최우선이다."라는 말씀을 거듭 드립니다.

12.3불법계엄이 발생한 지 122일째입니다. 장기화된 내란 사태와 트럼프 행정부의 통상압박 등으로 민생경제 위기가 극한으로 치닫고 있습니다. 특히 자영업·소상공인들의 상황이 정말 심각합니다. 자영업자 대출은 1,000조 원을 훌쩍 넘었습니다. 제2금융권 대출 연체율도 10여 년 만에 최악을 기록했습니다. 취약 자영업자의 대출은 무려 125조 4천억에 이릅니다. 음식·숙박업 생산은 3년 만에 최대 폭으로 감소했습니다. 내란 사태로 소비가 얼어붙어서 자영업·소상공인들이 '상환 불능' 상태, '모라토리움'에 빠진 것입니다.

민주당은 '소상공인 내란 피해 손실보상'을 추진하겠습니다. 정부의 불법행위로 인한 국민 피해는 정부가 책임지는 것이 마땅합니다. 어제 만나 뵌 소상공인연합회(송치영 회장)도 "국난의 위기"라며, "소상공인의 위기가 대한민국 경제 전체로 파급되는 양상"이라고 걱정했습니다. 오죽하면 "차라리 코로나 때가 나았다."라는 하소연까지 나오는 실정입니다. 윤석열 정권의 위헌·위법으로 생계 위협을 받는 소상공인들을 국가가 책임져야 합니다. 지난 코로나 팬데믹 당시에도 정부의 행정명령으로 영업을 못 하게 된 자영업·소상공인들에게 '코로나 손실보상'을 하지 않았습니까? 민주당은 지난 2월, '소상공인 내란 피해 손실보상' 등 2조 8천억 원을 추경안에 편성할 것을 제안했습니다. 자영업·소상공인들을 생존의 위기에서 벗어나게 하고, 재기의 발판을 마련하기 위한 것입니다. 내란에 따른 소비위축으로 사업 지속이 가능한 업체가 폐업하는 일도 없어야 합니다. 대출한도가 꽉 차서 더 이상 추가 대출이 어려운 소상공인에게 '긴급경영안정자금' 등 저금리 정책자금도 확대·지원해야 합니다.

지금은 '언 발에 오줌누기 식' 추경이 아니라 '과감한 경기 진작용 추경'이 필요합니다. 세부 내역도 없는 10조 원짜리 '찔끔 추경'으로는 경제도, 민생도 살릴 수 없습니다. 벼랑 끝에 내몰린 민생을 살리고 최소한의 경기 방어를 위해서는 소비 진작이 핵심입니다. 정부는 여야합의 운운하며 국회에 책임을 전가하지 말고, 내수를 살릴 소비를 살릴 '진짜 민생경제회복' 추경안을 조속히 편성해서 제출할 것을 거듭 촉구합니다. 그 안에는 '소비 진작 4대 패키지'와 '소상공인 내란피해 손실보상'도 당연히 포함되어야 할 것입니다.

– 이정문 정책위수석부의장

이복현 금융감독원장은 어제 방송 인터뷰에 출연해 삼부토건 주가조작 조사가 이달 중 마무리될 것이라고 밝혔습니다. 그러나 이복현 원장은 김건희 여사의 관련성 및 조사 여부는 즉답을 피하며 절차에 따라 진행하겠다는 말만 남겼습니다. 삼부토건의 주가는 2023년, 원희룡 당시 국토부 장관과 김건희 여사의 개입 이후 급등했습니다. 삼부토건이 우크라이나 재건 사업에 뛰어들 것이라는 허위 정보로 주가를 부풀린 것입니다. 김건희 여사의 계좌 관리인으로 알려진 이종호 전 블랙펄인베스트 대표가 삼부토건의 주가가 폭등하기 직전 단체 대화방에서 "삼부 내일 체크하고"라는 메시지를 남기기도 했습니다.

금융감독원은 당초 삼부토건 대주주 일가 등이 얻은 시세차익이 최소 100억 원대라고 확인했었지만, 이는 빙산의 일각에 불과했습니다. 최근 추가로 밝혀진 주가조작 정황을 살펴보면 2023년 삼부토건 주가가 5배 이상 치솟던 당시 삼부토건의 관계사인 웰바이오텍 역시 같은 시기 5배 이상 주가가 급등했습니다. 주가가 폭등한 그 기간, 시세보다 대략 3배 이상 저렴하게 발행된 웰바이오텍의 전환사채를 세 차례에 걸쳐 주식으로 바꾸면서 최대 400억 원에 달하는 시세 차익을 거뒀을 것으로 추산됩니다. 두 회사 모두 삼부토건 이일준 회장이라는 공통분모를 가지고 있습니다. 이일준 회장을 주축으로 한 삼부토건과 웰바이오텍은 2023년 우크라이나 재건 테마주 열풍에서 비슷한 주가조작 양상을 보입니다.

이처럼 김건희 여사를 둘러싼 삼부토건 주가조작 의혹은 파면 팔수록 거대해지고 있습니다. 삼부토건은 꼬리에 불과하고 웰바이오텍이 몸통일 가능성이 높아 보이지만, 그간 김건희 지키기에 급급하여 삼부토건 조사를 뭉개온 금융감독원 이복현 원장이 꼬리 자르기 하듯 안일한 조사 결과를 내놓을 것만 같아 우려스럽습니다.

삼부토건 주가조작 의혹을 가장 중요한 사건으로 생각한다면서 임기 내 사건을 마무리 짓겠다던 이복현 원장은 한덕수 총리의 상법 개정안 거부권을 핑계로 금융위원장에게 사의를 표명했다고 합니다. 직을 걸겠다는 말의 무게보다는 침몰하고 있는 윤석열호에서 급하게 탈출하려는 모습 같아 개탄스럽습니다. 이복현 원장이 정작 직을 걸어야 할 일은 삼부토건과 김건희 여사를 둘러싼 주가조작의 진실을 밝히는 일입니다. 도망갈 궁리만 할 것이 아니라, 웰바이오텍을 포함한 삼부토건 주가조작 사건을 철저히 조사하여 즉각 강제 수사권이 있는 수사기관에 수사를 의뢰하십시오.

국회는 지난달 20일 본회의에서 '김건희 여사 의혹 상설특검안'을 가결했습니다. 김건희 여사 의혹 상설특검안은 삼부토건을 포함하여 도이치모터스·우리기술 등 종목에서 김 여사가 주가조작에 가담했다는 의혹 등을 수사 대상으로 삼고 있습니다. 한덕수 총리는 더 이상 차일피일 미루지 말고, 즉시 김건희 상설특검 후보 추천을 의뢰하여 국민 앞에 떳떳한 진실을 밝히기를 촉구합니다.

– 박성준 원내수석부대표

지금 대한민국은 위기입니다. 연이은 국가적 재난이 발생하고 정부는 재난을 방지하지 못했고, 빠르게 수습하지도 못했습니다. 사실상 무정부 상태에 놓인 것이나 다름없다는 국민의 목소리가 커지고 있습니다. 그래서 국회는 재난 극복과 추경 편성, 내란 극복을 위한 긴급현안질의를 결정했습니다. 하지만, 오늘 긴급현안질의에 한덕수 총리, 최상목 장관 등 핵심적인 위치에 있는 정부 관료들이 불출석을 통보해 왔습니다. 한덕수 총리와 최상목 부총리는 도대체 뭐 하는 사람들입니까? 국민의 부름에 응하지 않는 오만한 태도로 자기 할 일을 다했다고 생각하는 사람들입니다. 당신들은 공무원입니다. 공무원은 국민의 질문에 답해야 할 의무가 있습니다. 국회가 국민을 대신해 질문하겠다는데, 자리를 피하는 것은 직무 유기이고 국민 무시입니다. 내란수괴의 대행 역할만 충실할 뿐, 국민의 질문과 요구는 철저히 무시하는 한덕수와 최상목은 어느 나라 공직자입니까?

특히 최상목 부총리는 미국 국채 2억 원 투자가 논란이 되고 있습니다. 미국 국채에 투자했다는 사실이 들통났습니다. 외환위기에 배팅한 것이지요. 양심적인 공직자라고 한다면, 이미 사퇴했어야 합니다. 오늘 긴급 현안질의에 출석해 미국 국채 2억 원의 매입에 대해서 최상목 부총리가 그 경위 과정을 소상히 설명하는 것이 해야 할 마땅한 의무인 것입니다. 이것을 피하는 태도로 보았을 때, 공직자의 태도가 아니라고 말씀드리고, 어디 도망간다고 해서 풀 수 있는 문제가 아닙니다.

경고합니다. 급한 일정이 있어서 외국에 나간 것도 아니고, 국내에서 일상적으로 있는 회의를 이유로 국회의 긴급현안질의에 불출석하는 것은 용납할 수 없습니다. 오늘 오후 2시에 반드시 국회에 출석해야 합니다. 지금 국민은 당신들이 국민을 위해 도대체 무슨 일을 하고 있는지 질문하고 있습니다. 내란수괴 윤석열이 망쳐놓은 대한민국을 '내란 대행'이 더 망치고 있다는 국민의 분노를 알아야 합니다. 권리만 누리고 책임은 외면하는 한심한 작태를 용납할 수 없습니다. 반드시 국회에 출석해 질문에 답해야 합니다.

어제 출범한 〈심우정 검찰총장 자녀 채용 비리 진상조사단 간사를 맡은 박홍배 의원입니다. 저는 오늘 심우정 검찰총장의 탐욕과 천박함, 몰상식에 대해 말씀드리겠습니다.

진상조사단은 △심 총장의 딸 심민경의 외교부 채용 비리 의혹과 △120억 원의 부모 재산, 9천만 원의 본인 해외주식에도 불구하고 받았던 저금리 서민정책금융 햇살론 유스 자금용도 유용 의혹, △아들의 장학금 특혜 수령 의혹에 대한 실체를 밝히기 위해 노력하고 있습니다.

국민들의 가장 큰 공분을 사고 있는 것은 딸 심민경의 채용 비리 의혹입니다. 학위도 경력도 전공도 자격 미달이었던 심민경은 지난해 초 국립외교원 기간제 연구원직에 합격해 8개월간 근무했습니다. 자격 미달자 심민경의 마법 같은 합격은 지난 2월 외교부 정책 조사 공무직 연구원 나급 채용에서도 똑같이 일어났습니다.

이런 마법이 심 씨에게 연달아 일어날 수 있었던 이유는 전직 법무부 차관, 현직 검찰총장인 부친 심우정의 '아빠 찬스' 외엔 설명할 길이 없습니다. 우리는 외교부의 공수처 고발을 촉구했지만, 외교부는 감사원 공익감사만 청구했습니다.

외교부의 감사원 공익감사 청구는 '면피용'입니다. 시민단체가 공수처에 접수한 고발장이 이미 접수돼 담당 검사에게 배정이 이뤄졌고, 수사 중인 사안은 공익감사 대상에서 원칙적으로 제외되어 감사가 이뤄지지 않는데 외교부가 이 사실을 몰랐을 리 없습니다.

심 씨와 같은 공무직의 채용 절차는 2023년 3월 권익위의 '행정기관 비공무원 공정채용 표준기준 업무 매뉴얼' 시행 이후 매우 엄격해졌지만 심 씨의 자격 미달과 허위 경력은 걸러지지 않았습니다. 내부자를 의심할 수밖에 없습니다.

진상조사단은 현재 용산대통령실 외교비서관실에서 근무했던 박장호 외교정보기획국장이 유력한 것으로 보고 있습니다. 철저한 조사로 의혹을 반드시 밝혀내겠습니다.

조금 전 진상조사단은 기자회견을 통해 그간 심 총장 자녀에 대한 '극진한 배려'는 없었다던 외교부의 답변이 모두 거짓이었음을 밝혀냈습니다. 이로써 이 사건은 단순한 아빠 찬스를 넘어 채용 비리 범죄일

가능성이 더 커졌으며, 우리는 심우정 총장의 추악한 탐욕과 천박함, 몰상식의 민낯에 한 발 더 다가갔습니다.

　권력자의 삐뚤어진 자식 사랑이 수많은 청년들의 눈물과 분노를 불러일으키고 있습니다. 한 줌의 의혹도 남지 않도록, 다시는 채용 비리가 발붙이지 못하도록 진상조사단 간사로서 최선을 다하겠습니다.

2025년 4월 3일
더불어민주당 공보국

지난 122일 동안 민주공화국의 상식을 국민이 지켜주셨습니다. 12월 3일 밤, 주권자 국민께서 국회로 달려와 주셨기에 계엄을 해제할 수 있었고, 오색빛깔 응원봉이 물결을 이루었기에 탄핵소추안이 통과되었습니다. 결국 이제 단 한 걸음, 헌법재판소의 파면만이 남았습니다. 우리는 해낼 것입니다. 반헌법 내란세력을 발본색원해, 민주공화국의 질서를 다시 굳건히 세울 것입니다. 계엄 문건에 서명하고도 거짓말만 늘어놓던 한덕수 권한대행, 경제가 풍전등화인 와중에도 미국채 매입으로 자기 잇속 챙긴 최상목 경제부총리, 모두 탄핵해낼 것입니다. 의도적 무능으로 윤석열을 풀어준 검찰, 극우세력의 목소리에 확성기를 내준 보수 언론. 이제 모두 그 책임을 지게 만들 것입니다. 뭐니 뭐니해도 가장 큰 책임은 역시 국민의힘에 있습니다. 그들은 더 이상 '국민'이라는 이름을 붙일 자격이 없는 정당입니다. 파면을 하루 앞둔 오늘까지도, 그들은 국민 앞에 고개 숙이지 않았습니다. 민주주의의 편에 서겠다 선언하지 않고 있습니다. 국민의 준엄한 심판을 두려워하지 않는 그들에게 주권자 국민의 그 힘을 제대로 한 번 보여줍시다. 내일이 바로 그 시작의 날이 될 것입니다. 지난한 시간이었지만, 우리 야당과 국민들의 연대는 끊임없이 승리해 왔습니다. 그 힘으로, 우리는 내일도 반드시 승리할 것입니다.

– 기본소득당 대표 용혜인, 윤석열 파면을 위한 비상행동 끝장대회 발언문

각 기자회견문, 의원회 보도자료

– 명태균게이트 진상조사단 보도자료

■ 홍준표-윤석열 부부동반 회동도 명태균이 성사… 홍준표 시장은 더 이상 거짓말로 국민을 우롱하지 말고 약속대로 정계 은퇴하십시오!

안녕하십니까. 더불어민주당 명태균게이트 진상조사단입니다.

그동안 국민 앞에서 '명태균과 관련 없다'며 반복적으로 주장해 온 홍준표 시장의 거짓 해명이, 또다시 무너졌습니다. 최근 보도에 따르면, 명태균은 지난해 총선 직후, 윤석열-김건희 부부와 홍 시장 부부의 회동을 직접 성사시킨 것으로 드러났습니다.

홍 시장 측근인 최용휘 씨의 지인 증언도 이를 뒷받침합니다. 최 씨가 명태균을 통해 김건희 여사가 선호하는 동물 관련 기획을 전달했고, 이를 계기로 부부 동반 회동이 성사됐다는 것입니다.

명태균은 단순한 연결고리가 아니었습니다. 기획안을 준비해 김건희의 승인을 받고 회동을 성사시킨 핵심 인물이었습니다. 이 과정에서 홍 시장의 측근이자 대외협력부장이었던 최용휘 씨도 함께 움직였습니다.

만약 사실이라면, 공직자가 민간인과 손잡고 대통령 부부와 지자체장의 사적 회동을 주선한 것입니다. 이는 명백한 공직윤리 위반이며, 홍준표 시장의 권력 네트워크에 명태균이 깊숙이 개입하고 있었음을 보여주는 결정적 장면입니다.

발언2 : 명태균을 모른다는 홍준표, 대체 무엇이 두려운가

홍 시장은 그동안 명태균에 대해, "참모 중 한 사람이 명태균이 김건희 여사와 통화하는 실세라 해서

전화 한 번 받아 준 기억이 있다", "몇 마디 안 했다", "나하고 명태균이 대화 나눈 거라도 있어야, 있으면 까봐라"며 모르쇠로 일관해 왔습니다.

하지만 홍 시장은 윤건희와 만남 뒤, 명태균에게 직접 전화를 걸어 "고맙다"는 말과 함께 김건희의 외모에 대한 품평까지 한 것으로 드러났습니다. 그뿐입니까? 단순한 인사 차원의 의례적 교류로 치부할 수 없는 문자와 카카오톡 메시지도 줄줄이 나왔습니다.

- 2021년 12월, 명태균이 "생신 축하드립니다"라고 보내자, 홍 시장은 "땡큐"라고 응답했습니다.
- 2023년 7월, 명 씨가 "건강 조심하세요"라고 하자, 홍 시장은 "명 사장 요즘 어떻게 지내나"라며 먼저 안부를 묻습니다.
- 2023년 8월, 홍 시장의 비서가 명 씨 생일에 선물을 전달하고, 다음날 직접 "건강하게 잘 지내시기 바랍니다"라는 메시지를 보내기도 했습니다.

또한 홍 시장은 측근인 최용휘에 대해서는 "최 씨는 내 측근도 아니고 우리 캠프 근처에도 온 일이 없으며 우리 하고는 아무런 관계없는 명태균 측근일 뿐"이라고 선을 그었습니다.

그러나, 최씨는 이미 검찰 조사에서 2021년 홍준표 대선 캠프에서 활동했고 여론조사 결과를 홍 시장 측에 제공했다고 진술한 것으로 밝혀졌습니다. 국민의힘 내부 관계자 또한 "최 씨가 대선캠프 경남 상황실장을 맡았으며, 캠프 직책이 담긴 명함도 갖고 다녔다"고 증언했습니다.

홍 시장이 잘 모르는 사람, 관련 없는 사람이라고 선을 그었던 이들이, 실제로는 홍 시장의 최고위급 일정까지 조율했다는 의혹이 속속들이 드러나고 있습니다. 홍 시장은 대체 무엇이 두려워 이 둘에 대해 잘 모른다고 잡아뗀 것입니까?

발언3 : 총리직 흥정, 여론조사 대납 의혹, 지금 당장 해명하십시오

홍 시장과 윤석열이 회동 때 나눴을 것으로 짐작되는 녹취 내용까지 드러났습니다. 지난해 9월 명태균과 가까이 지냈던 '오세훈 스폰서' 김한정 회장은, 김영선 의원의 회계 책임자였던 강혜경 씨와 통화에서,

"홍준표가 윤석열한테 '내가 한동훈이 없애줄 테니까 국무총리 주고 내각 장관들 임명권은 나한테 주

쇼', '그러면 내가 한동훈 없애고 대구시장 갖다 버리겠다'고 했다"고 말한 것으로 드러났습니다.

이는 단순한 말장난이 아닙니다. 만약 사실이라면, 민간인이 대통령과 지방자치단체장을 연결해 국정 인사권을 두고 흥정한 것입니다. 명백한 국정농단이자 헌정유린입니다. 정치적 야합을 위해 총리직과 장관 임명권을 요구하는 이 장면에서 과연 어느 국민이 국가를 믿고 맡길 수 있겠습니까.

여론조사 대납 의혹도 해명하십시오. 명태균은 과거부터 지속적으로 홍 시장 맞춤형 여론조사를 진행해왔고, 2020년 총선, 2022년 지방선거 때도 출마 전 여론조사를 먼저 시행했다고 합니다. 놀라운 것은 이 조사 비용이 홍 시장의 측근들에 의해 대납되었으며, 총액이 1억 원이 넘는다는 점입니다.

하지만 홍 시장은 지금까지 이에 대해 단 한마디도 설명하지 않고 있습니다. 여론조사 비용 대납은 정치자금법 위반, 측근의 불법 개입은 공직선거법 위반, 명태균을 통한 회동 주선은 권한 남용과 직권 남용 의혹으로 직결됩니다. 입 다물고 있으면 의혹이 덮어집니까?

발언4 : 말 바꾸기, 거짓 해명⋯ "정계 은퇴" 약속, 이제 지키십시오

홍준표 시장은 지난 3월 14일 명태균 사건에 연루된 것이 밝혀지면 정계 은퇴하겠다는 발언을 했습니다. 이제, 그 약속 지켜야 할 때입니다.

숨기면 숨길수록, 가리면 가릴수록 그 관계의 실체는 더 뚜렷하게 드러날 뿐입니다. 정계은퇴 발언, 이제 그 약속을 지켜야 할 때입니다. 말을 바꿔도, 진실은 바뀌지 않습니다. 침묵으로 일관해도, 국민은 기억합니다. 더 이상 말 바꾸기로 국민을 우롱하지 마십시오.

검찰에게도 촉구합니다. 지금 당장 홍준표 시장과 측근, 그리고 김건희에 이르기까지 모든 관련자에 대해 철저히 수사하십시오. 오세훈 시장을 비롯한 명태균 황금폰에 있다던 140명의 국민의힘 의원들에 대한 의혹도 낱낱이 밝혀야 합니다. 검찰이 또 다시 권력의 눈치를 보며 직무를 유기한다면 국민들은 더 이상 묵과하지 않을 것입니다.

더불어민주당 명태균 게이트 진상조사단은 내란수괴 파면 이후에도 명태균 국정농단의 실체를 명명백백히 밝히고, 대한민국 민주주의를 지키는 일에 매진하겠습니다.

2025년 4월 3일
더불어민주당 명태균게이트 진상조사단 일동

– 더불어민주당 윤석열내란진상조사단 보도자료

■ 12 · 3 비상계엄은 명백한 위헌 · 위법이다, 윤석열을 파면하라!

내란수괴 윤석열에 대한 탄핵 심판이 하루 앞으로 다가왔습니다. 내일 헌법재판소의 윤석열 파면 선고는 2024년 12월 3일 비상계엄 선포 이후 무너져 내린 대한민국을 바로 세우는 기점이 돼야 합니다. 이를 위해서는 헌법재판관 8인이 만장일치 '인용' 결정을 내려야 할 것입니다.

'윤석열 정부의 비상계엄 선포를 통한 내란 혐의 진상규명 국정조사특별위원회' 소속 더불어민주당 위원들은 지난 12월 31일부터 2월 28일까지 60일간 12 · 3 비상계엄을 최전선에서 파헤쳤습니다. 총 다섯 차례의 청문회와 두 차례의 기관 보고, 합참 결심지원실 등 계엄이 실행된 주요 장소에 현장 조사를 진행하면서 계엄의 위헌 · 위법성을 입증할 증거와 증언을 다수 확보했습니다.

무엇보다 12 · 3 비상계엄은 계엄군과 경찰을 동원해 헌법기관인 국회의 기능을 마비시키려 했다는 점에서 명백한 헌법 위반입니다. 그 날, 경찰은 국회의 모든 외곽문을 봉쇄하여 국회의원의 출입을 저지했습니다. 아울러 곽종근 전 특수전사령관은 국정조사에서 '대통령이 전화로 국회 문을 부숴서라도 국회의원을 끄집어내라'고 지시했음을 상세하고 구체적으로 증언했습니다. 이는 국회의 계엄 해제 의결을 방해하려 한 중대한 위법 사항입니다.

이와 함께 내란 국조특위 민주당 의원들은 계엄군에 의해 국회 본관 일부가 실제 단전됐다는 사실을 확인했습니다. 국회의 계엄 해제 요구안 의결이 단 몇 분만 늦었다면, 국회 일부가 아닌 전체가 단전됐다면, 비상계엄이 유지됐을 것이라는 점에서 큰 충격을 남겼습니다. 계엄군에 의해 국회가 유린당하고, 헌법과 법률이 부여한 국회의 고유 권한이 침해당했는데도 12 · 3 비상계엄이 위헌이 아닙니까?

내란 국조특위는 이른바 '체포 명단'에 대한 구체적인 증언도 확인했습니다. 홍장원 전 국가정보원 1차장, 김대우 전 방첩사령부 수사단장, 구민회 방첩사령부 수사조정과장 등 주요 증인들은 국정조사에 출석해 체포 명단의 실체를 소상하게 진술했습니다. 이들이 일관되게 증언한 체포 명단은 조지호 경찰청장의 검찰 조사 결과와도 일치합니다.

국회의장과 정당의 대표, 전직 대법관까지 무고한 사람들을 체포하려 한 것입니다. 이는 신체의 자유는 물론이고, 국회의원의 체포 또는 구금을 엄격히 제한한 헌법을 정면으로 위반한 것입니다. 마음에 들지 않은 사람을 체포하고 감금함으로써 정치적 목적을 달성하겠다는 내란수괴 윤석열의 반헌법적·반민주적·독재적 발상이 마침내 실행에 옮겨진 것입니다.

특히 국조특위는 12·3 비상계엄이 선포 요건을 충족하지 못했고, 선포 전 국무회의 심의 절차가 형해화되는 등 그 시작부터 헌법과 법률을 중대하게 위반했음을 확인했습니다. 국회가 계엄 해제 의결을 했음에도 제2, 제3의 계엄을 획책하며 즉시 해제하지 않았다는 점에서, 그 끝도 위법적 요소가 다분합니다. 결국 내란수괴 윤석열의 비상계엄은 그 시작부터 끝까지 모두 위헌이고 위법인 것입니다.

이 밖에도 내란 국조특위 민주당 위원 일동은 내란수괴 윤석열이 실체 없는 부정선거론을 맹신해 헌법기관 선관위를 침탈하고 민주주의 근간인 선거제도를 유린했음을 확인했습니다. 또한, 민간인 비화폰 지급, 적법한 체포영장 집행 방해, 김성훈 차장의 블랙박스 삭제 지시 등 대통령경호처가 이번 내란과 직·간접적으로 연관돼 있다는 사실도 밝혀냈습니다.

국정조사 활동이 마무리된 이후에도 12·3 비상계엄의 부당함을 증명하는 증거들이 쏟아져 나왔습니다. 최근에는 계엄군이 당시 현장을 취재하던 기자를 폭행하고, 케이블타이로 포박하는 영상이 공개됐습니다. '시민 피해는 없었다'는 윤석열의 궤변도, '케이블타이는 출입문 봉쇄용'이라던 김현태 전 707특임단장의 증언도 모두 거짓이었던 것입니다.

국민 여러분 그리고 헌법재판관 여러분,
두 달 간의 내란 국정조사 활동 결과만으로도 윤석열이 대통령직에서 반드시 파면돼야 하는 이유는 차고 넘칩니다. 반대로 파면시키면 안 될 이유는 눈을 씻고 찾아봐도 없습니다.

내일 대통령 윤석열 탄핵 심판은 파괴된 헌정질서를 회복하고, 무너진 민주주의를 바로 세우기 위한 첫걸음입니다. 내란 국조특위 민주당 소속 위원 일동은 헌법재판소가 부디 일치된 의견으로 '윤석열 파면'을 선고해 주시길 촉구합니다. 헌법재판소가 대한민국 헌정질서 수호의 최후의 보루로써 합당한 선고를 내려주실 것이라 믿습니다.

2025년 4월 3일

더불어민주당 소속 윤석열 정부의 비상계엄 선포를 통한

내란 혐의 진상규명 국정조사특별위원회 위원 일동

김병주 · 민병덕 · 민홍철 · 박선원 · 백혜련

부승찬 · 안규백 · 윤건영 · 추미애 · 한병도

– 더불어민주당 사법정의실현 및 검찰독재대책위원회 보도자료

■ 윤석열의 꼬마검사, 내란법률비서관 주진우를 규탄한다!

주진우 의원이 오늘(4.3) 이재명 대표가 허위사실을 유포했다며 법적 조치를 취하겠다고 했습니다. 내란수괴 윤석열이 한 짓을 전 국민이 실시간으로 봤고, 노상원의 수첩 내용이 만천하에 공개되었는데 '허위'라고 우기다니 허무맹랑한 주장입니다.

이재명 대표를 비롯한 주요 정치 인사들과 언론사, 정의구현사제단, 민변, 민노총, 전교조만 합해도 금방 1만 명은 넘습니다. 주진우 의원은 이처럼 간단한 산수도 못 합니까? 노상원의 수첩에는 계엄 직후 정치인과 판사 등을 수거해 사살하려 했던 내용과 전 국민을 대상으로 출국금지 조치한다는 내용이 적혀 있습니다. A급 수거대상 처리방안으로 '이송 중 사고, 수용시설 폭파, 외부 침투 후 사살'이라고 적혀 있습니다. 북의 공격을 유도한다거나 막사 내 잠자리 폭발물 사용, 확인 사살 필요, 교도소 한 곳에 통째로 수감시켜서 음식물, 급수, 화학약품 등으로 죽인다는 등 끔찍한 내용도 담겨 있습니다.

군이 12.3 비상계엄을 앞두고 시체를 담는 종이관 대량 구매를 타진했고, 시신을 임시 보관하는 영현백을 3천 개 넘게 구입한 것이 사실입니다. 또한 윤석열 탈옥 후 국방부가 영현백 1만 명분을 발주한 사실도 확인되었습니다. 그리고, 오늘 언론 보도에 따르면 호송선 3척에서 5척을 준비해 5천에서 1만 명까지 수거하려 한 것으로 보이는 내용도 확인됩니다. 주진우 의원은 사실을 확인하고 주장을 하기 바랍니다.

내란수괴 윤석열은 헌법재판소 재판 내내 범죄사실을 부인하며 국민을 우롱했고, 국민의힘은 그를 비호했습니다. 주진우 의원은 윤석열의 '꼬마검사'로서 내란법률비서관 역할을 충실히 수행하며 여론을 호도하고 있습니다. 최후의 발악으로 생각됩니다만, 그래봐야 내일이면 헌법재판소에서 "윤석열을 파면한다!"라고 결정을 내릴 것입니다. 솔바람으로 태풍을 막을 수는 없습니다.

　주진우 의원은 허튼수작 중단하고, 사건을 조작해서 무고한 사람을 사냥하던 정치검찰의 악마적 습성을 버리고 정상적인 정치활동을 하기 바랍니다. 계속해서 부당한 공작을 일삼는다면 결코 가만히 두지 않을 것입니다.

2025년 4월 3일
더불어민주당 사법정의실현 및 검찰독재대책위원회

내란 사태 4개월동안 우리는 내란수괴의 망상, 거짓말, 선동으로 대한민국이 갈기갈기 찢어지는 것을 경험하고 있습니다. 내란수괴는 헌재 최종변론에서 '평화적으로 진행된 계엄'이라고 했습니다. 가장 거리가 먼 평화와 계엄을 묶는 것 자체가 궤변입니다. 자유와 인권을 박탈하는 계엄과 내란의 본질을 가리려해도, 계엄군이 민간인을 포박하려고 폭행을 저지르는 모습이 증거로 남아있습니다. 계엄군이 총을 들고 국회에 침투해서 본회의장을 지키려는 수많은 민간인과 물리적 충돌하는 모습이 실시간 중계됐습니다. 궤변으로 엄중한 심판을 피해갈 수 없습니다. 헌법의 보루인 헌법재판소에 촉구합니다. '대한민국의 모든 권력은 국민으로부터 나온다' 헌법 원칙을 지키기 위해, 국민의 주권을 감히 불법 계엄으로 앗아가려 했던 내란수괴를 파면해 주십시오. 대한민국의 헌법이 국민의 자유와 인권을 중히 여기다는 것을 증명해주십시오. 증명할 유일한 길은, 만장일치 파면 선고입니다.

– 기본소득당 최고위원 신지혜, 4월 3일 기자회견 발언문

– 조승래 수석대변인 서면브리핑

■ 더불어민주당은 주권자 국민의 준엄한 민심을 받들어 내란 종식을 이루겠습니다

어제 전국적으로 실시된 4.2 재보궐 선거 결과를 보며 민심의 준엄함을 다시 한번 되새깁니다. 주권자 국민의 선택에 깊이 감사드립니다. 더불어민주당은 앞으로 더욱 무거운 책임감으로 국민의 삶을 지키고 지역을 발전시키는 데 최선을 다하겠습니다. 조속한 내란 종식과 민생 회복, 경제 성장에 앞장서겠습니다.

주권자 국민은 민심을 거스르고 내란을 옹호하면 심판받는다는 분명한 경고를 보여주었습니다. 국민의힘은 이번 선거 결과를 제대로 직시해야 할 것입니다. 더불어민주당은 더욱 겸허하고 치열한 자세로 국민의 삶과 민주주의를 지키겠습니다. 이번 재보선에서 보여주신 민심을 무겁게 받들겠습니다.

국민 여러분께 다시 한번 깊이 감사드립니다.

■ 권영세 비대위원장은 공당의 대표가 아니라 내란수괴의 대변인입니까?

국민의힘 권영세 비대위원장이 민주당이 헌법재판소의 윤석열 탄핵 판결에 불복하고 있다고 힐난했습니다. 급기야 윤석열이 직무에 복귀하면 개헌을 추진하겠다는 헛된 망상마저 드러냈습니다.

권영세 비대위원장은 공당의 대표가 아니라 내란 수괴의 대변인을 자처하고 있습니다. 내란 수괴의 헛된 망상을 퍼뜨리며 국민을 혼란과 불안 속으로 떠밀지 마십시오. 헌재가 내릴 결론은 이미 작년 12월 3일 밤 정해졌습니다. 내란 수괴에게 돌아갈 것은 오직 법의 심판뿐이며, 승복은 오직 윤석열과 국민의힘의 의무입니다.

국민의힘이야말로 말 바꾸기 할 생각 마십시오. 국민의힘 신동욱 수석대변인은 4·2 재보궐선거 참패에 대해 "민심의 바로미터라고 분석하는 데엔 동의하지 않는다"고 강변했습니다. 민심에 대한 승복을 거부한 것입니다. 국민의힘이 내일 헌재의 선고에 대해서도 "좌파 카르텔", "공산주의자" 운운하며 불복하지 않을까 우려스럽습니다.

내란이라는 헌정질서 위기 속에서도 우리 사회가 극도로 분열된 것은 극우를 선동하여 법원을 공격하고, 피로 세운 민주주의를 뒤흔드는 '내란의힘' 때문입니다. 탄핵심판이라는 엄중한 상황에도 마치 민주당이 갈등과 혼란을 조장한다는 식으로 선동하려는 얄팍한 잔꾀는 통하지 않습니다.

국민의힘이야말로 승복하십시오. 거짓 주장과 억지 논리로 갈등을 부추기고 혼란을 키우는 세력에게 돌아갈 것은 국민의 분노와 퇴출뿐임을 엄중히 경고합니다.

■ 더불어민주당은 국가의 이름 아래 자행된 폭력을 반드시 단죄하겠습니다

제주 4.3이 77주년을 맞은 오늘, 이제는 우리 현대사에 짙게 드리운 국가 폭력의 상흔을 걷어내야 합니다. 국가 폭력은 국민을 위해 쓰여야 하는 권력으로 국민을 짓밟은 범죄라는 점에서 더욱 철저히 단죄해야 합니다.

그러나 지금까지는 '소멸시효'로 인해 가해자는 법의 심판을 피해 갔고, 피해자들은 일생을 고통 속에 보내야 했습니다. 국가 폭력을 철저히 단죄하지 못한 사이 비극은 반복됐고, 21세기 민주 국가에서 군사 쿠데타의 망령이 되살아나는 일까지 벌어졌습니다. 이제라도 국가 권력이 저지른 폭력은 아무리 시간이 지나도 책임을 물을 수 있도록 해야 합니다. 그래야 국가의 존재 이유도, 사회 정의도 바로 설 수 있습니다.

더불어민주당은 지난해 말 '반인권적 국가범죄의 시효 등에 관한 특례법'을 발의해 국회를 통과했지만, 최상목 대행은 거부권을 행사했습니다.

더 이상 기다릴 수 없습니다. 고통을 기억하고 있는 피해자들이 살아계신 동안 상처를 회복할 길을 열어야 합니다. 정부는 더 이상 국가의 책임을 거부하거나 회피해서는 안 됩니다. 더불어민주당은 국회로 돌아온 특례법을 반드시 통과시켜 국가 폭력에 엄중한 책임을 묻고 정의를 바로 세우겠습니다.

– 강유정 원내대변인 서면브리핑

■ 박충권 의원의 '공산주의자' 발언은 몰역사의 고백이자 독재 무감증에 대한 방증입니다

하나의 망령이 국회를 배회하고 있습니다. 공산주의라는 망령입니다.

어제 국회 본회의장에서 진행된 '마은혁 헌법재판관 임명 촉구 결의안' 찬반토론 중 국민의힘 박충권 의원이 민주당 의원에게 삿대질을 하며 "공산주의자"라고 외쳤습니다. 국회부의장이 발언 취지를 직접 설명할 기회를 줬지만 박 의원은 자리를 박차고 나가 기자들 앞에서 "의원이 아닌 마은혁 후보자를 지칭한 것"이라고 둘러댔습니다.

지금이 어떤 상황입니까? 반국가세력을 척결하겠다며 국회를 향해 총칼을 든 계엄군을 보낸 내란수괴에 대한 탄핵 심판이 진행되는 엄중한 시국입니다. 이런 상황에서 박 의원이 '공산주의자'라는 말로 동료 의원에게 적개심을 내비친 건 '반국가세력 척결'을 외치며 내란을 일으킨 윤석열의 행태와 맞닿아 있습니다.

빨갱이, 반국가세력, 공산주의자는 모두 불의한 권력이 분단 상황을 악용해 주권자인 국민을 탄압하는 데 써 온 말입니다. 77년 전 오늘, 이승만이 제주도민 수만 명의 삶을 빼앗으며 내세운 핑계도 다름 아닌 '공산주의 척결'이었습니다.

그 대상이 헌법재판관이든, 국회의원이든 '공산주의자'라는 해묵은 색깔론을 꺼내드는 건 몰역사의 고백이자 독재주의 무감증에 대한 방증입니다. 내란 옹호입니다. 국민을 대표할 자격 없습니다. 박충권 의원은 당장 국민 앞에 무릎 꿇고 사죄하고 사퇴하십시오. 공부부터 다시 하십시오.

더불어 '표현의 자유' 운운하며 박 의원을 감싼 국민의힘도 정신 차리십시오! 4.3을 홀대하고, 5.18을 왜곡하며, 극우세력과 함께 윤석열 내란을 비호하는 건 공산주의를 팔아 욕망하는 독재 망상임을 엄중히 경고합니다.

■ 트럼프 대통령의 '관세전쟁'이 시작되었습니다. 정부의 강력하고 즉각적인 대응을 촉구합니다.

우려하던 일이 현실이 되었습니다. 오늘 새벽 트럼프 미국 대통령이 상호 관세 부과를 선포하며 '관세전쟁'의 시작을 알렸습니다. 위기에 직면한 한국경제를 위해 특단의 대책이 필요합니다.

트럼프 대통령의 상호관세는 미국과 무역에서 흑자를 내고 있는 국가들에게 더 높은 관세를 부과하겠다는 것입니다. 한국에겐 무려 25%의 상호 관세를 부과하겠다고 합니다. 이는 미국과 FTA를 체결한 국가 중에 가장 높은 관세율입니다.

미국의 상호관세 부과가 발표되면서, 한국 경제는 그야말로 '아수라장'입니다. 국내 증시는 급락한 상태로 장을 시작했고, 환율은 다시 1,470원대를 돌파했습니다. 한국은행은 수출 의존도가 높은 한국 경제에 경기 하방 압력으로 작용할 수 있다고 우려했습니다. 장기적으로는 국내 기업의 미국 현지생산 확대 가능성 등으로 국내투자 감소 및 고용 부진도 함께 우려했습니다.

그동안 정부는 도대체 무엇을 했습니까? 관세부과 우려에 최고수준의 대응을 하고 있다고 자신있게 외치더니, 성적표는 참담할 정도로 처참합니다.

공관에 재벌총수를 소집해서 '대통령 놀이'하고 있는 한덕수 총리, 수 많은 기업이 고환율로 고통받고 있는데도 환율 상승에 베팅하는 최상목 장관 등 이런 사람들이 경제정책을 이끌고 있으니 어찌 보면 당연한 결과입니다. 오히려 더 높은 상호관세를 부과되지 않은 게 다행입니다.

지금이라도 치밀한 전략과 과감한 대응이 필요합니다.

정부에 제안합니다. 이번 발표에서 트럼프 대통령은 협상의 여지를 남겼습니다. 즉시 미국과의 외교 채널을 가동하여 불합리한 조치 해소를 위한 협상에 나서야 합니다. 필요하다면 한미 FTA에 명시된 '분쟁 해결 절차'를 활용 가능성까지 포함하여 미국과 협의하십시오. 다음으로 WTO · RCEP 등 다자간 협의체를 적극 활용하십시오. 특히. 상호관세가 WTO 규범에 위배된다는 것을 근거로, WTO 분쟁 해결 절차에 나서는 것도 하나의 대안이 될 수 있습니다.

민주당도 관세전쟁으로 인한 경제위기를 극복하기 위해 최선의 노력을 다하겠습니다. 국내 산업에 대한 지원을 위한 신속한 추경 논의 등 대책 마련을 위해 노력하겠습니다.

■ 국민의힘은 언제까지 내란 옹호의 늪에 빠져 허우적댈 겁니까? 이제부터는 국민 앞에 무릎 꿇고 심판을 기다릴 시간입니다

헌법재판소의 윤석열 내란 수괴 파면 선고가 하루 앞으로 다가왔습니다. 오늘까지도 국민의힘은 기각과 각하를 외치며 국민을 우롱하고, 야당엔 승복 선언을 요구하고 있습니다. 뿐만 아닙니다. 헌재 결정 승복 메시지를 내지 않는 윤석열에 대해 권성동 국민의힘 원내대표는 "미리 내라, 마라 얘기하는 것은 부적절하다"고 편들었습니다.

국민의힘에 묻습니다. 승복은 당사자이자 가해자인 윤석열이 해야 하는 것 아닙니까? 침묵하는 가해자를 두고 어디서 승복을 찾는 겁니까? 이쯤 되면 승복은 핑계로 보입니다. 국민의힘은 헌재를 향해 기각과 각하를 외치고, 야당엔 승복을 요구하며 내란 옹호의 진흙탕 싸움에 국가 전체를 끌어들이고 있습니다. 국민의힘 1호 당원 윤석열의 파면과 국민의 준엄한 심판이 두려워 판 자체를 흐리려는 것입니다.

허나 몰상식한 내란 옹호에 속아넘어갈 국민은 없습니다. 내란 옹호의 늪에 빠져 사라지는 것은 윤석열과 국민의힘 뿐입니다. 국민의힘에 주어진 시간은 다 흘러갔습니다. 이제부터는 내란 수괴와 내란을 옹호해온 책임을 질 시간입니다. 국민 앞에 무릎을 꿇고 심판을 기다리십시오.

– 윤종군 원내대변인 브리핑

□ 일시 : 2025년 4월 3일(목) 오후 2시 40분
□ 장소 : 국회 소통관 기자회견장

■ 박충권 의원은 공식 사과하십시오. 이행하지 않으면 국회 윤리위에 제소해 제명을 추진할 것입니다.

어제 본회의장에서 국민의힘 박충권 의원이 동료 의원의 발언에 대해 "공산주의자"라고 소리를 지르며 소란을 일으켰습니다. 논란이 일자 박 의원은 발언 중이던 강유정 의원이 아니라 마은혁 헌법재판관

후보에게 한 이야기였다며 발뺌했습니다. 비겁한 변명입니다.

박 의원이 "공산주의자"라고 말하는 건 '공적 비판'이니 문제없다고 말하지만, 정작 자신이 '공산주의자'로 지목되자 "모욕적인 발언"이라고 하지 않았습니까? 본인 말마따나 그렇게 '모욕적인 발언'을 공개 석상에서 동료 의원에게 하고도 사과를 거부하고 변명으로 일관하는 이유가 무엇입니까?

동료 의원을 향한 게 아니었다면 이학영 부의장의 해명 요청에 응하여 신상 발언을 했으면 될 일입니다. 본인이 떳떳하다면 대체 왜 신상 발언을 거부하고 도망치듯이 본회의장을 빠져나간 것입니까? 해묵은 색깔론이 아직도 통하리라고 믿는다면 크나큰 오산입니다. 국민께서는 내가 할 땐 공적 발언, 남이 하면 모욕이라는 박 의원의 이중적인 행태에 분노하고 계십니다.

민의의 전당 국회에서 냉전의 망령이 독버섯처럼 자라나서는 안 됩니다. 변명으로 상황을 모면할 생각은 꿈도 꾸지 마십시오. 만일 박충권 의원이 끝까지 "공산주의자" 발언을 사과하지 않는다면 더불어민주당은 박 의원을 국회 윤리위원회에 제소해 제명을 추진하고, 공적인 영역에서 해묵은 색깔론이 고개를 드는 일이 없도록 할 것임을 강력히 경고합니다.

– 안귀령 대변인 서면브리핑

■ 제주 4 · 3항쟁 희생자들의 영혼이 편히 잠들도록 부끄러운 역사를 남기지 말아야 합니다

제주 4 · 3항쟁으로 희생되신 모든 분들의 명복을 빕니다. 77년이라는 오랜 세월, 몇 세대에 걸쳐 고통과 아픔을 겪어 오신 유가족들과 제주도민들께도 마음 깊은 위로를 드립니다.

4 · 3은 우리 역사에 깊이 새겨진 비통한 단면인 동시에 국민들의 가슴 아픈 삶을 담고 있습니다. 우리 국민들은 이러한 비극적 역사를 잊지 않고 평화와 인권의 4 · 3 정신을 꽃피우기 위해 더욱 노력해왔습니다.

그러나 1948년 불법계엄과 4 · 3의 고통과 아픔을 잊지 못하는 제주도민들은 지난 12 · 3 계엄에 놀라며 4 · 3의 참혹한 역사를 떠올려야 했습니다. 국민의 힘으로 12 · 3 계엄을 막아냈고, 내일 장장 4개월 만에 헌법재판소의 선고를 받아보게 되었습니다. 하지만 국민들에게 12 · 3 계엄의 트라우마는 쉬이 씻

기지 않을 것입니다.

매년 4월 3일 희생자들을 기억하고 기리는 것은 두 번 다시 비극이 되풀이되어서는 안 된다는 역사의 교훈을 마음에 새기기 위함입니다. 4월 4일, 헌법재판소는 비극을 되풀이하려 한 어리석은 대통령을 반드시 파면해 다음 세대에게 부끄러운 역사를 남기지 말아야 할 것입니다.

■ 헌법재판소가 내릴 결론은 이미 작년 12월 3일 밤 정해졌습니다

내란수괴 윤석열 심판의 날이 이제 하루 앞으로 다가왔습니다. 모든 국민께서 헌법재판소의 선고를 숨죽여 기다리고 있습니다. 헌재의 선고일 지정에도 위헌·위법적 계엄에 놀란 국민께서는 오늘도 불안한 마음에 헌재 앞을 떠나지 못하고 있습니다. 모든 국민께서 간절한 마음으로 내란수괴 윤석열의 파면을 고대하고 있습니다. 그 간절한 마음에 헌법재판관들이 응답할 것으로 기대합니다.

포고령은 그 자체로 비상계엄의 위법성을 입증합니다. 또한 포고령에 따라 계엄군이 국회를 침탈해 헌정질서와 민주주의를 무너뜨리려고 한 것을 온 국민이 실시간 목격했습니다. 심지어 무고한 시민을 연행하고 취재진을 위협했습니다. 그러고도 "아무 일 없었다"며 파렴치한 발뺌을 하고 있습니다. 집에 들어온 도둑을 제압해서 사법기관에 넘겼더니 도둑이 훔친 물건이 없다며 자신의 무죄를 주장하는 격입니다.

헌법재판소가 내릴 결론은 이미 작년 12월 3일 밤 정해졌습니다. 내일 헌재의 선고는 이를 확인하는 자리입니다. 헌재가 법과 원칙, 상식과 정의에 따라 판단할 것으로 믿습니다. 더불어민주당은 헌정질서와 일상의 회복을 갈망하는 국민과 함께 헌재의 선고를 기다리겠습니다.

■ 통상특위 제안 거부해놓고 초당적 협력을 위해 최상목 탄핵안 철회하라고요?

미국 트럼프 대통령의 상호관세 부가 선포로 대한민국이 중대한 통상 위기에 처했습니다. 미국의 발표가 있자마자, 한국 증시는 하락하고 환율도 다시 치솟기 시작했습니다. 그동안 정부는 관세 부가 우려에 "최고 수준의 대응을 하고 있다"며 큰소리쳤지만 무능한 국정 운영으로 수많은 기업과 국민의 고통만 초래하고 있습니다.

그런데 국민의힘 신동욱 수석대변인은 '지금은 정쟁의 시간이 아니라 협상의 시간'이라며, 내란으로 인한 혼란을 바로잡으려는 야당의 철야농성과 최상목 부총리 탄핵안을 비판했습니다. 이재명 대표는 진작 통상전쟁에 대비하기 위해 국회에 통상특위를 설치하자고 제안했습니다. 그때는 '뜬금없다'며 묵살하더니, 초당적 협력을 핑계로 최상목 탄핵안을 철회하라고 합니까?

뻔뻔하기 이를 데 없습니다. 지금처럼 위기를 키운 게 대체 누구인데 적반하장입니다. 부끄러운 줄 모르는 철면피 집단입니다. 더욱이 최상목은 부총리는 나라의 경제 위기 속에서도 자신의 잇속을 챙기기에 바빴던 부도덕한 경제부총리입니다. 이런 사람을 믿고 나라 경제를 맡기자니 어처구니없습니다.

국민의힘이 할 줄 아는 것은 발목 잡기밖에 없습니까? 매사에 발목 잡고 정치 공세만 하는 국민의힘이 집권여당을 자처할 자격이 있습니까? 이제 말이 아닌 행동으로 실천하십시오. 민주당은 관세전쟁에 대비한 초당적 협력에 언제든 화답할 자세가 되어있습니다. 국민의힘부터 경제위기 극복을 위한 의지를 보이십시오.

– 이현택 부대변인 논평

■ 헌재 판결에 대한 승복마저 정쟁의 수단으로 삼는 국민의힘은 철면피 정당입니다

국민의힘은 헌재 판결의 '당사자'마저 헷갈립니까? 이번 사건의 피청구인은 내란 수괴 윤석열입니다. 헌법재판소의 판결이 임박하자, 국민의힘이 승복을 외치고 있습니다. 헌재 판결에 승복해야할 것은 내란 수괴 피청구인 윤석열과, 윤석열을 옹호하는 국민의힘입니다.

그런데도 국민의힘이 승복 운운하는 저의가 의심스럽습니다. 기각 판결을 기정사실화해 헌재의 인용 판결을 부정하고 불복하려는 술책 아닙니까? 지금까지 마은혁 후보자에 대한 헌재 판결을 거부해온 국민의힘이 갑자기 헌재 판결에 대한 승복을 요구하는 것도 의심을 더욱 깊게 합니다.

국민의힘에 묻고 싶습니다. 국민의힘은 위헌정당이라 판결 불복도 경우의 수에 포함시켜 두신 겁니까? 국민의힘은 진짜 승복의 자세를 보여주기 바랍니다. 판결이 마음에 들지 않는다고 '좌파 판결'이라며 색깔론 공세를 퍼붓고 극우 폭동을 선동하려는 이중 플레이라면 용납할 수 없습니다.

국민의힘은 승복 운운하며 정쟁을 벌일 생각이라면 꿈도 꾸지 말기 바랍니다.

■ 홍준표 대구시장, 김문수 고용노동장관은 잡룡은커녕 도롱뇽도 되지 못합니다

스스로 '보수 잠룡'을 자처하는 분들이 하는 행태는 잡룡은커녕 도롱뇽도 되지 못합니다입니다.

헌법 수호와 민주주의 회복에는 침묵하면서, 내란 수괴의 복귀만을 기원하고 있으니 참으로 한심하기 짝이 없습니다. 홍준표 시장은 '탄핵 기각 후 내란 수괴 윤석열의 통치역량을 기대한다'고 하고, 김문수 고용노동부 장관은 '직무 복귀를 간절히 기도한다'고 합니다.

지난 해 12월 3일 밤 계엄군은 국회를 봉쇄하고, 전기·통신을 차단하며 국회를 무력화하려고 했습니다. 내란의 밤을 겪고도 감히 기각하자고 말하다니 파렴치하기 이를데 없습니다. 헌정질서를 유린하고, 권력을 연장하려고 한 내란 수괴를 감싸다니 홍준표 시장과 김문수 장관은 예비 내란 음모자를 자처하는 것입니까?

이런 망언을 일삼는 자들이 차기 대통령을 입에 올리는 것은 주권자인 국민에 대한 모독입니다. 숨어서 말하지 말고 광화문 네거리에 홀로 서서 외치십시오. 누가 헌법을 위해 싸웠고, 누가 헌정을 방조하고 내란을 덮으려 했는지 국민은 똑똑히 지켜보셨습니다. 달콤한 권력만 쫓는 '잡룡 정치'를 국민께서는 용납하지 않습니다.

– 박창진 부대변인 논평

■ 검찰은 도이치모터스 주가 조작범 김건희 여사 재수사에 착수하십시오

도이치모터스 주가조작 사건에 돈을 댄 전주들이 대법원에서 유죄 확정 판결을 받았습니다. 특히 유죄가 확정된 손모 씨와 김건희의 주가조작 방식은 복사해서 붙인 것처럼 똑같습니다. 그러나 검찰은 손 씨와는 다르게 23억 원의 매매차익을 챙긴 김건희 씨에 대해서는 기소조차 않고 있습니다.

녹취 및 문자 기록 등 차고 넘치는 증거에 눈을 감아버린 검찰은, 법과 원칙을 조롱하고 짓밟고 있습니다. 법질서를 바로 세워야 할 검찰이 법치주의를 무너뜨리고 있습니다. 권력 앞에 종이조차 벨 수 없을 만큼 무딘 검찰의 정의와 공정에 국민들께서는 검찰의 존재 가치를 묻고 있습니다.

검찰의 직무유기를 질타하기도 입이 아픕니다. 검찰에 부여된 기소권은 검찰이 책임을 다하지 못하면 언제든 반납될 수 있음을 엄중히 경고합니다. 검찰의 구부러진 잣대를 국민께서 더 이상 용납하지 않을 것입니다. 검찰은 지금이라도 김건희 여사 주가조작 재수사에 나서십시오.

2025년 4월 3일

국회의원(박충권) 징계안

<table>
<tr><td>의 안
번 호</td><td>9580</td></tr>
</table>

요구연월일 : 2025. 4. 3.
요 구 자 : 박성준·강유정·고민정
　　　　　　김남희·김병주·김성회
　　　　　　김용만·김용민·노종면
　　　　　　모경종·박민규·백승아
　　　　　　부승찬·서미화·송재봉
　　　　　　안태준·양문석·윤건영
　　　　　　윤종군·이소영·정준호
　　　　　　정진욱·조계원·추미애
　　　　　　의원(24인)

주　　문

국회의원(박충권)을 「국회법」 제155조제16호에 따라 징계한다.

징계사유

가. 대한민국 국회의원은 그 직무를 수행함에 있어 「국회법」 제24조
　　및 제25조에 따라 헌법을 준수하고 주권자인 국민의 대표자로서 품
　　위를 유지해야 하며, 국회의 명예와 권위를 지키기 위해 높은 윤리
　　의식을 가져야 함.

나. 국민의힘 국회의원 박충권은 2025년 4월 2일 제423회 국회(임시
회) 제3차 본회의에서 '헌법재판소 재판관 마은혁 임명 촉구 결의
안'을 채택하는 과정에서 발언 중인 동료의원을 향해 "공산당원!",
"공산주의자"라며 여러 차례 고성을 지르며 망언과 막말을 쏟아
냈음.

다. 국민의힘 국회의원 박충권은 북한에서 태어나 공산주의 체제를 직
접 경험한 탈북자로서 '공산주의자'라는 발언이 국내 정치적·사회적
으로 갖는 폭력성과 분열성을 누구보다 잘 알고 있음에도 불구하고
대한민국 민주주의의 상징인 국회 본회의장 안에서 "공산주의자"라
며 '헌법재판소 재판관 마은혁 임명 촉구 결의안'과 전혀 상관없는
막말·망언이자 철 지난 색깔론을 버젓이 꺼내들었음. 이는 「형법」
제307조(명예훼손), 제311조(모욕)과 「국회법」 제146조(모욕 등
발언의 금지), 국회의원윤리강령 제1호 및 제4호, 국회의원윤리실천
규범 제2조(품위유지)를 현저하게 위반한 것임.

라. 현재 대한민국은 내란수괴 윤석열의 파면 선고를 앞두고 국가적
혼란과 국민 불안이 심화되고 있고 더 나아가 극심한 사회적 갈등
과 국민 분열이 촉발될 수 있는 중차대한 상황임. 이러한 시기에
국민 통합과 국가적 분열을 치유하고 봉합에 나서기는커녕 오히려
사실에 부합하지도 않고 현 시국과도 동떨어진 색깔론을 꺼내든 것

은 국민분열 조장을 넘어 이념갈등을 부추겨 헌법재판소의 결정을 부정하고 불복하려는 정략적이고 악의적 의도를 갖고 있는 것으로 보임.

마. 헌법재판소는 지난 2025년 2월 27일 '대통령 권한대행 기획재정부 장관 최상목에 대한 국회의 권한쟁의심판' 청구 사건에서 대통령의 권한을 대행하는 국무총리 및 국무위원에게는 국회 선출 마은혁 재판관을 임명할 헌법상 작위의무가 인정된다는 견해를 만장일치로 채택하였음. 국회의원 박충권의 막말·망언은 헌법재판소의 판단에도 불구하고 최상목 권한대행에 이어 한덕수 권한대행도 마은혁 재판관을 임명하지 않아 위헌 상태가 지속되고 있어 헌법재판소의 결정에 대한 조속한 이행과 헌정질서 수호 결의안 채택을 저지하는 과정에서 나온 것으로, 이는 헌정질서 유린 상황을 방치하고 더 나아가 방조하는 반헌법적 발언에 다름 아닌 것으로 「국회법」 제24조 (선서)를 정면으로 위배한 것임.

바. 국민의힘 국회의원 박충권은 '헌법재판소 재판관 마은혁 임명 촉구 결의안'에 찬성토론 중이던 국회의원 강유정을 향해 "공산주의자"라고 고성을 지르며 본회의에 혼란을 야기시켰음. 국회의원 박충권은 이학영 부의장의 경위 설명 요구도 거부한 채 본회의장을 도망치듯 나가 소위 '욕튀' 논란에 휩싸여 있음에도 재차 언론을 대

상으로 "나는 마은혁 후보자에 대해 공산주의자라고 했다", "마은혁
은 인민노련 출신으로 자유민주주의 체제 전복에 투신했던 사람"이
라고 근거 없는 인신 모독과 인식 공격을 이어 갔음. 이도 모자라
자신의 SNS에 '저는 마은혁이 공산주의자라고 했습니다'라는 글을
게시하며 사과와 반성은커녕 제2차 가해와 온라인 유포까지 서슴지
않았음. 또한, 국회의원 박충권은 지난 2024년 7월 29일 과학기술정
보방송통신위원회 전체회의에서 국회의원 최민희가 "전체주의" 관
련 발언을 한 것에 대해 공개 사과를 요구하여 국회의원 최민희의
공식 사과를 받았음에도 정작 본인은 "공산주의자"라는 망언에 대
한 사과도 거부하고 변명으로 일관하고 있는 전형적인 '내로남불'
행태를 보이고 있음.

사. 국민의힘 국회의원 박충권의 "공산주의자" 발언은 본회의장의 혼
란을 야기시켜 결의안 채택을 어떻게든 무산시켜려는 의도가 다분
하며 회의 질서를 어지럽히는 행위로 이는 「국회법」 145조(회의
의 질서 유지)를 위반한 소지가 있음.

아. 이와 같이 국민의힘 국회의원 박충권은 「형법」 제307조(명예훼
손), 제311조(모욕), 「국회법」 제24조(선서), 제25조(품위유지의 의
무), 「국회의원윤리강령」 제1호 및 제4호, 「국회의원윤리실천규
범」 제2조(품위유지)를 현저히 위반한 바, 「국회법」 제155조제16

호에 따라 엄중히 징계할 것을 요구함.

2025년 4월 3일

전직대통령 예우에 관한 법률

제7조(권리의 정지 및 제외 등) ① 이 법의 적용 대상자가 공무원에 취임한 경우에는 그 기간 동안 제4조 및 제5조에 따른 연금의 지급을 정지한다.

② 전직대통령이 다음 각 호의 어느 하나에 해당하는 경우에는 제6조제4항제1호에 따른 예우를 제외하고는 이 법에 따른 전직대통령으로서의 예우를 하지 아니한다.

　1. 재직 중 탄핵결정을 받아 퇴임한 경우

　2. 금고 이상의 형이 확정된 경우

　3. 형사처분을 회피할 목적으로 외국정부에 도피처 또는 보호를 요청한 경우

　4. 대한민국의 국적을 상실한 경우

전직대통령 예우에 관한 법률 일부개정법률안
(모경종의원 대표발의)

<table>
<tr><td>의 안
번 호</td><td>9583</td></tr>
</table>

발의연월일 : 2025. 4. 3

발 의 자 : 모경종·박지원·이상식
이광희·노종면·이용우
박정현·양문석·민형배
이재강·이병진·윤종군
김태선·문진석·김문수
강유정 의원(16인)

제안이유 및 주요내용

현행법은 전직 대통령이 탄핵 결정을 받은 경우, 또는 금고 이상의 형이 확정되거나 형사처분을 회피할 목적으로 외국으로 도피한 경우, 국적을 상실한 경우 등에 대해 전직 대통령에 대한 예우를 중단하도록 규정함.

그러나 대통령이 탄핵 결정을 피하기 위해 자진 사임하는 경우에는, 재직 중 헌법과 법률을 중대하게 위반했더라도 전직 대통령 예우가 그대로 유지되는 문제가 있음. 이는 법적 책임을 회피한 대통령에게도 국가가 끝까지 예우를 제공해야 하는 상황으로 이어져, 마땅한 제재가 필요하다는 국민적 요구가 커지고 있음.

이에 대통령이 헌법이나 법률을 중대하게 위반하여 탄핵 소추가 의결된 이후, 헌법재판소의 탄핵심판 결정 전 자진 사임하는 경우에도

전직 대통령으로서의 예우를 중단할 수 있도록 법적 근거를 마련하려

는 것임(안 제7조제2항제1호의2 신설).

법률 제   호

전직대통령 예우에 관한 법률 일부개정법률안

전직대통령 예우에 관한 법률 일부를 다음과 같이 개정한다.

제7조제2항에 제1호의2를 다음과 같이 신설한다.

  1의2. 탄핵심판 중에 자진하여 사임한 경우

부   칙

이 법은 공포한 날부터 시행한다.

신·구조문대비표

현 행	개 정 안
제7조(권리의 정지 및 제외 등)	제7조(권리의 정지 및 제외 등)
① (생 략)	① (현행과 같음)
② 전직대통령이 다음 각 호의 어느 하나에 해당하는 경우에는 제6조제4항제1호에 따른 예우를 제외하고는 이 법에 따른 전직대통령으로서의 예우를 하지 아니한다.	② --.
1. (생 략)	1. (현행과 같음)
<신 설>	1의2. 탄핵심판 중에 자진하여 사임한 경우
2. ~ 4. (생 략)	2. ~ 4. (현행과 같음)

제87차 제주 현장 최고위원회

2025.4.3.(목) 오전 9시 제주4 · 3 평화공원 內 4 · 3 평화기념관 4층

– 김선민 당대표 권한대행

조국혁신당 대표 권한대행 김선민입니다.

제주 4 · 3은 국가폭력이 낳은 비극입니다. 생각이 다르다는 이유로, 권력에 순응하지 않는다는 이유로 국민을 학살한 악행의 역사입니다.

그 아픔은 과거에만 머무르지 않았습니다. 정권의 악행은 주체만 바뀌었을 뿐, 대물림했습니다. 독재 정권은 4 · 3 학살에 사과하지 않았습니다. 4 · 19 때 국민을 향해 발포했습니다. 군사 정권은 5 · 18로 다시 국민을 학살했습니다.

검찰 독재 정권은 이를 고스란히 이어받았습니다. 이들은 수사권과 기소권을 이용해 김건희 등 자기편 죄는 봐줬습니다. 야당과 전 정부에는 죄를 만들어 뒤집어 씌웠습니다. 그것으로 모자랐는지 내란도, 전쟁도 없던 대한민국에 느닷없이 계엄을 선포했습니다. 국민을 향해 총부리를 다시 겨눴습니다. 국회와 중앙선관위를 무력화하려고 했습니다. 정치인과 법조인을 불법 체포하려고 했고, 정치, 결사, 집회, 언론의 자유를 말살하려고 시도했습니다.

그 사이 대한민국은 둘로, 셋으로 쪼개졌습니다. 자칫 대한민국에 78년 전 4 · 3, 65년 전 4 · 19, 45년 전 5 · 18이 재연될 뻔했습니다. 하지만 모든 비극을 기억한 우리 국민은 다시 맨몸으로 12 · 3 계엄을 막아냈습니다.

불행한 역사의 악순환을 멈춰야 합니다. 국민 위에 군림하고 말을 안 들으면 학살하는 악행을 뿌리부터 몸통까지 뽑아내야 합니다. 윤석열의 파면은, 4 · 3에서 시작된 국가폭력 악순환을 끊는 선언이 될 것

입니다.

　헌법재판소가 결론을 내릴 시간이 하루 앞으로 다가왔습니다. 소설가 한강 선생님은 "윤석열 파면이 보편적 가치를 지키는 일"이라고 말했습니다. 민주주의를 파괴하고 국민을 위협한 자는 어떤 권력의 자리에서도 반드시 처벌을 받는다는 것, 역사는 낱낱이 기록할 것입니다.

　4월 4일, 내일은 청명(淸明)입니다. 이름 그대로 맑은 하늘이 정의롭게 열릴 것입니다.

　78년 전, 조등(弔燈)으로 수놓아진 제주에서 바다보다 슬프게 울던 유족들을 기억합니다. 시민의 저항이 민주주의의 심장이라면, 연대와 기억의 끈은 4·3의 정신이자 유산입니다. 그리하여 헌법재판소는 이렇게 선언할 것입니다. "주문. 피청구인 대통령 윤석열을 파면한다."

　내일, 우리 모두 제주 바다처럼 푸른 마음으로 새로운 대한민국을 향해 나아갑시다. 제주도민 여러분, 그리고 국민 여러분, 폭싹 속았수다(매우 수고하셨습니다).

　감사합니다.

– 이해민 최고위원

　최고위원 이해민입니다.

　어제 제423회 국회 임시회 본회의에서는, 야당 의원을 향해 국민의힘 박충권 의원이 '공산주의자'라고 외쳤고, 이로 인해 여야 간 거센 충돌이 벌어졌습니다. 이는 2025년 국회 본회의장에서 나온 소리라 믿기 어려운, 헌정질서를 직접적으로 훼손하는 언사였고, 발언을 한 당사자는 해명할 기회를 주었음에도 불구하고, 그냥 본회의장을 떠나 논란을 더했습니다. 국민의힘은 이러한 국회 모독에 대한 어떠한 반성도, 사과도 지금까지 없습니다.

　오늘 이곳에서는 제주 4·3 제77주년 추념식이 있습니다. 당시 국가 폭력에 의해 수많은 민간인이 어제 본회의장에서 나왔던 '공산주의자', 좀 더 직접적인 단어인 '빨갱이'로 낙인찍혀 희생당한 현대사의 비극입니다. 남녀노소 가리지 않은 무차별적 학살이 벌어졌던 비극에 대한 국가의 근거는 바로 '공산주의자'라는 낙인이었습니다. 그 아픔이 아직까지 살아있는 지금, 여당은 과연 오늘 이곳에서 진심으로 지난 과거에 대한 아픔을 함께 할 자격이 있는 것일까요.

이것만이 아닙니다. 4·3 당시, 서북청년단이라는 극우 청년조직은, '공산주의자' 척결이라는 이념의 이름으로 도민들을 학살했습니다. 그런데 지난 1월, 국민의힘 한 의원은 서북청년단 이름을 본딴 '반공청년단'의 기자회견을 국회에서 열어주었습니다. 이들을 비롯한 극우세력은 지난 1월 19일 서울서부지법 폭동사건을 일으켰고, 이때에도 국민의힘은 기꺼이 그 '폭동'세력과 뜻을 같이 했습니다.

자신들의 이득을 위해서라면 '폭력'을 아무렇지도 않게 정당화하는 것이 역사적으로 뿌리 깊이 스며든 정당, 총과 칼을 말하는 대통령 부부, 국회 본회의장에서 '공산주의자'라고 외치는 정당, 그리고 '반공청년단'을 지원하는 정당.

지금 이곳 제주 4·3 추념식에 참석할 자격이 있을까요?

국민의힘은 폭력에 대한 진심 어린 사과 없이 오늘 이곳에 올 자격이 없다고 생각합니다. 한없이 무식한 역사 인식이, 그리고 그 폭력을 선동하는 모습이 내란정당 국민의힘의 현주소이기 때문입니다.

내일은 123일을 기다린 윤석열 탄핵 선고일입니다. 헌재 주변이 경찰차벽으로 봉쇄되었으며, 헌재와 대통령 관저 인근 13개의 학교가 임시 휴업을 결정했습니다. 국회는 오늘부터 일요일까지 외부인 출입을 금합니다. 대한민국을 여행하는 외국인들에게는 자국에서, 4월 4일 비상 위험상황에 대한 통지가 보내졌습니다. 이를 관통하는 단어는 바로 '폭력'입니다. 법대로 진행되는 과정에서 왜 우리는 폭력을 걱정해야 할까요.

다시 제주 4·3의 억울한 희생자를 떠올려봅니다. '공산주의자'로 낙인찍혀 무도한 '폭력'으로 희생된 분들, 그리고 긴 시간 동안 피해를 감수한 유가족들을 떠올려봅니다.

지금은 2025년입니다. 아직도 '공산주의자' 팔이하는, 역사를 70년 정도 뒤로 돌려버린 내란수괴 윤석열과 내란정당 국민의힘은 오늘 하루, 제주를 떠올리며 속죄하는 심정으로 보내기 바랍니다. 그리고 어제 있었던 국회 모독에 대한 사과를 공식적으로 하기 바랍니다.

4.3의 아픔으로부터의 진정한 회복을 위해서라도 우리 사회 이미 만연해버린 폭력을 넘어서기 위해서

라도 압도적인 정권교체가 필요합니다. 그 첫 번째 길은 내일 헌재의 8:0 윤석열 파면선고입니다.

조국혁신당은 그 길 맨 앞에 서겠습니다. 이상입니다.

– 정춘생 의원

'민생의 봄날', '국민의 봄날'을 위해 정치하는 조국혁신당 원내수석부대표, 제주 남원읍 출신 국회의원 정춘생입니다. 제주 4·3은 국가폭력으로 수많은 도민이 희생된 대한민국 근현대사의 참혹한 비극입니다. 그 비극의 역사는 조금씩 전진해 나가고 있습니다.

김대중 정부에서 '4·3특별법'을 제정했고, '4·3위원회'를 구성해 진실 규명의 토대를 마련했습니다. 노무현 대통령께서는 국가 책임을 인정하고 처음으로 사과했습니다. 문재인 정부는 국가 폭력에 대한 책임을 명시하고, 희생자에 대한 배상과 보상 근거를 마련했습니다.

그러나 '제주 4.3의 완전한 해결'은 아직도 이뤄지지 못하고 있습니다. 「4·3 특별법」은 여전히 4.3의 정의에 '소요사태'로 표기되어 있습니다. 이는 제주 4·3을 '폭동'으로 규정해온 과거 국가 서술의 잔재로 국가폭력의 본질을 흐리는 결과를 낳고 있습니다. 그로 인해 극우 세력들은 4·3 진상조사 결과 자체를 부정하고, '북한 지령설', '폭동설'과 같은 근거 없는 주장을 퍼뜨리며 4·3을 왜곡·폄훼하고 있습니다. 일부 언론 역시 '폭동', '보상', '북한'과 같은 용어를 무분별하게 반복적으로 사용하고 있습니다.

4·3에 대한 역사 왜곡이 가장 극심했던 2023년, 국민의힘 의원들은 "제주4·3사건은 김일성 지시로 발발한 사건이다", "4·3 기념일은 3·1절에 비해 격이 낮다."는 막말을 하며, 4·3 유족들과 생존 피해자들에게 고통과 치욕을 줬습니다. 또한 국립국가트라우마센터는 국가 폭력에 희생된 희생자와 유가족의 트라우마를 치유하는 기관임에도 시설·운영비 절반을 지자체가 부담하고 있습니다.

그래서 저는 제22대 국회 제1호 법안으로 제주도민과 제주 4·3 유족회의 목소리를 담은 「제주4·3특별법」개정안과 「국립국가트라우마치유센터법」개정안을 대표 발의했습니다. 「제주4·3특별법」개정안은 '소요사태'로 규정된 정의를 바로잡고, 4·3의 역사적 진실을 왜곡하거나 허위사실을 유포하고, 고의로 폄훼·비방하는 행위에 대해 강력히 처벌할 수 있도록 했습니다. 「국립국가트라우마치유센터법」개정안은 센터의 운영비 전액을 국비로 지원할 수 있도록 했습니다. 그러나 「제주4·3 특별법」개정안은 행안위 법안소위에 넘겨진 후, 6개월이 넘도록 논의조차 하지 못하고 있습니다.

거대양당, 두 교섭단체에 촉구합니다. 법안소위에서 4 · 3 특별법이 논의될 수 있도록 지금 당장 간사 협의를 해주시기 바랍니다. 언제까지 유족들은 근거 없는 4.3 왜곡 폄훼 행위를 손 놓고 지켜보며 상처받아야 합니까. 제주 4.3 특별법에 대한 논의가 멈춰진 상황에서 77주년 추념식을 맞는 유족들은 4.3에 대한 폄훼와 혐오가 반복되는 건 아닌지 아직도 불안해하고 있습니다.

4월 임시회에서「제주4 · 3특별법」개정안을 반드시 처리합시다. 민주당 그리고 국민의힘, 교섭단체 양당의 협조를 간곡히 호소합니다. 속히 법안 소위를 열고 논의를 시작합시다. 4.3의 정의를 바로잡고, 국가가 책임지고 트라우마센터를 제대로 운영할 수 있게 해야 합니다.

제주4.3 평화공원에는 4.3의 정식 명칭이 정해지지 않아서, 이름조차 새기지 못한 '백비'와 이름 없는 희생자들의 무명신위 위패가 모셔져 있습니다. 백비에 이름을 새기고 온전한 제주의 봄을 맞이할 수 있도록 국회가 그 책임을 다해야 합니다.

저와 조국혁신당은 4 · 3의 진실을 밝히고 역사를 바로 세우는 일에 맨 앞에서 끝까지 함께 하겠습니다. 감사합니다.

– 신장식 의원

저희 외할아버지를 포함하여 4 · 3으로 희생된 희생자 모두를 추념합니다. 그리고 위가족들을 위로합니다.

4 · 3 학살 이승만, 군부독재 박정희, 5 · 18 학살 전두환의 야만성을 모두 갖춘 대통령. 국가를 사익 추구의 수단으로 사용한 이명박의 이기성을 갖춘 대통령. 국정농단 박근혜의 무지성을 갖춘 대통령. 이 모두를 다 가지고 있는 사람이 윤석열입니다.

조국혁신당은 야만성, 이기성, 무지성을 다 갖춘 윤석열 정권의 검찰 독재정권의 완전한 종식이야말로 4 · 3정신의 실현이라고 확신합니다.

소설가 한강은 작별하지 않는다를 쓰고 이렇게 말했습니다. "몇 년 전 누군가 다음에 무엇을 쓸 것이냐고 물었을 때 사랑에 대한 소설이기를 바란다고 대답했던 것을 기억한다. 지금 내 마음도 같다. 이것이 지극한 사랑에 대한 소설이기를 빈다."

4·3은 지극한 사랑에 대한 이야기. 사람, 역사, 제주에 대한 지극한 사랑에 대한 이야기라고 생각합니다. 반드시 대한민국이 작별해야 할 것들과 결코 작별하지 않아야 할 것들을 생각하는 4·3이 되기를 기대합니다.

다시 한번 4·3 77주년을 추념합니다.

– 김상균 제주도당 위원장

안녕하십니까. 조국혁신당 제주도당 위원장 김상균입니다.

먼저 77주기 4·3 추념식을 맞이하여 제주에서 현장 최고위원회가 열린 데 대해 감사 말씀 드립니다. 특히 내일은 내란수괴 윤석열에 대한 탄핵심판 선고가 있습니다. 그래서 지금 이 자리가 더욱더 뜻깊습니다. 반드시 탄핵되어야 하고, 더 이상 국민들이 불안에 떨지 않도록, 왜 국민들이 불안에 떨어야 하는지를 모르겠습니다, 모든 국민들의 불안을 잠재우기 위해서는 반드시 탄핵이 인용이 되어야 되고, 그 탄핵 인용을, 내란수괴 윤석열은 바로 수용을 해야 합니다. 헌재 결정에 대해서 국민들이 수용할 이유는 없습니다. 내란범들이 수용을 해야 되는 것이고요. 상식적인 결과가 나오지 않는다면 국민의 저항이 있을 뿐입니다.

다시는 이 땅에 4·3과 같은 비극이 되풀이되지 않기를 너무너무 절실하게 바라겠습니다. 이상입니다.

제주 4·3은 우리에게 묻습니다.
"너희들은 왜 아직도 깨닫지 못했느냐"

국가의 과오, 정치의 부재, 이념의 대립 속에서 수많은 무고한 생명이 스러졌습니다. 그날의 비극은 역사가 아니라, 지금도 계속되는 질문입니다. 4·3은 대한민국의 현재를 비춥니다. 국가의 책임을 망각한 대통령, 갈등을 부추겨 분열을 자양분 삼는 야당 대표. 우리는 어디로 가고 있습니까.

70여 년 전, 제주는 몸서리치며 대한민국에 경고했습니다. "정치는 무엇을 해야 하는가." 그러나 우리는 아직도 답하지 못했습니다. 개혁신당은 4·3의 교훈을 깊이 새깁니다. 갈등과 분열을 넘어, 전진하는 대한민국을 만들겠습니다. 죽음의 땅에서 피어난 평화, 그 뜻을 헛되이 하지 않겠습니다.

2025. 4. 3.

개혁신당 수석대변인 이동훈

트럼프 대통령은 상호관세율이 높은 13번째 나라로 한국을 올렸다. FTA 체결 상대국에서 가장 높은 관세율을 책정했을 뿐만 아니라, 주요 대미 수출 경쟁국인 일본, 유럽연합보다도 높았다. 각종 비관세장벽 유지 및 불공정 무역 관행을 그 근거로 들었다. 미국이 말하는 비관세 장벽이란 30개월령 이상 쇠고기 수입 제한, 한국의 자동차 배기가스 규제, 수입 농축산 식품에 대한 규제, 지식재산권 보호 규제, 국방 절충교역, 원전 외국인지분 금지 등 자국민의 안전과 환경보호 등을 위한 정당한 규제들이다. 이런 조치들조차 무역장벽이라며 비난하는 것은 경제주권에 대한 노골적인 간섭이다. (…) 상호관세는 시작에 불과하다. 관세는 안보와 연계될 것이고, 이후 동맹에게 '보호세'로 확대될 것이다. 이번에도 미국 눈치보기를 한다면, 경제와 안보 모두를 잃을 수도 있다. 신냉전 보호무역주의 시대, 정치, 경제, 군사의 전면적인 자주권 확립이 필요할 때다.

– 진보당 정책위원회, 4월 3일 논평

각 기자회견문, 보도자료

■ 내란수괴 윤석열 8:0 파면 최후통첩 선포 비상행동 기자회견

진보당 원내부대표 전종덕입니다. 저는 11년 전 헌재에서 해산 선고를 받은 통합진보당 당원이었습니다. 헌재가 통합진보당을 해산 선고하자 '민주주의가 죽었다', '헌재가 죽었다', '사법사에 남을 오점'이라 보도했습니다. 그리고 3년 후 그 헌재에서 박근혜는 탄핵되었습니다. 그리고 오늘 내란수괴 윤석열을 탄핵하라는 최후통첩을 날리기 위해 이자리에 섰습니다.

어제 국회 본회의장에서는 마은혁 재판관 임명하라는 요구에 국민의 힘 의원이 '공산주의자'라고 망언을 했습니다. 강산도 바뀐다는 10년이 지났는데도 이들의 논리는 왜 이렇게 똑같습니까? 박근혜 탄핵 후 정권은 교체됐지만 법과 제도, 우리 삶은 바뀌지 않아서 아니겠습니까?

온 국민이 8명의 헌법재판관들 입만 바라보고 있습니다. 민주주의의 죽음, 헌재의 죽음을 또다시 반복할 것인가? 아니면 8:0 만장일치 파면으로 주권자 국민의 요구에 따를 것인가? 내일, 헌재의 손에 달려있습니다.

윤석열 탄핵은 윤석열과 한덕수 최상목 등 내란 세력들에 의해 무시되고 부정당한 헌정질서를 바로 세우는 것입니다. 헌법재판관들은 헌법과 법률에 따라, 주권자 국민의 뜻을 받들어 윤석열을 8:0 만장일치로 파면해야 합니다.

상상하기도 싫지만, 최악의 상황이 나온다면 주권자 국민들이 일어설 것입니다. 헌재의 법조 카르텔을 해체하고 헌법을 처음부터 다시 쓰는 수준으로 완전히 새로운 대한민국을 위한 거대한 국민 항쟁이 시작될 것입니다.

국민이 이깁니다. 정의는 반드시 승리합니다. 윤석열 내란세력 청산과 새로운 대한민국의 시작은 결코 다르지 않습니다. 윤석열 탄핵 후, 우리는 우리 삶을 바꾸고 국민이 주인인 새로운 세상을 만들 것이기

때문입니다. 이것이 저와 진보당의 최후통첩입니다. 고맙습니다.

■ 전광훈 구속 촉구 진보당 기자회견 보도자료

진보당이 3일 오전, '내란 선동죄' 전광훈 목사에 대한 지지부진한 경찰 수사를 규탄하고, 즉각적인 구속수사를 촉구하는 기자회견을 경찰청 국가수사본부 앞에서 진행했습니다.

지난 1월 19일, 서부지방법원에 100명이 넘는 극우세력들이 난입하여 기물을 파손하고, 판사를 겁박하는 언사를 내뱉는 등 난동을 부렸습니다. 경찰은 총 133명을 수사하였고 이 중 79명을 구속하였습니다.

하지만 서부지법 난입 사태를 주도한 혐의로 고발된 사랑제일교회 '전광훈 목사'에 대한 피의자 조사는 2개월이 넘도록 이루어지지 않은 상황입니다. 4월 4일, 헌법재판소에서 윤석열의 파면이 선고된다면 전광훈 목사가 다시금 서부지법 폭력 사태를 재현할 수도 있습니다.

정혜경 의원은 발언에 나서 "왜 이렇게 수사가 늦어지나? 헌법재판소의 탄핵 심판을 앞두고 경찰이 눈치를 보는 것인가?"라며 "남태령 집회 참가자, 전농 관계자들에게 벌써 소환장이 나오고 있다고 한다. 경찰은 내란을 막고 민주주의를 수호하려는 사람들에 대해서는 매우 신속 대응하면서 전광훈 같은 내란선동 범죄자들에 대해서는 왜 이렇게 늦장을 부리고 있나?"라고 한탄했습니다. 이어 "내일은 헌법재판소에서 윤석열 파면을 선고하게 될 것이다. 경찰은 서부지법 폭동 사태와 같은 일이 또 벌어지는 사태를 방관할 작정이 아니라면, 더 이상 수사를 미루지 말라"라고 강력히 촉구했습니다.

김창년 공동대표는 기자회견문을 통해 "경찰은 지금 당장 '내란 선동'의 주도자인 전광훈 목사를 구속하라. 철저히 수사하라. 민주주의와 법치주의를 파괴한 자는 절대 가만두지 않는다는 것을 만천하에 보여주어야 한다"라고 촉구했습니다.

■ 정혜경 국회의원 경찰 강경진압 사과 요구 기자회견

진보당 비정규직 노동자 국회의원 정혜경입니다. 국민의 생명과 안전을 지켜야 할 경찰이 내란종식과 민주주의 수호를 위해 행동하는 시민들을 폭력적으로 진압하고 국회의원인 저에게까지 폭력을 행사한 일이 있었습니다.

2025년 3월 26일 새벽, 저는 광화문 농성장에서 단식 9일째를 이어가고 있었습니다. 그날 새벽 5시경, 경찰 수십 명이 트랙터 1대를 견인하겠다며 광화문 농성장에 무단 진입했습니다. 광화문 농성장은 신고된 집회공간이었고 경찰이 트랙터를 무단으로 견인해 갈 법적 근거가 전혀 없었습니다. 그러나 경찰은 어떠한 행정 통보나 법적 절차도 없이 기습적으로 들이닥쳤습니다.

저는 국회의원으로서 경찰의 위법행위를 두고 볼 수 없었고 무엇보다 윤석열 탄핵과 민주주의를 위해 싸우는 농민들을 지켜야 한다고 생각했습니다. 그래서 수 차례 국회의원임을 밝히고 책임자와 대화를 요구했으며, 경찰력 행사의 법적 근거를 요구했습니다.

그러나 경찰은 제 요청사항을 무시하고, 오히려 남성 경찰들이 저를 강제로 잡아끌고, 앉아있는 상태에서 방패로 밀고, 제 팔과 다리를 잡아 수차례 바닥에 내던졌습니다. 같이 있던 시민분의 증언에 따르면 저를 지목하며, "치워버려, 던져버려"라고 무전으로 말하고 가장 먼저 끌어냈다고 합니다. 이 과정에 저의 상의가 벗겨져 속옷과 맨살까지 드러났습니다.

국회의원에 대한 모욕이며, 명백한 인권침해입니다. 저는 이 후과로 어깨와 등, 가슴, 팔에 부상을 입고 병원 응급실에 입원해 치료를 받아야 했습니다.

이 날 경찰은, 저를 포함해 시민들을 무자비하고 강경하게 진압했습니다. 당시 저는 경찰이 무전을 통해 "방해하는 사람들을 전부 연행하라"고 지시하는 것을 들었습니다.

트랙터 1대가 무엇이 두려웠길래 국회의원을 진압하고, 시민들은 전부 연행하려 했습니까? 왜 여성농민을, 노동자를, 시민을 바닥에 내동댕이 치고 목을 조르고 갈비뼈에 멍이 들 정도로 과격하게 진압했습니까? 윤석열 탄핵과 민주주의 수호를 위해 싸우는 국민들을 경찰이 선제적으로 제압하려고 한 것 아니겠습니까?

저는 박현수 경찰청장 직무대리를 비롯한 책임자들을 '직권남용 권리행사방해죄', '독직폭행죄', '집회방해죄', '경찰관직무집행법 위반'으로 고소했습니다.

국회의원에 대한 폭력이 국민을 향한 폭력으로 이어지지 않도록, 끝까지 싸우겠습니다. 함께 해주십시오. 헌법기관으로서 국민을 대표하는 국회의원 답게, 민주시민 모두의 권리를 지키기 위해 싸우겠습니다.감사합니다.

2025년 4월 3일

진보당 국회의원 정혜경

[기자회견문]

경찰 강경 진압 규탄 및 재발 방지를 위한 야당 국회의원 요구

야당 국회의원들은 상습적이고 폭력적인 경찰의 과잉진압을 강력히 규탄하며 다음과 같이 요구한다. 하나, 경찰은 3월 26일 새벽 발생한 과잉진압의 경위를 밝히고 책임자를 징계하며 국회와 시민들에게 사과하라! 하나, 경찰은 상습적이고 폭력적인 강경 진압의 재발 방지 자구책을 마련하여 국회에 보고하라!

2025년 4월 3일

'국회의원 정혜경 과잉진압 규탄 책임자 처벌요구' 기자회견에 함께하는 야당 국회의원 일동
강경숙, 강득구, 고민정, 권향엽, 김남근, 김남희, 김영호, 김용만,
김용민, 김윤, 김재원, 김종민, 김주영, 김준혁, 김준형, 김현, 민병덕,
박수현, 박은정, 박정현, 박주민, 박해철, 박홍배, 백승아, 복기왕,
부승찬, 서미화, 서왕진, 신장식, 안호영, 염태영, 용혜인, 윤종오,
이병진, 이수진, 이용선, 이용우, 이재강, 이재정, 이학영, 이해민,
임미애, 임호선, 전종덕, 정진욱, 정혜경, 진성준, 차규근, 한정애, 한창민

■ 윤종오 원내대표, "윤석열 8대0 파면으로 민주공화국 완성해야"

□ 일시: 2024년 4월 3일(수) 오후 6시 30분
□ 장소: 안국역 6번 출구

윤석열 탄핵을 간절히 바라며 함께 싸워 온 시민여러분!

2025년 4월 3일

윤석열 탄핵을 국회에서 선도해왔습니다. 윤석열 탄핵 국회의원연대 간사를 맡고있는 진보당 원내대표 윤종오 의원입니다. 반갑습니다.

내란수괴 윤석열에 대한 탄핵심판 선고가 이제 열여섯 시간 남았습니다.여러분! 8대0 파면을 확신하십니까?

내일 선고는 헌정질서와 민주주의를 지키겠다는 주권자의 단호한 명령입니다.헌법재판소가 정말 헌법수호의 최후에 보루라면 답은 하나입니다. 8대0 만장일치 파면선고 이외 다른 것은 없지 않겠습니까?

내란이 있었던 그 날 이후 우리는 121일 동안 매서운 칼바람과 눈비를 맞으며 싸웠습니다. 오직 민주주의를 지키겠다는 간절한 마음으로 윤석열 파면을 만들어 왔습니다. 그동안 정말 고생했다고 우리 스스로에게 힘찬 격려의 박수를 보내봅시다.

존경하는 시민여러분! 윤석열만 파면 되면 끝난것이 아닙니다.윤석열이 불법탈옥한 후 거리를 활보할 때 우리 국민은 얼마나 불안하고 분노스러운 나날을 보냈습니까? 윤석열을 다시 감옥으로 처넣어야 하지 않겠습니까? 다시는 그러한 자가 세상 빛을 못보도록 국민이 얼마나 무서운지 보여주어야 하지 않겠습니까?

윤석열을 다시 구속시키고 내란의 본산 국민의힘을 해체해야 되지 않겠습니까?우리 진보당이 대한민국의 좌측을 든든히 지키겠습니다. 그래야 대한민국 정치가 바로서고 대한민국이 다시 살아납니다.

위대한 국민여러분! 다시는 쿠데타를 상상하지 못하도록, 그리고 다시는 시민의 일상을 파괴하지 못하도록 이번에야 말로 완벽한 민주공화국, 주권자가 이나라의 주인이 되는 새로운 대한민국을 여기 모인 시민들과 함께 만들어갑시다. 위대한 국민이 반드시 승리할 것입니다.

■ 김재연 상임대표, "제주 4·3의 숨결이 남태령과 한남동, 민주수호 광장으로 이어져"

진보당 김재연 상임대표는 4월 3일 오전 10시, 제주4·3평화공원에서 열린 제77주년 4·3 희생자 추념식에 참석했습니다.

<김재연 상임대표 메시지>

항쟁의 섬 제주에 왔습니다.

이승만과 미군정의 실정에 시위와 총파업으로 맞섰던 제주 4·3의 숨결이 오늘 윤석열 파면을 외치는 시민들의 응원봉에 가닿았습니다. 제주도민들이 피로 쓴 항쟁의 역사가 남태령과 한남동, 민주수호 광장으로 이어지고 있습니다. 민중 저항의 역사를 기억하고, 4·3 정신 계승을 다짐할 때입니다.

77년 전, 독재 권력의 계엄과 학살의 역사를 청산하지 못한 채 오늘 다시 윤석열의 내란과 극우 난동의 시대를 맞이했습니다. 청산되지 못한 역사는 반드시 반복됩니다. 윤석열 파면과 극우 내란 세력 완전한 청산으로 잠들지 못한 4.3 희생자분들의 넋을 기릴 때입니다.

진보당은 4.3 왜곡과 명예훼손에 대한 처벌 조항을 담은 4.3 특별법 개정안이 국회에서 조속히 통과되도록 힘 모으겠습니다. 나아가 4.3을 '민중항쟁'으로 정명하여 꺾인 역사를 바로 세우고 제주도민의 명예를 회복하겠습니다.

항쟁의 섬 제주를 평화의 섬으로 만들겠다는 제주도민들의 다짐에 진보당이 함께하겠습니다.

4.3 민중항쟁 77주년을 맞아 제주에서,
진보당 상임대표 김재연 드림

홍성규 수석대변인 서면브리핑

■ 내란획책 121일째, 계엄학살 4 · 3 77주년! 전원일치 파면만이 국민목숨 지킬 것!

내란획책 121일째, 수괴 윤석열 국회탄핵 110일째, 체포 78일째, 내란수괴가 탈옥하여 유유히 거리를 활보하게 된 지 오늘로 26일째를 맞습니다.

제주4 · 3항쟁 77주년이기도 합니다. 4 · 3항쟁은 곧 '계엄학살'입니다. 독재자 이승만은 민주주의를 촉구하던 국민들을 '반국가세력'으로 몰아 1948년 11월 제주에 계엄을 선포했습니다. 무고한 사람들에게 '내란죄'를 뒤집어씌워 무려 3만여명의 시민이 억울하게 희생되었습니다. 그 끔찍하고 잔혹하고 참담했던 계엄이, 무려 77년을 넘어 다시 소환될 줄이야 누가 상상이나 했겠습니까! 국회와 우리 국민들의 가슴을 정조준한 총부리를 다시 보게 될 줄이야 누가 알았겠습니까! 바로 내일, 오직 8:0 전원일치 파면만이 우리 국민들의 목숨을 지켜낼 것입니다. 그리고 그것이 제주4 · 3항쟁 77주년을 기리는 민주공화국다운 책무이기도 합니다.

'내란수괴 윤석열 즉각 파면'을 촉구하는 진보당의 무기한 노숙농성은 오늘로 9일째를 맞습니다. 진보당 뿐 아니라 전국에서 모여든 민주시민들이 헌재앞 길바닥에 눌러앉았습니다. 비상행동과 제야당이 함께 진행한 '72시간 온라인 긴급 탄원 캠페인'에는 무려 100만명의 시민이 함께 마음을 모았습니다. 어제 헌재가 전달받은 범국민서명은 주권자 국민의 결연하고도 단호한 의지입니다.

분노로 활활 타오른 기다림이, 확신의 눈빛으로 헌재를 주시하고 있습니다. 내일 11시, 참담하고 끔찍했던 내란획책 122일 만에 대한민국의 헌정질서와 민주주의가 다시 세워질 것이라 굳게 믿어 의심치 않습니다.

■ '공산주의자' 색깔론으로 국회 본회의 아수라장 만든 박충권, 국회의원 자격 없다!

"그래서 공산주의자라는!"
"공산주의자라 안된다고!"

어제 국회 본회의장을 아수라장으로 만든 박충권 국민의힘 의원의 난동입니다. '헌법재판관 마은혁 임명촉구 결의안'에 대하여 야당에서 찬성토론을 하는 와중에 난데없이 고함을 쳤고 빗발치는 항의에 신상발언조차 거부하며 퇴장했습니다.

내란수괴 윤석열의 행태와 아주 똑같습니다. 자신과 의견이 다르다는 이유 하나로 '반국가세력'이니 '공산주의자'니 색깔론 딱지를 덕지덕지 붙여가며 폭력으로 입을 틀어막으려는 자들은, 민주공화국 시민으로서의 자격이 전혀 없습니다. 하물며 민의의 전당이라는 국회에서야 더 말할 나위도 없습니다.

강력히 규탄합니다. 아울러, 대한민국의 헌정질서와 민주주의에 반하여 오직 내란수괴 윤석열의 졸개 노릇이나 하려거들랑, 당장 그 의원뱃지부터 뗄 것을 강력히 촉구합니다.

신상발언 기회까지 주었건만 허겁지겁 줄행랑을 친 이후의 이른바 '해명'이란 것이 더욱 가관입니다. 토론 중이던 의원이 아니라 마은혁 헌법재판관을 겨냥한 것인데 뭐가 문제냐고 한 발 뺐습니다. 아니 그 더러운 색깔론이 의원이 아니라 헌법재판관이면 괜찮다는 것입니까? 헌정질서와 민주주의의 최후 보루라고 일컬어지는 헌법재판소의 재판관으로 국회에서 정당한 절차를 걸쳐 선출된 자에게 색깔론 폄훼라니, 도저히 용납할 수도 용서할 수도 없는 망동입니다.

국민들의 판단은 명확합니다. 마은혁은 대한민국의 헌법재판관입니다. 박충권은 대한민국의 국회의원이 아닙니다. 즉각 사퇴를 강력히 명령합니다.

■ 도이치모터스 주가조작범들 유죄 확정! 홀로 빠진 김건희도 즉각 재수사해야!

권오수 전 도이치모터스 회장 등 주가조작혐의로 기소된 일당들이 모두 대법원에서 유죄가 최종 확정되었습니다. 이른바 '돈줄'로 주가조작에 가담했던 손모씨 또한 방조 혐의가 최종 인정되었습니다. 항소심 재판부는 "단순히 돈을 빌려준 전주가 아니라 2차 시세조종 행위에 관여해 이익을 도모하며 주식을 대량 매수했다"고 확인한 바 있습니다.

　이제 남은 것은 김건희 뿐입니다. 검찰은 오직 김건희 딱 한 명만 빼고 수사를 진행했습니다. 뻔뻔스럽게도 '입증할 만한 증거가 부족하다'며 무혐의 처분을 내렸으나, 지금까지 확인된 사실만으로도, 방조혐의가 최종 인정된 손모씨와 김건희의 역할은 조금도 다르지 않습니다. 손모씨가 유죄라면 김건희도 유죄인 것입니다.

　재수사가 반드시 필요한, 빼도박도 못할 상황입니다. 검찰의 김건희 재수사를 강력히 명령합니다.

　내란수괴 윤석열의 파면과 더불어 국정농단 김건희에 대한 수사는 이제 시작일 뿐입니다. 친위부대 검찰을 방패로 활용하고, 국회의 특검 요구에 숱하게 파렴치한 거부권으로 막아왔으나, 그것도 이제 다 끝났습니다. 도이치모터스 주가조작 의혹 뿐 아니라 이루 다 헤아리기도 어려운 그 숱하게 많은 국정농단의 모든 의혹들을 이제부터 하나하나 철저하게 다 파헤쳐 반드시 무겁게 그 죄를, 우리 국민을 농락하고 국가의 기강을 무너뜨린 그 무거운 죄를 엄히 물을 것입니다.

　검찰은 즉각 김건희 재수사에 나설 것을 거듭 강력히 명령합니다.

2025년 4월 4일

겨울의 끝

피로 쓴 역사를 혀로 지울 수 없고, 피로 쓴 헌법을 그 누구도 파괴할 수 없고, 파괴해서는 안 됩니다. 국민들이 피눈물 흘리며 써온 민주주의 금자탑인 헌법의 이름으로, 헌법의 적을 처벌해야 합니다. 민주주의의 적은, 민주주의로 물리쳐야 합니다. 헌법재판소는 1987년 6월 민주 항쟁의 산물입니다. 민주주의와 헌법 수호 기관인 헌법재판소가 헌법 파괴자를 파면하는 것은 지극히 당연한 본분이고, 존재의 이유입니다. 대한민국 헌법을 믿습니다. 피청구인 대통령 윤석열을 파면한다는 주문을 온 국민과 함께 간절히 기원합니다. 대한민국 국민을 믿고 존경합니다. 국민들의 간절한 영혼이 하늘을 움직였으리라 생각합니다. 대한민국 민주주의 역사를 위하여 목숨 바친 선배 민주 열사들의 꿈이 오늘 이루어지기를 소망합니다. 윤석열 파면을 위해서 밤잠 설쳐 가며 노심초사했던 국민들의 바람이 헛되지 않았음을 확인하는 오늘의 판결이었으면 좋겠습니다. 그동안 고생하고 풍찬노숙한 국민들이 위로를 받기를 기대합니다. 윤석열 파면의 희소식을 기대하며 역사의 법정으로 입장하겠습니다. 국민의 상식에 맞게 헌법의 권위가 지켜지고, 위기의 민주주의가 바로 서는 현명한 판결을 기대합니다. 고맙습니다.

— 소추위원 정청래 법사위원장, 4월 4일 탄핵 심판 선고 전 기자회견

2024헌나8 대통령(윤석열) 탄핵 심판 선고문

– 문형배 헌법재판소장 권한대행

지금부터 2024헌나8 대통령(윤석열) 탄핵 사건에 대한 선고를 시작하겠습니다.

먼저 적법 요건에 관하여 살펴보겠습니다.

이 사건 계엄 선포가 사법 심사의 대상이 되는지에 관하여 보겠습니다. 고위공직자의 헌법 및 법률 위반으로부터 헌법 질서를 수호하고자 하는 탄핵 심판의 취지를 고려하면, 이 사건 계엄 선포가 고도의 정치적 결단을 요하는 행위라 하더라도 그 헌법 및 법률 위반 여부를 심사할 수 있습니다.

국회 법사위의 조사 없이 이 사건 탄핵소추안을 의결한 점에 대하여 보겠습니다. 헌법은 국회의 소추 절차를 입법에 맡기고 있고, 국회법은 법사위 조사 여부를 국회의 재량으로 규정하고 있습니다. 따라서 법사위의 조사가 없었다고 하여, 탄핵 소추 의결이 부적법하다고 볼 수 없습니다.

이 사건 탄핵소추안의 의결이 일사부재의 원칙에 위반되는지 여부에 대해서 보겠습니다. 국회법은 부결된 안건을 같은 회기 중에 다시 발의할 수 없도록 규정하고 있습니다. 피청구인에 대한 1차 탄핵소추안이 제418회 정기회 회기에 투표 불성립되었지만, 이 사건 탄핵소추안은 제419회 임시회 회기 중에 발의되었으므로, 일사부재의 원칙에 위반되지 않습니다. 한편, 이에 대해서는 다른 회기에도 탄핵소추안의 발의 횟수를 제한하는 입법이 필요하다는 재판관 정형식의 보충 의견이 있습니다.

이 사건 계엄이 단시간 안에 해제되었고 이로 인한 피해가 발생하지 않았으므로, 보호이익이 흠결되었는지 여부에 대해서 보겠습니다. 이 사건 계엄이 해제되었다고 하더라도 이 사건 계엄으로 인하여 이 사건 탄핵 사유는 이미 발생하였으므로, 심판의 이익이 부정된다고 볼 수 없습니다.

소추의결서에서 내란죄 등 형법 위반 행위로 구성하였던 것을 탄핵 심판 청구 이후에 헌법 위반 행위로 포섭하여 주장한 점에 대하여 보겠습니다. 기본적 사실관계는 동일하게 유지하면서 적용 법조문을 철회 · 변경하는 것은 소추 사유의 철회 · 변경에 해당하지 않으므로, 특별한 절차를 거치지 않더라도 허용됩니다. 피청구인은 소추 사유에 내란죄 관련 부분이 없었다면 의결정족수를 충족하지 못하였을 것이라고 주장하지만, 이는 가정적 주장에 불과하며 객관적으로 뒷받침할 만한 근거도 없습니다.

대통령의 지위를 탈취하기 위하여 탄핵소추권을 남용하였다는 주장에 대하여 보겠습니다. 이 사건 탄핵소추안의 의결 과정이 적법하고, 피소추자의 헌법 또는 법률 위반이 일정 수준 이상 소명되었으므로 탄핵소추권이 남용되었다고 볼 수 없습니다.

그렇다면 이 사건 탄핵 심판 청구는 적법합니다. 한편, 증거법칙과 관련하여 탄핵 심판 절차에서 형사소송법상 전문법칙을 완화하여 적용할 수 있다는 재판관 이미선, 김형두의 보충 의견과 탄핵 심판 절차에서 앞으로는 전문법칙을 보다 엄격하게 적용할 필요가 있다는 재판관 김복형, 조한창의 보충 의견이 있습니다.

—

다음으로 피청구인이 직무 집행에 있어 헌법이나 법률을 위반하였는지 피청구인의 법 위반 행위가 피청구인을 파면할 만큼 중대한 것인지에 관하여 살펴보겠습니다. 우선 소추 사유별로 살펴보겠습니다.

1.

이 사건 계엄 선포에 관하여 보겠습니다.

헌법 및 계엄법에 따르면, 비상계엄 선포의 실체적 요건 중 하나는 전시 · 사변 또는 이에 준하는 국가비상사태로 적과 교전 상태에 있거나 사회 질서가 극도로 교란되어, 행정 및 사법 기능의 수행이 현저히 곤란한 상황이 현실적으로 발생하여야 한다는 것입니다.

피청구인은 야당이 다수 의석을 차지한 국회의 이례적인 탄핵 소추 추진, 일방적인 입법권 행사 및 예산 삭감 시도 등의 전횡으로 인하여 위와 같은 중대한 위기상황이 발생하였다고 주장합니다. 피청구인의 취임 후 이 사건 계엄 선포 전까지 국회는 행안부장관, 검사, 방통위위원장, 감사원장 등에 대하여 총 22건의 탄핵소추안을 발의하였습니다. 이는 국회가 탄핵소추 사유의 위헌 · 위법성에 대해 숙고하지 않은 채 법 위반의 의혹에만 근거하여, 탄핵 심판 제도를 정부에 대한 정치적 압박 수단으로 이용하였다는 우려를 낳았습니다.

그러나 이 사건 계엄 선포 당시에는 검사 1인 및 방통위위원장에 대한 탄핵 심판 절차만이 진행 중이었습니다. 피청구인이 야당이 일방적으로 통과시켜 문제가 있다고 주장하는 법률안들은, 피청구인이 재의를 요구하거나 공포를 보류하여 그 효력이 발생되지 않은 상태였습니다. 2025년도 예산안은 2024년 예산을 집행하고 있었던 이 사건 계엄 선포 당시 상황에 어떠한 영향을 미칠 수 없고, 위 예산안에 대하여 국회 예결특위의 의결이 있었을 뿐, 본회의의 의결이 있었던 것도 아닙니다.

따라서 국회의 탄핵 소추, 입법, 예산안 심의 등의 권한 행사가 이 사건 계엄 선포 당시 중대한 위기 상황을 현실적으로 발생시켰다고 볼 수 없습니다. 국회의 권한 행사가 위법 부당하더라도, 헌법재판소의 탄핵 심판, 피청구인의 법률안 재의 요구 등 평상시 권력 행사 방법으로 대처할 수 있으므로, 국가긴급권의 행사를 정당화할 수 없습니다.

피청구인은 부정선거 의혹을 해소하기 위하여 이 사건 계엄을 선포하였다고도 주장합니다. 그러나 어떠한 의혹이 있다는 것만으로 중대한 위기 상황이 현실적으로 발생하였다고 볼 수는 없습니다. 또한 중앙선관위는 제22대 국회의원 선거 전에 보안 취약점에 대하여 대부분 조치하였다고 발표하였으며, 사전 우표 투표함 보관 장소 CCTV 영상을 24시간 공개하고, 개표 과정에 수검표 제도를 도입하는 등의 대책을 마련하였다는 점에서도 피청구인의 주장은 타당하다고 볼 수 없습니다.

결국 피청구인이 주장하는 사정을 모두 고려하더라도, 피청구인의 판단을 객관적으로 정당화할 수 있을 정도의 위기 상황이 이 사건 계엄 선포 당시 존재하였다고 볼 수 없습니다.

헌법과 계엄법은 비상계엄 선포의 실체적 요건으로 병력으로서 군사상의 필요에 응하거나 공공의 안녕질서를 유지할 필요와 목적이 있을 것을 요구하고 있습니다. 그런데 피청구인이 주장하는 국회의 권한 행사로 인한 국정 마비 상태나 부정선거 의혹은 정치적 제도적 사법적 수단을 통하여 해결하여야 할 문제이지, 병력을 동원하여 해결할 수 있는 것이 아닙니다.

피청구인은 이 사건 계엄이 야당의 전횡과 국정 위기 상황을 국민에게 알리기 위한 경고성 계엄 또는 호소형 계엄이라고 주장하지만, 이는 계엄법이 정한 계엄 선포의 목적이 아닙니다. 또한 피청구인은 계엄 선포에 그치지 아니하고, 군경을 동원하여 국회의 권한 행사를 방해하는 등의 헌법 및 법률 위반 행위로 나아갔으므로, 경고성 또는 호소형 계엄이라는 피청구인의 주장을 받아들일 수 없습니다.

그렇다면 이 사건 계엄 선포는 비상계엄 선포의 실체적 요건을 위반한 것입니다. 다음으로, 이 사건 계엄 선포가 절차적 요건을 준수하였는지에 관하여 보겠습니다.

계엄 선포 및 계엄 사령관 임명은 국무회의의 심의를 거쳐야 합니다. 피청구인이 이 사건 계엄을 선포하기 직전에 국무총리 및 9명의 국무위원에게 계엄 선포의 취지를 간략히 설명한 사실은 인정됩니다.

그러나 피청구인은 계엄사령관 등 이 사건 계엄의 구체적인 내용을 설명하지 않았고, 다른 구성원들에게 의견을 진술할 기회를 부여하지 않은 점을 고려하면, 이 사건 계엄 선포에 관한 심의가 이루어졌다고 보기도 어렵습니다.

그 외에도 피청구인은 국무총리와 관계 국무위원이 비상계엄 선포문에 부서하지 않았음에도 이 사건 계엄을 선포하였고, 그 시행 일시, 시행 지역 및 계엄사령관을 공고하지 않았으며, 지체 없이 국회에 통고하지도 않았으므로, 헌법 및 계엄법이 정한 비상계엄 선포의 절차적 요건을 위반하였습니다.

2.

국회에 대한 군경 투입에 관하여 보겠습니다.

피청구인은 국방부장관에게 국회에 군대를 투입할 것을 지시하였습니다. 이에 군인들은 헬기 등을 이용하여 국회 경내로 진입하였고, 일부는 유리창을 깨고 공관 내부로 들어가기도 하였습니다. 피청구인은 육군특수전사령관 등에게 의결정족수가 채워지지 않은 것 같으니, 문을 부수고 들어가서 안에 있는 인원들을 끄집어내라는 등의 지시를 하였습니다.

또한 피청구인은 경찰청장에게 계엄사령관을 통하여 이 사건 포고령의 내용을 알려주고, 직접 여섯 차례 전화를 하기도 하였습니다. 이에 경찰청장은 국회 출입을 전면 차단하도록 하였습니다. 이로 인하여 국회로 모이고 있던 국회의원들 중 일부는 담장을 넘어가야 했거나 아예 들어가지 못하였습니다.

한편, 국방부장관은 필요시 체포할 목적으로 국군방첩사령관에게 국회의장, 각 정당 대표 등 14명의 위치를 확인하라고 지시하였습니다. 피청구인은 국가정보원 1차장에게 전화하여 국군방첩사령부를 지원하라고 하였고, 국군방첩사령관은 국가정보원 1차장에게 위 사람들에 대한 위치 확인을 요청하였습니다.

이와 같이 피청구인은 군경을 투입하여 국회의원의 국회 출입을 통제하는 한편 이들을 끌어내라고 지시함으로써 국회의 권한 행사를 방해하였으므로, 국회의 계엄 해제 요구권을 부여한 헌법 조항을 위반하였고, 국회의원의 심의표결권, 불체포특권을 침해하였습니다. 또한 각 정당의 대표 등에 대한 위치 확인 시도에 관여함으로써 정당 활동의 자유를 침해하였습니다.

피청구인은 국회의 권한 행사를 막는 등 정치적 목적으로 병력을 투입함으로써, 국가 안전 보장과 국토 방위를 사명으로 하여 나라를 위해 봉사하여 온 군인들이 일반 시민들과 대치하도록 만들었습니다. 이에 피청구인은 국군의 정치적 중립성을 침해하고, 헌법에 따른 국군 통수 의무를 위반하였습니다.

3.

이 사건 포고령 발령에 관하여 보겠습니다.

피청구인은 이 사건 포고령을 통하여 국회, 지방의회, 정당의 활동을 금지함으로써 국회의 계엄 해제 요구권을 부여한 헌법 조항, 정당 제도를 규정한 헌법 조항, 대의 민주주의 권력 분립 원칙을 위반하였습니다. 비상계엄하에서 기본권을 제한하기 위한 요건을 정한 헌법 및 계엄법 조항, 영장주의를 위반하여, 국민의 정치적 기본권, 단체 행동권, 직업의 자유를 침해하였습니다.

4.

중앙선관위에 대한 압수수색에 관하여 보겠습니다.

피청구인은 국방부장관에게 병력을 동원하여 선관위의 전산 시스템을 점검하라고 지시하였습니다. 이에 따라 중앙선관위 청사에 투입된 병력은 출입 통제를 하면서 당직자들의 휴대전화를 압수하고, 전산 시스템을 촬영하였습니다. 이는 선관위에 대하여 영장 없이 압수수색을 하도록 하여 영장주의를 위반한 것이자 선관위의 독립성을 침해한 것입니다.

5.

법조인에 대한 위치 확인 시도에 관하여 보겠습니다.

앞서 말씀드린 바와 같이, 피청구인은 필요시 체포할 목적으로 행해진 위치 확인 시도에 관여하였는데, 그 대상에는 퇴임한 지 얼마 되지 않은 전 대법원장 및 전 대법관도 포함되어 있었습니다. 이는 현직 법관들로 하여금 언제든지 행정부에 의한 체포 대상이 될 수 있다는 압력을 받게 하므로, 사법권의 독립을 침해한 것입니다.

—

지금까지 살펴본 피청구인의 법 위반 행위가 피청구인을 파면할 만큼 중대한 것인지에 관하여 보겠습니다.

피청구인은 국회와의 대립 상황을 타개할 목적으로 이 사건 계엄을 선포한 후, 군경을 투입시켜 국회의 헌법상 권한 행사를 방해함으로써 국민주권주의 및 민주주의를 부정하고 병력을 투입시켜 중앙선관위를 압수수색 하도록 하는 등 헌법이 정한 통치 구조를 무시하였으며, 이 사건 포고령을 발령함으로써 국민의 기본권을 광범위하게 침해하였습니다. 이러한 행위는 법치국가 원리와 민주 국가 원리의 기본 원칙들을 위반한 것으로, 그 자체로 헌법 질서를 침해하고 민주 공화정의 안전성에 심각한 위해를 끼쳤습니다.

한편, 국회가 신속하게 비상계엄 해제 요구를 결의할 수 있었던 것은 시민들의 저항과 군경의 소극적인 임무 수행 덕분이었으므로, 이는 피청구인의 법 위반에 대한 중대성 판단에 영향을 미치지 않습니다.

대통령의 권한은 어디까지나 헌법에 의하여 부여받은 것입니다. 피청구인은 가장 신중히 행사되어야 할 권한인 국가긴급권을 헌법에 정한 한계를 벗어나 행사하여 대통령으로서의 권한 행사에 대한 불신을 초래하였습니다.

피청구인이 취임한 이래 야당이 주도하고 이례적으로 많은 탄핵소추로 인하여 여러 고위공직자의 권한 행사가 탄핵 심판 중 정지되었습니다. 2025년도 예산안에 관하여 헌정사상 최초로 국회예산결산특별위원회에서 증액 없이 감액에 대해서만 야당 단독으로 의결하였습니다. 피청구인이 수립한 주요 정책들은 야당의 반대로 시행될 수 없었고, 야당은 정부가 반대하는 법률안을 일방적으로 통과시켜 피청구인의 재의 요구와 국회의 법률안 의결이 반복되기도 하였습니다. 그 과정에서 피청구인은 야당의 전횡으로 국정이 마비되고 국익이 현저히 저해되어 가고 있다고 인식하여, 이를 어떻게든 타개하여야 한다는 막중한 책임감을 느끼게 되었을 것으로 보입니다. 피청구인이 국회의 권한 행사가 권력 남용이라거나 국정 마비를 초래하는 행위라고 판단한 것은 정치적으로 존중되어야 합니다.

그러나 피청구인과 국회 사이에 발생한 대립은 일방의 책임에 속한다고 보기 어렵고, 이는 민주주의 원리에 따라 해소되어야 할 정치의 문제입니다. 이에 관한 정치적 견해의 표명이나 공적 의사결정은 현법상 보장되는 민주주의와 조화될 수 있는 범위에서 이루어져야 합니다. 국회는 소수의견을 존중하고, 정부와의 관계에서 관용 그리고 자제를 전제로 대화와 타협을 통하여 결론을 도출하도록 노력하였어야 합니다. 피청구인 역시, 국민의 대표인 국회를 협치의 대상으로 존중하였어야 합니다.

그럼에도 불구하고 피청구인은 국회를 배제의 대상으로 삼았는데, 이는 민주정치의 전제를 허무는 것으로, 민주주의와 조화된다고 보기 어렵습니다. 피청구인은 국회의 권한 행사가 다수의 횡포라고 판단했다 하더라도, 헌법이 예정한 자구책을 통해 견제와 균형이 실행될 수 있도록 하였어야 합니다.

피청구인은 취임한 때로부터 약 2년 후에 치러진 국회의원 선거에서 피청구인이 국정을 주도하도록 국민을 설득할 기회가 있었습니다. 그 결과가 피청구인의 의도에 부합하지 않더라도, 야당을 지지한 국민의 의사를 배제하려는 시도를 하여서는 안 되었습니다.

그럼에도 불구하고 피청구인은 헌법과 법률을 위반하여 이 사건 계엄을 선포함으로써 국가긴급권 남용의 역사를 재현하여 국민을 충격에 빠뜨리고, 사회, 경제, 정치, 외교 전 분야에 혼란을 야기하였습니다. 국민 모두의 대통령으로서 자신을 지지하는 국민을 초월하여 사회 공동체를 통합시켜야 할 책무를 위반하였습니다. 군경을 동원하여 국회 등 헌법기관의 권한을 훼손하고, 국민의 기본적 인권을 침해함으로써 헌법 수호의 책무를 저버리고, 민주 공화국의 주권자인 대한 국민의 신임을 중대하게 배반하였습니다.

결국, 피청구인의 위헌 위법 행위는 국민의 신임을 배반한 것으로, 헌법 수호의 관점에서 용납될 수 없는 중대한 법 위반 행위에 해당합니다. 피청구인의 법 위반 행위가 헌법 질서에 미친 부정적 영향과 파급효과가 중대함으로, 피청구인을 파면함으로써 얻는 헌법 수호의 이익이 대통령 파면에 따르는 국가적 손실을 압도할 정도로 크다고 인정됩니다.

—

이에 재판관 전원의 일치된 의견으로 주문을 선고합니다. 탄핵 사건이므로, 선고 시각을 확인하겠습니다. 지금 시각은 오전 11시 22분입니다.

주문, 피청구인 대통령 윤석열을 파면한다.

헌 법 재 판 소
결 정

사　　　　건　　　2024헌나8　대통령(윤석열) 탄핵

청　구　인　　　국회

　　　　　　　　소추위원 국회 법제사법위원회 위원장

　　　　　　　　대리인 명단은 [별지 1]과 같음

피　청　구　인　　대통령 윤석열

　　　　　　　　대리인 명단은 [별지 2]와 같음

선　고　일　시　　2025. 4. 4. 11:22

주　　문

피청구인 대통령 윤석열을 파면한다.

이　　유

1. 사건개요

가. 사건의 발단

피청구인은 2024. 12. 3. 22:27경 대통령실에서 대국민담화를 통해 비상계엄을 선
포하였다(이하 2024. 12. 3.자 비상계엄을 '이 사건 계엄'이라 한다). 대국민담화의 내
용은 '대한민국은 야당의 탄핵과 특검, 예산삭감 등으로 국정이 마비된 상태이며, 북
한 공산세력의 위협으로부터 자유대한민국을 수호하고 헌정질서를 지키기 위해 비

상계엄을 선포한다'는 것이었다(이하 '제1차 대국민담화'라 한다). 피청구인은 육군 참모총장(이하 각 행위 당시의 직책을 기재한다) 박안수를 계엄사령관으로 임명하였고, 박안수는 같은 날 23:23경 계엄사령부 포고령 제1호(이하 '이 사건 포고령'이라 한다)를 발령하였다.

2024. 12. 4. 01:02경 제418회 국회(정기회) 제15차 본회의에서 박찬대 의원 등 170인이 발의한 비상계엄해제요구 결의안이 재석 190인 중 찬성 190인으로 가결되었다. 피청구인은 2024. 12. 4. 04:20경 대통령실에서 비상계엄을 해제하겠다는 내용의 대국민담화를 발표하였고, 같은 날 04:29경 국무회의에서 이 사건 계엄 해제안이 의결되었다.

나. 국회의 피청구인에 대한 탄핵소추의결 및 탄핵심판청구

(1) 2024. 12. 7. 1차 탄핵소추안 투표 불성립과 피청구인의 추가 대국민담화

피청구인의 이 사건 계엄 선포와 관련하여 2024. 12. 4. 국회에서 피청구인에 대한 탄핵소추안(이하 '1차 탄핵소추안'이라 한다)이 발의되었고, 같은 달 7. 피청구인은 '계엄으로 인하여 국민들께 불안과 불편을 끼쳐드린 점에 사과하며, 임기를 포함하여 정국 안정 방안을 국민의힘에 일임하겠다'는 취지의 대국민담화를 발표하였다. 2024. 12. 7. 제418회 국회(정기회) 제17차 본회의에서 1차 탄핵소추안에 대한 표결을 실시하였지만, 의결정족수 부족으로 투표가 불성립하였다.

2024. 12. 12. 피청구인은 또다시 대국민담화를 발표하였는데, 담화의 요지는 다음과 같다.

『① 거대 야당의 탄핵 남발, 특검법안 발의 등으로 국정이 마비되었고 국가 위기 상황에 처하였다. ② 거대 야당은 형법의 간첩죄 조항 개정을 방해하고 국가보안법

폐지도 시도하는 등 국가안보와 사회 안전까지 위협하고 있다. ③ 거대 야당이 검찰과 경찰의 내년도 특경비·특활비 예산을 0원으로 깎고 다른 예산들도 대폭 삭감하는 등으로 인하여 국정이 마비되고 사회질서가 교란되어 행정과 사법의 정상적인 수행이 불가능하다. ④ 선거관리위원회에 대한 국가정보원의 전산시스템 점검시 얼마든지 데이터 조작이 가능하고 방화벽도 사실상 없는 것이나 마찬가지라는 사실을 알게 되어, 국방부장관에게 선거관리위원회 전산시스템을 점검하도록 지시한 것이다. ⑤ 현재의 국정 마비 상황을 사회 교란으로 인한 행정·사법의 국가기능 붕괴 상태로 판단하여 계엄령을 발동하되, 그 목적은 국민에게 이러한 상황을 알려 이를 멈추도록 경고하는 것이었다. ⑥ 국회에 병력을 투입한 이유는 계엄 선포 방송을 본 국회 관계자와 시민들이 대거 몰릴 것을 대비하여 질서유지를 하기 위한 것이지, 국회를 해산시키거나 기능을 마비시키려 한 것이 아니다. ⑦ 거대 야당이 거짓으로 탄핵을 선동하는 이유는 당대표의 유죄 선고가 임박하자 대통령 탄핵을 통해 이를 회피하고 조기 대선을 치르려는 것이다. ⑧ 대통령의 비상계엄 선포권 행사는 사법심사의 대상이 되지 않는 통치행위이며, 오로지 국회의 해제 요구만으로 통제할 수 있다.』

(2) 2024. 12. 14. 탄핵소추의결 및 탄핵심판청구

박찬대, 황운하, 천하람, 윤종오, 용혜인, 한창민 등 190명의 국회의원이 이 사건 계엄과 관련하여 피청구인이 그 직무집행에 있어서 헌법이나 법률을 위배하였다는 이유로 2024. 12. 12. 대통령(윤석열) 탄핵소추안(이하 '이 사건 탄핵소추안'이라 한다)을 발의하였다. 국회는 2024. 12. 14. 제419회 국회(임시회) 제4차 본회의에서 이 사건 탄핵소추안을 재적의원 300인 중 204인의 찬성으로 가결하였고, 소추위원은 같은 날 헌법재판소법 제49조 제2항에 따라 소추의결서 정본을 헌법재판소에 제출하여 피청

구인에 대한 탄핵심판을 청구하였다.

다. 탄핵소추사유 및 청구인의 변론 요지

(1) 이 사건 계엄 선포

피청구인은 헌법 및 계엄법이 정한 실체적·절차적 요건을 충족하지 못한 이 사건 계엄을 선포하였으므로, 헌법 제5조 제2항, 제7조 제2항, 제74조, 제77조 제1항, 제4항, 제82조, 제89조 제5호, 계엄법 제2조 제2항, 제5항, 제6항, 제3조, 제4조, 제5조 제1항, 제11조 제1항 등을 위반하였다.

(2) 국회에 대한 군경 투입

피청구인이 위험한 물건인 헬기, 군용차량, 총기로 무장한 군대와 경찰을 동원하여 유리창을 깨고 국회 건물 내로 침입하고 국회의원 및 국회 직원 등의 국회 출입 및 본회의장 진입을 막고 폭행·위협하도록 한 행위, 국회의장 우원식, 더불어민주당 대표 국회의원 이재명, 국민의힘 대표 한동훈 등의 체포를 시도한 행위는 헌법 제1조, 제5조 제2항, 제7조, 제8조, 제41조 제1항, 제49조, 제66조, 제74조, 제77조 제5항 등을 위반한 것이다.

(3) 이 사건 포고령 발령

피청구인은 계엄사령관을 통하여 이 사건 포고령을 발령함으로써 헌법 제5조 제2항, 제7조 제2항, 제8조, 제14조, 제15조, 제21조, 제33조, 제41조, 제44조, 제49조, 제74조 등을 위반하였다.

(4) 중앙선거관리위원회 등에 대한 압수·수색

피청구인은 2024. 12. 3. 군대를 중앙선거관리위원회(이하 선거관리위원회는 '선관위', 중앙선거관리위원회는 '중앙선관위'라 한다), 여론조사꽃 등으로 투입하여 중앙선관위 청사 등을 점령한 뒤 당직자의 휴대전화를 압수하고 서버를 촬영하도록 하였으며 2024. 12. 4. 출근하는 직원들에 대한 체포 및 구금계획을 세웠는바, 이는 헌법 제77조 제3항, 계엄법 제9조 제1항, 영장주의, 선관위의 독립성 등을 위반 또는 침해한 것이다.

(5) 법조인 체포 지시

피청구인은 전 대법원장 김명수, 전 대법관 권순일 등 법조인에 대한 체포 지시를 하여, 헌법 제12조 제3항, 제101조, 제105조, 제106조, 권력분립원칙, 법치주의원칙 등을 위반하였다.

(6) 헌법 및 법률 위반의 중대성

피청구인의 비상계엄 선포권의 남용 및 그에 부수한 행위들은 국가의 존립을 위태롭게 한 헌법과 법률의 중대한 위반에 해당한다. 피청구인은 국회를 무력화시킬 목적으로 이 사건 계엄 선포를 하고, 국회를 봉쇄하고 국회의원 등을 체포하려 하였으며, 국군을 자신의 이익을 위해 동원하였는바, 국민의 신임에 대한 배반이 국정을 담당할 자격을 상실할 정도에 이르렀다.

2. 심판대상

이 사건 심판대상은 대통령 윤석열이 직무집행에 있어서 헌법이나 법률을 위반했는지 여부 및 파면결정을 선고할 것인지 여부이다.

3. 적법요건 판단

가. 사법심사 가능성

피청구인은 대통령의 비상계엄 선포행위는 고도의 통치행위로서 사법심사의 대상이 아니므로 이 사건 탄핵심판청구가 부적법하다고 주장한다.

대통령의 계엄 선포권은 전시·사변 또는 이에 준하는 국가비상사태에 있어서 병력으로써 군사상의 필요에 응하거나 공공의 안녕질서를 유지할 필요가 있을 때 발동되는 국가긴급권으로, 그 행사에 대통령의 고도의 정치적 결단을 요한다고 볼 수 있다.

그러나 국가긴급권은 평상시의 헌법질서에 따른 권력행사방법만으로는 대처할 수 없는 중대한 위기상황에 대비하여 헌법이 중대한 예외로서 인정한 비상수단이므로, 헌법이 정한 국가긴급권의 발동요건·사후통제 및 국가긴급권에 내재하는 본질적 한계는 엄격히 준수되어야 한다(헌재 2015. 3. 26. 2014헌가5 참조). 계엄의 선포에 관해서는 헌법 제77조 및 계엄법에서 그 요건과 절차, 사후통제 등에 대하여 규정하고 있고, 탄핵심판절차는 고위공직자가 권한을 남용하여 헌법이나 법률을 위반하는 경우 그 권한을 박탈함으로써 헌법질서를 지키는 헌법재판이라는 점을 고려하면(헌재 2017. 3. 10. 2016헌나1 참조), 비록 이 사건 계엄 선포가 고도의 정치적 결단을 요하는 행위라 하더라도 탄핵심판절차에서 그 헌법 및 법률 위반 여부를 심사할 수 있다고 봄이 상당하다.

따라서 이 사건 계엄 선포행위가 통치행위이므로 사법심사의 대상이 될 수 없다는 피청구인의 주장은 받아들일 수 없다.

나. 법제사법위원회의 조사절차 흠결에 관한 판단

(1) 국회법 제130조 제1항은 "탄핵소추가 발의되었을 때에는 … 본회의는 의결로 법제사법위원회에 회부하여 조사하게 할 수 있다."라고 하여, 탄핵소추의 발의가 있을 때 그 사유 등에 대한 조사 여부를 국회의 재량으로 규정하고 있다. 따라서 국회가 법제사법위원회의 조사 없이 이 사건 탄핵소추안을 의결하였다고 하여 그 의결이 헌법이나 국회법을 위반한 것이라고 볼 수 없다(헌재 2004. 5. 14. 2004헌나1; 헌재 2017.

3. 10. 2016헌나1; 헌재 2025. 1. 23. 2024헌나1 참조).

(2) 피청구인은 국회법 제130조 제1항에 정한 법제사법위원회의 조사절차를 필수적 절차로 해석하지 않으면 피청구인의 방어권 행사가 어려워지므로 헌법상 적법절차원칙에 위반된다는 취지로 주장한다. 그런데 탄핵소추절차는 국회와 대통령이라는 헌법기관 사이의 문제이고, 국회의 탄핵소추의결에 따라 사인으로서 대통령 개인의 기본권이 침해되는 것이 아니다. 국가기관이 국민에 대하여 공권력을 행사할 때 준수하여야 하는 법원칙으로 형성된 적법절차원칙은 국가기관에 대하여 헌법을 수호하고자 하는 탄핵소추절차에 직접 적용될 수 없으므로(헌재 2004. 5. 14. 2004헌나1; 헌재 2017. 3. 10. 2016헌나1 참조), 피청구인의 이 부분 주장을 받아들일 수 없다.

(3) 나아가 피청구인은 국회가 법제사법위원회의 조사절차를 거치지 않고 이 사건 탄핵소추안을 의결한 것은 대통령 탄핵제도에 대한 헌법 규정과 취지, 국회와 대통령 간의 권력분립원칙에 위반된다는 취지로도 주장한다.

헌법은 탄핵소추와 관련하여 소추대상자와 소추사유, 탄핵소추의 요건 및 탄핵소추의결의 효과, 탄핵결정의 효력에 대하여 명시적으로 규정하였고(헌법 제65조), 그 밖에 국회에서의 소추절차에 대해서는 규정하지 아니하여 입법에 맡기고 있다. 이와 같이 우리 헌법이 행정부와 사법부를 견제하기 위한 하나의 수단으로 고위공직자에 대한 탄핵소추권을 국회에 부여한 것 자체가 권력분립원칙의 구현에 해당한다고 볼 것이므로, 피청구인의 이 부분 주장은 받아들일 수 없다.

(4) 그밖에 피청구인은 조사절차를 거치지 않음으로써 소추사유가 불명확해지고, 그에 따라 심판기간이 늘어나게 되며, 피청구인의 방어권 행사가 어려워지게 되어 법치국가원리의 명확성원칙에 위반된다는 취지로도 주장하나, 이는 조사절차의 흠

결로 방어권 행사가 어려워진다는 적법절차원칙 위반 주장과 사실상 동일하다고 볼 수 있으므로 이 부분 주장 역시 받아들이지 아니한다.

다. 탄핵소추안의 반복 발의에 관한 판단

(1) 피청구인은 이 사건 탄핵소추안과 동일한 탄핵소추안이 이미 2024. 12. 7. 국회 본회의에 상정되었다가 부결되었으므로 이 사건 탄핵소추안의 의결이 국회법 제92조의 일사부재의 원칙에 위반된다고 주장한다.

국회법 제92조는 "부결된 안건은 같은 회기 중에 다시 발의하거나 제출할 수 없다."라고 하여 일사부재의 원칙을 선언하고 있다. 여기서 부결된 안건을 다시 발의하거나 제출할 수 없는 시기는 같은 회기 중으로 제한된다.

이 사건에서 보건대, 1차 탄핵소추안은 2024. 12. 7. 제418회 국회(정기회) 제17차 본회의에서 그 표결이 실시되었으나 의결정족수 부족으로 투표가 불성립하였다. 그 후 이 사건 탄핵소추안이 2024. 12. 12. 제419회 국회(임시회)에서 발의되어 같은 달 14. 제419회 국회(임시회) 제4차 본회의에서 그에 대한 표결이 이루어졌음은 앞서 본 바와 같다.

그렇다면 제419회 임시회 회기 중 발의된 이 사건 탄핵소추안은 제418회 정기회 회기에 투표 불성립된 1차 탄핵소추안과 같은 회기 중에 다시 발의된 경우라고 할 수 없으므로, 이 사건 탄핵소추안의 의결은 국회법 제92조에 위반되지 아니한다.

(2) 한편, 피청구인은 이 사건 탄핵소추안의 의결이 국회법 제92조에 위반되지 않더라도 대통령의 탄핵소추요건을 다른 소추대상자보다 엄격하게 규정한 헌법에 위반되어 부적법하다는 취지로 주장한다.

헌법은 제65조 제2항에서 대통령에 대한 탄핵소추요건을 다른 소추대상자보다 가중하여 정하고 있기는 하나, 탄핵소추안의 발의 횟수나 재발의의 요건 또는 그 제한에 관하여는 정하고 있지 아니하다. 또한 국회는 헌법 제65조 제1항, 제2항에 따라 탄핵소추 발의권과 의결권을 가지고 있으므로, 탄핵소추의 발의가 헌법이나 법률의 규정에 위반되거나 소추권의 남용에 이르렀다는 등의 특별한 사정이 없는 한 단지 대통령에 대한 탄핵소추요건이 엄격하다는 이유만으로 탄핵소추안의 발의 횟수를 1회로 제한하기는 어렵다. 따라서 피청구인의 이 부분 주장 역시 받아들일 수 없다.

라. 기타 주장에 관한 판단

(1) 보호이익의 흠결 관련 주장

피청구인은 이 사건 계엄이 국회의 해제 요구로 단시간 안에 해제되었고, 이로 인한 피해가 발생하지 않았으므로 보호이익이 흠결되어 이 사건 탄핵심판청구가 부적법하다고도 주장한다.

살피건대, 이 사건 계엄이 해제되었다 하더라도 이 사건 계엄으로 인하여 이미 발생한 이 사건 탄핵사유를 이유로 피청구인에 대한 탄핵 여부를 심판할 이익이 부정된다고 볼 수 없으므로, 피청구인의 이 부분 주장을 받아들이지 아니한다.

(2) 형법상 내란죄 등에 관한 소추사유 철회, 변경 관련 주장

한편, 피청구인은 청구인이 이 사건 소추의결서에서는 피청구인의 이 사건 계엄 선포를 비롯한 일련의 행위에 대하여 형법상 내란죄(제87조, 제91조) 등 형법 위반 행위로 구성하였다가 이 사건 탄핵심판청구 이후에 이를 별도의 의결절차를 거치거나 '소추사실변경서' 등을 제출하지 아니하고 헌법 위반 행위로 포섭하여 주장하는 것은 소추사유의 철회 내지 변경에 해당하여 이 사건 탄핵심판청구가 부적법하다는 취지로도 주장한다.

국회가 탄핵심판을 청구한 뒤 별도의 의결절차 없이 소추사유를 추가하거나 기존의 소추사유와 동일성이 인정되지 않는 정도로 소추사유를 변경하는 것은 허용되지 아니한다(헌재 2017. 3. 10. 2016헌나1; 헌재 2025. 1. 23. 2024헌나1 참조). 그런데 헌법재판소는 소추의결서에서 그 위반을 주장하는 '법규정의 판단'에 관하여는 원칙적으로 구속을 받지 않고 청구인이 그 위반을 주장한 법규정 외에 다른 관련 법규정에 근거하여 탄핵의 원인이 된 사실관계를 판단할 수 있으므로(헌재 2004. 5. 14. 2004헌나1; 헌재 2017. 3. 10. 2016헌나1 참조), 동일한 사실에 대하여 단순히 적용법조문을 추가·철회·변경하는 것은 '소추사유'의 추가·철회·변경에 해당하지 아니한다. 살피건대, 청구인이 형법 위반 행위로 구성하였던 사실관계를 헌법 위반으로 포섭하는 것은 소추의결서에 기재하였던 기본적 사실관계는 동일하게 유지하면서 그 위반을 주장하는 법조문을 철회 또는 변경하는 것에 지나지 않으므로 위에서 본 허용되지 않는 소추사유의 철회 내지 변경에 해당한다고 볼 수 없고, 이를 전제로 한 특별한 절차를 거쳐야 한다고 보기도 어렵다.

또한 피청구인은 소추사유의 철회 내지 변경에 대한 결의가 없으면 당초 소추의결서의 내용대로 판단하여야 한다고도 주장하나, 소추의결서 중 '법규정의 판단'에 관하여는 헌법재판소가 구속받지 아니함은 앞서 본 바와 같다.

따라서 피청구인의 이 부분 주장은 받아들일 수 없다.

(3) 정족수 미달 관련 주장

피청구인은 이 사건 탄핵소추안의 소추사유 중 형법상 내란죄 관련 부분이 없었다면 나머지 소추사유인 비상계엄의 선포 부분만으로는 재적 국회의원 3분의 2의 찬성을 얻기 어려웠을 것이 명백하므로, 이 사건 탄핵소추의결이 정족수에 미달되어 이 사건 탄핵심판청구가 부적법하다고 주장한다.

그러나 이 사건 탄핵소추안이 국회에서 재적의원 300인 중 204인의 찬성으로 가결된 사실은 앞서 본 바와 같다. 위 주장은 피청구인의 가정적 주장에 불과하며 이를 객관적으로 뒷받침할 근거도 없으므로, 이를 받아들이지 아니한다.

(4) 탄핵소추권의 남용 관련 주장

(가) 피청구인은 이 사건 탄핵소추의결이 법제사법위원회의 조사절차를 흠결하여 국회법 제130조 제1항에 위반되고, 일사부재의 원칙을 규정한 같은 법 제92조에 위반되며, 계엄이 해제되어 보호이익이 결여된 상태에서 행해졌으므로 탄핵소추권의 남용에 해당한다고 주장한다. 그러나 위에서 본 바와 같이 이 사건 탄핵소추안의 의결이 국회법 제130조 제1항이나 제92조에 위반된다거나 심판의 이익이 흠결되었다고 볼 수 없으므로, 이를 전제로 한 탄핵소추권 남용 주장을 받아들일 수 없다.

(나) 피청구인은 국회의 과반의석을 차지한 야당이 대통령의 직무수행을 정지시키고 파면시킨 다음 대통령의 지위를 탈취하기 위하여 탄핵소추권을 남용한 것이라고 주장한다.

그러나 이 사건 탄핵소추안의 의결 과정에서 헌법과 법률에 정한 절차가 준수되었고, 피소추자의 헌법 내지 법률 위반 행위가 일정한 수준 이상 소명되었으므로, 해당 탄핵소추의결의 주요한 목적은 그에 대한 피소추자의 법적 책임을 추궁하고 동종의 위반 행위가 재발하는 것을 예방함으로써 헌법을 수호·유지하기 위한 것으로 보아야 한다. 설령 탄핵소추의 의결에 일부 정치적 목적이나 동기가 내포되어 있다 하더라도 이러한 사정만으로 탄핵소추권이 남용되었다고 볼 수 없다(헌재 2025. 1. 23. 2024헌나1 참조).

따라서 이 사건 탄핵심판청구가 청구인이 소추재량을 일탈하여 탄핵소추권을 남용한 것이라는 피청구인의 주장은 받아들이지 아니한다.

마. 소결

이 사건 탄핵심판청구는 적법하다.

4. 탄핵의 요건

가. 직무집행에 있어서 헌법이나 법률 위배

헌법은 탄핵소추사유를 '헌법이나 법률을 위배한 때'라고 명시하고 헌법재판소가 탄핵심판을 관장하게 함으로써 탄핵절차를 정치적 심판절차가 아닌 규범적 심판절차로 규정하고 있다. 탄핵제도는 누구도 법 위에 있지 않다는 법의 지배 원리를 구현하고 헌법을 수호하기 위한 제도이다. 국민에 의하여 직접 선출된 대통령을 파면하는 경우 상당한 정치적 혼란이 발생할 수 있지만 이는 국가공동체가 자유민주적 기본질서를 지키기 위하여 불가피하게 치러야 하는 민주주의의 비용이다(헌재 2017. 3. 10. 2016헌나1 참조).

헌법 제65조는 대통령이 '그 직무집행에 있어서 헌법이나 법률을 위배한 때'를 탄핵사유로 규정하고 있다. 여기에서 '직무'란 법제상 소관 직무에 속하는 고유 업무와 사회통념상 이와 관련된 업무를 말하고, 법령에 근거한 행위뿐만 아니라 대통령의 지위에서 국정수행과 관련하여 행하는 모든 행위를 포괄하는 개념이다. 또 '헌법'에는 명문의 헌법 규정뿐만 아니라 헌법재판소의 결정에 따라 형성되어 확립된 불문헌법도 포함되고, '법률'에는 형식적 의미의 법률과 이와 동등한 효력을 가지는 국제조약 및 일반적으로 승인된 국제법규 등이 포함된다(헌재 2004. 5. 14. 2004헌나1; 헌재 2017. 3. 10. 2016헌나1 참조).

나. 헌법이나 법률 위배의 중대성

헌법재판소법 제53조 제1항은 '탄핵심판 청구가 이유 있는 경우' 피청구인을 파면하는 결정을 선고하도록 규정하고 있다. 그런데 대통령에 대한 파면결정은 국민이 선거를 통하여 대통령에게 부여한 민주적 정당성을 임기 중 박탈하는 것으로서 국정 공백과 정치적 혼란 등 국가적으로 큰 손실을 가져올 수 있으므로 신중하게 이루어져야 한다. 따라서 대통령을 탄핵하기 위해서는 대통령의 법 위배 행위가 헌법질서에 미치는 부정적 영향과 해악이 중대하여 대통령을 파면함으로써 얻는 헌법 수호의 이익이 대통령 파면에 따르는 국가적 손실을 압도할 정도로 커야 한다. 즉, '탄핵심판 청구가 이유 있는 경우'란 대통령의 파면을 정당화할 수 있을 정도로 중대한 헌법이나 법률 위배가 있는 때를 말한다(헌재 2017. 3. 10. 2016헌나1 참조).

다. 판단순서

이하에서는 피청구인이 그 직무를 집행하면서 헌법이나 법률을 위반하였는지에 대하여 (1) 이 사건 계엄 선포, (2) 국회에 대한 군경 투입, (3) 이 사건 포고령 발령, (4) 중앙선관위에 대한 압수·수색, (5) 법조인에 대한 위치 확인 시도의 순서로 판단한다.

한편, 청구인은 이 사건 탄핵심판청구 이후 제출한 서면에서 '피청구인이 2024. 12. 4. 출근하는 중앙선관위 직원들에 대한 체포·구금 계획을 마련하고 이를 지시한 행위' 역시 소추사유로 주장하고 있다. 국회가 탄핵심판을 청구한 뒤 별도의 의결절차 없이 소추사유를 추가하거나 기존의 소추사유와 동일성이 인정되지 않는 정도로 소추사유를 변경하는 것은 허용되지 아니함은 앞서 본 바와 같고(헌재 2017. 3. 10. 2016헌나1; 헌재 2025. 1. 23. 2024헌나1 참조), 중앙선관위 직원들에 대한 체포·구금 관련 지시는 이 사건 소추의결서에 기재되지 아니한 새로운 사실이므로 판단의 대상으로 삼지 아니한다.

5. 이 사건 계엄 선포에 관한 판단

가. 인정 사실

(1) 피청구인은 2024. 12. 3. 20:55경 대통령실에서 국무총리 한덕수에게 계엄을 선포하겠다고 말하였다. 한덕수는 피청구인에게 다른 국무위원들의 말도 들어보시라고 하였고 피청구인은 국무위원들을 모아보라고 하였다. 이에 부속실에서 이미 대통령실에 있었던 국방부장관 김용현, 통일부장관 김영호, 외교부장관 조태열, 법무부장관 박성재, 행정안전부장관 이상민 외의 국무위원들에게 연락을 취하였다. 다만, 대통령실로 들어오라고 하였을 뿐, 국무회의를 개최한다고 연락하였던 것은 아니고, 문화체육관광부장관 유인촌, 환경부장관 김완섭, 고용노동부장관 김문수, 국가보훈부장관 강정애는 연락을 받지 못하였다.

(2) 연락을 받은 국무위원들이 한 명씩 대접견실로 도착하여 피청구인이 비상계엄을 선포하고자 한다는 사실을 듣고 서로 의견을 나누었고 그 중 일부는 집무실로 들어가서 피청구인에게 반대 의사를 밝히기도 하였다. 중소벤처기업부장관 오영주가 마지막으로 도착함으로써 같은 날 22:17경 국무총리 및 국무위원 9명이 모이게 되었다. 그 무렵 피청구인이 집무실에서 대접견실로 나와 계엄 선포의 취지를 간략히 설명한 후 같은 날 22:22경 이 사건 계엄을 선포하기 위하여 대접견실을 나갔다. 오영주가 마지막으로 도착하고 피청구인이 이 사건 계엄을 선포하러 대접견실에서 나가기까지 걸린 시간은 5분 정도에 불과하였고, 개의 선포, 의안 상정, 제안 설명, 토의, 산회 선포, 회의록 작성이 없었다. 피청구인은 계엄의 필요성, 시행일시, 계엄사령관 등 이 사건 계엄의 구체적인 내용을 설명하지 않았고, 참석한 국무총리 및 국무위원들

에게 이 사건 계엄 선포에 관하여 의견을 진술할 기회를 부여하지 않았으며, 회의에서 비상계엄 선포의 실체적 요건 구비 여부 등에 관하여 실질적인 검토와 논의가 이루어지지 않았다. 국무총리와 관계 국무위원이 이 사건 계엄 선포와 관련된 문서에 부서하지도 않았다.

(3) 피청구인은 2024. 12. 3. 22:23경 대통령실에서 제1차 대국민담화를 시작하여 22:27경 이 사건 계엄을 선포하였다. 제1차 대국민담화의 내용은 [별지 3]과 같다.

(4) 피청구인은 이 사건 계엄을 선포한 후 국회에 통고하지 않았다.

(5) 피청구인은 2024. 12. 3. 22:30경 국방부장관 김용현을 통하여 육군참모총장 박안수를 계엄사령관으로 임명하였다.

(6) 2024. 12. 4. 01:02경 국회에서 비상계엄해제요구 결의안이 가결되었다. 피청구인은 2024. 12. 4. 04:20경 대통령실에서 이 사건 계엄을 해제하겠다는 내용의 대국민담화를 발표하였고, 같은 날 04:29경 국무회의에서 이 사건 계엄 해제안이 의결되었다.

나. 판단

(1) 비상계엄 선포의 실체적 요건 위반 여부

(가) 비상계엄 선포의 실체적 요건

1) 전쟁이나 내란, 경제공황 등과 같은 비상사태가 발발하여 국가의 존립이나 헌법질서의 유지가 위태롭게 된 때에는 정상적인 상태에서 기능하도록 설계된 국가권력의 행사방식으로 대처하기 어렵다. 그러므로 위와 같은 비상사태가 발생한 경우에는 국가를 보전하고 헌법질서를 유지하기 위하여 비상적 수단을 발동할 수 있는 권한, 즉 국가긴급권을 인정할 필요가 있다. 그러나 국가긴급권을 인정하게 되면 권력이

하나의 국가기관으로 집중되고 국가권력의 남용을 방지하기 위하여 마련된 각종 통제 장치가 작동할 수 없게 되어 오히려 헌법적 가치와 국민의 기본권이 침해될 위험이 있다. 이에 우리 헌법은 국가긴급권을 대통령의 권한으로 규정하면서도, 국가긴급권의 내용, 효력, 한계 및 그에 대한 통제수단을 분명히 함으로써 그 남용과 악용을 막아 국가긴급권이 헌법보호의 비상수단으로서 기능할 수 있도록 담보하고 있다(헌재 1994. 6. 30. 92헌가18; 헌재 1996. 2. 29. 93헌마186 참조).

2) 헌법 제77조 제1항은 계엄 선포의 실체적 요건으로 '전시·사변 또는 이에 준하는 국가비상사태가 발생할 것'과 '병력으로써 군사상의 필요에 응하거나 공공의 안녕질서를 유지할 필요가 있을 것'을 요구하고 있다. 계엄법 제2조 제2항은 헌법 제77조 제1항의 위임에 근거하여 비상계엄 선포의 요건을 보다 엄격하게 규정하고 있는데, 이에 따르면 비상계엄을 선포하려면 '전시·사변 또는 이에 준하는 국가비상사태'가 발생하여야 할 뿐만 아니라, '적과 교전 상태에 있거나 사회질서가 극도로 교란되어 행정 및 사법 기능의 수행이 현저히 곤란한 상태' 역시 발생하여야 하며, 그 목적이 '군사상 필요에 따르거나 공공의 안녕질서를 유지하기 위한 것'이어야 한다.

헌법상 국가긴급권의 인정 취지와 위 관련 규정들을 종합하여 보면, 비상계엄 선포가 헌법 및 계엄법이 정한 실체적 요건을 충족하기 위해서는 ① 전시·사변 또는 이에 준하는 국가비상사태로 적과 교전 상태에 있거나 사회질서가 극도로 교란되어 행정 및 사법 기능의 수행이 현저히 곤란한 상황이 현실적으로 발생하여야 하고, ② 병력으로써 군사상의 필요에 응하거나 공공의 안녕질서를 유지할 필요가 있어야 하며, ③ 비상계엄 선포의 목적이 군사상 필요에 따르거나 공공의 안녕질서를 유지하기 위한 것이어야 한다. 따라서 비상계엄은 위와 같은 위기상황이 현실적으로 발생하였으나 경력(警力)만으로는 이를 수습할 수 없는 경우에 병력으로써 기존질서를 유지·회복하기 위하여 선포할 수 있는 것이므로, 위기상황이 발생할 우려가 있다는 이유만으로 사전적·예방적으로 선포할 수는 없고, 공공복리의 증진과 같은 적극적 목적을 위하여 선포할 수도 없다(헌재 1996. 2. 29. 93헌마186 참조).

(나) 헌법 제77조 제1항 및 계엄법 제2조 제2항이 정한 위기상황의 발생 여부

1) 심사기준 및 쟁점

가) 비상계엄을 선포하려면 전시·사변 또는 이에 준하는 국가비상사태로 적과 교전 상태에 있거나 사회질서가 극도로 교란되어 행정 및 사법 기능의 수행이 현저히 곤란한 상황이 현실적으로 발생하여야 하는데(헌법 제77조 제1항 및 계엄법 제2조 제2항), 이에 관하여는 헌법에 따라 계엄 선포권을 부여받은 피청구인에게 일정 정도의 판단재량이 인정되는 것으로 보아야 한다. 그러나 피청구인에게 판단재량을 인정한다는 것이 객관적으로 위기상황이 아님에도 주관적 확신만 존재하면 비상계엄을 선포할 수 있다는 의미는 아니므로, 객관적으로 피청구인의 판단을 정당화할 수 있을 정도의 위기상황이 존재하여야 하고, 피청구인의 판단이 현저히 비합리적이거나 자의적인 경우에는 헌법 제77조 제1항 및 계엄법 제2조 제2항을 위반한 것으로 보아야 한다(헌재 1996. 2. 29. 93헌마186 참조).

나) '전시'란 상대국이나 교전단체에 대하여 선전포고나 대적행위를 한 때부터 그 상대국이나 교전단체와 휴전협정이 성립된 때까지의 기간을 말하고, '사변'이란 국토를 참절하거나 헌법질서를 문란하게 할 목적으로 봉기한 모든 형태의 무장반란집단의 폭동을 의미한다. 앞에서 살펴본 헌법상 국가긴급권의 인정 취지와 헌법 제77조 제1항의 문언을 고려할 때, '전시·사변에 준하는 국가비상사태'란 전쟁에 해당되

지 아니하는 외적의 침입, 국토를 참절하거나 헌법질서를 문란하게 할 목적이 없는 무장 또는 비무장의 집단 또는 군중에 의한 사회질서교란, 자연적 재난으로 인한 사회질서교란 등으로 인하여 국가의 존립이나 헌법질서의 유지가 위태롭게 되어 평상시의 헌법질서에 따른 권력행사방법으로는 대처할 수 없는 중대한 위기상황을 말한다.

이 사건 계엄 선포 당시 정치상황과 사회상황이 전시·사변에 해당한다거나 적과 교전 상태에 있었다고 볼 수 없음은 명백하다. 피청구인은 이 사건 계엄 선포 당시의 상황이 전시·사변에 준하는 국가비상사태에 해당하고, 사회질서가 극도로 교란되어 행정 및 사법 기능의 수행이 현저히 곤란한 상황이었다고 주장하므로, 이와 같은 피청구인의 판단이 현저히 비합리적이거나 자의적인지 살펴본다.

2) 이 사건 계엄 선포 사유에 관한 피청구인의 주장에 대한 판단

피청구인은 야당인 더불어민주당이 다수의석을 차지하고 있는 국회가 ① 다수의 고위공직자를 탄핵하거나 그 탄핵을 시도함으로써 사법 업무 및 행정 업무를 마비시켰고, ② 위헌적이거나 국익에 반하거나 정치적 편향성이 높은 법안을 추진하거나 여야 합의 없이 일방적으로 통과시키고, 여당이 추진하는 법안에 반대하였으며, ③ 2025년도 주요 예산을 전액 삭감하여 국가의 본질적 기능을 훼손하고 마약 천국, 민생 치안 공황 상태로 만들었으며 안보 공백을 초래하였고, ④ 대통령 퇴진, 탄핵 집회를 열고, 안보·외교 분야 등에서 반국가 행위를 하였다고 하면서, 이러한 국회의 전횡으로 국정이 마비되고 행정과 사법의 정상적인 수행이 불가능한 상황이 되었다고 주장한다.

피청구인은 이러한 국회의 행위로 헌법 제77조 제1항 및 계엄법 제2조 제2항이 정

한 위기상황이 발생하였다고 주장하므로, 이에 관하여 살펴본다.

가) 더불어민주당의 탄핵소추 추진 및 국회의 탄핵소추

피청구인은 더불어민주당이 다수의 고위공직자에 대하여 탄핵을 시도하거나 탄핵소추안을 발의함으로써 사법 업무 및 행정 업무를 마비시켰다고 주장한다.

탄핵심판은 고위공직자가 권한을 남용하여 헌법이나 법률을 위반하는 경우 그 권한을 박탈함으로써 헌법질서를 지키는 헌법재판이다(헌재 2004. 5. 14. 2004헌나1 참조). 앞에서 살펴본 것처럼 헌법은 탄핵심판절차를 정치적 심판절차가 아닌 규범적 심판절차로 규정하고 있다(헌재 2017. 3. 10. 2016헌나1 참조).

그런데 탄핵소추의 의결을 받은 자는 헌법 제65조 제3항에 따라 탄핵심판이 있을 때까지 그 권한행사가 자동적으로 정지되므로, 일단 국회에서 탄핵소추가 의결되면 헌법재판소의 결정이 있을 때까지 최소 수개월 간의 권한행사가 정지된다. 권한대행자 등이 피소추자의 권한을 계속 행사할 수 있다고 하더라도, 권한대행이라는 한계로 인하여 피소추자의 본래 업무를 그와 동등한 수준으로 수행하기는 현실적으로 어렵고 기존에 본인이 담당하던 업무에 더하여 피소추자의 업무를 함께 수행하게 되어 업무과중으로 인한 어려움도 발생하게 된다. 고위공직자가 수행하는 업무가 국가적으로 중요하다는 점을 고려하면 그 권한행사의 정지로 인한 업무 공백은 국가와 국민에게 큰 손해를 발생시킬 수도 있다.

그럼에도 불구하고 우리 헌법이 탄핵소추가 되면 피소추자의 권한행사가 정지되도록 규정하고 있는 것은 그만큼 피소추자의 법 위반 행위가 중대할 경우를 상정하고 있기 때문이다. 따라서 국회가 탄핵소추사유의 위헌·위법성에 대하여 심사숙고한 후 신중하게 탄핵소추권을 행사하지 아니하고, 법 위반의 의혹에만 근거하여 탄핵심판제도를 오로지 정부에 대한 정치적 압박수단으로 이용하는 것은 탄핵심판제도의 본래적 취지에 부합한다고 보기 어렵다.

피청구인의 임기가 개시된 후부터 이 사건 계엄 선포 전까지 더불어민주당 국회의원들은 행정안전부장관 1인, 검사 12인, 방송통신위원회 위원장 3인 및 그 직무대행 1인, 감사원장 1인에 대하여 재발의를 포함한 합계 22건의 탄핵소추안을 발의하였다. 이는 국회가 탄핵소추사유의 위헌·위법성에 대해 숙고하지 않은 채 법 위반의 의혹에만 근거하여 탄핵심판제도를 정부에 대한 정치적 압박수단으로 이용하였다는 우려를 낳았다.

다만 이 사건 계엄 선포 전 위 22건의 탄핵소추안 중 6건은 철회되었고, 3건은 폐기되었다. 5건은 본회의에서 가결되어 탄핵소추가 이루어졌으나, 그 중 3건에 대하여 헌법재판소는 이미 기각결정을 선고한 상태였다. 이처럼 탄핵소추안이 이미 철회 또는 폐기되었거나 헌법재판소의 기각결정이 선고된 경우, 당초의 탄핵소추안 발의 또는 탄핵소추의결이 이 사건 계엄 선포 당시의 국가의 존립이나 헌법질서, 사회질서, 행정 및 사법 기능의 수행에 미칠 수 있는 영향은 제한적이다.

또한 더불어민주당 소속 국회의원들이 탄핵소추를 추진하거나 탄핵소추안을 발의하더라도 실제로 탄핵소추가 이루어지는지 여부는 국회의 심의·의결 결과에 따라 결정되는 것이므로, 단순히 탄핵소추를 추진하고 있다거나 탄핵소추안을 발의하여 국회에서 심사 중이라는 이유로 중대한 위기상황이 현실적으로 발생하였다고 보기는 어렵다.

나아가 탄핵소추가 의결되어 피소추자의 권한행사가 정지됨으로써 권한대행자 등이 피소추자의 권한을 탄핵소추 전과 동등한 수준으로 행사할 것을 현실적으로 기대하기 어려웠다고 하더라도, 그것만으로 곧바로 행정 및 사법 기능의 수행이 현저히 곤란하게 되었다고 인정하기는 어렵다. 특히 이 사건 계엄 선포 당시에는 검사 1인 및 방송통신위원회 위원장에 대한 탄핵심판절차만이 진행 중이었는데, 검사 1인 및 방송통신위원회 위원장의 권한행사가 정지된 상황을 두고 국가의 행정 및 사법 기능의 수행이 현저히 곤란한 상황이 발생하였다고 평가할 수는 없다.

헌법재판소는 국회의 탄핵심판청구가 부적법하거나 탄핵사유가 인정되지 않는 경우 그 청구를 각하하거나 기각할 수 있으므로, 국회의 탄핵소추의결이 평상시의 헌법질서에 따른 권력행사방법으로 대처할 수 없는 국가비상사태를 발생시킨다고 볼 수도 없다.

나) 더불어민주당의 법안 추진·반대 및 국회의 입법권 행사

피청구인은 더불어민주당이 위헌적인 특별검사 임명 등에 관한 법률안을 35회 발의하고, 당대표 이재명을 위한 공직선거법 개정안 등 방탄 입법, 국가보안법의 폐지, 국익에 반하고 비상식적인 방위사업법 개정안, 형법 개정안, 형사소송법 개정안 등을 추진하며, '국회에서의 증언·감정 등에 관한 법률' 개정안, 양곡관리법 개정안, '노동조합 및 노동관계조정법' 개정안, 방송법 개정안, 방송문화진흥회법 개정안, 한국교육방송공사법 개정안 등 재정 부담이 크거나, 위헌 소지가 있거나, 정치적 편향성이 높은 법률안들을 일방적으로 통과시키고, 간첩죄의 처벌 대상을 확대하는 내용의 형법 개정안과 민생 및 경제활성화 등을 위한 정부 추진 법안에 대하여 반대함으로써 헌정질서를 교란시켰다고 주장한다.

그러나 법률안은 국회에서의 심의·의결, 대통령의 법률안 공포 등의 절차를 거쳐 법률로서 확정되어야 그 효력이 발생되는 것이므로(헌법 제53조), 더불어민주당 소

속 국회의원들이 어떠한 법률안을 발의하기 위하여 준비 중에 있다거나, 발의하여 국회에서 심사 중이라는 이유로 중대한 위기상황이 현실적으로 발생하였다고 판단하는 것은 그 합리성을 인정하기 어렵다. 피청구인이 언급하고 있는 법률안 중에는 이미 제21대 국회의 임기만료로 인하여 폐기된 법률안도 포함되어 있는데, 이미 폐기된 법률안이 이 사건 계엄 선포 당시의 국가의 존립이나 헌법질서, 사회질서, 행정 및 사법 기능의 수행에 영향을 미치고 있었다고 보기 어렵다.

또한 헌법은 피청구인에게 국회의 입법권 행사를 통제할 수 있는 권한을 부여하고 있다. 즉, 대통령은 국회에서 의결된 법률안의 공포를 15일 동안 보류할 수 있고, 법률안에 이의가 있을 때에는 그 기간 내에 재의를 요구할 수 있다. 대통령의 재의 요구가 있을 때 국회는 재의에 붙이는데, 재적의원 과반수의 출석과 출석의원 3분의 2 이상의 찬성으로 전과 같은 의결을 하여야 그 법률안을 법률로 확정시킬 수 있다(헌법 제53조 제1항 내지 제4항).

피청구인은 더불어민주당이 그 소속 국회의원들이 발의한 법률안 또는 그와 같은 법률안이 반영된 소관 위원회 대안을 일방적으로 가결시켜 중대한 위기상황이 발생하였다고 주장하나, 피청구인이 지적하고 있는 법률안 중 상당수 법률안에 대하여 피청구인이 재의를 요구하여 이 사건 계엄 선포 당시 이미 재의가 부결된 상태였다. 나머지 법률안들 역시 피청구인이 재의를 요구하거나 그 공포를 보류함으로써 그 효력이 발생하지 않은 상태였고, 이 사건 계엄 선포 이후 이루어진 재의 요구에 따른 재의에서 모두 부결되었다. 결국 이 사건 계엄 선포 당시 피청구인은 본회의에서 가결된 위 법률안들에 대하여 재의를 요구하거나 이를 공포하지 않음으로써 그 효력이 발생되는 것을 막고 있었으므로, 위 법률안들에 대한 국회의 의결로 평상시의 헌법질서에 따른 권력행사방법으로 대처할 수 없는 국가비상사태가 발생하였다고 볼 수 없다.

피청구인은 더불어민주당이 간첩죄의 처벌 대상을 확대하는 내용의 형법 개정안과 민생 및 경제활성화 등을 위한 정부 추진 법안에 대하여 반대하였다는 점도 이 사건 계엄 선포의 사유로 들고 있다. 그러나 더불어민주당 소속 국회의원들도 외국 등을 위하여 간첩한 자도 처벌하는 등으로 간첩죄의 처벌 대상을 확대하는 내용의 형법 개정안들을 발의하였고, 2024. 11. 13. 법제사법위원회 법안심사제1소위원회에서는 간첩죄의 처벌 대상을 확대하는 내용의 여당 및 야당 소속 국회의원 발의 형법 개정안들을 반영한 대안을 제안하기로 심사되었으므로, 더불어민주당이 위와 같은 형법 개정안에 반대하였다고 보기 어렵다. 또한 앞에서 살펴본 것처럼 비상계엄은 외적의 침입, 집단 또는 군중에 의한 사회질서교란 등으로 인하여 중대한 위기상황이 현실적으로 발생한 경우에 이를 사후적으로 수습함으로써 기존질서를 유지·회복하기 위하여 선포할 수 있을 뿐, 그와 같은 위기상황이 발생할 우려가 있는 상태 또는 기존질서가 유지되고 있는 상태에서는 선포할 수 없다. 그러므로 간첩죄 관련 형법 조항이 더 신속하게 개정되지 않아 안보 불안의 염려가 있다거나 더불어민주당이 정부 추진 법안에 반대하여 피청구인이 공공복리의 증진을 위하여 수립한 각종 정책 추진에 차질이 발생하였다는 이유만으로는 비상계엄 선포를 정당화할 수 없다.

다) 국회의 2025년도 예산안 심의

피청구인은 국회가 2025년도 예산안 중 대통령비서실 및 국가안보실, 경찰의 특수활동비, 검찰의 특수활동비 및 특정업무경비, 장거리 함대공 유도탄(SM-6) 사업, 접적지역 대드론 통합체계 사업, 전술 데이터링크 시스템 성능 개량 사업 등 예산을 감액하여 마약 천국, 민생 치안 공황 상태로 만들고 안보 공백을 초래하였으며, 주요 예산을 전액 삭감하여 국가의 본질적 기능이 훼손되었다고 주장한다.

국회 예산결산특별위원회는 2024. 11. 29. 2025년도 세출예산안을 감액하기로 의결하였다. 과거에는 감액이 있으면 그 범위에서 증액에 대해서도 심사하여 반영되어 왔으나, 헌정 사상 최초로 야당이 주도하여 국회 예산결산특별위원회에서 증액 없이 감액에 대해서만 의결이 이루어졌고, 그 주요 내용은 다음과 같다.

첫째, 대통령비서실 및 국가안보실과 경찰청의 특수활동비, 검찰과 감사원의 특수활동비 및 특정업무경비 예산 전액이 각 감액되었고, 이 가운데는 검찰의 국민생활침해범죄 수사, 사회적 약자 대상 범죄 수사, 마약 수사, 사회공정성 저해사범 수사, 공공 수사, 형사부 등 수사지원 관련 특수활동비와 특정업무경비가 포함되어 있었다.

둘째, 예비비도 상당 부분 감액되었다.

셋째, '유전개발사업출자' 사업(일명 '대왕고래 프로젝트') 관련 예산, '민관합작선진원자로 수출기반구축(R&D)' 사업 관련 예산, '개인기초연구(R&D)(글로벌 매칭형)' 사업 관련 예산이 각 대폭 삭감되었으며, '양자과학기술글로벌파트너십선도대학지원(R&D)' 사업 관련 예산, '바이오·의료기술개발(R&D)' 사업 관련 예산, '전공의 수련환경 혁신지원' 사업 관련 예산도 각 감액되었다.

그러나 2025년도 예산안은 정부가 2025년에 지출할 예산에 관한 것이므로, 2024년 예산을 집행하고 있었던 이 사건 계엄 선포 당시에는 국가의 존립이나 헌법질서, 사회질서, 행정 및 사법 기능의 수행에 현실적으로 영향을 미치고 있었다고 볼 수 없다.

더욱이 이 사건 계엄 선포 당시 국회는 정부가 제출한 2025년도 예산안을 심의하고 있었을 뿐, 이에 관하여 본회의 의결이 이루어진 상태도 아니었다. 국회 예산결산 특별위원회에서 2025년도 세출예산안을 감액하는 내용의 수정안이 2024. 11. 29. 가결되었으나, 2024. 12. 2. 국회의장의 요청으로 본회의 의결로 나아가지 아니하고 2024. 12. 10.까지 여당과 야당이 계속하여 예산안에 관한 논의를 진행하기로 한 상황이었다. 국회의 예산안 심의가 완료되지 않은 상황에서 예산결산특별위원회의 감액 의결이 있었다는 이유만으로 중대한 위기상황이 현실적으로 발생하였다고 보기 어렵고, 본회의에서 그대로 의결될 경우 장래의 치안 불안 등이 염려된다는 이유만으로는 비상계엄 선포를 정당화할 수 없다. 정부에서 관련 자료를 제출하고 여당과 야당이 추가적으로 예산안을 심의함으로써 대응할 수 있는 상황을 두고 평상시의 헌법질서에 따른 권력행사방법으로 대처할 수 없는 국가비상사태가 발생하였다고 평가할 수도 없다.

국회 예산결산특별위원회는 2025년도 세출예산안 중 4.1조 원을 감액하는 내용으로 의결하였는데, 2023년에는 4.7조 원이, 2022년에는 13.8조 원이 국회 본회의 의결로 감액된 점, 감액된 4.1조 원 중 1.4조 원은 예측할 수 없는 예산 외의 지출 또는 예산초과지출에 충당하기 위한 일반예비비이고(국가재정법 제22조 제1항), 0.5조 원은 공공자금관리기금 예수이자 상환을 위한 금액인 점 등을 고려하면, 주요 예산을 전액 삭감하여 국가의 본질적 기능이 훼손되었다는 피청구인의 주장 역시 그 합리성을 인정하기 어렵다.

피청구인은 원전산업, 동해 심해 가스전 개발 사업, 각종 기술개발산업, 복지사업 등의 예산 일부가 감액된 점도 지적하고 있다. 그러나 앞에서 살펴본 것처럼 중대한 위기상황이 현실적으로 발생하여 기존질서를 유지·회복할 필요가 있는 경우가 아니라 기존질서가 유지되고 있는 상태에 불과한 경우에는 비상계엄을 선포할 수 없는 것이므로, 피청구인이 추진하고자 한 위와 같은 사업 수행에 차질이 예상된다는 이유만으로는 비상계엄 선포를 정당화할 수 없다.

한편, 피청구인이 야당이 일방적으로 감액하였다고 주장하는 장거리 함대공 유도탄(SM-6) 사업 예산에 대하여는 상임위원회 예산결산심사소위원회에서 미국 측의 무기 개발 절차가 지연되어 감액이 필요하다는 여야 간의 합의가 있었고, 접적지역 대드론 통합체계 사업 예산에 대하여도 주파수를 확보하지 못하여 감액이 필요하다는 여야 간의 합의가 있었다. 그 외에도 피청구인이 야당이 일방적으로 감액하였다고 주장하는 사업 예산 중 전술 데이터링크 시스템 성능 개량 사업, 아이돌봄수당, 청년고용지원인프라운영 사업 등 상당 부분에 대하여 상임위원회 예산결산심사소위원회에서 감액하기로 하는 여야 간의 합의가 있었고, 군 간부 처우개선을 위한 당직근무비 인상 예산 등은 당초 정부안에 포함되어 있지 않았다. 이러한 점에 비추어 보면 피청구인의 예산 관련 일부 주장은 타당하다고 볼 수 없다.

라) 그 밖의 더불어민주당의 활동

피청구인은 그 외에도 더불어민주당이 200회에 달하는 대통령 퇴진, 탄핵 집회를 열어왔고, 4대 개혁에 반대하였으며, UN 대북 제재를 풀어야 한다고 주장하거나 한·미·일 동해 합동 훈련을 전쟁 유발 행위이자 극단적 친일 행위로 매도하는 등 안보에 위협을 가하였고, 가짜뉴스를 수없이 생산하고 살포하는 등으로 국가 사회를 혼란에 빠뜨렸으며, 당대표인 이재명의 형사 사건과 관련하여 법원과 검찰청 인근에서의 시위를 권장하거나 헌법재판소의 구성을 방해하는 등으로 사법권이 정상적으로 작동할 수 없게 하였다고 주장한다. 또한 피청구인은 더불어민주당의 목적이나 활동이 민주적 기본질서에 위배되므로 헌법 제8조 제4항에 따라 정당해산심판을 받아야 할 상황이라고도 주장한다.

오늘날 민주주의 체제는 기본적으로 대의제를 채택하고 있고, 다양한 정치적 이념과 가치관을 추구하는 여러 정당들이 사회의 공적인 갈등과 정치적 문제를 둘러싸고 각자의 대안과 해법을 제시하는 과정에서 다수 국민의 지지를 얻는 정당으로 하여금 주어진 시한 속에서 국정의 주도권을 행사하도록 보장하는 절차로 운영된다. 논리와 정당성의 우위를 통해 지지를 확보하려는 정당들의 경쟁 속에서 사회의 민주적 발전을 이룩하고자 하는 복수정당 체제가 그 기본바탕이 된다(헌재 2014. 12. 19. 2013헌다1 참조). 따라서 대통령 및 여당과 다른 정치적 이념과 가치관을 추구하는 야당이 정부를 비판하고 견제하는 역할을 하는 것은 민주주의 체제에서 반드시 보장되어야 할 정당의 활동에 속한다.

더불어민주당이 피청구인과 다른 정치적 견해를 표시하거나, 피청구인의 정책을 비판하고 피청구인의 권한행사를 견제하거나, 피청구인의 퇴진을 요구하는 것은 헌법상 보장되고 있는 대의민주주의와 복수정당 체제를 고려할 때 비상계엄을 정당화할 수 있는 이유가 될 수 없다.

피청구인의 주장과 같이 더불어민주당이 허위사실을 공표하는 등의 행위를 하였다고 하더라도, 그 행위가 초래할 수 있는 사회·정치적 혼란은 현행법이 마련하고 있는 국민의 자유롭고 공정한 토론을 보장하기 위한 다양한 제도적 장치를 통하여 충분히 대처할 수 있는 것이므로(형법 제307조 제2항, 공직선거법 제82조의4, 제96조, 제110조, 제110조의2, 제250조 등), 그와 같은 행위가 평상시의 헌법질서에 따른 권력행사방법으로 대처할 수 없는 국가비상사태를 발생시킨다고 볼 수 없다. 피청구인은 더불어민주당 대표 이재명이 자신의 형사 사건에서 재판 지연 전략을 쓰거나 법원과 검찰청 인근에서의 시위를 권장하고, 더불어민주당이 헌법재판소의 구성을 방해하는 등으로 사법권이 정상적으로 작동할 수 없게 하였다고도 주장하나, 그것이 사실이라고 하더라도 그로 인하여 전시·사변에 준하는 국가비상사태로 사회질서가 극도로 교란되어 사법 기능의 수행이 현저히 곤란한 상황이 발생하였다고 볼 수 없다.

나아가 피청구인의 주장처럼 더불어민주당의 목적이나 활동이 민주적 기본질서에 위배된다고 하더라도, 그와 같은 사유는 비상계엄 선포를 정당화할 수 없다. 헌법 제8조 제4항의 정당해산심판제도는 모든 정당, 특히 그 중에서도 정부를 비판하는 역할을 하는 야당의 존립과 활동은 최대한 보장되며, 설령 어떤 정당이 민주적 기본질서를 부정하고 이를 적극적으로 공격하는 것으로 보인다 하더라도 국민의 정치적 의사형성에 참여하는 정당으로서 존재하는 한 우리 헌법에 의해 최대한 두텁게 보호되므로, 단순히 행정부의 통상적인 처분에 의해서는 해산될 수 없고, 오직 헌법재판소가 그 정당의 위헌성을 확인하고 해산의 필요성을 인정한 경우에만 정당정치의 영역에서 배제된다는 헌법제정자의 규범적 의지를 표현한 것이기 때문이다(헌재 2014. 12. 19. 2013헌다1 참조).

마) 부정선거 등

① 피청구인은 부정선거 의혹을 해소하기 위하여 이 사건 계엄을 선포하였다고도 주장하나, 단순히 어떠한 의혹이 있다는 것만으로 전시·사변에 준하는 국가비상사태로 사회질서가 극도로 교란되어 행정 및 사법 기능의 수행이 현저히 곤란한 상황이 발생하였다고 볼 수는 없다.

피청구인은 선관위가 헌법기관이고 사법부 관계자들이 위원으로 있어 영장에 의한 압수·수색이나 강제수사가 사실상 불가능하여 달리 부정선거 의혹을 해소할 방법이 없었다는 취지로 주장하나, 선관위는 선거소송에서 법원의 현장검증에 응하여 왔고 수사기관의 압수·수색에도 응하여 왔다. 부정선거 의혹은 선거소청 또는 선거소송을 통하여 해소할 수 있고(공직선거법 제219조, 제222조), 공직선거법은 법령에 의하지 아니하고 투표함을 열거나 투표를 위조하거나 그 수를 증감하는 등의 경우에 처벌하도록 규정하고 있으므로(공직선거법 제243조, 제249조 등) 이러한 의혹에 관하여는 형사 절차를 통하여 실체적 진실을 밝힐 수 있다.

한편 피청구인은 선관위가 국가정보원(이하 '국정원'이라 한다)의 보안점검을 받으면서 전체 시스템 장비의 약 5% 정도만 점검에 응하였고 나머지는 불응하였다고 주장한다. 그러나 선관위는 2023. 7.경부터 2023. 9.경까지 국정원의 보안점검을 받으면서 점검 대상으로 요청된 장비를 전부 제공하였다. 피청구인이 주장하고 있는 의혹 중에는 2020년 실시한 제21대 국회의원선거에서 접힌 흔적이 없는 투표지, 접착제가 묻어 있는 투표지, 투표관리관인 인영이 뭉개진 투표지 등 의혹이 제기되어 이미 검증·감정을 거쳐 법원의 확정 판결로 그 의혹이 해소된 것들도 포함되어 있다(대법원 2022. 7. 28. 선고 2020수30 판결; 대법원 2022. 7. 28. 선고 2020수5028 판결 등 참조).

피청구인은 2024년 4월 총선을 앞두고 문제 있는 부분에 대한 개선을 요구했지만, 제대로 개선되었는지는 알 수 없다고도 주장한다. 그러나 중앙선관위는 2023. 10. 10. 보안패치, 취약 패스워드 변경, 통합선거인명부 DB서버 접근 통제 강화 등 보완이 시급한 사항에 대한 조치를 완료하였다는 내용의 보도자료를, 2023. 11. 2. 그 밖의 주요 취약점은 제22대 국회의원선거 전까지 예산당국의 협조를 통해 개선을 완료할 것이라는 내용의 보도자료를, 2024. 3. 11. 보안점검에서 지적되었던 취약점은 대부분 조치하였다는 내용의 보도자료를 홈페이지에 게시 및 배포하였다. 중앙선관위는 제22대 국회의원선거 실시 전에 정보보안 업무 담당자의 PC만이 선거 서버에 접근할 수 있도록 하는 등으로 보안을 강화하였고, 부정선거 의혹을 해소하기 위하여 사전·우편투표함 보관장소 CCTV 영상을 24시간 공개하고 개표 과정에 수검표 제도를 도입하는 등의 조치를 취하였으며, 정당 참관인의 입회하에 두 차례 국정원과 합동으로 이행 여부 현장점검을 시행하였다.

이러한 상황을 고려해보면 피청구인의 이 부분 주장은 타당하다고 볼 수 없다.

② 피청구인은 이 사건 계엄 선포 당시 우리나라가 북한 및 중국, 러시아와 같은 사회주의, 전체주의 국가들이 종래의 재래식 무기를 사용한 전면전 이외에 비정규전, 테러, 심리전, 여론전, 사이버전 등 동원 가능한 모든 수단을 전개 가능한 모든 영역에서 사용하여 공격하는 이른바 '하이브리드전' 상황이었다고도 주장한다. 그러나 피청구인이 주장하는 사정들만으로는 단순한 추상적인 가능성을 넘어서서 이 사건 계엄 선포 당시 비군사적 공격으로 인하여 평상시의 헌법질서에 따른 권력행사방법으로 대처할 수 없는 중대한 위기상황이 발생하였다고 판단할 만한 객관적인 정황이 있었다고 인정할 수 없고, '하이브리드전'과 같은 비군사적 공격에 대하여 국회에 병력을 동원하여 대응할 수 있는 것도 아니다.

3) 소결

결국 피청구인이 더불어민주당과 관련하여 주장하는 사정들은 더불어민주당 소속 국회의원들이 국민의 대표로서 헌법상 부여받은 법률안 제출권, 법률안 심의·표결권을 행사하거나, 국회가 국민의 대표기관으로서 헌법상 부여받은 탄핵소추권, 입법권, 예산안 심의·확정권을 행사하거나, 더불어민주당이 헌법상 보장된 정당의 자유를 행사한 것에 해당한다. 그로 인하여 피청구인의 국정 운영에 상당한 지장이 초래되었다고 하더라도, 이는 대통령제를 채택하고 있는 우리나라에서 이른바 여소야대 정국이 형성되는 경우 국회에서 다수의 지위를 점하고 있는 야당이 헌법 및 법률에 따라 국회에 부여된 정부에 대한 견제권을 최대한 행사함으로써 발생할 수 있는 상황이므로, 이를 국가긴급권의 발동이 요청되는 국가비상사태라고 볼 수는 없다. 헌법은 국회의원 및 국회에 각종 권한을 부여하고 정당의 자유를 인정하면서도 그 권한의 남용과 자유의 한계를 벗어난 행위를 통제할 수 있는 장치를 스스로 마련하고 있으므로, 피청구인은 헌법이 대통령에게 부여한 평상시의 권력행사방법으로 대처하였어야 한다.

그밖에 피청구인이 주장하는 부정선거 의혹, 이른바 '하이브리드전' 상황들을 모두 고려하더라도, 전시·사변에 준하는 국가비상사태로 사회질서가 극도로 교란되어 행정 및 사법 기능의 수행이 현저히 곤란한 상황이 발생하였다는 피청구인의 판단을 객관적으로 정당화할 수 있을 정도의 위기상황이 이 사건 계엄 선포 당시 존재하였다고 볼 수 없으므로, 위와 같은 피청구인의 판단은 현저히 비합리적이거나 자의적인 것으로 볼 수밖에 없다.

(다) 병력 동원의 필요성 인정 여부

비상계엄은 병력으로써 군사상의 필요에 응하거나 공공의 안녕질서를 유지할 필요가 있는 경우에만 선포할 수 있다(헌법 제77조 제1항). 따라서 병력의 동원이 위기상황을 수습하는 데에 적합하지 않거나 경력(警力)만으로 위기상황이 수습될 수 있는 경우에는 비상계엄을 선포할 수 없다.

피청구인이 주장하는 국회의 권한행사로 인한 국익 저해 및 국정 마비 상태는 정치적·제도적 수단을 통하여 해결하여야 할 문제이지 병력을 동원하여 해결할 수 있는 것이 아니다. 헌법 역시 비상계엄이 선포된 때에도 '정부나 법원'의 권한에 관하여 특별한 조치를 할 수 있도록 규정하고(제77조 제3항), 국회만큼은 계속하여 그 권한을 행사함을 전제로 국회에 계엄해제요구권을 부여하고 있다(제77조 제5항). 또한 앞에서 살펴본 것처럼 부정선거 의혹은 사법절차를 통하여 해소할 수 있는 것이므로, 이를 해소하기 위해서 병력을 동원할 필요가 있다고 볼 수도 없다.

한편 피청구인은 이 사건 계엄이 야당의 전횡과 국정 위기상황을 국민에게 알리고 호소하기 위한 '경고성 계엄', '호소형 계엄'이었다고 주장하고 있다. 병력 투입은 여타 수단들을 모두 고려한 후 최후 수단으로 사용되어야 한다는 점에서, 피청구인은 먼저 대국민담화 등을 통해, 이로써도 부족하다면 탄핵 제도 등에 대한 헌법개정안 발의(헌법 제128조 제1항)나 국가안위에 관한 중요정책에 대한 국민투표부의권 행사(헌법 제72조)를 통하여 국민의 관심을 모으고 이러한 위기상황을 알려 경고와 호소를 할 수도 있었다.

따라서 이 사건 계엄 선포 당시 병력으로써 군사상의 필요에 응하거나 공공의 안녕질서를 유지할 필요가 있었다고 볼 수 없으므로, 이 점에 있어서도 이 사건 계엄 선포는 비상계엄 선포의 실체적 요건을 갖추지 못하였다.

(라) 계엄법 제2조 제2항이 정한 목적의 인정 여부

비상계엄 선포의 목적은 군사상 필요에 따르거나 공공의 안녕질서를 유지하기 위한 것이어야 한다(계엄법 제2조 제2항). 즉, 비상계엄은 중대한 위기상황이 현실적으로 발생하였을 때, 위기상황에서 비롯된 군사상 필요에 따르거나 위기상황으로 인하여 훼손된 공공의 안녕질서를 유지·회복하기 위한 목적으로만 선포될 수 있다.

피청구인은 이 사건 계엄이 야당의 전횡과 국정 위기상황을 국민에게 알리고 호소하기 위한 목적으로 즉각적인 해제를 전제로 하여 잠정적·일시적 조치로서 선포된 '경고성 계엄' 또는 '호소형 계엄'이라고 주장하는데, 이러한 주장만으로도 피청구인이 이 사건 계엄을 중대한 위기상황에서 비롯된 군사상 필요에 따르거나 위기상황으로 인하여 훼손된 공공의 안녕질서를 유지하기 위하여 선포한 것이 아님을 알 수 있다. 또한 뒤에서 보는 것처럼 피청구인은 이 사건 계엄을 선포하는 것에 그치지 않았다. 피청구인은 헌법의 근본원리를 위반하고 국민의 기본권을 광범위하게 침해하는 이 사건 포고령을 발령하게 하였다. 피청구인은 국회의 헌법상 권한행사를 막을 의도로 국회에 경력(警力)을 투입시켜 국회 출입을 통제하였고, 병력을 투입시켜 본회의장에서 국회의원들을 끌어내라고 지시하였으며, 정당의 활동을 제약할 의도로 주요 정치인에 대한 필요시 체포할 목적의 위치 확인 지시에 관여하였다. 피청구인은 병력을 동원하여 부정선거 의혹을 해소하기 위한 목적으로 중앙선관위를 압수·수색할 것을 지시하였고, 필요시 체포할 목적으로 행해진 법조인에 대한 위치 확인 지시에도 관여하였다. 이에 더하여 피청구인이 계엄해제에 적어도 며칠 걸릴 것으로 예상하였는데 예상보다 빨리 끝났다고 밝힌 점, 이 사건 계엄이 경고성이라는 점을 국무회의의 구성원들이나 군인들에게 알리지 않은 점 등을 고려하면, 피청구인이 단순히 국민에게 호소하기 위한 목적으로 이 사건 계엄을 선포한 것으로 볼 수는 없다.

'경고성 계엄' 또는 '호소형 계엄'이라는 것은 존재할 수 없다. 비상계엄이 선포되는 즉시 피청구인은 평상시에 허용되는 범위를 넘어서서 국민의 기본권을 제한하고 정부나 법원의 권한에 관하여 특별한 조치를 할 권한을 보유하게 된다(헌법 제77조

제3항). 피청구인의 별도의 지시가 없더라도 계엄법에 따라 계엄업무를 시행하기 위하여 계엄사령부가 구성되고(제5조 제2항), 계엄사령관은 계엄지역의 모든 행정사무와 사법사무를 관장하면서 행정기관 및 사법기관을 지휘·감독하게 된다(제7조 제1항, 제8조 제1항). 중대한 위기상황을 병력으로써 극복하는 것이 비상계엄의 본질이므로, 그 선포는 단순한 경고에 그칠 수 없는 것이다. 따라서 이 사건 계엄이 '경고성 계엄' 또는 '호소형 계엄'에 불과하다는 피청구인의 주장은 받아들일 수 없다.

(마) 소결

이 사건 계엄 선포는 헌법 제77조 제1항 및 계엄법 제2조 제2항을 위반한 것이다.

(2) 비상계엄 선포의 절차적 요건 위반 여부

(가) 비상계엄 선포 절차의 헌법적 의의

헌법은 직접 계엄 선포의 절차를 구체적으로 규정하면서 법률이 정하는 바에 의하여 계엄을 선포하도록 규정하고 있다. 앞에서 살펴본 것처럼 국가긴급권의 행사는 권력의 집중과 평상시 권력 통제 장치의 부분적 해제를 수반하므로, 이를 남용 또는 악용하는 경우 헌법적 가치와 국민의 기본권이 침해될 위험이 있다. 이에 헌법은 국가긴급권의 남용과 악용을 방지하기 위하여 직접 국가긴급권의 발동 절차를 분명히 한 것이다(헌재 1994. 6. 30. 92헌가18; 헌재 1996. 2. 29. 93헌마186 참조).

피청구인은 이 사건 계엄이 야당의 전횡과 국정 위기상황을 국민에게 알리고 호소하기 위한 목적으로 즉각적인 해제를 전제로 하여 잠정적·일시적 조치로서 선포된 '경고성 계엄' 또는 '호소형 계엄'이고, 고도의 보안성과 긴급성을 필요로 하므로, 절차 규정을 탄력적으로 해석할 필요가 있다고 주장한다.

그러나 앞에서 살펴본 것처럼 피청구인이 이 사건 계엄에 수반하여 행한 일련의 헌법 및 법률 위반 행위들 및 비상계엄의 선포는 그 본질상 경고에 그칠 수 없다는 점을 고려하면, 이 사건 계엄이 단순히 ‘경고성 계엄’ 또는 ‘호소형 계엄’에 불과하다고 볼 수 없다. 또한 입헌주의 법치국가에서 국가권력은 언제나 헌법의 테두리 안에서 헌법에 규정된 절차에 따라 행사되어야 하는 점, 계엄 선포권의 남용 또는 악용이 헌법질서에 초래할 수 있는 해악이 매우 중대하고, 헌법은 이를 방지하기 위하여 직접 계엄 선포의 절차를 구체적으로 규정하면서 법률이 정하는 바에 의하여 계엄을 선포하도록 규정한 것인 점, 헌법과 법률이 정한 절차를 준수한다고 하여 보안성과 긴급성을 해한다고 보기 어려운 점 등을 고려하면, 계엄 선포 절차에 관한 규정을 탄력적으로 해석하여야 한다는 피청구인의 주장은 받아들일 수 없다.

따라서 피청구인은 이 사건 계엄을 선포함에 있어서 헌법과 법률이 정한 비상계엄 선포의 절차를 모두 준수하였어야 할 것인데, 아래에서 보는 것처럼 피청구인은 이를 준수하지 못하였다.

(나) 국무회의 심의 절차 준수 여부

1) 계엄의 선포 및 계엄사령관의 임명은 국무회의의 심의를 거쳐야 한다(헌법 제89조 제5호, 계엄법 제2조 제5항, 제5조 제1항).

국무회의는 대통령·국무총리와 국무위원으로 구성되고(헌법 제88조 제2항), 대통령은 국무회의 의장으로서(헌법 제88조 제3항), 회의를 소집하고 이를 주재한다(정부조직법 제12조 제1항). 국무회의는 구성원 과반수의 출석으로 개의하는데(국무회의 규정 제6조), 이 사건 계엄 선포 당시 과반수는 11명 이상이다. 국무회의의 ‘심의’란 대통령·국무총리·국무위원이 안건에 대한 자유로운 발언과 토론을 통하여 의견을 교환하거나 조정하는 것을 말한다. 국무회의는 대통령이 정책을 결정하기에 앞서 그에 관한 다양한 관점과 이익을 반영한 논의가 이루어지도록 함으로써 정책결정에 신중을 기하고 대통령의 전제나 독선을 방지하는 것에 그 의의가 있다.

2) 앞에서 살펴본 것처럼 피청구인이 이 사건 계엄을 선포하기 직전에 국무총리 및 9명의 국무위원에게 이 사건 계엄 선포의 취지를 간략히 설명한 사실은 인정된다. 그러나 모든 국무위원은 국무회의의 구성원으로서 국정을 심의할 권한과 책임이 인정됨에도 불구하고(헌법 제87조 제2항), 문화체육관광부장관 유인촌, 환경부장관 김완섭, 고용노동부장관 김문수, 국가보훈부장관 강정애는 대통령실로 들어오라는 연락을 받지 못한 점, 연락을 받은 국무위원들도 국무회의를 개최한다는 연락이 아니라 대통령실로 들어오라는 연락을 받은 점 등을 고려하면, 일부 국무위원들에게 대통령실로 들어오라고 연락한 것만으로 적법한 국무회의 소집 통지가 있었다고 인정하기 어렵다.

나아가 중소벤처기업부장관 오영주가 마지막으로 도착하고 피청구인이 이 사건 계엄을 선포하러 대접견실에서 나가기까지 걸린 시간은 5분 정도에 불과하였던 점, 개의 선포, 의안 상정, 제안 설명, 토의, 산회 선포, 회의록 작성 등 통상적인 국무회의 절차에 따라 회의가 진행되지 않은 점, 피청구인은 계엄의 필요성, 시행일시, 계엄사령관 등 이 사건 계엄의 구체적인 내용을 설명하지 않았고, 국무총리 및 국무위원들에게 이 사건 계엄 선포에 관하여 의견을 진술할 기회를 부여하지 않은 점, 회의에서 비상계엄 선포의 실체적 요건 구비 여부 등에 관하여 실질적인 검토와 논의가 이루어지지 않은 점 등 당시의 상황을 종합적으로 고려하면, 위 참석자들 사이에 이 사건 계엄 선포에 관한 '심의'가 이루어졌다고 보기도 어렵다.

피청구인은 2024. 12. 3. 20:30경부터 순차적으로 대통령실로 들어온 국무총리와 국무위원들이 이 사건 계엄에 대하여 논의하였으므로 실질적인 심의 과정이 존재하였다고 주장한다. 그러나 국방부장관 김용현, 통일부장관 김영호, 외교부장관 조태열, 법무부장관 박성재, 행정안전부장관 이상민 외의 다른 국무위원들에 대한 대통령실로 들어오라는 연락은 같은 날 21시가 넘어서야 이루어졌고, 보건복지부장관 조규홍 및 오영주는 22:17경에야 대통령실에 도착한 점, 국무회의의 의사정족수가 충족되지 못한 상황에서 일부 국무회의 구성원들이 의견을 나눈 것을 두고 국무회의의 심의로 평가할 수는 없는 점, 당시에도 피청구인이 이 사건 계엄의 구체적인 내용을 설명하거나 비상계엄 선포의 실체적 요건 구비 여부 등에 관하여 실질적인 검토와 논의가 이루어지지는 않았던 점, 미리 도착한 국무회의 구성원들의 논의 경과가 국무회의 의사정족수 충족 후에 다른 국무위원들에게 설명되었던 것도 아니고, 늦게 도착한 국무위원들은 의견 진술의 기회를 부여받지 못한 점 등을 고려하면, 피청구인의 위 주장은 받아들이기 어렵다.

또한 피청구인은 김용현이 계엄의 종류, 계엄 일시, 계엄 지역, 계엄사령관이 적시된 비상계엄 선포문 10부를 대접견실에서 배포하였으므로 의안 상정 및 위 사항들에 대한 심의가 이루어진 것이라고도 주장하나, 김영호, 조태열, 조규홍, 오영주, 농림축산식품부장관 송미령, 기획재정부장관 최상목은 검찰에서 그러한 문서를 보지 못하였고 계엄사령관이 누구인지 몰랐다는 취지로 진술한 점, 국무총리 한덕수 역시 이 사건 제10차 변론기일에서 계엄사령관이 누구인지 몰랐으며 그에 관한 심의는 없었다고 증언한 점, 이상민은 이 사건 제7차 변론기일에서 비상계엄 선포문이 국무회의 구성원 11명이 모인 대접견실이 아닌 집무실 내 책상에 놓여있는 것을 보았다고 증언하였고, 경찰에서 당시 계엄사령관에 관한 이야기는 없었다고 진술한 점, 박성재는 국회에서 당시 자신의 자리 앞에 놓인 비상계엄 선포문 한 장을 보았으나 모든 참석자 앞에 놓인 것은 아니었고 그 내용에 관하여 논의가 이루어진 것도 아니었다는 취지로 진술한 점, 국정원장 조태용은 이 사건 제8차 변론기일에서 2024. 12. 3. 20:50경부터 대통령실에 있었으나 집무실이나 대접견실에서 비상계엄 선포문을 보지 못하였다고 증언한 점을 고려하면, 피청구인의 위 주장 역시 받아들이기 어렵다.

그렇다면 피청구인은 국무회의의 심의를 거치지 아니하고 이 사건 계엄을 선포하고 계엄사령관을 임명하였으므로, 헌법 제89조 제5호, 계엄법 제2조 제5항, 제5조 제1항을 위반하였다.

(다) 계엄 선포 절차 준수 여부

1) 계엄 선포는 문서의 형식으로 하여야 하며, 그 문서에는 국무총리와 관계 국무위원의 부서가 있어야 한다(헌법 제82조, 헌재 1996. 2. 29. 93헌마186 참조). 이는 대통령의 권한행사를 명확하게 하고 책임소재를 확실하게 하기 위하여 헌법상 요구되는 기관내부적 권력통제절차이다.

증거로 제출된 비상계엄 선포문과 한덕수, 이상민의 증언, 박성재의 국회에서의 진술을 종합하면, 이 사건 계엄 선포 당시 계엄의 종류, 계엄 일시, 계엄 지역, 계엄사령관이 적시된 비상계엄 선포문이 작성되었던 사실은 인정된다. 그러나 거기에 국무총리와 관계 국무위원이 부서한 사실은 인정되지 아니한다. 오히려 최상목, 조태열, 오영주의 검찰에서의 진술에 의하면 대접견실을 나가려고 하는데 어떤 직원이 문서에 참석자 서명을 하여야 한다고 하였으나 서명을 거부하였다는 사정이 엿보일 뿐이다. 이 사건 계엄 선포와 관련된 문서에 국무총리와 관계 국무위원이 부서하지 않았음에도 불구하고, 피청구인은 이 사건 계엄 선포를 하였으므로 헌법 제82조를 위반한 것이다.

피청구인은 극도의 보안이 요구되는 비상상황에서는 사후적으로 문서를 작성하고 결재하는 방식을 취할 수밖에 없는데, 이 사건 계엄 선포 이후 국방부가 아직 결재를 상신하지 않아 부서가 이루어지지 못한 것이므로 피청구인이 문서주의나 부서제도를 무시한 행위로 평가할 수는 없다고 주장한다. 그러나 피청구인은 이 사건 계엄 선포 전 대통령실 대접견실에 국무회의 구성원 11명이 모여있을 때 부속실장 강○○가 비상계엄 선포문 10부를 복사하여 김용현에게 전달하였다고 주장하고 있으므로, 보안상의 이유로 이 사건 계엄 선포 전 헌법 제82조를 준수하지 못하였다는 피청구인의 주장은 수긍하기 어렵다. 문서주의 및 부서제도가 대통령의 국법상 행위의 책임소재를 확실하게 하고 대통령의 권력을 통제하는 절차로서 기능하기 위해서는 대통령의 국법상 행위 이전에 국무총리와 관계 국무위원의 부서가 이루어져야 한다. 이에 더하여 피청구인은 계엄 선포권자로서 헌법 및 법률이 정한 절차가 모두 준수되는 것을 담보할 책임이 있는 점을 고려하면, 피청구인의 위 주장은 받아들일 수 없다.

2) 대통령은 계엄을 선포할 때 그 이유, 종류, 시행일시, 시행지역 및 계엄사령관을 공고하여야 한다(계엄법 제3조). 이는 국민의 권리의무에 중대한 영향을 미치는 계엄의 구체적인 사항을 국민에게 알리도록 함으로써 계엄 선포권의 남용을 방지하기 위한 것이다.

피청구인은 이 사건 계엄을 선포할 때 그 시행일시, 시행지역 및 계엄사령관을 공고하지 아니하였으므로, 계엄법 제3조 역시 위반하였다.

(라) 국회 통고 절차 준수 여부

대통령은 계엄을 선포한 때에는 지체 없이 국회에 통고하여야 한다(헌법 제77조 제4항, 계엄법 제4조 제1항).

피청구인은 국회에 대한 통고가 이루어지지 못한 것은 사실이나, 이 사건 계엄 선포 후 매우 짧은 시간 내에 국회가 비상계엄해제요구 결의안을 가결하여 별도로 국회에 통고할 시간적 여유가 없었고, 제1차 대국민담화가 방송을 통하여 생중계되어 국회의원들이 이 사건 계엄 선포 사실을 실시간으로 인지한 상태였으므로, 피청구인이 국회 통고 의무를 위반하였다고 볼 수 없다고 주장한다. 그러나 헌법이 대통령에게 국회 통고 의무를 부여한 취지는 국회가 헌법 제77조 제5항에 따라 부여받은 계엄해제요구권을 적시에 행사할 수 있도록 보장하기 위한 것이므로, 대국민담화가 방송을 통하여 생중계되는지 여부와 관계없이 대통령은 국회에 공식적인 통고를 할 의무를 부담한다고 보아야 하고, 이 사건 계엄 선포 시각과 국회의 비상계엄해제요구 결의안 가결 시각을 고려할 때 피청구인이 국회에 통고할 시간적 여유가 없었다고 볼 수도 없다.

따라서 피청구인은 헌법 제77조 제4항 및 계엄법 제4조 제1항을 위반하였다.

(3) 헌법에 따른 국군통수의무 등 위반 여부

(가) 대통령은 '헌법과 법률이 정하는 바에 의하여' 국군을 통수한다(헌법 제74조 제1항). 대통령이 국군통수권을 남용하거나 자의적으로 행사할 경우 돌이킬 수 없는 피해를 야기하기 때문에 헌법 제74조 제1항은 대통령이 헌법과 국군조직법 등 법률이 정하는 한계 내에서 국군통수권을 행사하도록 규정하고 있다.

대통령의 국군통수권과 관련하여 헌법이 정하고 있는 한계 중 하나는 국군의 정치적 중립성이다(헌법 제5조 제2항). 우리나라는 과거 군사정변을 통해 군이 직접 정권을 수립하거나 정치권에서 군을 동원하여 정치에 영향을 미친 역사적 경험을 갖고 있다. 군인과 군무원은 공무원이고(국가공무원법 제2조 제2항 제2호), 헌법 제7조 제2항이 공무원의 정치적 중립성을 보장하고 있음에도 현행 헌법에서 국군의 정치적 중립성에 관한 규정을 도입하여 이를 다시 한 번 명시적으로 강조한 것은 우리의 헌정사에서 다시는 군의 정치개입을 되풀이하지 않겠다는 의지를 표현한 것이다(헌재 2018. 7. 26. 2016헌바139 참조).

따라서 국군이 정치에 개입하거나 특정 정당을 지원하는 등 정치적 활동을 하는 것은 물론, 정치권이 국군에 영향력을 행사하려고 시도하거나, 국군을 정치적으로 이용하는 것은 헌법 제5조 제2항에 위반된다. 결국 대통령이 정치적 목적으로 국군통수권을 행사하여 국군을 이용하는 것은 헌법 제74조 제1항이 정한 헌법에 따른 국군통수의무를 위반하는 것이다.

(나) 계엄은 병력으로써 위기상황을 대처하기 위하여 선포하는 것이므로(헌법 제77조 제1항), 필연적으로 대통령의 국군통수권 행사를 수반한다(헌법 제74조 제1항). 비상계엄이 선포되는 경우 현역 장성급 장교 중에서 임명된 계엄사령관이 계엄사령부의 장으로서 계엄업무를 시행하게 되고(계엄법 제5조), 계엄지역의 모든 행정사무와 사법사무를 관장하면서 행정기관 및 사법기관을 지휘·감독하게 된다(계엄법 제7조 제1항, 제8조 제1항). 대통령은 전국을 계엄지역으로 하는 경우와 직접 지휘·감독을 할 필요가 있는 경우에는 계엄사령관을 지휘·감독하므로(계엄법 제6조 제1항), 결국 대통령은 군인에 대한 지휘·감독권의 행사를 통하여 계엄업무를 시행하는 것이다.

앞에서 살펴본 것처럼 피청구인은 자신의 의견에 반대하는 야당이 다수의석을 차지하고 있는 국회와의 대립 상황을 타개할 의도로 병력을 동원하기 위해서 이 사건 계엄을 선포하였다. 따라서 피청구인은 헌법 제5조 제2항 및 제74조 제1항을 위반하였다.

(4) 소결

법치국가원리, 헌법 제66조 제2항 및 제69조에 따라 헌법준수의무를 부담하는 대통령은 국민 모두에 대한 '법치와 준법의 상징적 존재'이다. 대통령은 헌법을 수호하고 실현하기 위한 모든 노력을 기울여야 할 뿐만 아니라, 법을 준수하여 현행법에 반하는 행위를 해서는 안 되며, 나아가 입법자의 객관적 의사를 실현하기 위한 모든 행위를 해야 한다(헌재 2004. 5. 14. 2004헌나1 참조).

헌법은 비상계엄 선포권의 남용과 악용을 방지하기 위하여 직접 그 실체적·절차적 요건을 구체적으로 정하면서, '법률이 정하는 바에 의하여' 비상계엄을 선포하도록 규정하고 있다. 또한 헌법재판소는 긴급조치 등 과거 국가긴급권의 행사가 헌법에 위반된다고 판단하면서, 헌법이 국가긴급권을 인정한 취지, 국가긴급권을 발동할 수 있는 비상사태의 의미, 국가긴급권의 발동을 정당화할 수 있는 목적 등 국가긴급권 행사의 한계를 명확히 하였다(헌재 1994. 6. 30. 92헌가18; 헌재 2013. 3. 21. 2010헌바132등; 헌재 2015. 3. 26. 2014헌가5 참조). 따라서 헌법준수의무를 부담하고 있는 대통령으로서는 헌법과 법률이 정한 비상계엄 선포의 요건과 한계를 준수하여 신중하게 그 권한을 행사하여야 한다.

그럼에도 불구하고 피청구인은 앞에서 살펴본 것처럼 헌법의 규정 또는 국가긴급권의 본질상 비상계엄 선포를 정당화할 수 없는 사정들을 들어 이 사건 계엄을 선포하였다. 피청구인은 헌법 제77조 제1항 및 계엄법 제2조 제2항이 정한 위기상황이 현실적으로 발생하였다고 볼 근거가 없었음에도 현저히 비합리적이거나 자의적인 판단으로 이 사건 계엄을 선포하였으므로 헌법 제77조 제1항과 계엄법 제2조 제2항을 위반하였다. 피청구인이 국무회의의 심의 등 헌법과 계엄법이 정한 비상계엄 선포의 절차를 준수하였다면 피청구인의 판단이 그릇되었다는 점을 인식하고 이 사건 계엄 선포에 나아가지 않았을 수도 있었을 것인데, 피청구인은 헌법 제77조 제4항, 제82조, 제89조 제5호, 계엄법 제2조 제5항, 제3조, 제4조 제1항, 제5조 제1항이 정한 비상계엄 선포의 절차 역시 위반하였다. 또한 피청구인은 국회와의 대립 상황을 타개할 의도로 이 사건 계엄을 선포하고 병력을 동원함으로써 헌법 제5조 제2항 및 제74조 제1항도 위반하였다.

6. 국회에 대한 군경 투입에 관한 판단

가. 인정 사실

(1) 군대를 동원한 국회 진입 및 국회의원을 끌어내라는 지시

(가) 피청구인의 병력 투입 지시

피청구인은 국방부장관 김용현에게 이 사건 계엄 선포와 관련하여 국회에 군대를 투입할 것을 지시하였다.

(나) 육군특수전사령부 소속 군인들의 국회 진입

1) 이 사건 계엄 선포 직전 김용현은 육군특수전사령관 곽종근에게 제707특수임무단 소속 군인들을 국회로 출동시킬 것을 지시하였고, 제707특수임무단 소속 군인 97명은 헬기를 타고 국회를 향해 출동하였다. 피청구인은 2024. 12. 3. 23:40경 곽종근에게 전화를 걸어 국회로 가는 부대가 어디쯤 가고 있는지 물어보았고, 곽종근은 아직 이동 중이라고 답하였다. 제707특수임무단 소속 군인들은 국회 경내 운동장에 도착

한 뒤 본관으로 이동하여 출입문을 확보하고자 하였고, 이들 중 16명은 2024. 12. 4. 00:33경 국회 본관의 우측 유리창 2개를 깨뜨리고 본관 내부로 진입하였다. 이 사건 계엄 선포 직후 출동 지시를 받았던 제1공수여단 소속 군인들 중 170여 명도 국회 경내로 진입하였다. 국회 직원, 국회의원 보좌관 등은 집기류를 쌓고 소화기를 분사하고 몸으로 막는 등으로 이들을 저지하였고, 그 과정에서 일부가 부상을 입음과 동시에 약 6,600만원 상당의 물적 피해도 발생하였다.

2) 이 사건 계엄 선포 직후부터 국회의장을 비롯한 국회의원들은 비상계엄해제요구 결의안을 심의하기 위하여 국회 본관 내 본회의장으로 모이고 있던 중이었다. 피청구인은 2024. 12. 4. 00:30경 곽종근에게 전화로 '아직 의결정족수가 채워지지 않은 것 같다. 빨리 국회 문을 부수고 들어가서, 안에 있는 인원들을 밖으로 끄집어내라'고 지시하였고, 곽종근은 제707특수임무단장 김현태에게 '150명이 넘으면 안 된다고 하는데, 들어갈 수 없겠냐'와 같이 말하는 등 위 지시를 이행할 방법을 논의하였다. 곽종근은 비상계엄해제요구 결의안이 가결된 사실을 확인한 뒤 임무 중지 및 철수를 지시하였고, 김용현의 병력 추가 투입 지시로 그 무렵 국회 경내에 도착한 100여 명의 제707특수임무단 소속 군인들도 곧바로 철수하였다. 그 결과 본회의장까지 들어간 병력은 없었다.

3) 피청구인은 곽종근에게 전화한 사실은 있지만, 당시 상황을 확인하였을 뿐이고 국회의원을 끄집어내라는 지시는 한 사실이 없다고 주장한다. 또한 위 지시에 관한 곽종근의 진술이 일관성이 없다며 신빙성이 떨어진다고도 주장한다. 그러나 비상계엄 선포 직후 열린 육군특수전사령부 예하부대들과의 화상회의가 끝나고도 곽종근의 마이크가 계속 켜져 있었기 때문에 곽종근이 피청구인의 위 지시를 받고 김현태

등과 논의하는 과정에서 행한 발언들이 예하부대들로 그대로 전파되고 있었던 점, 곽종근 및 김현태는 국회 출동 시 '시설 확보 및 경계' 지시를 받은 후 한동안 추가 지시가 없어 구체적인 임무를 정확히 알 수 없었다고 하는바 피청구인의 위 지시가 없었더라면 곽종근이 갑자기 김현태와 안으로 들어가 150명이 넘지 않게 할 방법을 논의할 이유가 없는 점, 의결정족수라는 용어 및 당시 본회의장 안에는 다수의 국회의원들이 존재하였고 군인은 존재하지 않았던 사실 등을 고려하면 끄집어낼 대상은 국회의원이라고 해석될 수밖에 없는 점, 곽종근은 2024. 12. 9. 검찰 조사에서부터 증인신문이 행해진 이 사건 제6차 변론기일까지 피청구인의 위 지시 내용을 일부 용어의 차이만 있을 뿐 일관되게 진술하고 있는 점 등에 비추어 볼 때, 피청구인의 주장은 믿기 어렵다.

(다) 수도방위사령부 소속 군인들의 국회 진입

1) 이 사건 계엄 선포 직후 김용현은 수도방위사령관 이진우에게 예하부대를 국회로 출동시킬 것을 지시하였다. 이진우는 제1경비단 및 군사경찰단 소속 군인들을 출동시키면서 자신도 국회로 이동하였다. 피청구인은 이진우가 국회에 도착한 후 전화로 상황을 물어보았고 이진우가 국회 담장에서 많은 사람들이 경찰과 대치하고 있어 경내로 진입하기 어렵다는 취지로 답변하자, 얼마 후 재차 전화로 '안에 있는 사람들을 끌어내라'고 하였다.

2) 이진우는 2024. 12. 4. 00:40경 제1경비단장 조성현에게 '본관 내부로 들어가서 국회의원들을 외부로 끌어내라'는 지시를 하였고, 얼마 후에는 이미 육군특수전사령부 소속 군인들이 진입해 있으니 이들이 국회의원들을 끌어내면 통로를 형성하는 등 외부에서 지원하는 역할을 수행하라고 지시하였다. 조성현은 위 임무가 정당하지 않

다고 생각하여, 국회 경내로 들어간 군인들에게는 사람들이 없는 지역에 계속 집결해 있을 것을, 국회로 이동 중이던 후속부대에게는 서강대교를 넘지 말고 기다릴 것을 각각 지시하였다. 조성현은 비상계엄해제요구 결의안이 가결된 후 이진우에게 철수를 건의하였고, 이진우는 이를 승인하였다. 당시 국회로 출동한 수도방위사령부 소속 군인들은 총 210여 명이었고, 그 중 경내로 진입한 인원은 총 48명이었다.

3) 피청구인은 이진우에게 전화한 사실은 있지만 당시 상황을 확인한 뒤 경찰에 이야기하면 국회 담장 안으로 들어갈 수 있다는 사실을 알려주었을 뿐이고, 국회의원들을 끌어내라고 지시한 사실은 없다고 주장한다. 그러나 이진우가 피청구인과 통화하는 동안 같은 차량의 앞좌석에 앉아 있던 이진우의 전속부관이 통화 내용 대부분을 들을 수 있었던 점, 이진우는 김용현으로부터 구체적인 임무 없이 국회로 가라는 지시만 받아 일단 수도방위사령부의 본래 임무인 핵심시설의 '외곽'을 경계하고자 하였다고 하는바 피청구인의 위 지시가 없었더라면 이진우가 갑자기 조성현에게 건물 '내부'로 진입하여 국회의원을 끌어내라는 지시를 할 이유가 없는 점 등에 비추어 볼 때, 피청구인의 위 주장은 믿기 어렵다.

(2) 경찰을 동원한 국회 출입 통제

(가) 피청구인은 2024. 12. 3. 19:20 무렵 경찰청장 조지호, 서울특별시경찰청장 김봉식을 서울 종로구 소재 대통령 안전가옥으로 불러 오늘 밤 비상계엄을 선포할 것이라고 하면서, 군인들이 국회를 비롯한 여러 곳에 나갈 것인데 경찰이 국회 통제도 잘 해 달라고 하였다. 함께 자리하고 있던 김용현은 피청구인이 보는 가운데 조지호, 김봉식에게 A4 용지 1장으로 된 문서를 건넸는데, 해당 문서에는 군인들의 출동시각과 출동장소를 의미하는 '2200 국회, 2300 민주당사' 등과 같은 기재가 있었다.

(나) 조지호와 김봉식은 경찰 300여 명을 국회 담장 주변에 배치하고, 2024. 12. 3. 22:48경부터 출입을 전면 차단하도록 하였다. 그러나 국회의원의 출입 통제에 대한 항의를 받게 되자, 헌법상 국회의 계엄해제요구권 등을 확인한 뒤 이 사건 계엄 선포만으로는 근거가 부족하다는 판단하에, 같은 날 23:06경부터 국회의원, 보좌관, 국회직원, 출입기자 등 국회 상시 출입자는 신분확인을 거쳐 출입하도록 하였다.

같은 날 23:23경 이 사건 포고령이 발령되었다. 피청구인은 그 무렵 계엄사령관 박안수에게 전화하여 조지호에게 이 사건 포고령의 내용을 알려주라고 하였고, 박안수는 전화로 이를 조지호에게 알려주었다. 피청구인도 조지호에게 직접 6차례 전화하였다. 조지호와 김봉식은 이 사건 포고령에 국회 활동 금지, 포고령 위반자 처단 등의 내용이 있음을 확인한 뒤 같은 날 23:37경부터 2024. 12. 4. 01:45경까지 약 2시간 8분가량 국회 출입을 재차 전면 차단하도록 하였다. 그 사이에 국회 투입 경력(警力)은 점차 증원되어 최종적으로 1,700여 명의 경찰이 동원되었다. 위와 같은 출입 차단으로 인하여, 비상계엄해제요구 결의안을 심의하기 위해 국회로 모이고 있던 국회의장 및 국회의원들 중 일부는 담장을 넘어가야 했거나 아예 들어가지 못하였고, 국회 본회의 개의도 지연되었다.

(다) 피청구인은 경찰로 하여금 국회의원의 출입을 통제하도록 한 사실이 없고, 오히려 김용현에게는 출입을 막지 말라고 지시하였다고 주장한다. 그러나 피청구인은 조지호, 김봉식을 대통령 안전가옥으로 불러 국회 통제를 잘 해 달라고 말한 점, 그 자리에서 김용현이 그림을 그려가며 어느 곳에 경력(警力)을 배치할지 설명하는 것을 보았다고 스스로 인정하는 점, 피청구인은 박안수로 하여금 국회 활동 금지가 포함된 이 사건 포고령을 조지호에게 알려주라고 한 점, 조지호가 계엄해제요구권 등

을 인지하고 국회의원의 출입은 허용했던 상황에서 재차 출입을 차단할 특별한 이유를 찾기 어려운 점 등에 비추어 볼 때, 피청구인의 주장은 믿기 어렵다.

(3) 주요 정치인 등에 대한 위치 확인 시도

(가) 피청구인은 2024. 12. 3. 20:22경 국정원 1차장 홍장원에게 전화로 '한두 시간 후 전화할 일이 생길지 모르니 비화폰을 잘 챙기고 있으라'고 하였고, 같은 날 22:53경 다시 전화를 걸어 비상계엄 발표하는 것을 보았느냐며 이번 기회에 국정원에도 대공수사권을 줄 테니 우선 자금이든 인력이든 국군방첩사령부를 도와 지원하라는 취지로 말하였다. 김용현은 이 사건 계엄 선포 직후 국군방첩사령관 여인형에게 총 14명의 명단(이하 '이 사건 명단'이라 한다)을 알려주면서 '포고령을 위반할 우려가 있는 사람들로서, 합동수사본부가 꾸려진 뒤 위반혐의가 발견되면 체포할 수도 있으니 미리 위치 등 동정을 파악해 두라'고 지시하였다. 이 사건 명단에는 국회의장 우원식, 더불어민주당 대표 국회의원 이재명, 국민의힘 대표 한동훈, 조국혁신당 대표 국회의원 조국, 더불어민주당 원내대표 국회의원 박찬대, 전 대법원장 김명수, 전 대법관 권순일 등이 포함되어 있었다.

(나) 여인형은 조지호에게 이 사건 명단과 대부분 일치하는 명단을 불러주면서 위치 확인을 요청하였다. 홍장원은 같은 날 22:58경 및 23:06경 여인형에게 전화하여 자초지종을 물어보았으나, 여인형은 제대로 답변하지 않다가 홍장원이 피청구인으로부터 국군방첩사령부를 지원하라는 전화를 받았다고 하자, 당시 상황을 설명하고 이 사건 명단과 대부분 일치하는 명단을 불러주면서 위치 확인을 요청하였다. 조지호와 홍장원은 여인형의 요청에 협조하지 않았고, 국회로 출동하였던 10개조 총 49명의 국군방첩사령부 소속 군수사관들은 국회 담장 밖에서 대기하다가 비상계엄해제요

구 결의안이 가결되자 모두 철수하였다. 이에 따라 이 사건 명단의 사람들에 대한 위치 확인은 실제로 행해지지 않았다.

(다) 피청구인은 누구에게도 이 사건 명단과 관련된 지시를 한 바 없다고 주장한다. 특히 피청구인은 홍장원과 2차례 통화한 사실은 있지만, 첫 번째 통화는 국정원장 조태용이 해외 출장 중이라고 오인하여 국정원을 잘 챙기라는 취지에서 한 것이고, 두 번째 통화는 홍장원이 피청구인의 해외순방 시 경호를 도왔던 일에 대한 격려 차원에서 전화하면서 계엄과 무관하게 간첩 수사 업무와 관련하여 국군방첩사령부를 지원하라고 한 취지라고 주장한다.

그러나 피청구인이 홍장원에게 2024. 12. 3. 첫 번째 통화에서 한두 시간 후 전화할 일이 생길지 모르니 대기하라고 지시한 뒤 이 사건 계엄 선포 직후 재차 전화를 한 점, 피청구인은 여인형과 홍장원이 육군사관학교 선후배관계에 있어 특별히 홍장원에게 국군방첩사령부 지원에 관하여 언급했다고 하는 점, 피청구인은 해외 출장 중인 줄 알았던 조태용을 이 사건 계엄 선포 직전 대통령실에서 만났고 홍장원과의 두 번째 통화 직후 조태용과 통화하기도 하였는데 조태용에게는 아무런 특별한 지시가 없었다고 하는 점 등을 고려할 때, 피청구인은 처음부터 홍장원에게 계엄 상황에서 국군방첩사령부에 부여된 임무와 관련된 특별한 용건을 전하고자 한 것이라 봄이 상당하고, 계엄 선포 직후의 급박한 상황에서 단순한 격려 차원 또는 간첩 수사 업무와 관련된 일반적 지시를 하고자 한 것이었다는 피청구인의 주장은 믿기 어렵다.

오히려 홍장원과의 통화에서 언급을 주저하던 여인형이 피청구인의 전화를 받았다는 말을 듣고서야 상황 설명을 하면서 위치 확인을 요청한 사실, 피청구인이 국군방첩사령관 여인형, 국정원 1차장 홍장원, 경찰청장 조지호를 모두 지휘할 수 있는 위치에 있었던 사실 등에 비추어 볼 때, 포고령 위반 우려가 있다는 점을 들어 필요시 체포할 목적으로 이 사건 명단에 포함된 사람들의 위치를 확인하도록 한 김용현의 지시가 피청구인의 의사와 무관하게 이루어졌다고 보기 어렵다.

나. 판단

(1) 헌법 제77조 제5항, 대의민주주의 등 위반 여부 및 국회의원의 불체포특권 등 침해 여부

(가) 우리 헌법은 자유민주적 기본질서의 보호를 그 최고의 가치로 하여, 이를 구현하기 위해 입법권은 국회(헌법 제40조)에, 행정권은 대통령을 수반으로 하는 정부(헌법 제66조 제4항)에, 사법권은 법관으로 구성된 법원(헌법 제101조 제1항)에 각각 속하게 하는 권력분립원칙을 취하고 있다(헌재 1994. 4. 28. 89헌마221 참조). 대의민주주의에서 국회는 주권자인 국민이 선출한 국회의원으로 구성된 국민의 대표기관으로서 입법기능, 정부감독기능, 재정에 관한 기능 등을 수행하며(헌재 2003. 10. 30. 2002헌라1 참조), 이러한 국회의 기능은 주로 국민의 정치적 의사가 수렴되고 논의되는 공적인 장소인 국회 본관 내 본회의장에서 국회의원에 의한 심의·표결권 행사로 실현된다.

(나) 한편, 헌법 제77조 제5항은 국회가 재적의원 과반수의 찬성으로 계엄의 해제를 요구한 때에는 대통령은 이를 해제하여야 한다고 규정함으로써 대통령의 계엄 선포권의 남용을 통제할 수 있는 권한을 국민의 대표기관인 국회에 부여하고 있으므로, 비상계엄이 선포된 경우에도 국회의 권한을 제한할 수는 없다고 보아야 한다. 그렇지 않으면 대통령이 비상계엄을 선포함으로써 헌법에 따른 국회의 통제권한을 유명무실하게 만들 수 있기 때문이다. 같은 취지에서, 행정권의 부당한 탄압으로부터

국회의원의 활동을 보장하기 위하여 헌법 제44조 제1항에서 "국회의원은 현행범인인 경우를 제외하고는 회기 중 국회의 동의없이 체포 또는 구금되지 아니한다."라고 규정한 국회의원의 불체포특권은, 계엄법 제13조에서 "계엄 시행 중 국회의원은 현행범인인 경우를 제외하고는 체포 또는 구금되지 아니한다."라고 규정함으로써 회기 중인지 여부 및 국회의 동의 여부와 무관하게 더욱 강화된 형태로 보장되고 있다.

(다) 그럼에도 불구하고 피청구인은 군경을 투입하여 국회의장 및 국회의원들이 국회에 자유롭게 출입하는 것을 방해하는 한편 이들을 끌어내라고 지시함으로써, 계엄해제요구권을 비롯한 국회의 권한행사가 제대로 이루어지지 못하게 하려고 하였다. 피청구인의 이와 같은 행위는, 국민의 대표기관인 국회에 계엄해제요구권을 부여한 헌법 제77조 제5항을 위반한 것일 뿐만 아니라, 국회가 제 기능을 충실히 실현할 수 없도록 하는 것으로서 대의민주주의와 권력분립원칙에 정면으로 반하고, 국민의 대표인 국회의원의 심의·표결권 등 헌법상 권한 및 계엄의 상황에서 특별히 중요한 의미를 지니는 국회의원의 불체포특권을 침해한 것이다.

(2) 정당활동의 자유 침해 여부

(가) 정당은 국민과 국가의 중개자로서 정치적 도관의 기능을 수행하여 국민의 다원적 의사를 형성·통합함으로써 국가정책의 결정에 직접 영향을 미칠 수 있는 규모의 정치적 의사를 형성하고 있다(헌재 2020. 5. 27. 2019헌라1 참조). 이에 헌법 제8조 제1항은 정당설립의 자유를 명시적으로 규정하고 있는바, 정당의 설립만이 보장될 뿐 그 활동이 임의로 제한될 수 있다면 정당설립의 자유는 사실상 아무런 의미가 없게 되므로, 위 조항은 정당활동의 자유를 포함한 정당의 자유를 광범위하게 보장하는 것이라 할 수 있다(헌재 2004. 12. 16. 2004헌마456; 헌재 2014. 1. 28. 2012헌마431등

참조).

(나) 당대표, 원내대표 등 정당 기관의 활동은 정당 자신의 활동이므로 당연히 헌법적으로 보장되어야 할 정당의 활동으로 볼 수 있다(헌재 2014. 12. 19. 2013헌다1 참조). 정당 소속 국회의원은 기본적으로 국민 전체의 대표자로서의 지위를 가지지만, 정당민주주의의 발전에 따라 소속 정당의 공천을 받아 그 지원이나 배경 아래 당선되고 정치의사 형성에 있어서도 사실상 정당의 규율이나 당론 등의 영향을 받게 되어 정당의 이념을 대변하는 지위도 함께 가지게 되었는바(헌재 2014. 12. 19. 2013헌다1; 헌재 2020. 5. 27. 2019헌라1 참조), 이들의 활동 역시 일정 부분 정당의 활동이 될 수 있다.

(다) 김용현은 이 사건 계엄 선포 직후 포고령 위반 우려가 있다는 점을 들어 필요 시 체포할 목적으로 각 정당의 대표 및 원내대표 등에 대한 위치 확인을 지시하였는바, 앞서 살펴본 바와 같이 위 지시는 피청구인의 의사와 무관하게 이루어졌다고 보기 어렵다. 이는 각 정당 소속 국회의원들을 포함한 당원들에 대하여 상당한 영향력을 행사할 수 있는 위 사람들의 활동을 제약함으로써 각 정당의 활동도 제약하고자 하는 의도를 가진 행위로 보인다. 따라서 피청구인의 위와 같은 행위는 정당활동의 자유를 침해한 것이다.

(3) 헌법에 따른 국군통수의무 등 위반 여부

앞에서 살펴본 것처럼 피청구인은 국회의 헌법상 권한행사를 막고 정당의 활동을 제약하고자 하는 정치적 목적으로 국회에 병력을 투입하여 본회의장에서 국회의원들을 끌어내라고 지시하였고, 주요 정치인에 대한 위치 확인 지시에 관여하였다.

평소 전시와 같은 비상상황을 전제로 하여 훈련해 오던 군인들은 이 사건 계엄이 선포되고 출동 지시가 내려지자, 개인화기 등을 소지하고 국회로 출동하였다. 그러나 군인들이 맞닥뜨린 것은 적이 아니라 일반 시민이었고, 일반 시민을 상대로 적극적으로 무력을 행사할 수 없었던 군인들은 위와 같은 지시를 이행하지 못하였다. 헌법제정권자인 국민은 우리의 헌정사에서 다시는 군의 정치개입을 반복하지 않고자 국군의 정치적 중립성을 헌법에 명시하였으나, 국군통수권자인 피청구인이 정치적 목적으로 그 권한을 남용함으로써 국가의 안전보장과 국토방위의 신성한 의무를 수행함을 사명으로 하여 나라를 위하여 봉사해 온 군인들이 또다시 일반 시민들과 대치하는 상황이 발생하게 된 것이다.

그렇다면 피청구인은 국군의 정치적 중립성에 반하여 국군통수권을 행사하였으므로, 헌법 제5조 제2항 및 제74조 제1항을 위반하였다.

(4) 피청구인의 주장에 대한 판단

(가) 피청구인은 이 사건 계엄 선포 소식을 접한 국회 관계자 및 시민들이 대거 몰릴 것을 대비해, '질서유지' 목적에서 국회에 병력을 투입한 것이라고 주장한다.

(나) 피청구인은 그 근거로, 김용현에게 '계엄이 선포된 후, 간부 위주로 구성된 280명만을, 실탄을 지급하지 말고' 투입하라고 지시하였으며, 비상계엄해제요구 결의안이 가결되자마자 즉시 병력을 철수하라고 지시하였다는 점을 들고 있다.

그러나 피청구인이 주장하는 지시 내용은, 곽종근, 이진우, 여인형 어느 누구도 전달받은 사실이 없다. 오히려 이들은 이 사건 계엄 선포 며칠 전부터 대비태세를 갖출 것을 지시받았고, 이 사건 계엄 선포 전에 이미 출동 지시를 받은 부대도 있었다. 피청구인이 언급한 280명은 비상계엄해제요구 결의안의 의결 직전 무렵까지 국회 경내로 진입한 육군특수전사령부 소속 군인 270여 명을 말하는 것으로 보이는데, 피청구인은 수도방위사령부 소속 군인들로 하여금 국회 경내로 진입하라고 전화하는 등 280명만의 투입을 염두에 두고 있지는 않았던 것으로 보인다.

더구나 국회로 출동한 군인들은 주로 대테러 작전수행을 본래 임무로 수행하고 있었던바, 국가중요시설로서 평상시에도 철저한 경비가 되고 있는 국회에 대하여 단순히 질서유지만을 목적으로 본래의 경비인력 및 추가된 경력(警力)을 넘어 이들 군인까지 투입시켰다는 주장은 납득하기 어렵다. 또한 피청구인은 구체적인 임무를 지시하지 않음으로써 이들이 실제 비상상황을 전제로 마련된 매뉴얼대로 행동하기를 용인하였는바, 실탄 지급을 금하거나 병력을 철수한 것 모두 피청구인의 지시에 의한 것이 아니라 군인들 스스로가 상황 판단에 따라 자체적으로 결정한 것이었다.

(다) 오히려 피청구인은 병력 투입으로 국회의 계엄해제요구권 행사를 방해함으로써, 이 사건 계엄과 이에 따른 이 사건 포고령의 효력을 상당 기간 지속시키고자 하였던 것으로 보인다.

김용현은 국회 담장 외곽은 경찰이, 국회 본관 외곽은 수도방위사령부가, 국회 본관 내부는 육군특수전사령부가 각각 맡아 통제할 계획을 세웠다. 피청구인은 병력이 국회에 도착하기 전까지는 국회 내 다른 건물에 있던 국회의원들이 본관으로 충분히 갈 수 있었고 경찰도 담장에서 국회의원을 들여보낸 것으로 알고 있다고 하는바, 이는 국회에 병력이 도착한 후에는 위 계획대로 국회의원의 본관 출입을 차단하고자 하였음을 추단케 한다. 그러나 위 계획대로의 출입 차단이 실행되지 않아 비상계엄 해제요구 결의안의 의결이 임박해지자, 의결정족수가 채워지지 않도록 본회의장에 있는 국회의원들을 끌어내라는 지시를 한 것으로 보인다.

피청구인은 계엄해제에 적어도 며칠 걸릴 것으로 예상하였는데 예상보다 빨리 끝났다고 자인하고 있으며, 김용현은 이 사건 계엄이 해제된 후 개최된 전군주요지휘관회의에서 '우리 군이 피청구인의 명을 받들어 임무를 수행하였으나 중과부적으로 원하는 결과가 되지 않았다'고 발언하였는데, 이를 보더라도 피청구인의 병력 투입 목적이 단순히 질서유지에 그친 것이 아니었음을 알 수 있다.

(라) 더 나아가 이 사건 계엄 선포 직후 기획재정부장관 최상목이 대통령실에서 받은 문서에는, "국회 관련 각종 보조금, 지원금 각종 임금 등 현재 운용 중인 자금 포함 완전 차단할 것, 국가비상 입법기구 관련 예산을 편성할 것"이라는 내용이 있었다.

피청구인은 해당 문서의 작성 및 전달에 관여한 사실이 없다고 주장하나, 김용현은 피청구인으로부터 계엄의 주무부처 장관으로서 관계부처들에 협조를 구하라는 지시를 받고 위 문서를 작성하였다고 하는 점, 해당 문서에는 '예비비를 조속한 시일 내 충분히 확보하여 보고할 것'이라는 내용도 있는데 기획재정부장관이 보고를 할 대상은 대통령인 피청구인이라고 봄이 상당한 점, 외교부장관 조태열, 조지호, 김봉식도 그날 별도의 문서들을 받았는데 조태열은 이를 피청구인으로부터 받았고 조지호, 김봉식은 앞서 살펴본 바와 같이 피청구인이 보는 가운데 김용현으로부터 받은 점 등에 비추어 볼 때, 피청구인의 위 주장은 믿기 어렵다.

또한 피청구인은 해당 문서의 내용을 두고, 국회를 통하여 정치적 목적으로 지급되는 금원을 차단하라거나 긴급재정경제명령을 발령하기 위한 기획재정부 산하의 기구 관련 예산을 편성하라는 의미일 뿐이라고 주장한다. 그러나 이와 같은 의미로 해석하는 것은 해당 문언들의 통상적인 용례에 상당히 벗어나는 점, 임금을 포함한 국회 관련 운용 자금을 완전히 차단하라는 내용을 국회가 아닌 다른 단체들과만 관련된 것으로는 볼 수 없는 점, 피청구인은 민생 및 경제활성화 등을 위한 정부 추진

법안이 야당의 반대로 국회에서 통과되고 있지 못한 상황을 타개하는 방법 중 하나로 긴급재정경제명령을 생각해 왔다고 하는바 긴급재정경제명령은 국회의 집회를 기다릴 여유가 없을 때 한하여 할 수 있는 점(헌법 제76조 제1항) 등에 비추어 볼 때, 피청구인의 주장을 수긍하기 어렵다.

(마) 다른 한편, 피청구인은 질서유지 목적의 병력 투입이 국회에 대해서도 가능한 것은, 비상계엄이 선포되면 계엄사령관이 행정사무를 관장하기 때문이라거나 집회·결사에 대한 특별한 조치를 할 수 있기 때문이라고 주장한다.

계엄법 제7조 제1항은 "비상계엄의 선포와 동시에 계엄사령관은 계엄지역의 모든 행정사무와 사법사무를 관장한다."라고 규정하고 있다. 위 조항의 근거가 되는 헌법 제77조 제3항은 비상계엄 선포 시 '법률이 정하는 바에 의하여 정부나 법원의 권한에 관하여 특별한 조치를 할 수 있다'고 규정하는바, 특별한 조치의 대상이 되는 정부나 법원을 아무리 넓게 해석한다고 하더라도 여기에 국회가 포함될 수는 없는 것이다. 이는 앞서 살펴본 바와 같이 헌법 제77조 제5항에서 국회에 계엄해제요구권을 부여한 취지, 계엄법 제13조에서 계엄 시행 중 국회의원의 불체포특권을 강화하여 보장한 취지 등에 비추어 보아도 그러하다. 따라서 국회의 사무는 계엄사령관이 관장할 수 없으며, 그 사무가 국회 내의 행정사무로서의 성격을 갖더라도 마찬가지이다.

그런데 국회법에 따르면, 회기 중 국회의 질서를 유지하기 위한 국회 경내의 경호권은 국회의장에게 속하는 것이고(제143조), 국회의장이 경호를 위하여 경찰공무원의 파견을 요구하는 경우에도 회의장 건물 내의 경호업무는 국회에 소속된 경위에게 전속된다(제144조). 누구든지 국회의원이 회의에 출석하기 위하여 회의장에 출입하는 것을 방해해서는 안 되며(제148조의3), 회의장에는 국회의원, 국무총리, 국무위원 또는 정부위원, 그 밖에 의안 심의에 필요한 사람과 국회의장이 허가한 사람 외에는 출입할 수 없다(제151조). 이처럼 회기 중 국회 경내의 질서유지 업무는 어디까지나 국회의 사무이므로, 헌법 제77조 제3항에 따른 특별한 조치의 대상이 될 수 없고 계엄법 제7조 제1항에 따라 계엄사령관이 관장하는 사무라고 볼 수도 없다.

마찬가지의 취지에서, 계엄법 제9조 제1항에 따르면 계엄사령관은 비상계엄지역에서 군사상 필요할 때 집회·결사에 대하여 특별한 조치를 할 수 있으나, 회기 중 국회 경내의 질서유지를 위한다는 명목으로는 이를 행할 수 없다고 할 것이다.

(바) 이상과 같이, '질서유지' 목적에서 국회에 병력을 투입한 것이라는 피청구인의 주장은 받아들일 수 없다.

(5) 소결

그렇다면 피청구인은 군경을 투입하여 국회의장 및 국회의원들이 국회에 자유롭게 출입하는 것을 통제하는 한편 이들을 끌어내라고 지시하여 계엄해제요구권을 비롯한 국회의 권한행사가 제대로 이루어지지 못하도록 방해하고, 필요시 체포할 목적으로 행해진 각 정당 대표 등에 대한 위치 확인 지시에 관여함으로써, 헌법 제5조 제2항, 제74조 제1항, 제77조 제5항 및 대의민주주의, 권력분립원칙을 위반함과 동시에 국회의원의 심의·표결권 및 불체포특권 등 헌법상 권한을 침해하였으며 정당활동의 자유도 침해하였다.

7. 이 사건 포고령 발령에 관한 판단

가. 인정 사실

(1) 국방부장관 김용현은 피청구인이 조만간 비상계엄을 선포할 것에 대비하여 2017년 계엄문건에 첨부된 2017년 포고문 및 1979. 10. 27.자 계엄포고 제1호 등 예전

군사정권 때의 예문을 참고하여 이 사건 포고령의 초안을 작성해 두었다. 피청구인이 2024. 12. 1.경 김용현에게 비상계엄을 하게 되면 필요한 것이 무엇인지 묻자, 김용현은 미리 준비해 두었던 이 사건 포고령 초안 등을 피청구인에게 보고하였고, 피청구인은 국민에게 불편을 줄 우려가 있고 시대에 적합하지 않다는 이유로 야간통행금지 조항을 삭제할 것을 지시하였다. 김용현은 2024. 12. 2.경 피청구인의 지시에 따라 수정한 이 사건 포고령 초안 등을 피청구인에게 보고하였고, 피청구인은 이를 승인하였다.

(2) 계엄사령관 박안수는 2024. 12. 3. 22:30경 계엄사령관으로 임명된 후 김용현으로부터 이 사건 포고령의 초안을 받았다. 박안수는 이 사건 포고령의 초안을 읽어본 후 김용현에게 법적인 검토가 필요한 것 같다고 말하였는데, 김용현은 이미 검토를 받은 것이니 그대로 발령하라고 하였다. 이에 박안수는 김용현의 지시에 따라 포고 시간만 22:00에서 23:00으로 고친 후 2024. 12. 3. 23:17경 이 사건 포고령에 서명하고 23:23경 이를 발령하였다. 이 사건 포고령의 내용은 [별지 4]와 같다.

나. 판단

(1) 이 사건 포고령의 법적 성격 및 효력

이 사건 포고령은 계엄법 제9조 제1항, 제14조 제2항의 내용을 보충하는 기능을 하고 그와 결합하여 대외적으로 구속력이 있는 법규명령으로서 효력을 가진다(대법원 2018. 11. 29. 선고 2016도14781 판결 참조). 따라서 이 사건 포고령이 발령되는 즉시 모든 국민은 일체의 정치활동 등 이 사건 포고령이 금지하는 행위를 하지 말아야 할 의무를 부담하게 되고, 그 의무를 위반하는 경우 영장 없이 체포·구금·압수·수색을 당할 수 있으며 계엄법 제14조 제2항에 따라 3년 이하의 징역에 처해지게 된다.

피청구인은 단순히 계엄의 형식을 갖추기 위하여 상징적으로 이 사건 포고령을 발령한 것이지 이를 집행할 의사가 없었고 상위법과 저촉 소지가 있어 집행할 수도 없었다고 주장한다. 그러나 피청구인이 이 사건 계엄을 선포하면 추가적인 조치 없이도 곧바로 비상계엄의 효력이 발생하므로, 계엄의 형식을 갖추기 위하여 이 사건 포고령을 발령할 필요는 없는 점, 피청구인이 이 사건 포고령이 집행되지 않을 것이라고 생각하였다면 야간통행금지 조항을 삭제할 필요가 없었고, 국민에게 불편을 줄 우려가 있고 시대에 적합하지 않다는 이유로 야간통행금지 조항을 삭제하였다는 것은 오히려 나머지 조항들의 효력 발생 및 집행을 용인한 것으로 볼 수 있는 점, 피청구인은 국회의 반국가적 활동을 금지하기 위하여 이 사건 포고령에 국회의 활동을 금지하는 내용을 포함시켰다고도 주장하고 있는 점, 피청구인은 이 사건 포고령이 발령될 무렵 계엄사령관 박안수에게 전화하여 경찰청장 조지호에게 이 사건 포고령의 내용을 알려주라고 하였고, 조지호에게 직접 6차례 전화한 점, 김용현은 이 사건 제4차 변론기일에서 이 사건 포고령이 효력이 있으니까 실제로 집행하려고 하였고, 당연히 그렇게 하는 것이 맞다고 생각한다고 증언한 점 등에 비추어 이를 믿기 어렵다.

(2) 헌법 제77조 제5항 및 대의민주주의 등 위반 여부

피청구인은 국회와의 대립 상황을 타개하기 위하여 이 사건 포고령을 통하여 국회의 활동을 전면적으로 금지하였다. 이는 국회에 대한 군경 투입과 마찬가지로 국민의 대표기관인 국회에 계엄해제요구권을 부여한 헌법 제77조 제5항을 위반한 것일 뿐만 아니라, 대의민주주의와 권력분립원칙에 명백히 반하고, 국민의 대표인 국회의원의 심의·표결권 등 헌법상 권한을 침해한 것이다.

피청구인은 국회의 해산을 명하거나 국회의 비상계엄해제요구 결의안 의결을 위한 의정활동 등 정상적인 활동을 금지하려는 것이 아니라, 반국가적 활동을 금지하기 위하여 위와 같은 포고령을 발령하게 하였다고 주장한다. 그러나 이 사건 포고령은 단순히 국회의 활동을 금지한다고 규정하고 있어 국회의 모든 활동을 금지한다고 해석된다. 또한 피청구인은 반국가적 행위란 국익을 해하여 나라의 위기를 초래하는 일체의 행위로서 비상계엄 선포의 실체적 요건 위반 여부 부분에서 살펴본 국회의 입법권 행사 및 예산 삭감 등이 모두 이에 해당한다고 주장한다. 그러나 국회의 입법권 행사 및 예산 삭감 등은 헌법과 법률에 근거한 국회의 권한행사이므로 피청구인의 주장에 의하더라도 이 사건 포고령은 사실상 국회의 모든 활동을 금지하는 것과 다름이 없다. 따라서 피청구인의 위 주장은 받아들일 수 없다.

(3) 지방자치의 본질적 내용 침해 여부

헌법 제117조와 제118조에 의하여 제도적으로 보장되는 지방자치는 주권의 지역적 주체로서의 주민에 의한 자기통치의 실현을 위한 것으로, 지방자치의 본질적 내용인 핵심영역은 어떠한 경우라도 입법 기타 중앙정부의 침해로부터 보호되어야 한다(헌재 2014. 6. 26. 2013헌바122 참조). 헌법이 직접 규정한 지방자치단체의 기관인 지방의회는 지역주민이 선출한 지방의회의원으로 구성된 주민의 대표기관으로서 지방행정사무와 법령의 범위 안에서의 지방자치단체의 의사를 결정하며, 지방행정사무에 관한 조례를 제정하고, 집행기관의 업무를 감시, 감독하는 역할을 한다(헌재 2008. 6. 26. 2005헌라7 참조). 지방자치단체의 존재 자체를 부인하거나 각종 권한을 말살하는 것은 지방자치의 본질적 내용을 침해하는 것이다(헌재 2001. 11. 29. 2000헌바78 참조).

피청구인은 이 사건 포고령을 통하여 지방의회의 활동을 전면적으로 금지하였으므로, 이는 지방자치의 본질적 내용을 침해한 것이다. 피청구인은 지방의회의 활동도 반국가적 활동만을 금지한 것이라고 주장하나, 그와 같은 주장을 받아들일 수 없음은 국회 활동 금지 부분에서 살펴본 것과 같다.

(4) 헌법 제8조 위반 여부

앞에서 살펴본 것처럼 헌법은 오늘날 대의민주주의에서 정당이 갖는 의의와 기능을 고려하여 정당제도를 채택하고, 정당활동의 자유를 포함한 정당의 자유를 광범위하게 보장하고 있다.

피청구인은 이 사건 포고령을 통하여 모든 정당의 활동을 전면적으로 금지하였다. 이는 정당활동의 자유를 침해한 것일 뿐만 아니라, 헌법이 보장하고 있는 정당제도 자체를 부인하는 것으로서 헌법 제8조를 위반한 것이다.

(5) 국민주권주의 및 자유민주적 기본질서 위반 여부

우리 헌법의 전문과 본문 전체에 담겨 있는 최고 이념은 국민주권주의와 자유민주주의에 입각한 입헌민주헌법의 본질적 기본원리에 기초하고 있다. 기타 헌법상의 여러 원칙도 여기에서 연유되는 것이므로 이는 헌법을 비롯한 모든 법령해석의 기준이 되고, 입법형성권 행사의 한계와 정책결정의 방향을 제시하며, 나아가 모든 국가기관과 국민이 존중하고 지켜가야 하는 최고의 가치규범이다(헌재 1989. 9. 8. 88헌가6 참조).

주권자인 국민이 자신의 정치적 생각을 표현하거나 합법적인 집회와 시위를 통해 설파하는 것은 국가의 안전에 대한 위협이 아니라 우리 헌법의 근본이념인 '자유민주적 기본질서'의 핵심적인 보장 영역에 속하는 것이다. 정부에 대한 비판에 대하여

합리적인 홍보와 설득으로 대처하는 것이 아니라, 비판 자체를 원천적으로 배제하려는 공권력의 행사나 규범의 제정은 대한민국 헌법이 예정하고 있는 자유민주적 기본질서에 부합하지 아니하므로 그 정당성을 부여할 수 없다(헌재 2013. 3. 21. 2010헌바132등 참조).

피청구인은 이 사건 포고령을 통하여 국회의 활동을 금지하는 것에서 더 나아가, 일반 국민의 정치적 기본권, 언론·출판·집회·결사의 자유 등을 포괄적·전면적으로 제한하고 그 행사를 범죄행위로 규정하였다. 이는 위와 같은 기본권의 행사를 허용하면 국회와의 대립 상황을 타개하는 데에 지장을 초래한다는 판단하에 일반 국민의 비판 자체를 원천적으로 배제하기 위하여 이루어진 조치이므로, 헌법의 근본원리인 국민주권주의와 자유민주적 기본질서를 위반한 것이다.

(6) 헌법 제77조 제3항 및 계엄법 제9조 제1항 위반 여부

(가) 헌법 제77조 제3항은 비상계엄이 선포된 때에는 법률이 정하는 바에 의하여 영장제도, 언론·출판·집회·결사의 자유에 관하여 특별한 조치를 할 수 있다고 규정하고 있다. 이에 따라 계엄법 제9조 제1항은 비상계엄지역에서 군사상 필요할 때에는 계엄사령관이 국민의 기본권을 제한하는 특별한 조치를 취할 수 있도록 하면서, 그 대상을 체포·구금·압수·수색·거주·이전·언론·출판·집회·결사 또는 단체행동으로 한정하고 있다.

헌법 제77조 제1항 및 계엄법 제2조 제2항이 규정한 비상계엄 선포의 요건에 비추어 볼 때, 계엄법 제9조 제1항에서 정한 '군사상 필요할 때'는 전시·사변 또는 이에 준하는 국가비상사태로 적과 교전 상태에 있거나 사회질서가 극도로 교란되어 행정 및 사법 기능의 수행이 현저히 곤란한 상태가 현실적으로 발생하여 경력(警力)만으로는

도저히 비상사태의 수습이 불가능하고 병력을 동원하여 그러한 상황에 이른 직접적

인 원인을 제거하는 것이 반드시 필요하게 된 때를 뜻한다(대법원 2018. 11. 29. 선고

2016도14781 판결 참조). 또한 헌법상 국가긴급권의 인정 취지 및 계엄사령관의 특별

한 조치가 국민의 기본권을 제한하는 점을 고려하면, 특별한 조치는 위기상황의 직

접적인 원인을 제거하는 데 필수불가결한 최소한도 내에서만 취해질 수 있다(헌재

1996. 2. 29. 93헌마186; 헌재 2015. 3. 26. 2014헌가5 참조).

(나) 앞에서 살펴본 것처럼 이 사건 계엄 선포 당시 전시·사변 또는 이에 준하는 국

가비상사태가 발생하였다거나, 적과 교전 상태에 있거나 사회질서가 극도로 교란되

어 행정 및 사법 기능의 수행이 현저히 곤란한 상태가 발생하였다고 볼 수 없으므로,

계엄법 제9조 제1항에서 정한 '군사상 필요할 때'에 해당한다고도 할 수 없다. 그럼에

도 불구하고 피청구인은 이 사건 포고령을 통하여 국민의 기본권을 제한하였으므로,

계엄법 제9조 제1항을 위반하였다.

(다) 또한 계엄법 제9조 제1항은 계엄사령관의 특별한 조치의 대상을 '체포·구금·압

수·수색·거주·이전·언론·출판·집회·결사 또는 단체행동'으로 한정하고 있다. 그런데 피

청구인은 이 사건 포고령을 통하여 국회와 지방의회, 정당의 활동과 일체의 정치활

동을 금지함으로써 정치적 기본권, 정당의 자유를 제한하였고, 의료현장을 이탈한

모든 의료인으로 하여금 48시간 내에 본업에 복귀하도록 함으로써 직업의 자유도 제

한하였다. 따라서 피청구인은 계엄법 제9조 제1항이 규정하지 아니한 헌법상 권리

또는 자유를 제한하였다는 점에서도 위 조항을 위반한 것이다.

(라) 이 사건 포고령은 국회, 지방의회 및 정당의 활동을 전면적으로 금지하고, 일

체의 정치활동을 금지하며, 모든 언론과 출판이 계엄사령부의 통제를 받도록 하고,

사회혼란을 조장하는 파업, 태업, 집회를 전면적으로 금지하며, 모든 의료인으로 하여금 48시간 내에 본업에 복귀하여 근무하도록 하는 등 국민의 기본권을 광범위하게 제한하는 내용을 담고 있다.

이 사건 포고령 제6항은 "반국가세력 등 체제전복세력을 제외한 선량한 일반 국민들은 일상생활에 불편을 최소화할 수 있도록 조치한다."라고 규정하고 있으나, '선량한 일반 국민'과 '일상생활에 불편'이 의미하는 바가 불분명하여 집행기관이 이를 자의적으로 해석할 위험이 있을 뿐만 아니라, 위 규정을 감안하더라도 이 사건 포고령에 의한 기본권 제한이 위기상황의 직접적인 원인을 제거하는 데 필수불가결한 최소한도 내에서 이루어졌다고 볼 수 없다.

그렇다면 피청구인은 헌법 제77조 제3항 및 계엄법 제9조 제1항을 위반하여 이 사건 포고령을 발령하게 함으로써 국민의 정치적 기본권, 언론·출판·집회·결사의 자유, 정당의 자유, 단체행동권, 직업의 자유, 신체의 자유를 침해하였다.

(7) 영장주의 위반 여부

헌법 제12조 제3항 본문은 "체포·구속·압수 또는 수색을 할 때에는 적법한 절차에 따라 검사의 신청에 의하여 법관이 발부한 영장을 제시하여야 한다."라고 규정하고, 헌법 제16조는 "주거에 대한 압수나 수색을 할 때에는 검사의 신청에 의하여 법관이 발부한 영장을 제시하여야 한다."라고 규정함으로써 영장주의를 헌법적 차원에서 보장하고 있다. 우리 헌법이 채택하여 온 영장주의는 형사절차와 관련하여 체포·구속·압수·수색의 강제처분을 함에 있어서는 사법권 독립에 의하여 신분이 보장되는 법관이 발부한 영장에 의하지 않으면 아니 된다는 원칙이다. 따라서 헌법상 영장주의의 본질은 체포·구속·압수·수색 등 기본권을 제한하는 강제처분을 함에 있어서는 중립적인 법관의 구체적 판단을 거쳐야 한다는 데에 있다(헌재 2018. 6. 28. 2012헌마191등 참조).

비상계엄지역에서 군사상 필요가 인정되어 특별한 조치로서 사전영장주의의 예외를 인정하는 경우에도 영장주의의 본질을 침해하는 것은 허용될 수 없으므로, 수사기관의 강제처분이 영장 없이 이루어지는 경우 조속한 시간 내에 법관에 의한 사후심사가 이루어질 수 있는 장치가 마련되어야 한다(헌재 2012. 12. 27. 2011헌가5; 헌재 2013. 3. 21. 2010헌바132등 참조).

피청구인은 이 사건 포고령을 통하여 '일체의 정치활동', '자유민주주의 체제를 부정하거나, 전복을 기도하는 일체의 행위', '사회혼란을 조장하는 파업, 태업, 집회행위' 등 광범위한 행위를 금지하고 그 위반자에 대해서 영장 없이 체포·구금·압수·수색을 할 수 있도록 하였다. 이는 어떠한 제약 조건도 두지 아니하고 법관의 구체적 판단 없이 체포·구금·압수·수색을 할 수 있도록 하고, 이에 대하여 법관에 의한 사후적 심사 장치도 두지 아니한 것이므로, 국가긴급권이 발동되는 상황이라 하더라도 지켜져야 할 영장주의의 본질을 침해하는 것이다.

(8) 헌법에 따른 국군통수의무 등 위반 여부

앞에서 살펴본 것처럼 피청구인은 국회와의 대립 상황을 타개하는 등의 의도로 계엄사령관으로 하여금 이 사건 포고령을 발령하게 하였다. 따라서 피청구인은 국군의 정치적 중립성에 반하여 국군통수권을 행사하였으므로, 헌법 제5조 제2항 및 제74조 제1항을 위반하였다.

(9) 소결

피청구인은 계엄사령관으로 하여금 이 사건 포고령을 발령하게 함으로써 헌법 제

5조 제2항, 제74조 제1항, 제77조 제5항, 대의민주주의, 권력분립원칙을 위반하였고 국민의 대표인 국회의원의 심의·표결권 등 헌법상 권한을 침해하였으며, 지방자치의 본질적 내용을 침해하고 헌법 제8조, 국민주권주의 및 자유민주적 기본질서를 위반하였다. 나아가 피청구인은 이 사건 포고령을 통하여 헌법 제77조 제3항 및 계엄법 제9조 제1항, 영장주의를 위반하여 국민의 정치적 기본권, 언론·출판·집회·결사의 자유, 정당의 자유, 단체행동권, 직업의 자유, 신체의 자유를 침해하였다.

8. 중앙선관위에 대한 압수·수색에 관한 판단

가. 인정 사실

(1) 피청구인은 2023년 행해진 선관위에 대한 국정원의 보안점검 이후에도 부정선거에 관한 의혹이 해소되지 않고 있다며, ‘선관위는 헌법기관이고 사법부 관계자들이 위원으로 있어 평시 상황에는 영장에 의한 압수·수색이나 강제수사가 사실상 불가능하다’는 이유를 들어, 국방부장관 김용현에게 비상계엄이 선포되면 이 기회에 병력을 동원하여 선관위의 전산시스템을 전반적으로 점검해보라고 지시하였다.

(2) 정보사령부 소속 군인 10여 명은 이 사건 계엄 선포 직후 중앙선관위 과천청사에 들어가 야간 당직자들의 휴대전화를 압수하고 이들에 대한 행동감시 및 외부연락 차단, 출입통제를 하였으며, 통합선거인명부시스템 서버 등 전산시스템을 촬영한 다음 대기하다가, 비상계엄해제요구 결의안이 가결된 후 철수하였다.

육군특수전사령부 소속 군인들은 중앙선관위 과천청사, 관악청사, 수원연수원(이하 위 세 청사를 모두 합하여 ‘중앙선관위 청사’라 한다)으로 출동하여, 중앙선관위 과천청사의 경우 건물 내외부에서, 나머지의 경우 건물 외부에서 각각 경계근무를 하다가, 비상계엄해제요구 결의안이 가결된 후 철수하였다.

국군방첩사령부 소속 군인들은 부정선거 의혹과 관련한 자료를 확인할 수 있도록 중앙선관위 청사의 서버 등 전산시스템을 확보하라는 지시를 받고 출동하였으나, 법무실의 검토의견에 따라 목적지에 도착하기 전에 대기하다가, 비상계엄해제요구 결의안이 가결된 후 철수하였다.

나. 판단

(1) 영장주의 위반 여부

(가) 피청구인은 영장에 의한 압수·수색을 통한 부정선거의 의혹 확인이 사실상 불가능하다는 등의 이유에서, 군인을 동원한 유형력을 행사하여 선관위의 전산시스템을 점검하도록 하였다는 것인바, 이는 결국 영장 없는 압수·수색의 강제처분을 지시한 것이라 할 수 있다. 앞서 살펴본 바와 같이, 현행 헌법상 압수·수색은 제77조 제3항, 제12조 제3항, 제16조에서 엄격한 요건하에서만 허용되는 예외에 해당하지 않는 한, 법관이 발부한 영장에 의하여야 한다.

(나) 먼저 헌법 제77조 제3항에 규정된 예외에 해당하는지 본다. 위 조항 및 계엄법 제9조 제1항에 따르면, 비상계엄지역에서 '군사상 필요할 때' 계엄사령관이 압수·수색에 대하여 특별한 조치를 할 수 있으나 이 경우 '계엄사령관은 그 조치내용을 미리 공고'하여야 한다. 그런데 앞서 살펴본 바와 같이 이 사건 계엄 선포 당시의 상황이 위 조항의 특별한 조치가 군사상 필요한 경우였다고 볼 수 없고, 계엄사령관 박안수가 관련된 조치내용을 미리 공고한 바도 없다. 따라서 헌법 제77조 제3항에 규정된 예외의 요건은 충족되지 않는다.

(다) 다음으로 헌법 제12조 제3항 단서 및 제16조 후문 해석상 인정되는 예외에 해당하는지 본다. 헌법 제12조 제3항 단서는 '현행범인인 경우와 장기 3년 이상의 형에

해당하는 죄를 범하고 도피 또는 증거인멸의 염려가 있을 때에는 사후에 영장을 청구할 수 있다'고 하여 영장주의의 예외를 명문으로 인정하고, 헌법 제16조 후문은 그 해석상 '그 장소에 범죄혐의 등을 입증할 자료나 피의자가 존재할 개연성이 소명되고, 사전에 영장을 발부받기 어려운 긴급한 사정이 있는 경우' 영장주의의 예외를 허용한다(헌재 2018. 4. 26. 2015헌바370등 참조). 피청구인은 선관위가 헌법기관이고 사법부 관계자들이 위원으로 있어 영장에 의한 압수·수색이 사실상 불가능하다는 이유를 들고 있으나, 앞서 살펴본 바와 같이 선관위는 수사기관의 압수·수색에 응하여 왔고, 그러한 이유만으로 사전에 영장을 발부받기 어려운 긴급한 사정 등을 인정할 수는 없다. 따라서 헌법 제12조 제3항 단서 및 제16조 후문 해석상 인정되는 예외의 요건도 충족되지 않는다.

(라) 결국 피청구인이 선관위에 대하여 영장 없는 압수·수색을 하도록 한 행위는 영장주의에 위반된다.

(2) 선관위의 독립성 침해 여부

(가) 오늘날의 대의민주주의에서 선거는 국민이 대표자를 결정·구성하는 방법이자 선출된 대표자에게 민주적 정당성을 부여함으로써 국민주권주의 원리를 실현하는 핵심적인 역할을 수행한다. 선거관리가 공정하게 이루어지지 못한다면 그 선거는 본래의 민주정치적 기능을 발휘하지 못하고 하나의 형식적인 기능에 그치고 말 것이다. 선거관리사무의 담당기관을 일반행정기관과는 별도의 독립기관으로 구성해야 한다는 요청이 나오는 것도 바로 이 때문이다(헌재 2008. 6. 26. 2005헌라7; 헌재 2025. 2. 27. 2023헌라5 참조).

(나) 행정부에 의해 관권선거가 자행된 이른바 3·15 부정선거로 대의민주주의와 국

민주권주의의 위기를 경험한 우리 국민은, 헌법적 결단을 통해 1960. 6. 15. 헌법 개정(제3차 개정헌법) 이래로 선거관리사무를 행정부로부터 기능적·조직적으로 분리하여 독립된 헌법기관에 맡기고 있다. 현행 헌법 역시 제7장에서 '선거관리'라는 표제 하에 선거와 국민투표의 공정한 관리 및 정당에 관한 사무의 처리를 담당하는 독립된 합의제 헌법기관으로 선거관리위원회를 두면서, 그 구성에 대통령, 국회, 대법원장이 동등하게 참여하도록 하고 위원의 임기와 신분을 보장하며 규칙제정권도 부여하고 있다(제114조). 선거관리사무는 그 성격상 행정작용에 해당함에도 불구하고 우리 헌법이 위와 같이 해당 사무의 주체를 독립된 합의제 헌법기관으로 규정하면서 그 독립성과 중립성을 강조하는 체계를 택한 것은, 공정한 선거관리를 위해서는 외부 권력기관, 특히 대통령을 수반으로 하는 행정부의 영향력을 제도적으로 차단하여야 한다는 확고한 의사가 반영된 것이다(헌재 2025. 2. 27. 2023헌라5 참조).

(다) 그런데 피청구인은 헌법과 법률이 예정하지 않은 방법으로 군대를 동원하여 중앙선관위 청사에 무단으로 들어가 선거관리에 사용되는 전산시스템을 압수·수색하도록 하였다. 이는 선관위의 선거관리사무에 대한 부당한 간섭이자 선거가 지니는 본래의 민주정치적 기능에 위협을 가하는 행위로서, 선관위의 독립성을 철저히 보장하고자 하는 우리 헌법의 취지에 반하는 것이다.

(3) 피청구인의 주장에 대한 판단

피청구인은 선관위의 전산시스템에 대한 점검이, 계엄법 제7조 제1항에 따라 계엄사령관이 관장하는 행정사무의 집행 차원에서 행해진 것이라고 주장한다. 그러나 우리 헌법이 선거관리사무를 일반행정사무와 기능적으로 분리하여 규정하고 있다는 점에 주목한다면(헌재 2008. 6. 26. 2005헌라7 참조) 선거관리사무에는 원칙적으로 위

조항이 적용되기 어렵다고 할 것이고, 설령 적용될 여지가 있다고 하더라도 피청구인의 주장은 다음과 같은 이유에서 받아들일 수 없다.

위 조항의 취지는, 전시·사변 또는 이에 준하는 국가비상사태로 행정 기능의 수행이 현저히 곤란한 경우에 계엄사령관으로 하여금 그 기능이 마비되지 않도록 방지하거나 정상적으로 유지·회복될 수 있도록 하는 데 필요한 조치를 할 수 있도록 한 것이다. 따라서 해당 기관의 통상적인 기능수행을 전면적으로 인수한다는 의미가 아니라, 계엄 목적의 달성에 반드시 필요한 한도 내에서 해당 기관의 담당 사무가 정상적으로 수행될 수 있도록 하는 개별적·구체적 조치에 한하여 할 수 있다는 의미로 새김이 상당하다. 선관위는 선거와 국민투표의 공정한 관리 및 정당에 관한 사무를 수행하고 있고(헌법 제114조 제1항), 이 사건 계엄 선포 당시 선관위가 위 사무를 정상적으로 수행할 수 없는 상태에 있지 않았다. 피청구인은 부정선거에 관한 의혹을 해소할 필요가 있었다고 주장하나, 이를 이유로 한 전산시스템의 점검이 선관위의 기능이 마비되는 것을 방지하거나 이를 유지·회복하기 위하여 병력을 동원하면서까지 반드시 취하여야 할 조치에 해당한다고 보기는 어렵다.

(4) 소결

그렇다면 피청구인은 영장주의의 예외에 해당하는 사유가 없음에도 선관위에 대하여 영장 없이 압수·수색하도록 함으로써 영장주의를 위반하였고, 행정부 수반의 지위에서 독립된 헌법기관인 선관위에 대하여 헌법과 법률이 예정하지 않은 방법으로 군대를 동원한 압수·수색을 함으로써 선관위의 독립성도 침해하였다.

9. 법조인에 대한 위치 확인 시도에 관한 판단

가. 인정 사실

피청구인이 이 사건 계엄 선포 직후 국정원 1차장 홍장원에게 전화하여 국군방첩사령부를 도우라고 한 사실, 그 무렵 국군방첩사령관 여인형은 국방부장관 김용현으로부터 이 사건 명단의 사람들에 대하여 위치 확인 등 동정을 파악하라는 지시를 받고 조지호에게 위치 확인을 요청한 사실, 홍장원이 여인형에게 전화하여 피청구인의 전화를 받았다고 하자 여인형이 이 사건 명단과 대부분 일치하는 명단을 불러주면서 위치 확인을 요청한 사실, 이 사건 명단의 사람들에 대한 위치 확인은 실제로 행해지지 않은 사실 등은 앞서 본 바와 같다. 이러한 사실들에 비추어 볼 때, 피청구인이 이 사건 명단의 사람들에 대하여 체포까지 할 것을 지시하였는지 여부는 불분명하다고 하더라도 필요시 체포할 목적으로 행해진 위 사람들에 대한 위치 확인 시도가 피청구인의 의사와 무관하게 이루어졌다고 보기 어려운 점 역시 앞서 본 바와 같다. 그런데 이 사건 명단에는 전 대법원장 김명수 및 전 대법관 권순일도 포함되어 있었다.

나. 판단

(1) 사법권의 독립 침해 여부

(가) 헌법 제101조 제1항은 사법권을 법관으로 구성된 법원에 속하도록 규정하여 조직·운영·기능의 면에서 법원의 독립을 보장하고, 제103조는 법관이 재판을 함에 있어 법과 양심에 따른 구속 이외에 어떠한 외부적인 압력이나 간섭을 받지 않도록 법관의 직무상 독립, 즉, 재판상 독립을 보장하고 있다. 또한 헌법은 법관의 자격을 법률로 정하도록 하고 임기를 보장하는 한편 자의적인 파면이나 불이익한 처분을 받지 않도록 하는 등 법관의 신분도 보장하고 있다(제101조 제3항, 제105조, 제106조 제1항 등). 이와 같은 법원의 독립, 법관의 재판상 독립, 신분보장 등은 모두 사법권의 독립을 구성하는 요소들이다. 사법권의 독립은, 권력분립원칙을 중추적 내용의 하나로

하는 자유민주주의 체제의 특징적 지표이자 법치주의의 한 요소를 이룸과 동시에, 헌법 제27조에서 보장하는 국민의 재판청구권이 올바로 행사되도록 하기 위한 측면에서 그 의의가 있다(헌재 2016. 9. 29. 2015헌바331 참조). 또한 사법부가 행정부 및 입법부를 견제하는 데에도 중요한 역할을 수행하기 때문에, 모든 국가기관에게는 사법권의 독립을 지키고 존중할 의무가 있으며 과도한 간섭과 통제 등으로 이를 침해하여서는 안 된다.

(나) 행정부의 수반인 피청구인은, 퇴임한 지 얼마 되지 않은 전 대법원장 김명수 및 전 대법관 권순일에 대하여 필요시 체포할 목적으로 행해진 위치 확인 지시에 관여하였다. 이는 현직 법관들로 하여금 자신들도 언제든지 행정부에 의하여 체포 대상이 될 수도 있다는 압력을 받게 하여 소신 있는 재판업무 수행에 중대한 위협이 될 수 있다(헌재 1992. 11. 12. 91헌가2 참조). 이와 같이 개별 법관의 신분보장 및 재판상 독립에 위협을 주는 행위는 종국적으로 법원 전체의 독립을 뒤흔드는 결과로 이어져, 국민의 공정한 재판을 받을 권리를 보장하고 법치주의 및 권력분립원칙을 실현하기 위해 마련된 사법권 독립의 제도적 기반까지 무너뜨릴 수 있다.

(2) 소결

그렇다면 피청구인은 행정부 수반의 지위에서 전 대법원장 김명수 및 전 대법관 권순일에 대하여 필요시 체포할 목적으로 행해진 위치 확인 지시에 관여함으로써 사법권의 독립을 침해하였다.

10. 피청구인을 파면할 것인지 여부

가. 법 위반의 중대성에 관한 판단 기준

앞에서 살펴본 것처럼 헌법재판소법 제53조 제1항은 '탄핵심판 청구가 이유 있는 경우’ 피청구인을 파면하는 결정을 선고하도록 규정하고 있으며, 대통령에 대한 탄핵심판사건에서 ‘탄핵심판청구가 이유 있는 경우’란 대통령의 파면을 정당화할 수 있을 정도로 중대한 헌법이나 법률 위배가 있는 때를 말한다(헌재 2017. 3. 10. 2016헌나1 참조).

대통령의 파면을 정당화할 수 있는 헌법이나 법률 위배의 중대성을 판단하는 기준은 탄핵심판절차가 헌법을 수호하기 위한 제도라는 관점과 파면결정이 대통령에게 부여한 국민의 신임을 박탈한다는 관점에서 찾을 수 있다. 탄핵심판절차가 궁극적으로 헌법의 수호에 기여하는 절차라는 관점에서 보면, 파면결정을 통하여 손상된 헌법질서를 회복하는 것이 요청될 정도로 대통령의 법 위배 행위가 헌법 수호의 관점에서 중대한 의미를 가지는 경우에 비로소 파면결정이 정당화된다. 또 대통령이 국민으로부터 직접 민주적 정당성을 부여받은 대의기관이라는 관점에서 보면, 대통령에게 부여한 국민의 신임을 임기 중 박탈하여야 할 정도로 대통령이 법 위배 행위를 통하여 국민의 신임을 배반한 경우에 한하여 대통령에 대한 탄핵사유가 존재한다고 보아야 한다(헌재 2004. 5. 14. 2004헌나1; 헌재 2017. 3. 10. 2016헌나1 참조).

나. 판단

(1) 헌법수호의 관점에서 법 위반이 중대한지 여부

(가) 국민주권주의 및 민주주의에 대한 위반

헌법 제1조 제1항은 “대한민국은 민주공화국이다.”라고 규정하여 민주주의를 통치형태로 채택하고 있고, 헌법 제1조 제2항은 “대한민국의 주권은 국민에게 있고, 모든 권력은 국민으로부터 나온다.”라고 규정하여 국가권력의 근원과 주체가 국민이며 국민만이 국가의 정치적 지배에 정당성을 부여할 수 있다는 국민주권주의를 선언하고 있다. 이는 국가권력의 형성과 행사가 국가의 특정 계급이나 특정 집단에 의해 독점적으로 지배되지 않는다는 점을 분명히 한 것이다.

헌법 제40조, 제41조 제1항, 제66조 제4항, 제67조 제1항은 대의민주주의를 채택함으로써 민주주의 원리를 구체화하고 있다. 대의민주주의에서 주권자인 국민은 선거를 통해 국회의원을 선출하고, 국회의원은 국민의 대표로서 국민에 대하여 자신의 결정에 대한 정치적 책임을 진다. 국회는 국민의 대표로 구성된 다원적 인적 구성의 합의체로서 일반 국민과 야당의 비판을 허용하고 공개적 토론을 통하여 국민의 다양한 견해와 이익을 인식하고 교량하는 민주적 절차를 통하여 입법기능, 정부감독기능, 재정에 관한 기능 등을 수행한다(헌재 2003. 10. 30. 2002헌라1; 헌재 2004. 3. 25. 2001헌마882 참조). 요컨대, 국회는 국민주권주의에 입각한 민주국가를 실현하는 국민의 대표기관이다.

피청구인은 이 사건 계엄 선포 및 이 사건 포고령을 통하여 국회의 활동을 전면적으로 금지하였고, 국회의 헌법상 권한행사를 막을 의도로 국회에 군경을 투입시켜 국회 출입을 통제하였으며, 본회의장에서 국회의원들을 끌어내라고 지시함으로써 국민의 대표기관인 국회의 권한행사를 방해하였다.

그 뿐만 아니라, 피청구인은 국민이 정치적인 반대의사를 표시하는 것을 원천적으로 배제하기 위하여 이 사건 포고령을 통하여 정당의 활동과 정치적 결사, 집회, 시위 등 일체의 정치활동을 금지하고, 모든 언론과 출판은 계엄사령부의 통제를 받도록 함으로써 모든 국민의 정치적 표현의 자유를 전면적·포괄적으로 박탈하였다.

피청구인의 이와 같은 행위는 자유민주적 기본질서를 침해한 것으로서 국민주권주의 및 민주주의에 대한 중대한 위반 행위에 해당하고, 그로 인하여 헌법질서에 미친 부정적인 영향도 엄중하다.

(나) 헌법이 정한 통치구조에 대한 부인

헌법은 주권자인 국민으로부터 국가권력의 행사를 위임받은 국가기관이 그 권력을 남용하는 것을 방지하기 위하여 국가권력을 행사하는 여러 권한과 기능들을 분산시키고 권력 상호 간의 견제와 균형을 이루도록 하는 권력분립원칙을 채택하고 있다(헌재 2007. 12. 27. 2004헌바98 참조).

또한 집권세력이 특정 기능을 담당하는 국가조직을 이용하여 국민의 기본권과 헌법적 가치를 침해한 우리나라의 아픈 역사적 경험에 대한 반성으로, 헌법은 국군의 정치적 중립성을 명시하고(헌법 제5조 제2항, 헌재 2018. 7. 26. 2016헌바139 참조), 각종 선거 및 투표관리 등에 관한 사무를 일반행정업무와 기능적으로 분리해 독립된 헌법기관인 선관위에 맡김으로써(헌법 제114조, 제115조, 헌재 2008. 6. 26. 2005헌라7 참조), 집권세력의 부당한 이용과 간섭을 제도적으로 배제 내지 견제할 수 있도록 하고 있다.

현행 헌법은 장기독재의 가능성을 차단하기 위하여 대통령의 국회해산권을 폐지하였고, 제77조 제5항에서 대통령의 계엄 선포권을 통제할 수 있는 계엄해제요구권을 국회에 부여하고 있다. 그럼에도 불구하고, 피청구인은 국회와의 대립 상황을 타개할 의도로 이 사건 계엄을 선포하였고, 국회의 활동을 전면적으로 금지하는 이 사건 포고령을 발령하게 하였으며, 군경을 동원하여 국회의 권한행사를 저지하려 하였다. 또한 피청구인은 이 사건 포고령을 통하여 헌법이 정한 지방자치단체의 기관인 지방의회의 활동을 전면적으로 금지함으로써 지방자치의 본질적 내용을 침해하였고, 필요시 체포할 목적으로 행해진 법조인에 대한 위치 확인 지시에 관여함으로써 사법권의 독립을 침해하였다. 피청구인의 이와 같은 행위는 법치국가원리의 기본요소인 권력분립원칙을 중대하게 위반한 것이다.

또한 피청구인은 부정선거 의혹을 해소하기 위하여 이 사건 계엄 선포와 동시에 군경을 보내어 중앙선관위 청사를 점거하고 선거관리에 사용되는 전산시스템 등을 압수·수색하도록 하였다. 이러한 피청구인의 행위는 선거관리사무를 부당하게 간섭하여 선관위의 독립성을 침해한 것으로서 그 위반이 중대하다.

나아가 피청구인은 국회와의 대립 상황을 타개할 의도로 병력을 동원하여 위와 같은 행위들을 하였다. 이는 국군의 정치적 중립성에 반하여 국군통수권을 행사한 것일 뿐만 아니라, 그로 인하여 국가의 안전보장과 국토방위의 신성한 의무를 수행함을 사명으로 하여 나라를 위하여 봉사해 온 국군의 사기를 저하시키고 국군에 대한 국민의 신뢰를 훼손시켰으므로, 그 위반이 매우 중대하다.

결국 피청구인은 헌법이 정한 통치구조에 부합하게 권한을 행사하지 아니하고 계엄 선포권 및 국군통수권을 남용하여 국회, 지방의회의 권한, 사법권 및 선관위의 독립성을 침해하였으며, 국군의 정치적 중립성을 훼손하였으므로, 이는 법치국가원리를 위반한 행위에 해당하고, 그 위반의 정도와 그로 인하여 헌법질서에 미친 부정적인 영향도 중대하다.

(다) 국민의 기본권에 대한 중대한 침해

피청구인은 행정부의 수반으로서 국가가 개인이 가지는 불가침의 기본적 인권을 확인하고 이를 보장할 의무를 충실하게 이행할 수 있도록 권한을 행사하고 직책을 수행하여야 할 의무를 진다(헌법 제10조, 헌재 2017. 3. 10. 2016헌나1 참조).

서울고등법원은 1979. 10. 27.자 계엄포고 제1호가 영장주의와 죄형법정주의의 명확성원칙에 위배되고, 언론·출판·집회·결사의 자유 등을 침해하여 위헌·무효라고 판단하였고(서울고등법원 2021. 11. 11. 선고 2020재노26 판결 참조), 대법원 역시 위 계엄포고와 유사한 내용을 규정하고 있었던 1979. 10. 18.자 비상계엄 선포에 따른 계엄포고 제1호 등을 위헌·무효로 판단하였다(대법원 2018. 11. 29. 선고 2016도14781 판결; 대법원 2018. 12. 13. 선고 2016도1397 판결; 대법원 2018. 12. 13.자 2015모2381 결정; 대법원 2018. 12. 28.자 2017모107 결정; 대법원 2019. 1. 31. 선고 2018도6185 판결 참조).

그럼에도 불구하고 피청구인은 위 1979. 10. 27.자 계엄포고 제1호 등을 참고하여 작성된 이 사건 포고령을 발령하게 하였다. 이 사건 포고령은 국회, 지방의회 및 정당의 활동을 전면적으로 금지하고, 일체의 정치활동을 금지하며, 모든 언론과 출판이 계엄사령부의 통제를 받도록 하고, 사회혼란을 조장하는 파업, 태업, 집회를 전면적으로 금지하며, 모든 의료인으로 하여금 48시간 내에 본업에 복귀하여 근무하도록 하는 등 국민의 자유를 광범위하게 제한하면서, 이를 위반하면 영장 없이 체포·구금·압수·수색하고 계엄법 제14조에 의하여 처단한다는 내용을 담고 있다.

결국 피청구인은 헌법과 법률을 위반하여 이 사건 계엄을 선포하고 이 사건 포고령을 발령하게 함으로써 국민의 기본권을 포괄적·전면적으로 침해하였으므로 그 법 위반의 정도가 엄중하고, 헌법질서에 미치는 부정적 영향 역시 매우 크다.

(라) 피청구인은 이 사건 계엄이 야당의 전횡과 국정 위기상황을 국민에게 알리고 호소하기 위한 목적으로 즉각적인 해제를 전제로 하여 잠정적·일시적 조치로서 선포된 '경고성 계엄' 또는 '호소형 계엄'인 점, 국회가 비상계엄해제요구 절차를 신속하게 진행하였을 만큼 의정활동이 정상적으로 이루어진 점, 국회의 비상계엄해제요구

에 따라 약 6시간 만에 이 사건 계엄을 해제한 점, 언론·출판·집회·결사의 자유가 실질적으로 봉쇄된 구체적인 사례도 전혀 확인되지 않는 점, 실제로 정치인 등에 대한 체포가 이루어지지 않은 점 등을 들어 피청구인의 법 위반이 중대하지 않다는 취지로 주장한다.

그러나 앞에서 살펴본 것처럼 피청구인이 선포한 비상계엄과 그에 수반하여 행한 일련의 헌법 및 법률 위반 행위들은 그 즉시 헌법적 가치와 기본권을 침해하게 된다는 점에서 단순히 '경고성 계엄' 또는 '호소형 계엄'에 불과하다고 볼 수 없다. 피청구인이 이 사건 계엄을 선포한 후 군경을 투입시켜 국회의 헌법상 권한행사를 방해함으로써 국민주권주의 및 민주주의를 부정하고, 병력을 투입시켜 중앙선관위를 압수·수색하도록 하는 등으로 헌법이 정한 통치구조를 무시하고, 이 사건 포고령을 발령함으로써 국민의 기본권을 광범위하게 침해한 일련의 행위는 법치국가원리와 민주국가원리를 구성하는 기본원칙들을 위반한 것으로서 그 자체로 헌법질서를 침해하고 민주공화정의 안정성에 심각한 위해를 끼쳤으므로, 헌법수호의 관점에서 용납될 수 없는 중대한 법 위반에 해당한다.

피청구인의 국회 통제 등에도 불구하고 국회가 신속하게 비상계엄해제요구 결의안을 가결시킬 수 있었던 것은 시민들의 저항과 군경의 소극적인 임무 수행 덕분이었으므로, 결과적으로 비상계엄해제요구 결의안이 가결되었다는 이유로 피청구인의 법 위반이 중대하지 않다고 볼 수는 없다. 또한 이 사건 포고령의 발령과 동시에 국민의 기본권이 광범위하게 침해되었으며, 피청구인은 계엄사령관 박안수에게 전화하여 경찰청장 조지호에게 이 사건 포고령의 내용을 알려주라고 하였고 조지호에게 직접 6차례 전화하였으므로, 그 외에 이 사건 포고령 위반을 이유로 한 추가적인 조치가 취해지지 않았다는 이유로 피청구인의 법 위반이 중대하지 않다고 볼 수도 없다. 피청구인이 국회의 비상계엄해제요구를 받아들여 이 사건 계엄을 해제한 것은 사실이나, 이는 국회의 계엄해제요구에 따른 계엄해제의무를 위반하지 않았다는 것을 보여줄 뿐, 더 나아가 이미 피청구인이 행한 법 위반까지 중대하지 않다고 평가할 수는 없다.

(마) 청구인이 피청구인의 이 사건 계엄 선포를 비롯한 일련의 행위에 대하여 내란죄 등 형법 위반 행위로 구성하였다가 이를 헌법 위반 행위로 포섭하여 주장하였다는 점은 앞의 적법요건 판단부분에서 본 바와 같다. 헌법재판소는 이 사건에서 위 행위와 관련된 사실관계를 헌법 및 계엄법 등 위반의 법률적 관계에 포섭하여 심리하였고, 이를 토대로 피청구인의 법 위반이 중대하다고 판단하였다. 이러한 점에 비추어 볼 때, 이 사건에서 내란죄 등 형법 위반 여부에 관한 판단은 없었더라도 그와 관련된 사실관계에 대한 심리를 거쳐 헌법 및 계엄법 등 위반에 대한 판단을 하고 이를 토대로 그 법 위반의 중대성을 판단하고 있으므로, 피청구인의 법 위반의 중대성에 대한 판단이 잘못되었다거나 부족하다고 볼 수 없다.

(2) 국민의 신임을 배반한 행위에 해당하는지 여부

(가) 국가긴급권 남용의 역사 재현

우리나라 국민은 오랜 기간 국가긴급권의 남용에 희생당해 온 아픈 경험을 가지고 있다. 1952년에는 이승만 전 대통령이 부산에서 이른바 '정치파동'을 일으켜 계엄을 선포한 후 대통령 직선제를 골자로 하는 개헌안을 통과시켰다. 박정희 전 대통령은 1971. 12. 6. 국가비상사태를 선포하였는데, 이를 법적으로 뒷받침하기 위하여 1971. 12. 27. 제정된 '국가보위에 관한 특별조치법'은 대통령이 그의 재량에 따라 비상사태를 선포하고 국민의 기본권을 정지시키고 국회에서 심의·확정한 예산안을 변경할 수 있는 등의 비상대권을 대통령에게 부여하였다(헌재 1994. 6. 30. 92헌가18; 헌재 2015. 3. 26. 2014헌가5 참조).

박정희 전 대통령은 1972. 10. 17. 대통령특별선언을 통하여 기존의 헌정질서를 중단시키고 이른바 유신체제로 이행하고자 그에 대한 저항을 사전에 봉쇄하기 위하여 비상계엄을 선포하였고(대법원 2018. 12. 13. 선고 2016도1397 판결 참조), 1979. 10. 18. 유신체제에 대한 국민적 저항인 부마민주항쟁(부마민주항쟁 관련자의 명예회복 및 보상 등에 관한 법률 제2조 제1호)을 탄압하기 위하여 비상계엄을 선포하였다(대법원 2018. 11. 29. 선고 2016도14781 판결 참조). 전두환, 노태우 전 대통령 등은 이른바 12·12군사반란으로 군의 지휘권과 국가의 정보기관을 장악한 뒤, 정권을 탈취하기 위하여 1980. 5. 17. 당시 대통령 등을 강압하여 비상계엄의 전국확대를 선포하게 하였다(대법원 1997. 4. 17. 선고 96도3376 판결 참조). 위 계엄 선포에는 모두 국민의 기본권을 광범위하게 제한하는 계엄포고가 수반되었다.

국가긴급권의 심각한 남용은 유신헌법(1972. 12. 27. 헌법 제8호로 전부개정된 헌법) 제53조에 근거한 긴급조치권의 발동에서도 나타났다. 긴급조치는 9차례에 걸쳐 발동되었는데, 국민의 기본권을 침해하는 위헌적인 내용으로 남용되었고, 이에 대한 반성으로 1980. 10. 27. 제8차 개헌에서 이를 폐지하고 비상조치 권한(제51조)으로 대체하였으며, 1987. 10. 29. 제9차 개헌에서는 비상조치 권한도 폐지하였다(헌재 2013. 3. 21. 2010헌바132등 참조).

대통령 유고를 이유로 1979. 10. 27. 선포된 계엄이 1981. 1. 24. 해제된 이후, 1993. 8. 12. '금융실명거래 및 비밀보장에 관한 긴급재정경제명령'이 발령된 외에는 이 사건 계엄 선포 전까지 국가긴급권이 행사되지 않았다. 이는 민주주의가 정착되고 국민의 헌법수호에 대한 의지가 확고해지면서 나타난 당연한 결과였다. 앞에서 본 것처럼 헌법재판소와 대법원 역시 과거 국가긴급권의 발동이 헌법에 위반됨을 확인함으로써 입헌민주주의를 공고히 하였다.

피청구인은 마지막 계엄이 선포된 때로부터 약 45년이 지난 2024. 12. 3. 또다시 정치적 목적으로 이 사건 계엄을 선포함으로써 국가긴급권을 남용하였다. 이 사건 계엄 선포 및 그에 수반하는 조치들은 사회적·경제적·정치적·외교적으로 엄청난 파장을 불러일으켰고, 이제는 더 이상 국가긴급권이 정치적 목적으로 남용되지 않을 것이라고 믿고 있었던 국민은 큰 충격을 받았다. 피청구인에 의한 국가긴급권의 남용은 국민의 헌법상 기본권을 침해하고 헌법질서를 침해하였을 뿐만 아니라, 대외신인도에 미치는 부정적 영향, 정치적 불확실성의 확대로 인한 외교적, 경제적 불이익 등을 고려할 때, 국익을 중대하게 해하였음이 명백하다.

결국 우리의 헌정사적 맥락에서 이 사건 계엄 선포 및 그에 수반하는 조치들이 국민에게 준 충격과 국가긴급권의 남용이 국내외적으로 미치는 파장을 고려할 때, 피청구인이 자유민주적 기본질서를 수호하고 국정을 성실하게 수행하리라는 믿음이 상실되어 더 이상 그에게 국정을 맡길 수 없을 정도에 이르렀다고 볼 수밖에 없다.

(나) 대통령으로서의 권한행사에 대한 불신 초래

우리 헌법은 대통령을 행정부의 수반이자 국가원수로 규정하면서(제66조 제1항 및 제4항), 수많은 권한을 행사할 수 있도록 하고 있다. 그러나 대통령의 권한은 어디까지나 헌법에 의하여 부여받은 것이므로(헌재 2004. 5. 14. 2004헌나1 참조), 권한을 보유한다는 이유만으로 헌법적 한계를 벗어나 이를 자의적으로 행사할 수는 없는 것이다. 특히 우리 헌법이 택한 대통령제에서는 대통령의 권한행사가 국민의 기본권 및 헌법질서에 미치는 영향이 상당하므로, 그 행사에 더욱 신중을 기하여야 하고 다른 국가기관의 적절한 견제도 가해질 필요가 있다.

우리 헌법이 대통령에게 부여한 여러 권한들 가운데서도 '국가긴급권'은, 앞서 살펴본 바와 같이 평상시의 헌법질서만으로는 대처할 수 없는 중대한 위기상황에 대비하여 극히 예외적으로 인정되는 비상적 권한이므로, 그 행사에 있어서 헌법적 한계가 특히 엄격하게 준수될 필요가 있다(헌재 2015. 3. 26. 2014헌가5 참조). 그런데 피청구인은 야당의 전횡과 국정 위기상황을 국민에게 알리고 호소하기 위하여 이 사건 계엄을 선포하였다고 주장하는바, 이는 본래 그러한 목적으로 행사할 수 없는 계엄선포권을 여소야대의 정치상황을 타개하기 위한 수단으로 이용하였다는 것과 다름 없다. 또한 피청구인은 계엄의 형식을 갖추기 위하여 실제로 집행할 의사가 없음에도 이 사건 포고령을 발령케 하였다고 주장하나, 이는 대외적 구속력이 있는 법규명령으로서의 효력을 가지는 규범을 발령하면서 그 내용대로의 효력발생은 의도하지 않을 수도 있다는 것이어서 납득하기 어렵다. 나아가 피청구인은 비상계엄이 선포되었으므로 평상시에는 할 수 없었던 '선관위에 대한 영장 없는 압수·수색' 등을 시도하였다고 주장하는바, 그와 같은 조치들은 비상계엄하에서도 허용되지 않는 것들이다.

가장 신중히 행사되어야 할 권한 중 하나인 국가긴급권의 행사에 있어서 피청구인이 위와 같은 태도를 보인 점을 고려할 때, 만약 피청구인이 대통령으로서의 권한을 다시금 행사하게 된다면, 국민으로서는 피청구인이 헌법상 권한을 행사할 때마다 헌법이 규정한 것과는 다른 숨은 목적이 있는 것은 아닌지, 헌법과 법률을 위반한 것은 아닌지 등을 끊임없이 의심하지 않을 수 없을 것이다. 그렇다면 피청구인의 권한행사에 대한 불신은 점차 쌓일 수밖에 없고, 이는 국정운영은 물론 사회 전체에 극심한 혼란을 초래하게 될 것이다.

(3) 소결

이상과 같은 사정을 종합하여 보면, 청구인의 나머지 주장에 대하여 더 나아가 살피지 않더라도, 피청구인의 이 사건 헌법과 법률 위배 행위는 국민의 신임을 배반한 행위로서 헌법수호의 관점에서 용납될 수 없는 중대한 법 위배 행위에 해당한다. 피청구인의 법 위배 행위가 헌법질서에 미치게 된 부정적 영향과 파급 효과가 중대하므로, 국민으로부터 직접 민주적 정당성을 부여받은 피청구인을 파면함으로써 얻는 헌법수호의 이익이 대통령 파면에 따르는 국가적 손실을 압도할 정도로 크다고 인정된다.

11. 결론

가. 대한민국은 민주공화국이다(헌법 제1조 제1항).

민주주의는, 개인의 자율적 이성을 신뢰하고 모든 정치적 견해들이 각각 상대적 진리성과 합리성을 지닌다고 전제하는 다원적 세계관에 입각한 것으로서, 대등한 동료시민들 간의 존중과 박애에 기초한 자율적이고 협력적인 공적 의사결정을 본질로 한다(헌재 2014. 12. 19. 2013헌다1 참조).

피청구인이 취임한 이래, 국회의 다수의석을 차지한 야당이 일방적으로 국회의 권한을 행사하는 일이 거듭되었고, 이는 피청구인을 수반으로 하는 정부와 국회 사이에 상당한 마찰을 가져왔다. 피청구인이 대통령에 취임하여 이 사건 계엄을 선포하기까지 2년 7개월도 안 되는 기간 동안 22건의 탄핵소추안이 발의되었다. 야당이 주도한 이례적으로 많은 탄핵소추로 인하여 여러 고위공직자의 권한행사가 탄핵심판

중 정지되었다. 국회의 예산안 심사도 과거에는 감액이 있으면 그 범위에서 증액에 대해서도 심사하여 반영되어 왔으나, 헌정 사상 최초로 국회 예산결산특별위원회에서 야당 단독으로 증액 없이 감액에 대해서만 의결을 하였다. 특히 국회 예산결산특별위원회는 대통령비서실, 국가안보실, 경찰청의 특수활동비, 검찰과 감사원의 특수활동비 및 특정업무경비 예산의 전액을 각 감액하는 의결을 하였는데, 이 가운데는 검찰의 국민생활침해범죄 수사, 사회적 약자 대상 범죄 수사, 마약 수사, 사회공정성 저해사범 수사, 공공 수사 등 수사 지원 관련 예산이 포함되어 있었다. 피청구인이 수립한 주요 정책들은 야당의 반대로 시행될 수 없었고, 야당은 정부가 반대하는 법률안들을 일방적으로 통과시켜 피청구인의 재의 요구와 재의에서 부결된 법률안의 재발의 및 의결이 반복되는 상황이 발생하였다. 그 과정에서 피청구인은 행정부의 수반이자 국가원수로서 야당의 전횡으로 국정이 마비되고 국익이 현저히 저해되어 가고 있다고 인식하여 이를 어떻게든 타개하여야만 한다는 막중한 책임감을 느끼게 되었을 것으로 보인다. 이 사건 계엄 선포 및 그에 수반한 조치들은 국정 최고책임자로서 피청구인이 가지게 된 이러한 인식과 책임감에 바탕을 둔 것으로 이해할 수 있다.

피청구인이 야당이 중심이 된 국회의 권한행사에 관하여 권력의 남용이라거나 국정 마비를 초래하는 행위라고 판단한 것은 그것이 객관적 현실에 부합하는지 여부나 국민 다수의 지지를 받고 있는지 여부를 떠나 정치적으로 존중되어야 한다.

다만, 피청구인 내지 정부와 국회 사이의 이와 같은 대립은 일방의 책임에 속한다고 보기는 어려우며, 이는 민주주의 원리에 따라 조율되고 해소되어야 할 정치의 문제이다. 이에 관한 정치적 견해의 표명이나 공적인 의사결정은 어디까지나 헌법상 보장되는 민주주의의 본질과 조화될 수 있는 범위에서 이루어져야 한다.

나. 피청구인은 야당이 다수의석을 차지한 제22대 국회와의 대립 상황을 병력을 동원하여 타개하기 위하여 이 사건 계엄을 선포하였다.

민주국가의 국민 각자는 서로를 공동체의 대등한 동료로 존중하고 자신의 의견이 옳다고 믿는 만큼 타인의 의견에도 동등한 가치가 부여될 수 있음을 인정해야 한다(헌재 2014. 12. 19. 2013헌다1 참조). 국회는 당파의 이익이 아닌 국민 전체의 이익을 위하여야 한다는 점에서 소수의견을 존중하고, 정부와의 관계에서도 관용과 자제를 전제로 한 대화와 타협을 통하여 결론을 도출하도록 노력하였어야 한다. 피청구인 역시 국민의 대표인 국회를 헌법이 정한 권한배분질서에 따른 협치의 대상으로 존중하였어야 한다. 그럼에도 불구하고 피청구인은 국회를 배제의 대상으로 삼았는데, 이는 민주정치의 전제를 허무는 것으로 민주주의와 조화된다고 보기 어렵다.

다. 우리 헌법은 기본적 인권의 보장, 국가권력의 헌법 및 법률 기속, 권력분립원칙, 복수정당 제도 등 국가권력이나 다수의 정치적 횡포를 바로잡아 민주주의를 보호할 자정 장치를 마련하고 있으므로, 피청구인으로서는 야당이 중심이 된 국회의 권한행사가 다수의 횡포라고 판단했더라도 헌법이 예정한 자구책을 통해 견제와 균형이 실현될 수 있도록 하였어야 한다.

우리 헌법은 대통령제에서 대통령의 권력 남용을 우려하여 대통령의 국회해산권을 규정하고 있지 않다. 그러나 대통령과 국회의원의 임기의 차이 등으로 인하여 대통령선거와 국회의원선거가 일정한 간격을 두고 치러짐에 따라 대통령으로서는 임기 중에 국회를 새롭게 구성하는, 즉, 국회해산과 마찬가지의 효과를 거둘 기회를 갖는 경우가 있다. 피청구인의 경우도 자신의 취임으로부터 약 2년 후에 치러진 제22대 국회의원선거에서 그와 같은 기회를 가졌다. 피청구인에게는, 야당의 전횡을 바로

잡고 피청구인이 국정을 주도하여 책임정치를 실현할 수 있도록 국민을 설득할 2년에 가까운 시간이 있었다. 그 결과가 피청구인의 의도에 부합하지 않았고 피청구인이 느끼는 위기의식이나 책임감 내지 압박감이 막중하였다고 하여, 헌법이 예정한 경로를 벗어나 야당이나 야당을 지지한 국민의 의사를 배제하려는 시도를 하여서는 안 되었다. 피청구인은 선거를 통해 나타난 국민의 의사를 겸허히 수용하고 보다 적극적인 대화와 타협에 나섬으로써 헌법이 예정한 권력분립원칙에 따를 수 있었다. 현행의 권력구조가 견제와 균형, 협치를 실현하기에 충분하지 않고, 국회의 반대로 인하여 국가안위에 관한 중요정책을 실현할 수 없으며, 선거제도나 관리에 허점이 있다고 판단하였다면, 헌법개정안을 발의하거나(헌법 제128조), 국가안위에 관한 중요정책을 국민투표에 붙이거나(헌법 제72조), 정부를 통해 법률안을 제출하는 등(헌법 제52조), 권력구조나 제도 개선을 설득할 수 있었다. 설령 야당의 목적이나 활동이 우리 사회의 민주적 기본질서에 대하여 실질적인 해악을 끼칠 수 있는 구체적 위험성을 초래하는 데 이르렀다고 판단하였더라도, 정부의 비판자로서 야당의 존립과 활동을 특별히 보장하고자 하는 헌법제정자의 규범적 의지를 준수하는 범위에서(헌재 2014. 12. 19. 2013헌다1 참조) 헌법재판소에 정당의 해산을 제소할 것인지를 검토할 수 있었다(헌법 제8조 제4항).

그러나 피청구인은 헌법과 법률이 정한 계엄 선포의 실체적 요건이 충족되지 않았음에도 절차를 준수하지 않은 채 계엄을 선포함으로써 부당하게 군경을 동원하여 국회 등 헌법기관의 권한을 훼손하고, 정당활동의 자유와 국민의 기본적 인권을 광범위하게 침해하였다. 이는 국가권력의 헌법과 법률에의 기속을 위반한 것일 뿐 아니라, 기본적 인권의 보장, 권력분립원칙과 복수정당 제도 등 우리 헌법이 설계한 민주주의의 자정 장치 전반을 위협하는 결과를 초래하였다. 피청구인이 이 사건 계엄의 목적이라 주장하는 '야당의 전횡에 관한 대국민 호소'나 '국가 정상화'의 의도가 진실이라고 하더라도, 결과적으로 민주주의에 헤아릴 수 없는 해악을 가한 것이라 볼 수밖에 없다.

라. 민주주의는 자정 장치가 정상적으로 기능하고 그에 관한 제도적 신뢰가 존재하는 한, 갈등과 긴장을 극복하고 최선의 대응책을 발견하는 데 뛰어난 적응력을 갖춘 정치체제이다. 피청구인은 현재의 정치상황이 심각한 국익 훼손을 발생시키고 있다고 판단하였더라도, 헌법과 법률이 예정한 민주적 절차와 방법에 따라 그에 맞섰어야 한다. 그러나 피청구인은 국가긴급권 남용의 역사를 재현하여 국민을 충격에 빠트리고, 사회·경제·정치·외교 전 분야에 혼란을 야기하였다. 국민 모두의 대통령으로서 자신을 지지하는 국민의 범위를 초월하여 국민 전체에 대하여 봉사함으로써 사회공동체를 통합시켜야 할 책무를 위반하였다.

헌법과 법률을 위배하여, 헌법수호의 책무를 저버리고 민주공화국의 주권자인 대한국민의 신임을 중대하게 배반하였다.

그러므로 피청구인을 대통령직에서 파면한다. 이 결정은 재판관 전원의 일치된 의견에 따른 것이고, 아래 12. 재판관 이미선, 재판관 김형두의 보충의견, 13. 재판관 김복형, 재판관 조한창의 보충의견 및 14. 재판관 정형식의 보충의견이 있다.

12. 재판관 이미선, 재판관 김형두의 보충의견

우리는 아래에서 보듯이 탄핵심판절차의 성격과 탄핵심판절차와 형사소송절차의 차이, 신속한 절차 진행의 필요성 등을 종합적으로 고려하면, 탄핵심판절차에서 전문법칙에 관한 형사소송법 조항들을 완화하여 적용할 수 있다고 보는 것이 헌법재판소법 제40조의 취지에 부합한다고 생각하므로, 다음과 같이 의견을 밝힌다.

가. 헌법재판소법 제40조의 의미

헌법재판소법 제40조는 헌법재판소의 심판절차에 관하여 헌법재판소법에 특별한 규정이 있는 경우를 제외하고는 헌법재판의 성질에 반하지 아니하는 한도에서 민사소송에 관한 법령, 형사소송에 관한 법령, 행정소송법 등 다른 소송절차에 관한 법령을 준용하도록 규정하고 있다. 헌법재판소법이나 심판에 관한 규칙에 절차진행규정이 없어 헌법재판의 진행에 차질이 빚어질 경우 헌법재판의 기능에 장애가 초래될 수 있는데, 헌법재판소법 제40조는 이러한 경우 다른 소송절차에 관한 법령을 준용하도록 하여 불충분한 절차진행 규정을 보완하고 있는 것이다(헌재 2014. 2. 27. 2014헌마7 참조).

그러나 다른 한편으로, 헌법재판소법 제40조는 다른 소송절차에 관한 법령을 포괄적·일반적으로 준용하는 형식을 취하면서도 '헌법재판의 성질에 반하지 아니하는 한도'에서 준용하도록 함으로써 준용의 한계를 분명히 하는 동시에 다른 소송절차에 관한 법령을 준용함에 있어 헌법재판의 특성이 반영되도록 하고 있다.

여기서 헌법재판의 성질에 반하지 아니하는 경우란 다른 소송절차에 관한 법령의 준용이 헌법재판의 고유한 성질을 훼손하지 않는 경우를 말하고, 헌법재판의 성질에 반하는지 여부는 해당 심판절차의 목적과 성질, 준용절차 및 준용대상의 성격 등을 종합적으로 고려하여 헌법재판소가 구체적·개별적으로 판단하여야 하는데, 구체적인 절차에서 특정한 법령의 준용 여부가 헌법재판의 성질에 반하는지 여부에 대한 판단은 헌법재판소의 고유 권한에 속한다(헌재 2014. 2. 27. 2014헌마7 참조). 따라서 헌법재판소는 해당 심판절차의 목적과 특성 등을 고려하여 다른 소송절차에 관한 법령의 준용 여부, 준용의 범위 및 정도 등을 결정할 수 있다고 봄이 타당하다.

탄핵심판절차의 경우 헌법재판소법 제40조 제1항 제2문, 제2항에 따라 형사소송에 관한 법령이 우선적으로 적용되는데, 이때도 '탄핵심판의 성질에 반하지 아니하는 한도'에서 형사소송에 관한 법령이 준용된다. 헌법재판소는 탄핵심판의 목적과 기능, 준용 여부가 문제되는 조항의 성격 등을 종합적으로 고려하여 해당 조항이 탄핵심판의 성질에 반하는지 여부를 판단하여야 하는데, 특정 조항의 준용 여부는 결국 구체적 법률해석에 관한 문제이다(헌재 2014. 2. 27. 2014헌마7 참조).

나. 형사소송법상 전문법칙의 준용 문제

(1) 헌법재판소법 제40조 제1항 제2문, 제2항이 탄핵심판절차에 형사소송에 관한 법령을 우선적으로 준용하도록 한 취지는, 탄핵심판절차가 피청구인을 공직에서 파면하는 중대한 결과를 초래하고, 형사소송절차를 통하여 탄핵사유를 밝히는 것이 피청구인의 절차적 기본권을 충실히 보장하게 된다는 점에 있다고 볼 수 있다.

그러나 탄핵심판절차는 고위공직자의 헌법 내지 법률 위반 여부와 공직으로부터의 파면 여부를 심판대상으로 할 뿐 형사상 책임 유무를 심판대상으로 하지 않는다는 점에서 가장 강력한 공권력인 국가형벌권을 실현하는 형사소송절차와는 본질적으로 차이가 있다.

형사소송절차는 검사의 공소제기로 개시되고 이때 피의자는 피고인이라는 소송주체로서의 지위를 갖게 되나, 수사절차에서 피의자는 강제수사권을 가진 검사의 수사대상에 불과하고 그와 같은 수사절차에서의 지위가 사실상 형사소송절차에까지 이어져 검사와 대등한 소송주체로서의 피고인의 법적 지위가 형식적인 것에 그칠 가능성이 존재한다. 이처럼 수사절차가 형사소송절차로 이어지면서 발생하는 당사자

지위의 대등성 문제는 형사소송절차에 특유한 것으로, 이러한 점도 형사소송절차를 탄핵심판절차와 구별하는 중요한 특징이라고 할 수 있다.

탄핵심판절차에 형사소송에 관한 법령 중 특정 조항을 준용할지 여부를 정할 때에는 이와 같은 탄핵심판절차와 형사소송절차의 차이를 고려하여야 한다.

(2) 형사소송법은 전문법칙을 채택하여 전문증거의 증거능력을 원칙적으로 부정하면서 일정한 요건을 충족한 경우에 예외적으로 증거능력을 인정하고 있다(형사소송법 제310조의2, 제311조 내지 제316조). 특히 수사기관이 작성한 피의자신문조서에 대해서는 그 피의자였던 피고인이 그 내용을 인정해야 증거능력을 인정하고, 수사기관이 피고인 아닌 자의 진술을 기재한 조서나 수사과정에서 피고인 아닌 자가 작성한 진술서에 대해서는 피고인의 반대신문이 보장되는 경우에 한하여 증거능력을 인정하고 있다(형사소송법 제312조 제1항, 제3항, 제4항, 제5항).

피고인은 형사소송절차에서 단순한 처벌대상이 아니라 절차를 형성·유지하는 당사자로서 또 다른 당사자인 검사와 대등한 지위를 가진다. 그런데 검사가 수사권의 발동으로 확보한 진술을 성립의 진정과 임의성의 인정만으로 증거로 사용할 수 있게 하면, 수사대상에 불과한 피의자의 지위가 형사소송절차에까지 이어져 피고인은 검사와 대등한 소송주체로서의 지위를 보장받지 못하고 실질적인 당사자대등이 이루어지지 않을 우려가 있다. 이에 형사소송법은 피고인이 그 내용을 인정하지 않거나(피고인의 진술을 기재한 조서 등) 피고인의 반대신문이 보장되지 않으면(피고인이 아닌 자의 진술을 기재한 조서 등) 신빙성 유무의 판단에 앞서 아예 증거로 사용할 수 없게 한 것이라고 할 수 있다.

그러나 탄핵심판절차는 국회의 소추의결로 개시되는바, 수사절차가 형사소송절차로 이어지면서 발생하는 당사자 지위의 대등성 문제는 탄핵심판절차에서는 발생할 여지가 없고, 소추사유와 관련하여 피청구인에 대한 수사가 이루어진다고 하여 국회가 이에 관여할 수 없음은 명백하다. 따라서 탄핵심판절차에서는 피청구인의 내용 인정이나 반대신문의 보장 없이 수사기관이 피청구인이나 사건 관련자들의 진술을 기재한 조서 등을 증거로 사용할 수 있게 하더라도 형사소송절차에서처럼 실질적인 당사자대등의 문제가 발생한다고 보기는 어렵다. 나아가 뒤에서 보는 것과 같이 성립의 진정과 임의성이 담보되는 경우에 한하여 위 조서 등의 증거능력을 인정한다면, 그러한 증거능력의 인정만으로 피청구인에게 일방적으로 불이익한 결과가 발생한다고 보기도 어렵다.

또한 탄핵소추의 의결을 받은 자는 탄핵심판이 있을 때까지 그 권한행사가 정지되는바(헌법 제65조 제3항), 특히 피청구인이 대통령인 경우 그 권한행사의 정지로 인한 국정공백과 혼란이 매우 크므로 신속한 심리의 필요성이 강하게 요청된다. 그런데 탄핵심판절차에 전문법칙을 엄격하게 적용하게 되면 피청구인이 증거에 부동의할 경우 헌법재판소가 다수의 증인을 채택하여 증인신문을 진행하여야 하므로 절차의 장기화를 피할 수 없다. 9인의 단일재판부로 구성되는 헌법재판소의 특성상, 경우에 따라서는 반복적 변론갱신, 심리정족수 부족 등으로 탄핵심판절차의 장기화가 탄핵심판절차의 중단으로 이어질 수도 있다.

이상 살펴 본 바와 같은 탄핵심판절차의 성격과 탄핵심판절차와 형사소송절차의 차이, 신속한 절차 진행의 필요성 등을 종합적으로 고려하면, 탄핵심판절차에서 전문법칙에 관한 형사소송법 조항들을 반드시 엄격하게 적용하여야 하는 것은 아니고 이를 완화하여 적용할 수 있다고 보는 것이 '탄핵심판의 성질에 반하지 아니하는 한도’에서 형사소송에 관한 법령을 준용하도록 한 헌법재판소법 제40조의 취지에 부합한다고 할 것이다.

다. 이 사건의 경우

이 사건에서 청구인은 여러 진술증거를 제출하였는데, 형사소송법상 전문법칙을 완화하여 적용할 수 있음을 전제로 각 진술증거의 증거능력을 살펴본다.

(1) 수사기관이 작성한 사건 관련자들에 대한 피의자신문조서 등의 증거능력

형사소송법상 전문법칙을 완화하여 적용할 수 있다고 하더라도 성립의 진정과 임의성은 담보할 수 있어야 한다. 따라서 수사기관이 작성한 피청구인이 아닌 사건 관련자들에 대한 피의자신문조서나 진술조서는 절차의 적법성이 담보되는 조서, 즉 진술과정이 영상녹화된 조서 또는 진술과정에 변호인이 입회하였고 그 변호인이 진술과정에 아무런 문제가 없었다고 확인한 조서에 대해서는 증거로 채택할 수 있다고 할 것이다. 헌법재판소는 헌재 2017. 3. 10. 2016헌나1 사건의 변론과정에서 이와 같은 기준을 밝혔고, 이는 뒤에서 살펴보는 바와 같이 2020. 2. 4. 법률 제16924호로 형사소송법 제312조 제1항이 개정된 것과 관계없이 여전히 적용된다고 보아야 한다.

(2) 관련 형사사건에서 공범 관계에 있는 사람들에 대한 조서의 증거능력

(가) 2020. 2. 4. 법률 제16924호로 개정된 형사소송법 제312조 제1항은 검사가 작성한 피의자신문조서는 공판준비 또는 공판기일에 그 피의자였던 피고인 또는 변호인이 그 내용을 인정할 때에 한정하여 증거로 할 수 있다고 규정하여, 검사가 작성한 피의자신문조서의 증거능력 인정요건을 검사 이외의 수사기관이 작성한 피의자신문조서의 증거능력 인정요건(형사소송법 제312조 제3항)과 일치시켰다.

형사소송법 제312조 제1항에서 정한 ‘검사가 작성한 피의자신문조서’에는 당해 피

고인에 대한 피의자신문조서뿐만 아니라 당해 피고인과 공범관계에 있는 다른 피고인이나 피의자에 대하여 검사가 작성한 피의자신문조서도 포함되고(대법원 2023. 6. 1. 선고 2023도3741 판결 참조), 이는 검사 이외의 수사기관이 작성한 피의자신문조서의 경우도 마찬가지이므로(대법원 2009. 10. 15. 선고 2009도1889 판결 참조), 피고인이 자신과 공범관계에 있는 사람에 대하여 검사 또는 사법경찰관이 작성한 피의자신문조서의 내용을 인정하지 않는 경우 이를 증거로 채택할 수 없다.

(나) 그러나 탄핵심판은 고위공직자인 피청구인이 그 직위에 따라 부여받은 고유한 의무와 책임을 고려하여 그의 직무수행이 헌법과 법률에 위반되는지를 판단하여 그 파면 여부를 결정하는 절차이므로, 형사재판과 같이 '공범'의 개념을 상정하기 어렵다. 따라서 피고인이 자신과 공범관계에 있는 사람에 대하여 수사기관이 작성한 피의자신문조서의 내용을 인정하지 않는 경우 이를 증거로 채택할 수 없다는 형사소송절차에서의 전문법칙은 탄핵심판절차에 그대로 적용할 수 없다.

그렇다면 관련 형사사건에서 피청구인과 공범관계에 있는 사람들에 대한 피의자신문조서나 진술조서는 이 사건 탄핵심판절차에서는 어디까지나 검사 또는 사법경찰관이 '피청구인이 아닌 자'의 진술을 기재한 조서에 해당하므로, 형사소송법 제312조 제1항, 제3항이 아니라 같은 조 제4항을 준용함이 타당하다. 그런데 위 2020. 2. 4.자 형사소송법 개정 당시 형사소송법 제312조 제4항은 개정되지 않았으므로, 피청구인과 관련 형사사건에서 공범 관계에 있는 사람에 대한 수사기관 작성의 피의자신문조서 또는 진술조서는 비록 피청구인이 그 내용을 부인하더라도, 그 진술과정이 영상녹화된 조서 또는 진술과정에 변호인이 입회하였고 그 변호인이 진술과정에 아무런 문제가 없었다고 확인한 조서에 대해서는 증거로 채택함이 타당하다.

(3) 국회 회의록의 증거능력

국회의 회의는 공개함이 원칙이다(헌법 제50조 제1항 본문). 이에 따라 국회의 회의에서 이루어진 진술은 본회의나 위원회에서 의결로 이를 공개하지 않기로 한 경우 등 예외적인 경우가 아닌 한, 통상적으로 인터넷의사중계시스템이나 언론 등을 통하여 생중계되며, 회의가 그대로 녹화된 영상회의록도 공개된다. 국회의 회의록은 조서가 아닌 속기로 작성되고, 본회의의 회의록에는 국회의장 또는 그를 대리한 국회부의장 등이, 위원회의 회의록에는 위원장 또는 그를 대리한 간사가 각각 서명, 날인한다(국회법 제69조 제2항, 제3항, 제115조 제2항, 제3항). 발언자는 발언의 취지를 변경하지 아니하는 범위에서 회의록에 적힌 자구의 정정을 요구할 수 있으나, 이 경우에도 속기로 작성한 회의록의 내용은 삭제할 수 없으며, 발언을 통하여 자구 정정 또는 취소의 발언을 한 경우에는 그 발언을 회의록에 적어야 한다. 회의록은 비밀 유지나 국가안전보장을 위하여 필요한 경우가 아닌 한 의원에게 배부하고 일반인에게 배포한다(국회법 제71조, 제117조 제1항 내지 제3항, 제118조 제1항).

이처럼 국회 회의록은 그 서면 자체의 성질과 작성과정에서의 법정된 절차적 보장에 의하여 고도의 임의성과 기재의 정확성 등 절차적 적법성이 담보되어 있다. 그리고 국회 회의록에는 증언과 관련한 전후 발언들이 빠짐없이 기재되어 진술자가 진술에 이르게 된 경위나 분위기, 진술의 맥락 등을 파악할 수 있다. 나아가 국회에서의 진술은 공개된 회의장에서 국회의원들에 의하여 검증되고 탄핵되므로 제3자가 일방적으로 한 진술과도 근본적인 차이가 있다.

따라서 사건 관련자들의 진술을 기재한 국회 회의록은 형사소송법 제315조 제3호의 '기타 특히 신용할 만한 정황에 의하여 작성된 문서'에 준하여 당연히 증거능력이 있는 서류라고 볼 수 있다.

라. 결론

이상에서 살펴본 바와 같이, 탄핵심판절차에서 전문법칙에 관한 형사소송법 조항들은 완화하여 적용할 수 있다고 봄이 타당하다. 이에 따라 이 사건에서 청구인이 제출한 수사기관 작성의 사건 관련자들에 대한 피의자신문조서 또는 진술조서는 그 절차의 적법성이 담보되는 범위에서 증거로 채택할 수 있고, 사건 관련자들의 진술을 기재한 국회 회의록은 형사소송법 제315조 제3호의 '기타 특히 신용할 만한 정황에 의하여 작성된 문서'에 준하여 증거능력이 있는 서류에 해당한다.

13. 재판관 김복형, 재판관 조한창의 보충의견

우리는 이 사건 탄핵심판청구가 인용되어야 한다는 법정의견의 결론에 동의한다. 그러나 아래에서 살펴보듯이 탄핵심판의 중대성, 피청구인의 방어권 보장 등을 고려할 때 헌법재판소가 앞으로는 탄핵심판절차에 있어서 형사소송법상 전문법칙을 보다 엄격하게 적용할 필요가 있음을 지적해두고자 한다.

가. 탄핵심판에서 전문법칙에 관한 헌법재판소의 태도

(1) 헌법재판소법은 탄핵심판절차에 관하여 헌법재판의 성질에 반하지 아니하는 한도에서 형사소송에 관한 법령 등을 준용하도록 하고 있고(헌법재판소법 제40조 제1항), 형사소송법의 준용이 탄핵심판의 성질에 반하는지 여부는 탄핵심판의 목적과 본질, 파면이라는 효과의 중대성, 탄핵심판기간 동안 피청구인의 권한행사가 정지된다는 점 등을 고려하여 헌법재판소가 구체적·개별적으로 판단하여야 한다.

(2) 헌법재판소는 헌재 2017. 3. 10. 2016헌나1 결정 이래로 수사기관이 작성한 사건관련자들의 피의자신문조서나 진술조서에 대하여, 피청구인이 동의하지 않은 경

우라도 절차적 적법성이 담보되는 조서, 즉, 진술과정이 영상녹화되었거나, 진술과정에 변호인이 입회하였고 그 변호인이 진술과정에 아무런 문제가 없었다고 확인한 경우에는 그 증거능력을 인정하고 있다. 또한 국회 회의록의 경우 형사소송법 제315조 제3호의 '기타 특히 신용할 만한 정황에 의하여 작성된 문서'로 보아 증거능력을 인정하고 있다. 이러한 증거능력 인정 요건은 헌법재판소가 형사소송법상 전문법칙을 완화하여 적용한 결과라고 할 것이다.

나. 형사소송법상 전문법칙의 엄격한 적용 필요성

(1) 탄핵심판절차에 '형사소송법'의 우선 준용 취지

탄핵심판의 경우 형사소송법을 우선 준용하도록 한 취지는 탄핵심판이 공직 파면이라는 중대한 결과를 초래하는 절차인 점, 형사소송절차에 따르는 것이 피청구인의 절차적 기본권 내지 방어권을 충실히 보장할 수 있는 점을 고려한 것으로 보인다.

(2) 형사재판에서의 공판중심주의 경향과 반대신문 기회의 보장

형사소송법은 공판중심주의를 점차 강화하고, 전문법칙을 엄격히 적용하는 방향으로 발전되어 왔다. 2007. 6. 1. 개정된 형사소송법은 '피고인 아닌 자의 진술을 기재한 조서의 증거능력' 인정요건으로 '피고인의 반대신문 기회의 보장'을 추가하였고(제312조 제4항), 2020. 2. 4. 개정된 형사소송법은 '검사가 작성한 피의자신문조서'의 증거능력 인정요건으로 '그 피의자였던 피고인 또는 변호인의 내용 인정'을 규정하여(제312조 제1항), 피고인 또는 변호인이 공판정에서 해당 조서의 기재 내용이 실제 사실과 부합함을 인정하지 아니하면 해당 조서를 증거로 채택할 수 없게 되었다. 이는 피고인에게 불리한 증거에 대해 반대신문 기회를 인정함으로써 형사소송절차에서 공정한 재판을 받을 권리를 구현하고(헌재 2013. 10. 24. 2011헌바79 참조), 나아가

법정이 아닌 곳에서 작성된 전문증거에 잠재된 진술의 왜곡 우려 등을 의식한 것으로 볼 수 있다. 특히 진술증거는 어떠한 사실을 지각하고 이를 기억한 다음 다시 표현하고 서술하는 과정에서 오류가 개입될 위험성이 있다는 점에서 반대신문권의 보장은 형사소송에서 진술증거의 진실성과 신용성을 담보하는 주요한 수단이 되고 있다.

(3) 탄핵심판절차의 구도와 운영

탄핵심판절차는 기본적으로 국민의 대의기관인 국회가 피청구인의 법적 책임을 묻고, 피청구인이 이에 대해 방어하는 구도로 이루어진다. 이처럼 청구인이 소추사유에 대한 주장과 입증을 하고, 피청구인이 이를 반박하고 증거를 탄핵하며 상호 대립하는 구조로 진행되는 탄핵심판절차에서는 형사소송절차에서와 같이 절차의 공정성을 확보하는 것이 중요하다.

또한 탄핵심판은 서면심리를 원칙으로 하는 위헌법률심판이나 헌법소원심판(헌법재판소법 제30조 제2항)과 다르게 필요적 변론사건으로(같은 조 제1항), 공개된 심판정에서 청구인과 피청구인이 말로 사실과 증거를 제출하는 방법으로 사건을 심리하게 된다. 변론과정을 통하여 헌법재판관이 심판정에서 직접 증거를 조사하고 피청구인에게 의견진술 및 반대신문의 기회를 부여함으로써 공정한 재판의 실현에 기여할 수 있으며, 나아가 헌법재판의 정당성과 신뢰성도 제고할 수 있다. 따라서 사건의 실체에 대한 심증 형성 및 소추사유의 인정은 가급적 형사소송절차와 같이 공개된 재판관의 면전에서 직접 조사한 증거를 기초로 하고, 전문증거에 대해서는 반대신문의 기회를 보장하는 것이 바람직하다.

(4) 대통령 탄핵심판의 중대성과 절차적 공정성 확보 필요

대통령은 국민의 직접선거로 선출된 민주적 정당성이 가장 큰 대의기관이자(헌법

제67조 제1항), 국가원수로 외국에 대하여 국가를 대표하며(제66조 제1항), 국군 통수권을 지니고(제74조 제1항), 5년의 임기가 보장된다(제70조). 대통령에 대한 탄핵심판절차는 이처럼 헌법상 막중한 지위에 있는 대통령에게 부여된 국민의 신임과 권한을 임기 중 박탈할지 여부를 결정하는 절차로, 파면 결정은 그 직무수행의 단절로 인한 국가적 손실과 국정 공백, 국론의 분열현상으로 인한 정치적 혼란 등을 초래할 수 있고(헌재 2004. 5. 14. 2004헌나1 참조), 국가 전체에 영향을 미친다. 이러한 대통령 탄핵심판의 중대성과 파급력에 비추어 볼 때에도, 탄핵심판은 형사소송절차에 준하여 명확성과 공정성을 담보하고, 반대신문을 통하여 불리한 증거에 대한 피청구인의 방어권을 충분히 보장할 필요가 있다.

(5) 형사재판과 증거기준의 불일치 문제

탄핵심판절차와 민·형사 재판절차는 서로 별개의 절차이므로 서로 독립적으로 진행되고 독자적인 결론에 도달할 수 있다. 그러나 동일한 사실관계를 기초로 한 탄핵심판, 형사재판에서 각기 다른 결과가 나온다면 법질서의 통일성과 재판에 대한 신뢰가 저해될 것이므로 바람직하지 않다. 따라서 탄핵소추사유가 형사범죄사실과 관련된 경우에는 형사소송법상 전문법칙은 탄핵심판절차에서도 가급적 엄격히 적용하여 탄핵심판과 형사재판 사이의 불일치를 가능한 줄일 필요가 있다. 이는 "피청구인에 대한 탄핵심판 청구와 동일한 사유로 형사소송이 진행되고 있는 경우에는 재판부는 심판절차를 정지할 수 있다."라고 규정하여 형사재판의 결과를 탄핵심판에서 고려할 수 있도록 한 헌법재판소법 제51조의 취지에도 부합한다.

(6) 소결

이와 같이 절차의 공정성과 피청구인의 방어권을 더 확실히 보장하기 위하여 형사소송법상 전문법칙을 엄격히 적용하는 것이 헌법재판소법 제40조 제1항에서 형사소송법을 우선 준용하도록 한 취지에 더 부합한다고 생각한다. 이하에서는 형사소송법상 전문법칙을 엄격하게 적용할 경우를 상정하여 이 사건 심판절차에서 문제된 국면들을 살펴본다.

다. 구체적인 적용

(1) 수사기관 작성의 사건 관련자들에 대한 피의자신문조서 등의 증거능력

(가) 탄핵심판에서 공범의 상정 여부

피청구인은 피청구인이 형법상 내란죄 혐의로 기소된 사건에서 공범관계에 있는 자들에 대하여 수사기관이 작성한 피의자신문조서 등과 관련하여, 2020. 2. 4. 개정된 형사소송법 제312조 제1항에 따라 피청구인이 그 조서의 내용을 부인하면 헌법재판소에서 이를 증거로 채택할 수 없다고 주장한다.

그러나 탄핵심판은 고위공직자인 피청구인이 그 직위에 따라 부여받은 고유한 의무와 책임을 고려하여, 그의 직무수행이 헌법과 법률에 위반되는지를 판단하여 그 파면 여부를 결정하는 절차이고(헌법 제65조 제1항, 제4항), 피청구인이 그 직에 있을 것을 요하므로, 형사재판과 같은 '공범'의 개념을 상정할 수 없다. 그렇다면 형사사건에서의 공범관계가 탄핵심판의 공범관계로 그대로 인정될 것을 전제로 한 피청구인의 위 주장은 받아들일 수 없다.

(나) 증거능력 인정요건

피청구인이 아닌 자는 탄핵심판절차의 공범이 될 수 없으므로 그에 대한 수사기관 작성의 피의자신문조서 등은 형사소송법 제312조 제4항의 적용을 받게 된다.

수사기관이 작성한 피청구인 아닌 자에 대한 피의자신문조서 등을 탄핵심판의 증

거로 채택하기 위해서는, 형사소송법 제312조 제4항에 따라 수사기관의 조서가 ① 적법한 절차와 방식에 따라 작성되었을 것, ② 그 조서가 수사기관 앞에서 진술한 내용과 동일하게 기재되어 있음이 ㉠ 원진술자의 변론준비 또는 변론기일에서의 진술이나 ㉡ 영상녹화물 또는 ㉢ 그 밖의 객관적인 방법에 의하여 증명되었을 것, ③ 피청구인 또는 변호인이 변론준비 또는 변론기일에 그 기재 내용에 관하여 원진술자를 신문할 수 있었을 것, ④ 그 조서에 기재된 진술이 특히 신빙할 수 있는 상태에서 행하여졌음이 증명되었을 것이라는 요건을 갖추어야 한다. 이러한 입장을 취한다면 피청구인의 반대신문권이 보장되지 아니한 일부 조서의 경우에는 증거능력이 부인될 것이다.

(2) 국회 회의록의 증거능력

형사소송법 제315조 제3호는 '기타 특히 신용할 만한 정황에 의하여 작성된 문서'를 증거로 할 수 있다고 규정하고 있고, 법원은 이를 제315조 제1호(가족관계기록사항에 관한 증명서, 공정증서등본 기타 공무원 또는 외국공무원의 직무상 증명할 수 있는 사항에 관하여 작성한 문서)와 제2호(상업장부, 항해일지 기타 업무상 필요로 작성한 통상문서)에 준하여 '반대신문의 기회 부여 여부가 문제되지 않을 정도로 고도의 신용성의 정황적 보장이 있는 문서'로 제한적으로 인정하고 있다(대법원 2017. 8. 29. 선고 2018도14303 전원합의체 판결 참조).

그런데 이 사건에서 증거로 채택된 국회 회의록은 탄핵심판절차가 아닌 국회에서 행해진 회의 내용을 기록한 것으로, 피청구인이 아닌 사건관련자들의 경험이나 들은 내용에 관한 진술 등이 포함되어 있다. 국회의 회의는 형사 법정과 같은 대심적 구조에서 관련자들의 진술이 당사자에 의하여 탄핵되는 구조가 아니고, 직무상 독립이 보장되는 법관(헌법 제103조)이 주재하지 않으며, 오히려 국회의원들이 자신의 정치적 성향과 이해관계에 따라 질의를 이끌어갈 가능성이 상당히 높다. 또한 형사소송절차에서 증인은 원칙적으로 선서를 하고 증언을 하지만(형사소송법 제156조), 국회에 참고인으로 출석한 진술자는 본인이 승낙하지 않는 이상 '국회에서의 증언·감정 등에 관한 법률' 제7조에 따른 선서를 하지 않고 위증하더라도 처벌이 따르지 않는 상태에서 진술을 하고 있다. 이러한 점을 고려할 때, 국회의 회의가 절차적 중립성과 객관성이 충분히 확보된 상태에서 진행되었다고 단정하기 어렵고, 회의 내용을 기록한 회의록 또한 법원의 공판조서 등과 동등한 수준으로 고도의 신용성의 정황적 보장이 있는 문서라고 보기 어렵다. 따라서 국회 회의록을 탄핵심판절차에서 증거로 채택함에 있어 형사소송법 제315조 제3호를 그대로 적용하기 곤란하다는 점을 밝혀 둔다.

라. 결론

앞서 살펴본 바와 같이 대통령 탄핵심판의 경우 그 중대성과 파급력의 측면, 피청구인의 방어권 보장의 측면에서 형사소송법상 전문법칙을 최대한 엄격하게 적용하는 것이 바람직하다. 한편으로는 탄핵심판이 진행되는 동안 대통령의 권한행사가 정지되고, 국정의 공백이 발생하므로 가급적 심판절차를 신속히 진행하여 이러한 국정 공백 상태와 국가적 혼란을 해소할 것이 요청된다. 헌법재판소가 현재 채택하고 있는 완화된 전문법칙을 적용하는 경우보다 전문법칙을 엄격히 적용하는 경우 증거조사에 오랜 시간이 소요될 것임은 충분히 예측되며, 특히 국가의 최고 지도자인 대통령의 탄핵심판 기간의 장기화로 발생하는 국가적 손해의 크기는 실로 막대할 것이라는 점에서, 그동안 대통령 탄핵심판에 있어 공정성의 요청이 신속성의 요청에 의하여 다소 후퇴되어 왔다.

그러나 대통령 탄핵결정의 영향력과 파급력이 중대한 점, 탄핵심판절차에 공판중심주의를 강화하고 피청구인에게 반대신문 기회를 부여하는 것이 반드시 탄핵심판의 신속성의 요청에 반하거나, 그보다 덜 중요하다고 보기 어렵고, 오히려 탄핵심판절차의 구조에 부합하는 측면이 있는 점, 게다가 헌법재판소는 탄핵심판절차에서 당사자의 신청이나 직권으로 증인을 채택하여 그들에 대한 신문을 통해 증거가 심판정에 직접 현출되도록 하여 공정한 재판을 실현해가고 있는 점, 탄핵심판절차의 공정성 강화는 탄핵심판에 대한 국민의 신뢰를 제고하고, 탄핵심판결정으로 인한 국가적 혼란을 최소화할 수 있는 점에 비추어, 이제는 탄핵심판절차에 요청되는 신속성과 공정성, 두 가지 충돌되는 가치를 보다 조화시킬 방안을 모색할 시점이다.

14. 재판관 정형식의 보충의견

나는 이 사건 심판청구가 인용되어야 한다는 법정의견의 결론에 동의하면서, 아래에서 보듯이 국회에서 탄핵소추안이 부결될 경우 다른 회기 중에도 다시 발의하는 횟수를 제한하는 규정을 입법할 필요가 있음을 밝히고자 한다.

가. 일사부재의 원칙의 적용과 그 취지

(1) 국회법 제92조는 부결된 안건을 같은 회기 중에 다시 발의할 수 없도록 하는 일사부재의 원칙을 규정하고 있다. 위 조항은 그 적용 대상이 되는 안건의 종류나 유형에 관하여 아무런 제한을 두지 아니하고, 탄핵소추안에 대하여 별도로 정하지도 아니하여 일사부재의 원칙이 탄핵소추안에도 그대로 적용되도록 하고 있다. 이에 따라 탄핵소추안도 다른 안건과 마찬가지로 한 번 부결되면 같은 회기에서는 다시 발의될 수 없지만, 다른 회기에서는 다시 발의될 수 있다.

(2) 같은 회기 중에 동일 안건을 다시 부의하지 못하도록 하는 것은 특정 사안에 대한 국회의 의사가 확정되지 못한 채 표류되는 것을 막기 위함인바, 일사부재의 원칙은 국회의 의사의 단일화, 회의의 능률적인 운영 및 소수파에 의한 의사방해 방지 등에 기여한다(헌재 2009. 10. 29. 2009헌라8등 참조). 다른 한편, 일사부재의 원칙이 회기가 바뀐 후에는 부결된 안건을 다시 발의할 수 있도록 하는 것은 원칙적으로 국회의원은 안건을 자유롭게 발의할 수 있고, 회기가 바뀐다는 것은 통상 어느 정도의 시간이 흐른 뒤일 것을 전제하므로 그동안 안건을 둘러싼 상황이나 환경에 사정변경이 생기거나 안건에 대한 국회의원의 견해가 바뀌었을 가능성을 고려한 것으로 볼 수 있다.

나. 탄핵소추안에 대한 무제한적 반복 발의를 허용할 경우의 문제

(1) 소추사유에 대한 사정변경 가능성이 낮음

탄핵소추안은 소추대상자의 직무집행에 있어 헌법이나 법률 위배행위가 있는 경우 그 법적 책임을 추궁하기 위한 것으로, 사후적으로 새로운 헌법이나 법률 위반사실이 발견되거나 내용이 변경될 수 있음은 별론으로 하고, 시간의 경과에 따른 사정변경을 특별히 상정하기 어렵다.

(2) 고위공직자 지위의 불안정과 국가기능의 저하

고위공직자 지위의 불안정성은 국가기능의 저하를 초래한다. 탄핵소추의 대상이 되는 고위공직자는 행정부와 사법부의 핵심적이고 중요한 직위에서 국가의 주요기능을 담당하는데, 이들에 대하여 실질적으로 동일한 사유로 반복적으로 탄핵소추발의가 가능할 경우 소추대상자의 지위가 불안정해지고, 이는 국정의 혼란과 국가 주요기능의 저하로 이어질 수 있다. 특히 소추대상자가 행정부 수반이자 국가원수인

대통령일 경우 국정운영 전반에 미치는 영향이 지대할 수밖에 없다.

(3) 탄핵제도의 정쟁의 도구화

공직자가 그 직을 유지하는 한 회기만 달리 하여 실질적으로 동일한 사유로 반복적으로 탄핵소추 발의를 할 수 있도록 하는 것은 자칫 국회의 다수의석을 가진 정당이 이를 정치적 협상카드로 활용할 수 있도록 하여 법적 제도로서의 탄핵제도를 정쟁의 도구로 변질시킬 위험이 있고, 그로 인하여 정치적 혼란이 가중될 우려가 크다. 특히 대통령에 대한 탄핵소추의 경우 국민의 의견 대립과 국론 분열 양상이 극심해질 수 있다.

다. 국회법상 회기 제도와의 결합에 의한 문제

헌법상 비상수단에 해당하는 탄핵제도의 성질(헌재 2021. 10. 28. 2021헌나1 재판관 이선애, 재판관 이은애, 재판관 이종석, 재판관 이영진의 각하의견; 헌재 2025. 1. 23. 2024헌나1 재판관 김형두의 보충의견 참조)에 비추어 탄핵소추 발의는 예외적으로 신중하게 이루어 필요가 있다. 그런데 실질적으로 동일한 탄핵소추안의 반복 발의를 허용하는 것은 국회법상 회기 제도와 맞물려 정쟁의 도구로 더 악용될 소지가 있다.

국회의 정기회는 1년에 1회 집회하고, 그 회기는 100일을 넘을 수 없는데(헌법 제47조 제1항, 제2항, 국회법 제4조 본문, 제5조의2 제2항 제2호 본문), 임시회의 경우 정기회와 달리 국회 재적의원 4분의 1 이상의 요구를 갖추기만 하면 수시로 소집할 수 있고, 30일을 넘지 않는 범위에서 국회의 의결을 통하여 그 회기를 정할 수 있다(헌법 제47조 제1항, 제2항, 국회법 제7조 제1항).

이러한 자유로운 임시회 소집 가능성으로 인하여 국회의 다수의석을 가진 정당은 필요에 따라 회기를 짧게 설정하여 회기를 달리하면서 특정 안건이 가결되거나 정치적 목적을 달성할 때까지 매우 짧은 간격으로 반복하여 발의할 수 있다.

그리고 이와 같은 형태의 반복 발의는 회기와 회기 사이에 어느 정도의 간격을 두어 안건에 대한 재고와 숙의를 요청하고자 한 일사부재의 원칙을 편법적으로 우회하고, 그 취지를 몰각시킨다. 탄핵소추안이 부결되었더라도 특정 정당이 탄핵소추안의 관철을 위하여 짧은 주기로 임시회를 반복하여 소집한 후, 실질적으로 동일한 탄핵소추안을 반복 발의하여 심의토록 할 경우 의사진행의 능률을 저하시키고 국회의 의사를 표류시킬 수 있다.

라. 소결

이상의 점들을 종합적으로 고려할 때, 실질적으로 주요 소추사유에 변동이 없는 탄핵소추안의 재발의는 제한될 필요가 있고, 입법자는 탄핵소추의 성격과 본질, 국회의사의 조기 확정과 그 직무집행에 있어서 헌법이나 법률을 위반한 고위공직자를 탄핵소추한다는 공익 사이의 형량 등을 고려하여 탄핵소추안의 발의 횟수에 관한 규정을 마련할 필요가 있다.

재판장　　　재판관　　　문형배 ________________________

재판관　　　이미선 ________________________

재판관　　　김 형 두　＿＿＿＿＿＿＿＿＿＿＿＿＿＿

재판관　　　정 정 미　＿＿＿＿＿＿＿＿＿＿＿＿＿＿

재판관　　　정 형 식　＿＿＿＿＿＿＿＿＿＿＿＿＿＿

재판관　　　김 복 형　＿＿＿＿＿＿＿＿＿＿＿＿＿＿

재판관　　　조 한 창　＿＿＿＿＿＿＿＿＿＿＿＿＿＿

재판관　　　정 계 선　＿＿＿＿＿＿＿＿＿＿＿＿＿＿

[별지 1]

소추위원 대리인 명단

1. 변호사 김이수

2. 변호사 송두환

3. 법무법인(유한) 엘케이비앤파트너스

   담당변호사 이광범, 장순욱, 김현권, 성관정

4. 법무법인 이공

   담당변호사 김선휴

5. 법무법인 시민

   담당변호사 김남준

6. 법무법인 도시

   담당변호사 이금규

7. 법무법인 다산

   담당변호사 서상범

8. 법무법인 새록

   담당변호사 전형호, 황영민

9. 변호사 김정민

10. 변호사 박혁

11. 변호사 이원재

12. 변호사 권영빈

13. 변호사 김진한

[별지 2]

피청구인 대리인 명단

1. 변호사 조대현

2. 변호사 배보윤

3. 변호사 배진한

4. 법무법인 청녕

　　담당변호사 윤갑근, 이길호

5. 변호사 도태우

6. 법무법인 삼승

　　담당변호사 김계리

7. 변호사 서성건

8. 법무법인(유한) 에이스

　　담당변호사 최거훈

9. 법무법인 선정

　　담당변호사 차기환

10. 변호사 김홍일

11. 변호사 정상명

12. 변호사 송해은

13. 변호사 송진호

14. 변호사 이동찬

15. 변호사 석동현

16. 변호사 박해찬

17. 변호사 오욱환

18. 변호사 황교안

19. 변호사 김지민

20. 법무법인 율전

    담당변호사 전병관

21. 변호사 배진혁

22. 법무법인 청암

    담당변호사 도병수

[별지 3]

피청구인의 2024. 12. 3.자 대국민담화 내용

존경하는 국민 여러분, 저는 대통령으로서 피를 토하는 심정으로 국민 여러분께 호소 드립니다.

지금까지 국회는 우리 정부 출범 이후 22건의 정부 관료 탄핵 소추를 발의하였으며, 지난 6월 22대 국회 출범 이후에도 10명 째 탄핵을 추진 중에 있습니다. 이것은 세계 어느 나라에도 유례가 없을 뿐 아니라 우리나라 건국 이후에 전혀 유례가 없던 상황입니다. 판사를 겁박하고 다수의 검사를 탄핵하는 등 사법 업무를 마비시키고, 행안부 장관 탄핵, 방통위원장 탄핵, 감사원장 탄핵, 국방 장관 탄핵 시도 등으로 행정부마저 마비시키고 있습니다.

국가 예산 처리도 국가 본질 기능과 마약범죄 단속, 민생 치안 유지를 위한 모든 주요 예산을 전액 삭감하여 국가 본질 기능을 훼손하고 대한민국을 마약 천국, 민생 치안 공황 상태로 만들었습니다. 민주당은 내년도 예산에서 재해대책 예비비 1조 원, 아이돌봄 지원 수당 384억 원, 청년 일자리, 심해 가스전 개발 사업 등 4조 1천억 원을 삭감하였습니다. 심지어 군 초급간부 봉급과 수당 인상, 당직 근무비 인상 등 군 간부 처우 개선비조차 제동을 걸었습니다. 이러한 예산 폭거는 한마디로 대한민국 국가 재정을 농락하는 것입니다. 예산까지도 오로지 정쟁의 수단으로 이용하는 이러한 민주당의 입법 독재는 예산 탄핵까지도 서슴지 않았습니다.

국정은 마비되고 국민들의 한숨은 늘어나고 있습니다. 이는 자유대한민국의 헌정 질서를 짓밟고, 헌법과 법에 의해 세워진 정당한 국가기관을 교란시키는 것으로써,

내란을 획책하는 명백한 반국가 행위입니다. 국민의 삶은 안중에도 없고 오로지 탄핵과 특검, 야당 대표의 방탄으로 국정이 마비 상태에 있습니다. 지금 우리 국회는 범죄자 집단의 소굴이 되었고, 입법 독재를 통해 국가의 사법·행정 시스템을 마비시키고, 자유민주주의 체제의 전복을 기도하고 있습니다. 자유민주주의의 기반이 되어야 할 국회가 자유민주주의 체제를 붕괴시키는 괴물이 된 것입니다. 지금 대한민국은 당장 무너져도 이상하지 않을 정도의 풍전등화의 운명에 처해 있습니다.

친애하는 국민 여러분,

저는 북한 공산 세력의 위협으로부터 자유대한민국을 수호하고 우리 국민의 자유와 행복을 약탈하고 있는 파렴치한 종북 반국가 세력들을 일거에 척결하고 자유 헌정질서를 지키기 위해 비상계엄을 선포합니다. 저는 이 비상계엄을 통해 망국의 나락으로 떨어지고 있는 자유 대한민국을 재건하고 지켜낼 것입니다. 이를 위해 저는 지금까지 패악질을 일삼은 망국의 원흉 반국가 세력을 반드시 척결하겠습니다. 이는 체제 전복을 노리는 반국가 세력의 준동으로부터 국민의 자유와 안전, 그리고 국가 지속 가능성을 보장하며, 미래 세대에게 제대로 된 나라를 물려주기 위한 불가피한 조치입니다. 저는 가능한 한 빠른 시간 내에 반국가 세력을 척결하고 국가를 정상화시키겠습니다. 계엄 선포로 인해 자유대한민국 헌법 가치를 믿고 따라주신 선량한 국민들께 다소의 불편이 있겠습니다마는, 이러한 불편을 최소화하는 데 주력할 것입니다. 이와 같은 조치는 자유대한민국의 영속성을 위해 부득이한 것이며, 대한민국이 국제사회에서 책임과 기여를 다한다는 대외 정책 기조에는 아무런 변함이 없습니다.

대통령으로서 국민 여러분께 간곡히 호소 드립니다. 저는 오로지 국민 여러분만 믿고 신명을 바쳐 자유 대한민국을 지켜낼 것입니다. 저를 믿어주십시오.

감사합니다.

[별지 4]

계엄사령부 포고령 제1호

자유대한민국 내부에 암약하고 있는 반국가세력의 대한민국 체제전복 위협으로부터 자유민주주의를 수호하고, 국민의 안전을 지키기 위해 2024년 12월 3일 23:00부로 대한민국 전역에 다음 사항을 포고합니다.

1. 국회와 지방의회, 정당의 활동과 정치적 결사, 집회, 시위 등 일체의 정치활동을 금한다.

2. 자유민주주의 체제를 부정하거나, 전복을 기도하는 일체의 행위를 금하고, 가짜뉴스, 여론조작, 허위선동을 금한다.

3. 모든 언론과 출판은 계엄사의 통제를 받는다.

4.사회혼란을 조장하는 파업, 태업, 집회행위를 금한다.

5. 전공의를 비롯하여 파업 중이거나 의료현장을 이탈한 모든 의료인은 48시간 내 본업에 복귀하여 충실히 근무하고 위반시는 계엄법에 의해 처단한다.

6. 반국가세력 등 체제전복세력을 제외한 선량한 일반 국민들은 일상생활에 불편을 최소화할 수 있도록 조치한다.

이상의 포고령 위반자에 대해서는 대한민국 계엄법 제9조(계엄사령관 특별조치권)에 의하여 영장 없이 체포, 구금, 압수수색을 할 수 있으며, 계엄법 제14조(벌칙)에 의하여 처단한다.

2024. 12. 3.(화) 계엄사령관 육군대장 박안수.

정청래 소추위원 선고 후 기자회견문

국민 여러분. 그동안 얼마나 고생 많으셨습니까.

완벽한 논리로 퍼펙트하게 피청구인 대통령 윤석열을 파면했습니다. 헌법과 민주주의의 승리입니다. 국민의 승리입니다. 민주주의의 적을 민주주의로 물리쳐준 국민 여러분께 감사드립니다. 헌법의 적을 헌법으로 물리쳐준 헌법재판소의 현명한 역사적 판결에 깊이 감사드립니다.

12 · 3 내란의 밤 때 장갑차를 막아선 시민들, 국회를 침탈한 계엄군을 막으려 국회로 달려온 시민들, 광화문 광장에서 윤석열 파면을 외친 시민들, 내란성 스트레스로 불면의 밤을 보낸 국민에게 위로와 치유가 되기를 바랍니다.

역사적으로 볼 때 국난의 위기를 구해낸 것은 일반 백성들이었습니다. 이번 12 · 3 내란 사태의 국가적 위기를 구해낸 것은 오롯이 국민 덕분입니다. 12 · 3 그날 밤 비상계엄을 국민이 온몸으로 막아냈고, 오늘 내란 우두머리 피의자 윤석열의 파면을 국민께서 끌어내 주셨습니다. 국민에 의한 국민의 승리입니다. 계절이 바뀌도록 밤잠 설치며 가슴 졸이며 윤석열 파면을 염원한 국민께 다시 한번 진심으로 감사드립니다.

닭의 목을 비틀어도 새벽은 옵니다. 우리는 어둠의 세력을 몰아내고 내란의 겨울을 이겨냈습니다. 대한민국은 놀라운 민주주의 회복력을 보여줬고, 민주주의 새 봄날을 맞이했습니다. 내란 주동 세력과 옹호 세력의 거짓 선동을 이겨냈습니다. 대한민국 국민의 위대한 승리입니다.

내란 우두머리 피의자 윤석열의 파면은 너무나 정당하고 당연합니다. 사필귀정입니다. 윤석열 파면의 필요충분조건의 증거도 차고 넘쳤고 위헌성도 뚜렷했습니다. 윤석열은 비상계엄의 헌법적 조건도 헌법적 절차도 위반했고, 계엄포고령 자체도 위헌이고 헌법기관인 국회와 중앙선관위를 침탈한 것도, 국회의원과 법관을 체포 구금하려 한 것도 모두 헌법 위반입니다. 헌재가 판결문에서 명확히 했습니다. 윤석열은 파면되어 마땅합니다.

오늘의 죄를 벌하지 않는다면 내일의 범죄에 용기를 준다고 했습니다. 오늘 반헌법적 윤석열 내란 행위 벌함으로써 내일의 독재자, 제2의 윤석열을 예방하고 차단할 수 있기를 기대합니다. 오늘의 윤석열 파면이 역사적 교훈이 될 것입니다.

역사는 직진하지 않지만, 결코 후퇴하지 않습니다. 멈추지도 않습니다. 역사는 굽이굽이 방방골골 물소리 새소리까지 들으며 고비를 넘습니다. 역사의 물줄기는 옆으로 흐르는 것 같지만 결코 역류하지 않습니다. 정권은 짧고 국민은 영원합니다. 정권과 국민이 싸우면 끝내 국민이 이깁니다.

대한민국 국민은 오늘 윤석열 독재정권의 독재자 윤석열을 파면했습니다. 국민이 승리했습니다. 이제 일상을 회복하고 앞으로 나아갑시다. 민주공화국 대한민국 만세입니다. 대한민국 민주주의 만세입니다. 대한민국 국민 만세입니다.

고맙습니다.

　　　　　　　　　　　　　　　　　　　2025년 4월 4일

국회 측 법률대리인단 선고 후 기자회견

— 송두환 변호사

여러분, 정말 오랫동안 참고 기다려 오셨습니다.

오늘 조금 전에 대통령 윤석열을 대통령직에서 파면하는 결정이 선고되었습니다. 작년 12월 3일 불법무도한 비상계엄 선포일로부터 122일이 지나는 날이고, 국회의 탄핵소추일로부터는 111일 만에 결정 선고된 것입니다.

우리는 이 탄핵 심판 사건의 결론이 이렇게 늦게 나오리라고는 생각하지 못했습니다. 사실관계 그리고 위헌 위법성이 단순 명백하고, 따라서 파면 결정은 지극히 당연하고 불가피하다고 모두 확신했습니다. 애당초 비상계엄 자체가 헌법 법률이 정한 실체적 절차적 요건을 전혀 갖추지 못했을 뿐만 아니라, 국회, 선관위 등 헌법기관의 권능을 함부로 침탈하고자 무단 난입, 요인 체포 시도 등 위헌 위법한 만행을 저지르는 그 현장 상황을 우리 온 국민이 실시간 영상으로 목도하고, 또 생생한 증언이 이어졌기 때문입니다. 그런데도 이 사건 결론이 이렇게까지 늦어지다 보니, 온갖 억측이 난무하기 시작했고, 그 결과 모든 국민이 불안과 두려움에 시달려 왔던 것이 사실입니다.

그러던 중 드디어 오늘 헌법재판소의 결정을 확인했습니다. 오늘 비록 너무 늦긴 했으나, 이제라도 파면 결정이 나온 것은 최악의 상황을 피했다는 의미에서 크게 다행이라고 생각하고, 그래서 오늘은 모든 국민이 함께 기뻐하며 서로서로를 축하해도 좋겠다고 생각합니다.

이 시점이 되고 보니, 비상계엄 선포 직후 국회 앞으로 달려가서 계엄군의 국회 침탈을 막아섰던 민주시민들, 계엄군의 일원으로 동원되었으나 사태를 파악한 후 평소의 민주적 소양 그리고 지성에 힘입어서 소극적 저항의 모습을 보여준 젊은 군인들의 민주적 신념과 용기에 새삼 존경과 감사의 뜻을 전하고 싶습니다. 그리고 돌연한 사태를 맞이해서 즉각 신중하면서도 신속하게 비상계엄 해제 요구 결의를 한 국회 및 관계자 여러분, 탄핵 심판 절차가 진행되는 동안 초미의 관심 속에서도 인내심을 가지며 결론을 기다려주신 모든 분들께 깊은 감사의 마음을 전합니다.

오늘의 파면 결정은 온 국민의 민주주의와 민주 헌정 질서에 대한 의지와 열정을 헌법의 이름으로 공인하는 것이었습니다. 따라서 오늘을 온 국민의 승리, 우리 민주 헌정 승리의 날이라고 부르고 싶습니다.

그런데 우리는 불과 얼마 전에 영남 지역 여러 곳에서 대규모의 산불 참사가 일어났던 기억이 아직도 생생합니다. 이 기회에 산불 참사의 모든 피해자분들께 깊은 위로의 말씀을 전하고자 합니다만, 우리는 그때 얻은 교훈을 다시 한번 생각하게 됩니다.

산불이 발생했을 때, 일차적으로는 주불의 진화가 최우선으로 중요한데, 그다음 단계로는 잔불의 진화, 잔불의 철저한 정리가 못지않게 중요합니다. 그와 마찬가지로 일련의 내란 행위에 대하여는 내란의 우두머리에 대한 일차적인 대응 조치, 즉 탄핵 파면 조치가 최우선으로 필요하겠으나, 그 못지않게 잔불 진화, 잔불 정리에 해당하는 일련의 후속 조치들을 철저하게 이행하는 것이 매우 중요합니다. 그래야만 오늘의 이 계엄 탄핵 사태를 우리 민주 헌정 질서를 더 탄탄하게 만드는 계기로 삼을 수 있습니다. 그리고 그래야만 우리 대한민국을 지켜보고 있는 세계만방에게 대한민국은 어떤 민주주의의 위기가 닥치더라도 어려움을 이겨내어 다시 복원하고 더욱 강해지는 회복 탄력성을 갖춘 건강한 민주주의의 모범이라는 것을 보여줄 수 있습니다.

오늘 헌법재판소의 탄핵 파면 결정이 이러한 역사적 진전, 대한민국 민주 헌정 질서가 더욱 단단하게 토대를 굳혀서 건강하게 자리 잡는 그런 도정의 출발점이 되기를 기원합니다. 그리고 이를 위하여 우리 모든 국민이 향후의 사태를 예의주시하면서, 모두의 힘과 지혜를 모아서 함께 노력할 것을 다짐하였으면 좋겠습니다.

다시 한번, 모든 국민께 감사드립니다.

– 이광범 변호사

이광범 변호사입니다.

조금 전 우리는 피청구인이 대통령직에서 파면되는 장면을 지켜보았습니다. 피청구인이 저지른 헌법

파괴 행위와 민주공화국 전복 행위, 심판 과정에서 드러나 피청구인의 무지한 세계관과 국가관, 조금도
찾아보기 힘들었던 헌법 수호 의지를 더하여 보면, 당연한 결과입니다.

기뻐할 일은 아닙니다. 해방 80주년이 되는 경사스러운 올해, 대한민국 최고 지도자가 또다시 임기를
마치지 못하고 역사의 뒤안길로 사라지는 모습을 지켜봐야 하기 때문입니다. 불행한 일입니다. 피청구인
은 물론, 소추 대리인단이나 피청구인 대리인단 모두 동시대의 같은 교육을 받은 법조인입니다. 그런 사
람들이 심판 과정에서 똑같은 법률과 현상을 놓고서 극단적으로 맞서 다퉜습니다. 사회 지도층을 자처하
는 정치인, 언론인, 종교인, 학자들이 대중을 선동하기까지 하였습니다. 유튜브, 가짜뉴스가 여론을 호도
하였습니다. 심지어 심판정에 선 헌법재판관들까지 내 편 네 편으로 갈라쳤습니다. 너무나 부끄러운 자
화상입니다.

갈등은 극에 달하고 있습니다. 민생은 신음합니다. 나라 기강은 무너졌습니다. 국가 신임도는 추락했
습니다. 앞으로 나아갈 동력이 남아 있는지조차 우려하는 목소리까지 있습니다. 이제 모두 뜻을 모아 치
유와 전진의 역사에 동참하여야 합니다.

그 시작은 바로 승복입니다. 불복은 12 · 3 비상계엄보다 더 중한 헌법 파괴이자 민주공화국 전복 시도
라는 점을 명심하여야 합니다. 그리고 포용과 화해가 이어져야 합니다. 훗날 후손들이 우리를 역사의 죄
인이 아닌 자랑스러운 조상으로 기억할 수 있도록 하여야 합니다. 확신합니다. 대한민국은 위대하고, 국
민은 현명하기 때문입니다.

윤석열 대통령 탄핵 소추 대리인단의 임무를 마치고 이제 물러갑니다. 저희와 뜻을 같이한 국민 여러
분께 감사드립니다. 뜻이 달랐던 분들께는 위로의 말씀을 전합니다.

감사합니다.

오늘 헌법재판소가 대통령 탄핵심판의 결과를 확정하였습니다. 헌정사상 두 번째로 현직 국가 원수의 탄핵이라는 불행한 상황이 발생한 것을 무겁게 생각합니다. 저는 대통령 권한대행으로서 국가 안보와 외교에 공백이 없도록 굳건한 안보태세를 유지하겠습니다. 또한 통상전쟁 등 당면한 현안에 대한 대처에 일체 차질이 없도록 만전을 기하고 국민이 불안해하시는 일이 없도록 치안 질서를 확립하고 각종 재난에도 철저히 대비하겠습니다. 아울러, 주권자인 국민 여러분들의 뜻을 받들어 헌법과 법률에 따라 다음 정부가 차질없이 출범할 수 있도록 차기 대통령 선거관리에 최선을 다하겠습니다. 모든 공직자 여러분께도 당부드립니다. 우리에게는 안정적인 국정운영이라는 중대한 소임이 있습니다. 나라 안팎으로 엄중한 상황인 만큼, 정부운영에 한치의 소홀함 없도록 맡은바 역할에 책임있게 임해주시기 바랍니다. 대한민국이 현재의 위기를 극복하고 우리 국민 한 분 한 분의 일상에 아무 흔들림이 없도록 하는데 매진해 주시길 바랍니다. 정치권과 국회에도 대한민국의 미래를 위해 차이를 접어두고 힘과 지혜를 모아주실 것을 간곡히 부탁드립니다. 정부는 국민의 삶과 경제가 흔들리지 않도록 정부의 역할을 충실히 수행하는 데 혼신의 힘을 다하겠습니다. 감사합니다.

– 한덕수 대통령 권한대행 국무총리, 4월 4일 대국민 담화문

우원식 국회의장 대국민 특별담화문

존경하는 국민 여러분, 헌법재판소가 윤석열 대통령 파면을 결정했습니다. 그 결정의 무게를 깊이 새깁니다. 대한민국은 이제 한 걸음 더 전진해야 합니다.

깜깜하고 긴 터널을 지나온 것 같습니다. 충격과 혼란의 시간을 함께 견뎌낸 국민 여러분께 깊은 위로와 감사의 말씀을 드립니다.

모두가 힘든 시간이었습니다. 경제와 민생이 더 어려워지면서 실직과 폐업 등 감당하기 힘든 좌절을 겪은 분들도 계십니다. 죄송하고 아픈 마음을 놓지 않고, 여러분의 손을 잡겠습니다. 이제는 모두의 일상이 제자리를 찾아가길 소망합니다. 국회도 국민의 일상 회복을 위해 더욱 노력하겠습니다.

오늘 헌재의 결정은 어느 한쪽의 승리가 아닙니다. 헌법의 승리이고, 민주주의의 승리입니다.

오늘로 우리는, 대한민국에서 그 누구도 법 위에 군림할 수 없다는 것을 거듭 확인했습니다. 어떤 권력이라도 위헌, 위법한 행위에는 반드시 책임을 묻는다는 원칙을 분명히 했습니다. 법치주의는 국민주권과 민주주의를 실현하는 강력한 수단이고, 누구도 흔들 수 없는 민주공화국의 근간입니다.

대외적으로도 성숙한 민주주의 역량을 입증했습니다. 충격적인 상황에서도 헌법 절차에 따라 민주적이고 평화적인 방법으로 헌정질서를 바로 세웠습니다. 놀라운 민주주의 회복력을 전 세계에 보여주었습니다. 대한민국은 권력이 국민을 위해서 바르게 행사되도록 통제하는 제도적 역량, 국민적 역량이 강한 나라입니다.

나아가 역사에도 중요한 이정표를 세웠습니다. 대한민국 헌정사는 국민주권을 확립하고 확대해온 역사입니다. 그 도도한 물결을 거스르려는 시도는 반드시 실패합니다. 오늘의 결정은 후대에 엄중한 본보기를 남김으로써 대한민국을 더 단단한 민주국가로 이끌 것입니다. 역사적 비극이 반복되지 않도록 우리를 인도할 것입니다.

그리고 무엇보다, 국민 여러분의 용기와 헌신이 오늘을 이끌었습니다. 주권자 국민이 있어 대한민국은 민주주의입니다. 위대한 국민이 있어 대한민국은 이제 새로운 단계로 나아갑니다.

그러나 국민 여러분, 우리 앞에는 여전히 많은 과제가 있습니다.

지난 4개월 우리 사회는 크게 분열했고 갈등했습니다. 민생의 고통은 더욱 커졌습니다. 미 행정부의 상호관세 부과 조치 발표로 글로벌 관세전쟁은 현실이 되었습니다. 대외신인도와 경제성장률 하락 위험이 커졌습니다.

경제가 활력을 찾고, 민생이 안정되기까지 얼마나 걸릴지 누구도 장담하기 어렵습니다. 결국, 국민이 겪게 될 어려움입니다. 마음이 무겁습니다.

국회부터 중심을 잡겠습니다. 현재로서 국회는 민주적 정통성을 가진 유일한 헌법기관입니다. 각 정당 간, 국회와 정부 간 소통과 협력을 강화해 국정 공백을 최소화하겠습니다. 가쁘게 진행될 대통령 선거 일정이 국정 현안의 블랙홀이 되지 않도록 국회-정부 국정협의회가 분명한 역할을 해야 합니다.

신속한 추경을 비롯해 당면 과제를 빈틈없이 챙기는 일이 중요합니다. 그래야 새로 출범할 정부가 빠르게 연착륙할 수 있습니다. 민생과 경제, 통상외교의 어려움을 해소하는 데에 제대로 국정역량을 투입할 수 있습니다. 정부와 정당, 국회가 함께, 책임감과 경각심을 가지고 현안을 지혜롭게 풀어가도록 힘을 모아주시기 부탁드립니다.

조기 대선은 헌정 회복과 국정 안정을 위한 헌법 절차입니다. 선거가 공정하고 안전하게 치러지도록 관련 부처와 기관은 만전을 기해주시기 바랍니다.

존경하는 국민 여러분, 지금 대한민국이 해결해야 할 가장 중요한 문제는 극단적인 갈등과 분열을 해소하는 것입니다. 상처가 깊고 아픕니다. 회복하고 치유하는 길이 아니면, 앞으로 나아갈 수 없습니다.

오늘의 결정이 대한민국의 새로운 전기가 되도록 함께합시다.

나라를 걱정하는 마음에는 좌우가 없습니다. 성별도, 계층도, 지역도, 세대도, 종교도 없습니다. 그러나 그 모든 마음을 모으기 위해서 꼭 필요한 것은 있습니다. 의견이 달라도 서로를 존중하고, 우리 모두가 대한민국 국민이라는 사실을 잊지 않는 것입니다. 혐오와 적대, 배제와 폭력을 단호히 거부하는 것입니다. 이것이 대한민국이라는 공동체를 지키는 길이고 통합의 출발입니다.

특별히 각 정당과 정치권에 요청합니다. 정치적 입장의 차이와 갈등을 헌법과 법률의 틀 안에서 해소하고 다양성을 경쟁력으로 승화시키는 것이 정치가 해야 할 일입니다. 대립과 갈등, 분열을 부추기는 일체의 행위를 중단합시다. 극단적 대결의 언어를 추방합시다. 당장은 표를 더 얻는 것처럼 보이겠지만 정치 기반과 사회 신뢰를 무너뜨리는 일입니다. 태도가 리더십입니다. 지도자들부터 포용과 연대의 모범을 보여주십시오. 통합의 리더십으로 지칠 대로 지친 국민의 마음에 위안이 되어주기를 간곡히 바랍니다.

존경하는 국민 여러분, 이제 대한민국은 새로운 출발선에 섰습니다. 국민의 뜻이 모인 길이 대한민국이 나아가는 길이 될 것입니다. 우리에게는 식민 지배와 분단, 전쟁과 독재의 캄캄한 터널을 뚫고 산업화와 민주화를 동시에 이뤄낸 저력이 있습니다. 국민의 광범위한 참여로 외환위기와 코로나 팬더믹을 극복한 자산이 있습니다. 세계가 놀란 민주주의 역량, 위기극복 역량이 우리 안에 있습니다. 대한국민의 자부심으로, 세계 민주주의의 본보기로 모두 함께 나아갑시다. 우리는 대한민국입니다. 고맙습니다. 〈끝〉

사랑하는 국민 여러분, 그동안 대한민국을 위해 일할 수 있어서 큰 영광이었습니다. 많이 부족한 저를 지지해 주시고 응원해 주신 여러분께 깊이 감사드립니다. 여러분의 기대에 부응하지 못해 너무나 안타깝고 죄송합니다. 사랑하는 대한민국과 국민 여러분을 위해 늘 기도하겠습니다.

— 윤석열, 4월 4일 파면 선고 후 입장문

권영세 비상대책위원장, 현안 관련 기자회견 주요내용

권영세 비상대책위원장은 2025. 4. 4.(금) 11:30, 현안 관련 기자회견을 가졌다. 주요내용은 다음과 같다.

– 권영세 비상대책위원장

존경하는 국민 여러분, 안타깝지만 국민의힘은 헌법재판소의 결정을 무겁게 받아들이며, 겸허하게 수용한다. 생각과 입장이 다를 수 있겠지만, 헌법재판소의 판단은 헌정 질서 속에서 내린 종국적인 결정이다. 우리는 이 결정을 존중하는 것이 민주주의와 법치주의를 수호하는 길임을 굳게 믿는다. 우리 사회가 성숙한 민주국가로 한 걸음 더 나가는 과정이라고 생각한다.

무엇보다 먼저 국민 여러분께 진심으로 사과드린다. 여당으로서의 역할을 다하지 못한 데 대해 책임을 통감한다. 민주당이 국회를 장악한 상황에서 반복되는 의회 폭주와 정치적 폭거를 제대로 막아내지 못한 점도 반성한다. 이번 사태로 많은 국민들이 느끼셨을 분노와 아픔에 대해서도 무겁게 인식하고 있다. 국민 여러분들께서 주시는 비판과 질책, 모두 달게 받겠다.

국민 여러분, 지금 우리 사회는 또 한번의 큰 고비를 마주하고 있다. 어떤 경우에도 폭력이나 극단적인 행동이 있어서는 안 된다. 평화와 질서 속에서 위기를 극복해야 한다. 분열과 갈등을 멈추고, 치유와 공동체 회복의 길로 나아가야 한다. 그것이 진정 대통령과 나라를 위하는 길이라고 생각한다.

무엇보다 국정 안정이 중요하다. 국민의힘은 혼란을 수습하고, 헌정 질서가 흔들리지 않도록, 대통령 권한대행 체제가 안정적으로 운영될 수 있도록 저희에게 주어진 헌법적 책무를 다하겠다. 정치의 본령은 국민을 섬기는 것이다. 미증유의 위기 속에서도 국민의힘이 국가의 버팀목이 될 수 있도록 끝까지 책임을 다하겠다. 감사하다.

2025. 4. 4.

국민의힘 공보실

국민이 나라를 수렁에서 구했습니다. 우리 국민이 쌓아 올린 민주주의가 다시 민주주의를 구했습니다. 2025년 4월 4일 헌법재판소가 드디어 윤석열 파면을 선고했습니다. 우리 국민을 너무나 애타게 기다리게 하긴 했지만, 헌법재판소는 우리 공동체 모두가 지켜야 할 민주주의의 원칙을 확인하는 소임을 충실히 다했습니다. 드디어 살아있는 민주주의를 생매장시키려 했던 괴물이 종말을 맞았습니다. 이 역사적 순간에 윤석열 정권 아래에서 목숨을 잃고 고통받았던 수많은 시민분들을 생각합니다. (…) 우리 시민들은 자신들의 고통을 딛고 이 나라의 정의와 상식을 지키기 위해 나섰습니다. 거리에서, 일터에서 우리의 민주주의를 지키기 위해 연대하셨습니다. 민주주의를 끝내 구출하신 대한민국 시민분들, 정말 고생하셨습니다. 진심으로 감사드립니다. 존경하는 국민 여러분, 이제 겨우 윤석열 하나를 끌어내렸을 뿐입니다. 괴물을 탄생시킨 조건들은 여전히 강고합니다. 윤석열이 드러낸 진실이 있습니다. 우리의 민주주의 시스템은 언제든 붕괴될 수 있을 정도로 허약합니다. 우리 민주공화국에 이미 거대한 극우 세력이 자리 잡고 있습니다. 검찰과 법원을 비롯 중립을 금과옥조로 여겨야 할 국가기관들이 전부 정치화되어 있습니다. 검사, 의사, 판사에 이르기까지 우리 사회에서 존경받고 신뢰받아야 할 엘리트들이 자기들의 이익을 위해 권력에 빌붙고, 국민을 버리고, 법의 정신조차 지키지 못하는 집단이라는, 그 민낯이 드러났습니다. 존경하는 국민 여러분, 우리는 내란 세력에게 책임을 묻는 것을 넘어 민주공화국의 토대를 뒤흔들고 있는 이 심대한 위기를 반드시 극복해내야 합니다.

– 사회민주당 대표 한창민, 4월 4일 기자회견문

의원총회 주요내용

4월 4일 의원총회 주요내용은 다음과 같다.

– 권성동 원내대표

오늘 이 자리에 서 보니 무슨 말부터 해야 할지 마음이 너무나 무겁고 착잡하다. 우리 모두가 정상적인 국정운영에 대한 기대와 희망을 키워 왔고 나라를 위해 한마음으로 노력해 왔다. 그런데 막상 헌재판결이 이렇게 되고 보니 실망을 넘어 참담하기만 하다. 여러분 모두 같은 심정일 것이라고 생각한다. 그래도 우리가 해야만 하는 책무가 있고 가야 할 길이 있기에 돌덩이 같은 무거운 마음을 안고 이 자리를 마련하게 되었다.

원내대표로서 몇 가지 말씀을 드리겠다. 첫 번째, 국민 여러분께 대단히 송구하다는 말씀을 드린다. 국민의 손으로 선출한 대통령이 임기를 채우지 못하고, 중도에 물러나게 되었다. 국정운영에 공동책임이 있는 여당으로서 그 책임이 결코, 가볍지 않다는 것을 잘 알고 있다. 오늘 헌재판결의 계기로 더 깊이 성찰하고 각성하면서 책임 있는 정당으로 거듭날 것을 약속드린다.

다음으로 국민의힘은 헌재판결을 겸허하게 수용한다는 말씀을 드린다. 그동안 대통령 탄핵소추의 절차와 내용의 문제점을 수없이 지적해 왔기 때문에, 헌재의 결정에 아쉬움이 많다. 하지만 마음은 아프지만, 헌재의 결정은 존중해야 하는 것이다. 그렇게 해야만 우리 사회가 갈등과 분열을 넘어 통합과 미래로 나아갈 수 있다. 저는 이것이 바른 정치의 길이며, 분열과 정쟁을 먹고 사는 민주당과 결정적으로 다른 우리당의 진면모라고 생각한다. 동시에 국민의힘은 모든 어려움 속에서도 국가와 국민에게 책임 정당의 역할을 다하겠다.

지금 밖으로는 글로벌 관세전쟁이 격화되면서, 우리 경제에 비상이 걸렸고 안으로는 민생경제가 엄중한 상황이다. 국민의힘은 막중한 책임의식을 갖고 국민과 함께 위기 극복에 전력을 다하겠다. 대통령 탄핵소추 이후 111일을 돌아보면, 참으로 힘들고 어려운 시간을 보냈다. 여러분 모두 각자 서 있는 자리,

역할과 방법은 조금씩 달랐지만, 나라를 사랑하는 한마음으로 최선을 다해주셨다. 그 과정에서 다른 생각과 견해가 있었다.

하지만 이제는 그 모든 차이를 털어버리고 새롭게 출발해야 한다. 지금도 정치의 시계는 어김없이 돌아가고 있다. 두 달 후면 대선이다. 시간은 촉박하지만 절대로 물러설 수 없고 져서는 안 될 선거이다. 피와 땀과 눈물로 지키고 가꿔온 대한민국의 미래를 위험천만한 이재명 세력에게 맡길 수 없기 때문이다. 승리를 위해 우리부터 하나로 뭉쳐야 한다. 그 단결된 힘으로 자유 민주주의와 헌정질서를 지키려는 모든 시민들, 안정과 통합을 바라는 모든 국민들과 함께 힘을 합쳐야 한다.

가장 강한 쇠는 가장 뜨거운 불에서 나온다고 한다. 오늘의 아픔과 시련을 더 큰 승리를 위한 담금질 과정이라고 생각합시다. 그리고 다시 한번 우리 모두 각오를 다집시다. 새로 시작합시다. 굳센 의지와 결기로 재무장하고 대선 승리를 향해 나아갑시다. 내일은 반드시 내일의 태양이 뜰 것이다. 감사하다.

2025. 4. 4.
국민의힘 공보실

이재명 당대표, 헌재 선고 관련 긴급 입장 발표

□ 일시 : 2025년 4월 4일(금) 오전 11시 50분
□ 장소 : 국회 본청 당대표회의실

– 이재명 당대표

헌법을 파괴하며 국민이 맡긴 권력과 총칼로 국민과 민주주의를 위협한 윤석열 전 대통령에 대한 파면이 선고됐습니다. 위대한 국민들이 위대한 민주공화국 대한민국을 되찾아 주셨습니다. 계엄군의 총칼에 쓰러져 간 제주 4.3, 광주 5.18 영령들이, 총칼과 탱크 앞에 맞선 국민들이, 부당한 명령을 거부한 장병들의 용기가 오늘 이 위대한 빛의 혁명을 이끌었습니다. 대한민국 민주공화정을 지켜주신 국민 여러분, 진심으로 존경과 감사의 말씀을 드립니다.

현직 대통령이 두 번째로 탄핵된 것은 다시는 없어야 할 대한민국 헌정사의 비극입니다. 저 자신을 포함한 정치권 모두가 깊이 성찰하고 책임을 통감해야 될 일입니다. 더 이상 헌정 파괴의 비극이 반복되지 않도록, 정치가 국민과 국가의 희망이 되도록 최선을 다하겠습니다.

세계 역사상 비무장 국민의 힘으로 평화롭게 무도한 권력을 제압한 예는 대한민국이 유일합니다. 촛불혁명에 이은 빛의 혁명으로, 우리 국민은 이 땅의 민주주의를 극적으로 부활시켰습니다. 세계는 우리 대한민국을 재평가할 것이고, K-민주주의의 힘을 선망하게 될 것입니다. 우리가 힘을 모으면, 국제 사회의 신뢰를 신속하게 회복하고 오히려 위기를 기회로 만들 수 있습니다.

이제부터 진짜 대한민국이 시작됩니다. 국민과 함께, 대통합의 정신으로 무너진 민생, 평화, 경제, 민주주의를 회복시키겠습니다. 모든 국민이 안전하고 평화로운 나라에서 희망을 가지고 함께 살아가는 그런 세상을 향해, 성장과 발전의 길을 확실하게 열어 가겠습니다. 고맙습니다.

2025년 4월 4일
더불어민주당 공보국

민주공화국을 위기로 몰아넣은 괴물 윤석열이 파면되었습니다. 헌재는 '헌법수호의 관점에서 중대한 법 위반행위에 해당하며, 파면함으로써 얻는 이익이 국가적 손실을 압도한다'고 선고하였습니다. 대한민국을 수렁에서 건져내고, 위대한 시민혁명의 역사를 다시 쓴 국민 여러분께 진심으로 감사드립니다. 국민 여러분이 나라를 구하셨습니다. 사회민주당은 '윤석열 탄핵 추진 정당'이라는 첫 목표를 이루었습니다. 이제 우리의 자유와 평등을 위협하는 극우 세력을 완전히 몰아내는 혁신 진보의 길을 가겠습니다. 다시는 내란과 폭동이 민주주의와 헌정질서를 무너뜨리는 나라가 되어선 안됩니다. 새로운 공화국으로 나아가는 정치혁명으로 정치의 역할을 제대로 해 나가겠습니다. 123일 동안 불면과 불안을 견디며 민주공화국을 수호하신 국민 여러분, 더 크고 더 단단하게 새로운 대한민국으로 나아갑시다.

— 사회민주당 대변인 임명희, 4월 4일 보도자료

제75차 비상의원총회 모두발언

□ 일시 : 2025년 4월 4일(금) 오후 2시 30분
□ 장소 : 국회 본청 246호

− 박찬대 원내대표

의총 시작하기 전에 운동화 끈을 다시 고쳐 맸습니다. 그리고 늘 하는 국민의례였지만, 또 국기에 대한 맹세도 다시 한번 되새겨 봤습니다. 오늘 헌법재판소가 만장일치로 윤석열을 파면했습니다. 헌법과 법률과 양심에 따라 정의로운 판결을 내려 주신 헌법재판관 여러분께 감사드립니다. 윤석열 파면은 대한민국의 주권자이신 국민의 위대한 승리이자 민주주의의 승리입니다. 대한민국 민주주의의 회복력을 전 세계에 보여준 만큼, 위기를 딛고 새롭게 도약할 디딤돌이 될 것입니다.

윤석열이 군대를 동원해 국회를 침탈한 지 오늘로 123일째입니다. 지난 넉 달 동안 눈 내리는 겨울부터 꽃 피는 봄이 올 때까지, 수많은 국민께서 내란 수괴 윤석열 파면을 위해 싸워 주셨습니다. '대한민국은 민주공화국이다. 대한민국의 주권은 국민에게 있고, 모든 권력은 국민으로부터 나온다'는 헌법 제1조를 광장과 거리에서 입증해주신 국민 여러분께 깊은 존경과 감사의 인사를 올립니다. 지난 넉 달 동안 광장과 거리에서 들려주신 말씀들을 잘 모아서 더 나은 대한민국을 만드는 원동력으로 삼겠다는 말씀 드립니다.

윤석열은 헌법재판소 결정에도 반성과 사과 한 마디 없었습니다. 국민을 향해 총부리를 들이댄 죗값, 헌법파괴로 나라를 위기로 내몬 죗값은 반드시 치러야 될 것입니다. 국민의힘은 윤석열을 비호하고 내란에 동조하며 국가적 위기와 사회적 혼란을 키운, 씻을 수 없는 큰 책임도 있습니다. 1호 당원 윤석열을 즉시 제명하고, 내란 동조 행위에 동참했던 소속 의원들도 모두 징계해야 합니다. 그것이 국민에 대한 최소한의 도리입니다.

아울러, 헌정 붕괴 위기 앞에서 국민과 함께 싸워오신 우리 의원님들께도 진심으로 감사드리며, 고생

하시고 수고하셨다는 말씀을 드립니다. 윤석열이 파면됐다고 해서 다 끝난 것이 아닙니다. 국회가 국민
의 헌신에 책임있게 응답해야 합니다. 민주당이 해야 할 일들이 많습니다. 헌정질서가 무너지고 민주주
의가 흔들리면 경제도 흔들린다는 것을 우리는 지난 넉 달간 뼈저리게 확인했습니다. 국민의 일상이 위
협받지 않고 자유와 평화를 누리는 나라, 흔들리지 않는 민주주의를 만들어가는 것이 우리에게 주어진
책무입니다. 내란으로 인한 상처를 치유하고 회복과 성장을 향해 나아가야 합니다. 내란의 잔불도 확실
하게 꺼야 합니다. 의원님들께서 앞으로도 책임감 있게 나서주시기를 당부드리고, 또 그리 해 주실 것이
라 믿습니다.

국민이 일군 빛의 혁명을 완수하는 것이 더불어민주당의 책무입니다. 국민이 지켜낸 민주주의, 더불어
민주당이 더욱 단단히 지키겠습니다. 국민의 삶을 돌보고, 더 나은 나라를 만들기 위해 최선을 다하겠습
니다. 빛나는 역사를 써주신 국민여러분께 다시 한 번 감사드립니다. 고맙습니다.

2025년 4월 4일
더불어민주당 공보국

각 기자회견문, 위원회 보도자료

– 더불어민주당 전국장애인위원회 성명서

■ 내란수괴 윤석열에 대한 파면 선고는 사필귀정(事必歸正)의 당연한 결과입니다

'피청구인 대통령 윤석열을 파면한다.'

오늘 헌법재판소는 내란수괴 윤석열에 대한 파면을 선고했습니다. 더불어민주당 전국장애인위원회는 내란수괴 윤석열에 대한 헌법재판소의 탄핵 인용을 환영하며 주권자인 국민의 뜻이 반영된 정당한 판결이라 평가합니다.

대한민국의 주권은 국민에게 있고, 모든 권력은 국민으로부터 나온다는 헌법정신을 수호해야 할 대통령이 그 책무를 방기하고 국민을 배반했습니다. 그러나 우리 국민께서는 헌정질서 회복과 민주주의 수호를 위해 다시 한번 저력을 보여주셨습니다. 2024년 12월 3일 이후 지난 4개월여간 밤낮을 가리지 않고 광장을 지키며 사력을 다해 비상계엄을 해제하고 내란수괴 윤석열의 파면소추를 가결시키고 마침내 파면까지 이끌어냈습니다. 2025년 4월 4일은 위대한 국민 승리의 날로 역사에 기록될 것입니다.

헌법수호 의지 자체가 없었던 내란수괴 윤석열의 무도한 폭정은 사회적 약자에게 더욱 가혹했습니다. 특히 내란수괴 윤석열은 임기 내내 사회적 약자인 장애인과 대립각을 세우며 차별과 배제, 극단적 혐오를 조장해왔습니다. 장애인 이동권을 보장하기 위한 장애인단체의 지하철 시위를 불법으로 규정하여 악마화하고, 공권력을 동원해 강경 대응을 이어왔습니다. 또한 장애인예산 증액보다 부자감세에 혈안이 되어 국내총생산(GDP) 중 장애인 복지지출 비중이 OECD 회원국 중 최하위 수준을 유지해 장애인에 대한 무관심과 무책임도 적나라하게 보여주었습니다.

이제 내란수괴 윤석열을 파면한 헌법재판소의 결정으로 내란위기를 극복할 새로운 담론과 시대정신이 어느 때보다 절실합니다. 무엇보다 국회는 분열된 국론을 통합하고 장기간의 국정공백으로 무너진 민

생경제 안정화에 힘을 쓰는 것은 물론 대내외적 불확실성에도 적극적으로 대응해야 합니다. 나아가 최근 전국적으로 발생한 산불사태를 비롯해 각종 국가적 재난상황에서 장애인과 노인 등 사회적 약자 보호에도 최선을 다해야 할 것입니다.

더불어민주당 전국장애인위원회는 수권정당 더불어민주당의 책임있는 일원으로서 260만 장애인을 대변하여 사회적 약자의 권리를 보장하고, "누구도 소외되지 않는 보편적 복지국가"라는 사회적 가치 아래 누구도 차별받지 않는 새로운 포용의 시대를 준비하겠습니다. 비상계엄, 천재지변과 같은 재난 상황이 사회적 약자에게만 불공평해지지 않도록 정의로운 대한민국, 모두가 평등하게 살아가는 나라를 위해 더욱 책임감 있는 자세로 국민께 다가가겠습니다.

2025년 4월 4일
더불어민주당 전국장애인위원회

– 더불어민주당 원외지역위원장협의회 성명서

■ 윤석열 파면, 위대한 시민의 승리! 새로운 대한민국의 시작!

"주문, 대통령 윤석열을 파면한다." 헌법 재판관 8인 전원일치 판결이었다. 12.3계엄으로 지옥의 문을 연 '내란우두머리 윤석열'은 123일만에 마침내 파면되었다.

위헌적인 계엄령이 드리운 어둠과 공포를 걷어 내고 위대한 국민이 만든 '빛의 혁명'이었다. 전국 곳곳에서 살을 에는 추위와 모진 비바람에 흔들리지 않고 굳세게 광장을 지키며 탄핵과 파면을 외친 시민들의 절절한 외침에 헌법수호 최후의 보루인 헌법재판소가 응답한 것이었다.

내란수괴 파면으로 이르는 길은 눈물겨운 항쟁의 시간이었다. 총을 든 계엄군을 맨 몸으로 막아낸 시민들, 수백만 시민의 응원봉이 만들어낸 국회 탄핵가결, 눈내리는 한남동의 키세스 시위대, 남태령에 막힌 전봉준 투쟁단의 트랙터 길을 열어준 2030청년들, 헌재 앞 안국역에서의 24시간 철야농성, 그리고 광화문 동십자각 앞에서 주권자의 외침과 절규가 있었다.

"대한민국의 주권은 국민에게 있고 모든 권력은 국민으로부터 나온다"는 헌법 제1조의 추상같은 명령이 하늘에 닿았고, 마침내 헌법 재판소는 내란우두머리를 파면하였다.

파면으로 끝난 것이 아니다. 내란세력을 완전히 진압하고 파괴된 민주주의를 복원시키는 일, 새로운 대한민국을 만드는 일, 사회대개혁의 문을 열어야 하는 과제가 놓여 있다.

위헌적인 계엄조차 옹호하고 탄핵기각을 주장하며 내란수괴의 복귀를 모색한 국민의힘은 국민과 민생을 내팽개치고 정치적 이익에만 몰두한지 오래다. 계엄해제 표결에 고의적으로 불참하고 위헌 계엄을 정당한 통치행위라고 강변한 국민의힘은 보수정당의 가치에서 완전히 일탈된 '극우 내란정당'이다.

내란우두머리 파면은 새로운 대한민국의 시작이다. 하루빨리 파탄난 경제를 회복시켜 사경을 헤매고 있는 민생을 살려내야 한다. 추락한 국격을 일으켜 세워 국민적 자존감을 회복해야 한다.

윤석열 정권 3년 동안 억울하게 죽은 분들과 유가족을 위로해야 한다. 내란수괴의 권력야욕이 빚은 위헌위법한 계엄으로 피폐해진 시민들에게 하루빨리 평화로운 일상을 되찾을 수 있도록 더불어민주당은 혼신의 노력을 다할 것이다.

그리하여 세계가 다시금 빛나는 대한민국 민주주의를 주목하고, 독재에 신음하는 세계인들에게 '빛의 혁명'을 전파하는 영광스러운 대한민국으로 우뚝 설 것이다.

2025년 4월 4일
더불어민주당 원외지역위원장 협의회 일동

– 더불어민주당 북한이탈주민특별위원회 성명서

■ 권력자의 횡포에 철퇴를 내린 민주주의, 북한 주민들에게 희망이 되기를

2025년 4월 4일 오전 11시 22분, 헌법재판관 전원의 일치로 윤석열 대통령이 파면되었습니다. 한국 민주주의가 승리한 날입니다.

국민을 향해 총을 들게 한 윤석열, 입법부를 훼손하고 체포하려 한 윤석열, 폭력을 조장하고 거짓으로 일관했던 윤석열, 민주주의 가치를 훼손한 윤석열을 대한민국 국민들이 끝내 물리쳤습니다.

대한민국 국민들의 승리입니다. 민주주의를 수호하는 국민들의 승리입니다. 이제 국가가 정상화 되어 훼손된 가치를 복원해야 합니다.

대한민국은 권력자의 횡포에 맞서 싸웠습니다. 대한민국의 민주주의가 권력자의 위법에 철퇴를 내렸습니다. 대한민국은 대통령도 감옥에 보낼 수 있는 민주주의가 작동하는 나라입니다.

민주주의 가치를 지켜낸 대한민국의 소식이 북한 주민들에게도 전달될 것입니다. 적어도 한국은 민주주의가 지켜지는 나라임을, 권력자가 국민들의 손으로 쫓겨나는 곳이라는 사실이 북한 주민들에게 분명 희망이 될 것입니다.

오늘의 대한민국이 북한 주민들에게 희망이 되기를, 희망이 되어야만 합니다.

2025년 4월 4일
더불어민주당 북한이탈주민특별위원회

– 더불어민주당 사법정의실현 및 검찰독재대책위원회 성명서

■ 대한민국 민주주의의 승리! 헌법재판소, 8:0 만장일치로 내란수괴 윤석열 파면 결정!

오늘, 대한민국의 역사가 새롭게 쓰였습니다. 헌법재판소는 내란수괴 윤석열을 8:0 만장일치로 파면하며, 헌정질서를 유린한 윤석열에 대한 준엄한 심판을 내렸습니다. 12.3 내란의 밤 맨몸으로 무장한 계엄군에 맞서고, 장갑차를 막아선 시민들의 승리이고, 엄동설한 추위에도 광장에서 응원봉을 들고 함께한 수 많은 시민들의 승리입니다. 과거가 현재를 돕고, 죽은 자가 산자를 구한 결과이고, 대한민국 민주주의를 지켜낸 국민의 위대한 승리입니다! 국민 여러분께 깊이 감사드립니다.

윤석열은 헌법과 법률을 무시하고, 국회를 무력으로 탄압하며, 군대를 동원해 민주주의의 근간을 흔들었습니다. 이에 대해 헌법재판소는 단호한 결단을 내렸습니다. 대한민국의 민주주의와 법치주의는 결코 무너지지 않는다는 것을 온 국민 앞에 선언한 것입니다.

그러나 이제 시작일 뿐입니다. 윤석열의 파면은 끝이 아니라, 대한민국을 바로 세우기 위한 첫걸음입니다. 윤석열의 불법 계엄 시도, 국회 봉쇄, 선관위 침탈, 법관 체포시도 등 민주주의를 파괴한 행위는 결코 용납될 수 없습니다. 죄는 지은대로 벌을 받고, 씨는 뿌린 대로 거두는 법입니다. 대한민국의 헌법과 민주주의를 무너뜨리려 했던 자들은 그 대가를 치러야 합니다. 특히 내란수괴 윤석열을 탄생시키고 끝까지 비호한 검찰도 함께 파면되어야 마땅합니다.

오늘은 우리 국민이 이긴 날입니다. 이제 국난극복과 대한민국의 재도약을 위해 힘과 지혜를 모아야 합니다. 우리는 앞으로 더욱 겸손하게 국민의 뜻을 받들어 정의가 실현될 때까지 나아갈 것입니다. 감사합니다.

2025년 4월 4일
더불어민주당 사법정의실현 및 검찰독재대책위원회

"부정선거로 나라가 위기에 처해 있다" "국회가 공산전체주의자들의 소굴이 되었다" "계엄령이 아니라 계몽령이었다" 비이성적이고 비상식적인 말들이 아무렇지 않게 오갔던 지난 123일, 현실 같지 않은 순간들이었습니다. 꿈인지 생시인지 분간하기 어려울 정도로 지독한 악몽 같았습니다. 존경하는 국민 여러분, 2025년 4월 4일 오늘, 우리는 그 악몽을 떨쳐내고 다시 현실로 돌아왔습니다. 지난 123일간, 나와 내 이웃의 자유와 인권, 평화를 지키기 위해 마음과 시간을 내어주신 모든 국민께 진심으로 감사의 인사를 드립니다. 축하의 인사를 전합니다. (…) 오늘이 오기까지 너무 오랜 시간이 흘렀습니다. 그렇기에 우리 앞에 산적한 과제가 결코 간단치만은 않기도 합니다. 윤석열 일당이 무너뜨린 사회적 신뢰를 회복해 나가야 합니다. 무너진 국가경쟁력과 민생경제를 되살려야만 합니다. 무너지고 있는 나와 우리 이웃의 삶을 다시 지켜내야 합니다. 그럼에도 저는 우리가 다시 희망을 만들 수 있는 위대한 국민임을 의심치 않습니다. 우리 국민은 우리가 직면한 위기를 하나하나 해결해 나갈 저력이 있는 국민입니다. 우리가 오늘 자유와 인권, 민주주의를 지켜낸 것처럼, 더 나은 내일을 만들 힘 또한 우리 안에 있습니다. 우리가 곧 대한민국이고, 우리가 주권자이기 때문입니다. 오늘은 민주공화국 대한민국이 다시 시작하는 날입니다.

– 기본소득당 대표 용혜인, 4월 4일 입장문

각 대변인 브리핑·서면브리핑·논평

– 조승래 수석대변인 브리핑

□ 일시 : 2025년 4월 4일(금) 오전 11시 30분
□ 장소 : 국회 본청 당대표회의실 앞

■ 윤석열 파면 선고 관련 브리핑

헌법재판소가 윤석열 파면을 선고했습니다.

12월 3일 그 엄혹한 밤을 헤치고 나와 차가운 겨울 내내 빛의 혁명을 일궈낸, 위대한 국민의 승리입니다. 이번에도 어김 없이 국난 극복에 앞장서 주신 국민 여러분께 깊이 감사드립니다. 오늘은 헌법 파괴 세력에 맞서 헌법을 수호하고 민주주의를 지켜낸 역사적인 날입니다. 이 과정을 통해 우리의 민주주의가 더욱 튼튼해질 것으로 확신합니다.

윤석열과 국민의힘도 이제는 국민의 뜻과 헌법재판소의 결정을 겸허히 받아들이고 국민에게 진심어린 사과를 하기 바랍니다. 갈등과 분열 선동도 당장 중단하고, 더 이상 대한민국의 회복과 성장에 걸림돌이 되지 마십시오. 한덕수 대행은 지금까지 헌법이 결정한 바와 헌법과 법률이 정한 절차를 준수하고 즉각 이행하기 바랍니다.

이제는 회복과 성장의 길로 나아가야 할 때입니다. 더불어민주당은 앞으로 내란의 상처를 극복하고 민생을 회복하는 데 전력을 다하겠습니다. 더불어민주당은 앞으로 더욱 겸허하고 철저하게 국민의 뜻을 받들겠습니다.

– 김성회 대변인 브리핑

□ 일시 : 2025년 4월 4일(금) 오후 2시 55분
□ 장소 : 국회 소통관 기자회견장

■ **파면된 내란 수괴 윤석열은 국민 앞에 사죄부터 했어야 합니다.**

파면 결정 이후 나온 윤석열 전 대통령의 메시지는 끝까지 무책임했습니다. 그의 입장엔 국정 파탄과 헌정질서 유린에 대한 사죄도 반성도 한마디 없었습니다.

오로지 극렬 지지층을 감정적으로 자극해 아직도 본인이 정국을 주도할 수 있다는 망상을 내비쳤습니다. 대한민국을 망쳐놓은 자의 입에서 "대한민국을 위해 일할 수 있어서 영광이었다"는 뜬금없는 소감을 듣게 될 줄은 몰랐습니다.

뼈저린 반성과 사과가 먼저입니다. 국민 앞에 자신의 죄를 고백하고, 법원에서 내란수괴의 죗값을 겸허히 받는 것만이 윤석열이 대한민국에 해야 할 최소한의 도리임을 명심하십시오.

2025년 4월 4일
더불어민주당 공보국

'윤석열 탄핵심판 선고(파면)' 직후 기자회견

2025년 4월 4일(금) 오전 11:30 / 국회의사당 경내 분수대 앞

조국혁신당 대표 권한대행 김선민입니다. 국민이 이겼습니다. 민주주의가, 그리고 정의가 이겼습니다. 사필귀정입니다. 국민 여러분, 감사합니다! 존경합니다! 사랑합니다!

조국혁신당은 감히 자부합니다. 저희는 총선 1년이 안 되어서 약속을 달성했습니다. 지난 봄부터, 지난 봄 벚꽃이 필 때, 저희는 외쳤습니다. "3년은 너무 길다." 우려와 비난, 조롱이 몰려왔습니다. 조국혁신당은 바위처럼 흔들리지 않았고, 14개월 맹수처럼 투쟁했습니다. 마침내 저 무도한 윤 정권을 멈춰 세웠습니다.

국민 여러분께서는 이제 일상으로 돌아가셔도 되겠습니다. 조국혁신당은 다시 뛰겠습니다. 세 가지를 약속합니다.

첫째, 멈추지 않고 내란 잔당을 일소하겠습니다. 내란의 진상을 낱낱이 밝히겠습니다. 책임 있는 자들을 법과 역사의 심판대에 세우겠습니다. 화해는 진실을 밝힌 뒤에야 할 수 있는 것입니다. 조국혁신당은 이미 반헌법행위특별조사위원회 설치를 제안했습니다. '성공한 반민특위'가 되어야 할 것입니다. 내란 특검, 명태균 특검, 김건희 특검도 반드시 실시해야 합니다.

둘째, 다시는 민주주의가 후퇴하지 않도록 제도적 정비를 하겠습니다. 이번 내란으로 우리 민주주의의 취약점이 드러났습니다. 즉각 고쳐야 합니다. 우선 헌법재판소법도 고쳐야 합니다. 헌정 수호의 최후 보루를 수선해야 합니다. 내란 세력의 몸통, 검찰을 반드시 개혁하겠습니다. 국민은 양극단에만 서 있지 않습니다. 그 사이에 다양하게 존재합니다. 이 다양한 민심이 정치에 제대로 반영돼야 합니다. 선거법, 국회법, 정당법 등을 고쳐야 합니다.

셋째, 응원봉 시민의 뜻을 오롯이 담겠습니다. 사회권 선진국, 제7공화국의 꿈입니다. 일한 만큼 대접

받는 세상, 아프면 치료받고, 맘 놓고 아이 낳아 키우는 나라, 돈 걱정 없이 공부하고 문화를 누리는 나라, 그런 간절한 염원이 내란을 막았습니다. 물려받은만큼만 성공하고, 돈 없으면 없이 사는 그런 사회여서는 안 됩니다. 사회 대개혁의 깃발을 높이 들겠습니다. 조국혁신당은 더 탄탄한 대한민국으로 이끄는 예인선이 되겠습니다.

이번 탄핵 정국의 혼란과 공백은 극단의 양당 체제, 정치 부재에서 비롯됐습니다. 조국혁신당은 통합의 정치 실현하겠습니다. 국민의 염원과 삶을 잇는 새로운 정치의 길을 열겠습니다. 그처럼 대한민국은 승리했고, 앞으로 혁신하며 나아갑니다. 악행을 한 자들은 역사의 뒤안길로 밀려, 마침내 소멸할 것입니다.

그동안 함께 애써주신 국민 여러분, 진심으로 다시 한 번 감사드립니다.

감사합니다. ｜끝｜

각 대변인 브리핑·서면브리핑·논평

– 한가선 청년대변인 논평

■ 피청구인 윤석열 파면, 대한민국을 다시 민주공화국으로

"주문, 피청구인 대통령 윤석열을 파면한다."

민주공화국인 대한민국의 일상을 되찾기 위한 이 문장을 듣기까지 4개월이 걸렸습니다. 헌정수호를 염원하는 시민들은 은박 담요 하나에 몸을 맡긴 채 눈 내리는 겨울 광장을 버텨냈습니다. '다시 만날 민주주의 세계'를 그리며 뜨겁게 노래 불렀습니다. 내란수괴를 대한민국에서 몰아내기 위한 일념 하나로 차디찬 겨울을 지새웠습니다.

그리고 마침내 봄이 왔습니다. "3년은 너무 길다!"를 외치며 조국혁신당이 창당한지 13개월만입니다. 윤석열 검찰독재정권을 조기 종식하겠다고 국민들께 드렸던 약속을 지킬 수 있었습니다. 헌정수호 국민들께서 힘을 모아주신 덕분입니다.

윤석열의 내란은 123일만에 끝이 났습니다. 하지만 완전히 끝난 것은 아닙니다. 작은 윤석열들, 내란이라는 중대범죄를 도모하게 만든 '윤석열 체제' 등 내란의 잔뿌리까지 모두 찾아 뽑아내야 합니다. 그래야 완전히 새로운 대한민국으로 가는 길이 열립니다. 내란특검과 반헌법행위특별조사위가 그 역할을 맡을 것입니다. 모든 것이 제자리로 돌아가는 아름다운 풍경의 시작이길 기대합니다. 조국혁신당이 그 길에 가장 앞장 서겠습니다.

– 김보협 수석대변인 논평

■ 윤석열 파면은 내란 종식의 서막일 뿐이다

내란수괴 윤석열이 헌법재판소 선고로 파면되었습니다. 물이 위에서 아래로 흐르는 것처럼 자연스러운 이치입니다. 헌재는 이론의 여지 없이 윤석열이 헌법과 법률을 중대하게 위반했다면서 파면의 이익이 손실을 압도한다고 했습니다.

형식은 헌재에 의한 파면이지만, 내용은 국민에 의한 파면입니다. 국민들께서 무장한 계엄군에 맞섰습니다. 제복을 입은 시민인 군경은 소소한 저항을 했습니다. 덕분에 국회가 비상계엄을 해제할 수 있었습니다. 123일 동안 여의도, 광화문, 남태령, 한남동에서 추위와 공포에 맞서 싸워주셨기에 윤석열을 파면하는 데에 이른 겁니다. 눈물 나게 고맙습니다.

그러나 끝이 아닙니다. 윤석열 파면은 내란 완전 종식과 민주헌정 수호의 서막이자 출발점일 뿐입니다. 내란 특검을 포함해 여러 특검 출범과 함께 반헌특위, '반헌법행위 특별조사위원회'를 만들어 내란을 묵인하고 방조하고 선동한 자들을 모두 조사하고 그에 합당한 처벌을 해야 합니다. 다시는, 그 누구도 내란을 도모하지 못하도록 역사에 길이 남겨야 합니다. 일제강점기 직후 반민특위, 반민족행위 특별조사위원회가 친일파와 부역자 청산을 못했기에, 민주화 이후 군사독재정권을 청산하지 못했기에 내란세력이 발호할 수 있었습니다. 윤석열 파면 이후에 '작은 윤석열들', 내란을 도발한 '윤석열 체제'의 잔뿌리까지 모두 뽑아내야 완전히 새로운 대한민국을 만들 수 있습니다. 그것이 조국혁신당의 탄탄대로, '탄핵 넘어 더 탄탄한 대한민국으로' 위원회가 지향했던 목표입니다.

이런 전제 없이 통합을 말하고 미래로 나아가자고 해서는 안됩니다. 윤석열 일당의 이해와 정확하게 일치하기 때문입니다. 진실을 밝히지 않은 상태에서 화해와 통합을 말하는 것은, 윤석열 일당에 부활의 시간을 허용하자는 얘기와 다를 바 없습니다. 끝까지 긴장의 끈을 풀지 말아야, 조만간 열린 대선에서 민주헌정수호세력이 내란세력에 압도적으로 승리할 수 있습니다. 내란을 완벽하게 종식해야 완전히 새로운 대한민국으로 가는 길이 열립니다.

    2025년 4월 4일

국회법 일부개정법률안

(김준혁의원 대표발의)

의 안 번 호	9589

발의연월일 : 2025. 4. 4.

발 의 자 : 김준혁·조계원·장종태
서영석·김정호·권칠승
채현일·김원이·정춘생
김문수 의원(10인)

제안이유 및 주요내용

현행법은 탄핵소추의결서가 송달되었을 때에는 임명권자가 소추된 사람의 사직원을 접수하거나 소추된 사람을 해임할 수 없도록 정하고 있음.

그런데 임명권자가 없는 대통령의 경우 탄핵소추의결서가 송달된 이후 탄핵심판절차 진행 중 대통령이 하야하는 것이 가능한지가 명확하지 않아 이를 둘러싼 법적 분쟁이 발생할 여지가 있음.

만약 탄핵소추의결서가 송달되어 탄핵심판절차가 개시된 이후 대통령이 하야하는 것이 가능하다고 한다면, 이는 현행법에서 탄핵소추의결서가 송달된 이후 사직원을 접수하거나 해임할 수 없도록 하고 있는 취지에 반할뿐 아니라 재판비용과 사회적 비용의 막대한 낭비를 초래하게 됨.

이에 탄핵소추된 사람이 대통령인 경우에 대통령은 사임할 수 없도록 하려는 것임(안 제34조).

2025년 4월 4일

법률 제   호

국회법 일부개정법률안

국회법 일부를 다음과 같이 개정한다.

제134조제2항 중 "정지되며, 임명권자는 소추된 사람의 사직원을 접수하거나 소추된 사람을 해임할 수 없다"를 "정지된다"로 하고, 같은 조에 제3항을 다음과 같이 신설한다.

③ 소추의결서가 송달되었을 때에는 임명권자는 소추된 사람의 사직원을 접수하거나 소추된 사람을 해임할 수 없고, 소추된 사람이 대통령인 경우에 대통령은 사임할 수 없다.

부   칙

이 법은 공포한 날부터 시행한다.

신·구조문대비표

현　　행	개　정　안
제134조(소추의결서의 송달과 효과) ① (생　략) ② 소추의결서가 송달되었을 때에는 소추된 사람의 권한 행사는 정지되며, 임명권자는 소추된 사람의 사직원을 접수하거나 소추된 사람을 해임할 수 없다. <신　설>	제134조(소추의결서의 송달과 효과) ① (현행과 같음) ② ------------------------------ ------------------------------ ----정지된다. ③ 소추의결서가 송달되었을 때에는 임명권자는 소추된 사람의 사직원을 접수하거나 소추된 사람을 해임할 수 없고, 소추된 사람이 대통령인 경우에 대통령은 사임할 수 없다.

공직선거법 일부개정법률안
(김윤덕의원 대표발의)

<table>
<tr><td>의 안
번 호</td><td>9592</td></tr>
</table>

발의연월일 : 2025. 4. 4.

발 의 자 : 김윤덕·이성윤·조계원
임오경·윤준병·이원택
소병훈·정일영·임호선
정성호·김교흥 의원
(11인)

제안이유 및 주요내용

「대한민국헌법」은 대통령이 궐위된 때 등에는 60일 이내에 후임자를 선거하도록 하고 있고, 현행법은 대통령의 궐위로 인한 선거 또는 재선거는 그 선거의 실시사유가 확정된 때부터 60일 이내에 실시하되, 선거일은 선거일 전 50일까지 대통령 또는 대통령권한대행자가 공고하도록 세부 규정을 두고 있음.

그런데 대통령 또는 대통령권한대행자가 대통령선거의 선거일을 공고하지 않거나 늦게 공고하는 경우에는 대통령선거에 큰 차질을 가져올 수 있음. 「대한민국헌법」 및 「국회법」이 국회에서 이송된 법률안을 대통령이 공포하지 않는 경우 국회의장이 공포하도록 규정하는 있는 점을 참고하여 선거일 공고에 관한 보완규정을 마련할 필요가 있음.

이에, 대통령 궐위 등의 선거사유가 확정된 때부터 4일 이내에 대통령 또는 대통령권한대행자가 선거일을 공고하되, 이때까지 공고하지 않는 때에는 중앙선거관리위원회 위원장이 공고 기한이 지난 날부터 3일 이내에 선거일을 공고하도록 함(안 제35조제1항 및 같은 항 단서 신설).

법률 제   호

공직선거법 일부개정법률안

공직선거법 일부를 다음과 같이 개정한다.

제35조제1항 중 "늦어도 선거일 전 50일까지"를 "선거사유가 확정된 때부터 4일 이내에"로 하고, 같은 항에 단서를 다음과 같이 신설한다.

　다만, 대통령 또는 대통령권한대행자가 본문에 따른 선거일 공고 기한까지 선거일을 공고하지 아니하는 때에는 그 공고 기한이 지난 날부터 3일 이내에 중앙선거관리위원회위원장이 선거일을 공고한다.

부   칙

이 법은 공포한 날부터 시행한다.

신·구조문대비표

현 행	개 정 안
제35조(보궐선거 등의 선거일) ① 大統領의 闕位로 인한 選擧 또는 再選擧(第3項의 規定에 의한 再選擧를 제외한다. 이하 第2項에서 같다)는 그 選擧의 실시사유가 확정된 때부터 60日 이내에 실시하되, 選擧日은 <u>늦어도 선거일 전 50일까지 大統領 또는 大統領權限代行者가 公告하여야 한다.</u> <단서 신설>	제35조(보궐선거 등의 선거일) ① --<u>선거사유가 확정된 때부터 4일 이내에</u>------------------------------------. <u>다만, 대통령 또는 대통령권한대행자가 본문에 따른 선거일 공고 기한까지 선거일을 공고하지 아니하는 때에는 그 공고 기한이 지난 날부터 3일 이내에 중앙선거관리위원회위원장이 선거일을 공고한다.</u>
② ~ ⑤ (생 략)	② ~ ⑤ (현행과 같음)

대통령직 인수에 관한 법률 일부개정법률안

(민형배의원 대표발의)

<table>
<tr><td>의 안
번 호</td><td>9597</td></tr>
</table>

발의연월일 : 2025. 4. 4.

발 의 자 : 민형배·김문수·박수현
황운하·김준혁·이광희
오세희·김영배·조계원
박지원 의원(10인)

제안이유 및 주요내용

대통령 궐위 등으로 즉시 임기를 시작하는 대통령이 국정 인수를 원활히 할 수 있도록 임기개시 후 60일 이내 범위에서 국정인수위원회를 설치·운영토록 근거를 마련하고자 합니다.

현재, 「대한민국헌법」 제68조제2항 대통령 궐위 등으로 선거에 당선된 후 즉시 임기가 개시되는 대통령은 이 법에 따른 대통령당선인의 지위를 갖지 못합니다. 궐위로 인한 선거의 대통령 임기는 당선이 결정된 때부터 바로 개시되기 때문에 정권 인수가 원활하지 못하고 산적한 국정과제를 풀어갈 준비 기간이 턱없이 부족하다는 지적을 낳고 있습니다.

이에, 당선 즉시 임기가 개시되는 대통령도 대통령 직무와 국정 인수를 원활히 하도록 임기개시 후 60일 범위 안에서 국정인수위원회를 설치하도록 하고자 합니다. 입법 미비를 해소해 국정운영의 지속성과 안정성을 도모하기 위한 것입니다(안 제17조 신설).

대통령직 인수에 관한 법률 일부개정법률안

대통령직 인수에 관한 법률 일부를 다음과 같이 개정한다.

제17조를 다음과 같이 신설한다.

제17조(대통령 궐위 등에 의한 선거의 당선으로 임기가 개시되는 대통령에 대한 특례) ① 「대한민국헌법」 제68조제2항에 따라 실시된 선거의 당선인으로 결정되어 「공직선거법」 제14조제1항 단서에 의하여 임기가 개시되는 대통령은 제7조의 업무를 수행하도록 하기 위하여 임기 개시 후 60일의 범위에서 국정인수위원회를 설치·운영하여야 한다.

② 제1항의 국정인수위원회에 관하여는 제7조 내지 제16조의 규정을 준용한다.

③ 제1항의 국정인수위원회의 설치 및 운영 등에 필요한 사항은 대통령령으로 정한다.

부   칙

이 법은 공포한 날부터 시행한다.

신·구조문대비표

현　　행	개　정　안
<신　설>	제17조(대통령 궐위 등에 의한 선거의 당선으로 임기가 개시되는 대통령에 대한 특례) ① 「대한민국헌법」 제68조제2항에 따라 실시된 선거의 당선인으로 결정되어 「공직선거법」 제14조제1항 단서에 의하여 임기가 개시되는 대통령은 제7조의 업무를 수행하도록 하기 위하여 임기 개시 후 60일의 범위에서 국정인수위원회를 설치·운영하여야 한다. ② 제1항의 국정인수위원회에 관하여는 제7조 내지 제16조의 규정을 준용한다. ③ 제1항의 국정인수위원회의 설치 및 운영 등에 필요한 사항은 대통령령으로 정한다.

긴급 최고위원회의 모두발언 및 백브리핑 주요 내용

○ 일시 : 2025년 4월 4일(금) 13:00
○ 장소 : 개혁신당 대회의실 (국회 본관 170호)
○ 참석 : 이준석 대통령 후보, 천하람 원내대표 겸 당대표 권한대행, 이기인 · 전성균 최고위원, 이주영 정책위의장
○ 배석 : 김철근 사무총장, 이경선 조직부총장, 이동훈 수석대변인, 구혁모 개혁연구원 상근부원장

– 이준석 대통령 후보

망상의 끝은 결국 파면으로 귀결됐다. 지극히 당연하고 상식적인 결정이다.

오늘 헌재 판결을 보면서 저는 특별히 두 가지 지점에 주목했다. 하나는 윤석열 측의 부정선거 의혹 주장은 타당하지 않다는 헌재의 지적이고, 다른 하나는 윤석열은 선거를 통해 국민을 설득할 기회가 충분히 있었다고 결정문에 적시한 부분이다.

모두 제가 국민의힘 대표로 있을 때 윤석열 대통령과 그의 핵심 측근들에게 주야장천 했던 말이다. 제가 국민의힘 대표로 있을 때 보수 정당은 치렀던 선거마다 이겼다. 이준석을 쫓아낸 이후로 국민의힘은 모든 선거에 줄줄이 패배하는 정당이 되었다.

국민이 집권 세력에게 국정 운영의 기조를 바꾸라고 선거를 통해 요구를 드러냈으면, 집권당과 대통령은 마땅히 그것에 따랐어야 정상이다. 그러나 이 모든 것이 부정선거 탓이다, 이 모든 것이 내부 총질하는 당 대표 탓이었다는 망상에 빠져 있다가 오늘 이 지경에 이르렀다.

오늘 헌법재판소의 판결은 망상에 대한 판결이고, 이제는 일체의 망상에 종지부를 찍어야 한다는 정치권 모두에게 던지는 준엄한 결정문이다. 긴 터널의 끝에 보이는 한 줄기 빛이 또 다른 터널의 시작이 되어서는 안 될 것이다. 망상의 끝이 또 다른 망상의 시작이어서는 안 될 것이다. 오늘부로 부정선거니 계

몽령이니 하는 반지성의 언어를 쓰는 무지몽매한 정치 세력은 윤석열과 함께 공론의 장에서 완전히 사라져야 한다.

또 하나 사라져야 할 악의 축이 있다. 부정선거 망상에 빠져 계엄령까지 선포한 망상의 대통령이 지나간 자리에, 국부펀드 만들어 엔비디아 같은 기업 하나 만들어 국민이 사이좋게 나눠 갖자는 망상의 대통령이 들어와서는 안 될 것이다.

정치로 안 되니 무력으로 제압하려 했던 황당무계한 계엄령에 대한 심판이 오늘의 판결이라면, 한 사람 구속되는 걸 막아보겠다고 국회에서 압도적 다수 의석을 칼과 방패로 삼아 수십 차례 탄핵으로 정치를 마비시켰던 거대 야당에게도 국민은 반드시 심판의 철퇴를 내릴 것이다.

이제 또 바쁘게 새로운 대통령 선거를 준비해야 한다. 이번에 선출되는 대통령은 2030년에 임기를 마치게 된다. 이번에는 부디 임기를 제대로 마칠 수 있는 안정적인 대통령, 사법적 논란의 소지가 없는 깨끗한 대통령을 선출해야 할 것이다. 2030년에는 우리의 모습이 어떻게 바뀌어 있을지 희망의 미래를 보여줄 수 있는 대통령을 선출해야 할 것이다.

저는 개혁신당의 대통령 후보로 선출된 자로서 맡은 바 소임을 다하겠다. 고리타분하지 않고, 바른말을 하는 보수 세력이 존재한다는 것을 더 소리 높여 외치겠다.

계엄 초기부터 우왕좌왕하지 않고 탄핵에 대한 확신을 이야기해왔다. 정치적 유불리를 따져 강경 보수 세력에게 소구해보고자 흔들렸던 사람들은 이제 젊음과 소신, 패기에게 길을 터주길 요청한다. 저보다도 오래 정치를 했다면서 결정적인 국가의 위기 순간에 우왕좌왕할 수밖에 없었다면, 그들의 시대는 간 것이다.

12월 3일 계엄의 밤으로부터 정확히 123일째 되는 날에 대통령 윤석열을 드디어 파면했다. 긴 시간을 참고 기다려주신 국민 여러분께 감사드린다. 오로지 헌법적 상식의 가치에 입각해 현명한 결정을 내려주신 헌법재판소에도 함께 감사의 말씀을 전한다.

좌도 우도 아니고, 이제 앞으로 갈 시간이다.
앞으로 가겠다. 고맙다.

    2025년 4월 4일

– 천하람 원내대표 겸 당대표 권한대행

오늘 헌법재판소의 결정은 우리 헌법과 법치의 가치가 살아 있음을 증명해 주었다. 특히 8 대 0 만장일치의 결정은 위헌적 비상, 계엄을 퇴출시키는 것이 보수의 문제나 진보의 문제가 아니라 우리 법치주의와 민주주의를 수호하는 것이었다라는 것을 온 국민 앞에 명확히 보여주었다. 오늘의 헌법재판소 결정은 끝이 아니라 진정한 국민을 위한 정치의 새로운 시작이다. 개혁신당의 3명 의원 모두는 국민의 뜻을 받들어 탄핵 소추안에 찬성했다. 이는 정파의 이해가 아니라 오직 나라의 바른 길을 위한 결단이었다.

그럼에도 지금 이 순간에 깊은 상실감과 혼란을 느끼시는 많은 국민들도 계실 거다. 여러분의 그 마음 깊이 이해하고 공감한다. 그러나 우리가 서로를 적으로 돌리는 순간 모두가 패배자가 된다. 이제 우리는 누가 심판을 이겼는가가 아니라 어떤 미래를 만들 것인가를 함께 고민해야 한다. 극단과 대립의 정치를 넘어서 민생과 미래를 최우선으로 하는 새로운 정치로 나아가야 할 때이다.

오늘 헌법재판소는 대통령 윤석열을 파면하면서도 거대 야당에 대한 질책도 잊지 않았다. 헌법재판소는 국회는 소수 의견을 존중하고 정부와의 관계에서 관용과 자제를 전제로 대화와 타협을 통하여 결론을 도출하도록 노력하였어야 한다라고 했다. 저희 개혁신당은 비록 크지 않은 정당이지만 대화와 토론, 타협의 정치를 실현해 나가고자 애쓰는 그런 정당이다. 그렇기 때문에 지금껏 힘을 앞세워 숫자를 앞세워 일방 통행식으로 대화와 타협 없이 소수 의견을 무시해 온 거대 야당인 더불어민주당이 대통령의 권력까지 쥐는 것에 대해서 저희는 큰 우려를 가지고 있다. 그렇기 때문에 방금 저희 개혁신당의 이준석 대통령 후보가 이야기했듯이 과거에 일방주의적이던 정치는 이제 몰아내고 좌도 우도 아닌 앞으로 나아가는 새로운 세대 교체를 저희 개혁신당이 주도할 것이다라고 감히 말씀드리겠다.

우리의 민주주의는 비록 약간의 상처는 입었을지언정 그 상처를 통해 더 강해질 것이다. 분열을 넘어서 화합으로, 갈등을 넘어서 통합으로 함께 새로운 대한민국의 역사를 써내려 갑시다. 저희 개혁신당이 거리의 분노와 대립이 아닌 서로 손잡고 함께 걸어가는 대한민국의 미래를 열겠다.

– 이기인 최고위원

윤석열 대통령이 파면됐다. 헌법재판소는 단호했다. 쟁점으로 꼽혔던 탄핵 청구의 적법성, 계엄의 절차적 정당성, 체포 지시, 포고령 국회 통제, 선관위 침투, 부정 선거 등 일체의 관용 없이 피청구인의 주장을 일축하고 엄중하고 완벽한 파면 결정을 내렸다. 그것은 아마도 이념과 정파에 관계없이 더 이상의 불필요한 정치적 논쟁을 없애고 헌법과 국민을 수호해야 한다는 대의 민주주의의 절대 원칙에서 비롯된 판결일 거다. 또한 이번 선고로서 두 쪽으로 갈라진 분열의 기로를 하나로 합치기 위한 정치적 고려일 거다. 저희는 이 헌법재판소의 판결을 적극 존중한다. 이제 우리 승복합시다. 우리가 만든 우리의 헌법이 내린 대한민국의 판결이다.

사법부 최고 기관인 헌재의 결정을 수용하는 것이야말로 새로운 대한민국을 만드는 첫걸음이라고 믿는다.

한편 헌법재판소의 따가운 일침을 기억한다. 방금 천하람 권한대행께서 말씀하신 것처럼 국회는 소수 의견을 존중하고 정부와의 관계에서 관용 그리고 자제를 전제로 대화와 타협을 통하여 결론을 도출하도록 노력하였어야 한다. 피청구인 역시 국민의 대표인 국회를 협치의 대상으로 존중하였어야 한다. 국회 사이의 대립은 일방의 책임에 속한다고 보기 어렵고, 이는 민주주의 원리에 따라 해소되어야 할 정치의 문제다. 헌법재판소는 분명 피청구인 윤석열을 엄중히 파면하면서도 대한민국 정치에 대해서도 따갑게 꾸짖었다. 이번 윤석열 대통령 파면에 대해서 의정 주도권을 가진 거대 의석, 민주당의 공동의 책임이 없다고 하지 못할 것이다. 이제 걸핏하면 법정으로 향하는 습관적 탄핵 말고 정치 좀 합시다. 쟁점이 있으면 토론하고 풀리지 않으면 더 듣고 숙고해보는 잃어버린 정치를 복원합시다. 이번 대통령의 파면을 대한민국 정치 회복의 마지막 기회라고 여깁시다. 저희 개혁신당은 대통령의 탄핵을 비롯해 작금의 지옥도 같은 정치를 끝장 내겠다. 다시 대한민국의 법치주의가 바로 설 수 있게 좌도 우도 아닌 앞으로 나아가는 그런 정치를 보여드리겠다.

– 전성균 최고위원

정치는 정치로 풀어야 한다. 헌재가 준 여러 메시지 중 가장 와닿았다. 윤석열의 계엄이라는 급발진으로 상처받은 국민에게 헌재는 답했다. 대한민국은 아직 희망이 있다고 정치는 정치로 풀어야 한다. 사법부의 시간이 끝났다면 이제 행정부와 입법부가 정상적인 관계를 회복해야 한다. 과거 권위주의에 머물렀던 현실을 자극하지 못하는 국민의힘도, 탄핵을 정치적 수단으로 삼은 기득권 민주당도 더는 대한민국의 미래를 이끌 자격이 없다.

오늘부로 조기 대선이 확정되었다. 이제 대한민국은 다시 선택의 기로에 서 있다. 저는 이 자리에서 분명히 말씀드린다. 이준석 개혁신당 대통령 후보를 중심으로 미래로 나아갈 새로운 길을 선택해 주시길 바란다. 제가 생각하는 시대 정신은 내일을 설계하는 오늘의 책임감이다. 오늘 우리에게 필요한 리더는 단지 윤석열 정부가 망가뜨린 국정과 국가 브랜드를 회복하는 데 그치지 않고 대한민국의 미래 먹거리를 발굴하고 국민의 삶에 숨통을 틔어 줄 사람이다. 그 누구보다 미래 친화적이고 그 누구보다 미래를 꿰뚫어 볼 줄 아는 사람이어야 한다.

우리는 말만 앞세운 정당이 아니다. 정쟁이 아닌 제도 개혁을 말해온 정당이다. 국민 여러분 이제는 익숙한 선택이 아니라 대한민국의 미래를 위한 새로운 선택이 필요하다. 이준석 대통령 후보, 그리고 개혁신당을 선택해 주십시오. 오늘보다 나은 내일 개혁신당을 만들어 가겠다.

– 이주영 정책위의장

헌법재판소는 윤석열 전 대통령의 비상계엄에 대해 국민의 정치적 기본권, 단체 행동권, 직업의 자유, 사법권의 침해를 근거로 불법하며 위법하다고 명시했다. 대한민국은 왜 자유민주주의를 선택했고, 그러면 우리는 무엇을 지켜야 하는지 명징하게 보여준 것이다. 이는 현 정부뿐 아니라 다음 정부에도 동일하게 경고되고 명령되는 국민의 지연한 뜻일 거다. 새로운 대한민국을 여는 오늘 저희 개혁신당은 그 뜻을 잊지 않고 삼가야 할 것을 삼가고, 지켜야 할 것을 지키는 법치와 상식, 발전과 도약의 정당이 되겠다. 분열과 야만을 넘어 통합과 지성을 향해 새로운 대한민국을 재건하는 이곳은 개혁신당이다.

– 이준석 대통령 후보 백브리핑

오늘부터 개혁신당의 대선 후보로서 이제 당무까지 맡아서 진행하게 되었다. 저는 대선 후보는 처음이지만은 대선 자체는 많이 경험해 봤기 때문에 지금쯤에는 무엇을 해야 될지 알고 있고 또 무엇이 국민들이 바라는 바인지 잘 알고 있다고 생각한다. 앞으로 여러분들도 개혁신당에 대한 많은 관심 부탁드리겠다.

Q) 혹시 비공개 회의 안건이 무엇이었나

A) 우리 사무처 당직자들 포함해서 개혁신당의 모든 구성원들이 앞으로 60일 동안은 대선에 매진해야

된다라는 이야기가 있었다. 무엇보다도 이 선거에 우리 당의 운명이 달려 있다라는 내용을 저희끼리 공유했다. 저도 거기에 공감하고 실제로 개혁신당은 아까 제가 모두발언에서 얘기한 것처럼 대학 한국의 보수라는 세력이 박근혜 대통령에 이어서 두 번째로 임기를 마치지 못한 대통령을 만들었다. 그런데 이 원인은 자명하다. 그리고 민심을 외면하고 강경 보수의 목소리에만 소구하려고 했기 때문이다 이렇게 말씀드리겠다. 그래서 저는 국민의힘 같은 경우에 덩어리는 크지만 앞으로도 그 관성에서 벗어나지 못할 것이다라는 생각을 하고 있다.

그렇기 때문에 개혁신당이 이런 정치 문화를 인식하고 올바른 제대로 된 보수의 길을 보여주는 것에 대해서 상당한 책임감과 역할이 있다 생각하고 그 대선 후보로서 그것에 대한 제 책임감을 강하게 느끼고 있다.

Q) 너무 성급하게 대선 후보 선출한 거 아니냐고 했던 우려가 지금 강점으로 전환된 느낌인데요. 향후 대선 후보 행보를 하실 때 어떤 것에 좀 중점을 두실 건지랑 그리고 군소 정당 대선 후보로서 어떤 전략을 갖고 대선 캠페인 주도해 나갈 것인지

A) 제가 사실 대선 후보를 저희가 조기에 결정해야 된다라고 했던 것은 다가오는 조기 대선이 대한민국의 운명에 굉장히 중요하기 때문에 정책부터 여러 가지 전략까지 미리 준비하지 않으면 60일은 시간이 부족하다는 판단이 개혁신당 내에 있었다. 실제로 저희의 예상대로 되는 것이고 애초에 저희가 후보 선출을 서두른 것이 저희는 윤석열 대통령의 그런 행동이 무조건 헌법재판소에서 인용되는 결과로 나올 수밖에 없는 그런 중대한 헌법과 법률에 대한 도전이었다 이렇게 판단했다. 이 판단을 일찍 했다는 것이 사실 지금까지 조롱의 대상이 되기도 하고 그리고 또 공격의 대상이 되기도 했지만은 개혁신당이 하는 많은 일들이 항상 초기에는 성급하다 아니면은 왜 저러냐 이런 얘기를 들으면서도 중국에 가서는 맞는 말로 판단되는 경우가 많다. 그만큼 대한민국의 미래에 대해서도 저희는 선제적이고 합리적인 예측을 통해가지고 좀 더 나은 정치의 모습을 말씀드리겠다. 항상 대세 추종적인 정치를 하는 사람들은 결코 미래를 바꾸지 못한다.

Q) 지역 방문 일정이나 좀 구체적 일정이 나왔는지

A) 저는 지역 방문 일정도 이제 저희가 활발히 진행할 텐데 지금 우선 제가 봤을 때는 영남 지역의 민심이라는 것이 크게 요동칠 가능성이 있다. 왜냐하면 무엇보다도 윤석열 대통령이나 보수 진영에 대한 지지를 견고하고 강하게 가져갔지만 그에 따른 배신감만 더 커진 그런 상황이다. 그렇기 때문에 새로운

어떤 보수에 대한 기대감을 살리고 그분들이 잘못한 것이 아니다. 결국 잘못한 것은 그들의 마음과 그들의 진정성을 이용해 먹은 구태 정치인들이다라는 점을 알리기 위해서 노력하겠다.

Q) 유의미한 지지율이 나오지 않고 있는데 전략을 세우고 있는지

A) 지난 한 주 동안 갤럽 1프로가 빠졌다고 조롱하더니만은 또 오늘 또 들어왔다. 그런 것이 사실 큰 변동이 있는 상황은 아닌 것 같고 다만 오늘 탄핵 인용을 기점으로 해가지고 지금까지 과연 국민들에게 어떤 사람들이 희망회로 섞인 거짓말을 일삼아 왔고 어떤 사람들이 담백하게 진실을 이야기해 왔는지는 명직하게 드러났다 이런 생각을 한다. 앞으로도 진실되고 또 우리 상황에 맞게 그분들께 저희의 생각을 말씀드리면 당연히 충분한 변화가 있을 것이다 이렇게 판단한다.

Q) 후보님께서 이제 지속적으로 단일화는 없다는 취지로 말씀을 해 주셨는데 조금 이른 시점이지만 보수 진영 내에서 후보 단일화 가능성 같은 건 없을까요?

A) 이준석이 한 말 중에서 성급하다 이렇게 지적받는 부분이 있지만 또 반대로 이준석이 뜻을 뒤집는 경우는 많지 않다. 그렇기 때문에 제가 사실 12월 3일 계엄의 날부터 생각했던 바는 윤석열 대통령의 망상으로 비판받아야 될 지점이지만 저 사람에게 망상을 키워준 저 사람의 망상에 맞장구 쳐주고 지금까지 심기 경호해왔던 사람들의 잘못도 상당하다라고 저는 생각한다. 그래서 그분들이 자신의 책임을 반성하고 그리고 저는 오늘 제가 강하게 표현했지만 이번 탄핵 국면에서 중간 과정에서 저처럼 탄핵 인용을 확신하고 행보를 해온 것이 아니라 중간에 받은글, 지라시 이런 거 낚여가지고 우왕좌왕했던 사람들이라면은 결코 대한민국의 운명을 맡길 수 없는 사람들이다 이런 생각을 한다.

이게 국내 정치이니까 이 정도기 망정이지 만약에 대한민국의 국운을 걸고 해외 전체에서 이런 판단을 해야 되는데 정확하지 않은 정보력과 그리고 나풀거리는 그런 마음으로 판단을 했다면은 국익의 큰 저해가 될 수도 있는 그런 판단들일 거다. 그렇기 때문에 저는 그 정도도 판단하지 못하는 사람들이 대한민국 정치의 미래를 감당할 수 없다. 그래서 저는 그분들이 이제는 물러나야 된다라는 판단을 하고 있다. 제가 물러나라고 한 세력에게 연대를 요청하기는 참 어려울 것 같다.

Q) 보수진영에서 후보를 못 정하고 있는데 어떻게 생각하시나

A) 간단히 말씀드리면 보수 진영은 박근혜 이후로 김종인 이준석이 함께 했을 때만 이겼다. 그거는 김

종인, 이준석이 거꾸로 많은 욕을 먹었던 지점도 있지만은 그거야말로 이기는 일이 무엇인지 알았기 때문에 욕을 먹을 걸 감수하면서도 책임감을 바탕으로 해서 정치를 했기 때문이다. 지금 저에게도 이 무너진 이미 쇠락해버린 보수 진영의 가치를 되살리고 대한민국을 포퓰리스트의 손에서 구해낼 책무가 있다고 저는 생각한다. 그래서 그 책임을 다하기 위해서 어떤 역할이든 마다하지 않겠다 이렇게 말씀드린다.

제가 아까 나풀거린다고 표현했던 줏대 없는 사람들 아니면 또 다른 우파 포퓰리스트 같은 사람들이 대한민국을 구할 수는 없다 이런 인식을 가지고 있다. 김종인 위원장은 항상 저희 당을 지근거리에서 지원해 주고 계시기 때문에 지금 단계에서 선대위원장을 저희가 모시고 발표하지는 않겠지만 당연히 이어지는 대선 과정에서 저희가 모시고 도움을 요청할 기회가 있을 것이다 이렇게 생각한다. 지금은 선거 초기에는 저희가 필요한 준비 과정을 마치고 우선 신속하게 움직이는 것을 저희가 주안점을 두고 있다.

Q) 오늘 이재명 대표가 입장 발표하면서 대권에 대해서는 언급 안했거든요. 앞으로 어떻게 보시는지

A) 저는 이재명 대표가 대선에 나올 것이라고 확신하고 무엇보다도 가장 유력한 경쟁자 중에 하나라고 생각한다. 하지만 제가 이야기했던 것처럼 지난 4년 가까이 3년 가까이 이재명과 윤석열의 검투사 정치, 대립은 국민들에게 다시 개혁하고 싶지 않은 악몽일 거다. 누군가를 감옥에 넣으려고 하고 누군가를 또 방탄하려고 하고 뭐 이런 생산성 없는 정치 속에서 대한민국이 멍들어갔다. 이제 어제 사실 트럼프 대통령이 굉장히 충격적인 26%의 상호 관세를 발표하면서 빨리 우리는 조기 대선을 마무리하고 글로벌 환경에서의 대한민국의 국익을 지켜내야 될 책무가 있다. 저는 이재명 대표 같은 구시대를 상징하는 정치인이 그런 역량이 있다고 보지 않는다. 그래서 그분이 이번 대선에서 그분에게 한계성을 드러낼 것이라고 생각한다.

Q) 저 아까 좀 신속하게 강조하셨는데 주말 일정이 있으신가

A) 저희가 일정을 지금 몇 가지를 검토하고 있다. 그리고 공지는 최대한 빠르게 언론인 여러분께 할 수 있도록 하겠다. 〈끝〉

2025. 4. 4.
개혁신당 공보국

윤석열 탄핵, 이재명 퇴출로 완성해야 한다

윤석열 대통령이 마침내 탄핵됐다. 이는 필연적 귀결이다. 그는 국민이 지켜보는 가운데, 군대를 국회에 투입하는 반민주적 폭거를 감행했다. 그럼에도 '경고성 계엄'이었을 뿐이라거나, '아무 일도 일어나지 않았다'는 궤변을 늘어놓았다. 책임은 부하들에게 전가했고, 현실을 부정한 채 요설을 반복했다. 그는 자신을 대통령으로 만들어준 보수층마저 부정선거 음모론의 늪으로 끌어들였다. 배은망덕의 극치였다. 지도자로서, 나아가 한 인간으로서조차 자격을 의심케 했다. 결국, 그는 대통령이자 개인으로서 탄핵당했다.

우리 민주주의는 위기에 처했으나, 스스로 회복력을 증명해냈다. 헌법재판소는 대통령의 권한 남용에 명확한 선을 그으며, 민주주의를 부정하는 망상에 종지부를 찍었다. 이는 한국 민주주의 역사에서 길이 남을 선언과 같다. 헌재 결정에 불복하려는 움직임을 경계해야 한다. 폭력과 불복은 민주공화국의 적이다. 어떠한 명분으로도 정당화될 수 없다.

국민들의 감정은 복잡할 것이다. 개혁신당 역시 마찬가지다. 사실, 윤석열이라는 인물의 등장은 문재인 정권의 오만과 무능이 빚어낸 결과였다. 국민은 '썩은 고기'를 먹을 수 없어 '개고기'라도 택해야 했다. 그런데 이제 '썩은 고기'가 '개고기'의 탄핵을 보며 희희낙락하는 형국이다. 참으로 기막힌 일이다.

윤석열 정권의 실패에는 이재명 민주당 대표 또한 책임이 크다. 2022년 이후 대한민국은 두 '빌런'의 적대적 공생 속에서 대혼란에 빠졌다. 두 사람이 주거니 받거니 하며 권력을 유지하는 동안, 피해는 고스란히 국민의 몫이었다. 헌재 결정문이 강조한 관용과 자제, 대화와 타협은 거대 야당에 없었다. 오로지 이재명 대표의 사법 리스크를 방어하기 위한 '다수의 횡포'만 존재했다. 윤석열 탄핵의 또 다른 축은 이재명이다. 그는 결코 책임에서 자유로울 수 없다.

6월로 예상되는 조기 대선에서 그가 대통령이 된다는 것은 또다시 '검투사 정치'가 시작된다는 의미다. 그런 일은 결코 있어서는 안 된다. 윤석열 탄핵은 끝이 아니라 시작이다. 이제는 윤석열과 이재명으로 대표되는 낡고 소모적인 정치를 끝낼 때다. 시대는 세대교체를 요구하고 있다. 변화하는 세계의 흐름에 맞춰 낡은 엔진을 걷어내고, 젊고 역동적인 리더십으로 전환해야 한다. 개혁신당은 두 달 뒤 조기 대선에서 이 과제를 반드시 실현할 것이다.

2025. 4. 4.

개혁신당 수석대변인 이동훈

윤석열 파면 선고 관련 김재연 상임대표 입장문

"국민이 이겼습니다!"

국민 여러분, 감사합니다! 위기에 빠진 대한민국을 여러분께서 지켜주셨습니다. 12.3 내란에 맞서 123일 간의 기나긴 싸움 끝에 얻어 낸 값진 승리입니다. 어둠을 걷어내는 응원봉의 빛은 우리 모두의 자부심이자, 세계적인 자랑이 되었습니다. 위대한 국민들께서 민주 항쟁의 새 역사를 만들어주셨습니다.

지난 넉 달 간, 광장에서 우리는 모두 하나가 되었습니다. 민주주의를 지키기 위해 차이를 내려놓고 크게 단결했습니다. 8개 야당과 1700여개의 단체, 그리고 셀 수 없이 많은 깃발들이 하나의 구호로 뭉쳤습니다. 오늘의 결과는 민주 수호와 새로운 사회를 위해 뜨겁게 연대한 '광장연합'의 승리이며, 다시는 흔들리지 않을 민주공화국을 향한 뚜렷한 전진입니다. 앞으로도 우리는 단결과 연대의 힘을 무기로 내란세력의 완전한 청산을 향해 중단없이 나아갈 것입니다.

진보당은 내란세력 청산을 위해 다음과 같은 우선적 조치를 요구합니다.

첫째, 내란수괴 윤석열을 시급히 재구속해야 합니다. 명태균 게이트를 비롯한 모든 불법 행위에 대한 수사와 김건희에 대한 구속을 서둘러야 합니다. 극우세력을 선동하고, 증거를 인멸하는 일체의 행위를 용납해서는 안됩니다.

둘째, 12.3 내란의 실체적 진실을 밝혀내기 위한 철저한 수사와 강력한 처벌을 요구합니다. 내란 가담자들에 대해 지체없이 수사하고, 그 동조자들의 헌법파괴 행위에 대해서도 끝까지 책임을 물어야 합니다. 한덕수 총리와 최상목 부총리에 대한 탄핵 절차도 중단되지 말아야 합니다.

셋째, 극우파시즘과 손잡은 국민의힘을 해체시켜야 합니다. 계엄을 옹호하고, 민주헌정질서 파괴에 앞장선 정당은 민주공화국에 설 자리가 없습니다. 주권자의 힘으로 국민의힘을 영원히 퇴출시켜야 합니다.

국민 여러분!

윤석열 정권 3년, 퇴행을 거듭했던 대한민국은 다시 앞으로 나아가야 합니다. 4.4 윤석열 파면의 날, 이제 낡은 시대와의 결별을 선언할 때입니다. 친일독재에 뿌리를 둔 내란세력의 100년 권력을 완전히 회수하여, 주권자 국민의 권력으로 만들기 위한 담대한 걸음을 내딛어야 합니다. 광장의 시민 모두가 사회대개혁의 주체가 되어, 더 평등하고 더 평화로운 공동체로 나아갑시다. 남태령과 한강진, 안국동의 밤을 빛냈던 수많은 꿈들을 우리 손으로 실현합시다.

사랑하는 국민 여러분!

진보당은 지난해 여름 윤석열 퇴진 투쟁을 선포한 이후 오늘의 승리를 한번도 의심하지 않았습니다. 스스로의 운명을 개척하고자 하는 위대한 민중의 힘이 마침내 투쟁의 광장으로 모여들 것이며, 어떠한 권력도 그 힘을 꺾을 수 없음을 알기 때문입니다. 오직 국민 여러분을 믿고, 후회 없이 싸웠습니다. 다시 한번 진심으로 감사드립니다.

진보당은 다시 앞에 서겠습니다. 내란의 시린 겨울을 넘어 희망의 새 봄을 국민과 함께 맞이하겠습니다. 고맙습니다.

2025년 4월 4일
진보당 상임대표 김재연

윤석열 파면 선고 관련 진보당 의원단 입장 전문

– 진보당 윤종오 원내대표 입장문

위대한 국민의 승리입니다. 오늘 헌재의 판결은 민주주의를 지키려는 국민의 피와 땀이 만들어 낸 판결입니다. 지난 4개월 동안 헌정질서 수호와 민주공화국을 지키기 위해 일상을 포기한 채 광장으로 나와주신 국민들께 깊이 감사드립니다.

이제 대한민국은 확고한 민주공화국으로 나아가야 합니다.

윤석열의 위헌행위는 명백해졌습니다. 검찰은 불법적으로 탈옥한 윤석열을 재구속해야 합니다. 광장의 요구는 명확합니다. 내란범죄자에 대한 수사와 재판을 속도감있게 진행해야 합니다. 명태균 특검과 김건희 특검 시행을 위한 절차를 지금 당장 시작하십시오. 채해병 특검법을 다시 통과시켜야 합니다. 지금 시민이 바라는 것은 흔들리지 않는 민주헌정질서를 만드는 것이며 그 출발은 내란세력에 대한 단호한 단죄입니다.

지난 122일 동안 민주헌정질서 수호를 위한 투쟁과정에서 국민의힘은 극우세력과 결탁한 내란세력의 본산임이 명백해졌습니다. 국민의힘은 내란수괴를 배출했으며, 지금까지 줄곧 내란세력을 옹호하여 헌정질서를 혼란에 빠트렸습니다. 내란수괴와 내란 주요임무종사자, 그리고 내란을 옹호한 정당은 대한민국에 있을 자리가 없습니다. 국민의힘은 국민의 심판을 피할 수 없습니다. 국민의힘은 국민에게 사죄하고, 자진 해산하십시오. 그것이 헌정질서 수호와 민주주의를 위해 싸워 온 국민에 대한 최소한의 사죄입니다.

국민여러분, 끝이 아닙니다. 다시는 쿠데타를 상상하지 못하도록, 다시는 시민의 일상을 파괴하지 못하도록 완벽한 민주공화국을 만들어갑시다. 주권자가 이나라의 주인이 되는 새로운 대한민국을 여기 모인 시민들과 함께 만들어갑시다.

진보당은 국회에서 광장에서 가장 헌신적으로 함께 하겠습니다. 5,200만 주권자에게 깊이 감사드립니다.

– 진보당 전종덕 의원 발언문

드디어 윤석열 탄핵의 봄을 맞이했습니다. 빛의 광장을 밝힌 위대한 국민들의 승리입니다. 저들은 폭력과 혐오, 배제와 차별을 무기로 썼지만, 우리들은 사랑과 연대의 공동체의 무기로 맞섰습니다. 그래서 우리가 희망이었고 승리는 필연이었습니다.

헌법이 87년 체제에 멈춰있는 동안 2명의 대통령이 탄핵됐습니다. 8년전 박근혜를 탄핵 시키고 정권은 교체했지만 우리 삶은 바꾸지 못했습니다. 진보하지 않으면 멈춤이 아니라 퇴보라는 것을 윤석열 내란이 보여주었습니다.

윤석열 파면 전과 후는 달라야 합니다. 법과 제도를 바꾸고 우리 삶을 바꿀 두 번째 기회입니다. 광장에서는 대한민국의 부조리와 적폐, 낡은 것을 걷어내자고 외쳤습니다. 차별과 불평등, 양극화의 불판을 바꾸자는 것이 광장의 요구였습니다. 광장의 정치를 지속 가능한 실천의 정치로, 제도의 정치로 어떻게 만들어갈 것인가가 우리 진보당과 의원단에 맡겨진 과제라고 생각합니다.

다시 신발 끈을 조여매겠습니다. 윤석열 파면은 새로운 시작입니다. 노동자, 농민, 서민, 대한민국 주권자 국민의 삶이 온전히 존중받고 보장되는 사회, 차별과 불평등을 걷어내고 사람이 사람답게 사는 평등 사회, 검찰개혁, 사법개혁, 더 나아가 새로운 대한민국을 세워내는 7공화국 헌법을 국민들과 함께 만들어가겠습니다.

고맙습니다.

– 진보당 정혜경 의원 발언문

민주주의를 지켜주신 국민여러분 고맙고 고맙습니다.

　　　　　2025년 4월 4일

실패할 확률이 거의 없는 친위쿠데타를 막아내고 위기에 처한 나라를구할수 있었던 힘, 독재시대로의 회기를 막아내고 민주주의를 지켜낼수 있었던 힘은'주권자 국민의 단결된 힘'임을 다시 한번 증명해주셨습니다. 자신이 가진 어떠한 것이라도 내어 내 나라와 사랑하는 사람들을 지키겠다는 용기와 행동은 눈부셨고 찬란했습니다. 마음 깊이 새기겠습니다.

내란우두머리 윤석열의 파면은 대한민국 정상화의 첫 관문을 통과한것 이라 생각합니다 이제 주권자의 위대한 힘으로 새로운 대한민국으로 나아갑시다.

첫째, 다시는 이땅에서 내란, 외환은 엄두도 내지 못하도록 내란세력, 내란동조세력을 낱낱이 밝혀 온전하게 처벌하는데 힘을 기울일것입니다.

둘째, 무너진 국가의 위상, 무너진 국민의 생활을 회복하는데 사력을다하겠습니다.

세째, 광장에서 주권자들께서 그토록 열망했던 그 누구도 차별과 배제, 혐오와 폭력에 고통받지 않는 새로운 사회로 나아가기 위해 소임을 다하겠습니다 그 길에 진보정당 국회의원으로 여성비정규직 국회의원으로 사명과 역할 다하겠습니다.

내란의시간 122일, 국민여러분 고생많으셨습니다. 고맙습니다.

2025년 4월 4일
진보당 대변인실

국민의힘 제1호 당원 윤석열의 파면을 국민 모두가 지켜보았습니다. 야당의 만행으로 계엄을 선택할 수 밖에 없었다는 변명, 헌법재판소는 단 하나도 인정하지 않았습니다. 상식적이고 합리적인 이라면 그때에도 그리고 지금도 어렵지 않게 알 수 있었던 사실이었습니다. 하지만 윤석열 파면 결정 그 직전까지도 국민의힘은 윤석열 내란수괴의 복귀를 선동했습니다. 지난 12.3 내란 이후 혼란과 파괴, 침체의 123일, 1년 365일의 1/3이 넘는 그 시간을 없었던 일로 해서는 안됩니다. 그렇기에 친위쿠데타 옹호 정당, 부정선거 음모론 유포 정당으로서의 지난 123일을 돌아보고, 조기 대선에 후보를 추천하지 않는 것은 당연합니다. 민주헌정 질서에 대해 최소한의 합리적인 판단조차 불가능한 정당이 군통수권자이자 정부 수반인 대통령 후보자를 낼 자격이 있다고 그 누구도 생각하지 않습니다. 심지어 2024년 1월, 당시 국민의힘 한동훈 비상대책위원장은 자당의 귀책사유로 재보궐선거가 진행될 경우 후보자를 내지 않겠다고 약속했습니다. 국민의힘 당헌·당규에도 동일한 내용이 규정되어 있습니다. 그 약속을 지키겠다 선언하십시오. 헌법재판소 파면 결정 직후, 윤석열 내란수괴 당선을 위해 힘썼던 원조 친윤 권성동 원내대표가 '대선, 절대로 져선 안된다'고 말했다던데, 이게 가당키나 한 소리입니까. 전국민적 분노가 들리지 않으십니까? 국민적 비판과 질책을 달게 받겠다는 권영세 비대위원장의 입장이 잠깐의 시간을 벌기 위한 변명이 아니었다는 것을 증명해보이십시오. 국민의힘이 지금 준비해야할 것은 조기대선이 아니라, 정당해산 소송입니다. 부디 현실을 직시하십시오.

— 기본소득당 대표 용혜인, 4월 4일 보도자료

홍성규 수석대변인 브리핑·서면브리핑

– 홍성규 수석대변인 서면브리핑

■ 교육청은 '헌재선고 시청' 권유하는데, KBS는 '집회 참여'도 안 된다니!

KBS에서 오늘 헌법재판소 선고 관련하여 구성원들에게 '집회 참여 금지' 등을 공지했습니다. 웃기지도 않은, 군부독재시절에나 있을 법한 반민주적 횡포입니다. 도대체 KBS에서 무슨 권한으로, 헌법에도 명시되어 있는 집회결사의 자유를 침해할 수 있다는 것입니까? 게다가 KBS는 이름 그대로 대한민국을 대표하는 공영방송국 아닙니까!

엄연히 현행법상 언론인들 또한 노동조합원으로서 집회에 참여할 권리가 보장되어 있습니다. '법적으로 허용되더라도 공사의 공신력을 훼손할 수 있는 정치적 집회에 참여해 사회적 물의를 일으킨 경우라면 감사 대상이 될 수 있다'는 것은 노골적인 공갈협박으로 명백한 위헌불법행위, 부당노동행위에 해당함을 엄중히 경고합니다. 사내 구성원들에게 사과하고 즉각 철회함이 마땅합니다.

참으로 낯뜨거운 상황을 자초한 KBS는, 민주시민의 권리와 책무에 대하여, 교육청에서부터 배워야 합니다. 전국에서 경남·광주·부산·서울·세종·전남·전북·울산·인천·충남 등 10개 교육청에서는 오늘 '내란수괴 윤석열 탄핵심판 선고' 관련하여 학교 재량으로 생중계 시청 등의 방식을 통해 계기 교육을 할 수 있다고 안내했습니다. "탄핵심판을 민주적 의사 결정 과정과 헌법 기관의 기능을 이해하는 민주시민교육의 과정으로 활용할 수 있다"는 것이 관련 공문의 내용입니다. 지극히 당연하고 상식적인 조치입니다.

우리 초중고 학생들은 민주시민교육의 생생한 현장으로 삼겠다는데, 엄연히 참정권을 모두 지녀 민주시민으로서의 응당한 권리와 책무가 더 무겁게 있는 상황에서, 그 구성원들의 눈과 귀와 입과 발을 묶겠다는 KBS, 정말 부끄럽지도 않습니까! 각 사과와 시정, 맹성을 강력히 촉구합니다.

■ 오늘부터 전당원 참여로 '조기대선 후보선출' 돌입! 새로운 대한민국을 향하여!

내란수괴 윤석열이 마침내 파면되고, 이제 60일 내에 새로운 대통령을 선출하게 됩니다. 앞으로, 앞으로 나아갈 시간입니다.

진보당은 대표단회의를 통해 '21대 대통령후보 선출선거'를 공고했습니다. 진보당의 모든 공직선거 후보자는 당원 총투표로 선출합니다. 애초 당헌당규에 따르면, 총투표 기간 5일을 포함하여 모두 약 1개월의 시간이 소요되지만, 조기대선의 긴박한 일정을 감안하여 대표단에서는 약 2주 정도로 단축하였습니다.

오늘 나간 공고에 따라 오는 8일부터 이틀간 후보자 등록이 진행됩니다. 선거운동은 10일부터 가능하며 기간 내에 온라인토론회 및 호남권·영남권·중부권·수도권 등 4개 권역의 유세도 진행될 예정입니다. 4월 15일부터 5일간 전당원들의 총투표가 실시되며, 진보당의 대선후보는 19일날 확정됩니다. 당내 선거의 사전 필수 단계인 '출마예정자 자격심사'를 거친 당원은 지금까지 김재연 상임대표, 강성희 전주시 지역위원장 등 2명입니다.

전국민의 축제의 장이 되어야 할 대통령선거지만, 특히 이번 조기대선은 그 어느 때보다 막중한 책무를 안고 있습니다. 참담하고 끔찍한 내란세력을 철저히 진압하여, 다시는 이같은 헌정질서 파괴행위가, 민주주의를 짓밟는 폭거가 되풀이되지 않도록 해야 합니다. 일찌감치 야5당이 원탁회의로 굳게 모였던 이유이기도 합니다.

진보당의 대선후보는, 이미 확인한 단결과 연대의 힘을 더욱 강화하여 다시는 흔들리지 않을 민주공화국을 위한 전진의, 사회대개혁으로 새로운 대한민국을 건설하는 그 발걸음의 가장 앞에 설 것입니다.

■ 내란정당 국민의힘! '판결 승복'은 오직 '자진 해산' 뿐이다!

□ 일시 : 2025년 4월 4일(금) 오후 1시 50분
□ 장소 : 국회 소통관

헌재의 전원일치 파면 선고가 내려졌습니다. 이제 약속을 이행할 시간입니다. "우리 당은 탄핵심판 결

과에 승복할 것이다. 불복과 저항을 말하는 건 반헌법적 발상이다", 권영세 국민의힘 비대위원장의 약속이었습니다. "국민의힘은 헌재 판결에 승복할 것이다. 판결 이후 여야 등 정치권은 국민 갈등을 완화하고 국민 통합하는 데 앞장서야 한다", 권성동 원내대표의 약속이었습니다.

헌정파괴범 내란수괴 윤석열의 죄가 모두 다 확인되었고 파렴치한 궤변과 거짓말들도 산산히 다 부서졌습니다. 그간 아주 노골적으로 공공연하게 내란본당임을 자처해온 국민의힘의 '깨끗한 승복'이란 지금 즉시 '자진 해산' 외 다른 길은 전혀 없음을 분명히 못박아둡니다.

국민의힘 의원 대다수가 비상계엄 해제에 반대하며, 탄핵소추에 반대표를 던지며 내란에 동조했습니다. 버젓이 의원뱃지를 달고 내란지지 극우폭력집회에 참석하여 제2내란을 선동했습니다. 부정선거 음모론 등 차마 입에 담을 수 없는 가짜뉴스를 앞다퉈 퍼나르며 최악의 대혼란과 국가 분열을 획책했습니다.

방금 전 권영세 비대위원장은 '진심으로 사과드린다'며 뒤늦게 고개를 숙였습니다. 이미 늦어도 너무 늦은, 그마저도 뻔뻔스럽기 짝이 없는 '악어의 눈물'에 지나지 않습니다. "헌재의 결정을 무겁게 받아들이며 겸허하게 수용한다"고 했습니까? 일말의 진심이라도 담겨 있다면, 우리 국민들 앞에 최소한의 양심과 도리가 남아있다면, 그 방도는 '자진 해산' 뿐입니다. 심지어 권성동 원내대표는 의원총회에서 '두 달 후면 대선'이라며 '승리 향해 나아가자'고 했다고 합니다. 권 원내대표의 정신은 저 멀리 안드로메다에 있습니까? 참담하고 끔찍한 내란이 막 응징된 이 마당에, 그 핵심 일원으로서 어떻게 대선을 운운한단 말입니까! 아무리 낯이 두꺼워도, 아무리 뻔뻔스러워도 정도가 있는 법입니다. 내란에 동조했던 그 누구도 감히 대선에 출마할 자격은 물론 국회에 있을 자격도 전혀 없음을 똑똑히 경고합니다.

민주공화국 대한민국에 내란정당이 설 자리는 없습니다. '내란정당 국민의힘 즉각 해체', 우리 국민들의 지엄한 명령입니다.

■ 끝내 진심어린 사과 거부한 윤석열! 파렴치 내란수괴는 즉시 다시 감옥으로!

내란수괴 윤석열이 법률 대리인단을 통해 이른바 '입장'이란 것을 내놓았습니다. 무려 넉 달을 꼬박 채워 충격과 공포와 불안과 극심한 혼란에 고통받아야 했던 우리 국민들 앞에 내놓은, 불과 113자의 그 입장문만 봐서는, 도대체 5년 임기를 꽉 채우고 명예롭게 퇴임하는 대통령의 입장인지, 내란을 획책하여 3

년도 채 채우지 못하고 쫓겨나는 범죄자의 입장인지 분간하기조차 어렵습니다.

첫 일성이 '그동안 큰 영광이었다'는 것입니다. 지난 넉 달 뿐 아니라, 임기 중 숱한 반민중 반노동 정책으로 고통받아왔던, 심지어 그 과정에서 스스로 목숨까지 끊거나 잃어야 했던 우리 국민들을 조금이나마 떠올렸다면 도저히 나올 수 없는 말입니다. 우리 국민들을 고통스럽게 했던 그 모든 과정이, 정녕 이 흉악범에게는 '영광'이었다는 것입니까!

오늘 우리는 윤석열의 마지막 거부권 행사를 보고야 말았습니다. 지난 임기 중 뿐만 아니라, 끝내 헌재에서 최종적으로 파면 선고가 나온 오늘 이 순간, 우리 국민들에 대한 진심어린 반성과 사과 한 마디에 대해서까지도 거부권을 행사하는, 그야말로 파렴치한 헌정파괴범 앞에서, 국민들도 이제 더 이상 할 말도 없습니다.

내란수괴 윤석열을, 국민의 엄중한 심판을 받아 파면당한 윤석열을, 지금 즉시 다시 감옥으로 집어넣어야 합니다. 감옥 밖에서 활보하는 그 매순간이, 대한민국의 헌정질서와 우리 소중한 민주주의에 대한 시한폭탄입니다.

국 회 본 회 의 회 의 록

(임 시 회 의 록)

2025년4월4일(금) 오후 3시

의사일정

1. 기획재정부장관(최상목) 탄핵소추안(김용민 의원·정춘생 의원·윤종오 의원·용혜인 의원·한창민 의원 등 188인 발의)(의안번호 2209248)
2. 12.3. 윤석열 비상계엄을 해제한 대한민국 국민께 드리는 감사문(진성준 의원 외 169인 발의)(의안번호 2206835)

상정된 안건

(15시05분 개의)

○**의장 우원식** 의석을 정돈해 주시기 바랍니다.

성원이 되었으므로 제1차 본회의를 개의하겠습니다.

오늘은 대한민국 헌정사에 새로운 이정표를 세운 날입니다. '대한민국은 민주공화국이다. 대한민국의 주권은 국민에게 있고 모든 권력은 국민으로부터 나온다'. 오늘 헌재의 결정이 헌법 제1조를 반석 위에 올려놓았습니다. 헌법의 승리이고 민주주의의 승리입니다. 국민의 대표기관으로서 우리 국회의 다짐도 새로워야 하겠습니다.

의원 여러분 모두가 이 자리에서 국민께 드린 약속, 국회의원 선서를 다시 한번 새겨 보겠습니다.

"나는 헌법을 준수하고 국민의 자유와 복리의 증진 및 조국의 평화적 통일을 위하여 노력하며, 국가의 이익을 우선으로 하여 국회의원의 직무를 양심에 따라 성실히 수행할 것을 국민 앞에 엄숙히 선서합니다."

잘 새깁시다.

보고사항은 회의록에 게재하도록 하겠습니다.

(보고사항은 끝에 실음)

---

o **기획재정부장관(최상목) 탄핵소추안의 법제사법위원회로의 회부 동의의 건**(박찬대 의원 외 169인 서면동의)

(15시06분)

○**의장 우원식** 의사일정에 앞서 기획재정부장관(최상목) 탄핵소추안을 법제사법위원회

에 회부하여 조사·보고하도록 하자는 서면동의가 박찬대 의원 외 169인으로부터 제출되었습니다.

국회법 제130조는 탄핵소추가 발의되면 본회의는 의결로 법제사법위원회에 회부하여 조사하게 할 수 있도록 규정하고 있으므로 기획재정부장관(최상목) 탄핵소추안의 법제사법위원회로의 회부 동의의 건을 먼저 심의하도록 하겠습니다.

그러면 박범계 의원 나오셔서 제안설명해 주시기 바랍니다.

○**박범계 의원** 참 좋은 날입니다. 그렇지만 오늘 헌법재판소 여덟 분의 재판관님들이 세워 주신 대한민국의 법치주의와 민주주의의 회복, 그 못지않게 우리가 간단없이 실체를 규명하고 마땅히 책임을 물어야 할 사안이 있습니다.

대한민국은 명실상부한 삼권분립의 민주주의의 나라입니다. 행정부는 주어진 권한을, 혹은 사법적 판단을 집행하는 기구이지 행정부 스스로 사법적 판단을 하라는 기구가 아닙니다. 대법원이 왜 필요하겠습니까? 헌법재판소가 왜 필요하겠습니까? 헌법재판소와 대법원이라는 대한민국의 헌법에 정하고 있는 사법기관의 판단조차도 행정부가 스스로 사법 심사를 한다거니, 상의를 한다거니, 혹은 시간을 재어 본다느니, 여야 합의를 운운한다거니, 바로 이러한 소행이 헌법을 위반하는 것이고 12·3 내란행위라는 정말 꿈도 꿔서는 안 되는 중대한 헌법 위반을 가져온 원인입니다.

제 뒤에 계시는 대한민국 입법부의 수장 우원식 국회의장께서 우리 국회의원들을 대표해서 마은혁 재판관 등의, 헌법재판관 세 분을 임명하지 않은 사태에 대해서 권한쟁의심판을 했고, 헌법재판소는 명백히 국회 몫 세 사람의 헌법재판관 임명권은 실질적으로 국회가 갖고 있으며 대통령이나 대통령권한대행은 형식적 임명권만 행사하는 것이라는 것을 천명했음에도 불구하고 대통령권한대행인 최상목 대행은 이행하지 않았습니다. 본인이 대행으로서 임명할 수 있는 기회와 시간이 무려 80여 일을 넘었음에도 불구하고 이런저런 평계를 대면서 이행하지 않았습니다.

더군다나 그는 12·3 내란행위와 관련해서 기획재정부에 비상입법기구라는 얼토당토않은 그러한 비상입법기구에 관한 예비비 지출 지원이라는 윤석열 내란수괴로부터 지시받은 문건을 기획차관보에게 넘겨주는 내란행위에 가담 의혹이 큽니다. 본인은 아니라고 주장하지만 우리는 믿기 어렵습니다.

이유는 환율을 방어해야 하고 대한민국의 경제를 누구보다도 지켜야 할 경제부총리가 스스로 인사청문회 때 장기 미국 국채를 팔겠다라는 약속을 했음에도 불구하고 그로부터 불과 육칠 개월 만에 매도 후 다시 매수하는 반국가적 행위로 의심되는 배임행위의 의혹이 매우 큰 소행을 저질렀습니다.

존경하는 의원님들, 국회의장님!

이 사안을 대한민국국회 법제사법위원회로 보내 주십시오. 저희들이 다시 시작될 수사기관의 수사와 함께 철저하게 조사해서 최상목 부총리의, 당시 권한대행의 위헌·위법한 사태가 있었는지를 명백히 밝히도록 하겠습니다. 저희들에게 맡겨 주십시오.

감사합니다.

○**의장 우원식** 박범계 의원 수고하셨습니다.

그러면 기획재정부장관(최상목) 탄핵소추안의 법제사법위원회로의 회부 동의의 건을 의결하도록 하겠습니다.

투표해 주시기 바랍니다.

(전자투표)

투표를 다 하셨습니까?

그러면 투표를 마치겠습니다.

투표 결과를 말씀드리겠습니다.

재석 188인 중 찬성 179인, 반대 6인, 기권 3인으로서 기획재정부장관(최상목) 탄핵소추안의 법제사법위원회로의 회부 동의의 건은 가결되었음을 선포합니다.

(찬반 의원 성명은 끝에 실음)

이 안건이 가결되었으므로 의사일정 제1항 기획재정부장관(최상목) 탄핵소추안은 오늘 상정하지 않고 법제사법위원회에 회부하여 조사·보고토록 하겠습니다.

---

2. 12.3. 윤석열 비상계엄을 해제한 대한민국 국민께 드리는 감사문(진성준 의원 외 169인 발의)(의안번호 2206835)

(15시13분)

○**의장 우원식** 의사일정 제2항 12.3. 윤석열 비상계엄을 해제한 대한민국 국민께 드리는 감사문을 상정합니다.

국회운영위원회의 박성준 위원 나오셔서 이 안건에 대하여 심사보고해 주시기 바랍니다.

○**국회운영위원장대리 박성준** 존경하는 우원식 국회의장님 그리고 선배·동료 의원 여러분!

더불어민주당 중구성동구을 출신 국회운영위원회의 박성준 위원입니다.

지금부터 국회운영위원회에서 심사한 12.3. 윤석열 비상계엄을 해제한 대한민국 국민께 드리는 감사문에 대해 심사보고드리겠습니다.

진성준 의원 외 169명이 발의한 동 감사문은 우리 국민의 민주주의 수호 의지와 결연한 항거에 힘입어 위헌·위법한 12·3 비상계엄이 해제될 수 있었다라는 사실에 깊은 감사와 경의를 표하는 한편 국회가 내란의 전모를 밝히고 그 책임을 물을 것이며 내란의 완전한 종식까지 국민과 함께할 것을 다짐하는 내용으로서 원안대로 의결했습니다.

보다 자세한 내용은 의원님 좌석 단말기의 회의자료를 참조해 주시기 바랍니다.

감사합니다.

(심사보고서는 부록으로 보존함)

○**의장 우원식** 박성준 위원 수고하셨습니다.

이 안건에 대해 박찬대 의원 외 169인으로부터 수정안이 제출되었습니다.

박찬대 의원 나오셔서 수정안에 대하여 제안설명해 주시기 바랍니다.

○**박찬대 의원** 존경하는 국민 여러분!

우원식 국회의장과 선배·동료 의원 여러분!

더불어민주당 원내대표 박찬대입니다.

지금부터 12.3. 윤석열 비상계엄을 해제한 대한민국 국민께 드리는 감사문에 대한 수정안에 대하여 설명드리겠습니다.

동 수정안은 국민의 결연한 저항으로 12.3. 비상계엄이 저지될 수 있었음을 분명히 하기 위하여 감사문의 제명을 '12.3. 윤석열 비상계엄을 저지한 대한민국 국민께 드리는 감사문'으로 수정하고 금일 헌법재판소의 대통령 윤석열에 대한 탄핵 인용 결정을 주문에 반영하기 위하여 일부 자구 등을 수정하려는 것입니다.

보다 자세한 내용은 의원님 좌석 단말기의 회의자료를 참조해 주시기 바랍니다.

2024년 12월 3일 내란수괴 윤석열이 중무장 군대를 동원해 대한민국 헌정질서와 민주주의를 무참히 짓밟은 지 123일째 되는 오늘 윤석열이 파면됐습니다.

대한민국 국민의 위대한 승리이자 수십 년 피땀으로 일궈 온 대한민국 민주주의의 장쾌한 승리입니다. 백척간두의 위기에서 오늘과 내일의 대한민국을 구해 주신 국민 여러분께 이 자리를 빌려 깊은 존경과 감사의 마음을 전합니다.

12월 3일 스산했던 내란의 밤이 바로 어제 일처럼 스쳐 지나갑니다. 가장 먼저 국회로 달려와 맨몸으로 계엄군을 막아선 것은 바로 우리 국민 여러분이었습니다. 국회를 봉쇄한 경찰에 맞서며 계엄 해제를 위해 모여든 국회의원을 국회로 들여보낸 것도 바로 우리 국민 여러분이었습니다.

차디찼던 한겨울 칼바람에도 알루미늄 생존 담요 한 장과 온몸으로 견디면서 여의도에서, 한남동에서, 남태령에서, 광화문에서 또 안국동에서 헌법 제1조를 온몸으로 입증해 주셨습니다.

헌정질서 수호와 민주주의의 회복을 위해 장장 123일 동안 빛의 혁명 대장정을 완수해 주신 국민 여러분의 결연하고 평화적인 투쟁은 대한민국 민주주의의 빛으로 우리 역사에 영원히 기록되고 전 세계 민주주의 역사에 모범으로 남을 것입니다.

지난해 12월 14일 윤석열 탄핵소추안 제안설명을 하면서 노벨문학상 수상자 한강 작가의 화두를 떠올렸습니다. 과거가 현재를 도울 수 있는가, 죽은 자가 산 자를 구할 수 있는가. 그때의 제 대답은 '그렇다'였습니다. 지난 넉 달을 보내며 제 대답은 더욱 강한 확신으로 바뀌었습니다. 과거가 현재를 온 마음으로 도왔고 죽은 자가 산 자를 온 힘으로 구했습니다.

멀리는 1919년 3·1운동과 1960년 4·19 혁명이, 가깝게는 1980년 광주와 1987년 6월 항쟁이, 그리고 2016년 촛불혁명의 역사가 2024년 12·3 내란 사태에서 대한민국을 지켜 낸 원동력이었습니다.

우리 국민의 위대한 빛의 혁명은 이제 다시 과거가 되어 미래를 돕고 우리의 후손들을 또다시 구할 것이라고 저는 굳게 믿습니다. 대한민국과 우리 국민은 어떤 위기와 난관도 능히 극복하며 계속 전진해 나갈 것입니다.

선후배 동료 의원 여러분!

국민의 대표기관인 대한민국 국회가 헌정질서와 민주주의 수호라는 불굴의 의지로 대한민국을 지켜 내신 우리 국민께 무한한 감사와 경의를 표하고자 합니다.

위대한 국민 승리의 역사를 기록하고 기억하고자 대한민국 국회가 12.3. 윤석열 비상계엄을 저지한 대한민국 국민께 드리는 감사문을 채택해 주실 것을 모든 의원님께 정중하게 제안드립니다. 만장일치로 찬성 표결해 주시기를 요청드립니다.

고맙습니다.

(수정안은 부록으로 보존함)

○**의장 우원식** 박찬대 의원 수고하셨습니다.

　　그러면 국회법 제96조에 따라 수정안부터 먼저 표결하도록 하겠습니다.

　　12.3. 윤석열 비상계엄을 해제한 대한민국 국민께 드리는 감사문에 대한 수정안에 대하여 투표해 주시기 바랍니다.

　　(전자투표)

　　투표를 다 하셨습니까?

　　그러면 투표를 마치겠습니다.

　　투표 결과를 말씀드리겠습니다.

　　재석 187인 중 찬성 187인으로서 12.3. 윤석열 비상계엄을 해제한 대한민국 국민께 드리는 감사문에 대한 수정안은 가결되었음을 선포합니다.

(찬반 의원 성명은 끝에 실음)

　　수정안이 가결되었으므로 원안은 표결하지 않겠습니다.

　　그러면 12.3. 윤석열 비상계엄을 해제한 대한민국 국민께 드리는 감사문은 수정한 부분은 수정안대로, 기타 부분은 원안대로 가결되었음을 선포합니다.

　　오늘 회의는 이것으로 마치겠습니다.

　　산회를 선포합니다.

(15시22분 산회)

【전자투표 찬반 의원 성명】
○기획재정부장관(최상목) 탄핵소추안의 법제사법위원회로의 회부 동의의 건
　투표 의원(188인)
　찬성 의원(179인)

강득구	강선우	강유정	강준현	강훈식	고민정	곽상언	권칠승	권향엽	김교흥
김기표	김남근	김남희	김동아	김문수	김민석	김병기	김병주	김선민	김성환
김성회	김승원	김영배	김영진	김영호	김영환	김용만	김용민	김우영	김원이
김 윤	김윤덕	김재원	김정호	김종민	김주영	김준혁	김준형	김태년	김태선
김한규	김 현	김현정	남인순	노종면	맹성규	모경종	문금주	문대림	문진석
민병덕	민형배	민홍철	박균택	박민규	박범계	박상혁	박선원	박성준	박수현
박용갑	박은정	박 정	박정현	박지혜	박찬대	박해철	박홍근	박홍배	박희승
백선희	백승아	백혜련	복기왕	부승찬	서미화	서삼석	서영교	서영석	서왕진
소병훈	손명수	송기헌	송옥주	송재봉	신영대	신정훈	안규백	안도걸	안태준
안호영	양문석	양부남	어기구	염태영	오기형	오세희	용혜인	우원식	위성곤
위성락	유동수	윤건영	윤종군	윤종오	윤준병	윤호중	윤후덕	이강일	이개호
이건태	이광희	이기헌	이병진	이상식	이성윤	이소영	이수진	이언주	이연희
이용선	이용우	이원택	이인영	이재강	이재관	이재명	이재정	이정문	이정헌
이춘석	이학영	이해민	이해식	이훈기	임광현	임미애	임오경	임호선	장경태
장종태	장철민	전재수	전종덕	전진숙	전현희	정동영	정성호	정을호	정일영
정준호	정진욱	정청래	정춘생	정태호	정혜경	조계원	조승래	조인철	조정식
주철현	차지호	채현일	천준호	최기상	최민희	추미애	한민수	한병도	한정애
한준호	한창민	허성무	허 영	허종식	홍기원	황명선	황정아	황 희	

반대 의원(6인)

강경숙 이주영 이준석 진성준 차규근 천하람

기권 의원(3인)

박주민 신장식 황운하

○**윤석열 비상계엄을 해제한 대한민국 국민께 드리는 감사문에 대한 수정안**(박찬대 의원 외 169인 발의)

투표 의원(187인)

찬성 의원(187인)

강경숙	강득구	강선우	강유정	강준현	강훈식	고민정	곽상언	권칠승	권향엽
김교흥	김기표	김남근	김남희	김동아	김문수	김민석	김병기	김병주	김선민
김성환	김성회	김승원	김영배	김영진	김영호	김영환	김용만	김용민	김우영
김원이	김 윤	김윤덕	김재원	김정호	김종민	김주영	김준혁	김준형	김태년
김태선	김한규	김 현	김현정	남인순	노종면	맹성규	모경종	문금주	문대림
문진석	민병덕	민형배	민홍철	박균택	박민규	박범계	박상혁	박선원	박성준
박수현	박용갑	박은정	박 정	박정현	박지혜	박찬대	박해철	박홍근	박홍배
박희승	백선희	백승아	백혜련	복기왕	부승찬	서미화	서삼석	서영교	서영석
서왕진	소병훈	손명수	송기헌	송옥주	송재봉	신영대	신장식	신정훈	안규백
안도걸	안태준	안호영	양문석	양부남	어기구	염태영	오기형	오세희	용혜인
우원식	위성곤	위성락	유동수	윤건영	윤종군	윤종오	윤준병	윤호중	윤후덕
이강일	이개호	이건태	이광희	이기헌	이병진	이상식	이성윤	이소영	이수진
이언주	이연희	이용선	이용우	이원택	이인영	이재강	이재관	이재명	이재정
이정문	이정헌	이주영	이준석	이춘석	이학영	이해민	이해식	이훈기	임광현
임미애	임오경	임호선	장경태	장종태	장철민	전재수	전종덕	전진숙	전현희
정동영	정성호	정을호	정일영	정준호	정진욱	정청래	정춘생	정태호	정혜경
조계원	조승래	조인철	조정식	주철현	진선미	진성준	차지호	채현일	천준호
천하람	최기상	최민희	추미애	한민수	한병도	한정애	한준호	한창민	허성무
허 영	허종식	홍기원	황명선	황운하	황정아	황 회			

○**출석 의원(189인)**

강경숙	강득구	강선우	강유정	강준현	강훈식	고민정	곽상언	권칠승	권향엽
김교흥	김기표	김남근	김남희	김동아	김문수	김민석	김병기	김병주	김선민
김성환	김성회	김승원	김영배	김영진	김영호	김영환	김용만	김용민	김우영
김원이	김 윤	김윤덕	김재원	김정호	김종민	김주영	김준혁	김준형	김태년
김태선	김한규	김 현	김현정	남인순	노종면	맹성규	모경종	문금주	문대림
문진석	민병덕	민형배	민홍철	박균택	박민규	박범계	박상혁	박선원	박성준
박수현	박용갑	박은정	박 정	박정현	박주민	박지혜	박찬대	박해철	박홍근
박홍배	박희승	백선희	백승아	백혜련	복기왕	부승찬	서미화	서삼석	서영교
서영석	서왕진	소병훈	손명수	송기헌	송옥주	송재봉	신영대	신장식	신정훈
안규백	안도걸	안태준	안호영	양문석	양부남	어기구	염태영	오기형	오세희

용혜인	우원식	위성곤	위성락	유동수	윤건영	윤종군	윤종오	윤준병	윤호중
윤후덕	이강일	이개호	이건태	이광희	이기헌	이병진	이상식	이성윤	이소영
이수진	이언주	이연희	이용선	이용우	이원택	이인영	이재강	이재관	이재명
이재정	이정문	이정헌	이주영	이준석	이춘석	이학영	이해민	이해식	이훈기
임광현	임미애	임오경	임호선	장경태	장종태	장철민	전재수	전종덕	전진숙
전현희	정동영	정성호	정을호	정일영	정준호	정진욱	정청래	정춘생	정태호
정혜경	조계원	조승래	조인철	조정식	주철현	진선미	진성준	차규근	차지호
채현일	천준호	천하람	최기상	최민희	추미애	한민수	한병도	한정애	한준호
한창민	허성무	허 영	허종식	홍기원	황명선	황운하	황정아	황 희	

○개의 시 재석 의원(187인)

강경숙	강득구	강선우	강유정	강준현	강훈식	고민정	곽상언	권칠승	권향엽
김교흥	김기표	김남근	김남희	김동아	김문수	김민석	김병기	김병주	김선민
김성환	김성회	김승원	김영배	김영진	김영호	김영환	김용만	김용민	김우영
김원이	김 윤	김윤덕	김재원	김정호	김종민	김주영	김준혁	김준형	김태년
김태선	김한규	김 현	김현정	남인순	맹성규	모경종	문금주	문대림	문진석
민병덕	민형배	민홍철	박균택	박민규	박범계	박상혁	박선원	박성준	박수현
박용갑	박은정	박 정	박정현	박주민	박지혜	박찬대	박해철	박홍근	박홍배
박희승	백선희	백승아	백혜련	복기왕	부승찬	서미화	서삼석	서영교	서영석
서왕진	소병훈	손명수	송기헌	송옥주	송재봉	신영대	신장식	신정훈	안규백
안도걸	안태준	안호영	양문석	양부남	어기구	염태영	오기형	오세희	용혜인
우원식	위성곤	위성락	유동수	윤건영	윤종군	윤종오	윤준병	윤호중	윤후덕
이강일	이개호	이건태	이광희	이기헌	이병진	이상식	이성윤	이소영	이수진
이언주	이연희	이용선	이용우	이원택	이인영	이재강	이재관	이재명	이재정
이정문	이정헌	이주영	이준석	이춘석	이학영	이해민	이해식	이훈기	임광현
임미애	임오경	임호선	장경태	장종태	장철민	전재수	전종덕	전진숙	전현희
정동영	정성호	정을호	정일영	정준호	정진욱	정청래	정춘생	정태호	정혜경
조계원	조승래	조인철	조정식	주철현	진선미	진성준	차규근	채현일	천준호
천하람	최기상	최민희	추미애	한민수	한병도	한정애	한준호	한창민	허성무
허 영	허종식	홍기원	황명선	황운하	황정아	황 희			

○산회 시 재석 의원(187인)

강경숙	강득구	강선우	강유정	강준현	강훈식	고민정	곽상언	권칠승	권향엽
김교흥	김기표	김남근	김남희	김동아	김문수	김민석	김병기	김병주	김선민
김성환	김성회	김승원	김영배	김영진	김영호	김영환	김용만	김용민	김우영
김원이	김 윤	김윤덕	김재원	김정호	김종민	김주영	김준혁	김준형	김태년
김태선	김한규	김 현	김현정	남인순	노종면	맹성규	모경종	문금주	문대림
문진석	민병덕	민형배	민홍철	박균택	박민규	박범계	박상혁	박선원	박성준
박수현	박용갑	박은정	박 정	박정현	박지혜	박찬대	박해철	박홍근	박홍배
박희승	백선희	백승아	백혜련	복기왕	부승찬	서미화	서삼석	서영교	서영석
서왕진	소병훈	손명수	송기헌	송옥주	송재봉	신영대	신장식	신정훈	안규백

안도걸 안태준 안호영 양문석 양부남 어기구 염태영 오기형 오세희 용혜인
우원식 위성곤 위성락 유동수 윤건영 윤종군 윤종오 윤준병 윤호중 윤후덕
이강일 이개호 이건태 이광희 이기헌 이병진 이상식 이성윤 이소영 이수진
이언주 이연희 이용선 이용우 이원택 이인영 이재강 이재관 이재명 이재정
이정문 이정헌 이주영 이준석 이춘석 이학영 이해민 이해식 이훈기 임광현
임미애 임오경 임호선 장경태 장종태 장철민 전재수 전종덕 전진숙 전현희
정동영 정성호 정을호 정일영 정준호 정진욱 정청래 정춘생 정태호 정혜경
조계원 조승래 조인철 조정식 주철현 진선미 진성준 차지호 채현일 천준호
천하람 최기상 최민희 추미애 한민수 한병도 한정애 한준호 한창민 허성무
허 영 허종식 홍기원 황명선 황운하 황정아 황 희

○**청가 의원(8인)**

강승규 김대식 김용태 문정복 박지원 안철수 윤영석 전용기

○**국회 참석자**

사무총장 김민기

입법차장 진선희

의사국장 김승묵

【**보고사항**】

○**의안 제출**

노숙인 등의 복지 및 자립지원에 관한 법률 일부개정법률안

(2025. 4. 3. 박성훈 의원 대표발의)(의안번호 2209553)

국가유공자 등 단체 설립에 관한 법률 일부개정법률안

(2025. 4. 3. 민병덕 의원 대표발의)(의안번호 2209554)

집단에너지사업법 일부개정법률안

(2025. 4. 3. 김동아 의원 대표발의)(의안번호 2209555)

국가 등의 괴롭힘소송에 관한 특례법안

(2025. 4. 3. 박주민 의원 대표발의)(의안번호 2209556)

수의사법 일부개정법률안

(2025. 4. 3. 윤준병 의원 대표발의)(의안번호 2209557)

의료기기법 일부개정법률안

(2025. 4. 3. 윤준병 의원 대표발의)(의안번호 2209558)

도시교통정비 촉진법 일부개정법률안

(2025. 4. 3. 박성훈 의원 대표발의)(의안번호 2209559)

민간임대주택에 관한 특별법 일부개정법률안

(2025. 4. 3. 김교흥 의원 대표발의)(의안번호 2209560)

의료급여법 일부개정법률안

(2025. 4. 3. 이병진 의원 대표발의)(의안번호 2209561)

국민건강보험법 일부개정법률안

(2025. 4. 3. 이병진 의원 대표발의)(의안번호 2209562)

지역농산물 이용촉진 등 농산물 직거래 활성화에 관한 법률 일부개정법률안

(2025. 4. 3. 문진석 의원 대표발의)(의안번호 2209564)

국민연금과 직역연금의 연계에 관한 법률 일부개정법률안

(2025. 4. 3. 안상훈 의원 대표발의)(의안번호 2209565)

약사법 일부개정법률안

(2025. 4. 3. 윤준병 의원 대표발의)(의안번호 2209566)

조세특례제한법 일부개정법률안

(2025. 4. 3. 최수진 의원 대표발의)(의안번호 2209567)

폐기물관리법 일부개정법률안

(2025. 4. 3. 김소희 의원 대표발의)(의안번호 2209568)

지방공기업법 일부개정법률안

(2025. 4. 3. 박홍근 의원 대표발의)(의안번호 2209569)

형법 일부개정법률안

(2025. 4. 3. 신영대 의원 대표발의)(의안번호 2209570)

여객자동차 운수사업법 일부개정법률안

(2025. 4. 3. 박홍근 의원 대표발의)(의안번호 2209571)

민간임대주택에 관한 특별법 일부개정법률안

(2025. 4. 3. 염태영 의원 대표발의)(의안번호 2209572)

할부거래에 관한 법률 일부개정법률안

(2025. 4. 3. 박성훈 의원 대표발의)(의안번호 2209573)

감사원법 일부개정법률안

(2025. 4. 3. 신정훈 의원 대표발의)(의안번호 2209574)

기회발전특구 조성 및 육성에 관한 특별법안

(2025. 4. 3. 허성무 의원 대표발의)(의안번호 2209575)

지방자치분권 및 지역균형발전에 관한 특별법 일부개정법률안

(2025. 4. 3. 허성무 의원 대표발의)(의안번호 2209576)

관광진흥법 일부개정법률안

(2025. 4. 3. 임오경 의원 대표발의)(의안번호 2209577)

음악산업진흥에 관한 법률 일부개정법률안

(2025. 4. 3. 임오경 의원 대표발의)(의안번호 2209578)

문학진흥법 일부개정법률안

(2025. 4. 3. 임오경 의원 대표발의)(의안번호 2209579)

국회의원(박충권) 징계안

(2025. 4. 3. 박성준 의원 요구)(의안번호 2209580)

하도급거래 공정화에 관한 법률 일부개정법률안

(2025. 4. 3. 문진석 의원 대표발의)(의안번호 2209581)

부동산 거래신고 등에 관한 법률 일부개정법률안

(2025. 4. 3. 문진석 의원 대표발의)(의안번호 2209582)

전직대통령 예우에 관한 법률 일부개정법률안

(2025. 4. 3. 모경종 의원 대표발의)(의안번호 2209583)

이상 30건 소관위원회에 회부하겠음
○**청원 제출**
선거관리위원회 부정채용 및 조세 사용여부 공개에 관한 청원
(2025. 4. 3. 조정현 외 51,887인 국민동의로 제출)(청원번호 2200160)
4월에 실시 되는 〔프로젝트 한강〕 중앙은행 디지털 통화(CBDC) 테스트에 대한 우려와 반대에 관한 청원
(2025. 4. 3. 이홍구 외 51,309인 국민동의로 제출)(청원번호 2200161)
이상 2건 소관위원회에 회부하겠음

(다음 페이지에 계속)

○본회의장 의석표

2025. 1. 7. 기준

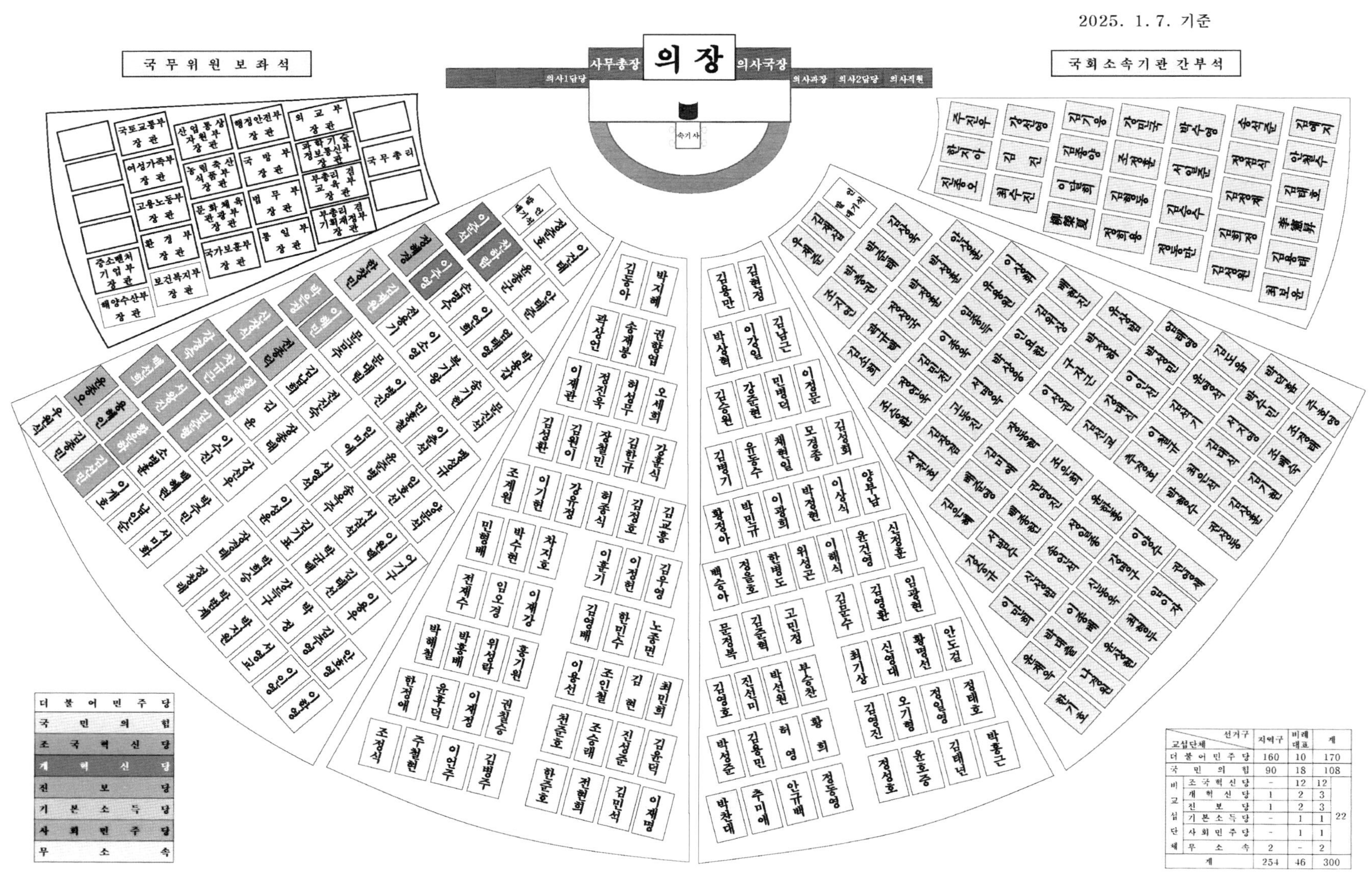

교섭단체 \ 선거구		지역구	비례대표	계	
더불어민주당		160	10	170	
국민의힘		90	18	108	
비교섭단체	조국혁신당	-	12	12	22
	개혁신당	1	2	3	
	진보당	1	2	3	
	기본소득당	-	1	1	
	사회민주당	-	1	1	
	무소속	2	-	2	
계		254	46	300	

중앙선거관리위원회는 대통령 궐위선거 사유 확정에 따라 4월 4일부터 제21대 대통령선거의 예비후보자 등록이 시작되었다고 밝혔다. 예비후보자가 되려는 사람은 중앙선관위에 가족관계증명서 등 피선거권에 관한 증명서류, 전과기록에 관한 증명서류, 정규학력에 관한 증명서 등을 제출하고, 기탁금 6,000만 원(후보자 기탁금 3억 원의 20%)을 납부하여야 한다. 예비후보자는 선거운동을 위하여 ▲선거사무소 설치 ▲선거운동용 명함 배부 ▲전국 세대수의 10%에 해당하는 수 이내에서 예비후보자홍보물 작성ㆍ발송 ▲어깨띠 또는 표지물 착용ㆍ소지 ▲예비후보자공약집 1종을 발간하여 통상적인 방법으로 판매(방문판매 제외) 할 수 있다. 예비후보자 및 선거사무원 등이 아니더라도 선거운동을 할 수 있는 사람은 문자 메시지, 인터넷 홈페이지 또는 전자우편을 전송하는 방법으로 언제든지 선거운동을 할 수 있고, 선거일이 아닌 때 전화를 이용하거나 말로 선거운동을 할 수 있다. 다만, 자동 동보통신으로 문자메시지를 전송하거나, 전자우편 전송대행업체에 위탁하여 전자우편을 전송하는 방법으로 선거운동을 하기 위해서는 예비후보자나 후보자로 등록해야 한다.

– 중앙선거관리위원회, 4월 4일 보도자료

12.3. 윤석열 비상계엄을 해제한 대한민국 국민께 드리는 감사문에 대한 수정안

발의연월일 : 2025. 4. 4.

발　의　자 : 박찬대의원

찬　성　자 : 169인

수정이유

감사문의 의미를 분명히 하고, 2025년 4월 4일 헌법재판소의 대통령 윤석열에 대한 탄핵 인용 결정 등을 주문에 반영하기 위하여 안 제명 및 일부 자구 등을 수정함.

수정주요내용

가. 안 제명을 "12.3. 윤석열 비상계엄을 저지한 대한민국 국민께 드 리는 감사문"으로 수정함.

나. 주문 중 "2024년 12월 3일 비상계엄의 밤부터 12월 14일 대통령 윤석열 탄핵소추의 밤까지 이어졌던"을 "2024년 12월 3일 비상 계엄의 밤부터 2025년 4월 4일 대통령 윤석열 파면의 날까지 장 장 123일 동안 지속되었던"으로 수정함.

다. 주문 중 "12월 14일 국회에 의하여 내란의 범죄로 탄핵소추되었 습니다"를 "12월 14일 국회에 의하여 내란행위로 탄핵소추되었고, 마침내 2025년 4월 4일 헌법재판소의 결정으로 그 우두머리가 파면되었습니다"로 수정함.

라. 주문 중 "비상계엄과 내란사태가 완전히 종식될 때까지"를 "내란사태가 완전히 종식되고, 그 세력들이 상응하는 법적 책임을 질 때까지"로 수정함.

12.3. 윤석열 비상계엄을 해제한 대한민국 국민께 드리는 감사문에 대한 수정안

12.3. 윤석열 비상계엄을 해제한 대한민국 국민께 드리는 감사문 일부를 다음과 같이 수정한다.

안 제명 "12.3. 윤석열 비상계엄을 해제한 대한민국 국민께 드리는 감사문"을 "12.3. 윤석열 비상계엄을 저지한 대한민국 국민께 드리는 감사문"으로 한다.

안 주문 중 "2024년 12월 3일 비상계엄의 밤부터 12월 14일 대통령 윤석열 탄핵소추의 밤까지 이어졌던"을 "2024년 12월 3일 비상계엄의 밤부터 2025년 4월 4일 대통령 윤석열 파면의 날까지 장장 123일 동안 지속되었던"으로 하고, "12월 14일 국회에 의하여 내란의 범죄로 탄핵소추되었습니다"를 "12월 14일 국회에 의하여 내란행위로 탄핵소추되었고, 마침내 2025년 4월 4일 헌법재판소의 결정으로 그 우두머리가 파면되었습니다"로 하며, "비상계엄과 내란사태가 완전히 종식될 때까지"를 "내란사태가 완전히 종식되고, 그 세력들이 상응하는 법적 책임을 질 때까지"로 한다.

수정안조문대비표

원 안	수 정 안
<u>12.3. 윤석열 비상계엄을 해제한 대한민국 국민께 드리는 감사문</u> 주 문	**<u>12.3. 윤석열 비상계엄을 저지한 대한민국 국민께 드리는 감사문</u>** 주 문
대한민국 국회는 민주적 결단과 과감한 행동으로 대한민국을 수호한 우리 국민께 무한한 경의와 감사를 드립니다.	대한민국 국회는 민주적 결단과 과감한 행동으로 대한민국을 수호한 우리 국민께 무한한 경의와 감사를 드립니다.
<u>2024년 12월 3일 비상계엄의 밤부터 12월 14일 대통령 윤석열 탄핵소추의 밤까지 이어졌던</u> 우리 국민의 결연한 저항과 평화적 항거는 대한민국 역사에 영원히 빛날 것입니다.	<u>2024년 12월 3일 비상계엄의 밤부터 2025년 4월 4일 대통령 윤석열 파면의 날까지 장장 123일 동안 지속되었던</u> 우리 국민의 결연한 저항과 평화적 항거는 대한민국 역사에 영원히 빛날 것입니다.
대통령 윤석열이 국헌을 문란케 할 목적으로 전국에 비상계엄을 선포하며 폭동을 일으켰을 때 우리 국민은 분연히 떨쳐 일어나 대한민국을 구했습니다. 경찰과 계엄군이 국회를 봉쇄하고 국회의사당을 침탈하자 주권자인 우리 국민은 주저 없	대통령 윤석열이 국헌을 문란케 할 목적으로 전국에 비상계엄을 선포하며 폭동을 일으켰을 때 우리 국민은 분연히 떨쳐 일어나 대한민국을 구했습니다. 경찰과 계엄군이 국회를 봉쇄하고 국회의사당을 침탈하자 주권자인 우리 국민은 주저 없

이 국회 앞으로 달려 나왔습니다. 국회 진입을 시도하는 계엄군의 장갑차량을 온몸으로 막고, 국회를 봉쇄한 경찰의 방패를 밀어내며, 국회를 침탈하는 계엄군의 총부리를 맨손으로 헤치고 민주주의의 길목을 지켜주었습니다.

자칫 목숨이 위태로울 수 있는 지경에도 새벽을 밝히며 국회를 지킨 국민은 단 한 순간도 흔들리지 않았습니다. 그리하여 마침내 위헌·위법한 비상계엄을 해제하도록 국회를 지켜내고, 탄핵소추 의결로 대통령 윤석열의 직무를 정지하며 내란세력을 진압할 수 있었습니다.

우리 국민의 필사적인 저항과 도움으로 국회는 재적 국회의원 300명 중 190명이 본회의에 출석하여, 2024년 12월 4일 오전 1시 재석 의원 전원의 찬성으로 비상계엄 해제 요구를 결의할 수 있었습니다. 이로써 대통령 윤석열의 위헌·위법적인 비상계엄은 선포된 지 2시간 34분 만에 저지

이 국회 앞으로 달려 나왔습니다. 국회 진입을 시도하는 계엄군의 장갑차량을 온몸으로 막고, 국회를 봉쇄한 경찰의 방패를 밀어내며, 국회를 침탈하는 계엄군의 총부리를 맨손으로 헤치고 민주주의의 길목을 지켜주었습니다.

자칫 목숨이 위태로울 수 있는 지경에도 새벽을 밝히며 국회를 지킨 국민은 단 한 순간도 흔들리지 않았습니다. 그리하여 마침내 위헌·위법한 비상계엄을 해제하도록 국회를 지켜내고, 탄핵소추 의결로 대통령 윤석열의 직무를 정지하며 내란세력을 진압할 수 있었습니다.

우리 국민의 필사적인 저항과 도움으로 국회는 재적 국회의원 300명 중 190명이 본회의에 출석하여, 2024년 12월 4일 오전 1시 재석 의원 전원의 찬성으로 비상계엄 해제 요구를 결의할 수 있었습니다. 이로써 대통령 윤석열의 위헌·위법적인 비상계엄은 선포된 지 2시간 34분 만에 저지

되었습니다. 대통령 윤석열은 국회의 결의 즉시 국무회의를 소집하여 계엄을 해제해야 함에도 독선과 아집으로 시간을 끌다가 12월 4일 새벽 4시 27분 해제를 선언하였습니다. 그가 일으켰던 내란은 6시간 만에 완전한 실패로 돌아갔으며, <u>12월 14일 국회에 의하여 내란의 범죄로 탄핵소추되었습니다.</u>

국민 여러분은 스스로 역사의 빛이 되었습니다. 대한민국과 전세계는 5.18의 주먹밥이 12.3의 선결제로 이어지고, 2016년 촛불혁명이 2024년 빛의 혁명으로 승화한 모습을 보았습니다. '소중한 것을 지키려 들고나온 내게 가장 소중한 빛'은 서로가 서로를 응원하는 빛이었습니다. 서로가 서로를 배려하고 존중하는 빛이었습니다. 평화와 사랑과 연대의 빛, 민주주의를 지키는 빛이었습니다. K-팝의 합창과 함께 어

되었습니다. 대통령 윤석열은 국회의 결의 즉시 국무회의를 소집하여 계엄을 해제해야 함에도 독선과 아집으로 시간을 끌다가 12월 4일 새벽 4시 27분 해제를 선언하였습니다. 그가 일으켰던 내란은 6시간 만에 완전한 실패로 돌아갔으며, <u>12월 14일 국회에 의하여 내란행위로 탄핵소추되었고, 마침내 2025년 4월 4일 헌법재판소의 결정으로 그 우두머리가 파면되었습니다.</u>

국민 여러분은 스스로 역사의 빛이 되었습니다. 대한민국과 전세계는 5.18의 주먹밥이 12.3의 선결제로 이어지고, 2016년 촛불혁명이 2024년 빛의 혁명으로 승화한 모습을 보았습니다. '소중한 것을 지키려 들고나온 내게 가장 소중한 빛'은 서로가 서로를 응원하는 빛이었습니다. 서로가 서로를 배려하고 존중하는 빛이었습니다. 평화와 사랑과 연대의 빛, 민주주의를 지키는 빛이었습니다. K-팝의 합창과 함께 어

우러져 세대와 성별과 계층을 뛰어넘어 국민 모두가 튼튼하게 연대한 이 빛의 물결을 대한민국과 세계는 결코 잊지 않을 것입니다.

1894년 동학농민혁명, 1919년 3.1 독립운동, 1960년 4.19혁명, 1980년 5.18 광주민주화운동, 1987년 6월 민주항쟁, 2016년 촛불혁명의 역사가 2024년 12월 내란에서 대한민국을 구했습니다. 과거의 역사가 현재의 역사를 구원했고, 과거의 죽음이 현재의 삶을 지속시킨 새 역사를 국민 스스로 써 내려갔습니다.

대한민국 국회는 한밤 중의 내란사태로 인해 정신적 충격과 불안으로 고통을 겪고 있는 모든 국민께 깊은 위로를 전하며, 하루빨리 충격과 불안에서 벗어나 건강과 일상을 회복하기를 기원합니다. 아울러 위헌·위법한 비상계엄으로 피해를 입은 모든 국민에 대하여 그 실태를 조사하고 적절한 배상과 지원 대책이 마련될 수 있도록 최선을 다하겠습니

우러져 세대와 성별과 계층을 뛰어넘어 국민 모두가 튼튼하게 연대한 이 빛의 물결을 대한민국과 세계는 결코 잊지 않을 것입니다.

1894년 동학농민혁명, 1919년 3.1 독립운동, 1960년 4.19혁명, 1980년 5.18 광주민주화운동, 1987년 6월 민주항쟁, 2016년 촛불혁명의 역사가 2024년 12월 내란에서 대한민국을 구했습니다. 과거의 역사가 현재의 역사를 구원했고, 과거의 죽음이 현재의 삶을 지속시킨 새 역사를 국민 스스로 써 내려갔습니다.

대한민국 국회는 한밤 중의 내란사태로 인해 정신적 충격과 불안으로 고통을 겪고 있는 모든 국민께 깊은 위로를 전하며, 하루빨리 충격과 불안에서 벗어나 건강과 일상을 회복하기를 기원합니다. 아울러 위헌·위법한 비상계엄으로 피해를 입은 모든 국민에 대하여 그 실태를 조사하고 적절한 배상과 지원 대책이 마련될 수 있도록 최선을 다하겠습니

다.

　또한 대한민국 국회는 내란의 주모자들에 의해 강제로 동원되었지만, 임무를 회피하거나 소극적으로 임했던 계엄군 병사들과 총칼로 무장했으면서도 끝내 국민을 해치지 않으려 했던 계엄군 병사들을 기억합니다. '죄송합니다'라고 연신 고개를 숙이며 돌아섰던 계엄군 병사의 안타까운 눈빛에서 이들 역시 대한민국의 선량한 국민임을 깨닫습니다.

　대한민국 국회는 헌법과 법률이 부여한 권한으로 12.3 윤석열 내란사태의 전모를 밝히고 그 책임자들에게 상응하는 책임을 물을 것임을 국민 앞에 다짐합니다. **비상계엄과 내란사태가 완전히 종식될 때까지** 대한민국 국회는 국민과 함께 할 것입니다.

　헌정질서가 위태로울 때마다 떨쳐 일어나 국헌을 바로 세우고 민주주의를 지켜낸 우리 국민의

다.

　또한 대한민국 국회는 내란의 주모자들에 의해 강제로 동원되었지만, 임무를 회피하거나 소극적으로 임했던 계엄군 병사들과 총칼로 무장했으면서도 끝내 국민을 해치지 않으려 했던 계엄군 병사들을 기억합니다. '죄송합니다'라고 연신 고개를 숙이며 돌아섰던 계엄군 병사의 안타까운 눈빛에서 이들 역시 대한민국의 선량한 국민임을 깨닫습니다.

　대한민국 국회는 헌법과 법률이 부여한 권한으로 12.3 윤석열 내란사태의 전모를 밝히고 그 책임자들에게 상응하는 책임을 물을 것임을 국민 앞에 다짐합니다. **내란사태가 완전히 종식되고, 그 세력들이 상응하는 법적 책임을 질 때까지** 대한민국 국회는 국민과 함께 할 것입니다.

　헌정질서가 위태로울 때마다 떨쳐 일어나 국헌을 바로 세우고 민주주의를 지켜낸 우리 국민의

위대함과 슬기로움에 대한민국 국회는 깊이 감사하며 무한한 존경과 신뢰를 표합니다. 대한민국 국민과 이 시대를 함께 할 수 있어서 영광입니다.

12.3. 윤석열 비상계엄을 저지한 대한민국 국민께 드리는 감사문

<u>주　문</u>

대한민국 국회는 민주적 결단과 과감한 행동으로 대한민국을 수호한 우리 국민께 무한한 경의와 감사를 드립니다.

2024년 12월 3일 비상계엄의 밤부터 2025년 4월 4일 대통령 윤석열 파면의 날까지 장장 123일 동안 지속되었던 우리 국민의 결연한 저항과 평화적 항거는 대한민국 역사에 영원히 빛날 것입니다.

대통령 윤석열이 국헌을 문란케 할 목적으로 전국에 비상계엄을 선포하며 폭동을 일으켰을 때 우리 국민은 분연히 떨쳐 일어나 대한민국을 구했습니다. 경찰과 계엄군이 국회를 봉쇄하고 국회의사당을 침탈하자 주권자인 우리 국민은 주저 없이 국회 앞으로 달려 나왔습니다. 국회 진입을 시도하는 계엄군의 장갑차량을 온몸으로 막고, 국회를 봉쇄한 경찰의 방패를 밀어내며, 국회를 침탈하는 계엄군의 총부리를 맨손으로 헤치고 민주주의의 길목을 지켜주었습니다.

자칫 목숨이 위태로울 수 있는 지경에도 새벽을 밝히며 국회를 지킨 국민은 단 한 순간도 흔들리지 않았습니다. 그리하여 마침내 위헌·위법한 비상계엄을 해제하도록 국회를 지켜내고, 탄핵소추 의결로 대통령 윤석열의 직무를 정지하며 내란세력을 진압할 수 있었습니다.

우리 국민의 필사적인 저항과 도움으로 국회는 재적 국회의원 300

명 중 190명이 본회의에 출석하여, 2024년 12월 4일 오전 1시 재석 의원 전원의 찬성으로 비상계엄 해제 요구를 결의할 수 있었습니다. 이로써 대통령 윤석열의 위헌·위법적인 비상계엄은 선포된 지 2시간 34분 만에 저지되었습니다. 대통령 윤석열은 국회의 결의 즉시 국무회의를 소집하여 계엄을 해제해야 함에도 독선과 아집으로 시간을 끌다가 12월 4일 새벽 4시 27분 해제를 선언하였습니다. 그가 일으켰던 내란은 6시간 만에 완전한 실패로 돌아갔으며, 12월 14일 국회에 의하여 내란행위로 탄핵소추되었고, 마침내 2025년 4월 4일 헌법재판소의 결정으로 그 우두머리가 파면되었습니다.

국민 여러분은 스스로 역사의 빛이 되었습니다. 대한민국과 전세계는 5.18의 주먹밥이 12.3의 선결제로 이어지고, 2016년 촛불혁명이 2024년 빛의 혁명으로 승화한 모습을 보았습니다. '소중한 것을 지키려 들고나온 내게 가장 소중한 빛'은 서로가 서로를 응원하는 빛이었습니다. 서로가 서로를 배려하고 존중하는 빛이었습니다. 평화와 사랑과 연대의 빛, 민주주의를 지키는 빛이었습니다. K-팝의 합창과 함께 어우러져 세대와 성별과 계층을 뛰어넘어 국민 모두가 튼튼하게 연대한 이 빛의 물결을 대한민국과 세계는 결코 잊지 않을 것입니다.

1894년 동학농민혁명, 1919년 3.1독립운동, 1960년 4.19혁명, 1980년 5.18광주민주화운동, 1987년 6월 민주항쟁, 2016년 촛불혁명의 역사가 2024년 12월 내란에서 대한민국을 구했습니다. 과거의 역사가 현재의 역사를 구원했고, 과거의 죽음이 현재의 삶을 지속시킨 새 역사를 국민 스스로 써 내려갔습니다.

대한민국 국회는 한밤 중의 내란사태로 인해 정신적 충격과 불안으로 고통을 겪고 있는 모든 국민께 깊은 위로를 전하며, 하루 빨리 충격과 불안에서 벗어나 건강과 일상을 회복하기를 기원합니다. 아울러 위헌·위법한 비상계엄으로 피해를 입은 모든 국민에 대하여 그 실태를 조사하고 적절한 배상과 지원 대책이 마련될 수 있도록 최선을 다하겠습니다.

또한 대한민국 국회는 내란의 주모자들에 의해 강제로 동원되었지만, 임무를 회피하거나 소극적으로 임했던 계엄군 병사들과 총칼로 무장했으면서도 끝내 국민을 해치지 않으려 했던 계엄군 병사들을 기억합니다. '죄송합니다'라고 연신 고개를 숙이며 돌아섰던 계엄군 병사의 안타까운 눈빛에서 이들 역시 대한민국의 선량한 국민임을 깨닫습니다.

대한민국 국회는 헌법과 법률이 부여한 권한으로 12.3 윤석열 내란사태의 전모를 밝히고 그 책임자들에게 상응하는 책임을 물을 것임을 국민 앞에 다짐합니다. 내란사태가 완전히 종식되고, 그 세력들이 상응하는 법적 책임을 질 때까지 대한민국 국회는 국민과 함께 할 것입니다.

헌정질서가 위태로울 때마다 떨쳐 일어나 국헌을 바로 세우고 민주주의를 지켜낸 우리 국민의 위대함과 슬기로움에 대한민국 국회는 깊이 감사하며 무한한 존경과 신뢰를 표합니다. 대한민국 국민과 이 시대를 함께 할 수 있어서 영광입니다.

2025년 4월 4일

부록

대한민국헌법

[시행 1988. 2. 25.] [헌법 제10호, 1987. 10. 29., 전부개정]

제1장 총강

제1조 ①대한민국은 민주공화국이다.
②대한민국의 주권은 국민에게 있고, 모든 권력은 국민으로부터 나온다.

제2조 ①대한민국의 국민이 되는 요건은 법률로 정한다.
②국가는 법률이 정하는 바에 의하여 재외국민을 보호할 의무를 진다.

제3조 대한민국의 영토는 한반도와 그 부속도서로 한다.

제4조 대한민국은 통일을 지향하며, 자유민주적 기본질서에 입각한 평화적 통일정책을 수립하고 이를 추진한다.

제5조 ①대한민국은 국제평화의 유지에 노력하고 침략적 전쟁을 부인한다.
②국군은 국가의 안전보장과 국토방위의 신성한 의무를 수행함을 사명으로 하며, 그 정치적 중립성은 준수된다.

제6조 ①헌법에 의하여 체결·공포된 조약과 일반적으로 승인된 국제법규는 국내법과 같은 효력을 가진다.
②외국인은 국제법과 조약이 정하는 바에 의하여 그 지위가 보장된다.

제7조 ①공무원은 국민전체에 대한 봉사자이며, 국민에 대하여 책임을 진다.
②공무원의 신분과 정치적 중립성은 법률이 정하는 바에 의하여 보장된다.

제8조 ①정당의 설립은 자유이며, 복수정당제는 보장된다.
②정당은 그 목적·조직과 활동이 민주적이어야 하며, 국민의 정치적 의사형성에 참여하는데 필요한 조직을 가져야 한다.
③정당은 법률이 정하는 바에 의하여 국가의 보호를 받으며, 국가는 법률이 정하는 바에 의하여 정당운영에 필요한 자금을 보조할 수 있다.
④정당의 목적이나 활동이 민주적 기본질서에 위배될 때에는 정부는 헌법재판소에 그 해산을 제소할 수 있고, 정당은 헌법재판소의 심판에 의하여 해산된다.

제9조 국가는 전통문화의 계승·발전과 민족문화의 창달에 노력하여야 한다.

제2장 국민의 권리와 의무

제10조 모든 국민은 인간으로서의 존엄과 가치를 가지며, 행복을 추구할 권리를 가진다. 국가는 개인이 가지는 불가침의 기본적 인권을 확인하고 이를 보장할 의무를 진다.

제11조 ①모든 국민은 법 앞에 평등하다. 누구든지 성별·종교 또는 사회적 신분에 의하여 정치적·경제적·사회적·문화적 생활의 모든 영역에 있어서 차별을 받지 아니한다.
②사회적 특수계급의 제도는 인정되지 아니하며, 어떠한 형태로도 이를 창설할 수 없다.
③훈장등의 영전은 이를 받은 자에게만 효력이 있고, 어떠한 특권도 이에 따르지 아니한다.

제12조 ①모든 국민은 신체의 자유를 가진다. 누구든지 법률에 의하지 아니하고는 체포·구속·압수·수색 또는 심문을 받지 아니하며, 법률과 적법한 절차에 의하지 아니하고는 처벌·보안처분 또는 강제노역을 받지 아니한다.
②모든 국민은 고문을 받지 아니하며, 형사상 자기에게 불리한 진술을 강요당하지 아니한다.
③체포·구속·압수 또는 수색을 할 때에는 적법한 절차에 따라 검사의 신청에 의하여 법관이 발부한 영

장을 제시하여야 한다. 다만, 현행범인인 경우와 장기 3년 이상의 형에 해당하는 죄를 범하고 도피 또는 증거인멸의 염려가 있을 때에는 사후에 영장을 청구할 수 있다.

④누구든지 체포 또는 구속을 당한 때에는 즉시 변호인의 조력을 받을 권리를 가진다. 다만, 형사피고인이 스스로 변호인을 구할 수 없을 때에는 법률이 정하는 바에 의하여 국가가 변호인을 붙인다.

⑤누구든지 체포 또는 구속의 이유와 변호인의 조력을 받을 권리가 있음을 고지받지 아니하고는 체포 또는 구속을 당하지 아니한다. 체포 또는 구속을 당한 자의 가족등 법률이 정하는 자에게는 그 이유와 일시·장소가 지체없이 통지되어야 한다.

⑥누구든지 체포 또는 구속을 당한 때에는 적부의 심사를 법원에 청구할 권리를 가진다.

⑦피고인의 자백이 고문·폭행·협박·구속의 부당한 장기화 또는 기망 기타의 방법에 의하여 자의로 진술된 것이 아니라고 인정될 때 또는 정식재판에 있어서 피고인의 자백이 그에게 불리한 유일한 증거일 때에는 이를 유죄의 증거로 삼거나 이를 이유로 처벌할 수 없다.

제13조 ①모든 국민은 행위시의 법률에 의하여 범죄를 구성하지 아니하는 행위로 소추되지 아니하며, 동일한 범죄에 대하여 거듭 처벌받지 아니한다.

②모든 국민은 소급입법에 의하여 참정권의 제한을 받거나 재산권을 박탈당하지 아니한다.

③모든 국민은 자기의 행위가 아닌 친족의 행위로 인하여 불이익한 처우를 받지 아니한다.

제14조 모든 국민은 거주·이전의 자유를 가진다.

제15조 모든 국민은 직업선택의 자유를 가진다.

제16조 모든 국민은 주거의 자유를 침해받지 아니한다. 주거에 대한 압수나 수색을 할 때에는 검사의 신청에 의하여 법관이 발부한 영장을 제시하여야 한다.

제17조 모든 국민은 사생활의 비밀과 자유를 침해받지 아니한다.

제18조 모든 국민은 통신의 비밀을 침해받지 아니한다.

제19조 모든 국민은 양심의 자유를 가진다.

제20조 ①모든 국민은 종교의 자유를 가진다.

②국교는 인정되지 아니하며, 종교와 정치는 분리된다.

제21조 ①모든 국민은 언론·출판의 자유와 집회·결사의 자유를 가진다.

②언론·출판에 대한 허가나 검열과 집회·결사에 대한 허가는 인정되지 아니한다.

③통신·방송의 시설기준과 신문의 기능을 보장하기 위하여 필요한 사항은 법률로 정한다.

④언론·출판은 타인의 명예나 권리 또는 공중도덕이나 사회윤리를 침해하여서는 아니된다. 언론·출판이 타인의 명예나 권리를 침해한 때에는 피해자는 이에 대한 피해의 배상을 청구할 수 있다.

제22조 ①모든 국민은 학문과 예술의 자유를 가진다.

②저작자·발명가·과학기술자와 예술가의 권리는 법률로써 보호한다.

제23조 ①모든 국민의 재산권은 보장된다. 그 내용과 한계는 법률로 정한다.

②재산권의 행사는 공공복리에 적합하도록 하여야 한다.

③공공필요에 의한 재산권의 수용·사용 또는 제한 및 그에 대한 보상은 법률로써 하되, 정당한 보상을 지급하여야 한다.

제24조 모든 국민은 법률이 정하는 바에 의하여 선거권을 가진다.

제25조 모든 국민은 법률이 정하는 바에 의하여 공무담임권을 가진다.

제26조 ①모든 국민은 법률이 정하는 바에 의하여 국가기관에 문서로 청원할 권리를 가진다.

②국가는 청원에 대하여 심사할 의무를 진다.

제27조 ①모든 국민은 헌법과 법률이 정한 법관에 의하여 법률에 의한 재판을 받을 권리를 가진다.

②군인 또는 군무원이 아닌 국민은 대한민국의 영역 안에서는 중대한 군사상 기밀·초병·초소·유독음식물공급·포로·군용물에 관한 죄중 법률이 정한 경우와 비상계엄이 선포된 경우를 제외하고는 군사법

원의 재판을 받지 아니한다.

③모든 국민은 신속한 재판을 받을 권리를 가진다. 형사피고인은 상당한 이유가 없는 한 지체없이 공개재판을 받을 권리를 가진다.

④형사피고인은 유죄의 판결이 확정될 때까지는 무죄로 추정된다.

⑤형사피해자는 법률이 정하는 바에 의하여 당해 사건의 재판절차에서 진술할 수 있다.

제28조 형사피의자 또는 형사피고인으로서 구금되었던 자가 법률이 정하는 불기소처분을 받거나 무죄판결을 받은 때에는 법률이 정하는 바에 의하여 국가에 정당한 보상을 청구할 수 있다.

제29조 ①공무원의 직무상 불법행위로 손해를 받은 국민은 법률이 정하는 바에 의하여 국가 또는 공공단체에 정당한 배상을 청구할 수 있다. 이 경우 공무원 자신의 책임은 면제되지 아니한다.

②군인·군무원·경찰공무원 기타 법률이 정하는 자가 전투·훈련등 직무집행과 관련하여 받은 손해에 대하여는 법률이 정하는 보상 외에 국가 또는 공공단체에 공무원의 직무상 불법행위로 인한 배상은 청구할 수 없다.

제30조 타인의 범죄행위로 인하여 생명·신체에 대한 피해를 받은 국민은 법률이 정하는 바에 의하여 국가로부터 구조를 받을 수 있다.

제31조 ①모든 국민은 능력에 따라 균등하게 교육을 받을 권리를 가진다.

②모든 국민은 그 보호하는 자녀에게 적어도 초등교육과 법률이 정하는 교육을 받게 할 의무를 진다.

③의무교육은 무상으로 한다.

④교육의 자주성·전문성·정치적 중립성 및 대학의 자율성은 법률이 정하는 바에 의하여 보장된다.

⑤국가는 평생교육을 진흥하여야 한다.

⑥학교교육 및 평생교육을 포함한 교육제도와 그 운영, 교육재정 및 교원의 지위에 관한 기본적인 사항은 법률로 정한다.

제32조 ①모든 국민은 근로의 권리를 가진다. 국가는 사회적·경제적 방법으로 근로자의 고용의 증진과 적정임금의 보장에 노력하여야 하며, 법률이 정하는 바에 의하여 최저임금제를 시행하여야 한다.

②모든 국민은 근로의 의무를 진다. 국가는 근로의 의무의 내용과 조건을 민주주의원칙에 따라 법률로 정한다.

③근로조건의 기준은 인간의 존엄성을 보장하도록 법률로 정한다.

④여자의 근로는 특별한 보호를 받으며, 고용·임금 및 근로조건에 있어서 부당한 차별을 받지 아니한다.

⑤연소자의 근로는 특별한 보호를 받는다.

⑥국가유공자·상이군경 및 전몰군경의 유가족은 법률이 정하는 바에 의하여 우선적으로 근로의 기회를 부여받는다.

제33조 ①근로자는 근로조건의 향상을 위하여 자주적인 단결권·단체교섭권 및 단체행동권을 가진다.

②공무원인 근로자는 법률이 정하는 자에 한하여 단결권·단체교섭권 및 단체행동권을 가진다.

③법률이 정하는 주요방위산업체에 종사하는 근로자의 단체행동권은 법률이 정하는 바에 의하여 이를 제한하거나 인정하지 아니할 수 있다.

제34조 ①모든 국민은 인간다운 생활을 할 권리를 가진다.

②국가는 사회보장·사회복지의 증진에 노력할 의무를 진다.

③국가는 여자의 복지와 권익의 향상을 위하여 노력하여야 한다.

④국가는 노인과 청소년의 복지향상을 위한 정책을 실시할 의무를 진다.

⑤신체장애자 및 질병·노령 기타의 사유로 생활능력이 없는 국민은 법률이 정하는 바에 의하여 국가의 보호를 받는다.

⑥국가는 재해를 예방하고 그 위험으로부터 국민을 보호하기 위하여 노력하여야 한다.

제35조 ①모든 국민은 건강하고 쾌적한 환경에서 생활할 권리를 가지며, 국가와 국민은 환경보전을 위하여 노력하여야 한다.

②환경권의 내용과 행사에 관하여는 법률로 정한다.

③국가는 주택개발정책등을 통하여 모든 국민이 쾌적한 주거생활을 할 수 있도록 노력하여야 한다.

제36조 ①혼인과 가족생활은 개인의 존엄과 양성의 평등을 기초로 성립되고 유지되어야 하며, 국가는 이를 보장한다.
②국가는 모성의 보호를 위하여 노력하여야 한다.
③모든 국민은 보건에 관하여 국가의 보호를 받는다.

제37조 ①국민의 자유와 권리는 헌법에 열거되지 아니한 이유로 경시되지 아니한다.
②국민의 모든 자유와 권리는 국가안전보장·질서유지 또는 공공복리를 위하여 필요한 경우에 한하여 법률로써 제한할 수 있으며, 제한하는 경우에도 자유와 권리의 본질적인 내용을 침해할 수 없다.

제38조 모든 국민은 법률이 정하는 바에 의하여 납세의 의무를 진다.

제39조 ①모든 국민은 법률이 정하는 바에 의하여 국방의 의무를 진다.
②누구든지 병역의무의 이행으로 인하여 불이익한 처우를 받지 아니한다.

제3장 국회

제40조 입법권은 국회에 속한다.

제41조 ①국회는 국민의 보통·평등·직접·비밀선거에 의하여 선출된 국회의원으로 구성한다.
②국회의원의 수는 법률로 정하되, 200인 이상으로 한다.
③국회의원의 선거구와 비례대표제 기타 선거에 관한 사항은 법률로 정한다.

제42조 국회의원의 임기는 4년으로 한다.

제43조 국회의원은 법률이 정하는 직을 겸할 수 없다.

제44조 ①국회의원은 현행범인인 경우를 제외하고는 회기 중 국회의 동의없이 체포 또는 구금되지 아니한다.
②국회의원이 회기 전에 체포 또는 구금된 때에는 현행범인이 아닌 한 국회의 요구가 있으면 회기 중 석방된다.

제45조 국회의원은 국회에서 직무상 행한 발언과 표결에 관하여 국회 외에서 책임을 지지 아니한다.

제46조 ①국회의원은 청렴의 의무가 있다.
②국회의원은 국가이익을 우선하여 양심에 따라 직무를 행한다.
③국회의원은 그 지위를 남용하여 국가·공공단체 또는 기업체와의 계약이나 그 처분에 의하여 재산상의 권리·이익 또는 직위를 취득하거나 타인을 위하여 그 취득을 알선할 수 없다.

제47조 ①국회의 정기회는 법률이 정하는 바에 의하여 매년 1회 집회되며, 국회의 임시회는 대통령 또는 국회재적의원 4분의 1 이상의 요구에 의하여 집회된다.
②정기회의 회기는 100일을, 임시회의 회기는 30일을 초과할 수 없다.
③대통령이 임시회의 집회를 요구할 때에는 기간과 집회요구의 이유를 명시하여야 한다.

제48조 국회는 의장 1인과 부의장 2인을 선출한다.

제49조 국회는 헌법 또는 법률에 특별한 규정이 없는 한 재적의원 과반수의 출석과 출석의원 과반수의 찬성으로 의결한다. 가부동수인 때에는 부결된 것으로 본다.

제50조 ①국회의 회의는 공개한다. 다만, 출석의원 과반수의 찬성이 있거나 의장이 국가의 안전보장을 위하여 필요하다고 인정할 때에는 공개하지 아니할 수 있다.
②공개하지 아니한 회의내용의 공표에 관하여는 법률이 정하는 바에 의한다.

제51조 국회에 제출된 법률안 기타의 의안은 회기 중에 의결되지 못한 이유로 폐기되지 아니한다. 다만, 국회의원의 임기가 만료된 때에는 그러하지 아니하다.

제52조 국회의원과 정부는 법률안을 제출할 수 있다.

제53조 ①국회에서 의결된 법률안은 정부에 이송되어 15일 이내에 대통령이 공포한다.

②법률안에 이의가 있을 때에는 대통령은 제1항의 기간내에 이의서를 붙여 국회로 환부하고, 그 재의를 요구할 수 있다. 국회의 폐회 중에도 또한 같다.

③대통령은 법률안의 일부에 대하여 또는 법률안을 수정하여 재의를 요구할 수 없다.

④재의의 요구가 있을 때에는 국회는 재의에 붙이고, 재적의원 과반수의 출석과 출석의원 3분의 2 이상의 찬성으로 전과 같은 의결을 하면 그 법률안은 법률로서 확정된다.

⑤대통령이 제1항의 기간 내에 공포나 재의의 요구를 하지 아니한 때에도 그 법률안은 법률로서 확정된다.

⑥대통령은 제4항과 제5항의 규정에 의하여 확정된 법률을 지체없이 공포하여야 한다. 제5항에 의하여 법률이 확정된 후 또는 제4항에 의한 확정법률이 정부에 이송된 후 5일 이내에 대통령이 공포하지 아니할 때에는 국회의장이 이를 공포한다.

⑦법률은 특별한 규정이 없는 한 공포한 날로부터 20일을 경과함으로써 효력을 발생한다.

제54조 ①국회는 국가의 예산안을 심의·확정한다.

②정부는 회계연도마다 예산안을 편성하여 회계연도 개시 90일 전까지 국회에 제출하고, 국회는 회계연도 개시 30일 전까지 이를 의결하여야 한다.

③새로운 회계연도가 개시될 때까지 예산안이 의결되지 못한 때에는 정부는 국회에서 예산안이 의결될 때까지 다음의 목적을 위한 경비는 전년도 예산에 준하여 집행할 수 있다.

1. 헌법이나 법률에 의하여 설치된 기관 또는 시설의 유지·운영
2. 법률상 지출의무의 이행
3. 이미 예산으로 승인된 사업의 계속

제55조 ①한 회계연도를 넘어 계속하여 지출할 필요가 있을 때에는 정부는 연한을 정하여 계속비로서 국회의 의결을 얻어야 한다.

②예비비는 총액으로 국회의 의결을 얻어야 한다. 예비비의 지출은 차기국회의 승인을 얻어야 한다.

제56조 정부는 예산에 변경을 가할 필요가 있을 때에는 추가경정예산안을 편성하여 국회에 제출할 수 있다.

제57조 국회는 정부의 동의 없이 정부가 제출한 지출예산 각항의 금액을 증가하거나 새 비목을 설치할 수 없다.

제58조 국채를 모집하거나 예산 외에 국가의 부담이 될 계약을 체결하려 할 때에는 정부는 미리 국회의 의결을 얻어야 한다.

제59조 조세의 종목과 세율은 법률로 정한다.

제60조 ①국회는 상호원조 또는 안전보장에 관한 조약, 중요한 국제조직에 관한 조약, 우호통상항해조약, 주권의 제약에 관한 조약, 강화조약, 국가나 국민에게 중대한 재정적 부담을 지우는 조약 또는 입법사항에 관한 조약의 체결·비준에 대한 동의권을 가진다.

②국회는 선전포고, 국군의 외국에의 파견 또는 외국군대의 대한민국 영역 안에서의 주류에 대한 동의권을 가진다.

제61조 ①국회는 국정을 감사하거나 특정한 국정사안에 대하여 조사할 수 있으며, 이에 필요한 서류의 제출 또는 증인의 출석과 증언이나 의견의 진술을 요구할 수 있다.

②국정감사 및 조사에 관한 절차 기타 필요한 사항은 법률로 정한다.

제62조 ①국무총리·국무위원 또는 정부위원은 국회나 그 위원회에 출석하여 국정처리상황을 보고하거나 의견을 진술하고 질문에 응답할 수 있다.

②국회나 그 위원회의 요구가 있을 때에는 국무총리·국무위원 또는 정부위원은 출석·답변하여야 하며, 국무총리 또는 국무위원이 출석요구를 받은 때에는 국무위원 또는 정부위원으로 하여금 출석·답변하게 할 수 있다.

제63조 ①국회는 국무총리 또는 국무위원의 해임을 대통령에게 건의할 수 있다.

②제1항의 해임건의는 국회재적의원 3분의 1 이상의 발의에 의하여 국회재적의원 과반수의 찬성이 있어야 한다.

제64조 ①국회는 법률에 저촉되지 아니하는 범위 안에서 의사와 내부규율에 관한 규칙을 제정할 수 있다.

②국회는 의원의 자격을 심사하며, 의원을 징계할 수 있다.

③의원을 제명하려면 국회재적의원 3분의 2 이상의 찬성이 있어야 한다.

④제2항과 제3항의 처분에 대하여는 법원에 제소할 수 없다.

제65조 ①대통령·국무총리·국무위원·행정각부의 장·헌법재판소 재판관·법관·중앙선거관리위원회 위원·감사원장·감사위원 기타 법률이 정한 공무원이 그 직무집행에 있어서 헌법이나 법률을 위배한 때에는 국회는 탄핵의 소추를 의결할 수 있다.

②제1항의 탄핵소추는 국회재적의원 3분의 1 이상의 발의가 있어야 하며, 그 의결은 국회재적의원 과반수의 찬성이 있어야 한다. 다만, 대통령에 대한 탄핵소추는 국회재적의원 과반수의 발의와 국회재적의원 3분의 2 이상의 찬성이 있어야 한다.

③탄핵소추의 의결을 받은 자는 탄핵심판이 있을 때까지 그 권한행사가 정지된다.

④탄핵결정은 공직으로부터 파면함에 그친다. 그러나, 이에 의하여 민사상이나 형사상의 책임이 면제되지는 아니한다.

제4장 정부

제1절 대통령

제66조 ①대통령은 국가의 원수이며, 외국에 대하여 국가를 대표한다.

②대통령은 국가의 독립·영토의 보전·국가의 계속성과 헌법을 수호할 책무를 진다.

③대통령은 조국의 평화적 통일을 위한 성실한 의무를 진다.

④행정권은 대통령을 수반으로 하는 정부에 속한다.

제67조 ①대통령은 국민의 보통·평등·직접·비밀선거에 의하여 선출한다.

②제1항의 선거에 있어서 최고득표자가 2인 이상인 때에는 국회의 재적의원 과반수가 출석한 공개회의에서 다수표를 얻은 자를 당선자로 한다.

③대통령후보자가 1인일 때에는 그 득표수가 선거권자 총수의 3분의 1 이상이 아니면 대통령으로 당선될 수 없다.

④대통령으로 선거될 수 있는 자는 국회의원의 피선거권이 있고 선거일 현재 40세에 달하여야 한다.

⑤대통령의 선거에 관한 사항은 법률로 정한다.

제68조 ①대통령의 임기가 만료되는 때에는 임기만료 70일 내지 40일 전에 후임자를 선거한다.

②대통령이 궐위된 때 또는 대통령 당선자가 사망하거나 판결 기타의 사유로 그 자격을 상실한 때에는 60일 이내에 후임자를 선거한다.

제69조 대통령은 취임에 즈음하여 다음의 선서를 한다.

"나는 헌법을 준수하고 국가를 보위하며 조국의 평화적 통일과 국민의 자유와 복리의 증진 및 민족문화의 창달에 노력하여 대통령으로서의 직책을 성실히 수행할 것을 국민 앞에 엄숙히 선서합니다."

제70조 대통령의 임기는 5년으로 하며, 중임할 수 없다.

제71조 대통령이 궐위되거나 사고로 인하여 직무를 수행할 수 없을 때에는 국무총리, 법률이 정한 국무위원의 순서로 그 권한을 대행한다.

제72조 대통령은 필요하다고 인정할 때에는 외교·국방·통일 기타 국가안위에 관한 중요정책을 국민투표에 붙일 수 있다.

제73조 대통령은 조약을 체결·비준하고, 외교사절을 신임·접수 또는 파견하며, 선전포고와 강화를 한다.

제74조 ①대통령은 헌법과 법률이 정하는 바에 의하여 국군을 통수한다.

②국군의 조직과 편성은 법률로 정한다.

제75조 대통령은 법률에서 구체적으로 범위를 정하여 위임받은 사항과 법률을 집행하기 위하여 필요한 사항에 관하여 대통령령을 발할 수 있다.

제76조 ①대통령은 내우·외환·천재·지변 또는 중대한 재정·경제상의 위기에 있어서 국가의 안전보장 또는 공공의 안녕질서를 유지하기 위하여 긴급한 조치가 필요하고 국회의 집회를 기다릴 여유가 없을 때에 한하여 최소한으로 필요한 재정·경제상의 처분을 하거나 이에 관하여 법률의 효력을 가지는 명령을 발할 수 있다.
②대통령은 국가의 안위에 관계되는 중대한 교전상태에 있어서 국가를 보위하기 위하여 긴급한 조치가 필요하고 국회의 집회가 불가능한 때에 한하여 법률의 효력을 가지는 명령을 발할 수 있다.
③대통령은 제1항과 제2항의 처분 또는 명령을 한 때에는 지체없이 국회에 보고하여 그 승인을 얻어야 한다.
④제3항의 승인을 얻지 못한 때에는 그 처분 또는 명령은 그때부터 효력을 상실한다. 이 경우 그 명령에 의하여 개정 또는 폐지되었던 법률은 그 명령이 승인을 얻지 못한 때부터 당연히 효력을 회복한다.
⑤대통령은 제3항과 제4항의 사유를 지체없이 공포하여야 한다.

제77조 ①대통령은 전시·사변 또는 이에 준하는 국가비상사태에 있어서 병력으로써 군사상의 필요에 응하거나 공공의 안녕질서를 유지할 필요가 있을 때에는 법률이 정하는 바에 의하여 계엄을 선포할 수 있다.
②계엄은 비상계엄과 경비계엄으로 한다.
③비상계엄이 선포된 때에는 법률이 정하는 바에 의하여 영장제도, 언론·출판·집회·결사의 자유, 정부나 법원의 권한에 관하여 특별한 조치를 할 수 있다.
④계엄을 선포한 때에는 대통령은 지체없이 국회에 통고하여야 한다.
⑤국회가 재적의원 과반수의 찬성으로 계엄의 해제를 요구한 때에는 대통령은 이를 해제하여야 한다.

제78조 대통령은 헌법과 법률이 정하는 바에 의하여 공무원을 임면한다.

제79조 ①대통령은 법률이 정하는 바에 의하여 사면·감형 또는 복권을 명할 수 있다.
②일반사면을 명하려면 국회의 동의를 얻어야 한다.
③사면·감형 및 복권에 관한 사항은 법률로 정한다.

제80조 대통령은 법률이 정하는 바에 의하여 훈장 기타의 영전을 수여한다.

제81조 대통령은 국회에 출석하여 발언하거나 서한으로 의견을 표시할 수 있다.

제82조 대통령의 국법상 행위는 문서로써 하며, 이 문서에는 국무총리와 관계 국무위원이 부서한다. 군사에 관한 것도 또한 같다.

제83조 대통령은 국무총리·국무위원·행정각부의 장 기타 법률이 정하는 공사의 직을 겸할 수 없다.

제84조 대통령은 내란 또는 외환의 죄를 범한 경우를 제외하고는 재직 중 형사상의 소추를 받지 아니한다.

제85조 전직대통령의 신분과 예우에 관하여는 법률로 정한다.

제2절 행정부

제1관 국무총리와 국무위원

제86조 ①국무총리는 국회의 동의를 얻어 대통령이 임명한다.
②국무총리는 대통령을 보좌하며, 행정에 관하여 대통령의 명을 받아 행정각부를 통할한다.
③군인은 현역을 면한 후가 아니면 국무총리로 임명될 수 없다.

제87조 ①국무위원은 국무총리의 제청으로 대통령이 임명한다.
②국무위원은 국정에 관하여 대통령을 보좌하며, 국무회의의 구성원으로서 국정을 심의한다.
③국무총리는 국무위원의 해임을 대통령에게 건의할 수 있다.
④군인은 현역을 면한 후가 아니면 국무위원으로 임명될 수 없다.

제2관 국무회의

제88조 ①국무회의는 정부의 권한에 속하는 중요한 정책을 심의한다.

②국무회의는 대통령·국무총리와 15인 이상 30인 이하의 국무위원으로 구성한다.

③대통령은 국무회의의 의장이 되고, 국무총리는 부의장이 된다.

제89조 다음 사항은 국무회의의 심의를 거쳐야 한다.

  1. 국정의 기본계획과 정부의 일반정책
  2. 선전·강화 기타 중요한 대외정책
  3. 헌법개정안·국민투표안·조약안·법률안 및 대통령령안
  4. 예산안·결산·국유재산처분의 기본계획·국가의 부담이 될 계약 기타 재정에 관한 중요사항
  5. 대통령의 긴급명령·긴급재정경제처분 및 명령 또는 계엄과 그 해제
  6. 군사에 관한 중요사항
  7. 국회의 임시회 집회의 요구
  8. 영전수여
  9. 사면·감형과 복권
  10. 행정각부간의 권한의 획정
  11. 정부 안의 권한의 위임 또는 배정에 관한 기본계획
  12. 국정처리상황의 평가·분석
  13. 행정각부의 중요한 정책의 수립과 조정
  14. 정당해산의 제소
  15. 정부에 제출 또는 회부된 정부의 정책에 관계되는 청원의 심사
  16. 검찰총장·합동참모의장·각군참모총장·국립대학교총장·대사 기타 법률이 정한 공무원과 국영기업
  체관리자의 임명
  17. 기타 대통령·국무총리 또는 국무위원이 제출한 사항

제90조 ①국정의 중요한 사항에 관한 대통령의 자문에 응하기 위하여 국가원로로 구성되는 국가원로자문회
의를 둘 수 있다.

②국가원로자문회의의 의장은 직전대통령이 된다. 다만, 직전대통령이 없을 때에는 대통령이 지명한다.

③국가원로자문회의의 조직·직무범위 기타 필요한 사항은 법률로 정한다.

제91조 ①국가안전보장에 관련되는 대외정책·군사정책과 국내정책의 수립에 관하여 국무회의의 심의에 앞
서 대통령의 자문에 응하기 위하여 국가안전보장회의를 둔다.

②국가안전보장회의는 대통령이 주재한다.

③국가안전보장회의의 조직·직무범위 기타 필요한 사항은 법률로 정한다.

제92조 ①평화통일정책의 수립에 관한 대통령의 자문에 응하기 위하여 민주평화통일자문회의를 둘 수 있
다.

②민주평화통일자문회의의 조직·직무범위 기타 필요한 사항은 법률로 정한다.

제93조 ①국민경제의 발전을 위한 중요정책의 수립에 관하여 대통령의 자문에 응하기 위하여 국민경제자문
회의를 둘 수 있다.

②국민경제자문회의의 조직·직무범위 기타 필요한 사항은 법률로 정한다.

제3관 행정각부

제94조 행정각부의 장은 국무위원 중에서 국무총리의 제청으로 대통령이 임명한다.

제95조 국무총리 또는 행정각부의 장은 소관사무에 관하여 법률이나 대통령령의 위임 또는 직권으로 총리
령 또는 부령을 발할 수 있다.

제96조 행정각부의 설치·조직과 직무범위는 법률로 정한다.

제4관 감사원

제97조 국가의 세입·세출의 결산, 국가 및 법률이 정한 단체의 회계검사와 행정기관 및 공무원의 직무에 관한 감찰을 하기 위하여 대통령 소속하에 감사원을 둔다.

제98조 ①감사원은 원장을 포함한 5인 이상 11인 이하의 감사위원으로 구성한다.
②원장은 국회의 동의를 얻어 대통령이 임명하고, 그 임기는 4년으로 하며, 1차에 한하여 중임할 수 있다.
③감사위원은 원장의 제청으로 대통령이 임명하고, 그 임기는 4년으로 하며, 1차에 한하여 중임할 수 있다.

제99조 감사원은 세입·세출의 결산을 매년 검사하여 대통령과 차년도국회에 그 결과를 보고하여야 한다.

제100조 감사원의 조직·직무범위·감사위원의 자격·감사대상공무원의 범위 기타 필요한 사항은 법률로 정한다.

제5장 법원

제101조 ①사법권은 법관으로 구성된 법원에 속한다.
②법원은 최고법원인 대법원과 각급법원으로 조직된다.
③법관의 자격은 법률로 정한다.

제102조 ①대법원에 부를 둘 수 있다.
②대법원에 대법관을 둔다. 다만, 법률이 정하는 바에 의하여 대법관이 아닌 법관을 둘 수 있다.
③대법원과 각급법원의 조직은 법률로 정한다.

제103조 법관은 헌법과 법률에 의하여 그 양심에 따라 독립하여 심판한다.

제104조 ①대법원장은 국회의 동의를 얻어 대통령이 임명한다.
②대법관은 대법원장의 제청으로 국회의 동의를 얻어 대통령이 임명한다.
③대법원장과 대법관이 아닌 법관은 대법관회의의 동의를 얻어 대법원장이 임명한다.

제105조 ①대법원장의 임기는 6년으로 하며, 중임할 수 없다.
②대법관의 임기는 6년으로 하며, 법률이 정하는 바에 의하여 연임할 수 있다.
③대법원장과 대법관이 아닌 법관의 임기는 10년으로 하며, 법률이 정하는 바에 의하여 연임할 수 있다.
④법관의 정년은 법률로 정한다.

제106조 ①법관은 탄핵 또는 금고 이상의 형의 선고에 의하지 아니하고는 파면되지 아니하며, 징계처분에 의하지 아니하고는 정직·감봉 기타 불리한 처분을 받지 아니한다.
②법관이 중대한 심신상의 장해로 직무를 수행할 수 없을 때에는 법률이 정하는 바에 의하여 퇴직하게 할 수 있다.

제107조 ①법률이 헌법에 위반되는 여부가 재판의 전제가 된 경우에는 법원은 헌법재판소에 제청하여 그 심판에 의하여 재판한다.
②명령·규칙 또는 처분이 헌법이나 법률에 위반되는 여부가 재판의 전제가 된 경우에는 대법원은 이를 최종적으로 심사할 권한을 가진다.
③재판의 전심절차로서 행정심판을 할 수 있다. 행정심판의 절차는 법률로 정하되, 사법절차가 준용되어야 한다.

제108조 대법원은 법률에 저촉되지 아니하는 범위 안에서 소송에 관한 절차, 법원의 내부규율과 사무처리에 관한 규칙을 제정할 수 있다.

제109조 재판의 심리와 판결은 공개한다. 다만, 심리는 국가의 안전보장 또는 안녕질서를 방해하거나 선량한 풍속을 해할 염려가 있을 때에는 법원의 결정으로 공개하지 아니할 수 있다.

제110조 ①군사재판을 관할하기 위하여 특별법원으로서 군사법원을 둘 수 있다.
②군사법원의 상고심은 대법원에서 관할한다.

③군사법원의 조직·권한 및 재판관의 자격은 법률로 정한다.

④비상계엄하의 군사재판은 군인·군무원의 범죄나 군사에 관한 간첩죄의 경우와 초병·초소·유독음식물공급·포로에 관한 죄 중 법률이 정한 경우에 한하여 단심으로 할 수 있다. 다만, 사형을 선고한 경우에는 그러하지 아니하다.

제6장 헌법재판소

제111조 ①헌법재판소는 다음 사항을 관장한다.
  1. 법원의 제청에 의한 법률의 위헌여부 심판
  2. 탄핵의 심판
  3. 정당의 해산 심판
  4. 국가기관 상호간, 국가기관과 지방자치단체간 및 지방자치단체 상호간의 권한쟁의에 관한 심판
  5. 법률이 정하는 헌법소원에 관한 심판
  ②헌법재판소는 법관의 자격을 가진 9인의 재판관으로 구성하며, 재판관은 대통령이 임명한다.
  ③제2항의 재판관중 3인은 국회에서 선출하는 자를, 3인은 대법원장이 지명하는 자를 임명한다.
  ④헌법재판소의 장은 국회의 동의를 얻어 재판관 중에서 대통령이 임명한다.

제112조 ①헌법재판소 재판관의 임기는 6년으로 하며, 법률이 정하는 바에 의하여 연임할 수 있다.
  ②헌법재판소 재판관은 정당에 가입하거나 정치에 관여할 수 없다.
  ③헌법재판소 재판관은 탄핵 또는 금고 이상의 형의 선고에 의하지 아니하고는 파면되지 아니한다.

제113조 ①헌법재판소에서 법률의 위헌결정, 탄핵의 결정, 정당해산의 결정 또는 헌법소원에 관한 인용결정을 할 때에는 재판관 6인 이상의 찬성이 있어야 한다.
  ②헌법재판소는 법률에 저촉되지 아니하는 범위 안에서 심판에 관한 절차, 내부규율과 사무처리에 관한 규칙을 제정할 수 있다.
  ③헌법재판소의 조직과 운영 기타 필요한 사항은 법률로 정한다.

제7장 선거관리

제114조 ①선거와 국민투표의 공정한 관리 및 정당에 관한 사무를 처리하기 위하여 선거관리위원회를 둔다.
  ②중앙선거관리위원회는 대통령이 임명하는 3인, 국회에서 선출하는 3인과 대법원장이 지명하는 3인의 위원으로 구성한다. 위원장은 위원 중에서 호선한다.
  ③위원의 임기는 6년으로 한다.
  ④위원은 정당에 가입하거나 정치에 관여할 수 없다.
  ⑤위원은 탄핵 또는 금고 이상의 형의 선고에 의하지 아니하고는 파면되지 아니한다.
  ⑥중앙선거관리위원회는 법령의 범위 안에서 선거관리·국민투표관리 또는 정당사무에 관한 규칙을 제정할 수 있으며, 법률에 저촉되지 아니하는 범위 안에서 내부규율에 관한 규칙을 제정할 수 있다.
  ⑦각급 선거관리위원회의 조직·직무범위 기타 필요한 사항은 법률로 정한다.

제115조 ①각급 선거관리위원회는 선거인명부의 작성 등 선거사무와 국민투표사무에 관하여 관계 행정기관에 필요한 지시를 할 수 있다.
  ②제1항의 지시를 받은 당해 행정기관은 이에 응하여야 한다.

제116조 ①선거운동은 각급 선거관리위원회의 관리하에 법률이 정하는 범위 안에서 하되, 균등한 기회가 보장되어야 한다.
  ②선거에 관한 경비는 법률이 정하는 경우를 제외하고는 정당 또는 후보자에게 부담시킬 수 없다.

제8장 지방자치

제117조 ①지방자치단체는 주민의 복리에 관한 사무를 처리하고 재산을 관리하며, 법령의 범위 안에서 자치에 관한 규정을 제정할 수 있다.
  ②지방자치단체의 종류는 법률로 정한다.

제118조 ①지방자치단체에 의회를 둔다.

②지방의회의 조직·권한·의원선거와 지방자치단체의 장의 선임방법 기타 지방자치단체의 조직과 운영에 관한 사항은 법률로 정한다.

제9장 경제

제119조 ①대한민국의 경제질서는 개인과 기업의 경제상의 자유와 창의를 존중함을 기본으로 한다.

②국가는 균형있는 국민경제의 성장 및 안정과 적정한 소득의 분배를 유지하고, 시장의 지배와 경제력의 남용을 방지하며, 경제주체간의 조화를 통한 경제의 민주화를 위하여 경제에 관한 규제와 조정을 할 수 있다.

제120조 ①광물 기타 중요한 지하자원·수산자원·수력과 경제상 이용할 수 있는 자연력은 법률이 정하는 바에 의하여 일정한 기간 그 채취·개발 또는 이용을 특허할 수 있다.

②국토와 자원은 국가의 보호를 받으며, 국가는 그 균형있는 개발과 이용을 위하여 필요한 계획을 수립한다.

제121조 ①국가는 농지에 관하여 경자유전의 원칙이 달성될 수 있도록 노력하여야 하며, 농지의 소작제도는 금지된다.

②농업생산성의 제고와 농지의 합리적인 이용을 위하거나 불가피한 사정으로 발생하는 농지의 임대차와 위탁경영은 법률이 정하는 바에 의하여 인정된다.

제122조 국가는 국민 모두의 생산 및 생활의 기반이 되는 국토의 효율적이고 균형있는 이용·개발과 보전을 위하여 법률이 정하는 바에 의하여 그에 관한 필요한 제한과 의무를 과할 수 있다.

제123조 ①국가는 농업 및 어업을 보호·육성하기 위하여 농·어촌종합개발과 그 지원등 필요한 계획을 수립·시행하여야 한다.

②국가는 지역간의 균형있는 발전을 위하여 지역경제를 육성할 의무를 진다.

③국가는 중소기업을 보호·육성하여야 한다.

④국가는 농수산물의 수급균형과 유통구조의 개선에 노력하여 가격안정을 도모함으로써 농·어민의 이익을 보호한다.

⑤국가는 농·어민과 중소기업의 자조조직을 육성하여야 하며, 그 자율적 활동과 발전을 보장한다.

제124조 국가는 건전한 소비행위를 계도하고 생산품의 품질향상을 촉구하기 위한 소비자보호운동을 법률이 정하는 바에 의하여 보장한다.

제125조 국가는 대외무역을 육성하며, 이를 규제·조정할 수 있다.

제126조 국방상 또는 국민경제상 긴절한 필요로 인하여 법률이 정하는 경우를 제외하고는, 사영기업을 국유 또는 공유로 이전하거나 그 경영을 통제 또는 관리할 수 없다.

제127조 ①국가는 과학기술의 혁신과 정보 및 인력의 개발을 통하여 국민경제의 발전에 노력하여야 한다.

②국가는 국가표준제도를 확립한다.

③대통령은 제1항의 목적을 달성하기 위하여 필요한 자문기구를 둘 수 있다.

제10장 헌법개정

제128조 ①헌법개정은 국회재적의원 과반수 또는 대통령의 발의로 제안된다.

②대통령의 임기연장 또는 중임변경을 위한 헌법개정은 그 헌법개정 제안 당시의 대통령에 대하여는 효력이 없다.

제129조 제안된 헌법개정안은 대통령이 20일 이상의 기간 이를 공고하여야 한다.

제130조 ①국회는 헌법개정안이 공고된 날로부터 60일 이내에 의결하여야 하며, 국회의 의결은 재적의원 3분의 2 이상의 찬성을 얻어야 한다.

②헌법개정안은 국회가 의결한 후 30일 이내에 국민투표에 붙여 국회의원선거권자 과반수의 투표와 투표

자 과반수의 찬성을 얻어야 한다.

③헌법개정안이 제2항의 찬성을 얻은 때에는 헌법개정은 확정되며, 대통령은 즉시 이를 공포하여야 한다.

부칙 <헌법 제10호, 1987. 10. 29.>

제1조 이 헌법은 1988년 2월 25일부터 시행한다. 다만, 이 헌법을 시행하기 위하여 필요한 법률의 제정·개정과 이 헌법에 의한 대통령 및 국회의원의 선거 기타 이 헌법시행에 관한 준비는 이 헌법시행 전에 할 수 있다.

제2조 ①이 헌법에 의한 최초의 대통령선거는 이 헌법시행일 40일 전까지 실시한다.

②이 헌법에 의한 최초의 대통령의 임기는 이 헌법시행일로부터 개시한다.

제3조 ①이 헌법에 의한 최초의 국회의원선거는 이 헌법공포일로부터 6월 이내에 실시하며, 이 헌법에 의하여 선출된 최초의 국회의원의 임기는 국회의원선거후 이 헌법에 의한 국회의 최초의 집회일로부터 개시한다.

②이 헌법공포 당시의 국회의원의 임기는 제1항에 의한 국회의 최초의 집회일 전일까지로 한다.

제4조 ①이 헌법시행 당시의 공무원과 정부가 임명한 기업체의 임원은 이 헌법에 의하여 임명된 것으로 본다. 다만, 이 헌법에 의하여 선임방법이나 임명권자가 변경된 공무원과 대법원장 및 감사원장은 이 헌법에 의하여 후임자가 선임될 때까지 그 직무를 행하며, 이 경우 전임자인 공무원의 임기는 후임자가 선임되는 전일까지로 한다.

②이 헌법시행 당시의 대법원장과 대법원판사가 아닌 법관은 제1항 단서의 규정에 불구하고 이 헌법에 의하여 임명된 것으로 본다.

③이 헌법 중 공무원의 임기 또는 중임제한에 관한 규정은 이 헌법에 의하여 그 공무원이 최초로 선출 또는 임명된 때로부터 적용한다.

제5조 이 헌법시행 당시의 법령과 조약은 이 헌법에 위배되지 아니하는 한 그 효력을 지속한다.

제6조 이 헌법시행 당시에 이 헌법에 의하여 새로 설치될 기관의 권한에 속하는 직무를 행하고 있는 기관은 이 헌법에 의하여 새로운 기관이 설치될 때까지 존속하며 그 직무를 행한다.

계엄법

[시행 2017. 7. 26.] [법률 제14839호, 2017. 7. 26., 타법개정]

국방부(기획총괄담당관) 02-748-6523

제1조(목적) 이 법은 계엄(戒嚴)의 선포와 그 시행 및 해제 등에 필요한 사항을 정함을 목적으로 한다.
[전문개정 2011. 6. 9.]

제2조(계엄의 종류와 선포 등) ① 계엄은 비상계엄과 경비계엄으로 구분한다.
　② 비상계엄은 대통령이 전시·사변 또는 이에 준하는 국가비상사태 시 적과 교전(交戰) 상태에 있거나 사회질서가 극도로 교란(攪亂)되어 행정 및 사법(司法) 기능의 수행이 현저히 곤란한 경우에 군사상 필요에 따르거나 공공의 안녕질서를 유지하기 위하여 선포한다.
　③ 경비계엄은 대통령이 전시·사변 또는 이에 준하는 국가비상사태 시 사회질서가 교란되어 일반 행정기관만으로는 치안을 확보할 수 없는 경우에 공공의 안녕질서를 유지하기 위하여 선포한다.
　④ 대통령은 계엄의 종류, 시행지역 또는 계엄사령관을 변경할 수 있다.
　⑤ 대통령이 계엄을 선포하거나 변경하고자 할 때에는 국무회의의 심의를 거쳐야 한다.
　⑥ 국방부장관 또는 행정안전부장관은 제2항 또는 제3항에 해당하는 사유가 발생한 경우에는 국무총리를 거쳐 대통령에게 계엄의 선포를 건의할 수 있다.<개정 2013. 3. 23., 2014. 11. 19., 2017. 7. 26.>
[전문개정 2011. 6. 9.]

제3조(계엄 선포의 공고) 대통령이 계엄을 선포할 때에는 그 이유, 종류, 시행일시, 시행지역 및 계엄사령관을 공고하여야 한다.
[전문개정 2011. 6. 9.]

제4조(계엄 선포의 통고) ① 대통령이 계엄을 선포하였을 때에는 지체 없이 국회에 통고(通告)하여야 한다.
　② 제1항의 경우에 국회가 폐회 중일 때에는 대통령은 지체 없이 국회에 집회(集會)를 요구하여야 한다.
[전문개정 2011. 6. 9.]

제5조(계엄사령관의 임명 및 계엄사령부의 설치 등) ① 계엄사령관은 현역 장성급(將星級) 장교 중에서 국방부장관이 추천한 사람을 국무회의의 심의를 거쳐 대통령이 임명한다.<개정 2017. 3. 21.>
　② 계엄사령관의 계엄업무를 시행하기 위하여 계엄사령부를 둔다. 이 경우 계엄사령관은 계엄사령부의 장이 된다.
　③ 계엄사령관은 계엄지역이 2개 이상의 도(특별시, 광역시 및 특별자치도를 포함한다)에 걸치는 경우에는 그 직무를 보조할 지구계엄사령부(地區戒嚴司令部)와 지구계엄사령부의 직무를 보조하는 지역계엄사령부를 둘 수 있다.
　④ 계엄사령부의 직제는 대통령령으로 정한다.
[전문개정 2011. 6. 9.]

제6조(계엄사령관에 대한 지휘·감독) ① 계엄사령관은 계엄의 시행에 관하여 국방부장관의 지휘·감독을 받는다. 다만, 전국을 계엄지역으로 하는 경우와 대통령이 직접 지휘·감독을 할 필요가 있는 경우에는 대통령의 지휘·감독을 받는다.
　② 제1항에 따라 계엄사령관을 지휘·감독할 때 국가 정책에 관계되는 사항은 국무회의의 심의를 거쳐야 한다.
[전문개정 2011. 6. 9.]

제7조(계엄사령관의 관장사항) ① 비상계엄의 선포와 동시에 계엄사령관은 계엄지역의 모든 행정사무와 사법사무를 관장한다.
　② 경비계엄의 선포와 동시에 계엄사령관은 계엄지역의 군사에 관한 행정사무와 사법사무를 관장한다.

제8조(계엄사령관의 지휘·감독) ① 계엄지역의 행정기관(정보 및 보안 업무를 관장하는 기관을 포함한다. 이하 같다) 및 사법기관은 지체 없이 계엄사령관의 지휘·감독을 받아야 한다.

② 계엄사령관이 계엄지역의 행정기관 및 사법기관을 지휘·감독할 때 그 지역이 1개의 행정구역에 국한될 때에는 그 구역의 최고책임자를 통하여 하고, 2개 이상의 행정구역에 해당될 때에는 해당 구역의 최고책임자 또는 주무부처의 장(법원의 경우에는 법원행정처장)을 통하여 하여야 한다.

제9조(계엄사령관의 특별조치권) ① 비상계엄지역에서 계엄사령관은 군사상 필요할 때에는 체포·구금(拘禁)·압수·수색·거주·이전·언론·출판·집회·결사 또는 단체행동에 대하여 특별한 조치를 할 수 있다. 이 경우 계엄사령관은 그 조치내용을 미리 공고하여야 한다.

② 비상계엄지역에서 계엄사령관은 법률에서 정하는 바에 따라 동원(動員) 또는 징발을 할 수 있으며, 필요한 경우에는 군수(軍需)로 제공할 물품의 조사·등록과 반출금지를 명할 수 있다.

③ 비상계엄지역에서 계엄사령관은 작전상 부득이한 경우에는 국민의 재산을 파괴 또는 소각(燒却)할 수 있다.

④ 계엄사령관이 제3항에 따라 국민의 재산을 파괴 또는 소각하려는 경우에는 미리 그 사유, 지역, 대상 등 필요한 사항을 그 재산의 소재지를 관할하는 행정기관과 그 재산의 소유자, 점유자 또는 관리자에게 통보하거나 공고하여야 한다.

제9조의2(재산의 파괴 또는 소각에 대한 보상) ① 제9조제3항에 따라 발생한 손실에 대하여는 정당한 보상을 하여야 한다. 다만, 그 손실이 교전 상태에서 발생한 경우에는 그러하지 아니하다.

② 국방부장관은 미리 보상청구의 기간 및 절차 등 보상청구에 필요한 사항을 10일 이상의 기간을 정하여 공고하여야 한다.

③ 국방부장관은 보상금 지급결정을 하였을 때에는 지체 없이 보상대상자에게 보상금 지급통지서를 송부하여야 한다.

④ 관할 행정기관의 장은 재산의 파괴 또는 소각으로 인한 손실액을 판단하는 데에 필요한 조사서, 확인서, 사진 등 증명자료를 기록·유지하여야 한다.

⑤ 이 법에서 규정한 사항 외에 보상금 지급 등에 필요한 사항은 대통령령으로 정한다.

제9조의3(보상기준 등) ① 제9조의2제1항에 따른 손실보상은 다른 법률에 특별한 규정이 있는 경우를 제외하고는 현금으로 지급하여야 한다.

② 손실액의 산정은 파괴 또는 소각으로 인하여 재산이 멸실될 당시의 과세표준을 기준으로 한다.

③ 제2항에 따른 과세표준은 대통령령으로 정한다.

제9조의4(보상 제외) 파괴 또는 소각으로 인하여 멸실된 재산이 국유재산이거나 공유재산인 경우에는 제9조의2제1항에도 불구하고 보상을 하지 아니한다.

제9조의5(공탁) 국방부장관은 다음 각 호의 어느 하나에 해당하게 되어 보상대상자에게 보상금을 지급할 수 없을 때에는 해당 보상금을 보상대상자의 주소지를 관할하는 지방법원 또는 그 지원(支院)에 공탁(供託)하여야 한다.

1. 보상대상자가 보상금의 수령을 거부하는 경우

2. 대통령령으로 정하는 기간 이내에 제9조의2제3항에 따른 보상금 지급통지서에 응답하지 아니한 경우

제9조의6(보상청구권의 소멸시효) 보상청구권은 제9조의2제2항에 따른 공고기간 만료일부터 5년간 행사하지 아니하면 시효의 완성으로 소멸한다. 다만, 공고 사실을 알지 못한 경우에는 그 사실을 안 날부터 계산한다.

제10조(비상계엄하의 군사법원 재판권) ① 비상계엄지역에서 제14조 또는 다음 각 호의 어느 하나에 해당하는 죄를 범한 사람에 대한 재판은 군사법원이 한다. 다만, 계엄사령관은 필요한 경우에는 해당 관할법원이 재판하게 할 수 있다.<개정 2015. 1. 6.>

1. 내란(內亂)의 죄
2. 외환(外患)의 죄
3. 국교(國交)에 관한 죄
4. 공안(公安)을 해치는 죄
5. 폭발물에 관한 죄
6. 공무방해(公務妨害)에 관한 죄
7. 방화(放火)의 죄
8. 통화(通貨)에 관한 죄
9. 살인의 죄
10. 강도의 죄
11. 「국가보안법」에 규정된 죄
12. 「총포·도검·화약류 등의 안전관리에 관한 법률」에 규정된 죄
13. 군사상 필요에 의하여 제정한 법령에 규정된 죄

② 비상계엄지역에 법원이 없거나 해당 관할법원과의 교통이 차단된 경우에는 제1항에도 불구하고 모든 형사사건에 대한 재판은 군사법원이 한다.

제11조(계엄의 해제) ① 대통령은 제2조제2항 또는 제3항에 따른 계엄 상황이 평상상태로 회복되거나 국회가 계엄의 해제를 요구한 경우에는 지체 없이 계엄을 해제하고 이를 공고하여야 한다.

② 대통령이 제1항에 따라 계엄을 해제하려는 경우에는 국무회의의 심의를 거쳐야 한다.

③ 국방부장관 또는 행정안전부장관은 제2조제2항 또는 제3항에 따른 계엄 상황이 평상상태로 회복된 경우에는 국무총리를 거쳐 대통령에게 계엄의 해제를 건의할 수 있다.<개정 2013. 3. 23., 2014. 11. 19., 2017. 7. 26.>

제12조(행정·사법 사무의 평상화) ① 계엄이 해제된 날부터 모든 행정사무와 사법사무는 평상상태로 복귀한다.

② 비상계엄 시행 중 제10조에 따라 군사법원에 계속(係屬) 중인 재판사건의 관할은 비상계엄 해제와 동시에 일반법원에 속한다. 다만, 대통령이 필요하다고 인정할 때에는 군사법원의 재판권을 1개월의 범위에서 연기할 수 있다.

제13조(국회의원의 불체포특권) 계엄 시행 중 국회의원은 현행범인인 경우를 제외하고는 체포 또는 구금되지 아니한다.

제14조(벌칙) ① 거짓이나 그 밖의 부정한 방법으로 이 법에 따른 보상금을 받은 자 또는 그 사실을 알면서 보상금을 지급한 자는 5년 이하의 징역 또는 3천만원 이하의 벌금에 처한다. 다만, 해당 보상금의 3배의 금액이 3천만원을 초과할 때에는 그 초과 금액까지 벌금을 과(科)할 수 있다.

② 제8조제1항에 따른 계엄사령관의 지시나 제9조제1항 또는 제2항에 따른 계엄사령관의 조치에 따르지 아니하거나 이를 위반한 자는 3년 이하의 징역에 처한다.

③ 제1항에 규정된 죄의 미수범은 처벌한다.

④ 제1항의 징역형과 벌금형은 병과(倂科)할 수 있다.

부칙 <법률 제14839호, 2017. 7. 26.> (정부조직법)

제1조(시행일) ① 이 법은 공포한 날부터 시행한다. 다만, 부칙 제5조에 따라 개정되는 법률 중 이 법 시행 전에 공포되었으나 시행일이 도래하지 아니한 법률을 개정한 부분은 각각 해당 법률의 시행일부터 시행한다.

제2조 부터 제4조까지 생략

제5조(다른 법률의 개정) ①부터 <41>까지 생략

<42> 계엄법 일부를 다음과 같이 개정한다. 제2조제6항 및 제11조제3항 중 "행정자치부장관"을 각각 "행정안전부장관"으로 한다.

<43>부터 <382>까지 생략

제6조 생략

헌법재판소법

[시행 2025. 1. 31.] [법률 제20769호, 2025. 1. 31., 일부개정]

헌법재판소(법제과) 02-708-3693

제1장 총칙

제1조(목적) 이 법은 헌법재판소의 조직 및 운영과 그 심판절차에 관하여 필요한 사항을 정함을 목적으로 한다.
[전문개정 2011. 4. 5.]

제2조(관장사항) 헌법재판소는 다음 각 호의 사항을 관장한다.
1. 법원의 제청(提請)에 의한 법률의 위헌(違憲) 여부 심판
2. 탄핵(彈劾)의 심판
3. 정당의 해산심판
4. 국가기관 상호간, 국가기관과 지방자치단체 간 및 지방자치단체 상호간의 권한쟁의(權限爭議)에 관한 심판
5. 헌법소원(憲法訴願)에 관한 심판
[전문개정 2011. 4. 5.]

제3조(구성) 헌법재판소는 9명의 재판관으로 구성한다.
[전문개정 2011. 4. 5.]

제4조(재판관의 독립) 재판관은 헌법과 법률에 의하여 양심에 따라 독립하여 심판한다.
[전문개정 2011. 4. 5.]

제5조(재판관의 자격) ① 재판관은 다음 각 호의 어느 하나에 해당하는 직(職)에 15년 이상 있던 40세 이상인 사람 중에서 임명한다. 다만, 다음 각 호 중 둘 이상의 직에 있던 사람의 재직기간은 합산한다.
1. 판사, 검사, 변호사
2. 변호사 자격이 있는 사람으로서 국가기관, 국영·공영 기업체, 「공공기관의 운영에 관한 법률」 제4조에 따른 공공기관 또는 그 밖의 법인에서 법률에 관한 사무에 종사한 사람
3. 변호사 자격이 있는 사람으로서 공인된 대학의 법률학 조교수 이상의 직에 있던 사람
② 다음 각 호의 어느 하나에 해당하는 사람은 재판관으로 임명할 수 없다.<개정 2020. 6. 9.>
1. 다른 법령에 따라 공무원으로 임용하지 못하는 사람
2. 금고 이상의 형을 선고받은 사람
3. 탄핵에 의하여 파면된 후 5년이 지나지 아니한 사람
4. 「정당법」 제22조에 따른 정당의 당원 또는 당원의 신분을 상실한 날부터 3년이 경과되지 아니한 사람
5. 「공직선거법」 제2조에 따른 선거에 후보자(예비후보자를 포함한다)로 등록한 날부터 5년이 경과되지 아니한 사람
6. 「공직선거법」 제2조에 따른 대통령선거에서 후보자의 당선을 위하여 자문이나 고문의 역할을 한 날부터 3년이 경과되지 아니한 사람
③ 제2항제6호에 따른 자문이나 고문의 역할을 한 사람의 구체적인 범위는 헌법재판소규칙으로 정한다. <신설 2020. 6. 9.>
[전문개정 2011. 4. 5.]

제6조(재판관의 임명) ① 재판관은 대통령이 임명한다. 이 경우 재판관 중 3명은 국회에서 선출하는 사람을, 3명은 대법원장이 지명하는 사람을 임명한다.

② 재판관은 국회의 인사청문을 거쳐 임명·선출 또는 지명하여야 한다. 이 경우 대통령은 재판관(국회에서 선출하거나 대법원장이 지명하는 사람은 제외한다)을 임명하기 전에, 대법원장은 재판관을 지명하기 전에 인사청문을 요청한다.
③ 재판관의 임기가 만료되거나 정년이 도래하는 경우에는 임기만료일 또는 정년도래일까지 후임자를 임명하여야 한다.
④ 임기 중 재판관이 결원된 경우에는 결원된 날부터 30일 이내에 후임자를 임명하여야 한다.
⑤ 제3항 및 제4항에도 불구하고 국회에서 선출한 재판관이 국회의 폐회 또는 휴회 중에 그 임기가 만료되거나 정년이 도래한 경우 또는 결원된 경우에는 국회는 다음 집회가 개시된 후 30일 이내에 후임자를 선출하여야 한다.
[전문개정 2011. 4. 5.]

제7조(재판관의 임기) ① 재판관의 임기는 6년으로 하며, 연임할 수 있다.
② 재판관의 정년은 70세로 한다.<개정 2014. 12. 30.>
[전문개정 2011. 4. 5.]

제8조(재판관의 신분 보장) 재판관은 다음 각 호의 어느 하나에 해당하는 경우가 아니면 그 의사에 반하여 해임되지 아니한다.
1. 탄핵결정이 된 경우
2. 금고 이상의 형을 선고받은 경우
[전문개정 2011. 4. 5.]

제9조(재판관의 정치 관여 금지) 재판관은 정당에 가입하거나 정치에 관여할 수 없다.
[전문개정 2011. 4. 5.]

제10조(규칙 제정권) ① 헌법재판소는 이 법과 다른 법률에 저촉되지 아니하는 범위에서 심판에 관한 절차, 내부 규율과 사무처리에 관한 규칙을 제정할 수 있다.
② 헌법재판소규칙은 관보에 게재하여 공포한다.
[전문개정 2011. 4. 5.]

제10조의2(입법 의견의 제출) 헌법재판소장은 헌법재판소의 조직, 인사, 운영, 심판절차와 그 밖에 헌법재판소의 업무와 관련된 법률의 제정 또는 개정이 필요하다고 인정하는 경우에는 국회에 서면으로 그 의견을 제출할 수 있다.
[전문개정 2011. 4. 5.]

제11조(경비) ① 헌법재판소의 경비는 독립하여 국가의 예산에 계상(計上)하여야 한다.
② 제1항의 경비 중에는 예비금을 둔다.
[전문개정 2011. 4. 5.]

제2장 조직

제12조(헌법재판소장) ① 헌법재판소에 헌법재판소장을 둔다.
② 헌법재판소장은 국회의 동의를 받아 재판관 중에서 대통령이 임명한다.
③ 헌법재판소장은 헌법재판소를 대표하고, 헌법재판소의 사무를 총괄하며, 소속 공무원을 지휘·감독한다.
④ 삭제<2025. 1. 31.>
[전문개정 2011. 4. 5.]

제12조의2(헌법재판소장의 권한대행) ① 헌법재판소장이 일시적인 사고로 인하여 직무를 수행할 수 없을 때에는 재판관 중 임명일자 순으로 그 권한을 대행한다. 다만, 임명일자가 같을 때에는 연장자 순으로 대행한다.
② 헌법재판소장이 궐위(闕位)되거나 1개월 이상 사고로 인하여 직무를 수행할 수 없을 때에는 재판관 중 재판관회의에서 선출된 사람이 그 권한을 대행한다. 다만, 그 권한대행자가 선출될 때까지는 제1항에 해당하는 사람이 권한을 대행한다.

③ 제2항 단서의 권한대행자는 제2항의 사유가 생긴 날부터 7일 이내에 제2항 본문의 권한대행자를 선출하기 위한 재판관회의를 소집하여야 한다.

④ 제2항 본문의 권한대행자는 재판관 전원의 3분의 2를 초과하는 인원의 출석과 출석인원 과반수의 찬성으로 선출한다. 다만, 1차 투표결과 피선자(被選者)가 없을 때에는 최고득표자와 차점자에 대하여 결선투표를 하여 그 중 다수득표자를 피선자로 하되, 다수득표자가 2명 이상일 때에는 연장자를 피선자로 한다.

[본조신설 2025. 1. 31.]

제13조 삭제<1991. 11. 30.>

제14조(재판관의 겸직 금지) 재판관은 다음 각 호의 어느 하나에 해당하는 직을 겸하거나 영리를 목적으로 하는 사업을 할 수 없다.

1. 국회 또는 지방의회의 의원의 직
2. 국회·정부 또는 법원의 공무원의 직
3. 법인·단체 등의 고문·임원 또는 직원의 직

[전문개정 2011. 4. 5.]

제15조(헌법재판소장 등의 대우) 헌법재판소장의 대우와 보수는 대법원장의 예에 따르며, 재판관은 정무직(政務職)으로 하고 그 대우와 보수는 대법관의 예에 따른다.

[전문개정 2011. 4. 5.]

제16조(재판관회의) ① 재판관회의는 재판관 전원으로 구성하며, 헌법재판소장이 의장이 된다.

② 재판관회의는 재판관 전원의 3분의 2를 초과하는 인원의 출석과 출석인원 과반수의 찬성으로 의결한다.<개정 2022. 2. 3.>

③ 의장은 의결에서 표결권을 가진다.

④ 다음 각 호의 사항은 재판관회의의 의결을 거쳐야 한다.

1. 헌법재판소규칙의 제정과 개정, 제10조의2에 따른 입법 의견의 제출에 관한 사항
2. 예산 요구, 예비금 지출과 결산에 관한 사항
3. 사무처장, 사무차장, 헌법재판연구원장, 헌법연구관 및 3급 이상 공무원의 임면(任免)에 관한 사항
4. 특히 중요하다고 인정되는 사항으로서 헌법재판소장이 재판관회의에 부치는 사항

⑤ 재판관회의의 운영에 필요한 사항은 헌법재판소규칙으로 정한다.

[전문개정 2011. 4. 5.]

제17조(사무처) ① 헌법재판소의 행정사무를 처리하기 위하여 헌법재판소에 사무처를 둔다.

② 사무처에 사무처장과 사무차장을 둔다.

③ 사무처장은 헌법재판소장의 지휘를 받아 사무처의 사무를 관장하며, 소속 공무원을 지휘·감독한다.

④ 사무처장은 국회 또는 국무회의에 출석하여 헌법재판소의 행정에 관하여 발언할 수 있다.

⑤ 헌법재판소장이 한 처분에 대한 행정소송의 피고는 헌법재판소 사무처장으로 한다.

⑥ 사무차장은 사무처장을 보좌하며, 사무처장이 부득이한 사유로 직무를 수행할 수 없을 때에는 그 직무를 대행한다.

⑦ 사무처에 실, 국, 과를 둔다.

⑧ 실에는 실장, 국에는 국장, 과에는 과장을 두며, 사무처장·사무차장·실장 또는 국장 밑에 정책의 기획, 계획의 입안, 연구·조사, 심사·평가 및 홍보업무를 보좌하는 심의관 또는 담당관을 둘 수 있다.

⑨ 이 법에 규정되지 아니한 사항으로서 사무처의 조직, 직무 범위, 사무처에 두는 공무원의 정원, 그 밖에 필요한 사항은 헌법재판소규칙으로 정한다.

[전문개정 2011. 4. 5.]

제18조(사무처 공무원) ① 사무처장은 정무직으로 하고, 보수는 국무위원의 보수와 같은 금액으로 한다.

② 사무차장은 정무직으로 하고, 보수는 차관의 보수와 같은 금액으로 한다.

③ 실장은 1급 또는 2급, 국장은 2급 또는 3급, 심의관 및 담당관은 2급부터 4급까지, 과장은 3급 또는 4급의 일반직국가공무원으로 임명한다. 다만, 담당관 중 1명은 3급 상당 또는 4급 상당의 별정직국가공무

원으로 임명할 수 있다.

④ 사무처 공무원은 헌법재판소장이 임면한다. 다만, 3급 이상의 공무원의 경우에는 재판관회의의 의결을 거쳐야 한다.

⑤ 헌법재판소장은 다른 국가기관에 대하여 그 소속 공무원을 사무처 공무원으로 근무하게 하기 위하여 헌법재판소에의 파견근무를 요청할 수 있다.

[전문개정 2011. 4. 5.]

제19조(헌법연구관) ① 헌법재판소에 헌법재판소규칙으로 정하는 수의 헌법연구관을 둔다.<개정 2011. 4. 5.>

② 헌법연구관은 특정직국가공무원으로 한다.<개정 2011. 4. 5.>

③ 헌법연구관은 헌법재판소장의 명을 받아 사건의 심리(審理) 및 심판에 관한 조사·연구에 종사한다. <개정 2011. 4. 5.>

④ 헌법연구관은 다음 각 호의 어느 하나에 해당하는 사람 중에서 헌법재판소장이 재판관회의의 의결을 거쳐 임용한다.<개정 2011. 4. 5.>

1. 판사·검사 또는 변호사의 자격이 있는 사람

2. 공인된 대학의 법률학 조교수 이상의 직에 있던 사람

3. 국회, 정부 또는 법원 등 국가기관에서 4급 이상의 공무원으로서 5년 이상 법률에 관한 사무에 종사한 사람

4. 법률학에 관한 박사학위 소지자로서 국회, 정부, 법원 또는 헌법재판소 등 국가기관에서 5년 이상 법률에 관한 사무에 종사한 사람

5. 법률학에 관한 박사학위 소지자로서 헌법재판소규칙으로 정하는 대학 등 공인된 연구기관에서 5년 이상 법률에 관한 사무에 종사한 사람

⑤ 삭제<2003. 3. 12.>

⑥ 다음 각 호의 어느 하나에 해당하는 사람은 헌법연구관으로 임용될 수 없다.<개정 2011. 4. 5.>

1. 「국가공무원법」 제33조 각 호의 어느 하나에 해당하는 사람

2. 금고 이상의 형을 선고받은 사람

3. 탄핵결정에 의하여 파면된 후 5년이 지나지 아니한 사람

⑦ 헌법연구관의 임기는 10년으로 하되, 연임할 수 있고, 정년은 60세로 한다.<개정 2011. 4. 5.>

⑧ 헌법연구관이 제6항 각 호의 어느 하나에 해당할 때에는 당연히 퇴직한다. 다만, 「국가공무원법」 제33조제5호에 해당할 때에는 그러하지 아니하다.<개정 2011. 4. 5.>

⑨ 헌법재판소장은 다른 국가기관에 대하여 그 소속 공무원을 헌법연구관으로 근무하게 하기 위하여 헌법재판소에의 파견근무를 요청할 수 있다.<개정 2011. 4. 5.>

⑩ 사무차장은 헌법연구관의 직을 겸할 수 있다.<개정 2011. 4. 5.>

⑪ 헌법재판소장은 헌법연구관을 사건의 심리 및 심판에 관한 조사·연구업무 외의 직에 임명하거나 그 직을 겸임하게 할 수 있다. 이 경우 헌법연구관의 수는 헌법재판소규칙으로 정하며, 보수는 그 중 고액의 것을 지급한다.<개정 2011. 4. 5., 2014. 12. 30.>

[제목개정 2011. 4. 5.]

제19조의2(헌법연구관보) ① 헌법연구관을 신규임용하는 경우에는 3년간 헌법연구관보(憲法研究官補)로 임용하여 근무하게 한 후 그 근무성적을 고려하여 헌법연구관으로 임용한다. 다만, 경력 및 업무능력 등을 고려하여 헌법재판소규칙으로 정하는 바에 따라 헌법연구관보 임용을 면제하거나 그 기간을 단축할 수 있다.

② 헌법연구관보는 헌법재판소장이 재판관회의의 의결을 거쳐 임용한다.

③ 헌법연구관보는 별정직국가공무원으로 하고, 그 보수와 승급기준은 헌법연구관의 예에 따른다.

④ 헌법연구관보가 근무성적이 불량한 경우에는 재판관회의의 의결을 거쳐 면직시킬 수 있다.

⑤ 헌법연구관보의 근무기간은 이 법 및 다른 법령에 규정된 헌법연구관의 재직기간에 산입한다.

[전문개정 2011. 4. 5.]

제19조의3(헌법연구위원) ① 헌법재판소에 헌법연구위원을 둘 수 있다. 헌법연구위원은 사건의 심리 및 심판에 관한 전문적인 조사·연구에 종사한다.

② 헌법연구위원은 3년 이내의 범위에서 기간을 정하여 임명한다.

③ 헌법연구위원은 2급 또는 3급 상당의 별정직공무원이나 「국가공무원법」 제26조의5에 따른 임기제공무원으로 하고, 그 직제 및 자격 등에 관하여는 헌법재판소규칙으로 정한다.<개정 2012. 12. 11.>
[본조신설 2007. 12. 21.]

제19조의4(헌법재판연구원) ① 헌법 및 헌법재판 연구와 헌법연구관, 사무처 공무원 등의 교육을 위하여 헌법재판소에 헌법재판연구원을 둔다.
② 헌법재판연구원의 정원은 원장 1명을 포함하여 40명 이내로 하고, 원장 밑에 부장, 팀장, 연구관 및 연구원을 둔다.<개정 2014. 12. 30.>
③ 원장은 헌법재판소장이 재판관회의의 의결을 거쳐 헌법연구관으로 보하거나 1급인 일반직국가공무원으로 임명한다.<신설 2014. 12. 30.>
④ 부장은 헌법연구관이나 2급 또는 3급 일반직공무원으로, 팀장은 헌법연구관이나 3급 또는 4급 일반직공무원으로 임명하고, 연구관 및 연구원은 헌법연구관 또는 일반직공무원으로 임명한다.<개정 2014. 12. 30.>
⑤ 연구관 및 연구원은 다음 각 호의 어느 하나에 해당하는 사람 중에서 헌법재판소장이 보하거나 헌법재판연구원장의 제청을 받아 헌법재판소장이 임명한다.<신설 2014. 12. 30.>
1. 헌법연구관
2. 변호사의 자격이 있는 사람(외국의 변호사 자격을 포함한다)
3. 학사 또는 석사학위를 취득한 사람으로서 헌법재판소규칙으로 정하는 실적 또는 경력이 있는 사람
4. 박사학위를 취득한 사람
⑥ 그 밖에 헌법재판연구원의 조직과 운영에 필요한 사항은 헌법재판소규칙으로 정한다.<신설 2014. 12. 30.>
[전문개정 2011. 4. 5.]

제20조(헌법재판소장 비서실 등) ① 헌법재판소에 헌법재판소장 비서실을 둔다.
② 헌법재판소장 비서실에 비서실장 1명을 두되, 비서실장은 1급 상당의 별정직국가공무원으로 임명하고, 헌법재판소장의 명을 받아 기밀에 관한 사무를 관장한다.
③ 제2항에 규정되지 아니한 사항으로서 헌법재판소장 비서실의 조직과 운영에 필요한 사항은 헌법재판소규칙으로 정한다.
④ 헌법재판소에 재판관 비서관을 둔다.
⑤ 재판관 비서관은 4급의 일반직국가공무원 또는 4급 상당의 별정직국가공무원으로 임명하며, 재판관의 명을 받아 기밀에 관한 사무를 관장한다.
[전문개정 2011. 4. 5.]

제21조(서기 및 정리) ① 헌법재판소에 서기(書記) 및 정리(廷吏)를 둔다.
② 헌법재판소장은 사무처 직원 중에서 서기 및 정리를 지명한다.
③ 서기는 재판장의 명을 받아 사건에 관한 서류의 작성·보관 또는 송달에 관한 사무를 담당한다.
④ 정리는 심판정(審判廷)의 질서유지와 그 밖에 재판장이 명하는 사무를 집행한다.
[전문개정 2011. 4. 5.]

제3장 일반심판절차

제22조(재판부) ① 이 법에 특별한 규정이 있는 경우를 제외하고는 헌법재판소의 심판은 재판관 전원으로 구성되는 재판부에서 관장한다.
② 재판부의 재판장은 헌법재판소장이 된다.
[전문개정 2011. 4. 5.]

제23조(심판정족수) ① 재판부는 재판관 7명 이상의 출석으로 사건을 심리한다.
② 재판부는 종국심리(終局審理)에 관여한 재판관 과반수의 찬성으로 사건에 관한 결정을 한다. 다만, 다음 각 호의 어느 하나에 해당하는 경우에는 재판관 6명 이상의 찬성이 있어야 한다.
1. 법률의 위헌결정, 탄핵의 결정, 정당해산의 결정 또는 헌법소원에 관한 인용결정(認容決定)을 하는 경우

2. 종전에 헌법재판소가 판시한 헌법 또는 법률의 해석 적용에 관한 의견을 변경하는 경우
[전문개정 2011. 4. 5.]

제24조(제척·기피 및 회피) ① 재판관이 다음 각 호의 어느 하나에 해당하는 경우에는 그 직무집행에서 제척(除斥)된다.
　1. 재판관이 당사자이거나 당사자의 배우자 또는 배우자였던 경우
　2. 재판관과 당사자가 친족관계이거나 친족관계였던 경우
　3. 재판관이 사건에 관하여 증언이나 감정(鑑定)을 하는 경우
　4. 재판관이 사건에 관하여 당사자의 대리인이 되거나 되었던 경우
　5. 그 밖에 재판관이 헌법재판소 외에서 직무상 또는 직업상의 이유로 사건에 관여한 경우
　② 재판부는 직권 또는 당사자의 신청에 의하여 제척의 결정을 한다.
　③ 재판관에게 공정한 심판을 기대하기 어려운 사정이 있는 경우 당사자는 기피(忌避)신청을 할 수 있다. 다만, 변론기일(辯論期日)에 출석하여 본안(本案)에 관한 진술을 한 때에는 그러하지 아니하다.
　④ 당사자는 동일한 사건에 대하여 2명 이상의 재판관을 기피할 수 없다.
　⑤ 재판관은 제1항 또는 제3항의 사유가 있는 경우에는 재판장의 허가를 받아 회피(回避)할 수 있다.
　⑥ 당사자의 제척 및 기피신청에 관한 심판에는 「민사소송법」 제44조, 제45조, 제46조제1항·제2항 및 제48조를 준용한다.
[전문개정 2011. 4. 5.]

제25조(대표자·대리인) ① 각종 심판절차에서 정부가 당사자(참가인을 포함한다. 이하 같다)인 경우에는 법무부장관이 이를 대표한다.
　② 각종 심판절차에서 당사자인 국가기관 또는 지방자치단체는 변호사 또는 변호사의 자격이 있는 소속 직원을 대리인으로 선임하여 심판을 수행하게 할 수 있다.
　③ 각종 심판절차에서 당사자인 사인(私人)은 변호사를 대리인으로 선임하지 아니하면 심판청구를 하거나 심판 수행을 하지 못한다. 다만, 그가 변호사의 자격이 있는 경우에는 그러하지 아니하다.
[전문개정 2011. 4. 5.]

제26조(심판청구의 방식) ① 헌법재판소에의 심판청구는 심판절차별로 정하여진 청구서를 헌법재판소에 제출함으로써 한다. 다만, 위헌법률심판에서는 법원의 제청서, 탄핵심판에서는 국회의 소추의결서(訴追議決書)의 정본(正本)으로 청구서를 갈음한다.
　② 청구서에는 필요한 증거서류 또는 참고자료를 첨부할 수 있다.
[전문개정 2011. 4. 5.]

제27조(청구서의 송달) ① 헌법재판소가 청구서를 접수한 때에는 지체 없이 그 등본을 피청구기관 또는 피청구인(이하 "피청구인"이라 한다)에게 송달하여야 한다.
　② 위헌법률심판의 제청이 있으면 법무부장관 및 당해 소송사건의 당사자에게 그 제청서의 등본을 송달한다.
[전문개정 2011. 4. 5.]

제28조(심판청구의 보정) ① 재판장은 심판청구가 부적법하나 보정(補正)할 수 있다고 인정되는 경우에는 상당한 기간을 정하여 보정을 요구하여야 한다.
　② 제1항에 따른 보정 서면에 관하여는 제27조제1항을 준용한다.
　③ 제1항에 따른 보정이 있는 경우에는 처음부터 적법한 심판청구가 있은 것으로 본다.
　④ 제1항에 따른 보정기간은 제38조의 심판기간에 산입하지 아니한다.
　⑤ 재판장은 필요하다고 인정하는 경우에는 재판관 중 1명에게 제1항의 보정요구를 할 수 있는 권한을 부여할 수 있다.
[전문개정 2011. 4. 5.]

제29조(답변서의 제출) ① 청구서 또는 보정 서면을 송달받은 피청구인은 헌법재판소에 답변서를 제출할 수 있다.
　② 답변서에는 심판청구의 취지와 이유에 대응하는 답변을 적는다.
[전문개정 2011. 4. 5.]

제30조(심리의 방식) ① 탄핵의 심판, 정당해산의 심판 및 권한쟁의의 심판은 구두변론에 의한다.

② 위헌법률의 심판과 헌법소원에 관한 심판은 서면심리에 의한다. 다만, 재판부는 필요하다고 인정하는 경우에는 변론을 열어 당사자, 이해관계인, 그 밖의 참고인의 진술을 들을 수 있다.

③ 재판부가 변론을 열 때에는 기일을 정하여 당사자와 관계인을 소환하여야 한다.

[전문개정 2011. 4. 5.]

제31조(증거조사) ① 재판부는 사건의 심리를 위하여 필요하다고 인정하는 경우에는 직권 또는 당사자의 신청에 의하여 다음 각 호의 증거조사를 할 수 있다.

1. 당사자 또는 증인을 신문(訊問)하는 일

2. 당사자 또는 관계인이 소지하는 문서·장부·물건 또는 그 밖의 증거자료의 제출을 요구하고 영치(領置)하는 일

3. 특별한 학식과 경험을 가진 자에게 감정을 명하는 일

4. 필요한 물건·사람·장소 또는 그 밖의 사물의 성상(性狀)이나 상황을 검증하는 일

② 재판장은 필요하다고 인정하는 경우에는 재판관 중 1명을 지정하여 제1항의 증거조사를 하게 할 수 있다.

[전문개정 2011. 4. 5.]

제32조(자료제출 요구 등) 재판부는 결정으로 다른 국가기관 또는 공공단체의 기관에 심판에 필요한 사실을 조회하거나, 기록의 송부나 자료의 제출을 요구할 수 있다. 다만, 재판·소추 또는 범죄수사가 진행 중인 사건의 기록에 대하여는 송부를 요구할 수 없다.

[전문개정 2011. 4. 5.]

제33조(심판의 장소) 심판의 변론과 종국결정의 선고는 심판정에서 한다. 다만, 헌법재판소장이 필요하다고 인정하는 경우에는 심판정 외의 장소에서 변론 또는 종국결정의 선고를 할 수 있다.

[전문개정 2011. 4. 5.]

제34조(심판의 공개) ① 심판의 변론과 결정의 선고는 공개한다. 다만, 서면심리와 평의(評議)는 공개하지 아니한다.

② 헌법재판소의 심판에 관하여는 「법원조직법」 제57조제1항 단서와 같은 조 제2항 및 제3항을 준용한다.

[전문개정 2011. 4. 5.]

제35조(심판의 지휘와 법정경찰권) ① 재판장은 심판정의 질서와 변론의 지휘 및 평의의 정리(整理)를 담당한다.

② 헌법재판소 심판정의 질서유지와 용어의 사용에 관하여는 「법원조직법」 제58조부터 제63조까지의 규정을 준용한다.

[전문개정 2011. 4. 5.]

제36조(종국결정) ① 재판부가 심리를 마쳤을 때에는 종국결정을 한다.

② 종국결정을 할 때에는 다음 각 호의 사항을 적은 결정서를 작성하고 심판에 관여한 재판관 전원이 이에 서명날인하여야 한다.

1. 사건번호와 사건명

2. 당사자와 심판수행자 또는 대리인의 표시

3. 주문(主文)

4. 이유

5. 결정일

③ 심판에 관여한 재판관은 결정서에 의견을 표시하여야 한다.

④ 종국결정이 선고되면 서기는 지체 없이 결정서 정본을 작성하여 당사자에게 송달하여야 한다.

⑤ 종국결정은 헌법재판소규칙으로 정하는 바에 따라 관보에 게재하거나 그 밖의 방법으로 공시한다.

[전문개정 2011. 4. 5.]

제37조(심판비용 등) ① 헌법재판소의 심판비용은 국가부담으로 한다. 다만, 당사자의 신청에 의한 증거조

사의 비용은 헌법재판소규칙으로 정하는 바에 따라 그 신청인에게 부담시킬 수 있다.
② 헌법재판소는 헌법소원심판의 청구인에 대하여 헌법재판소규칙으로 정하는 공탁금의 납부를 명할 수 있다.
③ 헌법재판소는 다음 각 호의 어느 하나에 해당하는 경우에는 헌법재판소규칙으로 정하는 바에 따라 공탁금의 전부 또는 일부의 국고 귀속을 명할 수 있다.
1. 헌법소원의 심판청구를 각하하는 경우
2. 헌법소원의 심판청구를 기각하는 경우에 그 심판청구가 권리의 남용이라고 인정되는 경우
[전문개정 2011. 4. 5.]

제38조(심판기간) 헌법재판소는 심판사건을 접수한 날부터 180일 이내에 종국결정의 선고를 하여야 한다. 다만, 재판관의 궐위로 7명의 출석이 불가능한 경우에는 그 궐위된 기간은 심판기간에 산입하지 아니한다.
[전문개정 2011. 4. 5.]

제39조(일사부재리) 헌법재판소는 이미 심판을 거친 동일한 사건에 대하여는 다시 심판할 수 없다.
[전문개정 2011. 4. 5.]

제39조의2(심판확정기록의 열람·복사) ① 누구든지 권리구제, 학술연구 또는 공익 목적으로 심판이 확정된 사건기록의 열람 또는 복사를 신청할 수 있다. 다만, 헌법재판소장은 다음 각 호의 어느 하나에 해당하는 경우에는 사건기록을 열람하거나 복사하는 것을 제한할 수 있다.
1. 변론이 비공개로 진행된 경우
2. 사건기록의 공개로 인하여 국가의 안전보장, 선량한 풍속, 공공의 질서유지나 공공복리를 현저히 침해할 우려가 있는 경우
3. 사건기록의 공개로 인하여 관계인의 명예, 사생활의 비밀, 영업비밀(「부정경쟁방지 및 영업비밀보호에 관한 법률」 제2조제2호에 규정된 영업비밀을 말한다) 또는 생명·신체의 안전이나 생활의 평온을 현저히 침해할 우려가 있는 경우
② 헌법재판소장은 제1항 단서에 따라 사건기록의 열람 또는 복사를 제한하는 경우에는 신청인에게 그 사유를 명시하여 통지하여야 한다.
③ 제1항에 따른 사건기록의 열람 또는 복사 등에 관하여 필요한 사항은 헌법재판소규칙으로 정한다.
④ 사건기록을 열람하거나 복사한 자는 열람 또는 복사를 통하여 알게 된 사항을 이용하여 공공의 질서 또는 선량한 풍속을 침해하거나 관계인의 명예 또는 생활의 평온을 훼손하는 행위를 하여서는 아니 된다.
[전문개정 2011. 4. 5.]

제40조(준용규정) ① 헌법재판소의 심판절차에 관하여는 이 법에 특별한 규정이 있는 경우를 제외하고는 헌법재판의 성질에 반하지 아니하는 한도에서 민사소송에 관한 법령을 준용한다. 이 경우 탄핵심판의 경우에는 형사소송에 관한 법령을 준용하고, 권한쟁의심판 및 헌법소원심판의 경우에는 「행정소송법」을 함께 준용한다.
② 제1항 후단의 경우에 형사소송에 관한 법령 또는 「행정소송법」이 민사소송에 관한 법령에 저촉될 때에는 민사소송에 관한 법령은 준용하지 아니한다.
[전문개정 2011. 4. 5.]

제4장 특별심판절차

제1절 위헌법률심판

제41조(위헌 여부 심판의 제청) ① 법률이 헌법에 위반되는지 여부가 재판의 전제가 된 경우에는 당해 사건을 담당하는 법원(군사법원을 포함한다. 이하 같다)은 직권 또는 당사자의 신청에 의한 결정으로 헌법재판소에 위헌 여부 심판을 제청한다.
② 제1항의 당사자의 신청은 제43조제2호부터 제4호까지의 사항을 적은 서면으로 한다.
③ 제2항의 신청서면의 심사에 관하여는 「민사소송법」 제254조를 준용한다.
④ 위헌 여부 심판의 제청에 관한 결정에 대하여는 항고할 수 없다.

⑤ 대법원 외의 법원이 제1항의 제청을 할 때에는 대법원을 거쳐야 한다.
[전문개정 2011. 4. 5.]

제42조(재판의 정지 등) ① 법원이 법률의 위헌 여부 심판을 헌법재판소에 제청한 때에는 당해 소송사건의 재판은 헌법재판소의 위헌 여부의 결정이 있을 때까지 정지된다. 다만, 법원이 긴급하다고 인정하는 경우에는 종국재판 외의 소송절차를 진행할 수 있다.
② 제1항 본문에 따른 재판정지기간은 「형사소송법」 제92조제1항·제2항 및 「군사법원법」 제132조제1항·제2항의 구속기간과 「민사소송법」 제199조의 판결 선고기간에 산입하지 아니한다.
[전문개정 2011. 4. 5.]

제43조(제청서의 기재사항) 법원이 법률의 위헌 여부 심판을 헌법재판소에 제청할 때에는 제청서에 다음 각 호의 사항을 적어야 한다.
1. 제청법원의 표시
2. 사건 및 당사자의 표시
3. 위헌이라고 해석되는 법률 또는 법률의 조항
4. 위헌이라고 해석되는 이유
5. 그 밖에 필요한 사항
[전문개정 2011. 4. 5.]

제44조(소송사건 당사자 등의 의견) 당해 소송사건의 당사자 및 법무부장관은 헌법재판소에 법률의 위헌 여부에 대한 의견서를 제출할 수 있다.
[전문개정 2011. 4. 5.]

제45조(위헌결정) 헌법재판소는 제청된 법률 또는 법률 조항의 위헌 여부만을 결정한다. 다만, 법률 조항의 위헌결정으로 인하여 해당 법률 전부를 시행할 수 없다고 인정될 때에는 그 전부에 대하여 위헌결정을 할 수 있다.
[전문개정 2011. 4. 5.]

제46조(결정서의 송달) 헌법재판소는 결정일부터 14일 이내에 결정서 정본을 제청한 법원에 송달한다. 이 경우 제청한 법원이 대법원이 아닌 경우에는 대법원을 거쳐야 한다.
[전문개정 2011. 4. 5.]

제47조(위헌결정의 효력) ① 법률의 위헌결정은 법원과 그 밖의 국가기관 및 지방자치단체를 기속(羈束)한다.
② 위헌으로 결정된 법률 또는 법률의 조항은 그 결정이 있는 날부터 효력을 상실한다.<개정 2014. 5. 20.>
③ 제2항에도 불구하고 형벌에 관한 법률 또는 법률의 조항은 소급하여 그 효력을 상실한다. 다만, 해당 법률 또는 법률의 조항에 대하여 종전에 합헌으로 결정한 사건이 있는 경우에는 그 결정이 있는 날의 다음 날로 소급하여 효력을 상실한다.<신설 2014. 5. 20.>
④ 제3항의 경우에 위헌으로 결정된 법률 또는 법률의 조항에 근거한 유죄의 확정판결에 대하여는 재심을 청구할 수 있다.<개정 2014. 5. 20.>
⑤ 제4항의 재심에 대하여는 「형사소송법」을 준용한다.<개정 2014. 5. 20.>
[전문개정 2011. 4. 5.]

제2절 탄핵심판

제48조(탄핵소추) 다음 각 호의 어느 하나에 해당하는 공무원이 그 직무집행에서 헌법이나 법률을 위반한 경우에는 국회는 헌법 및 「국회법」에 따라 탄핵의 소추를 의결할 수 있다.
1. 대통령, 국무총리, 국무위원 및 행정각부(行政各部)의 장
2. 헌법재판소 재판관, 법관 및 중앙선거관리위원회 위원
3. 감사원장 및 감사위원
4. 그 밖에 법률에서 정한 공무원
[전문개정 2011. 4. 5.]

제49조(소추위원) ① 탄핵심판에서는 국회 법제사법위원회의 위원장이 소추위원이 된다.

② 소추위원은 헌법재판소에 소추의결서의 정본을 제출하여 탄핵심판을 청구하며, 심판의 변론에서 피청구인을 신문할 수 있다.

[전문개정 2011. 4. 5.]

제50조(권한 행사의 정지) 탄핵소추의 의결을 받은 사람은 헌법재판소의 심판이 있을 때까지 그 권한 행사가 정지된다.

[전문개정 2011. 4. 5.]

제51조(심판절차의 정지) 피청구인에 대한 탄핵심판 청구와 동일한 사유로 형사소송이 진행되고 있는 경우에는 재판부는 심판절차를 정지할 수 있다.

[전문개정 2011. 4. 5.]

제52조(당사자의 불출석) ① 당사자가 변론기일에 출석하지 아니하면 다시 기일을 정하여야 한다.

② 다시 정한 기일에도 당사자가 출석하지 아니하면 그의 출석 없이 심리할 수 있다.

[전문개정 2011. 4. 5.]

제53조(결정의 내용) ① 탄핵심판 청구가 이유 있는 경우에는 헌법재판소는 피청구인을 해당 공직에서 파면하는 결정을 선고한다.

② 피청구인이 결정 선고 전에 해당 공직에서 파면되었을 때에는 헌법재판소는 심판청구를 기각하여야 한다.

[전문개정 2011. 4. 5.]

제54조(결정의 효력) ① 탄핵결정은 피청구인의 민사상 또는 형사상의 책임을 면제하지 아니한다.

② 탄핵결정에 의하여 파면된 사람은 결정 선고가 있은 날부터 5년이 지나지 아니하면 공무원이 될 수 없다.

[전문개정 2011. 4. 5.]

제3절 정당해산심판

제55조(정당해산심판의 청구) 정당의 목적이나 활동이 민주적 기본질서에 위배될 때에는 정부는 국무회의의 심의를 거쳐 헌법재판소에 정당해산심판을 청구할 수 있다.

[전문개정 2011. 4. 5.]

제56조(청구서의 기재사항) 정당해산심판의 청구서에는 다음 각 호의 사항을 적어야 한다.
 1. 해산을 요구하는 정당의 표시
 2. 청구 이유

[전문개정 2011. 4. 5.]

제57조(가처분) 헌법재판소는 정당해산심판의 청구를 받은 때에는 직권 또는 청구인의 신청에 의하여 종국결정의 선고 시까지 피청구인의 활동을 정지하는 결정을 할 수 있다.

[전문개정 2011. 4. 5.]

제58조(청구 등의 통지) ① 헌법재판소장은 정당해산심판의 청구가 있는 때, 가처분결정을 한 때 및 그 심판이 종료한 때에는 그 사실을 국회와 중앙선거관리위원회에 통지하여야 한다.

② 정당해산을 명하는 결정서는 피청구인 외에 국회, 정부 및 중앙선거관리위원회에도 송달하여야 한다.

[전문개정 2011. 4. 5.]

제59조(결정의 효력) 정당의 해산을 명하는 결정이 선고된 때에는 그 정당은 해산된다.

[전문개정 2011. 4. 5.]

제60조(결정의 집행) 정당의 해산을 명하는 헌법재판소의 결정은 중앙선거관리위원회가 「정당법」에 따라 집행한다.

[전문개정 2011. 4. 5.]

제4절 권한쟁의심판

제61조(청구 사유) ① 국가기관 상호간, 국가기관과 지방자치단체 간 및 지방자치단체 상호간에 권한의 유무 또는 범위에 관하여 다툼이 있을 때에는 해당 국가기관 또는 지방자치단체는 헌법재판소에 권한쟁의 심판을 청구할 수 있다.

② 제1항의 심판청구는 피청구인의 처분 또는 부작위(不作爲)가 헌법 또는 법률에 의하여 부여받은 청구인의 권한을 침해하였거나 침해할 현저한 위험이 있는 경우에만 할 수 있다.

[전문개정 2011. 4. 5.]

제62조(권한쟁의심판의 종류) ① 권한쟁의심판의 종류는 다음 각 호와 같다.<개정 2018. 3. 20.>

1. 국가기관 상호간의 권한쟁의심판

   국회, 정부, 법원 및 중앙선거관리위원회 상호간의 권한쟁의심판
2. 국가기관과 지방자치단체 간의 권한쟁의심판

   가. 정부와 특별시·광역시·특별자치시·도 또는 특별자치도 간의 권한쟁의심판

   나. 정부와 시·군 또는 지방자치단체인 구(이하 "자치구"라 한다) 간의 권한쟁의심판
3. 지방자치단체 상호간의 권한쟁의심판

   가. 특별시·광역시·특별자치시·도 또는 특별자치도 상호간의 권한쟁의심판

   나. 시·군 또는 자치구 상호간의 권한쟁의심판

   다. 특별시·광역시·특별자치시·도 또는 특별자치도와 시·군 또는 자치구 간의 권한쟁의심판

② 권한쟁의가 「지방교육자치에 관한 법률」 제2조에 따른 교육·학예에 관한 지방자치단체의 사무에 관한 것인 경우에는 교육감이 제1항제2호 및 제3호의 당사자가 된다.

[전문개정 2011. 4. 5.]

제63조(청구기간) ① 권한쟁의의 심판은 그 사유가 있음을 안 날부터 60일 이내에, 그 사유가 있은 날부터 180일 이내에 청구하여야 한다.

② 제1항의 기간은 불변기간으로 한다.

[전문개정 2011. 4. 5.]

제64조(청구서의 기재사항) 권한쟁의심판의 청구서에는 다음 각 호의 사항을 적어야 한다.

1. 청구인 또는 청구인이 속한 기관 및 심판수행자 또는 대리인의 표시
2. 피청구인의 표시
3. 심판 대상이 되는 피청구인의 처분 또는 부작위
4. 청구 이유
5. 그 밖에 필요한 사항

[전문개정 2011. 4. 5.]

제65조(가처분) 헌법재판소가 권한쟁의심판의 청구를 받았을 때에는 직권 또는 청구인의 신청에 의하여 종국결정의 선고 시까지 심판 대상이 된 피청구인의 처분의 효력을 정지하는 결정을 할 수 있다.

[전문개정 2011. 4. 5.]

제66조(결정의 내용) ① 헌법재판소는 심판의 대상이 된 국가기관 또는 지방자치단체의 권한의 유무 또는 범위에 관하여 판단한다.

② 제1항의 경우에 헌법재판소는 권한침해의 원인이 된 피청구인의 처분을 취소하거나 그 무효를 확인할 수 있고, 헌법재판소가 부작위에 대한 심판청구를 인용하는 결정을 한 때에는 피청구인은 결정 취지에 따른 처분을 하여야 한다.

[전문개정 2011. 4. 5.]

제67조(결정의 효력) ① 헌법재판소의 권한쟁의심판의 결정은 모든 국가기관과 지방자치단체를 기속한다.

② 국가기관 또는 지방자치단체의 처분을 취소하는 결정은 그 처분의 상대방에 대하여 이미 생긴 효력에 영향을 미치지 아니한다.

[전문개정 2011. 4. 5.]

제5절 헌법소원심판

제68조(청구 사유) ① 공권력의 행사 또는 불행사(不行使)로 인하여 헌법상 보장된 기본권을 침해받은 자는 법원의 재판을 제외하고는 헌법재판소에 헌법소원심판을 청구할 수 있다. 다만, 다른 법률에 구제절차가 있는 경우에는 그 절차를 모두 거친 후에 청구할 수 있다.

② 제41조제1항에 따른 법률의 위헌 여부 심판의 제청신청이 기각된 때에는 그 신청을 한 당사자는 헌법재판소에 헌법소원심판을 청구할 수 있다. 이 경우 그 당사자는 당해 사건의 소송절차에서 동일한 사유를 이유로 다시 위헌 여부 심판의 제청을 신청할 수 없다.

[전문개정 2011. 4. 5.]

[한정위헌, 2016헌마33, 2016. 4. 28., 헌법재판소법(2011. 4. 5. 법률 제10546호로 개정된 것) 제68조 제1항 본문 중 "법원의 재판을 제외하고는" 부분은, 헌법재판소가 위헌으로 결정한 법령을 적용함으로써 국민의 기본권을 침해한 재판이 포함되는 것으로 해석하는 한 헌법에 위반된다.]

[단순위헌, 2014헌마760, 763(병합), 2022.6.30. 헌법재판소법(2011. 4. 5. 법률 제10546호로 개정된 것) 제68조 제1항 본문 중 '법원의 재판' 가운데 '법률에 대한 위헌결정의 기속력에 반하는 재판' 부분은 헌법에 위반된다.]

제69조(청구기간) ① 제68조제1항에 따른 헌법소원의 심판은 그 사유가 있음을 안 날부터 90일 이내에, 그 사유가 있는 날부터 1년 이내에 청구하여야 한다. 다만, 다른 법률에 따른 구제절차를 거친 헌법소원의 심판은 그 최종결정을 통지받은 날부터 30일 이내에 청구하여야 한다.

② 제68조제2항에 따른 헌법소원심판은 위헌 여부 심판의 제청신청을 기각하는 결정을 통지받은 날부터 30일 이내에 청구하여야 한다.

[전문개정 2011. 4. 5.]

제70조(국선대리인) ① 헌법소원심판을 청구하려는 자가 변호사를 대리인으로 선임할 자력(資力)이 없는 경우에는 헌법재판소에 국선대리인을 선임하여 줄 것을 신청할 수 있다. 이 경우 제69조에 따른 청구기간은 국선대리인의 선임신청이 있는 날을 기준으로 정한다.

② 제1항에도 불구하고 헌법재판소가 공익상 필요하다고 인정할 때에는 국선대리인을 선임할 수 있다.

③ 헌법재판소는 제1항의 신청이 있는 경우 또는 제2항의 경우에는 헌법재판소규칙으로 정하는 바에 따라 변호사 중에서 국선대리인을 선정한다. 다만, 그 심판청구가 명백히 부적법하거나 이유 없는 경우 또는 권리의 남용이라고 인정되는 경우에는 국선대리인을 선정하지 아니할 수 있다.

④ 헌법재판소가 국선대리인을 선정하지 아니한다는 결정을 한 때에는 지체 없이 그 사실을 신청인에게 통지하여야 한다. 이 경우 신청인이 선임신청을 한 날부터 그 통지를 받은 날까지의 기간은 제69조의 청구기간에 산입하지 아니한다.

⑤ 제3항에 따라 선정된 국선대리인은 선정된 날부터 60일 이내에 제71조에 규정된 사항을 적은 심판청구서를 헌법재판소에 제출하여야 한다.

⑥ 제3항에 따라 선정한 국선대리인에게는 헌법재판소규칙으로 정하는 바에 따라 국고에서 그 보수를 지급한다.

[전문개정 2011. 4. 5.]

제71조(청구서의 기재사항) ① 제68조제1항에 따른 헌법소원의 심판청구서에는 다음 각 호의 사항을 적어야 한다.

1. 청구인 및 대리인의 표시
2. 침해된 권리
3. 침해의 원인이 되는 공권력의 행사 또는 불행사
4. 청구 이유
5. 그 밖에 필요한 사항

② 제68조제2항에 따른 헌법소원의 심판청구서의 기재사항에 관하여는 제43조를 준용한다. 이 경우 제43조제1호 중 "제청법원의 표시"는 "청구인 및 대리인의 표시"로 본다.

③ 헌법소원의 심판청구서에는 대리인의 선임을 증명하는 서류 또는 국선대리인 선임통지서를 첨부하여야 한다.

[전문개정 2011. 4. 5.]

제72조(사전심사) ① 헌법재판소장은 헌법재판소에 재판관 3명으로 구성되는 지정재판부를 두어 헌법소원

심판의 사전심사를 담당하게 할 수 있다.<개정 2011. 4. 5.>
② 삭제<1991. 11. 30.>
③ 지정재판부는 다음 각 호의 어느 하나에 해당되는 경우에는 지정재판부 재판관 전원의 일치된 의견에 의한 결정으로 헌법소원의 심판청구를 각하한다.<개정 2011. 4. 5.>
1. 다른 법률에 따른 구제절차가 있는 경우 그 절차를 모두 거치지 아니하거나 또는 법원의 재판에 대하여 헌법소원의 심판이 청구된 경우
2. 제69조의 청구기간이 지난 후 헌법소원심판이 청구된 경우
3. 제25조에 따른 대리인의 선임 없이 청구된 경우
4. 그 밖에 헌법소원심판의 청구가 부적법하고 그 흠결을 보정할 수 없는 경우
④ 지정재판부는 전원의 일치된 의견으로 제3항의 각하결정을 하지 아니하는 경우에는 결정으로 헌법소원을 재판부의 심판에 회부하여야 한다. 헌법소원심판의 청구 후 30일이 지날 때까지 각하결정이 없는 때에는 심판에 회부하는 결정(이하 "심판회부결정"이라 한다)이 있는 것으로 본다.<개정 2011. 4. 5.>
⑤ 지정재판부의 심리에 관하여는 제28조, 제31조, 제32조 및 제35조를 준용한다.<개정 2011. 4. 5.>
⑥ 지정재판부의 구성과 운영에 필요한 사항은 헌법재판소규칙으로 정한다.<개정 2011. 4. 5.>
[제목개정 2011. 4. 5.]

제73조(각하 및 심판회부 결정의 통지) ① 지정재판부는 헌법소원을 각하하거나 심판회부결정을 한 때에는 그 결정일부터 14일 이내에 청구인 또는 그 대리인 및 피청구인에게 그 사실을 통지하여야 한다. 제72조제4항 후단의 경우에도 또한 같다.
② 헌법재판소장은 헌법소원이 제72조제4항에 따라 재판부의 심판에 회부된 때에는 다음 각 호의 자에게 지체 없이 그 사실을 통지하여야 한다.
1. 법무부장관
2. 제68조제2항에 따른 헌법소원심판에서는 청구인이 아닌 당해 사건의 당사자
[전문개정 2011. 4. 5.]

제74조(이해관계기관 등의 의견 제출) ① 헌법소원의 심판에 이해관계가 있는 국가기관 또는 공공단체와 법무부장관은 헌법재판소에 그 심판에 관한 의견서를 제출할 수 있다.
② 제68조제2항에 따른 헌법소원이 재판부에 심판 회부된 경우에는 제27조제2항 및 제44조를 준용한다.
[전문개정 2011. 4. 5.]

제75조(인용결정) ① 헌법소원의 인용결정은 모든 국가기관과 지방자치단체를 기속한다.
② 제68조제1항에 따른 헌법소원을 인용할 때에는 인용결정서의 주문에 침해된 기본권과 침해의 원인이 된 공권력의 행사 또는 불행사를 특정하여야 한다.
③ 제2항의 경우에 헌법재판소는 기본권 침해의 원인이 된 공권력의 행사를 취소하거나 그 불행사가 위헌임을 확인할 수 있다.
④ 헌법재판소가 공권력의 불행사에 대한 헌법소원을 인용하는 결정을 한 때에는 피청구인은 결정 취지에 따라 새로운 처분을 하여야 한다.
⑤ 제2항의 경우에 헌법재판소는 공권력의 행사 또는 불행사가 위헌인 법률 또는 법률의 조항에 기인한 것이라고 인정될 때에는 인용결정에서 해당 법률 또는 법률의 조항이 위헌임을 선고할 수 있다.
⑥ 제5항의 경우 및 제68조제2항에 따른 헌법소원을 인용하는 경우에는 제45조 및 제47조를 준용한다.
⑦ 제68조제2항에 따른 헌법소원이 인용된 경우에 해당 헌법소원과 관련된 소송사건이 이미 확정된 때에는 당사자는 재심을 청구할 수 있다.
⑧ 제7항에 따른 재심에서 형사사건에 대하여는 「형사소송법」을 준용하고, 그 외의 사건에 대하여는 「민사소송법」을 준용한다.
[전문개정 2011. 4. 5.]

제5장 전자정보처리조직을 통한 심판절차의 수행

제76조(전자문서의 접수) ① 각종 심판절차의 당사자나 관계인은 청구서 또는 이 법에 따라 제출할 그 밖의 서면을 전자문서(컴퓨터 등 정보처리능력을 갖춘 장치에 의하여 전자적인 형태로 작성되어 송수신되거나 저장된 정보를 말한다. 이하 같다)화하고 이를 정보통신망을 이용하여 헌법재판소에서 지정·운영하

는 전자정보처리조직(심판절차에 필요한 전자문서를 작성·제출·송달하는 데에 필요한 정보처리능력을 갖춘 전자적 장치를 말한다. 이하 같다)을 통하여 제출할 수 있다.
② 제1항에 따라 제출된 전자문서는 이 법에 따라 제출된 서면과 같은 효력을 가진다.
③ 전자정보처리조직을 이용하여 제출된 전자문서는 전자정보처리조직에 전자적으로 기록된 때에 접수된 것으로 본다.
④ 제3항에 따라 전자문서가 접수된 경우에 헌법재판소는 헌법재판소규칙으로 정하는 바에 따라 당사자나 관계인에게 전자적 방식으로 그 접수 사실을 즉시 알려야 한다.
[전문개정 2011. 4. 5.]

제77조(전자서명 등) ① 당사자나 관계인은 헌법재판소에 제출하는 전자문서에 헌법재판소규칙으로 정하는 바에 따라 본인임을 확인할 수 있는 전자서명을 하여야 한다.
② 재판관이나 서기는 심판사건에 관한 서류를 전자문서로 작성하는 경우에 「전자정부법」 제2조제6호에 따른 행정전자서명(이하 "행정전자서명"이라 한다)을 하여야 한다.
③ 제1항의 전자서명과 제2항의 행정전자서명은 헌법재판소의 심판절차에 관한 법령에서 정하는 서명·서명날인 또는 기명날인으로 본다.
[본조신설 2009. 12. 29.]

제78조(전자적 송달 등) ① 헌법재판소는 당사자나 관계인에게 전자정보처리조직과 그와 연계된 정보통신망을 이용하여 결정서나 이 법에 따른 각종 서류를 송달할 수 있다. 다만, 당사자나 관계인이 동의하지 아니하는 경우에는 그러하지 아니하다.
② 헌법재판소는 당사자나 관계인에게 송달하여야 할 결정서 등의 서류를 전자정보처리조직에 입력하여 등재한 다음 그 등재 사실을 헌법재판소규칙으로 정하는 바에 따라 전자적 방식으로 알려야 한다.
③ 제1항에 따른 전자정보처리조직을 이용한 서류 송달은 서면으로 한 것과 같은 효력을 가진다.
④ 제2항의 경우 송달받을 자가 등재된 전자문서를 헌법재판소규칙으로 정하는 바에 따라 확인한 때에 송달된 것으로 본다. 다만, 그 등재 사실을 통지한 날부터 1주 이내에 확인하지 아니하였을 때에는 등재 사실을 통지한 날부터 1주가 지난 날에 송달된 것으로 본다.<개정 2022. 2. 3.>
⑤ 제1항에도 불구하고 전자정보처리조직의 장애로 인하여 전자적 송달이 불가능하거나 그 밖에 헌법재판소규칙으로 정하는 사유가 있는 경우에는 「민사소송법」에 따라 송달할 수 있다.
[전문개정 2011. 4. 5.]

제6장 벌칙

제79조(벌칙) 다음 각 호의 어느 하나에 해당하는 자는 1년 이하의 징역 또는 100만원 이하의 벌금에 처한다.
1. 헌법재판소로부터 증인, 감정인, 통역인 또는 번역인으로서 소환 또는 위촉을 받고 정당한 사유 없이 출석하지 아니한 자
2. 헌법재판소로부터 증거물의 제출요구 또는 제출명령을 받고 정당한 사유 없이 이를 제출하지 아니한 자
3. 헌법재판소의 조사 또는 검사를 정당한 사유 없이 거부·방해 또는 기피한 자
[전문개정 2011. 4. 5.]

부칙 <법률 제20769호, 2025. 1. 31.>
이 법은 공포한 날부터 시행한다.

윤석열 파면 선고
(4.1.~4.4.)

초판인쇄 2025년 4월 18일
초판발행 2025년 4월 18일

지은이 한국학술정보(주)
펴낸이 채종준
펴낸곳 한국학술정보(주)
주 소 경기도 파주시 회동길 230(문발동)
전 화 031-908-3181(대표)
팩 스 031-908-3189
투고문의 ksibook1@kstudy.com
등 록 제일산-115호(2000. 6. 19)

ISBN   979-11-7318-365-2 94340